Karsten Linne
Öl für den Endsieg

Karsten Linne

Öl für den Endsieg

Die Kontinentale Öl AG 1941–1945

Wallstein Verlag

Gedruckt mit freundlicher Unterstützung der Hamburger Stiftung
zur Förderung von Wissenschaft und Kultur

 https://orcid.org/0009-0003-1571-5463
Publikation: Wallstein Verlag GmbH, Göttingen 2026
Geiststr. 11, 37073 Göttingen
www.wallstein-verlag.de
info@wallstein-verlag.de
Vom Verlag gesetzt aus der Minion Pro und der Gibbs
Umschlaggestaltung: Wallstein Verlag, Göttingen
Umschlagabbildungen: Brennende Ölfelder bei Maikop, August 1942 (BAK, Bild 183-B21850); Kaukasus, Instandsetzung der Ölförderung, Oktober 1942 (BAK, Bild 183-J20681)
Lektorat: Ursula Kömen
Druck und Verarbeitung: Elanders Waiblingen GmbH, Waiblingen
ISBN (Print) 978-3-8353-6059-4
ISBN (Open Access) 978-3-8353-8176-6
DOI https://doi.org/10.46500/83536059

Inhalt

1 **Einleitung** . . . 7

2 **Die Vorgeschichten** . . . 25

2.1 Lektion Erster Weltkrieg . . . 25
2.2 Angestrebte Produktionssteigerung . . . 32
2.3 Expansion der deutschen Erdölindustrie . . . 42
2.4 Die Geologie als Schlüsselwissenschaft . . . 61

3 **Die Kontinentale Öl AG** . . . 69

3.1 Der Gründungsprozess . . . 69
3.1.1 Die Borussia Beteiligungs GmbH . . . 96
3.1.2 Kapital und Aktien . . . 100
3.1.3 Die laufende Finanzierung des Unternehmens . . . 105
3.2 Die Frage der Unternehmensform . . . 115
3.3 Modell einer neuen herrschenden Klasse? . . . 133
3.4 Die Tätigkeit der Holdinggesellschaft . . . 143
3.5 Der Werkschutz: Ökonomie und Gewalt . . . 164

4 **Das Netz der Tochtergesellschaften** . . . 179

4.1 Die Ost Öl GmbH . . . 179
4.2 Die Kontinentale Öl Transport AG . . . 187
4.3 Die Ukraine Öl Vertriebs GmbH . . . 195
4.4 Die Ostland Öl Vertriebs GmbH . . . 197
4.5 Die Kontinentale Betonschiffbau GmbH . . . 200
4.6 Die Kaukasien Öl Vertriebs GmbH . . . 201
4.7 Die Bulgarische Mineralöl AG . . . 202
4.8 Die Mineralölvertrieb Serbien AG . . . 202
4.9 Die Mineralöl Südost GmbH . . . 203
4.10 Die Albanien Öl GmbH . . . 204
4.11 Die Süddeutsche Bau-Gesellschaft mbH . . . 207

5 **Die wichtigsten Einsatzgebiete** . . . 211

5.1 Die Karpathen Öl AG in Galizien . . . 211
5.2 Die Kontinentale Öl GmbH in Rumänien . . . 252

5.3 Die Baltische Öl GmbH in Estland 286
5.4 Übrige Länder 320
5.4.1 Frankreich 320
5.4.2 Griechenland 327
5.4.3 Italien 328
5.4.4 Deutschland (Deggendorf) 330

6 Auf dem Weg zum Kaukasus 335
6.1 Kriegsplanungen, Kriegsziele 335
6.2 Die Organisation der Wirtschaft in den besetzten Ostgebieten 342
6.3 Der Kaukasus, seine Ölfelder und Maikop 351
6.3.1 Der Kaukasus als konkretes Zielgebiet 351
6.3.2 Die Ölfelder des Kaukasus 356
6.3.3 Der Wendepunkt: Maikop 367
6.4 Die Technische Brigade Mineralöl (TBM) 401
6.5 Arbeitskräfte und Ausbildung 416
6.6 Fernziel Naher Osten 433

7 Auf dem Weg in die Nachkriegszeit 453
7.1 Die Endphase des Kriegs 453
7.2 Der Beitrag führender Repräsentanten der Kontinentalen Öl AG zu den Nachkriegsplanungen 457
7.3 Das Unternehmen in der Nachkriegszeit 463
7.4 Die Liquidation des Unternehmens 469

8 Schlussbetrachtung 471

Kurzbiographien der wichtigsten Akteure 479
Abkürzungsverzeichnis 523
Genutzte Archive 527
Literaturverzeichnis 529
Verzeichnis der Karten und Grafiken 573
Personenregister 575
Unternehmensregister 582

1 Einleitung

»Öl ist ein ganz besondrer Saft«, hätte Goethe vielleicht kommentiert, wenn er den epochalen Siegeszug dieses Treibstoffs von Weltwirtschaft und Kriegen miterlebt hätte, vor allem als Lebenselixier der globalen Mobilität. Der in Baku geborene Schriftsteller Essad Bey hingegen formulierte die Faszination des »flüssigen Goldes« 1933 so: »Kein einziges unter den unzähligen Elementen, Materien und Kräften, die unser Leben bestimmen, vermag in gleicher Weise die majestätische Phantastik der Neuzeit widerzuspiegeln, wie gerade das Öl. Die unsichtbare Geschichte der Gegenwart, jene Geschichte, die sich tief unter der Oberfläche des offiziellen Lebens abspielt, wird mit Öl geschrieben.«[1]

Anfang 1941 stellte ein US-Journalist und ausgewiesener Experte fest: »Inzwischen weiß jeder, dass das Erdöl ein entscheidender Faktor im Krieg war, ist und sein wird und dass Hitler und Mussolini – wenn sie überhaupt beten – ebenso sehr um ihr tägliches Öl beten wie um ihr tägliches Brot. Jedem ist klar, dass bestimmte Schritte, die die beiden Diktatoren unternommen haben, in irgendeiner Weise mit dem Öl zusammenhängen und dass der Erfolg oder Misserfolg dieser Schritte die Dauer des Krieges verlängern oder verkürzen kann.«[2]

Doch genug der Zitate, die sich mühelos fortsetzen ließen. In dieser Studie geht es um ein einzelnes Unternehmen, das in einer sehr spezifischen Situation gegründet wurde, um die Versorgung Deutschlands mit ebendiesem strategischen Rohstoff sicherzustellen. Die kurze Lebensdauer – im Kern waren es gerade einmal drei Jahre – und die relative Erfolglosigkeit sind zweifellos die Hauptgründe dafür, dass die Kontinentale Öl AG (Konti) zwar häufig in der Literatur erwähnt wird, aber bislang keine Gesamtdarstellung gefunden hat.

Kann die Geschichte eines einzelnen Unternehmens, zudem eines aus einer zwar zentralen, weil kriegsentscheidenden, aber gleichzeitig untypischen, weil genuin staatsnahen Branche, unseren Blick auf das Verhältnis von Wirtschaft und Politik grundlegend verändern? Wahrscheinlich nicht. Sicher aber wichtige Denkanstöße geben, wenn man berücksichtigt, dass dieses Unternehmen von vornherein als ein strategisches Zukunftsmodell geplant war. Dann nämlich stünde die zugeschriebene zukünftige Repräsentativität im Vordergrund.

Das Gesagte gilt aus meiner Sicht in hervorragender Weise für die im März 1941 gegründete Konti. Trotz ihrer kurzen Geschichte und ihres – gemessen an den eigenen Zielen – zweifellos zu konstatierenden operativen Scheiterns öffnet sie aufgrund ihres paradigmatischen Charakters einen weiten Blick auf den Horizont der im Falle

1 Essad-Bey, Gold, S. 7.

2 Friedwald, Oil, S. 1. Der britische Außenminister Ernest Bevin resümierte in einer Parlamentsdebatte 1948: »The Kingdom of Heaven runs on righteousness, but the Kingdom of Earth runs on oil.« Zit. nach: Krammer, Fueling the Third Reich, S. 394.

eines militärischen Siegs angestrebten nationalsozialistischen Wirtschaftsordnung und darüber hinaus auf die zeitgenössischen Vorstellungen einer künftigen Öl- und Weltpolitik des NS-Staats.

Für den US-amerikanischen Militärhistoriker Anand Toprani beweist die Gründung der Konti, dass die Kontrolle der Ölreserven im Mittelpunkt der deutschen strategischen Überlegungen und Nachkriegsplanungen stand. Dieses halb staatliche, halb privatwirtschaftliche Unternehmen sollte Ölfelder in ganz Europa sowie im Kaukasus und im Nahen Osten betreiben, nachdem es deren bisherige Eigentümer enteignet hatte, und so mindestens die Position wiederherstellen, die Deutschland nach 1918 in der internationalen Ölindustrie verloren hatte.[3]

Bei diesem Thema lassen sich drei »Makroebenen« unterscheiden, die gleichzeitig auch die damit zusammenhängenden Fragenkomplexe bedingen: Die *ökonomische* Ebene steht bei einer Unternehmensgeschichte zweifellos im Mittelpunkt. Hier geht es um das Agieren der Konti und der sie konstituierenden Erdölunternehmen bzw. die Rolle der Banken. Haben sich die involvierten Firmen freiwillig zu einer Kooperation mit diesem staatlich initiierten und kontrollierten Unternehmen bereiterklärt? Handelte es sich um ein klassisches Staatsunternehmen? War es ein Unternehmen mit Modellcharakter? Was sagt dessen Gründung über das NS-Wirtschaftssystem insgesamt aus?

Die zweite Ebene ist die *politisch-militärische*. Hier stellen sich Fragen nach der Rolle und Bedeutung des Öls als strategischem Rohstoff. Wie handlungsleitend war der offensichtliche Zwiespalt zwischen der Funktion des Erdöls als Mittel und gleichzeitig Ziel der Expansion? Wie stark bestimmte das Öl Richtung und Ziele der deutschen Expansion? In diesen Zusammenhang gehört auch die Frage des Verhältnisses von Ökonomie und Gewalt. Überformt wird das Thema durch seine globale Relevanz: Der geplante deutsche Zugriff auf die Erdölreservoirs des Nahen Ostens verband den europäischen Krieg mit dem in Asien.

Die dritte Ebene möchte ich als die *soziologische* bezeichnen. Hier ist die zentrale Frage, ob der Aufsichtsrat (AR) der Konti modellhaft für eine neue herrschende Klasse im Nationalsozialismus stand. Dazu muss zunächst dessen Zusammensetzung beleuchtet werden. Darüber hinaus stellt sich hier die Frage nach der Zusammenarbeit der »Machtsäulen« des NS-Staats. Wie verliefen die personellen Kontinuitäten, auch in die Nachkriegszeit hinein?

Diese »Makroebenen« werden durch die »Mikroebene« der konkreten Tätigkeit des Unternehmens, seines operativen Vorgehens, ergänzt. Hierbei werden in erster Linie dessen drei Haupteinsatzgebiete – Galizien, Estland und Rumänien – analysiert. Das eigentliche Ziel der Konti, eine dauerhafte Präsenz im Kaukasus, wurde bekanntlich nie erreicht. Einiges Interesse sollte der Weg des Unternehmens dorthin, den man im Verbund mit der Technischen Brigade Mineralöl (TBM) ging, dennoch beanspruchen, denn gerade hier spiegeln sich eine Reihe der oben genannten Fra-

3 Vgl. Toprani, Oil, S. 215.

gen, etwa die nach der Zusammenarbeit der »Machtsäulen« oder des Verhältnisses von Ökonomie und Gewalt, auf der Mikroebene wider.

Im Gegensatz zu anderen Ländern, vor allem den USA, Großbritannien und den Niederlanden, aber auch Frankreich und Italien, gab und gibt es keinen vertikal integrierten, nationalen deutschen Mineralölkonzern, erst recht keinen mit eigenen Bezugsquellen im Ausland, keinen *global player*. Nicht nur in dieser Hinsicht stellten Gründung und Aufbau der Konti eine Besonderheit in der Geschichte der deutschen Mineralölindustrie dar – ein kurzfristiges Abweichen vom »deutschen Sonderweg«. Dieser konnte, so meine Hypothese, nur mit starker staatlicher Unterstützung verlassen werden.[4]

Relativierend sei hinzugefügt, dass es auch bei den internationalen Ölkonzernen Versuche staatlicher Einflussnahme gab. Extrem ist hier das Beispiel der Anglo-Persian Oil Company, deren Mehrheit ab Juni 1914 durch die britische Regierung übernommen wurde, um das Unternehmen finanziell abzusichern und es mit einem langfristigen Liefervertrag für die britische Kriegsmarine auszustatten.[5] Als im Sommer 1938 die internationalen Spannungen zunahmen, forderte die britische Regierung die großen Erdölfirmen auf, Pläne zur Organisation der heimischen Ölwirtschaft für den Krieg zu entwerfen. Shell-Mex, die British Petroleum und die Anglo-American Oil Company (Standard Oil, New Jersey) beherrschten drei Viertel des Weltmarkts. Zusammen mit der aufstrebenden Trinidad Leaseholds Ltd. und der National Benzole Company unterzeichneten sie im März 1939 das Petroleum Board Agreement, mit dem sie ihre Vertriebsorganisationen koordinieren wollten. Zusätzlich wurde im November 1939 das Oil Control Board als ein *sub-committee* des Kriegskabinetts gegründet, das die Prioritäten bei der Verwendung des Öls angesichts konkurrierender Anforderungen festlegte.[6]

Im Herbst 1941 wurden auch aus den USA Pläne für die Gründung einer staatlichen Holdinggesellschaft zur Steuerung und Verstaatlichung der Mineralölindustrie bekannt.[7] Bereits zwei Jahre zuvor hatte es dort den Versuch gegeben, durch Zusammenfassung von Förderung, Verarbeitung und Vertrieb in den Händen großer Kapitalgruppen sowie durch Rationalisierung die relativen Investitionen zu senken, die sich durch das Aufrüstungsprogramm beträchtlich erhöht hatten.[8] Im Dezember 1942 wurde Innenminister Harold D. Ickes zum Petroleum Administrator for War er-

4 Vgl. Weber, Deutschland, S. 1 ff. Als Gegenmodell seien die bis zur ersten Ölkrise dominierenden »sieben Schwestern« (Exxon, Royal Dutch Shell, Texaco, Standard Oil of California, Mobil Oil, Gulf Oil und British Petroleum) genannt, »mit der Finanzkraft von mittleren Staatshaushalten« ausgestattet, die »vom Bohrloch bis zur Selbstbedienungs-Tanksäule souverän das Geschehen am Markt« weltweit beherrschten und deren Einfluss »bis in die letzten Dörfer der westlichen Welt« reichte. Vgl. Weltmacht Öl, Teil 1, S. 77 (Zitate ebd.).

5 Vgl. Sander, Companies, S. 927 f.; Ferrier, History, S. 202.

6 Vgl. Bamberg, History, S. 206 f. und 209.

7 Vgl. Zahlen zur Mineralöl-Wirtschaft der Vereinigten Staaten von Nordamerika im Jahr 1941 vom 6. 10. 1942, S. 3, in: BGR, Nr. 0049047.

8 Vgl. Zahlen zur Frage der Kapitalinvestitionen in der nordamerikanischen Mineralölindustrie vom 27. 7. 1942, S. 1 und 3, in: ebd., Nr. 0049048.

nannt und mit umfassenden Vollmachten ausgestattet. In der deutschen Presse wurde er als »Diktator der Ölindustrie« bezeichnet.[9]

Die moderne Kriegführung benachteiligte die Achsenstaaten, da ihnen der direkte Zugriff auf den kriegswichtigen Rohstoff Öl weitgehend fehlte. Über 90 Prozent der Erdölförderung auf der Welt wurden von den Alliierten kontrolliert, nur drei Prozent von den Achsenmächten. Öl war für die Industrie und den mit ihren Erzeugnissen geführten Krieg von derart vitaler Bedeutung, dass die Achsenstaaten bereit waren, sich gewaltsam in seinen Besitz zu bringen. Die japanische Entscheidung, die Vereinigten Staaten und Großbritannien 1941 anzugreifen, fiel unter dem Druck eines Ölembargos, das dem Inselstaat 90 Prozent seiner Ölversorgung entzog. Deshalb bildeten die Ölfelder auf Borneo, Java, Sumatra und in Burma das wichtigste Ziel. Und Hitlers Sommerfeldzug 1942 sollte den Zugriff auf die Ölvorkommen im Kaukasus sichern, welche die vierfache Menge an Erdöl liefern konnten, die Deutschland im Jahr 1941 zur Verfügung stand.[10]

Die Versorgung mit Energie bildete die Achillesferse der deutschen Kriegsanstrengungen. 1943 entfielen allein 67 Prozent der Welterdölförderung auf die USA und zehn Prozent auf die Sowjetunion. Die Briten kontrollierten den Irak und den Iran, aber solange die Royal Navy den Atlantik dominierte, ermöglichte es Großbritannien vor allem das US-amerikanische Öl weiterzukämpfen. Die Deutschen kontrollierten dagegen lediglich die rumänischen Ölfelder, deren, noch dazu sinkender, Ausstoß bei unter zwei Prozent der Weltproduktion lag, dazu einige wenige Quellen in Ungarn, Galizien und andernorts. Ganz Europa war völlig von Ölimporten abhängig, was für das Dritte Reich einen riesigen Nachteil bedeutete und die Führung eines langen Kriegs nahezu unmöglich machte. Es musste einen Krieg des 20. Jahrhunderts mit der Technologie des 19. Jahrhunderts führen – mit Pferden und Kohle.[11]

Angesichts der Knappheit der im »Altreich« verfügbaren Ressourcen, der hochgesteckten Rüstungsziele und der erheblichen Probleme in zentralen Steuerungsbereichen war das NS-Regime auf ständige Ressourcenerweiterung angewiesen. Der Krieg löste die Entscheidungsabläufe in wachsendem Maß von der außenpolitischen Rückkoppelung, so dass sich Ressourcenvermehrung zu einer dominanten Zielstellung entwickeln konnte.[12]

Die Geschichte der Konti öffnet einen Blick auf den Zweiten Weltkrieg aus globaler Perspektive.[13] Der Vormarsch der Wehrmacht zum Kaukasus, das geplante Aus-

9 Vgl. Nash, United States, S. 166 ff.; Overy, Wurzeln, S. 300. Zur Organisation während der Kriegszeit, in erster Linie zum Zusammenspiel von Regierung, Industrie und Unternehmen siehe auch: Larson/Knowlton/Popple, New Horizons, S. 456 ff.

10 Vgl. Overy, Wurzeln, S. 292 f.

11 Vgl. Mazower, Hitlers Imperium, S. 275 f. Zu ähnlichen Ergebnissen kamen die Analysten des United States Strategic Bombing Survey, auch sie stuften die Position Deutschlands beim Öl als äußerst schwach ein. Vgl. Klein, Germany's Economic Preparations, S. 32.

12 Vgl. Herbst, Deutschland, S. 24.

13 Vgl. dazu: Weinberg, Welt; Hanson, Second World Wars; Buchanan, World War II; Overy, Weltenbrand.

greifen auf den Nahen Osten sowie die dortigen deutschen Aktivitäten, die wiederum im Kontext von Rommels Feldzug in Afrika betrachtet werden müssen, veranschaulichen den engen Zusammenhang der Kriegsschauplätze. Dies gilt besonders für die alliierten Reaktionen. Ihnen war, neben der damit verbundenen gesicherten Ölversorgung NS-Deutschlands, die Gefahr eines Zusammenschlusses des europäischen mit dem ostasiatischen Kriegsschauplatz nur allzu bewusst – mit allen absehbaren Folgen wie etwa dem Abschneiden Indiens vom britischen Empire.

Auf die Scharnierfunktion des Nahen Ostens zwischen den verschiedenen Kriegsschauplätzen machte unlängst Dan Diner aufmerksam, der sich dabei auf das jüdische Palästina konzentrierte. Für ihn verfolgte die deutsche Führung zwei Ziele gleichzeitig: »Den Kaukasus des Öls wegen, Stalingrad nicht zuletzt aufgrund seiner Bedeutung als Verkehrsknotenpunkt für den Weitertransport der über den ›Persischen Korridor‹ herangeführten Lieferungen an die Rote Armee. Mit der Kaukasus-Front und dem dabei erhofften Zugriff auf das Öl sollte die Offensive Richtung Süden, also Richtung Iran und Irak, ermöglicht werden, mit der Wolga- bzw. Stalingrad-Front war eine eher ›defensive‹ Absicht verbunden – die Unterbrechung der alliierten Versorgungslinie von Süden her.« Reichsaußenminister Joachim von Ribbentrop informierte im Juli 1942 den japanischen Botschafter in Berlin, General Hiroshi Oshima, von dem geplanten Vorgehen der Wehrmacht in der Sowjetunion und Nordafrika. Er erwartete dabei von den in der *Southern British World* aktiven Japanern, gegen die nach Norden vorrückenden alliierten Konvois vorzugehen. Dass der Vormarsch der Wehrmacht im Sommer 1942 in El-Alamein und Stalingrad zum Erliegen kam, war nicht zuletzt den über die maritime britisch-imperiale Verkehrs- und Kommunikationsdrehscheibe des Indischen Ozeans führenden Ausrüstungs- und Versorgungslinien der Alliierten zu verdanken. Auf sie waren die Briten in Nordafrika ebenso angewiesen wie die Rote Armee im Bereich von Wolgamündung und Stalingrad oder die Truppen Tschiang Kaischeks in China.[14]

Die Literatur zur Konti ist überschaubar, auch über die Erdölproduktion allgemein in dieser Zeit gibt es erstaunlich wenig. Am intensivsten mit dem Thema hat sich in der Vergangenheit zweifellos der DDR-Historiker Dietrich Eichholtz beschäftigt, zunächst in seiner dreibändigen Geschichte der deutschen Kriegswirtschaft, vor allem aber später in seinem Band zur deutschen Ölpolitik im Zeitalter der Weltkriege.[15] Seine Vorreiterrolle wurde angemessen gewürdigt: »Dietrich Eichholtz gehört zu den wenigen Historikern in und außerhalb Deutschlands, die der Frage nachgehen, ob und wie es einem an Ölvorkommen armen Land wie Deutschland gelingen konnte, ausreichend Reserven für einen ressourcenintensiven Waffengang wie den Zweiten Weltkrieg zu sichern.«[16]

14 Vgl. Diner, Krieg, S. 199 f. (Zitat S. 199). Vgl. dazu auch: Hedinger, The imperial nexus.

15 Vgl. Eichholtz, Geschichte, Bd. 1, Bd. 2, Bd. 3; ders., Ölpolitik.

16 Toprani, Rez. Eichholtz. Es gab aber auch immer wieder Kritik an Eichholtz' marxistisch-leninistisch geprägter Methodik: »Er arbeitete sich dabei an drei Thesen ab, die in ihrer argumen-

In diesem Kontext ist auch die von ihm inspirierte Dresdner Dissertation von Hanns-Heinz Kasper zu erwähnen.[17] In allen diesen Werken wird die Konti behandelt und kritisch untersucht, steht dabei aber keineswegs im Fokus der Betrachtung. Sehr hilfreich sind sie gleichwohl, nicht zuletzt aufgrund der Fülle an verarbeiteten Quellen. Das gilt auch für die verdienstvolle Arbeit von Rainer Karlsch und Raymond G. Stokes zur Geschichte der Mineralölwirtschaft in Deutschland von 1859 bis 1974.[18] Von Karlsch erschien zudem eine vertiefende Detailstudie zu einer Tochtergesellschaft der Konti, der Karpathen Öl AG.[19] Die internationalen Aspekte des Themas wurden von Helmut Mejcher intensiver bearbeitet.[20] Zwei neuere Arbeiten behandeln die Wintershall AG und die Deutsche Erdöl AG (DEA).[21] Randaspekte werden in einer Vielzahl von Studien thematisiert; genannt sei hier exemplarisch die von Titus Kockel zur Rolle des Erdölgeologen Alfred Bentz.[22]

Bei den verwendeten Quellen ist in erster Linie auf zwei erstmals systematisch genutzte Bestände hinzuweisen: auf die zur Kontinentalen Öl AG in Liquidation im Bundesarchiv Berlin (R 176) und jene zu den nachgeordneten Dienststellen des Wehrwirtschafts- und Rüstungsamts (WiRüAmt) im Bundesarchiv-Militärarchiv Freiburg i.Br. (RW 46), ferner auf das ergiebige Material in den Historischen Archiven der Deutschen Bank und der Commerzbank, im Archiv der Bundesanstalt für Geowissenschaften und Rohstoffe sowie im Firmenarchiv der Wintershall Dea GmbH.[23]

Zur Gliederung der Arbeit: Den Beginn bilden die »Vorgeschichten«. Das betrifft die Lehren, die aus dem Ersten Weltkrieg in Bezug auf die Ölversorgung gezogen wurden. Es werden die deutschen Bemühungen gestreift, dem Ölmangel durch Hydrierung und synthetische Ölproduktion zu trotzen, sowie die verstärkten Importe und die Expansion der deutschen Erdölindustrie. In diesem Zusammenhang wird auch die wichtige Rolle der Geologie beleuchtet.

tativen Struktur an eine kaufmännische Kosten-Nutzen-Analyse erinnern: Der Krieg, mit dem die ›Monopole‹ die ›Faschisten betraut‹ hätten, sei verloren gegangen, weil deren Mittel und Kräfte nicht ausreichten, um die erklärten Ziele zu erreichen; selbst der profitabelste Krieg verursache materielle Schäden und sei damit potenziell wirtschaftsfeindlich, und schließlich sei Krieg stets das ›größte Verbrechen‹ an der eigenen Nation.« Morina, Triumph, S. 213 f.

17 Vgl. Kasper, Erdölgewinnung.

18 Vgl. Karlsch/Stokes, Faktor.

19 Vgl. Karlsch, Großunternehmen.

20 Vgl. Mejcher, Politik, Bd. II.

21 Vgl. Grieger/Karlsch/Köhler, Expansion; Grieger/Karlsch, Treibstoff.

22 Vgl. etwa Kockel, Ölpolitik.

23 Das unlängst aus dem TUI-Archiv Hannover in das Niedersächsische Wirtschaftsarchiv gelangte Material der Preussag konnte nicht berücksichtigt werden: »Die Übernahme ist noch nicht abgeschlossen, die Akten sind nicht verzeichnet und daher auch noch nicht benutzbar. Wann das der Fall sein wird, kann ich angesichts des großen Umfangs nicht abschätzen.« E-Mail von Dr. Brage Bei der Wieden, Geschäftsführer der Stiftung Niedersächsisches Wirtschaftsarchiv, Wolfenbüttel, an den Verfasser vom 30.1.2025.

Der Gründungsprozess der Konti wird breiter dargelegt, hierbei kommt es vor allem auf den Prozess der Entscheidungsfindung an, bei dem es zwischen langfristigen Erwägungen und situativen Momenten zu unterscheiden gilt. Ein situatives Moment zum Beispiel war die Verfügbarkeit rumänischer Aktien von Erdölfirmen infolge der deutschen Besetzung Frankreichs und der Benelux-Staaten. Diese Aktien bzw. die aus ihnen erwachsenden Beteiligungen sollten das Fundament der Konti bilden, und die deutschen Großbanken machten regelrecht Jagd auf sie. Es folgt, ein Eckstein der Untersuchung, eine Betrachtung der eigens gegründeten Borussia Beteiligungs GmbH (Borussia), über die sich der Staat die Aktienmehrheit an der Konti sicherte, daran schließen sich Abschnitte zu Kapital und Aktien des Unternehmens und seine laufende Finanzierung an.

Wichtig für den Aspekt des Modellcharakters der Konti ist zum einen die Frage nach der Unternehmensform und zum anderen die, ob sich in ihrem Aufsichtsrat (AR) das Modell einer neuen herrschenden Klasse des Nationalsozialismus abzeichnete. Danach gehe ich auf die Tätigkeit der Holdinggesellschaft und die Rolle des Werkschutzes ein. Es folgt eine Analyse des Netzes der Tochtergesellschaften (Ost Öl GmbH, Kontinentale Öl Transport AG, Vertriebsgesellschaften im Osten, die Tochtergesellschaften im Südosten und die Süddeutsche Bau GmbH als Sonderfall), wobei die wichtigsten, die Karpathen Öl AG, die Kontinentale Öl GmbH und die Baltische Öl GmbH, in den Kapiteln zu den Haupteinsatzgebieten abgehandelt werden. Die Länder Galizien, Rumänien und Estland bilden den nächsten Block, ergänzt durch die Beschreibung der Tätigkeit in weiteren Ländern. Zu diesen Ländern wären zweifellos Detailstudien, unter Hinzuziehung lokaler Quellen, wünschenswert gewesen, sie hätten aber den Rahmen dieser Arbeit gesprengt. Deshalb muss es hier bei dem Blick aus Deutschland, der Zentrale, bleiben. Dieser genügt vollauf, um die jeweiligen Strukturen und Probleme herauszuarbeiten. Gleichwohl bleiben Lokalstudien ein Desiderat der Forschung.[24]

Im folgenden Kapitel wird der Weg der Wehrmacht – und mit ihr der Konti – zum eigentlichen Ziel der Expansion, dem Kaukasus, beschrieben. Dabei geht es um den Einfluss des Kriegsverlaufs, die Organisation der Wirtschaft in den besetzten Ostgebieten, den Kaukasus und seine Ölfelder sowie den Wendepunkt der »Expedition« in Maikop. In diesem Kontext werden wichtige weitere Aspekte, wie die TBM, das sich im Verlauf des Kriegs verschärfende Problem des Arbeitskräftemangels sowie das Fernziel Naher Osten, behandelt.

Danach verfolge ich den Weg der Konti in die Nachkriegszeit: die Endphase des Kriegs, den Beitrag führender Repräsentanten zu den Nachkriegsplanungen noch während des Nationalsozialismus sowie die Phase der Liquidation nach Kriegsende. Nach der Schlussbetrachtung folgen 40 Kurzbiographien der wichtigsten handelnden Personen. Sie bilden keine Kollektivbiographie im eigentlichen Sinn, bieten aber

24 Zwar gibt es rumänische und estnische Spezialstudien zum Thema, eine deutschsprachige Darstellung existiert aber nur zur Karpathen Öl AG. Vgl. Karlsch, Großunternehmen.

einen Überblick über eine – trotz aller Unterschiede hinsichtlich ihrer Herkunft – erstaunlich homogene Gruppe mit nur wenigen »Ausreißern«. Zudem geben sie Anhaltspunkte über deren Nachkriegskarrieren, mithin zur Frage der Kontinuität.

Bezug auf aktuelle Debatten

Man würde bei einer Unternehmensgeschichte erwarten, der Autor suche nach Anknüpfungspunkten zu jüngeren Tendenzen der Unternehmensgeschichtsschreibung, um die Anschlussfähigkeit seiner Ergebnisse zu demonstrieren. Wenn hier der Bogen weiter geschlagen werden muss, bis in das Feld der Wirtschafts- und Politikgeschichte des Nationalsozialismus hinein, so liegen die Gründe in der beispiellosen Organisationsform und dem damit einhergehenden Modellcharakter der Konti.

Der Krieg und seine Dynamik

Ein erster theoretischer Anknüpfungspunkt für eine Geschichte des Unternehmens ist ohne Frage der Krieg selbst, seine Dynamiken und die Endziele der NS-Herrschaft. Um mit dem letzten Punkt zu beginnen: Anders als die auf eine kontinentale Expansion nach Osten fixierten Historiker und Historikerinnen gehe ich davon aus, dass diese nur als erster Schritt auf dem Weg zu einer weiteren Machtausdehnung gedacht war. Diese Anschauung wird von vielen Fachkollegen geteilt. So ging Günter Moltmann bereits 1961 davon aus, dass die Fernziele Hitlers in der – nach der Niederwerfung der Sowjetunion – angestrebten Beherrschung Afrikas und dem späteren Kampf mit den Vereinigten Staaten gelegen hätten.[25] Aber auch in jüngeren Arbeiten findet sich der Gedanke der »Weltherrschaftspläne« Hitlers wieder,[26] zumindest geht man heute von einer angestrebten »Weltmachtstellung« Deutschlands aus.[27] Von hier aus wird plausibel, warum die Ziele der Konti nicht nur »kontinentale«, sondern »globale« waren, warum ihre Ambitionen über den Kaukasus hinaus bis in den Nahen Osten reichten und ihr »Hochziel« am Persischen Meerbusen lag. Vorbilder für das Unternehmen waren nicht zufällig *global player* wie die Standard Oil, die Royal Dutch Shell und die British Petroleum.

Die Konti bildet ein Paradebeispiel für die rastlose und letztlich selbstzerstörerische Dynamik des Nationalsozialismus, die sich in fortwährender Expansion ausdrückte und bei der ein Zugriff auf das Öl das Ziel, aber paradoxerweise auch das Mittel und

25 Vgl. Moltmann, Weltherrschaftsideen, S. 225 ff. Ähnlich argumentierten Thies, Architekt und Hauner, Hitler.

26 Vgl. bspw.: Wehler, Gesellschaftsgeschichte, S. 848; Mazower, Hitlers Imperium; Grüttner, Das Dritte Reich, S. 206.

27 Vgl. Simms, Hitler.

die Voraussetzung zur Erreichung dieses Ziels bildete. Herfried Münkler hat das Dritte Reich nicht in seine Morphologie von Imperien aufgenommen, weil ihm die Fähigkeit gefehlt habe, seine Herrschaft zu konsolidieren, also in einen »post-expansionistischen Aggregatzustand« (Jürgen Osterhammel) hineinzuwachsen. Auch Birthe Kundrus zufolge war die permanente militärische Aggression in Europa offenbar nicht nur Mittel, sondern auch Ziel der Politik gewesen.[28]

Es herrscht weitgehender Konsens unter Historikern und Historikerinnen, dass der Krieg eine dynamisierende und radikalisierende Wirkung auf das NS-Herrschaftssystem ausübte. Dies betraf die fortschreitende Aushöhlung des bürokratischen Anstaltsstaats im Sinne Max Webers und die Schaffung immer neuer Sonderinstanzen, auf wirtschaftlicher Seite etwa die Gründung spezieller, für die besetzten Gebiete (und darüber hinaus) konzipierter Unternehmen. »Der Krieg war dabei mehr als nur zweckrationales Mittel. In ihm kam der Nationalsozialismus gleichsam wieder zu sich selbst, zu seinem eigentlichen Element zurück.«[29] Auch Michael Geyer kommt zu dem Schluss, dass das eigentliche Ziel des Regimes der Krieg gewesen sei. Er sei um seiner selbst willen geführt worden, um eine Gesellschaft und einen Staat zu schaffen, die »gewohnheitsmäßig vom Krieg leben«.[30] Zu einem ähnlichen Ergebnis kommt Ludolf Herbst, der den Krieg ebenfalls als zentrale Kategorie für die Analyse NS-Deutschlands betrachtet: Der Krieg habe als Ziel- und Selbstverwirklichung des Nationalsozialismus gedient.[31]

Und so ist es kein Wunder, dass die Konti im Krieg gegründet wurde, diesem dienen sollte, mit der zunächst erfolgreichen Expansion wuchs und mit der militärischen Niederlage unterging. Zugleich bildet sie Beispiel und Beleg für diesen rastlosen Expansionismus, der zwangsläufig immer weiter vorangetrieben werden musste.

Das nationalsozialistische Herrschaftssystem

Die Gestaltung des nationalsozialistischen Herrschaftssystems ist für die Beurteilung, wie sich die Wirtschaft als Ganze und eben auch die Unternehmen im Einzelnen darin einordneten, von zentraler Bedeutung. Sieht man einmal von überholten totalitarismustheoretischen Vorstellungen der NS-Diktatur als einer monolithischen Herrschaftsform ab, so haben seit den späten 1960er Jahren Ansätze einer polykratischen Beschreibung des NS-Herrschaftssystems die Debatte bestimmt, die auf Franz Neu-

28 Vgl. Kundrus, Kolonialismus, S. 204.

29 Vgl. Broszat, Staat, S. 380 f. (Zitat ebd.). Im Krieg, argumentiert Ian Kershaw ähnlich wie Broszat, habe der Nationalsozialismus zu sich selbst gefunden, und der Schlüsselbegriff der nationalsozialistischen Botschaft habe »Kampf« geheißen. Vgl. Kershaw, Hitler, S. 325.

30 Vgl. Geyer, State, S. 198 (Zitate ebd.). Hans Mommsen sah das nationalsozialistische Herrschaftssystem gekennzeichnet durch das Zusammenspiel zwischen einer ständigen Überdehnung der eigenen politischen und ökonomischen Ressourcen und einer zunehmenden inneren Zersetzung der gesellschaftlichen und staatlichen Institutionen. Vgl. Mommsen, Nationalsozialismus, S. 786.

31 Vgl. Herbst, Deutschland, S. 9.

manns »Behemoth« rekurrierten. Seit einigen Jahren werden sie von den Vertretern einer Theorie der »Neuen Staatlichkeit« herausgefordert. Diese gehen davon aus, dass sich aus den neu geschaffenen – zum Teil nur halbstaatlichen – Sonderinstanzen eine neue stabile staatliche Form herausbildete. Neumann selbst beschrieb den NS-Staat als einen »Unstaat«, der sich in seine vier »Machtsäulen« (Partei, Bürokratie, Militär und Wirtschaft) auflöste.[32] Genau hier ist anzuknüpfen, nicht zuletzt, weil man die Konti gleichsam als eine solche Sonderinstanz mit eigenen Hoheitsrechten und sehr weitreichenden Befugnissen interpretieren kann, in der sich – und hier schließt sich der Kreis – führende Repräsentanten der vier von Neumann identifizierten Machtsäulen zusammengefunden hatten.

Neumann diagnostizierte einen für die Kriegswirtschaft charakteristischen, allmählichen Prozess der Verschmelzung von Wirtschaft, Partei und Staat. Die Beobachtung von Verschmelzungen und dynamischen Netzwerkbeziehungen markiert zugleich den Beginn einer Reorientierung – weg vom marxistisch inspirierten Primat der Ökonomie und hin zu einem Primat der Politik, die er einige Jahre später ausbuchstabierte. In der Beobachtung des Wandels der »Umweltbeziehungen der verschiedenen Herrschaftsträger« liegt eine immer noch ungenutzte Aktualität des »Behemoth« für die NS-Forschung.[33]

Rüdiger Hachtmann und andere entwickelten angesichts der inhaltlichen Herausforderungen das Konzept der »Neuen Staatlichkeit«. Es läuft im Kern darauf hinaus, Neumanns These des »Nicht-Staats« zurückzuweisen und stattdessen die Herausbildung einer neuen Staatlichkeit unter Überwindung des klassischen preußischen Anstaltsstaats an dessen Stelle zu setzen. Hachtmann formulierte dazu folgende Thesen: Das Institutionengefüge des Dritten Reichs werde durch ständige Veränderungen in den Macht- und Einflussstrukturen geprägt und sei durch das Auftauchen immer neuer Instanzen charakterisiert. Die Neue Staatlichkeit des NS folge keinem Masterplan, sie war Resultat eines Willens zur pragmatischen Improvisation. Die politisch-institutionellen Strukturen hätten flexibel und – entsprechend den äußeren Umständen – veränderbar gehalten werden sollen. Auf zentralstaatlicher Ebene seien die Reichsministerien mit ihren nachgeordneten traditionalen Behörden zu Stabilitätsankern geworden, welche die voluntaristische und sprunghaft anmutende Praxis der NS-Protagonisten und immer neuen Sonderkommissariate austarierten. Das NS-Herrschaftssystem lasse sich nicht verstehen, wenn man es am bürgerlichen

32 Vgl. zu den älteren Positionen: Kershaw, NS-Staat, S. 43 ff.; Neumann, Behemoth, S. 63 ff. und 553 ff.; zur klassischen Formulierung der Polykratiethese: Hüttenberger, Nationalsozialistische Polykratie; neuerdings: Hachtmann, Polykratie. Zur »Neuen Staatlichkeit« vgl.: ders., Neue Staatlichkeit; Reichardt/Seibel (Hg.), Der prekäre Staat.

33 Vgl. Ahrens, Raubwirtschaft, S. 373 ff.; Neumann, Ökonomie, S. 182; Nolzen, Behemoth, S. 153. Diese Verschmelzung von Staat und Kapital in NS-Deutschland war keine singuläre Erscheinung, eine solche Zusammenarbeit zwischen Staat und kapitalistischer Wirtschaft war tendenziell in allen fortgeschrittenen Industriegesellschaften in der Zwischenkriegszeit zu beobachten. Vgl. Gluckstein, The Nazis, S. 162.

Anstaltsstaat messe oder mit autoritären Formen »bürokratischer Herrschaft« vergleiche. Zu erklären seien weniger die Reibungsverluste, die aus einem vorgeblichen Kompetenzwirrwarr entstünden, sondern umgekehrt die Fähigkeit des Systems, barbarische Verbrechen in die Praxis umzusetzen und gegenüber hoch überlegenen Gegnern sechs Jahre lang einen Weltkrieg durchzuhalten. Selbstkritisch konzediert Hachtmann, dass der Begriff Neue Staatlichkeit nicht erfasse, dass die Subsysteme Militär, Wirtschaft, Politik und Wissenschaft vor allem ab 1936 und 1937 zu einem Komplex verschmolzen, dessen einzelne Bestandteile auch analytisch immer schwerer auseinanderzuhalten seien.[34]

Die Wirtschaft des Nationalsozialismus

Auf die Debatte um ein Primat der Politik versus Ökonomie möchte ich nur kurz eingehen. Wie immer man es mit dem Wissen von heute bewerten mag, Timothy W. Masons Aufsatz gab ihr einen starken Impuls, als er auf dem marxistischen Paradigma beharrte und davon ausging, dass die Großunternehmen die sich ihnen mit der Expansion bietenden Chancen nutzten und damit dem Konkurrenzprinzip gehorchten. Letztlich erklärte sich Mason die Verselbstständigung des Politischen, die tatsächliche Einlösung des von den Nationalsozialisten von Anfang an beanspruchten Primats der Politik, aus den Strukturveränderungen im wirtschaftlichen Bereich.[35] Der Gegenstoß kam von DDR-Historikern, die dem Primat der Wirtschaft das Wort redeten und deren Argumentation darin gipfelte, dass der Krieg das unmittelbare Produkt der Ziele und Absichten der reaktionärsten und chauvinistischsten imperialistischen Teile des Finanzkapitals gewesen sei. Dieser These schlossen sich jedoch nur wenige an.

Ian Kershaw betont aus einer vermittelnden Position heraus das untrennbare Ineinandergreifen wirtschaftlicher, ideologischer und militärstrategischer Faktoren während des Kriegs, das die deutsche Aggression prägte. Die Verfechter des Primats der Politik, so Kershaw, konzentrierten sich in vielen Fällen vereinfachend allein auf die Frage, ob Entscheidungen im Dritten Reich unmittelbar im Interesse des deutschen Kapitals gefällt worden waren. Diese Argumentationsweise sei im Kern kaum mehr als ein oberflächlicher Angriff auf eine naive »Agententheorie«, die in den Naziführern Marionetten des Großkapitals sah.[36]

34 Vgl. Hachtmann, Institutionen, S. 82 ff. und 86 ff.; ders./Süß, Editorial. Stefanie Middendorf kritisierte an diesen Positionen, dass sie den Kontinuitäten der Ministerialverwaltungen zur Weimarer Republik nur begrenzte Aufmerksamkeit widmen. Diese erschienen so vor allem als Exponenten rationaler Herrschaft, als Beharrungskräfte einer »konventionellen« Ordnung. Middendorf rückt hingegen die permanent prekäre, keineswegs rational »geordnete« Existenz des Weimarer Staats in den Fokus. Vgl. Middendorf, Staatsfinanzen, S. 142 und 166 (Zitat ebd.); dies., Macht, S. 16, 22 f., 479, 493 und 495 f.

35 Vgl. Mason, Primat; Sachse, Revisited, S. 51; Priemel, National Socialism, S. 282 f. und 293 f.; Plumpe, Wirtschafts- und Unternehmensgeschichte.

36 Vgl. Kershaw, Der NS-Staat, S. 83 ff. und 103 ff.

Je intensiver über die nationalsozialistische Diktatur geforscht wurde, umso deutlicher zeigte sich, dass mit dem groben Interpretationsraster der Primat-Debatte das vielschichtige Verhältnis von Staat und Wirtschaft nicht angemessen erfasst werden kann. Bereits 1987 kam Hans Mommsen zu dem Schluss, dass die Frage des Verhältnisses von Ökonomie und Politik im Sinne einer Unter- oder Überordnung für das Verständnis der nationalsozialistischen Zeit schlechthin falsch gestellt sei.[37]

Auch Norbert Frei hält die Dichotomie zwischen NS-Regime auf der einen und der Wirtschaft auf der anderen Seite für eine zu eng gefasste Konzeption, die sich erst überwinden lasse, wenn »wir die Wirtschaft nicht länger als ein mehr oder weniger autonomes Gegenüber des Regimes betrachten; wenn wir also, anstelle nach der Rolle oder der Funktion der Wirtschaft im Nationalsozialismus zu fragen – so, als sei diese Herrschaft lediglich ein Rahmen, etwas Äußerliches gewesen –, uns dafür entscheiden, die Wirtschaft zwischen 1933 und 1945 als die Wirtschaft des Nationalsozialismus in den Blick zu nehmen«. Dies wollte er ausdrücklich nicht als Wortklauberei verstanden wissen, sondern als einen Wechsel der Perspektive. Viele Wirtschaftshistoriker gingen mit Blick auf die deutschen Unternehmen und ihre Unternehmer von einem eigens eingegangenen Beziehungsverhältnis zum Nationalsozialismus aus, als ob es sich bei *der* Wirtschaft und *dem* Nationalsozialismus um zwei eigene Entitäten handelte, die in vollständig voneinander getrennten Sphären existierten und die erst einmal miteinander in Berührung hätten kommen müssen. Frei zufolge spricht aber alles für die Annahme, dass sich die deutschen Unternehmer und Manager in ihrer übergroßen Mehrheit nicht anders verhielten als der Rest der deutschen Gesellschaft. Diese Grundannahme »könnte der wirtschafts- und unternehmensgeschichtlichen Forschung helfen, überkommene Kontroversen endlich hinter sich zu lassen, die vielfach nur falschen Dichotomisierungen geschuldet sind«.[38]

Bei einer Tagung im Jahr 2010 zum Thema »Unternehmen im Nationalsozialismus« provozierte Frei die Anwesenden in seinem Eröffnungsvortrag mit der Aussage, dass vor allem die unternehmensgeschichtliche Forschung die Fragen nach den Motiven jenseits des Ökonomischen völlig außen vor gelassen hätte. In der Folge stehe nun ein »gedoppelter Primat« im Raum: Neben oder unterhalb des Primats der Politik über die Wirtschaft gebe es auch noch den Primat der Wirtschaft in der Wirtschaft. Deshalb plädierte er dafür, sich mehr auf die Rolle oder die Funktion der Wirtschaft im Nationalsozialismus zu fokussieren.[39]

37 Vgl. Ambrosius, Staat, S. 93; Mommsen, Bündnis, S. 129.

38 Vgl. Frei, Wirtschaft, S. 14, 17 (Zitat ebd.), 20 und 23 f. (Zitat S. 24).

39 Vgl. Tagungsbericht. Freis Formulierungsvorschlag, so die Kritik, lege ein zu einseitiges Beziehungsverhältnis nahe und evoziere die Vorstellung, dass der Teilbereich der Politik den Bereich der Wirtschaft dominierte. Dies sei jedoch irreleitend, weil der Bereich der Wirtschaft seinerseits auch versuchte, auf die Politik Einfluss zu nehmen, ohne dass es deswegen sinnvoll wäre, vom Nationalsozialismus der Wirtschaft zu sprechen. Seine Position laufe also zu sehr auf einen Primat der Politik hinaus, wenngleich er an anderen Stellen dafür plädiere, die alte Dichotomie aufzuheben. Vgl. Buggeln, Rezension.

Den Kern des Problems treffen aus meiner Sicht Stefanie Middendorf und Kim Christian Priemel, die herausarbeiten, dass in den gängigen Forschungsperspektiven eine zumindest gedankliche Trennung zwischen Politik bzw. Staat einerseits und Wirtschaft andererseits konstitutiv sei. Zu selten werde untersucht, wie die jeweiligen Protagonisten als Elemente der nationalsozialistischen Gesellschaft fungierten und zur Ausgestaltung des »neuen« Staats beitrugen. Nicht im steuernden Eindringen des einen Systems in das andere wäre demnach die Eigenheit des Nationalsozialismus zu suchen, sondern in einer NS-spezifischen Ausgestaltung der strukturellen Kopplungen und der Wirkmacht einzelner Kommunikationsmedien.[40]

Schon den Zeitgenossen sei klar gewesen, so Tim Schanetzky, dass sich Staatlichkeit während der 1930er und frühen 1940er Jahre grundlegend gewandelt hatte: Die Staatskonjunktur, die in den USA ebenso wie in Deutschland als Reaktion auf den Schock der Weltwirtschaftskrise angestiegen war, mündete hier wie dort in die Rüstungswirtschaft des Zweiten Weltkriegs. Wandel von Staatlichkeit bedeutete auch, dass weniger scharf zwischen Staat und Unternehmen zu scheiden war. Schon mit dem eigentümlich halböffentlichen Sektor, in dem sich Verbandswesen, Unternehmerwirtschaft und staatlich-militärische Rüstungssteuerung überlappten, sei kaum noch klar zwischen zwei separaten Sektoren zu unterscheiden gewesen.[41]

Bei der Frage nach dem Charakter des nationalsozialistischen Wirtschaftssystems insgesamt – Markt- oder Befehlswirtschaft – wird rasch deutlich, dass eine reine Befehlswirtschaft den Aufschwung nach 1933 gefährdet und die deutsche Wirtschaft auf Jahre behindert hätte. Es ist auch schwer vorstellbar, dass das Dritte Reich in der Lage gewesen wäre, eine Kriegsmaschinerie aufzubauen, die einem Gegner mit überlegenen Ressourcen lange hätte standhalten können, wenn nicht alle bereitwillig dazu beigetragen hätten. Die Industriellen arbeiteten an der Expansion mit, weniger aus ideologischen Gründen, sondern weil sie die Profitabilität ihrer Unternehmen im Blick hatten. Deshalb fuhr das Regime einen vorsichtigen Kurs beim Aufbau eines regulatorischen Rahmens, der den Gesetzen der Marktwirtschaft Raum ließ. Nur in einem ausgewogenen Zusammenspiel von Regulierung und Anreiz konnte die Kriegsbereitschaft Deutschlands innerhalb kurzer Zeit sichergestellt werden.[42]

Die nationalsozialistische Wehrwirtschaft traf, so Priemel, weder eine Vorentscheidung zugunsten einer staatsdirigistischen Ordnung, noch setzte sie marktwirtschaftliche Mechanismen außer Kraft, sondern bediente sich dieser vielmehr nach Bedarf und nach Möglichkeit. Erst wenn sich abzeichnete, dass auf diesem Weg das Ziel nicht zu erreichen war, wie etwa bei der Gründung der Reichswerke AG für Erzbergbau und Eisenhütten »Hermann Göring« (HGW), sei der Staat selbst aktiv geworden. Da diese Fälle die Ausnahme vom grundsätzlich gewahrten Prinzip der Vertragsfreiheit blieben, habe das Dritte Reich zwar ein aus der Praxis geborenes,

40 Vgl. Middendorf/Priemel, Jenseits des Primats, S. 95 und 119 f.

41 Vgl. Schanetzky, Regierungsunternehmer, S. 370 f.

42 Vgl. Ziegler, A Regulated Market Economy, S. 139 ff., 144, 148 und 151 f.

eigenes Wirtschaftssystem entwickelt, ohne aber eine dezidiert nationalsozialistische Ordnungspolitik zu formulieren.[43]

Nach Ansicht Werner Plumpes manövrierte sich das NS-Wirtschaftssystem in das Dilemma, aus Effizienzgründen die Marktwirtschaft nicht anzutasten, deren ökonomischen Ausstoß aber im Interesse von Aufrüstung und Kriegführung steuern zu müssen. So entstand eine spezifische Mischung aus Steuerung und Autonomie, die mit Plan- oder gar Zentralverwaltungswirtschaft wenig zu tun hatte. Es gelang dem Nationalsozialismus, durch die Kombination ganz unterschiedlicher Programme und »Steuerungsmedien« kurzfristig die Erwartungsbildung und damit die Entscheidungen in vielen Unternehmen so zu beeinflussen, dass sie sich der staatlichen Rüstungspolitik ganz »autonom« unterwarfen.[44]

Für die Frage der Bewertung eines Wirtschaftssystems sind die Verfügungsrechte der Unternehmen hinsichtlich ihrer Produktions- und Investitionsentscheidungen zentral: Es blieb dabei, dass die Gesetze des Handelns primär nicht von der Politik definiert wurden, vielmehr nahm das Regime Einfluss, indem es sich diesen Gesetzen bis zu einem gewissen Grad selbst unterwarf und versuchte, die Gewinnträchtigkeit unterschiedlicher unternehmerischer Handlungsalternativen so zu manipulieren, dass das Ergebnis seine politischen Ziele förderte. Die ideale nationalsozialistische Wirtschaft, so Buchheim und Scherner, habe die Kreativität privater Unternehmer in einem weitgehend wettbewerbsorientierten Rahmen freisetzen wollen, der vom Staat aber im Sinne des Volkswohls gelenkt wurde. Deshalb könne man von einer »staatlich gelenkten Privateigentumswirtschaft« sprechen.[45]

Volker R. Berghahn stellt sich die auch in diesem Kontext relevante Frage, wie sich das Kräfteverhältnis zwischen Regime und Wirtschaft weiterentwickelt hätte und welche Art von Wirtschaftssystem vermutlich entstanden wäre, wäre das Dritte Reich nicht militärisch besiegt worden. Seiner Ansicht nach lohnt es, Hypothesen über die künftige Struktur und Organisation einer nationalsozialistischen Nachkriegswirtschaftsordnung aufzustellen, auch um die Dynamik des Nationalsozialismus besser zu verstehen.[46]

43 Vgl. Priemel, Lernversagen, hier S. 307 f.

44 Vgl. Plumpe, Wirtschafts- und Unternehmensgeschichte, S. 241 ff.; ders., Steuerungsprobleme, S. 19 ff.; ders., Unternehmen, S. 251 f.

45 Vgl. Buchheim/Scherner, Anmerkungen, S. 97; dies., The Role, S. 390 und 411. Für Jochen Streb greift die Fokussierung auf die beiden Idealtypen – Zentralverwaltungs- und Marktwirtschaft – ohnehin zu kurz. Das NS-Wirtschaftssystem als »gemischtwirtschaftliche« Volkswirtschaft lasse sich keinem der beiden widerspruchsfrei zuordnen, sondern am besten als »gelenkte Marktwirtschaft« mit hoher Lenkungsintensität beschreiben. Vgl. Streb, Das nationalsozialistische Wirtschaftssystem, S. 61 ff., 68, 73 f. und 76.

46 Vgl. Berghahn, Writing the History, S. 144 f.

Freiheit oder Zwang? Frage der Handlungsspielräume der Unternehmen

Eng verknüpft mit der Frage nach dem Charakter des Wirtschaftssystems insgesamt ist die nach den Handlungsspielräumen der Unternehmen. Im Fall der Konti – bei der sich neben den Erdölfirmen auch Betriebe aus dem Bereich der Braunkohleförderung sowie Großbanken zusammenfanden – ist diese Frage von zentraler Bedeutung. Gegenüber früheren Thesen von einer »feindlichen Übernahme« der Wirtschaft durch die politischen Kräfte war von Anfang an Widerspruch formuliert worden. Zuletzt betonte Adam Tooze, dass die Vertreter der NS-Politik auf keinerlei Widerstand gestoßen seien, sondern vielmehr auf bereitwillige Kollaborateure. Ob es sich um das Autarkieprogramm, die Aufrüstung oder sogar die große Zahl an neuen Überwachungsbehörden gehandelt habe, stets habe es Beifall und tatkräftige Unterstützung von erfahrenen Firmenchefs gegeben, die ihr Fachwissen dem Regime zur Verfügung stellten. Angesichts dieses Befunds spricht Tooze nicht länger von »bereitwilligen Kollaborateuren«, sondern von »willigen Partnern« des Regimes.[47]

Die letzte fachwissenschaftliche Kontroverse liegt bald ein Jahrzehnt zurück, und der damalige Streit zwischen Peter Hayes auf der einen sowie Christoph Buchheim und Jonas Scherner auf der anderen Seite war nicht nur deshalb symptomatisch, weil auch er ergebnislos endete. Die Arbeiten der »Mannheimer Schule« betonten einen relativ hohen Grad an unternehmerischer Autonomie: Nicht staatlicher Zwang und diktatorische Gewalt, sondern finanzielle und rechtliche Anreize erklärten demnach, warum Unternehmen taten, was den politischen Zielen Hitlers diente.[48]

Buchheim wandte sich gegen die Formulierung »willige Partner« von Tooze, da dies den strukturellen Konflikt zwischen den kurzfristigen Kriegszielen der Nationalsozialisten und den langfristigen Interessen kapitalistischer Unternehmen ausblende. Er unterstellte Letzteren eine Fähigkeit zu rationalem Handeln, wonach stets die profitabelste Option gewählt und zugleich übersehen wurde, dass Unternehmer immer auch politisch handelnde Akteure eines Gemeinwesens sind. Der radikale Verfall moralischer Verhaltensregeln jedoch könne auf diese Weise kaum erklärt werden.

Buchheim und Scherner nahmen einen legalistischen Standpunkt ein und argumentierten, dass die privaten Eigentumsrechte weitgehend gewahrt blieben und die Aushandlungen zwischen Staat und Unternehmen mehrheitlich einer unternehmerisch-rationalen Handlungslogik gefolgt seien. Demnach hätten die Unternehmer nicht nur erhebliche Handlungsspielräume besessen, es sei es ihnen auch möglich gewesen, Verträge zu ihren Gunsten auszugestalten. Unbestreitbar setzte die NS-Autarkie-

47 Vgl. Tooze, Ökonomie, S. 166. Ludolf Herbst geht von der ähnlichen Hypothese aus, wonach sich die Unternehmensstrategie großer Konzerne primär im ökonomischen Koordinatensystem entwickelte und auf dieses bezogen blieb. In diesem Sinn habe die deutsche Großindustrie die Möglichkeiten, welche die nationalsozialistische Wirtschaftspolitik ihr bot, in ihre bisherige Unternehmensstrategie integriert. Vgl. Herbst, Krieg, S. 73, 75 und 132 ff.; ders., Großindustrie, S. 85 ff.

48 Vgl. Schanetzky, After the Gold Rush, S. 30 f.

und Rüstungspolitik auf ökonomische Anreize bei der Erforschung kriegswichtiger Ersatzstoffe und der Etablierung neuer Fertigungsverfahren. Doch müssten zugleich das Bedrohungspotenzial und die Gewaltbereitschaft der neuen Machthaber Berücksichtigung finden. Hayes verwies daher zu Recht auf den Zwangscharakter des NS-Regimes, der mit der Errichtung der Vierjahresplanbehörde, der Gründung der HGW und der Kriegswirtschaft enorm an Schärfe gewann. Das Verhalten der Unternehmer als rein marktgesteuertes Mittun zu interpretieren, erscheint auch Cornelia Rauh unhaltbar. In diesem Zusammenhang warnt Neil Gregor vor einer »voluntaristischen Wende«, die den Diktaturcharakter des Nationalsozialismus dramatisch unterschätze. Gregor führte den Begriff der »partiellen Autonomie« ein, wonach es den Unternehmen im Nationalsozialismus durchaus gelungen sei, eigene Interessen zu verfolgen, obgleich die Politik die ökonomischen Rahmenbedingungen vorgab. So versuchte er die Gleichzeitigkeit von unternehmerischen Handlungsspielräumen und politischem Zwangscharakter zusammenzuführen.[49]

Bei den von Buchheim und Scherner angeführten Beispielen wird deutlich, dass trotz starker Regulierung der Wettbewerb eine wichtige Determinante des Verhaltens der Unternehmen blieb. Auch an den langfristigen Gewinnerwartungen habe sich nichts geändert. Das aber sei ein essenzielles Kennzeichen von in Privateigentum befindlichen Unternehmen, deren Überleben davon abhängt, dass sie auch auf lange Sicht rentabel arbeiteten und ihr Eigenkapital nicht durch Verluste aufgezehrt wird.

In seinem Fazit stellt Buchheim fest: »Insgesamt war das Verhältnis zwischen Staat und Unternehmen in der NS-Zeit gekennzeichnet durch eine sehr komplexe Interaktion, wobei beide Seiten, auch die staatliche, enorme Anreize zur Kooperation hatten, die jedoch nur zustande kam, wenn die Interessen beider Seiten, auch die der Unternehmen, in den Resultaten Berücksichtigung fanden. Dazu kam auf beiden Seiten ein gewisses Drohpotential, das jedoch im Konfliktfall auf Seiten des Staats größer war, da die Unternehmen normalerweise in einem harten Wettbewerb zueinander standen und sich deshalb nicht generell der Kooperation mit dem Staat verweigerten. Außerdem war der Staat in der Lage, die Rahmenbedingungen wirtschaftlichen Handelns zu manipulieren, wie ineffizient auch immer. Aus diesen beiden Gründen heraus konnte der Staat letztlich sicher sein, über den Primat zu verfügen, so daß es in seinem Interesse lag, Zwang und Gewalt zu vermeiden, weil dies die in privatem Unternehmertum liegende Problemlösungsfähigkeit, die auch der Kriegswirtschaft zugute kam, beschädigt hätte.«[50] Dieses Argument wiederholten Buchheim und seine damaligen Mannheimer Mitstreiter in einer Reihe von Arbeiten zum Thema.[51]

49 Vgl. Rauh, Wirtschaftsbürger; Gregor, Stern, S. 376 f.; ders., Wissenschaft, S. 87 f.; ders., Nazism, S. 20; Windolf/Marx, Wirtschaftselite, S. 50 ff.

50 Vgl. Buchheim, Unternehmen, S. 353 ff. und 386 ff. (Zitat S. 387 f.).

51 Vgl. bspw.: ders./Scherner, Corporate Freedom; dies., Anmerkungen, S. 83 und 91 ff.; Scherner, Anreiz.

Kritik an ihren Ergebnissen kam von Hayes. Er attestierte Buchheim und Scherner, einen »voluntarist turn« einzuführen. Hayes betrachtet die NS-Wirtschaft als eine Mischung aus Marktmechanismen und staatlichen Direktiven, aus Anreizen und Anweisungen, Belohnungen und Repressalien. In dieser »Zuckerbrot-und-Peitsche«-Wirtschaft seien die mikroökonomischen Entscheidungen der Unternehmen durch das Zusammenspiel von staatlicher Finanzierung und staatlich garantierten Gewinnspannen für die Produktion bestimmter Güter einerseits und die ständig verschärften behördlichen Kontrollen, harten Strafen für deren Verletzung und die Möglichkeit staatlichen Zwangs andererseits zunehmend in die vom Regime gewünschten Bahnen gelenkt worden.[52]

In ihrer Replik betonten Buchheim und Scherner, dass weder Regulierung noch Drohungen die Unternehmen davon abgehalten hätten, ihr Handeln an Rentabilitätskalkülen auszurichten. Dennoch habe der Staat im Großen und Ganzen seine wirtschaftlichen Ziele durchsetzen können, er musste lediglich das Gewinnstreben der Unternehmen berücksichtigen und entsprechende Anreize setzen. Staatliche Eingriffe in die Wirtschaft schränkten zwar die Möglichkeiten der Unternehmen ein, aber in aller Regel nicht so stark, dass sie alternativlos waren. Es sei völlig verfehlt, die Wirtschaft des Dritten Reiches als »Skinner-Box«-Wirtschaft zu bezeichnen, niemals hätte der Staat die Geschäftsleute wie Ratten konditionieren können. Um seine Ziele erfolgreich zu verwirklichen, musste er sie mit den Interessen der Unternehmer so weit wie möglich in Einklang bringen.[53]

Auch Alexander Nützenadel geht resümierend davon aus, dass die Unternehmen unabhängig von ihrer jeweiligen Affinität zum NS-System die eigenen Interessen zielgerichtet verfolgten und versuchten, Handlungsspielräume zum eigenen Vorteil zu nutzen. Das NS-Regime erkannte selbst, dass mit zentralisierten Befehlsstrukturen allein die wirtschaftliche Mobilisierung nicht zu bewältigen war. Dass dieses System langfristig auf eine Selbstzerstörung hinauslief bzw. nur durch systematische Expansion und Ausbeutung der Ressourcen in den besetzten europäischen Gebieten in Gang gehalten wurde, änderte nichts an der kurzfristigen Leistungsfähigkeit der nationalsozialistischen Kriegswirtschaft.[54] Es scheint, dass diese Zusammenfassung auch für das Beispiel der Konti Gültigkeit beanspruchen kann.

52 Vgl. Hayes, Corporate Freedom, S. 29 ff.; ders., Industry under the Swastika; ders., Chemistry.

53 Vgl. Buchheim/Scherner, Corporate Freedom, S. 43 f. und 50. In seiner Antwort wirft Hayes den beiden vor, sich in ihrer Argumentation nur auf eigene Arbeiten zu beziehen, und wehrt sich gegen den Vorwurf der quellenkritischen Nachlässigkeit. Zudem kritisiert er die von Buchheim und Scherner gezogene Analogie zu den Verstaatlichungsmöglichkeiten in der Weimarer und der Bonner Republik, die nicht einschüchternd gewirkt hätten, als ahistorisch. Vgl. Hayes, Rejoinder.

54 Vgl. Nützenadel, Wirtschaftsgeschichte, S. 71 ff.

Angebote der Unternehmensgeschichtsschreibung

Unternehmen haben an erster Stelle eine ökonomische Funktion, sie sind zugleich aber auch soziale und kulturelle Handlungsfelder. Sie sind Arenen symbolischer Interaktion und der Austragung konkreter Interessengegensätze, in ihnen bilden und artikulieren sich organisatorische und soziale Hierarchien. Und schließlich stehen Unternehmen in einem ständigen Austausch mit den sie umgebenden Märkten und politischen Systemen, aber auch mit der sozialen und kulturellen Umwelt.[55] Deshalb muss, so Hartmut Berghoff, jede Unternehmensgeschichte als Gesellschaftsgeschichte zum einen bewusst multidimensional angelegt sein und zum anderen die Isolierung des Betriebs von der Außenwelt aufbrechen.[56] Hier scheint ein Angebot der Unternehmensgeschichte vorzuliegen, das sich in diesem Zusammenhang gut anwenden lässt. Wie wir sehen werden, bildete die Konti durch die Vielzahl unterschiedlicher Interessenvertreter ein komplexes soziales Handlungsfeld und verfügte über so viele Außenkontakte, dass die Beziehungen zur umgebenden Umwelt mit in den Blick genommen werden müssen.

Der theoretische Analyserahmen basiert auf der Überlegung, dass sich Unternehmen in ihrer Zeit und ihrer Welt – also ihrer »Umwelt« – verhalten. Über ihre Kontakte sind die Unternehmen in ihre Umwelt eingebunden. Somit sind sie Bedingungen und Abhängigkeiten ausgesetzt, können aber auch selbst Einfluss und Macht ausüben. Die Gesamtheit der Kontakte in die Umwelt formt sich zu einem vielfach verknüpften Geflecht, dem »Netzwerk des Unternehmens«.[57]

Die einseitige Bezugnahme auf Unternehmensgeschichte als Gesellschaftsgeschichte mag verwundern. Doch die meisten der vielfältigen Theorieangebote der modernen Unternehmensgeschichtsschreibung sind hier kaum anwendbar. Komplexe Theorien wie beispielsweise die Neue Institutionenökonomik oder der Corporate Governance-Ansatz setzen eine andere Datenbasis voraus.[58]

55 Vgl. Berghoff, Moderne Unternehmensgeschichte, S. 1.

56 Vgl. ders., Unternehmensgeschichte, S. 244.

57 Vgl. Triebel/Seidl, Analyserahmen, S. 16 f.

58 Vgl. bspw.: Wischermann, Von der Natur; Picot u. a., Organisation, S. 80 ff.; ders. u. a., Die grenzenlose Unternehmung, S. 17 ff.; Berghoff, Ansätze, S. 18 ff.; Erker, Corporate Governance.

2 Die Vorgeschichten

Bei den »Vorgeschichten«, also den für den Ölsektor relevanten Ereignissen und Entwicklungen, die zeitlich vor der Gründung der Konti lagen, konzentrieren wir uns auf folgende: den Ersten Weltkrieg als zentralen »Erfahrungsraum« (Reinhard Koselleck), die deutschen Bemühungen um eine Steigerung der heimischen Ölförderung, die Expansion der deutschen Mineralölfirmen ins Ausland sowie die wissenschaftliche Unterstützung durch die Geologie.

Nicht berücksichtigt werden hingegen die Themenkomplexe Hydrierung und synthetische Ölproduktion,[1] die Anstrengungen zur Steigerung der Ölimporte[2] und die in diesem Zusammenhang essenziellen sowjetischen Lieferungen,[3] die Mineralölversorgung insgesamt[4] sowie die wissenschaftlichen Forschungen zum Wirtschaftskrieg.[5] In einem weiteren Sinne gehören diese Felder zweifellos zum Thema hinzu, sie sind aber recht gut dokumentiert, zudem würde eine intensivere Behandlung den Rahmen sprengen.

2.1 Lektion Erster Weltkrieg

Um die epochale Bedeutung des Ersten Weltkriegs für das Thema zu verstehen, lohnt es sich, einem längeren Zitat des US-amerikanischen Ölexperten Daniel Yergin zu folgen: »Es war ein Krieg, der von Menschen und Maschinen geführt wurde. Und diese Maschinen wurden von Öl angetrieben – genau wie Admiral Fisher und Winston Churchill es vorausgesehen hatten, jedoch in viel größerem Maße noch, als selbst sie oder irgendein anderer politischer Führer es erwartet hätten. Denn im Verlauf

1 Vgl. insgesamt zum synthetischen Öl den »Klassiker«: Birkenfeld, Treibstoff; ferner: Rasch, Geschichte, S. 285 ff.; ders., Montanindustrie; ders., Kohlenforschungsinstitut; Kockel, Ölpolitik, S. 130 f.; Krammer, Fueling the Third Reich; Sattler, Unternehmensstrategien; Report on the Petroleum. Speziell zu den Bombardierungen der Hydrierwerke und Raffinerien vgl.: Groehler, Bombenkrieg, S. 222 ff. und 426 ff.; Overy, Bombenkrieg, S. 533 ff. und 555 ff.; ders., Wurzeln, S. 297 f.; The United States Strategic Bombing Survey.

2 Vgl. Toprani, The Navy's Success; Meier-Dörnberg, Ölversorgung, S. 18 ff.; Volland, Das Dritte Reich, S. 83 ff.

3 Vgl. Schwendemann, Zusammenarbeit, S. 262 ff.; ders., Economic relations; Schustereit, Mineralöllieferungen; Blumenhagen, Handelsbeziehungen, S. 207 ff.; Karlsch/Stokes, Faktor Öl, S. 207 f.; Ericson III, German Eagle; Spaulding, Osthandel, S. 277 f.; Musial, Stalins Beutezug, S. 25 ff.

4 Vgl. Karlsch/Stokes, Faktor Öl, S. 171 ff.; Eichholtz, Ölpolitik, S. 280 ff.; ders., Geschichte, Bd. 1, S. 13 ff.; ders., Geschichte, Bd. 2, S. 477 ff.; ders., Geschichte, Bd. 3, S. 135 ff.; ders., Großraumwehrwirtschaft; Toprani, Oil, S. 199 ff.; Scherner, Bericht; Thomas, Geschichte.

5 Vgl. Take, Forschen; Czycholl, 100 Jahre Institut, S. 64; Petersen, Expertisen; Dieckmann, Wirtschaftsforschung; Fünfzig Jahre, S. 58 ff.; Leveknecht, 90 Jahre HWWA.

des Ersten Weltkriegs veränderten das Öl und der Verbrennungsmotor die Kriegsführung in jeder Hinsicht, ja selbst die Begriffe von Mobilität zu Lande, zu Wasser und in der Luft schlechthin.«[6]

Dem entsprachen die zeitgenössischen Äußerungen Lord Curzons, der bei einem Dinner der britischen Regierung anlässlich der International Allied Petroleum Conference am 21. November 1918 erklärte, die alliierten Streitkräfte »floated to victory on a wave of oil«. Ohne diese »Öl-Welle«, die die große Masse der LKW antrieb, wäre der Krieg aus seiner Sicht nicht zu gewinnen gewesen. Der französische Senator Henry Bérenger pflichtete dem bei: Die Deutschen hätten geglaubt, den Krieg unter Einsatz ihrer großen Kohlenreserven gewinnen zu können, doch die Alliierten hätten ihn mit ihrem Öl gewonnen. Es sei ein Sieg der Automobile über die Eisenbahnen gewesen.[7]

Diese Aussagen mögen etwas überspitzt und monokausal klingen, man muss aber konstatieren, dass sich die militärische und die zivile Führung Deutschlands in den Versorgungsmöglichkeiten schwer getäuscht hatten. Gleich in den ersten Wochen zeichnete sich die Rohstoffknappheit ab, insbesondere mit Blick auf Mineralölprodukte. Aus Amerika und aus Russland, die 1914 zusammen noch 600.000 Tonnen geliefert hatten, floss kein Öl mehr ins Land, die galizischen Ölgebiete fielen schon im September 1914 in russische Hand. Letztere wurden zwar im Mai 1915 zurückerobert, aber die Ölvorräte und Anlagen waren größtenteils zerstört.

Die Gesamteinfuhr von Mineralöl nach Deutschland sank von 1,3 Mio. Tonnen im Jahr 1913 auf 940.000 Tonnen 1914 und auf 353.000 Tonnen 1915. In den letzten drei Kriegsjahren erreichte sie durchschnittlich 730.000 Tonnen pro Jahr. Die vergleichsweise geringe eigene Erdölproduktion und die aus Kohle gewonnenen Produkte konnten die Versorgungslücke nicht schließen. Es trat zwar keine wirkliche Notlage ein, aber die fehlende Planbarkeit bei der Versorgung und die Knappheit an Betriebsstoffen für den privaten Sektor wogen schwer.[8]

Zweifellos verschaffte der Zugang zu ausreichenden Ölvorkommen den westlichen Alliierten den notwendigen Vorteil in der modernen Kriegführung. Der Erste Weltkrieg demonstrierte die überragende Bedeutung des Verbrennungsmotors für Panzer, Flugzeuge und U-Boote, der nach und nach das Pferd als Transportmittel ersetzte, Kampfeinheiten von Bahnstrecken unabhängig machte und eine schnelle, bewegliche Kriegführung über große Distanzen und Zeiträume ermöglichte. Der Zweite Weltkrieg sollte technologisch dort starten, wo der Erste Weltkrieg aufgehört hatte: ein vollständig auf den Verbrennungsmotor – und damit auf Öl – ausgerichteter Krieg.[9]

6 Vgl. Yergin, Der Preis, S. 215 f. Der Krieg wirkte eben auch in diesem Bereich wie ein »gewaltiger Transformator« (Hans-Ulrich Wehler).

7 Vgl. Floated to victory (Zitat ebd.).

8 Vgl. Friedensburg, Erdöl, S. 121 ff.; Förster, Geschichte, S. 109.

9 Vgl. Jensen, Importance, S. 543 ff. Ein zeitgenössischer Beobachter wie Ferdinand Friedensburg, Geologe und Bergassessor, tradierte – wie viele andere auch – die Erfahrungen des Ersten Weltkriegs in die NS-Zeit. Vgl. ders., Erdöl, S. 111f.

Kaukasus- und Orientpläne

Im Sommer 1918 drangen die Mittelmächte bis zum Kaukasus vor, und im Frieden von Brest-Litowsk am 3. März 1918 hatten sie sich den Einfluss auf das Erdölgebiet von Baku gesichert. Die erbeuteten Erdölvorräte und Fördermengen ließen sich jedoch aus Mangel an Transportmöglichkeiten nicht mehr nutzen.[10]

Man kann hier deutliche Parallelen zur Situation im Zweiten Weltkrieg erkennen: In den Augen der Strategen des Deutschen Reichs und ihrer Orientexperten ergab sich aus der Konstellation im Nahen Osten zu Beginn des Ersten Weltkriegs eine vermeintlich große geopolitische Chance. Das Bestreben, diese zu ergreifen, fand seinen Ausdruck in einem Plan zur »Revolutionierung« oder »Dschihadisierung« des Orients, in dessen Zusammenhang militärische Expeditionen zu tatsächlichen oder erhofften muslimischen Verbündeten entsandt wurden, unter anderem nach Tunesien und Persien.[11]

Es gab außerdem Pläne, die russische Rohölversorgung zu unterbinden, und zu diesem Zweck wollte man einen muslimischen Aufstand provozieren. Die im Dezember 1914 begonnene türkische Kaukasusoffensive scheiterte jedoch an Nachschubproblemen und wurde nach drei Wochen abgebrochen. Am Tag des Beginns der Offensive erreichte Max von Scheubner-Richter, der später beim Hitler-Putsch umkam, den osttürkischen Kriegsschauplatz. Er arbeitete weiter an Aufstandsplänen im östlichen Kaukasus, lehnte aber die Zusammenarbeit mit Einheimischen ab und favorisierte einen überfallartigen Angriff mit einem Kavalleriekommando. Im September 1915 zog Scheubner-Richter aus Erzurum ab, in der Absicht, über Mossul nach Täbris in Nordpersien vorzudringen. Die dort ansässigen Stämme wollte er überzeugen, sich ihm anzuschließen und gemeinsam in den Ostkaukasus ziehen. Zusammen mit anderen Einheiten eroberte die Truppe Ende Dezember 1915 Mahabad, war jedoch aufgrund der Stärke des Gegners und eigener Nachschubprobleme bereits kurze Zeit später gezwungen, die Stellung wieder aufzugeben. Die Kaukasuspläne gerieten durch die schlechte militärische Lage ins Wanken. Scheubner-Richter versuchte noch, seine Truppe zu reorganisieren, und lieferte sich kleinere Gefechte mit den Russen, löste aber im Juli 1916 den Verband auf.

Vielleicht war es ein Menetekel für die kommenden Ereignisse – vor allem die ab dem Sommer 1942 –, rückblickend bleibt jedenfalls der Eindruck eines realitätsfernen Aktionismus, verbunden mit einem kaum glaublichen Informationsdefizit über die Region und ihre realistischen Möglichkeiten. Der Hauptgrund dafür lag im Fehlen eines in sich geschlossenen Gesamtkonzepts der Orientpolitik: »So war die wohl wesentlichste Ursache für den deutschen Misserfolg im Nahen Osten die Überschätzung der eigenen Fähigkeiten. Sie vor allem ließ Plan und Wirklichkeit auseinanderlaufen.«[12]

Im Mai 1918 war Generalmajor Friedrich Freiherr Kreß von Kressenstein auf Wunsch der Obersten Heeresleitung zum »Chef der deutschen Kaukasusdelegation«

10 Vgl. Förster, Geschichte, S. 106 f. und 109.

11 Vgl. Nagel, Kaiser, S. 342 f.

12 Vgl. Kröger, Kurdistan, S. 145 ff., 152 ff., 157 ff., 161 f. und 164 f. (Zitat S. 165).

ernannt worden. Deutsche Truppen besetzten Tiflis im Juni 1918 und im Oktober war ein Vorstoß auf Baku geplant, ausschlaggebend hierfür war die von Ludendorff so eingeschätzte Notwendigkeit des Erdölbezugs aus dem Kaukasus, doch er verkannte die Möglichkeiten der Erfassung und des Abtransports.

Baku wurde zwar am 15. September 1918 durch verbündete türkische Truppen eingenommen, das Unternehmen war aber durch den Zusammenbruch der Front in Bulgarien und Syrien hinfällig geworden. Trotzdem gab es noch im September/Oktober 1918 deutsche Pläne, in Richtung Kaspisches Meer und Baku (»Kaspi-Unternehmen«) vorzustoßen. Sie waren jedoch schon im Ansatz verfehlt, und so blieb die erste deutsche Expedition in den Kaukasus deutlicher Ausdruck des Größenwahns Ludendorffs.[13]

Wirtschaftliche Lehren

Der Erste Weltkrieg war und blieb der wichtigste Referenzrahmen für die nationalsozialistische Rüstungs- und Kriegspolitik. Das NS-Regime baute als Konsequenz aus den in dieser Zeit gewonnenen Erfahrungen auf Autarkie und Großraumwirtschaft – nicht im Sinn einer Alternative, sondern einer Doppelkonzeption. Die dabei verfolgte Wehrwirtschaft beruhte auf einer zweckgebundenen, am Fernziel Krieg ausgerichteten Form der Wirtschaftsgestaltung. Diese sollte erstens sicherstellen, dass es bei Kriegsausbruch nicht zu Umstellungsproblemen und Reibungsverlusten wie 1914 kommen würde, und zweitens – wiederum unter Rekurs auf die Erfahrungen des Weltkriegs – über die militärischen Bedürfnisse hinausgehen und eine umfassende Bedarfsdeckung der Kriegswirtschaft gewährleisten. Folgerichtig waren, drittens, alle übrigen ökonomischen Erwägungen der Kriegsvorbereitung unterzuordnen.[14]

Die Erfahrungen des Ersten Weltkriegs bezogen sich eben nicht nur auf die Frage der Rohstoffversorgung, sondern auf die Kriegstauglichkeit und Resilienz des Wirtschaftssystems insgesamt. Nach 1914 war die marktwirtschaftliche Wirtschaftsordnung immer mehr in den Sog des kontrollierenden, planenden und verwaltenden Staats geraten. Schon während des Kriegs wurde das Modell einer am »nationalen Wohl« orientierten Gemeinwirtschaft konzipiert und in Ansätzen auch verwirklicht.

Als Resultat der britischen Wirtschaftsblockade rückte die Rohstoffbewirtschaftung in das Zentrum der deutschen Kriegswirtschaft. Die Anfang August eingerichtete und von Walther Rathenau geleitete Kriegsrohstoffabteilung garantierte eine enge Verzahnung von Privatwirtschaft und Staat. Unter anderem arbeitete sie an der Entwicklung von Ersatzstoffen, vor allem der synthetischen Stickstoffgewinnung.[15]

13 Vgl. Baumgart, Kaspi-Unternehmen, S. 47 ff. und 106 ff.; ders. (Hg.), Freiherr Kreß, S. 7; Kröger, Revolution.

14 Vgl. Priemel, Lernversagen, S. 304 und 307 f.

15 Vgl. Michalka, Kriegsrohstoffbewirtschaftung, S. 485 ff.

Das entstehende Nebeneinander von Selbstverwaltung und Dirigismus, von kapitalistischem Privatunternehmertum und zentral gelenktem Staatssozialismus war in diesem Umfang nur möglich, weil die bereits bestehende Mischung aus Konzentration und Kartellierung in der Industrie die organisatorisch notwendige Grundlage bildete. Staat und Wirtschaft wurden so effizient verbunden, wie Rathenau es sich schon in Friedenszeiten bei der Elektrizitätswirtschaft gewünscht hatte: nicht durch bloße staatliche Zentralisation, sondern flankiert von der Bildung von Kriegswirtschaftsgesellschaften, das heißt aktiengesellschaftsähnlichen Gebilden für die Beschaffung und Verteilung einzelner Rohstoffe. Diese Gesellschaften wurden in Anlehnung an bestehende Syndikate, Kartelle und Verbände organisiert, allerdings als staatlich kontrollierte und geschützte.[16]

Die Kriegsgesellschaften waren mit der Abwicklung der angeordneten Bewirtschaftungsmaßnahmen befasst. Konkret sollten sie im Rahmen des aufgestellten Wirtschaftsplans die Beschaffung, Bewirtschaftung und Verteilung der knappen Rohstoffe und Nahrungsmittel an die verarbeitenden Betriebe und Verbraucher vornehmen. Sie waren damit gewissermaßen Geschäftsabteilungen der Kriegswirtschaftsverwaltung und standen zwischen den staatlichen Stellen und dem einzelnen Unternehmen bzw. den Zentralverbänden. Zugleich wurde auf diese Weise der Privatwirtschaft ermöglicht, sich an der Zwangswirtschaft zu beteiligen und – auch zum eigenen Vorteil – ihre Expertise zur Verfügung zu stellen. Die Kriegsgesellschaften stellten demnach das privat- bzw. gemischtwirtschaftliche Element der Kriegswirtschaft dar.[17] Die an sie geknüpfte Hoffnung, die Marktmechanismen durch eine weitgehend selbstverwaltete wirtschaftliche Reglementierung ersetzen zu können, erfüllte sich jedoch nicht. Sie waren weder von der Zusammensetzung noch von den Funktionen her Selbstverwaltungskörper, außerdem blieb ihre Mitgliederzahl begrenzt. Ähnlich beschränkt waren ihre Funktionen: Ein Recht auf Eingriffe in die Dispositionsfreiheit der Firmen erhielten sie nicht.[18]

Besonders markant – und für die Betrachtung der Konti relevant – war die Beteiligung der Privatwirtschaft am Kapital der Kriegschemikalien AG. Es befand sich ausschließlich in privatem Besitz, unter anderem bei den drei großen Farbenherstellern BASF, Bayer und Hoechst. Insgesamt handelte es sich um ein von der Regierung kontrolliertes Konsortium der 26 wichtigsten Chemieunternehmen, dessen Geschäftspolitik von den Kriegsämtern und der Kriegsrohstoffabteilung vorgegeben wurde.[19]

Je länger der totale Krieg dauerte, desto stärker musste das gesamte Wirtschaftsleben auf die militärischen Erfordernisse umgestellt werden, und je größer die Eng-

16 Vgl. Ullmann, Kriegswirtschaft, S. 222 f.; Michalka, Kriegsrohstoffbewirtschaftung, S. 490 und 500.

17 Vgl. Rohlack, Kriegsgesellschaften, S. 15; Wixforth, Gründung, S. 90 f.

18 Vgl. Roth, Staat, S. 21 und 411 f. Waren es bis Februar 1916 nur 16 Rohstoffgesellschaften, so wuchs deren Zahl bis Kriegsende auf etwa 200 gemischtwirtschaftliche Kriegsgesellschaften und Kriegsausschüsse an. Vgl. van de Kerkhof, Public-Private Partnership, S. 118.

19 Vgl. Wixforth, Gründung, S. 92.

pässe bei Waffen, Munition und Lebensmitteln, desto mehr schwoll die staatliche Regulierungstätigkeit an. Am Ende dieses Prozesses hatte sich die Marktwirtschaft in eine Kriegsverwaltungswirtschaft verwandelt. Die gegenseitige Durchdringung von Wirtschaft, Wissenschaft, Verwaltung und Politik blieb auch nach 1918 virulent.[20]

Großraumwirtschaft als Lösungsstrategie

Für den Historiker Ulrich Herbert lag eine Folgerung aus der offenkundigen wirtschaftlichen Unterlegenheit der deutschen Seite im Ersten Weltkrieg in dem Versuch, diese perspektivisch durch die massive Erweiterung der eigenen ökonomischen Basis auszugleichen, und zwar vor allem durch die Heranziehung der Volkswirtschaften der besetzten Länder für die eigene Kriegswirtschaft. Deutschland musste also im nächsten Krieg danach trachten, nach Kriegsausbruch möglichst schnell möglichst große und rohstoffreiche Regionen zu erobern und zu beherrschen, um den Vorsprung der Kriegsgegner in Bezug auf Ressourcen ausgleichen zu können. Neben der Herstellung von Ersatzstoffen und den vielfältigen Bestrebungen zur Intensivierung der deutschen Landwirtschaft waren es vor allem diese großraum- und besatzungspolitischen Konsequenzen, die sich aus der Erfahrung des Ersten Weltkriegs ergaben. Die Schaffung eines blockadefesten Kontinentaleuropas unter eigener Herrschaft war eines der vordringlichsten Kriegsziele Deutschlands im Zweiten Weltkrieg.[21]

Das Ziel dieses expansionistischen Strebens – vielleicht sollte man es genauer formulieren: das Etappenziel – bildete die wirtschaftliche Neuordnung des Kontinents, eine von NS-Deutschland dominierte europäische Großraumwirtschaft. Wie es Reichswirtschaftsminister Walther Funk[22] auf einer Tagung der Südosteuropa-Gesellschaft im Dezember 1941 in Prag ausdrückte, verhießen die weiten, für das nationalsozialistisch dominierte Europa noch unerschlossenen Rohstoffgebiete im europäischen Osten, das zukünftige Kolonialland zu werden. Ziel sei die wirtschaftliche Unabhängigkeit des Kontinents, eine krisenfeste und autarke Wirtschaft sowie die Sicherung und Erhöhung des Lebensstandards der europäischen Völker.[23]

Die Vorstellungen von geopolitisch nach Kontinenten zu ordnenden Großraumwirtschaften teilten nicht wenige von Funks Zeitgenossen.[24] Die Idee eines geschlossenen

20 Vgl. Berghoff, Unternehmensgeschichte, S. 201 ff.

21 Vgl. Herbert, Nationalsozialisten, S. 8. Der Nationalsozialismus war in seiner malthusianisch geprägten Ideologie auf das extensive Wachstum durch Zugewinn von Land und Ressourcen auf den Weg des Eroberungskriegs fixiert, eine Spielart des Raubkapitalismus. Diese Ideologie bildete die ökonomische Triebfeder, um die nationalsozialistische Dynamik in Gang zu setzen. Vgl. Ritschl, NS-Wirtschaftsideologie, S. 70.

22 Näheres zu seiner Vita in den Kurzbiographien.

23 Vgl. Europas wirtschaftliche Freiheit. Reichswirtschaftsminister Funk über die Bedeutung des Ostens, in: Berliner Börsen-Zeitung, Nr. 593 vom 18. 12. 1941, zit. nach: BAB, R 11, Nr. 104, Bl. 3. Siehe auch: Reichswirtschaftsminister, Wirtschaftsordnung, S. 85.

24 Vgl. dazu: Teichert, Autarkie; Gruchmann, Großraumordnung; Jureit, Ordnen.

kontinentalen, unter deutscher Hegemonie stehenden Großwirtschaftsraums, geboren aus der Kombination tradierter Europa-Ideen mit Lehren aus dem in der Weltwirtschaftskrise vermeintlich manifest gewordenen Kollaps des liberalen Freihandelssystems, hatte viele Anhänger – darunter auch Hitler. Sein nach Osten ausgerichtetes Lebensraumprogramm fügte sich nahtlos in seine gesamteuropäische Ordnungsvorstellung ein: Ohne den europäischen Osten erschien dieses Europa nicht autark.[25]

Für die Hardliner unter den NS-Großraumplanern trug die wirtschaftliche Großraumpolitik ohnehin nur Kompromisscharakter, da sie keine einseitige Ausbeutung der Länder vorsah. Somit blieb für sie nur die Rückkehr zur Gewalt. Die gewaltsame Eroberung und Ausbeutung von Nachbarstaaten waren aus dieser Perspektive kein finales Kriegsziel, sondern lediglich eine Voraussetzung für die Reduzierung der wehrwirtschaftlichen Abhängigkeit und damit eine gute Ausgangssituation im Kampf um eine Weltmachtposition.[26]

Selbstverständlich war die Mineralölversorgung Deutschlands integraler Bestandteil dieser Großraumplanungen. Lange vor der Gründung der Konti war klar, dass eine kontinentaleuropäische Großraumwirtschaft den Bedarf nicht mit den eigenen Vorkommen decken konnte. Das Territorium der Sowjetunion jedoch stand mit dem mittel- und westeuropäischen Raum in enger Verbindung, ebenso Nordafrika und der Nahe Osten. Dort befanden sich in logistisch erreichbarer Nähe und in einer nach dem Krieg voraussichtlich auch strategisch gesicherten Lage große Erdölreviere. Das klang bereits wie das vorweggenommene Expansionsprogramm der Konti.[27]

Laut dem Erdölgeologen Alfred Bentz[28] bestand eine der wichtigsten Aufgaben der kommenden Neuordnung Europas darin, die Erdölversorgung des kontinentalen Europas zu sichern und der Abhängigkeit von den britisch-US-amerikanischen Großkonzernen ein Ende zu setzen. Dazu sei die Sicherung der Erdölreserven im Nahen Osten notwendig.[29]

25 Vgl. Volkmann, Sowjetunion, S. 321; Kahrs, Großraumwirtschaft.

26 Vgl. Geyer, Aufrüstung, S. 462.

27 Vgl. Hans Bahr, Neue Erdölpolitik im kontinentaleuropäischen Raum, in: Wirtschaftsdienst, Nr. 29 vom 19. 7. 1940, zit. nach: BAB, NS 5-VI, Nr. 39340.

28 Näheres zu seiner Vita in den Kurzbiographien.

29 Vgl. Alfred Bentz, Sicherstellung des europäischen Erdölbedarfs, vom 24. 7. 1940, S. 1 f. und 22, in: BGR, Nr. 0049459; Eichholtz, Ölpolitik, S. 387 f.

2.2 Angestrebte Produktionssteigerung

Die Struktur der deutschen Erdölwirtschaft

Bis zum Jahr 1934 gab es nur vier bedeutende Ölfelder in Deutschland: Wietze, Hänigsen-Nienhagen, Oedesse und Oberg, die alle in der Umgebung von Hannover und Celle lagen. Hier wurden 1937 413.000 Tonnen Erdöl gefördert, mehr als 90 Prozent der gesamten deutschen Produktion, im gesamten übrigen Reichsgebiet waren es nur 40.000 Tonnen.[30]

Zwischen 1933 und 1945 sollte die heimische Förderung massiv ausgeweitet werden, und so fanden geophysikalische Untersuchungen in ganz Deutschland statt, in deren Folge insgesamt 25 neue Ölfelder entdeckt wurden. Die Produktion stieg von 300.000 Tonnen im Jahr 1934 auf eine Mio. Tonnen 1940 an. Bis 1944 wuchs sie in »Großdeutschland« auf zwei Mio. Tonnen an, ein Viertel des Gesamtverbrauchs in diesem Jahr.[31]

Neben der Region Hannover/Celle hatte Hamburg große Bedeutung für die deutsche Erdölwirtschaft, und zwar in doppelter Hinsicht: Zum einen war der Hafen der mit Abstand wichtigste Ölumschlagplatz im Deutschen Reich und sogar des europäischen Kontinents. Zum anderen befanden sich in der Region große Erdölraffinerien. Drei Viertel der deutschen Raffineriekapazitäten von 1936 lagen in der Region Hamburg. Mit Blick auf die tatsächlich erzielte Produktionsleistung rangierten die Harburger Raffinerie der Rhenania-Ossag sowie die ebenfalls in Harburg angesiedelte Ebano Asphalt AG an der Spitze. An dritter Stelle stand die modernste Anlage der Region, die seit 1934 von der Europäischen Tanklager- und Transport AG (Eurotank) betrieben wurde.[32]

Der deutsche Mineralölmarkt wurde in den 1920er und 1930er Jahren von den großen internationalen Erdölkonzernen bzw. ihren Tochtergesellschaften dominiert: der zur Standard Oil gehörenden Deutsch-Amerikanischen Petroleum Gesellschaft und der Rhenania-Ossag (Royal Dutch Shell). Anders als in Frankreich und Italien, wo staatliche Ölkonzerne ein Gegengewicht gegen die *Majors* bildeten, war die deutsche Ölwirtschaft stark zersplittert und hatte durch den Verlust ihrer Auslandsbeteiligungen nach dem Ersten Weltkrieg noch zusätzlich an Bedeutung eingebüßt. Die strukturellen Probleme der deutschen Erdölwirtschaft nutzte die Anglo-Persian Oil Company, die spätere British Petroleum, um sich ab 1926 neben Standard Oil und Royal Dutch Shell als dritter großer Player auf dem deutschen Markt zu positionieren.

Den anglo-amerikanischen Erdölkonzernen auch nur annähernd vergleichbare deutsche Unternehmen gab es nicht, da ihnen die wichtigste Voraussetzung fehlte: der Zugang zu ergiebigen Rohölvorkommen. Die ohnehin nur geringe inländische

30 Vgl. Lefèvre, Beitrag, S. 183 f.

31 Vgl. Stokes, Oil Industry, S. 259 und 261 f.

32 Vgl. Weinhauer, Handelskrise, S. 215 ff.

Förderung stagnierte, und so verlagerte die DEA, bis 1918 das größte deutsche Erdölunternehmen, den Großteil ihrer Geschäftstätigkeit notgedrungen auf die Kohlewirtschaft. Komplett aus dem Erdölgeschäft zurück zog sich die Deutsche Bank und verkaufte die Deutsche Petroleum AG. Nur die Gewerkschaft Elwerath, ein mittelständisches Unternehmen, war noch ausschließlich in der Erdölförderung tätig. Die deutsche Ölindustrie wurde in den 1930er und 1940er Jahren von sechs Firmen dominiert, die zusammen 96 Prozent der Produktion kontrollierten: von der DEA, der Gewerkschaft Elwerath, der Wintershall AG, der Preußischen Bergwerks- und Hütten-Aktiengesellschaft (Preussag), der Deutschen Vacuum und der Gewerkschaft Brigitta (Shell).[33]

Die deutschen Erdölunternehmen waren auch im Vergleich mit der deutschen Großindustrie eher klein. Zieht man die Zahlen der Beschäftigten für 1938 heran, rangierte die DEA, das größte unter ihnen, mit 20.000 nur auf Platz 32 – noch hinter Holzmann, Hochtief und Karstadt. Die Wintershall AG fand sich mit 14.683 Beschäftigten auf Platz 53 und die Rhenania-Ossag mit 8.000 auf Platz 88.[34]

Aufgrund der Lehren aus dem Ersten Weltkrieg, des Wandels der Erdölindustrie hin zu einer stabilen Energiewirtschaft und der Kriegsplanungen des NS-Regimes wurden staatliche Eingriffe in die Erdölindustrie zur Regel, eine Entwicklung, die sowohl die Erdölunternehmen als auch die Banken mehr oder weniger bereitwillig akzeptierten. Beide Branchen durchliefen einen weiteren Konzentrationsprozess, beispielhaft dafür steht die Entstehung der Wintershall AG, die Ende der 1930er Jahre die DEA ablöste.[35]

Auch die Organisation der Erdölindustrie war zersplittert, die Raffinerien wurden durch die Wirtschaftsgruppe (Wigru) Chemie vertreten, die Erdölproduzenten jedoch durch die Wigru Bergbau. Am 8. August 1936 verfügte der Reichswirtschaftsminister eine Änderung der Verbandsorganisation: Die Fachgruppe Erdölbergbau wurde aus der Wigru Bergbau herausgelöst und als Fachgruppe Erdölgewinnung der neugegründeten Wigru Kraftstoffindustrie einverleibt, deren Leitung Ernst Rudolf Fischer[36] von der IG Farben AG übernahm, bis er 1939 ins Reichswirtschaftsministerium (RWiM) wechselte.[37]

Später stellte Bentz als Sonderbeauftragter Görings die Bohr- und Förderpläne für die gesamte deutsche Erdölindustrie auf. Um die dafür nötige industrielle Fertigung sicherzustellen, hatte das Rüstungslieferungsamt des Reichsministers für Bewaffnung und Munition einen Sonderausschuss für Tiefbohrgeräte und Ölfeldbedarf eingerichtet. Zur zentralisierten Beschaffung sowie zur Finanzierung der erforderlichen Geräte und sonstigen Einrichtungen wurde eigens die Erdölanlagen Gesell-

33 Vgl. Karlsch, Krisengewinner, S. 37f.

34 Vgl. Fiedler, Unternehmen, S. 49ff. Mit leichten Korrekturen: Fiedler/Gospel, Arbeitgeber, S. 11ff.

35 Vgl. Mejcher, Banking, S. 104f.

36 Näheres zu seiner Vita in den Kurzbiographien.

37 Vgl. Kockel, Ölpolitik, S. 217.

schaft mbH (EAG) gegründet.[38] Auf Veranlassung Speers kamen hierfür Vertreter aus folgenden Firmen zusammen: den Mannesmann-Röhrenwerken, Haniel & Lueg, der Deutschen Maschinenbau-Aktiengesellschaft, der Wintershall, der Preussag, der DEA, der Gewerkschaft Elwerath und der Konti. Vom Stammkapital, fünf Mio. RM, hielt die Rüstungskontor GmbH 2,6 Mio., die übrigen Firmen jeweils 200.000 RM.[39]

Die britischen Ölspezialisten aus dem Team der Oil Field Investigation konstatierten nach Kriegsende drei Phasen des staatlichen Einflusses auf die deutsche Ölindustrie: Die *gesetzliche Phase* von 1933 bis 1937, die Zeit der *Mobilisierungs- bis zur Höchstleistungsphase* von 1938 bis 1942 und die *Krisen-* bzw. *Endphase* unter Speer und später Himmler. Unterschiedliche Institutionen prägten den jeweils dominierenden Einfluss: zunächst das RWiM über die Bergbehörden und die Preußische Geologische Landesanstalt (PGLA), anschließend Sonderbehörden wie der Vierjahresplan (VJP) mit Bentz als Beauftragtem sowie Wilhelm Kepplers[40] Reichsstelle für Bodenforschung (RfB); in der dritten Phase gab die Expansion des Rüstungsministeriums unter Speer den Ton an.

Dabei war – wie die Briten mit Erstaunen feststellten – die Industrie zu keinem Zeitpunkt verstaatlicht worden. Die Verstaatlichung erstreckte sich nur auf das Eigentum an den Bodenschätzen. Staatliche Beteiligungen auf dem Sektor der Erdölindustrie gab es ihrer Analyse zufolge nur bei der Preussag (Berkhöpen) und der Schachtbau und Tiefbohrgesellschaft (Salzgitter).[41]

Gesichert lässt sich festhalten, dass die Erdölindustrie in der NS-Zeit an der finanziellen Blüte des Regimes partizipierte. Sie erhielt staatliche Subventionen für die Exploration, wurde durch hohe Zölle auf Importgüter ermutigt und profitierte von der Expansion in die besetzten Gebiete. Diese Anreize ermöglichten erst den Produktionserfolg der Industrie, wobei Regulierung und letztendliche Kontrolle über die Expansion in den Händen des Staats verblieben.[42]

Staatlicher Zugriff über gesetzliche Änderungen

Nach der Machtergreifung der Nationalsozialisten wurden einige Gesetze verabschiedet, die den staatlichen Zugriff auf die Erdölindustrie neu regelten: Das Preußische Gesetz über die Beaufsichtigung von unterirdischen Mineralgewinnungsbetrieben und Tiefbohrungen vom 18. Dezember 1933 dehnte die bergpolizeiliche

38 Vgl. Gründungsvereinbarung der EAG vom 2.9.1942, in: BAB, R 121, Nr. 199.

39 Vgl. Gesellschaftsvertrag der EAG vom 2.9.1942, S. 7 f., in: ebd. Die Konti trat ihren Anteil später an die Rüstungskontor GmbH ab. Vgl. Schreiben EAG an Konti vom 30.8.1943, in: ebd., Nr. 310. Die Rüstungskontor GmbH war das Finanzierungsorgan des Rüstungsministeriums. Vgl. Wagner, Produktion, S. 180. Zur Rüstungskontor GmbH insgesamt vgl. Schrafstetter, Verfolgung, S. 442 f.

40 Näheres zu seiner Vita in den Kurzbiographien.

41 Vgl. Oil Field Investigation, Section I, S. 1 und 3. Auch in: NAK, WO 252, Nr. 1448.

42 Vgl. Stokes, Oil Industry, S. 264.

Kontrolle auf alle Bohrungen mit über 100 Metern Tiefe aus. Mit dem Preußischen Erdölgesetz vom 12. Mai 1934 wurde die Berggesetzgebung auf die Rohstoffe Erdöl, Erdgas, Erdwachs, Asphalt und bituminöse Gesteine ausgeweitet. Am 27. Mai 1934 erschien eine gemeinsame Denkschrift des Präsidenten der PGLA und weiterer Fachleute über die Notwendigkeit einer flächendeckenden geophysikalischen Untersuchung in Deutschland. Am 4. Dezember 1934 verabschiedete der Reichstag das Gesetz über die Durchforschung des Reichsgebiets nach nutzbaren Lagerstätten (Lagerstättengesetz). Damit wurde die führende Rolle der PGLA festgeschrieben und der Reichswirtschaftsminister ermächtigt, sämtliche Geologischen Landesanstalten zu einer Geologischen Reichsanstalt zu vereinigen. Das Gesetz bildete die rechtliche Grundlage für die Geophysikalische Reichsaufnahme und das Reichsbohrprogramm.[43] War die Schürfung von bergfreien Mineralien, also solchen, die nicht dem Grundeigentümer gehören und für deren Gewinnung staatliche Genehmigungen erforderlich sind, zuvor jedem möglich gewesen, mussten private Schürfer diese fortan bei den staatlichen Bergbehörden anmelden und später auch die Ergebnisse übermitteln. Die einschneidendste Änderung aber war, dass das Lagerstättengesetz eine Abkehr vom Inspektionsprinzip bedeutete: Die bergpolizeilichen Aufgaben waren nun nicht mehr nur auf die Abwehr von Gefahren für die öffentliche Sicherheit und Ordnung beschränkt, sondern mussten den Schutz aller Lagerstätten im allgemeinwirtschaftlichen Interesse präventiv gewährleisten.[44]

Bis 1934 verfügte alleinig der Grundeigentümer über das dort befindliche Erdöl, was zur Aufsplitterung der Erdölgebiete an verschiedene Unternehmer und zur Erdölspekulation geführt hatte. In der Erdölverordnung vom 13. Dezember 1934 wurde nun verfügt, dass Aufsuchung und Gewinnung von Erdöl allein dem Staat zustand. Damit erloschen alle früheren Rechte des Grundeigentümers, unberührt davon blieben nur bereits geschlossene Verträge.[45]

Noch stärker als das Lagerstättengesetz griff das Gesetz zur Erschließung von Bodenschätzen vom 1. Dezember 1936 in die Verfügungsrechte der privaten Bergbauunternehmen ein, da fortan der Betriebszwang erheblich verschärft wurde. Die Oberbergämter besaßen dadurch die Möglichkeit, die Unternehmen zu zwingen, den Betrieb eines Bergwerks aufrechtzuhalten oder aufzunehmen.[46]

Die deutsche Ölpolitik wurde zentralisiert – die PGLA kam wie die übrigen Landesämter einschließlich jener in Österreich 1939 unter Reichsaufsicht – und weiter verwissenschaftlicht, indem etwa der PGLA-Referent, Alfred Bentz, im Frühjahr 1934 ein eigenes Institut für Erdölgeologie mit Dependancen in Berlin und Hannover erhielt.[47]

43 Vgl. Kühn/Rohrbeck, Landesanstalt, S. 27 f.; Gesetz über die Durchforschung; Verordnung zur Ausführung.

44 Vgl. Banken, Reichsberggesetz, S. 100 und 102 f.

45 Vgl. Schlicht, Erdölwirtschaft, S. 159; Verordnung über die Berechtigung.

46 Vgl. Gesetz zur Erschließung.

47 Vgl. Werner, Öl, S. 48; Karlsch/Stokes, Faktor Öl, S. 171 ff.; Kockel, Ölpolitik, S. 105.

Das Reichsbohrprogramm

Bereits im Januar 1933 betonte Bentz: »Zur Feststellung, ob die natürlichen Grundlagen für eine wesentliche Steigerung der deutschen Erdölförderung gegeben sind, ist eine planmäßige Erforschung des Bodens mit allen modernen Hilfsmitteln der Geophysik und der Geologie dringend notwendig.« Mit einer Bodenuntersuchung könne man aber nur die Wahrscheinlichkeiten von Erdölvorkommen prüfen, Gewissheit bringe erst die Bohrtätigkeit. Bentz sah mit Blick auf die bisherigen Ergebnisse noch durchaus relevante Möglichkeiten, die heimische Erdölförderung zu steigern.[48]

Am 10. Januar 1934 fand im RWiM eine Sitzung mit den wichtigsten deutschen Erdölunternehmen statt, bei der die Reichsregierung bekannt gab, dass sie Darlehen für die Aufschließung neuer Erdölgebiete zur Verfügung stellen werde. Sie erklärte sich zudem bereit, im Rahmen eines von der Geologischen Landesanstalt auszuarbeitenden Plans – später Reichsbohrprogramm genannt – die Hälfte der Bohrkosten zu übernehmen.[49] Im Gegenzug verpflichteten sich die Unternehmen, der PGLA ihre geologischen und geophysikalischen Untersuchungsergebnisse zukommen zu lassen. Das Reichsbohrprogramm sorgte für einen enormen Aufschwung der systematischen Erdölerkundung auf dem Territorium des Deutschen Reichs und bescherte der PGLA und ihrer Erdölabteilung eine Schlüsselfunktion.[50]

Und in der Tat zeitigte die geologische Arbeit einige bemerkenswerte Erfolge, die den Erwartungen des NS-Regimes entsprachen: Die Erdölförderung konnte ungefähr verdreifacht werden. Im Ergebnis der Verknüpfung der Geophysikalischen Reichsaufnahme mit dem Reichsbohrprogramm wurden etwa 200 bis dahin nicht bekannte Salzstöcke in Deutschland nachgewiesen, wichtige Voraussetzungen bei der Suche nach Erdölvorkommen.[51]

Ein wesentlicher Faktor für diese Erfolge waren die neuzeitlichen geophysikalischen Untersuchungsverfahren, die Drehwaagemessungen und die Seismik. Das von Ludger Mintrop entwickelte Verfahren der seismischen Refraktion und Reflexion zur Erdölaufsuchung wurde im Herbst 1920 bei Neuengamme erstmalig angewandt, 1921 gründete er die Seismos GmbH, um sein Verfahren in der Praxis einsetzen zu können. Im Rahmen der Geophysikalischen Reichsaufnahme gelang es später, zahlreiche Ansatzpunkte für Tiefbohrungen auf Erdöl nachzuweisen. Seit 1937 war daran neben der Seismos GmbH die Staatliche Gesellschaft für praktische Lagerstättenforschung mbH führend beteiligt. Zwischen 1934 und 1945 wurden 643 Bohrungen durchgeführt – andere Quellen gehen von bis zu 776 Bohrungen aus, je nachdem, ob auch die angeschlossenen und besetzten Gebiete mitgerechnet wurden – mit über einer halben

48 Vgl. Bentz, Erdöl (Zitat S. 29).

49 Vgl. Karlsch, Krisengewinner, S. 54 f.

50 Vgl. Wagenbreth, Geschichte, S. 213; Roolf, Erdölforschung, S. 235. Vgl. insgesamt: Grieger/Karlsch, Treibstoff, S. 120 ff.

51 Vgl. Guntau, Aspekten, S. 143 f. Zum Reichsbohrprogramm von 1934 und zur Geophysikalischen Reichsaufnahme von 1935 vgl. auch: Kölbl-Ebert, German petroleum geologists, S. 393 f.; Kühn/Rohrbeck, Landesanstalt, S. 31.

Mio. Bohrmetern, also über 40 Prozent aller damaligen Erdölaufschlussbohrungen. Der Staat förderte diese Aktivitäten mit 52 Mio. RM Darlehen.[52]

Bis 1939 nahm die heimische Erdölgewinnung um rund 63 Prozent zu, allerdings war der deutsche Mineralölverbrauch von 1936 bis 1939 auch um rund 24 Prozent angestiegen. Insgesamt betrug 1939 die Auslandsabhängigkeit auf dem Mineralölsektor immer noch knapp 50 Prozent,[53] doch bereits im August 1940 warnte Bentz, eine weitere Steigerung der deutschen Erdölförderung werde zu einer raschen Erschöpfung der Felder führen.[54]

Auswirkungen auf die Erdölfirmen

Die Ausführungen konzentrieren sich auf die »Großen Vier«, die dominierenden Unternehmen der deutschen Erdölindustrie in den 1930er und 1940er Jahren: die Gewerkschaft Elwerath, die Wintershall AG, die DEA und die Preussag. Sie stellten später auch das Gros der deutschen Fachkräfte und weite Teile des Managements bei der Konti.

Bereits 1934 konnte Hans Brochhaus[55] von der Gewerkschaft Elwerath die Steigerung der Erdölproduktion im Raum Nienhagen, bei Hannover, vermelden: von 110.000 Tonnen (1932) auf 145.000 Tonnen (1933) sowie auf eine prognostizierte Jahresförderung von 180.000 Tonnen im Jahr 1934. Es seien einige bedeutende Neuaufschlüsse gelungen und die Neubohrungen in noch nicht erschlossenen Gebieten versprächen Erfolge. Da das geförderte Öl schon nicht mehr verarbeitet werden könne, forderte er die sofortige Errichtung einer neuen, nahe gelegenen Veredlungsanlage – genauer: die Erweiterung bzw. Errichtung von Neuanlagen bei der Gewerkschaft Deutsche Erdölraffinerie AG (Deurag).[56]

Spätestens 1936, mit Beginn des VJP, begannen die Kriegsvorbereitungen auf dem Gebiet der Erdölversorgung. Die Gewerkschaft Elwerath arbeitete eine Schätzung der Erdölvorräte des Deutschen Reichs aus und stellte Untersuchungen darüber an, wie viel Öl im Mobilisierungsfall bei Konzentrierung aller Bohrgeräte auf die fündigen Felder jährlich gefördert werden könnte. Bentz sollte einen Plan für den Einsatz der Gerätschaften ausarbeiten.[57] Im Zeichen der Geophysikalischen Reichsaufnahme

52 Vgl. Hoffmann, 150 Jahre, S. 42 ff.

53 Vgl. Volkmann, NS-Wirtschaft, S. 360 f.

54 Vgl. Protokoll der Sitzung in der RfB am 14. August 1940, S. 2, in: PA AA, RZ 344, Nr. R 106289.

55 Näheres zu seiner Vita in den Kurzbiographien.

56 Vgl. Schreiben Brochhaus an Feder, RWiM, vom 15. 4. 1934, in: BAK, N 1614, Nr. 8, Bl. 1-5, hier Bl. 2. Brochhaus' Forderungen stießen bei Staatssekretär Gottfried Feder, der die Errichtung einer zweiten Anlage bei der Deurag in Misburg ebenfalls für erforderlich hielt, auf offene Ohren. Vgl. Schreiben Feder, RWiM, an den Reichsminister der Finanzen vom 18. 7. 1934, in: ebd., Bl. 15 f., hier Bl. 15.

57 Vgl. AN von Prof. Bentz über eine Besprechung im Amt für deutsche Roh- und Werkstoffe am 5. 2. 1937, in: BAB, R 3112, Nr. 113.

und des Reichsbohrprogramms traf auch die Unternehmensführung der Gewerkschaft Elwerath umgehend entsprechende Maßnahmen, um der veränderten Situation gerecht zu werden: Sie kaufte Staatskonzessionen an und verstärkte die Aufschlussbohrtätigkeit.

Bei der Raffinerie der Deurag in Misburg wurden 1934 schon 118.000 Tonnen Rohöl zu Kraftstoffen verarbeitet. Da sich eine Marktlücke für Schmieröl abzeichnete, wurde beschlossen, das Werk um eine Schmierölerzeugung zu erweitern. Die neue Anlage unter der Bezeichnung Neue Erdölraffinerie AG (Nerag) wurde ebenfalls von der Gewerkschaft Elwerath und der Preussag gemeinsam errichtet.[58]

Die Wintershall AG konzentrierte sich anfangs auf Erkundungsarbeiten in Thüringen. Nachdem diese erfolglos blieben, bemühte sich der Konzern gemeinsam mit der Internationalen Tiefbohrgesellschaft (ITAG) um Konzessionen in Baden. Das Engagement bei der Erdölsuche begann sich auszuzahlen, als der Wintershall AG wichtige Aufschlüsse im Hannoverschen Revier gelangen. Diese ermöglichten 1935 die Gründung der Erdölwerke Nienhagen GmbH. Zuvor hatte die Wintershall über keine eigenen Bohrausrüstungen verfügt und die Bohrungen Konsortialpartnern überlassen müssen. Nun wurde der Grundstein für einen eigenen Bohrgerätepark gelegt. Die Beteiligung an der Gewerkschaft Elwerath erwies sich von Beginn an als profitables Geschäft, bereits seit Mitte der 1930er Jahre entfiel ein wachsender Teil der Gewinne der Wintershall AG auf die junge Erdölsparte. Innerhalb weniger Jahre hatte sich der einstige Kalikonzern in der Erdölwirtschaft etabliert. Mit einem Anteil von rund 20 Prozent an der gesamten deutschen Erdölförderung lag die Wintershall 1936 bereits in etwa gleichauf mit der DEA. Nimmt man noch die Beteiligung an Elwerath hinzu, so hatte sich die Wintershall den Spitzenplatz erarbeitet.[59]

Der wichtigste Fund im Rahmen des Reichsbohrprogramms gelang der DEA in Heide/Holstein. Ab 1937 gab es dort eine erfolgreiche Förderung, die bereits 1939 den Stammsitz Wietze überflügelte und drei Jahre später vier Fünftel der DEA-Förderung einbrachte. Günther Schlicht[60], technischer Direktor des Unternehmens, gelang durch die weltweit erstmals angewandte Säurebehandlung im Bohrbetrieb Heide ein sensationeller Produktionssprung von null auf 34.000 Jahrestonnen.[61]

Spätestens 1943 zeigten sich bei den Erdölbetrieben der DEA immer deutlicher die Folgen des kriegsbedingten Raubbaus an den Erdöllagerstätten, und so kam der Vorstand 1943 zu dem Schluss, »daß die starke Bohr- und Fördertätigkeit mit dem Ziel der größtmöglichen Fördersteigerung – wirtschaftlich nicht vertretbar ist«. Der Vorstandsvorsitzende Karl Schirner[62] berichtete, das Verhältnis von Kosten und Erlösen habe sich »wesentlich verschlechtert«.

58 Vgl. Gewerkschaft Elwerath, S. 37 und 40.
59 Vgl. Karlsch, Krisengewinner, S. 57.
60 Näheres zu seiner Vita in den Kurzbiographien.
61 Vgl. Bavendamm, 1899-1999, S. 205 und 211.
62 Näheres zu seiner Vita in den Kurzbiographien.

Ab 1939 war die DEA der größte Rohölproduzent Deutschlands. Dank der kräftig sprudelnden Vorkommen in Heide und im Wiener Becken stellte sie einen Produktionsrekord nach dem anderen auf. Nach 153.000 Tonnen (1939) waren es 324.000 Tonnen (1940), 408.000 Tonnen (1941) und schließlich über 534.000 Tonnen (1943). Mit 673.000 Tonnen erzielte das Unternehmen 1944 den Höchststand.[63]

Seit Beginn der 1930er Jahre begann bei der Preussag der Ausbau der Erdöl- und Bohrsparte, zunächst ohne nennenswerten Erfolg. Zur ohnehin bescheidenen Ausbeute der heimischen Ölfelder steuerte die Preussag 1933 gerade einmal zehn Prozent bei. Es gab einen Verlustausgleich durch den Staat bei Fehlbohrungen. Das Ölfeld Berkhöpen bei Peine war erschöpft. So kam es wie gerufen, dass die Nationalsozialisten ein außerordentliches Interesse an der nationalen Ölindustrie und dem Aufschluss inländischer Ölvorkommen bekundeten. Nun bewertete der Konzernvorstand der Preussag den Erwerb der Minoritätsanteile der Gräflich Schaffgotschen Werke an der Gewerkschaft Florentine und der Erdölraffinerie Deurag als strategisch »wichtigsten geschäftlichen Vorgang« des Jahres 1934, um sich »noch mehr als bisher am Aufschluss des deutschen Erdöls« zu beteiligen. Die Preussag agierte dabei teils im Alleingang, teils in Konsortien mit der Wintershall und der Gewerkschaft Elwerath. Der Sprung in die Gewinnzone gelang 1938, vor allem auf Basis der Konzession für das Ölfeld Reitbrook-Neuengamme bei Hamburg, das die Preussag seit 1937 zusammen mit der Deutschen Vacuum Öl AG erschloss. Es war eines der ergiebigsten deutschen Erdölfelder.

Die Preussag baute im Zug der aufstrebenden Erdölförderung die Beteiligung an der Rohölverarbeitung aus: Die 1932 gegründete Deurag galt als die modernste deutsche Destillationsanlage und erwirtschaftete bereits im zweiten Betriebsjahr einen Gewinn von 2,3 Mio. RM. Auf politische Intervention hin gründeten die Preussag und die Gewerkschaft Elwerath 1936 die Nerag, eine Gründung, die bereits in unmittelbarem Zusammenhang mit der Kriegsvorbereitung stand. Die Nerag produzierte vor allem hochwertige Motorenöle, speziell für Flugzeugmotoren.[64]

Wenn es ein Aufbegehren in der Erdölindustrie gegen die Pläne des NS-Regimes gab, so erwuchs dieses eher aus technischen Differenzen, die jedoch mit Herannahen des Kriegs zunahmen. Bei der Ausbeutung des Felds von Reitbrook hatte die Partei zunächst die Oberhand, aber die kritischen Haltungen zur Raubbauförderung zeigten, dass das Problem nicht politischer Natur war; das Gleiche war der Fall bei Wesendorf 1944. Ein »Reitbrook-Konflikt« brach erneut 1942 im Zusammenhang mit der Förderung im Wiener Becken aus, auch hier war es keine politische Frage.[65]

63 Vgl. Bavendamm, 1899-1999, S. 219.

64 Vgl. Laufer, Staatskonzern, S. 203 ff. und 207 f.

65 Vgl. Der deutsche Krieg um Erdöl in Europa 1933-1945. Geschichtliche Enthüllungen von A. E. Gunther (Kapitel XV – Die Erdölindustrie, die Partei und Großdeutschland. [Petroleum Times vom 24. 4. 1948, S. 422-426]), S. 4, in: BGR, Nr. 0073874. Laut Schlicht war die Produktionsspitze der deutschen Erdölförderung während des Kriegs »unorganisch«, weil sie durch kriegsbedingten Raubbau erzwungen worden sei. Vgl. Schlicht, Erdölwirtschaft, S. 158.

Organisatorische Änderungen

Typisch für die Auseinandersetzungen um eine straffe organisatorische Führung der Erdölwirtschaft waren die erfolglosen Bestrebungen zur Einsetzung eines »Treibstoff-Diktators« im Sommer 1935. Die Forderung ging ursprünglich von Reichskriegsminister Werner von Blomberg aus, der den Ausbau der Mineralölversorgung mit allen Mitteln vorantreiben wollte. Dafür erachtete er die Bündelung der Kompetenzen in einer Hand für notwendig und wurde darin auch vom Chef des WiRüAmts, Georg Thomas,[66] und Göring unterstützt. Reichswirtschaftsminister Hjalmar Schacht seinerseits lehnte diese Idee ab und wollte die Kompetenzen im RWiM halten.[67]

Bereits im Herbst 1934 hatte Hitler den altgedienten Parteifunktionär Wilhelm Keppler[68] mit der Sonderaufgabe »Deutsche Roh- und Werkstoffe« beauftragt. Als im März 1936 das Treibstoffproblem infolge der sowjetischen und rumänischen Ölausfuhrverbote noch dringlicher wurde, erging am 4. April 1936 eine »Führerweisung«, der zufolge Göring mit der Prüfung und Anordnung aller erforderlichen Maßnahmen zur Besserung der Rohstoff- und Devisenlage beauftragt wurde, die zur weiteren Sicherstellung der »Wehrhaftmachung« nötig sei. Er wurde zum Rohstoff- und Devisenkommissar ernannt.

Der von Göring in den Folgemonaten aufgebaute Rohstoff- und Devisenstab, der mit Offizieren der Luftwaffe und Industriellen besetzt und von Oberstleutnant Fritz Löb geleitet wurde, bildete den Kern der späteren Vierjahresplanbehörde. Mitte August 1936 lagen Hitler umfangreiche Berechnungen des Stabs für die wichtigsten Rohstoffe vor, erarbeitet unter dem Leiter der Abteilung Forschung und Entwicklung, Carl Krauch.[69] Der dort entwickelte »Mineralölplan«[70] zielte darauf ab, für den gesamten Mineralölbedarf eine möglichst große Deckung auf einheimischer Rohstoffbasis zu erreichen.

Die wichtigste Maßnahme zum institutionellen Aufbau stellte die Einrichtung des Amts für deutsche Roh- und Werkstoffe durch Verordnung Görings vom 22. Oktober 1936 dar. Hier schlug das Herz der gesamten Vierjahresplanorganisation, hervor ging es aus dem Rohstoff- und Devisenstab. Das Rohstoffamt war für die Produktion industrieller Rohstoffe, die Planung und Durchführung der Fabrikation deutscher Ersatzstoffe, die Koordination und Förderung der dafür notwendigen Forschungsaufgaben und den Ausbau der deutschen Mineralölwirtschaft verantwortlich.[71]

66 Näheres zu seiner Vita in den Kurzbiographien.

67 Vgl. Schreiben Reichskriegsminister an Reichswirtschaftsminister vom 3. Juni 1935, in: Akten der Reichskanzlei, Dok. 169, S. 611 ff.; Karlsch/Stokes, Faktor Öl, S. 185; AV über eine Besprechung in der Reichskanzlei am 9. 7. 1935 vom 11. 7. 1935, in: BA-MA, RW 19, Nr. 347, Bl. 12 ff., hier Bl. 13 f.

68 Näheres zu seiner Vita in den Kurzbiographien.

69 Näheres zu seiner Vita in den Kurzbiographien.

70 Vgl. Aus dem geheimen Bericht der Abteilung »Forschung und Entwicklung« des Rohstoff- und Devisenstabes über umfassende wirtschaftliche Planungen für den Krieg (vom August 1936), zit. nach: Eichholtz/Schumann (Hg.), Anatomie des Krieges, Dok. 46, S. 139-142, hier S. 141.

71 Vgl. Petzina, Autarkiepolitik, S. 36 ff.; Abschrift eines Erlasses des Führers und Reichskanzlers vom 4. 4. 1936, in: BAB, R 26-I, Nr. 35, Bl. 4; Abschrift der Verordnung zur Durchführung des

Seit November 1936 versuchte Göring im Zuge des VJP die Mineralölwirtschaft aus dem RWiM herauszulösen, doch es gelang Schacht bis zu seinem Rücktritt im November 1937, seine Zuständigkeit zu behaupten. Im November 1936 wurde das »Arbeitsgebiet Keppler: Erforschung des deutschen Bodens« beim VJP als Nebenabteilung des Amts für deutsche Roh- und Werkstoffe gegründet. Als Keppler im März 1938 den Auftrag zur Zusammenfassung der Geologischen Landesanstalten erhielt, gründete er am 10. März 1939 die RfB, in der auch sein eigenes Arbeitsgebiet aufging. Die RfB war zwar dem RWiM angegliedert, Keppler stand ihr aber als Präsident vor.[72] Das für die Thematik wichtigste personelle Revirement datiert auf Sommer 1938, als der Kern der Vierjahresplanorganisation neu aufgebaut und die Leitung des RWiM neu besetzt wurde. Göring überließ die Leitung des Reichsamts für Wirtschaftsausbau und des RWiM mit Carl Krauch und Walther Funk engen Vertrauten.[73]

Mit Wirkung vom 1. September 1939 ordnete der Reichswirtschaftsminister an, dass alle Maßnahmen, die zur Sicherung der deutschen Erdölgewinnung und zur Steigerung der Förderung im Fall der Mobilmachung vorgesehen waren, von seinen Beauftragten – Karl Große, Bentz und Oskar Deicher – durchzuführen waren.[74]

Der Kriegsbeginn brachte einschneidende Veränderungen in der Erdölwirtschaft mit sich: Die Steuerung des gesamten Geräteeinsatzes für Bohrungen und Gewinnung lag nun in der Zuständigkeit von Bentz als Beauftragtem für die Förderung der Erdölgewinnung. Die Mineralölabteilung des RWiM gewann nun unter ihrem neuen Leiter Fischer stark an Bedeutung; ihre Aufgabe war es, die ständig wachsenden Ver-

VJP vom 18.10.1936, in: ebd., R 43-II, Nr. 1602, Bl. 29; Flachowsky, Reichsamt, S. 197. Für Dietmar Petzina war der VJP durch zwei Merkmale charakterisiert: die Respektierung privaten Eigentums sowie die enge Kooperation von Staat und Großunternehmen, die in einer weitgehenden Übereinstimmung der Interessen gründete. Unter Missachtung deutscher Verwaltungstraditionen seien Industrievertreter zu wichtigen Amtsträgern in der Wirtschaftspolitik aufgestiegen, und die Unternehmeraktivität habe sich insgesamt zu einer quasiöffentlichen Aufgabe entwickelt. Vgl. Petzina, Autarkiepolitik, S. 196 f.

72 Vgl. Kockel, Geologie und Krieg, S. 13 und 25 f.

73 Vgl. Eichholtz, Ölpolitik, S. 284 f.

74 Vgl. Schreiben RWiM, Abteilung II Mineralöl, Francke, an die deutschen Erdölgesellschaften vom 2.9.1939, in: BAB, R 3101, Nr. 30514, Bl. 6-9, hier Bl. 9. Oskar Deicher arbeitete seit Februar 1934 bei der Gewerkschaft Elwerath als Technischer Direktor der Ölwerke. Seit der Gründung des Reichsinstituts für Erdölforschung im Februar 1943 hatte Deicher dort einen Lehrauftrag für Erdölfördertechnik. Vgl. Karteikarte aus der Hochschullehrerkartei, in: ebd., R 4901, Nr. 13261; Karteikarte aus dem RMWEV, in: ebd., Nr. 24406; Fragebogen vom 7.2.1943, in: ebd.; Schreiben Rektor TH Hannover an Deicher vom 17.2.1943, in: ebd.; Schreiben Dekan der Fakultät für Maschinenwesen TH Hannover an den Reichsminister für Wissenschaft, Erziehung und Volksbildung vom 25.5.1944, in: ebd.; Vorschlag zur Ernennung von Deicher zum Honorarprofessor an den Staatsminister und Chef der Präsidialkanzlei, in: ebd.; Anweisung des Reichsministers für Wissenschaft, Erziehung und Volksbildung an die Kanzlei vom 12.2.1945, in: ebd.; NSDAP-Karte, in: ebd., R 9361-VIII KARTEI, Nr. 5790809 und ebd., R 9361-IX, Nr. 5941085; Deicher, Förderwesen, Lebenslauf.

sorgungsbegehren der Wehrmacht mit den Anforderungen des Rüstungs- und des Zivilbedarfs in Einklang zu bringen.

Die zweite Phase der Kriegsbewirtschaftung der Erdölindustrie stand ganz im Zeichen des Speer'schen Rüstungsministeriums. Etwa seit Anfang 1943 wurden alle Angelegenheiten, die die Rohstoffbeschaffung und -versorgung betrafen, im Rohstoff- und Planungsamt des Ministeriums, unter Leitung von Hans Kehrl, konzentriert.[75]

2.3 Expansion der deutschen Erdölindustrie

Die Expansion der deutschen Erdölindustrie begann bereits in der Vorkriegszeit. Spätestens seit Sommer 1938 beteiligte sie sich an ausländischen Unternehmen oder war mit eigenem Besitz als Einzelfirma bzw. als Deutsche Gruppe oder Südost-Konsortium der »Großen Vier« im Ausland präsent. Jede der vier Gesellschaften war daran zu gleichen Teilen beteiligt. Die Federführung für das Protektorat Böhmen und Mähren und die Slowakei wurde der Deutschen Petroleum-Aktiengesellschaft (DPAG) bzw. der DEA übertragen. Für Ungarn war die Wintershall zuständig, für Jugoslawien Elwerath und für Rumänien die Preussag. In der Folgezeit verschafften sich die Konsorten einen Überblick über die geologischen Verhältnisse in den genannten Ländern, formulierten die Konzessionen, für die sie sich interessierten, und nahmen Verhandlungen mit den Landesregierungen über den Abschluss von Konzessionsverträgen auf. Der erste Schritt führte nach Österreich (und auch später folgten die Erdölfirmen dem Weg der Wehrmacht in Europa)[76] und kann als Auftakt für die europaweite Expansion der Konti betrachtet werden. Ihre Gründung war zugleich auch die Antwort auf die – außer in Österreich – weitgehend ausbleibenden Erfolge der etablierten deutschen Erdölfirmen.

Österreich

Die Entdeckung von Ölvorkommen im damals österreichischen Galizien erfolgte bereits 1899, die Förderung begann 1914.[77] Nachdem das Gebiet nach dem Weltkrieg verloren gegangen war, wurde die Suche nach Öl im niederösterreichischen Weinviertel aufgenommen. Die kommerzielle Ausbeutung durch die Vacuum Oil Company begann 1925, ab Ende 1928 beteiligte sich auch die Anton Raky gehörende Ge-

75 Vgl. Seidel, Ruhrbergbau, S. 339 f.; Schirner, Weg, S. 24 ff. Mit Erlass über die Aufgabenverteilung in der Kriegswirtschaft vom 29.10.1943 wurde die Abteilung II/Minöl des RWiM in das Rohstoffamt des RMfRuK eingegliedert. Vgl. Rundschreiben Konti vom 8.1.1944, in: BAB, R 176, Nr. 219.

76 Vgl. Grieger/Karlsch, Treibstoff, S. 307; Kockel, Geologie und Krieg, S. 34 f.; Karlsch/Stokes, Faktor Öl, S. 198.

77 Vgl. Frank, Oil Empire. Zur Geschichte ab dem Ersten Weltkrieg vgl. ebd., S. 205 ff.

werkschaft Raky-Danubia. Aber erst die 1931 gegründete Erdöl-Produktions-GmbH, Wien, brachte im Juli 1932 eine wirtschaftlich erfolgreiche Bohrung nieder.

Die Zwischenkriegszeit kann insgesamt als Pionierzeit der Erdölindustrie in der Republik Österreich bezeichnet werden: Im Jahr 1934 wurde die erste wirtschaftlich rentable Ölsonde erbohrt; im Oktober 1935 gründeten die schon zuvor in Österreich tätige Socony Vakuum Oil Company (die spätere Mobil Oil) und die N. V. Bataafsche Petroleum Maatschappij (Royal-Dutch/Shell-Gruppe) mit einem Anteil von jeweils 50 Prozent die Rohölgewinnungs-Aktiengesellschaft, die bis Kriegsbeginn über 8.000 Freischürfe erwarb. Damit war der größte Teil des Wiener Beckens nördlich der Donau erfasst. Die Produktion wuchs nur langsam: von 73 Tonnen (1932) auf 32.858 Tonnen (1937). Keith van Sickle gründete ebenfalls 1935 die Britol Öl AG und erwarb Schürfrechte in Neusiedl an der Zaya und St. Ulrich. Er setzte zum ersten Mal das moderne Rotary-Bohrverfahren in Österreich ein.

Zur Zeit des »Anschlusses« stand fest, dass sich im Wiener Becken gute Perspektiven für die Ölgewinnung boten, bereits 1930 war man in Zistersdorf auf ein reiches Ölvorkommen gestoßen. Österreich hatte schon im November 1936 in dem geologischen Arbeitsprogramm zur »Erforschung des deutschen Bodens« einen integralen Bestandteil gebildet. Nach dem Auftrag zur Rohstoffexploration in Österreich erließ die Regierung im August 1938 das Bitumengesetz, demzufolge bestehende Schürfrechte per 31. Juli 1940 erloschen, falls nicht vorher um Erteilung eines Grubenmaßes ersucht wurde. Dies kam einer Enteignung gleich und führte im Folgenden bei der Konzessionserteilung zu einer Bevorzugung deutscher Erdölfirmen. Doch erst nach der Implementierung des Deutschen Bitumengesetzes in Österreich wurde die Erdölförderung im niederösterreichischen Weinviertel so weit hochgefahren, dass man auch hier von Raubbau sprechen muss.

Die Rohölgewinnungs-Aktiengesellschaft wurde gezwungen, ihre beiden erfolgreichen Felder so schnell wie möglich zu entwickeln und keine weiteren Aufschlussbohrungen niederzubringen. Van Sickle war am Ende seiner finanziellen Möglichkeiten, und Ende 1937 verkaufte er einen Teil seiner Schürfrechte an das RWiM, das diese am 17. März 1938 auf die DPAG übertrug. Für sie führte van Sickle Auftragsbohrungen durch, die in St. Ulrich auch fündig wurden. Bereits am 25. September 1938 hatte Reichsstatthalter Arthur Seyß-Inquart die Bohrung St. Ulrich 1 als erste Reichsbohrung eröffnet. Noch am selben Tag wurden zwei Waggons mit Öl beladen und in eine deutsche Raffinerie transportiert.[78]

Die ehemaligen Freischürfe der Steinberg Naphta GmbH wurden mit Inkrafttreten des Bitumengesetzes in eine Konzession der deutschen ITAG umgewandelt. Ein Konsortium aus Steinberg Naphta GmbH (25 Prozent), ITAG (25 Prozent) und Gewerkschaft Elwerath (50 Prozent) teufte 1940 eine große Anzahl Sondierungsbohrungen ab. Nach dem »Anschluss« kam es unter hohem politischen Druck rasch zur Übernahme von Rechten und Anlagen durch deutsche Firmen. Der Aufschluss wurde

78 Zu St. Ulrich vgl. Grieger/Karlsch, Treibstoff, S. 230 ff.

intensiviert und die Förderung stieg sehr schnell von 56.668 Tonnen (1938) auf 1,2 Mio. Tonnen (1944).[79]

Im März 1938 erhielt Wilhelm Keppler als Reichsbeauftragter der Zentralstelle für die Überleitung Österreichs von Göring den Auftrag, die Erforschung der österreichischen Bodenschätze zu beschleunigen und die Arisierung voranzutreiben.[80] Bentz schlug am 25. März 1938 die offenbar schon länger geplante Ausdehnung des Reichsbohrprogramms auf Österreich vor, was Göring billigte. Die Geologische Bundesanstalt wurde als Zweigstelle Wien von der RfB übernommen. Am 26. März 1938 verkündete Göring in Wien die »Programmpunkte des Wirtschaftsaufbaues«. Dazu gehörte unter anderem der Erdölausbau. Unter Punkt 8 hieß es: »Förderung der Erdölgewinnung im Wiener Becken. Bohrtürme seien aus dem Reich heranzuführen.«[81]

Die Tätigkeit der DEA in Österreich begann 1938 mit einer Bohranlage auf der Reichszuschussbohrung St. Ulrich I, die in 960 Metern Tiefe fündig wurde. Bei Schrattenberg wurde eine Bohrung im Konsortium mit der Wintershall und Mannesmann angesetzt. 1939 waren insgesamt fünf Anlagen in Betrieb. Nach Kriegsbeginn stellte das Unternehmen die Aufschlussarbeiten ein und setzte alle Geräte in den Fördergebieten St. Ulrich und bei der Firma van Sickle ein.[82] Im Februar 1943 ordnete der DEA-Vorstand an, Fachkräfte des Bohrbetriebs in Pechelbronn zum weit ergiebigeren Bohrfeld Neusiedl in Österreich zu verlegen.[83] Die Firma baute ferner in Schwechat bei Wien die NOVA als modernste Schmieröl- und Krackanlage Österreichs aus.[84]

Der Wintershall-Konzern bemühte sich ab 1938 ebenfalls um Zugriff auf die österreichischen Erdölvorkommen, nachdem im März 1938 die VJP-Behörde die Direktive an die deutschen Mineralölgesellschaften ausgegeben hatte, die Bodenschätze in Österreich zu erkunden und soweit wie möglich in reichsdeutsche Hände zu bringen. Bentz und Keppler hatten die Vorstände der Wintershall AG, der DEA, der Preussag, der Rhenania-Ossag und der Gewerkschaft Elwerath gebeten, gemeinsam über die beste Vorgehensweise zu beraten. Mit Unterstützung von Keppler gelang es der Wintershall AG im August 1939, einen Vorvertrag mit der Schweizer Gruppe über den Er-

79 Vgl. Ruthammer, Öldorado, S. 11 ff. und 58 ff.; Karlsch/Stokes, Faktor Öl, S. 198; Grünwald, Geschichte, S. 203 f.

80 Vgl. Kockel, Geologie und deutsche Ölpolitik, S. 508 f.; Conze/Frei/Hayes/Zimmermann, Amt, S. 130; Kasper, Erdöl, S. 56.

81 Vgl. Danner, Görings Geologen, S. 22; Thaler u. a., BergWetter, S. 19 und 24 ff.; Aufbauprogramm für Österreich verkündet am 26. 3. 1938 von Generalfeldmarschall Göring, zit. nach: Schausberger, Rüstung, Anlage 1, S. 186 f., hier S. 186 (Zitat ebd.).

82 Vgl. Chronik DEA, Bereich: Aufschluss und Gewinnung von Rudolf Dittrich vom Dezember 1973, Punkt 5.5, in: DEA-Archiv, 14-2, Nr. 3140; Danner, Görings Geologen, S. 68 ff.

83 Vgl. Grieger/Karlsch, Treibstoff, S. 216 ff.; Krau, Kohle, S. 97.

84 Vgl. Grieger/Karlsch, Treibstoff, S. 236 ff.; Schlicht, DEA, S. 7.

werb einer 50-prozentigen Beteiligung an der Erdöl-Produktions-GmbH zu unterzeichnen, im Mai 1940 schließlich war die Transaktion perfekt.[85]

Nachdem sich gezeigt hatte, dass das 1938 von der DEA gefundene Feld St. Ulrich im nördlichen Wiener Becken mit einem beachtlichen Anteil in das Gebiet Hauskirchen (ITAG/Gewerkschaft Elwerath) übergriff, wurden weitere Bohranlagen aus Deutschland abgezogen, um insbesondere in Hauskirchen und Mühlberg zusätzliche Erweiterungs- und Produktionsbohrungen niederzubringen. Auf dem Höhepunkt dieser Kampagne waren 15 Tiefbohrgeräte der Gewerkschaft Elwerath im Einsatz im Wiener Becken.[86]

Als drei Jahre später mit dem Kriegseintritt der USA weiteres Feindvermögen neu verteilt wurde, gründete man im Februar 1942 die Niederdonau Erdöl GmbH, in der alle verbliebenen US-amerikanischen Erdölinteressen in Österreich zusammengelegt wurden. Laut Gesellschaftervertrag vom 3. Februar 1943 verteilte sich das Stammkapital der Niederdonau Erdöl GmbH Konzessionsgesellschaft für Aufsuchung und Gewinnung von Erdöl sowie die Errichtung und der Erwerb von Erdölverarbeitungsanlagen im Reichsgau Niederdonau in Höhe von einer Mio. RM wie folgt: Ammoniakwerk Merseburg GmbH (50.000 RM), DEA (213.900 RM), Donau Chemie AG (95.000 RM), Gewerkschaft Elwerath (213.700 RM), Preussag (213.700 RM), Wintershall AG (213.700 RM). Die neue Gesellschaft sollte de facto wie ein Konsortium unter der Führung der DEA funktionieren. Das gesamte von der Niederdonau Erdöl GmbH geförderte Rohöl war an die vier Erdölfirmen zu liefern.[87]

Die IG Farben waren durch ihre beiden Gesellschaften Donau Chemie AG und Apollo-Raffinerie, Preßburg, an der österreichischen Erdölindustrie beteiligt. Nachdem die dortigen Besitzverhältnisse an Schürf- und Bohrrechten gesetzlich neu geregelt waren, hatte das Ammoniakwerk Merseburg von der Gewerkschaft Austro Gasco, einer zur Deutsch-Amerikanischen Petroleum Gesellschaft gehörenden Gesellschaft, Anfang Mai mehr als die Hälfte der Kuxe, also der Wertpapiere über die Anteile an einer bergrechtlichen Gewerkschaft, und damit ein Beteiligungsrecht an der Niederdonau Erdöl GmbH erworben. Der IG Farben war durch eine Verfügung des Wirtschaftsministeriums für die Donau Chemie AG eine weitere Beteiligung von 9,5 Prozent an der Niederdonau Erdöl GmbH zugesprochen worden.

Darüber hinaus sollte ein Vertrag zwischen der ITAG, der Steinberg Naphta AG und der IG Farben abgeschlossen werden, der vorsah, dass die Rohöl-Interessen dieser Firmen in Österreich und im Protektorat Böhmen und Mähren in der Steinberg Naphta AG in einem Beteiligungsverhältnis von 50:50 vereinigt würden. Zum Zu-

85 Vgl. Köhler, Opportunismus, S. 140 ff.

86 Vgl. Gewerkschaft Elwerath, S. 50 und 52.

87 Vgl. Grieger/Karlsch, Treibstoff, S. 246; Köhler, Opportunismus, S. 145; Schreiben Donau Öl GmbH an IG Farbenindustrie AG, Stickstoffkalkulation, vom 28.1.1943, S. 1 f., in: BASF-Archiv, IG M 20, Nr. 1; Niederdonau Erdöl GmbH, Berlin – Neugründung, in: Brabag-Mitteilungen, Nr. 90 vom 15.1.1942, S. 9 (ursprünglich in: Berliner Börsen-Zeitung, Nr. 72 vom 12.1.1942), zit. nach: BGR, Nr. 0076318.

sammenschluss der Erdölinteressen der IG Farben in Österreich und den Donauländern schlug Heinrich Bütefisch[88] die Gründung einer Arbeitsgemeinschaft vor; zu diesem Zweck sollte die Donau Öl GmbH mit einem Kapital von einer Mio. RM gegründet werden. An dieser Gesellschaft war Merseburg mit 75 Prozent und die Donau-Chemie mit 25 Prozent zu beteiligen.[89] Im Oktober 1942 wurde die Mineralölvertriebsgesellschaft mbH, bei der Bütefisch als Geschäftsführer tätig war, in Donau Öl GmbH umbenannt.[90]

Aus dem Bestand der für das Kaukasusgebiet bestellten Geräte konnte Bentz Anfang 1943 verfügen, bis zu fünf von ihnen auf österreichischen Feldern einzusetzen.[91] Blessing stornierte oder dirigierte die Gerätebestellungen der Konti ebenfalls um, auch nach Österreich, zum Teil wurden sie direkt an die dort tätigen Erdölgesellschaften weiterverkauft.[92] Ähnliches galt für die zurückkehrenden Mitglieder der TBM. Sie wurden im Lager Kammwald bei Prag zusammengezogen; etwa ein Drittel von ihnen sollte nach Estland, die übrigen nach Österreich sowie in die Hydrierwerke Blechhammer und Brüx entsandt werden.[93] Die von Bentz in Wien gegründete Dienststelle Ostmarköl sollte die Betriebe bei der Beschaffung von Arbeitskräften, Geräten und Ähnlichem unterstützen. Dabei bediente sie sich beim Personal und den sachlichen Hilfsmitteln der TBM, »deren eigentlicher Daseinszweck (Kaukasus) ja bis auf weiteres gegenstandslos geworden«[94] war.

In Österreich stieg die Erdölförderung von 32.900 Tonnen (1937) auf 144.300 Tonnen (1939) um 350 Prozent an. Damit betrug der Anteil Österreichs an der gesamten deutschen Erdölproduktion im Juni 1939 bereits 17,4 Prozent, ein Anstieg, der in erster Linie auf die Steigerung im Zistersdorfer Revier zurückzuführen war. Er erreichte 1944 mit 1.231.515 Tonnen seinen Höhepunkt, was zu dieser Zeit etwa 60 Prozent der deutschen Gesamtförderung entsprach. Nach dem Verlust der rumänischen Ölfelder war das niederösterreichische Erdöl von geradezu lebenswichtiger Bedeutung für die deutsche Kriegswirtschaft.[95]

Die alliierte Luftoffensive gegen die deutschen Hydrierwerke und Raffinerien richtete sich auch gegen die Anlagen in Österreich. Am wichtigsten für die deutsche Kriegswirtschaft war die Raffinerie in Moosbierbaum bei Tulln, einer der wenigen Flugtreibstoffproduzenten des Deutschen Reichs. Sie wurde bis Ende 1944 ebenso ausgeschaltet wie die Treibstoffwerke in Österreich. Der Umstand, dass man Raffinerien nicht wirksam gegen Luftangriffe schützen konnte, führte schließlich zum

88 Näheres zu seiner Vita in den Kurzbiographien.

89 Vgl. AN aus den Leuna-Werken vom 16. 11. 1942, in: Bayer-Archiv, 012, Nr. 019.

90 Vgl. Beurkundung Notar Franz Hausa vom 5. 10. 1942, in: BASF-Archiv, IG M 20, Nr. 1.

91 Vgl. Rundschreiben Beauftragter für den VJP vom 9. 1. 1943, S. 2, in: BGR, Nr. 0076379.

92 Vgl. AV Abs vom 29. 3. 1943, in: HADB, B 64.

93 Vgl. Befehl Chef WiStab Ost, General Otto Stapf, vom 11. 2. 1943, in: BA-MA, RW 46, Nr. 653.

94 Vgl. Vortrag für die AR-Sitzung am 14. 3. 1943 vom 17. 3. 1943, S. 13, in: DEA-Archiv, D-PA, Nr. 104.

95 Vgl. Schausberger, Bedeutung, S. 62; Danner, Görings Geologen, S. 72; Rambousek, ÖMV, S. 21 ff. und 25 f.

Versuch, das Minimum des deutschen Kraftstoffbedarfs in unterirdischen oder wenigstens stark dezentralisierten und getarnten Betrieben herzustellen. In Nieder- und Oberösterreich wurden im Rahmen des Mineralölsicherungsplans vom 1. August 1944 daher 20 Kleindestillationsanlagen errichtet, acht davon in unterirdischen, von Mauthausener KZ-Häftlingen gebauten Anlagen in Ebensee.[96] Laut der Dienststelle Ostmarköl konnte die Erdölproduktion 1944 sogar gesteigert werden. Bei Kriegsende 1945 war Österreich hinter der Sowjetunion und Rumänien das drittgrößte Erdölförderland Europas.[97]

Slowakei

Federführend für die Slowakei war innerhalb des Südost-Konsortiums die DEA. Am 10. Juni 1939 schlossen der slowakische Staat und das Unternehmen einen Vertrag über die »Aufsuchung und Ausbeutung von Bitumen«. Ausgenommen davon war das Erdölgebiet von Egbell (Gbely), wo seit 1914 Erdöl gefördert wurde. Im Jahr 1937 erreichte Gbely zusammen mit dem Feld Göding (Mähren) eine Förderung von rund 18.000 Tonnen. Im November 1939 wurde der Vertrag dann auch auf das aussichtsreiche Erdölgebiet von Gbely erweitert. Die DEA sicherte sich das alleinige Erkundungs- und Ausbeutungsrecht, pachtete die Lagerstätte Gbely auf zehn Jahre und führte dort Erkundungsarbeiten durch. Im März 1940 übernahm die DEA ein staatliches Unternehmen in der Slowakei durch Vertrag mit dem slowakischen Staat. Zum gleichen Zeitpunkt trat das Unternehmen auf Veranlassung des Reichs in den Vertrag ein, den die reichseigene Gesellschaft für Lagerstättenforschung mit dem slowakischen Staat abgeschlossen hatte. Die Produktion stieg von 16.000 Tonnen (1939) auf 24.000 Tonnen (1940) und bis auf 28.195 Tonnen (1943), obwohl die Förderung zeitweise gedrosselt werden musste, da Bohrgeräte für den Einsatz im Kaukasus abgezogen wurden.

Nach dem Fehlschlag des Kaukasusfeldzugs wurde die Bohrtätigkeit in der Slowakei wieder verstärkt. Es war eine Rohölnaturalabgabe an den slowakischen Staat von 12 bis 22 Prozent der Fördermenge zu leisten, geliefert wurde an die staatliche Raffinerie in Dubova. Die auf dem Erdölfeld Gbely tätigen rund 600 slowakischen Arbeiter und Angestellten wurden übernommen. Der Beitrag des Erdölfeldes zur deutschen Kriegswirtschaft blieb jedoch marginal. Letztlich gelang der DEA weder im Protektorat Böhmen und Mähren noch in der Slowakei der Fund nennenswerter neuer Vorkommen.[98]

96 Vgl. Schausberger, Bedeutung, hier S. 67.

97 Vgl. Jahresbericht 1944 der Dienststelle Ostmarköl des RMfRuK für das Erdölgebiet Niederdonau vom Februar 1945, in: BAB, R 3, Nr. 1780, Bl. 3-20, hier Bl. 3 f.; Iber, Mineralölverwaltung, S. 12; ders., Erdöl.

98 Vgl. Grieger/Karlsch, Treibstoff, S. 307 f.; Karlsch/Stokes, Faktor Öl, S. 219; Kasper, Erdöl, S. 57; Bavendamm, 1899-1999, S. 215; Schreiben DEA an die DRT vom 25. 1. 1945, in: BAB, R 2, Nr. 17233. Laut Laufer erwarb auch die Preussag 1939/40 Konzessionen in der Slowakei. Vgl. ders., Staatskonzern, S. 294.

Schlicht berichtete im Oktober 1944, dass in dem slowakischen Erdölgebiet Egbell eine Kompanie der TBM zur Verfügung gestellt worden sei. Die Förderung lag dort zu dieser Zeit bei 1.800 Tonnen pro Monat und sollte bis Dezember 1944 auf 2.400 Tonnen gebracht werden.[99] Die DEA forderte noch Ende Januar 1945 die Deutsche Revisions- und Treuhand-Aktiengesellschaft (DRT) auf, – ähnlich wie in Kroatien und Ungarn – für die ab dem 1. Januar 1944 in der Slowakei aufgewendeten Mittel eine Ausfalldeckung in Höhe von 90 Prozent zu übernehmen, gegen eine Prämie von einem Prozent jährlich.[100]

Ungarn

Die Erdölproduktion in Ungarn war zu Kriegsbeginn gerade erst angelaufen, machte aber Anfang der 1940er Jahre auf der Grundlage der Mitte der 1930er Jahre getätigten Explorationen und Investitionen sehr rasche Fortschritte,[101] und so stellte Ungarn eine nicht unbedeutende Menge an Erdöl für die deutsche Kriegführung zur Verfügung. Die Erdölproduktion stieg dort von 143.000 Tonnen (1939) auf 841.000 Tonnen (1943).[102]

Hitler glaubte, der militärische Fall Polens und politischer Druck würden Ungarn dazu bringen, Deutschland die uneingeschränkte Kontrolle über sein Erdöl einzuräumen.[103] Ähnlich argumentierte Carl Krauch: Der Weg nach Südosteuropa weise die einzige Möglichkeit, die Mineralölwirtschaft auf lange Jahre hinaus zu sichern. Wichtigstes Ziel bilde die Förderung der Bohrprogramme in Ungarn, Rumänien, Jugoslawien und die Einflussnahme auf die dortige Erdölwirtschaft.[104]

Als Beginn der Entwicklung der ungarischen Erdölindustrie kann die Erteilung einer Konzession für Erdölforschung an die European Gas & Electric Company (Eurogasco) gelten, deren Hauptaktionär die Standard Oil of New Jersey war. Die Gesellschaft erwarb 1933 das Recht auf geophysische Forschungen für ganz Westungarn. Aufgrund dieser Konzession starteten US-amerikanische Erdölfachleute gemeinsam mit ungarischen Geologen intensive Probebohrungen in den Gebieten westlich der Donau, und sie waren erfolgreich: 1937 entdeckte man die Zalaer Erdölfelder in der Gegend von Budafapuszta. In der Folge gründete Eurogasco die Ungarisch-Amerikanische Erdölindustrie AG (Magyar Amerikai Olajipari Részvénytársaságot – MAORT), die für Ausbeutung, Transport und Verkauf des Erdöls zuständig war. Die

99 Vgl. Eintrag vom 21.10.1944, in: KTB Mineralöl vom 12.6.1944-31.10.1944, in: BA-MA, RW 19, Nr. 203, Bl. 14.

100 Vgl. Schreiben DEA an die DRT vom 25.1.1945, in: BAB, R 2, Nr. 17233.

101 Vgl. Radice, Energy, S. 402.

102 Vgl. Stokes, Siegeszug, S. 527.

103 Vgl. Aus Berichten von Wilhelm Keppler, Staatssekretär im Auswärtigen Amt, und Generaldirektor Vogl über die Rede Adolf Hitlers am 8. März 1939 vor führenden Vertretern der Wirtschaft, der Nazipartei und der Generalität, zit. nach: Eichholtz/Schumann (Hg.), Anatomie des Krieges, Dok. 88, S. 204f., hier S. 204.

104 Vgl. Eichholtz, Anteil, S. 98.

Gesellschaft erwarb eine auf 40 Jahre angelegte Konzession und wuchs zu einem der größten Unternehmen Ungarns heran. Die Zalaer Ölfelder lieferten bis Ende 1943 insgesamt rund 2,35 Mio. Tonnen Rohöl.

Im Jahr 1940 erwarb das Südost-Konsortium unter Federführung der Wintershall AG Forschungs- und Schürfrechte auf Erdöl für die südöstlichen Gebiete des Landes. In der Folge wurde die Ungarisch-Deutsche Erdölindustriegesellschaft AG (Magyar-Német-Asványolajmüvek K. F.T. – MANAT) ins Leben gerufen, deren Aktionäre in der Kommunikation nach außen die »Großen Vier« waren, bei gleicher Kapitalbeteiligung. Tatsächlich jedoch hielten die Wintershall AG und die Kalibank AG das Kapital gemeinsam.[105] Im Februar 1941 wurde ein neuer Vertrag mit der Wintershall unterzeichnet, der die Verpachtung eines Teils der südöstlichen Tiefebene vorsah: ein Schürf- und Optionsvertrag für 18.500 Quadratkilometer.[106] Ende 1943 wurde das Unternehmen in eine AG umgewandelt. Die Reichsregierung unterstützte die in Südostungarn durchgeführten geophysischen Forschungsarbeiten bis Ende 1944 mit insgesamt 4,95 Mio. RM; sie zeitigten jedoch keinen kommerziellen Erfolg.

Die Konzessionsrechte der MANAT wurden 1941 auch auf das Gebiet der von Jugoslawien zurückeroberten Murenge ausgedehnt. Die dort durchgeführten geophysischen Forschungen waren erfolgreicher, und 1943 konnten die Erdölquellen von Alsölendva und Peteshäza eröffnet werden. Ihre Produktion belief sich bis Ende 1944 auf ungefähr 5.400 Tonnen Rohöl.

Nachdem 1941 zwischen Ungarn und den USA der Kriegszustand erklärt wurde und die US-amerikanische Regierung der Standard Oil den Verkauf an die IG Farben untersagte, wurden die MAORT-Anlagen auf deutschen Druck Anfang 1942 verstaatlicht, so dass der Ausbeutung ihrer Quellen nichts mehr im Weg stand. Der durch die Kriegswirtschaft bedingte und vom Dritten Reich ausgeübte Druck trieb die ungarische Regierung dazu, die Erdölgewinnung auf ein Höchstmaß zu steigern. Als Folge dieses Raubbaus musste die Leistungsfähigkeit der Quellen nach 1943 zwangsläufig permanent sinken.[107]

Die rasche Ausweitung der ungarischen Erdölförderung warf erhebliche Probleme bei der Raffination auf, da die wichtigsten existierenden ungarischen Raffineriekapazitäten in der Nähe von Budapest konzentriert waren und zudem dort rumänisches Rohöl verarbeiteten. Es wurden einige Anstrengungen unternommen, um diese Raffinerien zu modernisieren und insbesondere die Schmierölkapazitäten zu erhöhen.[108]

105 Vgl. Wintershall-Chronik (Ms. vom Februar 1981), S. 374, in: DEA-Archiv; Pritzkoleit, Männer, S. 396. Nach anderen Angaben sollte das Kapital nach außen hin auf fünf deutsche Firmen aufgeteilt werden: Wintershall, DEA, Preussag, die Gewerkschaft Elwerath und Reemtsma. Vgl. Gründung einer Ungarisch-Deutschen Erdöl GmbH, in: Brabag-Mitteilungen, Nr. 69 vom 1. 3. 1941, S. 5 f. (ursprünglich in: Berliner Börsen-Zeitung, Nr. 78 vom 15. 2. 1941), zit. nach: BGR, Nr. 0076316.

106 Vgl. Wintershall-Chronik (Ms. vom Februar 1981), S. 327 f., in: DEA-Archiv; Pritzkoleit, Männer, S. 396.

107 Vgl. Taubinger, Entwicklung, S. 282 f.; Kasper, Erdöl, S. 63.

108 Vgl. Radice, Development, S. 436.

Im Sommer 1941 sollte die Aktienmehrheit an der MAORT durch eine Übertragung des Aktienpakets der Standard Oil auf die IG Farben übergehen. Die Verhandlungen scheiterten jedoch, da der ungarische Ministerpräsident zunächst jede deutsche Beteiligung ablehnte. Ein Vertreter der IG Farben wandte sich im Juli 1941 an Carl Clodius, den stellvertretenden Leiter der Wirtschaftspolitischen Abteilung des Auswärtigen Amts (AA), um die Zustimmung der ungarischen Regierung zur Übertragung der MAORT aus amerikanischem in deutschen Besitz zu erwirken. Zu diesem Zweck bat Clodius um Erlaubnis, politischen Druck ausüben zu dürfen. Anderenfalls hielt er es für richtiger, Ungarn von vornherein die Hälfte der Aktien anzubieten und einen mehrjährigen Poolvertrag abzuschließen.[109] Anfänglich begegnete die ungarische Regierung der deutschen Forderung mit erheblichem Widerstand. Göring legte größten Wert darauf, dass die Gesellschaft in deutsche Hände überging, schließlich gelte es, jedes Erdölvorkommen in Europa bis zur äußersten Grenze der Leistungsfähigkeit auszunutzen.[110]

Unmittelbar nach der gewaltsamen Auflösung des jugoslawischen Staats wollte Berlin sich den Zugriff auf das Erdöl der an Ungarn fallenden Gebiete sichern. Darüber hatte Clodius eine »scharfe Auseinandersetzung« mit dem ungarischen Ministerpräsidenten, ohne dass es zu einer Einigung kam. Die Budapester Regierung war aber bereit, den deutschen Forderungen entgegenzukommen: Sie offerierte, die der Wintershall AG in Südungarn eingeräumte Konzession auf das Baranya-Dreieck, die Batschka und später auch auf das Banat auszudehnen, ferner die noch von Belgrad an Berlin vergebenen Konzessionen anzuerkennen sowie für die Dauer des Kriegs die gesamte Ölmenge aus dem ehemaligen Jugoslawien an Deutschland zu liefern. Das AA sah mit diesem Angebot zwar seine Interessen für die Dauer der Kriegszeit gewahrt, strebte aber an, alle Konzessionen zur Nutzung auch nach dem Krieg in deutscher Hand zu belassen. So wurden im Sommer 1941 Verhandlungen mit dem Ziel geführt, die ungarischen Lieferungen ohne jedwede Gegenleistung drastisch zu erhöhen. Der entsprechende Vertrag vom 1. Mai 1941 sah die Lieferung von 60.000 Tonnen Rohöl (zusätzlich 12.000 Tonnen Benzin) von Mai 1941 bis April 1942 vor. Man einigte sich schließlich auf zusätzliche 80.000 Tonnen. Danach wurden keine Jahreskontingente mehr festgesetzt, sondern für jedes Quartal erneut zwischen einem deutschen und einem ungarischen Regierungsausschuss ein Lieferumfang vereinbart.[111]

Bei Verhandlungen in Budapest sicherte der ungarische Ministerpräsident Miklós Kállay von Nagykálló Reichswirtschaftsminister Funk zu, die ungarischen Erdöllieferungen auf das höchstmögliche Maß zu steigern und im vierten Quartal 1942

109 Vgl. Aus dem Telegramm von Carl Clodius, dem stellvertretenden Leiter der Wirtschaftspolitischen Abteilung des AA, an das AA vom 14. Juli 1941 über Verhandlungen mit der ungarischen Regierung wegen der Übernahme einer Erdölgesellschaft durch die IG Farbenindustrie AG, zit. nach: Eichholtz/Schumann (Hg.), Anatomie des Krieges, Dok. 172, S. 344 f.

110 Vgl. Aufzeichnung des Gesandten Clodius (Handelspolitische Abteilung) vom 16. 8. 1941, zit. nach: ADAP, Serie D, Bd. 13,1, Dok. 208, S. 264 ff., hier S. 265 f.

111 Vgl. Riemenschneider, Wirtschaftspolitik, S. 226, 230 ff., 269; Durucz, Ungarn, S. 126 ff.

auf 95.000 bis 100.000 Tonnen zu erhöhen. Im dritten Quartal waren 70.000 Tonnen geliefert worden.[112]

Im Rahmen seines Auftrags, die deutschen Mineralölinteressen in Südosteuropa zu vertreten, berichtete Hermann Neubacher Ende 1942 über die ungarische Mineralölwirtschaft des Jahres. Die Gesamtentwicklung sei äußerst erfreulich, die Produktion auf 665.000 Tonnen gestiegen. Neubacher zeigte sich optimistisch: »Bei den günstigen Entwicklungsmöglichkeiten der ungarischen Mineralölwirtschaft wirkt sich daher jede deutsche Unterstützung durch Lieferung von Bohrgeräten und technischen Anlagen in einer direkten Erhöhung des ungarischen Ausfuhrpotentials aus.«[113] Bentz schlug am 5. Januar 1943 anlässlich des deutschen Rückzugs aus dem Kaukasus vor, man könne einen Teil der dort nicht mehr eingesetzten Bohrgeräte nach Ungarn bringen. Neubohrungen ließe die ungarische Regierung allerdings nicht zu.[114]

Erst mit der deutschen Besetzung Ungarns ab März 1944 griff ein zusätzliches Bohrprogramm, auf dessen Grundlage Bentz schätzte, dass sich von Mai bis Dezember die Produktion bei der MAORT von 70.500 auf 81.100 Tonnen steigern ließe, bei der MANAT bliebe es bei 700 Tonnen pro Monat. Die ungarische Gesamtproduktion für das Jahr 1944 prognostizierte er bei etwa 900.000 Tonnen.[115] Noch Ende Oktober 1944 regte Bentz an, zur Sicherung der ungarischen Ölgebiete deutsche Fachkräfte möglichst als technische Einheit oder doch zumindest eine Sicherungseinheit dorthin zu entsenden.[116]

112 Vgl. »Vermerk über das Ergebnis meines Besuches in Bukarest und Budapest« von Reichswirtschaftsminister Walther Funk, o. Dat. (September 1942), in: NAW, T84A, Roll 6, Bl. 5639-5645, hier Bl. 5643 f.

113 Vgl. Telegramm Neubacher und Killinger an den Reichsaußenminister vom 31.12.1942, in: BAB, R 901, Nr. 111991 (Zitat ebd.). Im August 1943 wurde Neubacher Sonderbevollmächtigter des AA für den Südosten (Serbien, Montenegro, Albanien und Griechenland). Im Mai 1945 geriet er in Tirol in US-amerikanische Kriegsgefangenschaft, im August 1951 wurde er von einem jugoslawischen Militärgericht zu 20 Jahren Zwangsarbeit verurteilt, jedoch nach Intervention vom Präsidenten des Internationalen Roten Kreuzes im November 1952 vorzeitig entlassen. Vgl. Botz, Neubacher; Ritter, Neubacher, S. 66; Mayer, Neubacher, S. 241 f. und 252 ff.; Conze/Frei/Hayes/Zimmermann, Amt, S. 257 f.; Lebenslauf, in: BAB, R 9361-III, Nr. 568871; Ritterkreuz des Kriegsverdienstkreuzes, in: Potsdamer Tageszeitung vom 9.9.1943, zit. nach: ebd.; Neubacher, Sonderauftrag, S. 13 ff. und 38 ff.

114 Vgl. Notiz über eine Beratung beim Chef des WWiA des OKW zur Lage auf dem Erdölsektor infolge des deutschen Rückzuges aus dem Kaukasus, 5. Januar 1943, zit. nach: Müller (Hg.), Okkupation, Dok. 100, S. 248 ff., hier S. 249.

115 Vgl. Schreiben Beauftragter für die Förderung der Erdölgewinnung, Bentz, an den Reichsbevollmächtigten und Gesandten Veesenmayer vom 7.5.1944, in: BAB, R 901, Nr. 111991.

116 Vgl. Eintrag vom 23.10.1944, in: KTB Mineralöl vom 12.6.1944-31.10.1944, in: BA-MA, RW 19, Nr. 203, Bl. 13. Himmler schaltete sich noch Ende November 1944 in die Planungen ein. Er wünschte, dass mit aller Energie an die Erschließung der Quellen herangegangen werde, sobald sie zurückerobert seien. Vgl. Schreiben Persönlicher Referent des RFSS, Brandt, an den HSSPF Ungarn, Winkelmann, vom 20.11.1944, in: BAB, NS 19, Nr. 2933, Bl. 7.

Kroatien und Rest-Jugoslawien

Bis zum Frühjahr 1941 bildete der Balkan kein vorrangiges Betätigungsfeld deutscher Außenpolitik; man war primär an den Rohstofflieferungen interessiert. Der Balkanfeldzug vom April 1941 und die Zerschlagung Jugoslawiens sollten sich als »Betriebsunfall« erweisen, und die Notwendigkeit, alle Kräfte auf den Russlandfeldzug zu konzentrieren, entwickelte sich rasch zur entscheidenden Schwachstelle der nationalsozialistischen Südosteuropapolitik.[117]

Nach dem Ersten Weltkrieg hatte der jugoslawische Staat Konzessionen an die Royal Dutch Shell, die Anglo-Persian Oil Company, die Standard Oil Co. und die Sinclair Consolidated Oil Corporation vergeben, daneben war auch französisches Kapital beteiligt. Nach 1918 wurden zwölf Gesellschaften neu gegründet, davon unter Beteiligung ausländischen Kapitals: die Amerikanisch-jugoslawische Petroleum-Gesellschaft (Standard Oil), die Jugoslawische Petroleum AG (Anglo-Saxon Petroleum Ltd.), die Panonija Petroleum AG (Central American Corporation). Forschend tätig war die Bitumen Kroatische AG für Erdgas- und Erdölverwertung (Anglo-Persian Oil Company).

Die durch Görings persönliches Engagement geförderten Verhandlungen um eine deutsche Erdölkonzession im Zagreber Becken scheiterten Ende 1938 abrupt mit der Vergabe der jugoslawischen Lizenz an die Standard Oil. Das mit deutschem Kapital der »Großen Vier« gegründete Bergbauunternehmen Rudokop führte eine Aktienerhöhung durch und änderte seinen Namen in Jugopetrol AG. Es übernahm die Konzessionsgebiete der einheimischen Uljanik Petroleumake d.d., der Panonija Petroleum AG und der Bitumen. Ferner schloss die Gewerkschaft Elwerath Verträge mit dem jugoslawischen Staat. Der Reemtsma-Konzern trat in das Konsortium für Jugoslawien und Rumänien ein.[118]

Der überwiegende Teil der jugoslawischen Ölgebiete befand sich in Kroatien. Erdöl wurde vor allem bei Gojlo im Norden und in unmittelbarer Nähe der ungarisch-jugoslawischen Grenze gewonnen. Erst 1939, als die deutsche militärische Führung mit Blick auf den Krieg die Forderung stellte, die Erdölförderung im jugoslawischen Gebiet zu steigern, begann die zweite Phase der Erkundungsarbeiten. Die Jugopetrol setzte umfangreiche Untersuchungen in Gang und erwarb unter Führung der Gewerkschaft Elwerath große Konzessionsgebiete. Die Verarbeitung verteilte sich auf die Standard Oil und die Royal Dutch Shell.[119] Fast das gesamte erdölhöffige Gebiet Kroatiens wurde 1939 der Jugopetrol verliehen, die umfassende geophysikalische und geologische Untersuchungen durchführte.[120]

117 Vgl. Schlarp, Ausbeutung, S. 187 ff. und 194 f. Vgl. insgesamt zu Südosteuropa: Ristović, Between »The sacrifice of blood«.

118 Vgl. Kube, Pour le mérite, S. 262; Jurković, Kapital, S. 317 ff.; Vertrag zwischen der Firma Philipp Reemtsma und der Gewerkschaft Elwerath vom 9.1.1940, in: HIS-Archiv, PFR, Nr. 720,01; AN Souchon für Philipp Reemtsma zur Besprechung mit Brochhaus vom 9.8.1940, in: ebd., Nr. 700,15.

119 Vgl. Dimitrijević, Kapital, S. 43 und 45; Kasper, Erdöl, S. 64.

120 Vgl. Matković, Erdölwirtschaft, S. 221; AN zu Erdöl in Kroatien vom 16.11.1943, in: BAB, R 3101, Nr. 31029, Bl. 4 ff., hier Bl. 4.

Der Preussag fiel die Aufgabe zu, sich am Ausbau der serbischen Erdölwirtschaft, vor allem an der halbstaatlichen Jugopetrol AG, zu beteiligen, das Südost-Konsortium führte zahlreiche Such- und Aufschlussbohrungen in Kooperation mit dem RfB durch. Das Reich seinerseits gewährte den beteiligten Mineralölkonzernen Mittel aus dem Reichsbohrprogramm und seit 1944 umfangreiche Garantien bei kriegsbedingten Verlusten.[121]

Mehr als 90 Prozent der 1940 ungefähr 130.000 Tonnen betragenden Produktion der kroatischen Mineralölraffinerien stellten zwei Firmen: die Standard Oil Corporation of Yugoslavia und die Shell Company of Yugoslavia Ltd. Da die einheimischen Ölquellen noch nicht sprudelten, musste das zu verarbeitende Rohöl aus Rumänien importiert werden.

Das RWiM ließ wenige Tage nach der Kapitulation der jugoslawischen Armee Untersuchungen über die Eigentumsverhältnisse in der jugoslawischen Mineralölwirtschaft anstellen. Klar war die Sachlage bei der Shell Co., sie gehörte zu 100 Prozent der N. V. De Bataafsche Petroleum Mij. und unterstand damit den Weisungen der deutschen Besatzungsbehörden in den Niederlanden. Die in die Leitung der Shell Co., die sich jetzt Kroatische Shell AG nannte, delegierten deutschen Vertreter sollten jedoch möglichst im Hintergrund agieren, damit keine ähnlichen Wünsche auf Repräsentation bei den Italienern geweckt würden.

Problematisch war die Sachlage zunächst bei der Standard Oil Co. of Yugoslavia, einer großen und modernen Raffinerie in Bosanski Brod. Der Generaldirektor der hamburgischen Standard Vacuum AG war von den US-amerikanischen Aktionären bevollmächtigt worden, ihre Interessen in den von der deutschen Wehrmacht besetzten Gebieten wahrzunehmen. Für die kroatischen Besitzungen der Standard Oil of New Jersey war aber auch die italienische Seite in Besitz einer Vollmacht. Also galt es, den Italienern zuvorzukommen und die Firma treuhänderisch, in beratender Funktion, zu übernehmen.

Die Erschließung von Mineralölquellen auf dem Territorium des ehemaligen Jugoslawiens wurde in den Kriegsjahren forciert vorangetrieben. Im zweiten Halbjahr 1943 konnten bereits 11.000 Tonnen – gegenüber 2.000 Tonnen im ganzen Jahr 1940 – gefördert werden. Doch schon wenige Monate später wurden die Arbeiten in Kutina empfindlich gestört, da Partisanen die Ölleitung und Öltransporte zur Raffinerie in Bosanski Brod in die Luft gesprengt hatten; außerdem blieb ein großer Teil der Beschäftigten wegen der ständigen Überfälle den Arbeitsplätzen fern.

Das Belgrader Haus der ehemaligen Jugopetrol, jetzt Petrol AG unter Kontrolle der Gewerkschaft Elwerath, besaß Erdölkonzessionen im Banat und stellte dort noch im Sommer 1944 trotz großer Materialengpässe einen Bohrturm auf. Wenige Wochen später übermittelte Göring einen Befehl aus dem Führerhauptquartier, wonach alle verfügbaren Bohrgeräte auf Erdölvorkommen im innerdeutschen Raum konzentriert werden sollten, was die Erschließungsarbeiten deutscher Unternehmen in den südosteuropäischen Erdölfeldern beendete.[122]

121 Vgl. Laufer, Staatskonzern, S. 294.

122 Vgl. Schönfeld, Rohstoffsicherungspolitik, S. 241 ff.

Die Jugopetrol strebte neben ihrem Quasi-Monopol im Förderbereich auch eines für den Vertrieb an. Dem standen aber zunächst die Interessen der mächtigen ausländischen Konzerne entgegen. Der Verwalter der führenden Gesellschaften des Royal Dutch Shell Konzerns, Eckhardt von Klaß,[123] ließ der kroatischen Regierung im Juni 1941 mitteilen, dass er die Aufsicht über die Jugoslawische Shell übernehmen werde. Am 16. September 1941 beugte sich die Staatliche Kroatische Wirtschaftskommission den deutschen Forderungen. Die Serbische Shell AG wurde im März 1942 als Nachfolgerin der Jugoslawischen Shell Gesellschaft gegründet. Alle Direktoren der neuen Firma waren Deutsche, darunter von Klaß.

Noch undurchsichtiger waren die deutschen Aktivitäten gegenüber der kroatischen Standard Vacuum AG, die sich im Besitz der Socony Vacuum Oil Company Corporation, New York, befand und ein Schwesterunternehmen des Vacuum-Konzerns in Hamburg war, der aufgrund einer US-amerikanischen Vollmacht vom deutschen Generaldirektor Max Engel geleitet wurde. Obwohl Kroatien ein unabhängiger Staat war, strebte Engel an, die kroatische Standard zu kontrollieren, und übernahm schließlich eine »beratende Tätigkeit«.

Die aus der Jugopetrol hervorgegangene Petroleum AG (Petrolejsko, d.d.) stand vollständig unter dem Einfluss deutscher Erdölunternehmen. Ein Fünftel des Aktienkapitals gehörte der Preussag, die übrigen 80 Prozent teilten sich die Gewerkschaft Elwerath, die DEA und die Wintershall AG. Absprachen zwischen der Elwerath-Gruppe und der kroatischen Shell sicherten den deutsch-kontrollierten Mineralölgesellschaften in Kroatien eine überragende Position.[124]

Wie schon erwähnt, gefährdeten Partisanenaktionen schon früh die deutschen Erdölbohrungen in Jugoslawien. Deshalb sollten durch das Amt VI des Reichssicherheitshauptamts (RSHA) einige SS-Männer zum Schutz der Bauarbeiten an den Bohrtürmen eingesetzt werden, angestellt würden sie bei der Jugopetrol sein. Bernhard Brockamp, Vizepräsident der RfB, war mit dem Einsatz von SS-Männern, einverstanden, Brochhaus war strikt dagegen und wollte die Angelegenheit selbst regeln.[125]

123 Von Klaß war stellvertretender Aufsichtsratsvorsitzender der Astra Romana, Verwalter unter anderem der Belgian Shell Company, der Bataafsche Maatschappij, der Shell Company Hellas, Direktor der Serbischen Shell AG und der Yugoslav Shell Oil Corporation. Die US-Amerikaner betrachteten ihn nach dem Krieg als »one of the key men in the German natural and synthetic oil industry«. Vgl. Karteikarte, in: BAB, R 9361-III, Nr. 568176; Parteistatistische Erhebung 1939 vom 29.7.1939, in: ebd., R 9361-I, Nr. 1619; Konzerndaten zur Kontinentalen Öl Aktiengesellschaft, in: ebd., R 176, Nr. 348; Ins preußische Ministerium berufen, in: Brockauer Zeitung, Nr. 121 vom 11.10.1933; AN betr.: Gründung der »Continentale« vom 10.12.1940, in: DEA-Archiv, D-RW, Nr. 17; Wer leitet, Bd. 1, S. 438; Wer leitet, Bd. 2, S. 485; German Penetration Croatia, S. 11; German Penetration Serbia, S. 15 (Zitat ebd.).

124 Vgl. Sundhaussen, Wirtschaftsgeschichte, S. 134 ff., 138 f. und 141; German Penetration of Corporate Holdings in Croatia, S. 11 f.; Elimination of German Resources, S. 357 und 364. Zum Kampf um die jugoslawischen Erdölkonzessionen vgl.: Grenzebach, Germany's Informal Empire, S. 156 ff.

125 Vgl. AV aus dem RSHA, Amt VI D 21, vom 11.2.1940, in: BAB, R 58, Nr. 104, Bl. 50-52. Nach dem Willen des RSHA sollte der SS-Untersturmführer Hermann Klink als Bohrmeister-Assistent

Dass die Gefahr von Partisanenattacken in Gojlo überaus real war, zeigt eine Mitteilung aus Agram (Zagreb) vom 6. September 1942: Etwa 2.000 Mann hatten den Erdölbetrieb der Gewerkschaft Elwerath bei Kutina am frühen Morgen überfallen. Der Betrieb stand in Brand, es kam zu Explosionen. Man ging davon aus, dass die deutschen Betriebsangehörigen (etwa 40 bis 50 Mann) einschließlich ihrer Familienangehörigen von den Partisanen verschleppt worden waren. Die dort stationierten 30 Mann der deutschen Luftlandetruppen und etwa 110 Mann aus dem kroatischen Militär seien anscheinend überwältigt worden.[126]

Die Bedrohung der kroatischen Ölförderung durch Partisanenangriffe blieb bestehen. Der Befehlshaber in Serbien, der auch die Operationen in Kroatien leitete, kam in einer Lagebeurteilung zu Kutina vom September 1942 zu dem Schluss, dass der Wiederaufbau und die weitere Ausbeutung des Betriebs nur gesichert werden könnten, wenn auf dem Gelände größere Abholzungen vorgenommen, Drahthindernisse angelegt und dauerhaft zwei durch schwere Waffen verstärkte Infanterie-Kompanien eingesetzt würden. Allerdings hielt er eine solche Abstellung selbst für unmöglich.[127]

Im Februar 1943 wurde das Wehrwirtschaftliche Sicherungs-Bataillon Kroatien aufgestellt, »um die wehrwirtschaftlich ausserordentlich wichtigen Erdölvorkommen und deren Förderung in dem partisanengefährdeten Gebiet zu schützen«. Im März 1943 teilte die Preussag mit, dass das im Save-Ilova-Gebiet gelegene Erdölfeld am Gojlo der Petrolej d. d., an der das Unternehmen durch ein Konsortium beteiligt war, erneut von Partisanen überfallen und dadurch stillgelegt worden war. Der im Mai 1943 aufgestellten 3. Kompanie des Wehrwirtschaftlichen Sicherungs-Bataillons Kroatien sollten 200 Werkschutzangehörige der Konti aus dem Ausbildungslager Moderowka angehören.

Inzwischen hatten die Partisanen die Strategie gewechselt und waren dazu übergegangen, den Arbeitern aus den umliegenden Dörfern die Arbeit auf dem Gojlo zu verbieten und ihnen Schuhe und Kleidung zu entwenden, so dass diese Dörfer vom Bataillon besetzt werden mussten. Da jedoch die Produktion und die Bohrungen weiter ausgedehnt wurden, reichte die Stärke des Bataillons als Schutz bald nicht mehr aus, und es sollte um eine 6. Kompanie erweitert werden. Diese war zwar bereits vom

im Auftrag der Gewerkschaft Elwerath an der Bohrstelle Bajavica eingesetzt werden. Vgl. AV der Abteilungen VI D, VI D 2 und VI D 21 vom 3.5.1940, in: ebd., Bl. 87 f.

126 Vgl. AN zu Telefonanruf von Dr. M. A. Schmitt am 6.9.1942, in: BA-MA, RW 19, Nr. 2747, Bl. 30. Spätere Meldungen beinhalteten Details: Bei dem Überfall waren vier Erdölfachleute und 21 Wachmänner erschossen worden. Die Produktionssonden, Fördertürme und Pumpenböcke waren vollkommen zerstört worden, ebenso die Werkstatt, das Magazin und die elektrische Zentrale. Material wurde weggeschleppt oder ebenfalls vernichtet. Zu entscheiden war, ob die sechs eingesetzten Bohrgeräte und das Fachpersonal dort belassen werden sollten. Vgl. Telegramm Wirtschaftsamt an den Wirtschaftsstab Südosten vom 9.9.1942, in: ebd., Nr. 2748, Bl. 99; Bericht der Petrolej D. D. über einen Überfall der Partisanen auf den Betrieb in Gojlo vom 7.9.1942, in: ebd., Bl. 107 f.

127 Vgl. Schreiben Wehrwirtschaftsstab Südosten an das OKW, Wi Amt/Ausl. III vom 22.9.1942, in: ebd., Bl. 156 f., hier Bl. 156.

Oberkommando der Wehrmacht (OKW) bewilligt worden, wurde aber zum Schutz von Erzgruben in Albanien eingesetzt. Das Bataillon bestand aus Soldaten der Jahrgänge 1906 und älter sowie 400 Ukrainern. Letztere hatten sich freiwillig als Werkschutz der Konti gemeldet und wurden auch von ihr bezahlt.[128]

Bentz' Erdölbohrplan für 1944 sah den Einsatz von Elwerath- und Preussag-Geräten für insgesamt 13 Bohrungen des Konsortiums in Kroatien und Serbien vor.[129] Die Petrol AG hatte den Auftrag erhalten, Bohrungen im Banat durchzuführen, die Gewerkschaft Elwerath zeichnete für die Materialbeschaffung verantwortlich. Sie hatte bisher einen Bohrturm geliefert, der aber nicht in Betrieb genommen werden konnte, weil wichtige Teile fehlten.[130]

Bentz rechtfertigte die Verzögerung mit Lieferproblemen der Herstellerfirma Deutsche Maschinenbau-Aktiengesellschaft. Zudem sei die Erdölhöffigkeit des Banats »sehr problematischer Art«. Trotzdem hatte er die Elwerath veranlasst, mit der Bohrung zügig zu beginnen, verwies aber auf die geänderte Lage, weil per Erlass des Reichsministeriums für Rüstung und Kriegsproduktion die Anweisung ergangen sei, alle verfügbaren Bohrgeräte auf die im innerdeutschen Raum vorhandenen Erdölvorkommen anzusetzen.[131]

Wegen häufiger Transportunterbrechungen und der Zerstörung der verarbeitenden Raffinerien musste der Erdölgewinnungsbetrieb in Gojlo erheblich gedrosselt werden. Das dort geförderte Rohöl sollte im September 1944 nach Deutschland ausgeführt werden.[132] Die DRT hatte sich bereit erklärt, für die vom Südost-Konsortium in Kroatien ab dem 1. Januar 1944 aufgewendeten Mittel eine Ausfalldeckung in Höhe von 90 Prozent zu übernehmen, gegen eine Prämie von einem Prozent jährlich.[133]

Frankreich

Die deutschen Vorbereitungen zur Inbesitznahme der französischen Ölfelder waren von besonderer Bedeutung. Die DEA vertrat die Ansicht, sie würde sich lediglich zurückholen, was ihr rechtmäßig gehörte. Das gesamte damals in Frankreich ge-

128 Vgl. Rundschreiben der Preussag an die Mitglieder des AR vom 29.3.1943, in: BGR, Nr. 0064336; Schreiben Chef des OKW an die Wehrwirtschaftliche Ersatz-Inspektion Dresden vom 8.5.1943, in: BA-MA, RW 46, Nr. 845; Schreiben Kommandeur des Sicherungs-Bataillons Kroatien an den Chef der Heeresrüstung vom 21.6.1944, in: ebd.

129 Vgl. AN zu Erdöl in Kroatien vom 16.11.1943, in: BAB, R 3101, Nr. 31029, Bl. 4 ff., hier Bl. 6.

130 Vgl. Schreiben Generalbevollmächtigter für den Metallerzbergbau Südost an den Oberberghauptmann im RWiM und das Rohstoffamt beim Reichsminister für Rüstung und Kriegsproduktion vom 27.7.1944, in: ebd., Bl. 11.

131 Vgl. Schreiben Beauftragter für die Förderung der Erdölgewinnung beim Beauftragten für den VJP, Bentz, an den Generalbevollmächtigten für den Metallerzbergbau Südost vom 23.8.1944, in: ebd., Bl. 13 (Zitat ebd.).

132 Vgl. Eintrag vom 11.9.1944, in: KTB Mineralöl vom 12.6.1944-31.10.1944, in: BA-MA. RW 19, Nr. 203, Bl. 61.

133 Vgl. Schreiben DEA an die DRT vom 25.1.1945, in: BAB, R 2, Nr. 17233.

förderte Öl stammte aus Pechelbronn im Elsass, das von 1870 bis 1919 unter deutscher Kontrolle gestanden hatte.[134]

Als in Berlin die Planungen für die Invasion Frankreichs voranschritten, wurden sieben DEA-Mitarbeiter rekrutiert, die ins Elsass zurückkehren sollten, wo sie bereits vor 1919 gearbeitet hatten. Sie bildeten den Kern der Truppe, die sich als Erdölkommission Pechelbronn konstituierte und unter direkter militärischer Kontrolle stand, ihre Mitglieder trugen aber keine Uniformen. Sie sollten den kämpfenden Truppen folgen und Ölfelder und Raffinerie wieder in Betrieb nehmen.[135] Große besprach die Angelegenheit Mitte Mai mit dem Leiter der Mineralölgruppe in der Rohstoffabteilung des Wehrwirtschaftsstabs, Gottfried Griebel, und pochte dabei darauf, dass bei einer Besetzung Pechelbronns die DEA die alleinige Leitung aller dortigen Erdölbetriebe beanspruchte.[136]

Das wichtigste französische Erdölvorkommen hatte sich bis zum Ende des Ersten Weltkriegs im Eigentum der DEA befunden und war von den Vereinigten Pechelbronner Oelwerken ausgebeutet worden. Sie wurden 1921 an die Société Alsacienne d'Etudes Minières verpachtet, die das Geschäft in die Société Anonyme d'Exploitations Minières einbrachte. Deshalb entschlossen sich das RWiM und das OKW im Juni 1940, als die Wehrmacht in Frankreich einmarschierte, diese Betriebe der DEA treuhänderisch zu übertragen. Das unter der Leitung von Große stehende Erdölkommando besetzte am 21. Juni 1940 mit einer kleinen Wehrmachtseinheit die Erdölbetriebe kampflos. Trotz der Zerstörungen durch die zurückweichenden französischen Truppen konnte der Förderbetrieb rasch wieder aufgenommen werden, und im dritten Quartal 1940 wurden bereits 63 Prozent des Vorkriegsstands gefördert. Auch die Raffinerie wurde instandgesetzt, so dass man das geförderte Rohöl an Ort und Stelle verarbeiten konnte. Unter der DEA-Treuhandverwaltung stieg die Erdölförderung von 23.000 Tonnen im Jahr 1940 auf bis zu 67.000 Tonnen im Jahr 1943.[137]

Zu den Hauptaufgaben der neuen Betriebsführung zählte Anfang 1943 die Vorsorge für den Katastrophenfall, denn schon im Frühjahr 1942 hatte der erste Luftangriff der Alliierten im besetzten Frankreich stattgefunden. Vor allem musste sichergestellt werden, dass bei Stromausfall den Bergmännern noch die Ausfahrt aus dem Schacht möglich war. Im Februar 1943 ordnete der DEA-Vorstand an, Fachkräfte des Bohrbetriebs in das weit ergiebigere Feld Neusiedl in Österreich zu verlegen. Der Abbau des Personalstands im Pechelbronner Bohrbetrieb wurde zunächst über eine Erhöhung der Arbeitszeit von acht auf zwölf Stunden pro Schicht ausgeglichen.

Der durch das Scheitern des Kaukasusunternehmens befeuerte Raubbau an den Pechelbronner Erdölvorkommen ließ die dort auf zwanzig Jahre kalkulierte Ausbeute auf bloße fünf Jahre sinken. Im Lauf des Jahrs 1944 gelang es noch, den wegen technischer Probleme nicht fertiggestellten Schacht VI mithilfe der Schachtbaufirma Geb-

134 Vgl. Walther, Pechelbronn, S. 137 ff.

135 Vgl. Goralski/Freeburg, Oil, S. 32.

136 Vgl. Grieger/Karlsch, Treibstoff, S. 314 f.

137 Vgl. Walther, Pechelbronn, S. 297 ff.; Bavendamm, 1899-1999, S. 215 f.; Scheld, Erdöl, S. 139 ff.

hard und König aus Nordhausen, einer DEA-Tochter, und unter Einsatz von Kriegsgefangenen in Betrieb zu nehmen.[138]

Die Behandlung des Feindvermögens

Bereits Ende Mai 1940 begannen im AA die Planungen für die Nachkriegszeit. Clodius, der stellvertretende Leiter der Wirtschaftspolitischen Abteilung, sprach sich in einem Memorandum vom 30. Mai 1940 über die wirtschaftliche Gestaltung des Friedens – nach dem »Endsieg« über England – gegen eine entschädigungslose Übernahme feindlichen Eigentums im Reich und in den von deutschen Truppen besetzten Gebieten aus. England und Frankreich hatten aber Beteiligungen in dritten Ländern, die für Deutschland von besonderem Interesse waren: »Hierunter fallen z. B. die in englischem Besitz befindlichen Bleivorkommen und die in französischem Besitz befindlichen Kupfervorkommen in Jugoslavien sowie die in englischem und französischem Besitz befindlichen Erdölvorkommen in Rumänien.« In seinen Aufzeichnungen für Ribbentrop vom 1. Juni 1940 forderte Botschafter Ritter dagegen als Grundbedingung für einen Friedensschluss, dass alle englischen und französischen Rechte und Interessen an Unternehmen in einem zukünftigen Großwirtschaftsraum an Deutschland abzutreten seien. Dazu zählte er auch »die französischen Kupferminen in Jugoslavien, die englisch-kanadischen Nickelminen in Finnland, die englisch-französischen Erdölinteressen in Rumänien«.[139]

Keppler wurde Ende Juli 1940 vom Reichsaußenminister mit allen Fragen, die die Bodenschätze betrafen, im künftigen Friedensvertrag betraut. Zur Vorbereitung bat er den Reichskommissar für die Behandlung feindlichen Vermögens, Friedrich Ernst, um eine Aufstellung der Unternehmen unter Feindvermögensverwaltung, die sich mit der Auswertung von Bodenschätzen, insbesondere hinsichtlich von Öl- und Erzvorkommen befassten.[140]

Funk wies Göring Mitte August 1940 erneut darauf hin, dass ihm für den Aufbau einer einheitlichen europäischen Großraumwirtschaft unter deutscher Führung die Übernahme der wichtigen Wirtschaftspositionen in Europa, die sich im Besitz der Engländer und Franzosen befanden, unerlässlich erschien.[141]

In einem Manuskript über die Royal Dutch Shell-Gruppe und die Rhenania-Ossag Mineralölwerke AG vermerkte der Reichskommissar für die Behandlung feindlichen Vermögens, dass sich die Rhenania-Ossag zu 100 Prozent in Händen der Bataafsche Petroleum Maatschappij befand, die selbst zu 60 Prozent der Koninklijke Nederland-

138 Vgl. Krau, Kohle, S. 96 f. und 99 f.

139 Vgl. Aufzeichnung Gesandter Clodius vom 30. 5. 1940, in: ADAP, Serie D, Bd. 9, Dok. 354, S. 390-395 (Zitat S. 394); Aufzeichnung des Botschafters Ritter vom 1. 6. 1940, in: ebd., Dok. 367, S. 407-411 (Zitat S. 409); Lindner, Reichskommissariat, S. 41 f.

140 Vgl. Schreiben AA, Keppler, an Friedrich Ernst, Reichskommissar für die Behandlung feindlichen Vermögens, vom 7. 8. 1940, in: BAB, R 87, Nr. 109.

141 Vgl. Schreiben von Funk an Göring vom 6. 8. 1940 und Antwort Görings vom 17. 8. 1940, zit. nach: Hass/Schumann (Hg.), Anatomie der Aggression, Dok. 11, S. 79-82, hier S. 81.

sche Maatschappij und zu 40 Prozent der Shell gehörte. Der Bataafschen gehörte ferner die Astra Romana zu 77 Prozent. Die Rhenania-Ossag war beteiligt an der Hydrierwerke Pölitz AG, der Ostmärkischen Mineralölwerke GmbH, der Aktiengesellschaft der Shell Floridsdorfer Mineralölfabrik, der Allgemeine Oelhandelsgesellschaft mbH, der Reichskraftsprit GmbH etc. Die Bataafsche hielt Beteiligungen an der Gewerkschaft Brigitta, der Deurag, der Deutsche Gasolin AG, der Mineralölwerke Albrecht & Co., der Shell Mineralöl GmbH, Prag und der Luboil Mineralöl Vertriebs GmbH, Prag.[142]

Die Rhenania-Ossag, die weiterhin als deutsches Unternehmen eingestuft wurde, warb für die Gesellschaften ihrer Konzernmutter, der unter deutscher Treuhandschaft stehenden Royal Dutch Shell, als einen existierenden Apparat für die Sicherung deutscher wirtschaftlicher Interessen in allen europäischen Ländern. Über sie ließen sich Marktordnung und Preisbildung unter deutsche Kontrolle bringen, so dass für deutsche Rechnung die höchstmöglichen Erlöse erzielt werden könnten.[143]

Ab Anfang 1941 gab es Unstimmigkeiten um die Verwalter der Unilever, Staatsrat Karl Lindemann, Heinrich Schicht und Karl Blessing,[144] wobei vor allem gegen den ehemaligen Reichsbankdirektor Blessing Vorwürfe erhoben wurden. Den Druck übten Heydrich und der SD aus, aus deren Sicht Blessing zu sehr im Sinne »feindlicher« Interessen agierte. Lindemann legte als Konsequenz sein Amt nieder und stellte sich schützend vor Blessing. Staatssekretär Neumann erklärte abschließend, dass er Blessing gut genug kenne, um zu wissen, dass Vorwürfe gegen ihn indiskutabel seien. Er habe keinerlei Bedenken, Blessing im Auftrag des Reichsmarschalls mit einer wichtigen Funktion in der Erdölwirtschaft zu betrauen.[145]

Staatssekretär Friedrich Landfried aus dem RWiM hielt später eine Neuregelung der Verhältnisse im Unilever-Konzern für dringlich, um die deutsche Ernährungs- und industrielle Öl- und Fettwirtschaft zu sichern. Die holländischen Manager hätten ihre Unzuverlässigkeit bewiesen, einzelne Betriebe der Unilever unterhielten Verbindungen zum britischen Secret Service. Der deutschen Geschäftsleitung sei in dieser Hinsicht kein Vorwurf zu machen. Dies gelte für Blessing, Lindemann und Schicht, ihre Ehrenhaftigkeit stehe außer Zweifel. Landfried empfahl als Lösung schließlich die Einsetzung eines Reichskommissars, vorgesehen für den Posten war Staatssekretär Hans Posse, ebenfalls aus dem RWiM.[146]

Der interministerielle Ausschuss beriet am 23. September 1941 über die deutsche Kapitalbeteiligung in den Niederlanden, Belgien und Griechenland: Bei Shell, Philipps und Unilever sollte durch die Einsetzung von Kommissaren sichergestellt

142 Vgl. Schreiben Reichskommissar für die Behandlung feindlichen Vermögens an Keppler, AA, vom 30.8.1940, S. 1 (Zitat ebd.), in: BAB, R 87, Nr. 109.

143 Vgl. Schreiben Rhenania-Ossag Mineralölwerke AG an das RWiM, Schlotterer, vom 18.10.1940, in: ebd., R 13-XXII, Nr. 1352.

144 Näheres zu seiner Vita in den Kurzbiographien.

145 Vgl. AV von Friedrich Ernst, Reichskommissar für die Behandlung feindlichen Vermögens, vom 27.3.1941, in: BAB, R 87, Nr. 5920.

146 Vgl. Protokoll über Sitzung vom 14.5.1941 im RWiM, in: ebd.

werden, dass diese Unternehmen für die Zwecke der deutschen Kriegswirtschaft eingesetzt würden. Bei Philipps und Unilever konnten keine Erfolge bei der Übernahme von Kapitalbeteiligungen erzielt werden. Beim Shell-Konzern war insofern ein bescheidener Erfolg zu verzeichnen, als zwischen der Tochtergesellschaft Astra Romana und der Konti Verabredungen getroffen wurden, die den vollen Einsatz der Astra Romana für die Ölproduktion gewährleisteten.[147]

Noch im Juli 1942 gab es ein Gerangel um die Übernahme der Olex, die der britischen Anglo-Iranian Oil Company gehörte. Sie sollte zunächst treuhänderisch verwaltet und erst übergeben werden, wenn die Verhandlungen mit Johannes Krohn, dem Nachfolger Friedrich Ernsts als Reichskommissar für die Behandlung feindlichen Vermögens, zu einem Ergebnis führten, das Fischer verantworten konnte.

Kurt Haver[148] schlug vor, die Olex in die Rumänien-Mineralöl GmbH einzuschalten. Fischer wurde in dieser Sache von Schirner von der DEA, zu der die Olex vor 1929 mehrheitlich gehört hatte, angegriffen. Funk aber hatte der AG der Kohlenwertstoffverbände die Olex bereits zugesagt.[149]

Dem Vorschlag des RWiM entsprechend wurden Brochhaus, Emil Helfferich und Hans Rohdewald später als Verwalter der amerikanischen Erdölunternehmen The Texas Company Société Anonyme, Brüssel, der Standard American Petroleum Company Société Anonyme, Antwerpen und der Vacuum Oil Company Siège Social, Brüssel eingesetzt.[150]

Im Herbst 1940 ernannte der Verwalter der Bataafschen, Eckhardt von Klaß, einen neuen pro-deutschen Vorstand und einen niederländischen Generaldirektor, Wim Rost van Tonningen, bei der Astra Romana. Rost hatte als Ingenieur Karriere bei der Bataafschen gemacht und war zum technischen Inspektor der Anlagen des Konzerns in Italien, Österreich, Ungarn, Jugoslawien und Rumänien aufgestiegen. Seit den 1930er Jahren war er bei der niederländischen Nationaal Socialistische Beweging engagiert und von seinem Posten entlassen worden. Im Juli 1940 wurde er, wahrscheinlich auf Fürsprache seines Bruders, eines Anführers des Bewegung, zurückgeholt. Die Personalie Rost fügte sich hervorragend in die deutschen Intentionen ein: Er ergriff die Initiative zum Bau einer Anlage zur Herstellung hochoktanigen Benzins in den Astra-Werken in Ploesti und akzeptierte, dass die Konti zur Hälfte an den Konzessionen der Astra beteiligt wurde.

Im Januar 1940 wurde auch ein Verwalter für die Rhenania-Ossag eingesetzt. Der Verwalter der Bataafschen kontrollierte die Tochterunternehmen in den deutsch besetzten Gebieten und in der deutschen Einflusssphäre, wie in Ungarn. Die Rhenania-

147 Vgl. Aus dem Protokoll der Sitzung des interministeriellen Ausschusses am 23.9.1941, zit. nach: Eichholtz/Schumann (Hg.), Anatomie des Krieges, Dok. 179, S. 354-358, hier S. 356. Zur Astra Romana vgl. Wixforth, Expansion, S. 719; Aalders, Three ways, S. 285.

148 Näheres zu seiner Vita in den Kurzbiographien.

149 Vgl. AN über Besprechung mit Fischer, RWiM, am 1. Juli 1942, in: BAB, R 87, Nr. 236.

150 Vgl. Schreiben Militärbefehlshaber in Belgien und Nordfrankreich, Militärverwaltungschef, an Reichswirtschaftsminister vom 10.8.1942, in: ebd., R 3101, Nr. 33173.

Ossag und die Nafta Italiana arbeiteten weiter, die Astra Romana wurde in die deutschen Kriegsanstrengungen einbezogen. Gegen den Protest von von Klaß gliederte die italienische Regierung 1942 die Nafta, an der die Bataafsche 80 Prozent hielt, der Azienda Generale Italiana Petroli (AGIP) an.

Im September 1942 lieferte von Klaß Gerätschaften für die Kaukasusmission und baute ein eigenes Team auf, das auf 200 bis 300 Mann angelegt war. Dieses Team sollte unabhängig arbeiten und eigentlich die französische Raffinerie Petit-Couronne abbauen, um sie in der Sowjetunion wieder aufzubauen. Doch die Konti hatte bereits eine Firma zum Abbau der Raffinerie engagiert.[151]

Bei einer Besprechung beim Reichskommissar für die Behandlung feindlichen Vermögens Ende März 1942, bei der es um eine klare Entscheidung über die Absichten der Reichsregierung hinsichtlich der unter feindlichem Einfluss stehenden Ölunternehmen ging, führte Neumann aus: Soweit es die Produktion im Ausland betreffe, sei entschieden worden, dass die Konti den Vorrang habe; hinsichtlich der unter ausländischem Einfluss stehenden inländischen Gesellschaften sei noch keine Entscheidung getroffen worden.[152]

2.4 Die Geologie als Schlüsselwissenschaft

Staatsnahe Geologen

Die Geologie war aufgrund ihres Forschungsgegenstands von Anfang an eine vergleichsweise staatsnahe Wissenschaft, weil der Staat für den Bergbau und ähnliche Bereiche verantwortlich zeichnete. Als anwendungsbezogene Wissenschaft geriet sie aber auch sehr rasch ins Blickfeld der Wirtschaft, und so waren Wechsel von Geologen in die eine oder andere Richtung keine Seltenheit. Ab 1933 wurde auch die NSDAP auf die Geologie aufmerksam und spätestens mit Kriegsbeginn auch das Militär. Die Geologie stand zwischen den vier Machtsäulen und etablierte strukturelle und personelle Verbindungen unter diesen.

Aus der Staatsnähe resultierte ebenfalls die Gründung der Deutschen Wissenschaftlichen Gesellschaft für Erdöl, Erdgas und Kohle e. V. am 9. Mai 1933, die eine deutsche Präsenz bei der Welterdölkonferenz im Juli 1933 in Berlin sichern, vor allem aber den wissenschaftlichen Rückstand mindern sollte. Der Name der Gesellschaft wurde im September 1933 in Deutsche Gesellschaft für Mineralölforschung geändert.

Sie veranstaltete Fachtagungen, in ihren Abteilungen wurden technisch-wissenschaftliche Fragestellungen, aber auch bedeutsame Aspekte der Kriegsvorbereitung

151 Vgl. Howarth/Jonker, Powering the Hydrocarbon Revolution, S. 69, 78, 81 und 84.

152 Vgl. Vermerk über Besprechung beim Reichskommissar für die Behandlung feindlichen Vermögens vom 30. 3. 1942, S. 2 f., in: BAB, R 87, Nr. 236.

diskutiert. Seit 1935 gab es beispielsweise eine Veranstaltung zum Luftschutz für Tanklager.[153]

Die hohe Bedeutung der Geologie wird auch an der Neuregelung des Studiums von Januar 1941 deutlich, die vom Reichsminister für Wissenschaft, Erziehung und Volksbildung mit den gestiegenen »Anforderungen, die Staat und Wehrmacht an die von ihnen zu übernehmenden Geologen stellen«, begründet wurde. Zu diesem Zweck sollte eine neue Studien- und Diplomprüfungsordnung das Studium ab dem 1. April 1941 reichseinheitlich regeln. Die Diplom-Geologen-Hauptprüfung trat nun als Abschluss an die Stelle des bisherigen Zulassungsexamens der Reichsstelle für Bodenforschung, die Mindeststudiendauer wurde auf sieben Semestern festgelegt und die Studienordnung so abgefasst, »daß sie nicht nur den Anforderungen der Hochschule, sondern auch den Bedürfnissen der Wehrmacht und der Reichsstelle für Bodenforschung« entsprach.[154]

Alfred Bentz

Insbesondere für die Steigerung der heimischen Erdölproduktion, aber auch für die Arbeit in den besetzten Gebieten war die Erdölgeologie von besonderer Bedeutung. Sie hatte in den 1920er Jahren einen hohen Professionalisierungsgrad erlangt und durch die Anwendung neuer Methoden bemerkenswerte Erfolge erzielt. Beispielhaft dafür steht der Aufstieg des späteren AR-Mitglieds der Konti, Alfred Bentz.

Bentz war ein Pionier der Erdölgeologie in Deutschland. 1931 prognostizierte er das Vorhandensein von Erdöl nur in Jura- und Kreideformationen der Becken, 1932 hielt er auf der Erdöltagung der Deutschen Geologischen Gesellschaft einen vielbeachteten Vortrag, in dem er Deutschland in vier Erdölprovinzen unterteilte: 1. Subalpine Hochebene, 2. Rheintalgraben, 3. Antiklinalen in Thüringen, 4. Flanken und Scheitel norddeutscher Salzstöcke.[155] Als Hauptreferent für Erdölfragen der PGLA gab er auf der ersten Erdöltagung der Deutschen Geologischen Gesellschaft zu Hannover im Mai 1932 einen Überblick über die geologischen Voraussetzungen für das Auftreten von Erdöllagerstätten in Deutschland. Die Zusammenarbeit zwischen ihm und den in der Industrie beschäftigten Erdölgeologen war bereits Anfang der 1930er Jahre so eng, dass auf seine Initiative auf der Tagung ein umfassender Überblick über den aktuellen Stand der Erdölarbeiten gegeben werden konnte.

Ab 1933 leitete er das Institut für Erdölgeologie der PGLA mit Zweigstelle in Hannover. Einmal im Monat fanden in Hannover Sitzungen statt, bei denen man sich über Reichs- und Privat-Bohrungen austauschte. Zwischen 1934 und 1939 wurden 14 neue Ölfelder entdeckt.[156]

153 Vgl. Altmann, 75 Jahre DGMK, S. 244 f.
154 Vgl. Runderlaß, S. 41 (Zitate ebd.).
155 Vgl. Wagenbreth, Geschichte, S. 213. Allgemein zur Erdölgeologie in Deutschland vgl. ebd., S. 211 ff.
156 Vgl. Schott/Udluft, Die Arbeiten, S. 99 ff.

Bentz machte auch eine steile politische Karriere: Göring ernannte ihn am 28. Juli 1938 zu seinem Bevollmächtigten für die Erdölgewinnung. Seine Aufgabe bestand darin, »das Aufsuchen neuer Erdölquellen und die Vorbereitung ihrer Erschließung mit jedem möglichen Nachdruck zu fördern, hierzu die laufenden Arbeiten fortdauernd zu kontrollieren, ihnen entgegentretende Hindernisse schnellstens auszuräumen und für ihre ordnungsgemäße Weiterführung alle notwendigen Voraussetzungen zu sichern«. Bei etwaigen Schwierigkeiten hatte er Göring umgehend zu berichten, damit dieser die notwendigen Entscheidungen treffen konnte. In grundlegenden Angelegenheiten sollte er sich mit Krauch absprechen.[157] Der Reichsmarschall verlängerte die Vollmacht von Bentz als Bevollmächtigtem für die Erdölgewinnung am 4. Oktober 1939 und dehnte sie in diesem Zuge zudem auf das Protektorat Böhmen und Mähren sowie die besetzten polnischen Gebiete aus.[158]

Am 20. Juli 1942 wurde Bentz von Göring zudem damit beauftragt, zur »Steigerung der Erdölgewinnung auf allen Ölfeldern, die in dem deutschen Einfluss unterworfenen Raum liegen«, den Einsatz der vorhandenen Bohr- und Förderanlagen zu zentralisieren und zu koordinieren, außerdem galt es, die Herstellung neuer Bohr- und Förderanlagen intensiv zu fördern. Zu diesem Zweck sollte Bentz einen allumfassenden Förderplan aufstellen, ein Programm für die Neuherstellung von Bohr- und Förderanlagen entwerfen und dieses Programm dem Rüstungslieferungsamt zur Überprüfung der Produktionsmöglichkeiten und zur Festlegung des Produktionsplans übermitteln. Gemäß dem Produktionsplan hatte Bentz alsdann die Bohr- und Förderanlagen auf die deutschen Mineralölfirmen zu verteilen.[159]

Die Reichsstelle (Reichsamt) für Bodenforschung

Die nationalsozialistische Führung fokussierte die geologischen Arbeiten nach 1933 konsequent auf die Gewinnung mineralischer Rohstoffe und anderer Energieträger. Voraussetzung dafür bildete eine systematische Erforschung des deutschen Bodens, um nutzbare Lagerstätten nachzuweisen und für eine bergmännische Gewinnung vorzubereiten.

157 Vgl. Schreiben Beauftragter für den VJP, Göring, an Bentz, Leiter des Instituts für Erdölgeologie an der Geologischen Landesanstalt Berlin, vom 28.7.1938, in: BGR, Nr. 0086534 (Zitat ebd.). Auch in: BAB, R 3101, Nr. 30155, Bl. 33; ebd., Nr. 19497, Bl. 153; R 26-I, Nr. 3, Bl. 5 und StaN, KV-Anklage, Dok. Fotokopien, NI-13902. Die Amtsbezeichnungen wechseln; Bentz selbst firmierte später auch als »Beauftragter für die Förderung der Erdölgewinnung«.

158 Vgl. Schreiben Göring, Beauftragter für den VJP, an Bentz, Leiter des Instituts für Erdölgeologie an der Geologischen Landesanstalt Berlin, vom 4.10.1939, in: BAB, R 3101, Nr. 19497, Bl. 154. Auch in: ebd., R 2, Nr. 19497, Bl. 153.

159 Vgl. Schreiben Göring an Beauftragten für die Förderung der Erdölgewinnung, Bentz, vom 20.7.1942, in: BA-MA, RW 46, Nr. 648. Auch in: ebd., R 3101, Nr. 30155, Bl. 34 und in R 2, Nr. 19497, Bl. 155 f. Als konkretes Beispiel für die Tätigkeit von Bentz siehe die Aufstellung des Förderungsplans für 1943. Vgl. Protokoll über die Beiratssitzung am 17. Juni 1942 beim Beauftragten für die Förderung der Erdölgewinnung vom 18.6.1942, in: BA-MA, RW 19, Nr. 2747, Bl. 88 f.

Unter der Maxime, die Geologie in den »Dienst des Volksganzen« zu stellen, mussten sich die Geologischen Landesämter nun neben ihren traditionellen Kartierungsarbeiten vor allem der Bereitstellung von Rohstoffen widmen. Vor diesem Hintergrund wurden die staatlichen geologischen Einrichtungen, vor allem die in Deutschland führende PGLA, auf diese Aufgaben auch forschungspolitisch ausgerichtet. Bei seinem Amtsantritt 1933 betonte der neue Präsident, Wilfried von Seidlitz, die Notwendigkeit, »die angewandte Geologie unter Zurückstellung rein wissenschaftlicher Aufgaben wesentlich mehr als früher in den Vordergrund treten zu lassen«. In diesem Sinn wurde 1934 eine strukturelle Erweiterung der PGLA vorgenommen: Zu den traditionellen Abteilungen für Kartierung, Geophysik, Sammlungen und Veröffentlichungen kamen weitere Referate für Braunkohle, Erze, Bodenkunde, Steine und Erden, Ingenieurgeologie sowie Gesteins- und Mineralanalysen hinzu. Im selben Jahr wurde ein Institut für Erdölgeologie gegründet, das Alfred Bentz leitete. 1937 gab von Seidlitz seine Position als Präsident der PGLA auf und wurde Mitarbeiter im Amt für die Erforschung des deutschen Bodens der Vierjahresplanbehörde unter Leitung von Wilhelm Keppler.[160]

Ein in der Bergverwaltung bewährter Beamter, NSDAP-Mitglied und Oberbergamtsdirektor Julius Versé, war der letzte Präsident der PGLA. Er war den Machtbestrebungen der Parteidienststellen und der von ihnen getragenen Einrichtungen nicht gewachsen, so dass es schließlich zur Vereinigung mit der Dienststelle des VJP »Erforschung des Deutschen Bodens« unter Keppler kam.[161]

Die vom Beauftragten für den VJP am 10. März 1939 erlassene Verordnung über die Errichtung einer Reichsstelle für Bodenforschung besiegelte das Ende der PGLA. Darin hieß es, dass die Dienststelle des VJP »Erforschung des Deutschen Bodens« und die deutschen Geologischen Landesanstalten sowie die Österreichische Geologische Landesanstalt am 1. April 1939 zur RfB mit Sitz in Berlin vereinigt würden, die weiterhin formal dem RWiM unterstand. Zu ihrer Tätigkeit hieß es: »Die Reichsstelle für Bodenforschung hat die Aufgabe, das Reichsgebiet nach geologischen, geophysikalischen, bergmännischen und anderen Methoden mit dem Ziel zu erforschen, daß die Ergebnisse für die Wirtschaft nutzbar werden. Sie ist in diesem Aufgabengebiet für das Reich und die Länder ausschließlich zuständig.«[162]

Die Gründung der RfB stand schon unter dem Eindruck des bevorstehenden Kriegs. Die Fortführung des Bohrprogramms und die Geophysikalische Reichsaufnahme gehörten weiter zu den wesentlichen Aufgaben der Reichsstelle, ebenso wie die geologischen Arbeiten zu Lagerstätten anderer mineralischer Rohstoffe. Mit dem Kriegsbeginn wurden entsprechende Untersuchungen von ihr auch in den besetzten Ländern ausgeführt. In diesen Gebieten existierende geologische Institutionen übernahm sie als Zweigstellen. Im Mittelpunkt der Arbeiten dieser Außenstellen standen die Erkundung und Nutzung von Erdöl-, Kohle- und Erzlagerstätten, die Anfertigung von

160 Vgl. Guntau, Aspekten, S. 141 f.; Kühn/Rohrbeck, Landesanstalt, S. 28 ff.

161 Vgl. Udluft, Überblick, S. 33 f.

162 Vgl. Verordnung über die Errichtung, S. 490 (Zitat ebd.); Roolf, Erdölforschung, S. 242 f.

Rohstoffkarten, die Beschaffung von Baumaterialien und die Erkundung von Wasserverhältnissen. Am 12. Dezember 1941 erfolgte die Umbenennung der Reichsstelle in Reichsamt für Bodenforschung.[163] Das RfB entwickelte sich zu einer Schaltzentrale, an die sich die Erdölindustrie wandte, um die Entwicklung voranzutreiben. In enger Zusammenarbeit wurden Erhebungen geplant sowie Forschung und Personaleinsatz organisiert. Das RfB als zentrale technische Beratungsstelle erstreckte seine Tätigkeit auf den ganzen Kontinent und sollte den wissenschaftlichen und technischen Hintergrund für die wirtschaftliche Vorherrschaft der Nationalsozialisten in Europa liefern.[164]

In Südosteuropa baute die RfB – mit einer Ausnahme – keine Zweigstellen auf. Diese Ausnahme war Bukarest, das Personal vor Ort wurde von der Geologischen Abteilung der Kontinentalen Öl GmbH gestellt. Statt Zweigstellen aufzubauen, entsandte die RfB ihre Geologen vorübergehend zu Lagerstättenuntersuchungen und setzte in Rumänien, Ungarn, Bulgarien, Mazedonien und Griechenland auf eine Zusammenarbeit mit existierenden Wissenschaftseinrichtungen oder mit Geologen der dort operierenden deutschen Erdölfirmen.[165]

Sie lieferte Expertisen zu deutschen Kriegszielen, bevorzugt mit Blick auf die Sowjetunion: Die Steigerung der dortigen Produktion sei ausschließlich eine Frage der Organisation, der industriellen Ausrüstung und des Transports.[166] Dazu traten Empfehlungen an das Militär.[167] Die Geologen verfassten auch tagesaktuelle Gutachten, etwa während des deutschen Vormarschs in der Sowjetunion im August 1942. In der Frage, ob ein Verlust des Kaukasus für die sowjetische Ölversorgung tragbar und ausgleichbar sei, zeigte man sich optimistisch: »Der im zentralen Rumpf-Russland mit Aufbietung der letzten Reserven kämpfende Feind hat heute schon mit dem Zugang zu den kaukasischen Ölfeldern zugleich auch neun Zehntel seiner Erdölzufuhren verloren.«[168]

163 Vgl. Guntau, Aspekten, S. 143 f. Zum Reichsbohrprogramm von 1934 und zur Geophysikalischen Reichsaufnahme von 1935 vgl. auch: Kölbl-Ebert, German petroleum geologists, S. 393 f.; Kühn/Rohrbeck, Landesanstalt, S. 31.

164 Vgl. Oil Field Investigation, Part IV, Section I, S. 63 f. Auch in: NAK, WO 252, Nr. 1448. Die RfB vertrat teilweise recht offen die Positionen des NS-Regimes: »Der Ausgang dieses Krieges muß eine weitgehende Neuverteilung der mineralischen Rohstoffquellen der Erde zur Folge haben.« Erdöl in Europa, S. 5.

165 Vgl. Roolf, Altreich, S. 237.

166 Vgl. Erdöl in Rußland, S. 6.

167 Vgl. Schreiben RfB, Abteilung Erdöl, an das MKK, Direktor Schlicht, vom 13. 5. 1942, in: BA-MA, RW 46, Nr. 667.

168 Vgl. Russland ohne das kaukasische Erdöl von Alfred M. Stahmer, RfB, Abteilung Erdöl vom August 1942, S. 2 f. und 24 (Zitat ebd.), in: BGR, Nr. 0065842. Aber auch andere Regionen rückten in das Blickfeld der Geologen der Reichsstelle: vom wichtiger werdenden Vorderasien bis zum Ölschiefer Estlands. Vgl. Erdöl in Europa; Bodenschätze, S. 69 f.

Die wachsende Bedeutung der Mikropaläontologie

Die Shell ließ ihre laufenden Bohrungen bereits seit 1931 mikropaläontologisch untersuchen. Auf Initiative von Bentz, der damals das Institut für Erdölgeologie der PGLA leitete, wurde 1933 in Berlin eine staatliche Untersuchungskommission für Mikropaläontologie geschaffen.[169]

Seit Juni 1934 trafen sich nicht nur die Erdölgeologen der PGLA regelmäßig mit Vertretern der Bergämter und den Geologen und Direktoren der größeren Erdölfirmen zu geheimen Austauschsitzungen für Erdölgeologie. Auch die Mitarbeiter der PGLA-Untersuchungsstelle für Mikropaläontologie kamen seit Januar 1936 monatlich mit den Leitern der neuen mikropaläontologischen Labore in den Erdölfirmen sowie mit Mitarbeitern der Erdölabteilung in einem Arbeitskreis zusammen. So institutionalisierte sich die geowissenschaftliche Teildisziplin Mikropaläontologie netzwerkartig zwischen Wissenschaft, Staat und Wirtschaft. Als personelles Bindeglied fungierte hierbei der Multifunktionär Karl Krejci-Graf.

Im Verlauf des Kriegs expandierte die deutsche Mikropaläontologie auch nach Österreich, Polen und Ostgalizien, Estland, in die Ukraine, auf die Krim, in den Kaukasus und nach Frankreich.[170] Kurz- und mittelfristig stimulierende Impulse aus der Mikropaläontologie zeigten sich in den besetzten und verbündeten Gebieten: In Galizien, Rumänien und Österreich konnte aufgrund der mikropaläontologischen Vorarbeiten die Erdölförderung zugunsten der deutschen Kriegswirtschaft gesteigert werden.[171]

Auch dem Mineralölkommando gehörten mit Helmut Bartenstein[172] und Erich Brand vom Frankfurter Senckenberg-Museum zwei Mikropaläontologen an. Nach dem Rückzug aus Rostow Ende November 1941 wechselte Bartenstein zur Konti, die im Erdölrevier von Romny tätig war. Dort war er bis zum weiteren Rückzug der deutschen Besatzungsbehörden aus der Ukraine im Herbst 1943 in der Geologischen Abteilung Romny für die mikropaläontologischen Untersuchungen zuständig. Temporär hatten Bartenstein und Brand auch der TBM angehört. Bartenstein wurde von der Konti im Oktober 1943 nach Südfrankreich entsandt, um im Erdölrevier von Saint-Gaudens bei Toulouse ein mikropaläontologisches Labor für das Erdölunternehmen einzurichten. In der Nachkriegszeit leitete er das Mikropaläontologische Labor der Mobil Oil Deutschland in Celle.[173]

Von der rumänischen Erdölforschung hatte die NS-Kriegswirtschaft enorm profitiert. Die in Rumänien tätige Kontinentale Öl GmbH betrieb jedoch eigene Erkundungsarbeiten, unter der Leitung von Krejci-Graf. In der Geologischen Abteilung

169 Vgl. Hiltermann, Geschichte, S. 40 f.

170 Vgl. Roolf, Erdölforschung, S. 235 und 241 ff. (Zitat S. 241).

171 Vgl. ders., Altreich, S. 244.

172 Helmut Bartenstein arbeitete während des Kriegs für die Wehrmacht als Geologe in der Ukraine, dem Kaukasus, Rumänien, Ungarn, Österreich, Polen, den Niederlanden und Frankreich. Vgl. Mutterlose, Obituary, S. 189.

173 Vgl. Roolf, Erdölforschung, S. 254 ff. und 267.

der Kontinentalen Öl GmbH war mit Eberhard Buck bis 1944 ebenfalls ein Mikropaläontologe tätig. Er war zuvor, ab 1935, in der Geologischen Abteilung der Gewerkschaft Elwerath als Erdölgeologe beschäftigt gewesen.[174]

Europäische Dimensionen

Besonders die europaweite Lagerstättenforschung rückte im Zuge der Beherrschung immer größerer Teile des Kontinents durch Zivilverwaltungen, Wehrmacht und SS in den Fokus, das zur Verfügung stehende Förderbudget der Fachsparte Bodenforschung betrug im Zeitraum von 1941 bis 1943 319.400 RM.[175] Der Hauptreferent für Erdölfragen der PGLA, Alfred Bentz, avancierte zur Schlüsselfigur dieser Entwicklung. Vor allem der Umstand, dass er von Göring 1938 zum Beauftragten für die Förderung der Erdölgewinnung ernannt wurde, war für seine führende Stellung in den besetzten Ländern von ausschlaggebender Bedeutung. Aber auch die Gründung der RfB, und insbesondere die Installierung Kepplers als deren Präsident, verdeutlichte die starke Politisierung und die hohe Relevanz der Geologie für das NS-Regime.

Der Zugriff auf die europäischen Ressourcen erfolgte im Fall des Erdöls noch vor Kriegsbeginn, als Bentz mit Erdölbohrungen in Rumänien beauftragt wurde. Überliefert ist die Anzahl der »Reichsbohrungen« in den »angeschlossenen« bzw. besetzten Gebieten bis 1945: Österreich (92), Holland (43), Polen und UdSSR (40), Rumänien (26), Elsaß (24), Ungarn (21), Tschechoslowakei (25), Jugoslawien (18). Dies entsprach in der Summe 31 Prozent der insgesamt 955 Reichsbohrungen.[176]

Bereits im März 1937 erklärte Göring, dass sich die deutsche Versorgungssituation durch österreichische Rohstoffressourcen erheblich verbessern ließe. Dabei spekulierte er nicht zuletzt auf die Lagerstätten für Erdöl. Es wundert also nicht, dass es bereits wenige Tage nach dem »Anschluss« am 12. März 1938 zu einer Besprechung zwischen dem noch amtierenden österreichischen Wirtschaftsminister Hans Fischböck[177] und Keppler über die neuen Aufgaben der Geologischen Bundesanstalt kam. Sie sollte die zentrale Stelle der dortigen Bodenforschung werden, verlor jedoch bei der anschließenden Umorganisation ihren autonomen Status und wurde in Geologische Landesstelle Wien, dann in Zweigstelle Wien der RfB in Berlin umbenannt.[178]

Geologen waren auch innerhalb der Wehrmacht, als Wehrgeologen, tätig, vor allem in den Erdölkommandos.[179] Der Berufsweg von Walther Emil Petrascheck in der NS-

174 Vgl. ebd., S. 257.
175 Vgl. ders., Altreich, S. 230.
176 Vgl. Maier, Kurzgutachten, S. 11 und 15 f.
177 Näheres zu seiner Vita in den Kurzbiographien.
178 Vgl. Thaler u. a., BergWetter, S. 19 und 24 ff.
179 Vgl. Häusler, Wehrgeologie, Teil 1, S. 28 und 30 f. Zu den einzelnen Wehrgeologen siehe: ebd., Teil 2.

Zeit ist ein Beispiel für einen Geologen, der im Zweiten Weltkrieg teils als Wehrgeologe, überwiegend aber als Zivilist im Auftrag des RfB tätig war.[180] Zu nennen ist in diesem Zusammenhang auch der Chefgeologe der Konti, Walter Kauenhowen.[181]

180 Vgl. Petrascheck, Geologe.

181 Walter Kauenhowen wurde in allen europäischen Erdölgebieten für wichtige Kriegsaufgaben eingesetzt. Anfang Mai 1942 kam er als Chefgeologe der Konti nach Boryslaw und legte dort ein Zehnjahresprogramm fest, das eine Erdölförderung von knapp zwei Mio. Tonnen Erdöl bis 1951 vorsah. Kauenhowen verfasste sein letztes Gutachten für die Konti über Galizien, wo er an Fleckfieber erkrankte und am 3. Juli 1942 verstarb. Vgl. Nekrolog; Hoffmann, Erdölgewinnung, S. 87, Anm. 42; Gunther, The Caucasus Expedition, S. 15; ders., Oil Exploration, S. 3; Becker, Institut, S. 167; Sandkühler, Endlösung, S. 297 f.; Schreiben Bentz an Lisa Kauenhowen vom 17. 7. 1942, in: UB Freiburg SLS, AGV, Nr. 20255.

3 Die Kontinentale Öl AG

3.1 Der Gründungsprozess

»Es ist eine Selbstverständlichkeit, daß der Staat die Entwicklung auf dem Mineralölgebiet der privaten Wirtschaft nicht allein überlassen kann.« Das Zitat stammt von Ernst Rudolf Fischer, dem Leiter der Mineralölabteilung im RWiM und Manager bei der IG Farben AG, der sich im September 1940 Gedanken darüber machte, wie die im Kriegsverlauf in deutschen Besitz gelangten und in Zukunft noch gelangenden ausländischen Erdölunternehmen übernommen und genutzt werden konnten.[1] In Fischers strategischen Überlegungen tauchte vermutlich zum ersten Mal der Gedanke auf, eine große deutsche, staatlich kontrollierte Ölgesellschaft zu gründen – nicht zuletzt als Gegengewicht zur internationalen Konkurrenz. Neben diesen grundlegenden Ansatz traten infolge des militärischen Siegeszugs im Westen auch situative Momente, die den Prozess stark beschleunigen sollten. Und über allem schwebten die Planungen für den Überfall auf die Sowjetunion, das »Unternehmen Barbarossa«.

Für die Nachkriegszeit rechnete Fischer mit einer wesentlichen Verbrauchssteigerung an Ölprodukten in Europa, Afrika und dem Vorderen Orient. Er ging davon aus, dass man zur Deckung dieses Bedarfs in erster Linie jene Länder würde heranziehen müssen, die militärisch gesichert werden konnten. Dabei dachte er an eine Steigerung der Produktion in Rumänien und eine forcierte Erschließung Ungarns, Jugoslawiens und Albaniens. Mit beständigen und dauerhaften Importen aus der Sowjetunion rechnete er nicht, dafür rückten die Länder am Persischen Golf verstärkt in den Blickpunkt.[2]

Die Tatsache, dass in den genannten Ländern die Förderung in den Händen weniger großer ausländischer Gesellschaften lag, vereinfachte in dieser Hinsicht zwar die Übernahme, setzte aber voraus, dass entsprechende deutsche Organisationen vorhanden waren oder geschaffen würden. Sie müssten ausreichend Kapital zur Verfügung haben und technisch und wirtschaftlich so stark sein, dass sie derartig große Unternehmen wie die Royal Dutch Shell übernehmen und betreiben könnten. Das für die Erschließung der Felder, die Weiterverarbeitung, den Transport und die Forschung notwendige Kapital überstieg die finanziellen Möglichkeiten kleiner und mittlerer Ölfirmen. Entsprechend stellte sich für Fischer die Frage, ob nicht ein staatliches

1 Vgl. Ernst Rudolf Fischer, Die Versorgung Europas mit Mineralöl vor dem Kriege, Ermittlung des Nachkriegsverbrauchs und Sicherung der Belieferung, 1940 vom September 1940, S. 11, in: BGR, Nr. 0049457. Siehe dazu: Kockel, Quelle. Vgl. insgesamt zur Gründungsgeschichte der Konti: Karlsch/Stokes, Faktor Öl, S. 208 ff.; Eichholtz, Ölpolitik, S. 323 ff.

2 Vgl. Ernst Rudolf Fischer, Die Versorgung Europas mit Mineralöl vor dem Kriege, Ermittlung des Nachkriegsverbrauchs und Sicherung der Belieferung, vom September 1940, S. 3 ff., in: BGR, Nr. 0049457.

Unternehmen am besten für diese Aufgabe geeignet sei. Da es aber auf dem Mineralölsektor in Deutschland kein einziges staatliches Unternehmen gab, musste über eine Neugründung nachgedacht werden, die auf Personal und Know-how der privaten Mineralölfirmen würde zurückgreifen können. Fischer schwebte der Zusammenschluss sämtlicher in der deutschen Mineralölwirtschaft maßgeblichen Unternehmen vor: »In dieser Gruppe, zu der […] im Wesentlichen auch nur die großen Gesellschaften zusammengeschlossen werden sollten, müßten Kapital, Fachkenntnisse und privatwirtschaftliche Initiative zusammengefaßt werden, um zunächst einmal durch konzentrierte und auf ein Ziel vereinigte Arbeit die Voraussetzungen für die spätere Gestaltung zu schaffen.« Der Staat übe bereits einen weitreichenden Einfluss auf die Gestaltung der Mineralölwirtschaft aus, der hinsichtlich des Ausgreifens der deutschen Mineralölwirtschaft auf ausländische Gebiete noch verstärkt werden müsse. Dieses notwendige Primat des Staats bedinge aber nicht zwangsläufig die Einschaltung staatlicher Gesellschaften. Die Entwicklung der Mineralölwirtschaft der letzten Jahre, insbesondere der Aufbau der deutschen Erzeugung habe bewiesen, »daß die dem Staat zur Verfügung stehenden Machtmittel und die vorhandene Bereitwilligkeit der privaten Wirtschaft auf Unterstellung unter eine straffe Führung des Staates ausreichen, um die Absichten des Staates in wirksamster Weise durchzusetzen.«[3]

Fischers Vorschlag einer gemischt staatlich-privatwirtschaftlichen Monopol-Aktiengesellschaft, die alle in den deutschen Machtbereich geratenen Ölreviere verwalten und ausbeuten sollte, versprach eine einleuchtende und geschickte Lösung zweier Probleme: Erstens würde die Zersplitterung und Rückständigkeit der deutschen Erdölwirtschaft sowie ihre Abhängigkeit von ausländischen Großkonzernen überwunden werden; zweitens könnte man auf diese Weise der Konkurrenz der deutschen Erdölgesellschaften untereinander und mit den Großerzeugern begegnen. Fernziel blieb für Fischer die Übernahme der britischen Beteiligungen im Nahen Osten, insbesondere der Anglo-Iranian Oil Company. Ziemlich exakt so, wie sein Entwurf es vorsah, wurde die Konti schließlich auch ausgestaltet.[4]

Der Rückkauf von Auslandsanleihen und die Geschäftsgruppe Devisen des Vierjahresplans

Die schillerndste Figur und unbestrittene Führungspersönlichkeit bei der späteren Konti war zweifellos Karl Blessing. Er war, bedingt durch sein Wirken bei der Reichsbank, frühzeitig mit Devisenangelegenheiten des VJP befasst. Vier Wochen nach dem »Anschluss« Österreichs an das Deutsche Reich fand eine Besprechung zu Devisenfragen, die in diesem Zusammenhang relevant waren, unter dem Vorsitz Görings und im Beisein Blessings statt. Dabei ging es in erster Linie um die Erfassung der österreichischen Gold- und Devisenreserven. Sondereinnahmen wie diese sollten

3 Vgl. ebd., S. 10 ff. (Zitate S. 11 f.).

4 Vgl. Eichholtz, Ölpolitik, S. 330.

der Reichsbank zugewiesen und dem Beauftragten für den VJP zur Verfügung gestellt werden. Göring wollte einen größeren Betrag »zur Anlegung einer nationalen Reserve an besonders wichtigen Rohstoffen« verwenden.[5]

Nach seinem Ausscheiden aus der Reichsbank[6] wurde Blessing Anfang September 1940 bei den Bemühungen um die Senkung der Auslandsschulden bzw. dem Rückkauf von Anleihen hinzugezogen. Rudolf Siedersleben, Inhaber des Otto-Wolff-Konzerns, hatte in einem Geheimgespräch mit Oberregierungsrat (ORR) Friedrich Kadgien[7] vorgeschlagen, sich bei dem äußerst sensiblen Geschäft des Rückkaufs der Kreuger-Anleihen[8] Blessings »Erkenntnisse und Erfahrungen nutzbar zu machen«. Kadgien hatte zwar zwischenzeitlich die Zusage von Hermann Josef Abs, Vorstandsmitglied der Deutschen Bank, zur Mitarbeit eingeholt, konnte sich aber auch eine Zusammenarbeit mit beiden, Blessing und Abs, in dieser Angelegenheit vorstellen. Auch Abs selbst war damit »durchaus einverstanden«. Blessing jedoch hatte nicht im Sinn, in ein engeres Verhältnis mit der Firma Otto Wolff einzutreten, er wollte seine Dienste dem VJP ehrenamtlich zur Verfügung stellen. Kurzfristig wurde also Abs mit der Aufgabe des Rückkaufs betraut, Blessing leistete aber mit seinen guten Kontakten – unter anderem zu Bankdirektor Marcus Wallenberg – wertvolle Hilfe.[9]

Staatssekretär Neumann setzte Blessing von der Absicht Görings in Kenntnis, einen stattlichen Devisenbetrag für den Abbau der deutschen Auslandsverschuldung aufzuwenden. Blessing befürwortete diesen Plan, er teilte die Ansicht, dass man die deutschen Auslandsschulden nur noch so lange billig zurückkaufen könne, bis der Krieg

5 Vgl. Besprechung über die durch die Rückgliederung Österreichs entstehenden Devisenfragen unter dem Vorsitz von Göring am 11. 4. 1938, in: BAB, R 3101, Nr. 8437, Bl. 285-288 (Zitat Bl. 286). Ein weiteres Thema bei dieser Besprechung war die Arisierungspolitik in Österreich: Jüdisches Vermögen sollte, wie im Altreich, angemeldet werden müssen. Die antijüdische Politik in Österreich spiegelte sich auch in einer weiteren Sitzung wider, bei der Blessing äußerte: »Ich habe Bedenken, daß die Juden in den nächsten Tagen ab Montag für Hunderttausende Reichsanleihe verkaufen, um sich Mittel zu beschaffen. Da wir den Kurs der Reichsanleihe halten im Hinblick darauf, daß wir weiter Reichsanleihe begeben wollen, müßte das Anleihekonsortium bzw. der Reichsfinanzminister diese Reichsanleihe aufnehmen.« Stenographische Niederschrift von einem Teil der Besprechung über die Judenfrage unter Vorsitz von Feldmarschall Göring im RLM am 12. November 1938, in: IMT, Bd. 28, S. 499-540, hier S. 539 (1816-PS). Vgl. dazu: Aly, Hitlers Volksstaat, S. 60.

6 Vgl. Eingabe des Reichsbank-Direktoriums an den Führer und Reichskanzler vom 7. 1. 1939, in: BAB, R 43-II, Nr. 234, Bl. 41-48; Hank, Notenbanker.

7 Näheres zu seiner Vita in den Kurzbiographien.

8 Zum wirtschaftsgeschichtlich äußerst aufschlussreichen Fall der Kreuger-Anleihen vgl.: Partnoy, Zündholzkönig; Wanner, Aufstieg; Hannah Wilhelm, König der Streichhölzer, in: SZ vom 1. 7. 2008, S. 23; Gerald Braunberger, Der Untergang des Zündholzkönigs, in: FAZ, Nr. 84 vom 9. 4. 2009, S. 25.

9 Vgl. AV Kadgien über Besprechungen am 6. 9. 1940, in: BAB, R 26-I, Nr. 182, Bl. 50-52 (Zitat Bl. 51); Czichon, Deutsche Bank, S. 132 f. Blessing erhielt nach Abschluss der Geschäfte eine entsprechende Dotation. Vgl. AV Kadgien vom 15. 10. 1940, in: RGVA, 700-1-29, Bl. 232-234, hier Bl. 233.

entschieden sei. Allerdings bezweifelte Blessing, dass zu den niedrigen Kursen noch große Posten erhältlich sein würden. Als Neumann den Vorschlag der Firma Otto Wolff, Blessing hinzuzuziehen, unterstützte, erklärte sich dieser zur Mitarbeit bereit.[10]

Das Effektengeschäft sollte die Firma Otto Wolff auf eigene Rechnung machen, also mit eigenen Mitteln die Devisen kaufen und somit das Risiko etwa der Beschlagnahme oder der Veruntreuung allein tragen. Von dem Reingewinn würde die Firma drei Prozent behalten und 97 Prozent abführen. Sie war in der Lage, den anvisierten Betrag von 50 Mio. RM ohne Unterstützung einer deutschen Großbank aufzubringen. Aus Sicht von Siedersleben war Abs der einzige deutsche Bankier, der für die Abwicklung solcher Geschäfte in Betracht kam.[11]

Bei der »Aktion VI«, den Effektengeschäften, ging es um den Rückkauf deutscher Anleihen im ausländischen Besitz, sie brachte im April 1941 einen Reinerlös von über 112 Mio. RM ein. Zur Tarnung wurden Konten bei Privatbanken errichtet, darunter das Konto »Borussia« bei der Berliner Handels-Gesellschaft (BHG), auf das noch zurückzukommen sein wird. Der RM-Sonderfonds hatte Ende Juni 1942 einen Wert von über 129 Mio. RM. Eine Position bildete dabei das Kapital der Borussia mit 31 Mio. RM, der spätere Grundstock für die Konti. Dieser Fonds war ursprünglich geschaffen worden, um »eine breite Kapitalbasis für den Aufbau einer großräumig gedachten deutschen Mineralölposition zu bilden«. Das Kapital der Borussia wurde im weiteren Verlauf aus dem Sonderfonds ausgegliedert, weil Neumann die Verfügungsgewalt darüber auf den Finanzminister übertragen hatte, der sie wiederum an den Reichswirtschaftsminister weitergab.[12]

Im Zentrum der Rückkaufbemühungen standen wie erwähnt die Kreuger-Anleihen. Der schwedische Zündholz-Fabrikant Ivar Kreuger hatte Deutschland 1929 einen Kredit von 125 Mio. Dollar gewährt, unter der Bedingung, dass das Deutsche Reich ihm für die Dauer von 32 Jahren das Streichholz-Monopol einräumte. Die Rückzahlung sollte über die Ausgabe von Aktien und durch die Gewinne des Staats aus der Zündwarensteuer erfolgen. Die Weltwirtschaftskrise fraß jedoch die Überschüsse auf; Kreuger nahm sich 1932 das Leben.

Die Kreuger-Anleihen stürzten in der Folge auf 90 Mio. Dollar ab. Den Zusammenbruch nutzte Berlin, um die Kreuger-Schulden zu begleichen und dadurch die Bonität der Reichsmark zu stärken, aber auch für dringend benötigte kriegswichtige Rohstoffimporte. Zur Begleichung des verlangten Verkaufspreises in Höhe von 16,5 Mio.

10 Vgl. AV Kadgien über Besprechung mit Blessing am 4.9.1940 vom 5.9.1940, in: BAB, R 26-I, Nr. 182, Bl. 36-37; Lussy/Bonhage/Horn, Wertpapiergeschäfte, S. 88, Anm. 82. Über die führende Rolle von Abs beim Rückkauf der Auslandsschulden herrscht in der Literatur Konsens, wobei auch das Zusammenspiel mit der Geschäftsgruppe Devisen des VJP und Blessing betont wird. Vgl. Radandt, Abs, S. 29 ff.

11 Vgl. AV Kadgien über Besprechung mit Vertretern der Firma Otto Wolff am 3.9.1940, in: BAB, R 26-I, Nr. 182, Bl. 29 ff.

12 Vgl. Schmelzer, Devisen, S. 87 ff. (Zitat S. 89); Vernehmung von Neumann am 10.9.1947, in: IfZ, ZS, Nr. 1259, Bl. 54-62, hier Bl. 55 f.

Dollar ließ Abs 8.428 Kilogramm Gold, sechs Mio. Dollar und 5,8 Mio. schwedische Kronen aus den Tresoren der Reichsbank nach Schweden verschiffen. Bei dem Gold handelte es sich um Raubgold aus Frankreich und den Benelux-Staaten aus dem Sonderdepot »Devisenreserve« der Reichsbank. Abs stellte Otto Wolff 293.052,01 RM Vermittlungsprovision in Rechnung.[13]

Die Geschäftsgruppe Devisen des VJP wurde von Min.Dir. Erich Neumann[14] geleitet, wobei die eigentliche Arbeit Min.Rat Friedrich Gramsch[15] verrichtete. Neben Gramsch spielte später vor allem auch Kadgien eine zentrale Rolle. Wichtige Entscheidungen traf zumeist Staatssekretär Paul Körner, seltener Göring selbst.

In enger Zusammenarbeit mit der Reichsbank bildete die VJP-Behörde eine der wichtigsten Regierungs- und Spitzeninstitutionen des Dritten Reichs, die am Raub und der Verwertung von Edelmetallen beteiligt war. Göring besaß als Beauftragter für den VJP die oberste Entscheidungsbefugnis über die Devisenverwendung, unter die auch Edelmetalle fielen. Innerhalb der VJP-Behörde steuerte allein die Geschäftsgruppe Devisen die Devisenbewirtschaftung. Wenngleich der Leiter der Geschäftsgruppe Devisen, Erich Neumann, und auch Görings zweiter Mann, Staatssekretär Paul Körner, gelegentlich eingeschaltet wurden, bearbeiteten doch vorrangig Gramsch und vor allem Kadgien die Devisenangelegenheiten. Ohne Zweifel wurde bei wichtigen Entscheidungen stets das Placet Görings, oder auch Körners und Neumanns, eingeholt, doch agierte speziell Kadgien im Kriegsverlauf immer mehr in eigener Regie, besonders nach dem Ausscheiden Neumanns aus der VJP-Behörde 1942.[16]

Ende 1942 machte Göring die Wehrmacht und die SS auf die prekäre Devisenlage aufmerksam. Bis dahin war es gelungen, Devisen für die Einfuhr wehrwirtschaftlich unentbehrlicher Rohstoffe bereitzustellen, doch Kadgien rechnete mit dem Versiegen der Gold- und Devisenreserven per Ende 1944. Insbesondere die »normalen« Deviseneingänge aus den Exporten außerhalb des Verrechnungsverkehrs in die Schweiz, nach Schweden oder in die USA gingen laufend zurück. Umso wichtiger wurde der im Rahmen von Kadgiens »Sonderaktionen« durchgeführte Raub von Gold und Devisen in den besetzten Gebieten sowie die Verkäufe geraubter Vermögenswerte im neutralen Ausland. Die in der Schweiz und Schweden durchgeführten Verkäufe der in den besetzten Gebieten geraubten Wertschriften erbrachten mindestens 11 Mio. Franken.[17]

13 Vgl. Koch, Geldgeschäfte, S. 219 und 221. Kadgien hielt dazu Mitte Oktober 1940 fest: »Die Entschuldungsaktion ist im Ergebnis also nicht aus dem Grundstock des Devisenfonds, sondern aus den von den besetzten Gebieten abgelieferten Geldern finanziert worden.« AV Kadgien vom 15.10.1940, in: RGVA, 700-1-29, Bl. 232 ff., hier Bl. 232.

14 Näheres zu seiner Vita in den Kurzbiographien.

15 Näheres zu seiner Vita in den Kurzbiographien.

16 Vgl. Banken, Edelmetallmangel, S. 257 und 727.

17 Vgl. Meier u. a., Aussenwirtschaftspolitik, S. 329 f.

Die Jagd auf die rumänischen Aktien

Anfang Dezember 1939 verhandelten deutsche Ministerialbeamte mit einem Vorstandsmitglied der Dresdner Bank über den Ankauf der Naphta Romana; wer im Endeffekt in Deutschland als Erwerber auftreten sollte, war noch nicht ausgemacht. Man wollte mehrere Interessenten beteiligen, gedacht war an die Gründung einer Holdinggesellschaft, an der Keppler, das RWiM, die Wirtschaftliche Forschungsgesellschaft mbH (Wifo) und andere partizipieren sollten.[18] Hier tauchte vermutlich zum ersten Mal der Gedanke auf, für die Leitung und Kontrolle der rumänischen Erdölfirmen ein eigenes Unternehmen zu gründen.[19]

Die Idee zur Bildung einer internationalen Ölgesellschaft unter öffentlicher Kontrolle stand – wie oben beschrieben – in Verbindung mit dem preisgünstigen Rückerwerb deutscher Schuldverschreibungen im Ausland, wobei ein Teil der Erlöse in den Aufbau der neuen Ölgesellschaft fließen sollte. Ein weiterer Aspekt war die sich abzeichnende Neuordnung der rumänischen Erdölwirtschaft. Neben diese beiden situativen Momente trat ein drittes: Man verfügte nach den deutschen militärischen Erfolgen im Westen über rumänische Aktien.

Bereits eine Woche vor der Kapitulation Belgiens empfahl der Sonderbeauftragte für Wirtschaftsfragen bei der Deutschen Gesandtschaft in Bukarest, Hermann Neubacher, nachdrücklich, die »Sicherstellung« der bei der Compagnie Financière Belge des Petroles Petrofina in Antwerpen befindlichen Aktien der rumänischen Erdölfirmen Concordia, Sirius und Vega zu veranlassen.[20] Die Abwicklungsstelle des Deutschen Generalkonsulats Antwerpen wandte sich zu diesem Zweck an die dortige Feldkommandantur, die in Zusammenarbeit mit der belgischen Gerichtspolizei die bei der Banque d'Anvers im Depot für die Petrofina lagernden 1.957 Aktien der Firma Concordia abhoben und dem Generalkonsulat übergaben, wo sie bis auf weitere Weisung verwahrt werden sollten. Hinzu kamen noch 1.328 Aktien der Concordia bei der Banque d'Anvers, die durch das Devisenschutzkommando sichergestellt wurden.[21]

Zu Beginn der Besatzung Frankreichs nutzte die Deutsche Bank die Chance, französische Anleihen in Belgien und den Niederlanden aufzukaufen, um sie für den Erwerb von Wertpapieren für die Konti in Frankreich dann wieder zu verkaufen.[22] Bereits Ende Mai 1940 hielt man es im RWiM für geboten, den Wertpapierbesitz niederländischer und belgischer Holdinggesellschaften systematisch zu erfassen und sicherzustellen. Auf diesem Weg hoffte man, auf die in den eigenen Herrschaftsbereich gefallenen Unternehmen – etwa die in Rumänien gelegenen Erdölgesellschaften –

18 Vgl. AN aus der Dresdner Bank vom 8.12.1939, in: RGVA, 1458-14-132, Bl. 7-10, hier Bl. 7 f. Auch in: BAB, R 2, Nr. 48, Bl. 16 f.

19 Vgl. AV aus dem RWiM vom 20.12.1939, in: RGVA, 1458-14-132, Bl. 11.

20 Vgl. Telegramm Neubacher und Fabricius an das AA vom 21.5.1940, in: PA AA, RZ 311, R 105988.

21 Vgl. Schreiben Abwicklungsstelle des Deutschen Generalkonsulats Antwerpen an das AA vom 4.7.1940, in: ebd.

22 Vgl. Interrogatory of Mr. Weigelt (19 and 20 August 1946), S. 3, in: NAW, RG 260 OMGUS FINAD, Nr. 2/190/6.

Einfluss zu gewinnen. Formal würde die Sicherstellung durch eine Verordnung der Militärbefehlshaber in Belgien und den Niederlanden, die unter anderem ein Verbot zur Verbringung, Veräußerung oder Belastung der Wertpapiere beinhalten sollte, gewährleistet werden.

Die Mitarbeiter des RWiM waren sich im Klaren darüber, dass eine deutsche Einwirkung auf die in einem neutralen Land wie Rumänien ansässigen Tochtergesellschaften nur auf Basis einer Inbesitznahme der Aktienurkunden oder durch Einflussnahme auf die Willensbildung der in Holland oder Belgien domizilierenden Muttergesellschaften stattfinden konnte. Zwang, so dachte man, sei dabei unbedingt zu vermeiden, da dieser leicht zu einem gegenteiligen Effekt führen könne – nämlich, dass die Tochtergesellschaften unter Verweis auf die unklare Rechtslage Obstruktion treiben und so den Interessen der deutschen Kriegswirtschaft entgegenarbeiten könnten. Es schien also zweckmäßig, durch vorsichtige Lenkung der Organe der Muttergesellschaften, nicht durch gewaltsame Einwirkung Einfluss zu nehmen.[23]

Nach der Kapitulation Frankreichs ventilierten Mitarbeiter des AA für die anstehenden Friedensverhandlungen die Frage des Ausgleichs der Verluste, welche die deutsche Erdölindustrie im Zuge des Versailler Vertrags erlitten hatte. Dabei dachte man an die Ölkonzessionen der Deutschen Bank in Rumänien (Steaua Romana) und im Nahen Osten/Irak.[24]

Die Banque de Paris et des Pays-Bas leitete das Steaua-Romana-Konsortium und bot der Deutschen Bank im September 1940 den Rückkauf der Aktien an. Kurt Weigelt, Vorstandsmitglied des Kreditinstituts, unterrichtete Karl Schirner, den Vorstandsvorsitzenden der DEA. Dieser zog Hans Brochhaus hinzu, den Kaufmännischen Direktor der Gewerkschaft Elwerath, die in Rumänien das Konsortium der Deutschen Gruppe führte. Beide wollten mit Keppler über die Angelegenheit beraten.[25]

Noch erfolgversprechender erschien die Möglichkeit, Anfang Oktober 1940 erhebliche Aktienanteile der bedeutenden belgischen Ölgesellschaft Concordia in Rumänien, die in Frankreich aufgefunden worden waren, für etwa 20 bis 25 Mio. RM zu erwerben. Die Deutsche Bank hatte bereits entsprechende Verhandlungen aufgenommen. Nach Neumanns Ansicht konnte der Erwerb dieses Aktienpakets – und auch hier kommt ein situatives Moment neben den strategischen Überlegungen ins Spiel – den »Ausgangspunkt für die Neuordnung der internationalen Ölinteressen unter deutscher Führung bilden«. Abs, Vorstandsmitglied der Deutschen Bank und führend für deren Auslandsgeschäfte, hatte mitgeteilt, dass sich Min.Dirig. Gustav Schlotterer vom RWiM bereits um eine endgültige Regelung bemühe. Das besondere Interesse der Luftwaffe, der Marine und des VJP sowie das wirtschaftspolitische Inte-

23 Vgl. AN aus dem RWiM vom 23.5.1940, in: StaN, KV-Anklage, Dokumente, Fotokopien, EC-41.

24 Vgl. AN aus der Deutschen Bank für Abs und Weigelt vom 4.7.1940, in: BAB, R 8119F, Nr. 7068, Bl. 27. Siehe dazu auch: Memorandum »Petroleum-Interessen der Deutschen Bank in Rumänien«, in: ebd., Bl. 84-89. Allgemein dazu: Pohl, Steaua Romàna; Günther, Petroleumabkommen.

25 Vgl. AN Weigelt für Abs und Kimmich vom 18.9.1940, in: BAB, R 8119F, Nr. 7068, Bl. 95.

resse an der Neuaufstellung der Ölpolitik insgesamt machten es aus Sicht Neumanns jedoch erforderlich, dass sich Göring die Regelung dieser Fragen vorbehalten müsse. Neumann hatte deshalb Abs beauftragt, die Aktien zunächst auf eigene Rechnung der Deutschen Bank zu erwerben und ihre spätere Verwertung von der Weisung des Reichsmarschalls abhängig zu machen.[26]

Entsprechend dieser Vorgaben erarbeitete die Geschäftsgruppe Devisen Finanzierungsvorschläge für die Übernahme aus und empfahl, 20 bis 30 Mio. RM zu reservieren, die bei der Deutschen Golddiskontbank stehenbleiben sollten.[27]

Göring billigte diesen Vorschlag. Anschließend zeigte Neumann auf, dass die Gründung einer neuen deutschen Erdölgesellschaft, welche die Anteile übernehmen könne, dringend notwendig sei. In einer solchen Gesellschaft sollten ihm zufolge die privatwirtschaftlichen deutschen Erdölunternehmungen vertreten sein, deren Beteiligung unter allen Umständen erforderlich sei; die öffentliche Hand solle sich aber ebenfalls engagieren. Neumann schlug dafür zwei mögliche Organisationsformen vor: Entweder übernehme das Reich in offener Form die Mehrheit der Gesellschaft mit der Zeichnung von Aktien, die im Reichsetat auszuweisen und vom Reichswirtschafts- und Reichsfinanzminister zu verwalten seien, oder das Reichsinteresse werde durch den Reichsmarschall vertreten. In diesem Falle erschien es ihm notwendig, dessen Person im Hintergrund zu halten und seine Interessen durch eine Finanzierungsgesellschaft vertreten zu lassen, welche die Mehrheit der Aktien dieser Gesellschaft halten würde. Neumann hielt bei dieser zweiten Version die volle Geltendmachung von Görings Autorität für absolut erforderlich, da ein derartiger Plan bei allen infrage kommenden Stellen voraussichtlich lebhaften Widerstand auslösen würde. Göring zögerte und wollte die Angelegenheit zunächst mit Hitler besprechen.[28]

Abs war bekannt, dass die Reichsregierung politischen Druck auf die französische Regierung mit dem Ziel der Genehmigung des Verkaufs weiterer Anteile aus französischem Besitz ausübte, zum Beispiel der Banca Comerciala Romana durch die Société Générale. Dabei regelte sie auch die Zahlungsmodalitäten ohne Zutun der Bank, die lediglich die Kaufsummen aushandelte. Ähnlich verhielt es sich beim Kauf von Aktien rumänischer Ölgesellschaften aus französischem und belgischem Besitz, den die Deutsche Bank unter der Leitung von Abs im Auftrag und auf Rechnung des Reichs tätigte.[29]

26 Vgl. AN Neumann für Göring vom 5.10.1940, in: RGVA, 700-1-29, Bl. 27 (Zitat ebd.); AV Kadgien für Göring vom 5.10.1940, in: BAB, R 26-I, Nr. 182, Bl. 272. Nach Vortrag bei Hitler hatte Göring im März 1940 die notwendige Vollmacht erhalten: »Der Führer hat den Herrn Feldmarschall ermächtigt, in der Kraftstofffrage alle ihm notwendig erscheinenden Maßnahmen zu treffen.« Schreiben Körner an Thomas vom 3.4.1940, in: BA-MA, RW 19, Nr. 2750, Bl. 81.

27 Vgl. AV Kadgien vom 15.10.1940, in: RGVA, 700-1-29, Bl. 232-234, hier Bl. 233 f.

28 Vgl. AV Neumann für Göring vom 17.10.1940, in: ebd., Bl. 230 f.

29 Vgl. Gall, Bankier, S. 77. Abs gab in der Nachkriegszeit an, dass die Deutsche Bank in diesen Fällen Anweisungen von Reichswirtschaftsminister Funk erhielt, von Seiten der Bank aber zu keiner Zeit Druck ausgeübt worden sei. Vgl. Interrogation of Hermann Abs vom 22.9.1945, S. 9

Die Banque de Paris et des Pays-Bas hatte zwar bereits im Juli 1940 die Aktien der Steaua Romana der Deutschen Bank angeboten, war jedoch zunächst nicht gewillt, sich von den ebenfalls in ihrem Besitz befindlichen Aktien der rumänischen Erdölgesellschaft Colombia zu trennen. Mit Zustimmung des RWiM sollte in beiden Fällen die Bank die Verhandlungen führen, wobei die Verhandlungen für ein Unternehmen geführt würden, hieß es Ende Oktober 1940 aus Reihen der Bank. Die Bekanntgabe, um welches Unternehmen es sich dabei handele, behalte sich das RWiM vor. Offensichtlich wollte Göring selbst die Entscheidung treffen, welches Unternehmen die Aktien übernehmen sollte, wobei er auch an die Gründung einer neuen, speziell für Rumänien einzusetzenden Ölgesellschaft dachte.[30]

Die Verhandlungen zwischen der Deutschen Bank und den belgischen und französischen Anteilseignern an den Gesellschaften Colombia und Concordia gestalteten sich kompliziert, da die Eigner die Aktien nicht zum Kurswert, sondern zu einem von ihnen errechneten kaufmännischen Wert veräußern wollten. Schließlich wurde am 28. Dezember 1940 der Kaufvertrag unterzeichnet: Die Aktien der Concordia wechselten für rund 22,5 Mio. RM den Besitzer; im Fall der Colombia-Aktien wurde die französische Regierung von der Reichsregierung gezwungen, auf die französischen Großaktionäre Druck auszuüben, damit diese ihre Beteiligungen verkauften. Wenn der Verkauf schon alternativlos war, so legten die Franzosen immerhin Wert auf die Bezahlung in Devisen.[31]

Doch nicht nur die Deutsche Bank, auch die BHG hatte in der Zwischenzeit Aktien rumänischer Erdölfirmen (Concordia, Colombia, Astra Romana, Steaua Romana und Petrol-Block) erworben, die sie dem RWiM anboten. Bei Interesse würde man weitere Aktien kaufen, die BHG bat aber um die Nennung eines Ankaufslimits und wies darauf hin, »dieses Limit nicht zu niedrig zu bemessen, da sonst Material, wenn überhaupt, nur in überaus beschränktem Umfange zu erlangen sein« werde. Die französischen Besitzer entschlössen sich nur bei guten Konditionen zu einem Verkauf.[32]

Die BHG hatte vom RWiM den Auftrag erhalten, in Frankreich Aktien der Colombia, der Concordia und des Petrol-Blocks zu erwerben. Der Pariser Vertreter der BHG hielt die Aussichten für die Durchführung des Deals in Frankreich für günstig. Allerdings habe der Kauf einen formalen Haken: Die Aktien rumänischer Erdölgesellschaften waren nach dem Gesetz über die staatliche Überwachung der Erdölgesellschaften vom 12. Juli 1940 im Zusammenhang mit der dadurch ausgesprochenen Umwandlung der Aktien in Namensaktien dem rumänischen Wirtschaftsministerium vorzulegen. Ar-

und 15, in: NAW (SfS-Archiv), RG 260 OMGUS, FINAD, Intel. Gp., Nr. 2/188/2. Auch in: BAK, Z 45-F, 2/188/2.

30 Vgl. Schreiben Kimmich an Schirner, DEA, vom 31.10.1940, in: BAB, R 8119F, Nr. 7068, Bl. 113. Zum französischen Anteil an der Concordia und der Colombia vgl. Lacroix-Riz, Industriels, S. 246 ff.

31 Vgl. Karlsch/Stokes, Faktor Öl, S. 210.

32 Vgl. Schreiben BHG an RWiM, Fischer, vom 10.1.1941, in: BAB, R 8127, Nr. 16154, Bl. 2 f. (Zitat ebd.).

tikel 3 des Gesetzes sah vor, dass bei der Vorlegung Zeitpunkt und Rechtstitel der Erwerbung nachgewiesen werden mussten. Sollte dies nicht möglich sein, so würden die Rechte auf die Aktien der Person des tatsächlichen Inhabers vor dem 9. Juli 1940 zuerkannt. Das Problem war nun, dass keinerlei Unterlagen über den Erwerb vorhanden waren, da sie über mit Bargeld abgewickelte Käufe am Bankschalter hereingelangt seien und man keine Kenntnisse über die Namen der früheren Besitzer habe.[33]

Der Bevollmächtigte des OKW und des RWiM für Erdölfragen in Rumänien und Galizien, Rittmeister Erich Will, unterrichtete die Deutsche Bank über die Vorgänge in Rumänien und erkundigte sich nach einer dortigen Vertretung. Der lokale Repräsentant, Heinz Osterwind, sollte sich ebenso in Kürze mit ihm und Hermann Josef Abs in Bukarest treffen. Laut Karl Ernst Sippel, Vorstandsmitglied der Deutschen Bank, war Will nicht nur thematisch in alle Fragen rund um die Erdölförderung bestens eingeführt, sondern auch über die geplante Gründung der Konti gut unterrichtet.[34]

Die Bemühungen um Beteiligungen in Rumänien liefen derweil unvermindert weiter. Anfang Februar 1941 kehrte eine Kommission unter Führung von Fischer zurück, die jedoch zu keinem finalen Ergebnis gelangt war. Keppler zufolge sollten die Verhandlungen über Aufschlussarbeiten dahingehend gelenkt werden, dass Deutschland ein Vorzugsrecht bei der Gewährung von Konzessionen gegenüber anderen Staaten eingeräumt bekäme. Im Gegenzug könne Deutschland anbieten, mit großzügigen Mitteln die Explorationsarbeiten zu betreiben. Die Konti sollte eine Tochtergesellschaft in Bukarest zur Durchführung der Explorationsarbeiten gründen. Die Früchte der Explorationsarbeiten sollten den Firmen zugutekommen, geeignete Felder als Konzessionsgebiete für das neue Unternehmen seien auszuhandeln.[35]

Das französische Vichy-Regime erklärte sich Anfang März 1941 zur Veräußerung der Colombia Societate Franco-Romana de Petrol im Wert von 15 bis 16,5 Mio. RM bereit. Die Verhandlungen über den Erwerb waren zwischen den deutschen Interessenten und den französischen Eigentümern eigenständig geführt worden und bereits so weit gediehen, dass der Abschluss sofort vollzogen werden konnte. Über die Colom-

33 Vgl. Schreiben Hoffmann an Broege vom 10.2.1941, in: ebd., Nr. 16087, Bl. 8-11.

34 Vgl. AN Sippel für Abs und Osterwind vom 11.1.1941, in: ebd., R 8119F, Nr. 24154. Heinz Osterwind erhielt eine Leitungsfunktion in der Konti in Rumänien. Er saß im VR der Concordia und war deren geschäftsführender Direktor, ferner war er im AR der Rumänien-Mineralöl-Gesellschaft mbH und in der Geschäftsführung der Kontinentalen Öl GmbH tätig. Vgl. Erich Helmensdorfer, Erinnerungen an die »Halbgötter«. Seit 62 Jahren bei der Deutschen Bank: Ex-Vorstand Heinz Osterwind, in: FAZ vom 30.9.1986, S. 31; Personalien: Heinz Osterwind, in: ebd. vom 3.8.1988, S. 14; NSDAP-Karte, in: BAB, R 9361-IX KARTEI, Nr. 31380742; Bericht der DRT über die Prüfung der Jahresabschlüsse 1944-1947 bei der Kontinentale Öl Gesellschaft mbH, S. 5, in: ebd., R 176, Nr. 58; Bericht der Kontinentalen Treuhandgesellschaft mbH vom 20.11.1944 über die Prüfung der Bilanz der Rumänien-Mineralöl-Gesellschaft mbH und des Abschlusses des Konsortiums für die Einfuhr rumänischer Mineralöle zum 31.12.1943, S. 2, in: ebd., R 8135, Nr. 7906; Memorandum »Wichtige Firmen und Organe der rumänischen Erdölwirtschaft. Vorläufige Zusammenstellung« der Volkswirtschaftlichen Abteilung der IG Farben vom 8.10.1941, in: RGVA, 1457-1-1015.

35 Vgl. Schreiben Keppler an Neumann vom 5.2.1941, in: PA AA, RZ 344, R 106223.

bia hatte Fischer als Vertreter der neuen Holdinggesellschaft mit den französischen Verkäufern verhandelt. Auch diese Verhandlungen standen kurz vor dem Abschluss. Damit war es gelungen, den Erwerb der für Deutschland besonders interessanten und daher vordringlich zu behandelnden französischen Beteiligungen zu sichern.[36]

Neumann plante, persönlich nach Bukarest zu reisen. In seiner Eigenschaft als Vizepräsident der neu gegründeten Gesellschaft beabsichtigte er, mit den Leitern der dortigen Ölgesellschaften, die sich bereits in deutschem Besitz befanden oder über deren Erwerb noch verhandelt wurde, zu sprechen, um ihre Rechtsverhältnisse zur deutschen Holdinggesellschaft zu regeln und auf eine möglichst rasche Produktionssteigerung zu drängen.[37] Am 13. März war Neumann bei den rumänischen Ministern Antonescu und Potopeanu zu Besuch, um sich vor Ort über die rumänische Erdölwirtschaft zu informieren und Erdölgebiete, insbesondere jene der von Deutschland kontrollierten Unternehmen, zu besichtigen.[38] Am 18. März kehrte er nach Berlin zurück und hatte noch am selben Tag eine Besprechung mit den Bankenvertretern. Sein Aufenthalt in Rumänien hatte Neubacher zufolge hauptsächlich der Vorbereitung der Konti-Gründung gedient.[39]

Der Weg zur Gründung

Am 6. November 1940 teilte Göring General Georg Thomas, dem Leiter des WiRü-Amts mit, »daß er eine zentraleuropäische Treibstoffgesellschaft gründen wolle, die den Aufkauf und die Verwertung aller in Zentraleuropa liegenden Treibstoffvorkommen betreiben will. Die Gesellschaft soll privatwirtschaftlich durch die Industrie aufgezogen werden, Majorität soll aber beim Reich liegen. Reichsmarschall bat mich, in den AR der Gesellschaft einzutreten.«

Diese Mitteilung verdeutlichte, dass das Unternehmen im Hinblick auf die in der Sowjetunion erwartete Erdölbeute ins Leben gerufen werden sollte. Dafür sprachen auch die weiteren Umstände des Besuchs von Thomas bei Göring. Der General war zur Berichterstattung beim Reichsmarschall nach Beauvais gefahren, wo er offensichtlich zusammen mit Körner, Neumann, Backe und Generalmajor Hermann von Hannecken aus dem RWiM über die geplante Ostoperation unterrichtet wurde. Für Thomas war dies keine Neuigkeit, er war bereits seit August mit den rüstungs-

36 Vgl. Schreiben Deutsche Waffenstillstands-Delegation für Wirtschaft, Hemmen, an das AA vom 15.3.1941, in: ebd., RZ 311, R 106090. Abgedruckt in: Nestler (Hg.), Okkupationspolitik, Dok. 42, S. 150 f.

37 Vgl. Aufzeichnung von Wiehl, Leiter der Handelspolitischen Abteilung, vom 25.2.1941, in: BAB, R 901, Nr. 68736, Bl. 49 f. Als Durchschrift auch in: PA AA, RZ 311, Nr. 105991.

38 Vgl. Telegramm Neubacher an AA vom 14.3.1941, in: ebd., RZ 344, R 106223. Auf der Rückreise beabsichtigte Neumann in Budapest Station zu machen, um mit der Leitung der dortigen Standard Oil-Gesellschaft Fühlung aufzunehmen, über deren Übergang in deutschen Besitz gerade aussichtsreiche Kaufverhandlungen geführt würden.

39 Vgl. Telegramm Neubacher an AA vom 18.3.1941, in: ebd., RZ 311, R 105991.

wirtschaftlichen Vorbereitungen auf den Überfall beschäftigt. Aber Göring teilte den Anwesenden den Inhalt des Feldzugsplans nun offiziell mit.[40]

Damit waren die Grundlinien festgelegt, und der operative Rahmen der neuen Gesellschaft wurde deutlich über Rumänien hinaus ausgedehnt. In einem Schreiben Görings an Großadmiral Erich Raeder, den Oberbefehlshaber der Kriegsmarine, enthüllte der Beauftragte für den VJP neue Einzelheiten: Grundsätzlich hielt er zur Sicherung der Versorgung von Wirtschaft und Wehrmacht mit Treibstoffen eine zentrale Lenkung der Mineralölwirtschaft im Krieg wie im Frieden für notwendig. Aufgrund ihrer überragenden Bedeutung für die Gesamtwirtschaft und die Kriegführung habe er sich die Entscheidungsbefugnis auf diesem Gebiet selbst vorbehalten. »Um die Versorgungsmöglichkeiten aus dem Ausland und die Stellung Deutschlands im internationalen Ölgeschäft zu stärken, habe ich mich nach Vortrag beim Führer entschlossen, unter Heranziehung der deutschen Mineralölindustrie die Continentale Öl-Aktiengesellschaft zu gründen, die die uns jetzt und in Zukunft anfallenden Ölinteressen der Feindmächte und der Neutralen übernehmen wird.« Er sicherte zu, im Rahmen dieser Gesellschaft die Interessen und den Bedarf der Kriegsmarine und der anderen Streitkräfte der Wehrmacht in vollem Umfang zu berücksichtigen. Um eine beständige Abstimmung der Geschäftspolitik der neuen Gesellschaft mit der Kriegsmarine zu gewährleisten, bat er Raeder, ihm ein geeignetes Mitglied für den AR vorzuschlagen.[41]

In der Handelspolitischen Abteilung des AA wusste man Ende November 1940 zu berichten, dass zur Verbesserung der Mineralölversorgung aus dem Ausland und zur Stärkung der Stellung Deutschlands im internationalen Mineralölgeschäft die Gründung der Konti in die Wege geleitet worden war.[42] Das AA gab diese Informationen kurze Zeit später an die deutschen Botschaften und Gesandtschaften weiter und forderte sie auf, »über etwaige Beobachtungen auf dem Erdölgebiet, über Besitzwechsel von Gesellschaftsanteilen, über bekannt werdende Verhandlungen, über Erteilung von Konzessionen, den Betrieb und den Bau von Petroleumleitungen und andere Ölinteressen« zu berichten.[43]

40 Vgl. AN Thomas über Vortrag bei Göring am 6.11.1940 vom 8.11.1940, in: SUB GÖ – HA, Cod. Ms. Nürnberger Akten, PS-1456, S. 1 (Zitat ebd.); Eichholtz, Geschichte, Bd. 1, S. 231 f.; Thomas, Geschichte, S. 261; Denkschrift WiRüAmt, Thomas, »Die wehrwirtschaftlichen Auswirkungen einer Operation im Osten« vom 13.2.1941, in: BA-MA, RW 19, Nr. 1354, Bl. 2-28.

41 Vgl. Schreiben Göring an Raeder vom 14.11.1940, in: BAB, R 901, Nr. 112773, Bl. 123 (Zitat ebd.). Das Schreiben war die Antwort von Göring auf ein Memorandum Raeders über »Ölversorgung« vom 13. Juni 1940, in dem dieser Göring aufgefordert hatte, sich auf die Übernahme britischer und französischer Ölfirmen vorzubereiten. Vgl. Toprani, Oil, S. 226.

42 Vgl. AV aus der Handelspolitischen Abteilung des AA vom 22.11.1940, in: BAB, R 901, Nr. 112773, Bl. 79 (RS). Abgedruckt in: Eichholtz, Ölpolitik, S. 392.

43 Vgl. Rundschreiben Carl Clodius, stellvertretender Leiter der Handelspolitischen Abteilung des AA, an deutsche Botschaften und Gesandtschaften vom 4.12.1940, in: BAB, R 901, Nr. 112773, Bl. 79 (Zitat ebd.). Abgedruckt in: Eichholtz, Ölpolitik, S. 391.

Derweil berieten die Spitzen der vier großen deutschen Erdölfirmen Anfang Dezember 1940 über die neue Konkurrenz. Hans Brochhaus von der Gewerkschaft Elwerath berichtete von einer Besprechung mit Neumann, der ihm mitgeteilt habe, dass die neue Gesellschaft mit einem Aktienkapital in Höhe von 120 Mio. RM gegründet werden würde: davon 70 Mio. für »Volksaktien«, 30 Mio. für eine staatliche Beteiligungsgesellschaft mit 1500-fachem Stimmrecht und 20 Mio. Vorzugsaktien für die Privatindustrie mit 1000-fachem Stimmrecht. Von Seiten der Privatwirtschaft seien neben den Ölfirmen auch die IG Farben und Reemtsma vorgesehen. Alleiniges Vorstandsmitglied solle Eckhardt von Klaß werden, ehemaliger Direktor der Shell-Tochter Rhenania-Ossag und nun Verwalter der Shell-Töchter in den besetzten Ländern. Entschieden lehnte man den Gedanken ab, die südosteuropäischen Länder, in denen die Gruppe der vier Großen operierte, in die Konti mit einzubeziehen.[44]

Der Vorstand der Deutschen Bank war ebenfalls über die Gründung der Borussia und deren Struktur informiert. Es war evident, dass die Gesellschaft verknüpft war mit den Absichten einer Repatriierung von Erdölinteressen und der Gründung einer »Continentalen Petroleum-AG«. In deren AR sollten unter anderem Abs, Karl Rasche[45] von der Dresdner Bank und August Rohdewald[46] von der Reichs-Kredit-Gesellschaft (RKG) vertreten sein.[47] Die führende Rolle Fischers bei der Gründung der neuen Gesellschaft wurde innerhalb der Dresdner Bank klar erkannt – in diesen Kreisen war auch dessen privatwirtschaftlicher Hintergrund als Manager der IG Farbenindustrie kein Geheimnis.[48]

Die Umrisse der neu zu gründenden Ölgesellschaft zeichneten sich immer deutlicher ab. Neumann – neben Fischer zweifellos die treibende Kraft hinter der Gründung – unterrichtete die Bankenvertreter in einer Sitzung am 21. Januar 1941 darüber, dass die neue Gesellschaft vornehmlich die ausländischen Mineralölinteressen des Reichs kanalisieren, aber auch gegebenenfalls die Bereiche Verarbeitung und Transportbetrieb umfassen sollte. Speziell sollten sämtliche neu in den deutschen Einflussbereich geratenen Erdölinteressen gebündelt werden. Nach Weisung Görings würde die Holding zwar unter staatlicher Lenkung stehen, jedoch nach privatwirtschaftlichen Gesichtspunkten von privatwirtschaftlichen Unternehmen geführt werden. Deshalb sei die Errichtung einer Holding zwecks zentraler Leitung aller in diesem Gebiet einschlägigen Transaktionen beabsichtigt, während die Produktionsgesellschaften im Einzelnen in eigener juristischer Form und Regie weiterarbeiten

44 Vgl. AN betr.: Gründung der »Continentale« von Schirner (?) vom 10.12.1940, in: DEA-Archiv, D-RW, Nr. 17.

45 Näheres zu seiner Vita in den Kurzbiographien.

46 Näheres zu seiner Vita in den Kurzbiographien.

47 Vgl. AN Ulrich, Deutsche Bank, vom 21.1.1941, in: HADB, B 63 (Zitate ebd.). Auch später pochte das Institut darauf, dass »die Führung der Deutschen Bank im rumänischen Erdölgeschäft ohnehin unbestritten« sei. AN Abs vom 30.5.1941, zit. nach: Eichholtz, Geschichte, Bd. 1, S. 238.

48 Vgl. AN aus der Dresdner Bank vom 20.11.1940, in: HAC, 30314-2001, Bd. 1.

sollten. Im Altreich sehe man keine von ihr durchgeführten Bohrungen vor, aber im Ausland solle ihre Betätigung in jeder Erdölsparte möglich sein.

Diese Abgrenzung entsprach einer mit der privaten Erdölindustrie (Gewerkschaft Elwerath, DEA, Wintershall und Preussag) getroffenen Verabredung. Diese Produktionsgesellschaften, zu denen später – und etwas anders gelagert – die IG Farben und die Braunkohle-Benzin AG (Brabag) hinzutraten, sollten ihre Betriebe und Bohrungen auf Reichsgebiet in eigener Regie fortsetzen. Auch ihre ausländischen Beteiligungen sollten in privater Hand verbleiben, Neuerwerbungen galt es jedoch mit der Konti abzusprechen. Lediglich die im Reichsbesitz befindlichen ausländischen Beteiligungen sollten der neuen Gesellschaft übereignet werden.

Die vier Erdölfirmen sollten 20 Mio. RM des Stammkapitals übernehmen, weitere 30 Mio. RM die Borussia. Ohne dass es explizit erwähnt wurde, ging Abs davon aus, dass das Gesamtkapital beim Beauftragten für den VJP verankert würde. Diese 50 Mio. RM Stammaktien sollten eine geschlossene Aktiengattung bilden, die deshalb auch mit erheblichen Stimmrechtsvorzügen – im Gespräch war ein 50-faches Stimmrecht – ausgestattet werden sollten, um bei dem auf etwa 400 bis 500 Mio. RM geschätzten Stammkapital stets die Führung zu behalten. Das übrige Stammkapital sollte zu gegebener Zeit vorzugsweise von der privaten Hand gezeichnet werden.

Zur Gewährleistung der staatlichen Lenkung der Gesellschaft waren Reichswirtschaftsminister Funk als AR-Vorsitzer, Keppler in seiner Eigenschaft als Leiter des RfB sowie Neumann als Stellvertreter vorgesehen. Funk war nicht so sehr in seiner Eigenschaft als Wirtschaftsminister oder Präsident der Reichsbank gefragt, vielmehr habe, so Neumann, der Reichsmarschall auf die Übernahme des Vorsitzes durch Reichsminister Funk »als Person« besonderen Wert gelegt, um Reibungen zwischen Staat und beteiligten Unternehmen zu vermeiden, wie sie bei der Gründung der Reichswerke Hermann Göring entstanden waren. Dem AR sollten Mitarbeiter staatlicher Stellen, je ein Vertreter der Marine, der Luftwaffe und des Heeres, Repräsentanten der genannten sieben Unternehmen, vier Bankenvertreter sowie Minister Fischböck und Karl Blessing angehören.

Die Besetzung des Vorstands wurde noch offengelassen. Übergangsweise sollte Fischer die Führung übernehmen und zu diesem Zweck den Vorsitz in einem ebenfalls noch zu bildenden Verwaltungsrat einnehmen. Fischer galt als Fachmann auf dem Erdölsektor, war Leiter der Erdölabteilung im RWiM und genoss vor allem das Vertrauen des Reichsmarschalls. Dem VR sollten Blessing, Brochhaus und Hans Fischböck sowie ein Vertreter der Marine angehören. Er sollte aufgelöst werden, sobald der Vorstand zusammengestellt war.

Vorgesehen war zunächst der Erwerb der Concordia aus belgischem Besitz (hierzu erforderlich: 22,5 Mio. RM), der Colombia aus französischem Besitz (erforderlich: 20 Mio. RM) und der Südost-Interessen der Wifo (erforderlich: 12 Mio. RM). Ferner wurden Verhandlungen über die Beteiligung der Standard Oil in Ungarn über die Verbindungen der IG Farben mit der Standard Oil geführt. Für den Erwerb dieser Mehrheit sei ein Gegenwert von 30 Mio. Dollar anzusetzen. Abs blickte bereits in die

Zukunft: »Weitere Neuerwerbungen hängen von dem weiteren Fortgang des Krieges ab.« Die zu diesem Zeitpunkt aktuellen Pläne umfassten also ca. 100 Mio. RM. Sollten sie zur Ausführung gelangen, so werde von vornherein zu den vorhandenen Mitteln in Höhe von 50 Mio. RM die Beschaffung von bis zu 70 weiteren Mio. RM ins Auge zu fassen sein.

Neumann hob den ersten Teil der Sitzung auf und bat die Anwesenden, die Besprechung ohne ihn fortzusetzen. In Anwesenheit von Min.Rat Kadgien und unter Verhandlungsleitung von Minister Fischböck wurde anschließend über die Beschaffung der 70 Mio. RM diskutiert. Darüber hinaus erfuhr Abs von Kadgien, es sei geplant, das Mehrstimmrecht so hoch anzusetzen, dass die 30 Mio. Stammaktien der Borussia die Hauptversammlung (HV) beherrschten und nicht überstimmt werden konnten.

Die Bankenvertreter empfahlen, 30 Mio. Aktien zu schaffen, die zunächst mit 25 Prozent einzuzahlen seien, ohne dass eine Vorzugsverzinsung von vornherein vorgesehen sein sollte, jedoch mit der Bedingung, dass diese Aktien aller Vorzüge teilhaftig würden, die spätere Ausgaben von Aktien haben könnten. Dieser Vorschlag wurde eingebracht, um im Falle der Zweckmäßigkeit einer nicht kumulativen Vorzugsdividende von vier bis fünf Prozent auch die ersten 30 Mio. gleichzustellen. Diese Aktien wollten die Banken übernehmen. »Es war allen Beteiligten klar, daß bis auf weiteres diese Aktie schon deshalb nicht begebbar ist, weil über den Inhalt der Gesellschaft nichts gesagt werden darf und über die Rentabilität nichts gesagt werden kann.«

Weitere Geldmittelbeschaffung in Höhe von 40 Mio. RM sollten über den Kreditweg erfolgen, wobei der Vorschlag von Minister Fischböck, diesen Kredit zum Banksatz zur Verfügung zu stellen, als untragbar bezeichnet wurde, und zwar unter Hinweis darauf, dass mobilisierbare Reichstitel jederzeit vier Prozent einbrächten und für diesen langfristig festzulegenden Kredit ein Mindestsatz von 4,5 Prozent angemessen sein dürfte. Dieser wurde von Abs wiederum als zu niedrig bezeichnet. Abs bezweifelte auch, dass es nach den aktuellen Steuergesetzen möglich sein würde, aus Dividendeneinnahmen von Auslandsbeteiligungen ein im Publikum platziertes Aktienkapital adäquat zu verzinsen. Es müssten daher Sonderbestimmungen erlassen werden, um eine Doppelbesteuerung bei der Holdinggesellschaft und ihren Aktionären zu vermeiden.[49]

Im Anschluss an die Sitzung sprach Abs ausführlich mit Blessing, der beteuerte, die Berufung in den AR, Arbeitsausschuss und VR nur angenommen zu haben, weil

49 Vgl. Entwurf eines Berichts des AR-Vorsitzenden Carl Goetz an den Vorstand der Dresdner Bank vom 22.1.1941, in: SfS-Archiv, OMGUS-Report Dresdner Bank, Exhibit 59; AN Rohdewald über Besprechung am 21.1.1941 vom 22.1.1941, in: BAB, R 8127, Nr. 16154, Bl. 10-13; AV Abs vom 23.1.1941, in: HADB, B 59 (Zitate ebd.). Auch in: SfS-Archiv, OMGUS-Report Deutsche Bank, Exhibit 429, BAK, Z 45-F, 2/205/4, Fotokopie in: StaN, KV-Anklage, Dok. Fotokopien, NI-10797. Vgl. ferner: Eichholtz, Geschichte, Bd. 1, S. 235; Wixforth, Ausbeutung, S. 361; AV Abs vom 25.1.1941, in: HADB, B 59. Abs bezeichnete die vorgestellten Pläne in seinem AV vom 23.1.1941 als »uns bereits bekannt«.

ihm Neumann sein Wort gegeben habe, die Geschäfte privatwirtschaftlich führen zu können. Es sollten keine zweiten HGW entstehen. Abs hielt diese privatwirtschaftliche Ausrichtung auch hinsichtlich der bankgeschäftlichen Transaktionen für absolut erforderlich.[50]

Vier Tage später berieten Abs, Rohdewald und Hans Weltzien[51] über die Perspektiven der zu gründenden Gesellschaft. Da man die als mögliche Erwerbungen genannten Unternehmen bestens kannte, hatte man bereits einen gewissen Einblick in die Bilanzen und Vorstellungen von der potenziellen Ertragskraft, wollte aber die Zusammenhänge noch eingehender analysieren. Dabei äußerte Abs Zweifel, ob die Aktien schnell im Publikum platziert werden könnten. Da ohnehin noch nicht feststand, wie schnell die vorgesehenen Erwerbungen realisiert würden, schien es ihm folgerichtig, sich zunächst auf Kreditgewährungen über das erste Kapital von 50 Mio. RM zu beschränken. Keinen Zweifel hatte Abs jedoch am Führungsanspruch seines Instituts; dieser sei »durch die Stellung der Deutschen Bank im Erdöl-Sektor und die jetzige Tätigkeit für die neu zu gründende Gesellschaft« gesetzt.[52]

Abs war verwundert, wie großzügig sich Carl Goetz, der AR-Vorsitzende der Dresdner Bank, sowohl hinsichtlich der Kreditbedingungen als auch in der Bereitschaft, Aktien zu übernehmen, gezeigt hatte. Auch gegenüber Rasche machte Abs »mit Rücksicht auf unsere Erdölvergangenheit und auch auf Grund unserer Tätigkeit für sämtliche Interessenahmen, die bis heute für die Continentale Petroleum akut seien«, den unbedingten Führungsanspruch der Deutschen Bank geltend.[53]

Laut Fischer sollte die Konti noch im März 1941 gegründet werden. Der Reichsmarschall wollte die für die Vorzugsaktien vorgesehenen Firmen zur Übernahme auffordern und ihnen die Richtlinien für die Zusammenarbeit mit der Konti bekanntgeben.[54] Neumann lud die Bankenvertreter am 8. März zu einer abschließenden Besprechung der Finanzierungsfragen ein, die zehn Tage später stattfand. In der Einladung rekapitulierte er noch einmal den Stand der Verhandlungen vom 21. Januar, bei der die Teilnehmer der Sitzung unverbindlich folgendes Finanzierungsmodell in Aussicht genommen hatten: 1. die Stammaktionäre, denen 50-faches Mehrstimmenrecht zugebilligt wird, zeichnen und zahlen ein 50 Mio. RM; 2. die Banken zeichnen als Eigengeschäft 30 Mio. Stammaktien mit einfachem Stimmrecht und zahlen darauf zunächst ein Viertel ein; 3. die Banken räumen der Gesellschaft einen Kredit von 40 Mio. RM ein, dessen Verzinsung noch zu klären sei; 4. die Banken erhalten eine Option auf die Übernahme eines Teils der nächsten über 30 Mio. hinaus zu begebenden 40 Mio. Stammaktien mit einfachem Stimmrecht *al pari*; 5. sollte die Gesellschaft spä-

50 Vgl. AV Abs vom 25.1.1941, in: ebd.
51 Näheres zu seiner Vita in den Kurzbiographien.
52 Vgl. AV Abs vom 25.1.1941, in: ebd. (Zitat ebd.). Auch in: BAK, Z 45-F, 2/214/8.
53 Vgl. Auszug aus AV Abs vom 20.2.1941, in: HADB, B 59.
54 Vgl. Rundschreiben Fischer an Brochhaus, Bütefisch, Rosterg, Schirner und Wisselmann vom 7.3.1941, in: DEA-Archiv, D-RW, Nr. 17.

ter Vorzugsaktien ausgeben, so würden die von den Banken gezeichneten Stammaktien in Vorzugsaktien umgetauscht.[55]

Der Vorstand der Deutschen Bank versicherte Min.Rat Kadgien in einem Schreiben, dass die in Rede stehenden 50 Mio. RM ausreichend seien, um eine Mehrheit der rumänischen Erdölgesellschaften Concordia und Colombia aus belgischem bzw. französischem Besitz sowie die Objekte der Südost-Chemie zu erwerben. Ein weiterer Erwerb von Erdölinteressen, insbesondere mit Blick auf die ungarischen Petroleumfelder der Standard Oil, sollte nach dem vorliegenden Plan ebenfalls von den Banken finanziert werden, wobei an die Übernahme von 30 Mio. Stammaktien durch die Banken und einen eventuell darüber hinaus gehenden Kreditrahmen gedacht war. Der Vorstand betonte, dass die Banken, insbesondere die Deutsche Bank, willens seien, hierfür zur Verfügung zu stehen. Allerdings fragte der Vorstand an, ob die Übernahme von Stammaktien in erheblichem Betrage durch die Banken unbedingt geboten sei. Der Verkauf dieser Stammaktien an das Publikum käme so wahrscheinlich für einige Jahre nicht in Betracht. Dem Vorstand erschien es als zweckmäßige Übergangsregelung, dass die Banken einen Kredit einräumten, der nach Erreichung eines ausreichend abgeschlossenen Entwicklungsstadiums durch eine andere Art der Finanzierung abgelöst werden könne.[56]

Bei der entscheidenden Besprechung der Finanzierungsfragen der neuen Gesellschaft waren die Vertreter der großen deutschen Banken vollzählig versammelt. Es ging hier nicht zuletzt auch um ihren Einfluss und prospektiven Gewinn. Sie hatten sich kurz vor der Sitzung getroffen und verabredet, dass man die Aktienübernahme möglichst in eine Erhöhung des Kredits wenden sollte, der Verlauf der Sitzung ergab diese Möglichkeit jedoch nicht. Staatssekretär Neumann erklärte, dass die Gründung der Gesellschaft noch vor Ostern, also dem 13./14. April, erfolgen müsse und der in der in der Besprechung im Januar unverbindlich vorgetragene Finanzplan deshalb nun unverzüglich umgesetzt werden solle. Insbesondere forderte er die Banken auf, entsprechend den getroffenen Verabredungen nunmehr ihre Kreditzusagen bzw. Erklärungen bezüglich der Übernahme der Aktien abzugeben.

Demnach wurde den Stammaktionären ein 50-faches Mehrstimmenrecht auf ihre einzuzahlenden 50 Mio. RM zugesichert. Die Banken zeichneten als Eigengeschäft 30 Mio. Stammaktien mit einfachem Stimmrecht und zahlten darauf zunächst ein Viertel ein. Zwar bezeichnete Abs diese Vorschläge als unverbindlich und schlug eine Erhöhung des Kredits vor, aber Neumann beharrte dezidiert auf der Durchführung, da der Reichsmarschall seine Genehmigung bereits erteilt habe, und er ließ durch-

55 Vgl. Einladungsschreiben Neumann an die Bankenvertreter im AR der Konti vom 8.3.1941, in: HAC, 30314-2001, Bd. 1. Auch in: HADB, B 63 und in: SfS-Archiv, OMGUS-Report Dresdner Bank, Exhibit 61.

56 Vgl. Schreiben Abs, Deutsche Bank, an Kadgien, Beauftragter für den VJP, vom 15.3.1941, in: HADB, B 63. Auch in: ebd., B 59. Das Schreiben stammte vom 12.3.1941, wurde aber erst drei Tage später versandt.

blicken, dass er sonst einen anderen Käufer für die Aktien suchen werde, den er wohl auch rasch finden könne. Die Zeichnung der Bank-Aktien müsse bestehen bleiben, sonst sei zu befürchten, dass die private Basis, auf die alle Beteiligten besonderen Wert legten, verlassen werde.

Hinsichtlich der offen gebliebenen Verzinsung für den Kredit der Banken über 40 Mio. RM wurde auf die ursprünglich genannten 4,5 Prozent zurückgegriffen; für die Interimszeit der Dividendenlosigkeit wurde ein Zinsaufschlag von 0,5 Prozent zugebilligt. Also betrug der Zinssatz ab Gründung zunächst fünf Prozent. Die Finanzierung durch die Banken sollte in Form eines Konsortialkredits erfolgen, bei dem je 35 Prozent auf die Deutsche und die Dresdner Bank und je 15 Prozent auf die RKG und die BHG entfielen. Hinsichtlich der Führung erbat die Dresdner Bank das Recht auf Partizipation neben der Deutschen Bank.[57]

Abs teilte der Dresdner Bank mit, sein Institut sei bereit, ihr eine Mitführung – bei Federführung durch die Deutsche Bank – zuzugestehen, allerdings erst dann, wenn man sich zwecks Platzierung der Aktien an das Publikum wende. Man ging zu diesem Zeitpunkt – Mitte März 1941 – offensichtlich noch davon aus, dass diese Platzierung in Kürze vorgenommen würde und weitere Einzahlungen über die 25 Prozent hinaus auf die 30 Mio. RM erst dann erfolgen sollten, wenn auf den 40-Millionen-RM-Kredit zurückgegriffen worden wurde. Abs erklärte sich mit der Aufteilung von 35 bzw. 15 Prozent einverstanden.[58]

Die Gründung

Am 20. März 1941 versandte Neumann ein Schreiben an die designierten Mitglieder des AR, in dem er sie um Annahme des Antrags bat und zu der im Anschluss an die Gründungsversammlung anberaumten ersten Sitzung am 27. März 1941 einlud. Es war geplant, an diesem Tag die Geschäftsordnungen für AR und Vorstand sowie die Erteilung von Prokura für Walther Dihlmann[59] und Erich Will zu beschließen. Bis zur endgültigen Besetzung des Vorstands, die weiterhin offenblieb, sollte der Rechtsanwalt Rudolf Paatsch[60] die Geschäfte wahrnehmen und deshalb formal zum Vorstand

57 Vgl. AV über Sitzung am 18.3.1941, in: BAB, R 8119-F, Nr. 1826, Bl. 15; AN Rasche vom 18.3.1941, in: HAC, 30314-2001, Bd. 1. Auch in: SfS-Archiv, OMGUS-Report Deutsche Bank, Exhibit 259 und StaN, KV-Anklage, Dok. Fotokopien, NI-2016. Ferner: AN Weltzien vom 18.3.1941, in: BAB, R 8127, Nr. 16154, Bl. 30-31; Schreiben Neumann an Abs vom 18.3.1941, in: HADB, B 63. Auch in: StaN, KV-Anklage, Dok. Fotokopien, NI-2017 und als Abschrift an Rasche in: HAC, 30314-2001, Bd. 1; Eichholtz, Geschichte, Bd. 1, S. 236.

58 Vgl. AN Rasche vom 19.3.1941, in: HAC, 30314-2001, Bd. 1. Auch in: StaN, KV-Anklage, Dok. Fotokopien, NI-2022 und SfS-Archiv, OMGUS-Report Dresdner Bank, Exhibit 64. Vgl. ferner: AN Weltzien vom 19.3.1941, in: BAB, R 8127, Nr. 16154, Bl. 32.

59 Näheres zu seiner Vita in den Kurzbiographien.

60 »Bis zur endgültigen Besetzung des Vorstandes, die zur Zeit noch vorbehalten bleibt, soll Rechtsanwalt Paatsch die Geschäfte wahrnehmen und deshalb formal zum Vorstand bestellt werden.«

bestimmt werden. In den Arbeitsausschuss des AR sollten als Vorsitzer Fischer und als Mitglieder Brochhaus, Blessing, Fischböck und Min.Rat Friedrich (Fritz) Fetzer[61] berufen werden. Der VR war identisch besetzt.

Das beigefügte Schreiben Görings ging an die potenziellen Gründerfirmen der Konti: die DEA (Karl Schirner), die Gewerkschaft Elwerath (Hans Brochhaus), Wintershall AG (August Rosterg[62]), die Preussag (Heinrich Wisselmann[63]), die Brabag (Fritz Kranefuß[64]) und die IG Farbenindustrie AG (Heinrich Bütefisch).

Göring informierte die Industrievertreter über die vorgesehene Aufteilung der 20 Mio. Stammaktien mit 50-fachem Stimmrecht: Demnach sollten die DEA, die Gewerkschaft Elwerath, die Wintershall AG, die Preussag und IG Farben jeweils drei Mio. übernehmen, die Brabag und die Preussag jeweils zwei Mio.; die Verrechnung der verbleibenden Mio. blieb vorbehalten. Der Erwerb der durch die Banken gezeichneten Stammaktien mit einfachem Stimmrecht, so Göring im Schreiben, stand den Gründerfirmen ebenfalls frei. Die Banken hätten sich bereit erklärt, die Aktien auf Wunsch abzugeben.[65]

Das Schreiben enthielt auch eine Anlage – Richtlinien zur Zusammenarbeit zwischen der Konti und jenen Firmen der deutschen Ölindustrie, die Stammaktien hielten –, die offensichtlich zur Beruhigung Letzterer gedacht war, denn ihnen wurde darin eine freundschaftliche Zusammenarbeit zugesichert. Geschäfte der Holding, welche die Interessen einer Ölfirma berührten, sollten zwischen dem jeweiligen Vertreter dieser Firma im AR und dem VR bzw. dem Vorstand der Konti mit dem Ziel

Paatsch war unter anderem an der Gründung der Vertriebsgesellschaften im RKO und der Ukraine federführend beteiligt und schied zum Jahresende 1942 wieder aus dem Vorstand aus. Vgl. Paatsch, Vertragsverletzungen, Lebenslauf; Parteistatistische Erhebung 1939 vom 30.6.1939, in: BAB, R 9361-I, Nr. 2564; NSDAP-Karte, in: ebd., R 9361-IX KARTEI, Nr. 31511326; Amtsgericht Berlin, Abt. 562, Neueintragung vom 16.4.1941, in: ebd., R 6, Nr. 286, Bl. 3 f.; Lebenserinnerungen von Graf Rüdiger von der Goltz, Bd. 3, Teil III: »Das Dritte Reich«, o. Dat. (nach 1954), in: BAK, N 1548, Nr. 3, Bl. 80 und 118; Schreiben Neumann an Rasche, Dresdner Bank, vom 20.3.1941, in: SfS-Archiv, OMGUS-Report Dresdner Bank, Exhibit 60 (Zitat ebd.); Satzung der Ostland Öl Vertriebs-Gesellschaft mit beschränkter Haftung, verhandelt am 2.10.1941, in: BAB, R 3101, Nr. 34154, Bl. 5-8; Satzung der Ukraine Öl Vertriebs-Gesellschaft mit beschränkter Haftung, verhandelt am 2.10.1941, in: ebd., Bl. 12-14; Bericht des Vorstands und AR der Konti, erstattet auf der 2. Ordentlichen HV am 21.9.1943, in: ebd., R 8119 F, Nr. 1824, Bl. 2 f., hier Bl. 2 RS.

61 Näheres zu seiner Vita in den Kurzbiographien.

62 Näheres zu seiner Vita in den Kurzbiographien.

63 Näheres zu seiner Vita in den Kurzbiographien.

64 Näheres zu seiner Vita in den Kurzbiographien.

65 Vgl. Einladungsschreiben Neumann an Rasche vom 20.3.1941, in: HAC, 30314-2001, Bd. 1. Auch in: HADB, B 63. Die oben genannten Bankenvertreter erhielten gleichlautende Schreiben, versehen mit der Bitte um die Annahme eines AR-Mandats. Vgl. Schreiben von Neumann an Rasche vom 20.3.1941, in: HAC, 30314-2001, Bd. 1 bzw. an Abs, in: HADB, B 59. Göring bat Bentz um die Annahme eines AR-Mandats der Konti. Vgl. Schreiben Neumann an Bentz vom 20.3.1941, in: BGR, Nr. 0086537. Die Geschäftsordnungen für AR und Vorstand finden sich in: BAB, R 176, Nr. 2.

eines Ausgleichs der Interessen besprochen werden. In die Erdölförderung und den Erwerb von Konzessionen, hieß es, werde sich das Unternehmen in den Gebieten des Altreichs, Österreichs und des Protektorats Böhmen und Mähren nicht einmischen. Diese Zusicherung bezog sich allerdings nicht auf notwendige Produktions-, Verarbeitungs-, Transport- und Vertriebsunternehmungen.

Als Holdinggesellschaft würde die Konti die Geschäfte in aller Regel nicht selbst, sondern durch Tochtergesellschaften betreiben. An diesen sollten die Erdölfirmen vorrangig beteiligt werden, auch eine Verpachtung von Betrieben oder Einrichtungen könne in Aussicht genommen werden. Bei der Belieferung mit Mineralölprodukten sollten die Erdölfirmen für ihre Verarbeitungs- und Vertriebseinrichtungen ebenfalls den Vorrang vor anderen Interessenten erhalten. Das Gleiche galt für die Lieferungen, Bohraufträge sowie die Vergabe von Lizenzen. Die Rechte der Erdölfirmen und ihres Konsortiums im Ausland blieben unangetastet. Lediglich über neue Interessen müssten die Erdölfirmen die Verhandlungen künftig im Einvernehmen mit der Konti führen.[66]

Alle vier Banken (Deutsche Bank, Dresdner Bank, RKG und BHG) sollten an der Gründungssitzung teilnehmen, da die Übernahme der 30 Mio. RM Stammaktien nicht als Konsortialgeschäft, sondern als Eigengeschäft jeder Bank mit ihrem quotenmäßigen Anteil durchgeführt würde. Neben den vier zuständigen Vorstandsmitgliedern, die auch in den AR der Holdinggesellschaft gewählt werden sollten, wurde auch jeweils eine weitere zeichnungsberechtigte Person auf der Gründungsversammlung erwartet.[67]

Abs bestätigte die zweite führende Rolle der Dresdner Bank für alle sich bei der Konti ergebenden Konsortialgeschäfte. Die Banken übernahmen ihre jeweiligen Quoten als Eigengeschäft. Die Direktion der Dresdner Bank bestätigte diese Regelung.[68]

Die Gründungssitzung der neuen Gesellschaft fand am 27. März 1941 im Sitzungssaal des Preußenhauses in Berlin statt. Vor dem Notar im Bezirk des Kammergerichts, Justizrat Karl Meidinger, erschienen: Schirner als Vorsitzer des Vorstands und Bergassessor a. D. Albert Ritter als Vorstandsmitglied der DEA, Brochhaus als Bevollmächtigter der Gewerkschaft Elwerath, Bergwerksdirektor Wilhelm Zentgraf als Bevollmächtigter der Wintershall AG, Bergassessor a. D. Clemens von Velsen als stellvertretendes Vorstandsmitglied und Bergrat a. D. Dr. Karl Hoffmann als Prokurist der Preussag, Bütefisch und Kranefuß als gemeinsam zur Vertretung berechtigte Vorstandsmitglieder der Brabag, Bütefisch zusätzlich als Bevollmächtigter

66 Vgl. Richtlinien zur Zusammenarbeit zwischen der Continentalen Öl A. G. und den Stammaktien besitzenden Firmen der deutschen Ölindustrie (Ölfirmen), in: HADB, B 59. Auch in: BGR, Nr. 0086537 und BAB, R 8128, Nr. 1569, Bl. 584. Vgl. ferner: Schreiben Konti an die IG Farbenindustrie AG, Zentral-Finanzverwaltung, vom 29. 4. 1941, in: BAB, R 8128, Nr. 1569, Bl. 583.

67 Vgl. AN Ulrich vom 24. 3. 1941, in: HADB, B 63.

68 Vgl. Schreiben Abs und Ulrich an Vorstand der Dresdner Bank vom 24. 3. 1941, in: HADB, B 63; Schreiben Direktion der Dresdner Bank an Vorstand der Deutschen Bank vom 31. 3. 1941, in: ebd.

der IG Farbenindustrie AG, Hermann Josef Abs[69] als Vorstandsmitglied und Franz Heinrich Ulrich als Prokurist der Deutschen Bank, Karl Rasche als Vorstandsmitglied und Erich Kuhne als Prokurist der Dresdner Bank, August Rohdewald als Vorstandsmitglied und Werner Schoeller als Prokurist der RKG, Wilhelm Koeppel als Geschäftsinhaber und Eduard von Schwartzkoppen als Prokurist der BHG sowie Fischer als allein zur Vertretung berechtigter Geschäftsführer der Borussia Beteiligungsgesellschaft mbH. Sie erklärten die Errichtung der Konti mit Sitz in Berlin, verabschiedeten die Satzung, stellten die Aktienverteilung dar und benannten die bestellten Mitglieder des AR.[70]

Unter Vorsitz des an Lebensalter ältesten Mitglieds, des Min.Dirig. Hans-Eduard von Heemskerck,[71] Abteilungschef im Reichsluftfahrtministerium, traten die von den Gründern der Gesellschaft gewählten Mitglieder des AR anschließend zur ersten Sitzung zusammen und wählten einstimmig Reichswirtschaftsminister Walther Funk zum Vorsitzer. Ebenso einstimmig wurden die Staatssekretäre Keppler und Neumann als seine Stellvertreter gewählt. Zum alleinigen Vorstand der Gesellschaft wurde der Rechtsanwalt Rudolf Paatsch bestellt. In den Arbeitsausschuss des AR wählten die Anwesenden Fischer als Vorsitzer, Brochhaus und Blessing als stellvertretende Vorsitzende sowie Fischböck und Fetzer. Prokura erteilten sie an Walther Dihlmann und Erich Will.[72]

Funk legte in einer ausführlichen Rede dar, dass die Gründung der Konti oberflächlich betrachtet an die Gründung der HGW erinnere, nicht zuletzt, weil beide auf Initiativen Görings zurückgingen. Doch dann führte er die erheblichen Unterschiede aus: Die Konti sei zwar eine stark auf die staatlichen und wehrwirtschaftlichen Interessen in der Erdölindustrie konzipierte Gesellschaft, werde aber dennoch privatwirtschaftlich geführt. Zu seiner großen Befriedigung sei es möglich gewesen, einen wesentlichen Teil des Kapitals von den Großbanken zu erhalten. Diese übernähmen damit, über das rein privatwirtschaftliche Risiko einer neugegründeten, in ihrer Rentabilität noch nicht überschaubaren Gesellschaft hinaus, auch ein beträchtliches allgemeines politisches Risiko.

69 Näheres zu seiner Vita in den Kurzbiographien.

70 Vgl. Eintrag Nr. 49 der Urkundenrolle für 1941 vom 27.3.1941, in: BAB, R 176, Nr. 1; Niederschrift über die ordentliche HV der Konti vom 29.5.1942 von Meilicke (Gründungsbericht vom 27. März 1941), in: SfS-Archiv, OMGUS-Report Dresdner Bank, Exhibit 66. Auch in: StaN, KV-Anklage, Dok. Fotokopien, NI-2023, StaN, KV-Prozesse, Fall 11, K 21, NAW, RG 260 OMGUS, FINAD, Intel. Gp., 2/189/8. Abgedruckt in: Czollek/Eichholtz, Monopole, S. 71. Maßgeblichen Einfluss auf die neue Gesellschaft übten laut Eichholtz die Deutsche Bank – Abs mit seinen engen Beziehungen zu Blessing, Funk und Schirner – sowie der IG-Farben-Konzern – mit Fischer, Bütefisch und Krauch – aus. Dies habe sich auch in der Besetzung des Vorstands widergespiegelt. Vgl. Eichholtz, Geschichte, Bd. 1, S. 236 f.

71 Näheres zu seiner Vita in den Kurzbiographien.

72 Vgl. Sitzung des AR der Konti am 27.3.1941, in: HADB, B 61; Niederschrift der Sitzung des AR der Konti am 27.3.1941 von Funk, in: BAB, R 176, Nr. 2.

Neumann zeigte sich in seiner Ansprache dankbar, dass es gelungen war, die Gesellschaft in so kurzer Zeit und so großzügiger Weise zu errichten. Im Speziellen sprach er insbesondere den Vertretern der Erdölindustrie seinen Dank aus, die sich bereit erklärt hatten, ihre auf den deutschen Erdölfeldern eingesetzten Bohrgeräte zu einem großen Teil der Gesellschaft für Bohrungen in Rumänien zur Verfügung zu stellen.

Zum Schluss der Sitzung sprach Fischer kurz über die noch vor der Gründung der Gesellschaft, aber bereits für sie abgeschlossenen Geschäfte, insbesondere über den Erwerb der Colombia und der Concordia. Außerdem informierte er die Anwesenden darüber, dass ein Abkommen mit den rumänischen Erdölbesitzern und der rumänischen Regierung geschlossen worden sei, wonach die Konti auf zuvorkommendste Weise neue Bohrversuche im rumänischen Erdölgebiet durchführen dürfe, und berichtete über den beabsichtigten Erwerb weiterer rumänischer Erdölgesellschaften, insbesondere der Astra Romana. Er endete, nachdem er auch die Möglichkeit des Erwerbs von Interessen im Irak angedeutet hatte, mit einem Hinweis auf das »Hochziel« der Konti: die Ölfelder der Royal-Shell am Persischen Golf.[73]

Am 16. April 1941 erfolgte der offizielle Eintrag der neuen Firma beim Amtsgericht Berlin. Gegenstand des Unternehmens war demzufolge: »Die Übernahme von Beteiligungen und jede andere geschäftliche Betätigung auf dem Kraftstoffgebiet, insbesondere im Ausland.« Das Grundkapital betrug 80 Mio. RM. Paatsch fungierte als Vorstand; Prokuristen waren Dihlmann und Will. Jeder von ihnen vertrat die Gesellschaft gemeinschaftlich mit einem Vorstandsmitglied oder mit einem anderen Prokuristen. Die Berufung der HV und die sonstigen Bekanntmachungen der Gesellschaft erfolgten durch den Deutschen Reichsanzeiger. Die Gründer, die alle Aktien übernommen hatten, waren: die Borussia, die DEA, die Gewerkschaft Elwerath, Wintershall, die Preussag, die IG Farbenindustrie AG, die Brabag, die Deutsche Bank, die Dresdner Bank, die RKG und die BHG. Den ersten AR bildeten: Funk als Vorsitzender, Keppler und Erich Neumann als stellvertretende Vorsitzende, der General der Infanterie Thomas, von Heemskerck, Fetzer, Carl Krauch, Min.Dir. Friedrich Gramsch, Kadgien, Schirner, Wisselmann, Brochhaus, Rosterg, Kranefuss, der Bergwerksdirektor Herbert Kauert[74], der Chemiker Dr. Paul Damm[75], Bütefisch, der Baurat Franz Wehling[76], Abs, Rasche, Weltzien, Rohdewald, Fischböck, Blessing, Rudolf Fischer, der Justizrat Rüdiger Graf von der Goltz[77], Franz Hayler[78] und Alfred

73 Vgl. AN Weltzien über Sitzung des AR der Konti am 27.3.1941 vom 28.3.1941, in: ebd., R 8127, Nr. 16154, Bl. 44-45. Am frühen Abend des darauffolgenden Tags fand eine Pressekonferenz aus Anlass der Gründung des Unternehmens im RWiM statt. Vgl. Schnellbrief des Reichswirtschaftsministers an Pressestelle des Beauftragten für den VJP, Schrötter, vom 27.3.1941, in: ebd., R 26 I, Nr. 33, Bl. 1.

74 Näheres zu seiner Vita in den Kurzbiographien.

75 Näheres zu seiner Vita in den Kurzbiographien.

76 Näheres zu seiner Vita in den Kurzbiographien.

77 Näheres zu seiner Vita in den Kurzbiographien.

78 Näheres zu seiner Vita in den Kurzbiographien.

Bentz.[79] Der AR wurde 1942 auf 25 Personen verkleinert. Diesem gehörten nun an: Funk als Vorsitzer, Keppler und Neumann als stellvertretende Vorsitzer sowie Abs, Bentz, Brochhaus, Bütefisch, Damm, Fetzer, Fischer, Graf von der Goltz, Gramsch, Hayler, Kadgien, Kranefuß, Krauch, Rasche, Rohdewald, Rosterg, Schirner, Thomas, Wehling, Weltzien und Wisselmann.[80]

Reaktionen des Auslands

Offizielle Erklärungen wie die der Deutschen Botschaft in Spanien vom April 1941, die verlautbarte, die Konti würde Deutschland von den großen anglo-amerikanischen Unternehmen unabhängig machen, ließen die Alliierten bald aufhorchen. Die Ölmanager in den Vereinigten Staaten waren besorgt über den neuen Konkurrenten, der nicht nur ihre Geschäftsbasis in Rumänien und im Nahen Osten bedrohte, sondern, mit Blick auf die Nachkriegszeit, auch den Zugang zu ihrem größten Exportmarkt. Nachrichtenagenturen im Ausland verfolgten die Aktivitäten des Unternehmens, auf Basis ihrer Informationen gelangten die Geheimdienste der Alliierten zu ersten Einschätzungen. Die ausländischen Journalisten, Diplomaten und Geheimdienstmitarbeiter erkannten schnell die Bedeutung der Konti-Gründung. Im April 1941 teilte der Geschäftsträger der amerikanischen Botschaft in Berlin Washington mit, die Konti beabsichtige, ein »Monopol in Rumänien und die endgültige Kontrolle über den Iran und den Irak« zu erlangen. Für Deutschland seien solche Ambitionen nur in Reichweite, wenn es den Krieg gewönne.[81]

Der Vize-Präsident der Socony-Vacuum Oil Company, deren Tochtergesellschaft, die Deutsche Vacuum Oil Company, Raffinerien in Wedel und Bremen betrieb, referierte in seinem Schreiben an das U.S. State Department die Ziele der neuen Ölgesellschaft. Dazu zähle, den europäischen Kontinent nach dem Krieg von den großen internationalen Ölkonzernen unabhängig zu machen. Die politische Bedeutung der Kontinentalen Ölgesellschaft komme etwa in der Aussage der *Kölnischen Zeitung* zum Ausdruck, wonach Deutschland vor dem Krieg in seiner Ölversorgung nicht nur von den Ölkonzernen selbst, sondern auch von den dahinterstehenden Staaten abhängig gewesen sei. Die Gesellschaft werde die alleinige Kontrolle über die deutschen Erdölinteressen im Ausland ausüben, auf den Erdölfeldern selbst, beim Transport nach Deutschland sowie der Verteilung des Erdöls innerhalb des Landes und auf dem Territorium des von Deutschland beherrschten Kontinents.[82]

79 Vgl. Amtsgericht Berlin, Abt. 562, Neueintragung vom 16.4.1941, in: BAB, R 6, Nr. 286, Bl. 3 f. Auch in: IfZ, MA 249, Bl. 938 f. Ferner die entsprechende Veröffentlichung: Amtsgericht Berlin. Abt. 562. Neueintragung: Kontinentale Öl-Aktiengesellschaft, Berlin, in: Deutscher Reichsanzeiger und Preußischer Staatsanzeiger, Nr. 94 vom 24.4.1941, zit. nach: IfW, F 1 X 30 E.

80 Vgl. OMGUS, Ermittlungen gegen die Dresdner Bank, S. 322, Anm. 113.

81 Vgl. Toprani, Oil, S. 229.

82 Vgl. Schreiben Socony-Vacuum Oil Company an James Clement Dunn, State Department, Division of Political Affairs, vom 14.5.1941, in: NAW, RG 59, Nr. FW 862.6363/209.

Im Anhang befand sich das bereits erwähnte Informations-Bulletin der Deutschen Botschaft in Madrid vom 30. April 1941 mit dem Abschnitt über die Gründung der Konti. Man maß dem Unternehmen als Vereinigung der deutschen Erdölindustrie großes Gewicht bei; es markiere eine neue Etappe in der Geschichte der internationalen Erdölwirtschaft. Mehrere ausländische Gesellschaften hätten bereits den Wunsch geäußert, dieser Gesellschaft beizutreten, die zweifellos künftig ihren Platz unter den großen Erdölgesellschaften der Welt einnehmen werde – neben Shell, Standard Oil und Anglo-Iranian Oil.[83]

Die US-Botschaft in Berlin meldete dem Secretary of State, Cordell Hull, telegraphisch die Gründung der Konti: Sie diene dazu, ausländische Erdölquellen auszubeuten und Beteiligungen an ausländischen Feldern, Raffinerien und Transportanlagen zu erwerben. Bezeichnend sei, dass US-amerikanische und andere in Deutschland tätige internationale Erdölgesellschaften nicht im Vorstand vertreten seien.[84] Fünf Tage später folgte ein ausführlicherer Bericht, der den zu erwartenden politischen und wirtschaftlichen Einfluss des neuen Unternehmens skizzierte. Auch hier kam das Befremden darüber zum Ausdruck, dass in Deutschland tätige Tochterunternehmen internationaler Ölgesellschaften, wie die Deutsch-Amerikanische Petroleum Gesellschaft, Olex AG oder Rhenania-Ossag, aus dem Vorstand des neuen Konzerns ausgeschlossen waren.

Unter Berufung auf lokale Kommentatoren schätzte man die ökonomischen Aussichten des Unternehmens zum damaligen Zeitpunkt als eher gering ein: Das gesamte Projekt sei wenig mehr als eine grandiose Fassade. Das einzige zugängliche Gebiet sei Rumänien, wo der deutsche Einfluss aber schon vor der Gründung der Konti übermächtig geworden sei.[85]

Die Konti war ebenfalls Thema im britischen Enemy Oil Committee, etwa auf einer Sitzung am 15. Februar 1944. Es stehe die Gefahr im Raum, so wurde diskutiert, das Unternehmen könne auch die Kontrolle über die Royal Dutch Shell Corporation in Holland erlangen. Ebenfalls mit Sorge betrachteten die Briten jene Aktivitäten, die darauf abzielten, Vermögenswerte in neutrale Länder zu transferieren.[86]

Freiwillige Beteiligung der deutschen Erdölindustrie?

Zur Frage, ob sich die deutschen privaten Erdölunternehmen freiwillig oder gezwungenermaßen an der Konti beteiligten, die zweifellos maßgeblich für eine Beurteilung der Gesellschaft ist, lassen sich leider nur sehr wenige konkrete Hinweise

83 Vgl. German Embassy Information Bulletin vom 30. 4. 1941, in: ebd.

84 Vgl. Telegramm US-Botschaft Berlin, Leland B. Morris, an den Secretary of State vom 2. 4. 1941, in: ebd., Nr. FW 862.6363/205; Toprani, Germany's Answer, S. 960.

85 Vgl. Formation of German Oil Trust von William L. Smyser, Vice Consul and Third Secretary, American Embassy Berlin, vom 7. 4. 1941, in: NAW, RG 59, Nr. FW 862.6363/206.

86 Vgl. Enemy Oil Committee, The Axis Oil Position, Notes on Discussions with Mr. O. F. Thompson of the Hartley Committee, Washington, February 7 – February 19, 1944, in: NAK, WO 219, Nr. 3627.

finden, da bei den entsprechenden Firmen kaum bis gar keine Unterlagen archiviert wurden.

Immerhin waren Vertreter der Erdölfirmen von Anfang an in die Gründung des neuen Unternehmens eingebunden, so dass ein paar Stimmen überliefert sind. Brochhaus von der Gewerkschaft Elwerath notierte etwa nach Gesprächen mit Neumann Anfang 1940 einigermaßen beruhigt, dass die Konti als Holdinggesellschaft konzipiert war, zum Ausbau der deutschen Mineralölwirtschaft. Zur Durchführung sollten selbstständige Gesellschaften gegründet werden. Die Rechte des Konsortiums in Jugoslawien, Ungarn und der Slowakei blieben von der neuen Gesellschaft unberührt.[87]

Eine Woche später fand eine Unterredung von Vertretern der vier großen Erdölfirmen statt, bei der Brochhaus erneut und ausführlich über seine Besprechung mit Neumann berichtete: Er gab Auskünfte über die geplante Finanzierung der Konti, die zwar nicht völlig korrekt waren, aus denen aber deutlich wurde, dass es sich um ein staatlich dominiertes Unternehmen handeln würde. Die Vertreter der Erdölfirmen stimmten darin überein, dass »eine Beteiligung an dieser vom Reich beherrschten Gesellschaft für die einzelnen Gesellschaften, privatwirtschaftlich gesehen, genau so wenig interessant ist, wie die Beteiligung an der Brabag«. Brochhaus hielt es zu diesem Zeitpunkt noch für denkbar, dass das neue Unternehmen als reine Holdinggesellschaft fungieren werde, von der die Konsorten einzelne Objekte, wie zum Beispiel die Concordia, pachten könnten. Um der Industrie den Plan schmackhaft zu machen, müsse den Konsorten hinsichtlich aller Leistungen eine Vorzugsstellung eingeräumt werden, die von den der Holding angehörenden Gesellschaften erbracht würden, wie Rohöllieferungen, Lieferungen von Fertigprodukten, Verkaufsorganisationen und geologische Arbeiten.

In den Besprechungen mit Neumann sei auch der Gedanke aufgekommen, die von dem Südost-Konsortium bisher bearbeiteten Länder – Jugoslawien, Ungarn, Slowakei sowie Böhmen und Mähren – in die Konti einzubeziehen. Diese Idee lehnten die Konsorten jedoch übereinstimmend und entschieden ab. Darüber hinaus erörtere man im Staatsministerium weiterreichende Pläne: eventuell weitere, die ganz großen, Ölinteressen der Konti anzugliedern. Die Durchführbarkeit derartiger Pläne werde aber in erster Linie von der militärischen und politischen Entwicklung abhängen. Brochhaus befürchtete, dass das Reich in diesem Fall eine Monopolstellung beanspruchen werde. Rosterg bat Brochhaus, die Verhandlungen weiterzuführen und vor allen Dingen dafür zu votieren, dass das Konsortium die gleiche Anzahl Vorzugsaktien erhalte wie das Reich.[88]

Aus diesen Besprechungen scheint kaum etwas Konkretes hervorgegangen zu sein, jedenfalls wurden die Konsorten letztlich nur noch über die im März 1941 beabsichtigte Gründung der Konti informiert und zur Übernahme der Vorzugsaktien

87 Vgl. Niederschrift über Besprechungen mit Neumann am 15.11. und 2.12.1940 von Brochhaus vom 22.12.1940, in: DEA-Archiv, D-RW, Nr. 17.

88 Vgl. AN betr.: Gründung der »Continentale« von Schirner (?) vom 10.12.1940, in: ebd. (Zitat ebd.).

aufgefordert. Göring wollte ihnen die Richtlinien der Zusammenarbeit mit der neuen Gesellschaft bekanntgeben.[89]

Offensichtlich kam es später immer wieder zu Reibereien. So wies Schirner anlässlich der geplanten Berufung von Karl Große für den Vorsitz im Vorstand der Karpathen Öl AG »auf die bisher wenig befriedigende Zusammenarbeit mit der Kontinentalen Öl A. G.« hin.[90]

Sehr weitgehendes Entgegenkommen zeigten die Erdölfirmen anfänglich beim »Soforteinsatz« im Osten. Auf Anordnung von Bentz sollte die DEA dabei zuerst eingesetzt werden; man plante, das Personal vom Militär einzuziehen und den Transport des Materials auf dessen Veranlassung durchführen zu lassen. Vor Ort würden den einzelnen Firmen Felder zum Abbohren und zur Gewinnung von Rohöl zugewiesen werden, alle wirtschaftlichen Fragen waren, so Bentz, mit der Konti zu klären. Blessing erhob keine Einwände gegen einen geschlossenen Einsatz der Firmen, weil dieser den größten Effekt sichere, und äußerte Verständnis für das Bestreben der Firmen nach Beteiligung und eigenen Feldern. Über die Ausgestaltung der Rechtsbeziehungen habe er sich jedoch noch keine Vorstellungen machen können. Fest stand für die Beteiligten, dass die Konti kraft der Verleihung von Göring Trägerin der gesamten Konzession sei und es verboten sei, diese auch nur teilweise abzutreten oder anderen zur Ausnutzung zu überlassen.

Anders lag die Sache bei einer Beteiligung der deutschen Erdölindustrie an der Bearbeitung der Gebiete und den Gewinnen, wobei die Konti bei allen Rechtsbeziehungen stets die Majorität besitzen müsse.[91] Trotzdem bewahrten sich die Erdölfirmen ihre Hoffnungen auf spätere eigene Betätigungen und forderten noch zwei Monate vor dem beginnenden Rückzug der deutschen Truppen als »Ausgleich für den Raubbau und den fehlenden Aufschluss in Deutschland eine unternehmerische Tätigkeit im Kaukasus zur gegebenen Zeit«. Laut Schirner hatte die Verleihungsurkunde an die Konti lediglich den Zweck, »die Schaffung eines Staatsmonopols zu verhindern, sodass der Weg für vernünftige, privatwirtschaftliche Vereinbarungen zwischen der Konti und den deutschen Erdölfirmen durchaus offen sei«.[92]

In diesem Selbstverständnis wandten sich die Erdölfirmen kurze Zeit später mit einem Schreiben an den Vorstand der Konti. Die vereinbarten Richtlinien hätten auf eine freundschaftliche Zusammenarbeit im In- und Ausland, namentlich auf eine Beteiligung der Ölgesellschaften bei der Verwertung von Rechten und Einrichtungen im Ausland gezielt. Der in naher Zukunft bevorstehende Einsatz der deutschen Erdölindustrie im Osten mache es nun aber wünschenswert, die Mitwirkung der Ölgesell-

89 Vgl. Rundschreiben Fischer an Brochhaus, Bütefisch, Rosterg, Schirner und Wisselmann vom 7.3.1941, in: ebd.

90 Vgl. Niederschrift über die Verhandlungen des AR der DEA am 1.4.1942, S. 3, in: ebd., D-PA, Nr. 104 (Zitat ebd.).

91 Vgl. AN über Besprechung am 3.9.1942 von Schlicht (?) vom 4.9.1942, in: ebd. D-RW, Nr. 17.

92 Vgl. AN betr.: Osteinsatz vom 1.10.1942, in: ebd. (Zitate ebd.).

schaften an der Verwertung der der Konti im Osten verliehenen Rechte in konkrete Vereinbarungen zu überführen, die sich zunächst auf Grundsätzliches beschränken könnten. Speziell hofften die Erdölfirmen auf einen Einsatz im Osten, bei dem sie den Bohr- und Gewinnungsbetrieb unter eigener Verantwortung auf eigenes Risiko und entsprechend auch für eigene Rechnung führen könnten. Dieser Einsatz könne jedoch nicht ohne die Konti stattfinden, also müssten nun vertragliche Formen gefunden werden.

Dabei liege es im Interesse der deutschen Volkswirtschaft, einen so wichtigen Wirtschaftszweig wie die Erdölindustrie auch künftig in ihren Existenzgrundlagen zu erhalten und den Erdölfirmen deshalb »neue Lebensmöglichkeiten im Osten zu eröffnen«. Die deutschen Erdölfirmen würden, auf der Basis ihrer Erfahrungen und ihres gut eingespielten Apparats, für die Konti Hilfe und Entlastung bedeuten, wenn es darum gehe, die Erzeugung im Kaukasus unter schwierigsten Einsatzbedingungen neu aufzubauen. Es sei also im Eigeninteresse der Konti, die Erdölfirmen im Kaukasus zur Mitarbeit heranzuziehen und so eine fruchtbare Zusammenarbeit zu ermöglichen.

Dazu schlugen die Erdölfirmen folgende Rahmenbedingungen vor: Die Konti solle mit den einzelnen Firmen Konsortialverträge über bestimmte Teilgebiete im Osten schließen, die sich an die gängigen Abmachungen anlehnten, jedoch der Stellung der Holding als Trägerin der Konzession Rechnung trügen. Im Konsortialgebiet würde die jeweilige Erdölfirma in eigener Verantwortung und unter Einsatz eines geschlossenen Teils ihrer Organisation die Aufsuchung und Gewinnung von Erdöl für Rechnung des Konsortiums übernehmen. Das in den Konsortialgebieten geförderte Rohöl stünde den Erdölfirmen nach Maßgabe ihrer Quote zu. Zum Abtransport des auf die Ölfirmen entfallenden Rohölanteils würde die Konti ihre Transporteinrichtungen gegen eine angemessene Vergütung zur Verfügung stellen. Diese Vorschläge bezögen sich auf befriedete Verhältnisse im Einsatzgebiet und normalisierte Arbeitsbedingungen. Solange dort Kriegszustand herrsche, könnten die deutschen Erdölfirmen nur für Rechnung der Konti oder des Deutschen Reichs tätig werden, Ansprüche auf Erdölförderung könnten sie in Kriegszeiten keine geltend machen.[93]

Die Konti ging später noch einmal auf die Zusammenarbeit mit den Erdölfirmen ein; in einem internen Papier vom August 1943 reflektierte das Unternehmen die Entwicklung und das Ende des Einsatzes im Kaukasus. Man dankte den Männern, die diese Arbeit geleistet hatten und die jetzt nicht mehr für das Unternehmen arbeiteten: »Es sind alle diejenigen, die von den Erdölgesellschaften zur Verfügung gestellt wurden und die unter der tatkräftigen Führung der Herren Schlicht und Jäger und auf dem kaufmännischen Gebiet des Herrn Ratzmann uneigennützigste Arbeit geleistet haben.«

Auch ansonsten war man des Lobes voll für die Mitarbeiter der deutschen Erdölfirmen: »Dass für ein Unternehmen, wie die Kontinentöl, geboren im Kriege und aus Menschen zusammengesetzt, die aus allen möglichen Firmen zusammengeholt

93 Vgl. Schreiben Erdölfirmen an Vorstand der Konti vom 13.10.1942, in: ebd. (Zitat ebd.).

worden waren, derartige Belastungen auch psychologisch ausserordentlich schwer sind, ist begreiflich. Der Vorstand ist daher allen Abteilungsleitern und dem gesamten Personal zu besonderem Dank verpflichtet, dass sie trotzdem diese ungeheure Arbeit so gut bewältigt haben.«[94]

3.1.1 Die Borussia Beteiligungs GmbH

Da die Förderer bestrebt waren, die Konti nach außen als nicht von der öffentlichen Hand dominiert erscheinen zu lassen, erfolgte die staatliche Beteiligung verdeckt, über die Borussia. Sie wurde ausschließlich für den Zweck gegründet, im Handelsregister nicht das Reich als Eigentümer erscheinen zu lassen. Die Borussia war eine Holdinggesellschaft, die Beteiligungen der öffentlichen Hand in der Mineralölindustrie bündeln und verwalten sollte. An ihre Spitze wurde Ernst Rudolf Fischer aus dem RWiM gewählt. Der überwiegende Teil des Gesellschaftskapitals der Borussia in Höhe von 31 Mio. RM befand sich im Besitz des Reichs. Die Borussia sollte Görings maßgeblichen Einfluss auf die geplante große Ölgesellschaft sichern,[95] das Kapital stammte aus dem Erlös der oben erwähnten »Aktion VI«, das aufgewendet wurde, um die Aktienmajorität bei der Konti zu sichern.[96]

Am 10. Dezember 1940 erschienen vor dem Notar Carl von Berg in Berlin: der Justizrat Karl Meidinger, der Staatsfinanzrat a. D. Hans Weltzien von der BHG sowie der Kaufmann Ernst Rudolf Fischer. Laut Gesellschaftsvertrag errichteten sie die Borussia Beteiligungsgesellschaft mit beschränkter Haftung mit Sitz in Berlin, Gegenstand der Gesellschaft war »die Beteiligung an Unternehmungen aller Art durch Erwerb von Aktien und Gesellschaftsrechten oder in sonstiger Weise«. Eine schwammige Umschreibung dafür, dass die Borussia in erster Linie Kapital für die »Continentale« halten sollte. Am Stammkapital waren die Gesellschafter mit folgenden Stammeinlagen beteiligt: Meidinger mit zehn Mio. RM, Weltzien ebenfalls mit zehn Mio. RM und Fischer mit elf Mio. RM. Von jeder Stammeinlage wurde ein Betrag von drei Mio. RM eingezahlt.[97] Die BHG übernahm gegenüber den Privatpersonen alle Ver-

94 Vgl. Memorandum »Einsatz in den besetzten Ostgebieten«, o. Dat. (August 1943), S. 1 ff. (Zitate S. 1 f. und 4), in: BAB, R 176, Nr. 89.

95 Vgl. Wixforth, Ausbeutung, S. 360 f.; Vernehmung Neumann am 26. 11. 1947, in: IfZ, ZS, Nr. 1259, Bl. 112-121, hier Bl. 114. Auch in: StaN, KV-Anklage, Interrogations, N 9.

96 Vgl. Schmelzer, Devisen, S. 87 ff. (Zitat S. 89).

97 Vgl. Nr. 245 der Urkundenrolle für 1940, verhandelt zu Berlin am 10. Dezember 1940, in: LAB, A Rep. 342-02, Nr. 21123 (Zitat ebd.); Schreiben Fischer an das Amtsgericht Berlin, Registerabteilung, vom 10. 12. 1940, in: BAB, R 3101, Nr. 8610, Bl. 37. Justizrat Dr. jur. Karl Meidinger galt in Deutschland als einer der besten Kenner des Aktien- und Handelsrechts. Vgl. Nikolasseer Ortsgeschichte; Meidinger, Karl; Personalblatt vom 27. 3. 1944, in: BAB, R 3001, Nr. 67925; Beurteilung des Berliner Landgerichtspräsidenten vom 12. 4. 1944, in: ebd.

pflichtungen, welche sie aufgrund ihrer Beteiligung an der Gründung der Borussia dieser gegenüber zu erfüllen hätten.[98] Alle drei Gesellschafter machten Angebote auf Abtretung ihrer Geschäftsanteile an Neumann.[99]

Bezeichnenderweise wurde die Borussia von der Dresdner Bank anfangs als eine Neugründung der IG Farben AG eingestuft, ein Eindruck, der aber intern korrigiert wurde: Fischer gehöre, so ein Mitarbeiter der Bank, zwar der Direktion der IG Farben AG und der Deutschen Gasolin an, sei jedoch als Leiter der Mineralölabteilung im RWiM zum Geschäftsführer der Borussia ernannt worden. Sie sei vermutlich im Hinblick auf die Nachkriegszeit gegründet worden, etwa zur Übernahme der Shell.[100]

Franz Heinrich Ulrich, ein enger Mitarbeiter von Abs, berichtete im Januar 1941 über die Gründung der Borussia und deren Struktur. Ihm war bewusst, dass die Gesellschaft im Zusammenhang mit den Absichten einer Repatriierung von Erdölinteressen und der beabsichtigten Gründung einer »Continentalen Petroleum-AG« stand.[101] Auch die Wintershall AG berichtete ihren AR-Mitgliedern, dass sich das Reich mit der Übernahme der Namens-Aktien im Wert von 30 Mio. RM durch die Borussia die Mehrheit an der Konti gesichert habe.[102]

Einer vertrauenswürdigen Nachkriegsaussage von Dihlmann zufolge wurde die Borussia vom Generalbevollmächtigten für den VJP gegründet. Das Kapital von 31 Mio. RM sei dazu gedacht gewesen, Anteile an der geplanten Konti zu erwerben; treibende Kräfte bei der Gründung seien Neumann und Kadgien gewesen. Dihlmann selbst habe zwar Routineaufgaben für Fischer bei der Borussia übernommen, sei aber nur ein einfacher Angestellter gewesen.[103]

Die BHG teilte dem Vorstand der Konti Ende März 1941 mit, dass sie von der Borussia als deren Einzahlung auf die Stammaktien 30 Mio. RM Wert zum 31. März 1941 empfangen und sie der Konti gutgeschrieben habe.[104]

98 Vgl. Schreiben BHG an Fischer vom 10.12.1940, in: ebd., R 3101, Nr. 8610, Bl. 32. Die enge Verbindung zur BHG wird auch dadurch dokumentiert, dass die Borussia im Haus der Bank residierte. Vgl. Schreiben Weltzien an Fischer, RWiM, vom 23.2.1942, in: ebd., R 8127, Nr. 16242, Bl. 11.

99 Vgl. Nr. 248 der Urkundenrolle für 1940, verhandelt zu Berlin am 10. Dezember 1940, in: LAB, A Rep. 342-02, Nr. 21123.

100 Vgl. AN aus der Dresdner Bank für Busch, André und Joos vom 28.12.1940, in: HAC, 30314-2001, Bd. 1.

101 Vgl. AN Ulrich vom 21.1.1941, in: HADB, B 63 (Zitate ebd.).

102 Vgl. Schreiben Wintershall AG an Mitglieder des AR vom 28.4.1941, in: ebd., P 1970. Auch in: BAB, R 8119-F, Nr. 1970, Bl. 26 (Bericht der Wintershall AG für den Monat März 1941, verschickt am 28.4.1941, S. 5).

103 Vgl. Befragung von Dihlmann am 21.5.1946, in: NAW, RG 260, Property Division, Records of the Office Director, General Records, Box 9. Dihlmann hatte im Auftrag von Fischer die Akten der Borussia verwaltet. Vgl. Schreiben Konti, Dihlmann, an Illgner, RWiM, vom 21.11.1944, in: BAB, R 3101, Nr. 8610, Bl. 58.

104 Vgl. Schreiben BHG an Vorstand der Konti vom 31.3.1941, in: ebd., R 8127, Nr. 16154, Bl. 47 f.

In den Verhandlungen vom 10. Dezember 1940 hatten Meidinger, Weltzien und Fischer Neumann angeboten, Verträge über die Abtretung ihrer Geschäftsanteile von 31 Mio. RM an der Borussia abzuschließen, mit dem Zusatz, dass es ihm freistehe, den Antrag auch durch eine dritte Person annehmen zu lassen. Nach Intervention Funks vom 28. April 1944 verzichtete Neumann und bestimmte als dritte Person das Deutsche Reich, vertreten durch den Reichswirtschaftsminister.[105] Alle drei Gründer hatten bei Gründung der Borussia das Angebot gemacht, ihren Anteil an Neumann oder eine dritte Person abzutreten. Das Angebot galt bis Ende 1970 (!). Nachdem Neumann das Deutsche Reich als dritte Person bestimmt hatte, nahm Min.Dir. Hans Illgner das Angebot am 11. Mai 1944 an.[106] Bereits im Februar des Jahres hatte die BHG schriftlich bei der Borussia angefragt, in welcher Weise und zu welchem Zeitpunkt diese den eingeräumten Kredit »im Hinblick auf die Erträgnislosigkeit der Ihnen gehörenden Kontinental Oel-Aktien« abzudecken plane.[107] Anfang Februar 1945 schließlich forderte die BHG die Borussia ultimativ auf, für die Rückzahlung des Kredits bis zum 15. Februar Sorge zu tragen.[108]

Die BHG hatte an der Gründung der Borussia treuhänderisch mitgewirkt, und das Treuhandverhältnis wurde ordnungsgemäß abgewickelt. Sie gewährte der Borussia im September 1942 einen Kredit in Höhe von 600.000 RM, der am 31. Dezember 1943 fällig wurde. Im Februar 1944 verlängerte die Bank den Kredit und stockte ihn um weitere 100.000 RM auf. Zum Jahresende hatte sie vergeblich zur Rückzahlung des Kredits aufgefordert und wandte sich in der Folge an Max Ilgner, Vorstandsmitglied der IG Farben und Ministerialdirektor im RWiM: »Wir wären Ihnen, sehr verehrter Herr Ministerialdirektor, dankbar, wenn Sie uns bei unserem Bestreben, zu einer Abwicklung der Angelegenheit zu kommen, das sich aus den aussergewöhnlichen Zeitumständen hinreichend erklären dürfte, unterstützen würden.«[109]

Im Reichsfinanzministerium (RFM) rekapitulierte man im August 1944 die Entwicklung: Auf Initiative des RFM hatte Neumann anstatt seiner das Reich, vertreten durch den Reichswirtschaftsminister, als die zur Übernahme der Anteile berechtigte dritte Person benannt. Funk teilte mit, dass er die ihm angebotene Abtretung der Anteile im Namen des Reichs angenommen hatte, so dass dieses jetzt formal Eigentümer der Borussia-Anteile war. Eine Liquidation der Borussia sei vorläufig nicht geplant.[110]

In der Nachkriegszeit durchforstete ein Mitarbeiter der Finance Division, einer Hauptabteilung der US-Militärregierung für Deutschland, die unter anderem für

105 Vgl. Schreiben Neumann an Reichswirtschaftsminister vom 2.5.1944, in: ebd., R 3101, Nr. 8610, Bl. 2.

106 Vgl. Nr. 7 der Urkundenrolle für 1944, verhandelt zu Berlin am 11. Mai 1944, in: LAB, A Rep. 342-02, Nr. 21123; AV aus dem RWiM, Dr. Klein, vom 16.5.1944, in: BAB, R 3101, Nr. 8610, Bl. 6.

107 Vgl. Schreiben BHG an Borussia vom 7.2.1944, in: ebd., R 121, Nr. 382. (Zitat ebd.).

108 Vgl. Schreiben BHG an Borussia vom 6.2.1945, in: ebd.

109 Vgl. Schreiben BHG an Illgner, RWiM, vom 10.2.1945, in: ebd. (Zitat ebd.).

110 Vgl. AV aus dem RFM vom August 1944, in: ebd., R 3101, Nr. 15469, Bl. 64.

eine Dezentralisierung des deutschen Finanzwesens sorgen sollte, die in Landshut verbliebenen Unterlagen der Konti. Nach Durchsicht der Akten kam er zu dem Ergebnis, dass die Borussia stets die volle Kontrolle über das Unternehmen gehabt, diese aber augenscheinlich niemals gegen den Widerstand der Konti ausgespielt habe.[111] Jules Wangler, ein Ermittler der Property Division, die für das Restitutionsprogramm in der US-Zone zuständig war, hatte Heinz Kemper von der Konti einbestellt, in dem Gespräch ging es auch um das Stimmrecht der Borussia. Angesichts des fünfzigfachen Stimmrechts wies Wangler das Bemühen der Konti-Vertreter, das Unternehmen als überwiegend privat kontrolliert zu präsentieren, scharf zurück. Es schien dem Ermittler, als hätte die britische Militärregierung die Kontrolle durch das Reich nicht realisiert und daraufhin in ihrer Zone fälschlicherweise keine Treuhänder für das Eigentum des Unternehmens in der britischen Zone eingesetzt. Die Borussia sei jedoch nur zu einem Zweck gegründet worden: der Finanzierung der Konti, womit die Frage nach dem Einfluss der IG Farben hier irrelevant sei.[112]

Neumann gab in einem Nachkriegsverhör an, der Zweck der Borussia habe in der Vertretung der Beteiligung des Reichs an der Konti gelegen; sie sei Treuhänderin des Reichs gewesen. Bei den von Meidinger, Weltzien und Fischer aufgewendeten Geldern habe es sich um Reichsmittel gehandelt, die zu diesem Zweck zur Verfügung gestellt worden seien. Dass es sich dabei um Reichsgelder handelte, sollte nach außen verschleiert werden, deshalb wurden diese drei Personen als Gründer genannt.[113]

Bei der Gesellschafterversammlung (GV) der Borussia am 10. Dezember 1951 war der alleinige Gesellschafter das Land Berlin, vertreten durch den Senator für Finanzen, bzw. die Sondervermögensverwaltung, als Treuhänder der Bundesrepublik. Der Treuhänder Dr. Arthur Busse wurde abberufen, zum Geschäftsführer ORR Heinrich Uhlenküken bestimmt. Die DRT prüfte die DM-Eröffnungsbilanz. Zum Beirat bestellt wurden Hans Naundorf als Vorsitzer, Wirtschaftsprüfer Heinz Maerten als stellvertretender Vorsitzer und Hauptreferent Georg Rogalski.[114]

Auf der GV am 17. Dezember 1951 wurde die DM-Eröffnungsbilanz gebilligt und festgestellt. Das Stammkapital hatte man auf 620.000 DM bei der Bank der Länder umgestellt. Die Gesellschaft wurde aufgelöst, zum Liquidator Uhlenküken bestellt,[115] der dieses Amt am 17. Juni 1952 niederlegte. Für ihn wurden die Industriebeteiligungs-

111 Vgl. OMGUS, Finance Division, Jules Wangler, Research Report Covering Documentary Material of Kontinentale Oel A. G. Landshut A/Isar Held Under control of Military Government in Landshut vom 10. 8. 1946, in: NAW, RG 59, FW 862.6363/B 2946.

112 Vgl. Memorandum von Jules Wangler für Major Teisberg, Chief Property Section, vom 26. 7. 1946, in: ebd., RG 260, Property Division, Records of the Office Director, General Records, Box 9.

113 Vgl. Vernehmung Neumann am 7. 11. 1946, in: BAK, Z 45-F, OMGUS, Prop Dir off, 3/88-1/33; Eidesstattliche Erklärung Neumann vom 30. 1. 1948 (Bütefisch Dokument Nr. 58), in: StaN, KV-Prozesse, Fall 6, Nr. F 12, Bl. 6 ff., hier Bl. 6.

114 Vgl. GV der Borussia vom 10. Dezember 1951, in: LAB, A Rep. 342-02, Nr. 21123.

115 Vgl. Nr. 152 der Urkundenrolle von 1951, verhandelt zu Berlin am 17. Dezember 1951, in: ebd.

gesellschaft mbH bzw. deren Geschäftsführer, der Rechtsanwalt Kurt Adenauer und Rudolf Graf Westarp eingesetzt.[116]

Die Liquidatorin trat das nominelle Kapital von 30 Mio. RM an die Bundesrepublik Deutschland ab, vertreten durch den Bundesminister für wirtschaftlichen Besitz des Bundes, dieser wiederum vertreten durch den Senator für Finanzen, Sondervermögens- und Bauverwaltung, Berlin. Die Aktien ruhten bei der Bank für Handel und Industrie AG.[117] Die Kontinentale Öl AG in Liquidation trug als neuen Aktionär die Bundesrepublik Deutschland in ihrem Aktienbuch ein.[118] Im November 1958 war die Liquidation der Borussia abgeschlossen, die Firma erlosch, die Bücher bewahrte die Industriebeteiligungsgesellschaft mbH.[119]

3.1.2 Kapital und Aktien

Die Deutsche Bank bestätigte in einem Schreiben an den Beauftragten für den VJP die Vereinbarungen vom 18. März 1941 bezüglich der von den beteiligten Banken mit 25 Prozent Einzahlung zu übernehmenden 30 Mio. RM Stammaktien mit einfachem Stimmrecht (Inhaberaktien). Folgende Aufteilung war vereinbart worden: Deutsche Bank 35 Prozent, Dresdner Bank 35 Prozent, BHG 15 Prozent, RKG 15 Prozent.[120] Neumann stimmte der Aufteilung zu.[121] Dabei wollten die Banken die Übernahme der Stammaktien nicht als Konsortialgeschäft, sondern als Eigengeschäft ihrer Bank gemäß ihres Quotenanteils durchführen.[122]

Das Grundkapital der Konti betrug bei der Gründung 80 Mio. RM: 50 Stück auf den Namen lautende Stammaktien zu je einer Mio. RM, 30.000 Stück auf den Inhaber lautende Stammaktien zu je RM 1.000. In der HV gewährten je 1.000 RM einer auf den Inhaber lautenden Stammaktie eine Stimme, je RM 1.000 der auf den Namen lautenden Stammaktien 50 Stimmen, so dass auf die Mehrstimmrechtsaktien 2,5 Mio. Stimmen und auf die übrigen Aktien 30.000 Stimmen entfielen.

116 Vgl. Schreiben Industrie-Beteiligung GmbH an Amtsgericht Charlottenburg vom 17.6.1952, in: ebd.

117 Vgl. Schreiben Borussia Beteiligungsgesellschaft mbH i.L. an Kontinentale Öl AG i.L. vom 10.4.1958, in: BAB, R 176, Nr. 157.

118 Vgl. Schreiben Kontinentale Öl AG i.L. an Borussia Beteiligungsgesellschaft mbH i.L. vom 14.4.1958, in: ebd.

119 Vgl. Schreiben Industriebeteiligungsgesellschaft mbH an Amtsgericht Charlottenburg vom 3.11.1958, in: LAB, A Rep. 342-02, Nr. 21123.

120 Vgl. Schreiben Deutsche Bank an Beauftragten für den VJP vom 24.3.1941, in: BAB, R 8119-F, Nr. 1826, Bl. 16 f. Auch in: HADB, B 63.

121 Vgl. Schreiben Neumann an Abs, Rasche, Rohdewald und Weltzien vom 24.3.1941, in: HAC, 30314-2001, Bd. 1. Auch in: HADB, B 63 und StaN, KV-Anklage, Dok. Fotokopien, NI-2017.

122 Vgl. AN Ulrich vom 24.3.1941, in: HADB, B 63.

Laut Aktienbuch hatte die Preussag drei von ihren sechs Mio. Aktien an die AG der Kohlenwertstoffverbände, Bochum, abgegeben. Die Deutsche Bank und die Dresdner Bank gaben je drei Mio. ihrer ursprünglich jeweils 10,5 Mio. Aktien an die Commerzbank.[123] Dies führte bei der Kapitalaufteilung Anfang April 1941 noch zu einer leichten Verschiebung: Nach Gesprächen zwischen Abs und Rasche erklärten sich die beiden führenden Banken des Konsortiums bereit, ihre eigene Beteiligung um jeweils zehn Prozent zugunsten einer 20-prozentigen Beteiligung der Commerzbank zu mindern. So ergab sich die endgültige Verteilung der 30 Mio. RM Stammaktien: Deutsche Bank und Dresdner Bank jeweils 25 Prozent, Commerzbank 20 Prozent, RKG und BHG jeweils 15 Prozent.[124]

Obgleich er gegenüber den Vertretern des Reichs ausgesprochen selbstbewusst auftrat und auch die mangelnde Transparenz des Unternehmens beanstandete, vermied es Abs von Anfang an, in ein aussichtsloses Ringen gegen die Grundkonstruktion des Projekts einzutreten, das die Banken auf die Rolle der Geldgeber beschränkte. Stattdessen konzentrierte er sich auf die Minimierung geschäftlicher Risiken und die Vermeidung von Ansehensverlusten seiner Bank. So sorgte er dafür, dass die Banken die übernommenen Aktien so lange nicht öffentlich platzierten, wie er die dafür notwendige Transparenz nicht hergestellt sah. Hinter den Kulissen trat die Deutsche Bank jedoch unmittelbar nach der Gründung der Gesellschaft zwei Drittel der von ihr gezeichneten 7,5 Mio. RM Aktien an Philipp F. Reemtsma ab, der während des Kriegs unter Verwendung hoher Kredite von der Deutschen Bank systematisch seinen Industriebesitz vermehrte.[125]

Mit der Gründung der Konti, die eine inhärente Gefahr für die etablierte deutsche Erdölindustrie bildete, aber auch gute Gewinne versprach, beendete Reemtsma seine eigenen ehrgeizigen Aktivitäten im Erdölsektor, unter anderem sein Engagement in Estland und Südosteuropa, und ließ sich von Abs, der auch Beiratsmitglied der H. F. und Ph. F. Reemtsma KG war, das genannte Aktiendepot im Wert von fünf Mio. Reichsmark zuspielen und stieg damit zu einem der größten Privataktionäre der Konti auf, um so seine langfristigen Interessen auf diesem Terrain zu wahren. Im September 1941 wurde er in den AR ihrer Tochtergesellschaft, der Kontinentalen Öl Transport AG, berufen.[126]

Abs informierte Reemtsma Anfang April 1941 über die Einzelheiten der Gründung und Finanzierung der Konti: »Von den durch unsere Bank gezeichneten Aktien haben wir gemäss der zwischen Ihnen und dem Rechtsunterzeichneten getroffenen Vereinbarung einen Teilbetrag von nom. RM 5.000.000,– Aktien für Sie reserviert.

123 Vgl. Bericht DRT über Prüfung des Jahresabschlusses zum 31. Dezember 1941 vom 18. Juli 1943 bei der Konti, S. 3 ff., in: BAB, R 8135, Nr. 7612.

124 Vgl. Schreiben Sekretariat Deutsche Bank an Direktion Dresdner Bank vom 4. 4. 1941, in: HAC, 30314-2001, Bd. 1; Schreiben Abs an Sekretariat der BHG vom 4. 4. 1941, in: HADB, B 63.

125 Vgl. Gall, Bankier, S. 111.

126 Vgl. Roth/Abraham, Reemtsma, S. 49 f.

Wir nehmen in Aussicht, Ihnen die Aktien zum Kurse von 102 % abzurechnen, sodass also einstweilen 27 % des Nennbetrages (25 % Einzahlung + 2 %) zur Einforderung kommen würden.«[127]

Reemtsma bestätigte den Handel und bat darum, die Abrechnung des einzuzahlenden Betrags über das laufende Konto bei der Filiale Hamburg der Deutschen Bank zur gegebenen Zeit vorzunehmen.[128] Abs zeichnete den Betrag kurz darauf ab und das Reemtsma-Konto bei der Hamburger Filiale wurde mit 1.352.025 RM belastet. Bei der Deutschen Bank wurde die Summe als Sekretariats-Depotkonto geführt, da sie bei der Konti noch auf den Namen der Bank eingetragen waren.[129] In der Oberbuchhalterei der Zentrale tauchte der Reemtsma-Anteil als Unterbeteiligung unter der Deutschen Bank auf.[130]

Die Konti hatte Ende des Monats die Vollzahlung der Aktien eingefordert, und entsprechend bat die Deutsche Bank bei Reemtsma um die Zahlung der ausstehenden 3.750.000 RM zum 31. März 1943.[131] Die Deutsche Bank hatte die Stimmrechte der bei ihr ruhenden 7,5 Mio. RM Aktien auf der nächsten HV der Konti am 29. Mai 1942 vertreten.[132] Auch für die HV am 21. September 1943 übergab die Konsortialabteilung der Bank Abs die Vollmacht zur Vertretung der im Sekretariats-Depot ruhenden auf den Namen der Deutschen Bank lautenden Aktien der Konti in Höhe von 7,5 Mio. RM.[133]

In den Bilanzunterlagen des Reemtsma-Konzerns für das Jahr 1941 war der Anteil an der Konti mit einem Nominalwert von 1.250.000 RM und einem Buchwert von 1.351.025 RM ausgewiesen. Dazu war angemerkt, dass die Beteiligung an der Konti 5 Mio. RM betrug, wovon 25 Prozent, also 1.250.000 RM, eingezahlt worden waren. Die restlichen 3.750.000 RM waren nicht verbucht.[134] Auch in der DM-Eröffnungsbilanz des Reemtsma-Konzerns vom Juni 1948 wurden die Wertpapiere mit nominell fünf Mio. RM aufgeführt.[135]

127 Vgl. Schreiben Abs an Philipp F. Reemtsma vom 3. 4. 1941, S. 2 f. (Zitat S. 3), in: HADB, B 63. Am selben Tag teilte Abs der Filiale der Deutschen Bank in Teplitz-Schönau, die ebenfalls – wie viele andere – wegen Aktien angefragt hatte, mit: »Da über den Inhalt und die Tätigkeit der Kontinentalen Öl-Aktiengesellschaft aus verständlichen Gründen vorerst nichts Näheres gesagt werden kann, kommt eine Placierung von Aktien im gegenwärtigen Zeitpunkt noch nicht in Frage.« In: Schreiben Abs an Filiale Teplitz-Schönau, Effekten-Abteilung, vom 2. 4. 1941, in: ebd.

128 Vgl. Schreiben Philipp F. Reemtsma an Sekretariat Deutsche Bank vom 8. 4. 1941, in: ebd.

129 Vgl. Paraphe von Ulrich vom 17. 4. 1941, in: ebd.; Schreiben Ulrich an H. F. & Ph. F. Reemtsma vom 17. 4. 1941, in: ebd.

130 Vgl. Eigene Wertpapiere A-Z, Bd. 2, Oberbuchhalterei der Zentrale der Deutschen Bank Berlin, in: ebd., B 267, Bl. 100.

131 Vgl. Schreiben Ulrich an H. F. & Ph. F. Reemtsma vom 25. 3. 1943, in: ebd., B 63.

132 Vgl. Schreiben Deutsche Bank an Direktion der Konti vom 23. 5. 1942, in: ebd.

133 Vgl. Schreiben Sekretariat der Konsortial-Abteilung der Deutschen Bank an Büro Abs vom 9. 9. 1943, in: ebd., B 59.

134 Vgl. Bilanzunterlagen 1941, Sonstige Wertpapiere per 30. April 1941, in: HIS-Archiv, PFR, 350,02.

135 Vgl. Anlagen zur RM-Schlußbilanz vom 20. 6. 1948 und DM-Eröffnungsbilanz vom 21. 6. 1948 des Gesamtunternehmens, in: ebd., 350,07.

In der Nachkriegszeit räumte die Deutsche Bank das – bis dahin geheime – Geschäft offen ein. Sie habe die Aktien nicht in der Absicht eines Dauerbesitzes gezeichnet, sondern von vornherein eine Unterbringung der Aktien auf breiter Basis zu gegebener Zeit in Aussicht genommen, was insbesondere daraus hervorgehe, dass die Bank zwei Drittel des auf sie entfallenden Anteils bereits im April 1941 für »bestimmte Kunden« reserviert habe.[136]

Sowohl bei der Deutschen Bank als auch bei der Konti lagen bereits Anfragen aus dem Publikum nach Übernahme von Aktien vor. Die Bank antwortete darauf stets allgemein, dass eine Platzierung von Aktien vorerst nicht beabsichtigt sei. Wann dies stattfinden werde, ließe sich noch nicht sagen. Man empfahl der Konti, analog zu verfahren. Einen Verkauf von Aktien an das Publikum hielt man für verfrüht, da über Inhalt und Tätigkeit der Gesellschaft aus naheliegenden Gründen noch keine detaillierten Angaben gemacht werden könnten, wie sie für eine prospektmäßige Unterrichtung privater Käufer notwendig seien.[137] Die Deutsche Bank besprach sich mit den übrigen Banken, um ein einheitliches Vorgehen gegenüber solchen Anfragen zu erreichen. Und tatsächlich wollte keine von ihnen Vormerkungen vornehmen.[138]

Den getroffenen Vereinbarungen zufolge war die Konti berechtigt, von den Banken, welche die insgesamt nominellen 30 Mio. RM Stammaktien mit 25 Prozent Einzahlung übernommen hatten, die restlichen 75 Prozent Einzahlung auf die Aktien einzufordern, sobald der an die Gesellschaft gewährte Kredit von 40 Mio. RM voll in Anspruch genommen war. Damit war im Oktober 1942 zu rechnen. Die Resteinzahlungen auf die Inhaberaktien sollten voraussichtlich etwa Mitte Dezember eingefordert werden.[139]

Die Deutsche Bank erklärte sich – auch im Namen der übrigen Banken – bereit, die restlichen 75 Prozent auf die Aktien einzuzahlen. Dabei verzichtete sie in Höhe des Einzahlungsbetrags auf eine laufende Verzinsung, wie sie für die im Kreditwege bereitgestellten Mittel bisher mit fünf Prozent gegeben war, da nach den Ausführungen von Blessing mit der Ausschüttung einer Dividende bei der Konti zunächst nicht zu rechnen war. Erneut stellte die Bank klar, dass sie die Aktien nicht im Gedanken an einen Dauerbesitz gezeichnet hatte. Man solle die Option, die Aktien auf breiter Basis unterzubringen, nicht aus den Augen verlieren – unbeschadet der Veräußerungsmöglichkeit, die sich der einzelnen Bank bot.[140]

Bei der Gründung der Konti herrschte Konsens unter den Akteuren, dass Vorzugsaktien bei der Finanzierung eine Rolle spielen könnten. Blessing wollte diese Möglichkeit auch im Hinblick auf einen Umtausch der von den Banken übernommenen

136 Vgl. AN Abs über Konti vom 3.12.1945, S. 3, in: HADB, V01/2375 (Zitat ebd.).
137 Vgl. Schreiben Deutsche Bank an Konti, Dihlmann, vom 4.6.1941, in: ebd., B 63.
138 Vgl. AV Ulrich vom 24.11.1941, in: ebd.
139 Vgl. Schreiben Deutsche Bank an Konsortial-Abteilung der Dresdner Bank vom 30.9.1942, in: ebd.
140 Vgl. Schreiben Deutsche Bank an Konti vom 25.3.1943, in: BAB, R 176, Nr. 1. Als Durchschrift auch in: HADB, B 63.

30 Mio. RM in Vorzugsaktien offenhalten, wobei er nicht daran dachte, den Banken eine Umtauschverpflichtung aufzuerlegen. Sollte es später zu einer Ausgabe von Vorzugsaktien kommen, so wären die Banken – was die von ihnen übernommenen Stammaktien im Wert von 30 Mio. RM betraf – frei in ihrer Entscheidung, ob sie den Umtausch vornehmen wollten oder nicht. Abs hatte zuvor ein einseitiges Umtauschrecht der Banken angemahnt.[141]

Die Medien registrierten Charakter und Verteilung der Aktien bei der Konti sehr genau: Laut *Bank-Archiv* war es vorgesehen, die Inhaberaktien am Markt einzuführen, sobald der Besitz- und Betätigungsrahmen der Gesellschaft geregelt war. Man wolle auch die deutschen Kleinaktionäre an diesem ersten deutschen Großunternehmen von internationaler Reichweite beteiligen. Für bedeutsam hielt man die gewählte Form der Aktiengesellschaft, die anerkenne, dass die Aktie in ihrer elastischen Handhabung gerade für die Finanzierung internationaler Großgründungen das geeignete Instrument war.[142]

Die *Frankfurter Zeitung* erblickte in der Gründung der Konti gar ein »gewissermaßen klassisches und beinahe demonstratives Gegenbeispiel gegen die vermeintlich fortschreitende Ausschaltung der Aktie« und ging davon aus, dass ihre Inhaberaktien künftig im breitesten Publikum ihre Platzierung fänden und gerade auch den kleineren Effektensparern die Möglichkeit des Kapitaleinsatzes bieten könnten. Im Augenblick überwögen zwar in der Kapitalzusammensetzung noch die von den deutschen Mineralölgruppen – die dominierende Stellung der Borussia wurde dabei übersehen – fest übernommenen 50 Mio. RM Namensaktien mit 50-fachem Mehrstimmrecht, und die 30 Mio. Inhaberaktien gingen zunächst in die Portefeuilles eines Bankenkonsortiums. Dies verbuchte man aber unter den üblichen Vorfinanzierungsdiensten; später würden die Inhaberaktien zweifellos im Markt untergebracht. Das bei Beginn genehmigte Kapital von 40 Mio. RM spreche dafür, dass die Emission von Inhaberaktien zu gegebener Zeit fortgesetzt würde und der Kapitalrahmen der Gesellschaft das Potenzial habe, Milliardenhöhe zu erreichen.[143]

Die Konti zählte zu den vorgesehenen Aktionärsgruppen zur Beteiligung an der Rekapitalisierung der Hardy & Co. Bank. Am 11. März 1943 waren 26 Prozent des Kapitals bei der Dresdner Bank vorgesehen, unter anderem die Konti mit 500.000 RM und die Wintershall AG mit 500.000 RM, insgesamt 8 Mio. RM, ohne die Dresdner Bank. Am 18. Juni 1943 waren es erneut 26 Prozent des Kapitals bei der Dresdner Bank, unter anderem die Konti mit 500.000 RM, die Wintershall AG mit 500.000 RM und die Gewerkschaft Elwerath mit 500.000 RM, insgesamt 6,3 Mio. RM.[144]

Eine Prüfung der DRT im Herbst 1944 ergab ein volleingezahltes Grundkapital in Höhe von 80 Mio. RM (50 Namensaktien à eine Mio. RM und 30.000 Inhaberaktien à

141 Vgl. Schreiben Konti, Blessing, an Abs, Deutsche Bank, vom 8.4.1943, in: ebd.

142 Vgl. Kontinentale Oel-AG.

143 Vgl. Die Emissionen im ersten Quartal, in: Frankfurter Zeitung vom 8.4.1941, zit. nach: HADB, B 63 (Zitat ebd.).

144 Vgl. Perrenoud u.a., La place financière, S. 393.

1.000 RM). Die Namensaktien teilten sich wie folgt auf: Borussia Beteiligungs GmbH 30 Mio. RM, AG der Kohlenwertstoffverbände drei Mio. RM, DEA drei Mio. RM, Gewerkschaft Elwerath drei Mio. RM, Wintershall AG drei Mio. RM, Preussag drei Mio. RM, IG Farbenindustrie AG drei Mio. RM, Brabag zwei Mio. RM.[145]

3.1.3 Die laufende Finanzierung des Unternehmens

Bei der Commerzbank hatte 1940 der Bilanzposten der Beteiligungen mit sechs Mio. RM Bankbeteiligungen und 1,1 Mio. RM Beteiligungen an Nichtbanken einen Tiefpunkt erreicht. Bereits im Folgejahr hatten sich diese Werte mit 12,3 Mio. RM Bankbeteiligungen und 2,5 Mio. RM Beteiligungen an Nichtbanken jedoch mehr als verdoppelt. Diese Steigerung war ausschließlich auf die Gründung der Banktöchter im besetzten Ausland sowie der Beteiligung an der Konti zurückzuführen.

Aus der Sicht der Commerzbank handelte es sich bei der Erhöhung des Beteiligungsbesitzes offenbar um den Versuch, einen Teil der zufließenden Fremdmittel nicht in Staatsschuldtiteln anlegen zu müssen. Angesichts der zu diesem Zeitpunkt noch sehr schwachen Kreditnachfrage der inländischen Industrie war das Engagement in den besetzten Gebieten eine der wenigen potenziellen Ausweichstrategien, die die Privatwirtschaft eröffnete. Allerdings bedeutete auch dieses Engagement, dass – ähnlich wie bei den Staatsschuldtiteln – die Investitionen in dem Moment verloren sein würden, in dem der Krieg verloren ginge.[146]

Als die Konti ihre Geschäfte aufnahm, waren viele Finanzierungsprobleme noch ungelöst. Die Reichsbehörden drängten die Banken daher, dem Unternehmen rasch die erforderlichen Kredite zur Verfügung zu stellen. Die VJP-Behörde regte Anfang April an, auch die Commerzbank mit einer Quote von 20 Prozent an dem Konsortium für den anvisierten Konsortialkredit zu beteiligen. Die Deutsche Bank sprach sich für den Schritt aus, die Dresdner Bank widersetzte sich nicht. Angesichts der ungünstigen Konditionen und der schwer abschätzbaren Risiken in der Geschäftstätigkeit der Konti waren die bisher im Konsortium vereinten Geldhäuser über den Vorschlag der Vierjahresplan-Behörde vielleicht sogar froh. Mit dem Eintritt der Commerzbank in das Konsortium ergab sich sowohl für die Übernahme der Aktien als auch für den Konsortialkredit folgende Quotenverteilung: Deutsche Bank und Dresdner Bank je 25 Prozent, Commerzbank 20 Prozent, BHG und RKG je 15 Prozent.

Aufgrund von Schwierigkeiten beim Aufbau des operativen Geschäfts, aber auch infolge überstürzter Neugründungen von Tochtergesellschaften – wie zum Beispiel der Baltischen Öl GmbH und der Ost Öl GmbH – verzögerte sich die Inanspruch-

145 Vgl. Bericht der DRT über Prüfung des Jahresabschlusses zum 31. Dezember 1944 vom 2.6.1949 bei der Konti, S. 2 f., in: BAB, R 176, Nr. 59.

146 Vgl. Paul/Sattler/Ziegler, Hundertfünfzig Jahre, S. 214.

nahme des Konsortialkredits mehrfach. Nicht immer war klar erkennbar, wie die Konti ihr Geschäft betreiben wollte, da sie viele Aktivitäten vorschnell auf Tochtergesellschaften ausgliederte, die ihrerseits mit Anlaufschwierigkeiten zu kämpfen hatten. Erst Anfang 1942 teilte der Vorstand der Konti den Konsortialbanken mit, dass er in den kommenden Monaten den Kredit in einzelnen Tranchen zu jeweils einer Mio. RM abrufen würde, der Abruf sollte in unregelmäßigen Intervallen erfolgen. Dies könnte man als Indikator für einen geringen Kapitalbedarf der Konti deuten, ist aber wohl eher ein Hinweis auf ihre wenig stringente Unternehmensstrategie. Auch einige Direktoren der Dresdner Bank zeigten sich verwundert, stand dieses Vorgehen doch im Widerspruch zu dem Anfang 1941 skizzierten Expansionsprogramm.

Erst im Frühjahr 1942 wurde der Konsortialkredit so in Anspruch genommen, wie es die Berliner Banken erwartet hatten. Begründet wurde die Verzögerung von einem Jahr damit, dass die Konti ihre Aufbau- und Organisationsphase erst jetzt abgeschlossen habe. Im September 1942 vermeldete die Deutsche Bank, dass der gesamte Kredit ausgeschöpft sei. Der Finanzbedarf der Konti war schon im Frühjahr 1943 so stark gestiegen, dass sie auch die Volleinzahlung der vom Bankenkonsortium übernommenen Aktien einforderte, um ihre Eigenkapitalbasis zu stärken. Dieser Aufforderung kamen die Banken sofort nach, wiesen allerdings darauf hin, dass sie die Aktienpakete zu gegebener Zeit veräußern würden, da absehbar sei, dass die Konti zukünftig nicht rentabel arbeiten und keine Dividende zahlen würde.

Dafür kamen die Konsortialbanken dem Unternehmen entgegen, indem sie eine Hälfte des Konsortialkredits für ein weiteres Jahr prolongierten. Doch selbst als diese Tranche fällig wurde, wurde die Rückzahlung bis zum 31. März 1945 verlängert. Die Banken verhielten sich durchaus kulant, zumal sie die Lage des Unternehmens als zunehmend kritisch einstuften. Es dürfte ihnen angesichts der Forderungen aus der Politik wohl auch nichts anderes übriggeblieben sein. Im Vorstand der Dresdner Bank setzte sich vor allem Karl Rasche dafür ein, das Engagement bei der Konti uneingeschränkt fortzuführen und noch auszubauen. Dagegen mahnten andere Vorstandsmitglieder, etwa Alfred Busch oder der Leiter der Konsortialabteilung Fritz André, zur Vorsicht. Rasche konnte sich jedoch durchsetzen, so dass die Dresdner Bank ihr Engagement bei der Konti verlängerte und sogar ausdehnte, wenn man die Kredite an die Tochtergesellschaften hinzurechnet. Die Fraktion um Rasche im Vorstand der Dresdner Bank, die die skrupellose Expansions- und Ausbeutungspolitik des NS-Regimes vorbehaltlos unterstützte, konnte ihre Position auch hier durchdrücken.

Offenbar war Rasche von der Geschäftspolitik der Konti und den angewandten Mitteln so überzeugt, dass er sich mehrfach für weitere Kredite starkmachte. Er setzte sich im Februar 1942 vehement dafür ein, der Konti einen weiteren Kredit in Höhe von 20 Mio. RM zur Verfügung zu stellen, obwohl die Mittel aus dem Konsortialkredit noch gar nicht in Anspruch genommen worden waren. Dieses Engagement hatte er trotz aller Skepsis seiner Vorstandskollegen mit Blessing verabredet. Im Gegensatz zum Konsortialkredit nahm die Konti den nur von der Dresdner Bank eingeräumten Kredit rasch in Anspruch. Dort stufte man, namentlich Rasche selbst, dieses Geschäft als attraktiv ein, da sie hier außer Konkurrenz agieren konnte. Vielleicht hoffte Rasche, kraft seines Engagements die Finanzgeschäfte der Konti immer mehr an das eigene Haus zu binden. Gleichwohl war die Dresdner Bank vorsichtig genug, das Risiko nicht alleine zu tragen. Im März 1942 bot sie Instituten aus ihrem Konzern und befreundeten Privatbankhäusern an, zu partizipieren. Unterbeteiligungen in einer Höhe zwischen einer bis drei Mio. RM sollten die Westfalen-Bank in Bochum, die Frankfurter Bank, die Oldenburgische Landesbank und das Bankhaus Pferdmenges & Co. aus Köln erhalten. Auch die Bayerische Vereinsbank und die Bayerische Staatsbank signalisierten Interesse.

In den folgenden Wochen und Monaten nahmen die Konti und ihre Tochtergesellschaften die Kreditlinie fast vollständig in Anspruch. Bis zum März 1943, als der Kredit zurückzuzahlen war, waren 17,5 Mio. RM an die Konti geflossen. Eine Prolongation des Kredits um ein Jahr zu gleichen Konditionen, allerdings für zehn Mio. RM, wurde von allen beteiligten Banken befürwortet und rasch genehmigt. Im Oktober 1943 war der Kredit mit drei Mio. RM in Anspruch genommen worden. In dieser Größenordnung bewegte sich das Engagement der Dresdner-Bank-Zentrale im Frühjahr 1944, bevor der Kredit dort aus den Büchern gestrichen und auf einige Filialen übergeleitet wurde.[147]

Trotz der Fehlschläge der Konti zogen sich weder die Dresdner Bank noch die anderen Banken aus der Finanzierung des Unternehmens zurück. Insbesondere Rasche setzte dabei gegen die Bedenken anderer Vorstandsmitglieder einen riskanten Kurs durch:[148] Wie gesehen, hatte man sich bei einer Besprechung über die Finanzierung der Konti am 18. März 1941 auf einen Kredit im Höchstbetrag von 40 Mio. RM mit zweijähriger Laufzeit geeinigt, anfänglich mit fünf Prozent Zinsen, die auf 4,5 Prozent gesenkt würden, sobald auf die Aktien erstmalig Dividenden ausgeschüttet würden.[149] Die Konti wollte die Resteinzahlung auf die von den Banken gezeichneten 30 Mio. Stammaktien erst einfordern, wenn der Kredit in vollem Umfange in Anspruch genommen worden war.[150]

Um die Prolongation des fälligen Konsortialkredits entbrannte eine Debatte zwischen den Banken darüber, ob er besichert werden müsste. Weltzien von der BHG vertrat die Ansicht, dass von jeder Sicherungsmöglichkeit Gebrauch gemacht werden

147 Vgl. Wixforth, Ausbeutung, S. 364 ff.

148 Vgl. Bähr/Schneider, Fazit, S. 411 f.

149 Vgl. AV über Sitzung am 18. 3. 1941, in: BAB, R 8119-F, Nr. 1826, Bl. 15; AN Weltzien vom 18. 3. 1941, in: ebd., R 8127, Nr. 16154, Bl. 30-31; Schreiben Beauftragter für den VJP, Neumann, an Deutsche Bank, Abs, vom 18. 3. 1941, in: ebd., R 8119-F, Nr. 1826, Bl. 14. Auch in: HADB, B 63 und in StaN, KV-Anklage, Dok. Fotokopien, NI-2017. Als Abschrift an Rasche auch in: HAC, 30314-2001, Bd. 1. Die Vereinbarung wurde durch ein Schreiben der Deutschen Bank an den Beauftragten für den VJP wenige Tage später bestätigt. Vgl. Schreiben Deutsche Bank an Beauftragten für den VJP vom 24. 3. 1941, in: BAB, R 8119-F, Nr. 1826, Bl. 16-17. Auch in: HADB, B 63.

150 Vgl. Schreiben Konti, Blessing und Dihlmann, an die RKG vom 3. 1. 1942, in: BAB, R 8136, Nr. 2941.

müsse und dass darüber hinaus eine Reichsgarantie zu fordern sei, da die Vermögenswerte der Gesellschaft sich zu großen Teilen in einer militärischen Gefahrenzone befänden. Erscheine eine Reichsgarantie gegenüber den Gläubigern nicht opportun, so könne ein Ausweg darin bestehen, dass man der Gesellschaft seitens des Reichs die Befriedigung ihrer Bankgläubiger zusage.[151]

Die Finanzierung der laufenden Geschäfte betraf in erster Linie die operativ tätigen Tochtergesellschaften. So verhandelten Blessing und Abs über einen Kredit für die Ost Öl GmbH zur Finanzierung von neu hergestelltem Bohrgerät. Abs nannte als vorläufige Grenze 20 Mio. RM und riet Blessing, sich mit den anderen Großbanken des Konsortiums zwecks weiterer Finanzierung in Verbindung zu setzen. Der Gesamtbetrag der Finanzierung war noch nicht zu überblicken, wurde von Abs aber auf 60 bis 70 Mio. RM geschätzt.[152]

Das Bankhaus Pferdmenges & Co. hatten von der Dresdner Bank AG eine Mio. RM-Akzepte der Konti gekauft. Es war beabsichtigt, das Kapital vom 80 Mio. RM auf 120 Mio. RM zu erhöhen. Diese 40 Mio. RM wurden vorübergehend als Kreditzusage zur Verfügung gestellt, wovon man die von der Dresdner Bank angebotene eine Mio. akzeptiert hatte.[153] Der Barkredit der RKG an die Konti über ursprünglich sechs Mio. RM war im Juni 1942 abgedeckt und konnte gestrichen werden.[154]

In einer Besprechung mit dem Finanzdisponenten der Konti, dem früheren Leiter der Auslands- und Devisenabteilung der Länderbank Berlin, forderten die Banken, dass die Bankgeschäfte des Unternehmens vorwiegend mit den Gründerbanken abzuwickeln waren, und zwar paritätisch. Der Barkredit der Gründerbanken war bis Anfang Juli 1942 zur Hälfte in Anspruch genommen worden, vor allem zum Ankauf von Bohrgeräten, Maschinen etc. Entsprechend den wachsenden Aufgaben der Gesellschaft war mit einem parallel ansteigenden Kreditbedarf zu rechnen. Für ihn sollten später Rembourskredite – Kreditleihen, bei denen sich die Bank für den Kunden durch Wechselakzept verpflichtet – in Anspruch genommen werden, auch die Auflage von Anleihen wurde in Betracht gezogen.[155]

In einem Gespräch zwischen Abs und Blessing Ende September 1942 hielten die beiden fest, dass der Konsortialkredit von 40 Mio. RM inzwischen mit 33 Mio. RM in Anspruch genommen war. Mit der vollen Inanspruchnahme der restlichen sieben Mio. RM rechneten sie schon in den kommenden Wochen. Danach hatte die Konti das Recht, von den fünf Aktionärsbanken die volle Einzahlung auf die Aktien von 75 Prozent, also 22,5 Mio. RM zu verlangen. Mit der Einziehung der Vollzahlung rechnete Abs etwa Mitte Dezember.

151 Vgl. AN Weltzien vom 23.2.1942, in: ebd., R 8127, Nr. 16154, Bl. 72.
152 Vgl. AN Abs vom 21.2.1942, in: ebd., R 8119-F, Nr. 1825, Bl. 32.
153 Vgl. AN Pferdmenges vom 4.3.1942, in: RWWA, 600, Nr. K-Kons/0139.
154 Vgl. 3, Nachtrag zum Aktenvorblatt vom 18.6.1942 (vom 4.10.1942), in: BAB, R 8136, Nr. 2941. Die RKG vergab Kredite bis zum 17.4.1944. Die Geschäfte wurden durch Rohdewald abgewickelt.
155 Vgl. AV aus der RKG über Besprechung mit dem Finanzdisponenten der Konti, Reiseck, vom 9.7.1942, in: ebd.

Der Konti standen zu dieser Zeit folgende Disponibilitäten zur Verfügung: Sieben Mio. RM Ölkredit und 22,5 Mio. RM Vollzahlung auf Aktien, wie oben beschrieben, hinzu kamen 30 Mio. RM Diskontmöglichkeiten – also insgesamt 60 Mio. RM. Von dem Wechselkredit der Deutschen Bank waren inzwischen 6,5 Mio. RM abgedeckt, es liefen noch 11,5 Mio. RM, die bei Fälligkeit vollständig zurückgezahlt werden sollten.

Das Bauprogramm 1943 für Bohrgeräte in Russland wurde durch die EAG im eigenen Namen bestellt, die der Konti nach Fertigstellung eine Option zum Erwerb einräumte, finanziert wurde das Programm über die Rüstungskontor GmbH. Die Finanzierung des Ausbaus der Schieferölproduktion in Estland durch die Baltische Öl GmbH in Höhe von 100 Mio. RM machte derweil Fortschritte. Sie erfolgte durch die vor Ort tätigen Banken, zum Beispiel die Gemeinschaftsbank, die Dresdner Bank, die Hansabank, die Bank der Deutschen Arbeit, die vom Generalkommissariat für die Ostwirtschaft die Zulassung erhalten hatten, aus ihrer Liquidität die Finanzierung vorzunehmen.[156] Von der Handels- und Kreditbank AG in Riga, einer Tochter der Dresdner Bank, erhielt die Konti einen Kredit über 201.900 RM, die Ostland Öl Vertrieb GmbH sogar in Höhe von 4.687.000 RM.[157]

Im Februar 1943 notierte die Deutsche Bank Kredite an die Konti in Höhe von insgesamt 40 Mio. RM (Deutsche und Dresdner Bank jeweils zehn Mio. RM, Commerzbank acht Mio. RM, BHG und RKG jeweils sechs Mio. RM). Sie liefen für zwei Jahre ab dem Gründungstag am 27. März 1941, eine Ausweitung war möglich. Die Ost Öl GmbH hatte einen Diskontkredit über 20 Mio. RM von der Deutschen Bank erhalten.[158]

Bei einer Konsortialsitzung in der Deutschen Bank am 20. März 1943 waren die Vertreter der fünf Aktionärsbanken der Konti anwesend. Abs hielt die privatwirtschaftlichen Potenziale des Unternehmens für schwer zu beurteilen. Für vorgesehene, aber nicht zur Durchführung gelangte Investitionen bestünden Engagements von rund 15 Mio. RM, die nun über eine neu gegründete Gerätebau-GmbH zu einem direkten Reichsengagement geworden seien. Bedenken hegte er wegen der hohen Kosten für die in Frankreich abzubauenden Raffinerien, bei denen auch eine Neuerrichtung zugesagt worden war.

Weltzien mahnte an, die Deutsche Bank solle von der Konti die Abnahme und anderweitige Unterbringung der Aktien fordern, »denn es könne nicht Aufgabe der Banken sein, nach der Entwicklung der letzten Monate im Osten die Aktien auf eigene Rechnung als Dauerbesitz zu behalten«. Worauf Abs erwiderte: »Ich habe demgegenüber erklärt, dass es mir nicht möglich erschiene, von der Kontinentalen Oel die anderweitige Unterbringung der Aktien zu verlangen, und ich könnte auch nicht zugeben, dass seit der Gründung im Frühjahr 1941 (vor dem Russenfeldzug) sich Si-

156 Vgl. AV Abs vom 29.9.1942, in: HADB, B 59; Schreiben Sekretariat Deutsche Bank an Dresdner Bank, Konsortial-Abteilung, vom 30.9.1942, in: HAC, 30314-2001, Bd. 2.

157 Vgl. OMGUS, Ermittlungen gegen die Dresdner Bank, Exhibit Nr. 201, S. 171.

158 Vgl. Aufstellung der Deutschen Bank über die Kredite für die Konti vom 23.2.1943, in: StaN, KV-Anklage, Dok. SEA, NI-10801.

tuationen ergeben hätten, die von den Aktien zeichnenden Banken damals nicht hätten ins Auge gefasst werden müssen.«

Einigkeit bestand bei allen Beteiligten darüber, dass das Kapital von 30 Mio. RM jetzt vollgezahlt werden müsse, wodurch 22,5 Mio. RM neues Geld in die Gesellschaft flössen. Der Erlös aus der Kapitalvollzahlung sollte mit rund 20 Mio. RM zur Rückführung des bestehenden, mit fünf Prozent verzinslichen Konsortialkredits von 40 Mio. RM und damit dessen Ermäßigung auf 20 Mio. RM, Verwendung finden. In Aussicht genommen wurde die Prolongation des restlichen Kreditbetrags von 20 Mio. RM um ein Jahr, also bis März 1944. Auch hier bestand Einvernehmen, das Engagement möglichst zu verringern. Keine Einigkeit bestand hingegen in der Frage einer möglichen Besicherung des Kredits.

Es wurde erörtert, ob man nicht die Aktien von 30 Mio. RM, die bei den Banken lagen, der deutschen Erdölindustrie andienen sollte, was Rasche für ausgeschlossen hielt. Diskutiert wurde die Übernahme einer Reichsgarantie gegenüber der Konti. Hier könne man argumentieren, dass die Aufgaben des Unternehmens nicht privatwirtschaftlicher Natur seien und somit auch das damit verbundene Risiko der Privatwirtschaft nicht allein zumutbar sei.

Bis Anfang 1943 liefen Diskontkredite für die Konti in Höhe von 65 Mio. RM, davon jeweils fünf Mio. RM bei der Commerzbank und der BHG sowie 55 Mio. RM bei der Deutschen Bank, der Dresdner Bank und der RKG. Auch hier herrschte keine Einigkeit in der Frage der Besicherung. Insbesondere Abs hielt es für politisch inopportun, der Konti formell die Forderung nach einer Reichsgarantie zu stellen.

Volles Einvernehmen bestand hingegen darüber, dass der weitere Kreditbedarf der Konti, wie von Minister Funk vorgeschlagen, von der Deutschen Golddiskontbank gedeckt werden solle, deren Einbeziehung aus verschiedenen Gründen für erstrebenswert gehalten wurde.[159]

Auf einer Besprechung der Konsortialbanken, die wenige Tage später stattfand, versuchte Blessing die Anwesenden zu beschwichtigen: Die Baltische Öl GmbH mit einem Kredit von 50 Mio. RM, der überwiegend von der Dresdner und der Commerzbank aufgebracht worden war, arbeite auf Rechnung des Reichs, so dass hier auch ein Haftungsverhältnis bestehe. Selbst eine sofortige Liquidation der Konti würde ohne Verlust vonstatten gehen, künftige Investitionen sollten bis auf Weiteres über die EAG laufen, so dass kurzfristig kein neuer Geldbedarf entstehe.

Vertraulich erwähnte Blessing, dass Ministerien und Reichsmarschall erklärt hätten, Verluste, die im Zusammenhang mit dem Osteinsatz entstünden, im Wege eines billigen Ausgleichs regeln zu wollen. Erneut brachte Weltzien eine Sicherung der Kredite in die Diskussion, woraufhin Blessing versprach, darüber sobald wie möglich mit Funk zu sprechen. »Es soll aber in jedem Fall vermieden werden, dass dabei etwa

159 Vgl. AN über Besprechung in der Deutschen Bank am 20.3.1943, S. 1 f., in: HAC, 500/109595; AN Weltzien vom 20.3.1943, in: BAB, R 8127, Nr. 16154, Bl. 148-150; AV von Abs vom 29.3.1943 (Zitate S. 1 f.), in: HADB, B 59. Auch in: ebd., B 64; Gall, Bankier, S. 110 f.

bei Herrn Funk ein falscher Eindruck hinsichtlich der Leistungs- und Risikobereitschaft der Banken entsteht. Es wurde betont, dass die Banken sich seinerzeit bei der Gründung der Konti Öl über das damit verbundene Risiko klar gewesen seien, dass aber dieses Risiko von den Banken bewusst übernommen worden sei, um damit zu dokumentieren, dass die häufigen Vorwürfe, die Banken würden nur unter Reichsbürgschaft Kredite geben wollen, unbegründet sind.« Es wurde beschlossen, die Aktien vollzuzahlen sowie den Konsortialkredit auf 20 Mio. zurückzuführen und die restliche Kreditsumme von 20 Mio. zu den alten Bedingungen zu prolongieren.[160]

Die Deutsche Bank versicherte der Konti einen Tag später, dass alle Banken anteilig ihre Zahlungen leisten würden. Dabei würden sie sogar auf eine Verzinsung von fünf Prozent auf die Einzahlungen verzichten, obwohl nach Blessings Aussagen mit der Ausschüttung einer Dividende absehbar nicht zu rechnen sei.[161]

Die im Ostgeschäft sehr engagierte Dresdner Bank erkannte durchaus die Risiken bei der Finanzierung der Investitionen der Konti. Ihr Programm sei sehr umfangreich, auf viele Jahre angelegt und liege in einer gefährdeten Zone. Zweifellos brauche es deshalb Rückhalt von dritter Seite, der nur in einer Reichsgarantie bestehen könne. Die Finanzierung könne man entweder zunächst auf dem Kreditweg realisieren, als Übergangslösung, oder so schnell wie möglich auf eine konsolidierte Finanzierung in Anleiheform ausrichten. Eine vierprozentige Industrie-Anleihe zum Ausgabekurs von etwa 102 Prozent wäre in Tranchen und im Umfang von reichlich 200 Mio. RM ohne weiteres übernahmereif, wenn das Reich für Verzinsung und Tilgung die Garantie übernähme.[162]

Rasche erklärte sich mit einer – von der Konti erbetenen – Prolongierung des Konsortialkredits von 20 Mio. RM bis Ende 1944 einverstanden. Bis zu diesem Termin sollte die Tilgung des Kredits durchgeführt sein.[163] Später bat das Unternehmen darum, den Konsortialkredit von 20 Mio. RM über den Fälligkeitstermin am 31. März 1944 hinaus zu prolongieren. Die eine Hälfte sollte bis September zurückgezahlt, die andere bis zum 31.3.1945 verlängert werden. Man begründete dies damit, dass die EAG, an die ein größerer Teil des mit dem Kredit finanzierten Materials verkauft werden sollte, diesen nun nicht mehr übernehmen wolle. Außerdem seien größere Verkäufe an verschiedene Erdölfirmen aufgrund von Transportschwierigkeiten nicht zustande gekommen.[164]

Alle Konsorten waren mit der Prolongation des am 31. März 1944 fälligen Konsortialkredits einverstanden. Zu bisherigen Bedingungen sollte er jedoch höchstens bis zum 31. März 1945 weiterlaufen, die Konti sollte zehn Mio. RM bis zum 30. September 1944

160 Vgl. AN über Besprechung am 24.3.1943, S. 2 (Zitat ebd.), in: HAC, 500/109595; AV Abs über die zweite Konsortialsitzung am 24.3.1943 vom 29.3.1943, in: HADB, B 59.

161 Vgl. Schreiben Deutsche Bank an Vorstand der Konti vom 25.3.1943, in: BAB, R 8119-F, Nr. 1826, Bl. 58 f., hier Bl. 58.

162 Vgl. AN vom 13.5.1943, in: HAC, 500/109594. Auch in: ebd., 30314-2001, Bd. 2.

163 Vgl. Vorstandsprotokoll vom 7.3.1944, in: ebd., 500/117746.

164 Vgl. Schreiben Deutsche Bank an RKG vom 27.3.1944, in: BAB, R 8136, Nr. 2941, Schreiben Deutsche Bank an Sekretariat der BHG vom 27.3.1944, in: ebd., R 8119-F, Nr. 1826, Bl. 84.

zurückzahlen, die restlichen zehn Mio. RM bis spätestens zum 31. März 1945.[165] Der Restbetrag wurde zum 1. September und 1. Oktober 1944 zurückgezahlt.[166]

Die Rolle der Banken

Das Agieren von Banken und Bankiers im Dritten Reich war durch zwei maßgebliche historische Impulse geprägt: erstens durch die scharfe politische und ideologische Kritik an der Finanzwelt, vor allem seitens der NSDAP, und zweitens durch die veränderten wirtschaftlichen Rahmenbedingungen nach dem Zusammenbruch der deutschen Banken während der Weltwirtschaftskrise. Als Folge ihrer fortschreitenden gesellschaftlichen Missachtung zogen sich viele Bankiers in die Welt der ökonomischen Rationalität zurück und versuchten auf traditionelle Weise ihre Arbeit fortzuführen, obwohl ihre Umgebung längst irrational geworden war. Der Nationalsozialismus beanspruchte für sich, das Gemeinwohl zu verkörpern. Nachdem den Bankiers immer wieder eingeredet worden war, dass ihnen bei der sozialen und politischen Gestaltung der Gesellschaft keine Rolle zugedacht war und sich das gesellschaftliche Leitbild führender Wirtschaftsvertreter lediglich durch zügellosen Egoismus auszeichne, konzentrierten sie sich immer stärker darauf, nicht über die eigene Nische hinauszublicken.[167] Die latente Bedrohung ihrer Stellung in der NS-Wirtschaft wurde von den Berliner Großbanken und ihren Leitern sehr wohl wahrgenommen. Im Rahmen ihrer Strategiebildung berücksichtigten sie dies für ihre Kredit-, aber auch Personalpolitik.

Zu den neuen »Netzwerkspezialisten« im deutschen Bankwesen ist zweifellos der Vorsitzende der Wigru Privates Bankgewerbe, Friedrich Reinhart[168] von der Commerz- und Privatbank, zu zählen. Reinhart war auch Präsident der Berliner Börse und gelangte damit während der NS-Zeit in zwei kreditwirtschaftliche Schlüsselpositionen. Zusammen mit seinem Vorstandskollegen Karl Maria Hettlage[169] repräsentierte er jenen Teil des Vorstands und der Aufsichtsgremien in der Commerz- und Privatbank, der sich ganz bewusst beim Herrschaftsapparat des NS-Regimes und seinen Funktionären anbiederte.

Eine ähnliche Konstellation zeigte sich bei der Dresdner Bank: Mit der Berufung von Karl Rasche und Emil Meyer zogen ebenfalls zwei Bankiers in den Vorstand ein, die mit gezieltem Kalkül die Nähe zum NS-Herrschaftsapparat suchten. Während Meyer, der Schwager von Hitlers Wirtschaftsberater Wilhelm Keppler, wohl als überzeugter Nationalsozialist zu charakterisieren ist, war Rasche ein Karrierist und Opportunist. Er verstand seine Wahl in den Vorstand vornehmlich als große Karrierechance, als Sprungbrett vom Bankdirektor einer kleinen westdeutschen Regionalbank

165 Vgl. Schreiben Deutsche Bank an RKG vom 4.4.1944, in: ebd., R 8136, Nr. 2941.
166 Vgl. AN Abs über Konti vom 3.12.1945, S. 3, in: HADB, V01/2375.
167 Vgl. James, Rolle, S. 25 und 35 f.
168 Näheres zu seiner Vita in den Kurzbiographien.
169 Zu Hettlage vgl. Schrafstetter, Verfolgung.

zum exponiertesten, aber auch umstrittensten Bankier der NS-Zeit. Rasche glaubte, seine Position gegenüber anderen Vorstands- und AR-Mitgliedern bei der Dresdner Bank legitimieren zu müssen, wozu ihm vor allem die Einschaltung der Dresdner Bank in die aggressive Expansions- und »Germanisierungspolitik« des NS-Regimes in den besetzten Gebieten Mittel- und Osteuropas dienen sollte.

Paradigmatisch für diese neue Form des Lobbyismus waren die Beziehungen zwischen Karl Rasche und Görings Generalreferent für Wirtschaftsfragen, Hans Kehrl, und auch die intensiven Kontakte zwischen Meyer und Keppler. Die historische Forschung hat herausgearbeitet, dass das Beziehungsgeflecht in die Politik bei der Dresdner Bank wohl etwas dichter war als bei der Deutschen Bank. Insbesondere Rasche und Kehrl pflegten einen engen persönlichen Kontakt, was der Dresdner Bank vielfach zugutekam.

Laut Harald Wixforth lässt sich keine besondere »Macht der Banken«, auch kein spezifisches Einflusspotenzial auf die Politik für die NS-Zeit konstatieren. Dass es wenigen Banken während der NS-Diktatur gelang, dank einer engen Allianz mit dem Herrschaftsapparat eigene Interessen zu verfolgen, kann dieses Bild nur geringfügig korrigieren.[170]

Die Banken sollten sich an dem neuen Unternehmen beteiligen, doch war angesichts der Stimmverteilung von vornherein ausgeschlossen, dass sie Einfluss auf dessen Geschäftspolitik nehmen konnten. Zudem sollten sie die Finanzierung des Unternehmens garantieren, ohne dass über die Kreditkonditionen gesprochen worden war. Die Banken fanden sich daraufhin in der Rolle der reinen Geldbeschaffer, ohne Mitsprache- und Gestaltungsrecht wieder. Protest fruchtete jedoch wenig. Sollten sie in Erwägung ziehen, sich nicht am Aktienkapital der Konti zu beteiligen, so bestand die Gefahr, dass sich auch einige Erdölgesellschaften zurückzögen; dann drohe das gesamte Projekt zu scheitern. Ein solches Risiko könnten die Banken aus staatspolitischem Interesse nicht verantworten. Derart unter Druck stehend, blieb den Vertretern der Banken nichts anderes übrig, als zuzustimmen. Lediglich über die Konditionen des Kredits konnten sie mit den Vertretern der Berliner Ministerialbürokratie noch diskutieren. In welcher Form der Kredit zu gewähren war, ob als Einzel- oder Konsortialkredit, darüber sollten sich die Banken untereinander verständigen. Angesichts der schwer abschätzbaren Risiken einigten sie sich auf einen Konsortialkredit.[171]

Die Möglichkeit, sich aus dem nun nicht mehr sehr attraktiven Engagement bei der Konti zurückzuziehen, bei dem das Reich auf die Expertise und Finanzkraft der privaten Finanzinstitute und Erdölfirmen angewiesen war, bestand für die Banken nicht, zumal Görings Staatssekretär an die staatspolitische Verantwortung aller Beteiligten appellierte. Nach Übernahme des kleineren Teils des Aktienkapitals ging es für die fünf beteiligten Großbanken nur noch um die Ausgestaltung des ebenfalls

170 Vgl. Wixforth, Banken, S. 46, 48 ff. und 56.
171 Vgl. ders., Ausbeutung, S. 361 f.

übernommenen Konsortialkredits. Sie ahnten, dass sie sich in eine unsichere Sache hineinbegaben, die selbst bei günstigem Kriegsverlauf lange Zeit keine Gewinne abwerfen würde.

Die ersten greifbaren Resultate der ebenso ambitionierten wie komplizierten und vollständig von den Erfolgen der Wehrmacht abhängigen Geschäftstätigkeit der Konti in Rumänien, Galizien, dem Baltikum und der Sowjetunion ließen lange auf sich warten. Erst um die Jahreswende 1942/43 hatte sie ihren Kredit ausgeschöpft. Zur Stillung des wachsenden Kapitalhungers des Staatsunternehmens nahmen die Konsortialbanken jetzt nicht nur die Vollzahlung der übernommenen Aktien vor, sie prolongierten außerdem einen Teil ihres Darlehens. Bei der innerhalb des Konsortiums aufflammenden Debatte über die bankkaufmännischen Konsequenzen aus der immer unsicherer werdenden Lage des Unternehmens vermieden es Abs und Rasche gleichermaßen, ihr Ansehen bei den Behörden durch Neuverhandlungen oder gar eine Grundsatzdebatte zu gefährden.

In seiner Bank war es vor allem Karl Rasche, der sich immer wieder mit Nachdruck dafür einsetzte, das Engagement bei der Konti nicht nur fortzusetzen, sondern sogar auszuweiten. Zur Vorsicht mahnende Mitglieder der Geschäftsleitung, darunter Alfred Busch, fanden kein Gehör. Schon im Jahr zuvor hatte Rasche trotz des nicht ausgeschöpften Konsortialkredits gegen die Skepsis der Kollegen ein zusätzliches Darlehen seines Hauses in Höhe von 20 Mio. RM durchgesetzt, wohl in der Hoffnung, so die Position der Dresdner Bank bei dem vermeintlich zukunftsträchtigen Ölriesen gegenüber der Konkurrenz weiter zu stärken.[172]

Als im Januar 1943 der Konsortialkredit ausgeschöpft war und die Banken die Resteinzahlung von 75 Prozent auf die übernommenen Stammaktien vornehmen sollten, kam es vor dem Hintergrund der veränderten militärischen Lage zu Differenzen zwischen Abs und den Vertretern der anderen Konsortialbanken. Als Konsortialführer forderten Letzere die Deutsche Bank auf, Sicherheiten für die Deckung des Kredits und für eine Rücknahme der Aktien durch das Reich einzufordern.

Abs scheint sich von Anfang an im Klaren darüber gewesen zu sein, wie gering der Handlungsspielraum der Banken tatsächlich war und wie sehr sie sich mit ihrem Engagement von einer zweifelhaften militärisch-politischen Entwicklung abhängig gemacht hatten. Er hielt es auch für falsch, eine Deckung der Kredite zu verlangen, da eine Deckung aus Gesellschaftsbeständen keine erhöhte Sicherheit biete und eine Reichsgarantie außer Reichweite sei.[173]

172 Vgl. Henke, Dresdner Bank, S. 199 ff.

173 Vgl. Gall, Bankier, S. 110 ff.; AV Abs vom 29.3.1943, S. 2, in: HADB, B 59 (Zitat ebd.).

3.2 Die Frage der Unternehmensform

Im Folgenden soll nicht der Frage nach der äußeren Unternehmensform der Konti nachgegangen werden. Sie ließe sich banal mit »Aktiengesellschaft« beantworten. Wichtiger erscheint der Aspekt einer konkreten Charakterisierung und Bewertung der Unternehmensform. Daran schließt sich die Frage an, ob sie sich an etwaige Vorbilder anlehnte oder von anderen Gesellschaften abgrenzte. Schließlich geht es um den möglichen Modellcharakter der Konstruktion für zukünftige Neugründungen.

Unterschiedliche Bewertung: Privat- oder Staatsgesellschaft?

Zum Charakter der Konti gibt es leicht differierende Ansichten, gleichwohl sind sich die meisten Historiker in der Sache weitgehend einig. Dietrich Eichholtz stuft sie als eine »gemischt staatlich-privatwirtschaftliche Monopol-Aktiengesellschaft« ein. Die Konzernkontrolle habe bei Staat und Wehrmacht gelegen, die während des Kriegs auch über die Produktion verfügten, die eigentliche Leitung hätten indes Experten jener deutschen Produktionsgesellschaften und Banken in der Hand gehabt, die maßgeblich im Ölgeschäft tätig waren.[174] Eichholtz betont dabei die zentrale Rolle der IG Farben, die ihren Einfluss über ihr einflussreichstes Leitungsmitglied Fischer, den in Eichholtz' Augen unumstrittenen *spiritus rector* der Konti, ausgeübt hätte. Demzufolge habe sich der IG-Farben-Konzern an entscheidender Stelle in dem sich herausbildenden staatlich-monopolistischen Machtkartell festgesetzt, obwohl er bis dahin keine Kapitalposition und keinerlei Erfahrung im Erdölgeschäft aufzuweisen hatte.[175]

In früheren Arbeiten hatte Eichholtz die aus seiner Sicht dominierende Position des IG-Farben-Konzerns noch stärker in den Fokus gerückt. Neben Fischer spielte in dieser Lesart auch Krauch eine wichtige Rolle, mit dem sich Göring über jedwede Modalitäten der Gründung ausführlich beraten habe. Krauch sei zunächst nicht selbst in Erscheinung getreten, sondern habe Fischer und Bütefisch vorgeschickt, bis er schließlich doch an exponierter Stelle als Mitglied des AR der Gesellschaft tätig war. Auch wenn Göring sich die Majorität durch die für diesen Zweck neu gegründete staatliche Holdinggesellschaft, die Borussia, habe sichern wollen, habe das bei der engen »staatsmonopolistischen« Verbindung zwischen ihm und der IG Farben die Position des Konzerns gegenüber all seinen Konkurrenten gestärkt.[176]

174 Vgl. Eichholtz, Ölpolitik, S. 330 (Zitat ebd.).

175 Vgl. ebd., S. 389 f.

176 Vgl. ders., Geschichte, Bd. 1, S. 235 f. Der Prokurist und Direktor Walther Dihlmann, ein Südosteuropaexperte und Blessings rechte Hand, war ebenfalls ein hochrangiger IG-Farben-Manager. Noch zu nennen wäre der Fischer-Vertraute Alexander Dorn, der später eng mit Blessing zusammenarbeitete. Er wurde von Eichholtz fälschlich als Friedrich Dorn identifiziert, der Min.Dir. im RWiM und spätere Generaldirektor der Ost-Faser GmbH.

George W. F. Hallgarten zufolge muss die Konti aufgrund der Verteilung der Stammaktien in der Essenz als Staatsunternehmen eingestuft werden, so wie die HGW, denn gegen die Mehrheit der Namensaktien mit fünfzigfachem Stimmrecht, die bei der Borussia lag, war »keinerlei Kombination möglich« (Ministerialrat Kadgien). Doch die neue Gesellschaft sei gleich zu Beginn auf erhebliche Bankkredite angewiesen gewesen, wodurch die Großbanken eine führende Position erlangten. Die IG Farben sei zwar durch ihren Aktienanteil nicht besonders exponiert, mit Fischer, Krauch und Bütefisch aber bestens vertreten gewesen.[177]

Eine Vorherrschaft der IG Farben konstatiert auch Christiane Uhlig. Die Einflussmöglichkeiten des Konzerns hätten sich in der Person Fischers und seiner Omnipräsenz in den Aufsichtsräten der Tochtergesellschaften der Konti manifestiert. Dass die IG Farben der dominierende Teilhaber gewesen sei, habe sich auch schon für die Mitarbeiter der U. S. Finance Division so dargestellt. Friedrich Fetzer, Mitglied des AR der Konti, habe diese Einschätzung bestätigt, als er behauptete, dem IG-Farben-Konzern sei es gelungen, die Organisation zu dominieren. Fetzer teilte die Einschätzung, dass Fischer gezielt auf diese Position gesetzt worden war, um die Interessen der IG Farben zu wahren.[178]

Peter Hayes hingegen kommt zu einer anderen Einschätzung: Bei der Konti habe es sich um den Versuch gehandelt, eine Schwestergesellschaft der HGW und ihrer sudetendeutschen Treibstofftochter, der Sudetenländischen Treibstoffwerke, Brüx, zu gründen. Dies gehe aus den Vorschlägen der Regierung für die Aufteilung der Aktien und der Sitze in den Organen der neuen Gesellschaft sowie für die Aufbringung der voraussichtlich benötigten 120 Mio. RM hervor. Neumann selbst habe diese Parallele angedeutet, als er Görings Vorliebe für Walther Funk als AR-Vorsitzenden damit begründete, dass so Streitigkeiten wie bei der Gründung der HGW vermieden werden könnten. Die Verteilung der Aktien des Unternehmens habe die Vorherrschaft der Regierung besiegelt.[179]

Bereits 1947 hatte der britische Ölexperte Albert Everard Gunther, Geologe und als Major der britischen Armee für die Untersuchung der norddeutschen Ölfelder zuständig, gemutmaßt, der Zweck der Konti habe darin gelegen, der NSDAP ihren Zugriff bei der künftigen europäischen Entwicklung zu sichern. Als wirtschaftliches Unternehmen, was sie jedoch aus Gunthers Sicht nicht war, habe die Konti irgendwo zwischen den privaten Gesellschaften der 1930er Jahre und dezidierten Parteiunternehmen gestanden, wie etwa die HGW.[180]

In den deutschen Erdölfirmen jedenfalls machte man sich über die Massivität des staatlichen Einflusses auf die neue Gesellschaft keine Illusionen. Wie die Wintershall

177 Vgl. Hallgarten/Radkau, Industrie, S. 389; AV Abs vom 23. 1. 1941, in: HADB, B 59 (Zitat ebd.).

178 Vgl. Uhlig u. a., Tarnung, S. 389 f. und 389 f., Anm. 22.

179 Vgl. Hayes, Industry and Ideology, S. 256.

180 Vgl. Der deutsche Krieg um Erdöl in Europa 1933-1945. Geschichtliche Enthüllungen von A. E. Gunther (Kapitel III – Die deutsche Struktur der europäischen Erdöl-Industrie. [Petroleum Times vom 6. 12. 1947, S. 1211-1215]), S. 1, in: BGR, Nr. 0073874.

AG den Mitgliedern ihres AR mitteilte, hatte sich die reichseigene Borussia mit der Übernahme der 30 Mio. RM Namensaktien die Mehrheit in der Konti gesichert.[181]

Den Charakter der Konti diskutierten schon die Pressereaktionen im Zuge der Gründung. Es könne nicht verwundern, so die *Kölnische Zeitung*, wenn sich bei einem Neuaufbau deutscher ausländischer Ölinteressen die öffentliche Hand einschalte. Auch vom Gesichtspunkt einer planmäßigen Versorgung, einer vernünftigen Vorratsbewirtschaftung und eines zweckmäßigen Ausbaus schiene es notwendig, die zukünftige Ölpolitik nicht allein der Privatwirtschaft zu überlassen; dafür spreche auch die Aufwendung der notwendigen enormen finanziellen Mittel. Dieses Risiko könne nicht allein von der Privatwirtschaft getragen werden, ausgeschaltet aber werde sie keineswegs.[182]

Schon der Umstand, dass es sich bei der Konti um eine Holdinggesellschaft handelte, die nur im Ausland tätig werden sollte, zeigte dem *Hamburger Fremdenblatt*, dass eine neuartige Konstruktion gewählt worden war. Sie sei für Aufgaben prädestiniert, bei denen es darauf ankomme, staatliche Interessen mit der privaten Wirtschaft und Unternehmerinitiative zu harmonisieren. Zugleich würden so Vorstellungen des Reichswirtschaftsministers realisiert, die in einer gelenkten Wirtschaft bzw. einer internationalen Großraumwirtschaft Aufgaben sahen, die so risikoreich waren, dass sie von der Privatwirtschaft nicht getragen werden könnten. Handele es sich um Dinge, an denen die Wirtschaftsführung lebhaft interessiert sei, und das sei beim Erdöl der Fall, reiche auch eine Gemeinschaftsarbeit der Wirtschaft – wie etwa bei der Brabag – nicht aus; dann sei es erforderlich, die staatlichen Führungsorgane in die Gesamtkonstruktion einzubauen.[183]

Der *Berliner Lokal-Anzeiger* schrieb, die Konti habe eine Form erhalten, die der Reichswirtschaftsminister als besonders vorteilhaft für die Lösung von Aufgaben, die Staat und Privatwirtschaft gemeinsam in Angriff zu nehmen hätten, erachte. Der Staat behalte die Lenkung in der Hand, während die Privatunternehmen sich in freier Initiative betätigten.[184]

Der *Völkische Beobachter* wiederum sah in der gewählten Unternehmensform gar das »Vorbild der gemeinschaftlichen Meisterung einer staatlichen und wirtschaftlichen Aufgabe durch harmonische Zusammenfassung der Staats- und Wirtschaftsinteressen«. Es gebe eben »gewisse Aufgaben, die wegen ihrer wirtschaftspolitischen Bedeutung und wegen ihrer künftigen Entwicklungsausmaße von der privaten Wirtschaft allein nicht gelöst werden können und die auch wegen ihrer wirtschaftlichen

181 Vgl. Schreiben Wintershall AG an Mitglieder des AR vom 28.4.1941 (Bericht über den Monat März 1941), in: HADB, P 1970. Auch in: BAB, R 8119-F, Nr. 1970, Bl. 26.

182 Vgl. Aktive Erdölpolitik, in: Kölnische Zeitung, Nr. 163/164 vom 30.3.1941, zit. nach: ZBW.

183 Vgl. Ölwirtschaft im Großraum, in: Hamburger Fremdenblatt, Nr. 89 vom 30.3.1941, zit. nach: BAB, R 2501, Nr. 2549, Bl. 150.

184 Vgl. Carl Sennewald, Die deutschen Erdölinteressen. Das Muster einer Gemeinschaftsgründung von Staat und Wirtschaft, in: Berliner Lokal-Anzeiger, Wirtschafts-Beilage, Nr. 77 vom 30.3.1941 (Zitat ebd.), zit. nach: BGR, Nr. 0086537.

Risiken der Einschaltung des Staates bedürfen, ohne daß dadurch das privatwirtschaftliche Risiko ausgeschlossen zu werden« brauche. Mit der Gründung der Konti sei man den Weg einer engen Verkoppelung staatlicher und privater Kräfte gegangen, sie verkörpere eine Synthese der öffentlichen Hand und der privaten Wirtschaft auf dem Erdölgebiet.[185]

Dieselbe Argumentationslinie schlug ein Artikel im *Bank-Archiv* ein, der den Untertitel »ein Musterbeispiel zukünftiger Unternehmungsorganisation« trug. Die Gründung sei in mehrfacher Hinsicht von grundsätzlicher Bedeutung: »Hier ist in sorgfältiger Ueberlegung eine Konstruktion gefunden worden, die als Muster gelten kann für die Form des unternehmerischen Einsatzes auf allen Gebieten, auf denen sich die öffentliche Hand ein konkretes Aufsichts- und Lenkungsrecht vorbehalten muß.« Früher habe man für solche Zwecke in der Regel die gemischtwirtschaftliche Unternehmung gewählt, bei der also öffentliche und private Stellen am Kapitalbesitz gemeinsam beteiligt waren.[186]

Die *Frankfurter Zeitung* schwang sich auf, bei der Gründung von einer »glücklichen Form« der Vereinigung der staatlichen und privatwirtschaftlichen Initiative auf dem Erdölgebiet zu sprechen.[187] Und in einer Fachzeitschrift wie *Oel und Kohle* stand zu lesen, dass in der Zusammensetzung des AR die Tatsache zum Ausdruck käme, »daß es sich um eine, in vielerlei Hinsicht neuartige Gemeinschaftsgründung von Staat und Wirtschaft« handele.[188]

Hans Brochhaus vertrat in der Nachkriegszeit überraschenderweise die Auffassung, die Konti sei keine Reichsgesellschaft gewesen. Etwas naiv rechnete er vor, dass das Reich lediglich mit 30 Mio. RM beteiligt gewesen sei, die Banken und die deutsche Erdölindustrie zusammengenommen jedoch mit 50 Mio. RM. Zudem seien im AR nur wenige Vertreter des Reichs vertreten gewesen, überwiegend habe es sich um prominente Experten aus der Wirtschaft gehandelt. Das Reich habe natürlich im Rahmen der Kriegswirtschaft auf das Unternehmen eingewirkt; insgesamt sei es aber auf privat-kapitalistischer Basis aufgebaut gewesen. Nach seiner Auffassung sei die Geschäftsführung nicht von Dienststellen des Reichs abhängig gewesen.[189]

In Befragungen in der Nachkriegszeit gab auch Hermann Neubacher an, die Konti sei frei gewesen, als private, kapitalistische Organisation kommerziell zu agieren, und habe sich darin nicht von vergleichbaren Ölkonzernen in anderen Ländern unterschieden. Die Preise seien im Einvernehmen mit der Regierung durch Preiskontroll-

185 Vgl. Europäisches Oelfundament, in: Völkischer Beobachter, Nr. 91 vom 1. 4. 1941 (Zitate ebd.), zit. nach: IfW, F 1 X 30 E.

186 Vgl. Kontinentale Oel-AG (Zitat S. 151).

187 Vgl. Kontinentale Oel-AG., Berlin, in: Frankfurter Zeitung, Nr. 164 vom 30. 3. 1941 (Zitat ebd.), zit. nach: IfW, F 1 X 30 E.

188 Vgl. Lauffs, Lage, 8. 4. 1941 (Zitat ebd.).

189 Vgl. Schreiben Brochhaus an die IG Farbenindustrie AG i. L., Reuter, vom 10. 4. 1952, in: HHStaW, 2092, Nr. 11535.

vorschriften festgelegt worden, nicht einmal das Militär habe Öl ohne Bezahlung erhalten.[190]

Franz Hayler, der als Leiter der Reichsgruppe Handel auch für die Wahrung der Interessen des Mineralölhandels verantwortlich war, gab in einer Erklärung nur Monate nach Kriegsende an, die deutsche Mineralölwirtschaft habe der Gründung und Expansion der Konti mit großem Misstrauen gegenübergestanden. Er betonte, man habe bei dieser staatlich-dominierten Gesellschaft auch weitergehende Befürchtungen gehegt, da in keiner Weise absehbar gewesen sei, wohin die Entwicklung gegangen wäre, schließlich sei 1943 die Frage der Verstaatlichung des Mineralölvertriebs seitens der politischen Machthaber sehr heftig diskutiert worden.[191]

In der Nachkriegszeit gab es große Unterschiede zwischen den ehemaligen Mitarbeitern der Konti um deren Status. Während Dihlmann das Unternehmen als eine gemeinschaftliche Gründung der deutschen Mineralölindustrie und der deutschen Banken mit einer Beteiligung des Deutschen Reichs bezeichnete, behauptete Brochhaus – wie oben gesehen – das Gegenteil. Für ihn war es eine auf Veranlassung des Reichs ins Leben gerufene Gesellschaft unter Beteiligung der Mineralölindustrie und der Banken. Um den Einfluss des Reichs beurteilen zu können, durfte man Schirner zufolge jedoch nicht auf die Kapitalverhältnisse allein blicken, obwohl sie einen starken Reichseinfluss widerspiegelten. Entscheidend sei, dass das Reich über die Borussia-Aktien mit einem Mehrfachstimmrecht ausgestattet war und das RWiM und die Vierjahresplanbehörde maßgebenden Einfluss im AR und im Vorstand ausübten.[192]

Blessing selbst relativierte den eigenen Einfluss in einer Nachkriegsaussage drastisch: Der VJP, das RWiM und später das Rüstungsministerium hätten die Geschäftspolitik bestimmt. In Fragen des Raffineriebaus sei der Generalbevollmächtigte für die Sonderfragen der chemischen Erzeugung (GBChem) und beim Einsatz der Bohrgeräte das RfB bestimmend gewesen. Mit dem Geilenberg-Stab sei dann schließlich ein Akteur hinzugetreten, dessen Werksbevollmächtigte »unumschränkte Herren« gewesen seien.[193]

190 Vgl. Zusammenfassung von Befragungen Neubachers vom 15.10.1945, in: IfZ, MA 1300/2, Bl. 721-760, hier Bl. 754f.

191 Vgl. Eidesstattliche Erklärung Hayler vom 27.8.1945, in: StaN, KV-Anklage, Dok. Fotokopien, NI-8875. Karl Rasche führte in einem Nachkriegsbericht aus, die Konti habe mit ihrem Monopol für die besetzten Ostgebiete ein doppeltes Gesicht bekommen. Ursprünglich sollte sie sich nicht mit Verkauf, Transport und Lagerung befassen, später jedoch wurde ihre Tätigkeit auch auf diese Bereiche ausgedehnt. Vgl. Übersetzung des Berichts von Rasche über »Monopolgesellschaften« vom 17.1.1946, den er am 18.1.1946 übergab, S. 6, in: NAW (SfS-Archiv), RG 260 OMGUS, FINAD, Intel. Gp., Nr. 2/185/15.

192 Vgl. Schreiben Schirner an Meilicke, Brochhaus, Abs und Bentz vom 21.11.1945, S. 2 f., in: HADB, V01/0024.

193 Vgl. Eidesstattliche Erklärung Blessing vom 17.12.1946, in: StaN, KV-Anklage, Interrogations, B 96, Bl. 10-23, hier Bl. 16 (Zitat ebd.).

Interne Abläufe

Für die Frage nach dem Staatseinfluss auf die Konti ist die Rekonstruktion der Kommunikationsabläufe von Bedeutung. Leider gibt es hierzu keine zeitgenössischen Quellen, sondern nur Nachkriegsaussagen der Beteiligten. Dabei muss man unterstellen, dass es immer die Tendenz gab, die eigene Rolle – und damit Schuld – kleinzureden.

So erklärte Neumann, im AR habe Fischer von seinem Vorgesetzten Funk bzw. dem Staatssekretär des für die Mineralölwirtschaft federführenden RWiM Weisungen erhalten, später dann von Speer, und daran habe er die Arbeit des Unternehmens ausgerichtet. Der AR habe sich – bei ein bis zwei Sitzungen im Jahr – darauf beschränkt, seine gesetzlich vorgeschriebenen Aufgaben durchzuführen: Genehmigung der Bilanz und Entlastung des Vorstands. Bei diesen Gelegenheiten sei er vom Vorstand über zwischenzeitlich getroffene Maßnahmen und den laufenden Geschäftsgang unterrichtet worden. Einfluss auf die konkrete Geschäftspolitik des Unternehmens habe er nicht ausüben können. »Der Aufsichtsrat konnte an den getroffenen Massnahmen der Geschäftsführung auch nichts ändern, weil diese in der Regel auf Anordnung der betreffenden Staatsstellen durchgeführt worden waren.«[194]

Gramschs Aussagen sind ähnlich: Die Geschäftsführung sei rein privatwirtschaftlich orientiert, der AR prominent besetzt gewesen. Um alle relevanten Dienststellen einzubeziehen, habe es dort zahlreiche Behördenvertreter gegeben. Im Wesentlichen habe der AR jedoch eine rein »dekorative Bedeutung« gehabt, das Schwergewicht des operativen Geschäfts habe beim Vorstand gelegen, dort sei die eigentliche Arbeit geleistet worden, in grundsätzlichen Fragen nach Besprechung mit dem Präsidium.[195]

Rein formal schrieb das deutsche Aktienrecht vor, dass der Vorstand dem AR vierteljährlich Bericht zu erstatten hatte, mündlich oder schriftlich. Wie Dihlmann in der Nachkriegszeit erklärte, hätten diese Berichte jedoch bei der Fülle der anfallenden Geschäftsvorgänge in der Holding und deren Tochtergesellschaften nur summarisch über das Wesentliche informieren können. Er wies zudem auf die im Rahmen des Aktienrechts geregelte reine Überwachungsfunktion des AR hin.[196]

Gottfried Griebel, von 1937 bis 1943 Leiter der Mineralölgruppe in der Rohstoffabteilung des Wehrwirtschaftsamts (WWiA) beim OKW und von 1943 bis 1945 Leiter der aus der Rohstoffabteilung abgezweigten Mineralölabteilung im WWiA, wurde in den AR der Konti delegiert, als sein Amtschef, General Thomas, aus diesem ausschied. Über die Geschäftsführung des Unternehmens berichtete er in einer Eidesstattlichen

194 Vgl. Vernehmung Neumann am 26.11.1947, in: IfZ, ZS, Nr. 1259, Bl. 112-121, hier Bl. 117; Eidesstattliche Erklärung von Neumann vom 30.1.1948 (Bütefisch Dokument Nr. 58), in: StaN, KV-Prozesse, Fall 6, F 12, Bl. 6 ff. (Zitat hier Bl. 7).

195 Vgl. Eidesstattliche Erklärung Gramsch vom 27.2.1948, in: ebd., KV-Anklage, Dok. Umdrucke, NI-14935. Auch in: ebd., Interrogations, G 70; Eidesstattliche Versicherung Gramsch vom 5. Juli 1948, in: BAK, ALLPROZ 3, Nr. 250, Bl. 125-129, hier Bl. 126.

196 Vgl. Eidesstattliche Erklärung Dihlmann vom 13.4.1948, in: StaN, KV-Prozesse, Fall 6, F 5, Bütefisch-Dokument Nr. 349, Bl. 12 f.

Erklärung, dass der Vorstand seine Weisungen vom RWiM und zunehmend von der VJP-Behörde erhielt, da während des Kriegs alle Maßnahmen auf dem Gebiet der Mineralölwirtschaft nahezu ausschließlich von staatlichen Interessen bestimmt worden seien. Der AR habe wegen seiner heterogenen Zusammensetzung, seiner großen Zahl der Mitglieder und seines seltenen Zusammentreten keine wirksame Führung oder Kontrolle ausüben können.[197]

Blessing wurde im Wilhelmstraßenprozess im Kreuzverhör befragt, wer die Positionen der Regierung, also der VJP-Behörde, des GBChem und anderer Dienststellen, an den AR übermittelte. Er antwortete, diese seien in der Regel über Fischer an den Vorstand herangetragen worden, weil der AR kein Gremium im eigentlichen Sinne gewesen und nur zweimal im Jahr zusammengetreten sei. Auf die skeptische Nachfrage des Anklägers, ob Blessing ihm weismachen wolle, dass der AR niemals direkt Weisungen von den erwähnten Dienststellen erhalten habe, antwortete Blessing, dass dem Vorstand gegenüber in der Regel Neumann, Gramsch oder Kadgien in Erscheinung getreten seien. Welche Aufträge diese von anderen Dienststellen erhalten hätten, könne er nicht sagen.[198]

Laut Neumann hatte die Borussia Beteiligungsgesellschaft mbH keine weitere Funktion, als das Stimmrecht der Aktionäre auszuüben, das sie in der Konti besaßen, und etwaige Dividenden einzunehmen. Allerdings sei das Stimmrecht in der Praxis gar nicht ausgeübt worden. Es habe im AR des Unternehmens keine Meinungsverschiedenheiten gegeben, bei denen man es hätte geltend machen können, stets sei einstimmig beschlossen worden.[199] Gramsch formulierte es ähnlich: Von den Stimmrechten her sei zwar nach der Satzung das Übergewicht der öffentlichen Hand gesichert gewesen, in der Praxis aber sei es dazu nicht gekommen.[200]

In einer Nachkriegsvernehmung gab Neumann an, dass Fischer sich als Leiter der Mineralölabteilung im RWiM praktisch der Konti als einer Art Geschäftsstelle bedient habe, um seine betriebswirtschaftlichen Vorstellungen verwirklichen zu können. Blessing habe er, Neumann, nach harter Überzeugungsarbeit, persönlich für das Unternehmen rekrutiert, da er ihn außerordentlich geschätzt habe. Blessing habe das Unternehmen gut verwaltet und stets auf eine verständige kommerzielle Führung hingewirkt.

197 Vgl. Eidesstattliche Erklärung Griebel vom 12. 2. 1948, in: ebd., F 12, Bütefisch Dokument Nr. 222, Bl. 30 ff., hier Bl. 30 f.

198 Vgl. Verhandlungen des Militärgerichtshofs IV, Fall 11 vom 10. 9. 1948, in: ebd., Fall 11, A 148, Bl. 20772-20822, hier Bl. 20783.

199 Vgl. Vernehmung Neumann am 7. 11. 1946, S. 6, in: BAK, Z 45-F, OMGUS, Prop Dir off, 3/88-1/33. Auch in: NAW, RG 260, Property Division, Records of the Office Director, General Records, Box 9 (Supplement).

200 Vgl. Eidesstattliche Erklärung Gramsch vom 27. 2. 1948, in: StaN, KV-Anklage, Dok. Umdrucke, NI-14935. Auch in: ebd., Interrogations, G 70.

Public Private Partnership – Nazi Style

In den letzten Jahren haben die Diskussionen um Public Private Partnership (PPP) und gemischtwirtschaftliche Unternehmen Konjunktur bekommen. Diese Unternehmen sollen – so auch die These der aktuellen politischen Befürworter – die Vorzüge effizient organisierter privatwirtschaftlicher Unternehmen mit denen bürokratisch agierender öffentlich-rechtlicher Gesellschaften kombinieren und so kostengünstiger wirtschaften können. Die Geschichte dieser Unternehmensform reicht in Deutschland weit zurück. Ein frühes Beispiel sind die – im Kapitel 2.1 dargestellten – gemischtwirtschaftlichen Unternehmen, die während des Ersten Weltkriegs als kriegswirtschaftliche Organisationen in vielen Branchen neu eingeführt wurden.[201]

Aus systematischer Betrachtung können öffentliche Unternehmen verschiedene Formen haben: 1. Der Träger, also der Eigentümer, ist die öffentliche Hand (Reich/Bund, Länder, Gemeinden, Gemeindeverbände); 2. das Unternehmen ist – unabhängig von der Trägerschaft – öffentlich zugänglich und dementsprechend verpflichtet, seine Leistungen jedem Abnehmer zu gewähren (Kontrahierungszwang); 3. das Unternehmen muss – unabhängig von der Trägerschaft – eine Versorgungsfunktion erfüllen und unterliegt einer »öffentlichen Bindung«.

Von diesen auf Basis des Eigentumskriteriums definierten öffentlichen Unternehmen grenzt Gerold Ambrosius gemischtwirtschaftliche Unternehmen ab, an denen die öffentliche Hand und private Unternehmen beteiligt sind. Dabei stelle sich die Frage, ab welchem Beteiligungsverhältnis ein Betrieb als öffentlicher oder eben als privater zu bezeichnen ist:[202] »Grundsätzlich handelt es sich bei einer öffentlich-privaten Kooperation um eine organisatorische oder vertragliche Beziehung zwischen einem öffentlichen und einem privaten Partner.« Das ist eine schlichte Definition dessen, was man heute allgemein Public Private Partnership nennt. Langfristig zeichne sie sich dadurch aus, dass beide Partner ihre Ziele erreichen, der private seine erwerbswirtschaftlichen und der öffentliche seine gemeinwirtschaftlichen. Dabei sei das eigentliche Ziel des privaten Partners die Gewinnsicherung oder -steigerung; die Sachziele der öffentlichen Seite seien letztlich diejenigen, die zuvor von der Politik zu öffentlichen oder gemeinwirtschaftlichen Interessen erklärt worden waren. Es geht bei solchen Konstruktionen weniger um den Austausch von Leistungen als um das Zusammenlegen von Ressourcen der beiden Vertragsparteien, um gemeinsam eine bestimmte Aufgabe zu erfüllen. Ressourcen können dabei Kapital, Sachmittel oder Rechte, aber z. B. auch Know-how sein.[203]

Public Private Partnerships sind also nach Ambrosius Formen der vertraglich geregelten Zusammenarbeit zwischen öffentlichen und privaten Partnern zur Erledigung speziell abgegrenzter Aufgaben. Unter Gemischtwirtschaftlichkeit versteht man den Zusammenschluss öffentlicher und privater Wirtschaftssubjekte in einem Unter-

201 Vgl. van de Kerkhof, Public-Private Partnership, S. 106, 112 f. und 119.
202 Vgl. Ambrosius, Staat, S. 9.
203 Vgl. ders., Eigentums- und Verfügungsrechte, S. 14 ff. (Zitat S. 14).

nehmen. In einem gemischtwirtschaftlichen Unternehmen beteiligen sich sowohl der öffentliche als auch der private Partner am Eigenkapital.

Dirk van Laak stellt sich in historischer Rückschau die Frage, wie Infrastruktur organisiert wurde, und kommt zu dem Schluss, dass weithin unentschieden bleiben müsse, wer Infrastruktur am effizientesten organisiert bzw. welche Rolle dabei die Unternehmen, der Staat und schließlich der Nutzer oder der Verbraucher spielen sollten. Dies sei mit ein Grund dafür, dass sich der Staat, die Kommunen und private Firmen immer öfter zu Public Private Partnerships zusammengefunden hätten. In einer solchen Konstellation übernähmen private Unternehmen, in der Regel solvente Großfirmen aus der Baubranche, den Aufbau einer Verkehrs- oder Versorgungseinrichtung, und im Gegenzug vereinbarten sie mit Staat oder Kommunen Modelle, wie diese Investitionen vergütet werden können. Ein häufig genutztes Modell ist ein zeitlich befristeter Bezug von Mautgebühren. Hier zeigen sich deutliche Parallelen zwischen dem Ausbau von Infrastruktur (etwa Kanäle, Eisenbahnen, Elektrizität, Wasserversorgung, Straßen) und der Sicherung der Ölversorgung.[204]

Nimmt man die zeitgenössische Außendarstellung der Konti in den Blick – nicht die durch die Stimmverteilung gegebenen realen Machtverhältnisse im Unternehmen –, so gewinnt man den Eindruck von einem gemischtwirtschaftlichen Unternehmen, einer Public Private Partnership. Anlässlich der Gründung der Konti war im NS-Propagandablatt *Der Angriff* zu lesen, sie sei »in einer Form erfolgt, die vom Reichswirtschaftsminister schon früher als wünschenswert bei der Lösung von Aufgaben hingestellt wurde, die vom Staat und der Privatwirtschaft gemeinsam zu lösen« seien.[205] Solche und ähnliche Formulierungen wiederholten sich: »Privatwirtschaft und öffentliche Hand [seien] zu einer gemeinsamen Arbeit unter einheitlicher Führung zusammengeschlossen« worden.[206] Die Tatsache, dass der Reichswirtschaftsminister selbst den AR-Vorsitz übernommen habe, demonstriere, dass es »eine Gemeinschaftsaktion von Staat und Wirtschaft« sei.[207]

Die Beteiligten thematisierten die »gemischtwirtschaftliche« Form der Konti auch in ihren Nachkriegsaussagen, obwohl man hier natürlich deren grundsätzlich exkulpatorischen Charakter berücksichtigen muss. So setzte sich Neumann klar von der Konstruktion der HGW ab, die er als staatskapitalistisch zurückwies. Er habe deshalb den Vorschlag unterbreitet, eine deutsche Holding zu gründen, um die Verwaltung dieser Beteiligung kommerziell zu gestalten: »Ich habe im Sinn gehabt, hier eine Konstruktion zu wählen, die man als gemischtwirtschaftlich bezeichnet, wo private Interessen

204 Vgl. van Laak, Fluss, S. 161 ff. und 173. Hachtmann diskutiert den modernen Begriff des PPP am Beispiel der Unternehmen der DAF. Vgl. ders., Wirtschaftsimperium, S. 594 f.

205 Planvolle Oelpolitik. Eine kontinentale Öl-Aktiengesellschaft gegründet, in: Der Angriff, Nr. 76 vom 30.3.1941, zit. nach: BAB, NS 5-VI, Nr. 39341 (Zitat ebd.).

206 Planvolle Oelwirtschaft in Europa, in: Rheinisch Westfälische Zeitung, Nr. 164 vom 30.3.1941, zit. nach: ebd., R 2501, Nr. 2549, Bl. 149 (Zitat ebd.).

207 Vgl. Kontinentale Oel-AG. Berlin, in: Deutsche Allgemeine Zeitung, Nr. 151/152 vom 30.3.1941, zit. nach: HAC, 65-11860, Bl. 1 (Zitat ebd.).

sich mit öffentlichen Interessen und öffentlichem Kapital zusammenfinden. Ich habe mir gesagt, es ist vielleicht eine besondere Sache, das anzuwenden, weil die öffentliche Hand keine Erfahrung hatte und wir in Deutschland ein paar Gesellschaften hatten, die den bescheidenen deutschen Erdölbergbau kannten.« Göring habe diesen Plan unterstützt und ihn angewiesen, dafür zu sorgen, dass das öffentliche Interesse dabei nicht zu kurz komme. Jedoch habe man aus taktischen Gründen – wie bei Verhandlungen im Ausland – angestrebt, die Gesellschaft nach außen als nicht von der öffentlichen Hand beherrscht erscheinen zu lassen. Aus derselben Erwägung heraus sei die Beteiligung der öffentlichen Hand verdeckt erfolgt, über die Borussia Beteiligungsgesellschaft.[208]

Die Nachkriegsdarstellung von Gramsch zielte in eine ähnliche Richtung. Die Erdölindustrie hätte diese Aufgabe sicher gern allein auf privatwirtschaftlicher Basis durchgeführt. Es sei aber absehbar gewesen, dass es dazu sehr starker staatlicher Hilfe bedürfen würde. Den führenden Akteuren (Göring, Keppler, Pleiger und der gesamten Partei) attestierte Gramsch eine Neigung zu staatskapitalistischen Formen, wie sie sich besonders bei der Gründung der HGW gezeigt habe. Ein solches »staatskapitalistisches Unternehmen« habe man aber auf jeden Fall vermeiden wollen. Die Konti sollte rein privatwirtschaftlich operieren. So sei eine Konstruktion gewählt worden, die in Anlehnung an den Aufbau der Anglo-Persian Oil Company die öffentliche Hand und die Privatwirtschaft zusammenführte, aber den privatwirtschaftlichen Betrieb garantierte und insofern in Friedenszeiten auch gegenüber den großen ausländischen Konzernen verhandlungsfähig gewesen sei.[209]

Wenn man den Begriff der Public Private Partnership auf die Konti anwendet, was ich durchaus berechtigt finde, muss man aber gleichzeitig den NS-spezifischen Charakter deutlich betonen. Neben der trickreichen Konstruktion und der versuchten Verschleierung des staatlichen Einflusses ist hier vor allem die bereits im Vorfeld deutliche Kongruenz der Interessen und Ziele sowie die gegenseitige Durchdringung von »Public« und »Private« zu nennen.

Vorbilder

Die Mitteleuropäische Erdölgesellschaft

Es wird an keiner Stelle explizit ausformuliert, aber man kann die Mitteleuropäische Erdölgesellschaft getrost als Vorbild für die Gründung der Konti bezeichnen. Zumindest die treibenden Kräfte, Neumann und Fischer, werden dieses Beispiel zweifel-

208 Vgl. Vernehmung Neumann am 26.11.1947, in: IfZ, ZS, Nr. 1259, Bl. 112-121, hier Bl. 114 f. (Zitat Bl. 114). Auch in: StaN, KV-Anklage, Interrogations, N 9.

209 Vgl. Eidesstattliche Erklärung Gramsch vom 27.2.1948, S. 2, in: StaN, KV-Anklage, Dok. Umdrucke, NI-14935; Vernehmung Gramsch am 2.12.1947, in: IfZ, ZS, Nr. 0717, Bl. 26-32, hier Bl. 26 ff. Auch in: StaN, KV-Anklage, Interrogations, G 70. Vgl. zur APOC: Ferrier, History; Bamberg, History; Sander, Companies.

los vor Augen gehabt haben. Überdeutlich sind die Parallelen bei der Konstruktion sowie der inhaltlichen Ausrichtung.

Der Bukarester Friedensvertrag mit Rumänien vom 7. Mai 1918 übertrug den Mittelmächten die Kontrolle über die Ölquellen Rumäniens und sicherte der Reichsregierung die Kontrolle über die rumänische Erdölindustrie. Die Firmen der Alliierten wurden zwangsliquidiert. Kurz darauf gab das Reichswirtschaftsamt einen Plan zur Bildung einer Mitteleuropäischen Erdölgesellschaft bekannt. Dieses gemischtwirtschaftliche Unternehmen hätte die rumänischen Ölquellen ausbeuten sollen und das Monopol auf den Handel mit rumänischem Erdöl besessen. Alle an der Gesellschaft beteiligten Firmen sollten Aktien und Mitbestimmungsmöglichkeiten erhalten, doch die Regierung plante, sich letztlich über Vorzugsaktien mit Sonderstimmrechten einen maßgeblichen Einfluss zu sichern. Das Deutsche Reich wäre an diesem Unternehmen zu 56 Prozent, Österreich-Ungarn zu 24 Prozent und Rumänien zu 20 Prozent beteiligt worden. Als Vorbild diente hier die in der Vorkriegszeit von der Deutschen Bank dominierte Ölgesellschaft Steaua Romana.

Die Reichsbehörden in Berlin, namentlich das Reichswirtschaftsamt und das Auswärtige Amt, verfolgten das Vorhaben auch gegen den Widerstand von Unternehmern und Bankiers weiter. Mit den Kollegen in Wien diskutierten ihre Vertreter über die Gründung einer Treuhand-Gesellschaft; die Gesellschaft, hinter der die vier »D-Banken« (Deutsche Bank, Disconto-Gesellschaft, Dresdner Bank und Darmstädter Bank) standen, sollte die »herrenlos« gewordenen Konzessionen übernehmen. Mit der Gründung wurde der damalige Vorstandsvorsitzende der DEA, Rudolf Nöllenburg, beauftragt. Nach kontroversen Gesprächen einigte man sich noch auf die Bildung eines Konsortiums unter Führung der Deutschen Bank, umgesetzt wurden die Pläne zur Bildung der Mitteleuropäischen Erdölgesellschaft jedoch nicht mehr. Mit dem Ende des Krieges im November 1918 fand auch der deutsche Einfluss auf die rumänische Ölindustrie ein Ende. Stattdessen schritt nun die rumänische Regierung zur Beschlagnahme und Enteignung der deutschen Unternehmen.[210]

In Verhandlungen mit österreichisch-ungarischen Vertretern war am 2. Januar 1918 die Gründung der Mitteleuropäischen Erdölgesellschaft beschlossen worden. Die Vorzugsanteile in Höhe von fünf Mio. Mark mit fünfzigfachem (!) Stimmrecht sollte das Reich halten, der österreichisch-ungarische Anteil wurde nicht endgültig festgelegt. Der Liquidation feindlicher Erdölfirmen und der Verpachtung von Staatsländereien an deutsche Gesellschaften sollten die Rumänen zustimmen. Der neu zu gründenden Produktionsgesellschaft würde ein Optionsrecht auf alle späteren Erdölkonzessionen zugestanden werden.

Georg Adolf Solmssen, Geschäftsinhaber der Disconto-Gesellschaft, erklärte in den »Forderungen betreffend die rumänische Erdöl-Industrie«, welche die DEA am 5. März 1918 an den Staatssekretär des AA sandte: »Was zunächst die ›Mittel-

210 Vgl. Karlsch/Stokes, Faktor Öl, S. 105 ff.; Förster, Geschichte, S. 112; Fischer, Griff, S. 458 ff.; Hamlin, Empire, S. 291.

europäische Erdölgesellschaft‹ betrifft, so erscheint ihre Konstruktion in der Weise, daß dem Reich der allein maßgebliche Einfluß auf die Entwickelung und Ausgestaltung des Betriebes sowie auf die gesamte Geschäftsführung zustehen soll, grundsätzlich anfechtbar.« Außerdem würde die Gesellschaft als reines Rohölunternehmen über keine Raffinerien verfügen, während bei den bestehenden deutschen Gesellschaften Raffineriekapazität im Übermaß vorhanden sei, Gleiches gelte für die fehlende Organisation bei Transport-, Lagerungs- und Verkaufsfragen. Diese Ungleichheit legte die Befürchtung nah, dass die Mitteleuropäische Erdölgesellschaft ihr Recht der zwangsweisen Enteignung gegenüber den deutschen Erdölfirmen geltend machen könnte. Eine noch größere Bedrohung erblickten die Erdölfirmen im geplanten Handelsmonopol für Rumänien, das sie um ihre Selbstständigkeit fürchten ließ.[211]

Staatsunternehmen des Dritten Reichs

Auf bestimmten, für die Aufrüstung wichtigen Gebieten der Produktion und »Ersatz«-Produktion griff der Staat der Industrie unter die Arme, teils mit Preis- und Absatzgarantien (bei synthetischem Treibstoff und Kautschuk), teils mit Kapitalbeteiligungen (etwa bei Grundstoffindustrien, der Flugzeugindustrie sowie Fabriken für Waffen, Munition, Pulver, Sprengstoffe oder Giftgase). Bei der Brabag, einer gemeinschaftlichen Gründung von Staat, Montan- und Chemiemonopolen, und in ähnlichen Konstellationen behielt sich der Staat die Oberaufsicht vor. Einige große Unternehmen galten als staatseigen, z. B. wehrmachteigene Produktionsanlagen, die meisten großen Zellwollfabriken und der Montankonzern der HGW. In einem Stadium forcierter Aufrüstung und Kriegsvorbereitung waren diese Gründungen weder historisch einmalig, noch beschränkten sie sich auf NS-Deutschland. Dass der Staat Unternehmen und Produktionszweige stützte, ins Leben rief und verschiedentlich auch selbst finanzierte und betrieb, deren Rentabilität unsicher erschien und sich erst im Kriegsfall realisieren würde, kam häufig vor. Solche Staatsbetriebe waren vollständig in das System der privatkapitalistischen Eigentumsverhältnisse integriert. Dietmar Petzina konstatiert, dass »auch die im Zeichen des Vierjahresplans errichteten staatlichen Unternehmen in der Form privater Betriebe organisiert waren und sich bruchlos in das privatkapitalistische System einfügten«.[212]

Angesichts der Reibungen zwischen NS-Regime und Privatwirtschaft stellt sich nun aber die Frage, warum Hitler nicht entschiedener auf den Aufbau von Staats- und Parteiunternehmen gedrängt hat. Doch zum einen hätte dieses Vorgehen, vor allem in den ersten Jahren seiner Herrschaft, ein hohes politisches Risiko dargestellt. Zum anderen kann man eine Volkswirtschaft nicht kurzfristig und ohne gravierende Leistungsrückgänge umbauen. Zwar hatte das Regime die Macht, in politisch

211 Vgl. Günther, Petroleumabkommen, S. 65 ff. (Zitat S. 69).

212 Vgl. Eichholtz, Faschismus, S. 66 f.; Petzina, Autarkiepolitik, S. 196 (Zitat ebd.).

besonders favorisierten Sektoren neue Firmen aus dem Boden zu stampfen, zahlte dafür aber einen hohen Preis, auch in Form von Ineffizienzen.[213]

Bei den Verhandlungen über die Finanzierung von Buna III, bei denen die IG Farben eine Reichsfinanzierung und einen entsprechenden Betriebsvertrag vorschlugen, erklärten hochrangige Vertreter des Amts für Deutsche Roh- und Werkstoffe und des RFM bereits im Februar 1938, »dass der Bau weiterer Reichswerke grundsätzlich unerwünscht sei«.[214]

Die Braunkohle-Benzin AG (Brabag)

Die Brabag entstand in einem Feld konvergierender Interessen von Staat, Reichswehr und Chemieindustrie. Ihre Gründung war ein Vorgang von großer politischer Bedeutung und markierte nach dem Abschluss des Benzinvertrags mit der IG Farben für die NS-Führung den zweiten wichtigen Schritt hin zu einer autarken, deutschen Treibstoffindustrie. Keine beteiligte Seite wollte es sich nehmen lassen, Einfluss auf das Unternehmen und den Ausbau der deutschen Mineralölindustrie auszuüben. Die Brabag war ein staatlich initiiertes und vor allem in der Anfangsphase auch staatlich kontrolliertes Unternehmen, welches sich im Besitz privater Anteilseigner befand. Sie war jedoch keineswegs ein Staatskonzern, wie etwa die HGW, deren Anteile vom Reich gehalten wurden. Von Anfang an war die Brabag ein Zwitterwesen im Spannungsfeld zwischen Staat und Privatwirtschaft. Nach Inbetriebnahme reduzierte sich die Dominanz des RWiM, und das Unternehmen verselbständigte sich gegenüber den Reichsinstanzen und den Aktionären. Mit Fritz Kranefuß an der Spitze entwickelte es sich zu einem Großunternehmen, das mit Gewinn produzierte, auf Expansion drängte und sich seiner starken Stellung auf dem deutschen Mineralölmarkt bewusst war. Zugleich blieb die Brabag durch Verträge an das Reich gebunden und zeigte sich anpassungswillig.[215]

Die mitteldeutsche Braunkohlenindustrie wurde zur Schaffung der Brabag verpflichtet. Die Grundlage dazu bildete die Verordnung über die Errichtung wirtschaftlicher Pflichtgemeinschaften in der Braunkohlenwirtschaft vom 28. September 1934; schon am 26. Oktober 1934 wurde das Unternehmen gegründet. Es sollte der Herstellung von Treibstoffen und Schmierölen unter Verwendung von Braunkohle und der Errichtung sowie des Erwerbs von Anlagen dienen, die zur Erreichung und Förderung dieser Zwecke geeignet waren.

Die Gründungsmitglieder waren die vom RWiM bestimmten Unternehmen: die Aktiengesellschaft Sächsische Werke Dresden, die Anhaltinischen Kohlenwerke, die Braunkohlen- und Brikett-Industrie AG, die DEA, die Elektrowerke AG, die IG Farbenindustrie AG, die Bergbau AG, Grube Ilse, die Mitteldeutsche Stahlwerke AG, die Rheinische AG für Braunkohlenbergbau und Brikettfabrikation und die Werschen-Weißenfelser-Braunkohlen AG. Sie hielten sämtliche Aktien, waren aber de facto

213 Vgl. Berghoff, Unternehmensgeschichte, S. 216.
214 Vgl. AV aus dem RWiM vom 5. 2. 1938, in: BAB, R 3101, Nr. 184533, Bl. 48 (Zitat ebd.).
215 Vgl. Bütow/Bindernagel, KZ, S. 40 f.; Grieger/Karlsch, Treibstoff, S. 127 ff.

nur Geldgeber. Die Rechte, die sich üblicherweise aus dem Aktienbesitz herleiteten, waren ausdrücklich auf den Reichswirtschaftsminister, vertreten durch den Reichskommissar, übertragen worden.

Der Reichsbankdirektor Robert Deumer wurde als Reichskommissar mit der Leitung der Pflichtgemeinschaft beauftragt und besaß weitgehende Kontrollbefugnisse. Wie sehr die Brabag ein Politikum war und von Partei und Staat beeinflusst wurde, zeigte die Besetzung von Vorstand und AR. Dem AR, der sich bei Unternehmensgründung vor allem aus Vertretern der Braunkohlenindustrie zusammensetzte, saß Hitlers engster Wirtschaftsberater, SS-Oberführer Wilhelm Keppler, vor. Als Vertreter der Ministerialbürokratie gehörte Helmuth Wohlthat, Min.Dir. im RWiM und enger Vertrauter Schachts, dem Gremium an.[216]

Nach seiner ersten Unterredung mit den Braunkohleproduzenten wandte sich Schacht an Karl Rasche von der Dresdner Bank mit dem Ergebnis, dass dieser ein Bankenkonsortium zusammenführte, welches die Finanzierung der Brabag übernehmen sollte. Das Unternehmen war von Anfang an im großen Stil geplant, was ein entsprechendes Kapital erforderte. Das Bankenkonsortium unter Leitung der Dresdner Bank gewährte 25 Mio. Reichsmark; davon übernahm die Dresdner Bank einen Anteil von einem Viertel.[217]

In der Vorbereitung der Gründung hatten viele Braunkohlenunternehmen keine Neigung gezeigt, ein Unternehmen zur Herstellung synthetischer Treibstoffe zu finanzieren. Hinzu trat ihre Befürchtung, dass die IG Farben den größten Nutzen davontragen würden. Die Rolle des NS-Staats bei der Gründung der Brabag bestand darin, dass er auf dem Weg des Zwangs mittels der Gesetzgebung und des Einsatzes staatlicher Organe die Unternehmen der Braunkohlenindustrie Deutschlands bündelte und die staatliche Führung des Unternehmens sicherte.[218]

Die Reichswerke »Hermann Göring« (HGW)

In der Montanindustrie gab es ein geringes Interesse an der Erschließung und Verhüttung der inländischen Eisenerzvorkommen, da die Verhüttung der stärker eisenhaltigen Erze aus Schweden für sie lukrativer war. So beschloss Görings VJP-Behörde, das Projekt mittels einer Reichsgesellschaft, bei der durch die Verteilung der Aktienpakete die Entscheidungsbefugnis beim Staat verblieb, selbst durchzuführen. Die Gründung der HGW stieß zwar zunächst auf Ablehnung bei den Montankonzernen, aber auch unter den Montanindustriellen herrschte kein Konsens. Die Kritik der Privatindustrie hielt sich letztlich in Grenzen, obwohl sie für das Projekt beachtliche

216 Vgl. Karlsch/Stokes, Faktor Öl, S. 183; Arndt/Schwarz, Hydrierwerk, S. 18 f.; Bütow/Bindernagel, KZ, S. 31 ff.; Kockel, Ölpolitik, S. 121.

217 Vgl. OMGUS, Ermittlungen gegen die Dresdner Bank, S. 35 f.

218 Vgl. Valentin, Gründung, S. 62 f., 67, 72 f., 96 und 104 f. Jonas Scherner argumentiert, der Staat habe keine andere Option als die Ausübung von Zwang gehabt. Das Angebot der höheren Verzinsung des Kapitals über einen Wirtschaftlichkeitsgarantievertrag sei kein gangbarer Weg gewesen, da er Firmen, die bereits Verträge abgeschlossen hatten, diskriminiert hätte. Vgl. Scherner, Verhältnis, S. 183 f.

Mittel aufwenden musste – 130 Mio. RM als stimmrechtslose Vorzugsaktien –, ohne Aussicht auf unmittelbare Gewinne.

Am 15. Juli 1937 erfolgte die Gründung der HGW. Paul Pleiger wurde zunächst als alleiniges Vorstandsmitglied eingesetzt. Im AR saßen Paul Körner als Görings Stellvertreter im VJP, Dietrich Klagges als der zuständige braunschweigische Ministerpräsident, der Leiter der Abteilung Finanzierung im Rohstoffamt, Kurt Lange, der Min.Dirig. im RWiM Arthur Nasse, als Vertreter der Industrie der Vorstandsvorsitzende der Rheinmetall-Borsig, Hellmuth Roehnert, der Wehrwirtschaftsführer Wilhelm Voß sowie Wilhelm Keppler.

Nachdem die HGW mit einem Kapital von fünf Mio. RM 1937 gegründet worden waren, setzte bis 1944 ein in der deutschen Wirtschaftsgeschichte beispielloser Prozess der Kapitalkonzentration und -zentralisation ein, der die HGW innerhalb weniger Jahre zu einem der größten Konzerne Europas anwachsen ließ. Die HGW stellten nicht nur eine neuartige Konkurrenz gegenüber der Montanindustrie dar, sondern sie bildeten auch den Kristallisationskern einer neuen Formation von Industriellen heraus, die als Schrittmacher einer engeren Zusammenarbeit von Partei, Staat und Wirtschaft fungierten.[219]

Paul Pleiger unterbreitete den Eigentümern Vorschläge zur Verwertung der Vorkommen, kam aber nicht einmal mit der Androhung einer staatlichen Zentralisation voran. Am 16. Juni 1937 erklärte Göring den Spitzenvertretern der deutschen Montanindustrie dann unumwunden: »Ich bin mir bereits darüber einig, ein ganz großes Werk unter meinem persönlichen Einfluß bauen zu lassen. Es ist mir gleichgültig, ob das Werk dem Staat gehören soll oder ob es von Ihnen gebaut wird und dann Ihnen gehört. Es müssen die letzten Bedenken gegen die Förderung deutscher Erze fallen. [...] Wo es nicht geschieht, nehmen wir Ihnen das Erz ab und machen es selbst.«[220]

Göring ordnete am 8. Juli 1937 an, dass unverzüglich eine Gesellschaft mit einem Kapital von fünf Mio. RM von Reichs wegen als »Ausgangsstellung« für den Bau von zunächst drei Hüttenwerken gegründet werden sollte. Das Reich und die Länder Baden, Bayern, Braunschweig und Preußen sollten nie weniger als 51 Prozent der Aktien besitzen. Die Privatindustrie sollte sich zwar beteiligen, jedoch in der Aufbauphase nicht mitzureden haben. Erst nach voller Inbetriebnahme der Werke werde man den wirtschaftlichen Gepflogenheiten entsprechend verfahren können.

Am 23. Juli 1937 eröffnete Göring den Industriellen, er werde alle Erzfelder zusammenschließen, die nötig seien, um die Hochöfen der riesigen Neuanlagen zu speisen. Hitler habe den Plan gebilligt und seine Zustimmung zu einem entsprechenden Gesetz gegeben. Dass die Eigentümer die Erzfelder hergeben müssten, unterliege keinem Zweifel, Widerstand sei nutzlos. Er unterstrich seinen Wunsch, dass sich die Werke der privaten Eisenhüttenindustrie möglichst an dem neuen Unternehmen

219 Vgl. Wysocki, Arbeit, S. 25, 27 f. und 32; Koltrowitz u. a., Gründung, S. 8 f.; Amenda, Mobilisierung.

220 Vgl. Riedel, Gründung, S. 43 f., 46, 49 und 53 (Zitat S. 49).

beteiligten, machte jedoch keinen Hehl daraus, dass er allein der Herr im Haus sein würde: Da das Reich den allergrößten Teil des Kapitals aufbringe, verlange es auch die Führung ausschließlich für sich allein.[221]

Zur Finanzierung wurde das Aktienkapital der HGW im Frühjahr 1938 auf 400 Mio. RM aufgestockt. Das Reich erhielt davon 270 Mio. RM allein stimmberechtigter Aktien, 130 Mio. RM stimmrechtlose Vorzugsaktien mussten die Privatunternehmen übernehmen, davon gingen 75 Prozent an die Arbeitsgemeinschaft der Eisen-, Stahl- und Metallverarbeitenden Industrie. Letztere übernahm damit einen erheblichen Teil der Investitionskosten, besaß aber keinerlei unternehmerisches Mitspracherecht und wurde mit der Aussicht auf die Beteiligung an zukünftigen Gewinnen vertröstet.[222]

Nur drei Jahre nach dem »Anschluss« Österreichs war in dem Unternehmen die wahrscheinlich weltweit größte Konzentration industrieller Macht herangewachsen, mit mehr als 2,5 Mrd. RM Kapital und rund 600.000 Beschäftigten. Damit waren die Reichswerke größer als die beiden führenden privatindustriellen Unternehmen, IG Farbenindustrie und Vereinigte Stahlwerke (Stahlverein), zusammengenommen.

Man kann das Frühjahr 1940 in vielerlei Hinsicht als Wendepunkt betrachten. Zu dieser Zeit manifestierte sich das Versagen, die Ausfälle an skandinavischen Erzen zu kompensieren, Göring verlor nach dem Scheitern der Luftschlacht gegen England massiv an Ansehen und die lothringisch-luxemburgische Minette-Region konnte erobert werden, sodass die eisenarmen Erze des Salzgittergebiets an Bedeutung verloren. Danach hatten die HGW zwar immer noch eine privilegierte Position, aber die westlichen Expansionsziele blieben unerreicht. Im Frühjahr 1942 erfolgte mit der Ablösung Görings als Wirtschaftsführer ein weiterer Einschnitt und in der Folge die Reduzierung der HGW zu einem Großkonzern.[223]

Bereits die Entstehungsgeschichte der HGW wäre unter anderen Verhältnissen als denen der nationalsozialistischen Diktatur kaum vorstellbar. Erpressung und Raub ziehen sich als strategische Leitmotive wie ein roter Faden durch die gesamte Geschichte des Konzerns. Die Führungspersönlichkeiten der HGW waren überwiegend »neue Männer«, die im Gegensatz zu den meisten Großindustriellen der privaten Schwer- und Rüstungsindustrie nur dank ihrer Parteikarriere an die Spitze des größten Montankonzerns Europas katapultiert worden waren.

Anders als in der privaten Industrie spielten Rentabilitätsgesichtspunkte bei der Festlegung der Unternehmensziele der HGW deshalb kaum eine Rolle. Nicht die Gewinnerwartungen der Eigentümer waren der Maßstab, an dem der Unternehmenserfolg gemessen wurde, sondern die Erfüllung der rüstungswirtschaftlichen Ziele. Aus Sicht der Berliner Ministerien und Planungsämter wiesen die HGW den Weg, wie auch in anderen Teilen der Rohstoffwirtschaft und der Rüstungsindustrie zu verfahren war. Die private Initiative wurde systematisch zu Gunsten der staatlich gelenkten

221 Vgl. Riedel, Eisen, S. 158 ff. und 173 f.

222 Vgl. Spoerer/Streb, Wirtschaftsgeschichte, S. 177.

223 Vgl. Mollin, Imperium, hier S. 92 und 94.

Konzerne zurückgedrängt. Die Expansion der HGW in den besetzten Gebieten bildete das Paradebeispiel für die zunehmend engere Verzahnung von Wirtschaft und Politik im Verlauf des Kriegs.[224]

Mark Spoerer und Jochen Streb sind der Ansicht, dass die Gründung der HGW trotzdem nicht als kommandowirtschaftliche Zwangsmaßnahme verstanden werden sollte, sondern als erfolgreiche Weigerung der Schwerindustrie, langfristig unrentable Kapazitäten aufzubauen. Der totalitäre Staat sei zwar in der Lage gewesen, ihnen über die erzwungene Übernahme der Aktien einen Teil der Finanzierung aufzubürden. Darüber hinaus jedoch verweigerte die Privatwirtschaft erfolgreich, unkalkulierbare Risiken einzugehen.[225]

Alexander Donges sieht in der Gründung der HGW zwar einen weitreichenden und schwerwiegenden Staatseingriff. Die betriebswirtschaftlichen Folgen seien aber begrenzt geblieben, da die schwer abbaubaren Erze unter finanzwirtschaftlichen Gesichtspunkten wertlos waren. Insofern werde die Enteignung der Erzvorkommen in der Forschung nicht nur hinsichtlich ihrer Folgen für den Konzern, sondern auch mit Blick auf ihre wirtschaftspolitische Bedeutung überschätzt.[226]

Als Fazit lässt sich an dieser Stelle festhalten, dass zwar gewisse Ähnlichkeiten zwischen der Konti und den Staatsunternehmen des Dritten Reichs zu konstatieren sind, die Differenzen überwiegen jedoch. Es handelte sich bei der Konti um ein spezifisches, neues Modell. Interessant ist die ausdrückliche Abgrenzung der Konti von den HGW, etwa als Abs auf der bereits erwähnten Sitzung vom 21. Januar 1941 berichtete, der Reichsmarschall habe besonderen Wert darauf gelegt, Reibungen zu vermeiden, »wie sie bei der Gründung der Reichswerke Hermann Göring entstanden sind«.[227] Und in der ersten AR-Sitzung der Konti führte der Vorsitzer Funk die Unterschiede zu den HGW aus: »Gleichwohl weisen beide Gesellschaften ihrem Wesen nach sehr erhebliche Unterschiede auf. Die Kontinentale Oel-A.G. solle zwar eine stark auf die staatlichen und wehrwirtschaftlichen Interessen in der Oel-Industrie ausgerichtete Gesellschaft sein, gleichwohl aber privatwirtschaftlich geführt werden.«[228]

Vorbild für künftige Neugründungen?

Die Gründung der Konti stellt ein markantes Beispiel für die Verschränkung der Machtinteressen von Staat, Partei, Wehrmacht und Industrie zur Sicherung der Herrschaft des deutschen Kapitals über den ganzen europäischen Raum dar. Sie wurde

224 Vgl. Wixforth/Ziegler, Expansion, S. 257f., 257f. (Anm. 1) und 277f.

225 Vgl. Spoerer/Streb, Wirtschaftsgeschichte, S. 177.

226 Vgl. Donges, Vereinigte Stahlwerke, S. 401.

227 AV Abs vom 23.1.1941, in: SfS-Archiv, OMGUS-Report Deutsche Bank, Exhibit 429 (Zitat ebd.). Auch in: HADB, B 59. Abschrift in: HADB, B 63; BAK, Z 45-F, 2/205/4. Fotokopie in: StaN, KV-Anklage, Dok. Fotokopien, NI-10797. Vgl. dazu auch: Eichholtz, Geschichte, Bd. 1, S. 236.

228 AN Weltzien über die Sitzung des AR der Konti am 27. März 1941 vom 28.3.1941, in: BAB, R 8127, Nr. 16154, Bl. 44f., hier Bl. 44.

als »Modell für die zukünftige Organisation eines Unternehmens« bezeichnet, als ein der tradierten gemischten Unternehmenform von Staat und Wirtschaft überlegenes Modell.

Der Kunstgriff der Gründer bestand in dem mit den Namensaktien verbundenen Pluralstimmrecht, das gegenüber den Inhaberaktien eine fünfzigfach höhere Stimmkraft garantierte. Die Gründung der Konti ist daher nicht nur ein gutes Beispiel für die Verschränkung von Machtinteressen verschiedener Akteure, sondern auch für die »neue« Rolle der Aktiengesellschaft, welche die Idee vom Eigentum der Aktionäre an den Unternehmungen »ihres lebendigen Inhalts entkleidete und fast zum bloßen Phantom juristischer Konstruktion« entwertete. Durch die Gewährleistung des staatlichen Einflusses im AR diene, so die nationalsozialistischen Kommentatoren, diese Organisation dem Interesse Deutschlands besser als ein reines Staatsunternehmen mit kapitalistischen Interessen. Dabei übersahen sie, dass die Gesellschaft allein der Ausbeutung des Öls in den eroberten Ländern diente und die Gewinne allein ihr zuflossen.[229]

Franz Neumann betrachtet die Gründung der Konti als »Modell für die zukünftige Organisation eines Unternehmens«.[230] Im Gesamtkontext ordnet er sie in die weitreichenden Pläne zur »Germanisierung« ein: »Noch wichtiger ist der Machtzuwachs, den die Industriekonzerne durch die Eingliederung aller Unternehmen der eroberten Gebiete in ihren Einflußbereich erlangen. [...] Der Prozeß ist noch keineswegs an sein Ende gelangt. Bisher wurde nur die Oberfläche der Wirtschaft in den eroberten Territorien berührt. Nutznießer der Eroberung sind nicht allein die Hermann-Göring-Werke, sondern ebenso die industriellen Magnaten. Zwei Beispiele können das Ausmaß zeigen, zu dem sich das Privateigentum die Wohltaten der Eroberung und der Herrschaft des deutschen Kapitals über den ganzen europäischen Bereich sichert. Das eine ist die Gründung der ›Kontinentale Öl AG‹, die als ›Modell für die zukünftige Organisation eines Unternehmens‹ bezeichnet wurde. Die Aktiengesellschaft ist eine Holding allerjener Ölinteressen außerhalb des eigentlichen Deutschlands in den von Deutschland schon eroberten oder in Zukunft noch zu erobernden Gebieten.«[231]

Offensichtlich ist die Frage hypothetisch, ob sich – ein längeres Fortbestehen des NS-Regimes vorausgesetzt – die Konti zu einem Modell für künftige Unternehmensgründungen entwickelt hätte. Dagegen spricht aus meiner Sicht der Plan für die Ostgesellschaften: Ihr Wirkungsbereich, der sich auf einen riesigen Raum erstrecken würde, hätte in Friedenszeiten privatisiert werden sollen. Auf der anderen Seite erscheint der Modellcharakter für Unternehmen mit einer vergleichbar kontinentalen –

229 Vgl. Kahn, Steuerung, S. 429 f. (Zitat S. 430).

230 Das Zitat, auf das sich Neumann damit bezog, lautet: »Hier ist in sorgfältiger Ueberlegung eine Konstruktion gefunden worden, die als Muster gelten kann für die Form des unternehmerischen Einsatzes auf allen Gebieten, auf denen sich die öffentliche Hand ein konkretes Aufsichts- und Lenkungsrecht vorbehalten muß.« In: Kontinentale Oel-AG, S. 151.

231 Neumann, Behemoth, S. 329. Als zweites Beispiel führt Neumann den »Montanblock« in Lothringen an, der gleichmäßig auf fünf deutsche Konzerne verteilt wurde. Vgl. ebd., S. 330.

oder sogar noch darüber hinaus gehenden – Orientierung und mit wirtschaftlich essentiellen Arbeitsgebieten absolut plausibel. Warum hätten sich etwa im Verkehrssektor staatlich kontrollierte globale Gesellschaften nicht etablieren sollen? Erinnert sei in diesem Zusammenhang an die bereits laufenden Planungen für einen deutschen Flugverkehr in Afrika oder die Vorstellungen einer kontinentalen Breitspurbahnlinie.[232]

3.3 Modell einer neuen herrschenden Klasse?

Eliten und herrschende Klasse

Wer mit dem Elitenbegriff operiert, muss sich zunächst über dessen Inhalt klarwerden. Wer oder was ist eigentlich »Elite« bzw. die »herrschende Klasse«? An einschlägigen Definitionen herrscht kein Mangel, zunächst einmal die klassischen:

Nach der Theorie von Karl Marx existieren in jeder Gesellschaft, die über die primitivste Stufe hinausgeht, eine herrschende und eine oder mehrere beherrschte Klassen. Die Machtstellung der herrschenden Klasse ergibt sich aus dem Eigentum der wichtigsten Produktionsmittel, ihre politische Herrschaft über den Einfluss, den sie auf Militär und Ideologieproduktion ausübt. Marx verstand den Begriff der herrschenden Klasse als Beschreibung eines realen Phänomens. Thomas B. Bottomore schlug vor, ihn eher als »Idealtyp« im Sinne Max Webers zu verwenden.[233]

Der Italiener Gaetano Mosca beschränkte 1895 die herrschende auf die politische Klasse und unterschied zwei Gruppen: die Regierenden und die Regierten. Die erste fülle alle politischen Funktionen aus, monopolisiere die Macht und erfreue sich an den daraus erwachsenden Vorteilen. Sie lenke und reguliere die zweite auf mehr oder minder gesetzliche Weise, also mal mehr und mal weniger willkürlich und gewaltsam.[234] Moscas Begriff der herrschenden Klasse ist für unseren Zusammenhang zweifellos zu eng gefasst und zu politikzentriert.

Vilfredo Pareto entwickelte zwanzig Jahre später die Idee vom Kreislauf der Eliten. Demzufolge wuchsen in die jeweils herrschende Klasse jene Unterschichtsfamilien nach, welche die für die Behauptung der Macht nötige Tatkraft mitbrachten. Durch diesen Kreislauf befinde sich die herrschende Elite in einer beständigen langsamen Umbildung.[235]

Beide, Mosca und Pareto, definierten »Elite« als eine Minderheit, die über die Mehrheit herrscht. Beim Wechsel der Eliten hielt Mosca einen Kreislauf unter dem Aspekt

232 Vgl. Linne, Deutschland, S. 120 ff.; Joachimsthaler, Breitspurbahn.

233 Vgl. Bottomore, Elite, S. 23 und 39; Krysmanski, Privateigentum. Vgl. insgesamt: Hartmann, Elitesoziologie.

234 Vgl. Mosca, Politische Klasse, S. 96.

235 Vgl. Pareto, Allgemeine Soziologie, S. 256 f.

des Auftauchens neuer sozialer Kräfte für möglich, während Pareto strikt in Unter- und Oberklasse, also Beherrschte und Herrschende unterschied. Diese Elitebegriffe finden bis heute Berücksichtigung: Nach wie vor werden Eliten als gesellschaftliche Gruppen verstanden, die politische oder andere Herrschaft ausüben oder sie zumindest beeinflussen.[236]

Der von Charles Wright Mills 1956 geprägte Begriff der »Machtelite« (*power elite*) eignet sich als Modell wohl am besten für diesen Kontext. Nicht zufällig hielt Mills den Ansatz von Franz Neumann, von der Zusammenarbeit der Machtsäulen, für bedeutsam, weil dieser Plausibilität für die moderne Gesellschaft insgesamt aufweise: »Behemoth is everywhere united.« Für Mills bestand die Machtelite aus den führenden Kreisen von Wirtschaft, Militär und Politik. Den inneren Kern dieser Machtelite bildeten dann die Männer, die die Führungsrollen in den drei institutionellen Ordnungen untereinander vergaben, sowie die leitenden Rechtssachverständigen und Finanzexperten aus den großen Anwaltsfirmen und Banken. Sie könne man als professionelle Mittelsmänner zwischen Wirtschaft, Politik und Militär betrachten, die ihren Teil zur Einheit der Machtelite beitrügen.[237]

In der Geschichtswissenschaft floriert die Elitenforschung erst seit den 1990er Jahren. 1965 konnte Wolfgang Zapf noch schreiben: »Die Oberschichten sind weit weniger bekannt als andere soziale Gruppen, obwohl gerade ihre Untersuchung die Chance bietet, den zentralen Problemen von Herrschaft, Konflikt und Wandel einer Gesellschaft näherzukommen.« Während seit Mitte der 1990er Jahre »Elite« zu einem Modewort in den Sozial- und Kulturwissenschaften avancierte, war in den Geschichtswissenschaften eher von »Adel« oder »Bürgertum« die Rede. Die Erfahrung des nationalsozialistischen Herrschaftssystems mit seiner Hypertrophie des Führerkults erschwerte einen wertneutralen Umgang mit Elitetheorien und den mit ihnen korrespondierenden Forschungsbereichen.

In der Mehrzahl der historischen Untersuchungen wurde der Begriff »Elite« nicht auf seinen tatsächlichen Inhalt befragt, sondern fallweise entweder im Sinn von »Oberschicht«, »Führungsgruppe« oder »politische Trägerschicht« gebraucht. Uneinigkeit bestand und besteht darüber hinaus in der Frage, ob »Elite« als Gruppe, Schicht oder Klasse oder doch eher als bloße Summe von Individuen verstanden werden muss. Konsens scheint lediglich darüber zu bestehen, dass Eliten als Personengruppen zu definieren sind, die sich durch ihre Macht bzw. ihren Einfluss auf gesellschaftlich bedeutende Entscheidungen auszeichnen.[238]

Mit Blick auf Neumanns »Behemoth«, der sich in dem Werk auf die Machtelite konzentrierte, moniert Alf Lüdtke zu Recht die Defizite eines solchen Ansatzes: Neumann habe die innere Figuration dieser Eliten ausgeblendet, Rivalitäten oder Kollisionen

236 Vgl. Pohl, Eliten, S. 50. Zur Kritik an den klassischen Elitebegriffen etwa durch Charles Wright Mills und Pierre Bourdieu vgl. Hartmann, Elitesoziologie, S. 76 ff.

237 Vgl. Mills, Nazi Behemoth (Zitat S. 178); ders., Machtelite, S. 382 und 389 f.

238 Vgl. Seemann, Konzept, S. 25 f.

einzelner Gruppen oder Ebenen ebenso vernachlässigt wie das personale Moment. Im individuellen Fall stelle sich stets die Frage, welche Interessen und Orientierungen, Vorlieben und Antipathien, Hoffnungen und Ängste das Verhalten derer bestimmten, die als Elite auftraten oder galten. Im Hinblick auf das Kräftefeld von Herrschaft träten bei Neumann nur einzelne Spitzen hervor. Die »Unter-Eliten«, die Thomas B. Bottomore als differenzierte, von bürokratischer Organisierung durchzogene Gesellschaften beschrieb, blieben so im Dunkeln. Während Bottomore allerdings auf den gesamten »neuen Mittelstand« der Staatsbeamten, Manager, Geistesarbeiter, Wissenschaftler, Ingenieure und andere verwies, geht es Lüdtke um die Inhaber spezifischer Kompetenzen, die in Deutschland ganz überwiegend an formale Qualifikationen gebunden waren. Erst das »Mitmachen« dieser Kompetenzträger habe die Produktion und Reproduktion gesellschaftlicher Ordnung im Alltag ermöglicht, also der Herrschaft der Wenigen und der Machteliten den Weg geebnet.[239] Diese Kritik klingt schlüssig.

Als Synthese bietet sich die Theorie sozialer Netzwerke an. Es scheint sich als Konsens herauszukristallisieren, dass für die Konstituierung von Eliten netzwerkbasierte soziale Ressourcen unabdingbar sind. Kollektive Rekrutierungsmechanismen regeln nach diesem Ansatz den Zugang, erzeugen und bewahren Homogenität und Exklusivität. Personale Netzwerke können so dem Aufbau und der Pflege eines spezifischen Bestands von Sozial-, aber auch Humankapital dienen. Daneben seien sie Institutionen, die Informationsflüsse sicherstellten und gegenseitige Kontrolle erlaubten.[240] Bezogen auf das Thema bildeten solche relevanten Netzwerke in erster Linie der Freundeskreis des Reichsführer SS (RFSS) und die Aufsichtsräte bestimmter Unternehmen, vor allem der IG Farben, der Deutschen Bank und der Brabag, in denen die entscheidenden Akteure aufeinandertrafen.[241]

Der Aufsichtsrat der Kontinentalen Öl AG

Für Franz Neumann setzte sich die herrschende Klasse im Nationalsozialismus aus jenen Gruppen zusammen, die über die Gewaltmittel, die Produktionsmittel und das administrative Know-how verfügten, konkret also um vier Gruppen: die Naziführung, die Polizei und Propaganda kontrollierte, die Wehrmachtsführung, die Industriehierarchie und die Ministerialbürokratie. Bei Letzterer habe die Macht jedoch beständig abgenommen, so dass sie bald zu vernachlässigen war.[242]

Der AR der Konti las sich für Neumann – das ist der zentrale Punkt – wie eine Liste der neuen deutschen Elite, einer neuen herrschenden Klasse, deren Mitglieder die Repräsentanten der genannten Machtsäulen seien: Partei, Militärbüro-

239 Vgl. Lüdtke, Funktionseliten, S. 561.

240 Vgl. Berghoff/Sydow, Unternehmerische Netzwerke, S. 23.

241 Zum Freundeskreis vgl.: Vogelsang, Freundeskreis und an neuerer Literatur: Bütow/Bindernagel, KZ, S. 47 ff.; Finger/Keller/Wirsching, Dr. Oetker, S. 194 ff.

242 Vgl. Neumann, Behemoth, S. 659.

kratie, des Beamtentums und in diesem speziellen Fall der Vertreter der Mineralöl- und Kohlenindustrie sowie der Banken: »Der Aufsichtsrat stellt so eine Fusion von Industrieführern, hohen Parteiführern, Repräsentanten der Wehrmacht und der Ministerialbürokratie dar.«[243]

Neumann zufolge war diese neue herrschende Klasse des nationalsozialistischen Deutschlands alles andere als homogen, es habe viele verschiedene Interessen und Gruppen gegeben, die nur durch ein Terrorregiment zusammengehalten wurden sowie von der Furcht, dass der Zusammenbruch des Regimes ihrer aller Untergang bedeutete. Den Versuch, diese vier hierarchisch organisierten Gruppen zu einer geschlossenen Elite zu verschmelzen, erkannte Neumann in der Konstruktion des AR der Konti. Dieser AR habe in seiner zielgerichteten Konstruktion zwar zum Modell für eine neue herrschende Klasse getaugt, aber deren Einheit beruhte auf der Ausbeutung fremder Völker sowie des eigenen. Um die vier Gruppen zu saturieren, musste Deutschland Eroberungsfeldzüge durchführen, darin habe das Wesen der Konti und das einzige, die herrschende Klasse zusammenhaltende Band bestanden.[244]

In diesem Punkt lag für Neumann allerdings auch gleichzeitig die Hoffnung auf ein Ende des NS-Regimes: »Nichts bleibt als Gewinne, Macht, Prestige und vor allem Furcht. Bar jeder gemeinsamen Loyalität und ausschließlich um die Wahrung ihrer eigenen Interessen besorgt, werden die herrschenden Gruppen auseinanderfallen, sobald der Wunder vollbringende Führer auf einen gewappneten Gegner trifft. Gegenwärtig braucht jede Gruppe jede andere. Die Armee braucht die Partei, weil der Krieg total ist. Die Armee ist außerstande, die Gesellschaft ›total‹ zu organisieren; das ist Sache der Partei. Andererseits ist die Partei auf die Armee angewiesen, um den Krieg zu gewinnen und damit ihre eigene Macht festigen und sogar vergrößern zu können. Beide brauchen die monopolistische Industrie, die ihnen für die kontinuierliche Expansion bürgt. Und alle drei brauchen die Bürokratie, um die technische Rationalität zu erlangen, ohne die das System nicht funktionsfähig wäre. Jede der vier Gruppen ist souverän und autoritär, jede ist mit eigener legislativer, administrativer und judikativer Macht ausgestattet und jede ist somit in der Lage, die zwischen den vieren notwendigen Kompromisse schnell und skrupellos durchzusetzen.«[245]

Bevor wir uns dem AR der Konti zuwenden, sollte man einen Schritt zurückgehen und sich fragen, ob die von Neumann ausgemachten vier Machtsäulen nicht vielleicht schon vorher keineswegs mehr so idealtypisch fest auf dem Boden standen, wie er annahm. Hatte es nicht längst eine gegenseitige Durchdringung gegeben, eine Amalgamierung? Nicht zuletzt waren Vertreter von Industrie, Militär und Partei in die »klas-

243 Vgl. ebd., S. 329 f. (Zitat S. 330). Vgl. zum Konzept der herrschenden Klasse: Hartmann, Elitesoziologie, S. 175 ff.

244 Vgl. Neumann, Behemoth, S. 459.

245 Ebd., S. 460 f. 1944 prognostizierte Neumann, eine kleine Gruppe mächtiger Industrie-, Finanz- und Agrarmonopolisten werde mit einer Gruppe von Parteihierarchen zu einem einzigen Block verschmelzen, der sowohl über die Mittel der Produktion als auch der Gewalt verfüge. Vgl. ebd., S. 661.

sische« Bürokratie eingedrungen (Fischer, Hermann von Hanneken[246]), und dieses Eindringen in die jeweils andere Sphäre ist bei Industrie und Partei noch evidenter (Kranefuß, Pleiger). Auch bei einer halbstaatlichen Bürokratie wie der Vierjahresplanbehörde lassen sich zahlreiche ähnliche Beispiele finden (Keppler, Krauch). Auf den ersten Blick erscheint also das Militär als die Institution, die vor solchen Prozessen zunächst gefeit blieb. Vergegenwärtigt man sich allerdings die Politisierung des gesamten Militärs, gipfelnd in der Einrichtung der Nationalsozialistischen Führungsoffiziere, wird man dieses Bild korrigieren müssen.[247] Vollständig obsolet wird es, wenn man die in Kapitel 6.4. ausführlich thematisierte TBM in den Blick nimmt – man könnte auch den Wirtschaftsstab Ost (WiStab Ost) nennen. Bei der TBM verschwammen die Grenzen zwischen den einzelnen Machtsäulen vollends: War der DEA-Manager Schlicht in seiner Funktion als Firmenvertreter unterwegs oder als Vertreter des Kriegsverwaltungsrats, mithin als Bürokrat bzw. Militär?[248]

Man muss betonen, dass diese gegenseitigen Durchdringungsprozesse nicht spezifisch nationalsozialistisch waren. Es gab sie auch bereits zuvor in Deutschland, und sie nahmen vor allem in Krisen- und Kriegszeiten vehement zu (s. Kapitel 2.1). Genauso wenig waren sie typisch deutsch. Erinnert sei hier an die USA während der 1930er Jahre, etwa die Tennessee Valley Authority, oder an die dirigistische britische Kriegswirtschaft.[249]

Es ist offensichtlich, dass der AR der Konti – wie bei anderen Aktiengesellschaften auch – hinsichtlich der Unternehmensausrichtung lediglich eine untergeordnete Rolle gespielt hat. Er trat einmal im Jahr zusammen, wurde vom Vorstand in groben Zügen informiert und verfügte über ein allenfalls formales Kontrollrecht (s. Kapitel 3.2).[250] Das Bonmot des AR-Mitglieds Hermann Josef Abs aus den 1960er Jahren verdeutlicht dies anschaulich: »Was ist der Unterschied zwischen einer Hundehütte und dem Aufsichtsrat? Die Hundehütte ist für den Hund, der Aufsichtsrat ist für die Katz.«[251]

Für was also stand dieser AR? Führt man sich noch einmal seine Mitglieder vor Augen, angefangen mit Reichswirtschaftsminister Funk als Vorsitzendem, dann kann man in der Tat auf die Idee kommen, dass es das Ziel (der Politik) war, alle Interessen-

246 Hermann von Hanneken übernahm bei der Neuorganisation des RWiM im Februar 1938 die Leitung der HA II (Bergbau, Eisen, Energiewirtschaft), im April 1939 wurde er zum Unterstaatssekretär im RWiM ernannt. Vgl. Hermann von Hanneken, in: Archiv für publizistische Arbeit (Internationales Biographisches Archiv) vom 15.4.1943, S. 7943, zit. nach: BAB, NS 5-VI, Nr. 17595, Bl. 50; Biografischer Abriß Hermann von Hanneken, General der Infanterie, in: BA-MA; MSG 109, Nr. 935; Lebenslauf, in: Lexikon der Wehrmacht (https://www.lexikon-der-wehrmacht.de/Personenregister/H/HannekenHermannv.htm).

247 Vgl. Lapp, Hitlers NS-Führungsoffiziere.

248 Vgl. Linne, Krieg.

249 Vgl. Schivelbusch, Entfernte Verwandtschaft; Overy, Wurzeln.

250 Vgl. Satzung, S. 5 ff.; Bähr, Unternehmens- und Kapitalmarktrecht.

251 Die eigentliche Arbeit verrichteten die Mitglieder des Arbeitsausschusses bzw. später des Vorstands: Fischer, Brochhaus und Blessing.

gruppen – oder Machtsäulen – abzubilden und einzubinden. Die erste Zusammensetzung des AR sah folgendermaßen aus: Funk als Vorsitzender, die Staatssekretäre Keppler und Neumann als stellvertretende Vorsitzende. Damit war die führende Rolle der Politik, genauer gesagt: des VJP festgelegt. Ferner waren vertreten: als Vertreter des Militärs der General der Infanterie Thomas (Heer), Min.Dirig. Hans-Eduard von Heemskerck (Luftwaffe) sowie Min.Rat Friedrich Fetzer (Marine). Als Vertreter des VJP bzw. der Partei könnte man Professor Carl Krauch – gleichzeitig ein hochrangiger Vertreter der IG Farben –, Min.Dir. Friedrich Gramsch und Min.Rat Friedrich Kadgien einordnen. Als Repräsentanten der Ölindustrie waren vertreten: Direktor Karl Schirner von der DEA, Generaldirektor Heinrich Wisselmann von der Preussag, Direktor Hans Brochhaus von der Gewerkschaft Elwerath sowie Generaldirektor August Rosterg von der Wintershall AG. Dazu kamen – wohl um potenzielle Konflikte zu vermeiden – die Vertreter der Syntheseindustrie: der Kaufmann Fritz Kranefuss von der Brabag (bei dem man allerdings trefflich darüber streiten könnte, ob er nicht vielmehr der Vertreter Himmlers war), ferner der Bergwerksdirektor Herbert Kauert von der Gelsenkirchener Bergwerks-AG bzw. der AG der Kohlenwertstoffverbände, der Chemiker Paul Damm von den Hydrierwerken Brüx, der Direktor Heinrich Bütefisch von den IG Farben sowie der Generaldirektor Baurat Franz Wehling von der Wifo, einem staatlich dominierten Unternehmen. Von den Banken waren vertreten: Direktor Hermann Josef Abs (Deutsche Bank), Direktor Karl Rasche (Dresdner Bank), Staatsfinanzrat a. D. Hans Weltzien (BHG), Direktor August Rohdewald (RKG). Den AR komplettierten der Minister Hans Fischböck, Direktor Karl Blessing, der Kaufmann Ernst Rudolf Fischer von den IG Farben bzw. als Abteilungsleiter aus dem RWiM, der Justizrat Rüdiger Graf von der Goltz, der Kaufmann Franz Hayler, Leiter der Reichsgruppe Handel und gleichzeitig hochrangiger SS-Repräsentant sowie Professor Alfred Bentz als Vertreter des staatlichen RfB. Später wurden neu hinzugewählt: Min.Dir. Hugo Fritz Berger[252] aus dem RFM, Direktor Kurt Haver vom Benzol-Verband, Staatsrat Friedrich Reinhart von der Commerzbank und Kapitän zur See Gottfried Griebel als Ersatz für General Thomas. Beim Blick auf dieses Personaltableau kann man der These Neumanns *prima facie* zweifellos folgen.[253]

Zwar stellten die Wirtschaftsvertreter nominell die Mehrheit, wenn man die Vertreter des VJP hinzuzählt, aber auch Partei, Staatsbürokratie sowie Militär – mit allen drei Waffengattungen – waren angemessen vertreten. Unter den insgesamt 32 Personen befanden sich mindestens 21 NSDAP-Mitglieder, darunter allerdings wenige SS-Mitglieder, dafür war der Freundeskreis des RFSS massiv vertreten. Das entspricht

252 Näheres zu seiner Vita in den Kurzbiographien.

253 Ein Artikel in der *Deutschen Allgemeinen Zeitung* merkte zum AR der Konti treffend an, er bilde »ein Gremium, das die Verkettung von Oel, Chemie, Kohle, Wehrwirtschaft und Politik spiegelt – jene Atmosphäre, die gewissermaßen unser ganzes Leben durchdringt, seit die Motorisierung das Bild der Welt verändert hat«. Vgl. Kontinentale Oel-AG. Berlin, in: Deutsche Allgemeine Zeitung, Nr. 151/152 vom 30.3.1941, zit. nach: HAC, 65-11860, Bl. 1 (Zitat ebd.).

in etwa den Ergebnissen von Paul Windolf und Christian Marx, die bei einer Stichprobe von NSDAP-Mitgliedschaften von Vorstands- und AR-Mitgliedern aus der Zeit von 1933 bis 1938 bei der jüngeren Kohorte, den nach 1889 Geborenen, zu der die untersuchten AR-Mitglieder überwiegend gehörten, auf ein Ergebnis von 62,7 Prozent kamen.[254] Wie bereits im Fall Kranefuß erwähnt, lässt sich bei einigen Personen nicht abschließend klären, wo genau sie standen bzw. hingehörten. Das betrifft neben Kranefuß auch Keppler (Staat/Partei/Freundeskreis), Krauch (Staat/Wirtschaft), Fischer (Staat/Wirtschaft), Hayler (Staat/Wirtschaft/Freundeskreis), Blessing (Wirtschaft/Staat/Freundeskreis) und Graf von der Goltz (Partei/Wirtschaft).

Letztlich ist die Frage, ob die Konti Modellcharakter hatte, ihr AR gar das Modell einer neuen (nationalsozialistischen) Gesellschaft abbildete, hypothetisch, die Laufzeit des Experiments war schlicht zu kurz. Doch erscheint dies – für den Fall eines militärischen und damit geopolitischen Erfolg NS-Deutschlands – nicht vollkommen unwahrscheinlich zu sein. Auf längere Sicht hätte sich diese sehr spezifische Gesellschaft konsolidieren, oder eben, wie Neumann es prognostizierte, untergehen müssen. Eine Variante der Konsolidierung hätte dann zweifellos – bei aller Dynamik, allen Rivalitäten und Konkurrenzen – die dauerhafte Zusammenarbeit und Verschmelzung der vier Machtsäulen sein können.

Wirtschaftseliten und Unternehmertypen

An diesem Punkt lohnt sich ein genauerer Blick auf die Wirtschaftseliten. Dieter Ziegler schlägt folgende Definition der Wirtschaftselite im 20. Jahrhundert vor: »Wirtschaftsbürger« im 20. Jahrhundert sind in erster Linie als Unternehmer zu definieren. Die soziale Schichtenbildung wurde durch tiefgreifende Veränderungen im Bereich der Produktion und Organisation der Unternehmen seit dem letzten Drittel des 19. Jahrhunderts erheblich modifiziert, und diese brachten neue Führungsschichten aus Managern, leitenden Angestellten und den oberen Rängen der »technisch-wissenschaftlichen Intelligenz« hervor.[255] Die These, dass das 20. Jahrhundert durch den Übergang der industriellen Macht von den Eigentümern zu den Managern gekennzeichnet war, ist Allgemeinplatz der Wirtschaftsliteratur geworden.[256]

Die Zusammensetzung der deutschen Wirtschaftselite im 20. Jahrhundert wies eine bemerkenswerte Kontinuität auf. Eine soziale Elitenzirkulation im Sinn der Ablösung einer sozialen Gruppe durch eine andere in der Spitze der Wirtschaftselite fand bis zum Ausbruch des Zweiten Weltkriegs kaum statt. Selbst die für die (politische) NS-Elite typischen *alienated intellectuals* aus der oberen Mittelschicht und die sozialen Aufsteiger (*plebeians*) in der Funktionärsführungsschicht von NSDAP, SA und SS finden sich in der Wirtschaftselite des Jahres 1938 kaum. Die Karrierewege der meisten

254 Vgl. Windolf/Marx, Unternehmer, S. 213.
255 Vgl. Ziegler, Elite, S. 12 f.
256 Vgl. Joly, Großunternehmer, S. 16 f.

Repräsentanten dieses Personenkreises deuten im Gegenteil eher darauf hin, dass sie sich im Jahr 1938 auch ohne NS-Machtergreifung in ähnlich herausgehobenen Positionen befunden hätten. Ausnahmen gab es bei den Staatsunternehmen und solchen, die der öffentlichen Hand gehörten. Prominente politische Aufsteiger in der Wirtschaftselite waren Wilhelm Tengelmann, seit 1934 Vorstandsvorsitzender der Hibernia, und Emil Meyer, seit 1935 ordentliches Vorstandsmitglied der Dresdner Bank.[257]

Während des Kriegs registrierte Franz Neumann die Wandlungen in der deutschen Wirtschaftselite: »Die Praktiker der Gewalt werden mehr und mehr Unternehmer und die Unternehmer Praktiker der Gewalt.« Dabei dachte er in erster Linie an Industrielle, die zu hochrangigen SS-Führern aufstiegen – wie Wilhelm Meinberg, Wilhelm Tengelmann und Kurt Freiherr von Schröder – sowie auf der anderen Seite die »Terroristen«, die »machtvolle industrielle Positionen« übernahmen – wie Kehrl, Pleiger und Roehnert.[258]

Sechzig Jahre später beschäftigte sich Michael von Prollius mit den neuen Unternehmer-Typen, die in seinen Augen eine neue nationalsozialistische Wirtschaftselite gebildet hatten. Dazu zählte er bekannte Namen wie den Textilindustriellen und NS-Wirtschaftsführer Hans Kehrl, den aus dem Mittelstand kommenden Generaldirektor der HGW, Paul Pleiger, sowie Walter Rohland, der die Bochumer Stahlwerke führte und unter Todt, später Speer, die Durchführung des Panzerwagen- und Zugmaschinenprogramms leitete. Die NS-Unternehmer zeichnete von Prollius zufolge aus, dass sie als Generalkommissare, Sonderbevollmächtigte, Leiter von Wirtschaftsgruppen und Vorstandsmitglieder großer Unternehmen mit weitreichenden Vollmachten in spezifischen Branchen und Produktbereichen sowohl befehls- als auch privatwirtschaftliche Aufgaben erfüllten. Genannt seien: Carl Krauch, GBChem Erzeugung und zugleich im Vorstand der IG Farben; Heinrich Koppenberg, Sonderbevollmächtigter Görings für die Herstellung der Ju 88 und Vorstandsvorsitzender des Junkers Konzerns; Jakob Werlin, Generalinspekteur des Führers für das Kraftfahrwesen und im Vorstand der Daimler-Benz AG. Sie verkörperten für von Prollius die Einheit von Staat, Partei und Wirtschaft.[259]

Es waren in der Tat diese neuen Manager, vorrangig aus der Montanindustrie, die wiederholt Aufmerksamkeit auf sich zogen. Gerhard Th. Mollin sieht sie in enger Verbindung mit den Mitteln und Methoden, mit denen die Befehlswirtschaft die Interessen ihres Montankonzerns durchsetzte: von der pseudo-legitimen Anwendung von Verordnungen und Erlassen Görings über den Einsatz der überlegenen Staatsfinanzen bis hin zur nackten Interessendemagogie und Erpressung bewegten sie sich auf der gesamten Bandbreite. Für diese Aufgaben wurde der neuartige Kader von Wirtschaftsfunktionären eingesetzt, die in die einschlägige Ministerialbürokratie eindrangen und auch im Unternehmensmanagement tätig wurden. Sie waren in der

257 Vgl. Ziegler, Kontinuität, S. 44 und 52; Fiedler/Lorentz, Kontinuitäten, S. 74.

258 Vgl. Neumann, Behemoth, S. 354 und 660 f. (Zitate ebd.).

259 Vgl. Prollius, Wirtschaftssystem, S. 282.

Regel Vertraute Görings, bzw. seit 1942 Speers, hatten ihre Parteikarriere vielfach als Gauwirtschaftsberater begonnen und waren als Fachleute durch die Führung kleinerer oder auch Großunternehmen ausgewiesen. Ideologisch zeichneten sie sich durch die – im Vergleich zur Großwirtschaft – frühere Annäherung an die NSDAP aus.

Im wirtschaftlichen Management entwickelte sich laut Mollin aus diesem Kader ein neuer Unternehmertyp, den man als Funktionär-Unternehmer, im Gegensatz zum herkömmlichen Manager-Unternehmer, bezeichnen kann. Pleiger repräsentiert diesen Typus, der auf den politischen Aufstieg des »Führers« orientiert war, eine ideologische Nähe zu Autarkie, Antimonopolismus und Annexionsimperialismus hatte und so einen Gegenentwurf zum konventionellen Monopolindustriellen – wie etwa Ernst Poensgen – darstellte.

Zwischen diesen beiden, dem Manager-Unternehmer und dem Funktionär-Unternehmer, bildete sich noch ein Zwischentypus heraus, der als »Parteibuchindustrieller« bezeichnet werden kann. Konstitutiv für ihn war, dass er seine Position in der Industrie dank seiner Parteimitgliedschaft erreichte. Am Beispiel des ehemaligen Marineoffiziers Otto Steinbrinck kann dies aufgezeigt werden: Von 1926 bis 1931 saß er als Vertreter des dominierenden Kapitaleigners Flick im AR des Stahlvereins, doch seine Kooptierung 1940 verdankte er seinem »guten« Ruf als »Parteimann« und der Protegierung durch Göring.[260]

Krauch stand als Bevollmächtigter Görings für die Verschmelzung von staatlichen und industriellen Interessen und repräsentierte einen Managertypus, der gleichzeitig Funktionen sowohl in der NS-Wirtschaftsverwaltung als auch in einem Großunternehmen wahrnahm und dabei Denktradition und Karrieremuster der deutschen Großindustrie verkörperte. Damit trat er neben den Typus des sozial hochmobilen Mittelständlers, wie etwa Pleiger und Kehrl, der sich schon früh der Partei andiente, wirtschaftsliberale Vorstellungen ablehnte und als Außenseiter in Spitzenpositionen der deutschen Wirtschaft aufrückte.

Diese Verschmelzung von Konzern- und Regimeinteressen, wie sie sich in der Person Krauch manifestierte, wird wiederum von Plumpe und Hayes vehement in Zweifel gezogen; sie stellen die These auf, er sei vorrangig Funktionär des Regimes gewesen. Das, so wiederum Lutz Budraß, werte die hohe Bedeutung seiner Generalvollmacht ab und verwische das Bild dieses speziellen Unternehmertypus. Er fragt sich, ob die Ernennung Krauchs als Entwicklung gewertet werden könne, »die den ›Gangstern‹ Franz Neumanns schon 1938 Konzernmanager an die Seite stellte, deren Stellung eine typische Entwicklung der Beziehung zwischen Unternehmen und Nationalsozialismus reflektierte, selbst wenn die Verschmelzung von Unternehmens- und NS-Interessen nicht nachgewiesen werden« könne.

Budraß wählt als Referenzbeispiel zu Krauch Heinrich Koppenberg, der von Göring zu seinem Sonderbevollmächtigten ernannt wurde, weil er sich Koppenbergs Kenntnisse über die Aufrechterhaltung der Funktionsfähigkeit von Organisationen nutz-

260 Vgl. Mollin, Strukturwandel, S. 372 ff.; Erker, Vorwort, S. 2 ff.; ders., Industrieeliten, S. 7 ff.

bar machen wollte, insbesondere mit Blick auf die Rüstung. Bemerkenswert an diesem Vorgang, so Budraß, sei schon die Tatsache, dass hier ein Manager mit einem Spitzenamt in der staatlichen Wirtschaftsverwaltung betraut wurde. Typisch für den Nationalsozialismus sei der Sonderbevollmächtigte Koppenberg vor allem aufgrund der engen Bindung an Göring gewesen. Er habe sich von den »Funktionärs-Unternehmern« aber unterschieden, da die Wahl seiner Person primär eine funktionale und keine politisch motivierte war.[261]

Paul Erker konstatiert das Auftauchen einer neuen Elite seit 1942: der »Parteibuch-Industriellen«, »Funktions-Manager« und »Techniker-Unternehmer«. Dazu zählt er erstens die 30- bis 40-jährigen »Speer-Jünglinge« aus dem Apparat des Rüstungsministeriums wie Kehrl, Pleiger oder Rohland. Zweitens kamen jene neu hinzu, die simultan Ämter in der NS-Wirtschaftsverwaltung und in einem Großunternehmen wahrnahmen und gleichzeitig Denktraditionen und Karrieremuster der deutschen Großindustrie verkörperten, wie z. B. das Vorstandsmitglied der Auto-Union, William Werner, der für die Flugmotorenfertigung zuständig war. Am deutlichsten, so Erker, repräsentierten diese »NS-Unternehmer« jene Generalkommissare und Sonderbevollmächtigten, die mit weitreichenden Vollmachten ausgestattet wurden, wie Krauch, Koppenberg und Werlin. Die dritte Gruppe sei eng mit der Flugzugindustrie verbunden, sie war strukturbedingt eng mit dem NS-System verstrickt, etwa die Erfinder-Unternehmer Claude Dornier, Ernst Heinkel, Willy Messerschmitt oder Hugo Junkers. Ein Paradebeispiel hierfür sei Ferdinand Porsche mit seinem engen Verhältnis zu Hitler gewesen.[262]

Insgesamt verblüfft das Ausmaß der Kontinuitäten über die politischen Zäsuren von 1933 und 1945 hinweg. Die Rekrutierungsmuster änderten sich weder in der NS-Diktatur noch durch die alliierte Besatzung spürbar. Parteibuch-Unternehmer, die dank ihrer politischen Verbindungen Blitzkarrieren gemacht hatten, blieben im NS-Regime insgesamt Ausnahmen, die nach 1945 schnell wieder von der Bildfläche verschwanden.[263]

Beziehen wir diese Kategorisierungen auf jene Mitglieder des AR der Konti, die aus Wirtschaftsunternehmen kamen, so wird man zunächst feststellen, dass lediglich zwei von ihnen *nicht* dem klassischen Typus des »Manager-Unternehmers« entsprachen, der seine Position auch ohne das NS-Regime erreicht hätte: Kranefuß und Rasche. Sie sind als »Funktionärs-Unternehmer« zu bezeichnen. Eine Sonderrolle als »Funktions-Manager« nimmt Krauch ein, der seine Position bei den IG Farben nicht der Partei verdankte. Schwieriger zu kategorisieren ist Karl Blessing, der zu seiner führenden Rolle bei der Konti nicht durch seine vorherige Position in der Industrie kam, sondern als ehemaliger Reichsbankdirektor und vor allem aufgrund seiner lo-

261 Vgl. Budraß, Unternehmer, S. 74 ff. und 87 f.

262 Vgl. Erker, Industrieeliten, S. 26 ff.

263 Vgl. Berghoff, Moderne Unternehmensgeschichte, S. 258 f.

yalen Zuarbeit zu der Geschäftsgruppe Devisen. Abgesichert war er durch seine Mitgliedschaft in der NSDAP und im Freundeskreis des RFSS.

Betrachtet man die Nachkriegskarrieren der Wirtschaftsvertreter (siehe die Kurzbiographien am Ende dieser Untersuchung) – für die übrigen Mitglieder des AR der Konti gilt das nicht –, so zeigt sich bei den allermeisten von ihnen eine bruchlose Kontinuität, am deutlichsten bei Abs und am spektakulärsten bei Blessing. Für sie galt: »Hinterher hakten sie die zwölf Hitlerjahre ungerührt als ›accident de parcours‹ ab und machten weiter, sobald ihre ›Entnazifizierung‹ abgeschlossen war und die Alliierten grünes Licht gaben.«[264]

3.4 Die Tätigkeit der Holdinggesellschaft

Es mag auf den ersten Blick verwundern, dass der Abschnitt über die eigentliche Tätigkeit der Konti relativ kurz ausfällt. Als typische Holdinggesellschaft überließ sie das operative Geschäft ihren Tochtergesellschaften und konzentrierte sich selbst auf die damit im Zusammenhang stehenden zentralen Aufgaben: Finanzierung, allgemeine Organisation, Einkauf – vor allem für den Kaukasuseinsatz und hier auch die Abwicklung – sowie Vertretung gegenüber ausländischen Regierungs- sowie Reichsstellen. Ebenfalls in ihren Bereich fielen Reichsgarantien und Entschädigungen für Kriegsschäden.

Der Verteiler eines Devisenrundschreibens vom April 1944 gewährt einen kleinen Einblick in den organisatorischen Aufbau der Konti. Das Unternehmen war in folgende Abteilungen bzw. Unterabteilungen gegliedert: Abteilung E 1-9, Betriebswirtschaftliche und Revisionsabteilung, Buchhaltung AG, Buchhaltung GmbH, Buchhaltung Baltische Öl GmbH, Mineralöl-Archiv, Personalabteilung, Rechnungsprüfstelle, Rechtsabteilung, Technische Abteilung, Verkehrsabteilung, Versicherungsabteilung, Verwaltungsabteilung, Zahlungs- und Bankabteilung.[265] Bis 1943 gründete die Konti 23 Tochtergesellschaften, die sie als Holdinggesellschaft in wirtschaftlichen, rechtlichen und steuerlichen Fragen beriet und auch finanzierte. Außerdem organisierte sie eine zentrale Einkaufsabteilung für den Kauf und die Lagerung der benötigten Materialien und Vorräte.[266]

In der Konti war laut Kadgien »eine freudige und aktive Mitarbeit der verschiedenen Unternehmungen sowie Interessen gewünscht«, die in dem Unternehmen zunächst lose zusammengeschlossen worden waren. Entsprechend sollten nicht nur der Einkauf, sondern auch andere zentrale Aufgaben möglichst straff gestaltet wer-

264 Grunenberg, Wundertäter, S. 18.

265 Vgl. Devisenrundschreiben Nr. 33 vom 21. 4. 1944, in: BAB, R 176, Nr. 221. Siehe auch: Devisenrundschreiben Nr. 35 vom 26. 5. 1944, in: ebd.

266 Vgl. Decartelization, S. 7.

den, damit keine umfangreiche neue Organisation nötig würde.[267] Gegen Ende des Kriegs sah sich die Konti jedoch gezwungen, auch Aufgaben zu übernehmen, die ursprünglich bei den Tochtergesellschaften lagen. Zu diesen operativen Tätigkeiten gehörten Ölbohrungen in Südfrankreich in Zusammenarbeit mit der französischen Vichy-Regierung sowie der Betrieb einer Raffinerie in Triest. In Frankreich baute die Konti nicht nur Rohöl ab, sondern demontierte auch eine Reihe von Raffinerien, für deren Wiederaufbau sie sich bereit erklärte. Zu diesem Zweck wurden in den Büchern der Gesellschaft Rücklagen gebildet, zu einer Abrechnung kam es jedoch offenbar nie.[268]

Ein Artikel über die Expansion der Konti in einer US-amerikanischen Fachzeitschrift vom Oktober 1943 verstand das Unternehmen als Instrument des NS-Regimes zur dauerhaften Organisation der Erdölressourcen Europas nach dem Krieg innerhalb der »Neuen Ordnung«. Die Konti bilde die zentrale Stelle für die Kontrolle und Koordinierung aller Aktivitäten, die im Zusammenhang mit der Förderung von Erdöl standen, und zwar in ganz Europa. Eine ihrer wichtigsten Aufgaben bestehe in der zentralen Versorgung und Zuteilung von raren Schlüsselmaterialien, um den größtmöglichen Nutzen in Übereinstimmung mit der aktuellen militärischen und wirtschaftlichen Strategie sicherzustellen.[269]

Die Tätigkeiten der Konti demonstrierten den weitreichenden Anspruch des Unternehmens. Der reichte so weit, dass Neumann Mitte März beim rumänischen Justizminister Mihai Antonescu und Wirtschaftsminister Gheorghe Potopeanu »als Funktionär der Kommissionen Öl-A. G.« (sic!) des noch gar nicht existierenden Unternehmens eingeführt wurde, um sich an Ort und Stelle über die rumänische Erdölwirtschaft unterrichten zu lassen und auch Besichtigungen durchzuführen.[270]

In der Nachkriegszeit gab Hermann Neubacher an, es habe keine offizielle Beziehung zwischen dem AA und der Konti gegeben; gleichwohl habe etwa Fischer direkt mit der rumänischen Regierung verhandelt. Das AA sei naturgemäß über solche Verhandlungen nicht erfreut gewesen, trotzdem habe Neubacher mehrmals zusammen mit Fischer Antonescu oder Marinescu (ehemals Concordia) besucht, etwa um Preise auszuhandeln. Die Politik der Konti habe darin bestanden, auf privatwirtschaftlicher

267 Vgl. AV Siedersleben, Otto Wolff AG, vom 9. 11. 1941, in: RWWA, 72, Nr. 1448-1 (Zitat ebd.).

268 Vgl. Undatiertes Manuskript »Oil Industry« (Oktober 1946), in: NAW (SfS-Archiv), RG 260 OMGUS, ED, DecBr, Nr. 11/18-2/10.

269 Vgl. Expansion of the Kontinentale Oel A. G., in: Petroleum Press Service vom Oktober 1943, S. 2, zit. nach: NAW, RG 169, Box 2201.

270 Vgl. Telegramm Neubacher an das AA vom 14. 3. 1941, in: PA AA, RZ 344, R 106223. Neumanns Besuch in Rumänien diente hauptsächlich der Vorbereitung zur Gründung der Konti. Vgl. Telegramm Neubacher an das AA vom 18. 3. 1941, in: ebd. Bei einem von Funk ausgerichteten Empfang für den rumänischen Handelsminister Ion C. Marinescu am 13. November 1941 waren mehrere führende Mitarbeiter der Konti anwesend: Blessing, Fischer, Kadgien, Kranefuß und Rosterg. Vgl. Gästebuch des Hauses Funk, Eintrag 13. 11. 1941, in: BAK, ZSG 158, Nr. 57.

Basis Einfluss auf die Ölwirtschaft zu nehmen, die Verhandlungen mit der Concordia seien ohne staatlichen Einfluss geführt worden.[271]

Unterbringungsfragen

Im September 1941 bat die Konti die Behörde des Generalbauinspektors für die Reichshauptstadt (GBI), die zur Neugestaltung Berlins für »Arisierung« von Wohnraum sorgte, die Entmietung des Wohnhauses Kaiserdamm 34 in Charlottenburg zu unterstützen, das die Deutschen Solvay-Werke verwalteten und partiell nutzten. Bis Mitte Oktober 1941 gelang es der Konti zwar, dem Generaldirektor der Solvay-Werke für seine Elf-Zimmer-Dienstwohnung ein Haus anzubieten, doch um die Transaktion zu vollenden, fehlte noch eine passende Wohnung für die Eigentümerin des Wohnhauses. Daher ersuchte die Konti am 14. Oktober 1941 den GBI »um die Freundlichkeit, [...] eine 3 1/2-4-Zimmerwohnung aus jüdischem Besitz zur Verfügung zu stellen«. Karl Maria Hettlage, Leiter des GBI-Hauptamts Verwaltung und Wirtschaft, sagte der Konti persönlich die sofortige Ersatzraumbeschaffung zu. Am 20. November 1941 beschwerte sich das Unternehmen jedoch bei Hettlage über das Ersatzangebot für die Wohnungen mit sieben bis elf Zimmern: Unter 35 besichtigten Wohnungen hätte sich »nicht eine einzige gefunden, die nicht schon – zum Teil schon längst – besetzt gewesen wäre. Wir bitten Sie, sehr geehrter Herr Professor, daher höflichst, uns eine Liste neuesten Datums aushändigen zu lassen, die uns in die Lage versetzt, für die Mieter des Hauses Kaiserdamm 34 wirklich Wohnungen zu finden.«[272]

Schließlich machte die Konti selbst eine nicht in den Nachweislisten des GBI enthaltene »jüdische Wohnung [...], die noch nicht vermietet ist«, ausfindig. Der Abschluss des Mietvertrags scheiterte aber laut Mitteilung des Verwalters am Einspruch des GBI, »weil die Wohnung für die Unterbringung mehrerer jüdischer Familien vorgesehen sei. Der Hauseigentümer selbst wehrt sich gegen die Besetzung der Wohnung mit jüdischen Familien.« Nun nahm sich Blessing der Angelegenheit persönlich an und schloss sein Schreiben an Hettlage vom 28. November 1941 mit der Bitte: »Da diese Wohnung bisher die einzige ist, bei der meine Gesellschaft nach vielen vergeblichen Versuchen mit der Exmittierung der Mieter des Hauses Kaiserdamm 34 beginnen könnte, würde ich Ihnen sehr dankbar sein, wenn Sie von der [sic!] Besetzung der Wohnung Kaiserdamm 82 mit jüdischen Familien verzichten und diese Wohnung zu Gunsten meiner Gesellschaft freigeben würden.« Der Leiter der Umsiedlungsabteilung stimmte der Übernahme der Wohnung zu, so es denn die einzige »Judenwohnung« in dem aus Eigentum von Juden stammenden Haus wäre.

Die begehrte Wohnung, von der Blessing schrieb, sie sei noch nicht vermietet, war jedoch vermietet – an einen Herrn Wertheim, der diese auf Anordnung des GBI mit

271 Vgl. Zusammenfassung von Befragungen Neubachers vom 15.10.1945, in: IfZ, MA 1300/2, Bl. 721-760, hier Bl. 754 f.

272 Vgl. Willems, Jude, S. 237 (Zitate ebd.).

der Räumungsliste Nummer 50a vom 4. Februar 1942 räumen musste. Für einen der verdrängten Mieter wandte sich der Berliner Rechtsanwalt und Notar Helmut Jochmann am 27. März 1942 an den GBI: Die mit dem Mietberechtigungsschein des GBI angemietete Wohnung des Mieters Michaelis, Kurfürstendamm 185, sei nun doch nicht genehm. Stattdessen wünsche man die Übernahme der Wohnung des Mieters Mossner im selben Haus; der Hausverwalter sei einverstanden. Dass die Wohnungsabteilung die Räumung gegen den Mieter Michaelis mit der Räumungsliste Nummer 54A vom 12. März 1942 bereits verfügt hatte, war kein Hindernis, denn der Berliner Anwalt schritt zur Selbsthilfe: »Wegen der Räumungsaufforderung an die derzeitigen Mieter habe ich mich mit der Dienststelle der Geheimen Staatspolizei (Herrn Reg. Rat Dr. Venter) in Verbindung gesetzt.«

Insgesamt acht Mietern erleichterte der GBI die Wohnungssuche zugunsten der Kontinentalen Öl AG. Ein neunter Mieter des Hauses Kaiserdamm 34, »Dr. Eichengrün (Jude)«, hatte keinen Ersatzanspruch. Der GBI ließ für die Konti sechs Wohnungen von Juden räumen: eine im Haus Kaiserdamm 34, weitere fünf für Mieter des Hauses Kaiserdamm 23, die von Juden bewohnte Wohnungen anmieteten. Auch für die übrigen drei Mieter gab der GBI Wohnungen frei, die Juden hatten räumen müssen.[273]

Die Genehmigung zum Bau von zwei Bürobaracken Ahornallee 33/Ecke Soorstraße war vom GBI für die Reichshauptstadt Berlin zurückgezogen worden – später wurden sie dann doch gebaut. Die Konti forderte nun eine Wiederinkraftsetzung bzw. eine neue Genehmigung. Aus ihrer Sicht machte es der Umfang der ihr vom Reichsmarschall neu gestellten Aufgaben erforderlich, neue Arbeitsräume für die Mitarbeiter zu schaffen, die vorhandenen reichten keinesfalls aus. Der verantwortliche Baurat Brückner gab an, wegen der Fliegerschäden keine Arbeitskräfte zum Barackenbau stellen zu können, woraufhin die Konti plante, Arbeiter von den Bauvorhaben in Estland abzuziehen. Sie wollte auch die Baracken selbst besorgen, Heizungsmaterial hatte bereits der GBChem zugesagt.[274]

Das Ende 1941 bezogene Geschäftshaus der Konti am Kaiserdamm 34 wurde schließlich bei einem Luftangriff in der Nacht vom 22./23. November 1943 total zerstört, so dass die Gesellschaft die bereits zur Verfügung stehenden Büroräume im DEA-Haus, Berlin-Schöneberg, Martin-Luther-Straße 61-66, zusätzlich belegte. Weil man zudem Abteilungen nach außerhalb der Stadtgrenzen verlegte, konnten die Arbeiten bald wieder aufgenommen werden.[275]

273 Vgl. ebd., S. 241 und 245 (Zitate ebd.); Schreiben Konti an Hettlage vom 20.11.1941, in: BAB, R 4606, Nr. 4804; Schreiben Blessing an Hettlage vom 28.11.1941, in: ebd.

274 Vgl. Schreiben Konti an GBI vom 8.4.1943, in: ebd., Nr. 4932.

275 Vgl. Rundschreiben Konti an Mitglieder des AR vom 31.3.1944, in: S. 6, HAC, 500/109595. Auch in: HADB, B 60 und in: BAB, R 176, Nr. 194.

Zentraler Einkauf für den Kaukasuseinsatz

Auf einer Sitzung im RWiM am 11. Juli 1941 verkündete Fischer die Übertragung der Ausbeutung der russischen Ölquellen an die Konti. Die zuständige behördliche Stelle sollte nach der Besetzung der russischen Gebiete die Wirtschaftsinspektion des OKW sein, deren Ämter im Einvernehmen mit dem RWiM besetzt werden sollten. Dadurch, dass alle Zuständigkeiten in der Konti zusammengeführt wurden, sei eine Einigkeit mit dem RWiM gewährleistet, da es sich größtenteils um dieselben Personen handelte.

Zur Vorbereitung sollte die Konti die »Russenaufträge«, also alle Bestellungen, die aus Russland in Auftrag gegeben worden waren, schnellstens durchführen, hiermit sollte sich Jäger befassen. Die Sichtung dieser Aufträge hinsichtlich der Bohranlagen erfolgte über die Abteilung von Bentz.[276] So hatte etwa der Maschinenport Moskau bei der Ferrostaal AG insgesamt fünf Schwimmbagger in Auftrag gegeben, die Essener Firma hatte sie bereits bei der Verschure-Werft in Amsterdam bestellt und Anzahlungen geleistet. Anstelle der sowjetischen Verantwortlichen trat nun im Einvernehmen mit dem RWiM die Konti als Abnehmer der Bagger auf.[277]

Da die Konti die wirtschaftliche und industrielle Trägerin der Kaukasusölexpedition sein sollte, gründete man für die Vorbereitung der Bestellungen sowie für die Terminverfolgung die Ost Öl GmbH. Diese sollte gleichzeitig der vorläufige Vertragspartner für alle bereits in die Wege geleiteten Neueinstellungen sein, die für die industrielle Betätigung im Kaukasus relevant waren. Sie verfügte am Anfang nur über ein kleines Gesellschaftskapital von einigen Hunderttausend RM, das zwar im Laufe der Zeit auf etwa drei Mio. RM erhöht wurde, aber auch damit in keinem Verhältnis zu den Transaktionen stand, um die es hier ging. Das war auch nicht erforderlich, da sie, wie erwähnt, nur vorbereitend auftrat und die Materialbestellungen selbst durch die Konti getätigt wurden. Der Mangel an Bohr- und Gewinnungsfachleuten erklärte das Bestreben an höherer Stelle, die Personalrekrutierung in den Kaukasusgebieten solange wie möglich im militärischen Rahmen zu belassen, da auf diese Weise geeignete Fachleute vergleichsweise einfach herangeholt werden konnten. Nach Beginn des militärischen Facheinsatzes im Kaukasus unternahm die Konti die befohlene Ausweitung der Erstplanung, bis diese sich auf 375 Anlagen für die beiden ersten Einsatzjahre ausdehnte.[278]

In der Ausführung dieser Planung, d.h. im Bestellwesen, war die Konti jedoch ab Ende 1942 auch nicht mehr frei, da inzwischen das Rüstungslieferungsamt des Rüstungsministeriums die Ausrichtung der Fertigungsindustrie auf das angeschwollene Bestellvolumen übernommen hatte. Zur Durchführung dieser Arbeiten

276 Vgl. Sonder-Bericht Nr. 1 vom 17. Juli 1941, S. 1ff., in: RWWA, 72, Nr. 1448-1; Sonderbericht Nr. 2 vom 14. Juli 1941, in: ebd.

277 Vgl. AN aus dem Ausland-Sekretariat der Dresdner Bank zum Prolongationsantrag der Handelstrust West N.V., Amsterdam vom 22.4.1942, in: HAC, 5229-2000; Wixforth, Expansion, S. 777.

278 Vgl. Günther Schlicht, Die deutsche Expedition in den Kaukasus, o.Dat., S. 28ff., in: BGR, Nr. 0058277.

wurde dort ein Sonderausschuss für Tiefbohrgeräte und Ölfeldbedarf gegründet, der nicht nur die Fertigung steuerte, sondern auch das Bestellwesen sämtlicher Erdölfirmen kontrollierte. Gegen diese Regelung lief die fachliche Seite Sturm, aber erst mit der Neuorganisation der Fachgruppe Erdölgewinnung ab Ende 1943 gelang es, den Sonderausschuss langsam zurückzudrängen.[279]

Zur einheitlichen Beschaffung sowie zur Finanzierung der erforderlichen Geräte und sonstigen Ölfeldeinrichtungen wurde die EAG gegründet, die nunmehr als Bestellträger auftrat. Zu diesem Zweck hatten sich unter anderem die Konti, die Gewerkschaft Elwerath, die Preussag, die DEA, die Wintershall AG, die Itag, Haniel & Lueg, die Deutsche Maschinenbau-Aktiengesellschaft und Mannesmann zusammengefunden. Gegenstand dieses Unternehmens sollten der Erwerb, die Vermietung und die Veräußerung von Material für Anlagen der Erdölindustrie sein. Das Stammkapital betrug fünf Mio. RM, davon hielt die Rüstungskontor GmbH 2,6 Mio. RM, die übrigen Firmen jeweils 200.000. RM. Die Geschäfte leiteten Arthur Groote, der gleichzeitig Geschäftsführer des Sonderausschusses für Tiefbohrgeräte und Ölfeldbedarf war, und Heinz Schmid-Lossberg, der erste Geschäftsführer der Rüstungskontor GmbH. Die ohnehin bestehenden organisatorischen Unklarheiten wurden noch dadurch potenziert, dass keine der neugeschaffenen Stellen, wie Sonderausschuss oder EAG, qualifiziert besetzt waren.[280]

In der AR-Sitzung der Konti am 13. Januar 1942 versicherten Fischer und Blessing den Anwesenden, der »Kaukasuseinsatz« werde weiterhin mit Nachdruck vorbereitet, wenngleich im Vorjahr alle hochgesteckten Hoffnungen enttäuscht worden seien. Doch auf Basis der Erfahrungen in Estland und bei Romny erwartete man ähnliche Probleme im Kaukasus im Großmaßstab, nicht zuletzt, weil davon auszugehen war, dass die Russen vor ihrem Abzug Bohrgeräte und Raffinerien abbauen und abtransportieren würden.[281]

Kadgien hatte bereits in einer Besprechung am 9. Juli 1941 bei Otto Wolff einen unverbindlichen Plan seines Ressorts in der VJP-Behörde präsentiert, demzufolge die Firma Otto Wolff als Generalunternehmer von der Konti für sämtliche Erdölausrüstungen und Erdölleitungen in Russland vertraglich verpflichtet würde. Ihre Tätigkeit sollte sich nicht nur auf die Lieferung der benötigten Röhren, Bohrgeräte, Pumpen und dergleichen erstrecken, sondern darüber hinaus für die betriebsfertige Erstellung und Errichtung der Anlagen, Rohrleitungen usw. sorgen. Kadgien war sich der Schwierigkeiten und der bevorstehenden Widerstände bewusst. Die Erfahrungen des VJP mit dem Unternehmen wertete er jedoch als so positiv, dass ihm

279 Vgl. Gründungsvereinbarung der EAG vom 2.9.1942, in: BAB, R 121, Nr. 199.

280 Vgl. Gesellschaftsvertrag der EAG vom 2.9.1942, in: S. 3 und 7 f., ebd.; Günther Schlicht, Die deutsche Expedition in den Kaukasus, o. Dat., S. 28 ff., in: BGR, Nr. 0058277. Die Konti trat ihren Anteil später an die Rüstungskontor GmbH ab. Vgl. Schreiben EAG an Konti vom 30.8.1943, in: BAB, R 121, Nr. 310.

281 Vgl. Eichholtz, Ölpolitik, S. 447.

die Übertragung einer Generalunternehmerschaft für dieses wichtige Sachgebiet vertretbar und richtig erschien. Die Vereinigten Stahlwerke, Mannesmann und die Allgemeine Rohrleitung AG sollten mit ins Boot geholt werden.[282] Diese Ideen wurden entwickelt, weil man nicht wie bei den Hermann-Göring-Werken einen großen Verwaltungsapparat aufbauen, sondern sich der vorhandenen Stäbe großer Firmen bedienen wollte.[283]

Ferrostaal und Otto Wolff bildeten ein Einkaufskonsortium, dem die Konti den treuhänderischen Einkauf von Maschinen, Geräten und allgemeinen Betriebsmaterialien übertrug, sofern sie nicht von den Einkaufsabteilungen des Unternehmens direkt beschafft wurden. Das Einkaufskonsortium erhielt dafür eine Provision in Höhe von fünf Prozent bis zu einem Gesamtbetrag von zehn Mio. RM, danach 3,5 Prozent. Das Abkommen lief zunächst bis zum Jahresende 1943 und verlängerte sich jeweils um ein Jahr, falls es nicht drei Monate vor Ablauf gekündigt wurde.[284]

Nicht immer funktionierten die Lieferungen reibungslos, so hielt etwa die Alfred Wirth & Co. KG wiederholt Liefertermine nicht ein. Die Konti berief sich daraufhin auf Befehle des OKW und die Bedeutung ihrer Aufgabe. »Von keiner der deutschen Lieferfirmen haben wir bei unseren Bemühungen, das aufgestellte Planprogramm zu erfüllen, so wenig Unterstützung gefunden, wie der Ihrigen.« In der Konsequenz habe man die Verzögerungen den militärischen Stellen mitteilen müssen.[285]

Ein Mitarbeiter der Otto Wolff AG unterstellte, die Konti scheine ein »Ölfeld-Warenhaus« einrichten zu wollen, ein in seinen Augen äußerst zweifelhaftes Unterfangen. Selbst bei den aktuell laufenden großen Geschäften mit der Konti, bei denen es sich um hohe Stückzahlen gleichartiger Waren handelte, zeigten sich schon die Schwierigkeiten eines zentralen Einkaufs. Wenn das Unternehmen nun ein vielfältiges Angebot für Hunderte von Gesellschaften in Dutzenden verschiedener Ländern führen wolle, würden die Probleme nur größer werden. Ein vernünftiger Einsatz, eine funktionierende Terminierung und eine angemessene Lagerhaltung ließen sich eben nicht vom grünen Tisch aus durchführen.[286]

Auf Verlangen der Wehrmacht hatte die Konti den Mineralölkommandos Bohrgeräte im Wert von mehr als 30 Mio. RM zur Verfügung gestellt, die aufgrund des Reichsleistungsgesetzes übernommen und später zurückgegeben werden sollten. Nach Verhandlungen zwischen Körner und Thomas hatte der Beauftragte für den VJP dem OKW einen Vertragsentwurf übersandt, über den es jedoch noch zu keiner Einigung gekommen war. Die Wehrmacht wollte eine Haftung nur bei eigenem Verschulden übernehmen; die Konti hingegen hatte beim RWiM beantragt, dass das

282 Vgl. AV Siedersleben, Otto Wolff AG, vom 10.7.1941, in: RWWA, 72, Nr. 1448-1.

283 Vgl. Schreiben Gasper an Blessing, Konti, vom 7.4.1942, in: ebd.

284 Vgl. Abkommen Konti, Ferrostaal AG und Otto Wolff AG vom 5.11.1941, in: ebd.

285 Vgl. Schreiben Konti, Blessing und Dihlmann, an den Vorstand der Alfred Wirth & Co. KG vom 7.8.1942, in: ebd. (Zitat ebd.).

286 Vgl. Schreiben Alfred Wirth & Co. KG an Otto Wolff AG, Gasper, vom 7.8.1942, in: ebd.

Reich auch Ersatz für Verluste, die durch Transport und Einsatz der Bohrgeräte im Kampfgebiet entstünden, zu leisten hätte.

Vertreter des RWiM und des RFM sprachen sich jedoch einhellig gegen die Übernahme einer Reichsgarantie aus. Aus ihrer Sicht arbeitete die Konti auf privatwirtschaftlicher Grundlage und müsste somit sämtliche Geschäftsrisiken in den besetzten Ostgebieten übernehmen. Man konzedierte zwar ein außergewöhnlich hohes Risiko, da die Gesellschaft den Zeitpunkt des Einsatzes der Bohrgeräte nicht selbst bestimmen und keinen Einfluss auf die Tätigkeit der Mineralölkommandos nehmen könne. Andererseits seien die Gewinnchancen der Gesellschaft auch außergewöhnlich hoch.[287]

Der Vorstand der Konti hatte am 12. September 1942 zusammen mit Bentz, Schlicht und von Thümen den Stand der Materialbeschaffung mit den zuständigen Mitarbeitern der Konti und der Ost Öl GmbH besprochen. Mit dem OKW war vereinbart worden, dass die Firmen entsprechend der Anforderungen der TBM alle notwendigen Geräte für den Ersteinsatz in einem Lager in Breslau sammeln sollten. In der ersten Welle waren bis zum 15. Juli 1942 anzuliefern: 17 Bohranlagen, 25 Fördereinrichtungen, zehn Eruptionseinrichtungen sowie alle notwendigen Werkzeuge. Diese Geräte wurden der TBM termingerecht in Breslau zur Verfügung gestellt. Gleiches galt für Rohre, Gestänge, Verarbeitungsanlagen, Motoren und Ausrüstungen. Das Material der ersten Welle hatte einen Gesamtwert von ca. 6,5 Mio. RM.

In der zweiten Welle waren ab dem 15. September 1942 in Breslau anzuliefern: 17 Bohrgeräte, 25 Förderanlagen und fünf Eruptionseinrichtungen. Lediglich die Förderanlagen könnten nicht termingerecht geliefert werden und sollten später nachfolgen. Der Gesamtwert der zweiten Welle belief sich auf rund 7,5 Mio. RM. Mit der TBM war vereinbart worden, dass beim Vorrücken der Ost Öl GmbH 13 weitere Bohranlagen bis Oktober 1942 dem Nachschubstab zu übergeben waren. Für Januar bis Mai 1943 waren 73 zusätzliche Bohranlagen eingeplant; Aufträge für 110 weitere Bohranlagen befanden sich in Vorbereitung.[288]

Die deutsche Röhrenindustrie witterte gute Geschäfte: So wurde die Rentabilität einer zukünftigen Röhrenproduktion in der Zentrale des Flick-Konzerns als gut eingeschätzt, da man fest davon ausging, dass riesige Pipelines gebaut würden, um das im Kaukasus oder in der Südukraine geförderte Öl nach Deutschland bringen zu können.[289] Es gab sogar Überlegungen, der für die zum Flick-Konzern gehörenden Mitteldeutschen Stahlwerke vorgesehenen Gruppe auch ein Röhrenwerk anzugliedern. Die Röhrenwerke am Asowschen Meer und in Nikopol sollten vorrangig die Ölindustrie

287 Vgl. AV Chefgruppe W WiStab Ost, Hommer, vom 21.8.1942, in: StaN, KV-Prozesse, Fall 11, K 21. Auch in: BAB, R 2, Nr. 30526, Bl. 24f.

288 Vgl. Bericht »Stand der Materialbeschaffung für den Einsatz im Kaukasus« von Dihlmann, Konti, vom 17.9.1942, S. 1ff., in: BGR, Nr. 0065936; AN Konti »Stand der Materialbeschaffung für den Einsatz im Kaukasus« vom 17.9.1942, in: BAB, R 121, Nr. 308.

289 Vgl. Wixforth, Ausweitung, S. 425.

im Kaukasus, die beiden Röhrenwerke in Dnjepropetrowsk die Stadt selbst und die Gebiete nördlich davon beliefern.[290]

Abwicklung des Kaukasuseinsatzes

Die Fachgruppe Erdölgewinnung – und damit quasi die gesamte deutsche Erdölindustrie – profitierte von den für den Kaukasuseinsatz der Konti zur Verfügung gestellten Eisenkontingenten, die durch den deutschen Rückzug aus dem Kaukasus ab Ende 1942 anderweitig genutzt werden konnten. Im Jahr 1943 wurden der Erdölindustrie nur 243.110 Tonnen Eisenkontingente zugewiesen, gegenüber 352.000 Tonnen im Jahr zuvor. Der Verlust konnte zum Teil durch Übernahme von Materialien der Konti ausgeglichen werden. Trotzdem traten Schwierigkeiten auf allen Gebieten auf, insbesondere infolge von nicht termingerechten Anlieferungen der Geräte und Materialien, wodurch wiederum Ausfälle in der Produktion entstanden. Auf Veranlassung der Fachgruppe stellte die Dienststelle des Bevollmächtigten für die Erdölgewinnung, Alfred Bentz, einen Fachmann zur Konti ab; die Erdölfirmen trugen durch Bereitstellung von Fach- und Schreibkräften ebenfalls ihren Teil bei.[291]

Bentz bestimmte im Rahmen seiner Gesamtplanung das Förderungsprogramm der einzelnen Erdölfirmen. Dazu stellte der Sonderausschuss zunächst das Produktions- und Lieferungsprogramm für die Fördereinrichtungen und Geräte fest und bestimmte dann die Lieferfirmen und den Rahmen der zu erteilenden Aufträge. Die Erdölfirmen, vor allem die Konti bzw. die Ost Öl GmbH, arbeiteten die Auftragsunterlagen in enger Zusammenarbeit mit den technischen Stellen der Herstellerfirmen aus und leiteten diese dann an die EAG weiter. Die EAG stattete die Bestellungen mit den entsprechenden Kontingenten aus, die vom Sonderausschuss festgesetzt und von der EAG verwaltet und zu jedem Auftrag ausgestellt wurden. Die EAG gab diese Bestellungen für eigene Rechnung zu Gunsten der Erdölfirmen an die Lieferfirmen ab, die Lieferung erfolgte direkt an die Abnehmer.[292]

Auf einer Konsortialsitzung am 24. März 1943 führte Blessing aus, dass die Gerätebestellungen der Konti mitunter für andere Einsätze (Österreich, Galizien, Rumänien, Ungarn, Estland) abgenommen worden waren und teilweise annulliert wurden. Infolge des Verkaufs der Geräte und des Materials war das Unternehmen bereits liquider geworden und würde es noch weiter werden. Bisher hatte man insgesamt 203,5

290 Vgl. AV Küttner für Flick vom 6.8.1942 (NI-3680), zit. nach: Thieleke (Hg.), Fall 5, S. 275-277, hier S. 276 f.

291 Vgl. Oil Field Investigation, Part IV, Section 2, S. 3. Auch in: NAK, WO 252, Nr. 1448.

292 Vgl. Schreiben Hettlage, Leiter des Amts für Wirtschaft und Finanzen im RMfRuK, an Blessing, Konti, vom 30.9.1942, in: BGR, Nr. 0076379. Blessing und Hettlage einigten sich darauf, dass die EAG nicht nur die Bohr- und Fördergeräte bestellen sollte, sondern auch Röhren und Zubehör. Vgl. Schreiben EAG an Konti vom 29.1.1943, in: BAB, R 121, Nr. 308. Zu Einzelheiten bei der Auftragsausstellung, Preiskontrolle etc. vgl. AN Zusammenarbeit EAG / Konti vom 24.11.1942, in: ebd.

Mio. RM verausgabt. Die Bestellungen hatten 240 Mio. RM betragen, davon waren 128 Mio. RM bereits bezahlt worden. Abzüglich der bereits erfolgten Abnahmen waren noch 56 Mio. RM zu finanzieren.

Der Verkauf der Gerätschaften nach Rumänien bereitete wegen des Liquiditätsstands der rumänischen Erdölgesellschaften Schwierigkeiten, deshalb erfolgte er gegen Barzahlung an die Erdöl-Anlagen GmbH, die ihrerseits die Geräte an die rumänischen Gesellschaften gegen einen Pachtzins vermietete. Der gesamte Osteinsatz sei gemäß der Absprache Blessings seit Oktober 1942 über die EAG für Rechnung des Reichs erfolgt. Die Konti wolle sich nach aktuellem Stand der Dinge von dem gesamten Gerätepark trennen.[293]

Die Bohrgerätefirmen unternahmen den Versuch, eine kohärente Preisgestaltung – mit Einheitspreisen für sämtliche deutsche Erdölfirmen, einschließlich der Konti – zu erreichen. Ende Mai 1943 erzielte man bei einer Besprechung beim Preiskommissar eine Einigung, der zufolge künftig für alle Abnehmer Einheitspreise gelten sollten, die um fünf Prozent höher als die Durchschnittspreise lagen. Die Konti empfahl der EAG daraufhin dringend, eine Revision sämtlicher Preise für die Bestellungen des Programms 1943 vorzunehmen.[294]

Seit Frühsommer 1943 war die Konti mit dem Abverkaufen von Bohrgeräten beschäftigt, die nun nicht mehr benötigt wurden. Diese Verkäufe waren nach den geltenden Bestimmungen umsatzsteuerpflichtig. Das Unternehmen empfand die Erhebung von Umsatzsteuer in diesem Fall jedoch als unbillig, weil der Verkauf der Bohrgeräte und anderer Anlagen durch behördliche Stellen veranlasst war. Unter Hinweis auf einen Erlass des Reichsministers der Finanzen vom 15. Mai 1943, der ähnliche Fälle regelte, beabsichtigte man, die Freistellung von der Umsatzsteuer zu beantragen.[295] Der Erlass zur Steuerbefreiung fand jedoch nach Ansicht des RFM hier keine Anwendung, da die Konti bzw. die Ost Öl GmbH nicht stillgelegt seien. Außerdem seien die Geräte teilweise aus Verträgen übernommen worden, die die Sowjets mit deutschen Lieferanten abgeschlossen hatten, die Preise lagen deshalb 25 Prozent höher als die Normalpreise. Entsprechend sei ein außerordentlicher Verlust eingetreten.[296]

Bei einer Besprechung zwischen der Konti und der EAG im Juni 1943 kam es zu einer aufschlussreichen Auseinandersetzung um die Autonomie der Konti. Zu Beginn

293 Vgl. AV Abs vom 29.3.1943, in: HADB, B 64. Die von Blessing als geheim deklarierten Ausführungen wurden von der Deutschen Bank wortgetreu an Philipp F. Reemtsma weitergegeben, der auch detaillierte Einsicht in die finanzielle Situation der Konti erhielt. Vgl. Schreiben Deutsche Bank, Ulrich, an Philipp F. Reemtsma vom 31.3.1943, in: ebd.

294 Vgl. Schreiben Konti an EAG vom 28.5.1943, in: BGR, Nr. 0076379.

295 Vgl. Schreiben Konti an den Beauftragten für den VJP, Kadgien, vom 11.6.1943, in: BAB, R 2, Nr. 57305. Die Konti wandte sich also erneut an das RFM mit der Bitte um eine Umsatzsteuerbefreiung. Vgl. Schreiben Konti an das RFM vom 11.6.1943, in: ebd.

296 Vgl. AV aus dem RFM vom 10.7.1943, in: ebd. Eine Unterabteilung des Ministeriums plädierte, um die Leistungsfähigkeit des Unternehmens nicht zu beeinträchtigen, für den kompletten oder teilweisen Erlass der Umsatzsteuer. Vgl. AV Unterabteilung V U des RFM vom 23.7.1943, in: ebd.

der Lieferungen für das Ostprogramm und der Frage, ob die Konti Optionen ausübe, unterschied Heinz Schmid-Lossberg zwischen Aufträgen, die das Unternehmen für den eigenen Bedarf – also für das Ostprogramm und den Kaukasuseinsatz – über die EAG herausgegeben habe und für die es das Risiko trage – und solchen, bei denen das Risiko bei der EAG lag, wie bei Aufträgen von Bentz, die aus seiner Reserve bedient wurden.

Diesem Standpunkt wollte sich die Konti nicht anschließen. Ihr Vertreter führte aus, dass das Unternehmen schon lange nicht mehr in eigener Verantwortlichkeit disponieren könne, die Aufträge für das Ostprogramm seien ausschließlich von Bentz gesteuert worden. Die Konti habe lediglich die technische Bearbeitung durchgeführt, trage für die Herausgabe der Aufträge aber nicht das wirtschaftliche Risiko. Also meinte man, die wirtschaftlichen Folgen, die sich aus dem veränderten Ostprogramm ergaben, nicht hinnehmen zu können. Es sei Sache der EAG, mit Bentz oder dem Reichsministerium für Bewaffnung und Munition zu klären, wer das Auftragsrisiko trage.[297]

Ein internes Papier der Konti vom August 1943 reflektierte die Entwicklung und das Ende des Einsatzes im Kaukasus: Niemals wäre es der deutschen, der rumänischen oder der ungarischen Erdölindustrie ohne die Konti gelungen, an das notwendige Material zu gelangen. Die Konti verfügte nach Abbruch des Kaukasuseinsatzes über ein Lager, das nicht einmal eine der größten Maschinenfabriken besitze. »Damit begann aber für die Kontinentöl eine Umstellung allergrössten Stils. Diese Gesellschaft, die gegründet worden war und ihr ganzes Personal dafür eingestellt hatte, um im Kaukasus Erdöl zu bohren, zu transportieren und zu verarbeiten, musste sich plötzlich zu einem Verkaufsunternehmen entwickeln, denn ihre Aufgabe besteht jetzt darin, dieses Material, das sie eingekauft hatte, mit dem gleichen Personal wieder zu verkaufen.«[298] Das Einkaufskonsortium, bestehend aus Otto Wolff und Ferrostaal, unterstützte ebenfalls dabei, das nicht mehr benötigte Material zu veräußern, nachdem man es ursprünglich selbst von der Konti erworben hatte. Dabei sollten die deutschen Erdölgesellschaften und die Hersteller für Bohr- und Fördergeräte priorisiert werden.[299]

In Besprechungen im Oktober und November 1943, unter Leitung von Bentz, wurde vereinbart, dass die Konti sich auf ihre eigentlichen Aufgaben zurückzuziehen habe. Ihre Lagerbestände wie auch die noch anfallenden Lagergeräte – soweit nicht für die eigene Förderung benötigt – waren von der EAG zu übernehmen und von dieser zu veräußern. Eine eigene Lagerorganisation sollte die EAG jedoch nicht einrichten. Zunächst sollte die Lagerinfrastruktur der Konti gegen Bezahlung zur Verfügung stehen, bis Anfang 1944 das Lagergelände in Wien-Freudenau an die EAG übergehen würde. Mitte Dezember teilte man Blessing jedoch mit, dass die für den 31. Dezember

297 Vgl. Niederschrift über Besprechung zwischen Konti und EAG am 22.6.1943 vom 28.6.1943, S. 1 f., in: ebd., R 121, Nr. 309. Auch in: ebd., Nr. 1795.

298 Vgl. Memorandum »Einsatz in den besetzten Ostgebieten«, o. Dat. (August 1943), S. 1 ff. (Zitat S. 2), in: ebd., R 176, Nr. 89.

299 Vgl. Schreiben Blessing an Siedersleben, Otto Wolff AG, vom 24.9.1943, in: RWWA, 72, Nr. 1448-1. Verkauft werden sollte alles, was sich verkaufen ließ. Vgl. Schreiben Gasper, Otto Wolff AG, an Jäger, Ferrostaal AG, vom 30.5.1944, in: ebd.

1943 vereinbarte Lagerübernahme nicht erfüllt werden könne. Ab März 1944 sollte die Konti ihre Restbestände also selbst liquidieren.[300]

Schlicht schlug in seiner Funktion als Leiter der Fachgruppe Erdölgewinnung vor, die Verkäufe der EAG über die Konti abzuwickeln. Ein Mitarbeiter des Unternehmens, Erwin Riesch, stehe als Fachkraft unmittelbar vor einem Engagement als Revisor bei der Rüstungskontor GmbH und könnte diese durchführen.[301] Blessing lehnte es entschieden ab, die vorgesehene Aufgabe für die EAG zu übernehmen. Schließlich habe Bentz im Jahr zuvor angewiesen, die Konti von der Aufgabe einer Versorgungsgesellschaft der Erdölgewinnungsindustrie zu entbinden, damit sie sich voll ihren eigentlichen Aufgaben widmen könne.[302]

Im Juli 1944 erhielt Riesch dann folgende Sonderaufgaben: Die wirtschaftliche Abwicklung der EAG sollte unter Federführung der Konti geschehen, mit Riesch als von der Rüstungskontor GmbH zugeteiltem Mitarbeiter. Das Konstrukt sah vor, dass er als führender Referent innerhalb der Konti als Leitstelle fungieren sollte. In seine Verantwortung fiel die Abwicklung des Rumäniengeschäfts, darüber hinaus sollte er mit der Leitung der Abrechnungsstelle für die durch den Kaukasuseinsatz entstandenen Kosten des Unternehmens betraut werden.[303]

Am 31. August 1944 fand eine Besprechung bei Blessing zur Zusammenarbeit der Konti mit der EAG statt, die inzwischen in die Räumlichkeiten der Konti umgezogen war und als deren Außenstelle verstanden wurde.[304] Noch im Oktober 1944 schlossen die EAG und die Konti einen Vertrag über die wirtschaftliche Abwicklung der EAG, die über Erdöl-, Bohr- und Fördermaterial verfügte. Die Konti verpflichtete sich, die Abwicklung der EAG für deren Rechnung durchzuführen.[305]

Im Übergang zur Nachkriegszeit fand am 3. März 1945 eine Besprechung zwischen Schmid-Lossberg und Blessing statt, bei der man vereinbarte, dass die Abwicklung der Restbestände aus dem Kaukasusprogramm ab dem 1. Mai 1945 allein durch die Industriekontor GmbH, Abteilung Erdölanlagen, zu erfolgen hatte. Die Konti sollte

300 Vgl. AV über Besprechung bei der Konti am 29.2.1944, in: BAB, R 121, Nr. 1795; Schreiben Geschäftsführung der EAG an Schmid-Lossberg, Vorsitzender des AR der EAG, vom 25.5.1944, S. 1 ff., in: ebd., R 3, Nr. 558. Auch in: ebd., R 121, Nr. 309.

301 Riesch wurde als Sonderbeauftragter für Materialbeschaffung aus den Beständen der Konti zur Dienststelle Bentz delegiert. Vgl. Interne Mitteilung Rüstungskontor GmbH vom 31.7.1944, in: ebd., Nr. 1011; Schreiben Konti, Blessing und Dihlmann, an Riesch vom 15.8.1944, in: ebd.; Schreiben Rüstungskontor GmbH an den Präsidenten des Gauarbeitsamts und Reichstreuhänders der Arbeit Berlin, Reichstreuhänderverwaltung, vom 28.8.1944, in: ebd.; Schreiben Riesch, Sonderbeauftragter der Dienststelle Bentz, an Leiter der Dienststelle Ostmarköl, Jäger, vom 27.9.1944, in: ebd.; Schreiben Rüstungskontor GmbH an Riesch vom 27.1.1945, in: ebd.

302 Vgl. AN Riesch »Verkauf der von der Erdölanlagen G.m.b.H. beschafften Erdölbohr- und -Fördergeräte durch die Kontinentale Öl A.-G.« für Bentz und Schmid-Lossberg vom 15.7.1944, in: ebd., Nr. 834.

303 Vgl. Schreiben Konti, Blessing und Dihlmann, an Riesch vom 15.8.1944, in: ebd., Nr. 1011.

304 Vgl. AN aus der EAG vom 1.9.1944, in: ebd., R 3, Nr. 558.

305 Vgl. Vertrag zwischen der EAG und der Konti vom 25.10.1944, in: ebd., R 121, Nr. 834.

von ihr bis zum 30. April 1945 nicht abgesetzte Bestände zu Lasten des Kaukasusfonds abrechnen und dann der Industriekontor treuhänderisch übertragen. Die Karpathen Öl AG sollte ein gleichlautendes Abkommen schließen.[306]

Das Jahr 1945 bot düstere Aussichten: Um die norddeutsche Erdölindustrie in Gang zu halten, war die Militärregierung auf die Materialien der Konti, der EAG und der Karpathen Öl AG angewiesen, und man rechnete nicht damit, dass man bis Ende 1946 die Versorgung der Erdölindustrie mit Stahl würde sicherstellen können. Dennoch wurde in der zweiten Hälfte 1945 und im Lauf des Jahrs 1946 mit etwa 50 bis 70 Bohranlagen weiter gebohrt.[307]

Allein am Umfang der Aktivitäten im Zusammenhang mit dem Kaukasuseinsatz erkennt man Stellenwert und Bedeutung dieses Unternehmens für die Konti. Die Ausbeutung der Ölquellen des Kaukasus bildete zweifellos das wichtigste Etappenziel auf dem Weg zur angestrebten Rolle als *global player*.

Garantien und Entschädigungen

Die Mineralöl-Abteilung des RWiM konnte der Konti im Januar 1943 Erfreuliches hinsichtlich der Haftung des Reichs für die Bohrgeräte, die die TBM von dem Unternehmen zur Benutzung übernommen hatte, mitteilen. Die Vertreter der beteiligten Ressorts hatten anerkannt, dass der Konti die Übernahme des Kriegsrisikos für die der TBM übergebenen Geräte und Apparate nicht zugemutet werden könne. Das OKW hatte einen Entwurf für eine entsprechende Vereinbarung jedoch abgelehnt. So erklärte das RWiM, im Einvernehmen mit dem Reichsminister der Finanzen, dass das Reich auch solche Schäden decken werde, die durch höhere Gewalt oder durch Kriegsschäden in den besetzten Ostgebieten entstanden seien.[308]

Die Rechtsgrundlagen für Ansprüche der Konti gegen das Deutsche Reich bildete unter anderem ein Befehl des OKW vom 28. Juli 1942, demzufolge der Transport der Materialien zum Einsatzort auf Rechnung und Gefahr der Wehrmacht erfolgte. Eine Ersatzpflicht bei Beschädigungen am Einsatzort bestand jedoch nur, wenn ein Verschulden der Wehrmacht vorlag. Mit Schreiben des WiStab Ost vom Februar 1943 wurde die Haftung des OKW auf sämtliche Materialtransporte für den Wiederaufbau der Mineralölindustrie in den besetzten Ostgebieten ausgedehnt – auch für die aus Frankreich.

306 Vgl. Schreiben Industriekontor GmbH, Schmid-Lossberg, an das RMfRuK, Generalreferat Wirtschaft und Finanzen, Hettlage, vom 5.3.1945, in: ebd., Nr. 358. Der Reichsminister für Rüstung und Kriegsproduktion erklärte sich am 28. März 1945 mit dem Abkommen einverstanden, womit es endgültig zustandekam. Vgl. Schreiben Geschäftsführung der Industriekontor GmbH an den Vorstand der Konti, Blessing, vom 29.3.1945, in: ebd., Nr. 382.

307 Vgl. Oil Field Investigation, Part IV, Section I, S. 33 f. Auch in: NAK, WO 252, Nr. 1448.

308 Vgl. Schreiben Reichswirtschaftsminister, Abteilung Mineralöl, Landfried, an die Konti, Blessing, vom 4.1.1943, in: BA-MA, RW 46, Nr. 708.

Das RWiM gab im Januar 1943 die Garantie für höhere Gewalt und Kriegsschäden für die an die TBM übergebenen Materialien. Soweit die Materialien nicht durch die TBM, sondern durch eigene Gesellschaften eingesetzt wurden, galt die Haftung nach der Kriegsschädengesetzgebung, einschließlich der Schäden durch Partisanenangriffe.[309]

Die Konti stellte der TBM Geräte und Apparate zur Verfügung, und die Wehrmacht haftete also für Schäden auf dem Transport und bei Verschulden von Wehrmachtangehörigen. Eine Aussprache Ende Oktober 1942 zwischen Vertretern des Unternehmens, des RWiM und des RFM sowie des VJP und des OKW hatte zu der einmütigen Auffassung geführt, dass die Konti für Schäden infolge kriegsbedingter Ereignisse oder höherer Gewalt entlastet werden müsse. Eine solche Haftung hatte das OKW bis dahin abgelehnt. Allerdings blieb offen, wer die erweiterte Garantie nun erteilen sollte.[310] Im RWiM war man sich – im Einvernehmen mit dem RFM – nun aber einig, dass das laufende Geschäft einer Deckung bedürfe, deshalb müsse das Reich auch die Schäden decken, die durch höhere Gewalt oder durch Kriegsschäden in den besetzten Ostgebieten hervorgerufen würden.[311]

Das RFM bestätigte eine solche Einigung. Inzwischen waren durch die Rückverlagerung der deutschen Truppen Schäden in Gesamthöhe von mindestens acht Mio. RM im Kaukasusgebiet an dem der TBM übergebenen Material eingetreten. Die Entschädigung sollte durch den Oberbefehlshaber des Heeres durchgeführt werden. Das RFM wollte wegen der Zurverfügungstellung der Mittel für die in Aussicht genommene Regelung an das OKH herantreten. Dort hielt man jedoch sechs Mio. RM für angemessen.[312]

Nach Angaben aus dem RWiM erhielt die Konti samt Tochtergesellschaften mit Erlass vom 4. und vom 19. Januar 1943 schließlich Deckungszusagen. Aus Sicht der Konti waren durch die Rückverlegung der Front im Osten Kriegsschäden von über zehn Mio. RM entstanden, die unter die Garantie des Reichs fielen. Das RWiM hatte den Reichsminister der Finanzen gebeten, einen Vorschuss in Höhe von acht Mio. RM zu zahlen. Dieser hatte sich bereit erklärt, sechs Mio. RM zu zahlen, die aber aus Reichsmitteln des OKH aufzubringen waren. Der Intendant der TBM hatte bestätigt, dass sich der Gesamtschaden etwa auf zehn Mio. RM belaufen werde; es bestünden also keine sachlichen Bedenken, die sechs Mio. auszuzahlen.[313]

309 Vgl. Rechtsgrundlagen für Ansprüche der Kontinentöl gegen das Deutsche Reich vom 8.5.1943, in: BAB, R 176, Nr. 9.

310 Vgl. AV aus dem RWiM, Abteilung Mineralöl, Römer, vom 5.12.1942, in: ebd., R 2, Nr. 24931.

311 Vgl. Schreiben RWiM, Abteilung Mineralöl, Landfried, an die Konti, Blessing, vom 4.1.1943, in: ebd.

312 Vgl. Internes Schreiben Referat V 7, Bänfer, an die Min.Dirig. Mayer und Bender vom 22.6.1943, in: ebd., Nr. 5246, Bl. 78.

313 Vgl. Schreiben Reichswirtschaftsminister, Römer, an WFSt, van Husen, vom 19.8.1943, in: RGVA, 1458-40-160, Bl. 115.

Die Zahlmeisterei der Heeresgruppe A hatte der Konti also eine Abschlagzahlung in Höhe von sechs Mio. RM für erlittene Kriegsschäden in den besetzten Ostgebieten und im Operationsgebiet überwiesen. Nach aktuellem Stand lagen die Verluste laut Konti jedoch inzwischen bei insgesamt etwa zehn Mio. RM. Deshalb bat das Unternehmen um eine weitere Abschlagzahlung in Höhe von drei Mio. RM und machte die Angelegenheit dringlich, da man beim Erwerb der verlorenen Geräte und Apparate Wechselverpflichtungen eingegangen sei, die laufend fällig würden.[314]

Der Intendant der TBM schloss die Aufnahme des Schadens, den die Konti durch den Kaukasuseinsatz erlitten hatte, im Januar 1944 ab. Die endgültige Schadenssumme belief sich demnach auf über 10,7 Mio. RM. Mit der Konti war eine endgültige Abrechnung über die Schadensregulierung getroffen worden. Sie hatte als Abschlag bereits neun Mio. erhalten, es verblieben also gut 1,5 Mio. RM. Der Intendant bat den Generalquartiermeister des Heeres darum, die Gesamtmaterialabrechnung anzuerkennen und dem Unternehmen die ausstehende Summe rasch zu überweisen, da die Konti das Geld dringend benötige.[315] Die Konti würde ihrerseits auf Einwendungen verzichten und nach Eingang der letzten Rate keine weiteren Ansprüche mehr stellen.[316]

Später machte die Konti jedoch noch durch Luftangriffe auf die italienischen Raffinerien Porto Marghera in Venedig und Aquila in Triest entstandene Schäden von über fünf Mio. RM geltend. Der Reichswirtschaftsminister, der die Garantie für Kriegsschäden gegeben hatte, bat nun den Reichsminister der Finanzen darum, die Summe der Konti zur Verfügung zu stellen.[317] Das RFM vermochte hier jedoch keinen Garantiefall zu erkennen; verantwortlich für Kriegsschäden auf ihrem Territorium sei die italienische Regierung. Sie zahle zwar schleppend, habe die Zahlungen aber keineswegs eingestellt.[318]

Im Rahmen der Entschädigungsaktion für Schäden, die bei dem Luftangriff am 1. August 1943 auf die Triester Raffinerie Aquila, die der Tochtergesellschaft Colombia gehörte, entstanden waren, hatte die Konti eine Forderung von einer Mio. RM geltend gemacht. Das Unternehmen behauptete, dass man seinerzeit nicht die Absicht gehabt habe, die Raffinerie Aquila wieder aufzubauen, da man über genug eigene Raffineriereserven verfügte. Auf Wunsch der deutschen Stellen hätte man jedoch die Aquila wieder hergestellt. Die Konti forderte eine Mio. RM, zu Lasten des der Colom-

314 Vgl. Schreiben Konti, Dihlmann und Schulze-Brachmann, an Dienststelle des Intendanten der TBM vom 17.9.1943, in: BA-MA, RW 46, Nr. 708.

315 Vgl. Schreiben Intendant der TBM an Konti vom 26.1.1944, in: ebd., Nr. 637; Schreiben Intendant der TBM an den Generalquartiermeister beim Generalstab des Heeres vom 7.2.1944, in: ebd., Nr. 708; TBM, Schlussbericht des Intendanten, Schreiben des Intendanten der TBM, Oberstabsintendant Stier, an das OKH/Gen. St.d.H./Gen. Qu. vom 7.2.1944, in: ebd., Nr. 637.

316 Vgl. Schreiben Konti, Blessing und Dihlmann, an Intendant der TBM vom 8.2.1944, in: ebd.

317 Vgl. Schreiben Reichswirtschaftsminister an den Reichsminister der Finanzen vom 14.9.1944, in: BAB, R 2, Nr. 21468.

318 Vgl. Schreiben RFM, von Knorre, an das RWiM vom 9.11.1944, in: ebd.

bia eingeräumten Verfügungsfonds. Das RWiM fühlte sich jedoch nicht ermächtigt, diese Forderung der Konti anzuerkennen, und bat deshalb um eine Stellungnahme des RFM, ob die Zahlung zu Lasten des zur Verfügung gestellten Fonds von 25 Mio. RM erfolgen könne. Das Reichsministerium für Rüstung und Kriegsproduktion hatte den Antrag des Unternehmens bereits befürwortet.[319]

Bis ins letzte Kriegsjahr hinein liefen die Verhandlungen. Das RWiM hatte sich der Forderung der Konti zwar grundsätzlich angeschlossen, hielt aber eine Vorauszahlung in Höhe von vier Mio. RM, was einem Viertel der Gesamtforderung entsprach, für ausreichend. Das RFM stellte diese Summe für das Rechnungsjahr 1945 zur Verfügung.[320]

Bilanz der Tätigkeit

Göring hatte der Konti mit Schreiben vom 20. März 1941 das Recht übertragen, das von der Deutschen Bank gekaufte Aktienpaket der Concordia und die gleichfalls von der Deutschen Bank aus französischem Besitz beschaffte Aktienmehrheit der Colombia zu übernehmen. Damit kontrollierte das Unternehmen mehr als 20 Prozent der rumänischen Erdölproduktion. Zur Verwaltung dieser Interessen wurde im Juli 1941 die Kontinentale Öl Gesellschaft mbH mit Sitz in Berlin gegründet, die eine Zweigniederlassung in Bukarest errichtete und in der Folgezeit ihre Interessen auch auf Griechenland ausdehnte. Im Mai 1941 schloss das Unternehmen einen Vertrag mit der Astra Romana S. A., Bukarest, der primär Aufschlussbohrungen auf Konsortialbasis in den bisher unzureichend erschlossenen Konzessionsgebieten der Astra regelte. Am 1. August 1941 ging die Geschäftsführung der Foraky und Moldonaphta auf die Konti über. Ankaufverhandlungen über die Wifo-Interessen begannen Ende 1941 und führten im Mai 1942 zum Erwerb der Südostchemie durch die Konti. Sie übte entscheidenden wirtschaftlichen, finanziellen und organisatorischen Einfluss auf die Tochtergesellschaften aus; grundlegende Fragen wurden stets in Rücksprache mit der Holdinggesellschaft geklärt. Über die Rentabilität des Unternehmens konnte die DRT im Sommer 1943 noch keine Angaben machen. »Mit ihren kontinentalen Aufgaben und Beteiligungen, die ausschliesslich in Ländern ausserhalb Deutschlands liegen, stellt die Kontinentöl einen für die deutsche Volkswirtschaft völlig neuen Konzern dar. Daraus ergibt sich eine Reihe wichtiger Probleme, die noch im Interesse der Gesellschaft zu lösen wären. Zu nennen sind hier in erster Linie steuerliche Fragen, Fragen der Transferierung der Gewinne der Beteiligungsgesellschaften und schliesslich der Gewinn-Poolung innerhalb des Konzerns.«[321]

Auf der zweiten AR-Sitzung am 13. Januar 1942 berichtete Blessing über den Aufbau des Unternehmens. Man hatte inzwischen die Hälfte des Kapitals der Concordia

319 Vgl. Schreiben DRT an den Reichswirtschaftsminister, von Knorre, vom 29.1.1945, in: ebd.

320 Vgl. Schreiben RFM, von Knorre, an das RWiM vom 14.4.1945, in: ebd.

321 Vgl. Bericht DRT über Prüfung des Jahresabschlusses zum 31.12.1941 bei der Konti vom 12.7.1943, S. 1 ff. und 44 (Zitat ebd.), in: ebd., R 8135, Nr. 2873.

übernommen; gemäß den Bestimmungen der rumänischen Regierung durften die Anteile 62 Prozent nicht überschreiten. Von der Colombia hatte die Konti bis dato 85,5 Prozent erworben, die Genehmigung der rumänischen Regierung zur Übertragung des Aktienpakets stand noch aus. Für die Verwaltung dieser Interessen war die Kontinentale Öl GmbH gegründet worden.

Für die besetzten sowjetischen Gebiete war dem Unternehmen das ausschließliche Recht zur Gewinnung, Verarbeitung und zum Handel von Mineralölerzeugnissen übertragen worden. Für die estnische Schieferölproduktion gründete man im Juli 1941 die Baltische Öl GmbH, für den Transport im September 1941 die Kontinentale Transport AG. Der Ausbau der für die Ostgebiete gegründeten Tochtergesellschaften machte die Inanspruchnahme des von den Banken zugesagten Konsortialkredits erforderlich, darüber hinaus nahm das Unternehmen zwei Akzeptkredite zu 3,25 Prozent Zinsen bei der Deutschen und der Dresdner Bank auf, bei denen also beide Kreditinstitute einen Wechsel der Konti akzeptierten.[322]

Bei der ersten ordentlichen HV des Unternehmens am 29. Mai 1942 berichtete der Vorstand über den Erwerb der erwähnten Beteiligungen an ausländischen Ölgesellschaften und die Gründung mehrerer Tochtergesellschaften. Insbesondere die ausländischen Beteiligungsgesellschaften hätten nicht zuletzt dank Hilfestellung der Konti, insbesondere in Bezug auf die Belieferung mit Materialien, befriedigend gearbeitet. Die für die Betätigung im Osten gegründeten Tochtergesellschaften waren noch im Aufbau begriffen. Ihre Bilanzen lagen bis zu diesem Zeitpunkt nur unvollständig vor.[323] Am selben Tag fand die dritte AR-Sitzung statt. Funk berichtete als Vorsitzer, dass im Rumpfgeschäftsjahr 1942 zwei Phasen der Geschäftsentwicklung zu unterscheiden seien: der Erwerb und Ausbau der rumänischen Erzeugungsgesellschaften sowie die Vorbereitung auf den Einsatz im Osten.

Der Verlust der Holdinggesellschaft im Geschäftsjahr 1941 in Höhe von 1,4 Mio. RM ergab sich aus den Gründungskosten und Abschreibungen. Funk erläuterte den bei der Gründung der Gesellschaft eingeschlagenen neuen Weg: Reich, Banken und Industrie seien gemeinsam ins Risiko gegangen. Zunächst habe man eine kurzfristige Form der Finanzierung gewählt, die endgültige Form – eine Kapitalerhöhung oder langfristige Anleihen – sollte später gefunden werden.

Das Aktienkapital von 30 Mio. RM war zu einem Viertel eingezahlt worden. Der Rest war von den Gründern nach Inanspruchnahme des Konsortialkredits von 40 Mio. RM einzuzahlen. Bislang waren aber nur 16 Mio. des Kredits aufgebraucht worden. Im Lauf des Jahres 1942 benötigte man weitere 90 Mio. RM für Material für den Osteinsatz.

322 Vgl. Niederschrift über die 2. AR-Sitzung der Konti am 13. 1. 1942, S. 5 ff., in: StaN, KV-Anklage, Dok. Umdrucke, NI-10162; AV aus der BHG, Weltzien, vom 14. 2. 1942, in: BAB, R 8127, Nr. 16154, Bl. 143 ff.

323 Vgl. Jahresabschluß für das Geschäftsjahr 1941, 1. Ordentliche HV am 29. 5. 1942, S. 3, in: HADB, B 60. Auch in: BAK, Z 45-F, OMGUS FINAD, 2/188/2 und 2/214/8 sowie in: BAB, R 8128, Nr. 1569, Bl. 581 f. und in: ebd., R 176, Nr. 92.

Die Gesamtausgaben von Mai bis Dezember 1942 in Höhe von 98 Mio. RM wurden aus den noch nicht abgerufenen Akzept- und Konsortialkrediten gezahlt. Außerdem kalkulierte Funk für 1942 mit 40 Mio. RM für den Ausbau der Schieferölindustrie in Estland, 15 Mio. RM für den Bau einer Raffinerie am Schwarzen Meer, weiteren 15 Mio. RM für den Bau von Tankschiffen im Schwarzen Meer sowie einem unbestimmten Betrag für den Erwerb der Hälfte der Anteile der Beskiden-Gesellschaften.[324]

Wie die recht gut informierte Presse kommentierte, zeigte die vorgelegte Bilanz bis Ende 1942, dass »die Gesellschaft während der kurzen Zeit ihres Bestehens bereits eine beachtliche Initiative entwickelt« habe. Sie habe durch den Erwerb von Kapitalbeteiligungen an Erdölgewinnungs- und Verarbeitungsgesellschaften im Ausland Fuß gefasst und damit einen Teil des deutschen Besitzstandes zurückgewonnen, der nach dem Ersten Weltkrieg verloren gegangen sei.[325]

Bei der vierten AR-Sitzung am 21. September 1943 wurden Veränderungen in der personellen Zusammensetzung des Gremiums bekanntgegeben: Seit Beginn des Geschäftsjahrs waren Keppler, Hayler und Fischböck ausgeschieden. Von Heemskerck war am 28. August 1942 durch einen Luftangriff ums Leben gekommen und Kauert wurde durch Kurt Haver ersetzt. Neumann und Rosterg waren nun stellvertretende AR-Vorsitzende. Aus dem Vorstand schied Rudolf Paatsch aus.

Durch die Rückverlegung der deutschen Südostfront seien die für den geplanten Einsatz im Kaukasus getroffenen umfangreichen Vorarbeiten und Maßnahmen nicht mehr zur Ausführung gekommen. Die Tochter- und Beteiligungsgesellschaften in Estland, Rumänien und im übrigen Südosteuropa hätten dagegen dank einer intensiven Aufbauarbeit und der technischen sowie finanziellen Unterstützung durch die Holdinggesellschaft ihre Tätigkeit beachtlich zu steigern vermocht. In der Bilanz spiegele sich diese erfolgreiche Arbeit in der Verdoppelung der Bilanzsumme auf RM 218 Mio. wider.

Die im Zusammenhang mit den Vorbereitungen für den Einsatz im Kaukasus entstandenen enormen Aufwendungen seien zu einem großen Teil durch die Abgabe des Materials an Dritte wieder eingebracht worden. Durch die damit erzielte vermehrte Ausrüstung der kontinentaleuropäischen Erdölfelder mit Geräten und Materialien habe man insbesondere in Österreich eine bedeutende Produktionssteigerung erreicht. Soweit in Verbindung mit dem Kaukasuseinsatz Verluste einträten, würde dafür laut Zusage von Göring ein billiger Ausgleich für alle Aufwendungen und Arbeiten der Konti unter Berücksichtigung der besonderen Einsatzbedingungen gewährt. Es dürfte daher anzunehmen sein, dass der Gesellschaft hieraus keine Verluste entstünden.[326]

324 Vgl. Dritte AR-Sitzung der Konti am 29. Mai 1942 (Auszug), in: ebd., R 2, Nr. 30526, Bl. 26 f.

325 Vgl. Conti-Öl im Anlaufen, in: Deutsche Allgemeine Zeitung, Nr. 258 vom 30. 5. 1942, zit. nach: ebd., R 4902, Nr. 4954, Bl. 2 (Zitat ebd.). Auch in: HAC, 65-11860, Bl. 5. Siehe dazu ferner: Continentale Oel-AG. Berlin, in: Neue Zürcher Zeitung, Nr. 173 vom 4. 6. 1942, zit. nach: IfW, F 1 X 30 E.

326 Vgl. Niederschrift über die 4. AR-Sitzung der Konti am 21. 9. 1943, S. 2 ff., in: StaN, KV-Prozesse, Fall 11, K 21. Auch in: BAB, R 2, Nr. 15469, Bl. 6-21 und in: ebd., R 176, Nr. 89. Vgl. ferner: Schmelzer, Devisen, S. 182 f.

Am selben Tag, also ebenfalls am 21. September 1943, fand die zweite Ordentliche HV statt. Der Vorstand erklärte, dass die Tätigkeit des Unternehmens im Berichtsjahr durch den weiteren Aufbau und Ausbau der Arbeitsgebiete der Tochtergesellschaften gekennzeichnet gewesen sei. Die in den besetzten Ostgebieten tätigen Tochtergesellschaften hätten in enger Zusammenarbeit mit den staatlichen Dienststellen die ihnen gestellten Aufgaben zufriedenstellend gelöst, die ausländischen Beteiligungsgesellschaften konnten ihr Arbeits- und Produktionsprogramm steigern. Der geringe Gewinn von etwas mehr als 1,1 Mio. RM wurde durch den Verlustvortrag von mehr als 1,4 Mio. RM allerdings wieder aufgefressen.[327]

Das Anlagevermögen war um 19 Mio. RM auf 58,1 Mio. RM gestiegen, wovon 55 Mio. RM auf die Beteiligungsinteressen entfielen, die hauptsächlich in Rumänien und den besetzten Ostgebieten lagen. Das Grundkapital von 80 Mio. RM war nach dem Bilanzstichtag voll eingezahlt worden. Bankkredite liefen in Höhe von 89 Mio. RM, davon 38 Mio. RM als mittelfristiger Kontokorrentkredit mit fünf Prozent Zinsen und 51 Mio. RM auf der Grundlage von Wechseln mit 3,25 Prozent Zinsen.[328]

Ein genauerer Blick auf die Bilanz 1942 zeigt, dass im Laufe des Jahres von dem Aktienkapital nur 57,5 Mio. RM eingezahlt waren (50 Mio. Namensaktien und 7,5 Mio. Inhaberaktien). Die zum 31. März 1943 noch fehlende Resteinzahlung auf die Inhaberaktien in Höhe von 22,5 Mio. RM wurde geleistet, und der auf Ende März fällige Konsortialkredit der Banken von bisher 40 Mio. auf 20 Mio. RM ermäßigt.[329]

Den größten Posten in der Bilanz bildeten nun nicht mehr die »Beteiligungen«, sondern die »Vorräte«. Sie bestanden hauptsächlich aus Werkzeugen, Apparaten usw. und schlugen Ende 1942 mit 69 Mio. RM zu Buche, Ende 1941 hatten sie nur 13 Mio. RM ausgemacht. Dies vermittelt einen Eindruck von der Intensität der Anstrengungen, die unternommen wurden, um eine maximale Ausbeute aus den verfügbaren Ölfeldern zu erreichen.[330]

In der AR-Sitzung der Konti am 10. November 1944 lag der Jahresabschluss für 1943 vor. Seit der letzten AR-Sitzung waren aus dem Gremium ausgeschieden: Reinhart (verstorben am 3. Oktober 1943), Thomas (ausgeschieden am 21. September 1943), Weltzien (verstorben am 3. August 1944). Brochhaus schied am 30. Juni 1944 aus dem Vorstand aus.

Laut Bericht des Vorstands hatte das Unternehmen die vielgestaltigen und wechselnden Aufgaben im Berichtsjahr befriedigend gelöst, und die ausländischen Beteiligungsgesellschaften hatten sich weiterhin gut entwickelt. Man habe weitere An-

327 Vgl. Bericht des Vorstands und AR der Konti, erstattet auf der 2. Ordentlichen HV am 21.9.1943, in: BAB, R 8119-F, Nr. 1824, Bl. 2 f. Auch in: HAC, 500/109595, in: HADB, B 62 und in: BAB, R 176, Nr. 92.

328 Vgl. Bilanz der Konti per 31.12.1942, S. 1 f., in: HADB, B 60.

329 Vgl. Vermerk aus dem RFM für die AR-Sitzung der Konti am 21.9.1943, in: BAB, R 2, Nr. 15469, Bl. 1-4, hier Bl. 1 f. und 4.

330 Vgl. Zusammenfassender (britischer) Report zur Konti vom 11.2.1944, S. 1, in: NAW, RG 169, Box 2201.

teile an bereits bestehenden Beteiligungen erworben, neue hinzugekauft und das Kapital einer Tochtergesellschaft erhöht.[331]

Die Bilanz der Konti schloss im dritten Geschäftsjahr mit einem Verlust von 408.000 RM ab, wovon 286.000 RM auf den Verlustvortrag von 1942 und 122.000 RM auf den Neuverlust im Jahr 1943 entfielen. Die ausstehenden Einlagen auf das Grundkapital, die noch in Höhe von 22,5 Mio. RM von den Gründerbanken zu leisten waren, wurden im Berichtsjahr im Zusammenhang mit der Ausschöpfung des von den Banken gewährten Konsortialkredites eingezahlt. Das Unternehmen wandte diesen Betrag auf, um den Konsortialkredit auf 20 Mio. RM zu reduzieren.

Hauptsächliches Aktivum bildeten die Beteiligungen im Wert von 53 Mio. RM, an der Concordia, der Colombia, der Karpathen Öl AG, der Kontinentalen Öl GmbH und den weiteren Tochtergesellschaften. Die Concordia und die Colombia schütteten Dividenden aus, die Kontinentale Öl GmbH machte 5,9 Mio. RM Gewinn, beide Vertriebsgesellschaften schlossen ebenfalls mit Gewinn ab. Die Kontinentale Öl Transport AG wies eine ausgeglichene Bilanz vor, die treuhänderisch für Rechnung des Reichs geführte Baltische Öl GmbH schloss mit einem Verlust drei Mio. RM ab, die Ost Öl GmbH mit einem Verlust von 5,5 Mio.[332]

Die Prüfung des Jahresabschlusses 1944 der Konti durch die DRT ergab, dass von der in der Satzung festgelegten Ermächtigung des Vorstands, innerhalb von fünf Jahren das Grundkapital auf 120 Mio. RM zu erhöhen, kein Gebrauch gemacht worden war.[333] Für die Treibstoffexporte der Konti in die Schweiz bediente man sich der Firmen Concordia und Redeventza. Kraft ihrer Funktionen konnten Kadgien und Fischer auch während des Kriegs regelmäßig zu Verhandlungen über diese Fragen in die Schweiz reisen. Auf deutscher Seite nahmen neben ihnen Gerhard Geyer, der Direktor der Rumänien-Mineralöl GmbH in Berlin, Brochhaus und Haupt als Leiter der Kontinentalen Öl Transport AG teil. So weilte Fischer Anfang November 1944 zu Besprechungen in der Schweiz. Er verhandelte in Bern und Zürich über weitere Treibstofflieferungen und sondierte das Terrain für seinen Absprung. Diese deutsch-schweizerischen Kontakte und die daraus resultierenden engen Beziehungen zum Direktor der Petrola, Ernst Imfeld, aber auch zum Leiter der Sektion für Kraft und Wärme im Volkswirtschaftsdepartement, zugleich Verwaltungsratspräsident der Petrola, Nationalrat Robert Grimm, erwiesen sich bei Kriegsende als außerordentlich wertvoll. Die Petrola gewährleistete als halbstaatliches Schweizer Unternehmen während der Kriegsjahre die Versorgung mit Brennstoff in der Schweiz und hatte während des Kriegs Deutschland rund 800 Kesselwagen zur Sicherung der schwei-

331 Vgl. AR-Sitzung der Konti am 10.11.1944, in: HAC, 500/109595. Auch in: HADB, B 62 und in: BAB, R 176, Nr. 92 und Nr. 194.

332 Vgl. Schreiben Konti an Rasche vom 31.10.1944, S. 1 f., in: HAC, 500/109595; Interner Bericht an den AR über den Jahresabschluss 1943 der Konti, S. 1 f., in: HADB, B 60.

333 Vgl. Bericht DRT über Prüfung des Jahresabschlusses zum 31.12.1944 bei der Konti vom 2.6.1949, S. 3 und 7, in: BAB, R 176, Nr. 59.

zerischen Benzin- und Ölversorgung zur Verfügung gestellt. Nach Abbruch der Handelsbeziehungen im Frühjahr 1945 stellte sich für die Schweizer Seite die Frage, ob bzw. wie man die Tankwagen zurückerlangen könnte. Diese Chance wusste Fischer zu nutzen: Er machte sich mit 28 Tankwagen, die mit Schweröl gefüllt waren, auf den Weg in die Schweiz.[334]

Nachkriegsaussagen

Die Organisation der Konti mit ihren zahlreichen Tochter- und Enkelgesellschaften war laut Keppler so kompliziert und unhandlich, dass in der kurzen Zeit ihres Bestehens zahlreiche Vorschläge zur Vereinfachung ihrer Struktur gemacht wurden. Politik und Tätigkeit des Unternehmens unterlagen nach seinen Aussagen der Kontrolle des RWiM und der VJP-Behörde. Das WiRüAmt unter General Thomas hatte zwar auch ein Interesse an den Operationen des Unternehmens, eine direkte Einflussnahme war aber durch das angespannte Verhältnis zwischen Göring und den Wirtschaftsämtern der Wehrmacht begrenzt. Das Unternehmen hatte wenig mit dem AA in Berlin zu tun, arbeitete aber im Ausland, zum Beispiel in Rumänien, eng mit der deutschen Gesandtschaft zusammen.[335]

Als Erich Neumann nach dem Krieg zu den Plänen der Konti befragt wurde, gab er an, ihr Fernziel sei es gewesen, »eine neue deutsche Erdölposition in der internationalen Erdölwirtschaft zu schaffen«, und das Nahziel, das Absinken der Erdölproduktion in Rumänien aufzuhalten und eine Produktionserhöhung zu induzieren. Alle anderen Tätigkeitsbereiche seien vor allem kriegswirtschaftlich bedingt gewesen. Rumänien war, so Neumann, ein Dauerziel, das noch weiterentwickelt werden sollte. Die anderen beiden Schwerpunkte bildeten die behördlich beeinflusste Tätigkeit in Estland, für die praktisch nur die Konti infrage gekommen sei, als einzige deutsche Erdölgesellschaft, die in einem nennenswerten Rahmen operierte und zudem die Erfahrung der privatwirtschaftlich organisierten Erdölgesellschaften mit einbrachte. Hier nannte Neumann Hans Brochhaus, der der führende Experte in Deutschland für Erdölfragen gewesen sei. Schon deshalb sei es naheliegend gewesen, dem Unternehmen den Auftrag zu erteilen, die estnischen Schieferölgruben wieder in Betrieb zu nehmen. Später habe man dann die dortige Produktion ausbauen wollen. Eine Aufgabe, die aus Sicht Neumanns kommerziell gar nicht getragen werden konnte und die eindeutig eine kriegswirtschaftliche war. Der dritte Schwerpunkt habe auf den ost- und westgalizischen Erdölfeldern gelegen. Nach Gründung der Konti habe es nahegelegen, deren Bearbeitung an das Unternehmen zu überführen.[336]

334 Vgl. Uhlig u.a., Tarnung, S. 390 ff.; Bochsler, Nylon, S. 111 und 126.
335 Vgl. Zusammenfassung von Befragungen Kepplers vom 23.10.1945, S. 21 f., in: IfZ, MA 1300/2.
336 Vgl. Vernehmung von Neumann am 26.11.1947, in: ebd., ZS, Nr. 1259, Bl. 112-121, hier Bl. 118 ff. (Zitat Bl. 118).

3.5 Der Werkschutz: Ökonomie und Gewalt

Der Werkschutz hat in Deutschland eine lange Tradition in den Bemühungen der Unternehmer, die Arbeiter und ihre Organisationen einzuhegen. Er diente der Aufklärung sowie der Verhinderung von Sabotage und Spionage, Streiks und Aufständen, die angewandten Mittel reichten bis hin zu militärischen Einsätzen. Speziell in Kriegszeiten legitimierte man den Werkschutz mit dem Argument, seine Maßnahmen dienten der nationalen Sache, und die »Volksgemeinschaft« profitiere davon, wenn die Kriegsproduktion gesichert werde. In der Alltagspraxis ging es dabei jedoch primär um Disziplinierung, um Überwachung der Arbeitsleistung und der Pausenzeiten etc. Mit Beginn des Zweiten Weltkriegs spielte die militärische Ausbildung des Werkschutzes zunehmend eine große Rolle. Dabei wurde vor allem an seinen Einsatz als »innere Wehrmacht«, insbesondere in Falle eines Aufstands der Arbeiterschaft gedacht. Ein »1918« sollte sich unter keinen Umständen wiederholen.[337]

Die Initiative zum Ausbau des innerbetrieblichen Unterdrückungsapparats ging auf die IG Farben zurück, die bereits 1935 in einer »Denkschrift zur Militarisierung der Wirtschaft« Vorschläge für »Sonderschutzmaßnahmen zur Sicherung der Produktion« unterbreiteten. Sie richteten sich sowohl gegen feindliche Sabotagekommandos als auch gegen Spione und Spitzel aus den eigenen Reihen. Jedes Werk sollte demnach seine betrieblichen Sicherheitsorgane – also Werkssicherheitsdienst, Werkspolizei usw. – so mit Waffen ausrüsten, dass sie sich bis zum Eintreffen der Unterstützung gegen vom Land aus geführte Angriffe verteidigen und das Eindringen fremder Kräfte verhindern konnten.

In der Vorkriegszeit war den Konzernen ausdrücklich die alleinige Befehlsgewalt in den Betrieben eingeräumt worden. Die erste staatliche Verordnung zum Werkschutz vom 14. Dezember 1937 betraute dann den RFSS und Chef der Deutschen Polizei mit der sicherheitspolizeilichen Aufsicht über den Werkschutz. Die Gestapo übernahm die Einstellungsüberprüfung und gegebenenfalls auch die Schulung der Werkschützer, sollte ansonsten aber nur in dringenden Fällen sowie bei staatsgefährdenden Angelegenheiten einbezogen werden.

In den »Richtlinien für die sicherheitspolizeiliche Tätigkeit der Abwehrbeauftragten« von 1939 und den »Richtlinien für die Abwehrbeauftragten geschützter Betriebe« von 1940 wurden die Aufgaben definiert: Fortan übernahmen die Staatspolizeileitstellen und Staatspolizeistellen die konkrete Aufsicht, dabei wurde ihnen ein Weisungsrecht eingeräumt. Als »staatsgefährlich« galt jede Aktivität, die die Belegschaft beunruhigte, auf Verrat bzw. Sabotage zielte oder die oppositionellen Kräfte organisierte.[338]

337 Vgl. Jegielka, Opelstreik, S. 30 f. Vgl. allgemein: Olschewski/Demps/Pätzold, Novemberrevolution.

338 Vgl. Roth, Arbeiterbewegung, S. 127 ff. (Zitate ebd.).

Während des Dritten Reichs waren Werkschutzleute in Deutschland und den besetzten Gebieten aktiv an der Judenvernichtung beteiligt und übernahmen in den Betrieben auch geheimpolizeiliche, polizeiliche und militärische Funktionen. Die über den Betrieb hinausreichende staatliche Funktion des Werkschutzes zeigte sich jedoch nicht nur bei der Durchführung von Morden an Juden, wie die Massenhinrichtungen an jüdischen Häftlingen durch den Werkschutz der Hugo Schneider AG, sondern auch bei der Beteiligung an groß angelegten Mordaktionen unter der Führung des RSHA in den Ostgebieten bis hin zu seiner organisatorischen Einbettung in die Einsatzgruppen in den besetzten Gebieten der Sowjetunion. Reinhard Heydrich, dem Chef der Sipo und des SD, war es spätestens 1939 gelungen, die Abwehrbeauftragten, und somit den Werkschutz als Hilfsorgan, strukturell an die Gestapo und den SD zu binden.[339] Die uniformähnliche Bekleidung des Werkschutzes stellten die Betriebe. Die Bewaffnung bestand aus Pistolen, bei weitläufigem Werksgelände auch aus Karabinern, welche die Wehrmacht zur Verfügung stellte.

In den OKW-Richtlinien für die Abwehrbeauftragten geschützter Betriebe von 1940 wurden die Begriffe Saboteur und Sabotage näher definiert und dabei weit ausgelegt: »Auch jede vorsätzliche Handlung oder Unterlassung produktionsstörenden Charakters aus persönlichen Motiven ist Sabotage. Hierzu gehören [...] absichtlich langsames oder fehlerhaftes Arbeiten, Unpünktlichkeit, Fernbleiben von der Arbeitsstätte, Vortäuschen von Erkrankungen, Selbstverletzungen, Ungehorsam gegen betriebliche Vorgesetzte, Arbeitsverweigerung, Miesmacherei, absichtliche Beunruhigung der Gefolgschaft durch Flüsterpropaganda, Gerüchtemacherei, Aufwiegelung und Aufforderung zum Streik usw.«[340]

Der Werkschutz der Kontinentalen Öl AG

Entsprechend baute auch die Konti einen eigenen Werkschutz auf, und bei einem Unternehmen, das primär in den besetzten Gebieten tätig werden sollte, lag es auf der Hand, dass dieser militärisch organsiert sein musste. Leiter war der Abwehrbeauftragte der Konti, Otto Rasch, der als ehemaliger SS-Brigadeführer zweifellos über beste Kontakte verfügte, um das notwendige Führungspersonal zu rekrutieren. Das Unternehmen richtete Ausbildungslager in den polnischen Orten Moderówka und Iwonicz ein, die sich beide in der Nähe des westgalizischen Erdölzentrums Jaslo (Jasło) befanden. Im Zuge des Näherrückens der Front wurde ein weiteres Lager in Kaschau (Košice) im Osten der Slowakei errichtet. Bei den Werkschutzleuten handelte es sich überwiegend um Männer aus den besetzten Gebieten, vor allem um Ukrainer, aber auch um Volksdeutsche, zum Beispiel vom Schwarzen Meer.[341] Auf-

339 Vgl. Jegielka, Werkschutz, S. 52.

340 Vgl. Drobisch, Werkschutz, S. 220 ff. (Zitat S. 223).

341 Vgl. Schreiben Beauftragter des Reichskommissars für die Festigung deutschen Volkstums an Werkschutz-Ausbildungslager Iwonicz vom 14. 6. 1944, in: BAB, R 49, Nr. 2651, Bl. 4.

grund der besonderen Bedeutung der Sicherung der Erdölvorkommen bestand ein erhebliches rüstungswirtschaftliches Interesse an einer angemessenen Ausrüstung der Sicherungsverbände der Konti.[342]

Allerdings mangelte es an Textilien, und so mussten sich die Werkschutzleute mit Werkscharuniformen der Deutschen Arbeitsfront (DAF) begnügen. Es kam auch vor, dass die Einheiten nicht in den Einsatz ausrücken konnten, weil ihre Ausrüstung nicht komplett war.[343] Bei der Belieferung mit Medikamenten gab es ebenfalls Engpässe, woraufhin man sich an den Chef des Wehrmachtssanitätswesens wandte, um gegen Bezahlung aus dem Hauptsanitätspark Lichtenberg beliefert zu werden. »Die Sicherungsverbände der Kontinentalen Öl A.-G. haben die Aufgabe, durch den Einsatz von Hilfswilligen militärische Einheiten zugunsten der kämpfenden Front abzulösen und die Sicherung der Erdölvorkommen zu übernehmen. Der Einsatz der Sicherungsverbände und ihre ausreichende Versorgung hat für die Wehrmacht eine erhebliche wehrwirtschaftliche Bedeutung.«[344] Gleiches galt natürlich für die Belieferung mit Waffen und Munition, die von den entsprechenden Stellen des Heeres gegen Bezahlung übernommen wurde.[345]

Die Ausbildungslager Moderówka, Iwonicz und Kaschau

Das OKH bzw. das Reichsministerium für Rüstung und Kriegsproduktion versorgten die Ausbildungslager und Einheiten mit Waffen und Munition. Der Bedarf wuchs, deshalb forderte Rasch im Juni 1944 unter anderem 200 Karabiner, fünf leichte Maschinengewehre und fünf Maschinenpistolen nebst Munition. Die Lieferung sollte direkt an das Lager Iwonicz, zu Händen von SS-Untersturmführer Herbert Voßhagen erfolgen.[346]

Offensichtlich versorgte das Ausbildungslager Iwonicz auch Wehrmachtsstellen wie das Feldwirtschaftsamt mit ukrainischen und kaukasischen Werkschutzleuten für das Wehrwirtschaftliche Sicherungs-Bataillon Kroatien, obgleich es sich formal um eine zivile, von der Konti eingerichtete Dienststelle handelte. Die Angehörigen des Lagers trugen SS-Uniform (mit geringen Abweichungen), unterstanden jedoch weder dem RFSS noch der Wehrmacht.[347]

342 Vgl. Schreiben Reichsminister für Rüstung und Kriegsproduktion an Feldwirtschaftsamt, Schönermarck, vom 19.7.1944, in: BA-MA, RW 46, Nr. 845.

343 Vgl. Schreiben Leiter Werksicherung Konti, Rasch, an Reichsminister für Rüstung und Kriegsproduktion vom 8.6.1944, in: ebd.

344 Vgl. Schreiben Feldwirtschaftsamt an Chef des Wehrmachtssanitätswesens vom 10.8.1944, in: ebd.

345 Vgl. Schreiben Leitung Werksicherung, Beschaffungsstelle, Türck, an Feldwirtschaftsamt, Schönermarck, vom 21.7.1944, in: ebd.

346 Vgl. Schreiben Leiter Werksicherung Konti, Rasch, an Reichsminister für Rüstung und Kriegsproduktion vom 8.6.1944, in: ebd.

347 Vgl. Schreiben Feldwirtschaftsamt Z 1, Schönermarck, an Z 2, Vössing, vom 11.7.1944, in: ebd.

Dieser Transfer von ausländischen Hilfswilligen aus dem Firmenlager Iwonicz, später auch Kaschau, hielt lange Zeit an. Im Gespräch waren – neben Ukrainern und Kaukasiern –auch Georgier aus dem Kriegsgefangenenlager Neuhammer, die über Dresden in das Lager in Kaschau geleitet werden sollten.[348]

Eine Sekretärin, die seit 1942 bei der Konti beschäftigt war, arbeitete für den damaligen SS-Scharführer Voßhagen, der dem SD angehörte und zunächst eine Abteilung leitete, die Bewachungsmannschaften für die späteren Ölzüge aus dem Kaukasus ausbilden sollte. Im März 1942 wurden beide nach Moderówka versetzt und in einem Barackenlager untergebracht. Die Dienststelle umfasste außer der Sekretärin und Voßhagen nur noch eine baltische Büroangestellte, einen ukrainischen Dolmetscher, einen Arzt aus Prag, einen Koch, zwei SS-Männer sowie einen weiteren deutschen Ausbilder. Gemäß der Nachkriegsaussage der Sekretärin war der Ablauf im Lager anfangs »normal«. Die Ukrainer, eine Mannschaft aus ca. 30 Personen, wurden angeworben und von SS-Männern quasi militärisch trainiert, jedenfalls wurden sie an der Waffe ausgebildet. Einige Wochen später verließen bei Einbruch der Dunkelheit Lastwagen das Lager, die nach Mitternacht zurückkehrten. Im Juli 1942 hörte die Sekretärin Fetzen eines Gesprächs unter Ukrainern mit, in dem die Rede von »Umlegen« und »Beten« gewesen sei. Ein deutschsprachiger Ukrainer erklärte ihr, dass sie Nacht für Nacht in die Dörfer der Umgebung fuhren und polnische Juden erschossen. Sie müssten die Leute aus den Häusern holen und diese durch Genickschuss töten.[349]

Ein anderer Nachkriegszeuge, der sich Anfang 1941 freiwillig zu einer Werkschutzeinheit gemeldet hatte, gehörte dieser Einheit bis Kriegsende an. Er erinnerte sich, dass sie von Voßhagen geleitet und auch als »Einheit Voßhagen« bezeichnet wurde. Aufgestellt wurde sie zur Bewachung der Öllager in der Ukraine, eine Aufgabe, die sie bis Mitte 1944 erfüllte. Die Einheit habe aus etwa 300 bis 400 Mann bestanden, die auf verschiedene Öllager verteilt wurden. Die Einheitsangehörigen hätten militärische Dienstgrade geführt, das Wort Werkschutz wurde vorangestellt. Der Zeuge selbst war eigenen Angaben zufolge zu dieser Zeit Werkschutz-Feldwebel gewesen. Im August 1944 sei die Einheit in die Ostslowakei zurückverlegt worden, weil die sowjetischen Truppen heranrückten. Sie sei in Schwedler (Svedlár) stationiert und dort zur Partisanenbekämpfung eingesetzt worden.[350]

In dreimonatigen Kursen wurden in Moderówka Esten, Letten, Ukrainer, Kasachen und deutschstämmige Sowjetbürger als Wachpersonal sowie für den Kampf gegen sowjetische Partisanen ausgebildet. Im Auftrag der örtlichen Gestapo waren Angehörige des Werkschutzausbildungslagers an Mordaktionen gegen Juden im Kreisgebiet von Jaslo beteiligt, die von Juli bis Oktober 1942 andauerten, einige noch länger. Sie trie-

348 Vgl. Schreiben Feldwirtschaftsamt an Konti vom 3.10.1944, in: ebd.; Schreiben Feldwirtschaftsamt an Konti vom 27.9.1944, in: ebd.

349 Vgl. Vernehmung Margarete Timm am 10.5.1962, in: BAL, B 162, Nr. 26455, Bl. 21-25, hier Bl. 21ff.

350 Vgl. Vernehmung Herbert Schomburg am 12.10.1970, in: ebd., Nr. 17152, Bl. 53-56, hier Bl. 53f.

ben die Juden zusammen, bewachten die Transporte und die Erschießungsorte und erschossen auch selbst Juden. Von Juni 1942 bis Mai 1943 bewachten sie das Zwangsarbeiterlager für polnische Juden in Szebnie im Kreis Jaslo, wo eine unbekannte Anzahl von Juden ermordet wurde, außerdem begleiteten sie die Märsche zu den Deportationsbahnhöfen.[351]

Ein Bericht der DDR-Staatssicherheit kam 1971 zu dem Ergebnis, dass das Werkschutz-Ausbildungslager Moderówka aus zwei Bataillonen bestand, die in Kompanien, Züge und Gruppen untergeteilt waren. Das Lager umfasste sieben Wohnbaracken, ein Verwaltungsgebäude, einen Speisesaal, den Klub, Gerätelager, Waschräume, eine Sanitätsstelle und Pferdeställe. Bewaffnet seien die Offiziere mit Pistolen gewesen, die Mannschaften mit Karabinern aus tschechischer Produktion.

Bis Februar 1944 war das Lager in Moderówka stationiert, von Februar bis Juli 1944 in Iwonicz, von Juli bis Ende August/Anfang September 1944 wurde es nach Kaschau (Košice) verlegt und in »SS-Sonderformation Voßhagen« umbenannt. Von diesem Zeitpunkt an trugen die Angehörigen der Einheit an den Mützen das Totenkopf-Emblem und am linken Ärmel der Uniform auf schwarzem Grund einen aus weißem Faden gestickten Hoheitsadler. Von Oktober bis Anfang Dezember 1944 erfolgte der Marsch in Richtung Turnau (Turnov) bis Schwedler (Svedlár). Vom 13. Dezember 1944 bis März 1945 war die Einheit in den Orten Koterbach (Rudňany), Poprad und Bely Kamenj stationiert, unter anderem zur Bewachung von Kupfergruben. Im März 1945 erfolgte die Stationierung im Dorf Tory, anschließend die Verlegung nach Domashani und der Einsatz als Sicherungs-Bataillon. Ende April 1945 wurden sie in der Schule der Ortschaft Bystrica einquartiert. Am 6. Mai 1945 wurde die Einheit von der Roten Armee zerschlagen und Angehörige der »SS-Sonderformation Voßhagen« gefangengenommen. Der Einheit wurde unter anderem die Teilnahme an Aussiedlungsaktionen und Erschießungen in Jaslo vorgeworfen.[352]

Bemerkenswert ist die Nachkriegsaussage von Hans Koop, der bei seiner Vernehmung 1973 Wachleiter bei der MAN war. Er hatte sich im Oktober 1938 freiwillig zur Wehrmacht gemeldet, seine Ausbildung bei der Nachrichtenabteilung in Wandsbek absolviert und wurde bei Kriegsbeginn in Polen stationiert. 1940 erkrankte er in Frankreich, es folgten vier Monate Lazarettaufenthalt. Im Herbst 1941 erhielt er ein Schreiben aus Berlin, demzufolge er sich zur »Wehrwirtschaftlichen Sicherung« für die Konti als »Privatperson« zur Verfügung stellen sollte. Im Oktober 1941 begann seine Ausbildung in Berlin, von dort ging es ins Ölgebiet von Jaslo zur Bewachung von Betriebseinrichtungen. Die Einheit bestand aus Zivilisten, wurde aber von Wehrmachtsoffizieren geleitet. Diese hatten die Oberleitung, während die örtlichen Trupps unter der Aufsicht von SD-Offizieren standen. Im Sommer 1944 kam der Stab mit einer kleinen Einheit von Jaslo nach Kaschau, die anderen Gruppen wurden auf verschiedene

351 Vgl. Weigelt, Fallgruppenübersicht, S. 278.

352 Vgl. Schreiben Leiter HA IX an Leiter Abteilung X vom 4.6.1971, in: BStU, HA IX/11, ZUV 71, Bd. 1, T. 1, Bl. 205-226, hier Bl. 224f.

Orte verteilt und unter anderem zur Partisanenbekämpfung eingesetzt. Koop selbst wurde im Oktober/November 1944 wegen seines Nierenleidens zur Ersatz- und Beschaffungseinheit des Bataillons in die Nähe von Radebeul zurückversetzt, dann entlassen, später aber zum SS-Grenadierbataillon Prinz Eugen in Ellwangen eingezogen.

Über der Einheit habe Rasch gestanden, der manchmal die Uniform eines SS-Brigadeführers getragen habe. Koop nahm an, dass Rasch der Verwaltungsdirektor gewesen sei und ihm deshalb die Einheit unterstellt gewesen sei. Weiterhin sei Assessor Christian Türck von der Konti bei der Einheit gewesen, nach eigenen Aussagen ein Fachmann für Sabotageabwehr. Hatten sie in Polen noch Zivil getragen, habe man sie während des Dienstes nun in eine blaue Phantasieuniform gesteckt, die von der Konti zur Verfügung gestellt wurde. Nach der Übernahme durch die Wehrmacht in Kaschau trugen sie feldgraue Uniformen.[353]

Weitere Details gehen aus folgender Nachkriegsaussage hervor: Julian Najda wurde in Krówniki geboren. In seiner Vernehmung durch einen DDR-Staatsanwalt sagte er aus, er habe in Moderówka von Sommer 1943 bis Herbst 1944 die Kantine geführt. Ihm zufolge habe die Mannschaft nur zu einem Viertel aus Ukrainern bestanden, neben Georgiern, Volksdeutschen und Polen. Sie seien zunächst mit grünen holländischen Beute-Uniformen, später mit SD-Uniformen bekleidet gewesen. Najda berichtete ebenfalls von Fahrten ausgesuchter, vertrauenswürdiger Leute mit Lastkraftwagen in die Umgebung des Lagers, mutmaßte jedoch, es habe sich hierbei um Einsätze gegen Partisanen im Bereich der Raffinerien Jedlicze und Jaslo gehandelt. Die Einheit sei auch zur Bewachung der Raffinerien eingesetzt worden.[354]

In einem Bericht der Stasi von 1979 wurden die Ergebnisse zu Moderówka als Ausbildungslager für Werkschutzangehörige der Konti festgehalten: Unter der Leitung von Voßhagen betätigten sich 24 deutsche Werkschutz-Angehörige als Ausbilder, ausgebildet wurden Esten, Letten, Ukrainer und Kasachen, die nach der zwei- bis dreimonatigen Ausbildung zur Bewachung der Betriebe der Kontinental-Tochtergesellschaften in den besetzten Gebieten eingesetzt wurden. Ausgebildet wurde für den Wachdienst in Lagern für Kriegsgefangene, ausländische Arbeiter sowie an neuralgischen militärischen Punkten, außerdem für die Bekämpfung von Partisanen. Der Einheit wurden diverse Mordaktionen in Polen zur Last gelegt.[355]

Der Einsatz im Kaukasus

Auch bei den Ende September 1942 bei der TBM eingesetzten 500 sowjetischen Zwangsarbeitern tauchte die Frage auf, ob man den Werkschutz einsetzen sollte.

353 Vgl. Vernehmung Hans Koop am 11.12.1973, in: BAL, B 162, Nr. 29459, Bl. 91-98, hier Bl. 91 ff. und 95 f.

354 Vgl. Vernehmung Julian Najda am 30.5.1978, in: BStU, HA IX/11, ZUV 71, Bd. 4, T. 2, Bl. 514-518, hier Bl. 514 ff.

355 Vgl. Sachstandsbericht HA IX/11 vom 26.1.1979, in: ebd., Bd. 1, T. 1, Bl. 3-13, hier Bl. 6 ff.

Zunächst wurden die sowjetischen Kräfte von der TBM gemeinsam mit der Geheimen Feldpolizei überprüft, 40 von ihnen wurden anschließend wegen Gefährdung der Sicherheit der deutschen Wehrmacht erschossen. Zusammen mit ehemaligen zaristischen Offizieren und arbeitswilligen Russen gelang es schließlich, ein Netz von Vertrauensmännern aufzubauen. Die V-Leute wurden in die Arbeitsgruppen eingeschleust.

Für die abwehrmäßige Sicherung der Betriebsstellen war das Bataillon 602 zuständig, dieses konnte die Aufgabe mit den wenigen zur Verfügung stehenden Kräften aber nur durchführen, weil zunächst nur eine Arbeitsstelle zu sichern war. Eine wirksame Verteidigung gegen Bandenüberfälle würde nach Ansicht der TBM nur in Zusammenarbeit mit den noch in diesen Gebieten stehenden Wehrmachttruppen gewährleistet sein.

Sobald die Front vorverlegt war, musste für die Sicherung Vorsorge getroffen werden, denn es würden fortlaufend mehr Bohranlagen zu sichern sein, hinzu kämen die im Aufbau begriffenen Raffinerien und Ölleitungen. Die aktive Kampftruppe würde nicht mehr zur Verfügung stehen und bei einer Vergrößerung der Belegschaft war mit Sabotageakten zu rechnen. Daher schlug man die Aufstellung eines Werkschutzes vor. Nach Mitteilung von Schlicht sollten die bereits im Reichsgebiet aufgestellten Kommandos dafür den Grundstock bilden. Der Werkschutz sollte in erster Linie die unmittelbare Bewachung der Objekte durchführen, die Sicherungstruppen müssten in einer Stärke, wie sie zur Bekämpfung der jeweilig auftretenden Partisanengruppen notwendig sei, zur Verfügung stehen. Diese Aufgabenteilung habe den Vorteil, dass man werkseigene, mit den Eigenarten der Betriebseinrichtung vertraute Bewachungskräfte hätte, die auch die Belegschaft kennen und zum Teil die Sprache beherrschen würden. Für den Werkschutz sollte der bereits bestehende Grundstock aus dem Reich herangezogen und durch Anwerbung in der Region auf die erforderliche Stärke aufgestockt werden. Hier kämen vor allem Kosaken in Betracht. Die kurze Ausbildung müsste durch einen Werkschutzführer erfolgen.[356]

Im Dezember 1942 besprach Rasch den Werkschutzeinsatz im Kaukasus mit einem Vertreter der TBM, des Amts Ausland/Abwehr und des WiRüAmts. Im Ausbildungslager Moderówka befanden sich zu dieser Zeit 250 Mann in Ausbildung, die Anfang März 1943 enden würde. Mitte Januar sollten weitere 500 Mann aus Wolhynien zur dreimonatigen Ausbildung ins Lager kommen.

Es gab die Überlegung, das Ausbildungslager ganz nach Armawir zu verlegen, da das Rekrutierungspotenzial in der Ukraine und in Wolhynien ausgeschöpft war und »daher auf das Menschenmaterial im Kaukasus zurückgegriffen werden müßte«. Der Vertreter der TBM, Major Ponater, bezweifelte jedoch, dass man in Armawir ähn-

356 Vgl. KTB TBM, Aufzeichnung »Die abwehrmässige Sicherung der aufzubauenden Ölgebiete« von Major Kiessling (Ende September 1942), in: BA-MA, RW 46, Nr. 631, Bl. 76. Die Konti folgte dem Vorschlag und stellte Männer aus dem eigenen Werkschutz an die TBM ab, die sie auch bezahlte. Vgl. Schreiben TBM an Konti, Schwanbeck, vom 14.11.1942, in: ebd., Nr. 683.

liche Bedingungen herstellen könnte wie in Polen. Er schlug vor, das Stammlager in Moderówka zu belassen und in Armawir ein Auffanglager für die im Kaukasus angeworbenen Trupps einzurichten, die dann nach Moderówka gebracht werden sollten, ferner ein Ausgangslager für die aus Moderówka kommenden Ausgebildeten, die von dort an ihre Einsatzplätze geschickt werden sollten. Im Fall der kompletten Verlegung nach Armawir sollte das Lager der Konti unterstehen – Rasch und SS-Untersturmführer Voßhagen –, ein Offizier der TBM würde die Abwehr des Werkschutzlagers verantworten.[357]

Sicherungsaufgaben in Kroatien

Die Diskussionen um den Schutz der deutschen Erdölbohrungen in Jugoslawien durch SS-Männer reichen noch in die Zeit vor der Gründung der Konti zurück, als das Amt VI des RSHA vorgeschlagen hatte, SS-Männer bei den zu errichtenden Bohrtürmen einzusetzen. Sie sollten als Angestellte der Jugo-Petrol tätig werden, die im Auftrag des Reichs die Erdölbohrungen vornehmen sollte. Hans Brochhaus, federführend in der Firma, lehnte das Angebot jedoch strikt ab und wollte die Angelegenheit selbst regeln. Deshalb besprach man sich mit der Reichsstelle für Bodenforschung, genauer: mit dem Vertreter Kepplers, Vizepräsident Bernhard Brockamp. Die RfB hatte Einfluss auf die Firma, da sie im Auftrag des Reichs die Gelder für die Jugo-Petrol zur Verfügung stellte und den Auftrag für die Arbeiten in dem Erdölgebiet erteilte. Brockamp erklärte sich mit dem Einsatz der SS-Männer einverstanden.[358]

Das Wehrwirtschaftliche Sicherungs-Bataillon Kroatien wurde im Februar 1943 aufgestellt, »um die wehrwirtschaftlich ausserordentlich wichtigen Erdölvorkommen und deren Förderung in dem partisanengefährdeten Gebiet zu schützen«. Es unterstand disziplinarisch und taktisch der 2. Panzer-Armee und erhielt seine fachlichen Weisungen weiterhin vom Feldwirtschaftsamt. Das Gebiet Gojlo war im September 1942 von Partisanen überfallen worden, die Produktionsanlagen wurden teilweise zerstört. Zunächst waren nur zwei Kompanien zur Bewachung vorgesehen, durch die Ausdehnung der Bohrstellen wurde aber eine massive Aufstockung auf fünf erforderlich.[359] Im Mai 1943 wurde eine Kompanie des Wehrwirtschaftlichen Sicherungs-Bataillons Kroatien mit 120 bis 150 Werkschutzangehörigen aus Moderówka –

357 Vgl. AV Konti, Dr. Rasch, vom 19.12.1942, in: ebd. (Zitat S. 1).

358 Vgl. AV aus dem RSHA, Amt VI D 21, vom 11.2.1940, in: BAB, R 58, Nr. 104, Bl. 50-52. Zunächst sollte ein SS-Untersturmführer als Bohrmeister-Assistent im Auftrag der Gewerkschaft Elwerath an einer Bohrstelle der Wintershall AG eingesetzt werden. Vgl. AV Abteilungen VI D, VI D 2 und VI D 21 vom 3.5.1940, in: ebd., Bl. 87 f.

359 Vgl. Schreiben Kommandeur Sicherungs-Bataillon Kroatien an Chef der Heeresrüstung vom 21.6.1944, in: BA-MA, RW 46, Nr. 845 (Zitat ebd.).

nicht wie vorgesehen 200 – nach Dresden in Marsch gesetzt. Die fehlenden Männer sollten im Laufe der nächsten Tage dazustoßen.[360]

Im Juni 1944 waren die Aufständischen dazu übergegangen, den Arbeitern in den umliegenden Dörfern das Arbeiten auf dem Erdölfeld Gojlo zu untersagen und ihnen Schuhe und Kleidung zu entwenden, so dass diese Dörfer von einem Bataillon besetzt werden mussten. Da Produktion und Bohrungen weiter ausgedehnt worden waren, reichte die Stärke dieses Bataillons als Schutz nicht mehr aus, so dass es eine sechste Kompanie brauchte.

Diese zusätzliche Kompanie wurde als unbedingt erforderlich erachtet, da bei der Ausdehnung des Gebiets das ganze Erdölgebiet gefährdet sei, wenn das Bataillon zu weit auseinandergezogen werde. Die »Banden« seien in den letzten Monaten erheblich stärker und aktiver geworden. Eine sechste Kompanie war zwar bereits vom OKW bewilligt worden, wurde dann aber zu dem ebenso dringenden wehrwirtschaftlichen Schutz von Erzgruben in Albanien eingesetzt.

Das Bataillon bestand aus Soldaten der Jahrgänge 1906 und älter sowie etwa 400 Ukrainern, die sich freiwillig zum Werkschutz gemeldet hatten. Sie wurden aus dem Werkschutz-Ausbildungslager Iwonicz über die Wehrwirtschaftliche Ersatz-Inspektion Dresden zur Verfügung gestellt. Sie wurden von der Konti bezahlt. Die neue sechste Kompanie könnte ebenfalls zur Hälfte, also mit etwa 100 Mann, mit ukrainischen Mannschaften besetzt werden.[361]

Militärischer Schutz in Estland

Laut Befehl des Armeegruppenkommandos Narwa vom April 1944 war das Mineralölkommando für die Sicherung und Verteidigung der Werke und Gruben der Baltischen Öl GmbH vor Partisanenangriffen, feindlichen Fallschirmspringern sowie Sabotageakten verantwortlich. Dafür wurden dem Kommando neben den Sicherungskräften der Wehrmacht und Polizei alle Waffenträger der Baltischen Öl GmbH, der Werkschutz, das Werks-Bataillon des Freiwilligen Estnischen Selbstschutzes, die Organisation Todt (OT) und der SD unterstellt.[362]

Während der militärisch relativ ruhigen Lage ab April 1944 wurden die Zuständigkeiten bei der Werksverteidigung weiter ausdifferenziert, fortan standen SD und Werkschutz unter dem Befehl der Werkskommandanten (Kampfkommandanten). Der alle reichsdeutschen Werksangehörigen umfassende Selbstschutz wurde aufgebaut und laufend neu ausgebildet, die an die Werksverteidigung angegliederten Einheiten mit

360 Vgl. Schreiben Chef OKW an Wehrwirtschaftliche Ersatz-Inspektion Dresden vom 8.5.1943, in: ebd.

361 Vgl. Schreiben Kommandeur Sicherungs-Bataillon Kroatien an Chef der Heeresrüstung vom 21.6.1944, in: ebd.

362 Vgl. Lagebericht Kommandeur Mineralölkommando Estland für die Zeit vom 1.4.-30.4.1944 nach dem Stande vom 1.5.1944, in: ebd., Nr. 761.

Waffen und Munition versorgt, der Stellungsbau ergänzt und verbessert.[363] Eine aus ehemaligen russischen Kriegsgefangenen gebildete Werkschutzeinheit aus Estland bildete später, beim Unternehmen »Wüste« – dem letzten verzweifelten Versuch, mithilfe von KZ-Häftlingen auf der Schwäbischen Alb aus Ölschiefer Treibstoff zu gewinnen – noch einen Teil der Wachtruppe des KZ-Außenlagers in Dautmergen.[364]

Überwachung von Zwangsarbeitern in Galizien

Vergleichsweise gut dokumentiert ist der Einsatz des Werkschutzes in Galizien. Bereits unter der Ägide der Beskiden-Gesellschaften war er für die Bewachung der kasernierten jüdischen Zwangsarbeiter verantwortlich. Er setzte sich überwiegend aus Ukrainern zusammen.[365]

Zu Zeiten der Karpathen Öl AG hatte der ukrainische Werkschutz eine Stärke von rund 140 Mann erreicht, die durch ihn verhängten Strafen reichten von Prügeln bis zur Einweisung in Konzentrationslager. Der Vormarsch der UPA seit Mitte 1943 führte zu einer zunehmenden Brutalität gegenüber Polen und Juden seitens der mit der UPA sympathisierenden Werkschutzleute, auch in Westgalizien, wo der SD Tarnów Ausschreitungen und die Unzuverlässigkeit der Werkschutzleute beklagte. Deshalb ging auf Weisung des Rüstungsministeriums am 1. Oktober 1943 die »Betreuung des Werkschutzes in den abwehrmäßig geschützten Betrieben auf den Reichsführer SS und Chef der Deutschen Polizei über«. Im Zuge dieser Anordnung übernahm SS-Obersturmbannführer Heinrich Jennessen vom Lemberger SD den Werkschutz bei der Karpathen Öl AG. Er war bei dem Unternehmen in Drohobycz beschäftigt und gleichzeitig als ehrenamtlicher Mitarbeiter des Kommandeurs der Sipo und des SD Lemberg tätig. Die Karpathen Öl AG bezahlte also offenbar den SD-Führer, um ihn an sich zu binden.[366]

Unzufrieden mit dem ukrainischen Werkschutz zeigte sich auch Generaldirektor Große bei einer Tagung Ende September 1943 in Warschau. Dort führte er aus, dass die Erdölindustrie im besonderen Maße von Sabotageakten betroffen sei: Die »Kolpak-Bande«, eine hinter der Front agierende sowjetische Militäreinheit unter Führung des Generals Kolpak, habe bei ihrem Zug durch Ostgalizien zahlreiche Zerstörungen angerichtet, Bohrtürme abgebrannt und moderne Geräte fachmännisch gesprengt. Der ukrainische Werkschutz habe völlig versagt. Ein gewisses Verständnis brachte Große auf, da die Zahl der Werkschutzmänner viel zu gering und die eingesetzten jungen Leute für die Aufgabe nicht geeignet gewesen seien. Er habe deshalb angeordnet, zum Werkschutz die älteren Arbeiter heranzuziehen, die schon 10,

363 Vgl. Allgemeiner Rückblick für das 2. Vierteljahr 1. April – 30. Juni 1944 des Kommandeurs des Mineralölkommandos Estland vom 9.8.1944, in: ebd., Nr. 760.

364 Vgl. Zekorn, Unternehmen. Siehe insgesamt dazu: Grandt, Unternehmen.

365 Vgl. Sandkühler, Endlösung, S. 347.

366 Vgl. ebd., S. 301 f. (Zitat S. 301).

20 oder 30 Jahre in den Betrieben arbeiteten und sich ihnen verbunden fühlten. Ideal wären deutsche Werkschutzmänner als Gruppenführer.[367]

Diese Beurteilung der Sicherheitslage in den Betrieben spiegelte sich auch in Großes Geschäftsbericht 1942/43 wider. Bei der Bewertung der Betriebsleistung müsse berücksichtigt werden, dass die Arbeitsleistung der Belegschaft durch die Aktivitäten kommunistischer Agenten und politischer Widerstandsbewegungen beeinträchtigt werde. Auch hier kam er zu dem Schluss, dass der ukrainische Werkschutz für die Sicherung des Betriebs unzureichend sei. Darüber hinaus fehle es an deutschen Überwachungs- und Führungskräften, die dem Werkschutz den erforderlichen Rückhalt geben könnten. In dem Zeitraum waren im Werkschutz für das gesamte Gebiet lediglich ein deutscher Leiter und drei deutsche Unterführer im Einsatz. Deshalb habe man die reichsdeutschen Angestellten nicht nur zu Brandwachen und zur Luftschutzbereitschaft, sondern auch zur Überwachung des Werkschutzes und zur zusätzlichen nächtlichen Kontrolle des Arbeitsgangs verpflichtet.[368]

Infolge des Näherrückens der Front seit Februar 1944 verstärkten die Partisanen im östlichen Bereich der Karpathen Öl AG ihre Aktionen, die eine ernst zu nehmende Gefahr für die Betriebe darstellten. Am stärksten war die Betriebsinspektion Kalusch davon betroffen. Bei ihr häuften sich die Überfälle derart, dass sich die Arbeiter teilweise weigerten, ohne ständige Bewachung zu arbeiten. Das betraf auch den Werkschutz, der in den seltensten Fällen in der Lage war, den Partisanen erfolgreich etwas entgegenzusetzen. Soweit die Werkschutzmänner als unzuverlässig galten, musste man sogar mit einem Überlaufen zu den Partisanen rechnen. Vier Werkschutzmänner waren bereits verschwunden.[369]

Diese Entwicklung beschleunigte sich durch die zunehmende »Bandentätigkeit« im östlichen Bereich der Karpathen Öl AG. In der Regel waren die Partisanen zahlenmäßig überlegen und so schwer bewaffnet, dass die Wachen machtlos waren. Dabei kam es, wie am 23. März 1944 in Ugartsthal im Rajon Kalusch, auch zu Überfällen auf die Werkschutzleute.[370] Zwei Monate später verlautbarte die Heeresgruppe Nordukraine, dass die Sicherung der Ölförderung gegen »Bandenüberfälle« für besonders wichtig erklärt worden sei. Zu diesem Zweck würden – nach Weisungen der zuständigen Feldkommandantur – in Kürze im Raum Stryj-Drohobycz Teile einer ungarischen Division eingesetzt werden.[371]

Der Werkschutz kam auch bei der Bewachung der für die Karpathen Öl AG eingesetzten Kriegsgefangenen zum Einsatz. Für die Raffinerie in Jaslo hatte der verantwortliche Kommandant in Lublin 200 sowjetische Kriegsgefangene zur Verfügung

367 Vgl. Tagung des Kriegswirtschaftsstabs und Verteidigungsausschusses am 22.9.1943, in: Präg/Jacobmeyer (Hg.), Diensttagebuch, S. 730.

368 Vgl. Geschäftsbericht 1942/43 von Grosse vom 7.1.1944, S. 22 ff., in: DEA-Archiv, 43-13, Nr. 19.

369 Vgl. Schreiben Abwehrbeauftragter der Karpathen Öl AG, Jennessen, an Grosse vom 21.3.1944, in: ebd., Nr. 22.

370 Vgl. Telegramm Kommandeur der Sipo im Distrikt Lemberg an Grosse vom 23.3.1944, in: ebd.

371 Vgl. Telegramm Abwehrbeauftragter an Grosse vom 23.5.1944, in: ebd.

gestellt, mit der Maßgabe, dass das Unternehmen die Wachmannschaften selbst zu stellen hatte. Ukrainer oder Kaukasier kämen hierfür jedoch nicht in Betracht.[372]

Zu dramatischen Ereignissen kam es Ende Juli 1944 in Libusza. Dort requirierte der Werkschutz Pferde und Fuhrwerk, stand bewaffnet vor dem Wachlokal und war offensichtlich bereit, sich abzusetzen. Der Wachführer des Bohrfelds Kryg, der wohl für die Aktion verantwortlich war, gab an, er habe nicht die Absicht zu fliehen, wolle sich aber absichern, falls die deutsche Verwaltung nicht genug Transportmöglichkeiten besitze. Zur gleichen Zeit teilte der Werkschutzführer von Glinik mit, dass dort 18 Werkschutzleute bewaffnet geflohen seien, woraufhin Direktor Hermann Malz den gesamten Werkschutz entwaffnen ließ, damit niemand bewaffnet zu den Partisanen überlief. »Obwohl unser Werkschutz sich bisher nicht als unzuverlässig erwiesen hatte, war diese Massnahme ein unbedingtes Gebot der Vorsicht, da auf unseren anderen Betrieben ein grosser Teil des Werkschutzes mit Waffen zu den Partisanen übergegangen war.« Eine Weiterbeschäftigung erschien Malz unmöglich, und so drang er darauf, dass die Geheime Feldpolizei sich um die entwaffneten Werkschutzleute kümmern sollte. Sie wurden am selben Tag inhaftiert.[373]

In einem Bericht der DEA zur Tätigkeit in Galizien, der einige Wochen nach Kriegsende verfasst wurde, versuchte man die eigene Rolle herunterzuspielen: Der Werkschutz habe der Sipo unterstanden und sei von der Karpathen Öl AG lediglich entlohnt worden. Seine Aufgabe habe darin bestanden, Sabotageakte und Überfälle zu verhindern und den Schutz der Arbeiter und Angestellten zu gewährleisten.[374]

Eine Karriere zwischen Völkermord und Wirtschaft: Dr. Dr. Otto Rasch

Der Leiter des Werkschutzes der Konti, SS-Brigadeführer und Generalmajor der Polizei, Dr. Dr. Otto Rasch, zieht sicher die größte Aufmerksamkeit auf sich.[375] Als kurzzeitiger Befehlshaber der Einsatzgruppe C ist er in der Literatur zum Holocaust kein Unbekannter, vor allem als Verantwortlicher für das Massaker von Babyn Jar. Aller-

372 Vgl. Fernschreiben Grosse an Rasch vom 8.6.1944, in: ebd.

373 Vgl. AN Erich Heinze vom 2.8.1944, in: ebd., Nr. 24. Hermann Malz war ab Juli 1941 Geschäftsführer der Beskiden Erdöl Gewinnungs-GmbH, später Vorstandsmitglied der Karpathen Öl AG. Berthold Beitz pflegte ab 1942/43 persönliche Kontakte zu ihm. Malz verhandelte in dieser Zeit immer wieder mit der SS über die jüdischen Zwangsarbeiter und deckte Beitz' Judenrettungen nach oben ab. Beitz beschrieb ihn als »konsequenten Antinazi«. Malz starb am 6. Oktober 1944 in Celle. Vgl. Personalien; Sandkühler, Beitz, S. 109 (Zitat ebd.) und 122, Anm. 41; Bericht der Gerichtsassessoren Henk und Höschler über die Dienstreise vom 10.-28. April 1967 nach Berkhöpen, in: BAL, B 162, Nr. 3740, Bl. 2-12, hier Bl. 3.

374 Vgl. Berichtsentwurf Tätigkeit der Beskiden Erdölgewinnungs-GmbH, der Beskiden Erdölverarbeitungs-GmbH und der Karpathen Öl AG in Polen vom 28.6.1945, S. 6, in: DEA-Archiv, 43-13, Nr. 19.

375 Näheres zu seiner Vita in den Kurzbiographien.

dings sind die Angaben zu seiner Person häufig fehlerhaft und über seine Rolle bei der Konti ist nur wenig zu erfahren.

Die Abkehr von seiner blutigen Tätigkeit im Osten begründete Rasch im Nachhinein mit fortgesetzten persönlichen Schwierigkeiten mit Gauleiter Erich Koch und Meinungsverschiedenheiten mit Heinrich Himmler. Dieser habe schließlich seinem Wunsch entsprochen und ihn im Oktober 1941 von dem Posten als Leiter der Einsatzgruppe C abgezogen. Von Anfang 1942 bis Kriegsende sei er Direktor der Konti in Berlin gewesen.[376] Zweifelsohne ist Rasch zu den »Praktikern der Gewalt« (Neumann) zu zählen, die Unternehmer wurden, auch wenn er »nur« eine leitende Managerposition einnahm.

Erhard Kroeger, Führer des EK 6 der Einsatzgruppe C, stellte die Situation in seinen Erinnerungen anders dar: Er habe Rasch als gebildeten, politisch interessierten, aber nicht sehr führungsstarken Mann kennengelernt, und es sei unklar geblieben, ob man in Berlin gänzlich zufrieden mit ihm war.[377] Der Sachbearbeiter für Verkehrsfragen bei der Konti, Heinz Könecke, ging davon aus, dass Rasch direkt vom RSHA bei dem Unternehmen eingesetzt worden sei.[378] Diese Meinung vertrat auch Blessing in einer Nachkriegsaussage. Bei beiden, die auch unisono betonten, Rasch habe nie gegen nicht arische oder systemkritische Mitarbeiter der Konti agiert, kann es sich aber um eine Schutzbehauptung gehandelt haben.[379]

Die Motive für Raschs Engagement bei der Konti lassen sich kaum mehr eindeutig klären. Denkbar ist, dass Himmler – auch wenn es eine große Anzahl von Mitgliedern seines »Freundeskreises« im Unternehmen gab – auch einen direkten Gesandten dort platzieren wollte.[380] Klar ist jedenfalls, dass Rasch bereits vorher Konflikte mit Himmler austrug. Als Chef der Einsatzgruppe C hatte er Teppiche und Bilder aus seinem Einsatzgebäude in Kiew entfernt und, angeblich mit Zustimmung Jeckelns, käuflich erworben. Himmler missbilligte solche Geschäfte.[381]

Während seiner Tätigkeit bei der Konti fungierte Rasch nicht nur als Prokurist und Direktor, sondern ebenso als Abwehrbeauftragter und Leiter des Werkschutzes. In dieser Funktion besichtigte er die geheimdienstlichen Vorbereitungen des Unternehmens »Schamil«, in dessen Rahmen eine Spezialeinheit die Erdölquellen von Maikop beim Abzug der Roten Armee vor der Zerstörung bewahren sollte. Bei die-

376 Vgl. Eidesstattliche Erklärung Rasch vom 13.8.1947, in: IfZ, ZS, Nr. 3052, Bl. 4f.

377 Vgl. Erhard Kroeger, Erinnerungen, o. Dat. (1981), S. 68 und 112, in: ebd., MS 2283-0001. Für Kopien aus dem Manuskript danke ich Andrej Angrick.

378 Vgl. Eidesstattliche Erklärung Heinz Könecke vom 16.3.1948, in: StaL, EL 902/23, Bü 795, Bl. 86.

379 Vgl. Report von Hans E. Weinberger über die Befragung Blessings am 13.10.1947, in: StaN, KV-Anklage, Interrogations, B 96, Bl. 49.

380 Vgl. Erhard Kroeger, Erinnerungen, o. Dat. (1981), S. 112, in: IfZ, MS 2283-0001. Kroeger gibt an, Rasch habe von Himmler eine »gänzlich andersartige Aufgabe zugewiesen« bekommen, bei einer zu gründenden »Donau-Petroleum-Gesellschaft«. Ebd.

381 Vgl. Schreiben Himmler an SS-Obergruppenführer Jeckeln vom 24.10.1942, in: BAB, R 9361-III, Nr. 549193.

sen einwöchigen Aufenthalten biwakierte Rasch mit der Truppe und war auch aktiv an der Ausbildung der Mannschaften beteiligt.[382]

Rasch war auf vielen Gebieten tätig. So intervenierte er Ende April 1942 im Reichsministerium für die besetzten Ostgebiete und erhielt die Zusage, dass der Baltischen Öl GmbH zur Deckung ihres Sofortbedarfs an Arbeitskräften unter anderem 600 kriegsgefangene Facharbeiter aus den Lagern des Reichskommissariats Ostland (RKO) zugewiesen werden sollten, ferner 1.000 kriegsgefangene Hilfsarbeiter aus den Lagern des Generalkommissars Estland. Insgesamt erhielt er Zugriff auf 3.600 Mann.[383]

Noch im Sommer 1944 sorgte sich Rasch darum, dass aus Gründen der Spionageabwehr bei der neugegründeten Sapropel GmbH keinerlei Einsichtnahme in das Handelsregister möglich sein dürfe. Die Firma habe in der deutschen Erdölwirtschaft, die aktuell im Brennpunkt des feindlichen Interesses stehe, besondere Aufgaben zu erfüllen, da sie sich mit einem neuen Ölschiefergewinnungsverfahren befasse. Die Gründungsvorgänge, Zweck und Ziel sowie die Zusammensetzung der Geschäftsführung müssten deshalb geheim bleiben. Eine Einsichtnahme in die Unterlagen beim Handelsregister würde der Feindseite unerwünschte Anhalts- und Ausgangspunkte geben.[384]

Zu den Aufgaben von Rasch zählten auch die Koordination und Organisation des Werkschutzes. So wandte sich der Direktor der Karpathen Öl AG mit der Bitte an ihn, ihm eine Gruppe aus dem Ausbildungslager Iwonicz zur Verfügung zu stellen, die in der Raffinerie in Jaslo 200 sowjetische Kriegsgefangene überwachen sollte. Ukrainer oder Kaukasier waren nicht erwünscht. Obersturmbannführer Voßhagen aus Iwonicz verfügte über 50 Volksdeutsche, von denen er 20 Mann abgeben könne, allerdings nur auf Anweisung. Rasch entsprach Großes Antrag und gab die Anweisung, die 20 Mann abzustellen.[385]

Jenseits dieser Abwehraufgaben kümmerte sich Rasch um das tägliche operative Geschäft, wobei sich diese Aufgabenbereiche in der Endphase des Kriegs zunehmend überschnitten. So informierte Rasch die Zweigniederlassung der Konti in Athen, dass die Verpflichtungen aus den drei Pachtverträgen vom Umschlag abhängig seien – erfolge kein Umschlag, sei auch keine Pachtzahlung erforderlich. Solange die Firma in Griechenland vertreten sei, würden die Pachtverträge dennoch weiterlaufen. Im selben Atemzug verkündete er, dass die Frage der Zerstörung der Anlagen Angelegenheit der Wehrmacht sei.[386]

382 Vgl. Heinz (Hg.), Brandenburger, S. 271.

383 Vgl. Schreiben Baltische Öl GmbH an Wirtschaftsamt, Griebel, vom 25. 9. 1942 (Übersicht über die bisherige Entwicklung der Neubauvorhaben, Teil 2: Daten über Personal-Anforderungen und -Zuweisungen für Wiederingangsetzung und Neubauten), in: HAC, 500/109594.

384 Vgl. AN Abwehrbeauftragter Konti, Rasch, für Schulze-Brachmann vom 9. 6. 1944, in: BAB, R 3001, Nr. 24194, Bl. 251.

385 Vgl. Fernschreiben Grosse an Rasch vom 8. 6. 1944, in: DEA-Archiv, 43-13, Nr. 22; Fernschreiben Karpathenöl, Schubert, an Grosse vom 10. 6. 1944, in: ebd.

386 Vgl. Funkspruch Konti, Rasch, an Einsatzkommando Athen, SS-Hauptsturmführer Baach, vom 18. 9. 1944, in: BAB, R 176, Nr. 235. Nur vier Tage später gab Rasch die Anweisung, vor dem Ver-

Auch in die Auslagerung aus Berlin in Ausweichquartiere war Rasch involviert. Die Personalabteilung sollte nach Zahna verlegt werden, ebenso die Verwaltung des Werkschutzes. Für die erforderlichen Bauarbeiten beorderte Rasch ein in Ferch tätiges Kommando des Werkschutzes nach Zahna zurück.[387]

Noch am 9. April 1945 begab sich Rasch zusammen mit Blessing von Deggendorf aus auf eine Fahrt nach München.[388] Wie Walther Dihlmann in der Nachkriegszeit aussagte, war die Absicht, die Anklage der SS gegen Alfred Herriger zu stoppen, was wohl auch gelang. Herriger, Manager der Süddeutschen Bau GmbH, war offensichtlich von Josef Wallner von der Reederei Josef Wallner Bayerische Schifffahrts- und Hafenbetriebs-GmbH denunziert worden.[389] Es kursierten nicht verifizierbare Gerüchte, denen zufolge ein Streit Herrigers mit dem Baustab der SS, der sich in das Bauvorhaben in Deggendorf eingeschaltet hatte, der Auslöser für die drohende Verhaftung Herrigers war. Zweifellos war Rasch als SS-Brigadeführer hilfreich in Verhandlungen mit der SS. Nachdem Blessing, Dihlmann, Arno Schulze-Brachmann[390] und andere Berlin Anfang April 1945 verlassen hatten, war Rasch, der am 21. April folgte, wohl einer der letzten dort ausharrenden Führungskräfte der Konti.[391]

Was für Rasch exemplarisch gezeigt werden konnte, gilt für die Konti ganz allgemein: Es gab keinerlei Berührungsängste oder Hemmungen zwischen den auf die ökonomischen Interessen ausgerichteten Vertretern des Unternehmens und den Praxen (und Praktikern) der Gewalt, das gilt insbesondere für die östlichen Besatzungsgebiete.

lassen Athens sämtliche Akten, insbesondere die Buchhaltungsunterlagen, notfalls mit Unterstützung der Wehrmacht zu vernichten. Vgl. Funkspruch Konti, Rasch, an Einsatzkommando Athen, SS-Hauptsturmführer Baach, vom 22.9.1944, in: ebd.

387 Vgl. Postbesprechungs-Protokoll Nr. 36 vom 19.10.1944, in: ebd., Nr. 286.

388 Vgl. Auszug aus dem Tagebuch von Arno Schulze-Brachmann vom März/April 1945 über Besuche von Konti-Mitarbeitern in Landshut, in: BAK, Z 45-F, OMGUS, Prop Dir off, 3/88-1/33.

389 Vgl. Befragung Dihlmann am 21.11.1946, S. 6, in: ebd.

390 Arno Schulze-Brachmann war ab Januar 1942 Syndikatsanwalt und Prokurist bei der Konti und Leiter ihrer Rechts- und Steuerabteilung. Am 1. Oktober 1945 wurde er – gemeinsam mit Dihlmann – als Treuhänder für das Unternehmen eingesetzt. Vgl. Personalbogen aus dem Bundeswirtschaftsministerium, o. Dat., in: BAB, PERS 101, Nr. 73723; Personalbogen vom 2.2.1949, in: ebd.; Lebenslauf vom 5.12.1948, in: ebd.; Vermerk des Bundesministers für Wirtschaft vom 10.1.1955, in: ebd.; Bericht der DRT über die Prüfung des Jahresabschlusses zum 31. Dezember 1944 vom 2.6.1949 bei der Konti, S. 5, in: HADB, B 63.

391 Vgl. Bericht Konti vom 20.12.1945, in: BAB, R 176, Nr. 155.

4 Das Netz der Tochtergesellschaften

Das Netz der von der Konti dominierten Tochtergesellschaften, die für die eigentlichen operativen Aufgaben verantwortlich waren, bildet die »kontinentalen« Interessen und Ambitionen des Unternehmens deutlich ab. Das permanente Bestreben, dieses Netz territorial noch auszuweiten, dokumentiert den umfassenden Anspruch.

4.1 Die Ost Öl GmbH

Zur Ausbeutung der Erdölvorkommen im Kaukasus wurden – wie bereits gesehen – großangelegte Vorbereitungen getroffen. Mit der Durchführung der Aufgaben war in erster Linie die TBM befasst. Die wirtschaftlichen Betriebe sollten in die Hände der Konti bzw. der Ost Öl GmbH und der Kaukasien Öl Vertriebs GmbH gelegt werden. Die Grundlage für diese Arbeiten bildete ein Führerbefehl vom 12. Oktober 1942, betreffend den Wiederaufbau der Mineralölindustrie im Kaukasus. Durch ihn wurde der Personal- und Sachbedarf für Förderung, Verarbeitung und Transport von Mineralöl und Mineralölerzeugnissen sichergestellt.[1]

Die Ost Öl GmbH wurde am 28. Juli 1941 in Berlin gegründet. Das Kapital betrug zunächst eine Mio. RM und wurde am 15. Dezember 1942 auf vier Mio. RM erhöht. Anderen Angaben zufolge betrug das Stammkapital der Ost Öl GmbH zunächst sogar nur 100.000 RM, von dem die Konti 95.000 RM und der Anwaltsassessor Heribert Vornefeld 5.000 RM übernahmen – der jedoch unmittelbar nach der Gründung seinen Anteil an die Konti abtrat. Zweck des Unternehmens war die Gewinnung von Erdöl und Erdgas insbesondere in Osteuropa. »Im Rahmen der Gesamtinteressen der Kontinentalen Öl Aktiengesellschaft fällt der Ost Öl die große Aufgabe zu, später einmal die im russischen Raum liegenden ausgedehnten Erdölvorkommen, insbesondere im Kaukasus und gegebenenfalls auch im Ural-Wolga-Gebiet zusammenzufassen. Damit entwickelt sich zweifellos die Ost Öl einmal zum Hauptträger des Geschäftes der Kontinentöl.«

1 Vgl. Beitrag der Gruppe Mineralöl zur Geschichte des Wirtschaftsstabes Ost vom 15.5.1944, in: BA-MA, RW 31, Nr. 982, Bl. 82-96, hier Bl. 84; Hans Nagel, Kriegswirtschaft im Operationsgebiet des Ostens in den Jahren 1941-1943. Beitrag zur Geschichte des Wirtschafts-Stabes-Ost (Wi Stab Ost) von 1944, S. 287, in: IfZ, ED 2.

Geschäftsführer waren Hugo Ratzmann[2] (Finanz- und Rechnungswesen, Organisation), Karl-Heinrich von Thümen[3] (Verwaltung), Willi Jäger[4] (Beschaffungswesen), Günter Schlicht (Geologie und Gewinnung), Ewald Schön (Ingenieurtechnische Arbeiten) und Karl Winkler (Verarbeitung).[5] An der Besetzung der Geschäftsführung der Ost Öl GmbH kann man ablesen, dass Profis für das Management der Tochtergesellschaften herangezogen wurden. Wie Heinz Rosterg berichtete, arbeiteten bei der Ost Öl GmbH die entscheidenden Personen aus RWiM und Mineralölindustrie zusammen.[6]

2 Hugo Ratzmann übernahm nach Kriegsbeginn und bis März 1941 die Leitung der Treuhandstelle Posen und arbeitete gleichzeitig als Gauwirtschaftsberater. Danach kehrte er zum Bankhaus Hardy & Co. zurück. Er stellte – gemeinsam mit der Dresdner Bank – vor allem der Konti größere Kredite zur Verfügung, aber auch der Ost Öl GmbH, deren operatives Geschäft jedoch schon bald verlustreich war, weshalb ihr die Dresdner Bank keine weiteren Kredite gewähren wollte. Vgl. Wixforth, Bankier, S. 271 ff., 281, 285, 291 und 294; Parteistatistische Erhebung 1939 Ratzmann vom 5. 7. 1939, in: BAB, R 9361-I, Nr. 2768.

3 Karl-Heinrich von Thümen war ab 1936 als Referent im Amt für deutsche Roh- und Werkstoffe tätig. Er war Reg.Rat im RWiM, Referat II Mineralöl 1. Vgl. Personalbogen von Thümen vom Januar 1942, in: ebd., R 3101, Nr. 35682; NSDAP-Karte, in: ebd., R 9361-IX KARTEI, Nr. 44671594; Parteistatistische Erhebung 1939 von Thümen vom 29. 6. 1939, in: ebd., R 9361-I, Nr. 3649.

4 Willy Jäger avancierte zum Kaufmännischen Direktor, zunächst bei der Haniel und Lueg GmbH, Düsseldorf, dann bei der Ferrostaal AG, Essen. Er war Mitglied des Geräteausschusses des RWiM und in der Geschäftsführung der Ost Öl GmbH für das Beschaffungswesen zuständig. Vgl. SS-Karteikarte Jäger, in: ebd., R 9361-III, Nr. 533144; NSDAP-Karte, in: ebd., R 9361-VIII KARTEI, Nr. 13420716 und ebd., R 9361-IX KARTEI, Nr. 17850920; Bericht der DRT über die Prüfung des Abschlusses zum 31. 12. 1941 bei der Ost Öl GmbH, in: ebd., R 8135, Nr. 2709; AV Meldung Chef des Stabs der TBM vom 6. 9. 1942, in: BA-MA, RH 23, Nr. 44, Bl. 146; Oil Field Investigation, Part IV, Section I: The War Structure of the German Crude Oil Industry 1934-1945 (BIOS Final Report No. 1016), London 1947, S. 23; Kockel, Ölpolitik, S. 39, Anm. 115; Schreiben Bentz an Krejci-Graf vom 31. 12. 1946, in: UB Freiburg, SLS, AGV, Nr. 20870; Personalnotizen, in: FAZ vom 8. 1. 1964, S. 17; Personalnotizen, in: FAZ vom 23. 7. 1969, S. 16; Traueranzeige der Familie für Willy Jäger, in: FAZ vom 28. 7. 1972, S. 26.

5 Dr. Karl Winkler wechselte zum Jahresende 1941 zur Konti, deren Prokurist er wurde. In der Geschäftsführung der Ost Öl GmbH war er verantwortlich für den Bereich Verarbeitung. Er saß auch in der Geschäftsführung der Baltischen Öl GmbH, im Beirat der Süddeutschen Bau GmbH sowie 1945 in der Geschäftsführung der Sapropel GmbH. Vgl. Persönliches und Gedenktage, in: Deutsche Bergwerks-Zeitung, Nr. 303 vom 25. 12. 1941, zit. nach: IfW, F 1 X 30 E; Bericht der DRT über die Prüfung des Jahresabschlusses zum 31. 12. 1941 vom 18. 7. 1943 bei der Konti, S. 8, in: BAB, R 8135, Nr. 7612; Bericht der DRT über die Prüfung des Abschlusses zum 31. 12. 1941 bei der Ost Öl GmbH, S. 3, in: ebd., Nr. 2709; Protokoll über die AR-Sitzung am 29. 8. 1942 vom 4. 9. 1942, S. 2, in: HAC, 500/109594; Bericht der DRT über die Prüfung der Jahresabschlüsse zum 31. 12. 1944, 31. 12. 1945, 31. 12. 1946 und 31. 12. 1947 bei der Süddeutsche Bau-GmbH, S. 4, in: BAB, R 176, Nr. 53; Konzerndaten zur Konti, in: ebd., Nr. 348.

6 Vgl. Schreiben Ost Öl GmbH an die TBM, Rosterg, vom 4. 6. 1942, in: BA-MA, RW 46, Nr. 694. Heinz Rosterg wurde im Juni 1935 zum Vorstandsmitglied der Wintershall AG bestellt. Im März 1942 wurde Rosterg zum MKK versetzt, im Juni als Nachrichtenoffizier (Ic) zum Stab der TBM,

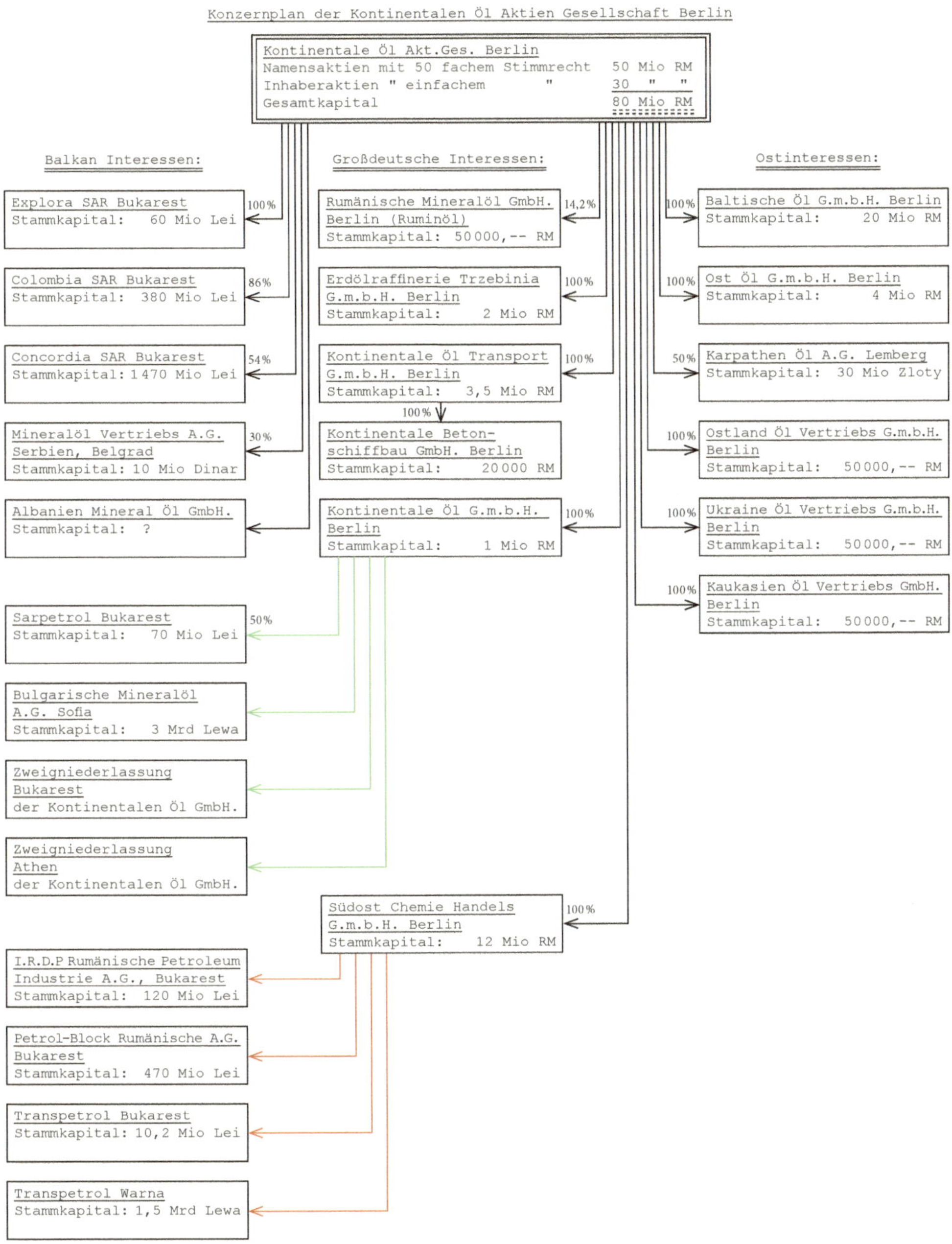

Abb. 1: Das Netz der Tochtergesellschaften

Als Prokuristen waren Axel von Bülow[7] und Julius Jantzen tätig. Den Beirat bildeten Fischer, Brochhaus, Kadgien, Bütefisch und Will (bis 8. 8. 1942).[8] Dass mit Fischer und Brochhaus zwei Vorstandsmitglieder der Holdinggesellschaft im Beirat vertreten waren, belegt deren dominierenden Einfluss. Diese enge personelle Verflechtung mit der Konti, aber auch der Tochtergesellschaften untereinander, war strukturprägend.

Für die Finanzierungsfragen bei der Ost Öl GmbH war Ratzmann vom Bankhaus Hardy & Co. verantwortlich, er sollte Jäger auch auf den geplanten Reisen nach Russland begleiten. Maßgebend für die Ost Öl GmbH sollte jedoch aus Sicht der Firma Otto Wolff Karl-Heinrich von Thümen aus dem RWiM werden. Die Firma hielt es für erwünscht, dass ein eigener Mitarbeiter den Berliner Posten bei der Konti für die Rohr- und Gestängefragen besetzte.[9]

Beim organisatorischen Aufbau der Ost Öl GmbH waren sich die Verantwortlichen der Dimensionen ihrer vorbereitenden Arbeiten für den Einsatz im Osten voll bewusst: Die riesige räumliche Ausdehnung des Gebiets sowie die zu erwartenden Nachrichten- und Verkehrsschwierigkeiten würden einer zentralen Leitung enge Grenzen setzen. Die wichtigsten Abteilungen würden demnach die Gewinnungs- und die Verarbeitungsbetriebe sein, alle übrigen Abteilungen verlangten nicht nach einer selbstständigen Leitung.[10]

Es war klar geregelt, dass die Ost Öl GmbH zunächst nur Material für die Mineralölbrigade Kaukasus (MBK) zur Verfügung stellte, wie in Görings oben zitiertem Erlass vom 27. Juli 1941 festgelegt, und selbst erst dann tätig werden sollte, wenn das Einsatzgebiet gesichert war. Die MBK musste also erst die Voraussetzungen für eine

und ab Juli wurde er in der Sowjetunion eingesetzt. Vgl. Lebenslauf, in: ebd.; SS-Karteikarte, in: BAB, R 9361-III, Nr. 551295; Karteikarte, in: BAB-PA, ZK, Rosterg, Heinz; Stahlwerke Südwestfalen: 270000 t, in: Die Zeit, Nr. 46 vom 12. 11. 1953; Todesanzeige, in: FAZ, Nr. 171 vom 26. 7. 1990, S. 24.

7 Axel von Bülow war seit dem 1. Juli 1938 bei der IG Farben im Finanz-Sekretariat beschäftigt, ab Mai 1941 als stellvertretender Abteilungsleiter. 1942 wurde er zur Ost Öl GmbH in Berlin dienstverpflichtet. Vgl. Axel von Bülow, Die rechtliche Stellung der gemäß §§ 58 und 787 ZPO. bestellten Vertreter und die Behandlung des Übererlöses in der Zwangsversteigerung eines herrenlosen Grundstückes, Diss. jur. Universität Marburg 1933, Lebenslauf; Personalbogen von Bülow, in: BAB, R 3001, Nr. 53072; NSDAP-Karte, in: ebd., R 9361-VIII KARTEI, Nr. 4490260 und ebd., R 9361-IX KARTEI, Nr. 5020057; Gesuch von Bülow an den Reichs- und Preußischen Minister des Innern vom 19. 12. 1934, als Anlage handschriftlicher Lebenslauf, in: ebd., VBS 1012 (R 1501), ZA VI 0266 A. 05-18; Karteikarte der IG Farbenindustrie AG zu von Bülow, in: ebd., R 8128, Nr. 26261; Bewerbungsbogen vom 25. 4. 1938, in: ebd.; Schreiben Ostöl GmbH an die IG Farbenindustrie AG vom 19. 2. 1943, in: ebd.

8 Vgl. Konzerndaten zur Konti, in: ebd., R 176, Nr. 348; Bericht DRT über Prüfung des Abschlusses zum 31. 12. 1941 bei der Ost Öl GmbH, S. 1 ff. (Zitat S. 2), in: ebd., R 8135, Nr. 2709; WiStab Ost, Chefgruppe W, Übersicht über die Aufgaben der Ostgesellschaften vom 5. 2. 1942, in: SUB GÖ – HA, Cod. Ms. Nürnberger Akten, Fall XI, ADB 122-B, Bl. 100 f., hier Bl. 109. Auch in: BAB, R 2, Nr. 30533, Bl. 2-11.

9 Vgl. AN Schröder vom 22. 7. 1941, in: RWWA, 72, Nr. 1448-1.

10 Vgl. AN Ost Öl GmbH vom 3. 4. 1942, in: BA-MA, RW 46, Nr. 667.

Betätigung der Ost Öl GmbH schaffen und unmittelbar hinter der kämpfenden Truppe die Ölgebiete besetzen und sichern. Darüber hinaus sollte sie gleichzeitig die ersten Arbeiten zur Wiederherstellung der Erzeugungsanlagen einleiten, wobei sie eng mit der Ost Öl GmbH zusammenarbeiten und in Kooperation mit der deutschen Industrie das erforderliche Fachpersonal und das Gerät für den ersten Einsatz stellen würde. Die MBK zog das Personal auf militärischem Wege ein und übernahm den Antransport des Materials. Der Schwerpunkt der wirtschaftlichen Maßnahmen der Mineralölbrigade im Einsatzgebiet lag zunächst in der genauen Erkundung aller Mineralölanlagen, ihrer Sicherung und Wiederinstandsetzung, wobei sie sich der technischen Expertise der fachlichen Abteilungsleiter bediente, die entsprechende Funktionen in der Ost Öl GmbH ausübten.[11]

Bis Ende August 1941 konnte aus den ehemals sowjetischen Bestellungen Material im Wert von ca. 50 Mio. RM übernommen werden, das über die Donau zu Häfen am Schwarzen Meer verbracht wurde. Schwierigkeiten gab es von Seiten der Industrie, die aufgrund von Personalmangel nur in einer statt drei Schichten arbeitete. Die Aufträge, die bisher als »Russenaufträge« in der höchsten Dringlichkeitsstufe rangierten, wurden nun in der Fertigung vielfach zurückgestellt. Auch die Beschaffung der notwendigen Kontingente an Eisen und Metallen war noch nicht sichergestellt. Das RWiM forderte einen Befehl Görings, demzufolge die für die Erdölindustrie erforderlichen Materialien unter allen Umständen bevorzugt behandelt werden müssten.[12]

Die Ost Öl GmbH rekrutierte also das Personal, und die Konti übernahm die Beschaffung des Materials. In Erwartung des weiteren Vordringens der Wehrmacht kaufte sie bis Ende 1941 bereits für rund 16 Mio. RM Bohrgeräte, Fahrzeuge und andere Betriebsmittel, »für den ersten Einsatz« vergab sie weitere Aufträge in Höhe von 70 bis 75 Mio. RM an die deutsche Industrie und schloss über diese Summen Kreditverträge mit den Großbanken ab.[13]

Bei der AR-Sitzung der Konti am 13. Januar 1942 konnte die Ost Öl GmbH vermelden, dass sie Aufträge an die deutsche Industrie in Höhe von 90 Mio. RM vergeben hatte und 550 Spezialisten für den Einsatz im Kaukasus bereitstanden, allerdings gebe es Schwierigkeiten bei der fristgerechten Fertigstellung von Aufträgen. Der AR versprach daraufhin »drastische Maßnahmen«, um die rechtzeitige Lieferung der bestellten Materialien sicherzustellen.

Im Februar 1942 standen Fragen des Erdöltransports aus dem Vorkaukasusraum und aus Baku auf der Tagesordnung einer Konferenz, an der neben den Vertretern der Ost Öl auch die des OKW, des RWiM und des Reichsamts für Wirtschaftsausbau teilnahmen. Mit Tankern, Kesselwagen und Pipelines sollten die gewaltigen erwarteten Erdölmengen nach Odessa, Cherson und Berdjansk, den zukünftigen deutschen Raffineriestandorten, gelangen.

11 Vgl. AV aus dem RWiM vom 18.4.1942, in: RGVA, 1458-40-160, Bl. 20 ff.

12 Vgl. AN aus dem RWiM vom 27.8.1941, in: ebd., Bl. 7 ff., hier Bl. 8 f.

13 Vgl. Karlsch/Stokes, Faktor Öl, S. 215; Eichholtz, Geschichte, Bd. 2, S. 480.

Zwei Wochen später ging es bei einer Sitzung im RWiM um konkrete Zahlen: Ein Jahr nach der Besetzung erwartete man eine Förderung von 1,5 Mio. Tonnen Erdöl in Maikop, eine halbe Mio. Tonnen in Grosny und fünf Mio. Tonnen in Baku. Solche Größenordnungen waren nur zu bewältigen, wenn das benötigte Bohr- und Raffineriegerät bei Beginn der Offensive in Südrussland bereitstand. Pipelines sowie die Eisenbahnstrecke Maikop–Deutschland für den Transport von Großraumkesselwagen mussten sofort instandgesetzt werden. Immer noch bestimmte Euphorie das Denken und Handeln der Verantwortlichen.[14]

Doch die Schwierigkeiten blieben: Bei der Versorgung der an der Nordküste des Schwarzen Meeres gelegenen Raffinerien mit Rohstoffen hatte man mit der kriegsbedingten Unbefahrbarkeit des Schwarzen Meers, dem Mangel an Tankerraum, zerstörten Nebengleisen, der Überlastung der Hauptstrecken, dem Mangel an Lokomotiven und den klimatischen Einflüssen des strengen Winters auf den Rohöl-Transport im Nordwest-Kaukasus zu kämpfen.[15]

Die Ausbildung von Personal aus der Fachabteilung I der TBM lief weiter, Sonderausbildungen fanden zum Teil in Deutschland statt, etwa für die Bedienung und Überwachung der für den Einsatz vorgesehenen Bohrmotoren der Motorenwerke Mannheim. Die Kosten der Ausbildung trug die Ost Öl GmbH.[16]

Nach einem Plan vom 19. Mai 1942 waren 220 Bohranlagen vorgesehen; die Ost Öl GmbH bestellte noch weitere 125 bei der Industrie. Ein erweitertes Bohrprogramm vom 11. August 1942 sah den Einsatz von 310 Bohranlagen für 1942 und 1943 sowie weiteren 220 für 1944 vor. Die Bestellungen der EAG für das Jahr 1943 liefen auch im letzten Quartal 1942 noch weiter, ungeachtet der militärischen Situation. Dies war ein Ergebnis der Lobbyarbeit der Reichswerke, die bis dahin noch keine Bohranlagen hergestellt hatten, und der Deutschen Maschinenbau-Aktiengesellschaft, die neue Anlagentypen testen wollte.[17]

Die Ost Öl GmbH übernahm im August 1942 die Crackanlage in Cherson und nahm die Arbeit auf. Teile der Anlage waren bereits von der Brigade auf Rechnung der Ost Öl GmbH instandgesetzt oder wiederhergestellt worden. Die Raffinerie musste jedoch bereits im September 1943 wieder geräumt werden und wurde Anfang März 1944 schließlich gesprengt. Die Ost Öl GmbH war auch in den Bereichen der Ausbildung

14 Vgl. Werpup, Ziele, S. 150; AR-Sitzung der Konti am 13.1.1942, in: BAB, R 2, Nr. 30125; Niederschrift über die 2. AR-Sitzung der Konti am 13.1.1942, in: StaN, KV-Anklage, Dok. Umdrucke, NI-10162; AV aus der BHG, Weltzien, vom 14.1.1942, in: BAB, R 8127, Nr. 16154, Bl. 143-145; Niederschrift Besprechung am 16.2.1942 vom 23.2.1942, in: BA-MA. RW 19, Nr. 2267, Bl. 86-88; AV Sitzung am 27.2.1942 vom 6.3.1942, in: ebd., Bl. 76 f.

15 Vgl. Niederschrift Besprechung am 16.2.1942 vom 23.2.1942, in: ebd., Bl. 86 ff., hier Bl. 86.

16 Vgl. Schreiben Fachabteilung I der TBM an Stab IIa der TBM vom 27.6.1942, in: ebd., Nr. 691. Am selben Tag wurden Fachkräfte auch zur Mannesmann-Trauzl AG, zu den Erdölwerken Holstein der DEA nach Heide und zur Zentralwerkstatt der Gewerkschaft Elwerath, Werk Nienhagen, geschickt.

17 Vgl. A.E. Gunther, The Caucasus Expedition 1942-1943, March 1946 (Oil Fields Investigation, Section 1: Russia [U.S.S.R.]), S. 7 f. und 11, in: NAK, WO 252, Nr. 1151; Werpup, Ziele, S. 145.

von Bohrarbeitern und Bohrmeistern, der Projektierung und Bestellung von Einheitsdestillationen und der Demontage von französischen Erdölverarbeitungsanlagen tätig. In den nordkaukasischen Ölgebieten lag die Inbesitz- und Inbetriebnahme der Erdölindustrie noch in den Händen der TBM. Ihr wurden die für den Einsatz von der Konti auf Lager gehaltenen Bestände an Bohrgeräten und sonstigen Materialien zur Verfügung gestellt, die sie als Treuhänderin für die Ost Öl GmbH bei ihrer Aufbauarbeit einsetzte.

Die Zahl der Beschäftigten der Ost Öl GmbH betrug am Jahresende 1942 283, von denen 139 in Berlin, 106 in Cherson und 38 in Berdjansk tätig waren. Die Gesamtzahl der Beschäftigten verringerte sich auf 34 (1943) und schließlich auf 25 (Ende 1944).[18]

Die Dresdner Bank stellte dem Unternehmen zunächst keinen Kredit zur Verfügung und wälzte stattdessen das Engagement auf ihre Kommandite Hardy & Co. ab. Diese räumte der Ost Öl GmbH im Februar 1942 problemlos einen Diskontkredit in Höhe von fünf Mio. RM ein. Auch die Prolongation des Diskontkredits wurde im Sommer 1942 anstandslos zugestanden, obwohl bereits erste Zweifel an der Realisierung der hoch gesteckten Geschäftsziele auftauchten. Rasche machte sich gemeinsam mit Ratzmann, Teilhaber bei Hardy & Co. und Geschäftsführer der Ost Öl GmbH, für diesen Schritt stark; wohl nicht zuletzt, weil auch Abs von der Deutschen Bank mit einer günstigen Offerte auf den Plan getreten war. Rasche und Blessing verständigten sich darüber, dass die Konditionen der Geschäftslage anzupassen seien, sollte der Kredit nochmals verlängert werden. Noch im Sommer 1943, als die militärische Lage im Osten bereits gekippt war, stieg die Dresdner Bank mit fast fünf Mio. RM in einen Konsortialkredit der Deutschen Industriebank für die Ukraine Öl Vertriebs GmbH ein. Erst im November 1944 – die Rote Armee stand zu diesem Zeitpunkt bereits an der Weichsel – kamen ernsthafte Zweifel an der Bonität der Schuldnerin auf, die ihre Geschäftstätigkeit inzwischen eingestellt hatte. Die Dresdner Bank machte daraufhin Anstalten, von der Muttergesellschaft eine Bürgschaft zu fordern, doch Karl Blessing gelang es noch Anfang 1945, die Bedenken seines Geldgebers zu zerstreuen.[19]

Bei dem Diskontkredit der Ost Öl GmbH der Deutschen und der Dresdner Bank bzw. Hardy & Co. war bei der Verlängerung der ersten sechsmonatlichen Tranche von Seiten der Deutschen Bank der unveränderte Satz von 3 1/4 Prozent beibehalten worden. Angesichts der für den Herbst 1942 erwarteten Verringerung der Liquidität auf dem Geldmarkt wollten sich Rasche und Ratzmann mit Blessing über eine Erhöhung des Satzes verständigen.[20]

Die RKG berichtete im Oktober 1942 über einen der Ost Öl GmbH eingeräumten Diskontkredit von bis zu zehn Mio. RM. Die Ziehungen darauf erfolgten in Höhe von

18 Vgl. Bericht DRT über Prüfung des Abschlusses zum 31. 12. 1941 bei der Ost Öl GmbH, S. 1 ff., in: BAB, R 8135, Nr. 2709; Niederschrift über die Übernahme der Raffinerie Cherson von der TBM, Kommando Cherson, durch die Ost Öl GmbH vom 10. 8. 1942, S. 1, in: ebd., R 176, Nr. 36.

19 Vgl. Wixforth, Ausbeutung, S. 369 f.; Henke, Dresdner Bank, S. 201.

20 Vgl. AN Teichmann für Rasche vom 21. 8. 1942, in: HAC, 500/27542; Schreiben Arbeitsausschuss des AR der Hardy & Co. GmbH, Rasche und Overbeck, an deren Geschäftsleitung vom 25. 8. 1942, in: ebd.; AN Repke, Dresdner Bank, vom 1. 9. 1942, in: ebd.

50.000 bis 100.000 RM bei einer Laufzeit von sechs Monaten, mit einem Diskontsatz von 3 1/4 Prozent netto für die ersten sechs Monate. Eine Prolongation dieser Abschnitte um weitere sechs Monate hielt das Institut für möglich, dann habe allerdings eine Verständigung über den Diskontsatz zu erfolgen.[21] Die Ost Öl GmbH hatte Anfang 1943 diverse Kredite laufen, unter anderem einen über 20 Mio. RM als Diskontkredit bei der Deutschen Bank.[22]

Der Vorstand der Konti besprach am 12. September 1942 zusammen mit Bentz, Schlicht und von Thümen von der TBM den Stand der Materialbeschaffung mit den zuständigen Mitarbeitern. Die Konti bzw. die Ost Öl GmbH sollten gemäß der Vereinbarung mit dem OKW der TBM entsprechend ihren Anforderungen Geräte und Apparate für den ersten Einsatz im Kaukasus auf eigene Rechnung zur Verfügung stellen und in einem Auffanglager in Breslau übergeben. In einem ersten Schritt waren ab dem 15. Juli 1942 17 Bohranlagen, 25 Fördereinrichtungen und zehn Eruptionseinrichtungen einschließlich aller erforderlichen Werkzeuge vorgesehen. Zur Unterstützung des Transports hatte das OKW einen Nachschubstab für Erdölgeräte aufgestellt. Diese Geräte wurden – von wenigen Hilfsgeräten abgesehen – der TBM termingerecht in Breslau zur Verfügung gestellt. Gleiches galt für Rohre und Gestänge, Verarbeitungsanlagen, Motoren und elektrische Ausrüstungen.

Die zweite, ab dem 15. September 1942 zu liefernde Tranche sollte 17 Bohranlagen, 25 Förderanlagen und fünf Eruptionseinrichtungen umfassen. Einzig die Förderanlagen konnten nicht termingerecht geliefert werden und folgten später nach. Es war vereinbart worden, dass im Zuge des Vorrückens der Ost Öl GmbH 13 weitere Bohranlagen dem Nachschubstab der TBM bis Oktober 1942 zu übergeben waren. Für Januar bis Mai 1943 waren 73 weitere Bohranlagen eingeplant. Aufträge für 110 weitere Bohranlagen befanden sich in Vorbereitung.[23]

Das Material, die Geräte und die Kraftfahrzeuge aus der Beschaffung durch die Ost Öl GmbH, die für den Einsatz im Kaukasus bestimmt waren, gingen aufgrund des Reichsleistungsgesetzes in den Besitz der Wehrmacht über. Auf dem von der Konti gepachteten Gelände in der Nähe des Flughafens Klein Gandau bei Breslau wurde das Material für die Ost Öl GmbH und die TBM gelagert. Die Rückgabe sollte nach Beendigung des militärischen Einsatzes an die Ost Öl GmbH zum Taxwert erfolgen. Als Taxator wurde der Celler Bohringenieur Direktor August Burggraf eingesetzt.[24]

21 Vgl. AV aus der RKG vom 16.10.1942, in: BAB, R 8136, Nr. 2972.

22 Vgl. Aufstellung Deutsche Bank über Kredite für die Konti vom 23.2.1943, in: StaN, KV-Anklage, Dok. SEA, NI-10801.

23 Vgl. AN Konti »Stand der Materialbeschaffung für den Einsatz im Kaukasus«, Dihlmann, vom 17.9.1942, in: BAB, R 121, Nr. 308. Auch in: BA-MA, RW 19, Nr. 2748, Bl. 128-131 und BGR, Nr. 0065936.

24 Vgl. AV Abteilung Ib MKK über Besprechung bei der Konti am 26.3.1942 vom 27.3.1942, in: BA-MA, RW 46, Nr. 647. August Burggraf hatte wesentlichen Anteil an der 1937 erfolgten Gründung der Celler Bohrmeisterschule. Als Sachverständiger in der Erdölforschung auf dem Bal-

Insgesamt wurden Geräte und Materialien im Umfang von 520 Tonnen für den militärischen Einsatz angefordert. Die Ost Öl GmbH veranlasste über die Konti die Zuführung des angeforderten Materials ab Werk bzw. ab Konti-Lager Wien auf das Lager in Klein Gandau. Obwohl mündlich und schriftlich auf die Dringlichkeit der Lieferungen hingewiesen worden war, wurde befürchtet, dass die vollständige Heranschaffung des Materials bis Ende April nicht durchgeführt werden konnte.[25]

Ein Teil des von Schlicht angeforderten Materials sollte per Flugzeug nach Armawir transportiert werden. Das Gesamtladegewicht von 91 Tonnen überstieg jedoch die vorhandenen Transportkapazitäten bei Weitem, denn bei einem Flug alle fünf Tage und einer Ladekapazität von zwei Tonnen pro Flugzeug hätte der Transport acht Monate gedauert. Schlicht wurde deshalb aufgefordert, eine Priorisierung vorzunehmen.[26]

Der Jahresabschluss 1942 verzeichnete einen Verlust für die Ost Öl GmbH, über dessen Abdeckung nach genauer Ermittlung mit dem Reich noch zu verhandeln war.[27]

Am 15. Dezember 1944 fusionierte die Ost Öl GmbH mit der Konti.[28]

4.2 Die Kontinentale Öl Transport AG

Die Kontinentale Transport AG wurde am 1. September 1941 gegründet und firmierte am 21. August 1942 in Kontinentale Öl Transport AG um. Das Stammkapital betrug 3,5 Mio. RM, von denen die Konti 3,3 Mio. RM hielt und Dihlmann, von Thümen, Ratzmann sowie die Kontinentale Öl GmbH jeweils 50.000 RM. 1942 gingen sämtliche Aktien auf die Konti über.

Den AR bildeten Neumann als Vorsitzer, Fetzer als stellvertretender Vorsitzer, Brochhaus, Blessing, Fischer, Kadgien und Philipp F. Reemtsma (bis zum 31.12.1943). Später stießen Hugo Hermann Stinnes (am 21.8.1942) und Friedrich Gramsch (am 21.8.1943) hinzu. Im Arbeitsausschuss des AR saßen als Vorsitzer Fetzer, als stellvertretender Vorsitzer Brochhaus sowie Blessing und Fischer. Den Vorstand bildeten

kan stationiert, wurde Burggraf im Nationalsozialismus als Gutachter für bedeutende Firmen wie die ITAG tätig. Vgl. Artikel, in: Bellersen Quirini, 100 besondere Persönlichkeiten, S. 52-53, hier S. 52; Karteikarte, in: BAB, R 58, Nr. 1397, Bl. 41; Zum hellleuchtenden Stern, Persönlichkeiten: August Burggraf (https://www.freimaurer-wiki.de/index.php/Zum_hellleuchtenden_Stern#Pers.C3.B6nlichkeiten).

25 Vgl. KTB der TBM, Bericht Nr. 15 der MKK für die Zeit vom 1.-10.4.1942 vom 11.4.1942, in: BA-MA, RW 46, Nr. 634.

26 Vgl. AN Ulrik, Ost Öl GmbH, für Schlicht vom 9.1.1943, in: ebd., Nr. 718.

27 Vgl. Interner Bericht an den AR über den Jahresabschluss 1942 der Konti, S. 1f., in: HAC, 500/109595.

28 Vgl. Bericht an den AR der Konti, Dihlmann und Schulze-Brachmann vom 14.1.1946, S. 2, in: HADB, V01/0024.

ORR Arend Wulff[29] (bis 1.3.1942), der von Ludwig Haupt[30] abgelöst wurde, sowie Adalbert Schnaus[31] und Kurt Schwenke.[32] Als Prokurist tätig war Karl-Eugen Halder[33] (bis 6.7.1943), sein Nachfolger war Schnaus.

Die Aufgaben der Gesellschaft lagen im Transportgeschäft, der Lagerung und dem Umschlag von Erdölprodukten. »Für die Gründung der Öltransport hat auch die Überlegung Anlaß gegeben, daß jede große Ölgesellschaft mit Rücksicht auf die notwendige Verbilligung ihrer Geschäftsführung und die stabile Preisgestaltung ihrer Erzeugnisse in der Lage sein muß, auf dem Transportgebiet Einfluß zu gewinnen.« Primär übernahm die Gesellschaft den Transport der Mineralölprodukte von den ausländischen Produktionsstätten der Konti zu ihren jeweiligen Bestimmungsorten. Zu diesem Zweck schloss sie etwa einen Vertrag mit einer italienischen Werft über den Bau von zwei Einschrauben-Tankmotorschiffen, darüber hinaus wurde ihr das sogenannte Kesselwagengeschäft in den besetzten Ostgebieten übertragen. Im März 1942 gründete die Gesellschaft die Kontinentale Betonschiffbau GmbH, die zunächst im Reichsauftrag neun Tankschiffe bauen sollte.[34]

Der AR der Konti umriss die Hauptaufgabe der neuen Tochtergesellschaft damit, dass sie die Transportbedürfnisse der Holding und ihrer Tochtergesellschaften zu befriedigen habe. Die Bereitstellung der notwendigen Transportmittel sollte dabei teils durch Abschluss von Fracht- und Mietverträgen mit bereits bestehenden Reedereien oder Transportunternehmen erfolgen, teils über den Erwerb oder die Anmietung von Seetankschiffen, Flusstankschiffen und Kesselwagen. Bestehende Reedereien oder Transportunternehmen in ihrem Bestand oder in ihrer Entwicklung zu beeinträchtigen, war nicht beabsichtigt. Man ging vielmehr davon aus, dass die Anforderungen beim Mineralöltransport durch die Inbesitznahme der russischen Erdölgebiete so erheblich sein würden, dass alle Seiten prosperieren könnten.[35]

29 Arend Wulff war Marine-Intendanturrat, ORR und Direktor der Hafendampfschiffahrts-Actien-Gesellschaft (HADAG). Vgl. Karteikarte für Arend Wulff, in: BAB, R 9361-II, Nr. 1231297, NSDAP-Karte, in: ebd., R 9361-VIII KARTEI, Nr. 25461288 und ebd., R 9361-IX KARTEI, Nr. 49840807.

30 Näheres zu seiner Vita in den Kurzbiographien.

31 Adalbert Schnaus fungierte als Treuhänder für die Kontinentale Öl Transport AG und die Holdinggesellschaft, deren Vorstand er ab Oktober 1949 bildete, später war er deren Liquidator.

32 Kurt Schwenke leitete außerdem die Erdölraffinerie Trzebinia GmbH.

33 Karl-Eugen Halder war Prokurist der Kontinentalen Öl GmbH in Bukarest. Von Dezember 1941 bis Juli 1943 war er Prokurist bei der Kontinentalen Öl Transport AG und von März 1942 bis Juli 1943 Geschäftsführer der Kontinentalen Betonschiffbau GmbH. Vgl. Research report covering documentary material on Kontinentale Öl A.G., Landshut/Isar vom 10.8.1946, in: BAK, Z 45-F, OMGUS, Prop Dir off, 3/88-1/32, Bl. 12 f.; Konzerndaten zur Konti, in: BAB, R 176, Nr. 348.

34 Vgl. ebd.; Bericht DRT über Prüfung des Jahresabschlusses zum 31.12.1941 bei der Kontinentalen Transport AG vom 28.8.1942, S. 2 ff. (Zitat S. 6), in: ebd., R 8135, Nr. 7612; Gesellschaftervertrag Kontinentale Öl Transport AG vom 1.9.1941, in: HHStaW, 506, Nr. 253.

35 Vgl. Niederschrift über die 2. AR-Sitzung der Konti am 13.1.1942, S. 7, in: StaN, KV-Anklage, Dok. Umdrucke, NI-10162.

Schon im Oktober 1941 rechneten die Beteiligten mit großen Mineralölmengen, die in naher Zukunft aus dem Kaukasus abzutransportieren seien; nur die genaue Höhe und die Liefertermine blieben noch abzuwarten. Deshalb unterschied man zwischen einem Programm, das die spätere Gesamterfassung des kaukasischen Erdöls zum Ziel hatte, und einer kurzfristigen Strategie. Für das kurzfristig zu erwartende Transportvolumen sollte das grundsätzliche Einverständnis der Franzosen und Italiener zur Abgabe von Tankschiffen eingeholt und zunächst eine begrenzte Anzahl seegehender Tankschiffe für deutsche Transporte gechartert werden. Ab August 1942 wurden laufend Mineralölerzeugnisse aus Rumänien in die Ukraine geliefert. Für den ersten Monat waren 3.000 Tonnen Petroleumdestillat und 2.000 Tonnen Benzin vorgesehen. Die Kontinentale Transport AG übernahm die Ware in Konstanza und fertigte sie mit Bestimmung Nikolajew für die Ukraine Öl Vertriebs GmbH ab.[36]

Ferner plante man einen Neubau von zunächst zwei Tankschiffen für deutsche Rechnung in italienischen Werften.[37] Es war vorgesehen, die zwei Tanker zu je 9.000 Tonnen Ladekapazität in Triest bauen zu lassen: das erste große Schiffsvolumen, das im Schwarzen Meer für den Abtransport russischen Mineralöls eingesetzt werden könnte. Zwei weitere Tanker sollten auf italienische Rechnung gebaut werden.[38] Während 1942 die zwei Tankschiffe in Triest gebaut wurden, waren zwei weitere in Nikolajew in Auftrag gegeben worden. Drei Betonschiffe waren im Bau und sechs weitere projektiert. Das eigentliche Transportgeschäft konnte also nur in beschränktem Umfang betrieben werden, dafür aber blühte das Geschäft mit den Kesselwagen: Die Gesellschaft mietete 2.176 Wagen aus russischen Beständen. Bis Juni 1943 erhöhte sich die Zahl der Wagen auf 3.390, die alle auf deutsche Schienenbreite umgespurt wurden.[39]

Lag der Schwerpunkt des Geschäfts der Kontinentalen Öl Transport AG 1942 in der Beschaffung der Tonnage für die Öltransporte zum Schwarzen Meer, so änderte sich 1943 ihre »Aufgabenstellung infolge der Kriegsentwicklung« grundlegend. Nun betrachtete man das Kesselwagengeschäft als Hauptaufgabe: 1943 nahm das Unternehmen zusätzlich zu den 2.176 vom Reich überlassenen russischen Kesselwagen weitere 1.604 russische in Betrieb, so dass sich der Bestand Ende 1943 auf 3.780 Stück belief. Das Unternehmen wollte die Wagen bis Kriegsende pachtweise nutzen und erst danach zwecks eines Ankaufs in Verhandlung treten. Das Speditionsgeschäft nahm

36 Vgl. Telegramm Neubacher an das AA vom 30.7.1942, in: BAB, R 901, Nr. 112779, Bl. 248.

37 Vgl. Niederschrift Besprechung am 17.10.1941, in: BA-MA, RW 19, Nr. 2667, Bl. 4 ff., hier Bl. 4.

38 Vgl. Schreiben Kontinentale Transport AG an WiRüAmt, Griebel, vom 9.6.1942, in: ebd., Nr. 2266, Bl. 136 f., hier Bl. 136. Der Reichsminister für Bewaffnung und Munition stufte den Bau von Tankschiffen in Italien als kriegswichtig ein und forderte die beteiligten Stellen auf, die Kontinentale Transport AG bei der Lieferung des Materials für den Bau der vier Tankschiffe zu unterstützen. Vgl. Bescheinigung des Reichsministers für Bewaffnung und Munition vom 16.6.1942, in: ebd., Bl. 135.

39 Vgl. Bericht DRT über Prüfung des Jahresabschlusses zum 31.12.1942 bei der Kontinentalen Transport AG vom 26.10.1943, S. 4 ff. und 9, in: ebd., R 8135, Nr. 7612.

einen lebhaften Aufschwung: Für die Konti wurden Öltransporte zum Schwarzen Meer durchgeführt, die allerdings wegen der Kriegsereignisse eingestellt werden mussten. Außerdem wurden lukrative Öltransporte von Rumänien nach Italien und der Schweiz übernommen, das Schiffsbauprogramm führte man fort, allerdings wurden die im Vorjahr in Triest auf Kiel gelegten Schiffe durch Kriegseinwirkungen beschädigt. Das erste Schiff konnte im Mai 1944 vom Stapel laufen. Der in Nikolajew geplante Bau von zwei Dampftankschiffen wurde auf drei Küstentanker umgestellt, der Bau nach Holland verlegt.[40]

Laut einer Nachkriegsaussage von Blessing hatte die Kontinentale Öl Transport AG vom OKW eine ausdrückliche Anordnung zur Sicherstellung und Betreibung der russischen Beute-Kesselwagen erhalten.[41] Laut Dihlmann hatte wiederum das Reichsministerium für die besetzten Ostgebiete die Kontinentale Öl Transport AG aufgefordert, die auf russischem Territorium befindlichen Kesselwagen zu sammeln und an sich zu nehmen.[42] Im Jahresabschluss 1944 zeigte sich, dass die Kontinentale Öl Transport AG im August 155 Kesselwagen von der Erdölraffinerie Trzebinia GmbH gekauft hatte, ferner wurden mit Wirkung vom 7. November 1944 die bis dahin mietweise betriebenen reichseigenen Kesselwagen erworben. Mit dem Kaufpreis wurden vereinbarungsgemäß alle Ansprüche aus der Nutzung und dem Betrieb der Kesselwagen abgegolten.[43]

Im November 1944 wollte die Kontinentale Öl Transport AG auch die Rechtsverhältnisse der von ihr in den besetzten Ostgebieten übernommenen und ins Reich überführten Kesselwagen klären lassen. Aus ihrer Sicht hatte die Wehrmacht sie ihr überlassen, man hatte sie umgespurt, instandgesetzt, bei der Reichsverkehrsdirektion Kiew eingestellt und im Versorgungsverkehr der besetzten Ostgebiete genutzt. Am 1. November 1944 bewirtschaftete das Unternehmen 2.377 Beute-Kesselwagen, von denen infolge des Vorrückens der Roten Armee nun ein ständig wachsender Teil im Reichsgebiet eingesetzt wurde.

Die Kontinentale Öl Transport AG wollte die Kesselwagen für 1.000 RM pro Zweiachser und 1.500 RM pro Vierachser übernehmen – der Neupreis in Deutschland lag bei etwa 7.000 RM bzw. 13.500 RM. Von dem ermittelten Kaufpreis von insgesamt 3.030.000 RM wollte man eine Mio. sofort und den Rest in Halbjahresraten von 500.000 RM abzahlen.[44]

40 Vgl. Bericht DRT über Prüfung des Jahresabschlusses zum 31.12.1943 bei der Kontinentalen Öl Transport AG vom 1.11.1944, S. 1 ff., in: ebd., Nr. 2873.

41 Vgl. Eidesstattliche Erklärung Blessing vom 6.4.1948, in: SUB GÖ – HA, Cod. Ms. Nürnberger Akten, Fall VI, Bütefisch, NDB 3, Bl. 14.

42 Vgl. Eidesstattliche Erklärung Dihlmann vom 13.4.1948, in: StaN, KV-Prozesse, Fall 6, F 5, Bl. 12 f., hier Bl. 13.

43 Vgl. Bericht über Prüfung des Jahresabschlusses der Kontinentalen Transport AG zum 31.12.1944 vom 31.3.1947, S. 6, in: HADB, B 58.

44 Vgl. Aufzeichnung der Kontinentalen Öl Transport AG vom 23.11.1944, in: BAB, R 2, Nr. 30526, Bl. 4-13, hier Bl. 4 ff. und 10 ff.; Schreiben des RMfdbO an das RFM, Rottky, vom 2.12.1944, in: ebd., Bl. 3.

Bei der Frage Pacht oder Kauf der Kesselwagen überlegte man im RWiM noch, was im Interesse der Mineralölwirtschaft vorteilhafter sei: Bewirtschaftung durch das Reich oder durch eine private Gesellschaft, wobei die Wagen im zweiten Fall einfach übergeben werden könnten. Das RFM favorisierte den Verkauf der Wagen.[45] Man einigte sich schließlich auf einen Gesamtkaufpreis von 3,1 Mio. RM. Das Eigentum an den Kesselwagen sollte auf die Kontinentale Öl Transport AG übergehen.[46]

Der Treibstoffhandel war jener Geschäftszweig, bei dem Kadgien, Fischer und Haupt offiziell in der Schweiz in Erscheinung traten. Das im Rahmen deutscher Raubzüge durch die eroberten Länder angeeignete Öl floss zum einen der deutschen Kriegswirtschaft zu, konnte aber auch Ländern wie der Schweiz zum Kauf angeboten werden. Die Verhandlungen fielen in Kadgiens Aufgabenbereich, Fischer oblag als Leiter der Abteilung Mineralölwirtschaft im RWiM die für die Kriegswirtschaft zentrale Aufgabe der Treibstoffbeschaffung sowie der Treibstoffexport.[47]

Bei Kriegsende verlagerte die Kontinentale Öl Transport AG ihren Sitz nach Lindau am Bodensee, wo das AR-Mitglied Fetzer das Schloss Moos besaß. Da sich das einzige Vorstandsmitglied Haupt kurz vorher in die Schweiz abgesetzt hatte, war das Unternehmen führungslos. Schulze-Brachmann und Dihlmann reisten in ihrer Eigenschaft als Custodians der Konti im Dezember 1945 nach Lindau, um sich vor Ort einen Eindruck zu verschaffen.[48]

Besondere Bedeutung – vor allem mit Blick auf die Nachkriegszeit – sollten die Geschäfte der Firma mit der Schweiz bekommen: Die Petrola hatte während des Kriegs Deutschland rund 800 Kesselwagen zur Sicherung der schweizerischen Benzin- und Ölversorgung zur Verfügung gestellt. Das Eidgenössische Kriegstransportamt übernahm die Garantie für diese Wagen. Nach Abbruch der Handelsbeziehungen mit Deutschland im Frühjahr 1945 stellte sich für die Schweizer Seite die Frage, wie man die Tankwagen nun zurückerlangen könnte. Diese Chance wusste Fischer zu nutzen. Ende März/Anfang April 1945 kam es am Sitz der Konti in Landshut zu einem Treffen von Geschäftsführer Dihlmann mit Fischer, Osterwind, Blessing, Kadgien und Haupt, bei dem Fischer versicherte, dass der Konti sowie der Ölabteilung der IG Farbenindustrie mit seiner Anwesenheit in der Schweiz am besten gedient sei.[49]

Nach Kriegsende verblieben für eine »positive Zukunftsentwicklung« außer der Holdinggesellschaft selber noch die Kontinentale Öl Transport AG, die Sapropel GmbH und die Süddeutsche Bau GmbH sowie einzelne ausländische Beteiligungen. Die Kontinentale Öl Transport AG hatte gute Aussichten bei einem Wiederanlaufen der Mineralölwirtschaft, sie verfügte über einen relevanten Kesselwagen- und Last-

45 Vgl. AV aus dem RFM vom 12.12.1944, in: ebd., Bl. 14.

46 Vgl. Vertrag zwischen dem RMfdbO, Reinbothe, und der Kontinentalen Öl Transport AG, Haupt, vom 20.3.1945, in: ebd., Bl. 16.

47 Vgl. Uhlig u. a., Tarnung, S. 388.

48 Vgl. Protokoll Befragung Schulze-Brachmann am 28.9.1946, in: NAW, RG 260, Property Division, Records of the Office Director, General Records, Box 9 (Supplement).

49 Vgl. Uhlig u. a., Tarnung, S. 391.

kraftwagenpark, und es war davon auszugehen, dass das Transportgeschäft wieder große Bedeutung erlangen würde, sowohl für die deutsche Produktion, Verarbeitung und Verteilung als auch für die Importe.[50]

Anfang 1946 verfügte die Kontinentale Öl Transport AG über Betriebe in Berlin und in Lindau (Buchhaltung und Vertragsakten). In Berlin hatte der Magistrat den Vorstand Haupt abberufen und den ehemaligen Prokuristen Adalbert Schnaus an seiner Stelle eingesetzt. Am Berliner Standort befanden sich die LKW für den Fuhrbetrieb, Lindau sammelte die verstreuten Kesselwagen, um neue Mietverträge abschließen zu können.[51]

In der Nachkriegszeit, Ende 1947, verhandelte das Unternehmen mit der Deutschen Reichsbahn, um eine Genehmigung für den Umbau der Kesselwagen für Baustoffe zu erhalten.[52] Der Treuhänder Schulze-Brachmann machte bei den Reichsforderungen Druck und verlangte von der Kontinentalen Öl Transport AG eine umfassende Aufstellung, obwohl ihm klar war, dass es bei einer Reihe von Verbindlichkeiten des Deutschen Reichs zweifelhaft war, ob diese in Anspruch genommen werden könnten. Die Angelegenheit duldete aber keinen Aufschub, da ein Offizier der Property Control die Holding aufgefordert hatte, Reichsforderungen und -verpflichtungen zu ermitteln.[53]

Im Oktober 1949 berichtete der Treuhänder Schnaus über die Kontinentale Öl Transport AG, sie sei die einzige Konzerngesellschaft mit laufenden Geschäften. Mittlerweile verfügte sie auch über eine Zweigniederlassung in Frankfurt am Main, die 400 von den Sowjets beschlagnahmte Kesselwagen sowie 800 weitere in den Westzonen betrieb.[54]

Ludwig Haupt war am 28. August 1945 als Vorstand der Kontinentalen Öl Transport AG im Handelsregister Berlin gelöscht worden. Aus Sicht des Unternehmens war er deshalb nicht mehr berechtigt gewesen, über einen am Ende Mai 1946 bei der Schweizerischen Nationalbank in Zürich eingegangenen Betrag zu verfügen. Auch Fischer saß im AR der Gesellschaft und war in dieser Eigenschaft ebenfalls nicht befugt, eine Zession der Guthaben bei der Schweizerischen Nationalbank an Herrn Moos von Seiller zu unterschreiben.[55] Die Probleme mit Haupt dauerten an: Anfang 1950 verkaufte er drei der Kontinentalen Öl Transport AG gehörende Eisenbahntankwagen an die Schweizer Firma Petrola, ohne dafür autorisiert worden zu sein und ohne dass

50 Vgl. Bericht Kallenheim vom 22.9.1945, S. 1 f., in: BAB, R 176, Nr. 155.

51 Vgl. Bericht an AR der Konti, Dihlmann und Schulze-Brachmann vom 14.1.1946, S. 5, in: HADB, V01/0024.

52 Vgl. Schreiben Kontinentale Öl Transport AG an Deutsche Reichsbahn, Hauptwagenlenkungsamt, Technische Abteilung, vom 8.12.1947, in: BAB, DM 100, Nr. 1819, Bl. 1.

53 Vgl. Schreiben Schulze-Brachmann, Treuhänder der Konti, an die Kontinentale Öl Transport AG vom 9.3.1948, in: ebd., R 176, Nr. 9.

54 Vgl. Schreiben Schulze-Brachmann an das Bayerische Landesamt für Vermögensverwaltung vom 1.10.1949, S. 4, in: HHStaW, 506, Nr. 252.

55 Vgl. Schreiben Kontinentale Öl Transport AG an HICOG, Office of Economic Affairs, Property Division, Eric Rehfeld, vom 8.12.1949, in: NAW, RG 266, Entry 28, Box 38.

der Betrag dem Unternehmen gutgeschrieben worden wäre.[56] Einer der wertvollsten Aktivposten der Holding blieb also die Beteiligung an der Kontinentalen Öl Transport AG, deren Kesselwagen in Westdeutschland gute Mieteinnahmen brachten, aus denen unter anderem die laufenden Verwaltungskosten der Konti bestritten wurden.[57]

Anfang der 1950er Jahre erhielt die Kontinentale Öl Transport AG einen neuen AR, dem unter anderem Herbert Schaffarczyk, Bankdirektor Franz Heinrich Ulrich von der Norddeutschen Bank, Oberbergrat a. D. Georg Alsleben von der Preussag und Min.Rat Friedrich Krämer vom Bundesministerium der Finanzen angehörten. Auch sie beschäftigte der Konflikt mit dem früheren Vorstand der Gesellschaft, Ludwig Haupt, und dem früheren AR-Mitglied Ernst Rudolf Fischer. Stinnes beauftragte den Rechtsanwalt Ernst Achenbach, Verhandlungen wegen einer Beilegung der Auseinandersetzung aufzunehmen. Achenbach hatte mit den Mitgliedern des AR bereits im Vorjahr Verhandlungen geführt, später auch mit Schaffarczyk und Hans Jacobsohn.

Dem Konflikt lag folgender Sachverhalt zu Grunde: Im März 1945 hatte die Gesellschaft die Lieferung von 500 Tonnen Rohölrückstand an die Petrola in Zürich von der Donau Öl GmbH, einer Tochtergesellschaft der IG Farben, übernommen. Die Lieferung war noch vor der Kapitulation nach Zürich gelangt, und die Petrola hatte zu einem günstigen Umrechnungskurs bezahlt. Die Schuld der Kontinentalen Öl Transport AG bei der Donau Öl GmbH war jedoch noch offen. Haupt und Fischer machten gegenüber der Kontinentalen Öl Transport AG Provisionsansprüche eines Herrn Moos von Seiller in Höhe von über 150.000 RM für den Verkauf der Raffinerie in Pressburg geltend, woraufhin die Verrechnungsstelle in Zürich diesem Herrn über 90.000 Schweizer Franken aus dem Guthaben zahlte. Die Kontinentale Öl Transport AG hatte jedoch Einspruch erhoben und Strafanzeige gegen Haupt, Fischer und Moos von Seiller gestellt. Der Geschäftsführer der Donau Öl GmbH behauptete, es habe sich mitnichten um einen Kauf gehandelt, und die Gesellschaft könne nur fünf Prozent Provision verlangen. Es war keine Einigung erzielt worden. Haupt, Fischer und Kadgien hatten von der Verrechnungsstelle auch noch je 12.000 Schweizer Franken für ihren Lebensunterhalt bekommen, weil sich Haupt als allein vertretungsberechtigter Vorstand legitimierte. Haupt hatte sich zudem vor seinem Weggang eine Jahresabschlussvergütung in Höhe von 17.000 RM genehmigt, obwohl vertraglich nur 6.000 RM vereinbart worden waren. Stinnes und Achenbach strebten gegenüber der Gesellschaft ein Fallenlassen der Vorwürfe und eine Rehabilitierung von Haupt und Fischer an. Diese lehnte jedoch ab und hielt die Schadensersatzansprüche gegen Haupt und Fischer aufrecht.

56 Vgl. Schreiben Schnaus, Treuhänder der Kontinentalen Öl Transport AG, an den High Commissioner for Germany, Property Division, Mr. Kilduf vom 5. 3. 1950, in: ebd.

57 Vgl. Die Kontinentale Oel-AG, in: FAZ vom 1. 6. 1950, S. 6; Liquidation vorgeschlagen, in: ebd. vom 5. 10. 1950, S. 8; AV zur HV der Konti am 22. 6. 1951 von Bresink vom 12. 6. 1951, S. 2, in: HHStaW, 2092, Nr. 10274; Konti Öl vor der Liquidation, in: Industriekurier, Nr. 98 vom 3. 7. 1951, zit. nach: IfW, F 1 X 30 E.

Als Ergebnis der Unterredungen mit Stinnes und Achenbach trat die Gesellschaft die Forderung gegen Haupt und Fischer an Stinnes ab. Letzterer zahlte sofort 30.000 DM und wollte die Kontinentale Öl Transport AG gegenüber Forderungen der Donau Öl GmbH freihalten. Nicht von dem Vergleich betroffen waren die Unterhaltszahlungen in Höhe von 36.000 Schweizer Franken. Die Gesellschaft zeigte jedoch den Staatsanwaltschaften Zürich und Berlin an, dass keine Strafverfolgung stattfinden solle.[58]

Die Alliierte Hohe Kommission verlangte im Juni 1953 von der Bundesbahn die Überstellung einer Reihe von Kesselwagen der Kontinentalen Öl Transport AG nach Frankreich. Die Begründung war, dass die Kesselwagen polnischen Ursprungs seien und es französische Beteiligungen am Vorbesitzer gebe. Das stand aus Sicht des Unternehmens einem französischen Restitutionsanspruch entgegen, und man forderte das AA auf, in diesem Sinne bei der Alliierten Hohen Kommission zu intervenieren.[59]

Die Kontinentale Öl Transport AG gehörte in dieser Zeit bereits zum Interessenbereich der 1897 unter dem Namen Deutsche Waggonleihanstalt GmbH gegründeten Eisenbahn-Verkehrsmittel-AG (EVA), Düsseldorf, und erzielte im Geschäftsjahr 1953 aus der Vermietung ihres Kesselwagenparks einen Jahresertrag von 850.000 DM.[60] Die EVA hatte davon profitiert, dass spätestens ab 1929 der Transport von Mineralölprodukten stetig zugenommen hatte, und im Dezember 1936 hatte sie die Tanklager der Öllager-Aktiengesellschaft im neuen Hamburger Petroleumhafen gekauft. 1952 erwarb die EVA dann die Mehrheit von 74 Prozent an der Kontinentalen Öl Transport AG.[61] Auch in späteren Jahren blieb der Wagenpark des Unternehmens voll ausgelastet, es wurden sogar neu gebaute Eisenbahn-Spezialwagen in Dienst gestellt. Der Ertrag stieg weiter, so dass die Verteilung einer erhöhten Dividende von acht Prozent beschlossen wurde. Über die Hälfte des Aktenkapitals von zwei Mio. DM befand sich im Besitz der EVA.[62] 1962 verkaufte die Allgemeine Transportmittel AG, Düsseldorf, ihre Beteiligung von 26 Prozent an der Kontinentalen Öl Transport AG an ihre Beteiligungsgesellschaft EVA zu 500 Prozent einschließlich der Dividende für 1951.[63] Auch in den Folgejahren waren die Kapazitäten der Kontinentalen Öl Transport AG ausgelastet und das wirtschaftliche Ergebnis befriedigend,[64] das Vermieten von Kesselwagen und Spezialfahrzeugen blieb bis zu

58 Vgl. Rundschreiben von Jacobsohn an AR-Mitglieder der Kontinentalen Öl Transport AG vom 28.1.1952, S. 2 ff., in: HHStaW, 506, Nr. 253.

59 Vgl. Schreiben Kontinentale Öl Transport AG an das AA vom 22.6.1953, in: PA AA, B 10-Abt. 2, Nr. 1502.

60 Vgl. Kontinentale Öl Transport AG, Berlin, in: Handelsblatt, Nr. 43 vom 12.4.1954, zit. nach: ZBW.

61 Vgl. 100 Jahre EVA, S. 6, 9 f. und 14.

62 Vgl. Öl Transport AG floriert, in: Handelsblatt, Nr. 35 vom 21.3.1956, zit. nach: ZBW.

63 Vgl. Transportmittel AG zahlt Sonderbonus, in: SZ, Nr. 219 vom 12.9.1962, S. 26.

64 Vgl. EVA ist zuversichtlich, in: ebd., Nr. 265 vom 4.11.1964, S. 24.

Beginn der 1970er Jahre ein lukratives Geschäft. Die Kontinentale Öl Transport AG trug zum positiven Ergebnis ihrer Muttergesellschaft EVA bei, die nun alleinige Gesellschafterin war.[65]

Seit Mitte der 1980er Jahre gehörte die EVA mehrheitlich der belgischen Groupe Bruxelles Lambert S. A. Sie konnte den Umsatz des Geschäftsjahrs 1983/84 im Folgejahr nicht halten: Er fiel von 39,3 auf 36 Mio. DM, auch die Investitionen für den Kesselwagenpark waren rückläufig. Gut im Geschäft blieb hingegen die Kontinentale Öl Transport AG, sie investierte 5,5 Mio. DM in den Wagenpark.[66]

4.3 Die Ukraine Öl Vertriebs GmbH

Die Ukraine Öl Vertriebs GmbH wurde am 2. Oktober 1941 mit Sitz in Berlin gegründet. Gesellschafter waren die Konti und die Kontinentale Öl GmbH, das Stammkapital betrug 50.000 RM, von denen die Konti 45.000 RM und die Kontinentale Öl GmbH 5.000 RM hielten. Später übernahm die Muttergesellschaft das gesamte Stammkapital. Geschäftsführer waren der Essener Rechtsanwalt Ludwig Schmidt[67] und der Kaufmann Kurt Schwenke aus Königsberg. Beide wurden später durch Gustav Seitz[68] und Albert Kallenheim[69] abgelöst. Als weitere Geschäftsführer stießen im März 1942 Otto Wilhelm Hermann und der Kaufmann Wilhelm Borgstädt hinzu. Als Prokuristen fungierten Alfred Theodor Durrieu[70], Ernst Halfmann, Matthäus Kohn, Reinhard Moschner, Ferdinand Munkes und Hermann

65 Vgl. EVA war immer gut beschäftigt, in: ebd., Nr. 95 vom 21. 4. 1970, S. 22; EVA gibt Jubiläumsbonus, in: ebd., Nr. 14 vom 19. 1. 1972, S. 21.

66 Vgl. EVA-Betriebe ausgelastet, in: ebd. vom 9. 2. 1985, S. 35.

67 Ludwig Schmidt war gleichzeitig Geschäftsführer der Ostland Öl Vertriebs GmbH, der Ukraine Öl Vertriebs GmbH und der Kaukasien Öl Vertriebs GmbH. Vgl. OMGUS, Ermittlungen gegen die Dresdner Bank, S. 323, Anm. 119; NSDAP-Karte, in: BAB, R 9361-VIII KARTEI, Nr. 19791732 und ebd., R 9361-IX KARTEI, Nr. 38270986.

68 Gustav Seitz saß im Beirat der Ostland Öl Vertriebs GmbH und der Fachgruppe Mineralöl der Wigru Groß-, Ein- und Ausfuhrhandel, ferner im Vorstand der NITAG. Er war Geschäftsführer der Kaukasien Öl Vertriebs GmbH und der Sapropel GmbH.

69 Albert Kallenheim war Vorstandsmitglied der Albanien Öl GmbH, Geschäftsführer der Sapropel GmbH und wurde nach Kriegsende kurzzeitig zum Vorstandsmitglied der Holding berufen. Anschließend wirkte er als deren Treuhänder. Vgl. Kallenheim, Integrationserscheinungen, S. 84; Liste der Brigade R 30, Sturm 71, der SA-Gruppe Berlin-Brandenburg vom 9. 6. 1934, in: BAB, VBS 1009 (NS 23), Nr. ZA VI 1996 A. 10/01-17.

70 Alfred Theodor Durrieu war gleichzeitig Prokurist bei der Ostland Öl Vertriebs GmbH und der Kaukasien Öl Vertriebs GmbH sowie Geschäftsführer der Sapropel GmbH. Nach Kriegsende wurde er in der britischen Besatzungszone für die Konti und die Sapropel GmbH als Treuhänder eingesetzt.

Herdt. Den Beirat bildeten Blessing, Brochhaus, Fischer, Kadgien, Schmidt, Seitz und Claus von Kursell[71].

Das Unternehmen vertrieb Mineralölerzeugnisse und verwandte Stoffe in der Ukraine und war berechtigt, im In- und Ausland Zweigniederlassungen zu errichten, sich an anderen in- und ausländischen Unternehmungen zu beteiligen, sie zu erwerben und zu errichten sowie alle Geschäfte einschließlich des Abschlusses von Interessengemeinschaftsverträgen einzugehen.[72] Die Ukraine Öl Vertriebs GmbH nahm ihre Geschäftstätigkeit aufgrund von Zulieferungen aus dem ostgalizischen Erdölgebiet auf.[73]

Neben der Verteilung von Mineralölprodukten im Reichskommissariat Ukraine übernahm das Unternehmen die finanzielle Abwicklung und technische Behandlung, also die Einlagerung, den Umschlag und die Mischungen. Die Leitung lag in Personalunion in Händen der Gruppen- bzw. Referatsleiter Mineralöl bei den Wirtschaftsinspektionen und Wirtschaftskommandos. Da in den besetzten Ostgebieten keine intakten einheimischen Organisationen zur Verfügung standen, lag die Versorgung mit Mineralölen ausschließlich in den Händen deutscher Fachkräfte. Dieses inhaltlich und räumlich sehr umfangreiche Aufgabengebiet bewältigte eine kleine Anzahl von Mitarbeitern; der Höchstwert lag bei rund 220 deutschen Fachkräften.[74]

Zusammen mit der Muttergesellschaft wurde die Ukraine Vertriebs GmbH angewiesen, auch die Erdgasvorkommen bei Melitopol und auf der Halbinsel Kertsch beschleunigt aufzuschließen und die benötigten Materialien unverzüglich auf den Weg zu bringen.[75]

Ab 1. Juli 1943 übernahm das Unternehmen den bis dahin von der Karpathen Öl AG betriebenen Produktionsstandort in Romny. Dabei setzte es einen neuen Betriebsleiter ein, auch die übrigen Karpathen-Öl-Angestellten sollten Zug um Zug nach Eintreffen der firmeneigenen Kräfte ersetzt werden. Mitte Juli 1943 besuchten Bentz, Große und Chefingenieur Scheibe Romny, inspizierten die Felder und ließen sich über den Stand der betrieblichen Entwicklung unterrichten. Es folgten eingehende Aussprachen über personelle und betriebliche Fragen.[76]

Nach Görings Erlass vom 10. Juli 1942 hatte die Konti das alleinige Recht zum Vertrieb von Erdöl in den besetzten Ostgebieten, also nutzte die Ukraine Öl Vertriebs GmbH

71 Näheres zu seiner Vita in den Kurzbiographien.

72 Vgl. Gründungsurkunde Ukraine Öl-Vertriebsgesellschaft mbH vom 2.10.1941, in: BAB, R 3101, Nr. 34154, Bl. 12-15, hier Bl. 12 ff.; Beirat der Ukraine Öl-Vertriebsgesellschaft mbH, Stand 29.4.1944, in: ebd., Bl. 16; Geschäftsführer der Ukraine Öl-Vertriebsgesellschaft mbH, Stand 29.4.1944, in: ebd., Bl. 17; Schreiben Ukraine Öl Vertriebs-Gesellschaft mbH an das RWiM vom 29.4.1944, in: ebd., Bl. 11; Konzerndaten zur Konti, in: ebd., R 176, Nr. 348.

73 Vgl. AN aus dem RWiM vom 27.8.1941, in: RGVA, 1458-40-160, Bl. 7-9, hier Bl. 8.

74 Vgl. Wirtschaftspolitik, S. 253 f.

75 Vgl. Rundschreiben Chefgruppe Wirtschaft WiStab Ost vom 23.3.1943 (Monatsbericht Mineralöl-Industrie und -wirtschaft, Februar 1943), S. 2, in: BGR, Nr. 0065868.

76 Vgl. Monatsbericht Juli 1943 Ukraine Öl-Vertriebsgesellschaft mbH vom 12.8.1943, S. 4, in: ebd., Nr. 0065829.

das im Gebiet des Reichskommissariats Ukraine befindliche Mineralölvermögen während der Dauer der deutschen Besetzung pachtweise. Der Wert des Pachtvermögens wurde auf sechs Mio. RM geschätzt. Vier Prozent des Pachtvermögens sollten als Verzinsung, sechs Prozent als Amortisationsquote gezahlt werden, berechnet für 1941 und 1942.[77] Der Pachtvertrag mit dem Reichsminister für die besetzten Ostgebiete wurde erst im Januar 1945 endgültig abgeschlossen, der Pachtzins innerhalb eines Monats fällig. Die sich zu diesem Zeitpunkt schon in Abwicklung befindliche Ukraine Öl Vertriebs GmbH bat um die Überweisung von 1,2 Mio. RM Pachtzins für zwei Jahre auf ihre Rechnung an den Reichsminister für die besetzten Ostgebiete durch die Konti.[78]

Auf der AR-Sitzung der Konti im September 1943 berichtete der Vorstand, dass die beiden Vertriebsgesellschaften Ostland Öl Vertriebs GmbH und Ukraine Öl Vertriebs GmbH ihre Bilanzen für 1942 zwar noch nicht endgültig abschließen konnten, sie das Jahr aber mit einem ansehnlichen Gewinn abgeschlossen hätten.[79]

Im Februar 1944 beschäftigte die Gesellschaft noch sechs technische sowie 89 kaufmännische und sonstige Kräfte in den besetzten Ostgebieten,[80] aber bereits im Oktober des Jahres standen die Liquidation bzw. Fusion der im Osten operierenden Vertriebsgesellschaften auf der Tagesordnung. Am 15. Dezember 1944 fusionierten dann die Ost Öl GmbH, die Ostland Öl Vertriebs GmbH und die Ukraine Öl Vertriebs GmbH mit der Konti.[81]

4.4 Die Ostland Öl Vertriebs GmbH

Die Ostland Öl Vertriebs GmbH wurde am 2. Oktober 1941 in Berlin gegründet. Die beiden ersten Geschäftsführer waren bis Mai 1943 der Rechtsanwalt Ludwig Schmidt und der Kaufmann Otto Goedde; später stießen der Kaufmann Gustav Seitz und der Kaufmann Walter Kelm dazu, die dann auch die letzten beiden Geschäftsführer waren. Als Prokuristen tätig waren Jury John, Hermann Heidt, Ernst Halfmann und Alfred Theodor Durrieu. Den letzten Beirat bildeten Blessing, Brochhaus, Fischer, Kadgien, von Kursell, Ludwig Schmidt, Seitz und N. Diebow, der Leiter der Chefgruppe Wirtschaft im RKO.

77 Vgl. Pachtvertrag zwischen dem Deutschen Reich, vertreten durch den Reichsminister für die besetzten Ostgebiete, und der Ukraine Öl Vertriebs GmbH, vom 14.12.1944, in: BAB, R 176, Nr. 35 (Zitat ebd.).

78 Vgl. Schreiben Ukraine Öl Vertriebs-Gesellschaft mbH (jetzt: Konti, Abt. Abwicklung) an die Konti vom 6.1.1945, in: ebd.

79 Vgl. Auszug aus der Niederschrift über die 4. Sitzung des AR der Konti am 21.9.1943, in: ebd., R 2, Nr. 15469, Bl. 6-21, hier Bl. 11 RS.

80 Vgl. Aufstellung des Reichsministers für die besetzten Ostgebiete vom 16.3.1944, in: ebd., R 6, Nr. 420, Bl. 4.

81 Vgl. Postbesprechungs-Protokoll Nr. 37 vom 26.10.1944, in: ebd., R 176, Nr. 286; Bericht an den AR der Konti, Dihlmann und Schulze-Brachmann vom 14.1.1946, S. 2, in: HADB, V01/0024.

Das Stammkapital betrug 50.000 RM, von denen die Konti 45.000 RM und die Kontinentale Öl GmbH 5.000 RM hielten. Die Anteile der GmbH gingen später an die AG über.

Gegenstand des Unternehmens war der Vertrieb von Mineralölerzeugnissen und verwandten Stoffen im RKO. Die Gesellschaft war berechtigt, im In- und Ausland Zweigniederlassungen zu errichten, sich an in- und ausländischen Unternehmungen zu beteiligen, andere Unternehmungen zu erwerben und zu errichten sowie alle Geschäfte einschließlich des Abschlusses von Interessengemeinschaftsverträgen einzugehen, die geeignet waren, den Geschäftszweck der Gesellschaft zu fördern.[82]

Die Ostland Öl Vertriebs GmbH übernahm die bestehende Mineralölindustrie und die Verteilerorganisation im Reichskommissariat und unterhielt Zweigniederlassungen in allen vier Generalbezirken: in Riga, in Kauen (Kaunas), in Minsk und in Reval (Tallinn). Ab dem 1. November 1941 war sie für die Auslieferung des militärischen und zivilen Bedarfs in Lettland und Litauen verantwortlich, in Estland und Weißrussland blieben vorläufig die alten Regelungen bestehen.[83] Die Handels- und Kreditbank AG, Riga, eine Tochtergesellschaft der Dresdner Bank, bewilligte der Ostland Öl Vertriebs GmbH 1942 einen Kredit in Höhe von fast 4,7 Mio. RM.[84]

Nach Ansicht von Vertretern des RWiM handelten die Ostgesellschaften – und entsprechend auch die Ostland Öl Vertriebs GmbH – im Auftrag des Reichs, und das hatte zur Folge, dass das Reich zur Deckung etwaiger Verluste verpflichtet war. Mittelfristig dachte man an ein Pachtverhältnis mit dem Reich, langfristig sogar an eine Eigentumsübernahme.[85]

Die Ostland Öl Vertriebs GmbH hatte ihre Bilanz für 1942 bei der AR-Sitzung im Spetember 1943 noch nicht abschließen können, da noch einige Verrechnungen zu klären waren, erwartete aber einen ansehnlichen Gewinn.[86]

82 Vgl. Konzerndaten zur Konti, in: BAB, R 176, Nr. 348; Gründungsurkunde Ostland Öl-Vertriebsgesellschaft mbH vom 2.10.1941, in: ebd., R 2301, Nr. 6007, Bl. 1-4, hier Bl. 2; Gründungsurkunde Ostland Öl-Vertriebsgesellschaft mbH vom 2.10.1941, in: ebd., R 3101, Nr. 34154, Bl. 5-8, hier Bl. 6; Geschäftsführer der Ostland Öl-Vertriebsgesellschaft mbH, Stand 29.4.1944, in: ebd., Bl. 10; Beirat der Ostland Öl-Vertriebsgesellschaft mbH, Stand 29.4.1944, in: ebd., Bl. 9; Satzung Ostland Öl Vertriebs GmbH, verhandelt am 2.10.1941, in: ebd., Bl. 5-8; Schreiben Ostland Öl Vertriebs GmbH an das RWiM vom 29.4.1944, in: ebd., Bl. 4.

83 Vgl. Treibstoff im Ostland, in: Deutsche Zeitung im Ostland, Nr. 92 vom 4.11.1941, zit. nach: IfW, F 1 X 30 E; Wheatley, Intelligence, S. 138. Der Befehlshaber im Heeresgebiet Nord bestätigte die Aufgabe der Ostland Öl Vertriebs GmbH im RKO im September 1942. Vgl. Schreiben des Kommandierenden Generals der Sicherungstruppen und Befehlshaber im Heeresgebiet Nord an die Ostland-Öl-Vertriebs-GmbH vom 1.9.1942, in: BA-MA, RH 22, Nr. 283. Die damaligen deutschen Namen wie Reval, Dorpat etc. werden nur in den Eigenbezeichnungen genannt, ansonsten die heutigen – in dem Fall Tallinn und Tartu – verwendet.

84 Vgl. OMGUS, Ermittlungen gegen die Dresdner Bank, S. 171.

85 Vgl. Verwaltungsaufbau und Haftungsverhältnisse im RKO, vom 5.4.1943 (von Ernst Leese und Adolf Schäfer, Rechtsabteilung der Dresdner Bank), in: SfS-Archiv, NID-8859.

86 Vgl. Auszug aus der Niederschrift über die 4. AR-Sitzung der Konti am 21.9.1943, in: BAB, R 2, Nr. 15469, Bl. 6-21, hier Bl. 11 RS.

Mit Schreiben vom 7. Mai 1943 teilte die Konti dem RWiM mit, dass sie und ihre Tochtergesellschaften, darunter die Ostland Öl Vertriebs GmbH, durch die Rückverlegung der Front Kriegsschäden erlitten hatten, die sie vorläufig auf zwölf Mio. RM bezifferte. Eine endgültige Summe sollte zusammen mit dem Nachschubstab der TBM aufgestellt werden. Die Konti bat zunächst um eine Abschlagzahlung von acht Mio. RM.[87] Die Verhandlungen zogen sich hin, und das Unternehmen minderte die Schadenssumme auf zehn Mio. RM. Eine Abschlagzahlung war allerdings auch im August 1943 noch nicht erfolgt.[88]

Im Auftrag der Konti prüfte die DRT im November 1943 die Ostland Öl Vertriebs GmbH und stellte dabei Vermögenswerte im Gesamtwert von über 1,5 Mio. RM fest.[89] Das Unternehmen verfügte im Februar 1944 über zwei technische sowie 36 kaufmännische und sonstige Arbeitskräfte in Deutschland, außerdem über 13 technische sowie 85 kaufmännische und sonstige Kräfte in den besetzten Ostgebieten.[90] Im Oktober 1944 stellte sich die Frage, ob die bisher im Osten tätigen Vertriebsgesellschaften, also auch die Ostland Öl Vertriebs GmbH, liquidiert bzw. fusioniert werden sollten. Aufgrund des verlorenen Tätigkeitsgebiets wünschten die Reichsstellen, diese Gesellschaften möglichst bald zu liquidieren.[91] Am 15. Dezember 1944 fusionierte die Ostland Öl Vertriebs GmbH jedoch mit der Konti.[92]

Noch Anfang 1945 kam ein Pachtvertrag zwischen dem Deutschen Reich, vertreten durch den Reichsminister für die besetzten Ostgebiete, und der Ostland Öl Vertriebs GmbH zustande, der die Nutzung des Mineralölvermögens im RKO durch das Unternehmen während der Dauer der deutschen Besetzung regelte. Der Wert wurde auf 1,9 Mio. RM taxiert, der Pachtzins auf vier Prozent des Pachtvermögens als Verzinsung und sechs Prozent als Amortisationsquote festgesetzt.[93]

87 Vgl. Schreiben Reichswirtschaftsminister an Reichsminister der Finanzen, Bänfer, vom 21.5.1943, in: ebd., Nr. 5246, Bl. 79.

88 Vgl. Schreiben Reichswirtschaftsminister an WFSt vom 19.8.1943, in: ebd., Bl. 106.

89 Vgl. Bericht DRT über Sonderprüfung betreffs Aufnahme und Bewertung des genutzten Mineralölvermögens bei der Ostland Öl Vertriebs GmbH vom 12.11.1943, in: ebd., R 8135, Nr. 3501.

90 Vgl. Aufstellung Reichsminister für die besetzten Ostgebiete vom 16.3.1944, in: ebd., R 6, Nr. 420, Bl. 4.

91 Vgl. Postbesprechungs-Protokoll Nr. 37 vom 26.10.1944, in: ebd., R 176, Nr. 286.

92 Vgl. Bericht an AR der Konti, Dihlmann und Schulze-Brachmann vom 14.1.1946, S. 2, in: HADB, V01/0024.

93 Vgl. Pachtvertrag zwischen dem Deutschen Reich, vertreten durch den Reichsminister für die besetzten Ostgebiete, und der Ostland Öl Vertriebs GmbH vom 23.12.1944, in: StaN, KV-Anklage, Dok. Umdrucke, NI-15388. Es ergab sich insgesamt ein Pachtzins von 573.085,50 RM für die drei Jahre. Vgl. Schreiben Konti, Blessing und Dihlmann, an den Reichsminister für die besetzten Ostgebiete vom 14.12.1944, in: BAB, R 176, Nr. 35.

4.5 Die Kontinentale Betonschiffbau GmbH

Die Kontinentale Betonschiffbau GmbH wurde am 13. März 1942 gegründet. Alleinige Gesellschafterin war die Kontinentale Öl Transport AG, das Kapital betrug 20.000 RM. Geschäftsführer waren der Kaufmann Eugen Halder, der zum 3. Juli 1943 ausschied, und der Kaufmann Ludwig Haupt. Prokurist war der Diplom-Ingenieur Johannes Krug, den Beirat bildeten Blessing, Brochhaus, Fischer, Fetzer und Haupt.[94] Als Tochtergesellschaft wurde die Kontinentale Betonschiffbau GmbH von der Kontinentalen Öl Transport AG betreut.[95]

Auch im Fall dieses Unternehmens sollte die Eintragung in das Handelsregister geheim gehalten werden, da sein Gründungszweck darin bestand, »die Öltransportmöglichkeiten auf dem Schwarzen Meer zu schaffen[,] und [es] vermieden werden muss, dass die Öffentlichkeit von dem Vorhandensein einer derartigen Gesellschaft schon jetzt unterrichtet« werde.[96]

Als Treuhänderin des Reichs sollte die Gesellschaft den Bau von zunächst neun Eisenbeton-Tankschiffen in Auftrag geben, gemäß den Weisungen des RWiM, dem auch die Preisangebote vorzulegen waren. Das Ministerium würde insbesondere die Baustoffkontingente zusichern und war bereit, zur Finanzierung auch Bürgschaften bei inländischen Geldgebern zu übernehmen. Außerdem sicherte es eine angemessene Vergütung und Freistellung von allen Verpflichtungen zu, die sich aus der Durchführung der Aufträge ergaben. Dafür behielt sich das RWiM das Recht vor, den Erwerb oder späteren Betrieb an die Firma bzw. die Mutterfirma Kontinentale Öl Transport AG zu übergeben.[97] Krauch hatte die Idee zum Bau »von Betontankkänen, was verhältnismäßig schnell möglich« sei, bereits bei der Präsentation seines Flugzeugbenzinprogramms Ende Juli 1941 geäußert.[98]

Die Kontinentale Betonschiffbau GmbH schloss mit der Ersten Donau-Dampfschifffahrtsgesellschaft in Wien als Treuhänderin der Staatswerft in Nikolajew einen Vorvertrag über den Bau von sechs Tankschiffen ab und übernahm ein französisches Tankschiff von der Kriegsmarine.[99] Das Betonschiffsbauprogramm der Kontinentalen Betonschiffbau GmbH wurde auf Veranlassung des RWiM ge-

94 Vgl. Konzerndaten zur Konti, in: ebd., Nr. 348.

95 Vgl. Schreiben Schulze-Brachmann an Bayerisches Landesamt für Vermögensverwaltung vom 1.10.1949, S. 8, in: HHStaW, 506, Nr. 252.

96 Vgl. Schreiben Mineralölreferat an Kreditreferat im RWiM vom 7.5.1942, in: RGVA, 1458-40-160, Bl. 19 (Zitat ebd.).

97 Vgl. Schreiben Reichswirtschaftsminister, Landfried, an Kontinentale Beton-Schiffbau GmbH vom 5.5.1942, in: BAB, R 176, Nr. 109.

98 Vgl. Eintrag vom 23.7.1941, in: KTB WiRüAmt/Stab, Besprechungen Prof. Krauch beim Amtschef mit Chef Ru., Chef Ro., in: BA-MA, RW 19, Nr. 165, Bl. 156 f., hier Bl. 156 (Zitat ebd.).

99 Vgl. Bericht DRT über Prüfung des Jahresabschlusses zum 31.12.1941 bei der Kontinentalen Transport AG vom 28.8.1942, S. 9 f., in: BAB, R 8135, Nr. 7612.

kürzt. Es sollten nun in Warna drei und in Rotterdam ein Betontankschiff gebaut werden.[100]

In Konkurrenz dazu gründeten die Hamburg-Amerika Linie, der Norddeutsche Lloyd, die Hamburger Reederei H. C. Horn und die Reichswerke für Binnenschiffahrt »Hermann Göring« im November 1942 in Nikolajew die Schiffahrt GmbH. Da der Reemtsma-Konzern die beiden Großreedereien beherrschte, war dessen Kontrolle über die neue Schwarzmeerreederei gesichert. Die Schiffahrt GmbH bewältigte die Nachschubtransporte für Heer und Kriegsmarine im Schwarzen Meer. Ursprünglich war geplant, dass mit Reemtsma-Geldern in der west- und nordeuropäischen Werftindustrie Öltanker-Neubauten auf Kiel gelegt würden, die unter der Regie der Kontinentalen Öl Transport AG den Schwarzmeertransport des kaukasischen Erdöls übernehmen sollten. Der Kriegsverlauf verhinderte, dass dieses Vorhaben über erste Vorabsprachen hinauskam.[101]

4.6 Die Kaukasien Öl Vertriebs GmbH

Die Kaukasien Öl Vertriebs GmbH wurde am 4. September 1942 mit Sitz in Berlin gegründet. Alleinige Gesellschafterin war die Konti, das Stammkapital betrug 50.000 RM. Die Firma wurde per 31. Dezember 1943 wieder liquidiert. Geschäftsführer waren der Kaufmann Gustav Seitz, der Rechtsanwalt Ludwig Schmidt und der Kaufmann Paul Tengelmann. Den Beirat bildeten Blessing, Brochhaus und Fischer. Als Prokuristen fungierten der Kaufmann Ernst Halfmann und der Kaufmann Alfred Theodor Durrieu.[102]

Die Gesellschaft konnte ihre geplante Tätigkeit infolge der militärischen Entwicklung gar nicht erst ausüben, bis zum Rückzug aus dem Kaukasus war sie lediglich im Rahmen der Gruppe Verteilung der Abteilung Mineralöl bei der Wirtschaftsinspektion Kaukasus eingesetzt worden. Nach dem Wegfall des Aufgabengebiets sollten Aktiva und Passiva auf die Muttergesellschaft übertragen werden.[103]

Wie bereits erwähnt, teilte die Konti dem RWiM Anfang Mai 1943 mit, dass sie und ihre Tochtergesellschaften, hier die Kaukasien Öl Vertriebs GmbH, in Folge der Rückverlegung der Front Kriegsschäden erlitten hatten, die sie vorläufig auf zwölf Mio. RM bezifferte.

100 Vgl. Bericht DRT über Prüfung des Jahresabschlusses zum 31. 12. 1943 bei der Kontinentalen Öl Transport AG vom 1. 11. 1944, S. 1 ff., in: ebd., Nr. 2873.

101 Vgl. Roth/Abraham, Reemtsma, S. 80 f. Auch das WiRüAmt plante den Aufbau einer Tankerflotte für die Öltransporte im Schwarzen Meer. Dafür sollten italienische und französische Tankschiffe aus dem Mittelmeer überführt, die in den Häfen des Schwarzen und Asowschen Meers festliegenden Seetanker instandgesetzt und ein Neubauprogramm aufgelegt werden. Vgl. ebd., S. 474, Anm. 17.

102 Vgl. Konzerndaten zur Konti, in: BAB, R 176, Nr. 348.

103 Vgl. Bericht DRT über Prüfung der Jahresabschlüsse zum 31. 12. 1942 und 1943 bei der Kaukasien Öl-Vertriebs GmbH vom 17. 4. 1944, in: ebd., R 8135, Nr. 7593, Bl. 2 f.

4.7 Die Bulgarische Mineralöl AG

Die Bulgarische Mineralöl AG wurde am 5. Oktober 1942 mit Sitz in Sofia gegründet. Der Name »Mineralöl« wurde gewählt, weil es bereits eine bulgarische Firma mit dem Namen »Kontinental« gab. Das Grundkapital betrug 1,5 Mio. Lewa, Hauptanteilseigner war die Kontinentale Öl GmbH mit 1.452.000 Lewa, ferner wurden kleinere Beträge, unter anderem von Walther Dihlmann und Franz Hellwig, mit je 15.000 Lewa gehalten.

Am 7. Juni 1943 fusionierte die Gesellschaft mit der Transpetrol AG. Das neue Grundkapital betrug drei Mio. Lewa, Anteilseigner waren die Kontinentale Öl GmbH (1.685.333 Lewa), die Südostchemie Handels GmbH (eine Mio. Lewa), die Fanto AG (100.000 Lewa, übertragen auf die Südostchemie) und mit kleineren Beträgen unter anderem Gramsch, Schmidt, Dihlmann und Hellwig. Den AR bildeten drei Bulgaren. Der VR bestand aus Dihlmann, Hellwig und Dobri Dimanoff. Als Prokuristen waren Franz Josef Eissler und Boris Jankof Draganoff tätig.

Die Gesellschaft kontrollierte die Ölimporte nach Bulgarien. Über die Vereinigung der bulgarischen Ölfirmen, die Öleinfuhr Zentrale AG, organisierte man Einkauf und Transport der Produkte. Die Mineralöl AG war für den Bau und Betrieb einer Ölleitung über die Donau von Rustchuk nach Giurgin verantwortlich und bemühte sich um Konsolidierung auf dem bulgarischen Markt.[104]

Im Mai 1944 beauftragte die Kontinentale Öl GmbH die Deutsche Bank über ihre Tochtergesellschaft, die Deutsch-Bulgarische Kreditbank, zu Gunsten der Bulgarischen Mineralöl AG eine Garantie in Höhe von fünf Mio. Lewa – statt bisher zwei Mio. Lewa – zu übernehmen. Die Deutsche Bank forderte jedoch zunächst eine Devisengenehmigung.[105]

4.8 Die Mineralölvertrieb Serbien AG

Die Mineralölvertrieb Serbien AG wurde am 29. Dezember 1942 mit Sitz in Belgrad gegründet. Das Stammkapital betrug zehn Mio. Dinar, von denen die Kontinentale Öl GmbH 3,5 Mio., die Petrol AG Belgrad 3,5 Mio. und die Raffinerie Smederevo AG drei Mio. hielten. Ab dem 1. Januar 1943 hielt die Kontinentale Öl GmbH drei Mio. Dinar, die Petrol AG Belgrad drei Mio. Dinar, die Raffinerie Smederevo AG zwei Mio. Dinar und die Serbische Shell AG zwei Mio. Dinar. Den VR bildeten

104 Vgl. Konzerndaten zur Konti, in: ebd., R 176, Nr. 348; Bericht der DRT über Prüfung der Jahresabschlüsse 1944-1947 bei der Kontinentalen Öl GmbH, S. 7, in: ebd., Nr. 58; Extract from »Germany Basic Handbook, Economic Survey, Section D, Fuel, Power and Public Utility Services«, S. 24, in: NAW (SfS-Archiv), RG 260 OMGUS, ED, DecBr, 11/18-2/10.

105 Vgl. Schreiben Deutsch-Bulgarische Kreditbank an die Deutsche Bank vom 29.5.1944, in: BAB, R 8119-F, Nr. 1827, Bl. 31.

Arno Mühlmann, Otto Kampf, Heinrich Conzen, Otto Gramsch[106] und Ing. Theodor Welly (beide bis 31.12.1943) sowie Hachmann, Dihlmann und Dr. Holz (alle ab dem 1.1.1944). Den AR bildeten Max Schmitt, Paul von der Warth, Rabel-Werner und Karl Schuster.[107]

Die zur Gewerkschaft Elwerath gehörende Petrol AG war eine deutsche Firma, die das Monopol für Einfuhr und Binnenhandel mit Kerosin in Serbien erlangt hatte. Da die Deutschen auch die Serbische Shell AG und die Ölraffinerie in Smederevo dominierten, kontrollierten sie faktisch die gesamte Einfuhr und den Vertrieb von Flüssigbrennstoffen in Serbien.

Die Serbische Shell AG, Belgrad, unterhielt die serbischen Anlagen der ehemaligen jugoslawischen Shell Oil Corporation und wurde im März 1942 mit einem Kapital von fünf Mio. Dinar gegründet. Alle Direktoren der Gesellschaft waren Deutsche, unter ihnen von Klaß, der deutsche Verwalter der niederländischen Royal Dutch Shell.[108]

4.9 Die Mineralöl Südost GmbH

Mit der N.V. de Bataafsche Maatschappij, Den Haag, war die Kontinentale Öl GmbH in einem Konsortium zum Ölvertriebsgeschäft vereinigt. Für die Verwaltung dieses Konsortialgeschäfts wurde von beiden gemeinsam die Mineralöl GmbH Südost, Berlin, gegründet, welche die Geschäfte zwar in eigenem Namen, aber für Rechnung der Konsorten führte.[109] Die Mineralöl GmbH Südost zählte somit zu den indirekten Beteiligungen der Konti.[110]

Das Unternehmen wurde am 1. Juli 1943 mit einem Kapital von 20.000 RM gegründet, auf das beide Konsorten jeweils 2.500 RM einzahlten; der Firmensitz war Berlin. Dem Beirat gehörten Dihlmann von der Konti und Eckhardt von Klaß als

106 Otto Gramsch war seit Oktober 1934 Referent für Wehrwirtschaft im RWiM, wo er im März 1939 ausschied. Er war als Beauftragter des VJP in der rumänischen Erdöl-Industrie tätig und arbeitete dort gleichzeitig für die Wifo. Vgl. Gramsch, Das transitorische Interesse, Lebenslauf; Janz, Aus meinem Leben; Personalbogen des RJM, in: BAB, R 3001, Nr. 57861; Schreiben der Abteilung Gaukartei der NSDAP an die Gauleitung Gross-Berlin vom 30.7.1935, in: ebd., R 9361-II, Nr. 313968; Schreiben Gramsch an die Personalabteilung der Wifo vom 25.4.1948, in: BAK, PERS 101, Nr. 63485; Schreiben von Ernst (?) Gramsch an Franz Wehling vom 20.3.1946, in: ebd.

107 Vgl. Konzerndaten zur Konti, in: BAB, R 176, Nr. 348.

108 Vgl. German Penetration of Corporate Holdings in Serbia, S. 20 und 25. Zu Klass vgl.: Marriott/Macallister, Crude Britannia, S. 21.

109 Vgl. Bericht DRT über Prüfung der Jahresabschlüsse 1944-1947 bei der Kontinentalen Öl GmbH, S. 7, in: BAB, R 176, Nr. 58.

110 Vgl. Bericht des Vorstands an AR über den Stand der Abwicklung der Konti vom 10.3.1950, S. 10, in: HHStaW, 506, Nr. 264.

Verwalter der Bataafschen (Shell) an. Als Geschäftsführer fungierten die Kaufmänner Ludwig Bode[111] und Willi Matthias, Budapest.[112]

4.10 Die Albanien Öl GmbH

Nach der Kapitulation Italiens besetzte die deutsche Wehrmacht ab dem 9. September 1943 Albanien. Bei der wirtschaftlichen Ausbeutung Albaniens durch Deutschland ging es in erster Linie um Erdöl, Magnesit und Lignit, vor allem aber um Chrom. Das Land war im Südosten Europas nach Rumänien aber auch der zweitgrößte Öllieferant Deutschlands.[113] Trotz aller Anstrengungen konnten sich die Deutschen aus den Erdölvorkommen während ihrer kurzen Besatzungsherrschaft jedoch nur 35.000 Tonnen nutzbar machen.[114]

Die Italiener waren am Devoli und in Pathos fündig geworden und hatten in beiden Revieren Bohrtürme errichtet. Das Ölfeld am Devoli wurde im September und Oktober 1943 von deutschen Truppen erobert und besetzt. Das noch weniger erschlossene Pathos blieb fast dauernd durch Partisanenangriffe gefährdet und wurde nicht in deutschen Betrieb genommen. Die Schwierigkeit bei der Nutzung der Ölfelder lag darin, dass die Italiener in Albanien lediglich das Rohöl gewonnen, es in einer Ölleitung nach Valona gedrückt und von dort mit Schiffen nach Bari versandt hatten, wo es raffiniert und destilliert wurde. Da der Seeweg für Deutschland verschlossen und eine Abfuhr des Rohöls über die Berge unmöglich war, blieb nur, die zur Aufarbeitung erforderlichen Anlagen aufzustellen. Die Errichtung der vier geplanten Anlagen gestaltete sich jedoch außerordentlich schwierig, weil alle schweren Einzelteile mühsam per LKW über die Bergpässe herantransportiert werden mussten. Trotzdem lief im Mai 1944 die erste Heckmannanlage an.[115]

Die Albanien Öl GmbH wurde offiziell am 17. Mai 1944 mit Sitz in Berlin und einem Stammkapital von 20.000 RM gegründet. Einzige Gesellschafterin war ab August 1944 die Konti. Den Beirat der neuen Tochtergesellschaft bildeten Blessing, Fischer und Brochhaus; Geschäftsführer waren Dihlmann und Dr. Fritz Draeger.[116]

111 Ludwig Bode war Geschäftsführer der Mineralöl GmbH Südost und später der Kontaktmann der Konti zum Geilenbergstab. Vgl. Fragebogen zum Verlobungs- und Heiratsgesuch des Rasse- und Siedlungshauptamtes der SS, in: BAB, R 9361-III, Nr. 16165; NSDAP-Karte, in: ebd., R 9361-IX KARTEI, Nr. 3400223; Konzerndaten zur Konti, in: ebd., R 176, Nr. 348; Postbesprechungs-Protokoll Nr. 41 vom 14.12.1944, in: ebd., Nr. 286.

112 Vgl. Konzerndaten zur Konti, in: ebd., Nr. 348.

113 Vgl. Kasmi, Besatzung, S. 53.

114 Vgl. Stamm, Besetzung, S. 114.

115 Vgl. Abschlußbericht.

116 Vgl. Konzerndaten zur Konti, in: BAB, R 176, Nr. 348. Fritz Draeger arbeitete als Kaufmann. Seit dem 1. August 1932 war er NSDAP-Mitglied. Vgl. NSDAP-Karte, in: ebd., R 9351-VIII KARTEI,

Im Sommer 1944 wurde aus politischen Gründen der rein militärische Betrieb von Devoli aufgegeben, und die Albanien Öl GmbH übernahm am 1. Juli 1944 die Ölfelder. Sie war damit auch für den vorgesehenen Einbau der Heckmannanlagen verantwortlich. Das Unternehmen führte den Betrieb zusammen mit einem verbliebenen Restkommando der Mineralölkompanie im Wesentlichen mit zivilen Kräften weiter. Unter Leitung von sieben deutschen Fachkräften arbeiteten Angestellte der Azienda Italiana Petroli Albania, der italienischen Betriebsgesellschaft von Devoli. Die Bauarbeiten wurden von italienischen »Hilfswilligen«-Formationen geleistet.

Das Rechtsverhältnis zwischen der Albanien Öl GmbH und dem albanischen Staat blieb in der Schwebe. Von deutscher Seite wurde Devoli als Beute betrachtet, da es mit Waffengewalt erobert worden war. Somit wäre es nach internationalem Recht entschädigungslos dem Sieger zugefallen. Unter Offenhaltung einer späteren zwischenstaatlichen Regelung wurde als Interimslösung die Zahlung einer Tonnenabgabe vereinbart.

Mitte Juli brannte die einzige in Betrieb genommene Heckmannanlage aus, doch trotz zweimaliger schwerer Fliegerangriffe konnte Mitte August die zweite Anlage in Betrieb genommen werden. Die dritte Anlage stand kurz vor der Fertigstellung, als am 17. Oktober 1944 Devoli geräumt werden musste. Bei der Räumung wurde das Ölfeld so nachhaltig zerstört, dass eine Wiederinbetriebnahme in eineinhalb bis zwei Jahren nicht möglich schien.[117]

Die verantwortliche technische und kaufmännische Leitung ging mit der Übergabe an die Albanien Öl GmbH von der bisherigen militärischen Werksleitung auf die Ölgesellschaft über. Die noch dort stationierten Teile des TBM und der angeschlossenen Bauabteilung Ölwerk Devoli arbeiteten als Einsatzkommando Ölwerk Devoli nach den fachlichen Weisungen der neuen Betriebsleitung bis zum Abmarschbefehl weiter.[118]

Die Übernahme des Ölwerks Devoli war mit Griebel und Oberstleutnant von Versen vom Feldwirtschaftsamt sowie Fischer vom Reichsministerium für Rüstung und Kriegsproduktion vereinbart worden. Vor Ort verblieben von der Mineralöl-Kompanie ein Offizier und 16 Mann, 50 »Hilfswillige« und die Kriegsgefangenen-Bauabteilung mit 519 Mann. Die Abmachungen traf Geschäftsführer Draeger ebenfalls mit dem Wehrwirtschaftsstab Südost. Die Belassung dieser Kräfte war ihm zufolge eine unabdingbare Voraussetzung für die Arbeit der Ölgesellschaft.[119]

Offensichtlich ging die Initiative zur Übernahme der albanischen Mineralölindustrie durch die Konti auf den Sonderbeauftragten für Wirtschaft und Finanzen bei der Deutschen Gesandtschaft in Belgrad, Neubacher, zurück, der sich im Früh-

Nr. 6830108 und ebd., R 9361-IX KARTEI, Nr. 6771060; Draeger, Bindungs- und Gliederungsverhältnisse.

117 Vgl. Abschlußbericht; Ritter, Neubacher, S. 187 f.

118 Vgl. Notiz für das KTB des 2. Technischen Bataillons Mineralöl (mot) 33 vom 2. 7. 1944, in: BA-MA, RW 46, Nr. 820.

119 Vgl. AV über Besprechung im Generalkonsulat, Abteilung Wirtschaft und Finanzen, am 1. 6. 1944, in: ebd.

jahr 1944 an das Unternehmen wandte. Den entsprechenden Auftrag bestätigte dann das Reichsministerium für Rüstung und Kriegsproduktion.[120]

Bereits im Februar/März 1944 hatte die Konti mit der albanischen Regierung über die Nutzung der dortigen Ölfelder verhandelt, die Albanien Öl GmbH sollte ihre Interessen vor Ort vertreten. Man mutmaßte, dass die Bohr- und Förderanlagen eine Kapazität von 400-500.000 Jahrestonnen hatten; die Italiener hatten 1943 nur 150.000 Tonnen gefördert.[121]

Anfang Mai 1944 ging Fischer auf Basis der ihm vorliegenden Berichte von einer vielversprechenden Entwicklung der albanischen Erdölproduktion aus: Mindestens die Deckung des Mineralölverbrauchs von Wehrmacht und Wirtschaft in diesem Gebiet könne in absehbarer Zeit gelingen. Die albanischen Betriebe müssten sich in Zukunft mehr auf Förderung und Verarbeitung beschränken. Diese Tätigkeit würde mit einem Minimum von deutschem Führungspersonal ausgeübt werden, die Mineralölkompanie sollte abgezogen und in Österreich oder Rumänien eingesetzt werden.[122]

Die von den Italienern zurückgelassenen Rohölbestände verarbeitete man zum Teil mit den Anlagen der AGIP. Da kein Vertrag mit der albanischen Regierung bestand, befürchtete die Konti, dass später von der italienischen Ölfirma Ansprüche geltend gemacht werden könnten. Man erbat also Freistellung von den Ansprüchen Dritter beim RWiM.[123] Das RFM erklärte sich einverstanden, es bestanden jedoch Bedenken, für den bereits eingetretenen Schaden eine Garantie zu geben. Die Konti beabsichtigte daher, die in der Zwischenzeit eingeführte Finanzhilfe bei Auslandsschäden in Anspruch zu nehmen.[124] Das RWiM bat das RFM um die Erteilung einer Verlustdeckungsgarantie in Höhe von 800.000 RM für von der Konti oder deren Tochtergesellschaft in Albanien eingesetzte Geräte und Apparate sowie um eine Freistellungserklärung wegen etwaiger Ansprüche der AGIP.[125]

Bis zur Räumung konnte die Albanien Öl GmbH zwei Destillationsanlagen aufbauen, von denen in Folge der alliierten Luftangriffe allerdings nur eine einsatzbereit war. Vom 1. Juli bis 15. Oktober 1944 wurden etwa 1.500 Tonnen Treibstoff produziert, jedoch praktisch kein Rohöl gefördert. Folglich konnte die Konti in Albanien keine Gewinne schreiben und hatte zudem den Verlust der Destillationsanlagen im Wert von 400.000 RM zu beklagen.[126]

120 Vgl. Schreiben Konti an RWiM, Römer, vom 26.9.1944, in: BAB, R 2, Nr. 30526, Bl. 48.
121 Vgl. Memorandum »Die Tätigkeit der Kontinentalen Öl Aktiengesellschaft in Albanien« vom 14.3.1946, in: ebd., R 176, Nr. 155.
122 Vgl. Schreiben Fischer, Rohstoffamt, an SA-Oberführer Gstoettenbauer beim Sonderbevollmächtigten des AA für den Südosten vom 2.5.1944, in: BA-MA, RW 46, Nr. 820.
123 Vgl. Schreiben Konti an RWiM, Römer, vom 28.9.1944, in: BAB, R 2, Nr. 30526, Bl. 48.
124 Vgl. Schreiben RFM, Berger, an das RWiM vom 20.2.1945, in: ebd., Nr. 30281.
125 Vgl. AV aus dem RFM, Berger, vom 20.2.1945, in: ebd. Auch in: ebd., Nr. 30526, Bl. 54.
126 Vgl. Memorandum »Die Tätigkeit der Kontinentalen Öl Aktiengesellschaft in Albanien« vom 14.3.1946, in: ebd., R 176, Nr. 155.

Im Mai 1946 fand eine GV der Albanien Öl GmbH statt, auf der beschlossen wurde, die bisherigen Geschäftsführer Walther Dihlmann und Dr. Fritz Draeger abzuberufen und den Kaufmann Walter Beiler aus Berlin zum neuen Geschäftsführer zu bestellen.[127]

Wie wenig bekannt die Episode der Albanien Öl AG lange Zeit war, verdeutlicht schlaglichtartig ein Aufsatz von 1986 aus dem Fachmagazin *Wissenschaftlicher Dienst Südosteuropa*, der sich mit den Reparationsforderungen Albaniens an die Bundesrepublik beschäftigte. Darin heißt es zu einem Aufsatz zweier albanischer Zeithistoriker: »Bei aller Ernsthaftigkeit des Themas nötigt eine Passage des Aufsatzes dem Leser freilich auch ein Schmunzeln ab. Anlaß dazu sind die Ausführungen über (das ›AA-Phänomen‹) Dr. Dräger, (den es in Wahrheit nie gegeben hat) von dessen tatsächlicher Existenz die beiden Autoren ausgehen.« Er sei genauso fiktiv gewesen wie die »Continental Oil« in Albanien.[128]

4.11 Die Süddeutsche Bau-Gesellschaft mbH

Am 18. Oktober 1944 wurde die Süddeutsche Bau-Gesellschaft mbH mit einem Kapital von 50.000 RM gegründet; davon übernahm die Konti 45.000 RM und Rechtsanwalt Arno Schulze-Brachmann 5.000 RM, die er am 16. Januar 1945 an die Konti abtrat. Der Gesellschafterbeschluss vom selben Tag sah eine Erhöhung des Stammkapitals auf eine Mio. RM vor. Gegenstand des Unternehmens war der Bau und Betrieb von Industrieanlagen.

In der Gründungsversammlung wurde der Berliner Rechtsanwalt Alfred Herriger zum Geschäftsführer bestimmt. Weiterer Geschäftsführer wurde am 16. März 1945 der Diplomingenieur Alfred Schiwy.[129] Am 16. Januar 1945 konstituierte sich der Beirat mit Blessing, Fischer und Karl Winkler, einem Prokuristen der Konti.

Die Tätigkeit der Südbau war in erster Linie auf die Errichtung und den Betrieb einer Mineralölraffinerie in Deggenau, Kreis Deggendorf, abgestellt. Die Deggenauer Industrieanlage war auf Weisung des Reichsamts für Wirtschaftsausbau im Rahmen der sogenannten Geilenberg-Aktion unter der Tarnbezeichnung »Taube I« als Ausweichraffinerie in Aussicht genommen, um Rückstände zu verarbeiten.

Mit der Erstellung der Deggenauer Anlage beauftragte der Reichskommissar für die Sofortmaßnahmen ursprünglich die Deutsche Bergwerks- und Hüttengesellschaft mbH (DBHG), die ihrerseits den Auftrag für die betriebsfertige Erstellung der Anlage an die Konti übertrug. Im Zuge der weiteren Entwicklung übernahm das Unternehmen die Errichtung und den Betrieb der Deggenauer Anlage unter gewissen Ein-

127 Vgl. GV Albanien Öl GmbH am 14.5.1946, in: ebd., Nr. 168.

128 Vgl. Tönnes, Reparationsforderungen, S. 172 (Zitat ebd.).

129 Alfred Schiwy war auch Prokurist der Konti.

schränkungen auf eigenes Risiko und rief als Rechtsträger hierfür im Oktober 1944 die Südbau ins Leben. Für die Finanzierung des Bauvorhabens war im wesentlichen Fremdkapital vorgesehen, und zwar ein reichsverbürgter Kredit von 10 Mio. RM, den die Deutsche Industriebank aufgrund ihrer Kreditzusage vom 20. Dezember 1944 gewährte und auf den sie an die Südbau im Jahr 1945 3,6 Mio. RM auszahlte. Weiter war ein Reichszuschuss von vorläufig 6,8 Mio. RM gemäß des zwischen der Rüstungskontor GmbH und der Südbau geschlossenen Vertrags vom 19. Februar 1945 zugesichert worden, der zur Deckung der kriegsbedingten Überteuerungskosten dienen sollte. Aufgrund dieser Zusage wurden an die Südbau fünf Mio. RM ausgezahlt. Verglichen mit diesen Fremdmitteln war die Eigenfinanzierung über das Stammkapital von einer Mio. RM unbedeutend.[130]

Die Südbau befürchtete Probleme bei der Übernahme der Crackanlage, wenn es zu dem von der DBHG vorgeschlagenen Vertrag käme. Die Konti hatte einen Vertrag mit einer französischen Firma geschlossen, der vorsah, die entnommene Anlage nach dem Krieg wieder in Frankreich aufzubauen. Wenn die DBHG die Anlage als Treuhänderin des Reichs übernähme, müsste die Konti eine Freistellungserklärung bekommen.[131]

Die Südbau errichtete auf Veranlassung des Deutschen Reichs die Anlage »Taube I« und verpflichtete sich, sie auf eigene Kosten fertigzustellen und in Betrieb zu nehmen.[132] Im Zusammenhang mit dem Bau besuchte ein Firmenvertreter zusammen mit Präsident Kehrl im Oktober 1944 die Ölschieferwerke in Württemberg. Zur selben Zeit gab es in Deggendorf logistische Probleme, woraufhin sich Blessing gesprächsbereit zeigte, den Versand der Südbau in deren Eigenverantwortung zu übertragen.[133] Die Anlage sollte im Eigentum der Konti bzw. der Südbau verbleiben.[134] Das Unternehmen kündigte – unter Hinweis darauf, dass sie den Bau des Projekts »Taube I« nicht für Rechnung des Reichs unter Einschaltung der DBHG als Bauherr durchführe –, die bisherigen Vertragsverhandlungen auf. Aus ihrer Sicht musste das Verhältnis neu geregelt werden, da die DBHG beauftragt worden sei, die einzelnen Projekte des Geilenberg-Programms zu betreuen.[135]

130 Vgl. Bericht DRT über Prüfung der Jahresabschlüsse zum 31.12.1944, 31.12.1945, 31.12.1946 und 31.12.1947 bei der Süddeutschen Bau GmbH, S. 3ff., in: BAB, R 176, Nr. 53; Konzerndaten zur Konti, in: ebd., Nr. 348; Mineralöl-Sicherungsplan, Stand: 1.8.1944, in: ebd., R 3112, Nr. 128. Offensichtlich war auch eine – nicht realisierte – Verlagerung der Raffinerie Trzebinia unter dem Decknamen »Dachs V« geplant. Vgl. Mineralöl-Sicherungsplan. Stand 15.9.1944, in: ebd., R 3, Nr. 1873, Bl. 39-51, hier Bl. 43.

131 Vgl. Schreiben Süddeutsche Bau GmbH an DBHG vom 18.10.1944, in: ebd., R 121, Nr. 1735.

132 Vgl. Vertrag zwischen Rüstungskontor GmbH und Süddeutsche Bau GmbH, o. Dat. (1945), in: ebd.

133 Vgl. Postbesprechungs-Protokoll Nr. 38 vom 9.11.1944, in: ebd., R 176, Nr. 286.

134 Vgl. AN aus der DBHG vom 23.11.1944, in: ebd., R 121, Nr. 1735.

135 Vgl. Schreiben Süddeutsche Bau GmbH an DBHG vom 1.12.1944, in: ebd.

Das Reich sicherte einen Zuschuss für die Mehrkosten von »Taube I« ebenso zu wie die Kriegsrisikoklausel, der zufolge es eine Reichsbürgschaft für ein Industriebankdarlehen übernehmen und nach Kriegsende die möglichen Verlegungskosten tragen werde.[136]

Die DBHG wies die Südbau Ende Januar 1945 noch einmal auf ihre Aufgaben hin: Aufbau der vollständigen Produktionsanlage auf der von der OT zu errichtenden Fertigungsstätte »Taube I«, unter Verwendung der bereits in ihrem Besitz befindlichen Apparaturen, sowie die betriebsfertige Erstellung des gesamten apparativen Teils einschließlich Montage und Inbetriebsetzung.[137]

136 Vgl. Niederschrift über Besprechung am 12.12.1944 vom 18.12.1944, in: ebd.
137 Vgl. Schreiben DBHG an Süddeutsche Bau GmbH vom 29.1.1945, in: ebd.

5 Die wichtigsten Einsatzgebiete

5.1 Die Karpathen Öl AG in Galizien

Die Rahmenbedingungen

Bereits im Ersten Weltkrieg waren die galizischen Ölgebiete für die Deutschen von großem Interesse. Sie fielen gleich im September 1914 in russische Hand und wurden zwar im Mai 1915 zurückerobert, aber Vorräte und Anlagen waren größtenteils zerstört. Es gelang der galizischen Ölindustrie, die Lieferungen 1916 wieder auf 552.000 Tonnen zu erhöhen. Diese Ausfuhrmenge konnte aber nicht gehalten werden und fiel auf 404.000 Tonnen (1917) bzw. auf sogar nur 195.000 Tonnen (1918) zurück.[1]

Polen verfügte über bedeutende Erdölvorkommen in Wolhynien und Polesien sowie am Nordrand der Beskiden. Die größten Vorkommen gab es im Gebiet Drohobycz-Boryslaw, hier befanden sich auch wichtige Raffineriekapazitäten, unter anderem die vier großen Raffinerien des von französischem Kapital kontrollierten Konzerns Małopolska, auf die 1938 36 Prozent der polnischen Gesamtproduktion entfielen.[2]

Allerdings war die polnische Erdölförderung zwischen 1935 und 1938 deutlich zurückgegangen, was dem Bestreben, neue Erdöl- und Erdgasvorkommen zu finden, großes Gewicht verlieh. Es wurden enorme Summen für längst überfällige Aktivitäten wie Erkundungsbohrungen, geologische Untersuchungen etc. bereitgestellt, die vom beherrschenden französischen Kapital versäumt worden waren.[3] Das österreichische Kapital, das vor dem Ersten Weltkrieg die polnische Erdölindustrie dominierte, war in der Zwischenkriegszeit fast völlig verdrängt worden. Nur sieben Unternehmen spielten eine entscheidende Rolle: Małopolska (als bei Weitem größtes) sowie Galicja, Limanowa, Vacuum Oil Company, Standard Nobel, Polmin und Gazy Ziemne,[4] die sich in den Händen vieler, häufig miteinander verflochtener Aktiengesellschaften befanden. Größte Eigner waren dabei die Société Française Industrielle et Commerciale des Petroles und die Société Française des Petroles de Solva Plana.

Fast drei Viertel der Erdölproduktion von 507.000 Tonnen im Jahr 1938 entfielen auf Gebiete, die 1939 unter sowjetischer Kontrolle stehen sollten. Als die Deutschen 1939 das Generalgouvernement (GG) errichteten, bildete sich ein Konsortium, bestehend aus der DEA, ihrer Tochtergesellschaft DPAG, der Wintershall AG, der Ge-

1 Vgl. Förster, Geschichte, S. 106 f.

2 Vgl. Polen – ein Erdölüberschußland, in: Brabag-Mitteilungen, Nr. 50 vom 5.10.1939, S. 1-3 (ursprünglich in: Frankfurter Handelsblatt, Nr. 472/473 vom 16.9.1939), zit. nach: BGR, Nr. 0076319.

3 Vgl. Majewski, Poszukiwania, hier S. 151 ff.

4 Vgl. Bonusiak, Entstehung, S. 180.

werkschaft Elwerath und der Preussag, das die Beskiden-Erdöl-Gewinnungs-GmbH (Gewi) und die Beskiden-Erdöl-Verarbeitungs-GmbH (Vera) zur Übernahme der Erdölförderung und Raffination in Westgalizien gründete. Der Tätigkeitsbereich weitete sich 1941 auf Ostgalizien aus.[5]

Bereits vor Kriegsbeginn, Ende Juni 1939, verkündete Karl Kimmich, Vorstandsmitglied der Deutschen Bank und AR-Vorsitzender der DEA, auf deren HV die Ziele der deutschen Erdölindustrie: »Große Perspektiven durch Öffnung der Tür nach dem Osten. Heran an die natürlichen Vorkommen.«[6]

Die Besetzung Polens

Am 26. August 1939 bestellte Ernst Rudolf Fischer Alfred Bentz zum Beauftragten für die Förderung der Erdölgewinnung im Mobilisierungsfall; zur gleichen Zeit wurde eine Erdölkommission Galizien (»Polen-Kommission«) gebildet. Sie bestand aus zehn Erdöl- und Raffineriefachleuten und begleitete als zivile Einheit den Vormarsch der Wehrmacht. Bereits in der ersten Septemberwoche waren Gebirgsjägereinheiten der 14. Armee vom nördlichen Teil der Slowakei aus vorgedrungen und hatten die Erdölfelder im Raum von Jaslo und kurz darauf um Drohobycz besetzt. Infolge des unerwartet schnellen Vormarschs der deutschen Truppen unterblieben größere Zerstörungen. Am 15. September begannen die Geologen der Kommission mit der wissenschaftlichen Aufnahme der Felder.[7]

Die Erdölkommission stand unter Führung von Rittmeister Erich Will[8], einem Vorstandsmitglied der Gewerkschaft Elwerath. Die Arbeit der Männer gestaltete sich aus deutscher Sicht überaus zufriedenstellend. Nach der Instandsetzung der bestehenden Förderanlagen wurden neue Bohrungen durchgeführt. Bis 1940, als die Felder an die Beskiden-Gesellschaften übergeben wurden, konnten sie die Fördermengen im Vergleich zur unmittelbaren Vorkriegszeit steigern.

5 Vgl. Memorandum »German Business Penetration under the ›New Order‹ (with particular reference to South East Europe)« vom Foreign Office, Economic Intelligence Department vom 19.6.1945, S. 28, in: NAK, FO 371, Nr. 46870.

6 Zit. nach: Radandt, Monopole, S. 301.

7 Vgl. Kockel, Geologie und Krieg, S. 39; Kasper, Erdölgewinnung, S. 80 (Zitat ebd.); Memorandum »Kriegswirtschaftliche Ausnutzung Polens«, Anlage 2: Die Erdölwirtschaft im Generalgouvernement vom 2.9.1940, in: BA-MA, RW 19, Nr. 5902, Bl. 7-13, hier Bl. 10.

8 Erich Will wurde am 17. Oktober 1939 aufgrund seiner fachlichen Expertise in das westgalizische Erdölgebiet kommandiert und am 14. Dezember 1939 zum kommissarischen Verwalter für die Erdölindustrie im GG ernannt. Am 27. Juni 1940 wurde er zum Sonderbevollmächtigten für die Erdölwirtschaft im GG bestellt. Im Herbst 1941 wurde Will zum MKK versetzt und leitete dort als Major den Stab der TBM. Er kam am 9. August 1942 bei einem Flugzeugabsturz in Berdjansk ums Leben. Vgl. Dr. Ing. Erich Will gefallen. Verdienste um die Erdölwirtschaft des GG, in: Warschauer Zeitung, Nr. 193 vom 16.8.1942, S. 11; Hofmann/Will, Bildung; AN von Gusovius vom 10.8.1942, in: BA-MA, RW 19, Nr. 768, Bl. 60f.

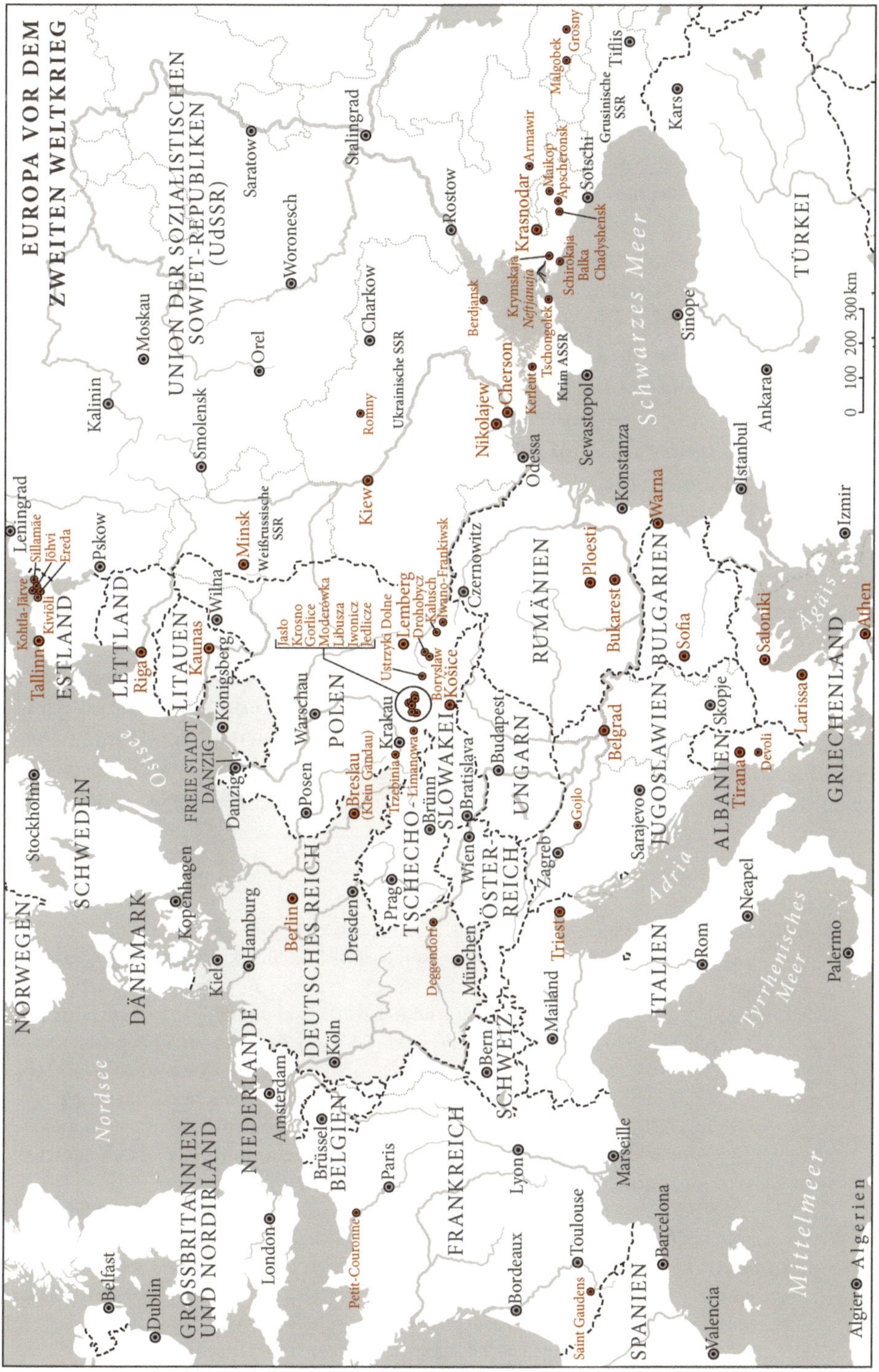

Abb. 2: Karte der Tätigkeitsorte in Europa

Mit der Errichtung des GG am 16. Oktober 1939 wurde eine kommissarische Verwaltung über die Erdölvorkommen und die Verarbeitungsbetriebe gebildet, die diese Anlagen auf die Kriegsbedürfnisse auszurichten hatte. Mit der Durchführung dieser Maßnahmen wurden Heinrich Schmidt, AR-Vorsitzender der Wintershall AG, Heinrich Lindenberg von der Brabag und Erich Will betraut.[9]

Nach dem sowjetischen Einmarsch in Polen strebte Stalin an, die sogenannte Curzon-Linie als neue Grenze festzulegen. Am 28. September unterzeichnete Ribbentrop in Moskau die deutsch-sowjetische Grenzvereinbarung, die diesem Wunsch Stalins entsprach. In einem geheimen Zusatzprotokoll wurde fixiert, dass auch die ölreichen Gebiete um Drohobycz und Boryslaw im ukrainischen Galizien der Sowjetunion zugeschlagen wurden. Im Lauf der Verhandlungen hatte Ribbentrop zwar versucht, diese Region für Deutschland zu sichern, aber Stalin gab nicht nach. Er war bereit, als Kompensation Öl in Höhe der dortigen Gesamtjahresproduktion an Deutschland zu liefern, aber das Territorium würde er nicht abtreten.[10]

Doch allein die westgalizischen Erdölquellen bedeuteten für Deutschland bereits eine spürbare Entlastung in der Erdölversorgung, auch wenn in diesem Gebiet in den letzten beiden Vorkriegsjahren nur etwa 500.000 Tonnen Rohöl jährlich gefördert worden waren, was lediglich sechs Prozent der europäischen Erdölförderung entsprach. Bezogen auf die Weltproduktion handelte es sich sogar um weniger als 0,2 Prozent.[11]

Die polnische Erdölwirtschaft bildete ein ständiges Diskussionsthema in der Regierung des GG. Im Januar 1940 verabschiedete sie eine Verordnung zur Einführung eines Erdölmonopols, nach der das gesamte geförderte Mineralöl der Monopolverwaltung anzubieten war, die es dann an die neu gegründete Monopolvertriebsgesellschaft für Mineralöl mbH zur Verteilung an Raffinerien und Handel weiterleitete.[12]

9 Vgl. Kasper, Erdölgewinnung, S. 81 f.; Radandt, Monopole, S. 303 f.; Goralski/Freeburg, Oil, S. 27 f. und 32.

10 Vgl. Weber, Pakt, S. 93; Plokhy, Frontlinie, S. 207; Napuch, Sowjetunion, S. 30 f.

11 Vgl. Stärkung der deutschen Erdölversorgung, in: Brabag-Mitteilungen, Nr. 50 vom 5. 10. 1939, S. 3 f. (ursprünglich in: Frankfurter Zeitung, Nr. 472/473 vom 16. 9. 1939), zit. nach: BGR, Nr. 0076319; Hill, Trends, S. 10. Tatsächlich sind die Zahlen zur Erdölförderung nicht immer einheitlich. Nach Angaben des VJP wurden 1937 500.000 Tonnen produziert, 1938 506.000, 1939 493.000, 1940 476.000, 1941 401.000 und 1942 379.000 Tonnen; für 1943 waren 406.000 Tonnen geplant. Vgl. Erdölförderung und Bohrmeterleistung im Generalgouvernement seit 1937, o. Dat. (1943), in: RGVA, 700-1-9, Bl. 41. Die geplante Jahresproduktion von etwa 400.000 Tonnen für 1943 wurde offensichtlich auch erreicht. Vgl. Gouverneur- und Hauptabteilungsleitersitzung am 16. 2. 1944, in: Präg/Jacobmeyer (Hg.), Diensttagebuch, S. 805.

12 Vgl. Diensttagebuch vom 8. 1. 1940, in: ebd., S. 83; Diensttagebuch vom 20. 1. 1940, in: ebd., S. 98 (Anm. 7); Mineralölmonopol im Generalgouvernement Polen, in: Brabag-Mitteilungen, Nr. 55 vom 7. 3. 1940, S. 1 f. (ursprünglich in: Chemische Industrie, Nr. 7 vom 16. 2. 1940), zit. nach: BGR, Nr. 0076316. Siehe: Verordnung über die Einführung eines Mineralölmonopols vom 20. 1. 1940, in: Verordnungsblatt für das Generalgouvernement 1940, I, S. 19 f. und Verordnung über die Beschlagnahme von Einrichtungen und Gegenständen der Mineralölwirtschaft im GG vom

Der Sonderbevollmächtigte/ Generaltreuhänder für die polnische Erdölwirtschaft

Im Rahmen der Überleitung der Militärgewalt auf die Zivildienststellen wurde gemäß Verordnung des Oberbefehlshabers Ost vom 29. September 1939 ein kommissarischer Verwalter für die Erdölindustrie in den besetzten, ehemals polnischen Gebieten ernannt. Diesen Posten übernahm zunächst Heinrich Schmidt. Damit fand die Tätigkeit der Erdölkommission ihren Abschluss. Für die Überleitung des Aufgabengebiets auf den kommissarischen Verwalter wurde gemeinsam von OKW und RWiM Erich Will beauftragt, der anschließend vom kommissarischen Verwalter zu dessen Vertreter in der Regierung des GG ernannt wurde.

Über die treuhänderische Verwaltung hinaus wollte die Regierung des GG jedoch auch direkten Einfluss auf die Neustrukturierung der Erdölindustrie nehmen und setzte zu diesem Zweck Mitte 1940 Will als Sonderbevollmächtigten für die Erdölindustrie im GG ein. Dessen Nachfolger war ab Sommer 1943 Walther Birnbaum.[13] Ab Frühjahr 1944 wurde dieses Kontrollorgan in Generaltreuhänder für die Erdölwirtschaft umbenannt. Um die Erdölproduktion den Kriegsbedürfnissen anzupassen, wurde Mitte Oktober 1939 zusätzlich ein Sonderbeauftragter der DRT, Werner Schwaß[14], in das Erdölgebiet entsandt.

23.1.1940, in: ebd., S. 21 f. Im März 1941 verhandelte die Regierung des GG dann über die Schaffung eines »Mineralöl-Vollmonopols«. Vgl. Diensttagebuch vom 24.3.1941, in: Präg/Jacobmeyer (Hg.), Diensttagebuch, S. 335. Später dehnte man die Regelung auf die deutsche Einfuhr von Mineralerzeugnissen aus dem GG aus, die laut eines Runderlasses des Reichsministers der Finanzen vom 15. April 1943 ausschließlich durch die Mineralöl-Einfuhr-Gesellschaft GmbH, Berlin, erfolgen durfte. Vgl. Notizen.

13 Walther Birnbaum gelangte im Dezember 1942 über die RüIn Krakau zur HA Wirtschaft in der Regierung des GG und war für die Bearbeitung bergrechtlicher und bergwirtschaftlicher Fragen zuständig. Im Sommer 1943 übertrug ihm Emmerich die Aufgabe, die rechtlichen und organisatorischen Grundlagen der Erdöl- und Erdgasindustrie in Galizien neu zu ordnen. Birnbaum wurde in den Waldheim-Prozessen zu 25 Jahren Zuchthaus wegen Ausplünderung der polnischen Erdölindustrie und Demontage von Betriebsanlagen verurteilt. Nach seiner Haftentlassung am 31. Dezember 1955 arbeitete er wieder als Prokurist bei der Salzdetfurth AG in Hannover. Vgl. Birnbaum, Rechtsprechung; Walther Birnbaum, Hannover; Walther Birnbaum, Krakau – Waldheim – Brandenburg, 1943-1956. Briefe, Dokumente, Bericht. A Vorkapitel vom Herbst 1981 (II. Ergänzender Bericht: Einordnung des »Tatbestandes« bis 1945 in den geschichtlichen und persönlichen Zusammenhang), in: BABay, OSTDOK 13, Nr. 406, Bl. 29-40, hier Bl. 31.

14 Werner Schwaß leitete die Unterabteilung Mineralölwirtschaft in der Regierung des Generalgouvernements. Nach 1945 war er unter anderem Gesellschafter-Geschäftsführer der Bergin-Gruppe Essen/Beckum. Vgl. Familienanzeigen, in: Frankfurter Allgemeine Zeitung, 11.8.1990, S. 25; Personalien, in: Die Welt, Nr. 245 vom 21.10.1986; NSDAP-Karte, in: BAB, R 9361-IX KARTEI, Nr. 40800851; Niederschrift einer Tonbandaufnahme zur Dokumentation der Erdölwirtschaft in Galizien, Gespräch zwischen Dr. Walther Birnbaum und Dr. Hopf vom Bundesarchiv vom 1.8.1961, in: BABay, OSTDOK 13, Nr. 404, Bl. 7-21, hier Bl. 7.

Die konkrete Aufbauarbeit und die Geschäftsführung der Betriebe übernahmen die in der Zwischenzeit gegründeten Beskiden-Gesellschaften. Demzufolge erstreckte sich die Hauptarbeit des kommissarischen Verwalters auf die Erfassung der Betriebsvermögen und die Überlassung dieses Vermögens zur Nutzung an die beiden Gesellschaften.[15] Dabei wurde der jüdische Besitz als »herrenlos« eingezogen und der erhebliche französische Kapitalanteil sequestriert. Bestehen blieb vorerst nur der US-amerikanische Anteil an der Małopolska.[16]

Am 14. Dezember 1939 erließ die Regierung des GG bergrechtliche Verordnungen, welche die Gewinnungsrechte der Grundeigentümer zugunsten des Generalgouverneurs beschlagnahmten. Am 20. Januar 1940 wurde das erwähnte Mineralölmonopol errichtet und am 10. August 1940 erfolgte eine Verordnung über das Bergwesen in den eingegliederten Ostgebieten, die dem Deutschen Reich das Regal über alle Bodenschätze des GG einräumte.[17]

Die erste Aufgabe Birnbaums bestand 1943 in der Reform des polnischen Berggesetzes von 1932, denn eine den kriegswirtschaftlichen Erfordernissen entsprechende Ausbeutung der Lagerstätten bedingte nach seiner Ansicht eine einfache, klare und übersichtliche Gestaltung des Bergrechts. Diesem Ziel sollte dann die »Verordnung über das Bergrecht im Generalgouvernement (Bergordnung)« vom 30. März 1944 dienen.[18]

Die westgalizische Erdölindustrie

Anders als bei der sonst üblichen »Trümmerhaufen-Politik«, die bei der Wirtschaft des GG betrieben wurde, herrschte im Fall der Erdölwirtschaft von vornherein große Klarheit, dass sie zugunsten der deutschen Kriegswirtschaft auszunutzen war. Das RWiM war nicht gewillt, der Zivilverwaltung des GG die Verfügungsgewalt über die westgalizische Erdölindustrie allein zu überlassen, und forcierte deshalb die Gründung der Beskiden-Gesellschaften, die am 1. November 1939 die Arbeit aufnahmen. Sie zogen bis Oktober 1942 keinen Gewinn aus ihrer Tätigkeit, da sie auf Basis eines Betriebsführervertrags agierten. Dieser sicherte ihnen lediglich eine sechsprozentige Verzinsung des eingezahlten Stammkapitals zu, weshalb ein kurzfristiges Gewinnstreben

15 Vgl. Karlsch, Großunternehmen, hier S. 100 f. und 103; Bericht der DRT über die durchgeführten Sonderprüfungen bei der in deutsche Verwaltung übernommenen westgalizischen Erdölindustrie vom 21. 8. 1940, in: NAW, T 84B, Roll 142, Bl. 1445561-1445615, hier Bl. 1445581 f.

16 Vgl. Eichholtz, Ölpolitik, S. 374 f.; Kasper, Ausplünderung, S. 45.

17 Vgl. ebd., S. 46 f.; Gewinnungsrechte an Erdölen beschlagnahmt, in: Warschauer Zeitung, Nr. 8 vom 11. 1. 1940, zit. nach: BAB, NS 5-VI, Nr. 31597.

18 Vgl. Memorandum »Die Schaffung des Bergrechtes im Generalgouvernement« des Generaltreuhänders für die Erdölwirtschaft im GG, Walther Birnbaum, vom 5. 3. 1962, in: BABay, OST-DOK 13, Nr. 403, Bl. 1 f., hier Bl. 1; Neues Bergrecht im Generalgouvernement, Vortrag gehalten am 31. Mai 1944 (Fotokopie eines Abdrucks aus: Oel und Kohle, Nr. 29/30 vom 1. 8. 1944), in: ebd., Bl. 4-10, hier Bl. 4.

für ihre Tätigkeit ausgeschlossen werden kann. Wichtiger war offenbar die strategische Option auf weitere Erdölreserven. Moralische Bedenken gegen die Übernahme von fremdem Eigentum gab es bei den beteiligten Firmen augenscheinlich keine.[19]

Die Beskiden-Gesellschaften

Die Gewi wurde am 20. Oktober 1939 gegründet. Das Stammkapital betrug 250.000 RM und teilte sich wie folgt auf: DPAG 50.000 RM, Gewerkschaft Elwerath 50.000 RM, Preussag 50.000 RM, Wintershall AG 50.000 RM und HGW 50.000 RM. Zum ersten Geschäftsführer wurde Hugo Griebel von der DEA bestimmt. Weiterer Geschäftsführer wurde Hans Schönemann (Wintershall), ab Juli 1941 Hermann Malz (Preussag).

Das Stammkapital der am selben Tag gegründeten Vera betrug 250.000 RM und teilte sich auf folgende Firmen auf: DPAG, Wintershall AG und Deutsche Gasolin AG je 50.000 RM und Nerag 100.000 RM. Der erste Geschäftsführer war ebenfalls Hugo Griebel, die weiteren Hermann Petri (Benzol-Verband) und Curt Glöckner (Małopolska). An der Spitze des AR der Gesellschaften stand Karl Große[20], Vorstandsmitglied der DEA und Leiter der Fachgruppe Erdölgewinnung.[21]

An beiden Gesellschaften, der Gewi und der Vera, war die Wintershall AG mit je 20 Prozent beteiligt. Da der Konzern ebenfalls seit Beginn der 1930er Jahre rund ein Drittel der Gewerkschaft Elwerath hielt, die neben der Preussag und DEA ebenfalls das Kapital der Gewi pari zeichnete, verfügte sie also über eine weitere Unterbeteiligung und sicherte sich einen besonders starken Einfluss auf die Fördergesellschaft. Konsequenterweise lag die technische Leitung in Händen des Bergwerkdirektors Wilhelm Zentgraf von der Wintershall AG.[22]

Der Technische Geschäftsführer der Gewi war der Bergassessor a. D. Wilhelm Fabian (Wintershall), die kaufmännische Leitung übernahm bis Mitte 1941 Schönemann, ihm folgte Malz. Die Leitung der Vera hatten Glöckner und Petri inne, im engeren Arbeitsausschuss saßen Bergrat Erich Franke (Preussag), Zentgraf und Große. Die Muttergesellschaften der Gewi und Vera stellten aus ihren Betrieben und Verwaltungen den ersten Stamm an technischen und kaufmännischen Angestellten. Bis Ende Dezember 1939 waren in allen Bohrbetrieben deutsche Bohrmeister aus dem

19 Vgl. Karlsch, Großunternehmen, S. 136 f.; Kasper, Ausplünderung, S. 43; Bericht der DRT über die durchgeführten Sonderprüfungen bei der in deutsche Verwaltung übernommenen westgalizischen Erdölindustrie vom 21. 8. 1940, in: NAW, T 84B, Roll 142, Bl. 1445561-1445615, hier Bl. 1445613.

20 Näheres zu seiner Vita in den Kurzbiographien.

21 Vgl. Nr. 343 der Urkundenrolle für das Jahr 1939 vom 20. 10. 1939, in: DEA-Archiv, D-RW, Nr. 359; Nr. 344 der Urkundenrolle für das Jahr 1939 vom 20. 10. 1939, in: ebd.; Bericht der Gerichtsassessoren Henk und Höschler über die Dienstreise vom 10.-28. April 1967 nach Berkhöpen, in: BAL, B 162, Nr. 3740, Bl. 2-12, hier Bl. 3; Karlsch, Großunternehmen, S. 103 f.; Vermischtes 24/1939; Stokes, Siegeszug, S. 527.

22 Vgl. Köhler, Opportunismus, S. 149.

Reich eingesetzt worden. Auch Fachleute aus Erdölbetrieben mittlerer Größe wurden herangezogen: So leiteten die Direktoren der Internationalen Tiefbohr AG, Gustav und August von Rautenkranz, die Betriebsteile Gorlice und Krosno.[23]

Außerhalb der privatwirtschaftlichen Beteiligungsverhältnisse stehend, erhielten die Beskiden-Gesellschaften eine spezielle firmenrechtliche Struktur. In ihrem Gesellschaftsvertrag wurde ausdrücklich festgehalten, dass der Geschäftsbetrieb nicht gewinnorientiert ausgerichtet sein durfte, sondern auf das gemeinsame volkswirtschaftliche Ziel fokussiert: die Ölvorkommen für das Deutsche Reich nutzbar zu machen. Flankiert wurde die Satzung durch einen sogenannten Betriebsführungsvertrag mit Treuhandverwaltung. Die Erdölgewinnung und -verarbeitung erfolgte laut diesem Vertrag ausschließlich auf Rechnung des Generaltreuhänders für die Erdölwirtschaft.[24]

Ein aus dem IG-Farben-Umfeld stammender Experte kritisierte in seinem Bericht über den Besuch der galizischen Erdölindustrie vom Juni/Juli 1942 die Zweiteilung der Aufgaben in Gewinnung und Verarbeitung. Sie werde allerdings durch die Neuorganisation wieder aufgehoben, die den gesamten Erdölkomplex Galizien in einer Tochtergesellschaft der Konti vereinige, die das Gebiet dann auch in Eigentum erwerben könne.[25]

Laut einem – zweifellos beschönigenden – Nachkriegsbericht der Beskiden-Gesellschaften über ihre Tätigkeit hatten die beteiligten deutschen Erdölgesellschaften die Aufgaben nur sehr widerstrebend übernommen, als sie von den Reichsministerien immer nachdrücklicher dazu aufgefordert worden seien. Sicher ist, dass sie sich zumindest personell umso intensiver beteiligt hatten, wie schon ein Blick auf die Zusammensetzung der Aufsichtsräte der beiden Gesellschaften zeigt.[26]

Die rege Beteiligung der deutschen Erdölindustrie bzw. ihrer Mitarbeiter kommt auf schwungvolle Weise im »Beskidenlied« zum Ausdruck:

»Hinter den Geschützen
kamen wir
in's Beskidenland, in's Beskidenland,
Uniform und Litzen
sind uns unbekannt!
In Gemeinschaft werken wir hier im Land.«[27]

23 Vgl. Kasper, Ausplünderung, S. 48 f.; Wintershall-Chronik (Ms. vom Februar 1981), S. 369 f., in: DEA-Archiv.

24 Vgl. Köhler, Opportunismus, S. 149 f.

25 Vgl. Reisebericht über den Besuch der galizischen Erdölindustrie in der Zeit vom 30.6.-4.7.1942 vom 13.7.1942, S. 1 f., in: StaN, KV-Anklage, Dok. Fotokopien, NI-14577.

26 Vgl. Berichtsentwurf Tätigkeit der Beskiden Erdölgewinnungs-Gesellschaft mbH, der Beskiden Erdölverarbeitungs-Gesellschaft mbH und der Karpathen Öl AG in Polen vom 28.6.1945, S. 1 f., in: DEA-Archiv, 43-13, Nr. 19.

27 Beskidenlied!, in: BGR, Nr. 0136068.

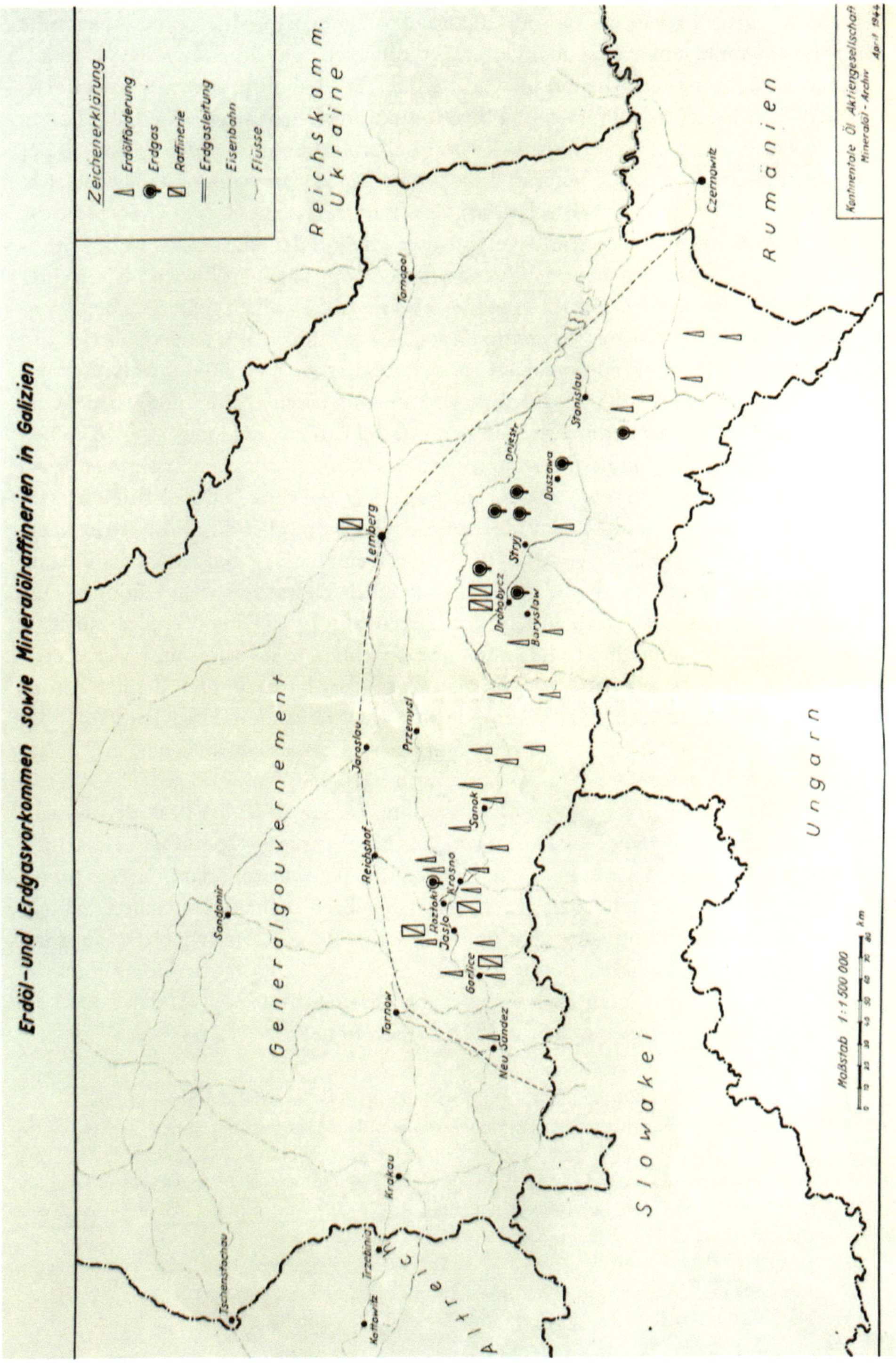

Abb. 3: Erdöl- und Erdgasvorkommen sowie Mineralölraffinerien in Galizien

Im Vordergrund stand die Notwendigkeit, den Unternehmen, die mit Ausnahme ihres geringen Eigenkapitals über keine Liquidität verfügten, umfangreiche Erweiterungs- und Aufschlussarbeiten im Rahmen des Reichsbohrprogramms zu ermöglichen, die wiederum Voraussetzung für Produktionssteigerungen waren. Zu diesem Zweck wurde das Umlaufvermögen der polnischen Erdölindustrie den Beskiden-Gesellschaften kreditweise übereignet. Eine zweite Zielsetzung von Walter Emmerich, Präsident des Hauptamts Wirtschaft im Generalgouvernement, und Große war die endgültige Neuregelung der Besitzverhältnisse im Sinn der angestrebten Konzentration, also der Zusammenfassung der zersplitterten polnischen Erdölwirtschaft in einer Gesellschaft, die auch das Eigentum der Vorbesitzer übernehmen sollte. Die Beskiden-Gesellschaften hatten daher vornehmlich solche Investitionen zu tätigen, die sich mit späteren ausländischen Forderungen verrechnen ließen. So sollten die als »herrenlos« eingezogenen oder der Treuhandverwaltung unterstellten jüdischen Vermögenswerte und Betriebe der Erdölwirtschaft zur Entschädigung von 34 meist französischen Aktiengesellschaften mit herangezogen werden. An einen schnellen Erwerb der französisch-polnischen Unternehmen, darunter an erster Stelle des Małopolska-Konzerns, war jedoch nicht zu denken. Um Eigentum an der polnischen Erdölindustrie zu erwerben und sich von den Beschränkungen der treuhänderischen Geschäftsführung zu befreien, richtete sich die Aufmerksamkeit der Erdölgesellschaften schon vor Hitlers Entschluss zum »Unternehmen Barbarossa« auf Ostgalizien. Keppler war über die dortigen Vorgänge durch die laufenden Berichte des SD informiert, der bereits Ende Mai 1940 angeregt hatte, das ostgalizische Revier bevorzugt mit Ersatzteilen zu beliefern und deren sachgemäße Verwendung unauffällig zu überwachen. Offenbar sollten damit nicht nur die sowjetischen Subsidien sichergestellt, sondern bereits Vorbereitungen für den späteren deutschen Einmarsch getroffen werden.[28]

In der Auseinandersetzung um die Aufteilung der Gewinne der Beskiden-Gesellschaften bekräftigte Generalgouverneur Hans Frank Anfang Dezember 1939 seinen Standpunkt, dass sie zu einem Teil dem GG zufließen müssten, damit dieses finanzielle Selbstständigkeit erreichen könne. Göring plädierte dafür, dem GG die Erhebung von Steuern, Zöllen und sonstigen Abgaben zu überlassen, was auch die Gewinne der Beskiden-Gesellschaften betraf.[29] Bereits zwei Wochen nach dem Überfall auf die Sowjetunion besprach man in der Regierung des GG die »Tätigkeit der Beskiden-Erdölgesellschaften in den neu eroberten Ostgebieten«.[30]

28 Vgl. Sandkühler, Endlösung, S. 293 f. In dem Bericht, den der Chef der Sipo und des SD an Keppler schickte, informierte der Autor, der lange in leitender Position in der Erdölraffinerie »Galicja« in Drohobycz gearbeitet hatte, über die Situation im ostgalizischen Erdölgebiet. Das konstatierte Herunterwirtschaften der Anlagen nach dem Einmarsch der Sowjets erforderte aus seiner Sicht ein rasches Eingreifen. Vgl. Schreiben Chef der Sipo und des SD an Keppler vom 20.5.1940, S. 15, in: BGR, Nr. 0049339.

29 Vgl. Konferenz bei Göring am 4.12.1939, in: Präg/Jacobmeyer (Hg.), Diensttagebuch des deutschen Generalgouverneurs in Polen 1939-1945, Stuttgart 1975, S. 74-77, hier S. 76.

30 Vgl. Diensttagebuch vom 5.7.1941, in: ebd., S. 385; Biehl, Grundlagen, S. 286.

Die ostgalizische Erdölindustrie

Die Erdöl- und Erdgasfelder galten als größter Reichtum Ostgaliziens. Den Rückgang der Förderung in den 1930er Jahren führte man von deutscher Seite nicht auf eine Erschöpfung der dortigen Ölvorkommen zurück, sondern auf die politisch-wirtschaftlichen Verhältnisse im Land. Insgesamt war man sich der größeren Bedeutung der ostgalizischen Erdölgebiete gegenüber den westgalizischen bewusst. Drohobycz hatte – bei in der Tendenz sinkenden Erträgen – vor dem Krieg 70 Prozent der gesamtpolnischen Förderung ausgemacht, Stanislau (Iwano-Frankiwsk) weitere zehn Prozent.[31]

In der deutschen Presse sah man die Ursachen für den Rückgang der ostgalizischen Erdölproduktion vor allem in veralteter Technik und mangelnder Bohrtätigkeit. Für deutsche Unternehmen ergebe sich dort in der Modernisierung und Rationalisierung und der Ausschaltung aller »polnischen Betriebe« eine große Zukunftsaufgabe.[32]

Ein Mineralölkommando des WiStabOst – besetzt mit Fachleuten der Konti, der VJP-Behörde und des RWiM – wurde für Ostgalizien (Mineralölkommando Süd) am 3. Juni 1941 gebildet, es bestand aus 50 Offizieren und Fachkräften, zwei technischen Kompanien und einem Untersuchungstrupp. Das ostgalizische Revier wurde von Einheiten der 17. Armee besetzt. Am 30. Juni folgte das Mineralölkommando der 444. Infanteriedivision über Przemyśl nach Chyrów. Gleichzeitig erkundeten Abteilungen des Kommandos die unmittelbar östlich des San liegenden Erdölgebiete und besetzten diese. Am 1. Juli fuhr Will mit einer Erkundungsstaffel nach Drohobycz hinein, in der Nacht zuvor hatte die Infanterie den Ort erreicht. Die Erkundung ergab, dass die Rote Armee systematisch alle modernen Teile der Raffinerien gesprengt und in Brand gesetzt hatten. Die Erkundung des Produktionsgebiets von Boryslaw ergab, dass die Förderanlagen in Brand gesetzt und oberirdisch zerstört worden waren, sowie die Sprengung der Elektrizitätswerke. Die nachgezogenen Kompanien hätten die Brände jedoch durch sofortigen Einsatz löschen können, und binnen kurzer Zeit seien 4.500 ukrainische und polnische Arbeitskräfte unter deutscher Leitung zur Behebung der Schäden in dem Gebiet eingesetzt worden. Nach Einschätzung des pol-

31 Vgl. Das ostgalizische Erdöl, in: Krakauer Zeitung, Nr. 151 vom 1.7.1941, zit. nach: BAB, NS 5-VI, Nr. 31597; Die Erdölindustrie in der Westukraine, in: Brabag-Mitteilungen, Nr. 64 vom 9.12.1940 (ursprünglich in: Öl und Kohle, Nr. 42 vom 8.11.1940), S. 6-9, hier S. 8 f., zit. nach: BGR, Nr. 0076316. Die Volkswirtschaftliche Abteilung der IG Farben schätzte die Erdölreserven der Westukraine auf sagenhafte 150 Mio. Tonnen. Vgl. Rohstoffvorkommen und Förderung in der Sowjetukraine und in den angrenzenden Gebieten, o. Dat. (1940/41), in: RGVA, 1457-55-24. Anfang 1942 gab die Geologische Abteilung Ost der Gewi die wirtschaftlich abbaubaren Erdölvorräte mit über vier Mio. Tonnen an. Vgl. Schätzung der durch Bohrbetriebe wirtschaftlich gewinnbaren Erdölvorräte in den ostgalizischen Ölfeldern nach dem Stand von Ende 1941/Anfang 1942 der Geologischen Abteilung Ost der Beskiden Erdöl-Gewinnungsgesellschaft vom 14.2.1942, in: BGR, Nr. 0049315.

32 Vgl. Erdölland Galizien, in: Wiener Zeitung, Nr. 119 vom 19.5.1942, zit. nach: BAB, R 8034-II, Nr. 5435, Bl. 199.

nischen Historikers Włodzimierz Bonusiak waren die Zerstörungen weitaus weniger gravierend, nur die Raffinerie »Galicija« in Drohobycz sei während der Kämpfe Ende Juni 1941 niedergebrannt worden.

Das frontnahe galizische Revier war schon 1941, mehr noch 1942 und 1943, infolge des Angriffs auf die Sowjetunion, eine für die Wehrmacht hochwillkommene Treibstoffquelle. 1939/40 standen der Wehrmacht in Westgalizien 120.000 Tonnen, 1942/43 in ganz Galizien jährlich etwa 400.000 bis 430.000 Tonnen Öl zur Verfügung. Damit zählte das Revier während der Kriegszeit zu den wichtigsten Erdölquellen für das Deutsche Reich.[33]

Will erstattete schon am 3. Juli 1941, also nicht einmal zwei Wochen nach dem Überfall auf die Sowjetunion, einen ersten Bericht über die Lage im ostgalizischen Erdölgebiet, der die frühen, verheerenden Eindrücke relativierte. Demnach hatten die Sowjets zwar die am San östlich von Sanok gelegenen Gebiete bei ihrem plötzlichen Rückzug nicht mehr völlig zerstören, jedoch im Gebiet von Drohobycz und Boryslaw alle wertvollen Objekte sprengen oder in Brand setzen können. Auf allen Raffinerien seien wichtige Teile irreparabel zerstört worden, Bohrungen systematisch in Brand gesetzt und vernagelt worden. Trotzdem ging Will davon aus, dass die Raffinerien im Gebiet Drohobycz schon in zwei bis drei Wochen wieder 70 Prozent der Leistung erreichen konnten, die Bohrbetriebe ebenfalls.[34]

Tatsächlich waren von 1.498 Sonden zehn Tage nach der Besetzung bereits 1.221 wieder in Betrieb, und Mitte Juli erreichte man wieder 70 bis 80 Prozent der vorherigen Produktion im ostgalizischen Erdölgebiet. Eine erhebliche weitere Produktionssteigerung schien jedoch nicht möglich zu sein.[35] Das RWiM verfügte am 22. Juli 1941, dass diese Anlagen nach Durchführung der ersten Maßnahmen zur Sicherung der Mineralölanlagen in Ostgalizien durch das Mineralölkommando Süd zunächst durch die beiden Beskiden-Gesellschaften im Auftrag und für Rechnung der Konti übernommen werden sollten.[36]

33 Vgl. Eichholtz, Ölpolitik, S. 421 f.; Kasper, Erdölgewinnung, S. 105 f.; Bonusiak, Małopolska, S. 68; AV Rohstoffabteilung des WiRüAmts vom 3. 7. 1941, in: BA-MA, RW 19, Nr. 7067; Vortragsnotiz Rohstoffabteilung für Chef WiRüAmt vom 15. 7. 1941, S. 1, in: ebd., RW 46, Nr. 731.

34 Vgl. Rundschreiben Mineralölkommando Süd, Will, vom 3. 7. 1941, S. 1, in: ebd. Entgegen den ersten, wohl etwas alarmistischen Meldungen des Mineralölkommandos berichtete der Chef der Sipo und des SD Ende Juli, dass die Förderanlagen bei Drohobycz weitgehend unbeschädigt seien, lediglich bei Boryslaw seien 15 bis 40 Prozent der oberirdischen Anlagen zerstört, aber bereits wieder in Betrieb genommen worden. Zwar sei die Mehrzahl der Raffinerien zerstört worden, die Mineralölkommandos der Wehrmacht hätten sie jedoch teilweise schon wieder hergestellt. Vgl. Ereignismeldung UdSSR Nr. 34 vom 26. 7. 1941, in: Mallmann u. a. (Hg.), Ereignismeldungen, S. 183-190, hier S. 186 f.

35 Vgl. Bericht über die Lage im galizischen Erdölgebiet von Rittmeister Erich Will vom 12. 7. 1941, in: BAB, R 52-VI, Nr. 8, Bl. 16 f.; Vortrag Griebel und Will beim Amtschef am 15. 7. 1941, in: BA-MA, RW 19, Nr. 189, Bl. 35.

36 Vgl. Schreiben Konti an Beskiden-Gesellschaften vom 12. 9. 1942, in: BAB, R 52-XI, Nr. 19, Bl. 37.

In einer vorläufigen Regelung verfügte Göring am 1. August 1941, dass die gesamte Erdölproduktion in Ostgalizien dem Rüstungsinspekteur im GG unterstellt wurde. Zunächst gelte es, die Versorgung der Truppe und der Wirtschaft Ostgaliziens sicherzustellen, etwaige Überschüsse könnten ins Reich verbracht werden. Die Beskiden-Gesellschaften sollten bis auf Weiteres die Betriebe auf gesonderte Rechnung bis zur endgültigen Regelung der Eigentums- und Besitzverhältnisse führen.[37] Der finale Erlass Görings vom 20. August 1941 regelte die wichtigsten Punkte für Ostgalizien schließlich folgendermaßen: Die Mineralölprodukte sollten in erster Linie zur Versorgung der kämpfenden Truppe und der Nachschuborganisation herangezogen werden. Die nicht hierfür benötigten Erzeugnisse waren ins Reich zu transportieren, soweit sie nicht für den Wirtschaftsbedarf in Ostgalizien dringend benötigt wurden.[38]

Als Galizien in das GG eingegliedert wurde, wollten das RWiM und die VJP-Behörde eine einheitliche Organisationsform für das gesamte galizische Erdölgebiet finden. Das Hauptinteresse lag auf der maximalen Förderleistung. Kadgien wies in diesem Zusammenhang auf den Auftrag zur Übernahme der sowjetischen Ölwirtschaft an die Konti hin, der nun auch Ostgalizien einbeziehe. Frank vertrat hingegen die Auffassung, Ostgalizien sei hiervon auszunehmen, da es sich nicht um besetztes Gebiet handle, sondern um einen Teil des GG. Er plädierte für den Fortbestand der Beskiden-Gesellschaften.[39]

Nach der am 5. September 1941 zwischen dem Generalgouverneur und Min.Rat Kadgien, als Vertreter Görings, vereinbarten Regelung sollten Erdölfirmen aus den zersplitterten bisherigen Besitzverhältnissen geschlossen in den Besitz des GG übergehen und von diesem auf 99 Jahre an eine Gesellschaft zur Betriebsführung verpachtet werden. An dieser waren die Konti und die bisherigen Gesellschafter der Beskiden-Gesellschaften zu beteiligen.[40]

Gründung und Struktur der Karpathen Öl AG

Zwei Ereignisse trugen im Herbst 1942 zu einer deutlichen Aufwertung des galizischen Öls für die deutsche Rüstungswirtschaft bei: das Scheitern der Kaukasusoffensive und der Anstieg der alliierten Luftangriffe auf das Reichsgebiet. Die Gründung der Karpa-

37 Vgl. Befehl des Reichsmarschalls »Vorläufige Regelung für die ostgalizische Mineralölerzeugung« vom 1.8.1941, in: BA-MA, RW 19, Nr. 2750, Bl. 5 f.

38 Vgl. Mineralölwirtschaft in Ostgalizien (Erlaß des Reichsmarschalls des Großdeutschen Reiches, Beauftragter für den Vierjahresplan vom 20. August 1941), in: RGVA, 1458-40-38, Bl. 50.

39 Vgl. Besprechung über die Erdölwirtschaft in Krakau am 5.9.1941, S. 1 ff., in: BAB, R 2, Nr. 30125; Diensttagebuch vom 5.9.1941, in: Präg/Jacobmeyer (Hg.), Diensttagebuch, S. 395 ff.; Berichtsentwurf Tätigkeit der Beskiden Erdölgewinnungs GmbH, der Beskiden Erdölverarbeitungs GmbH und der Karpathen Öl AG in Polen vom 28.6.1945, S. 5, in: DEA-Archiv, 43-13, Nr. 19.

40 Vgl. Schreiben Sonderbevollmächtigter für die Erdölwirtschaft im GG, Will, an Chef der Rohstoffabteilung im WiRüAmt, Becht, vom 17.12.1941 (Anlage: Bericht über die Lage der Erdölwirtschaft im GG im Dezember 1941 vom 13.12.1941), in: BA-MA, RW 19, Nr. 7066.

then Öl AG im Oktober 1942 markierte einen Wendepunkt in der Ölpolitik, da nunmehr die galizische Ölindustrie bevorzugt ausgebaut und bis zum Rückzug im Sommer 1944 auch ein großer Teil des Ausbauprogramms realisiert wurde. Neben den organisatorischen Veränderungen waren für die erfolgreiche Umsetzung vor allem zwei Faktoren ausschlaggebend: zum einen der Rückgriff auf bereits gefertigte Anlagenteile, die ursprünglich für den Kaukasuseinsatz vorgesehen waren, und zum anderen die deutliche Verbesserung der Versorgung der Belegschaft ab Frühjahr 1943. Die Produktion konnte so von 34.000 Tonnen (1939) auf 401.000 Tonnen (1943) Erdöl gesteigert werden.[41]

Nach Zusammenfassung der einzelnen Gebietsteile wollten das RWiM und die Regierung des GG »anstelle der bisher kommissarischen Verwaltung nunmehr endgültige Verhältnisse […] schaffen und die gesamte galizische Erdölindustrie sowohl eigentums- als auch betriebsmäßig in einer Gesellschaft« zusammenschließen. Die Kontinentale Öl AG wurde an der neu zu gründenden Karpathen Öl AG mit 50 Prozent beteiligt, die andere Hälfte des Aktienkapitals übernahmen deutsche Erdölfirmen. Große hielt man als Leiter der Fachgruppe Erdölgewinnung für die kompetenteste Person zur Leitung des neuen Unternehmens, »eines der grössten Erdölunternehmen im deutschen Machtbereich«.[42]

Im Zusammenhang mit der Übernahme des ostgalizischen Erdölgebiets verhandelte die Konti mit der Regierung des GG. Das Unternehmen unterbreitete auf Basis der ihm zustehenden Rechte in Ostgalizien den Vorschlag, die Bewirtschaftung der in Ost- und Westgalizien gelegenen Gewinnungs- und Verarbeitungsanlagen unter eine einheitliche Leitung zu bringen. Die Beskiden-Gesellschaften und die Konti wären an dieser neu zu gründenden Gesellschaft zu beteiligen.[43]

In einer Besprechung am 18. Februar 1942 empfahl Fischer in seiner Eigenschaft als Vorstandsmitglied der Konti, Karl Große die Leitung der neu zu gründenden Karpathen Öl AG als Vorsitzer des Vorstands zu übertragen. Da Vertreter der Konsorten sich ebenfalls für Große ausgesprochen hätten, dürfe man sich »in Anbetracht der Bedeutung und des Umfangs der im Generalgouvernement zu leistenden Arbeit« diesen Wünschen nicht verschließen.[44]

Große, der bisherige Direktor der Verwaltung bei der DEA, übernahm den Vorsitz im Vorstand der Karpathen Öl AG bereitwillig.[45] Generaldirektor Schirner von

41 Vgl. Karlsch, Großunternehmen, S. 137; ders./Stokes, Faktor Öl, S. 219; Grieger/Karlsch, Treibstoff, S. 331. Die beiden Beskiden-Gesellschaften wurden am 1. November 1942 aufgelöst. Vgl. Handelsregister, 10/1943.

42 Vgl. Rundschreiben DEA an die Betriebsstätten vom 8.7.1942, in: BAB, R 8119-F, Nr. 1655, Bl. 5f. (Zitate ebd.). Auch in der Regierung des GG wurde intensiv über die Gründung der Karpathen Öl AG debattiert. Vgl. Diensttagebuch vom 10.7.1942, in: Präg/Jacobmeyer (Hg.), Diensttagebuch, S. 520.

43 Vgl. AR-Sitzung der Konti am 13.1.1942, in: BAB, R 2, Nr. 30125.

44 Vgl. Schreiben DEA an Grosse vom 24.2.1942, in: DEA-Archiv, D-PA, Nr. 46.

45 Vgl. Schreiben Vorstand der DEA an Erich Bechtolf, Vorstandsmitglied der Deutschen Bank, vom 8.7.1942, in: BAB, R 8119-F, Nr. 1655, Bl. 3.

der DEA schrieb dazu: »Herr Grosse selbst hat sich dazu entschlossen, der ehrenvollen Berufung zu folgen, die ihn an die Spitze eines der größten Erdölunternehmen im deutschen Machtbereich stellt. Im festen Vertrauen auf den Sieg unserer Waffen zweifeln wir nicht daran, daß Herrn Grosse in Galizien eine den Krieg überdauernde Lebensaufgabe von hoher Bedeutung erwächst, für deren erfolgreiche Lösung wir ihm von Herzen viel Glück wünschen.«[46]

Der geplante Übernahmetermin war der 1. Oktober 1942. Für die Gebiete, in denen bis dahin die Gewi gefördert hatte, verlieh die Regierung des GG der Karpathen Öl AG auf die Dauer von 99 Jahren das alleinige Recht zur Aufsuchung und Gewinnung von Erdöl, Erdgas und sonstigen bituminösen Stoffen gegen eine Abgabe von 7,5 Prozent des Werts des geförderten Rohöls. Für alle übrigen Gebiete bekam sie ein Vorrecht auf Bewilligung einer Genehmigung zum Bergbau und zur Förderung. Die Regelung bezog sich auch auf die Verarbeitung und die Veredlung.[47]

Die Gründung der Karpathen Öl AG wurde am 28. August 1942 vollzogen und kann als Wendepunkt in der deutschen Erdölpolitik in Galizien betrachtet werden. Hauptsitz des neuen Unternehmens war Lemberg, am Aktienkapital in Höhe von 15 Mio. waren folgende Aktionäre beteiligt: die DEA (1,5 Mio. RM), die Deutsche Gasolin AG (0,75 Mio. RM), die Gewerkschaft Elwerath (1,5 Mio. RM), die Großdeutsche Schachtbau- und Tiefbohr AG, später auf Kohle Oel Union von Busse K.G. übergegangen (750.000 RM), die Konti (7,5 Mio. RM), die Preussag (1,5 Mio. RM) und die Wintershall AG (1,5 Mio. RM). Davon wurden zunächst 25 Prozent eingezahlt. Mit diesem Kapital wuchs das neue Unternehmen zu einem der größten in der europäischen Ölindustrie unter deutscher Kontrolle. Die Konti verfolgte mit diesem Engagement primär finanzielle Interessen und übte kaum Einfluss auf die geschäftlichen und technischen Aktivitäten der Karpathen Öl AG aus.

Vorstandsvorsitzender wurde wie erwähnt Große; dem AR gehörten unter anderem Emmerich als Vorsitzer, Wisselmann als erster stellvertretender Vorsitzer, Brochhaus als zweiter stellvertretender Vorsitzer, Blessing, Fischer, Kadgien und Zentgraf an. Wisselmann hatte Brochhaus als Nachfolger für Will als stellvertretenden AR-Vorsitzenden vorgeschlagen. Unter Große entwickelte sich die Karpathen Öl AG zwischenzeitlich zu einem riesigen Unternehmen, das in seinen Einzelwerken Ende 1943 mehr als 32.000 Mitarbeiter beschäftigte – davon viele Fremd- und Zwangsarbeiter. Der Anteil der deutschen Mitarbeiter blieb mit einer Zahl von 450 sehr niedrig.[48]

46 Zit. nach: Radandt, Monopole, S. 306.

47 Vgl. Protokoll über Besprechung über die Gründung der Karpathen Öl AG am 23.7.1942, in: DEA-Archiv, D-RW, Nr. 5. Die Neuorganisation der Erdölwirtschaft des GG durch die Karpathen Öl AG war auch acht Tage später Thema in den Regierungsbesprechungen. Vgl. Diensttagebuch vom 31.7.1942, in: Präg/Jacobmeyer (Hg.), Diensttagebuch, S. 531.

48 Vgl. Karlsch, Großunternehmen, S. 108; Grieger/Karlsch, Treibstoff, S. 324 ff.; A. E. Gunther, Oil Exploration in Poland 1939-1945 (Oil Fields Investigation, Part VIII, Section 1), London (1947), S. 36, in: NAK, WO 252, Nr. 1402; Karpaten-Öl-A.G., S. 106; News in the Industry: Karpathen Oel A.G. Takes Over in Eastern Poland – A New Major German Company, in: The Petroleum

Die Karpathen Öl AG sollte die west- und ostgalizischen Betriebs- und Verwaltungsstandorte in einer Gesellschaft verschmelzen. Als Organisationsform wurde eine deutsche Aufsichtsverwaltung gewählt, da wenige deutsche Kräfte einer großen Zahl nichtdeutscher Mitarbeiter vorstehen müssten. Dabei seien die betrieblichen Aufgaben in Eigenverantwortung und Selbstständigkeit durchzuführen, was eine verwaltungsmäßige Stärkung der einzelnen Werke bedinge. Diesen relativ autonomen Werken müsse eine starke Hauptverwaltung übergeordnet sein, die eine Vereinheitlichung der gesamten Werke und Verwaltungsorgane anzustreben habe. Aus diesen Prämissen ergab sich der Aufbau der Verwaltungsorgane mit einer straffen Organisation: der Hauptverwaltung in Lemberg, darunter die beiden miteinander vereinigten Gruppenverwaltungen der Beskiden-Gesellschaften in West- und Ostgalizien (Drohobycz-Gewi, Drohobycz-Vera, Jaslo, Libusza) und den neu eingerichteten Betriebsverwaltungen (Gorlice, Jaslo, Krosno, Jedlicze, Ustrzyki, Lemberg, Drohobycz-Ost, Drohobycz-Süd).[49] Später wurden die Verwaltungen in Libusza und Jaslo aufgelöst und zur Gruppenverwaltung in Jaslo zentralisiert, die Verwaltungen in Ostgalizien in Drohobycz. Mit fortschreitender Liquidation der Beskiden-Gesellschaften sollten auch die beiden Gruppenverwaltungen den Betriebsverwaltungen zugewiesen werden. Die Technische Leitung der Hauptverwaltung wurde nach Drohobycz verlegt, die geologische Betreuung in Boryslaw zusammengefasst.[50]

So stand Berthold Beitz[51] als Kaufmännischer Leiter der Betriebsinspektion Boryslaw als einer quasiautonomen Nebenverwaltung vor, wie er in einem Schreiben an den Polizeiführer Thier vom 19. Oktober 1943 ausführte: »Die BI Boryslaw ist die größte Betriebsinspektion der Karpathen-Öl A. G. mit 50 % der Gesamtölförderung und 10.000 Arbeitern. Die Betriebsinspektion Boryslaw unterhält und verpflegt rund 80 % der gesamten Bevölkerung in Boryslaw, das sind 23.000 Menschen. Unser Betrieb hat eine eigene Bäckerei, Läden, Verkaufsstellen und Werksküchen und erstreckt sich über ein Gebiet von rund 70 qkm mit Außenbetrieben, die teilweise bis zu 70 km

Times, Nr. 1.183 vom 28. 11. 1942, zit. nach: NAW, RG 169, Box 2201; Schreiben Konti, Blessing, an Schirner, DEA, vom 11. 9. 1942, in: DEA-Archiv, D-RW, Nr. 5; Köhler, Opportunismus, S. 153 f.

49 Vgl. Organisationsplan der Karpathen Öl AG vom 19. 9. 1942, in: DEA-Archiv, 43-13, Nr. 26; Auszug aus dem Bericht des Vorstands der Karpathen Öl AG über die Geschäftstätigkeit seit dem 1. 10. 1942 vom 25. 2. 1944, in: ebd., Nr. 23.

50 Vgl. Vorläufige Jahresübersicht 1942 der Karpathen Öl AG vom 11. 1. 1943, in: BAB, R 3101, Nr. 15335, Bl. 81-87, hier Bl. 83 f.

51 Berthold Beitz ging nach dem Überfall auf Polen als Vertreter der Rhenania-Ossag nach Jaslo, im Frühjahr 1940 erfolgte die Versetzung nach Krosno, wo er als leitender Angestellter für die Beskiden Erdölgewinnungs-GmbH tätig war. Zwischen 1941 und 1944 bewahrte er viele Juden vor den Vernichtungslagern, indem er sie als unabkömmlich für die Produktion seines kriegswichtigen Unternehmens deklarierte. Beitz wurde 1973 von der israelischen Gedenkstätte Yad Vashem unter die Gerechten unter den Völkern aufgenommen. Vgl. Käppner, Beitz, S. 23 ff.; Sandkühler, Endlösung, S. 290 ff.; ders. Beitz, S. 104 f. und 109. Hermann Malz war 1942 von der Preussag in die kaufmännische Geschäftsführung der Beskiden-Erdölgesellschaften gewechselt. Vgl. ebd., S. 122, Anm. 41.

von Boryslaw entfernt sind. Außerdem gehören der Karpathen Öl A. G. das gesamte Licht-, Gas- und Wassernetz in Boryslaw sowie 700 eigene Häuser. Durch diese Zusammenfassung ist es möglich, die Hauptaufgabe, d. h. die Rohölförderung[,] konsequent durchzuführen.«[52]

Die Karpathen Öl AG übernahm alle Vermögenswerte und Umlaufmittel der alten Gesellschaften. Die Regierung des GG protestierte heftig gegen dieses Vorgehen und prangerte es als »kapitalistische Mißwirtschaft« an. Große hingegen berief sich auf die Kriegsnotwendigkeit, die ihn veranlasst habe, »mit den besten Mitteln die Erdölproduktion zu steigern«.[53] Bereits vor der offiziellen Gründung des Unternehmens gab es Kritik an dessen Tätigkeit: Alfred Pfaff, der für die Regierung des GG ein Gutachten anfertigte, das sich kritisch mit den Zuständen im ostgalizischen Erdölgebiet beschäftigte und in einigen Punkten die Tätigkeit der Beskiden-Gesellschaften kritisierte, sprach von der Karpathen Öl AG als einem »Musterbeispiel privat-kapitalistischer Wirtschafts-Ordnung«.[54] Anfang August 1943 bekräftigte Generalgouverneur Frank diese Einschätzung: »Gerade im Zusammenhang mit dem Komplex der Erdölwerke in Galizien habe ich Erfahrungen gesammelt, die geradezu grauenhaft zeigen, wieviel plutokratisches Zeugs wir in Deutschland zu dulden haben.«[55]

Einem Nachkriegsbericht über die Geschäftstätigkeit der Karpathen Öl AG bis Jahresende 1943 kann man entnehmen, dass sich in der Gegenüberstellung der Bilanzen mit dem von den Beskiden-Gesellschaften übernommenen Betriebsvermögen die Investitionstätigkeit und die Ausweitung der Produktion widerspiegelte. Auf das Aktienkapital der Karpathen Öl AG von 30 Mio. Złoty (= 15 Mio. RM nach dem damals festen Umrechnungsverhältnis) waren mit der Gründung des Unternehmens von den Aktionären 25 Prozent eingezahlt worden, so dass eine Resteinzahlungsverpflichtung von 22,5 Mio. Złoty ausgewiesen wurde. Das vom Sonderbevollmächtigten und späteren Generaltreuhänder für die Erdölwirtschaft im GG verwaltete Mineralölsondervermögen der polnischen Erdölindustrie wurde während der Dauer der Betriebszeit um rund 41 Mio. Złoty vermehrt – ermöglicht unter anderem durch reichsdeutsche Materialanlieferungen von Bohrgeräten und Verarbeitungseinrichtungen. Das gesellschaftseigene Anlagevermögen, das ursprünglich überwiegend aus dem

52 Zit. nach: ders., Zwangsarbeit, S. 250.

53 Vgl. Kasper, Erdöl, S. 60 (Zitate ebd.); Konzerndaten zur Konti, in: BAB, R 176, Nr. 348; Bericht der Wintershall AG über den Monat August 1942, in: ebd., R 8119-F, Nr. 1970, Bl. 93; Karpathen-Oel AG von der deutschen Industrie gegründet, in: Frankfurter Zeitung vom 6. 11. 1942, zit. nach: HAC, 30314-2001, Bd. 1.

54 Vgl. Schreiben Pfaff an Emmerich vom 19. 12. 1941, in: BAB, R 52-XI, Nr. 1, Bl. 92. Zum Gutachten vgl.: Schreiben Sonderbevollmächtigter für die Erdölwirtschaft im GG, Will, an Chef der Rohstoffabteilung im WiRüAmt, Becht, vom 17. 12. 1941, S. 5. in: BA-MA, RW 19, Nr. 7066. Der Erdölhändler Alfred Pfaff leitete in den 1920er Jahren die Erdölexploration im polnischen Boryslaw. Vgl. dazu: Pfaff, Lagerstätten.

55 Diensttagebuch vom 2. 8. 1943, in: Präg/Jacobmeyer (Hg.), Diensttagebuch, S. 715.

bereits von den Beskiden-Gesellschaften angeschafften Fuhrpark, Büromaschinen, Büro- und Wohnungsmöbeln bestand, erhöhte sich von 2,6 auf 4,7 Mio. Złoty.[56]

Schlechter fiel das Geschäftsjahr 1944 aus, da es von der Entwicklung der Kriegsereignisse und der im Januar einsetzenden und fortschreitenden Aufgabe der Gewinnungs- und Verarbeitungsbetriebe in Galizien geprägt war. Zum Jahresende arbeitete die Karpathen Öl AG nur noch in den Betrieben westlich von Jaslo, die jedoch im Januar 1945 ebenfalls aufgegeben werden mussten. In Vorbereitung und im Zuge der Aufgabe der Betriebe verlagerte die Gesellschaft einen Teil ihrer beweglichen Anlagen nach Westen und bereitete Auffanglager im Reichsgebiet sowie in Böhmen und Mähren vor. Die Hauptverwaltung wurde gleichzeitig von Lemberg über Limanowa nach Breslau zurückverlegt.[57]

Das Präsidium des AR der Karpathen Öl AG tagte noch am 22. März 1945 in Celle und diskutierte über eine Herabsetzung des Grundkapitals. Große hielt diese jedoch vor einer Klärung der Rechtsverhältnisse in der Erdölwirtschaft im GG und der Forderungen, die der Generaltreuhänder gegen die Karpathen Öl AG geltend machen könne, für nicht durchführbar. Letzterer wies nachdrücklich darauf hin, dass er im Falle einer Herabsetzung des Grundkapitals umgehend eine Sicherheitsleistung für die noch offenen Forderungen durch die noch nicht eingezahlten Anteile des Grundkapitals einfordern werde. So beschloss man, dem AR zunächst keine Herabsetzung des Grundkapitals zu empfehlen.[58]

Die Rechtsverhältnisse

In der AR-Sitzung der Konti am 29. Mai 1942 wurde über die Verhandlungen mit der Regierung des GG berichtet, die den Abschluss eines Pachtvertrags für das der Erdölgewinnung und -verarbeitung dienende Anlagevermögen bei käuflichem Erwerb des Umlaufvermögens der Beskiden-Gesellschaften zum Ziel hatten. Die Verhandlungen führten allerdings zu keinem Ergebnis, da vom AA bzw. dem Reichskommissar für das Feindvermögen gegen einzelne Vertragsbestimmungen, insbesondere die Pachtzinsbemessung, Bedenken geltend gemacht wurden. Ein überarbeiteter Vertragsentwurf des GG sah eine feste Vergütung von 24 Złoty je Tonne geförderten Rohöls vor, außerdem eine Vergütung für Abschreibung und Verzinsung sowie Gewinn- und Verlustbeteiligung des Verpächters.[59]

Nach der deutschen Besetzung des ostgalizischen Erdölgebiets war zunächst beabsichtigt worden, der neu zu gründenden Gesellschaft – anders als bei den Beskiden-

56 Vgl. Bericht Karpathen Öl AG über die Geschäftstätigkeit vom 1.10.1942 bis 31.12.1943 von Grosse vom 10.1.1952, in: BAB, R 176, Nr. 124.

57 Vgl. Bericht Karpathen Öl AG über die Geschäftstätigkeit 1944 von Grosse vom 10.1.1952, in: ebd.

58 Vgl. Niederschrift über die Sitzung des Präsidiums des AR der Karpathen Öl AG in Celle am 22.3.1945, S. 3, in: DEA-Archiv, 43-13, Nr. 4.

59 Vgl. Memorandum »Karpathenöl A.G.«, o.Dat. (1943), S. 1, in: BAB, R 176, Nr. 89.

Gesellschaften – das Eigentum an den Anlagen zuzusprechen. Ein Eigentumserwerb war aber laut Reichsfinanzministerium aufgrund der Einsprüche des AA ausgeschlossen, das die Ansprüche der vorherigen Eigentümer, insbesondere bei Angehörigen von Feindstaaten, im Auge hatte.

Die Beskiden-Gesellschaften operierten auf der Basis eines Betriebsführungsvertrags, der ihnen eine feste Verzinsung des Eigenkapitals gewährte. In diesen Vertrag sollte nach dem Vorstellungen des Sonderbevollmächtigten für die Erdölwirtschaft im GG nun die neu gegründete Karpathen Öl AG eintreten, allerdings mit der Abweichung, dass statt einer festen Verzinsung die Möglichkeit einer nennenswerten Gewinnbeteiligung gegeben sein sollte. Die Karpathen Öl AG trat auch zunächst in diesen Vertrag ein und erwarb das Umlaufvermögen der Beskiden-Gesellschaften. Sie war aber unter der Voraussetzung des Eigentumserwerbs gegründet worden. Als dies nicht möglich schien, strebte sie einen Pachtvertrag als Grundlage für die eigene unternehmerische Initiative an. Das RWiM unterstützte dies im Interesse einer möglichst hohen Erdölförderung.[60]

Im Entwurf eines Vertrags mit der Regierung des GG vom Oktober 1942 hieß es, dass die Regierung der Karpathen Öl AG nach Eigentumserwerb sämtliche im GG vorhandenen Erdölbohr- und Erdölgewinnungsanlagen sowie die Hilfs- und Nebenbetriebe verkaufen sollte. Das Umlaufvermögen der Beskiden-Gesellschaften sollte auf die Karpathen Öl AG übergehen, die auch die Abwicklung der Verbindlichkeiten übernehmen würde.[61] Der angestrebte Pachtvertrag sah als Pachtzins acht Prozent Abschreibung und 4,5 Prozent Zinsen auf das verpachtete Anlagekapital vor sowie einen Förderzins von 7,5 Prozent vom Bruttoerlös des Rohöls. Eine Einigung wurde nicht erzielt.[62]

Am 10. Februar 1943 fand beim Leiter der Hauptabteilung Wirtschaft der Regierung des GG eine hochrangig besetzte Sitzung zur Regelung der Vertragsverhältnisse mit der Karpathen Öl AG statt. Anwesend waren unter anderem Fischer vom RWiM, das Präsidium des AR der Karpathen Öl AG, ferner die Direktoren Große, Petri, Malz sowie Brochhaus und Blessing von der Konti. Die Karpathen Öl AG legte Entwürfe für Pachtverträge vor, und das Verhältnis der Regierung des GG zu den Kriegsaufgaben des Unternehmens wurde geklärt.

Es gab bereits den Entwurf eines Kaufvertrags vom 8. Oktober 1942 mit Wertfestlegungen sowie einem Gutachten von August Burggraf zum Untertagevermögen. Der Plan der Regierung, der Karpathen Öl AG den Betrieb der gesamten Erdölwirtschaft im GG zu übertragen und ihr per Kaufvertrag das Eigentum an sämtlichen relevanten Betrieben zu verschaffen, ließ sich zunächst nicht verwirklichen, da er den Eigentumserwerb an den Anlagen seitens der Regierung voraussetzte. Deshalb war zunächst

60 Vgl. Undatierter Vermerk aus dem RFM, in: ebd., R 2, Nr. 30125; Schreiben an AR-Mitglieder der Konti vom 6.11.1942, S. 4, in: ebd. Auch: ebd., R 8119-F, Nr. 1825, Bl. 11.

61 Vgl. Entwurf eines Abkommens (Vertrag) zwischen der Regierung des GG und der Karpathen Öl AG vom 8.10.1942, in: ebd., R 2, Nr. 30125.

62 Vgl. AV aus dem RFM vom Mai 1943, in: ebd.

ein Pachtvertrag zwischen dem Sonderbevollmächtigten für die Erdölwirtschaft und dem Unternehmen über alle Betriebe vorgesehen, der regelte, dass die Karpathen Öl AG die Anlagen auf eigene Rechnung gegen Zahlung eines Pachtzinses erweitern und erneuern konnte. Diese Regelung sollte bis zum 31. Dezember 1947 gelten.[63]

Das AA griff die Absicht der Regierung des GG, sämtliche Erdölbetriebe an die Karpathen Öl AG zu verpachten, in einem Rundschreiben auf.[64] Der Leiter der Rechtsabteilung des AA, der Gesandte Erich Albrecht, erläuterte, dass eine Regelung der Gesamtfrage ohne Mitwirkung der Karpathen Öl AG nicht möglich sein werde, also müsse zwischen dieser und den Eigentümern der Erdölbetriebe unter Mitwirkung der Regierung des GG ein Vertrag zur Ausnutzung der Erdölbetriebe geschlossen werden. Es gelte – bei Zahlung einer angemessenen Nutzungsabgabe an die Eigentümer –, eine möglichst hohe Förderquote zu erzielen.[65]

Im September 1943 ging man bei der Konti noch davon aus, dass die Verhandlungen über einen Pachtvertrag der Karpathen Öl AG kurz vor dem Abschluss stünden und dass es nur noch der Zustimmung des Reichskommissars für das feindliche Vermögen bedürfe.[66]

Die Möglichkeit einer Entschädigung der polnischen Eigentümer der Karpathen Öl AG war wiederholt Diskussionsthema bei Gesprächen im Kreis der Regierung des GG, ohne dass ein konkretes Ergebnis erzielt werden konnte.[67] Auch die DEA klagte über die vom AA immer wieder in letzter Minute geäußerten Bedenken gegen die Übertragung der galizischen Erdölfelder auf die Karpathen Öl AG.[68] Aufgrund von Vorbehalten auf beiden Seiten konnte nicht einmal der Pachtvertrag bis zum Schluss des Berichtsjahrs 1943 geschlossen werden.[69]

In einer Nachkriegsbefragung durch einen Mitarbeiter des Bundesarchivs berichtete Birnbaum, dass es ihm in sehr langwierigen Verhandlungen gelungen sei, bis zur Jahreswende 1943 alle Beteiligten auf den Entwurf eines Pachtvertrags zu einigen. Das Anlagevermögen sollte demnach in der Hand des Sonderbevollmächtigten verbleiben, der Anfang 1944 zum Generaltreuhänder für die Erdölwirtschaft wurde. Das Umlaufvermögen wäre in den Besitz der Karpathen Öl AG übergegangen.[70]

63 Vgl. Niederschrift über Besprechung am 10. 2. 1943, in: ebd.

64 Vgl. Rundschreiben AA vom 4. 4. 1943, in: ebd.

65 Vgl. AV über Besprechung im AA am 26. 8. 1943, in: ebd.

66 Vgl. AV aus dem RFM für die AR-Sitzung der Konti am 21. 9. 1943, in: ebd., Nr. 15469, Bl. 1-4, hier Bl. 2.

67 Vgl. Diensttagebuch vom 23. 3. 1942, in: Präg/Jacobmeyer (Hg.), Diensttagebuch, S. 483; Diensttagebuch vom 7. 7. 1943, in: ebd., S. 699; Diensttagebuch vom 3. 8. 1943, in: ebd., S. 715.

68 Vgl. AN zur AR-Sitzung der DEA am 4. 11. 1942, in: BAB, R 8119-F, Nr. 1673, Bl. 1-6, hier Bl. 2.

69 Vgl. Bericht des Vorstands für die Zeit vom 1. 1.-30. 9. 1943 vom 1. 11. 1943, in: ebd., Bl. 13-16, hier Bl. 15; Bericht Karpathen Öl AG über die Geschäftstätigkeit vom 1. 10. 1942 bis 31. 12. 1943 von Grosse vom 10. 1. 1952, in: ebd., R 176, Nr. 124.

70 Vgl. Niederschrift einer Tonbandaufnahme zur Dokumentation der Erdölwirtschaft in Galizien, Gespräch zwischen Birnbaum und Dr. Hopf vom Bundesarchiv vom 1. 8. 1961, in: BABay, OSTDOK 13, Nr. 404, Bl. 7-21, hier Bl. 15 f. und 18.

Offensichtlich gab es aber bis Januar 1945 immer noch keine endgültige Regelung der Vertrags- und Eigentumsverhältnisse. Ein Pachtvertrag über fünf Jahre wurde jedenfalls vom Generaltreuhänder im Einvernehmen mit der Regierung des GG angesichts der Entwicklung des Kriegsverlaufs abgelehnt. Trotzdem sollten die Bestimmungen des Pachtvertragsentwurfs für die Dauer der Tätigkeit der Karpathen Öl AG, also zwischen dem 1. Oktober 1942 und Jahresende 1944, Anwendung finden, auch für die Übereignung des Anlage- und Umlaufvermögens der beiden Beskiden-Gesellschaften.[71] Die Karpathen Öl AG wollte zwar prinzipiell nach wie vor den Pachtvertrag zum Abschluss bringen, scheute jedoch auch die Übernahme bestehender Risiken und gab deshalb keine Bestätigung. In erster Linie war man nicht willens, den Anteil am Umlaufvermögen anzuerkennen.[72]

Über den Pachtvertrag wurde bis zum Abzug der Deutschen aus Krakau verhandelt, und der Generaltreuhänder stellte ihn der Karpathen Öl AG noch am 15. Januar 1945 zu. Da das Unternehmen ihn jedoch nicht annahm, betrachtete die Karpathen Öl AG in der Nachkriegszeit ihre Tätigkeit, mit Rückgriff auf die rechtliche Regelung der Beskiden-Gesellschaften, als einen Geschäftsbesorgungsvertrag.[73] Die Karpathen Öl AG vertrat die Auffassung, sie habe die Anlagen ab dem 1. Oktober 1942, wie zuvor die Beskiden-Gesellschaften, für Rechnung des Sonderbevollmächtigten, später des Generaltreuhänders, betrieben und lehnte den Kauf des Anlage- und Umlaufvermögens der Beskiden-Gesellschaften, wie im Pachtvertrag vorgesehen, nun explizit ab.[74]

Die Entwicklung der Produktion

Laut Direktiven aus dem RFM vom Mai 1943 sollte die Karpathen Öl AG nicht nur den jährlichen Rückgang der Förderung von etwa zwölf Prozent mit allen Mitteln und ohne Rücksicht auf ökonomische Erwägungen aufhalten, sondern sogar eine Steigerung erzielen. Die dafür erforderlichen Neubohrungen, Vertiefungen auf andere Horizonte etc. führten bei der Karpathen Öl AG zu einer Erhöhung der Gestehungskosten, zu deren Deckung der im GG geltende Monopolübernahmepreis nicht mehr ausreichend war. Das RWiM, das RFM, das RMfdbO und die Regierung des Generalgouvernements einigten sich Ende April 1943 darauf, dass der Karpathen Öl AG ein Kostenausgleich durch eine Erhöhung des Preises gewährt werden sollte. Das RFM

71 Vgl. Schreiben Generaltreuhänder für die Erdölwirtschaft im GG, Birnbaum, an die Karpathen Öl AG vom 15.1.1945, in: BAB, R 52-I, Nr. 2, Bl. 7.

72 Vgl. Schreiben Karpathen Öl AG an den Generaltreuhänder für die Erdölwirtschaft im GG vom 1.2.1945, in: ebd., Bl. 45.

73 Vgl. Berichtsentwurf Tätigkeit der Beskiden Erdölgewinnungs-Gesellschaft mbH, der Beskiden Erdölverarbeitungs-Gesellschaft mbH und der Karpathen Öl AG in Polen vom 28.6.1945, S. 4 f., in: DEA-Archiv, 43-13, Nr. 19.

74 Vgl. Schreiben Generaltreuhänder für die Erdölwirtschaft im GG an den Leiter der HA Wirtschaft in der Regierung des GG, Emmerich, vom 1.3.1945, in: BAB, R 52-I, Nr. 2, Bl. 93-137.

hingegen hatte vorgeschlagen, die Pacht auf einen niedrigeren Betrag festzusetzen oder ganz wegfallen zu lassen. Die mangelnde Wirtschaftlichkeit des Unternehmens ginge so zu Lasten der vorherigen Eigentümer.[75] Die Konti lobte die günstige Entwicklung von Produktion und Bohrmeterleistung im GG unter der Betriebsführung der Karpathen Öl AG: Die Rohölförderung konnte vom ersten zum zweiten Halbjahr 1942 um 6,7 Prozent, die Bohrmeterleistung sogar um 99,5 Prozent gesteigert werden. Die Zahl der betriebenen Anlagen stieg von 139 zu Anfang des Jahres auf 204 im Dezember an.[76]

Walter Kauenhowen nahm im Sommer 1942 im Auftrag der Konti eine Schätzung der galizischen Erdölvorräte vor und kam zu dem Ergebnis, dass in den folgenden zehn Jahren 3,6 Mio. Tonnen Erdöl im GG zu gewinnen seien.[77] Anfang Mai legte er ein entsprechendes Zehnjahresprogramm vor, das eine Förderung von knapp zwei Mio. Tonnen Erdöl bis 1951 vorsah. Allerdings fehlten für diesen ambitionierten Plan vorerst die Bohrausrüstungen, da die TBM auf ihrem Vormarsch in den Kaukasus die knappen Kapazitäten der Maschinenbauindustrie band, was zu Produktionseinbrüchen in allen deutsch besetzten Erdölgebieten führte.[78] Im Geschäftsbericht der Karpathen Öl AG für 1942/43 wurden die hohen Investitionen erwähnt, die durch den technischen Zustand und die notwendige Modernisierung der Gewinnungs- und Verarbeitungsanlagen erforderlich geworden seien.[79]

Seit Januar 1943 rechnete man in Galizien mit 32 Bohranlagen, die der Karpathen Öl AG aus dem ursprünglich für den Kaukasus bestimmten Material zugewiesen werden sollten. Es kamen schließlich elf Geräte an. Ein Erlass des GBChem Krauch vom 9. April 1943 sah vor, bis Ende 1944 einige galizische Raffinerien zu modernisieren, darunter jene von Drohobycz, Lemberg und Jaslo – eine weit in die Zukunft reichende Investition, für die der Konti vom Reich 20 Mio. RM bereitgestellt wurden. Größere Bauteile hierfür sollten aus Frankreich beschafft und vor allem in Petit Couronne und Dünkirchen abgebaut werden.[80]

Das Aufbauprogramm zum Bau von »Bereitschaftsanlagen für zusätzliche Erdölverarbeitung, und zwar in luftgesichertem Raum für evtl. ausfallende reichsdeutsche

75 Vgl. AV aus dem RFM vom Mai 1943, S. 1 f. und 6, in: ebd., R 2, Nr. 30125.

76 Vgl. Memorandum »Karpathenöl A. G.«, o. Dat. (1943), S. 2 und 6, in: ebd., R 176, Nr. 89; Schreiben Karpathen Öl AG an Oberberghauptmann Gabel, vom 11. 1. 1943 (im Anhang Vorläufige Jahresübersicht 1942), in: ebd., R 3101, Nr. 15335, Bl. 80-85, hier Bl. 81; Auszug aus dem Bericht des Vorstands der Karpathen Öl AG über die Geschäftstätigkeit seit dem 1. 10. 1942 vom 25. 2. 1944, in: ebd., Nr. 30848, Bl. 41-48, hier Bl. 44 f.; Schreiben der Hauptverwaltung der Karpathen Öl AG an Bentz vom 11. 1. 1943, S. 1, in: BGR, 0049302.

77 Vgl. Die Erdöl- und Erdgas-Vorräte des Generalgouvernements von Dr. Walter Kauenhowen, 1942, S. 1 und 4, in: ebd., Nr. 0049337. Siehe dazu: Schreiben Bentz an Lisa Kauenhowen vom 17. 7. 1942, in: UB Freiburg, SLS, AGV, Nr. 2025.

78 Vgl. Sandkühler, Endlösung, S. 297 f.

79 Vgl. Geschäftsbericht 1942/43 von Grosse vom 7. 1. 1944, S. 24 f., in: DEA-Archiv, 43-13, Nr. 19.

80 Vgl. Eichholtz, Ölpolitik, S. 496; Schreiben RWiM an den GBChem vom 18. 5. 1943, in: BAB, R 3101, Nr. 18259, Bl. 4; Rundschreiben Reichswirtschaftsminister vom 18. 5. 1943, in: ebd., Bl. 8.

Mineralöl-Anlagen«, sollte gleichzeitig der Modernisierung für die Raffinierung hochwertiger Produkte dienen. Vorgesehen war eine Erhöhung der Verarbeitungskapazitäten von 400.000 auf 700.000 Tonnen. Dieser Ausbau schloss aus Sicht der Karpathen Öl AG das Risiko einer Nichtauslastung für das Unternehmen ein und ließ sich unter dem Aspekt privatwirtschaftlicher Rationalität nicht rechtfertigen, weshalb man entsprechende Garantien forderte.[81]

Die Erdölproduktion betrug 1942 378.500 Tonnen, für 1943 waren 406.000 Tonnen vorgesehen, für die es eine Steigerung der Bohrmeterleistung bei weitgehend erschöpften Quellen brauchte.[82] Die Geologische Abteilung der Karpathen Öl AG meldete für 1943 eine Erhöhung der Bohrmeter gegenüber dem Vorjahr um 60,8 Prozent, der Förderung um sechs Prozent.[83] Die DEA gab in einem Nachkriegsbericht die Förderung der Karpathen Öl AG für 1944 mit 341.673 Tonnen Erdöl und die Bohrleistung mit 75.000 Metern an.[84]

Die Ergebnisse der Ausbauprogramme blieben insgesamt hinter den Erwartungen der Karpathen Öl AG und der Reichsbehörden zurück. Dies war hauptsächlich auf den Zwangscharakter des Unternehmens, die Unterernährung und den passiven Widerstand der Belegschaft sowie die Beeinträchtigung des Betriebs durch ukrainische und sowjetische Partisanenangriffe zurückzuführen. Mit rund 400.000 Tonnen Rohöl pro Jahr und Kraftstoffen in überwiegend minderer Qualität war der Beitrag der Karpathen Öl AG zwar nicht unwesentlich für die deutsche Kriegswirtschaft, hielt sich letztlich aber in Grenzen.[85]

Die Arbeitskräftesituation

Ganz allgemein gesprochen, konnte der Personalbedarf der Betriebe nur zu einem geringen Teil durch Fachkräfte aus deutschen Erdölunternehmen gedeckt werden. Der übrige Teil kam aus anderen Branchen und musste eingearbeitet werden. Besonders schwierig gestaltete sich die Rekrutierung der technischen Fachkräfte. In den gesamten Bohr-, Gewinnungs- und Verarbeitungsbetrieben und in den Werkstattbetrieben arbeiteten nur 48 Reichsdeutsche.[86]

81 Vgl. Schreiben Karpathen Öl AG an das RWiM vom 22.5.1943, in: ebd., Bl. 19-24, hier Bl. 19 ff. Gleichzeitig sprachen Krauch und Emmerich über eine mögliche Raffinierung von Rohöl aus dem Reich im GG. Vgl. Diensttagebuch vom 26.5.1943, in: Präg/Jacobmeyer (Hg.), Diensttagebuch, S. 661.

82 Vgl. Auszug aus dem Bericht des Vorstands der Karpathen Öl AG über die Geschäftstätigkeit seit dem 1.10.1942 vom 25.2.1944, S. 9, in: DEA-Archiv, 43-13, Nr. 23.

83 Vgl. Karpathen Öl AG, Jahresbericht der Geologischen Abteilung für 1943 vom 26.4.1944, S. 1 f., in: BGR, 0049279.

84 Vgl. Jahresbericht 1944 der DEA vom 30.1.1947, S. 18, in: DEA-Archiv, 14-2, Nr. 3063.

85 Vgl. Grieger/Karlsch, Treibstoff, S. 336.

86 Vgl. Auszug aus dem Bericht des Vorstands der Karpathen Öl AG über die Geschäftstätigkeit seit dem 1.10.1942 vom 25.2.1944, in: BAB, R 3101, Nr. 30848, Bl. 41-48, hier Bl. 42 VS.

Die zwei wichtigsten Probleme bei der Arbeitskräftebeschaffung für die galizische Erdölwirtschaft bildeten die Mangelernährung und die geringe Anzahl an deutschen Fachkräften. Die Besatzungsbehörden zogen die Bevölkerung zwar zur Arbeit in den Erdölbetrieben heran, die Ernährungslage war allerdings derart katastrophal, dass schon die Betriebsleitung der Gewi Widerstand und Sabotage befürchtete. Bis zum Herbst 1941 verschlechterte sich die Lage noch weiter, so dass die polnischen Arbeiter während der Arbeit oft ohnmächtig zusammenbrachen. Danach führte man Naturallieferungen ein, die Lebensmittelrationen der polnischen Arbeitskräfte betrugen jedoch nur ein Drittel jener des deutschen Personals. Ein Arbeiter mit Familie erhielt für zwei Wochen zwei Brote, etwas Graupen und eine Sonderration an Kartoffeln. Darüber hinaus war die Bevölkerung auf den Schwarzhandel angewiesen.[87]

Anfang November 1941 hatte sich die Ernährungslage in den Erdölfeldern des Distrikts Galizien noch weiter verschlechtert, und die Zuteilung von Nahrungsmitteln an die Belegschaft der Erdölbohrstellen war bereits seit geraumer Zeit nicht mehr ausreichend. Die Gewi beklagte einen krankheitsbedingten Ausfall von zehn Prozent. Dabei handele es sich fast ausnahmslos um Leute, die infolge von Unterernährung nicht mehr im Besitz ihrer Arbeitskräfte waren. Nicht nur auf den Bohrstellen, sogar in den Betriebsbüros wurde die unterernährte Belegschaft regelmäßig ohnmächtig. Gravierende Folgen dieses Ernährungsmangels sah das Unternehmen nicht nur in der Beeinträchtigung der Erdölförderung, sondern auch in den verheerenden psychologischen Auswirkungen, die zu Sabotageakten und Diebstählen führten.[88]

Der Hauptgrund für die schlechte Lebensmittelversorgung lag in der gezielten und systematischen Ausplünderung des GG. In einem Bericht zu »Ernährungslage und Abwehrschutz im Erdölgebiet« vom 1. August 1942 hieß es: »In bemerkenswertem Gegensatz zur stark fallenden Leistungskurve steht die steigende Ziffer der Särge, welche die Gesellschaft ihren Gefolgschaftsmitgliedern geschenkweise im Todesfall überlässt. Während im Sommer 1941 die Zahl dieser Särge 2 Stück monatlich betrug, im Herbst auf 4 Stück anstieg, betrug diese Zahl im März 1942 bereits 18 und jetzt durchschnittlich 15 bis 20 Särge, denn die Unterernährung bringt es naturgemäß mit sich, dass die Arbeiter nahezu jeder Krankheit zum Opfer fallen.«[89]

Auch Kurt Sennewald – IG-Farben-Mitarbeiter, Berater von Krauch und im WiStab Ost tätig – berichtete über seinen Besuch der galizischen Erdölindustrie im Sommer 1942, dass die größte Sorge die Ernährungsfrage bereite. Bei Beibehaltung der jetzigen Lage werde infolge von Entkräftung und der rapide ansteigenden Zahl von Todes-

87 Vgl. Kasper, Erdölgewinnung, S. 85 f.

88 Vgl. Schreiben Gewi an den Sonderbevollmächtigten für die Erdölwirtschaft im GG vom 6.11.1941, in: BAB, R 52-XI, Nr. 5, Bl. 62 f.

89 Vgl. Karlsch/Stokes, Faktor Öl, S. 228 f. (Zitat ebd.).

fällen die Produktion kaum gehalten werden können. Besonders in Ostgalizien sei ein geradezu katastrophaler Sterblichkeitsgrad erreicht worden.[90]

Im Februar 1943 gewährte Göring in seiner Funktion als Beauftragter für den VJP der Karpathen Öl AG den Status eines kriegswichtigen Betriebs, was bedeutete, dass ab Mitte Mai die Lebensmittelrationen erhöht werden konnten. Man führte die »Warthegausätze« ein, die in den in das Reich eingegliederten Gebieten des ehemaligen Polens galten. Damit besserte sich die Versorgung der Belegschaft und ihrer Angehörigen spürbar, wie der Historiker Rainer Karlsch konstatiert.[91]

Die weitgehende Behebung der Ernährungsschwierigkeiten durch die Neuregelung der Lebensmittelversorgung für Rüstungsarbeiter bestätigte Große ein gutes Jahr später in einem Vortrag vor der Rüstungskommission im GG im März 1944. Er unterstrich dabei auch die Bedeutung der Werksküchen für die Leistungsfähigkeit der Arbeiter. Es fehlten aber weiterhin Gegenstände des täglichen Bedarfs, wie Textilien und Schuhwerk.[92]

Die angespannte Lage bei der Versorgung der Betriebe mit Arbeitskräften blieb ein Thema, und so wurde im August 1943 auch der Einsatz von Arbeitern der zerstörten Ölraffinerien in Hamburg bei der Karpathen Öl AG erwogen.[93] Die Raffinerie in Jaslo klagte im November 1943 über Engpässe beim Neubau, da das Arbeitsamt nicht im Stande war, die geforderten Arbeitskräfte zur Verfügung zu stellen. Sämtliche zugewiesenen Arbeiter müssten dienstverpflichtet werden, dementsprechend gering sei ihre Arbeitsleistung. Die täglichen Ausfälle durch Krankheit und Abwesenheit bewegten sich zwischen 20 und 25 Prozent.[94]

Ein hausgemachtes Problem ergab sich daraus, dass die festgelegten Löhne zumeist nur zu einem Bruchteil ausgezahlt wurden. Um unter diesen katastrophalen Bedingungen dennoch eine Arbeitsdisziplin zu erzwingen, wurden schwere Betriebsstrafen verhängt. Diese Verhältnisse führten zu noch geringeren Arbeitsleistungen sowie Widerstand in der Belegschaft.[95] Erst im März 1944 hielt Große eine geringe Lohnerhöhung für angebracht. Er hatte neben dem Stundenlohn- ein Prämiensystem für Bohrleistung und Ölförderung sowie für die Untertagebetriebe ein Akkordsystem eingeführt.[96]

90 Vgl. Reisebericht Sennewald über den Besuch der galizischen Erdölindustrie in der Zeit vom 30.6.-4.7.1942 vom 13.7.1942, S. 2 ff., in: StaN, KV-Anklage, Dok. Fotokopien, NI-14577; Eichholtz, Ölpolitik, S. 496.

91 Vgl. Karlsch/Stokes, Faktor Öl, S. 229; Die wesentlichen Probleme, ihre Entwicklung und ihre Lösung im 2. Vierteljahr 1943 vom Rüstungsinspekteur im GG, in: BA-MA, RW 23, Nr. 3, Bl. 40-46, hier Bl. 43; Vorläufige Jahresübersicht 1942 der Karpathen Öl AG vom 11.1.1943, in: BAB, R 3101, Nr. 15335, Bl. 81-87, hier Bl. 85.

92 Vgl. Vortrag von Grosse vor der Rüstungskommission im GG am 8.3.1944, S. 1 f. und 4 f., in: DEA-Archiv, 43-13, Nr. 11.

93 Vgl. Diensttagebuch vom 4.8.1943, in: Präg/Jacobmeyer (Hg.), Diensttagebuch, S. 720.

94 Vgl. Bericht der Raffinerie Jaslo vom 17.11.1943, in: BAL, B 162, Nr. 3740, Bl. 171-174, hier Bl. 174.

95 Vgl. Kasper, Erdölgewinnung, S. 86.

96 Vgl. Vortrag von Grosse vor der Rüstungskommission im GG am 8.3.1944, S. 2 f., in: DEA-Archiv, 43-13, Nr. 11.

Im Sommer 1942 beschrieb Sennewald den Personalbestand der Karpathen Öl AG mit Blick auf das polnische Personal als ausreichend. Deutsches Personal war hingegen rar – seiner Schätzung nach kam ein Deutscher auf 500 Polen.[97] Anfang 1943 verfügte das Unternehmen insgesamt über 28.000 Arbeitskräfte, darunter 2.571 Angestellte.[98] Die Belegschaft stieg 1943 weiter auf 30.085 Beschäftigte, darunter befanden sich aber nur 353 Reichsdeutsche, ein Umstand, der dem Unternehmen augenscheinlich Schwierigkeiten bei der Durchführung seiner Aufgaben bereitete.[99] Am Jahresende 1943 war die Belegschaft auf 32.500 Arbeitskräfte angewachsen, darunter 263 reichsdeutsche Angestellte (0,8 Prozent). Die Produktion wurde aus Unternehmenssicht in erster Linie durch den Mangel an fachlich qualifiziertem deutschen Personal beeinträchtigt.[100]

Nach Verfügung der Rüstungsinspektion im GG vom 20. Januar 1944 wurde die Karpathen Öl AG zum Rüstungsbetrieb erklärt, was die Situation spürbar verbesserte.[101] Im März 1944 berichtete Große über insgesamt 33.000 beschäftigte Arbeitskräfte bei der Karpathen Öl AG, darunter 29.000 Arbeiter und 4.000 Angestellte für die qualifizierteren Tätigkeiten. Der Bedarf an Arbeitskräften war zwar weitgehend gedeckt, an Fachkräften herrschte jedoch weiter Mangel.[102] Bis Ende 1944 war die Belegschaft auf 6.000 Personen geschrumpft, davon 247 Reichsdeutsche (237 Angestellte und 10 Arbeiter) sowie 29 Volksdeutsche (15 Angestellte und 14 Arbeiter).[103]

Jüdische Arbeitskräfte

Zur Ghettoisierung der Juden und deren Ausschluss aus der Produktion äußerte sich der Chef des WiStabs Ost, Generalleutnant Wilhelm Schubert im Juli 1941 wie folgt: »Zur Judenfrage wichtig Drohobyczer Erfahrung, daß dortige Raffinerie nur 1 knappe Woche die leitenden Juden gebraucht hat, und heute ganz judenfrei arbeiten kann. Gegen frühere Kriege abweichende Haltung der Juden uns gegenüber tritt immer mehr in Erscheinung und verlangt baldige Ghettoisierung, damit die zuverlässigen örtlichen Nicht-Juden zum Zuge kommen und unsere wirtschaftliche Arbeit

97 Vgl. Reisebericht Sennewald über den Besuch der galizischen Erdölindustrie in der Zeit vom 30.6.-4.7.1942 vom 13.7.1942, S. 2, in: StaN, KV-Anklage, Dok. Fotokopien, NI-14577.

98 Vgl. Schreiben Hauptverwaltung der Karpathen Öl AG an Bentz vom 11.1.1943, S. 5, in: BGR, 0049302.

99 Vgl. Memorandum »Karpathenöl A.G.«, o. Dat. (1943), S. 3, in: BAB, R 176, Nr. 89.

100 Vgl. Auszug aus dem Bericht des Vorstands der Karpathen Öl AG über die Geschäftstätigkeit seit dem 1.10.1942 vom 25.2.1944, S. 2 f., in: DEA-Archiv, 43-13, Nr. 23; Kasper, Erdölgewinnung, S. 85.

101 Vgl. KTB RüKdo Lemberg für die Zeit vom 1.1. bis 31.3.1944 vom 8.4.1944, in: BA-MA, RW 23, Nr. 15, Bl. 2.

102 Vgl. Vortrag von Grosse vor der Rüstungskommission im GG am 8.3.1944, S. 3, in: DEA-Archiv, 43-13, Nr. 11.

103 Vgl. Jahresbericht 1944 der DEA vom 30.1.1947, S. 18, in: ebd., 14-2, Nr. 3063.

nicht durch jüdische Gegenpropaganda gefährdet wird.« Schubert unterschlug dabei, dass jüdische Facharbeiter für die deutschen Besatzer häufig unersetzlich waren und im Fall der jüdischen Ölarbeiter von Drohobycz sogar zurückgeholt werden mussten.[104] Die zahlreichen jüdischen Mitarbeiter in den Raffinerien und Verwaltungen der Erdölbetriebe Ostgaliziens wurden zwar in der Tat wenige Tage nach dem deutschen Einmarsch zunächst entlassen. Doch rasch stellte sich heraus, dass kein anderes qualifiziertes Personal greifbar war. So waren zum Beispiel die jüdischen Sekretärinnen in der Regel die einzigen, die die deutsche Sprache beherrschten. Spätestens Anfang 1942 wirkte sich die antisemitische Personalpolitik negativ auf die Wirtschaftlichkeit der Betriebe aus.

Bereits Ende 1941 wies das Arbeitsamt Drohobycz der Erdölindustrie wieder jüdische Kräfte zu, zunächst nur wenige Spezialisten, bald folgten Angestellte für die Buchhaltung, Magazinverwaltung, Sekretärinnen und Arbeiter. Im Herbst 1942 waren fast 2.000 jüdische Zwangsarbeiter bei der Karpathen Öl AG tätig, davon mehr als 1.700 in Boryslaw. Die jüdischen Techniker, Facharbeiter und Kaufleute waren für das Unternehmen unentbehrlich.[105]

Für die Zuweisung von Zwangsarbeitern zur Konti war Karl Wolff verantwortlich, der Chef des persönlichen Stabs des RFSS. Die Konti entwickelte sich zu einem der größten Einzelausbeuter jüdischer KZ-, Ghetto- und Gefängnisarbeit in der Geschichte. Laut Aufzeichnungen des Internationalen Roten Kreuzes unterhielt allein die Karpathen Öl AG zehn eigene Lager für Juden.[106]

Das Lager in Drohobycz wurde 1942 für 1.200 jüdische Häftlinge, darunter 300 Frauen, eingerichtet und im April 1944 geschlossen. Die Zwangsarbeiter wurden in das KZ Plaszow verbracht. Im Dezember 1942 gründete das Unternehmen ein Zwangsarbeiterlager für Juden in Boryslaw. Dort waren 2-3.000 männliche und 4-500 weibliche Häftlinge untergebracht, die 1944 ebenfalls in das KZ Plaszow und nach Auschwitz kamen.[107]

Am 6. August 1942 setzten die Deportationen ein, auch in Drohobycz. Die Betriebsinspektion wandte sich an die Unternehmensleitung in Berlin mit der Bitte, sich für den Verbleib der Arbeiter einzusetzen. Nach Interventionen bei Göring und im RSHA konnte dies auch erreicht werden. Schon seit Juli 1942 waren jüdische Arbeiter, die für die Karpathen Öl AG in Boryslaw und Drohobycz tätig waren, interniert worden. Kasernierung und Verpflegung der jüdischen Zwangsarbeiter erfolgten durch das Unternehmen, die Bewachung durch den eigenen Werkschutz.

104 Vgl. Gerlach, Morde, S. 528 (Zitat ebd.).

105 Vgl. Pohl, Judenverfolgung, S. 166; Karlsch/Stokes, Faktor Öl, S. 230; Grieger/Karlsch, Treibstoff, S. 343 ff. So stellte etwa der Judenrat Boryslaw im Juni 1942 75 seiner männlichen Angestellten der Arbeitsamtsnebenstelle Boryslaw für körperliche Arbeiten bei der Gewi zur Verfügung. Vgl. Schreiben Judenrat Boryslaw an Aussenstelle der Sipo und des SD Drohobycz vom 3. 7. 1942, in: DALO, R 1942-1-2, Bl. 3.

106 Vgl. Simpson, Beast, S. 202 und 224 f.

107 Vgl. Lagersystem, S. 683.

Auch wenn es bereits zuvor unablässig Massendeportationen und Mordaktionen an der jüdischen Bevölkerung gegeben hatte, begann doch im Herbst 1942 die zentrale Phase der »Endlösung«, die Himmler im GG bis zum Jahresende abgeschlossen sehen wollte. Anfang September 1942 begann die SS, die jüdischen Zwangsarbeiter den Standorten der Erdölindustrie zu entziehen. In Drohobycz und Boryslaw wurden Lager für die jüdischen Arbeiter eingerichtet.[108]

Die DEA-Direktoren wussten um die grausame Behandlung der Juden. Schlicht schrieb in seinen Erinnerungen: »Zum ersten Mal sah ich bei einer Befahrung der galizischen Erdölfelder Kolonnen von Juden mit dem Davidstern, die zur Arbeit getrieben wurden.« Als der Geschäftsführer der Karpathen Öl AG, Hermann Malz, »einen SS-Mann wegen der schlechten Behandlung durchkommender Judentransporte ansprach, habe dieser aus dem danebenstehenden Zug ein Kind gerissen und auf dem Bahnsteig erschlagen mit den Worten: ›Wollen sie noch etwas von mir wissen?‹«[109]

Das Rüstungskommando (RüKdo) Lemberg wandte sich am 15. September 1942 an den SS- und Polizeiführer (SSPF) Fritz Katzmann und setzte ihn über einen Bescheid des Wirtschaftsamts des OKW in Kenntnis, demzufolge jeder störende Eingriff in Mineralölbetriebe zu unterbleiben habe. Der Abzug jüdischer Arbeitskräfte dürfe erst erfolgen, wenn Ersatz sichergestellt sei. Es sei notwendig, Abzüge jüdischer Arbeitskräfte aus Erdölbetrieben nur nach Absprache mit dem RüKdo vorzunehmen.[110] Das OKW drohte der SS-Führung gar mit einer Meldung bei Göring. Diese Interventionen blieben nicht ohne Wirkung: Am 17. September befahl Eichmann, »Abzüge« von Juden der Erdölgesellschaft nur dann vorzunehmen, wenn nichtjüdischer Ersatz gestellt werden konnte. Der Kampf um die R-Abzeichen (»Rüstungs-Juden«), also um das Leben der jüdischen Arbeiter, ging noch anderthalb Jahre weiter.[111] Nach den Richtlinien des SSPF im Distrikt Galizien vom Oktober 1942 waren die in den Rüstungsbetrieben eingesetzten jüdischen Arbeitskräfte grundsätzlich zu kasernieren, seit dem 1. November sollten sie keinen Barlohn mehr erhalten. Die Betriebsleitungen mussten für jede jüdische Arbeitskraft pro Kalendertag und Schicht für Männer fünf und für Frauen vier Złoty an die SS abzuführen.[112]

Die eigentlichen Zwangsarbeitslager der SS wurden in Galizien zwischen Oktober und Dezember 1942 errichtet: das sogenannte Karpathen Öl-Lager und das Frauen-

108 Vgl. Pohl, Judenverfolgung, S. 237; Sandkühler, Endlösung, S. 347; Karlsch/Stokes, Faktor Öl, S. 230.

109 Vgl. Grieger/Karlsch, Treibstoff, S. 345 (Zitat ebd.).

110 Vgl. Schreiben RüKdo Lemberg an SSPF Galizien Katzmann vom 15.9.1942, in: BAL, B 162, Nr. 3740, Bl. 180.

111 Vgl. Pohl, Judenverfolgung, S. 237; Sandkühler, Endlösung, S. 347; Karlsch/Stokes, Faktor Öl, S. 230; Schreiben Chef der Sipo und des SD, Amt IV B 4, an den Chef des Persönlichen Stabs des RFSS, Wolff, vom 17.9.1942, in: BAB, NS 19, Nr. 1757, Bl. 5 (Zitat ebd.).

112 Vgl. Schreiben SSPF Galizien an RüKdo Lemberg vom 23.10.1942, in: IMT, Bd. 37, Nürnberg 1949, S. 398-401 (Auszug aus Dokument L-018), hier S. 399 f.

Lager Hyrawka in Drohobycz sowie das Zwangsarbeitslager Limanowa in Boryslaw. Dieser ganze Komplex unterstand dem Mitarbeiter des SSPF, Erich Minkus. Trotz der Morde in den Lagern und der Selektionen für die Massenerschießungen gelang es der Karpathen Öl AG, einem Teil ihrer Arbeiter das Leben zu retten. Die meisten weiblichen Häftlinge, die nicht in den Raffinerien arbeiteten, wurden jedoch ermordet.[113] Im November 1942 zeichnete sich die neue strategische Linie des SSPF ab: Die jüdischen Zwangsarbeitskräfte in der Erdölindustrie sollten weiter reduziert und die Facharbeiter-Stammbelegschaft in Zwangsarbeiterlagern untergebracht werden. Die Karpathen Öl AG erhielt 1.670 R-Abzeichen.[114] Am 12. Juni 1943 erschoss die Sipo 150 jüdische Frauen, die für das Unternehmen gearbeitet hatten. Die Karpathen Öl AG beschwerte sich: »Die Juden, deren Familien bereits umgesiedelt wurden, zeigen wenig Arbeitseifer. Die in der Aufstellung enthaltenen Zahlen sind heute bereits vollkommen illusorisch, da man durch die fast täglich stattfindenden Umsiedlungen völlig die Übersicht verloren hat, zumal sich viele Juden immer wieder versteckt halten und tagelang nicht zur Arbeit erscheinen.«[115]

Im Sommer 1943 begann die letzte Phase des Judenmords im GG. Auf Weisung von Himmler sollten nun alle Ghettos und Zwangsarbeitslager aufgelöst und die Insassen umgebracht werden. Die letzten jüdischen Zwangsarbeiter in Ostgalizien arbeiteten für die Karpathen Öl AG und auf Farmen im Raum Jagielnica. Gemäß Himmlers Anweisungen sollten auch die Erdölarbeiter bis zum 1. August 1943 ermordet werden. Deshalb setzten Ende Juli 1943 intensive Verhandlungen um das Leben dieser Menschen ein. Am 31. Juli sprach die Rüstungsinspektion mit dem Höheren SS- und Polizeiführer (HSSPF) in Krakau darüber, am 2. August intervenierte der Mineralöl-Beauftragte bei Göring, die Führung der Karpathen Öl AG im OKW und bei Kaltenbrunner. Lediglich der neue Befehlshaber der Sipo, Walther Bierkamp, plädierte eindeutig für die Ermordung der Arbeiter: »SS-Oberführer Bierkamp weist darauf hin, daß man die Arbeiter der zerschlagenen Ölraffinerien in Hamburg gut bei der Karpathenöl-A. G. einsetzen könne, wenn man dort beschäftigte Juden aussiedle.«

Bereits einige Wochen zuvor hatte Himmler die Errichtung eines KZ für die jüdischen Zwangsarbeiter in Drohobycz angeordnet, diese Ausnahmeregelung war allerdings vertraulich zu behandeln. Wahrscheinlich wollte Himmler auch in der Erdölbranche einen der SS unterstehenden Betrieb aufbauen. Dies wiederum rief Krauch und Bentz auf den Plan, die eine Teilübernahme der Karpaten Öl AG durch die SS befürchteten. Beide drängten nun ihrerseits auf eine Reduzierung der Zahl der jüdischen Facharbeiter, um Himmler keinen Vorwand für eine Übernahme zu liefern.

Die Direktion der Karpathen Öl AG war hingegen an der Fortsetzung des jüdischen Arbeitseinsatzes interessiert. Für sie war die wirtschaftliche Effizienz ausschlag-

113 Vgl. Pohl, Judenverfolgung, S. 343.
114 Vgl. Karlsch/Stokes, Faktor Öl, S. 230.
115 Vgl. Pohl, Judenverfolgung, S. 260 (Zitat ebd.).

gebend, und die Juden waren billige Arbeitskräfte und leisteten mehr als andere Beschäftigte. So gab es Bohrtürme, die ausschließlich von Juden bedient wurden, auch in den Werkstätten gab es einen hohen Anteil jüdischer Facharbeiter. Am 2. August 1943 befahl Himmler, »unersetzbare« jüdische Fachkräfte bei der Karpaten Öl AG unbefristet zu belassen.[116] Zum 10. August 1943 waren in den Betrieben der Karpathen Öl AG insgesamt 1.911 Juden beschäftigt. Von ihnen arbeiteten allein 1.279 bei der Betriebsinspektion Boryslaw, darunter 719 Facharbeiter.[117]

Der Leiter des Arbeitsamts Lemberg empfahl der Hauptverwaltung der Karpathen Öl AG Ende August 1943, die Weiterbeschäftigung der jüdischen Facharbeiter zu beantragen, andererseits aber »einzelne Fachkräfte, für die durch betriebliche Organisation oder durch Gestellung von Arbeitskräften keine Notwendigkeit zum Einsatz mehr vorliegt, der Polizei zwecks anderweitiger Verwendung zur Verfügung zu stellen«.[118] Nachdem die Karpathen Öl AG auf Druck der Dienststelle Bentz zwischenzeitlich eine weitere Musterung ihres »Judeneinsatzes« durchgeführt und die Zahl der unersetzlichen Facharbeiter auf 560 festgelegt hatte, verlangten Bentz und Krauch, die Juden beschleunigt »auszukämmen«.[119]

Am 2. Oktober 1943 kam es zu einem Zusammenstoß zwischen dem Jasloer Vertreter der Karpathen Öl AG und dem SSPF Julian Scherner. Der Firmenvertreter war auf Bitte der SS in das Lager Szenbie gekommen, um Einzelheiten für den weiteren »Judeneinsatz« zu besprechen, wurde dort aber von Scherner empfangen, der lauthals beklagte, dass noch kein Vorstandsmitglied des Unternehmens ihm seine Aufwartung gemacht habe. Scherner wollte keinen einzigen Juden mehr stellen, ließ sich aber umstimmen.[120]

Krauch bat Mitte Oktober 1943 Himmler, die 560 unverzichtbaren jüdischen Fachkräfte nicht zu deportieren, sondern eine Weiterbeschäftigung der bisher schon auf

116 Vgl. ebd., S. 306 f. (Zitat ebd.); Karlsch/Stokes, Faktor Öl, S. 230 f. Die Karpathen Öl AG hatte über Bentz bei Göring darum gebeten, die jüdischen Fachkräfte, die nicht ersetzt werden konnten, in den Lagern innerhalb der Betriebe belassen zu dürfen. Der Reichsmarschall war einverstanden. Vgl. Schreiben Brandt, Persönlicher Stab des RFSS, an Krüger, HSSPF Ost, vom 2. 8. 1943, in: BAB, NS 19, Nr. 960, Bl. 1. Vgl. dazu: Eintrag vom 2. August 1943, in: Uhl u. a. (Hg.), Organisation, S. 389.

117 Vgl. Schreiben Hauptverwaltung der Karpathen Öl AG an RüKdo Lemberg vom 10. 8. 1943, in: IfZ, FA 506/15, Bl. 6-10, hier Bl. 6.

118 Vgl. Schreiben Leiter des Arbeitsamts Drohobycz an die Hauptverwaltung der Karpathen Öl AG vom 30. 8. 1943, in: ebd., Bl. 72-74 (Zitat Bl. 74).

119 Vgl. Sandkühler, Endlösung, S. 386. Die Karpathen Öl AG hatte Bentz am 21. September 1943 mitgeteilt, wie viele unentbehrliche Fachkräfte unter den in den Betrieben tätigen Juden waren und wie viele durch andere Kräfte nach Einarbeitung ersetzt werden konnten. Vgl. Schreiben Karpathen Öl AG an den Beauftragten für die Förderung der Erdölgewinnung, Prof. Bentz, vom 21. 1. 1944, in: IfZ, FA 506/15, Bl. 26 f.

120 Vgl. Sandkühler, Endlösung, S. 387. Zwei Tage nach dem Disput erschien der SSPF Krakau, Julian Scherner, zusammen mit dem BdS für das GG, Karl Eberhard Schöngarth, zum Rapport bei Himmler. Vgl. Eintrag vom 4. Oktober 1942, in: Dienstkalender, S. 580.

den Baustellen der Raffinerien tätigen 1.963 jüdischen Arbeiter anzuordnen und eine weitere Zuweisung zu genehmigen.[121] Anfang 1944 setzte in Berlin angesichts der kritischen militärischen Lage ein Umdenken in der Frage der jüdischen Zwangsarbeiter ein, und auch in Ostgalizien schlug die Rüstungsinspektion sogar eine Vergrößerung der Zahl der jüdischen Rüstungsarbeiter vor.

Das letzte Kapitel der Judenmorde bildete die Evakuierung vor der anrückenden Roten Armee. Dies betraf vor allem die Lager der Karpathen Öl AG. Die jüdischen Arbeitskräfte waren ab März/April 1944 wegen des Arbeitskräftemangels nicht mehr ermordet, sondern in Zwangsarbeitslager eingeliefert worden. So kamen bei der Karpathen Öl AG wieder an die 2.000 Häftlinge zusammen. Sie wurden am 13. April nach Krakau-Plaszow und nach Westen deportiert.[122] In einem Nachkriegsbericht betonte das Unternehmen, dass man sich wiederholt für einen Verbleib der jüdischen Arbeitskräfte stark gemacht und dafür alle relevanten Dienststellen kontaktiert habe, bis nach Berlin. Nur diesen Interventionen sei es zu verdanken, dass ein Abzug der jüdischen Arbeitskräfte aus Drohobycz und Boryslaw nicht erfolgt sei.[123]

Der »Judeneinsatz« der Karpathen Öl AG bestätige, so der Historiker Thomas Sandkühler, Ulrich Herberts Befund, dass die deutsche Industrie am Schicksal der Häftlinge nur insoweit interessiert war, als es für die Steigerung der Produktion bedeutsam gewesen sei. Im Fall der Karpathen Öl AG habe gerade die Orientierung auf Effizienz und Gewinn dazu geführt, dass sich das Unternehmen an Selektionen beteiligt und ohne zwingenden Grund ungelernte Arbeiter gegen Facharbeiter ausgetauscht habe. Gleichzeitig sei der Druck von außen gewachsen, die »Auskämmung« der Juden entschlossen voranzutreiben, damit das Unternehmen nicht Gefahr lief, dass die Produktion durch einen plötzlichen Entzug aller jüdischen Arbeitskräfte zusammenbrach.[124]

Auf die mittlerweile gut dokumentierten Rettungsinitiativen von Berthold Beitz, dem nach Oskar Schindler vermutlich bekanntesten deutschen »Judenretter«, der in leitender Position für die Gewi bzw. die Karpathen Öl AG arbeitete, kann hier nicht detailliert eingegangen werden.[125] Doch so viel sei gesagt: In einer Nachkriegsbefragung berichtete Beitz, dass etwa 18 Prozent aller Fachkräfte der Karpathen Öl AG Juden gewesen seien und das Unternehmen aus Gründen der Produktionssteigerung

121 Vgl. Schreiben GBChem an RFSS Himmler vom 18.10.1943, in: IfZ, FA 506/15, Bl. 11 f.

122 Vgl. Karlsch/Stokes, Faktor Öl, S. 231; Pohl, Judenverfolgung, S. 383 f.

123 Vgl. Bericht über die Betriebsführung der Karpathen Öl AG vom 7.9.1945, S. 22, in: DEA-Archiv, 43-13, Nr. 12. Die Nachkriegsaussagen der überlebenden ehemaligen jüdischen Arbeitskräfte fielen weniger wohlwollend aus. Ein in einer Gärtnerei des Unternehmens beschäftigter Jude berichtete, von den Aufsehern misshandelt und geschlagen worden zu sein. Vgl. Befragung von Leonhard Seif in München am 9.11.1950, in: BAL, B 162, Nr. 17076, Bl. 61 ff., hier Bl. 62 f.

124 Vgl. Sandkühler, Zwangsarbeit, S. 261.

125 Vgl. zu diesem Komplex: Käppner, Beitz; Sandkühler, Endlösung; ders., Zwangsarbeit; ders., Beitz; Interview mit Berthold Beitz: »Ich musste es einfach tun«, in: SZ vom 1.2.2008.

darauf bedacht gewesen sei, diese dort zu belassen. Obwohl die Beschäftigung von Juden in der Verwaltung grundsätzlich verboten gewesen sei, so Beitz, habe er mit Hilfe von SS-Hauptsturmführer Friedrich Hildebrand, der für die Lager in Boryslaw und Drohobycz verantwortlich war, dennoch 300 bis 400 jüdische Hilfskräfte in der Verwaltung beschäftigt.[126]

Die Erdöl-Raffinerie Trzebinia GmbH

Aus der Vera wurde – analog zur Umfirmierung der Beskiden-Gesellschaften in Karpathen Öl AG – am 13. März 1942 ein neues Unternehmen ausgegründet, die Erdöl-Raffinerie Trzebinia GmbH. Ihr Kapital betrug zwei Mio. RM, das sich fast vollständig im Besitz der Konti befand. Laut Beschluss der GV vom 5. Mai 1943 wurde das Kapital um zwei Mio. RM erhöht. Als Prokuristen fungierten Ernst Stamme und Martin Geißler, Geschäftsführer waren Johannes Becker und Werner Schwaß (bis zum 31.10.1943) sowie Philipp Rudolf Planckh (vom 20.7.1943 bis 30.9.1944). Im Beirat saßen Blessing, Brochhaus und Fischer.[127]

Die Dresdner Bank wollte Ende März 1942 der Konti den Gegenwert von 1,8 Mio. in französischen Francs aus dem Erlös der in den Niederlanden zu kaufenden Pétroles-Obligationen für den Erwerb der Erdölraffinerie Trzebinia in Oberschlesien, die zum Małopolska Konzern gehörte, zur Verfügung stellen. Bereits im August 1941 hatte die Bank der Konti angeboten, beim Ankauf von Teilen des Małopolska-Konzerns zu vermitteln.[128]

Die Dresdner-Bank-Filiale in Kattowitz bemühte sich intensiv, enge Geschäftsbeziehungen zu der Erdöl-Raffinerie herzustellen, da man die Entwicklung des Unternehmens in der Zentrale als positiv einstufte. Die Bank bot der Raffinerie einen Barkredit in Höhe von 300.000 RM, unter Umständen sogar 500.000 RM an. Diese Offerte wurde angenommen.

Die neue Kundenverbindung zur Trzebinia zahlte sich für die Dresdner Bank bald aus, als die Rüstungsplaner in Berlin forderten, dass die Raffinerie ihren Ausstoß deutlich steigern müsse, wozu sie ihre Betriebsanlagen erheblich ausbauen musste. Zu diesem Zweck plante man in Trzebinia, einen Kredit in Höhe von 16 Mio. RM aufzunehmen. Nach längeren Verhandlungen engagierte sich die Dresdner Bank bei dem Kredit mit einer Quote von 30 Prozent oder 4,8 Mio. RM. Auf die Deutsche Industriebank entfielen 50 Prozent, auf die Commerzbank 20 Prozent der Kreditsumme. Die Erdölraffinerie Trzebinia legte sofort ein groß angelegtes Ausbau- und Investitionsprogramm auf. Im November 1944 tauchten zwar Zweifel an der Bonität des Schuldners auf, und bei der Dresdner Bank mehrten sich Stimmen, die eine Bürgschaft der

126 Vgl. Befragung Beitz am 28.11.1950, in: BAL, B 162, Nr. 17077, Bl. 128-132, hier Bl. 129.

127 Vgl. Konzerndaten zur Konti, in: BAB, R 176, Nr. 348; Handelsregister, 4/1943.

128 Vgl. AN Dresdner Bank-Mitarbeiter Marty vom 24.3.1942, in: SfS-Archiv, OMGUS-Report Dresdner Bank, Exhibit 145; Wixforth, Expansion, S. 851.

Konti als Kreditsicherheit forderten. Doch Blessing verstand es Mitte Januar 1945, die Zweifel zu zerstreuen; das Unternehmen sei »gesund«.[129]

Die deutsche Waffenstillstandskommission in Wiesbaden überwachte die Einhaltung der Frankreich im Waffenstillstand vom 25. Juni 1940 auferlegten militärischen Bedingungen. Der Chef der bei ihr ressortierten deutschen Wirtschaftsdelegation, Hans-Richard Hemmen, berichtete dem AA am 12. Mai 1942 über den Erwerb französischer Beteiligungen an ausländischen Unternehmen. Fünf Tage zuvor hatte die Französische Abordnung der Waffenstillstandsdelegation für Wirtschaft die Zustimmung der französischen Regierung zum Erwerb der Erdöl-Raffinerie Trzebinia von der Société Française Industrielle et Commerciale des Pétroles durch die Konti zum Preis von 36 Mio. Francs gegen Überlassung französischer Anleihen mitgeteilt.[130]

Im April/Mai 1942 übernahm die Erdöl-Raffinerie Trzebinia den Betrieb der Zwizakowa Raffinerja Oljow Skalmyk Akcyna. Der Kaufpreis betrug zwei Mio. RM plus drei Prozent Zinsen. Krauch gab im März 1943 den Auftrag, die Verarbeitungskapazität der Raffinerie auf 270.000 Jahrestonnen Rohöl zu erhöhen. Die im Mai 1943 begonnenen Arbeiten konnten wegen Umplanungen und Arbeitermangel in diesem Jahr jedoch nicht beendet werden. Größere Baufortschritte gab es erst 1944, die wichtigsten Erweiterungen wurden im Herbst 1944 beendet.[131]

Durch die drohenden alliierten Luftangriffe auf die Ölverarbeitungsanlagen in Norddeutschland wurde die Erweiterung der Raffinerie Trzebinia kriegswichtig. Für den Ausbau sollten vor allem Apparaturen, die nach dem Scheitern des Kaukasusprogramms freigeworden waren, verwendet werden. Mit Hilfe einer ebenfalls aus diesem Grund zur Verfügung stehenden Vacuum-Destillation und der aus Gravenchon zu entnehmenden Duosol-Anlage sollte der Ausbau so beschleunigt werden, dass zum Herbst 1944 die Inbetriebnahme der Schmierölerzeugung erfolgen konnte.[132]

Unter Berücksichtigung des besonderen Wagnisses wurden vom RFM folgende Garantien gewährt: Bei Unterbeschäftigung der Anlage würde der Kapitaldienst auf die nicht genutzten Kapazitäten entfallen und das Reich würde bei einem Überschuss in der Betriebsführung bei bis zu 66.000 Jahrestonnen Fertigprodukten zu

129 Vgl. Wixforth, Ausbeutung, S. 367 ff. Gegenüber der Dresdner Bank stellte Blessing die wirtschaftlichen Verhältnisse der Raffinerie im Januar 1945 als geordnet und gesund dar. Vgl. AN Alfred Buch, Vorstandsmitglied der Dresdner Bank, vom 12.1.1945, in: StaN, KV-Anklage, Dok. Fotokopien, NI-6875.

130 Vgl. Auszug aus einem Schreiben von Hans-Richard Hemmen an das AA vom 12. Mai 1942 über den »Erwerb« weiterer französischer Beteiligungen an ausländischen Unternehmen, in: Nestler (Hg.), Okkupationspolitik, Dok. 111, S. 210. Mitte 1942 verhandelte die Dresdner Bank, Paris, über den Kauf von Beteiligungen an der Erdölraffinerie Trzebinia für die Konti. Vgl. Wixforth, Expansion, S. 851.

131 Vgl. Bericht DRT über Prüfung des Jahresabschlusses zum 31.12.1943 bei der Erdöl Raffinerie Trzebinia GmbH, S. 4 f., 8 und 11, in: BAB, R 8135, Nr. 3775.

132 Vgl. Schreiben GBChem an Konti, Blessing, vom 18.3.1943, in: ebd., R 176, Nr. 32; AV von Abs vom 30.3.1943, in: ebd., R 8119-F, Nr. 1825, Bl. 40.

25 Prozent, bei höherer Erzeugung bis 66.000 Jahrestonnen mit 25 Prozent, für das darüber hinausgehende Quantum mit 50 Prozent beteiligt. Die Garantie galt für die Dauer von acht Jahren.[133]

Im Januar 1946 meldeten Dihlmann und Schulze-Brachmann die Abwicklung der Erdölraffinerie Trzebinia GmbH. Diese lag in den Händen des ehemaligen Geschäftsführers Johannes Becker, der als Treuhänder fungierte.[134] Seinen Angaben zufolge war das Gesellschaftskapital seit Gründung 1942 auf vier Mio. RM festgesetzt worden, von denen 2,5 Mio. RM eingezahlt worden waren. Die Raffinerie sei von den französischen Vorbesitzern auf der Basis eines kommerziellen Kaufvertrags erworben worden. Veranlasst durch den kriegsbedingten Ausfall von Kapazitäten, hatten die damaligen Reichsstellen den Auftrag erteilt, die Anlagen erheblich auszubauen. Mitte 1944 musste man einen Teil der geplanten Neuanlagen an einen Standort in der Nähe von Glatz/Oberschlesien verlegen. Im Januar 1945 wurde die Raffinerie schließlich aufgegeben. Mit einem kleinen Abwicklungsstab wurde die Verwaltung nach Bad Hersfeld verlegt, wo sich seit dieser Zeit auch der wirtschaftliche Sitz der Gesellschaft befand, während der handelsrechtliche Sitz in Berlin verblieb.

Die Erdölraffinerie Trzebinia GmbH war mit der Muttergesellschaft durch einen Organschaftsvertrag verbunden, der bis zum 20. Juni 1948 Rechtsgültigkeit besaß. Diesem Vertrag zufolge gingen alle Verluste und Gewinne des Unternehmens auf die Muttergesellschaft über.[135] Die Erdölraffinerie Trzebinia GmbH wurde 1950 liquidiert.[136]

Von den in den USA eingereichten Klagen gegen deutsche Firmen wegen ihrer Beschäftigung von Zwangsarbeitern war auch das Außenlager des KZ Auschwitz in Trzebinia betroffen: Über 600 Häftlinge waren dort von Juli/August 1944 bis Ende Januar 1945 zum Ausbau der Erdölraffinerie im Einsatz, es kam zu vielen Grausamkeiten und zu Tötungen.[137]

Die Tätigkeit im ukrainischen Romny

Die Deutschen wussten zwar, dass die Sowjets 1939 in der Ukraine auf Öl gestoßen waren, hatten aber nur wenige Informationen über die Lage und Förderperspektiven. Auf Anregung Kepplers führte man deshalb geologische und geophysikalische Untersuchungen durch.[138]

133 Vgl. Garantieerklärung des Reichsministers der Finanzen vom 4.9.1944, in: ebd., R 176, Nr. 112.

134 Vgl. Bericht an den AR der Konti, Dihlmann und Schulze-Brachmann vom 14.1.1946, S. 6, in: HADB, V01/0024.

135 Vgl. Schreiben Erdölraffinerie Trzebinia GmbH, Becker, an das Landesamt für Vermögenskontrolle Wiesbaden vom 5.12.1949, in: HHStaW, 506, Nr. 264.

136 Vgl. Schreiben Kontinentale Öl Transport AG an das AA vom 22.6.1953, in: PA AA, B 10-Abt. 2, Nr. 1502.

137 Vgl. Mink, Hochtief, S. 1; Piper, Arbeitseinsatz, S. 181.

138 Vgl. A.E. Gunther, The Ukraine (Oil Fields Investigation, Part V, Section 2: Russia [U.S.S.R.]), S. 2, in: NAK, WO 252, Nr. 1395.

Ein Erkundungstrupp unter Führung eines Offiziers der Mineralöl-Kompanien befand sich Ende Juli 1941 bei der vordersten Division und hatte den Auftrag, beim sowjetischen staatlichen Ölkonzern Ukrneft in Kiew Material über Romny sicherzustellen.[139] Krauch zog bereits bei der Präsentation seines Flugzeugbenzinprogramms Ende Juli 1941 einen »Ausbau des neuen Erdöl-Gebietes zwischen Kiew und Charkow« in Betracht.[140]

Das Mineralölkommando Süd, das im Juni 1941 in Lemberg stationiert war, wurde am 11. August 1941 in das Mineralölkommando R (Romny) überführt, das unter Leitung von Leutnant Fritz Frommeyer, einem Geologen der Bergbau AG, Salzgitter, stand. Aufgabe des Kommandos war es, die geologische und wirtschaftliche Erschließung der Erdölfelder von Romny schnellstmöglich wieder in Gang zu bringen. Gemäß einer Vereinbarung zwischen der Konti und den Beskiden-Gesellschaften sollten Letztere zunächst die Betriebsführung im Gebiet übernehmen, die förmliche Übernahme erfolgte am 31. Januar 1942. Die Betriebsführung sollte nach Besetzung des Gebiets zunächst für gesonderte Rechnung des endgültigen Eigentümers erfolgen, endgültige Betriebsverträge erst später abgeschlossen werden.[141]

Romny wurde am 9. September 1941 von deutschen Truppen besetzt, und das Mineralölkommando R erreichte das tagelang umkämpfte Erdölgebiet am 22. September 1941. Die mobile Ausrüstung war jedoch zuvor aus dem Revier geräumt worden. Truppenmeldungen zufolge waren von 47 Bohrtürmen bei Romny nur 14 unversehrt vorgefunden worden, der Rest war gesprengt worden und unbrauchbar.[142] Das Mineralölkommando musste feststellten, dass die Sowjets die Politik der verbrannten Erde sehr gut beherrschten. Die Bohrlöcher waren bis zu zwei Metern Tiefe mit Zement verfüllt worden, die Raffinerie schwer beschädigt. Es gab 42 Sonden, davon waren zehn fündig. Die bisherige Förderung wurde auf 2.000 Tonnen pro Monat taxiert, womit das Feld in keiner Weise den Erwartungen entsprach.[143]

Ein Lagebericht der Wirtschaftsinspektion Süd kam zu dem Ergebnis, dass die Förderung bei der Einstellung durch die Sowjets im Juli 1941 etwa 70 Tonnen pro Tag erreicht hatte. Bei der Entfernung der zwei Meter langen Zementpfropfen in den fündigen Sonden erwartete man keine technischen Schwierigkeiten. Die Wiederinstandsetzungsarbeiten seien so weit vorangeschritten, dass man bereits eine Sonde

139 Vgl. Schreiben Will an Bentz, Direktor bei der RfB, vom 29.7.1941, in: BGR, Nr. 0065936.

140 Vgl. Eintrag vom 23.7.1941, in: KTB WiRüAmt/Stab, Besprechungen Prof. Krauch beim Amtschef mit Chef Rü., Chef Ro., in: BA-MA, RW 19, Nr. 165, Bl. 156-157, hier Bl. 156 (Zitat ebd.).

141 Vgl. Zusammenstellung des MKK vom 11.9.1941, S. 1, in: ebd., RW 46, Nr. 677; Schreiben WiRüAmt, Griebel, an Konti vom 27.8.1941, in: ebd.; Bericht über den Betriebszustand und die Planungen im Erdölgebiet Romny der Karpathen Öl AG vom 23.2.1942, in: ebd., RW 19, Nr. 4595, Bl. 1-9, hier Bl. 1 f. und 4 f.

142 Vgl. Orientierung über die wehrwirtschaftliche Bedeutung der besetzten und im Bereich der Kampfhandlungen liegenden russischen Gebiete, Nr. 9, vom WiRüAmt vom 19.9.1941, S. 1, in: ebd., Nr. 5712.

143 Vgl. Eichholtz, Ölpolitik, S. 423 f.; A. E. Gunther, The Ukraine (Oil Fields Investigation, Part V, Section 2: Russia [U.S.S.R.]), S. 8, in: NAK, WO 252, Nr. 1395; Goralski/Freeburg, Oil, S. 74 f.

mit einer Leistung von 80 Tonnen pro Tag wieder in Betrieb habe nehmen können.[144] In der Rohstoffabteilung des OKW wurde Anfang November 1941 diskutiert, ob das Erdölgebiet von Romny weiter ausgebaut und ausgebeutet werden sollte. Falls ja, sollten die Beskiden-Gesellschaften den Befehl erhalten, sich mit einem umfangreichen Stab von Spezialisten sofort an die Arbeit zu machen.[145]

Als die Aussicht auf eine rasche Eroberung der kaukasischen Erdölfelder im November/Dezember 1941 zerstob, wuchs das Interesse an Romny. Keppler kümmerte sich persönlich um die weitere Exploration und ließ in Kiew eine Zweigstelle des RfB errichten. Nach dem Rückzug aus dem Kaukasus im Winter 1942/43 brachten zurückgeführte Bohrmannschaften der Konti bei Romny noch einige tausend Meter Bohrungen nieder. Doch während der gesamten Okkupation (bis September 1943) wurden insgesamt nur enttäuschende 4.000 Tonnen Öl gefördert.[146] Mitte März 1942 wurde in einem Inspektionsbericht festgehalten, dass es dem Mineralölkommando lediglich gelungen war, sechs Bohrlöcher wieder in Betrieb zu nehmen, was zu einer Förderung von täglich 15 Tonnen im Monat November, zehn Tonnen im Dezember und vier Tonnen von Januar bis Februar geführt hatte.[147]

Im Mai 1942 waren 313 Mann in Romny beschäftigt, und die Klagen über sie hielten an: »Unter der einheimischen Belegschaft befinden sich nur sehr wenige geeignete Fachleute. Die Arbeitslust ist sehr gering und wird durch politische Momente sowie bolschewistische Flugzeugpropaganda noch gemindert.«[148] Auch Generalmajor Erich Homburg äußerte sich in einem Vortrag bei General Thomas Ende Juni 1942 skeptisch: »Arbeiten auf dem Mineralölfeld bei Romny sind für die Dauer des Krieges nicht lohnend. Dort eingesetzte Kräfte liegen brach, Förderung beträgt nur 130 moto [Monatstonnen].«[149] Im Herbst 1942 hatte sich die Situation nicht gravierend verbessert, die Hoffnungen blieben unerfüllt; schon die sowjetische Produktion mit etwa 70 Tonnen pro Tag war unbedeutend gewesen, und mit einer wesentlichen Entwicklungsmöglichkeit war nach Auffassung von Bentz in absehbarer Zeit nicht zu rechnen.[150]

144 Vgl. Lagebericht der Führungsgruppe Id der WiIn Süd für die Zeit vom 1. bis 15.10.1941 vom 17.10.1941, S. 11, in: BA-MA, RW 31, Nr. 731.

145 Vgl. Schreiben AOK 6, O.Qu./Qu. 2 an die Ortskommandantur 922 in Bubny vom 3.11.1941, in: ebd., RW 46, Nr. 753.

146 Vgl. Eichholtz, Ölpolitik, S. 424. In Romny wurde eine Blasendestillation aufgestellt. Die Förderung betrug 1942 rund 100 Tonnen pro Monat im Durchschnitt und erreichte im Juni 1943 240 Tonnen. Die Produkte dienten vorrangig der örtlichen Landwirtschaft. Vgl. Wirtschaftspolitik, S. 250.

147 Vgl. Bericht der Technischen Kriegsverwaltungs-Inspektion, Tacke, über den Zustand des Erdölgebiets von Romny vom 19.3.1942, S. 1, in: BA-MA, RW 46, Nr. 753.

148 Vgl. Bericht über das Erdölfeld Romny vom Mai 1942 vom 27.6.1942, S. 1 f. (Zitat S. 2), in: BGR, Nr. 0065829.

149 Vgl. Vortrag Generalmajor Homburg, Ag. Chef Wi / Z beim Amtschef am 30.6.1942, in: BA-MA, RW 19, Nr. 168, Bl. 75 (Zitat ebd.).

150 Vgl. Schreiben Sondergruppe Gewerbliche Wirtschaft beim Reichsminister für die besetzten Ostgebiete an das Referat III Gewerbliche Wirtschaft ebenda vom 21.9.1942, in: ebd., Nr. 2748, Bl. 137-147, hier Bl. 138.

Ein von Generaldirektor Große gesandter Diplom-Ingenieur inspizierte im November und Dezember 1942 den Betrieb in Romny. Seiner Meinung nach waren die Arbeitsverhältnisse für die schlechten Ergebnisse verantwortlich, die ungenügende Unterstützung mit Material und Personal. Insbesondere die Arbeitsbedingungen seien in Romny ungleich schwerer als in West- und auch in Ostgalizien. Die Schwierigkeiten lägen aber auch in der Mentalität der Bevölkerung und in der Eigenart des Landes.[151]

Aufgrund der völlig unterschiedlichen geologischen Verhältnisse und der daraus folgenden differierenden technischen Anforderungen im Vergleich zu den Karpathen hielt Bentz eine dauerhafte Bearbeitung des Gebiets Romny durch die Karpathen Öl AG für nicht vertretbar und schlug stattdessen eine Übernahme durch die Ost Öl GmbH vor.[152] Die Chefgruppe Wirtschaft des WiStabs Ost gab sich hingegen noch im Februar 1943 optimistisch, dass die Aufschließung von Romny nun – nach dem Rückzug vom Kaukasus – von der Konti verstärkt in Angriff genommen und die Zahl der Bohranlagen verdoppelt werden könne.[153]

Die Betriebsinspektion Romny der Karpathen Öl AG berichtete im Februar 1943, dass sich die veränderte militärische Lage im Mittelabschnitt der Ostfront erheblich im laufenden Betrieb bemerkbar machte. Die Arbeitsneigung der einheimischen Bevölkerung gehe erheblich zurück, über die Hälfte der Arbeiterschaft bleibe der Arbeitsstätte gänzlich fern. Mit dem Näherrücken der Front wachse zudem die Zahl der Partisanen. Im Hinblick auf die weitere Entwicklung wurden am 19. Februar die polnischen Facharbeiter und Angestellten, die nicht im Bohrbetrieb beschäftigt waren, nach Lemberg in Marsch gesetzt.[154]

Bentz ordnete an, dass zunächst fünf Bohrgeräte im Gebiet von Romny zum Einsatz kommen sollten. Die Konti beantragte ein Teildarlehen in Höhe von 1,7 Mio. RM, begründet mit den erhöhten Frachtkosten und schlechten Wegeverhältnissen, der erhöhten Abnutzung der Bohrgeräte, den höheren Lohn- und Gehaltsaufwendungen sowie der relativ langen Dauer der Bohrungen, die den Bohrmeterpreis im Vergleich zum Altreich erhöhten.[155]

Am 1. Juli 1943 übernahm die Ukraine Öl Vertriebsgesellschaft mbH den Betrieb in Romny, der Abgang der Karpathen-Öl-Mitarbeiter erfolgte Zug um Zug nach Eintreffen der firmeneigenen Kräfte Ersterer.[156] Ende August 1943 begann man mit der Erarbeitung eines Räumungsplans, der Förderbetrieb wurde am 6. September ein-

151 Vgl. Bericht über Romny-Einsatz vom 13.11.-16.12.1942 von Dipl. Ing. G. Schuster, S. 1 ff., in: BGR, 0065801.

152 Vgl. Schreiben Bentz an Konti vom 18.12.1942, S. 1 f., in: ebd., Nr. 0065936.

153 Vgl. Rundschreiben Chefgruppe Wirtschaft des WiStab Ost vom 23.3.1943 (Monatsbericht Mineralöl-Industrie und -wirtschaft, Februar 1943), S. 2, in: ebd., Nr. 0065868.

154 Vgl. Bericht über das Erdölfeld Romny. Monatsbericht Februar 1943 vom 5.3.1943, S. 1, in: ebd., Nr. 0065829.

155 Vgl. Schreiben Konti an RfB vom 26.7.1943, in: ebd., Nr. 0065936.

156 Vgl. Monatsbericht Juli 1943 der Ukraine Öl-Vertriebsgesellschaft mbH vom 12.8.1943, S. 4, in: ebd., Nr. 0065829.

gestellt. Es gelang noch, 20 Waggons mit Material fortzuschaffen, nicht aber die Rohölbestände. Am 10. September wurden die frontnahen Bohranlagen und Türme gesprengt, zwei Tage später erfolgte die vollständige Zerstörung.[157]

Der Rückzug aus Galizien

Schon bevor der Vormarsch der Roten Armee den Rückzug der Karpathen Öl AG aus Galizien erzwang, hatte sich die Situation durch die zunehmenden Partisanenaktivitäten verschärft. Spätestens ab Mitte 1943 regte sich Widerstand in der Bevölkerung, maßgeblich forciert durch die Zwangsmaßnahmen der Besatzungsverwaltung. Anfang 1944 kam es sogar zu Angriffen ukrainischer Nationalisten auf einzelne Betriebsstandorte der Karpathen Öl AG.

Der Bericht des Rüstungsinspekteurs für das zweite Vierteljahr 1942 hatte bereits ausgeführt, dass sich die Unsicherheit im GG im Berichtsquartal wesentlich verschärft habe. Die Partisanenbewegung erlebe großen Zulauf durch Juden, die aus Arbeitslagern entwichen seien, sowie Mitgliedern aus der polnischen Widerstandsbewegung. Die Überfälle hätten im Juni einen bisherigen Höchststand von 5.699 erreicht, davon 265 durch größere Gruppen von über 100 Mann. Zum Abschluss der Berichtszeit habe eine in Galizien unter dem russischen General Kolpak eingedrungene »Bande« von 1.000 bis 2.000 Mann, die bis jetzt noch nicht gefasst sei, erhebliche Beunruhigung hervorgerufen, vor allem im östlichen Erdölgebiet.[158]

Im Oktober 1943 erreichte die Sicherheitskrise in Galizien einen ersten Höhepunkt, als in den letzten Oktobertagen südlich von Dolina in einer gemeinsamen Aktion von Polizei und Wehrmacht eine größere Partisanengruppe zerschlagen wurde. Daraufhin wurden zum Schutz der Ölfelder der Karpathen Öl AG sowie anderer kriegswichtiger Betriebe die nach Erledigung ihres Einsatzes im Ernteschutz freigewordenen militärischen Kräfte der Oberfeldkommandantur 365 Lemberg in das Vorland der Karpathen verlegt.[159]

157 Vgl. Schreiben WiStab Ost an RMfdbO, RWiM und Reichsstelle für Mineralöl, Sonderabteilung Ost vom 28.10.1943 (Monatsbericht Mineralölindustrie und -wirtschaft September 1943), S. 1, in: BA-MA, RW 31, Nr. 334a; Abschlussbericht für Ölfeld Romny September 1943 vom 28.10.1943, S. 1 f., in: BGR, Nr. 0065829.

158 Vgl. Die wesentlichen Probleme, ihre Entwicklung und ihre Lösung im 2. Vierteljahr 1943 vom Rüstungsinspekteur im GG, in: BA-MA, RW 23, Nr. 3, Bl. 40-46, hier Bl. 40. Die Technische Leitung der Karpathen Öl AG beklagte, dass schon das Produktionsergebnis 1943 seit September durch die »Kolpak-Banden« beeinträchtigt worden sei. Vgl. Schreiben der Technischen Leitung der Karpathen Öl AG an den HSSPF in Krakau vom 21.6.1944, in: IfZ, MA 305, Bl. 2591958-2591961, hier Bl. 2591960. Bei einer Arbeitssitzung der Regierung des GG Ende Mai 1943 war die Sicherheitslage zentrales Thema. Der Präsident des Hauptamts Verwaltung, Ludwig Losacker, beklagte sich über anwachsende »Bandentätigkeit«. Vgl. Arbeitssitzung am 31.5.1943, in: Präg/Jacobmeyer (Hg.), Diensttagebuch, Stuttgart 1975, S. 679.

159 Vgl. Bericht Dienststellenleiter zu Ziffer 2 c des KTB vom 6.1.1944, in: BA-MA, RW 23, Nr. 14, Bl. 16.

Das Näherrücken der Front hatte nach Einschätzung des Abwehrbeauftragten der Karpathen Öl AG, SS-Obersturmbannführer Heinrich Jennessen, erwartungsgemäß eine regere Partisanentätigkeit im Osten zur Folge gehabt, die sich von Woche zu Woche steigere und eine ernst zu nehmende Gefahr für die Betriebe darstelle. Allein die Betriebsinspektion Kalusch, die am stärksten von der »Bandentätigkeit« betroffen sei, habe im Februar 1944 vier Überfälle gemeldet und bis Ende März sechs weitere. Die ständige Bedrohung durch bewaffnete Gruppen wirke sich lähmend auf die Betriebe aus.[160] Bei einem Vortrag vor der Rüstungskommission im GG am 8. März 1944 berichtete auch Große über die Sicherheitslage, die vor allem in Ostgalizien Probleme bereitete. Partisanentätigkeit sowie Überfälle auf Betriebsangehörige, Magazine und Kassen hätten zugenommen und eine verheerende Auswirkung auf die Stimmung und Produktivität in der Belegschaft.[161]

Der Wehrmachtführungsstab musste Mitte April 1944 einräumen, dass man zur Sicherung des galizischen Erdölgebiets nicht über die notwendigen Kräfte verfügte. Deshalb habe man den Reichsführer SS gebeten zu prüfen, ob der Einsatz von SS- oder Polizeikräften für diesen Zweck möglich sei. Himmler wiegelte jedoch ab, und der Bericht der Karpathen Öl AG an das OKW hatte nach Angaben von Generaldirektor Große lediglich bezweckt, dass ein militärisches Mineralölkommando zum Unternehmen abgestellt werde. Tatsächlich hatte Himmler trotz nochmaliger Rücksprache mit Große nicht feststellen können, dass es im Raum Stryj eine übermäßige Partisanentätigkeit gab.[162]

Ende Juni 1944 teilte die Konti ihrem AR mit, dass die militärische Entwicklung im Süden der Ostfront erhebliche Auswirkungen auf den Betrieb der Karpathen Öl habe; die Betriebe Kalusch und Nadworna seien bereits von den Sowjets besetzt.[163] Mit Einbruch der Front in das GG wurde die Tätigkeit der Karpathen Öl AG weiter stark beeinträchtigt. Hauptsächlich drei Faktoren hemmten die Arbeit: Die notwendige Verlagerung des Betriebs von Osten nach Westen, die militärischen Ereignisse vor Ort und die Partisanentätigkeit.[164]

160 Vgl. Schreiben Abwehrbeauftragter der Karpathen Öl AG, Jennessen, an Grosse vom 21.3.1944, S. 1 ff., in: DEA-Archiv, 43-13, Nr. 22. Die RüIn im GG listete für das erste Quartal 1944 ebenfalls eine ganze Reihe von Vorfällen auf. Vgl. KTB der RüIn im GG für die Zeit Januar-März 1944, S. 14 und 16, in: BA-MA, RW 23, Nr. 4.

161 Vgl. Vortrag Grosse vor der Rüstungskommission im GG am 8.3.1944, S. 5, in: DEA-Archiv, 43-13, Nr. 11.

162 Vgl. Schreiben WFSt, Qu. 3, an Wirtschaftsstab des OKW vom 15.4.1944, in: BA-MA, RW 19, Nr. 2791, Bl. 161. Die optimistische Einschätzung Himmlers wurde nicht von allen geteilt. Die Heeresgruppe Nordukraine jedenfalls erklärte die zukünftige Sicherung der Ölförderung gegen Partisanenüberfälle als besonders wichtig. Vgl. Telegramm des Abwehrbeauftragten an Grosse vom 23.5.1944, in: DEA-Archiv, 43-13, Nr. 22.

163 Vgl. Rundschreiben Konti an Mitglieder des AR vom 30.6.1944, S. 3, in: HAC, 500/109595.

164 Vgl. Bericht über die Auswirkungen der Sowjet-Offensive und des Bandenterrors im Frühjahr 1944 auf den Betrieb der Karpathen Öl AG, Stand 23.5.1944, S. 1 ff. und 13 ff., in: DEA-Archiv, 43-13, Nr. 23. Auch in: BA-MA, RW 19, Nr. 2792, Bl. 126-145. Die Karpathen Öl AG verlegte

Seit Mitte April 1944 gingen verstärkt Luftangriffe auf Ostgalizien nieder. Schon Ende März sollten bestimmte Produktionen der Karpathen Öl AG »gelähmt«, also durch Demontage von Teilen und Entnahme wichtiger Werkstoffe momentan produktionsunfähig gemacht werden; in der zweiten Maihälfte fuhr man »Engpassmaschinen« ab, also solche, die den Fertigungsablauf und die Fertigungskapazität entscheidend beeinflussten.[165] Mit Fernschreiben vom 26. Juli 1944 gab die Rüstungsinspektion Krakau Große die Anweisung zu sofortiger Lähmung auch der Anlagen in Drohobycz.[166] Nach dem Verlust Ostgaliziens und damit des überwiegenden Teils ihres Arbeitsgebiets setzte die Karpathen Öl AG ihre Arbeit in den westgalizischen Gebieten fort, die noch von deutschen Truppen gehalten wurden.[167] Im August 1944 wurde Ostgalizien befreit, das Jasloer Revier erst im Januar 1945.[168]

Dauernde Luftangriffe führten Mitte August 1944 dazu, dass die Karpathen Öl AG ihr Berliner Büro nach Celle verlegte. Insgesamt 1.664 Waggonladungen mit Ausrüstung und Betriebsmaterialien konnten aus Galizien evakuiert werden und gelangten in Ausweichlager nach Brandenburg, Niedersachsen und Hessen. Das Celler Ausweichlager der Karpathen Öl AG befand sich außerhalb des Stadtgebiets, bei Garßen.[169]

Auf dem Weg in die Nachkriegszeit

Hatten der Rückzug aus den besetzten Gebieten, die Luftangriffe und die damit verbundenen Auslagerungen bereits das Ende der Tätigkeit der Konti eingeläutet, so brachte das Jahr 1945 das endgültige Aus. Für das Geschäftsjahr 1945 musste Große den Verlust der letzten Betriebe in Galizien und gleichzeitig die Einstellung der Betriebstätigkeit der Gesellschaft vermelden. Nach Konsolidierung der Verhältnisse im Mai 1945 verblieb der Gesellschaft nurmehr die Feststellung der ihr noch zur Verfügung stehenden Vermögenswerte und deren Veräußerung zum Zweck der Abwicklung ihrer Verbindlichkeiten. Konkret waren das nur noch die Bestände, die sich in Lagern in der britischen oder amerikanischen Zone befanden. Materialvorräte in der französischen Zone gingen durch Beschlagnahme der Besatzungsmacht verloren, von der sowjetischen Zone ganz zu schweigen. Größere verfügbare Werte, die aus

den größten Teil der Hauptverwaltung, bis auf eine Zweigstelle, die in Lemberg verblieb, nach Libusza-Jaslo. Vgl. KTB RüKdo Lemberg für die Zeit vom 1.4. bis 30.6.1944 vom 8.4.1944, in: ebd., RW 23, Nr. 15, Bl. 5 f., hier Bl. 5.

165 Vgl. Eichholtz, Ölpolitik, S. 519.

166 Vgl. Fernschreiben Chef OKW an Feldwirtschaftsamt, Abteilung Mineralöl, vom 26.7.1944, in: BA-MA, RW 19, Nr. 2126, Bl. 30.

167 Vgl. Bericht des Vorstands für die Zeit vom 1.1.-30.9.1944 vom 2.11.1944, in: BAB, R 8119-F, Nr. 1673, Bl. 30 f., hier Bl. 30; Jahresbericht 1944 der Deutsche Erdöl AG vom 30.1.1947, S. 18, in: DEA-Archiv, 14-2, Nr. 3063.

168 Vgl. Eichholtz, Ölpolitik, S. 496.

169 Vgl. Altmann, Karpathen Öl AG.

Anschaffungen der Karpathen Öl AG bzw. der Beskiden-Gesellschaften stammten, lagerten in Garßen, in Herzog Juliushütte bei Langelsheim und in Celle. Die Gesellschaft begann, ihr Sachvermögen an die westdeutschen Erdölbetriebe zu verkaufen, für deren Wiederaufbau ihre Materialvorräte durch die North German Oil Control, die in der britischen Zone für die Kontrolle der Ölproduktion und -verteilung zuständige Organisation, beschlagnahmt worden waren.[170]

Zur Kontrolle durch die North German Oil Control kam hinzu, dass auf Betreiben der polnischen Regierung Beschlagnahmungen des nach Westen verbrachten Materials stattfanden. Die Property Control dehnte ihre Tätigkeit auf das gesamte Gesellschaftsvermögen im Januar 1946 aus. Im August 1946 wurde ein Verwalter (*custodian*) bestellt. Ab Juli 1946 wurden die Lagerbestände durch eine Abordnung der polnischen Erdölindustrie aufgenommen, die ein totales Verkaufsverbot erreichte. 1946 blieb Große Vorsitzer des Vorstands; stellvertretende Vorstandsmitglieder waren nun Hermann Petri und Klaus Wolf,[171] Petri schied während der ersten Jahreshälfte 1947 aus. Mit Wirkung vom 1. Juli 1947 wurde der im August 1946 als Vermögensverwalter bestellte ehemalige Prokurist, Heinz Schaefer, unter Beibehaltung seines Amts von der Property Control als alleiniger Liquidator eingesetzt.

Die HV am 10. Januar bestätigte die Verlegung des Sitzes nach Celle. Das Kapital wurde von 30 Mio. Złoty auf 15 Mio. RM umgestellt, die Liquidation zum 1. Januar 1947 eröffnet. Im September 1947 wurde erneut ein Verkaufsstopp durch die Restitutionsabteilung der Militärregierung erlassen, am 24. Oktober 1947 folgte ein völliger Abwicklungsstopp durch die Property Control. Ab Mai 1947 leistete man Restitutionen nach Polen.[172]

Die Karpathen Öl AG sah sich im Nachhinein mangels eines Vertragsverhältnisses lediglich als gutgläubige Besitzerin der Betriebe, und da das Endvermögen nach beendeter Liquidation niedriger als das Anfangsvermögen gewesen sei, habe auch keine Bereicherung stattgefunden. Eine Entschädigung der Voreigentümer, die sich an das Amtsgericht Celle gewandt hatten, wurde entsprechend abgelehnt.[173]

170 Vgl. Bericht Karpathen Öl AG über die Geschäftstätigkeit 1945 von Grosse vom 10.1.1952, in: BAB, R 176, Nr. 124.

171 Vgl. Bericht Karpathen Öl AG über die Geschäftstätigkeit 1946 von Grosse vom 10.1.1952, in: ebd.

172 Vgl. Bericht Liquidator über das erste Abwicklungsjahr 1947 von Heinz Schaefer vom 10.1.1952, in: ebd.

173 Vgl. Schreiben Eigentümer der Karpathen Öl AG an das Amtsgericht Celle vom 15.1.1959, in: ebd., Nr. 180; Schreiben Rechtsanwalt Rudolf Paul an das Amtsgericht Celle vom 1.12.1958, in: ebd.

5.2 Die Kontinentale Öl GmbH in Rumänien

Der Erste Weltkrieg und Rumänien

Bereits vor dem Ersten Weltkrieg interessierten sich deutsche Unternehmen, vorrangig Banken, für die rumänische Erdölindustrie. So erwarb die Deutsche Bank 1903 die damals größte rumänische Erdölgesellschaft Steaua Romana und vereinigte 1904 ihre Erdölinteressen – darunter auch die Steaua Romana – in der Holdinggesellschaft DPAG, an der sie über die Hälfte der Aktien hielt. Nach Ende des Ersten Weltkriegs musste sie die Steaua Romana an ein englisch-französisches Bankenkonsortium veräußern. Das Erdölabkommen von San Remo 1920 teilte das rumänische Erdöl schließlich unter Franzosen und Briten auf.[174]

Ungeachtet des Verbots der rumänischen Regierung, Öl an Kriegführende zu liefern, gelangten bescheidene Mengen nach Deutschland, bis Rumänien am 27. Januar 1916 in den Krieg eintrat. Die Ölfelder wurden im Frühjahr 1917 von den Mittelmächten erobert. Dies gab den alliierten Truppen Zeit, einen Großteil der Fördereinrichtungen zu zerstören. Die Leitung der Zerstörungsarbeiten lag in den Händen der englischen Brandkommission. Maschinen wurden zertrümmert, Kessel und Destillationsanlagen unbrauchbar gemacht, Tanks und Vorräte in Brand gesetzt, Gruben vernagelt, Schöpf- und Bohrgeräte sowie Eisen- und Metallteile in den Schacht geworfen. Auch die Bohrtürme wurden in Brand gesetzt, Motoren verschleppt oder vergraben. »Die Zerstörung und Verplombung der rumänischen Erdölfelder war bis dahin in der modernen Kriegsgeschichte ohne Beispiel. Erstmals wurden Produktionseinrichtungen systematisch unbrauchbar gemacht, um die Wirtschaft des Gegners zu schwächen.«

Die deutsche Militärverwaltung setzte alles daran, die Schäden rasch zu beheben, und schon im April 1917 konnte die Förderung wieder aufgenommen werden; bis zum Jahresende war die Hälfte der Vorkriegsproduktion erreicht. Das rumänische Erdöl spielte im weiteren Verlauf des Kriegs eine wichtige Rolle für Deutschland, denn es gelang, den Export dorthin von 117.000 Tonnen (1913) über das Absinken auf 90.000 Tonnen (1914) stetig bis auf 500.000 Tonnen (1918) zu erhöhen.[175]

Dabei muss man betonen, dass die rumänischen Ölgebiete eher zufällig, infolge ihrer geographischen Lage im Operationsgebiet, in den Bereich der Kampfhandlungen gerieten, nicht aufgrund einer hohen kriegswirtschaftlichen Bedeutung oder als strategisches Ziel. Die Mineralölabteilung reiste am 11. Dezember 1916 aus. An der Spitze

174 Vgl. Pohl, Steaua Românа, S. 84, 90, 97; Feldman, German Business; Haase, Erdöl-Interessen, S. 42 ff.; Hamlin, Germany's Empire, S. 59 ff. und 125 ff. Zur Entwicklung der rumänischen Erdölwirtschaft, in: Brabag-Mitteilungen, Nr. 47 vom 6. 7. 1939, S. 4 f., hier S. 5 (ursprünglich in: Der Vierjahresplan, Nr. 8 vom 20. 4. 1939), zit. nach: BGR, Nr. 0076316.

175 Vgl. Förster, Geschichte, S. 107; Karlsch/Stokes, Faktor Öl, S. 106 f. (Zitat S. 107); Hesse, Kriegführung, S. 34.

des »Kommandos der rumänischen Ölfelder« stand der ehemalige Grubendirektor der Steaua Romana. Das Kommando teilte sich in eine militärische Gruppe und eine mit fachlicher Expertise im Grubenwesen. Erstere, mit 2.000 Soldaten, sollte die Bewachung der Ölfelder, das Verkehrswesen, die Verpflegung und die mit militärischen Kräften durchzuführenden Arbeiten übernehmen. Die grubentechnische Gruppe befasste sich mit der Leitung der technischen Arbeiten auf den Ölfeldern, also der Entnagelung der Sonden. Dazu heißt es im Bericht des Wirtschaftsstabs: »Die Vernagelung war im allgemeinen bei Schöpfsonden so durchgeführt, daß zuerst Löffel und Seile und späterhin Holzstücke, Eisenteile, Eisenrohre, Steine usw. in das Bohrloch geworfen wurden. Die Erfassung dieser in einer Tiefe von 300 bis 600 m liegenden Teile bereitete große Schwierigkeiten. Bei den Pumpsondern wurden die eingehängten Pumpen in die Bohrlöcher versenkt und dann gleichfalls Fremdkörper – teilweise bis zum obersten Rand – nachgeworfen.«[176]

Zwar berichtete das AOK (Armeeoberkommando) 9 bereits am 10. Dezember, es sei in drei Monaten mit der Wiederherstellung der Ölanlagen von Campina zu rechnen, aber spätere Meldungen ließen erkennen, dass man es mit äußerst diffizilen technischen Arbeiten zu tun hatte. Am 12. Dezember arbeitete die Mineralölabteilung bereits und fand wichtige Rohrleitungen und elektrische Kraftanlagen so gut wie unbeschädigt vor.[177]

In den Friedensverhandlungen mit Rumänien im Februar 1918 forderte Deutschland die Übertragung der rumänischen Staatsländereien – vor allem der ölfündigen Gebiete – an eine von deutschem Kapital beherrschte Mitteleuropäische Erdölgesellschaft, der sowohl das Bergregal als auch das uneingeschränkte Enteignungsrecht übertragen werden sollte. Für den gesamten Absatz, die Verwertung und Lieferung sollte ein Handelsmonopol eingerichtet werden, um den deutschen Bedarf soweit wie irgend möglich mit rumänischem Öl zu decken.[178]

Am 7. Mai 1918 wurde zwischen den Mittelmächten und der rumänischen Regierung das Bukarester Abkommen geschlossen. Es trug alle Züge eines Diktats: Die Reichsregierung sicherte sich damit die Kontrolle über die rumänische Erdölindustrie, die Firmen der Alliierten wurden zwangsliquidiert. Kurz darauf gab das Reichswirtschaftsamt den Plan zur Bildung der Mitteleuropäischen Erdölgesellschaft bekannt.[179]

176 Vgl. Friedensburg, Erdöl, S. 18 f.; Hesse, Kriegführung, S. 40 f. (Zitat S. 41). Zu den britischen Zerstörungen der Ölanlagen vgl. Yergin, Preis, S. 232 ff.

177 Vgl. Hesse, Kriegführung, S. 30.

178 Vgl. Fischer, Griff, S. 458 ff.; Günther, Petroleumabkommen, S. 65 f.; Hamlin, Germany's Empire, S. 291; Feldman, Stinnes, S. 474 f.

179 Vgl. Karlsch/Stokes, Faktor Öl, S. 110.

Die Entwicklung der deutsch-rumänischen Beziehungen

Hier steht der für das Thema maßgebliche Zeitraum ab 1938/39 im Vordergrund. Im Februar 1938 holte Göring Min.Dir. Helmuth Wohlthat, den bisherigen Vorsitzenden des Regierungsausschusses für die deutsch-rumänischen Wirtschaftsbeziehungen, vom RWiM in die VJP-Behörde, wo Wohlthat für »Sonderaufträge« Verwendung finden sollte. Zunächst verhandelte er mit Bukarest noch in etwa zu gleichen Teilen über die Beschaffung von Lebensmitteln, Futtermitteln und Erdöl. Im Zuge des wirtschaftspolitischen Revirements von 1938 jedoch – genauer: des Personalwechsels im RWiM von Schacht zu Funk sowie des wachsenden Einflusses von Göring und seiner Vierjahresplanbehörde – und der deutschen Annexionen in Mitteleuropa 1938/39 rückte das Erdöl immer stärker in den Mittelpunkt.[180]

Mitte Februar 1939 führte Göring persönlich Gespräche mit der rumänischen Regierung in Bukarest. Dabei beabsichtigte er vor allem, die eigene Versorgung mit rumänischen Erdölerzeugnissen durch Beteiligung an der Mineralölindustrie zu sichern und zu verbessern, wobei sich die Zusammenarbeit seinen Vorstellungen zufolge insbesondere auf den Aufbau einer deutsch-rumänischen Mineralölindustrie erstrecken sollte. Konkret ging es um eine deutsche Kapitalbeteiligung an dem einzigen großen nationalrumänischen Unternehmen, der Creditul Minier, und eine Verwendung von dessen Raffinationskapazität von 400.000 Tonnen für den deutschen Bedarf, insbesondere an Benzin.[181]

Der von Wohlthat ausgehandelte und nach ihm benannte Vertrag zwischen Deutschland und Rumänien vom 23. März 1939 wird bis heute als modellhaft für die deutsche »Neuordnung« des südosteuropäischen Raums bewertet. Der Vertrag sah die Aufstellung eines gemeinsamen Wirtschaftsplans vor sowie die Gründung einer gemischten deutsch-rumänischen Gesellschaft, die mit der Erforschung von Mineralöl und der Durchführung eines Bohr- und Verarbeitungsprogramms betraut werden sollte.[182] Bereits vor dem Krieg kamen ungefähr 20 Prozent der deutschen Mineralöleinfuhren aus Rumänien, auch der neue Vertrag sah umfangreiche rumänische Öllieferungen vor. Außerdem wurde zwischen der rumänischen Creditul Minier und der Gewerkschaft Elwerath ein Abkommen zur Erkundung neuer Lagerstätten ge-

180 Vgl. Eichholtz, Ölpolitik, S. 299.

181 Vgl. Min.Dir. Wohlthat an Min.Dir. Wiehl vom 27. 2. 1939 (Anlage: Bericht über Besprechungen mit der rumänischen Regierung vom 13.-22. Februar 1939 in Bukarest), zit. nach: ADAP, Serie D, Bd. 5, Dok. 306, S. 336-339, hier S. 336 f. Der in Rumänien tätige Chefgeologe der Preussag, Karl Krejci-Graf, empfahl, eine rumänische Gesellschaft mit Terrainbesitz in der ergiebigen Erdölzone zu übernehmen, wozu nur der Creditul Minier infrage käme. Vgl. Schreiben Krejci-Graf an Staatssekretär Keppler vom 17. 2. 1939 (Anhang: Bericht über »Möglichkeiten einer deutschen Beteiligung an der rumänischen Erdölförderung« vom 16. Februar 1939), in: PA AA, RZ 344, R 106220.

182 Vgl. Deutsch-Rumänischer Wirtschaftsvertrag vom 23. 3. 1939, zit. nach: ADAP, Serie D, Bd. 6, Dok. 78, S. 76-80, hier S. 77 f.; Balta, Rumänien, S. 66.

schlossen. Die Zeitschrift *Der Vierjahresplan* jubilierte: »Eine neue Phase der rumänischen Erdölwirtschaft scheint nunmehr angebrochen.«[183]

Carl Clodius handelte im Dezember 1939 einen »Ölpakt« aus, wonach Deutschland monatlich 130.000 Tonnen Mineralöl aus Rumänien erhalten sollte, doch die Lieferungen blieben hinter den Erwartungen zurück. Angesichts des bevorstehenden Kriegs im Westen mahnte der Luftwaffenattaché der deutschen Bukarester Gesandtschaft am 2. Januar 1940 in einer »stürmischen Konferenz in Karinhall« bei Göring an, »daß die Versorgung der Deutschen Wehrmacht mit Öl im Falle eines Totalkrieges durch diese Verhandlungen nicht gesichert sei«. Es wurde dringend vorgeschlagen, in Bukarest einen »Sonderbevollmächtigten für Wirtschafts- und Transportfragen« bei der Gesandtschaft einzusetzen. Noch im Januar fiel die Wahl auf Hermann Neubacher, damals Bürgermeister von Wien, der zum »Sonderbeauftragten für Wirtschaftsfragen bei der Deutschen Gesandtschaft in Bukarest« mit dem Titel eines Gesandten im AA berufen wurde[184] und für die »Freikämpfung der von den Westmächten blockierten rumänischen Treibstofflieferungen« nach Bukarest sorgen sollte. Ende 1940 wechselte er von seinem Bürgermeisterposten als Gesandter Erster Klasse in den Auswärtigen Dienst.[185]

Das durch den Hitler-Stalin-Pakt militärstrategisch unter Druck geratene Rumänien war bereit, weitere Zugeständnisse an Deutschland zu machen, und reagierte mit einer stärkeren Anlehnung an das Deutsche Reich, was sich nicht zuletzt im geheimen Öl-Waffen-Pakt vom 27. Mai 1940 niederschlug. Dieser sah die Lieferung von monatlich 190.000 statt bisher 130.000 Tonnen Erdöl vor, Deutschland lieferte im Gegenzug Waffen nach Rumänien.[186]

Die Ära Antonescu

Trotz der veränderten politischen Verhältnisse und der Tatsache, dass es seit Juni/Juli eine neue Regierung unter dem Deutschland wohlgesonnenen Industriellen Ion Gigurtu gab, blieben die Erdöllieferungen aus Rumänien bis August 1940 weit hinter den Abmachungen des »Ölpakts« zurück: Das Reich erhielt in dieser Zeit weniger als die Hälfte der vereinbarten Mengen. Erst nachdem der rumänische König Karol am 6. September 1940 abdankte und mit General Antonescu ein Bewunderer Hitlers die Regierung übernahm, änderte sich die Situation grundlegend, und die

183 Vgl. Karlsch/Stokes, Faktor Öl, S. 205 f.; Zur Entwicklung der rumänischen Erdölwirtschaft, in: Brabag-Mitteilungen, Nr. 47 vom 6.7.1939, S. 4 f. (Zitat S. 5) (ursprünglich in: Der Vierjahresplan, Nr. 8 vom 20.4.1939), zit. nach: BGR, Nr. 0076316.

184 Vgl. Historical Interrogation Report: German War Time Policy in the Balkans, 3./4.10.1945, in: IfZ, ZS, Nr. 2069, Bl. 1-7, hier Bl. 3 f.; Eichholtz, Ölpolitik, S. 315 f. (Zitat S. 315).

185 Vgl. Neubacher, Sonderauftrag, S. 13 (Zitat ebd.).

186 Vgl. Förster, Weg, S. 47; Hillgruber, Hitler, S. 85; Pearton, Oil, S. 226 f.; Eichholtz, Ölpolitik, S. 319; Karlsch/Stokes, Faktor Öl, S. 206; Ancuţa, Wirtschaftsbeziehungen, S. 339 ff.; Balta, Rumänien, S. 69 f.

rumänische Erdölindustrie geriet mehr und mehr unter deutschen Einfluss. Im Oktober rückte die Deutsche Militärmission ein, und am 23. November trat Rumänien dem Dreimächtepakt bei.[187]

Die Annäherung Rumäniens an Deutschland vollzog sich auf allen Ebenen. So entwickelte der Staatssekretär im rumänischen Wirtschaftsministerium, Basile Dimitriuc, einen Erdölplan, demzufolge ein gemeinsames Syndikat aus dem rumänischen Staat und den Eigentümern der Ölfelder zur weiteren Erschließung neuer Ölgebiete zu bilden war. Keppler hielt dieses Vorgehen für unzweckmäßig, erklärte aber die deutsche Bereitschaft zu einer großzügigen Aufschlusstätigkeit, allerdings müsse dafür das stark prohibitiv wirkende rumänische Berggesetz geändert werden.[188]

Am 4. Dezember 1940 wurde ein deutsch-rumänisches Wirtschaftsabkommen abgeschlossen, durch das sich Rumänien noch enger an Deutschland als seinen größten Handelspartner band. Das Dritte Reich gewährte dem Land als Teil des Zehnjahresplans Kredite zur Förderung der Landwirtschaft, der Industrie und der Verkehrswege – einschließlich der Mineralölleitungen – im Rahmen der »Neuordnung Europas«.[189] Die Intervention in Rumänien bot Göring auch die Möglichkeit, seinen Einfluss auf die ausländische Erdölindustrie auszuweiten. Um eine Einheitlichkeit in der deutschen Verhandlungsführung zu erreichen, ernannte er Neubacher Ende 1940 zum »Bevollmächtigten für Erdöl im Südosten« und brachte damit alle relevanten deutschen Dienststellen unter dessen Leitung. Parallel liefen die Vorbereitungen zur Gründung der Konti.[190]

In Februar 1941 brach Großbritannien die diplomatischen Beziehungen zu Rumänien ab und bezog das Land in seine Blockademaßnahmen ein. Eine noch einmal verstärkte politische und wirtschaftliche Bindung an Deutschland war die zwangsläufige Folge. Basis für den Wandel in den deutsch-rumänischen Wirtschaftsbeziehungen war der Umstand, dass sich die deutschen Dienststellen und Unternehmen der großen Ölgesellschaften bemächtigt hatten. Bereits Anfang Februar hatte Keppler empfohlen, die Verhandlungen so zu führen, dass am Ende ein deutsches Vorzugsrecht bei der Gewährung von Konzessionen stehe. Deutschland seinerseits könne anbieten, mit großzügigen Mitteln die Explorationsarbeiten zu betreiben.[191]

Im März 1941 fand ein Gespräch zwischen Marschall Antonescu und Hermann Göring in Wien statt. Göring drängte dabei auf eine Neufassung des rumänischen Berggesetzes zugunsten des Staatsvorbehalts, auf eine Erhöhung der rumänischen Erdölförderung sowie höhere Öllieferungen nach Deutschland. Die deutsche Seite

187 Vgl. Karlsch/Stokes, Faktor Öl, S. 206; Eichholtz, Ölpolitik, S. 322.

188 Vgl. AN Keppler vom 2.12.1940, in: PA AA, RZ 344, R 106223; Eichholtz, Ölpolitik, S. 344.

189 Vgl. Protokoll über die deutsch-rumänische Zusammenarbeit bei der Durchführung eines Zehnjahresplanes für den Aufbau der rumänischen Wirtschaft vom 4. Dezember 1940, in: Dokumente, S. 419-422; Waller, Erdölindustrie, S. 585; Balta, Rumänien, S. 117 ff.

190 Vgl. Overy, War, S. 160 f.; Ancuţa, Wirtschaftsbeziehungen, S. 344.

191 Vgl. Schreiben Keppler an Neumann vom 5.2.1941, in: PA AA, RZ 344, R 106223.

verpflichtete sich im Gegenzug, moderne Bohrgeräte für neue Aufschlüsse zur Verfügung zu stellen.[192]

Der Überfall auf die Sowjetunion

Nach dem Überfall auf die Sowjetunion, an dem sich Rumänien beteiligte, verstärkte sich der deutsche Einfluss in Rumänien weiter. So wurde Blessing beauftragt, ein Gutachten über die Währung in dem Land auszuarbeiten, das dem Gouverneur der rumänischen Nationalbank vorgelegt wurde. Der spätere Bundesbankchef konstatierte einen gestiegenen Geldumlauf und ein erhöhtes Preisniveau als Folge der Rüstungs-, Mobilisierungs- und Kriegsereignisse. Es fehle jedoch ein Kredit- und Geldmarktsystem, mit dessen Hilfe die neu geschaffenen Kaufkraftmengen wieder abgeschöpft werden könnten. Die bisher angewandten Preiskontroll- und Rationierungsmaßnahmen schätzte Blessing als unbefriedigend ein.[193]

Am 25. November 1941 trat Rumänien dem Antikominternpakt bei. Sowohl Ribbentrop als auch Göring forderten in ihren nachfolgenden Gesprächen mit Außenminister Mihai Antonescu [nicht verwandt mit Ion Antonescu] eine Steigerung der rumänischen Erdöllieferungen an Deutschland; die in den Jahren zuvor gesunkene Förderung sollte auf das höchstmögliche Maß gesteigert werden. Für die Auslaugung der Erdölfelder wurde Rumänien ein »Ausgleich an den künftigen Großölinteressen im Mittleren Osten« zugesprochen, also an russischen und iranischen Erdölinteressen.[194]

Göring plante als Generalbevollmächtigter für den VJP, den Treibstoffbedarf der deutschen Wehrmacht und Wirtschaft sowie die Versorgung der Verbündeten durch eine maximale Steigerung der Erdölförderung in Rumänien, Ungarn und Kroatien

192 Vgl. Karlsch/Stokes, Faktor Öl, S. 206; Eichholtz, Ölpolitik, S. 322. Kurz zuvor hatte General Thomas Göring darauf hingewiesen, dass man eine Angriffsoperation nur zwei Monate lang mit Treibstoffen versorgen könne. Göring versprach, in den anstehenden Gesprächen mit Antonescu auf einen schnelleren Ausbau der rumänischen Basis zu drängen. Vgl. AN über Vortrag beim Reichsmarschall am 26. 2. 1941 vom 27. 2. 1941, in: BA-MA, RW 19, Nr. 185, Bl. 170 ff. Eine Woche später sprach Neumann mit Außenminister Mihai Antonescu über eine grundsätzliche Neuordnung des Erdölbergbaus in Rumänien mit dem Ziel einer Ermutigung der Privatinitiative unter Wahrung der notwendigen staatlichen Lenkungsmöglichkeit, was beide Seiten für notwendig hielten. Vgl. AN über Besprechung zwischen Minister Antonescu und Neumann am 15. 3. 1941, in: BAB, R 901, Nr. 112774, Bl. 48 f.

193 Vgl. Gutachten Blessing, Deutsche Reichsbank, über die Währungslage in Rumänien vom 8. 10. 1941, S. 1, in: BA-MA, RH 31-1, Nr. 66. Auch in: BAB, R 2501, Nr. 6330, Bl. 48-55; Aly, Volksstaat, S. 269.

194 Vgl. Aufzeichnung ohne Unterschrift vom 30. 11. 1941, zit. nach: ADAP, Serie D, Bd. 13,2, Dok. 505, S. 689-693, hier S. 690 (Zitat ebd.); Balta, Rumänien, S. 222 f. Fischer hatte schon vorher die Ansicht vertreten, dass Antonescu keine Schwierigkeiten machen werde, wenn Deutschland während des Kriegs die Erdölvorräte Rumäniens aufs Äußerste ausbeute. Vgl. Vortrag Chef Ro beim Amtschef am 30. 7. 1941, in: BA-MA, RW 19, Nr. 189, Bl. 8.

sicherzustellen. Dafür mussten alle notwendigen Maßnahmen getroffen werden, auch eine drastische Drosselung des jeweiligen Inlandsverbrauchs. Außerdem galt es, die Verarbeitung des Mineralöls nach kriegswirtschaftlichen Bedürfnissen zu steuern.[195]

Keppler beklagte sich im Juni 1942 bei Neumann über die weiterhin schlechten Ergebnisse der Aufschlussbohrungen in Rumänien. Weitere Felder könnten nur durch gründliche Voruntersuchungen und geologische Kartierungen gefunden werden, dafür seien die Bedingungen aber nicht gut, und so sei seit zwei Jahren ergebnislos über das Berggesetz verhandelt worden. Keppler monierte zudem rumänische Bemühungen, ein weiteres Eindringen deutscher Unternehmen in das Erdölgebiet zu verhindern.[196]

In der Praxis war das größte Hindernis für eine reibungslose deutsch-rumänische Zusammenarbeit zur Steigerung der Ölförderung das rumänische Berggesetz von 1937. Im April 1941 beschloss die rumänische Regierung daher, das Gesetz zu ändern, um die Erkundung und Ausbeutung »ganzer geologischer Strukturen« zu ermöglichen, doch es dauerte noch ein weiteres Jahr, bis das neue Erdölgesetz am 17. Juli 1942 verkündet wurde. Dieses Gesetz war zwar insofern von der technischen Seite zufriedenstellend, als es Erkundungsarbeiten außerhalb der traditionellen Konzessionen vorsah, aber die darin enthaltenen politischen Bestimmungen regelten, dass der rumänische Staat selbst die effektive Kontrolle über die Erkundung behielt. Auch die Kontrolle über die Pipelines blieb in den Händen der rumänischen Regierung, und das Gesetz sah vor, dass das gesamte im Land geförderte Rohöl auch in Rumänien raffiniert würde. Der heimische Markt sollte dabei Vorrang haben.[197]

Anfang September 1942 führte Reichswirtschaftsminister Funk selbst Verhandlungen in Bukarest. Dabei berührte Funk auch Fragen, die ihn als AR-Vorsitzenden der Konti interessierten.[198] Im Einzelnen gelang es Funk, eine Erhöhung der Erdöllieferungen im Monat September und Oktober um 48.000 Tonnen zu verhandeln, darunter allein ein Plus von 20.000 Tonnen Heizöl, auf das Generalfeldmarschall Keitel besonderen Wert gelegt hatte. Die Voraussetzung dafür bildete eine Erhöhung der deutschen Kohlenlieferungen, welche die entsprechende Menge Heizöl ersetzen sollte.[199]

195 Vgl. Schreiben Generalbevollmächtigter für den VJP an Neubacher vom 16.12.1941, in: ebd., Nr. 2753, Bl. 145 VS. Auch in: BAB, R 2, Nr. 19497, Bl. 186 und in PA AA, RZ 311, Nr. R 105994. Kurze Zeit später weitete der Reichsaußenminister Neubachers Auftrag hinsichtlich der diplomatischen Vertretung der deutschen Ölinteressen in Rumänien auch auf Ungarn und Kroatien aus. Vgl. Schreiben Reichsminister des Auswärtigen an Kasche vom 29.12.1941, in: ebd., NL 132, Nr. 2, Bl. 407; Schreiben Reichsaußenminister an Neubacher vom 29.12.1941, in: ebd., RZ 311, R 105994.

196 Vgl. Schreiben Keppler an Neumann vom 4.6.1942, in: BAB, R 901, Nr. 112779, Bl. 20 f.

197 Vgl. Radice, Development, S. 440; Overy, Business, S. 158. Zum Ölgesetz vom 17. Juli 1942 vgl. Pearton, Oil, S. 238 ff.; Balta, Rumänien, S. 268 ff.

198 Vgl. Funk: Deutsch-rumänische Wirtschaftssolidarität, in: Deutsche Allgemeine Zeitung, Nr. 428 vom 7.9.1942, zit. nach: BAB, R 11, Nr. 104a, Bl. 80.

199 Vgl. Abschrift »Vermerk über das Ergebnis meines Besuches in Bukarest und Budapest« von Reichswirtschaftsminister Walther Funk, o. Dat. (September 1942), in: NAW, T 84A, Roll 6, fr. 5639-5645, hier fr. 5641.

Auch Schlicht verhandelte Ende September 1942 in Bukarest; zu diesem Zeitpunkt war die festgesetzte Fördermenge um vier Prozent übertroffen worden. Er hielt das Ergebnis in Anbetracht des strengen Winters und der kriegsbedingten Schwierigkeiten für befriedigend, zumal es gelungen sei, den Produktionsrückgang nicht nur aufzuhalten, sondern eine leichte Steigerung zu erreichen. Schlicht schlug vor, eine Materialbetreuungsstelle mit einem rumänischen Fachmann an der Spitze einzurichten. »Man wird in mancher Hinsicht auch auf die Hilfeleistung der größeren rumänischen Gesellschaften zurückgreifen können. Im übrigen müsste die Ausstattung reichsseitig bzw. über die Kontinentale Öl A. G. erfolgen.«[200]

Eine weitere Steigerung der rumänischen Erdölförderung war aber nicht so ohne Weiteres möglich. Die alten Erdölfelder um Ploesti waren zunehmend erschöpft, und es fehlte an Neuaufschlüssen, woraufhin die Förderung von 6,6 Mio. Tonnen Erdöl (1938) bis 1943 auf ca. 5,3 Mio. Tonnen sank. Dennoch bestand die deutsche Seite auf einer Erhöhung der rumänischen Lieferungen, was auch geschah: 1940 wurden knapp 1,4 Mio. Tonnen Rohöl nach Deutschland geliefert, 1941 bereits mehr als drei Mio. Während des Kriegs kam zwischen 55 und 70 Prozent der gesamten rumänischen Erdölförderung den Achsenmächten zugute. Das rumänische Öl war damit für die Versorgung Deutschlands und seiner Verbündeten von kriegsentscheidender Bedeutung, was dazu führte, dass Rumänien zugunsten der Lieferungen an Deutschland ab 1943 den eigenen Verbrauch einschränken musste.[201]

Rumänien hatte zur Inflationsbekämpfung eine restriktive Kreditpolitik betrieben und damit eine Minderung des kriegswirtschaftlichen Potenzials in Kauf genommen. Blessing hingegen forderte eine großzügigere Kreditpolitik, die rasch zu einer allgemeinen finanziellen Entspannung führen würde. Als Beispiel führte er das von ihm geleitete Unternehmen an: »Die Kontinentale Öl AG. hat für mehr als 15 Millionen Reichsmark Bohrgeräte, Rohre, usw. nach Rumänien geschickt, um die Bohrprogramme ihrer Tochtergesellschaften durchführen zu können. Da diese Tochtergesellschaften in Rumänien keinen Kredit bekommen können, mußte die Kontinentale Öl AG., Berlin, diese Lieferungen ihren Tochtergesellschaften stunden. Bei einer großzügigeren Kreditpolitik würden die Tochtergesellschaften ihre Schulden an die Kontinentale Öl AG., Berlin, über Clearing abdecken können, wodurch der rumänischerseits so beanstandete hohe Clearing-Saldo ermäßigt würde.« Da vermehrte deutsche Lieferungen kaum möglich seien, müsse man den Rumänen – auch über Anwendung von politischem Druck – klarmachen, dass ihr un-

200 Vgl. Bericht des Kriegsverwaltungs-Abteilungschefs Schlicht über Besprechungen mit der rumänischen Erdölindustrie zwecks Maßnahmen zur Förderungssteigerung vom 4.10.1942, in: BA-MA, RW 19, Nr. 2748, Bl. 235-239, hier Bl. 235 f. und 238 (Zitat ebd.).

201 Vgl. Abschrift der das Mineralöl betreffenden Bestimmung des am 11.1.1943 im Führerhauptquartier unterzeichneten Protokolls zwischen der deutschen und rumänischen Regierung, in: RGVA, 700-1-9, Bl. 67; Karlsch/Stokes, Faktor Öl, S. 207.

eingeschränkter wirtschaftlicher Einsatz für die gemeinsame Kriegführung notwendig sei.[202]

Im Mai 1944 sandte Reichswirtschaftsminister Funk Blessing dann in seiner Eigenschaft als Mitglied des Vorstands der Konti nach Bukarest, mit dem Auftrag, bei den rumänischen Erdölgesellschaften mit deutscher Beteiligung dahin zu wirken, dass Erdölproduktion und Verarbeitung aufrechterhalten blieben.[203] Auf Vorschlag des Reichsaußenministers sollte Blessing mit der Leitung der Wirtschaftsabteilung der Gesandtschaft und mit den Erdölfragen betraut werden. Demgegenüber favorisierte Funk, Blessing als Wirtschaftsberater des Gesandten zu installieren, was dem internationalen Standard besser entspreche.[204]

Anfang August 1944 besprach Reichsaußenminister Ribbentrop wirtschaftliche und finanzielle Fragen mit dem rumänischen Ministerpräsidenten, unter anderem ging es um den Bau einer neuen Ölleitung zur Entlastung der Eisenbahnöltransporte von Ploesti nach Deutschland. Antonescu hatte sich bereits einverstanden erklärt. Solche Planungen wurden aber mit dem rumänischen Kriegsaustritt am 23. August 1944 obsolet.[205]

Die rumänischen Öllieferungen an Deutschland

Moderne technische Methoden bei der Erdölförderung hatten in Rumänien erst nach der Jahrhundertwende Einzug gehalten. Die rumänische Ölproduktion betrug 1926 3.241.329 Tonnen, das entsprach 2,16 Prozent der Weltproduktion. Bis 1934 stieg sie auf 8.473.355 Tonnen an (4,05 Prozent), 1935 gab es einen kleinen Einbruch, bis sie 1936 das Maximum mit 8.704.000 Tonnen (3,5 Prozent) erreichte. Im selben Jahr begann der Rückgang der Ölexporte, und Deutschland wurde das Hauptimportland rumänischen Erdöls. Ab 1936 sanken die geförderten Mengen stetig. Diese negative Entwicklung hatte vorwiegend wirtschaftspolitische und technische Gründe, in erster Linie die Nationalisierungstendenzen und den Kapitalmangel.[206] So entwickelte sich die Rohölförderung Rumäniens von 1937 bis 1941 in Tonnen: 7.153.000 (1937),

202 Vgl. Denkschrift von Blessing »Die rumänische Währungssituation« vom 20.12.1943, in: BAB, R 3101, Nr. 33019, Bl. 2-8, hier Bl. 2 ff. und 8 (Zitat Bl. 5).

203 Vgl. Telegramm Botschafter Ritter an Deutsche Gesandtschaft in Bukarest vom 3.5.1944, in: BA-MA, RW 19, Nr. 2791, Bl. 189.

204 Vgl. Aufzeichnung von Steengracht für Reichsaußenminister vom 2.6.1944, in: PA AA, RZ 242, R 27801. Blessing selbst plädierte für ein behutsames Vorgehen und favorisierte die Hereinnahme einiger gutwilliger – sprich: deutschfreundlicher – prominenter Persönlichkeiten in das rumänische Kabinett. Vgl. Schreiben Blessing an Köster, Planungsamt, vom 14.6.1944, in: BAB, R 3, Nr. 1941, Bl. 35.

205 Vgl. Fernschreiben Clodius an Staatssekretär vom 6.8.1944, in: PA AA, RZ 242, R 27801.

206 Vgl. Memorandum »Das rumänische Erdöl« der Volkswirtschaftlichen Abteilung der IG Farben vom 11.4.1939 (Vowi 3386), S. 1, in: RGVA, 1457-1-163; Buzatu, History, S. 29 und 35 f.

6.610.000 (1938), 6.240.000 (1939), 5.816.000 (1940), 5.458.000 (1941). Der Tiefpunkt wurde aber im Laufe des Jahres 1941 überwunden.[207]

Das rumänische Erdöl spielte bis in die Mitte der 1930er Jahre nur eine untergeordnete Rolle in den deutsch-rumänischen Handelsbeziehungen, weil in den Wirtschaftsabkommen geregelt war, dass Erdöl nur ein Viertel der gesamten rumänischen Ausfuhren an Deutschland ausmachen durfte. Ab 1939, als Deutschland angesichts des kommenden Kriegs Mineralöl einlagern wollte, erwies sich dieser Passus als sehr hinderlich, doch mit Abschluss des »Öl-Waffen-Pakts« vom 29. Mai 1940 wurde diese Klausel gegenstandslos.[208]

Die rumänischen Öllieferungen an Deutschland waren zweifellos unentbehrlich für die Aufrechterhaltung der Versorgung. Schaut man sich die Zahlen bis zum Kriegsbeginn an, so schwankten sie beträchtlich, stiegen aber bis 1939 auf 1.272.000 Tonnen an.[209] Die Bezüge Deutschlands verdoppelten sich von 1940 1.390.467 Tonnen auf 1941 3.055.310 Tonnen.[210] Wenn Neubacher sich später rühmte, Rumänien in eine »Benzintankstelle« für die deutsche Kriegführung verwandelt zu haben, »die funktionierte wie ein Automat«, so war das für das kritische Jahr 1941 durchaus zutreffend. Es war das Jahr des höchsten deutschen Ölverbrauchs überhaupt, zugleich das Jahr des absolut und relativ höchsten rumänischen Ölexports nach Deutschland. Von der gesamten rumänischen Fördermenge von nur 5,6 Mio. Tonnen erhielt man einschließlich der Direktlieferungen an Wehrmacht und Protektorat fast drei Mio. Tonnen.[211] Während des Kriegs blieb das rumänische Erdöl für Deutschland und Italien deshalb von zentraler Bedeutung. Rumänien produzierte 1943 5.273.000 und 1944 3.525.000 Tonnen, während beispielsweise Ungarn 839.000 (1943) und 970.000 Tonnen (1944) förderte.[212]

Der deutsche Anteil an den rumänischen Ausfuhren war durch das Wohlthat-Abkommen vom März 1939 und das Ölabkommen vom Mai 1940 auf 44 Prozent im Jahr 1940 gestiegen. 1940 und 1941 lieferte Rumänien damit 94 bzw. 75 Prozent sämtlicher deutscher Ölimporte. Die These, die klassischen »Blitzkriege« von 1940/41 seien im Wesentlichen vom rumänischen Öl abhängig gewesen, ist also nicht abwegig.[213]

Die Bedeutung der rumänischen Erdölproduktion nahm während des Ostfeldzugs noch zu, speziell nach dem Rückzug der deutschen Verbände vom Kuban (Nordkaukasus) im Januar 1943, als sich abzeichnete, dass das kaukasische Erdöl außer

207 Vgl. Neubacher, Die rumänische Erdölwirtschaft, o. Dat. (1942), S. 3 f., in: RGVA, 700-1-8.

208 Vgl. Ancuţa, Wirtschaftsbeziehungen, S. 335.

209 Vgl. Volkmann, NS-Wirtschaft, S. 307. Mit einer Förderung von mehr als sechs Mio. Tonnen Rohöl und einer Ausfuhrleistung von 4,5 Mio. Tonnen war Rumänien zu Kriegsbeginn nach der Sowjetunion der bedeutendste Erdöllieferant Europas. Vgl. Rumäniens Treibstoffwirtschaft, S. 15 f.

210 Vgl. Neubacher, Die rumänische Erdölwirtschaft, o. Dat. (1942), S. 11, in: RGVA, 700-1-8.

211 Vgl. Eichholtz, Ölpolitik, S. 338 f.; Neubacher, Sonderauftrag, S. 49 f. (Zitate S. 50).

212 Vgl. Radice, Energy, S. 401 f.

213 Vgl. Deletant, Ally, S. 26; Buzatu, History, S. 138.

Reichweite bleiben würde. Trotz der verstärkten Bohrtätigkeit der Kontinentalen Öl GmbH sank die Gesamtrohölförderung in Rumänien aber im Jahr 1943 auf 5,3 Mio. Tonnen. Deutschlands Anteil daran betrug mit 2,4 Mio. von 11,3 Mio. Tonnen nurmehr 45 Prozent.[214]

Bis Mitte 1943 konnten die gemeinsamen Anstrengungen der rumänischen und der deutschen Behörden den weiteren Rückgang der Ölproduktion mehr oder weniger abwenden, doch dann begannen die alliierten Bombenangriffe ihren Tribut zu fordern. Im Frühjahr 1944 kam es zu einem katastrophalen Rückgang sowohl der Produktion als auch der Lieferungen nach Deutschland: Im März 1944 wurden nur noch 385.000 Tonnen produziert und 185.000 nach Deutschland geliefert, im April betrug die Produktion lediglich 179.000 Tonnen und die Exporte nach Deutschland 97.000 Tonnen, im Mai sank die Produktion weiter auf 152.000 Tonnen, von denen Deutschland 59.000 Tonnen erhielt, und im Juni gingen die Zahlen auf 77.000 produzierte und 23.000 exportierte Tonnen weiter zurück.[215]

Struktur der rumänischen Erdölindustrie und deutsche Einflussnahme

Nach dem Abkommen von San Remo von 1920 befanden sich die führenden rumänischen Ölgesellschaften in ausländischer Hand: Die größte Gesellschaft, die Astra Romana, war im Besitz der Royal Dutch Shell-Gruppe, die Romana Americana gehörte der Standard Oil Co. aus New Jersey, die Unirea der Phoenix Oil Co. aus London, die Colombia einer französischen und die Prahova einer italienischen Gruppe. Lediglich der Creditul Minier, dessen Aktien sich in der Hand der Rumänischen Nationalbank befanden, war ein rein rumänisches Unternehmen. Gegen diese ausländische Dominanz richtete sich ab 1936 die Politik der rumänischen Regierung. Die drei erstgenannten Unternehmen wurden schließlich 1941 zu feindlichem Eigentum erklärt und vom Staat verwaltet, die Astra Romana arbeitete eng mit der Konti zusammen. Die Kontrolle über die Prahova verblieb bei der AGIP.[216]

Nach 1935 versuchten drei Gruppen, erneut deutsche Kapitalinteressen in der rumänischen Erdölindustrie aufzubauen: die Wifo, die Südostchemie Handelsgesellschaft mbH und die sogenannte Deutsche Gruppe, an deren Spitze im Fall Rumäniens die Gewerkschaft Elwerath stand und zu der ferner die DEA, die Preussag, die Wintershall AG und – zumindest temporär – der Reemtsma-Konzern gehörten. Die Wifo baute als Treuhänderin des RWiM und des OKW Pipelines von Ploesti nach Giurgiu und von Cernovoda nach Constanza. Ferner war sie durch die Südostchemie,

214 Vgl. Ancuţa, Wirtschaftsbeziehungen, S. 354; Overy, Weltenbrand, S. 324.

215 Vgl. Radice, Development, S. 440 f.

216 Vgl. Hillgruber, Hitler, S. 82; Ancuţa, Wirtschaftsbeziehungen, S. 335 f.; Memorandum »German Business Penetration under the ›New Order‹ (with particular reference to South East Europe)« vom Foreign Office, Economic Intelligence Department vom 19. 6. 1945, S. 51, in: NAK, FO 371, 46870.

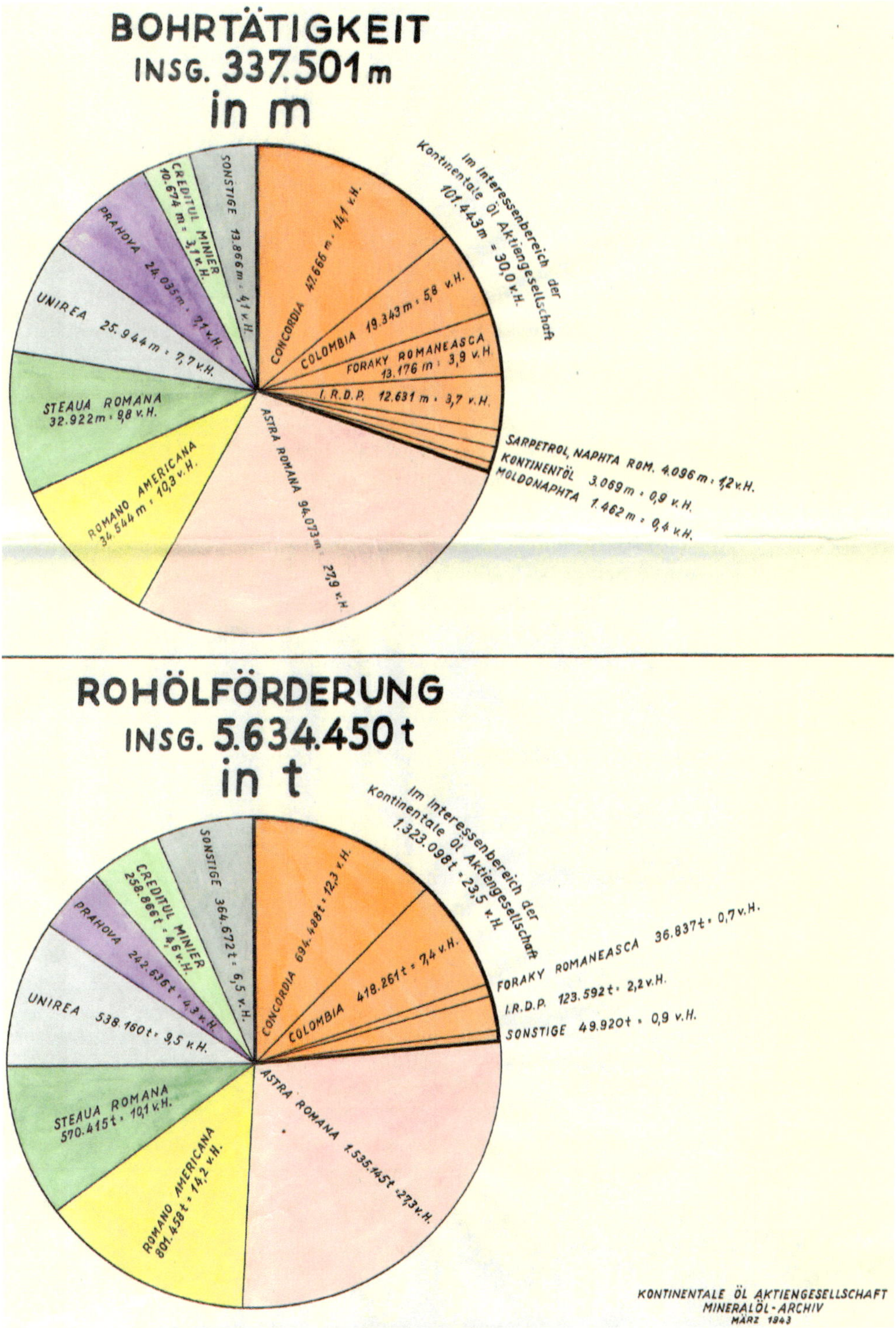

Abb. 4: Rohölförderung und Bohrtätigkeit in Rumänien 1942

deren Kapital sie hielt, am Petrol-Block, der Industria Romana de Pétrole Société Anonima Romana in Bukarest (IRDP), der Transpetrol SAR und der bulgarischen Transpetrol Varna beteiligt. Die Deutsche Gruppe erwarb die Foraky Romaneasca und die Moldonaphta.[217]

Durch den Wohlthat-Vertrag schienen sich die Aussichten für die Deutsche Gruppe zu verbessern. Die Geschäftsführung übernahm nun die Gewerkschaft Elwerath, die bereits mit der rumänischen Gesellschaft Creditul Minier ein Abkommen über eine engere Zusammenarbeit abgeschlossen hatte, das jedoch kriegsbedingt nicht in die Praxis umgesetzt werden konnte. Die Hoffnungen der Deutschen Gruppe, nach Kriegsbeginn größere Gesellschaften erwerben zu können, wurden ebenfalls enttäuscht. Die großen ausländischen Konzerne dachten nicht daran, sie den Deutschen zu überlassen oder zu verkaufen. Im Jahr 1940 stieg der deutsche Anteil auf immer noch geringe 5,81 Prozent.[218] Zum Export der benötigten Mengen nach Deutschland gründeten die Deutsche Gasolin AG und Hugo Hermann Stinnes 1939 die S. A. Romana pentru desvoltarea exportului petroleilui (Sardep).[219]

Die rumänische Regierung bemühte sich, den westlichen Einfluss zu verringern, und wendete sich verstärkt NS-Deutschland zu. Bereits der Wirtschaftsvertrag vom 23. März 1939 sah die Gründung einer deutsch-rumänischen Erdölgesellschaft vor. Seit Ende Juni 1939 beteiligte sich eine deutsche Bankengruppe an der größten rumänischen Gesellschaft, der Creditul Minier.[220] Der beherrschende Einfluss französisch-britischen Kapitals in der Erdölindustrie blieb ein Störfaktor in der rumänischen Innen- und Wirtschaftspolitik. Am 12. September 1939 wurde in London ein Commitee on Preventing Oil from Reaching Germany unter der Leitung von Lord Hankey gegründet, dessen Boykottpolitik, die den Umsatzrückgang durch erhöhte Preise aufzufangen versprach, sich die britischen Ölgesellschaften anschlossen. Erst als die rumänische Regierung zur Jahreswende 1939/40 mit dirigistischen Maßnahmen in die Wirtschaft eingriff, änderte sich die Situation: Mit der Einsetzung eines rumänischen Generalkommissariats für Erdöl beim Wirtschaftsministerium am 17. Januar 1940 war ein entscheidender Schritt in Richtung Verstaatlichung des Erdölsektors getan, und die obstruktive Politik der Mineralölgesellschaften wurde eingeschränkt.[221]

217 Vgl. Bericht der Political Division, The German influence on the petroleum-industry of Eastern Europe, especially in Roumania vom 2.1.1946, S. 4 ff., in: BAK, Z 45-F, POLAD/762/29. Die Moldonaphta wurde 1921 gegründet, 1941 übernahm die Foraky fast 99 Prozent des Kapitals. Sie fusionierte am 1. Januar 1942 mit der Concordia und steuerte die Aktien der Moldonaphta bei. Die tatsächliche Übertragung auf die Concordia fand im Herbst 1942 statt. Vgl. Pintile, Concordia, S. 35 f.

218 Vgl. Ancuţa, Wirtschaftsbeziehungen, S. 336 f.; Hillgruber, Hitler, S. 83 f.

219 Vgl. Ancuţa, Wirtschaftsbeziehungen, S. 338; Hillgruber, Hitler, S. 84; Der deutsche Krieg um Erdöl in Europa 1933-1945. Geschichtliche Enthüllungen von A. E. Gunther. Kapitel VI: Misserfolg in Rumänien (Petroleum Times vom 17.1.1948, S. 65-68, 84), S. 4, zit. nach: BGR, Nr. 0073874.

220 Vgl. Die Zukunft des rumänischen Erdöls, in: Brabag-Mitteilungen, Nr. 53 vom 8.1.1940, S. 1 ff., hier S. 2 (ursprünglich in: Der Vierjahresplan, Nr. 24 vom 20.12.1939), zit. nach: ebd., Nr. 0076316.

221 Vgl. Förster, Weg, S. 51 f.

Die Deutsche Gruppe ging im Juni 1939 davon aus, dass das in Vorbereitung befindliche neue Minengesetz in Kraft treten würde. Deshalb sollte die Societates pentru Comertul Petrolului zur rumänisch-deutschen Mineralölgesellschaft umgestaltet werden. Das Kapital sollte zur Hälfte von der Creditul Minier oder der Creditul Industrial aufgebracht werden, die andere Hälfte von der Deutschen Gruppe. Die neue Gesellschaft sollte gemeinsame Unternehmungen starten, wobei bei der Verwertung der gewonnenen Rohölprodukte »im Ausmass der deutschen Beteiligung die deutschen Versorgungsinteressen erstrangig Berücksichtigung finden« würden. VR und Vorstand plante man paritätisch zu besetzen, die Deutsche Gruppe sollte die technische Leitung des Bohr- und Förderbetriebs sowie eventuell des Verarbeitungsbetriebs übernehmen.[222]

Anfang Dezember 1939 verhandelten deutsche Ministerialbeamte mit einem Vorstandsmitglied der Dresdner Bank über den Ankauf der Naphta Romana. Wer im Endeffekt in Deutschland als Erwerber auftreten würde, war noch nicht bekannt, doch es sollten mehrere Interessenten beteiligt werden, wobei an die Gründung einer Holdinggesellschaft gedacht wurde.[223] Später einigte man sich darauf, dass zunächst die Dresdner Bank die Naphta Romana als Treuhänder erwerben sollte.[224] Der Petrol-Block mit seinen großen Raffinerien ging Ende 1939/Anfang 1940 mit einer Aktienmehrheit von 72 Prozent an die Südostchemie Handels GmbH über, eine kurz vor Kriegsbeginn am 8. Juli 1939 gegründeten Holding der VJP-Behörde. Der angestrebte Kauf von Aktien der Creditul Minier schlug hingegen endgültig fehl. Geringe Beteiligungen erreichten die Südostchemie bei der IRDP und die IG Farben AG bei der Petrolul Romanesc.[225]

Mitte Januar 1940 stockten die Genehmigungen für Aufschlussbohrungen in Zusammenarbeit mit der Creditul Minier weiterhin. Hinsichtlich des Erwerbs von Produktionsgesellschaften ging die Initiative nicht von der Privatindustrie aus, da eine wirtschaftliche Bewertung infolge des Zeitdrucks nicht möglich schien. Keppler bestätigte, dass es sich um eine politische und kriegswirtschaftliche Angelegenheit handelte, die auf eine Anweisung von Göring zurückging. Keppler forderte die Firmen auf, sich für die technische Durchführung des geplanten Betriebs zunächst treuhänderisch zur Verfügung zu stellen, und betonte die Notwendigkeit einer einheitlichen Betriebsführung für alle zu erwerbenden Felder.[226] Reinhard Heydrich

222 Vgl. Memorandum »Beteiligung einer deutschen Gruppe an der rumänischen Erdölindustrie. Einvernehmlich festgelegte Grundsätze« vom 19.6.1939, in: BAB, R 901, Nr. 68953, Bl. 1-13, hier Bl. 1 ff. (Zitat Bl. 5); Schreiben Gewerkschaft Elwerath, Brochhaus, an den rumänischen Industrie- und Handelsminister, Ioan E. Bujoiu, vom 20.6.1939, in: ebd., Bl. 14-17.

223 Vgl. AN aus der Dresdner Bank vom 8.12.1939, in: RGVA, 1458-14-132, Bl. 7-10, hier Bl. 7 f. Auch in: BAB, R 2, Nr. 48, Bl. 16 f.

224 Vgl. Vermerk aus dem RWiM vom 20.12.1939, in: RGVA, 1458-14-132, Bl. 11.

225 Vgl. Eichholtz, Ölpolitik, S. 320 f.

226 Vgl. Niederschrift über die Sitzung am 13.1.1940 in der RfB von Bentz vom 15.1.1940, in: RGVA, 1458-14-132, Bl. 78-83, hier Bl. 78 ff.

unterstützte die Bemühungen mit einschlägigen Informationen, etwa einem Perimeternetz der rumänischen Ölindustrie sowie Berichten über die Raffinerien und Karten zu den Ölfeldern der Astra Romana, der Romano Americana, des Creditul Minier und der Unirea.[227]

Die Sardep, die unter dem Einfluss der IG Farben stand, schloss am 1. Februar 1940 mit der Mineralölgesellschaft Unirea einen Vertrag zur Übernahme von deren Produktion ab. Das sorgte für Irritationen, da der Petrol-Block angeblich den Auftrag zu einem gleichlautenden Vertragsabschluss durch das RWiM erhalten hatte.[228]

Nach der Besetzung der Niederlande im Mai 1940 wurde in der Zentrale der Bataafsche Petroleum ein deutscher Treuhänder eingesetzt und ein neuer Generaldirektor nach Bukarest geschickt. Durch diesen Schachzug befand sich die größte rumänische Erdölgesellschaft, die Astra Romana, unter Kontrolle der Deutschen. Die Standard Oil of New Jersey, welche die Romano-Americana kontrollierte, hatte schon 1939 einen Deutschen als Chef in Bukarest eingesetzt. Die Kontinentale Öl GmbH schloss mit der Astra Romana im Mai 1941 ein Abkommen ab, das sie zur Hälfte an den Aufschlüssen beteiligte.[229] Bis Juli 1940 konnte man laut Mitteilung des RWiM zwei rumänische Gesellschaften erwerben, die Foraky Romaneasca und die Moldonaphta. Die erworbenen Beteiligungen sollten zunächst von der Dresdner Bank treuhänderisch für das Reich gehalten und nach Abschluss der gesamten Transaktion an deutsche Interessenten abgestoßen werden. Die Dresdner Bank hatte sich dazu bereit erklärt.[230]

Bis zu diesem Zeitpunkt hatte bereits ein Eindringen in die rumänische Erdölwirtschaft durch tschechische Übernahmen stattgefunden. Die ab 1938 zum Reichswerke-Konzern gehörende Erste Brünner Maschinenfabrik AG erwarb 1940 einen großen Anteil an der Petrol-Block AG, er ging später durch einen Schuldentausch an die Südostchemie Handelsgesellschaft über. Nach Übernahme der Mehrheit der Aktien wurde Nicolae Constantin Bordeni Vorsitzender des VR der Gesellschaft, Heinz Osterwind Mitglied. Otto Gramsch, Mihail M. Fodor sowie Herbert Kuhn wurden Geschäftsführer, Richard Karoli Rechnungsprüfer. Der neuen Unternehmensleitung gelang es 1940, das Unternehmen zu modernisieren und den zweiten Platz beim Export von Erdölprodukten nach Deutschland zu halten.[231]

Durch den getarnten Erwerb der Foraky Romaneasca und der Moldonaphta aus belgischen und britischen Händen sah das RWiM für die deutsche Mineralölwirtschaft eine Basis in Rumänien geschaffen. Auch künftig sollte sich die Kooperation der

227 Vgl. Schreiben Chef der Sipo und des SD an Keppler vom 29.1.1940, in: BGR, Nr. 0062333.

228 Vgl. Telegramm Neubacher an das AA vom 19.2.1941, in: PA AA, RZ 311, R 105991.

229 Vgl. Ancuţa, Wirtschaftsbeziehungen, S. 343.

230 Vgl. AV aus dem RFM vom 11.7.1940, in: BAB, R 2, Nr. 48, Bl. 10-11, hier Bl. 10; Schreiben Reichswirtschaftsminister an die Direktion der Dresdner Bank vom 23.7.1940, in: RGVA, 1458-14-132, Bl. 41 f., hier Bl. 41.

231 Vgl. Overy, War, S. 160 f.; Memorandum »German Business Penetration under the ›New Order‹ (with particular reference to South East Europe)« vom Foreign Office, Economic Intelligence Department vom 19.6.1945, S. 51, in: NAK, FO 371, Nr. 46870; Pintilie, Activitatea, S. 51 f.

deutschen Erdölfirmen mit Rücksicht auf den politischen und kriegswirtschaftlichen Charakter der Erwerbungen auf die technische Seite des Vorhabens beschränken.[232]

Die Prüfung der IRDP durch die DRT im Mai 1941 ergab, dass die Gesellschaft sanierungsbedürftig war. Das machte aus Sicht des Prüfers, Richard Karoli, eine radikale Bilanzbereinigung erforderlich, um eine solide Grundlage, insbesondere hinsichtlich der Kreditwürdigkeit und Ertragskraft des Unternehmens, zu schaffen. Die 1920 gegründete IRDP hatte seit 1924 einen Verarbeitungsvertrag mit dem Petrol-Block, mit dem sie später fusionierte. Auf ihn und die Société Industrielle des Petroles Roumains (SIPER) ging 1926 ein Teil der Aktien über. Zum Zeitpunkt der Prüfung befand sich ein Viertel des Aktienkapitals im Besitz der SIPER, 11,7 Prozent waren bei der IRDP deponiert, 24 Prozent bei der Deutschen Gruppe, der Rest auf dem freien Markt. Im VR saßen seit Ende 1940 unter anderem Herbert Kuhn und Otto Gramsch.[233]

Neubacher errechnete 1942 einen deutschen Einfluss – über direkte Kapitalbeteiligungen oder über niederländisches und amerikanisches Kapital – von 54,9 Prozent auf die rumänische Erdölindustrie. Ein Kuriosum bildete in seinen Augen die Romano-Americana, die der US-amerikanischen Standard-Oil-Gruppe gehörte und im Oktober 1941 freiwillig der deutschen Standard-Gruppe in Treuhänderschaft übergeben worden war. Der deutsche Einfluss stützte sich auf die Kapitalmehrheit bei der Concordia, der Colombia, dem Petrol-Block, der IRDP, der Foraky, der Explora und der Moldonaphta, ferner über niederländisches Kapital auf die Astra Romana und die Sospiro und über Treuhänderschaft auf die Romano-Americana.[234]

Parallel zum Eindringen des deutschen Kapitals in die rumänische Erdölwirtschaft liefen die Bemühungen des rumänischen Staats, den Einfluss der Westmächte abzuwehren. Ein erster Schritt war die Gründung eines Generalkommissariats für die Erdölindustrie Mitte Januar 1940, das mit weitgehenden Vollmachten ausgestattet wurde und zu maßgeblichen Eingriffen berechtigt war. Nach einem halben Jahr wurde das Kommissariat allerdings bereits wieder aufgelöst, und alle Erdölfragen wurden vom Unterstaatssekretär des Wirtschaftsministeriums zentral bearbeitet. Weiter wurden im Juli 1940 in allen ausländischen Erdölgesellschaften Regierungskommissare eingesetzt, welche die Belange des rumänischen Staats zu wahren hatten; Ausländer wurden aus den Verwaltungsräten der Aktiengesellschaften ausgeschlossen. Französische und britische Ingenieure, darunter Führungskräfte wie der Generaldirektor der Colombia und der Direktor der Steaua Romana, wurden gar ausgewiesen.[235]

232 Vgl. AV aus dem RWiM vom 23.7.1940, in: RGVA, 1458-14-132, Bl. 43.

233 Vgl. Bericht DRT über Prüfung des Jahresabschlusses für das Geschäftsjahr 1940 bei der Industria Romana de Pétrole Société Anonima Romana vom 27.5.1941, S. 1 ff., 11 ff., in: BAB, R 176, Nr. 44; Memorandum »Wichtige Firmen und Organe der rumänischen Erdölwirtschaft. Vorläufige Zusammenstellung« der Volkswirtschaftlichen Abteilung der IG Farben vom 8.10.1941 (Vowi 4486), Bl. 7, in: RGVA, 1457-1-1015.

234 Vgl. Neubacher, Die rumänische Erdölwirtschaft, o. Dat. (1942), S. 15 f., in: ebd., 700-1-8.

235 Vgl. Waller, Erdölindustrie, S. 585.

Während deutsche Firmen 1939 weniger als ein Prozent der rumänischen Ölproduktion kontrollierten, stieg ihr Anteil bis Ende 1940 auf 47 Prozent an. Diese Beteiligungen wurden im März 1941 in die Konti integriert, deren rumänische Tochtergesellschaft, die Kontinentale Öl GmbH, im August 1941 gegründet wurde. Dennoch wurden die Deutschen durch das Vorgehen der rumänischen Regierung erheblich behindert, vor allem bei Unternehmen, an denen Rumänen noch Minderheitsbeteiligungen hielten, wie der Astra Romana, dem größten produzierenden Unternehmen.[236] Im Jahr 1941 unterwarf die rumänische Regierung zudem die Börse einer strengen Kontrolle und ernannte Kommissare, welche die einzelnen Aktientransaktionen überwachten und das staatliche Vorkaufsrecht für alle angebotenen Wertpapiere durchsetzten. Infolgedessen mussten die Deutschen ihre Käufe weitgehend auf Aktien beschränken, die sich bereits in ausländischem Besitz befanden. Den Erwerbungen der Colombia und Concordia folgte 1941 der Kauf einer Viertel-Beteiligung an der IRDP durch die Südost Chemie sowie der Erwerb der Foraky Romaneasca durch die Concordia.[237]

Kurz bevor das NS-Regime in Rumänien politisch stärker Fuß fasste, Anfang September 1940, ordnete die rumänische Regierung an, dass sämtliche Aktien der rumänischen Ölgesellschaften in Namensaktien umgewandelt und bei den rumänischen Behörden angemeldet werden mussten. Im März 1941 folgte schließlich der Zwang zur Umwandlung der Inhaberpapiere aller rumänischen Unternehmen.[238]

Die rumänischen wirtschaftspolitischen Zielsetzungen in der Erdölwirtschaft liefen auf eine Umschichtung der Besitzverhältnisse und der betrieblichen Struktur hinaus. Dafür sollte die Beteiligung rumänischen Kapitals verstärkt, der deutsche Anteil unter den Auslandsbeteiligungen erhöht und die unmittelbare Einflussnahme des Staats auf die Führung der Erdölindustrie ausgebaut werden. Zu diesem Zweck trat ab 1941 ein Bohr- und Organisationsprogramm zur Steigerung der Erdölerzeugung hinzu, von dem man sich eine signifikante Mehrerzeugung gegenüber 1940 versprach. Ein Teil dieses Programms wurde vom Staat selbst durchgeführt, der sich dabei der 1939 gegründeten ACEX (Handelsverwaltung für Ausbeutung und Erforschung von Minen) bediente. Sie erhielt das notwendige Bohrmaterial durch die Konti, die auch am Risiko beteiligt war.[239]

Im März 1941 wurden 13 Bohrgeräte nach Rumänien gebracht, die Ende Mai zum Einsatz gelangten. In dieser Zeit lieferten die Deutschen auch weiteres Material, jedoch zunächst nicht in dem von den Rumänen gewünschten Umfang, »da wir vom Sommer 1941 ab mit einem sofortigen Russlandeinsatz rechnen mussten«. Als im Novem-

236 Vgl. Radice, Development, S. 440.

237 Vgl. Memorandum »German Business Penetration under the ›New Order‹ (with particular reference to South East Europe)« vom Foreign Office, Economic Intelligence Department vom 19. 6. 1945, S. 51, in: NAK, FO 371, 46870.

238 Vgl. Lussy/Bonhage/Horn, Wertpapiergeschäfte, S. 147.

239 Vgl. Rumänische Erdölprojekte, in: Frankfurter Zeitung, Nr. 207 vom 24. 4. 1941, zit. nach: ZBW.

ber 1941 feststand, dass sich der Einsatz im Kaukasus verzögern würde, wurde sofort ein erheblicher Teil des dafür vorgesehenen Materials für Rumänien freigegeben.[240]

Die Kontinentale Öl AG und ihre Aktivitäten in Rumänien

Die Experten der Political Division der US-Militärregierung in Deutschland kamen 1946 zu dem Schluss, dass der Höhepunkt in der Entwicklung der deutschen Interessen an der rumänischen Ölindustrie mit dem Engagement der Konti erreicht wurde. Eines ihrer Hauptziele sei die Kontrolle der Erdölindustrie in Rumänien gewesen – auf jeden Fall habe sie einen »beherrschenden Einfluss« (*predominant influence*) gewonnen.[241]

Die Koordination der deutschen Erdölinteressen in Rumänien erfolgte durch die Konti, woraus sich ein Konfliktpotenzial mit den Interessen anderer deutscher Firmen ergab. Die politische Entwicklung ließ diesen Widerspruch nicht offen zutage treten, doch zeichnet sich in der Übernahme der Foraky Romaneasca und der Elwerath-Beteiligungen in Rumänien durch die Konti ab, was zu erwarten gewesen wäre. Die Interessen des Unternehmens in Rumänien wurden von der Bukarester Niederlassung der Kontinentalen Öl GmbH weitergeführt.[242] Da eine Besetzung der rumänischen Ölfelder nicht infrage kam, hatte man sich in Berlin dazu entschlossen, diesen Weg der Einflussnahme zu wählen, um die deutschen Ressourcen zu bündeln und ausländische Herausforderer zu verdrängen.[243]

Zwei Firmen standen im Fokus des deutschen Interesses: die Concordia und die Colombia. Insbesondere die Concordia, die 1939 den zweitgrößten Anteil an der gesamten rumänischen Fördermenge hatte, war relevant. Mit etwa 20 Prozent des Gesamtbestands verfügte sie zudem über das größte Rohrleitungsnetz Rumäniens und konnte durch Aufkäufe bei kleineren Firmen ihre Raffinerien versorgen.[244] Am 14. Juli 1942 ernannte die Konti den Niederländer Willem Meyerlingh zum technischen Leiter der Erdölbetriebe der Concordia und den Ingenieur Josef Karl Figlmüller von Walther & Co. zum stellvertretenden technischen Leiter der Raffinerie Vega.[245]

Auf der ordentlichen HV 1941 wurde ein neuer VR gewählt, dem unter anderem Brochhaus, Fischer, Osterwind und Raab angehörten. Im Juni 1941 wurde Ion Marinescu, der Generaldirektor der Concordia, von General Ion Antonescu zum Minister für Volkswirtschaft ernannt. In der VR-Sitzung vom 14. April 1942 wurde diese Er-

240 Vgl. Aufzeichnung von Bentz für Wiehl betreffend rumänische Erdölproduktion vom 17.2.1942, in: BAB, R 901, Nr. 112777, Bl. 248 (Zitat ebd.).

241 Vgl. Bericht der Political Division, The German influence on the petroleum-industry of Eastern Europe, especially in Roumania vom 2.1.1946, S. 6 f. (Zitat S. 7), in: BAK, Z 45-F, POLAD/762/29.

242 Vgl. Pearton, Oil, S. 231 f.

243 Vgl. Toprani, Oil, S. 225.

244 Vgl. AN von Karl Krejci-Graf vom 12.12.1940, in: BAB, R 901, Nr. 112773, Bl. 76 f.

245 Vgl. Pintilie, Concordia, S. 70.

nennung moniert, da nun ein Jahr lang kein Direktor zur Verfügung stehe. Daraufhin schlug die deutsche Gruppe im VR Heinz Osterwind, der seit Oktober 1941 Vertreter der Kontinentalen Öl GmbH war, als Geschäftsführer des Unternehmens vor.[246]

Die Colombia erlitt bei den Bombenangriffen vom 1. August 1943 schwere Schäden, und die Konti sorgte über ihre Bukarester Filiale dafür, dass die Concordia schnell mit Ersatz versorgt wurde. Die Colombia hatte Anspruch auf Schadensersatzleistung in Höhe von vier Mio. RM, benötigte jedoch nur Sachlieferungen im Wert von rund einer Mio. RM.[247]

Die Aktienmehrheit der Konti sowohl bei der Concordia als auch der Colombia war der wichtigste Hebel zur Einflussnahme auf die rumänische Erdölwirtschaft. Daneben trat die Übernahme kleinerer Gesellschaften wie der Foraky Romaneasca und der Moldonaphta. Um die rumänischen Produzenten unter Kontrolle zu bringen, wurde mit Hilfe des rumänischen Staats eine Arbeitsgemeinschaft Erdölgewinnung und -verarbeitung unter Führung der Konti gegründet und mit Weisungsrechten ausgestattet. Der Staat genehmigte zudem Preiserhöhungen, um die Bohrungen zu fördern und die Wirtschaftlichkeit der Betriebe zu stärken.[248]

Ende 1941 begannen Ankaufverhandlungen über die Wifo-Interessen in der rumänischen und bulgarischen Erdölwirtschaft mit der Konti hinsichtlich der Südostchemie, in deren Besitz sich größere Aktienpakete der Erdölbetriebe Petrol-Block (75 Prozent), IRDP (25 Prozent), Transpetrol (100 Prozent) und Transpetrol Warna (78 Prozent) befanden. Die Verhandlungen führten im Mai 1942 zum Erwerb der Südostchemie und ihres Aktienbesitzes für zwölf Mio. RM durch die Konti.[249]

Zur Behebung der finanziellen Schwierigkeiten bei der Moldonaphta und der Foraky Romaneasca wollte die Konti im Juni 1941 25 Mio. Lei zur Verfügung stellen. Die Dresdner Bank sollte dafür der Societates Bancara Romana einen Kreditauftrag erteilen, den man innerhalb von zwei Monaten aus den erwarteten Dividenden der Colombia und Concordia zurückzahlen wollte. Die von der Dresdner Bank treuhänderisch verwalteten Aktien der beiden Erdölgesellschaften sollten bis zum 30. September 1941 auf die Konti übertragen werden.[250]

Fischer zufolge konnte der Konti die Übernahme der beiden Gesellschaften zu den geforderten Preisen nicht zugemutet werden, und so empfahl er, dass die DRT

246 Vgl. ebd., S. 111 f. Als weitere deutsche Geschäftsführer fungierten Gramsch und Kuhlmann bis zum 23. August 1944. Vgl. ebd., S. 118.

247 Vgl. AN über Besprechung am 15. 8. 1944, in: RGVA, 1458-3-1831, Bl. 27-33, hier Bl. 32.

248 Vgl. Kasper, Erdöl, S. 66 f.

249 Vgl. Bericht DRT über Prüfung des Jahresabschlusses zum 31. 12. 1941 bei der Konti vom 18. 7. 1943, S. 15, in: BAB, R 8135, Nr. 7612; Schreiben Wifo an RFM, Berger, vom 24. 11. 1941, in: ebd., R 2, Nr. 48, Bl. 39; Niederschrift über Besprechung am 7. 3. 1942 von von der Warth vom 9. 3. 1942, in: ebd., R 176, Nr. 33; Vertrag zwischen Wifo und Konti vom 30. 5. 1942, in: ebd.

250 Vgl. Schreiben Konti an RWiM, Syrup, vom 10. 6. 1941, in: RGVA, 1458-14-132, Bl. 142-143; Schreiben Reichswirtschaftsminister, Tüngeler, an Abt. II Mineralöl, Dr. Fischer, vom 9. 8. 1941, in: ebd., Bl. 129 f.

einen angemessenen Übergabepreis ermitteln sollte, auf dessen Grundlage die Verhandlungen aufgenommen werden konnten.[251] Die Konti bot für beide Firmen 1,25 Mio. RM. »Im Hinblick auf die seitherigen laufenden Verluste der beiden Objekte können wir kaufmännisch dieses Angebot nur deshalb vertreten, weil wir hoffen, durch eine Angliederung oder den Anschluss beider Gesellschaften an eine Arbeitsgemeinschaft die laufenden Verluste beseitigen oder wenigstens vermindern zu können.« Am 1. August 1941 ging die Betriebs- und Geschäftsführung der beiden Unternehmen auf die Konti über. Der endgültige Erwerb erfolgte im Mai 1942. Letztlich sollten 1,8 Mio. RM gezahlt werden.[252]

In der Außerordentlichen HV der Concordia am 4. November 1942 wurde die Fusion mit der Foraky beschlossen, die vor allem deshalb von Interesse war, weil sich dadurch der Konzessionsbesitz der Concordia von rund 7.000 Hektar um 3.600 Hektar erweiterte und sie zudem über ein umfangreiches Materiallager verfügte. Ferner erhoffte man sich durch die Zusammenarbeit Synergieeffekte.[253] Ende 1942 fusionierten die vom Reich erworbenen Gesellschaften Foraky und Moldonaphta mit der Concordia.[254]

Die Société Française Industrielle et Commerciale de Pétroles, Paris, hielt von den Aktien der Romana Belgiana im Gesamtwert von 60 Mio. Lei 43,8 Mio. (73 Prozent) in ihrem Besitz. Die Konti und die IG Farben übernahmen hiervon zwecks späterer Übertragung auf die Sarpetrol 30 Mio. Aktien.[255]

Im Oktober 1944 wurde eine endgültige Festlegung des Kaufpreises der Südostchemie fällig. Die Konti argumentierte nun defensiv, sie habe stets eine Treuhandverwaltung der Südostchemie und der dazugehörigen Gesellschaften angestrebt, ein direkter Kauf sei nie beabsichtigt gewesen,[256] und Schulze-Brachmann argumentierte, die Geschäftsgrundlage sei nun weggefallen. Die Wifo könne also entweder einen Vertragsrücktritt anstreben, bei Rückgabe der beiderseitigen Leistungen, oder unter

251 Vgl. Schreiben RWiM, Fischer, an Reinhardt vom 11.8.1941, in: ebd., Bl. 216; Schreiben Reichswirtschaftsminister an Reichsminister der Finanzen, Niemetz, vom 25.8.1941, in: BAB, R 2, Nr. 48, Bl. 36.

252 Vgl. Bericht DRT über Prüfung des Jahresabschlusses zum 31.12.1941 bei der Konti vom 18.7.1943, S. 14f., in: ebd., R 8135, Nr. 7612; AN der Konti vom 12.3.1942, in: ebd., R 2, Nr. 48, Bl. 198-204 (Zitat ebd.); AN über Erwerb der »Foraky Romaneasca« und »Moldonaphta« durch die Konti, in: RGVA, 1458-14-132, Bl. 176-182; AV aus dem RWiM vom 27.4.1942, in: ebd., Bl. 183-185, hier Bl. 183f.; Schnellbrief RWiM, Tüngeler, an die Dresdner Bank vom 8.5.1942, in: ebd., Bl. 191.

253 Vgl. Bericht DRT über Prüfung des Jahresabschlusses zum 31.12.1941 bei der »Concordia« S.A.R. pentru Industria Petrolului vom 1.8.1944, S. 7 und 10, in: BAB, R 176, Nr. 46; Fusion in der rumänischen Erdölindustrie, in: Frankfurter Zeitung, Nr. 570 vom 7.11.1942, zit. nach: IfW, F 1 X 30 E.

254 Vgl. Vorstandsbericht der Konti vom 3.2.1943, in: BAB, R 2, Nr. 30125.

255 Vgl. Konsortialvertrag zwischen Société Francaise Industrielle et Commerciale de Pétroles, Konti und IG Farbenindustrie AG vom 25.5.1943, in: Bayer-Archiv, 330, Nr. 0091.

256 Vgl. AV von von der Warth für Schulze-Brachmann vom 18.10.1944, in: BAB, R 176, Nr. 33.

Aufrechterhaltung des Vertrags den Kaufpreis unter Berücksichtigung des gegenwärtigen Werts ihrer Leistungen bemessen.[257]

Die Belegschaft der Konti und ihrer Tochtergesellschaften in Rumänien betrug 1942 15.232 Personen. Doch zur Beherrschung der rumänischen Tochtergesellschaften reichte der bloße Erwerb der Aktienmehrheit nicht aus, dazu bedurfte es einer systematischen Durchdringung mit deutschen Fachkräften und einer ständig wachsenden Einflussnahme auf die Verwaltungsorgane. Schließlich erreichte man die Besetzung der Leitungspositionen mit deutschen Vertrauensleuten und deren Agieren gemäß der Geschäftspolitik des Gesamtkonzerns sowie eine intensive wirtschaftliche und technische Zusammenarbeit.[258]

Der schwierigste Fall war die Astra Romana, die bei Weitem größte und wichtigste aller rumänischen Ölfirmen. Nachdem der Vorstand der Royal Dutch Shell 1940 auf die Westindischen Inseln geflohen war, übernahmen die Deutschen kurzerhand die Kontrolle über die Vermögenswerte des Unternehmens in den Niederlanden, um zu verhindern, dass die Holländer ihre Anteile an ein US-amerikanisches Unternehmen verkauften und Bukarest die Astra verstaatlichte. Die Astra erhielt ihre Weisungen nun direkt aus London vom Shell-Trust und weigerte sich, an Deutschland zu liefern. Zudem schränkte sie die Förderung ein. Neubacher drängte die rumänische Regierung, bei der Astra einen Kommissar einzusetzen, was Anfang August auch geschah. Doch dieser erwies sich als strammer Nationalist, bot also keine Gewähr, die Astra unter deutsche Kontrolle zu bringen. Letztlich gelang es Neubacher über das AA, am 25. Oktober 1940 den niederländischen Kollaborateur Willem Rost van Tonningen zum Generaldirektor der Astra bestellen zu lassen. Die Ernennung war möglich geworden, weil die rumänische Regierung, auf deutschen Druck, eine deutsche Leitung der Bataafsche zugelassen hatte, was es nun erlaubte, einen Generaldirektor einzusetzen.[259] Laut Krejci-Graf waren fast alle holländischen Experten ausgereist, und man müsse nun alles versuchen, um sie zur Aufrechterhaltung der Produktion zurückzuholen. Dazu würde es nicht ausreichen, ihnen zuzusichern, keine Maßnahmen gegen

257 Vgl. AV von Schulze-Brachmann für von der Warth vom 26.10.1944, in: ebd. Nach Ansicht von Paul von der Warth hatte die Konti ein Rücktrittsrecht vom Vertrag. Vgl. AN von von der Warth für den Vorstand der Konti vom 31.10.1944, in: ebd.

258 Vgl. Memorandum über die Ergebnisse der Tätigkeit der Konti in Rumänien von Paul von der Warth vom 17.9.1943, S. 14, in: HAC, 500/109595. Auch in: BAB, R 176, Nr. 28 und Nr. 89 und in: HADB, B 60.

259 Vgl. Eichholtz, Ölpolitik, S. 325; Toprani, Oil, S. 228; Marguerat, Le IIIe Reich, S. 202, Anm. 5.; Schreiben Sonderbeauftragter für Wirtschaftsfragen, Neubacher, an AA vom 19.9.1940, in: PA AA, RZ 311, R 105989; AN von Weltzien über AR-Sitzung der Konti am 27.3.1941 vom 28.3.1941, in: BAB, R 8127, Nr. 16154, Bl. 44-45, hier Bl. 45. Der rumänische Wirtschaftsminister ordnete die Einsetzung Rost van Tonningens als Generaldirektor bei der Astra Romana an, der am 25. Oktober 1940 dazu ernannt wurde. Sämtliche Engländer, darunter drei Prokuristen, verließen Rumänien. Vgl. Telegramm Fabricius an AA vom 9.10.1940, in: PA AA, RZ 311, R 105990; Telegramm Neubacher an AA vom 25.10.1940, in: ebd.

sie einzuleiten, man müsste auch einen speziellen militärischen Schutz im Ölgebiet garantieren.[260] Aus deutscher Sicht war es der »weitestgehend englandhörige« AR der Astra Romana, der diese Schwierigkeiten bereitete, so dass man dessen Ausschaltung verlangte.[261] Rost van Tonningen wurde für seine Tätigkeit als Generaldirektor der Astra Romana fürstlich entlohnt: Seine Ansprüche aus dem Fürsorgefonds der Shell sollten in Höhe von 130.000 Francs in Wertpapieren des Fonds bei einer Großbank in Berlin hinterlegt werden.[262]

Auf die nunmehr in deutscher Hand befindlichen Gesellschaften Colombia und Concordia und vier weitere kleine Unternehmen, die 1942 vollständig von der Konti übernommen wurden, entfielen 1941 rund 24 Prozent der rumänischen Erdölförderung. Größte Einzelgesellschaft blieb die in Besitz von Royal Dutch Shell befindliche Astra Romana mit einem Anteil von knapp 25 Prozent der Gesamtförderung, die nun ebenfalls so gesteuert werden konnte, dass es der deutschen Kriegswirtschaft zuträglich war. Außerdem schloss die Kontinentale Öl GmbH mit der Astra Romana Ende Mai 1941 einen Vertrag zur gemeinsamen Erschließung neuer Vorkommen. Dieses Abkommen sicherte der Kontinentalen Öl GmbH 50 Prozent der Anteile an den Konzessionsgebieten der Astra. Unter Friedensbedingungen wäre es wohl kaum zum Abschluss solcher »Knebelverträge« gekommen. Während die Royal Dutch in den besetzten Niederlanden einer deutschen Vermögensverwaltung unterworfen war und sich kaum gegen die deutsche Steuerung wehren konnte, ging die zur Standard-Oil-Gruppe gehörende Romana Americana freiwillig in die Treuhänderschaft der Rhenania-Ossag über. Was genau Standard Oil zu diesem Schritt veranlasste, mit dem man de facto zu Gunsten des Deutschen Reiches auf Anteile an der rumänischen Ölförderung verzichtete, ist unklar.[263]

Der Vertrag mit der Astra Romana sicherte der Kontinentalen Öl GmbH nicht nur einen 50-prozentigen Anteil an der Erkundung, Aufschließung und Ausbeutung im Konzessionsgebiet der Astra zu, sondern beinhaltete auch, dass alle nicht als reine Fördergebiete anzusehenden Konzessionen der Astra künftig gemeinsam erschlossen werden sollten, wobei sich die Konti verpflichtete, kostenlos zehn betriebsfertige Tiefbohrgeräte zur Verfügung zu stellen. Zur Abgeltung der Vorleistungen der Astra sollte diese eine nach der Produktionshöhe gestaffelte Bruttobeteiligung vorweg ausgezahlt bekommen.[264] Zusätzlich schloss die Konti mit der Handelsverwaltung für

260 Vgl. Telegramm Wiehl an AA vom 18.10.1940, in: ebd.

261 Vgl. Schreiben Keppler an Deutsche Gesandtschaft Bukarest vom 7.12.1940, in: BAB, R 901, Nr. 112773, Bl. 80 f.

262 Vgl. Schreiben Verwalter der Bataafschen Petroleum Maatschappij, von Klaß, an Generalkommissar für Finanz und Wirtschaft beim Reichskommissar für die besetzten niederländischen Gebiete vom 1.5.1942, in: ebd., R 177, Nr. 259.

263 Vgl. Karlsch/Stokes, Faktor Öl, S. 210 f.

264 Vgl. Kasper, Erdölgewinnung, S. 95; Memorandum über die Ergebnisse der Tätigkeit der Kontinentöl in Rumänien von Paul von der Warth vom 17.9.1943, S. 2, in: HADB, B 60. Auch in: BAB, R 176, Nr. 28 und in: HAC, 500/109595; Bericht DRT über Prüfung des Jahresabschlusses

Ausbeutung und Erforschung von Minen eine Vereinbarung über eine Zusammenarbeit ab, die ihr einen 70-prozentigen Anteil an den Kosten und der Produktion eines Joint Ventures im Manesti-Erdölfeld zusprach. Damit avancierte die Konti zum führenden Bohrkonzern in Rumänien.[265]

Außerhalb des Astra-Vertrags schloss die Konti unter eigener Risikoübernahme ein weiteres Abkommen, die Konvention Floresti, mit der staatsnahen Creditul Minier und der Concordia ab. Der Konsortialvertrag für eine Vertragsbohrung auf dem Feld Floresti der Petrolul Romanesc führte ebenfalls zu einem beachtlichen Aufschlussergebnis.[266]

Die rumänische Erdölproduktion konnte von 1941 auf 1942 um drei Prozent auf rund 5,6 Mio. Tonnen gesteigert werden, die Bohrmeterleistung sogar um 40 Prozent. Diese Ergebnisse waren nicht zuletzt auf die Tätigkeit der Konti zurückzuführen, die durch eigene Bohrtätigkeit, durch zusätzliche Leistungen ihrer Tochtergesellschaften und durch Hilfsmaßnahmen zugunsten der gesamten rumänischen Erdölindustrie ihren Teil dazu beitrug. Etwa 23,5 Prozent der Gesamtförderleistung stammten aus dem Interessenbereich der Konti, der Anteil der Astra Romana lag bei 27,3 Prozent.

Auf Initiative der Konti kam es zu erfolgreichen Neuaufschlüssen in Sotanga, Berca und Floresti sowie zu beachtlichen Erfolgen in vorhandenen Fördergebieten, vor allem durch die Tätigkeit der Sarpetrol und ihrer Töchter Romana-Belgiana und Sondrum, die von der Konti mit Materiallieferungen und finanzieller Hilfeleistung unterstützt wurden. Das Arbeitsprogramm für 1943 beinhaltete erhebliche zusätzliche Anstrengungen, um das Produktionsziel von 5,3 Mio. Tonnen für die rumänische Erdölindustrie zu erreichen. In Absprache mit Bentz als dem Beauftragten für die Förderung der Erdölgewinnung wurden daher eine Reihe von Maßnahmen getroffen, an deren Durchführung die Konti und ihre Tochtergesellschaften wesentlich beteiligt waren: etwa die Lieferung von sieben Bohrgeräten und Material für 30 Sonden aus dem Bestand der Ost Öl GmbH.[267]

Mit der Verlagerung des Bohrprogramms vom Kaukasus nach Europa waren Bohrkapazitäten frei geworden, die Bentz in Rumänien einsetzte – darunter 16 Bohranlagen

zum 31.12.1941 bei der Konti vom 18.7.1943, S. 14, in: BAB, R 8135, Nr. 7612; Kontinentale Öl AG – Astra Romana, in: Südost-Echo, Nr. 27 vom 5.7.1941, zit. nach: IfW, F 1 X 30 E.

265 Vgl. Pearton, Oil, S. 260 f. So stellte z. B. die Wintershall AG zwei ihrer schwersten Bohrgeräte der Konti mietweise zur Verfügung. Vgl. Schreiben Wintershall AG an Mitglieder des AR vom 3.6.1941, in: HADB, P 1970; Eichholtz, Ölpolitik 2010, S. 344.

266 Vgl. Memorandum über die Ergebnisse der Tätigkeit der Kontinentöl in Rumänien von Paul von der Warth vom 17.9.1943, S. 6, in: HAC, 500/109595. Auch in: BAB, R 176, Nr. 28 und Nr. 89 und in: HADB, B 60.

267 Vgl. Memorandum »Rumänien«, o. Dat. (Anfang 1943), S. 1 ff. und 4 ff., in: BAB, R 176, Nr. 89; AV aus dem RFM für AR-Sitzung der Konti am 21.9.1943, in: ebd., R 2, Nr. 15469, Bl. 1-4, hier Bl. 2.; Memorandum über die Ergebnisse der Tätigkeit der Konti in Rumänien von Paul von der Warth vom 17.9.1943, S. 7, in: HADB, B 60. Auch in: BAB, R 176, Nr. 28 und in: HAC, 500/109595; Schaubilder zur Rohölförderung und Bohrtätigkeit in Rumänien im Jahre 1942, in: BGR, Nr. 0048549.

aus dem Osteinsatz der Konti. Auf diese Weise hatte man 1942 die Produktion unter Vergabe von Reichsbohrdarlehen noch steigern können. Bald darauf wurde in den Gewinnungsgebieten aber ein Mangel an Bohransatzpunkten erkennbar: 1943 waren die rumänischen Felder buchstäblich abgebohrt.[268]

So konnte 1943 nur eine Förderung von rund 5,3 Mio. Tonnen erzielt werden. Die Bohrmeterleistung sank von 377.501 Meter auf 327.353 Meter. Die Gründe für diese rückläufige Entwicklung lagen nach Ansicht der Konti – abgesehen von der zunehmenden Erschöpfung der Lagerstätten – in der verfehlten Ölpolitik des rumänischen Staats, der unter anderem die Vergabe von Schurfbezirken hinauszögerte. Die Konti setzte »alles daran, um innerhalb ihrer Einflußsphäre den gesamten verfügbaren Bohrpark voll auszunutzen und Aufschlußbohrungen auch bei geringen Erfolgschancen durchzuführen«. An den insgesamt 34 Aufschlussbohrungen 1943 war die Konti allein an 14, mit ihren Tochtergesellschaften sogar an 22, finanziell beteiligt. Der Anteil der Gruppe an den finanzierten Aufschlussbohrungen betrug ein Drittel, der Anteil an der Gesamtförderung 23,4 Prozent. Die Unternehmen der Holdinggesellschaft erzielten zusammen 1943 eine um 58.649 Tonnen höhere Produktion als im Jahr 1942, während die Förderung aller anderen Gesellschaften rückläufig war. Aus interner Sicht waren die »erfreulichen Ergebnisse der Aufbautätigkeit der Kontinentöl in Rumänien [...] darauf zurückzuführen, daß es gelang, allen sichtbaren und unsichtbaren Widerständen zum Trotz die Gesellschaften fest in die Hand zu bekommen und einheitlich nach dem einen Ziel auszurichten: Steigerung von Produktion und Bohrmeterleistung im Interesse der deutschen Kriegswirtschaft. Unter diesem höheren Gesichtspunkt müssen auch Ausmaß und Umfang der übernommenen Risiken betrachtet werden.«[269]

Im ersten Quartal 1944 gab es in Rumänien nur einen schwachen Produktionsrückgang gegenüber dem Vorjahr. Um innerhalb des eigenen Tätigkeitsbereichs dem drohenden Produktionsrückgang infolge des Nachlassens der Bohrtätigkeit entgegenzuwirken, setzte die Konti die Lieferung von Gerät und Material auf Kredit fort. Außerdem hoffte man, durch weitere Fusionierung kleinerer rumänischer Tochtergesellschaften mit großen Unternehmen Kosteneinsparungen zu erzielen.[270] Im Mai 1944 sandte Reichswirtschaftsminister Funk Blessing mit dem Auftrag, bei den rumänischen Erdölgesellschaften mit deutscher Beteiligung auf eine Aufrechterhaltung der Erdölproduktion und Verarbeitung zu wirken, nach Bukarest.[271]

268 Vgl. Kockel, Geologie und Krieg, S. 75; Memorandum über die Ergebnisse der Tätigkeit der Kontinentöl in Rumänien von Paul von der Warth vom 17. 9. 1943, S. 12, in: HADB, B 60. Auch in: BAB, R 176, Nr. 28 und in: HAC, 500/109595.

269 Vgl. Tätigkeit der Kontinentöl in Rumänien im Jahre 1943/44 von Paul von der Warth vom 15. 10. 1944, S. 4, 11 (Zitat S. 11), in: HADB, B 60. Auch in: BAB, R 176, Nr. 28.

270 Vgl. Rundschreiben Konti an Mitglieder des AR vom 30. 6. 1944, S. 2, in: HAC, 500/109595.

271 Vgl. Telegramm Ritter an Deutsche Gesandtschaft in Bukarest vom 3. 5. 1944, in: BA-MA, RW 19, Nr. 2791, Bl. 189; Aufzeichnung von Steengracht für Reichsaußenminister vom 2. 6. 1944, in: PA AA, RZ 242, R 27801.

Für die Abwicklung aller finanziellen Aspekte der stark gestiegenen deutschen Erdölimporte aus Rumänien und um eine straffe Zusammenfassung der Einkäufe zu sichern, wurden die deutschen Importeure auf Weisung des RWiM zu einer Importgemeinschaft zusammengeschlossen. Geschäftsführendes Organ wurde die Rumänien-Mineralöl GmbH, die am 12. März 1940 in Berlin gegründet wurde. Über sie waren alle Verhandlungen für die zentralisierten rumänischen Erdölverträge und alle Zahlungen für die Importe abzuwickeln. Diese Organisation war eine nach privatwirtschaftlichen Prämissen organisierte staatliche Einrichtung zur Wahrnehmung spezifischer Aufgaben der deutschen Mineralölwirtschaft.[272] Neumann verlangte eine Beteiligung der Konti an diesem Einfuhrkonsortium. Das RWiM willigte ein und akzeptierte auch eine Beteiligung der Konti an den Einfuhrgewinnen. Die Wifo sollte aussteigen und ihre Anteile an die Konti abgeben, was mit der Übernahme der Südostchemie verbunden wurde. Laut Blessing war es aber nicht im Interesse der Konti, alle Betriebe der Südostchemie zu übernehmen, da viele von ihnen über keine eigenen Ölbasis verfügten.

Im RFM sah man dies anders und vertrat die Auffassung, »daß die Kontinentale die Aufgabe haben soll, alle deutschen Ölinteressen in Rumänien in ihrer Hand zusammenzufassen. Durch die Gründung der Kontinentale sei für die Südostchemie keine Daseinsberechtigung mehr gegeben.« Die Konti sollte sie deshalb komplett übernehmen. Auf jeden Fall müsse die Angelegenheit bereinigt werden, da sonst zwei »Reichsunternehmen« Beteiligungen an der rumänischen Erdölindustrie besäßen.[273]

Der Reichswirtschaftsminister wünschte eine 25-prozentige Beteiligung der Konti am Einfuhrkonsortium mit Wirkung vom 1. Januar 1942 und begründete dies damit, dass die Konti durch den Erwerb von Beteiligungen an der rumänischen Erdölindustrie sowie durch ihre finanziellen Anstrengungen zur Steigerung der rumänischen Erdölerzeugung in erheblichem Umfang zur Mineralölversorgung beitrage, ihr aber durch das Einfuhrkonsortium die Möglichkeit versperrt sei, den Anteil der Fördermenge aus ihren Beteiligungen unmittelbar an die deutsche Verteilerorganisation zu veräußern. Bei Errichtung des Einfuhrkonsortiums sei daran gedacht worden, alle Firmen einzubeziehen, die über besondere Geschäftsbeziehungen mit Rumänien und Einfluss auf den dortigen Markt verfügten. Hätte die Konti zu dieser Zeit schon bestanden und ihre rumänischen Beteiligungen besessen, wäre sie ohne Zweifel in erheblichem Umfang am Konsortium beteiligt worden.[274]

272 Vgl. Ancuţa, Wirtschaftsbeziehungen, S. 340; Hillgruber, Hitler, S. 86; Germany Basic Handbook, S. 25; Bericht Kontinentale Treuhandgesellschaft mbH über Prüfung der Bilanz der Rumänien-Mineralöl-Gesellschaft mbH und des Abschlusses des Konsortiums für die Einfuhr rumänischer Mineralöle zum 31.12.1943 vom 20.11.1944, S. 2 und 8, in: BAB, R 8135, Nr. 7906.

273 Vgl. AN aus dem RFM über Besprechung am 31.3.1942, in: ebd., R 2, Nr. 48, Bl. 50 (Zitat Bl. 50 RS).

274 Vgl. Schreiben Geschäftsleitung der Rumänien-Mineralöl GmbH an die Mitglieder des Konsortiums für die Einfuhr rumänischer Mineralöle vom 3.9.1942, in: BA-MA, RW 19, Nr. 2831, Bl. 48-49.

Die Kontinentale Öl GmbH

Die Kontinentale Öl GmbH wurde als für Rumänien zuständige Tochtergesellschaft der Kontinentalen Öl AG am 1. Juli 1941 gegründet, das Kapital betrug eine Mio. RM, alleiniger Gesellschafter war die Konti. Zu Geschäftsführern wurden Dihlmann, Otto Gramsch, Heinz Osterwind, Hans Joachim Raab (im Februar 1942 durch von der Warth abgelöst) und Krejci-Graf bestimmt, als Prokurist fungierte Johannes Becker. Dem Beirat gehörten Fischer als Vorsitzer, Blessing und Brochhaus als stellvertretende Vorsitzer sowie Fetzer und Kadgien an.[275] Im September 1942 wurde Osterwind mit der Leitung der deutschen Erdölinteressen in Rumänien betraut.[276]

Die GmbH war in Rumänien auf dem Sektor der Erdölgewinnung und -verarbeitung sowie im Vertriebsbereich tätig. Daneben versorgte sie die rumänische Erdölindustrie mit Bohrgeräten, Maschinen und Einrichtungen, woraus sich ein beachtliches Handelsgeschäft entwickelte. In den übrigen Ländern Südosteuropas (Bulgarien, Griechenland und Serbien) war die Gesellschaft lediglich im Vertriebsgeschäft tätig. In Sofia gründete sie die Bulgarische Mineralöl AG als 100-prozentige Tochtergesellschaft und in Belgrad die Mineralöl Vertrieb Serbien AG, an der sie mit 35 Prozent beteiligt war. In Athen errichtete sie eine Zweigniederlassung und erstellte Tankanlagen in Saloniki und Larissa.

Die Gesellschaft war mit der N.V. de Bataafsche Maatschappij, Den Haag, in einem Konsortium zum Vertriebsgeschäft vereinigt. Gemeinsam gründeten sie die Mineralöl GmbH Südost, welche die Geschäfte auf Rechnung der Konsorten führte. Vorübergehend übernahm man als Lohnbetrieb auch die Verarbeitung von Mineralölprodukten aus oberitalienischen Raffinerien. Das Geschäft in den Balkanländern entwickelte sich bis zur Räumung ausgesprochen lukrativ, danach jedoch verlor die Kontinentale Öl GmbH ihr Tätigkeitsgebiet und erlitt beträchtliche Vermögenseinbußen. Nach Kriegsende befand sie sich in stiller Abwicklung.[277]

Zu den Geschäftsaktivitäten des Unternehmens zählten der Erwerb von erdölhaltigem Gelände und Konzessionen zur Ausbeutung von Erdöl; die Verarbeitung, Raffination und der Handel mit Erdölen und Mineralölen; sowie Einrichtung, Erwerb, Verpachtung und Pachtung von Raffinerien, Ölleitungen, Dampfern, Eisenbahnen und industriellen Unternehmungen, die mit der Erdölindustrie zusammenhingen.[278]

Einer der Geschäftsführer der Kontinentalen Öl GmbH, Otto Gramsch, äußerte sich in einem Artikel in einer rumänischen Fachzeitschrift zur Bedeutung des dortigen Erdöls für die deutsche Kriegführung: »Das rumänische Öl bildet einen wich-

275 Vgl. Konzerndaten zur Kontinentalen Öl Aktiengesellschaft, in: BAB, R 176, Nr. 348; Vermischtes, 17/1941; Firmennachrichten.

276 Vgl. Vermischtes, 19/1942.

277 Vgl. Bericht DRT Prüfung Jahresabschlüsse 1944-1947 Kontinentale Öl GmbH, S. 7f., in: BAB, R 176, Nr. 58; Bericht DRT Prüfung Jahresabschluss zum 31.12.1944 Konti, S. 9, in: ebd., Nr. 59.

278 Vgl. Kontinentale Oel AG. gründet Tochtergesellschaft für rumänisches Oelgeschäft, in: Der Neue Tag, Nr. 204 vom 25.7.1941, zit. nach: ZBW; Kontinentale Oel GmbH, in: Kölnische Zeitung, Nr. 379/380 vom 29.7.1941, zit. nach: ebd.

tigen Beitrag für die Erzwingung der sich in diesen Jahren anbahnenden, für Europa lebenswichtigen Entscheidungen. Die Geschichtsschreibung wird einmal nach dem Einsatz des Blutes rumänischer Soldaten auch die Bereitschaft der rumänischen Staatsführung zu rühmen wissen, ein Maximum an ober- und unterirdischen Bodenschätzen für den gemeinsamen Sieg eingesetzt zu haben.« Drei Probleme galt es hierbei zu überwinden: Finanzierung, Transport und Quantität der Fördermengen. An einer Lösung, so Gramsch, arbeite die deutsche Seite aktiv mit, etwa mit der Gründung der Kontinentalen Öl GmbH, bei der die zu ergreifenden Maßnahmen zusammenliefen.[279] An anderer Stelle äußerte sich Gramsch zu den Bohrungen der Kontinentalen Öl GmbH für die rumänischen Unternehmen. »Der Staat allein kann solche Arbeiten im nötigen Ausmaß nicht übernehmen. In Zusammenarbeit mit den deutschen Stellen ist jedoch die Gewähr für den Fortschritt des rumänischen Erdölbergbaues gegeben.«[280]

Die technische Abteilung der Konti leitete die Durchführung des Bohrprogramms. Sie hatte ihren Standort zunächst nicht unmittelbar im Bohrgebiet, sondern in Bukarest, was sich als organisatorischer Fehler erwies, da so die dauernde Überwachung der Arbeiten nicht gewährleistet werden konnte. Im Oktober 1941 ordnete Fischer dann die sofortige Verlegung der technischen Abteilung nach Ploesti an.[281]

Im Januar 1942 erstattete Brochhaus auf der zweiten Sitzung des AR der Kontinentalen Öl AG einen Lagebericht zu Rumänien. Das Unternehmen habe seine Tätigkeit nicht vor Anfang Juni 1941 aufnehmen können, weil die deutschen Gewährsleute erst im Mai in den VR der Concordia gewählt worden seien. Bei der Colombia habe man sogar erst seit November 1941 die Möglichkeit zur Einflussnahme. Um ein weiteres Absinken der Förderung zu verhindern, hatte man folgende Maßnahmen ergriffen: ein umfangreiches Bohrprogramm, den Einsatz von 13, später 15 deutschen Bohrgeräten, teilweise in Fördergebieten – bei einer 50-prozentigen Beteiligung an den Bohrkosten und der Förderung durch die Konti –, teilweise in Aufschlussgebieten. Für die Aufschlussbohrungen sollten Reichsbohrdarlehen gewährt werden.

Unter maßgeblicher Beteiligung von Gunther Schlicht von der DEA vereinbarte man mit den größeren rumänischen Gesellschaften ein zusätzliches Programm, das auf eine Betriebsintensivierung, die Öffnung von Reservehorizonten, die Vertiefung fündiger Bohrungen etc. abzielte. Unterstützung wurde durch Förderprämien und Bohrprämien geleistet. Das Unternehmen kooperierte in den Schurfbezirken mit den großen Gesellschaften und baute eine Arbeitsgemeinschaft unter seiner Führung auf. Laut Brochhaus hing die weitere Entwicklung der rumänischen Erdölproduktion maß-

279 Vgl. Gramsch, Anteil, S. 771 f. (Zitat S. 771).

280 Vermischtes, 21/1941.

281 Vgl. Grundsätzliche Stellungnahme zur Mineralöllage in Rumänien des Chefs der Deutschen Wehrwirtschaftsmission in Rumänien vom 9. 10. 1941, in: BA-MA, RW 19, Nr. 2753, Bl. 171-177, hier Bl. 171.

geblich von der Möglichkeit der Entfaltung einer Aufschlusstätigkeit auf der Grundlage eines reformierten Berggesetzes ab.[282]

Zwischen der Kontinentalen Öl GmbH und der Muttergesellschaft wurde mit Wirkung von Anfang 1942 ein Gewinn-Ausschließungsvertrag geschlossen, wonach Erstere alle Gewinne und Verluste an die Muttergesellschaft abzuführen hatte. Daraufhin gab die Kontinentale Öl GmbH im Jahr 1942, nach Abdeckung des vorjährigen Verlustvortrags und Aufstellung einer vorsichtigen Bilanz, einen Gewinn von rund 3,7 Mio. RM ab.[283]

Laut Tätigkeitsbericht der Kontinentalen Öl GmbH vom Januar 1943 entwickelte sich die Bohrtätigkeit der angeschlossenen Gesellschaften weiter positiv und konnte im Dezember des Vorjahrs gegenüber dem Vormonat um fast 65 Prozent gesteigert werden. 1942 wurden insgesamt 36 Aufschlussbohrungen niedergebracht, von denen man an 21 beteiligt war, darunter an allen vier fündigen Bohrungen. Die Rohölproduktion stieg von 108.769 Tonnen im November auf 119.992 Tonnen im Dezember an, das entsprach rund 26 Prozent der rumänischen Gesamtproduktion.[284]

Zu den kleineren Beteiligungen der Kontinentalen Öl GmbH gehörte eine 50-prozentige Kapitalbeteiligung an der Produktionsgesellschaft Sarpetrol, die restlichen 50 Prozent befanden sich im Besitz der Sardep, an der die IG Farbenindustrie AG maßgeblich beteiligt war. Die Sardep führte vornehmlich das Rohöl von kleinen und mittleren Produzenten aus, die über keine eigenen Verarbeitungskapazitäten verfügten. Zu diesem Zweck schloss die Sardep eine Reihe von Beteiligungs- und Bohrverträgen mit anderen Gesellschaften, darunter die Roumano Belge de Pétrole. Beide Unternehmen, die Sardep und die Roumano, verfügten über eigene Konzessionsgebiete, Bohrgerät und Material sowie über vielversprechende Bohrpunkte, weshalb sie für die Konti, die eine Kapitalbeteiligung anstrebte, interessant waren.[285]

Die Kontinentale Öl GmbH führte bis September 1943 auf Grundlage des bestehenden Organschaftsverhältnisses 3.676.000 RM an die Muttergesellschaft ab. Dieser Betrag stellte den Überschuss aus Gewinnen im Vertriebsgeschäft im Südosten dar, soweit diese nicht zur Vornahme ausreichender Abschreibungen im rumänischen Produktionssektor der Kontinentalen Öl GmbH verwandt wurden.[286]

Wie die US-Finance Division nach Kriegsende feststellte, wurden die Gewinne des Unternehmens aus steuerlichen Gründen an die Holding abgeführt. Das Jonglieren

282 Vgl. Niederschrift über die 2. AR-Sitzung der Konti am 13.1.1942, S. 11 ff., in: StaN, KV-Anklage, Dok. Umdrucke, NI-10162.

283 Vgl. Bericht DRT Jahresabschluss zum 31.12.1942 Konti vom 16.9.1943, S. 4, in: BAB, R 8135, Nr. 7612.

284 Vgl. Tätigkeitsbericht Konti für Januar 1943, S. 1 ff., in: ebd., R 176, Nr. 28.

285 Vgl. Schreiben Konti an RWiM, Länderreferat Frankreich, vom 16.12.1942, in: ebd., R 8128, Nr. 1569, Bl. 634.

286 Vgl. Auszug Niederschrift über die 4. AR-Sitzung der Konti am 21.9.1943, in: ebd., R 2, Nr. 15469, Bl. 6-21, hier Bl. 11 RS; Der Bukarester Zweig der Kontinentale Öl GmbH erhöht sein Kapital, in: Berliner Börsen-Zeitung, Nr. 516 vom 2.11.1943, zit. nach: IfW, F 1 X 30 E.

mit Geldern nahm solche Formen an, dass nicht einmal die DRT bei der Prüfung der rumänischen Gesellschaften ein klares Bild gewinnen konnte. Eine doppelte oder gar dreifache Buchführung war in Rumänien üblich, und auch die Beteiligungen – etwa mit der Sardep an der Sarpetrol – waren nicht immer vollständig zu durchschauen.[287]

Im Februar 1944 traf sich der Beirat der Kontinentalen Öl GmbH zu Besprechungen in Bukarest, wo die weiteren Pläne, unter anderem die Fusion der Concordia mit der IRDP sowie die Zusammenlegung der Grubenbetriebe von Concordia und Colombia, vereinbart wurden. Krejci-Graf sollte Vorschläge zur Reduzierung des geologischen Apparats erarbeiten. Auch Details wurden besprochen, etwa ob die französische Raffinerie in Gravenchon aus steuerlichen Gründen von der Concordia nur angemietet werden sollte. Im Mittelpunkt standen jedoch die Bemühungen um eine Konsolidierung der Beteiligungen durch Tilgung der Schulden des Petrol-Blocks, der Wiederaufbau der Aquila und der Vega und um die Begleichung der Schulden bei der SIPER durch die Südostchemie.[288]

Nachdem es am 7. Juni 1945, also nach Kriegsende, bereits größere Devisenanmeldungen (Rumänien, Bulgarien, Serbien) der Kontinentalen Öl GmbH gegeben hatte, ließen sich mit Hilfe von früheren Angestellten weitere Auslandsvermögenswerte ermitteln: in Griechenland eine Bankforderung über 100 Mrd. Drachmen, in Rumänien einen Barbestand von 18 Mio. Lei, einen Kredit bei der Banca Commerciala Romana über 20 Mio. Lei und ein laufendes Konto bei der Banca Romaneasca über drei bis vier Mio. Lei.[289]

Durch Beschluss der GV vom 14. Mai 1946 wurde Walter Beiler zum Geschäftsführer der GmbH bestellt, am 14. April 1948 Johann-Dieter Lauenstein von der US-Militärregierung zum Custodian der GmbH eingesetzt. Dieser bestellte Adalbert Schnaus zum Treuhänder. Am 12. Juni 1947 wurde Schulze-Brachmann als Treuhänder der GmbH (Zentraltreuhänder) eingesetzt.[290] Da die Kontinentale Öl GmbH nur im Ausland tätig gewesen war, waren ihre Aufgabengebiete nach dem Krieg entfallen. Ihre Abwicklung wurde von Landshut aus geleitet.[291]

287 Vgl. OMGUS, Finance Division, Jules Wangler, Research Report Covering Documentary Material of Kontinentale Oel A. G. Landshut A/Isar Held Under control of Military Government in Landshut vom 10. 8. 1946, S. 7, in: NAW, RG 59, FW 862.6363/B 2946. Auch in: ebd., RG 260, Property Division, Records of the Office Director, General Records, Box 9; Der deutsche Krieg um Erdöl in Europa 1933-1945. Geschichtliche Enthüllungen von A. E. Gunther. Kapitel VI: Misserfolg in Rumänien (Petroleum Times vom 17. 1. 1948, S. 65-68, 84), S. 4, zit. nach: BGR, Nr. 0073874.

288 Vgl. Niederschrift Beiratsbesprechungen in Bukarest in der Zeit vom 15. bis 22. 2. 1944 von von der Warth vom 2. 3. 1944, S. 1 ff., in: BAB, R 176, Nr. 2.

289 Vgl. Schreiben Konti, Schulze-Brachmann, an Reichsbanknebenstelle Landshut vom 27. 6. 1946, in: BAK, B 218, Nr. 611.

290 Vgl. Bericht DRT Prüfung der Jahresabschlüsse 1944-1947 Kontinentale Öl GmbH, S. 4 ff., in: BAB, R 176, Nr. 58.

291 Vgl. Schreiben Schulze-Brachmann an das Bayerische Landesamt für Vermögensverwaltung vom 1. 10. 1949, S. 5, in: HHStaW, 506, Nr. 252.

Die Deutsche Heeresmission und der Schutz der Ölgebiete

Der »Operationsentwurf Ost« von Generalmajor Erich Marcks vom 5. August 1940 antizipierte eine britisch-sowjetische Koalition, die eine Blockade Deutschlands anstreben würde. Entsprechend hielt Marcks einen sowjetischen Einmarsch in Rumänien für wahrscheinlich, auf jeden Fall rechnete er mit heftigen Luftangriffen auf das Erdölgebiet. Auch Generalleutnant Kurt von Tippelskirch, der den Operationsentwurf erhielt, stufte den von Marcks befürchteten sowjetischen Stoß nach Rumänien als die misslichste aller Möglichkeiten ein. Wenn dieser Vorstoß gelänge, sei Deutschland einzig auf die eigenen Ölreserven zurückgeworfen. Die »Operationsstudie Ost« vom Gruppenleiter Heer in der Abteilung Landesverteidigung im OKW, Oberstleutnant Bernhard von Loßberg, vom 15. September 1940 hielt einen sowjetischen Angriff auf Rumänien ebenfalls für möglich, der jedoch seiner Einschätzung zufolge von deutschen und rumänischen Kräften abgewehrt werden könne.[292]

Im Juli 1940 billigte Hitler die Entsendung einer deutschen Militärmission nach Rumänien und entschied am 19. September 1940, je eine Militärmission des Heers und der Luftwaffe sowie eine verstärkte Division als Lehrtruppe nach Rumänien zu entsenden. Deren Mission bestand laut Geheimbefehl nach außen hin darin, Rumänien bei der Aufstellung und Ausbildung seiner Streitkräfte freundschaftlich zu beraten. Ihr tatsächlicher Auftrag aber, der weder den Rumänen noch den eigenen Truppen gegenüber kommuniziert wurde, war der Schutz des Erdölgebiets vor dem Zugriff einer dritten Macht oder dessen Zerstörung. Außerdem sollten sie, im Fall eines Kriegs gegen die Sowjetunion, den Einsatz deutscher und rumänischer Kräfte von Rumänien aus vorbereiten. Zum unmittelbaren Schutz des Ölgebiets – etwa bei Sabotage und Unruhen – hingegen seien deutsche Truppen nur bei außergewöhnlichen Vorfällen einzusetzen. Dies bleibe Aufgabe der Rumänen.[293]

Anfang Oktober 1940 erklärte Göring jedoch, man müsse die rumänischen Erdölquellen aufgrund der deutschen Abhängigkeit unter allen Umständen gegen Sabotage und Feindeinwirkungen schützen, weshalb man schon bald deutsche Truppen nach Rumänien verlegen werde.[294] Am 12. Oktober 1940 trafen dann die Vorkommandos unter General Erik Hansen und General Hans Speidel ein, und schon Anfang November befanden sich knapp 20.000 deutsche Soldaten, darunter eine verstärkte Panzerdivision, in Rumänien – sehr viel mehr Menschen und Material, als man gemeinhin unter einer Heeresmission verstand.[295] Aufgabe der »Deutschen Heeresmission in Rumänien«, so die offizielle Bezeichnung, war es, die rumänische Operationsplanung und Mobilmachung auf die deutschen Interessen auszurichten.[296]

292 Vgl. Klink, Landkriegführung, S. 274, 280 und 283.

293 Vgl. Weisung des Chefs des OKW, Keitel, vom 20.9.1940, zit. nach: Hegemann, Dokumente, Dok. 13, S. 328-329; Kasper, Erdöl, S. 66.

294 Vgl. AV von Neumann über Besprechung am 4.10.1940 über die Lage auf dem Mineralölgebiet vom 9.10.1940, in: BAB, R 26-I, Nr. 15, Bl. 20f., hier Bl. 20.

295 Vgl. Hegemann, Dokumente, S. 317.

296 Vgl. Förster, Weg, S. 62.

Nicht nur die deutsche, auch die sowjetische Seite zeigte Interesse am rumänischen Öl, und die sowjetischen Versicherungen vom Juni und Juli 1940, darauf verzichten zu wollen, beruhigten Deutschland nicht. Am 30. August 1940 gab es deshalb eine deutsch-italienische Garantie für Rumäniens Grenzen und am 20. September 1940 die Weisung von Keitel, das rumänische Erdölgebiet schützen zu wollen.[297] Zwar wurde General Hansen mit dem Luftschutz beauftragt, die Verantwortung sollte jedoch grundsätzlich weiterhin bei den Rumänen liegen, die dazu 5.800 Mann einsetzten. Zu ihrer Unterstützung sollten Landesschützen-Bataillone herangezogen werden. Außerdem wurden ein deutsches Nachrichtennetz für den Luftschutz, Splitterschutzwände und eine Umgehungsstraße um Ploesti gebaut sowie der Werkluftschutz verbessert.[298] Mit Rundschreiben vom 26. März 1941 gab das OKW weitere Anweisungen zur Verteidigung des rumänischen Erdölgebiets. Mit Blick auf die kommenden kriegerischen Auseinandersetzungen mit der Sowjetunion rechnete man mit vermehrten Angriffen. Zum Schutz des Erdölgebiets müssten aber auch dann noch ausreichende Bewachungskräfte im Einsatz sein, wenn die großen Verbände der Heeresmission herausgezogen würden. Zur Verstärkung der Luftverteidigung brauche es zudem zusätzliche weitere Flak- und Scheinwerfereinheiten sowie Jagdabwehr.[299]

Nach dem Überfall auf die Sowjetunion war die Inbesitznahme der Krim eine der ersten Aufgaben der Südostfront, da von dort, der Luftbasis des Gegners, besondere Gefahr für das rumänische Ölgebiet drohte.[300] Doch seit Mitte Oktober 1941 hatte es vorerst keine Luftangriffe mehr gegeben, und die Tatsachen am Boden widerlegten Meldungen über angebliche Erfolge der Sowjets.[301] Anfang Juni 1944 setzte Keitel den Kommandierenden General der deutschen Luftwaffe in Rumänien, Generalleutnant Alfred Gerstenberg, als Deutschen Kommandanten des rumänischen Ölgebiets ein, der alle militärischen Belange steuern sollte.[302]

297 Vgl. Napuch, Sowjetunion, S. 42 ff.

298 Vgl. Bericht Nr. 21 der Deutschen Wehrwirtschaftsmission: Sitzung beim Chef des Stabs der Heeresmission in Rumänien am 30. 1. 1941, in: BA-MA, RW 19, Nr. 2823, Bl. 14 f.

299 Vgl. Rundschreiben OKW vom 26. 3. 1941, in: ebd., RW 4, Nr. 575, Bl. 36 ff. Zum Schutz gegen Luftangriffe und vor nachts mit Fallschirmen abgesetzten Zerstörungstrupps sollte Göring das motorisierte Regiment zur Verfügung gestellt werden. Vgl. Schreiben Ritter an den Chef der deutschen Wehrmachtmission in Rumänien vom 2. 4. 1941, zit. nach: Hegemann, Dokumente, Dok. 39, S. 343.

300 Vgl. Ergänzung der Weisung 34 (vom 30. 7. 1941) vom Chef des OKW Keitel, vom 12. 8. 1941, zit. nach: Hubatsch (Hg.), Weisungen, S. 171-174, hier S. 172.

301 Vgl. Bericht über Luftverteidigung der Deutschen Luftwaffenmission in Rumänien, Speidel, vom 14. 12. 1941, in: BA-MA, RL 9, Nr. 62, Bl. 1-4, hier Bl. 1.

302 Vgl. Befehl des OKW, Keitel, vom 4. 6. 1944, in: PA AA, RZ 242, R 27801. Gerstenberg berichtete Marschall Antonescu Ende Juni 1944 über die Wiederaufbauarbeiten im Erdölgebiet. Dabei bat er um die Gestellung von 10.000 rumänischen Arbeitskräften, was von Antonescu jedoch mangels Verfügbarkeit abgelehnt wurde. Vgl. Schreiben OKW, Warlimont, an Ritter, AA, vom 8. 7. 1944, in: ebd.

Geplante Zerstörungen und Bombardierungen des Erdölgebiets

Spätestens seit dem deutschen Überfall auf Polen gab es in Frankreich Planungen, das rumänische Erdölgebiet zu zerstören, um die deutsche Hauptlieferquelle für möglichst lange Zeit zum Versiegen zu bringen. Um wirksam zu sein, müssten sich, so ein französischer Sachverständiger, die Zerstörungen auf alle Bereiche der Erdölindustrie erstrecken: Produktion, Transportwesen, Vorräte und Raffinerien. Das Inbrandsetzen der Erdölquellen sei nur eine Ergänzung eines solchen Vorhabens.[303]

Am 11. Juli 1941 fand ein Treffen im britischen Foreign Office zum Thema »Prevention of Oil Reaching Enemy« statt. Geleitet wurde es vom Ständigen Unterstaatssekretär Alexander Cadogan, der einen Bericht von Baron Maurice Hankey kritisierte. Lord Hankey, der das Committee on Preventing Oil from Reaching Enemy Powers im War Cabinet leitete, hatte erklärt, dass die rumänischen Vorräte für die deutsche Ostfront stark dezimiert seien. Dies, so Cadogan, könne jedoch nicht stimmen, denn die Deutschen griffen für ihre Ostfront in Bessarabien offensichtlich auf rumänische Vorräte zurück. Auch wies er die Darstellung Lord Hankeys zurück, diese Lieferungen seien Luft- und Seeangriffen ausgesetzt, und erklärte, dass die Deutschen bei ihrem Einmarsch in Rumänien an allen strategisch wichtigen Punkten Flugabwehr und Jägerschutz aufgestellt hätten. Cardogan war auch pessimistischer in der Frage, ob man die Sowjets würde dazu bewegen können, die rumänischen Ölfelder zu bombardieren, weil die Rote Armee ihre Flugzeuge seiner Ansicht nach für die eigene Abwehr benötigte.[304]

Der rumänische Schwarzmeerhafen Constanza wurde drei Tage nach dem deutschen Überfall auf die Sowjetunion mehrmals von sowjetischen Bombern angegriffen, genau wie das rumänische Erdölgebiet. Am 14. Juli 1941 flogen sechs sowjetische Bombenflugzeuge die Erdölfelder von Ploesti an, bombardierten zwei Raffinerien und vernichteten Öltanks und Tankwagen. Aus Furcht vor weiteren sowjetischen Angriffen auf das Erdölgebiet wurden deshalb am nächsten Tag alle rumänischen Jagdflugzeuge von der Front abgezogen und in den Raum Ploesti verlegt. Eine ähnlich drastische Wirkung hatte die Zerstörung der strategisch wichtigen Eisenbahnbrücke bei Cernavoda, die das Erdölgebiet von Ploesti mit dem Hafen Constanta verband, durch die sowjetische Schwarzmeerflotte am 10. August 1941.[305] Der baldigen Einnahme der Halbinsel Krim maß Hitler allergrößte Bedeutung für die Ölversorgung

303 Vgl. Auszug aus dem Bericht des von der Französischen Regierung beauftragten Sachverständigen für die Zerstörung der rumänischen Erdölindustrie Léon Wenger vom 1. Oktober 1939, in: Geheimakten, Nr. 9, S. 30 ff. Der französische Militärattaché in Bukarest sollte mit der Durchführung der Maßnahmen für eine etwaige Zerstörung der rumänischen Petroleumlagerstätten betraut werden. Vgl. Der Oberbefehlshaber des französischen Heeres General Gamelin an den französischen Ministerpräsidenten, Landesverteidigungs- und Kriegsminister Daladier vom 18. Oktober 1939, in: ebd., Nr. 10, S. 33.

304 Vgl. Protokoll eines Treffens im Foreign Office am 11. 7. 1941 »Prevention of Oil Reaching Enemy«, S. 1 f., in: NAK, FO 371, Nr. 28875.

305 Vgl. Groehler, Geschichte, S. 293.

Deutschlands aus Rumänien bei, nachdem der Oberbefehlshaber der Luftwaffe dargelegt hatte, dass das rumänische Erdölgebiet potenziell Luftangriffen ausgesetzt sei, solange sich sowjetische Fliegerkräfte auf der Krim befänden.[306]

Ende Januar 1942 gelangte das britische Kriegskabinett zu der Einschätzung, dass die Ölreserven der Achse stark reduziert seien. Ein britischer Ölexperte hatte aus Moskau von Aussagen ranghoher Vertreter der Roten Armee berichtet, welche die Notwendigkeit unterstrichen, die deutschen Ölvorkommen und insbesondere Ploesti anzugreifen. Dabei würden sie auf Unterstützung der Royal Air Force (RAF) hoffen.[307]

In einem Treffen des Chiefs of Staff Committee am 18. April 1942 debattierte man erneut Angriffe auf die Ölversorgung der Achse. Als »weiche Ziele« hatte man ausgemacht: die rumänischen Bohranlagen, Raffinerien und Transporteinrichtungen, die deutschen Hydrierwerke sowie die italienischen und französischen Raffinerien. In Erwägung gezogen wurde, Ploesti von Zypern oder Syrien aus zu bombardieren.[308]

Anfang 1943 ordnete Marschall Antonescu an, die Erdölverarbeitung in Rumänien gegen Luftangriffe zu sichern und Ausweichmöglichkeiten im Falle von Bombenschäden der in Betrieb befindlichen Raffinerien zu schaffen, speziell die Verlegung von Raffinerien aus Ploesti in weniger luftgefährdete Gebiete. Diese Sicherungsmaßnahmen sollten bis Frühjahr 1943 ausgeführt werden. Deutsche Sachverständige blickten auf die geplanten Maßnahmen mit Skepsis und schlugen stattdessen verstärkte Luftschutzmaßnahmen und Mobilisierungspläne vor, um beschädigte Anlagen rasch wieder in Betrieb nehmen zu können.[309]

Nachdem das Gebiet in operative Reichweite gelangt war, galt für die Westalliierten in Osteuropa das Ölfördergebiet von Ploesti als vorrangiges Ziel, da die rumänischen Exporte 1943 in Deutschland ein Drittel aller Mineralölerzeugnisse ausmachten. Ein erster Luftangriff im Juli 1942 von Syrien aus schlug jedoch völlig fehl. Im Frühjahr 1943 erwog die RAF, den Wünschen der Roten Armee zu entsprechen und Ploesti zu bombardieren. Letztlich stufte man das Unternehmen mit den zur Verfügung stehenden Kräften jedoch als unmöglich ein. Der Angriff wurde schließlich von der US-amerikanischen Luftwaffe geflogen, um der Ölversorgung der Achsenmächte Verluste zuzufügen.

Man war sich durchaus bewusst, dass Ploesti zu den am besten verteidigten europäischen Zielen gehörte, doch die US-Amerikaner wussten wenig über die Details der deutschen Abwehrmaßnahmen, weil das Zielgebiet weit abseits der Hauptkriegsschauplätze lag. Statt der hundert identifizierten Flakgeschütze befanden sich dort mehr als doppelt so viele; anstelle einer nur symbolischen Jägerwaffe waren es mehr als

306 Vgl. Operative Gedanken des Führers und Weisungen am 21.8.1941, zit. nach: Schramm (Hg.), KTB, Bd. 2, Dok. 98, S. 1061 f., hier S. 1062.

307 Vgl. War Cabinet, Chiefs of Staff Committee, Axis Oil Position, Annex I vom 23.2.1942, in: NAK, WO 193, Nr. 632.

308 Vgl. Chiefs of Staff Committee, Meeting to be held on Saturday, 18th April 1942, in: ebd.

309 Vgl. Aufzeichnung GBChem vom 4.1.1943, in: BAB, R 901, Nr. 68737, Bl. 54-65, hier Bl. 54 ff.

zweihundert Me-109, Me-110 und Ju-88, dazu rumänische und bulgarische Luftstreitkräfte entlang der Angriffsrichtung. Die Verteidigung Ploestis unterstand Generalleutnant Alfred Gerstenberg, der schon länger einen alliierten Angriff erwartete und daher regelmäßige Verteidigungsübungen durchgeführt, eine Linie von Funkmessgeräten in Stellung gebracht und eine Truppe von Beobachtern auf dem Balkan postiert hatte. Nebelbataillone standen bereit, um die Sicht auf das Zielgebiet zu nehmen, zudem waren zwei Scheinanlagen nordwestlich und ostwärts des eigentlichen Komplexes aufgebaut worden, um die Angreifer abzulenken.

Der Angriff begann am frühen Morgen des 1. August 1943. Unter dem Kommando von Brigadegeneral Uzal G. Ent nahmen 175 Maschinen einen Kurs, der sie in den Nordwesten von Ploesti führen sollte, um der Flak und hundert Sperrballons auszuweichen. Über Rumänien machte der Kommodore des führenden Verbands versehentlich einen Schwenk, der den größten Teil der Kampfgruppe nahe an Bukarest heranführte, wo die deutschen Verteidiger in Alarmbereitschaft versetzt wurden. Die Bomber drehten daraufhin nach Norden ab und flogen direkt in das Feuer der Flak und der Abfangjäger. Einige Ketten hielten weiter auf den Zielkomplex zu und bombardierten ihn auftragsgemäß, die meisten Flieger jedoch warfen auf Ents Befehl ihre Bomben planlos ab und machten kehrt. Die eigentlich vorgesehene Rückflugroute wurde verlassen, da die von der Flak beschädigten und von deutschen Jägern angeschossenen Maschinen, in voller Auflösung begriffen, nach Süden abdrehten. Insgesamt 54 Bomber gingen verloren, fast alle, die zurückkehrten, waren beschädigt.

Und dennoch waren so schwere Schäden entstanden, dass die Produktion von drei bedeutenden Raffinerien erheblich gemindert wurde; zwei weitere wurden völlig zerstört. Vorräte und rasche Reparaturarbeiten fingen jedoch einen Teil der Folgen für die deutsche Rohölversorgung wieder auf.[310] Erst Anfang 1944 gab es schwere Luftangriffe, die nachhaltige Erfolge erzielten: Im Januar 1944 sank die Produktion von 430.000 auf 240.000 Tonnen.[311]

Im März 1944 entschlossen sich die Vereinigten Stabschefs zu einem erneuten Angriff auf Ploesti. Die Folge war eine Serie von 24 verheerenden Angriffen, die zwischen dem 5. April und 19. August 1944 unter Befehl von Generalmajor Nathan Twining geflogen wurden. 20 dieser Bombardements unternahm die 15. Luftflotte der US-Air Force, die übrigen vier das 205. RAF-Geschwader. Nach dem ersten Luftangriff waren die deutschen und rumänischen Abwehrmaßnahmen verstärkt worden. Die US-amerikanischen Bomber, die von einer großen Anzahl Langstreckenjäger gesichert wurden, flogen diesmal sehr hoch, und so wurde ihnen die Abwehr weniger gefährlich als beim Angriff von 1943. Zwar flogen die Verteidiger beim ersten Angriff am 5. April 1944 noch 182 Einsätze, und von 200 alliierten Bombern gingen 13

310 Vgl. Overy, Bombenkrieg, S. 842 ff.; Balta, Rumänien, S. 335 ff. Das Material für den Wiederaufbau wurde aus Deutschland und Frankreich antransportiert. Die Kredite zur Beschaffung der notwendigen Apparaturen stellte die Kontinentale Öl GmbH zur Verfügung. Vgl. ebd., S. 337.

311 Vgl. Kasper, Erdöl, S. 68; Overy, Wurzeln, S. 297.

verloren. Doch schon bei den fünf Bombardements im Juli war die Anzahl der Einsätze auf durchschnittlich 53 gesunken. Beim letzten Angriff, am 19. August, gab es keinerlei Widerstand mehr. Die US-Amerikaner erlitten zwar insgesamt einen Verlust von 230 Bombern, die zum großen Teil von der Flak abgeschossen worden waren. Doch die Raffinerien waren nun weitgehend zerstört, eine halbe Mio. Tonnen Erdöl vernichtet. In Folge der Verminung der Donau, die überwiegend nachts und hauptsächlich vom 205. Bombengeschwader der RAF durchgeführt wurde, gingen weitere große Mengen verloren.[312] Die am 5. April 1944 begonnene Luftoffensive der Westalliierten gegen das rumänische Erdölgebiet stand im Zusammenhang mit den Offensiven im Südwesten und Westen und sollte die deutsche Treibstoffversorgung abschneiden. Die Angriffe richteten sich nicht nur gegen die Mineralölwerke, sondern auch gegen die Infrastruktur, gegen Eisenbahn und Donau-Schifffahrt.

Der Sonderbeauftragte des OKW, Major Karl Dereser, wurde vom 9. bis 13. Mai in das rumänische Erdölgebiet entsandt, um Maßnahmen zur Erhaltung der Produktion zu erkunden. Zur Luftverteidigung wurden daraufhin zwei Jagdgruppen aus Ungarn und Italien abgezogen, zusätzlich weitere Jagdflugzeuge und Flakbatterien geliefert. Doch am 20. Mai hatte sich trotz aller Maßnahmen ein Produktionsausfall in Rumänien um etwa die Hälfte ergeben. In den folgenden Tagen fanden Besprechungen bei Hitler über das Mineralöl-Programm statt.[313]

Nach den schweren US-Luftangriffen vom April 1944 entsandte der Wehrmachtführungsstab zwei Offiziere nach Ploesti, die so beeindruckt waren, dass sie in ihrem Bericht für das OKW von Mitte Mai 1944, unmittelbar nach dem ersten Großangriff auf die deutschen Hydrierwerke am 12. Mai, die »Erklärung des Großnotstandes für alle Werke der Treibstoffproduktion« forderten und dringend anrieten, »sofort die Verlagerung wenigstens einiger Treibstofferzeugungsstätten, besonders für Flugbenzin, unter die Erde zu veranlassen«.[314]

5.3 Die Baltische Öl GmbH in Estland

Die Ausgangsbedingungen

Friedrich Klau, ehemaliger Assistent am Institut für Weltwirtschaft und Seeverkehr in Kiel sowie Autor zweier beliebter Stadtführer für deutsche Soldaten zu Reval und Dorpat (Tartu), zeigte sich in einem Artikel in der *Revaler Zeitung* vom Februar 1942 optimistisch bezüglich der ökonomischen Aussichten Estlands: Das Land sei arm an Bodenschätzen, umso erstaunlicher erschien es ihm, »dass das wertvollste Mineral

312 Vgl. ders., Bombenkrieg, S. 846 f.; Groehler, Geschichte, S. 407; Kasper, Erdöl, S. 68.
313 Vgl. Schramm (Hg.), KTB, Bd. 7, S. 783, 785 f. und 788.
314 Vgl. Eichholtz, Ölpolitik, S. 515 (Zitate ebd.).

des Landes, nämlich der Brenn- oder Ölschiefer erst vor wenig mehr als zwei Jahrzehnten in seiner grossen Bedeutung erkannt und in Ausbeutung genommen worden« sei. An der Vorkriegszeit gemessen, würde die Ölmenge ausreichen, um den Gesamtbedarf Großdeutschlands für etwa 150 Jahre zu decken. Dabei gestalte sich der Abbau aufgrund der günstigen Lage einfach und kostengünstig.[315]

Die estnischen Brenn- und Ölschiefervorkommen wurden seit dem Ersten Weltkrieg industriell genutzt, doch nach Kriegsende und der Unabhängigkeitserklärung Estlands war das kapitalarme Land nicht in der Lage, die erheblichen Anlageinvestitionen zum Aufbau einer einheimischen Industrie aufzubringen. In der Folge sicherte Kapital aus Deutschland, Großbritannien und Schweden die Ausbeutung der estnischen Vorkommen. Der Ölschiefer wurde in erster Linie zu Brennzwecken gewonnen, erst Mitte der 1920er Jahre wandten sich die Unternehmen verstärkt der Gewinnung von Schieferölen zu. Auf diesem Gebiet war die 1922 gegründete Estnische Steinöl AG, Tallinn (Estag) ein Pionierunternehmen.[316]

Deutsche Interessenten: Banken, Reemtsma, Kriegsmarine

Das deutsche Interesse an den estnischen Vorkommen verstärkte sich seit 1935, und die estnische Regierung benötigte das deutsche Kapital in Form von Beteiligungen. Die deutsche Kriegsmarine schloss in diesem Jahr einen langfristigen Vertrag mit Estland ab, der die ständige Belieferung mit großen Mengen an Schieferteeröl sicherstellte; später wurde dieses Abkommen mit einer 50-prozentigen Beteiligung des Berliner Bankhauses Mendelssohn an der Estag gekoppelt, die andere Hälfte befand sich im Besitz der Tallinner Bank G. Scheel und Co. Im Frühjahr 1937 erfolgte die erste Heizöllieferung an die Deutschen Werke Kiel AG für die deutsche Kriegsmarine.[317]

Allerdings gehörte die Berliner Mendelssohn Bank zu den wenigen deutschen Unternehmen, die in Estland investierten. Sie unterhielt Beziehungen zum Bankhaus des Baltendeutschen Klaus Scheel, der erfolgreich an der Industrialisierung des Landes partizipierte, und zu Rudolf Drawe, der nach dem Ersten Weltkrieg maßgeblich an der Entwicklung der estnischen Ölschieferindustrie beteiligt war. Die Estag besaß Konzessionen im Gebiet von Kiviöli und plante, dort Schiefer nicht nur zu Brennzwecken, sondern auch zur Ölextraktion zu gewinnen. Bereits seit September 1921 betrieb die Staatliche Brennschieferindustrie ihre erste Schwelanlage. Da die Entwicklung als günstig eingeschätzt wurde, erhielt die Estag zwei hohe Kredite von der Maatschappij voor Bank- en Handelsondernemingen, Amsterdam, dem Bankhaus Mendelssohn & Co., Berlin, und dem Bankhaus G. Scheel & Co. AG, Tallinn.

Die Entwicklung nahm jedoch nicht den prognostizierten Verlauf: Der Weltmarktpreis für Rohöl sank, ab 1929 verstärkte die Weltwirtschaftskrise den Abwärtstrend

315 Vgl. Klau, Gold.

316 Vgl. Rasch, Mineralölpolitik, S. 74. Vgl. insgesamt: Järve, Unternehmer.

317 Vgl. Volkmann, Ökonomie, S. 487.

noch. In der Folge konnte das Schieferöl auf dem Weltmarkt nicht mit Rohöl konkurrieren. Neue Absatzchancen bot die deutsche Kriegsmarine, deren Bedarf nicht die nötige Aufmerksamkeit in den staatlichen Planungen gefunden hatte. Deshalb entwickelte der zuständige Min.Rat Fritz Fetzer, Leiter des Referats Ölbeschaffung der Marineverwaltungsabteilung des Allgemeinen Marineamtes, Alternativen zur bisherigen Ölbeschaffungspolitik der Marine, die ihren Bedarf vollständig im Inland deckte.

Kontakte mit der Estag gab es spätestens seit der Reise von Reichswehrminister Blomberg, der im Juli 1934 Tallinn besuchte. Im Juli 1935 traten die Verhandlungen in die entscheidende Phase, so dass der endgültige Vertrag im Oktober 1935 geschlossen werden konnte, der dem Unternehmen die notwendigen Kredite zum Ausbau ihrer Anlagen sicherte. Doch die Zahlen blieben enttäuschend, was in erster Linie auf die Kostensteigerung bei der Schiefer- und Rohölgewinnung zurückzuführen war. Während der gesamten Dauer des Krieges – mit Ausnahme der zerstörungsbedingten Unterbrechung der Produktion durch die Sowjets 1941/42 – deckte die Marine zwischen fünf und zehn Prozent ihres Heizölbedarfs aus Estland. Als die Mendelssohn-Bank 1938 liquidiert wurde, übernahm die Deutsche Bank die Konten. Die von ihr gehaltenen Aktien der Estag landeten im Juni 1940 mehrheitlich in deutschen Händen, mit einem Vorkaufsrecht für das Oberkommando der Marine.[318]

Im Oktober 1938 pries die Deutsche Gesandtschaft Reval die Bezugsmöglichkeiten aus Estland im Mobilisierungsfall: In Zeiten politischer Spannungen oder gar im Kriegsfall könnten Brennschieferöl, Benzin und Spiritus weiter bezogen werden. Vorausgesetzt, die Sowjets kontrollierten die Seewege über die Ostsee nicht.[319]

Kurz nach Kriegsbeginn übergab Klaus Scheel, Chef des Bankhauses Scheel und Co., der deutschen Gesandtschaft – unter Berufung auf einen ihm von Min.Rat Fetzer erteilten Auftrag – Aktien des Braunschiefer-Öl-Werks Kiviöli im Wert von etwa einer Mio. Kronen zur Verwahrung, da das Oberkommando der Marine diese Aktien zu kaufen beabsichtigte. Später wollte Scheel die Aktien jedoch an eine schwedische Firma verkaufen. Von da gelangten sie dann wieder zurück und sollten nun doch an die Kriegsmarine verkauft werden.[320] Acht Monate später erhielt Hans Frowein, der deutsche Gesandte in Estland, ebenfalls eine halbe Mio. Kronen Aktien der Estag von Scheel, die Frowein an Fetzer weiterleiten wollte. Das Unternehmen befand sich nun mehrheitlich im Besitz des Deutschen Reichs.[321]

318 Vgl. Rasch, Mineralölpolitik, S. 71 ff.; ders., Bedeutung, S. 185 ff. und 205 ff.; Zetzsche, Logistik, S. 70 f.; Raeder, Leben, S. 61.

319 Vgl. Bericht Deutsche Gesandtschaft Reval zum Warenaustausch mit Estland im Mob.-Fall an das AA vom 3. 10. 1938, in: BA-MA, RM 7, Nr. 2584.

320 Vgl. Telegramm Frowein an das AA vom 16. 10. 1939, in: PA AA, RZ 311, Nr. R 105885. Zu Klaus Scheel, der mehrere wichtige Industrieunternehmen in Estland kontrollierte und einer der reichsten Männer im Baltikum war, vgl.: Feest, Scheel, S. 25 ff.; ders., Global, S. 125 ff.

321 Vgl. Telegramm Frowein an das AA vom 20. 6. 1940, in: PA AA, RZ 311, Nr. R 105885.

Zeitgleich, im Frühsommer 1940, nutzten deutsche Investoren die in den baltischen Staaten wachsende Furcht vor einer sowjetischen Invasion, und so konnten die IG Farben und Reemtsma im Mai den deutschen Einfluss in Estland durch eine 50-prozentige Beteiligung an dem Brennschiefer-Unternehmen Sillamäi, die sie sich hälftig teilten, intensivieren.[322]

Fetzer hatte am 11. Juni 1940 bei einem Treffen mit Scheel in Berlin ein Vorverkaufsrecht für die Aktien der Estag ausgehandelt. Die Aktien wurden später von der Deutschen Umsiedlungs- und Treuhandgesellschaft dem Ausgleichswert der Aktien der Bank G. Scheel & Co. hinzugefügt. Für Scheel setzte eine Kompensationszahlung aber voraus, dass er die deutsche Staatsbürgerschaft annahm. Dazu war er jedoch nicht bereit. Er nutzte vielmehr die ihm verbliebene Handlungsfreiheit, um seine übrigen Devisen nach Schweden zu schaffen.[323]

Ein weiterer wichtiger Akteur in dieser Zeit war der Bankier Hugo Ratzmann, seit 1936 Teilhaber und Geschäftsführer des Berliner Bankhauses Hardy & Co., an dem die Dresdner Bank 90 Prozent der Anteile hielt. Ratzmann avancierte zu einem der führenden Experten für die Erdölwirtschaft, vor allem für die Ausbeutung von Erdölvorkommen im Baltikum und in Galizien. Sowohl für Hardy & Co. als auch für die Muttergesellschaft, die Dresdner Bank, war er maßgeblich an einigen großen Finanztransaktionen zum Aufbau der Erdölwirtschaft in der Region beteiligt. So setzte er sich zum Beispiel wiederholt dafür ein, dass die Estag von der Dresdner Bank und von Hardy & Co. größere Konsortialkredite erhielt.[324]

Ab 1939 strebte der Reemtsma-Konzern eine Ausweitung seiner Industriebeteiligungen an, speziell im Bereich der Mineralölwirtschaft. In diesem Kontext bemühte man sich ebenfalls um Beteiligungen an der estnischen Schieferölproduktion.[325] Der Gewährsmann von Philipp F. Reemtsma war dabei Georg Hövermann von der Firma Georg Hövermann & Co., der von General Ernst Udet ins Reichsluftfahrtministerium berufen worden war. Er hatte bei Ernst Rudolf Fischer im RWiM vorgefühlt. Nun sollte Hövermann Kontakt mit der Eurotank, die zum Firmenimperium des US-Amerikaners William Rhodes Davis gehörte und deren AR-Vorsitzender Fetzer war, aufnehmen, um zu eruieren, ob ein gemeinsames Vorgehen in der Schieferölgewinnung in Estland möglich war.326 Daneben hatte Hövermann mit dem RWiM Übereinkunft erzielt und wollte im April 1940 die abschließenden Verhandlungen mit

322 Vgl. Volkmann, Ökonomie, S. 298.

323 Vgl. Feest, Scheel, S. 81 ff.

324 Vgl. Wixforth, Bankier, S. 272 ff.

325 Vgl. AN über Besprechung zwischen Senatsdirektor Essen, Reemtsma und Souchon am 7. 10. 1939 von Souchon, in: HIS-Archiv, PFR, Nr. 700,15.

326 Vgl. Schreiben Reemtsma an Hövermann vom 21. 2. 1940, in: ebd., Nr. 720,09; AN über Besprechung zwischen Senatsdirektor Essen, Reemtsma und Souchon am 7. 10. 1939 von Souchon, in: ebd., Nr. 700,15. Hövermann selbst wollte sich mit Fetzer abstimmen, der in dem ganzen Projekt eine »große Rolle« spiele. Vgl. Schreiben Hövermann an Reemtsma vom 15. 3. 1940, in: ebd., Nr. 720,09 (Zitat ebd.).

Scheel über den Erwerb von Anteilen an der Eesti Kiviöli AG führen.[327] Reemtsma hatte sich in der Zwischenzeit jedoch gegen eine Beteiligung an der Eesti Kiviöli AG entschieden und beabsichtigte stattdessen, sich zusammen mit anderen deutschen Firmen an einer schwedischen Gesellschaft zu beteiligen, obwohl Scheel zum Verkauf des Unternehmens bereit war.[328]

Fetzer priorisierte eine verstärkte Einflussnahme auf neue Produktionsstätten und Firmen, auf die noch kein deutscher Einfluss bestand, vor der bereits vertraglich abgesicherten Produktion. Reemtsma war mit Fischer übereingekommen, dass Hövermann die Frage der Schieferölgewinnung in Estland »im engsten Einvernehmen und in möglichst weitgehender Zusammenarbeit mit I. G. Farben« weiterbearbeiten sollte.[329]

Die Ausfuhr estnischen Rohöls nach Deutschland stieg nach Angaben des AA von 45.000 Tonnen (1937) auf 54.000 (1938) und 85.000 (1939); für 1940 prognostizierte man 105.000 Tonnen. Es gab drei Verträge, erstens mit der Estag, zweitens mit der Staatlichen Ersten estländischen Brennschieferindustrie und drittens mit dem estländischen Ölkonsortium Sillamäe. Fischer unterschrieb in Tallinn einen Vertrag über den Erwerb von 25 Prozent der Aktien der Sillamäe durch die IG Farben und 25 Prozent für Reemtsma.[330]

Im Jahr 1939 ging fast die Hälfte des gesamten in Estland produzierten Schieferöls nach Deutschland. Der starke Anstieg der deutschen Nachfrage ermöglichte in den Jahren 1936 und 1938 Investitionen in die neuen Fabriken in Kiviöli sowie in Kohtla-Järve im Jahr 1940, so dass man nun von der reinen Gewinnung und dem Verkauf von Ölschiefer auf verarbeitete Endprodukte umstellen konnte.[331] Ende Juli 1941 teilte Hövermann der Firma Reemtsma mit, dass die Konti sich für die estnischen Ölschiefervorkommen interessiere, wobei seines Wissens die DEA die Arbeiten durchführen solle. Ein Einsatz Hövermanns wurde damit unwahrscheinlich und ein weiteres Engagement Reemtsmas in Estland gestoppt.[332]

Gründung und Tätigkeit der Baltischen Öl GmbH

Zur Sicherung der estnischen Ölschiefergruben wurde am 23. Juli, kurz vor der deutschen Besetzung Estlands im August 1941, das Mineralölkommando Nord unter Hauptmann Hafemann in Marsch gesetzt. Die von dem Kommando übernommenen Anlagen wurden später der Tochtergesellschaft der Konti, der Baltischen Öl GmbH,

327 Vgl. Schreiben Hövermann an Reemtsma vom 19. 4. 1940, in: ebd.

328 Vgl. AN von Souchon über eine Besprechung zwischen Hövermann, Reemtsma und Souchon am 23. 4. 1940 vom 28. 4. 1940, in: ebd.

329 Vgl. Schreiben Reemtsma an Hövermann vom 30. 4. 1940, in: ebd. (Zitat ebd.).

330 Vgl. Aufzeichnung betreffend estnisches Brennschieferöl von Legationsrat von Behr vom 24. 5. 1940, in: PA AA, RZ 311, Nr. R 105885.

331 Vgl. Holmberg, Survival, S. 122.

332 Vgl. AN von Souchon über Besprechung mit Hövermann vom 28. 7. 1941, in: HIS-Archiv, PFR, Nr. 720,05.

überlassen.[333] Die Sowjets hatten während ihrer Besatzungsherrschaft verstärkt den Ausbau der estnischen Ölschieferindustrie vorangetrieben, deshalb traf sie der Verlust dieser Produktionsstätten besonders empfindlich.[334]

Nach deutscher Einschätzung brachte die Besetzung Estlands »wiederum eine kleine, aber doch bemerkenswerte Stärkung der deutschen Mineralölversorgung«. Mit der Inbesitznahme der estländischen Ölschiefervorkommen sei Deutschland nach der Eroberung des westukrainischen Erdölgebiets um Boryslaw nun mit Blick auf die Ölvorkommen der zweite Erfolg im Kampf gegen die Sowjetunion gelungen.[335]

Die deutsche Einnahme Estlands im Herbst 1941 hatte eine weitgehende Zerstörung der Ölschieferindustrie durch die sich zurückziehenden sowjetischen Streitkräfte zur Folge. Die neuen Machthaber ließen die sowjetische Organisation im Wesentlichen bestehen, ersetzten jedoch die Generaldirektion für Bergbau und Brennstoffindustrie des Volkskommissariats für Leichtindustrie durch die Baltische Öl GmbH.[336] Die Konti wurde mit dem Wiederaufbau bzw. dem Ausbau der weitgehend zerstörten Ölschieferwerke beauftragt. Zur Durchführung dieser Arbeiten gründete sie im Juli 1941 die Baltische Öl GmbH mit Sitz in Berlin sowie einer Verwaltungsstelle in Tallinn, in deren Händen die Ölschieferförderung, die Gewinnung von Schieferöl, Heizöl, Benzin, Petroleum, Asphalt usw. lag.[337]

Die Gründung erfolgte am 25. Juli 1941, das Kapital betrug zunächst eine Mio. RM und wurde am 4. September 1942 um 20 Mio. RM erhöht, von denen ein Viertel eingezahlt wurde. Am 11. Dezember 1944 erfolgte eine Kapitalherabsetzung um 5,7 Mio. RM. Einziger Gesellschafter war die Konti. Dem AR gehörten seit Gründung Fischer, Fetzer, Brochhaus, Gramsch, Kadgien und Rasche an sowie Blessing ab dem 28. Oktober 1941. Von Mai 1943 bis Juli 1944 stießen der SA-Standartenführer Konstantin zu Hohenlohe-Langenburg und seit September 1943 der Min.Rat Friedrich Mundt aus dem RFM dazu.

Die ersten beiden Geschäftsführer der Firma waren Claus von Kursell und Hans Ulrich Grasshoff, Letzterer bis zum 20. Januar 1942. An diesem Tag stießen auch Ewald Schön und Karl Winkler, beide Prokuristen der Konti, hinzu. Zuvor waren Herbert von Dehn und Johannes Becker Prokuristen, die beide am 12. August 1941 ernannt wurden. Im April 1942 kam Karl-Ferdinand Reuss, im November 1942 Alexander Giesecke und im November 1942 Beckmann hinzu.[338] Laut Satzung waren die Gewinnung und Verwertung von Ölschiefer, Erdöl und Erdgas und jede damit in Zu-

333 Vgl. Kasper, Erdölgewinnung, S. 106.

334 Vgl. Die Sowjets verloren ihren Brennschiefer. Die Bedeutung der baltischen Lager, in: Europa-Kabel vom 10.10.1941, zit. nach: BGR, Nr. 0063001.

335 Vgl. Lauffs, Lage, 1.9.1941.

336 Vgl. Holmberg, Survival, S. 130.

337 Vgl. Bericht der DRT über die Prüfung des Jahresabschlusses zum 31. Dezember 1941 vom 18. Juli 1943 bei der Konti, S. 16, in: BAB, R 8135, Nr. 7612.

338 Vgl. Konzerndaten zur Konti, in: ebd., R 176, Nr. 348.

sammenhang stehende Tätigkeit, insbesondere im baltischen Steinölgebiet, Geschäftsgegenstand der Baltischen Öl GmbH.[339]

Unter den Führungskräften und Fachleuten befanden sich Esten, die bereits Erfahrung in der Ölschieferindustrie gesammelt hatten, sowie Deutschbalten, die Estland 1939 verlassen hatten. Weitere Führungskräfte kamen aus Deutschland. Betriebsführer war Ewald Schön, der auch Leiter der industriellen Hauptverwaltung war. Die technische Abteilung stand unter der Leitung von Kurt von Middendorff, einem Deutschbalten, der anfangs großes Gewicht in der Leitung des Unternehmens hatte, aber ab 1943 nur noch als Kontrollinstanz fungierte. Leiter der Arbeitsabteilung war ab April 1943 Wilhelm Mathy von den Ammoniakwerken Merseburg-Leuna, die zur IG Farben gehörten.[340]

Anfang August 1941 erreichte das Mineralölkommando Nord mit den kämpfenden Truppen die estnischen Ölschiefergruben; die von den Sowjets zerstörten Anlagen mussten jedoch zunächst wieder betriebsbereit gemacht werden. Im September wurden die Ölschieferwerke an die Baltische Öl GmbH übergeben. Die Grundlage für die Aufstellung des Mineralölkommandos Estland war ein Erlass Görings vom 16. März 1943, der den Wehrwirtschaftsinspekteur Ostland verantwortlich machte, der Baltischen Öl GmbH jegliche Unterstützung zukommen zu lassen. Dem Mineralölkommando, das für die militärische Sicherung und den Luftschutz der Betriebe zuständig war, wurde der Kern der einstigen TBM unterstellt. Zudem musste es Waffen und Ausrüstung für den Werkschutz organisieren. Das Mineralölkommando war befugt, dem Kommandanten des Durchgangslagers 377 im Rahmen der Beschaffung von Arbeitskräften Weisungen zu erteilen. Ein weiteres Aufgabengebiet des Kommandos waren Maßnahmen zur »Auflockerung, Räumung, Lähmung und Zerstörung«.[341]

Ende September 1941, also vor der offiziellen Übernahme der Anlagen durch die Baltische Öl GmbH am 1. Oktober, stand die Ölschieferindustrie noch stark unter dem Eindruck langwieriger Instandsetzungsarbeiten.[342] Wie Fischer bei einer AR-Sitzung erklärte, hatte die Konti jedoch »in Kenntnis der überragenden Bedeutung dieser Industrie für die deutsche Kriegsführung alle Maßnahmen ergriffen, um die Wiederingangsetzung und den Ausbau dieser Anlagen zu beschleunigen«. Seien die Werke von den Sowjets auch überwiegend zerstört worden, die Schiefergruben selbst waren doch weitgehend intakt geblieben. Allerdings hätten die Sowjets fast das gesamte technische Personal sowie einen großen Teil der Arbeiter mit abgezogen, so dass nur etwa 30 Prozent der früheren Belegschaft wieder eingestellt werden konnte. Ungeachtet dieser Schwierigkeiten sei es aber bereits am 10. September 1941 mög-

339 Vgl. Satzung der Baltischen Öl GmbH, in: ebd., R 3101, Nr. 34154, Bl. 18 ff., hier Bl. 18 f.

340 Vgl. Maasalu, Eesti Põlevkivi, S. 37 f.

341 Vgl. Järve, Mineralöleinsätze, S. 97 ff.

342 Vgl. Ereignismeldung UdSSR Nr. 99 vom 30. 9. 1941, zit. nach: Mallmann u. a. (Hg.), Ereignismeldungen, S. 602-608, hier S. 604 f.

lich gewesen, bei einem Werk eine Ölgewinnung von 30 Tagestonnen zu erzielen, die inzwischen infolge der Maßnahmen der Baltischen Öl GmbH auf ca. 110 Tagestonnen gestiegen sei.[343]

Wegen der großen wehrwirtschaftlichen Bedeutung gebe es »eine sehr enge Fühlungnahme« der Konti mit der Wehrmacht, »die sich auf das beste bewährt« habe. Anfang 1942 galt das besondere Interesse dem Ausbau der Produktion im estnischen Gebiet, wo es »ein bekanntes riesiges Erdölschiefervorkommen« gebe. Dieses solle »mit Rücksicht auf die zum mindesten zeitliche Ungewissheit der Inbesitznahme anderer großer Erdölvorkommen sehr stark ausgebaut werden«.[344]

Nach offiziellen Angaben stieg die Schieferölproduktion von 1941 unter deutscher Besatzung seit September noch produzierten 4.000 Tonnen auf 53.200 (1942) und 36.900 Tonnen (Mai 1943) an. Die ursprüngliche Planzahl für 1942 hatte – Stand Mai – 80.000 Tonnen betragen. Die Planungen für 1943 beliefen sich laut Zahlen des GBChem nach dem Stand vom 26. Januar auf: 150.000 Tonnen (1943), 350.000 Tonnen (1944), 550.000 Tonnen (1945) und 550.000 Tonnen (1946).[345]

Wiederaufbau und Ausbau der Anlagen

Die Wiederherstellung der zerstörten Ölmühlen erwies sich als schwieriger und zeitaufwändiger als erwartet. Im Bericht der Arbeitsgruppe Mineralöl vom 13. Januar 1942 hieß es, dass die Produktion aktuell minimal sei und erst gegen Ende des Jahres auf eine Steigerung gehofft werden dürfe. Das erste Werk, das wieder in Betrieb genommen werden konnte, war Kohtla-Järve Nr. 2 im Oktober 1941 mit einer Kapazität von 9.900 Jahrestonnen, Nr. 3 war kam im Dezember hinzu. Im Februar 1943 war die Produktionskapazität der Vorkriegszeit noch nicht wieder erreicht, sondern lag bei 118.000 Jahrestonnen, was aber eine deutliche Verbesserung darstellte. Ende 1943 hatten Kiviöli und Kohtla-Järve jeweils eine Kapazität von 60.000 Jahrestonnen, Sillamäe von 22.000 Jahrestonnen und Kohtla von 11.000 Jahrestonnen erreicht. Die Kapazität der Ölschieferförderung sollte am 1. Oktober 1943 2,4 Mio. Jahrestonnen erreichen, lag aber bei lediglich 1,6 Mio. An einer Erweiterung der Werke in Kiviöli, Kohtla-Järve und Jöhvi wurde gearbeitet. Im Februar 1944 ordnete das OKW jedoch die Räumung von Sillamäe an, woraufhin die Produktion eingestellt wurde. Im März konnte nur noch in Kiviöli weitergebaut werden. Die Produktion hingegen wurde durch die Unterbrechung der Stromversorgung zunehmend unmöglich gemacht. Zum Zeitpunkt der Räumung Estlands waren etwa 160 Mio. RM für den Wieder-

343 Vgl. Niederschrift über die 2. AR-Sitzung der Konti am 13.1.1942, S. 18, in: StaN, KV-Anklage, Dok. Umdrucke, NI-10162.

344 Vgl. AV aus der BHG, Weltzien, vom 14.2.1942 (richtig: 14.1.1942), in: BAB, R 8127, Nr. 16154, Bl. 143 ff., hier Bl. 144 (Zitate ebd.). Weltzien referierte hier Äußerungen Fischers auf der zweiten AR-Sitzung der Konti vom Vortag, dem 13.1.1942.

345 Vgl. Die estländische Schieferölproduktion, o. Dat. (Mai 1942), S. 45 f., in: RGVA, 700-1-9.

aufbau der Ölschieferindustrie ausgegeben worden, aber kein einziger neuer Bau in Auftrag gegeben worden. Der Ausbau von Kiviöli und Kohtla-Järve war zwar weitgehend abgeschlossen, wurde aber nicht mehr in Betrieb genommen. In Jõhvi wurden die Bauarbeiten nicht abgeschlossen.[346]

Anfangs glaubte man in Berlin, Grund zur Zuversicht zu haben. Einer Aktennotiz aus der Behörde des Generalkommissars vom 13. Mai 1942 lässt sich entnehmen, dass die Förderung von Ölschiefer von 20.000 Tonnen im November 1941 auf aktuell etwa 50.000 Tonnen im Monat gesteigert werden konnte, was sich auf eine Jahresförderung von rund 600.000 Tonnen hochrechnen lasse. Im Generalkommissariat Estland gab man sich optimistisch: »Es sind Vorbereitungen im Gange, diese Menge im Laufe 1943 wesentlich zu erhöhen.«[347]

Bei der AR-Sitzung der Baltischen Öl GmbH Anfang September 1942 in Tallinn berichtete Direktor Schön über den Wiederaufbau der Werke: Alles verlaufe planmäßig, Probleme bereiteten lediglich der Arbeitskräftemangel und die Lieferschwierigkeiten beim Material. Auch Winkler verkündete optimistische Produktionszahlen: So werde man im Dezember 1942 mit 12.800 Tonnen rund 80 Prozent der Vorkriegsproduktion erreichen, ab März 1943 rechne man mit einer Monatsproduktion von 14.000 Tonnen und ab Dezember 1943 sogar mit 31.200 Tonnen. Für das Jahr 1943 erwartete er eine Gesamtproduktion von 227.000 Tonnen.[348]

Im Juli 1943 vermeldete das Unternehmen Fortschritte beim Wiederaufbau der zerstörten Werke: Von September bis Dezember 1941 habe man Aufräumungsarbeiten geleistet und die wenigen unzerstörten Betriebsteile in Betrieb genommen. Im Frühjahr 1942 habe sich eine Konsolidierung der Wiederaufbauarbeiten durch die Erteilung von Baugenehmigungen sowie die Genehmigung von Kontingenten ergeben. Dadurch sei eine allmähliche Steigerung der Schieferförderung und Ölproduktion erreicht worden. Allerdings nähmen die Schwierigkeiten durch die Folgen des außergewöhnlich harten Winters 1941/42, die Frontnähe, den erschwerten Nachschub, den Materialmangel, die Verpflegungsstockungen und insbesondere den Mangel an Arbeitskräften zu. Trotzdem habe die Ölgewinnung Mitte 1943 80 Prozent der Friedensproduktion erreicht. Für Ende 1943 hoffte man, mit 200.000 Jahrestonnen die Friedensproduktion um rund 20 bis 25 Prozent überschreiten zu können.[349]

346 Vgl. Maasalu, Eesti Põlevkivi, S. 60 f.

347 Vgl. Czollek, Faschismus, S. 96 (Zitat ebd.).

348 Vgl. Protokoll über die AR-Sitzung am 29.8.1942 vom 4.9.1942, S. 2 ff., in: HAC, 500/109594. Ebenso positiv fiel der Monatsbericht Mineralölindustrie und -wirtschaft für April 1943 aus. Die Ölproduktion hatte im März 1943 7.000 Tonnen betragen, was einer Steigerung von rund 16 Prozent gegenüber dem Vormonat entsprach, mit einem weiteren Anstieg wurde gerechnet. Vgl. Rundschreiben der Chefgruppe Wirtschaft des WiStabs Ost vom 19.5.1943 (Monatsbericht Mineralöl-Industrie und -wirtschaft, April 1943), S. 2, in: BGR, Nr. 0065868.

349 Vgl. Wiederaufbau und Ausbau der Ölschieferindustrie in Estland, vom Juli 1943, S. 5, in: ebd., Nr. 0063118.

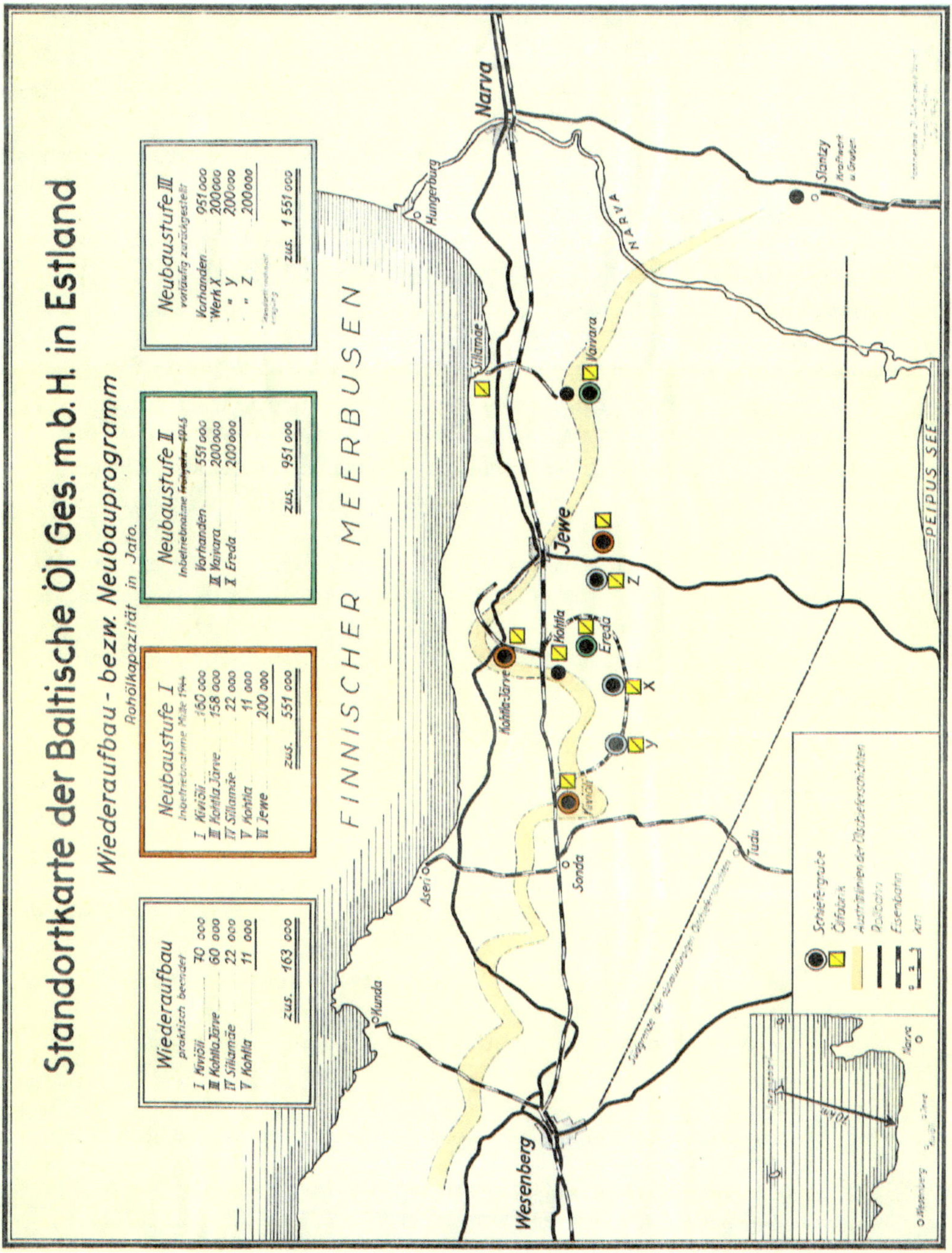

Abb. 5: Standortkarte der Baltischen Öl GmbH in Estland

Die Frage nach dem Ausbau der Ölschieferindustrie stellte sich schon im Oktober 1941: Die Baltische Öl GmbH erhielt von Kurt Sennewald, dem Leiter der Deutschen Ölschiefer Forschungs-GmbH, den Auftrag, einen Entwicklungsplan für das gesamte estnische Ölschieferbecken, unter Berücksichtigung des Bedarfs der Wehrmacht, zu erstellen.[350] Der Ausbau der Werke erfolgte in Zusammenarbeit mit dem GBChem, der DBHG sowie dem Bauamt der DAF. Auch hier machte der Mangel an Arbeitskräften sich negativ bemerkbar. Ab Mai 1943 übernahm die OT die Planung und Durchführung der bautechnischen Arbeiten, ab Juli 1943 sollten zusätzlich SS-Frontarbeiter und Juden eingesetzt werden. Der mit Befehl vom 31. Mai 1943 angeordnete Ausbau auf 600.000 Jahrestonnen Öl wurde wegen Eisenmangels vorerst aufgeschoben.[351]

Auch der Bericht der Konti an den AR über das vierte Quartal 1942 fiel weniger positiv aus, insbesondere die anhaltenden Schwierigkeiten beim Ausbau der estnischen Ölschieferwerke wurden hier betont, die Zuweisungen an Arbeitskräften seien weiterhin unzureichend. Auch die Frage der Verpflegung gestalte sich nach wie vor schwierig.[352]

In der AR-Sitzung der Baltischen Öl GmbH Anfang Februar 1943 führte Fischer aus, dass die militärische Entwicklung im Osten und die seit dem vergangenen Jahr ständig größer werdenden Schwierigkeiten auf den Gebieten des Arbeitseinsatzes, der Verpflegung und des Transportwesens, insbesondere aber die Unmöglichkeit, die für die Montage im Sommer benötigten 3.000 Bau- und Metall-Facharbeiter fristgerecht zur Verfügung gestellt zu bekommen, neue Entscheidungen erforderten.[353]

Die Ausbauplanungen

Die Notwendigkeit, die Ölschiefer- und damit die Ölproduktion zu steigern, wurde zum zentralen Thema für die Baltische Öl GmbH. Die deutschen Besatzer wussten, dass die maximale Ölschieferproduktion während der estnischen Unabhängigkeit bei etwa 1,5 Mio. Jahrestonnen und die Rohölproduktion bei 160 bis 200.000 Jahrestonnen gelegen hatte. Ursprünglich hielt man es für möglich, sowohl in Kiviöli als auch in Kohtla eine Produktion von 50.000 Tonnen pro Jahr und in Sillamäe von 22.000 Tonnen pro Jahr zu erreichen. Sillamäe, das sich vor 1940 in schwedischem Eigentum befand, sollte wegen möglicher Ansprüche zunächst nicht in Betrieb genommen werden. Das erste Ziel waren 160.000 Jahrestonnen ab August 1941.[354]

350 Vgl. Uibopuu, Kapital.

351 Vgl. Wiederaufbau und Ausbau der Ölschieferindustrie in Estland, vom Juli 1943, S. 6 ff., in: BGR, Nr. 0063118.

352 Vgl. Vorstandsbericht Konti vom 3.2.1943, S. 5, in: BAB, R 2, Br. 30125. Auch in: ebd., R 3112, Nr. 123 und in HAC, 500/109595 und in HADB, B 60 und in StaN, KV-Anklage, Dok. Fotokopien, NI-14579.

353 Vgl. Protokoll der AR-Sitzung der Baltischen Öl GmbH am 8.2.1943 vom 18.2.1943, S. 1, in: HAC, 500/109594.

354 Vgl. Maasalu, Eesti Põlevkivi, S. 42.

Im Herbst 1941 hatten die beiden Direktoren der Konti, Schön und Winkler, Estland besucht und für die Baltische Öl GmbH einen Ausbauplan erstellt. Dieser sah vor, dass die Industrie auf eine Produktion von 500.000 Tonnen pro Jahr aufgebaut werden sollte. Nach dem Scheitern der Kaukasuspläne sollten die Ausbauplanungen – von Hitler persönlich auf eine Mio. Tonnen hochgeschraubt – in ein akutes, gleichwohl kurzlebiges Stadium treten. Der Plan von Anfang 1942 erhielt den Segen der VJP-Behörde und sollte von einer Tochtergesellschaft der HGW, der DBHG, und vor Ort in Estland von der OT umgesetzt werden. Aber es kam kaum etwas zustande, solange der Kaukasus eine höhere Priorität hatte.[355]

Details zum weiteren Vorgehen teilte Fischer auf der AR-Sitzung der Konti am 13. Januar 1942 mit. Demnach sah der Aufbauplan zunächst die Wiederherstellung der bestehenden Werke mit einer Kapazität von circa 160.000 Tonnen pro Jahr vor. Ein bereits begonnener Erweiterungsbau mit einer Kapazität von 40.000 Tonnen Rohöl pro Jahr sollte bis zum Frühjahr 1943 fertiggestellt werden. Danach war ein weiterer Ausbau dieser Anlagen auf 315.000 Jahrestonnen geplant. Zur Erreichung des endgültigen Ziels, 500.000 Jahrestonnen, sollten neue Anlagen mit einer Kapazität von 175.000 Jahrestonnen und mit einer Bauzeit von zweieinhalb Jahren errichtet werden.[356]

Im Januar 1942 hoben das OKW und das RWiM den Produktionsplan der Baltischen Öl GmbH an und formulierten so das Ziel, die Werke in Kiviöli und Kohtla-Järve zu erweitern und eine neue Anlage in Jõhvi zu errichten. Die Kapazitäten von Kiviöli und Kohtla Lake sollten verdoppelt werden, und Jõhvi sollte 200.000 Tonnen Öl pro Jahr produzieren, was einer Gesamtkapazität von 500.000 bis 570.000 Jahrestonnen entsprach.[357]

Seit Mitte 1942 trafen Lieferungen aus Deutschland ein. Im Sommer 1943 wurde aufgrund der militärischen Situation der Neubau von Anlagen eingeschränkt, aber im Herbst wurde ein zweiter Plan entworfen, der sogar eine Produktion von einer Mio. Tonnen jährlich vorsah. Der Grund lag im Verlust des Kaukasus, nun war Estland die einzige Ölquelle an der Ostfront. Auch nach der sowjetischen Winteroffensive 1943 nahm Hitler diesen zweiten Plan nicht zurück und verweigerte auch im Sommer 1944 die Genehmigung zur Evakuierung wichtigen Materials, um die Moral der Truppe nicht zu schwächen.[358]

In einer Übersicht über die Entwicklung der Neubauvorhaben vom September 1942 strich die Baltische Öl GmbH zwei Faktoren heraus, die sich negativ ausgewirkt hätten: die späte Erteilung der Baugenehmigungen seitens des Reiches sowie die späte Gestellung von Baracken sowie »die bisher völlig unzureichende Zuweisung von

355 Vgl. A. E. Gunther, The East Baltic States (Oil Fields Investigation, Part V, Section 3), S. 9, in: NAK, WO 252, Nr. 1396; Eichholtz, Ölpolitik, S. 423.

356 Vgl. Niederschrift über die 2. AR-Sitzung der Konti am 13. 1. 1942, S. 19, in: StaN, KV-Anklage, Dok. Umdrucke, NI-10162.

357 Vgl. Maasalu, Eesti Põlevkivi, S. 43.

358 Vgl. A. E. Gunther, The East Baltic States (Oil Fields Investigation, Part V, Section 3), S. 12, in: NAK, WO 252, Nr. 1396.

Arbeitskräften« vor Ort in Estland. Nach einem Befehl Hitlers vom 13. Juni 1942 war am 1. Juli der Auftrag der OT an die Einsatzgruppe Russland-Nord zur Übernahme der Bauarbeiten gegangen.[359]

In einem Erlass vom März 1943 deklarierte Göring Ausbau und Betrieb der estnischen Schieferölwerke zur wichtigsten kriegswirtschaftlichen Maßnahme im Baltikum. Um zukünftig die notwendige Beschleunigung des Ausbaus sicherzustellen, übertrug er die Gesamtverantwortung an die Baltische Öl GmbH. Der Wehrwirtschaftsinspekteur Ostland sollte dafür sorgen, dass das Unternehmen von den zuständigen Stellen alles Notwendige erhielt.[360] Auch eine mögliche Unterstützung der Konti durch die IG Farben rückte in diesem Zusammenhang wieder in den Fokus. Die Gesellschaft garantierte den IG Farben, gewonnene technische Kenntnisse und Erfahrungen, die sich aus der Zusammenarbeit ergaben, nur für eigene Zwecke und die der Tochtergesellschaften zu verwerten.[361]

Anfang Mai 1943 war bereits von einem Maximalprogramm von einer Mio. Tonnen Rohöl pro Jahr die Rede, dieses lag aber noch in weiter Ferne. Vaivara, Ereda und Vörnu wurden als Standorte für die geplanten drei neuen Werke ins Auge gefasst. Ende Mai wurde der ehrgeizigste Ölförderplan der gesamten Kriegszeit erstellt, der eine erhebliche Beschleunigung der Bauarbeiten vorsah. Am 31. Mai 1943 teilte Göring dem Vorsitzenden des AR der Konti, Funk, schriftlich mit, dass die geplante Rohölförderung nicht ausreiche; die Kapazität müsse um insgesamt eine Mio. Tonnen pro Jahr, also auf 1,55 Mio. Tonnen, erhöht werden. Albert Speer, Reichsminister für Bewaffnung und Munition, hatte die Schaffung einer Sonderdirektion Todt genehmigt, um das erforderliche Bauprogramm effizient und zentral zu organisieren. Das Bauprogramm II sollte das Untertagebergwerk, die Fabrik Ereda sowie das Bergwerk und die Fabrik Vaivara umfassen. Das Programm III beinhaltete drei weitere Untertagebergwerke und eine Ölfabrik. Für Phase I war eine Ölschieferproduktion von 4,4 Mio. Tonnen pro Jahr vorgesehen, in Phase II sollte die Gesamtkapazität der Bergwerke 5,6 Mio. Tonnen pro Jahr betragen.[362]

Die Konti bezifferte den Finanzbedarf für die beiden neuen Werke auf rund 145 Mio. RM. Für die ursprüngliche und die aktualisierte Planung benötigte man nach vorläufigen Schätzungen etwa 275 Mio. RM. Sowohl für den im Reichskommissariat Ostland als auch für den im Reich zu finanzierenden Anteil sahen sich die Banken außerstande, die Beträge ohne Garantien aufzubringen. Erschwerend hinzu kam, dass

359 Vgl. Schreiben Baltische Öl GmbH an das Wirtschaftsamt, Griebel, vom 25.9.1942, S. 1ff., in: HAC, 500/109594.

360 Vgl. Erlass des Reichsmarschalls des Großdeutschen Reiches, Beauftragter für den VJP, vom 16.3.1943, in: BAB, R 6, Nr. 286, Bl. 10. Auch in: IfZ, MA 249, Bl. 944-945. Eine Kurzform des Erlasses findet sich in: Rundschreiben der Chefgruppe Wirtschaft des WiStabs Ost vom 23.3.1943 (Monatsbericht Mineralöl-Industrie und -wirtschaft, Februar 1943), S. 1, in: BGR, Nr. 0065868.

361 Vgl. Schreiben Konti an IG Farbenindustrie AG vom 5.5.1943, in: BASF-Archiv, BASF-Rechtsabteilung, Nr. 65.

362 Vgl. Maasalu, Eesti Põlevkivi, S. 44f.

die Kredite voraussichtlich automatisch nach Ablauf der Laufzeit verlängert werden müssten, da die Baltische Öl GmbH kaum in der Lage sein werde, am Fälligkeitstag die volle Höhe zurückzuzahlen.[363]

Immer wieder gab es Diskussionen über die Sinnhaftigkeit eines weiteren Ausbaus in Estland. Für einen Aufbau neuer Werke, so der Tenor, spreche, dass man dort mit dem größten Effekt neue Treibstoffe gewinnen könne, dagegen sprächen allerdings militärische Erwägungen. Wenn der Ostwall an der Narwa errichtet werde, seien die Möglichkeiten des Luftschutzes fraglich. Eine mögliche Lösung bestehe in der Verschiebung der Verteidigungslinie.[364]

Auf der GV der Baltischen Öl GmbH Anfang September 1943 wurden die drei geplanten Ausbaustufen präzisiert: I. bis Mitte 1944 (550.000 Tonnen), II. bis Anfang 1945 (400.000 Tonnen), III. wurde vorläufig zurückgestellt (600.000 Tonnen), zusammen 1.550.000 Tonnen. Den gesamten Kapitalbedarf für die Stufen I und II veranschlagte man auf 275 Mio. RM, eine dafür notwendige Reichsbürgschaft sei grundsätzlich zugesagt worden. Mit Rücksicht auf die hohe Bürgschaftsverpflichtung hielt man eine Vertretung des RFM im AR für geboten und berief dazu, auf Initiative Fischers, Min.Rat Mundt.[365]

Die Ausbaustufen sahen für 1943 eine Schieferölproduktion von 120.000 Tonnen, für 1944 von 250.000 Tonnen und für 1945 von 550.000 Tonnen vor. Das Plansoll für 1943 wurde mit einer Erzeugung von 107.637 Tonnen zu 90 Prozent erreicht, doch die Rückverlegung der Front beeinflusste die Entwicklung entscheidend. Aufgrund eines Führerentscheids wurde durch den Chef des OKW auf Befehl vom 5. Februar und 14. April 1944 die volle Aufrechterhaltung der Produktion bei Weiterführung der Räumungsprogramme angeordnet.[366]

Im Oktober wurde beschlossen, das Bauprogramm II durch das Programm IIa zu ersetzen, was bedeutete, dass zunächst die Ölfabriken in Vaivara und Ereda aufgegeben wurden und der Schwerpunkt nun auf dem Bau des Bergwerks Kohtla (II) lag. Im Dezember 1943 sah der Plan für die Fertigstellung der Phasen I und IIa eine maximale Ölschieferproduktion von 6,6 Mio. Tonnen pro Jahr bis Mitte 1945 vor, wovon der größte Teil den Industrien vor Ort, vor allem für die Ölproduktion, zukommen sollte.[367]

Die geringe Effizienz und die schlechten Zahlen spiegelten ein allgemeines Problem der Kriegswirtschaft wider. 1943 fasste Fischer die Probleme, die auch der Bal-

363 Vgl. Schreiben Konti an RWiM, Mineralölabteilung, vom 7.6.1943, in: HAC, 500/109594.

364 Vgl. AV über Besprechung bei Präsident Kehrl am 25.8.1943 vom 27.8.1943, in: BAB, R 3112, Nr. 98.

365 Vgl. AV aus dem RFM vom Oktober 1943, in: ebd., R 2, Nr. 15468, Bl. 4.

366 Vgl. Hans Nagel, Kriegswirtschaft im Operationsgebiet des Ostens in den Jahren 1941-1943. Beitrag zur Geschichte des Wirtschafts-Stabes-Ost (Wi Stab Ost) von 1944, S. 254 ff., in: IfZ, ED 2.

367 Vgl. Maasalu, Eesti Põlevkivi, S. 46 f. Angesichts der vorrückenden Front strebte man im WiStab Ost eine Klärung von oberster militärischer Stelle an, ob die Auf- und Ausbauarbeiten bei der Baltischen Öl GmbH weitergeführt werden konnten. Vgl. Vortragsnotiz für Chef WiStab Ost von Militärverwaltungsrat Oeckl vom 8.10.1943, in: BAB, R 3112, Nr. 98.

tischen Öl GmbH in Estland zu schaffen machten, komprimiert zusammen: »Die Schwierigkeiten, die für jedes Bauvorhaben in Deutschland bestehen, vervielfältigen sich für Bauvorhaben, die praktisch 120-150 km hinter der Front in einem Lande liegen, das völlig menschenarm ist, wohin jeder Arbeiter verpflanzt werden muss, das ein Ernährungs-Unterschussgebiet ist und nur über eine eingleisige Bahn sowie keine Schiffsverbindung im Winter bei großer Kälte verfügt.«[368] Probleme gab es praktisch an allen Ecken und Enden: die Versorgung mit Energie, Werkzeugen, Baumaterialien und Ersatzteilen, der Transport, die Quantität und Qualifikation der Arbeitskräfte, die Arbeitsdisziplin, die Arbeitsproduktivität, die Sicherheitslage, Konflikte zwischen den einzelnen Dienststellen, immer wieder neue Entscheidungen oder unrealistische Erwartungen. Der Einsatz von »Sklavenarbeitern« bedeutete zwar Lohneinsparungen, aber zusätzliche Unterhaltskosten. Die Lebens- und Verpflegungsbedingungen waren ein Faktor für die Produktivität, und je mehr Arbeiter es wurden, desto schwieriger war es, diese Bedingungen auf ein produktivitätssteigerndes Niveau zu bringen.[369]

Bei der Frage nach den wirtschaftlichen Erfolgen muss berücksichtigt werden, dass für den Ausbau der estnischen Werke nicht wirtschaftliche, sondern ausschließlich kriegsbedingte Ziele ausschlaggebend waren. Daher hatte man sich auch geweigert, die Investitionen auf eigenes Risiko durchzuführen, und mit dem Reich vertraglich vereinbart, dass die Baltische Öl GmbH die Ausbeute der Ölschiefervorkommen in Estland sowie den Bau und den Betrieb der Anlagen treuhänderisch für das Reich durchführen würde. »Wegen der grossen Risiken, die in dem Betrieb der Werke in Estland steckten, hat sich die Verwaltung der Kontinentöl von der des Treuhandvermögens soweit wie möglich distanziert.«[370] Und tatsächlich machte die Baltische Öl GmbH bis Herbst 1943 einen Verlust von mindestens einer Mio. RM.[371] In Anbetracht der hohen Ausgaben für den Wiederaufbau und angesichts der Produktionsmenge konnte das Unternehmen kaum rentabel sein. In der Konti ging man jedoch davon aus, dass sich die Produktion zukünftig lohnen werde, nämlich wenn die Marine sie aufkaufte.[372]

In einer Sitzung des Planungsamts wurde Anfang Dezember 1943 beschlossen, das Ausbauprogramm I, Ölschiefer Estland, zu Ende zu führen. Der vorgesehene Tagebau Kohtla wurde planmäßig bis Mitte 1944 erschlossen, beim Tiefbau Ereda sollte ein zweiter Schacht heruntergebracht werden. Versuche mit Untertageschwelen würden umgehend eingeleitet.[373]

368 Auszug aus der Niederschrift über die 4. AR-Sitzung der Konti am 21.9.1943, in: ebd., R 2, Nr. 15469, Bl. 6-21, hier Bl. 19.

369 Vgl. Maasalu, Eesti Põlevkivi, S. 76f.

370 Vgl. Bericht Vorstand an AR über Stand der Abwicklung der Konti vom 10.3.1950, in: BAB, R 176, Nr. 149 (Zitat ebd.).

371 Vgl. Auszug aus der Niederschrift über die 4. AR-Sitzung der Konti am 21.9.1943, in: ebd., R 2, Nr. 15469, Bl. 6-21, hier Bl. 11 RS.

372 Vgl. Maasalu, Eesti Põlevkivi, S. 74f.

373 Vgl. Schreiben Leiter des Planungsamts Kehrl an Oberberghauptmann Gabel, RWiM, vom 10.12.1943, in: BAB, R 3101, Nr. 30930, Bl. 63.

Im April 1944 sah der Produktionsplan für die erste Ausbaustufe eine Rohölproduktion von 130.000 Tonnen im Jahr 1944, 300.000 Tonnen im Jahr 1945 und die volle Kapazität von 500.000 Jahrestonnen für 1946 vor. Im Mai wurde der Termin für die Inbetriebnahme von Kiviöli um zwei Monate auf den 1. Oktober 1944 verschoben, woraufhin die volle Kapazität bis zum 1. März 1945 erreicht werden sollte. Das neue Werk Kohtla-Järve sollte am 1. Januar 1945 in Betrieb genommen werden, der gesamte Jöhvi-Komplex bis Ende 1945. Das Bergwerk Ahtme hingegen war bereits für den 1. September 1944 geplant. Praktisch bis zur Aufgabe der Werke Mitte September wurde unerschütterlich versucht, den Plan zu erfüllen; selbst in den Evakuierungs- und Zerstörungsplänen war anstelle von Zerstörung die Rede von »Dauerlähmung«, unter dem Codenamen »Dornröschen«, um die Wiederinbetriebnahme zu erleichtern, sobald die Werke wieder in deutsche Hände fielen. Blieb keine Zeit für eine Demontage der Anlagen, mussten sie gesprengt werden, aber nicht mehr als unbedingt nötig. Im Herbst 1944 wollte noch niemand in der deutschen Führung eingestehen, dass die Gebiete endgültig verloren waren, geschweige denn der Krieg.[374]

Am 22. Mai befahl Hitler im Zusammenhang mit dem Abzug von Arbeitskräften aus Estland erneut, dass die im Bau befindlichen Anlagen so schnell wie möglich fertigzustellen seien, eine Gefährdung durch die Nähe zur Front sah er nicht als gegeben an. Die Baltische Öl GmbH müsse daher alles tun, um die Einhaltung der Termine sicherzustellen.[375] Die Planung der Baltischen Öl GmbH vom Juni 1944 sah 4,4 Mio. Tonnen Ölschiefer pro Jahr vor, aus denen man 400.000 Tonnen Öl erwartete. Um diese Produktion zu erreichen, wurden weiter Arbeitskräfte zugeführt, unter anderem auch Arbeiter aus Kroatien.[376]

Die Ausbeutung der estnischen Schieferölvorkommen genoss die besondere Aufmerksamkeit Hitlers, daher wagte niemand aus der NS-Führung, das wirtschaftlich unsinnige Projekt zu stoppen. Noch am 10. August 1944 lag ein Schiff der Baltischen Öl GmbH mit jüdischen Arbeitskräften abfahrbereit im Hafen von Tallinn. Ein Auslaufen wurde jedoch verhindert, weil Hitler ihre Evakuierung untersagt hatte. Die sowjetische Offensive gegen die deutsche Heeresgruppe Nord begann am 13. Juli, führte aber erst am 21. September zur Besetzung von Tallinn.[377]

Spätestens Anfang August 1944 schien ein Ausbau der estnischen Ölschieferwerke nicht mehr möglich, denn infolge des Wegbrechens der Landverbindung und der anderweitigen Beanspruchung des Schiffsraums blieb das Bau- und Montagematerial

374 Vgl. Maasalu, Eesti Põlevkivi, S. 47 f.

375 Vgl. Schreiben Rohstoffamt beim RMfRuK, Fischer, an die Baltische Öl GmbH vom 27. 5. 1944, in: BA-MA, RW 19, Nr. 2793, Bl. 58; Besprechung beim Führer am 22. und 23. Mai 1944, in: BAB, R 3, Nr. 1509, Bl. 75-80, hier Bl. 78; Boelcke (Hg.), Rüstung, S. 369.

376 Vgl. Kasper, Erdölgewinnung, S. 109.

377 Vgl. Fernschreiben OT-Einsatzgruppe Russland-Nord, Generalingenieur Klugar, an Reichsminister Speer vom 10. 8. 1944, in: BAB, R 3, Nr. 1587, Bl. 41; Boelcke (Hg.), Rüstung, S. 369. Bei Boelcke ist nur von 450 jüdischen Arbeitskräften die Rede. Vgl. auch Karlsch/Stokes, Faktor Öl, S. 226.

aus. Insgesamt waren aber noch rund 10.000 Arbeitskräfte im Einsatz.[378] Auf Befehl Speers musste die Baltische Öl GmbH Anfang August 1944 5.000 Mann aus der Neubaubelegschaft der OT Ostpreußen zur Verfügung stellen, weitere 5.000 Mann an die Heeresgruppe Nord und 4.000 an den Stab Geilenberg abgeben. Die Betriebsbelegschaft blieb zunächst unangetastet.[379]

Die insgesamt während der Okkupationszeit geförderten 200.000 Tonnen Öl waren ein nützlicher, vielleicht sogar essenzieller Beitrag zur Kriegsanstrengung auf diesem Schauplatz. Aber aus wirtschaftlicher Sicht rechtfertigten die Erfolge den Einsatz der Mittel nicht, insbesondere der 30.000 Tonnen Material, das aus Deutschland herangebracht wurde.[380]

Die Rechtsverhältnisse

Die der Konti mit Erlass vom 27. Juli 1941 erteilte Generalvollmacht galt auch für die Tochtergesellschaft Baltische Öl GmbH. Göring entschloss sich im September 1941 dazu, mit der Konti für die Übernahme der estnischen Betriebe und die Ausbeutung der Vorkommen eine Sonderregelung zu treffen: Angesichts der enormen Investitionen, die auf das Unternehmen zukamen, sollte es die Betriebe sowie die Gebiete mit den Vorkommen und ihre Einrichtungen käuflich erwerben dürfen, doch der Reichskommissar für das Ostland, Hinrich Lohse, widersprach dem. Als sich Fischer einverstanden erklärte, die Betriebe auch in Pacht zu übernehmen, schlug Neumann die erwähnten 99 Jahre vor. Nun stimmte Lohse zu.[381]

Zur rechtlichen Situation der Ostgesellschaften im RKO teilte Min.Rat Hermann Reinbothe, Referatsleiter in der Finanzabteilung des RWiM und gleichzeitig Referent für Finanzangelegenheiten in der Ostabteilung des Hauses, den involvierten Banken mit, dass die Ostgesellschaften als im Auftrag des Reichs handelnd anzusehen seien. Das hatte zur Folge, dass das Reich zur Deckung der entstehenden Verluste verpflichtet war. Diese Regelung galt explizit auch für die Baltische Öl GmbH. Für die Zukunft war an ein Pachtverhältnis mit dem Reich gedacht, für die weitere Zukunft an eine Eigentumsübernahme.[382]

Die Baltische Öl GmbH trat im Juli 1943 mit der Bitte an das Reich heran, die im RKO gelegenen Erdölbetriebe als Eigentum erwerben zu dürfen. Letztlich verkaufte

378 Vgl. AN für Reichsminister Speer vom 2.8.1944, in: BAB, R 3112, Nr. 129.

379 Vgl. Eintrag vom 4.8.1944, in: KTB Mineralöl vom 12.6.1944-31.10.1944, in: BA-MA, RW 19, Nr. 203, Bl. 107.

380 Vgl. A.E. Gunther, The East Baltic States (Oil Fields Investigation, Part V, Section 3), S. 11, in: NAK, WO 252, Nr. 1396.

381 Vgl. AN des Reichskommissars für das Ostland, Lohse, für das RMfdbO vom 16.9.1941, in: SUB GÖ – HA, Cod. Ms. Nürnberger Akten, NI-8453. Abgedruckt in: Okkupationspolitik, Dok. 42, S. 197f.

382 Vgl. Verwaltungsaufbau und Haftungsverhältnisse im RKO, vom 5.4.1943 (von Ernst Leese und Adolf Schäfer, Rechtsabteilung der Dresdner Bank), in: SfS-Archiv, NID-8859.

das Reich der Gesellschaft durch Vertrag vom 13. November 1943 folgende Betriebe: Kiviöl, früher Estag (Werk I), Küttejöud, früher AG Kutte Jöhud (Werk II), Kohtla-Järwe, früher Erste Estländische Ölschiefer-Industrie (Werk III), Sillamäe, nebst Grube Wiiwikond, früher AG Estländisches Öl-Konsortium Sillamäe (Werk IV), Kohtla, früher New Consolidated Gold Fields Ltd. (Werk V), Grube Ubja, früher zu AG Zementfabrik Port-Kunda gehörig.

Das Reich erteilte der Baltischen Öl GmbH im Gebiet des RKO das alleinige Recht zur Aufsuchung, Gewinnung, Verarbeitung und zum Vertrieb von Erdöl, Erdgas und allen sonstigen bituminösen Stoffen einschließlich des Ölschiefers. Für die Gewinnung von einer Tonne Ölschiefer hatte die Baltische Öl GmbH 0,10 RM an das Reich zu zahlen. Über einen Förderzins auf das Öl und die anderen Stoffe wurde noch keine Regelung getroffen. Der Kaufpreis für das alleinige Konzessionsrecht und das Anlagevermögen der Werke und Gruben betrug insgesamt 15.427.000 RM. Sämtliche Geschäfte der verkauften Betriebe galten für die Zeit ab dem 21. September 1941 als für Rechnung der Gesellschaft geführt.[383]

Die Baltische Öl GmbH nahm ihre Tätigkeit in Estland auf der Grundlage einer Konzession auf, die der deutsche Staat der Konti erteilt hatte; diese übertrug sie auf die Tochtergesellschaft. Das Rechtsverhältnis der Baltischen Öl GmbH zur estnischen Ölschieferinfrastruktur war die Treuhänderverwaltung, die rückwirkend Anfang 1944 eingerichtet wurde. Damit war die Firma nur Verwalter der Ölschieferindustrie und nicht Eigentümer. Die Ausrüstung und das Geld wurden zur Verfügung gestellt, das Risiko übernahm das Reich. Es gab kein automatisches Recht für den Geschäftsführer, das Unternehmen in Zukunft zu erwerben. Die Baltische Öl GmbH generierte keine eigenen Einnahmen oder Ausgaben, so dass die Muttergesellschaft im Falle des Verlusts der estnischen Einrichtungen keinen Schaden erlitt.

Auf der ersten Sitzung des Beirats der Baltischen Öl GmbH, am 28. August 1941, wurde beschlossen, nicht nur das Eigentum an den Betriebsanlagen, sondern am gesamten Ölschiefergebiet anzustreben. Vom 8. Februar 1943 bis zum Ende des Jahres sollte die Übergangszeit dauern, in der die Firma als Treuhänder des Staatsvermögens fungierte. Im Oktober hielt die Baltische Öl GmbH weiterhin keine Eigentümerrechte inne, sondern nur die des Treuhänders, aber die Verhandlungen liefen weiter. Im Protokoll der AR-Sitzung vom 15. Oktober 1943 heißt es: »Angesichts der zu erwartenden Entwicklung des Verfassungsrechts in Estland erscheint es jedoch angebracht, die Frage des sofortigen Erwerbs der estnischen Mineralölinfrastruktur und der für die künftige Ausweitung der Förderung voraussichtlich benötigten Flächen dringend zu erörtern.« Der Kaufvertrag zwischen der Baltischen Öl GmbH und dem Ostministerium vom 13. November 1943 trat offensichtlich nie in Kraft.

383 Vgl. Vertrag zwischen dem Deutschen Reich, vertreten durch den Reichsminister für die besetzten Ostgebiete und der Baltischen Öl GmbH vom 13.11.1943, in: StaN, KV-Anklage, Dok. Umdrucke, NI-15389; Eichholtz, Geschichte, Bd. 2, S. 419; Kasper, Erdölgewinnung, S. 109; ders., Erdöl, S. 75.

Noch am 28. Januar 1944 wurde in einer Sitzung des Beirats über den Rechtsstatus der Gesellschaft diskutiert. So blieb die Baltische Öl GmbH bis Kriegsende nur eine Verwalterin, was sich letztlich als vorteilhaft erwies, da so keine Verluste anfielen.[384]

Das Reichsministerium für die besetzten Ostgebiete lehnte Blessings Vorschlag ab, die Werke zunächst zu pachten, sie dann schätzen zu lassen und anschließend zu übernehmen, und konterte mit einem Gegenvorschlag. Demnach sollten die Anlagen im Treuhandverhältnis betrieben oder nach dem Wiederbeschaffungspreis im Altreich bewertet und erworben werden; einen sofortigen Kauf hielt man nicht für zweckmäßig, und bis Jahresende 1943 sollte die Baltische Öl GmbH lediglich als Auftragnehmerin des Reichs agieren.[385]

Im Jahr 1943 wurde die Höchstmenge ihrer Produktion erreicht, und das florierende Geschäft motivierte den Vorstand, auf eine rechtliche Fixierung der Eigentumsverhältnisse zu drängen. Das zu Beginn des Russlandfeldzugs gegebene staatliche Versprechen, der Konti sämtliche Anlagen der eroberten sowjetischen Mineralölindustrie eigentumsrechtlich zu übertragen, sollte jetzt auch vertraglich fixiert werden. Unter dem Druck der Kriegsereignisse wuchs bei den staatlichen Instanzen die Bereitschaft, das Prinzip der »Zurückstellung der Veräußerung des nationalisierten Wirtschaftsvermögens in den besetzten Ostgebieten« aufzugeben. Betriebe von »ganz erheblicher Größe«, in denen die »Unternehmerinitiative voll eingesetzt werden kann und die deutschen Unternehmer durch privatwirtschaftliche Formen dazu angehalten werden können, in größtmöglichem Umfange selbst Maschinen, Fachkräfte und Geldmittel von sich aus in die Betriebe einzubringen«, sollten den Interessenten nun als »Eigentum bindend in Aussicht gestellt werden können«, empfahl Rosenberg in einem Schreiben vom 1. April 1943 an Göring, der sich am 15. April einverstanden erklärte. Das war der Startschuss für die Konti, einen Vorstoß zum Abschluss eines Kaufvertrags zu unternehmen.[386]

Aus der Nachkriegsperspektive bezeichnete der Vorstand der Holding die Tochtergesellschaft Baltische Öl GmbH als ein »Gebilde eigener Art«. Bereits wenige Monate nach der Übernahme der Werke habe sie von den maßgeblichen Reichsstellen die Auflage erhalten, die Kapazität der vorhandenen Werke um ein Vielfaches zu vergrößern. Für diese Ausweitung seien nicht wirtschaftliche, sondern ausschließlich kriegsbedingte Gründe ursächlich gewesen, weshalb die Konti nicht bereit war, die Investitionen auf eigenes Risiko zu tätigen.[387]

384 Vgl. Maasalu, Eesti Põlevkivi, S. 36 f. (Zitat ebd.).

385 Vgl. Protokoll der AR-Sitzung der Baltischen Öl GmbH am 8. 2. 1943 vom 18. 2. 1943, in: HAC, 500/109594.

386 Vgl. Czollek, Faschismus, S. 100 (Zitate ebd.); dies., Raub, S. 112 f.

387 Vgl. Bericht Vorstand an AR über Stand der Abwicklung der Konti vom 10. 3. 1950, S. 22 f., in: BAB, R 176, Nr. 149 (Zitat ebd.).

Finanzierungsfragen

Besonders eilig hatte es die Dresdner Bank, ihre Ansprüche auf eine Expansion in das Baltikum anzumelden. Bereits am 10. Juli 1941, also noch vor Errichtung des RKO, sondierte der Vorstandsvorsitzende Karl Rasche beim Reichsaufsichtsamt für das Kreditwesen dazu die Chancen. Als alter »Baltikumkämpfer« hielt er sich für prädestiniert, bei der Umgestaltung der Kreditwirtschaft eine wichtige Rolle zu spielen. Am 29. August 1941 gründete sein Institut die Deutsche Ostlandbank AG, am 7. Oktober 1941 erfolgte deren Umfirmierung in Handels- und Kreditbank AG mit Sitz in Riga.[388]

Die Commerzbank verfolgte in den Gebieten, die vom Deutschen Reich besetzt wurden, zunächst eine zurückhaltende Strategie und beschränkte sich auf die Gründung von Filialen. Als sie jedoch auf diese Weise gegenüber anderen Kreditinstituten ins Hintertreffen zu geraten drohte, forcierte sie die Expansion, auch im Baltikum. Im November 1941 gründete sie die Tochtergesellschaft Hansabank Aktiengesellschaft in Riga mit einer Hauptniederlassung in Tallinn und später einer Filiale in Tartu.[389]

Schaut man sich das Engagement der Dresdner Bank genauer an, wird deutlich, dass ihre Tochtergesellschaft, die Handels- und Kreditbank, den größten Kredit für die Baltische Öl GmbH über ihre Zweigstelle in Tallinn gewährte. Bei diesem Engagement in Höhe von 19 Mio. RM handelte es sich jedoch um die auf das Kreditinstitut entfallende Tranche eines von den »Ostlandbanken« zur Verfügung gestellten Konsortialkredits. Zur Finanzierung ihrer Investitionen nahm die Baltische Öl GmbH insgesamt zwei große Konsortialkredite in Anspruch: Ein Konsortium unter der Leitung der Handels- und Kreditbank organisierte einen Kredit in Höhe von 82,5 Mio. RM, während eine andere, »reichsdeutsche« Bankengruppe unter der Führung der Dresdner Bank 192,5 Mio. RM zur Verfügung stellte. Der Konsortialkredit an die Baltische Öl GmbH entpuppte sich für die Dresdner Bank und für die anderen Mitglieder des Konsortiums als Fehlschlag, da das Unternehmen enorme Summen verschlang, aber nicht rentabel wirtschaftete. Anfang 1945 konnte es seinen Verpflichtungen schließlich nicht mehr nachkommen.[390]

Zunächst bezifferte die Konti den Finanzbedarf für das Erweiterungs- und Neubauprogramm der estnischen Schieferölindustrie auf 85 bis 100 Mio. RM. In seiner Berichterstattung an den AR für das dritte Quartal 1942 vermeldete der Vorstand, dass dieser Bedarf durch Einschaltung und Abschöpfung des äußerst flüssigen Geldmarkts im Ostland über die dort vertretenen Banken gedeckt werden könne. Bis zum Quartalsende habe die Baltische Öl GmbH bei estnischen Banken Kredite in Höhe von sechs Mio. RM in Anspruch genommen.[391]

388 Vgl. Wixforth, Expansion, S. 160 f. und 167 f.

389 Vgl. Commerzbank, S. 67 und 77; Kurzrock, Geschichte, S. 74. Wesentlich zurückhaltender als die Dresdner und die Commerzbank agierte die Deutsche Bank. Sie wollte sich zunächst nur in Riga niederlassen. Ihre Expansionspläne scheiterten jedoch am Veto der lokalen Stellen. Vgl. Wixforth, Expansion, S. 163 f.

390 Vgl. ebd., S. 630 ff.

391 Vgl. Schreiben Konti an Mitglieder des AR vom 6.11.1942, S. 2 f., in: HADB, B 60.

Rasche berichtete am 12. Juli 1943 seinen Vorstandskollegen über eine Besprechung mit Blessing, wonach die Konti beim RWiM für die Investitionen in die estnische Ölschieferindustrie für die Baltische Öl GmbH eine Bürgschaft von RM 82,5 Mio. des Reichskommissars für das Ostland und RM 192,5 Mio. des RFM beantragen werde. Da eine Anleihefinanzierung vorläufig nicht infrage komme, solle ein Bankkredit in Anspruch genommen werden. Der Kredit zerfalle in zwei Abschnitte: Im RKO seien von den 82,5 Mio. RM bereits 20 Mio. RM durch die Notenbank bereitgestellt worden; die fehlenden 62,5 Mio. RM sollten durch ein Bankenkonsortium unter Führung der Handels- und Kreditbank Riga zur Verfügung gestellt werden. Nach weiteren Verhandlungen mit den Konsorten wollte man den Kreditbetrag auf die beiden Raten 1943 und 1944, insgesamt auf RM 120 Mio., beschränken.[392]

Die Dresdner Bank gewann die Hakelei um die Führung des Konsortiums gegen die Deutsche Bank, da sie bereits größeren Einfluss auf das Bankwesen im RKO erlangt hatte, und übernahm 15,5 Prozent, die Deutsche Bank ebenfalls 15,5 Prozent. Die Bank der Deutschen Arbeit, die Commerzbank, die Deutsche Girozentrale und die Deutsche Industriebank übernahmen jeweils zehn Prozent, die BHG und die RKG jeweils fünf Prozent, der Rest teilte sich auf kleinere Quoten auf. Das Konsortium beabsichtigte, einen Kredit von 120 Mio. RM zur Verfügung zu stellen, 40 Mio. RM für 1943 und 80 Mio. RM für 1944.[393]

Laut Blessing gab es Stand September 1943 einen Finanzbedarf von rund 275 Mio. RM, und nach wiederholten Verhandlungen mit den zuständigen Behörden und beteiligten Banken wurde die Finanzierung der Baltischen Öl GmbH nunmehr wie folgt fixiert: Die im RKO aufgenommenen kurzfristigen Kredite wurden in einem drei Jahre laufenden Konsortialkredit in Höhe von 62,5 Mio. RM verzinslich zu 4,5 Prozent netto zusammengefasst. Die Notenbank des RKO übernahm einen Betrag von 20 Mio. RM in Wechselform. Diese Wechsel liefen sechs Monate und konnten fünfmal prolongiert werden, der Zinssatz betrug 3,5 Prozent. Der Reichskommissar hatte für diese beiden Kredite von zusammen 82,5 Mio. RM die Garantie übernommen. Ferner hatte sich ein von der Dresdner Bank geführtes Konsortium bereiterklärt, der Baltischen Öl GmbH zur Finanzierung ihrer Bauvorhaben einen im Reich aufzubringenden Kredit von zunächst 120 Mio. RM zur Verfügung zu stellen. Hiervon würden entsprechend dem fortlaufenden Ausbau der Anlagen voraussichtlich 40 Mio. RM 1943 und 80 Mio. RM 1944 benötigt werden. Das Reich übernahm für diesen Kredit die selbstschuldnerische Bürgschaft. Für die Finanzierung des verbleibenden Bedarfs von 72,5 Mio. RM zeigte sich das Bankenkonsortium grundsätzlich bereit, auch hierüber in Verhandlungen einzutreten.[394]

392 Vgl. Vorstands-Protokoll vom 12. 7. 1943, in: HAC, 4398-2001; Vorstands-Protokoll vom 19. 7. 1943, in: ebd.

393 Vgl. Schreiben Konsortial-Abteilung IV Dresdner Bank an Vorstand der Konti vom 27. 8. 1943, in: ebd., Nr. 13783-2000; Kasper, Erdöl, S. 75.

394 Vgl. Niederschrift über die 4. AR-Sitzung der Konti am 21. 9. 1943, in: BAB, R 2, Nr. 15469, Bl. 6-21, hier Bl. 12 RS-13 RS.

Im Oktober 1943 reduzierte sich der Kreditbedarf der Baltischen Öl GmbH durch behördlich angeordnete Einschränkungen des Ausbauprogramms auf 80 Mio. RM, je zur Hälfte 1943 und 1944 zu beziehen.[395] Die Dresdner Bank räumte der Baltischen Öl GmbH 1943 im Rahmen des von ihr vertretenen Bankenkonsortiums einen Barkredit bis zu 80 Mio. RM ein. Davon würden voraussichtlich 40 Mio. RM im Lauf des Jahrs 1943 und 40 Mio. RM im Folgejahr in Anspruch genommen werden. Der Betrag war von der Baltischen Öl GmbH mit einem Prozent über dem jeweiligen Reichsbankdiskontsatz zu verzinsen, jede Jahresrate spätestens am Jahresende nach Inanspruchnahme zurückzuführen. Der Reichsminister der Finanzen übernahm für die Verzinsung und Rückzahlung des Kredits die selbstschuldnerische Bürgschaft.[396]

Im Juni 1944 beabsichtigte die Baltische Öl GmbH, die von ihr bisher unter Reichsbürgschaft aufgenommenen Kredite zu erhöhen bzw. einen weiteren Kredit in Höhe von 30 Mio. RM aufzunehmen, davon 20 Mio. RM bei der Notenbank des RKO und zehn Mio. RM bei der Gemeinschaftsbank Ostland in Riga. Diese Banken verlangten ebenfalls eine Bürgschaft des Reichskommissariats Ostland, das dem Wunsch aber nur im Falle einer zugleich gegebenen Reichsbürgschaft entsprechen wollte. Das RFM vertrat bei der anberaumten Sitzung, an der auch Blessing teilnahm, die Auffassung, dass es sich um eine Reichsgesellschaft handle und somit eine Reichsbürgschaft überflüssig sei.[397]

Noch Ende Januar 1945 fand eine Sitzung im Ostministerium statt, auf der über den Konsortialkredit von 80 Mio. RM für die Baltische Öl GmbH gesprochen wurde. Hintergrund waren die grundlegend geänderten militärischen Verhältnisse. Unter den Ministerien bestand Einigkeit, den Konsortialkredit aufgrund der Reichsgarantie vorzeitig zurückzuzahlen. Der Grund hierfür lag darin, dass die wirtschaftliche Grundlage für die Betätigung der Baltischen Öl GmbH nicht mehr bestand und das Unternehmen bei Fälligkeit des Kredits zur Zahlung aus eigenen Mitteln nicht in der Lage sein würde.[398]

Die Arbeitskräftesituation

An technischen, kaufmännischen und sonstigen deutschen Fachkräften standen der Baltischen Öl GmbH im Februar 1944 lediglich 63 Personen innerhalb der Reichsgrenzen und 697 in den besetzten Ostgebieten zur Verfügung.[399]

395 Vgl. Schreiben Konsortial-Abteilung IV Dresdner Bank an Direktion der Konti vom 20.10.1943, in: HAC, 13783-2000.

396 Vgl. Bürgschaftserklärung des Reichsministers der Finanzen vom 2.11.1943, in: ebd., Nr. 30916-2001.

397 Vgl. Rundschreiben Reichsminister für die besetzten Ostgebiete, Reinbothe, vom 26.6.1944, in: BAB, R 2, Nr. 30526, Bl. 1; AV aus dem RFM vom 3.7.1944, in: ebd., Bl. 2.

398 Vgl. Protokoll einer Besprechung im Ostministerium am 29.1.1945, in: StaN, KV-Anklage, Dok. Fotokopien, NI-6755; Besprechung im Ostministerium am 29.1.1945, in: HAC, 30916-2001.

399 Vgl. Aufstellung des Reichsministers für die besetzten Ostgebiete vom 16.3.1944, in: BAB, R 6, Nr. 420, Bl. 4.

Die ersten unübersehbaren Anzeichen für Schwierigkeiten bei der Ölschieferproduktion bildeten die Arbeitsverweigerung und der passive Widerstand der estnischen Bevölkerung. »Es arbeiten zur Zeit nur ein Viertel von denen, die normalerweise arbeiten könnten«, klagte der Verfasser einer Aktennotiz aus der Behörde des Generalkommissars vom 13. Mai 1942. Wie üblich, versuchte man es mit Brutalität: »Der einheimischen Bevölkerung gegenüber ist keine Sentimentalität am Platz. Nur wer für die deutsche Kriegführung arbeitet, wird von uns ernährt; daher ist grundsätzlich die Werksverpflegung einzuführen«, lautete die auf einer Sitzung von Vertretern der Obersten Reichsbehörden und der Ostgesellschaften am 7. August 1942 vertretene Devise. Doch schon im Frühjahr 1942 hatte die Baltische Öl GmbH beim Generalkommissar Karl-Siegmund Litzmann, als oberster Instanz der Besatzungsverwaltung in Estland, dringend um Hilfe bei der Beschaffung Hunderter gelernter Arbeiter ersucht, da man ohne diese die Fristen für die Wiederinbetriebnahme der Ölschieferwerke nicht einhalten könne. Auf die Klage, auch das Arbeitsamt Tallinn habe nicht helfen können, reagierte der Generalkommissar mit der Forderung, der SSPF Estland, Hinrich Moeller, möge in den Konzentrationslagern prüfen, ob man von dort Handwerker abziehen könne.

Ein Jahr später war die Organisation der Zwangsarbeit, auch für die Ölschieferproduktion Estlands, aus dem Stadium der Improvisation herausgewachsen: Die Baltische Öl GmbH erhielt eine eigene, mit uneingeschränkten Vollmachten versehene Behörde für die Beschaffung von Zwangsarbeitern: die »Arbeitseinsatzstelle Baltöl«. Dies ordnete der Beauftragte Sauckels für das gesamte RKO und die Wirtschaftsinspektionen Nord und Mitte, Hans Boening, mit einem Schreiben vom 28. Mai 1943 aus Riga an. Die neue Institution ging aus dem bisherigen Arbeitsamt Kiviöli hervor, das nun »zu einer Arbeitseinsatzstelle für den Gesamtbereich der Baltölwerke, einschließlich der neu zu errichtenden Werke« ausgebaut und verwaltungsmäßig dem Generalkommissariat Reval unterstellt wurde. Die Neuregelung bezog sich ausdrücklich auch auf den Einsatz von Kriegsgefangenen.[400] Besonders empfindlich wirkten sich für das Besatzungsregime die Sabotageaktionen aus; im Ölschiefergebiet erreichte die Produktion 1942 trotz aller Einschüchterungs- und Terrormaßnahmen bei Ölschiefer nur 39 Prozent, bei Benzin sogar nur 3,6 Prozent der Jahresproduktion von 1940.[401]

Im September 1942 sandte die Baltische Öl GmbH eine Chronik ihrer bisherigen Bemühungen um Arbeitskräfte an Griebel. Im Januar 1942 hatte man 4.000 Mann für die Wiederherstellung der Werke beim Arbeitsamt Tallinn angefordert und die Rückmeldung erhalten, dass der Bedarf aus der estnischen Bevölkerung nicht zu decken war. Ende des Monats hatte die Firma bei Min.Dirig. Günther Rachner, dem Leiter der Hauptabteilung Arbeit im RKO und der Chefgruppe Arbeit im WiStab Ost, einen Sofortbedarf von 1.600 Arbeitskräften und einen Gesamtbedarf für 1942 von 11.150 Arbeitskräften angemeldet. Im März folgte eine angehobene Anforderung

400 Vgl. Czollek, Raub, S. 110 f. (Zitate ebd.); dies., Faschismus, S. 96 ff.
401 Vgl. dies., Zwangsarbeit, S. 54.

beim Generalkommissar auf 12.950 Arbeitskräfte, die nur völlig unzureichend gedeckt wurde, was aus der Not des Augenblicks resultierende Einzelanforderungen nach sich zog. Schließlich entsandte die Konti einen SS-Sturmbannführer Friese nach Stalino, um ukrainische Bergleute anzuwerben. Im April wurden die Erwartungen der Baltischen Öl GmbH weiter gedämpft, da Regierungsrat Karl Küssner vom RKO mitteilte, dass das Ostland keine Kräfte abgeben könne. Immerhin erhielt Rasch im Ostministerium die Zusage, dass zur Deckung ihres Sofortbedarfs 600 kriegsgefangene Facharbeiter aus den Lagern des RKO zugewiesen werden sollten, sowie 1.000 kriegsgefangene Hilfsarbeiter aus den Lagern des Generalkommissars Estland und 2.000 Flüchtlinge, also 3.600 Mann insgesamt. Ferner sollten der Firma 500 Hauer und 500 Hilfskräfte aus dem Gebiet Stalino zugewiesen werden, allerdings wurde der erste Zug mit 1.000 ukrainischen Bergleuten aus Stalino im Mai nach Metz umgeleitet. Etwas später trafen tatsächlich 540 Arbeitskräfte von dort ein, darunter aber 115 Frauen und 129 Jugendliche sowie etliche Kranke. Der Generalbevollmächtigte für den Arbeitseinsatz wollte im Juni 500 Bauarbeiter aus dem Bezirk Königsberg nicht freigeben; auch die Chefgruppe Arbeit erklärte die Abgabe von 800 Bau- und Steinbrucharbeitern aus militärverwaltetem Gebiet für ausgeschlossen. Im August legte die Baltische Öl GmbH bei einer Sitzung beim Wirtschaftsamt noch einmal dar, dass ihre Schwierigkeiten im Arbeitskräftemangel begründet waren. Bei einer weiteren Besprechung Ende August 1942 in Tallinn mit Vertretern der VJP-Behörde, des OKW, des RWiM, dem Generalbevollmächtigten für den Arbeitseinsatz, dem Reichskommissar, dem Generalkommissar sowie Vertretern der OT und der Baltischen Öl GmbH wurde die Anzahl der fehlenden Kräfte auf insgesamt 9.000 Mann beziffert.[402]

Die Baltische Öl GmbH versuchte den Ausfall vieler estnischer Stammarbeitskräfte durch den Einsatz von Kriegsgefangenen und Zwangsverpflichteten zu kompensieren, Ende 1942 waren von den insgesamt fast 9.000 Beschäftigten über 4.000 einheimische Arbeiter, 387 Ukrainer und 2.958 Kriegsgefangene. Die Arbeit in den Ölschiefergruben war körperlich außerordentlich hart und die Versorgung mit Lebensmitteln unzureichend.[403]

Der Arbeitermangel, den die Baltische Öl GmbH von Beginn an beklagte, war erstens bedingt durch die russische Verschleppung von etwa zehn Prozent der Beschäftigten, zweitens den Zulauf zum estnischen Freiwilligen-Korps und drittens die bessere Ernährung der in der Landwirtschaft Tätigen.[404] Somit blieb die Verpflichtung zur Zwangsarbeit, die schon zu Sowjetzeiten eingeführt worden war. Wer sich der Arbeit entzog, wurde inhaftiert. Als man beschloss, auf Kriegsgefangene zurückzugreifen, waren viele der Kriegsgefangenen durch die unmenschlichen Bedingungen in den Lagern bereits zu geschwächt, um die schwere körperliche Arbeit verrichten

402 Vgl. Schreiben Baltische Öl GmbH an das Wirtschaftsamt, Griebel, vom 25.9.1942, in: HAC, 500/109594.

403 Vgl. Karlsch/Stokes, Faktor Öl, S. 226.

404 Vgl. AN von Abs vom 6.6.1942, in: HADB, B 60.

zu können. Mit Einverständnis aus Berlin wurde ihnen für jede produzierte Tonne 1 Rubel gezahlt, damit sie Tabak und zusätzliche Lebensmittel kaufen konnten. Doch die Kriegsgefangenen waren keine ausgebildeten Bergleute, sie mussten erst angelernt werden, wofür jedem ausgebildeten Bergmann vier Kriegsgefangene zugeteilt wurden. Letztendlich waren zwei Drittel der Arbeiter in den Bergwerken Kriegsgefangene, ein Drittel bestand aus regulären Arbeitskräften.[405]

Ein Landwirtschaftsführer bei der Heeresgruppe Nord machte mit Vertretern der Baltischen Öl GmbH Mitte August 1942 eine zweitägige Besichtigungsreise zu den Fabriken, um sich einen Eindruck von ihrem Zustand und ihren Zukunftsplänen zu verschaffen. Jöhvi war ein künftiger Produktionsstandort, auf dem in weniger als zwei Jahren eine Fabrik den Betrieb aufgenommen haben sollte. Die Finanzmittel und das Material standen zur Verfügung, und der Generalbevollmächtigte für den Arbeitseinsatz, Fritz Sauckel, war angewiesen worden, in Anbetracht der hohen Dringlichkeitsstufe die nötigen Arbeitskräfte zu beschaffen. Man erwartete Probleme, vor allem hinsichtlich der Verpflegung der täglich wachsenden Anzahl von Arbeitskräften.[406]

Der Gebietskommissar Narwa, Friedrich-Wilhelm Jenetzky, lieferte den in seinem Gebiet betriebenen fünf Werken der Baltischen Öl GmbH Süßstoff, der als Anreizmittel für die Belegschaft benutzt wurde und den Arbeitern in Mengen von ein bis zwei Gramm ausgehändigt wurde, sofern sie drei Wochen ununterbrochen gearbeitet und die Arbeitsmindestnorm nicht unterschritten hatten. Seither hätten die Arbeitsniederlegungen schlagartig nachgelassen, und die Zahl der entlaufenen Arbeitskräfte sei beträchtlich gesunken, so Jenetzky.[407]

Neben den Schwierigkeiten bei der Nahrungsmittelversorgung bildeten die fehlenden Unterkünfte für die Arbeiter das zweite gravierende Problem. Deren Fertigstellung verzögerte sich immer wieder. Den Vorwurf von verschiedenen Dienststellen an die Baltische Öl GmbH, sie habe die angeforderten Arbeitskräfte nicht unterbringen können, konterte die Firma jedoch: Bei ausreichender Zuweisung von Arbeitskräften hätten bereits im Juli/August 1942 genügend Unterkünfte für die gesamte fehlende Betriebs- und Baubelegschaft zur Verfügung stehen können. Man habe sich auf den Barackenbau konzentriert, da die Zuweisung von 17.000 Arbeitskräften in Aussicht gestellt worden sei, was aber nicht zustande kam. Nun würden die Unterkünfte teilweise leer stehen, und der Industriebau sei vernachlässigt worden.[408]

Gleichzeitig musste die Baltische Öl GmbH registrieren, dass die Hauerleistung infolge unzureichender Ernährung im Berichtsmonat November 1942 zurückgegangen war. Von den 500 Mann eines Kriegsgefangenentransports sowie den Flüchtlingen aus der russischen Provinz Ingermanland konnte auch nach Beendigung der fleckfieber-

405 Vgl. Uibopuu, Kapital.

406 Vgl. Matthiessen, Erinnerungen, S. 399 f.

407 Vgl. Schreiben Gebietskommissar Narwa, Jenetzky, an den Reichshauptstellenleiter von Harder, RMfdbO, vom 27.10.1942, in: IfZ, MA 798, Bl. 1256-1261, hier Bl. 1256 f.

408 Vgl. AN der Baltischen Öl GmbH für den AR vom 1.11.1942, in: HAC, 500/109594.

bedingten Quarantäne der Großteil der Leute infolge ihres allgemeinen schlechten Gesundheitszustands nicht eingesetzt werden. Der ganze Transport sollte daraufhin wieder an das Stalag zurückgegeben werden.[409]

Auf Antrag der Baltischen Öl GmbH stellte das Deutsche Rote Kreuz Krankenschwestern zur Verfügung. Ärzte sollten durch das Reichsministerium für die besetzten Ostgebiete zugewiesen und auf Basis privater Verträge von der Baltischen Öl GmbH angestellt werden.[410]

Fischer beklagte sich Anfang Februar 1943 beim Reichskommissar über die aus seiner Sicht überzogenen Forderungen bei der Unterbringung und der Versorgung der zugewiesenen Arbeitskräfte. Soweit es sich um Kriegsgefangene handelte, müssten »gewisse Unebenheiten hingenommen werden«, und die unter Zwang zur Arbeit rekrutierten Zivilisten seien ohnehin arbeitsunwillig und nur bedingt brauchbar. Wenn es trotz aller Widrigkeiten dennoch gelungen sei, im Frühjahr 1943 die alte Friedenskapazität von circa 160.000 Jahrestonnen wieder zu erreichen, so sei dieser Beitrag zur Versorgung der Wehrmachtsbedürfnisse so hoch zu veranschlagen, dass die angewendeten Mittel nicht an »friedensmässigen Maßstäben« gemessen werden dürften. »So sehr mir auch das Wohlergehen der Gesamtbelegschaft der Baltöl am Herzen liegt, so wenig kann ich im Hinblick auf die militärische und wirtschaftliche Lage auf dem Mineralölgebiet meine bisherigen Anweisungen an die Baltöl abändern, welche dahin gehen, unter allen Umständen zunächst die Steigerung der Ölproduktion sicherzustellen.«[411]

Neben die Probleme mit Ernährung, Unterbringung und dem schlechten Gesundheitszustand der Arbeitskräfte traten die Kriegsereignisse und die nahe Front, die ebenfalls für einen Leistungsabfall sorgten. Wie der Befehlshaber der Sicherheitspolizei und des SD Ostland, SS-Standartenführer Erich Ehrlinger, im März 1943 berichtete, sah die Baltische Öl GmbH die einzige Möglichkeit zur Leistungssteigerung der Kriegsgefangenen in einer schärferen Behandlung; man denke zum Beispiel an »Hungerkuren«. Außerdem versuche die Firma mit allen Mitteln, die Gefangenen vom Stalag loszulösen und in Eigenregie zu übernehmen.[412]

Das Dulag (Durchgangslager) 377 mit seinem Hauptlager in Kiviöli und Nebenlagern in Kohtla-Järve und anderswo war ab April 1943 in Betrieb und lieferte Arbeiter für die Schieferölindustrie. Der Kommandant kommunizierte direkt mit den Arbeitgebern. Die Häftlinge wurden für einen längeren Zeitraum an die Baltische Öl GmbH sowie an die OT übergeben, blieben aber offiziell Inhaftierte des Dulags 377. Die Betreuung der Arbeitshäftlinge übernahmen Unternehmen und Lager gemeinsam: Die

409 Vgl. Baltische Öl GmbH, Tätigkeitsbericht Reval für November 1942 vom 12.1.1943, in: RGVA, 1458-40-160, Bl. 89-97, hier Bl. 89 und 95f.

410 Vgl. Schreiben Reichsminister für die besetzten Ostgebiete an den Reichskommissar für das Ostland vom 11.1.1943, in: BAB, R 90, Nr. 311.

411 Vgl. Schreiben Baltische Öl GmbH, Fischer, an den Reichskommissar Ostland vom 1.2.1943, S. 2f. (Zitate ebd.), in: HAC, 500/109595.

412 Vgl. Aus dem Lagebericht des Befehlshabers der Sipo und des SD Ostland vom 15.3.1943, zit. nach: Eichholtz/Schumann (Hg.), Anatomie des Krieges, Dok. 225, S. 422 (Zitat ebd.).

Baltische Öl GmbH war für die Finanzierung und Bereitstellung von Unterkünften für die Häftlinge verantwortlich, ihre Versorgung mit Lebensmitteln und Vorräten wurde vom Dulag organisiert und finanziert, das ebenfalls die medizinische Hilfe und Medikamente bereitstellte, die vom WVHA bezahlt wurden.

Im Februar 1944 waren insgesamt, einschließlich der in der OT eingesetzten Kräfte, etwa 13.000 Kriegsgefangene in der Schieferölindustrie tätig, die sehr wahrscheinlich alle zum Dulag 377 gehörten. Im September 1944, als der Abzug der Kriegsgefangenen aus Estland begann, arbeiteten noch etwa 12.400 Kriegsgefangene für die Baltische Öl GmbH.[413]

In einer Besprechung Anfang April 1943 mit dem kaufmännischen Direktor der Baltischen Öl GmbH, Claus von Kursell, merkte der Leiter der Abteilung Gesundheit im RKO, Herbert Bernsdorff, an, dass die Planungen für die Schieferölproduktion auch gesundheitliche Gesichtspunkte berücksichtigen müssten. Er warnte vor den Gefahren der »Seuchenlager« durch Flüchtlinge, besonders vor Typhus und anderen Infektionskrankheiten.[414]

Auch entkommene Kriegsgefangene bildeten ein Problem für die Baltische Öl GmbH. Nach Angaben des Mineralölkommandos Estland flohen von Januar bis September 1943 insgesamt 2.487 Kriegsgefangene aus den Betrieben. Von ihnen wurden 1.589 wieder aufgegriffen oder erschossen, 898 Fluchten waren erfolgreich.[415] Zur Bewachung der Kriegsgefangenen beschäftigte die Baltische Öl GmbH die Omakaitse, den estnischen Selbstschutz, neben dem eigenen Werkschutz. Dessen 650 estnische und ukrainische Mitglieder waren nur zu einem Drittel bewaffnet, während der Selbstschutz voll ausgerüstet war. Beide erhielten ihre Anweisungen vom Höheren SS- und Polizeiführer Friedrich Jeckeln. Die militärische Ausbildung der Omakaitse ließ nach Aussagen der deutschen Vorgesetzten allerdings zu wünschen übrig.[416]

Auf Betreiben von Krauch sollte die Baltische Öl GmbH den Bau und die Montage bei den estnischen Ölschieferwerken Anfang Februar 1944 sofort einstellen, damit die Gefolgschaft der OT-Einsatzgruppe, die sich zuletzt auf 11.645 Mann – darunter rund 8.000 sowjetische Kriegsgefangene – belief, für einen anderweitigen Einsatz freigemacht werden konnte. So fehlten etwa bei den großen Mineralölprojekten in Oberschlesien rund 5.000 Arbeitskräfte. Deshalb sollte Speer seine Zustimmung zur sofortigen Umsetzung von 5.000 dieser Kriegsgefangenen nach Oberschlesien geben. Nach einem Gespräch Keitels mit Hitler wurde der Einstellungsbefehl jedoch wieder aufgehoben und Krauchs Antrag damit obsolet.[417]

413 Vgl. Maripuu, Prisoners.

414 Vgl. Bericht über eine Dienstfahrt der Abteilung II Gesundheit vom 10.-16. April 1943, S. 3, in: BAB, R 90, Nr. 352; Arnim, Institut, S. 58 f. Den Hinweis auf dieses Buch verdanke ich Andrej Angrick.

415 Vgl. Aufstellung des Mineralöl-Kommandos Estland über Kriegsgefangenenfluchten vom 30. 9. 1943, in: BA-MA, RW 46, Nr. 755, Bl. 36.

416 Vgl. Weiss-Wendt, Murder, S. 250.

417 Vgl. Schnellbrief von Carl Krauch, GBChem, an Albert Speer vom 5. Februar 1944, in: BAB, R 3, Nr. 1587, Bl. 120.

Im Februar 1944 machte sich laut Monatsbericht der Baltischen Öl GmbH unter den Arbeitern »eine unruhige Stimmung im Zusammenhang mit der Situation im Nordabschnitt der Ostfront bemerkbar«. Neben häufigen Stromunterbrechungen führte das mehr als eine Woche ausgebliebene Brot für die Kriegsgefangenen zudem zu Leistungs- bzw. Förderrückgängen. Bei den Grubenbetrieben bestand nach wie vor empfindlicher Materialmangel, vor allem fehlte es an Grubenwagen, Bohrern und Bohrstahl sowie Bohrmaschinen, ferner Gummistiefeln, wodurch die Kriegsgefangenen im Grubenbetrieb nicht voll einsetzbar waren. Die Krankenzahlen unter den Arbeitskräften war hoch. Als völlig ungenügend stufte die Firmenleitung die Arbeitsleistung der jüdischen Arbeitskräfte ein, die aus dem Tagebau Sillamäe abgezogen und auf dem Neubau Ereda eingesetzt wurden.[418]

Im August 1944 sollten auf Verfügung Speers von den in Estland eingesetzten circa 30.000 Arbeitskräften rund 14.000 abgezogen werden. Die Baltische Öl GmbH ging davon aus, dass diese im Wesentlichen aus Männern der OT rekrutiert würden, von denen sich etwa 12.500 Mann seit Ende Juni 1944 im Einsatz der Firma befanden. Man sah sich daraufhin nicht in der Lage, die Termine für die Fertigstellung der Bauvorhaben einzuhalten.[419]

Jüdische Arbeitskräfte

Am 21. Juni 1943 befahl Himmler die Auflösung der noch verbliebenen Ghettos in den baltischen Staaten; ein möglichst großer Teil der arbeitsfähigen männlichen Juden im RKO sei »in das Konzentrationslager im Ölschiefer-Gebiet zum Ölschiefer-Abbau zu verbringen«.[420] Bereits zu Beginn der gewaltsamen Auflösung des litauischen Ghettos Wilna im August 1943 war ein Transport mit jungen Männern direkt zum Ölschieferlager Kiviöli geleitet worden. Ein zweiter Transport dorthin soll das lettische KZ Kaiserwald am 17. November verlassen haben. Mit diesen Aktionen sollte Himmlers Forderung nach einer Versorgung des Ölschieferlagers mit jüdischen Arbeitskräften erfüllt werden.[421]

Mit Wirkung vom 15. September 1943 wurde auf Himmlers Befehl das KZ Vaivara errichtet und SS-Hauptsturmführer Hans Aumeier als Lagerkommandant eingesetzt.[422] In diesem Lager sollten ausschließlich jüdische Arbeitskräfte für die Baltische Öl GmbH untergebracht werden. Das Unternehmen sah sich 1943 damit konfrontiert, dass nach dem deutschen Rückzug aus dem Kaukasus 1942 die Ölgewinnung höchste

418 Vgl. Monatsbericht der Baltischen Öl GmbH für den Februar 1944 vom 5. 4. 1944, in: BA-MA, RW 19, Nr. 2793, Bl. 32-36, hier Bl. 33 (Zitat ebd.).

419 Vgl. Schreiben AR der Baltischen Öl GmbH an Leiter des Planungsamts, Kehrl, vom 7. 8. 1944, in: ebd., Bl. 56.

420 Vgl. Schreiben RFSS an HSSPF Ostland und Chef des WVHA vom 21. 6. 1943, in: BAB, NS 19, Nr. 1740, Bl. 20 (Zitat ebd.); Czollek, Zwangsarbeit, S. 60 f.

421 Vgl. Angrick/Klein, Endlösung, S. 400 f.

422 Vgl. Rundschreiben RSHA, Abteilung IV C 2, vom 2. 10. 1943, in: BAB, R 58, Nr. 1027, Bl. 313.

Priorität zugesprochen bekam, während zugleich der Mangel an Arbeitskräften zunahm. Die bis dahin hauptsächlich eingesetzten sowjetischen Kriegsgefangenen wurden von der Wehrmacht zunehmend zu Befestigungsarbeiten abgezogen. Der Einsatz jüdischer Arbeitskräfte bot dafür den Ausgleich.

Am 19. Juli 1943 wurden bei einer Besprechung beim Kommandeur der Sicherheitspolizei in Tallinn erste Pläne für das KZ vorgestellt; alle Teile des deutschen Besatzungsapparats in Estland – Zivilverwaltung, Wehrmacht, SS und Polizei, OT sowie Baltische Öl GmbH – waren beteiligt. Das KZ würde dem WVHA unterstehen, die örtliche Aufsicht der SS-Wirtschafter in Riga führen. Zunächst aber betrieben der Abwehrbeauftragte der Baltischen Öl GmbH, SS-Sturmbannführer Wossagk, und der ihm unterstellte Inspekteur des Werkschutzes, Hilgenfeldt, den Aufbau der Lager. Zweitausend jüdische Häftlinge sollten bereits Ende Juli in Estland eintreffen und auf die Produktionsstätten des Unternehmens verteilt werden.

Während der Dauer ihres Bestehens waren weniger als ein Sechstel der Belegschaft der Baltischen Öl GmbH jüdische KZ-Häftlinge, häufig wurden sowjetische Kriegsgefangene und Zwangs- und Zivilarbeiter aus verschiedenen Ländern eingesetzt, die in separaten Lagern, aber oft an denselben Orten untergebracht waren. In Aseri zum Beispiel existierte ein »Ostländerlager«, in dem Franzosen, Spanier, Holländer und jüdische KZ-Insassen inhaftiert waren. In dem kleinen Ort Klooga befanden sich ein Lager für evakuierte und zwangsumgesiedelte Russen, sogenannte »Evarussen« aus Nord-Russland, und eines für russische Zwangsarbeiter.[423]

Im Dezember 1943 verfügte die Firma über 17.133 Arbeiter; der Anstieg um 24 Prozent seit Juni 1943 wurde in erster Linie durch die hinzugekommenen jüdischen Arbeitskräfte bewirkt. Um Kontakte zur lokalen Zivilbevölkerung zu verhindern, empfahl die Wirtschaftsinspektion Ostland den Aufbau von Lagern in unmittelbarer Nähe der Raffinerien. Für detaillierte Regelungen traf sich der Kommandeur der Sicherheitspolizei und des SD Estland, Martin Sandberger, am 20. Juli 1943 mit Direktor Mathy von der Baltischen Öl GmbH. Die ersten 2.800 jüdischen Arbeitskräfte sollten noch vor September eintreffen.[424]

Hohe Beamte aus Tallinn, die Ende November 1943 die Raffinerie in Sillmäe besuchten, stellten fest, dass die jüdischen Lager in Vaivara, Viivikonna und Ereda nicht auf die harten Winterbedingungen vorbereitet waren; die Häftlinge trugen noch dieselbe Kleidung, die sie bei ihrer Ankunft in Estland getragen hatten und mussten Decken oder Säcke zum Flicken ihrer Kleidung verwenden. Viele Häftlinge steckten Zeitungen oder Papiersäcke zwischen Hemd und Mantel, auch wenn das wenig Abhilfe verschaffte. Im Januar 1944 bestellte die Baltische Öl GmbH dann 50.000 Paar Strohschuhe aus Pskow für ihre jüdischen und weißrussischen Arbeiter und Kriegsgefangenen.

423 Vgl. Birn, Sicherheitspolizei, S. 179 ff.; dies., Vaivara, S. 131 f.

424 Vgl. Weiss-Wendt, Murder, S. 249 ff.

In den Statistiken vom September 1943 finden Juden erstmals Erwähnung. Zwischen dem 1. Juli und dem 30. September stieg die Zahl der Arbeiter bei der Baltischen Öl GmbH und der beauftragten OT insgesamt von 25.351 auf 32.028, unter den 7.000 neu eingetroffenen Arbeitern waren etwa 4.000 Juden.[425] Die Leitung der Baltischen Öl GmbH rechnete mit einem Absinken der Effizienz aufgrund der neuen Arbeiter, und in der Tat wiesen die Juden unter den vier Gruppen von Arbeitskräften die niedrigste Effizienzrate auf; es folgten die »Ostarbeiter« und die Kriegsgefangenen, am effizientesten arbeiteten die Esten. Es liegt auf der Hand, dass die unterernährten und geschwächten Juden weder Kraft noch Erfahrung für die Arbeit in den Schieferölgruben und Raffinerien mitbrachten. Doch von Oktober 1943 bis Januar 1944 stieg ihr Durchschnittsertrag. Die Geschäftsleitung erklärte sich den Anstieg mit dem Prämiensystem, das sie in den letzten beiden Monaten des Jahres 1943 eingeführt hatte. Unterm Strich bewertete die Wirtschaftsinspektion die Arbeitsfähigkeit der Juden positiv: Unter angemessener Aufsicht würden die Juden fleißig und zuverlässig arbeiten. Doch sowohl die OT als auch die Baltische Öl GmbH zogen Kriegsgefangene den Juden vor. Diese Haltung trug dazu bei, dass die Zahl der Überlebenden unter den 1943 nach Estland deportierten Juden relativ hoch war. Während das Management der Baltischen Öl GmbH um jeden einzelnen Kriegsgefangenen kämpfte, war es bereit, Juden gehen zu lassen.[426]

Die Lebens- und Arbeitsverhältnisse der jüdischen Arbeitskräfte waren schrecklich. Selbst der SS-Lagerarzt wies in seinen Berichten wiederholt darauf hin, dass die hygienischen Verhältnisse in den Vaivara-Lagern katastrophal waren. Die Häftlinge erinnerten, von Schmutz, Läusen und Ungeziefer geradezu erstickt worden zu sein. Zudem war die Arbeit in der Ölschiefergewinnung extrem hart und für die jüdischen Häftlinge nicht zu schaffen. Das bestätigte auch die Geschäftsleitung der Baltischen Öl GmbH wiederholt, und so wurden die jüdischen Häftlinge nur mit der Hälfte der Arbeitsleistung der Kriegsgefangenen oder Zivilisten veranschlagt. An der Zuweisung weiterer jüdischer Häftlinge war man deshalb nicht interessiert. In den Arbeitslagern war die Ernährung überwiegend völlig unzureichend.[427]

Details über die Bedingungen in den jüdischen Arbeitslagern in Estland verbreiteten sich über Mundpropaganda: Die Menschen schliefen in Etagenpritschen, die Baracken waren ungeheizt; an privaten Gegenständen erhielt jeder nur eine Schüssel und einen Löffel; das Essen war ungenießbar; der durchschnittliche Arbeitstag dauerte vierzehn Stunden; die Wachen schlugen die Gefangenen gnadenlos; harte Arbeit, schlechte Ernährung, Kälte und Krankheiten ließen die Menschen umfallen »wie die Fliegen«.[428] Hinzu kamen Massenerschießungen. Infolge von Evakuierungen wurden Häftlinge in das KZ Stutthof bei Danzig gebracht, viele von ihnen anschließend

425 Vgl. ebd., S. 260 f.
426 Vgl. ebd., S. 262 f.
427 Vgl. Birn, Sicherheitspolizei, S. 181 f.
428 Vgl. Weiss-Wendt, Murder, S. 254 (Zitat ebd.).

in andere Lager. Ein Teil fand sich in Außenlagern von Natzweiler wieder, wo ebenfalls Ölschiefer abgebaut wurde, so unter anderem in Schörzingen, Schömberg, Frommern, Dormettingen, Erzingen, Bisingen und Dautmergen.[429]

Anfang Oktober 1943 sollten aufgrund der verschärften Sicherheitslage laut Wirtschaftskommando wegen Flucht- und Sabotagegefahr keine Juden mehr beim Ölschieferwerk in Slanzy eingesetzt werden. Das Mineralölkommando Estland hatte jedoch beim Oberquartiermeister der Heeresgruppe Nord eine Aufhebung der »Judensperre« erwirkt, denn trotz der prekären Situation dort beabsichtigte das Mineralölkommando Estland, 500 Juden sowie 40 Werkschutzleute nach Slanzy zu bringen.[430]

Speer hatte im August 4.500 Juden vom Bau der Baltischen Öl GmbH abgezogen, nachdem er Hitler um Genehmigung gebeten hatte, die voraussichtlich erst im Sommer des Folgejahres fertig werdenden Bauten teilweise ruhen zu lassen und die Arbeitskräfte für andere Aufgaben zu nutzen. Sie sollten nun bei der Ölschiefergewinnung in Württemberg eingesetzt werden, die zwar nicht so viel Öl einbringen, aber kurzfristiger anlaufen würde.[431]

Der ehemalige Kommandoführer des Lagers Kiviöli, Wilhelm Werle, kam im September 1943 nach Estland. Bei seiner Ankunft, so berichtete er in einer Nachkriegsaussage, gab es das Lager bereits, aber es seien noch keine Häftlinge dort gewesen. Lagerkommandant Aumeier kündete an, die eintreffenden Juden würden in den Ölschieferwerken der Baltischen Öl GmbH beschäftigt und verpflegt werden und für den Arbeitseinsatz einem Beauftragten der Firma unterstellt sein. Er selbst, Werle, habe sich hauptsächlich um Unterbringung und Bewachung der Häftlinge im Lager gekümmert. Noch am selben Tage seien mit einem Bahntransport 300 bis 350 Juden eingetroffen, darunter etwa 60 Frauen. Rasch habe sich gezeigt, dass die Häftlinge vom Beauftragten der Baltischen Öl GmbH misshandelt wurden. Aumeier sei sofort nach Kiviöli geeilt, und sein Einschreiten hatte zur Folge, dass der Beauftragte zurückgezogen und die Leitung des Arbeitseinsatzes Werle übertragen wurde.[432]

Ein bei der Firma Carl Deilmann Bergbau und Tiefbau angestellter Maschinist kam im November 1943 nach Estland. Über die Verhältnisse im Lager Ereda sagte er in einer Nachkriegsvernehmung aus, dass sie grauenhaft gewesen seien. Die Kleidung habe aus Lumpen bestanden, Heizmaterial oder Decken habe es für die Häftlinge nicht gegeben, und auch die Unterkünfte seien außerordentlich primitiv gewesen. Die Insassen, Männer wie Frauen, seien dennoch jeden Tag um 4 Uhr geweckt und ohne Rücksicht auf das Wetter zur Arbeit getrieben worden. Prügelstrafen mit Rohrstöcken seien an der Tagesordnung gewesen: »Teilweise war der Vollzug dieser

429 Vgl. Birn, Vaivara, S. 141.

430 Vgl. AV Wirtschaftskommando 305 Gdow, Nebenstelle Slanzy, vom 2.10.1943, in: BA-MA, RW 46, Nr. 755, Bl. 35.

431 Vgl. Schreiben Reichsminister für Rüstung und Kriegsproduktion an Chef des OKW, Keitel, vom 11.8.1944, in: BAB, R 3, Nr. 1586, Bl. 92.

432 Vgl. Vernehmung Wilhelm Werle am 9.5.1961, in: BAL, B 162, Nr. 5110, Bl. 939-957, hier Bl. 945 ff.

Prügelei so bestialisch, dass den Opfern das Fleisch von den Hintern fiel.«[433] Zwei weitere Mitarbeiter der Firma Deilmann wurden im Lager Ereda Augenzeugen von Erschießungen von Juden.[434]

Trotz des gravierenden Arbeitskräftemangels galten für den Einsatz jüdischer Arbeitskräfte strikte rassistische Beschränkungen. Der Baltischen Öl GmbH war es untersagt, Juden in Kontakt mit Kriegsgefangenen und Zivilisten treten zu lassen, und sie durften auch nicht unbeaufsichtigt arbeiten. In Viivikonna wurde beispielsweise angeordnet, alle Kriegsgefangenen in einer Schicht zu konzentrieren, ausgenommen waren nur die Juden.[435]

Spätestens bei der Flucht vor der Roten Armee fiel die überwältigende Mehrheit der Juden, die zu diesem Zeitpunkt noch am Leben waren, den deutschen Mordaktionen wie im September 1944 in Klooga oder anderen »Evakuierungsmaßnahmen« im Frühjahr und Spätsommer 1944 zum Opfer. Auch wenn das Endziel der »Vernichtung durch Arbeit« und das Resultat einer fast vollständigen Ermordung aller Juden aus dem KZ Vaivara bis zum Kriegsende deutlich vom deutschen Vernichtungswillen gegenüber der jüdischen Bevölkerung zeugten, bleibt doch festzuhalten, dass die Ölschieferproduktion in Estland den deutschen Behörden so wichtig war, dass, anders als bei den 1942 nach Estland ins Arbeitserziehungslager Jägala deportierten Juden, im Lagersystem von Vaivara die Juden eine nicht zu ersetzende Ressource für die deutsche Arbeitseinsatzplanung darstellten. In der Konsequenz war die Todesrate bis zum Rückzug der Deutschen hier vergleichsweise niedrig, bzw. die Selektionen stärker am Aspekt der Arbeitsfähigkeit ausgerichtet. Der jüdische »Arbeitseinsatz« wurde in diesem äußersten Winkel des Baltikums bis kurz vor dem militärischen Zusammenbruch NS-Deutschlands aufrechterhalten.[436]

Die Räumung Estlands

Im Februar 1944 erreichte die Rote Armee den Fluss Narwa. Trotz heftiger Angriffe gelang es ihr jedoch zunächst nicht, die deutschen und kollaborierenden estnischen Verteidiger, die vorwiegend in Verbänden der Waffen-SS kämpften, zu überwinden. Erst im Frühjahr eroberte sie die an der Mündung zur Ostsee gelegene Stadt Narwa. Im Juli und August desselben Jahres gelangen der Roten Armee vielerorts entscheidende Durchbrüche; auch Tallinn fiel am 22. September. In der ersten Oktoberhälfte 1944 zog sich die Wehrmacht aus Estland zurück, um einer Einkesselung zu entgehen. Die Kämpfe auf estnischem Boden dauerten noch bis zum 24. November 1944 an.

433 Vgl. Vernehmung Franz Leichter am 17.4.1963, in: ebd., Nr. 5117, Bl. 1788-1805, hier Bl. 1794 f. (Zitat Bl. 1795).

434 Vgl. Vernehmung Fritz Severin am 21.1.1976, in: ebd., Nr. 5136, Bl. 5942-5948, hier Bl. 5945; Vernehmung Heinrich Gottsleben am 22.1.1976, in: ebd., Bl. 5949 f., hier Bl. 5950.

435 Vgl. Västrik/Maripuu, Vaivara, S. 723.

436 Vgl. Plath, Schonung, S. 424 f.

Seit Januar 1944 hatte der Kommandeur des Mineralölkommandos Estland ständig Verbindung mit dem Kommandeur der Küstenverteidigung und der Kampfgruppe Ost gehalten, um den Einsatz der Werksverteidigung zu koordinieren.[437] Direktor Schön berichtete im März 1944 über die Räumung des Werks Sillamäe, das am 1. Februar des Jahres stillgelegt werden musste, da sich durch das Vordringen der Sowjets die allgemeine Lage zugespitzt hatte und das Werk zudem infolge des Ausfalls des Kraftwerks Narwa unter Strommangel litt. Von der Heeresgruppe Nord wurde an diesem Tag die »Auflockerung« des Werks befohlen. Demgemäß wurden wertvolle Rohstoffe und Fertiggüter abtransportiert und Vorratslager entzerrt. Nach einer Besprechung mit dem Generalquartiermeister im Oberkommando des Heeres, Eduard Wagner, und mit den Quartiermeistern der Heeresgruppe Nord zwei Tage später unterzeichnete der Oberbefehlshaber der Heeresgruppe Nord, Walter Model, einen Befehl, der die Räumung von Sillamäe anordnete. Sie lief am 4. Februar 1944 an.

Einen Tag später jedoch wurde der Räumungsbefehl widerrufen, und zwar aufgrund neuer Weisungen aus dem Führerhauptquartier, die jeden Abtransport untersagten und anordneten, dass die Neubauvorhaben verstärkt vorangetrieben werden mussten. Und so wurden die bereits demontierten Teile wieder eingebaut und die Wiederinbetriebnahme des Werks für den 11. Februar in Aussicht genommen. Wegen Strommangels kam es jedoch nicht dazu.

In der Nacht vom 12. zum 13. Februar begannen die Sowjets in Richtung Sillamäe und Küste vorzustoßen, was die ersten militärischen Evakuierungsmaßnahmen auslöste. Einen Tag später erhielt die Betriebsleitung von der Kampfgruppe Sponheimer den Befehl, das Werk Sillamäe zur Sprengung vorzubereiten. Als das sowjetische Landeunternehmen zunächst scheiterte, beruhigte sich die Lage erst einmal wieder, so dass die Räumung planmäßig durchgeführt werden konnte.[438]

Nachdem vorübergehend Ruhe an der Front bei Narwa eingekehrt war, erließ das Armeegruppenkommando Narwa am 29. April 1944 den Befehl, der die Verantwortlichkeit des Mineralölkommandos für die Sicherung und Verteidigung der Werke und Gruben gegen Angriffe feindlicher Partisanengruppen und Fallschirmspringer sowie gegen Sabotageakte regelte. Hierzu wurden dem Kommando die Sicherungskräfte von Wehrmacht und Polizei, alle Waffenträger der Baltischen Öl GmbH, die OT, der Werkschutz, der SD und das Werksbataillon des Freiwilligen Estnischen Selbstschutzes unterstellt.[439] Die Unterstellung von SD und Werkschutz unter den Befehl der Werkskommandanten (Kampfkommandanten) im Alarmfall wurde geregelt,

437 Vgl. Lagebericht Kommandeur des Mineralölkommandos Estland für die Zeit vom 1.1.-31.1.1944 vom 13.2.1944, in: BA-MA, RW 19, Nr. 2791, Bl. 58 ff., hier Bl. 58.

438 Vgl. Bericht über die Räumung des Werkes Sillamäe von Direktor Schön, Baltische Öl GmbH, vom 27.3.1944, in: ebd., Bl. 115-121, hier Bl. 114.

439 Vgl. Lagebericht Kommandeur des Mineralölkommandos Estland für die Zeit vom 1.4.-30.4.44 nach dem Stande vom 1.5.1944, in: ebd., RW 46, Nr. 761.

der alle reichsdeutschen Werksangehörigen umfassende Selbstschutz aufgebaut und laufend ausgebildet, die an die Werksverteidigung angegliederten Einheiten wurden mit Waffen und Munition versorgt und der Stellungsbau ergänzt und verbessert.[440]

Am 5. Juli 1944 fand beim Staatssekretär im Reichsministerium für die besetzten Ostgebiete, Alfred Mayer, eine Sitzung zur Räumung des RKO statt. Über Kiviöli wurde länger diskutiert, speziell über Hitlers Befehl, die Schieferölproduktion weiter zu fördern und noch auszuweiten, ohne Rücksicht auf strategische Belange. Den Ausführungen des Leiters der Wirtschaftsabteilung im Ostministerium, Wilhelm Ter-Nedden, zufolge – die vom Leiter des WiStabs Ost, Otto Stapf, bestätigt wurden – hatte die Wirtschaftsverwaltung keine Möglichkeit, den »Führerbefehl« zu modifizieren. Es wurde betont, dass der größte Teil der Belegschaft aus Kriegsgefangenen bestehe und dort außerdem 4.000 Juden arbeiteten sowie »ziemlich viel unzuverlässiges Volk, das sich zusammensetzt aus Weissruthenen, Ukrainern, Zivilrussen aus Slanzi, Kroaten usw.«. Der Oberquartiermeister Nord war offensichtlich trotz Hitlers Befehl bereit, die Kriegsgefangenen in Marsch zu setzen, um sie nicht in die Hände der Sowjets fallen zu lassen. Bezüglich der 4.000 Juden wollte sich Mayer mit dem SD-Hauptamt in Verbindung setzen und über die Kriegsgefangenen mit dem OKW sprechen.[441] Vorsorglich wurden Vorkehrungen für die Zerstörung aller Produktionsanlagen und für die Deportation Tausender Arbeitskräfte getroffen. Und tatsächlich konnte Rosenberg in seiner »Meldung für den Führer über die Räumung des Generalbezirks Estland« vom 28. September 1944 vermelden, die deutschen Betriebsleitungen hätten den Wehrmachtseinheiten wirksam Hilfe geleistet, die Ölschieferwerke so nachhaltig zu zerstören, dass an einen Wiederaufbau nicht zu denken sei.[442]

Arbeitskräfte der Baltischen Öl GmbH wurden später noch im Rahmen des Unternehmens »Wüste« auf der Schwäbischen Alb eingesetzt. Das Werk »Wüste 8« (Dormettingen-West) wurde ausschließlich von Esten, insgesamt 120 Personen, unter der Leitung von Emil Kuhi im Frühherbst 1944 errichtet, die zuvor für die Baltische Öl GmbH gearbeitet hatten und erst im Zuge der sowjetischen Angriffe dort abgezogen worden waren.[443]

440 Vgl. Allgemeiner Rückblick für das 2. Vierteljahr 1. April – 30. Juni 1944 des Kommandeurs des Mineralöl-Kommandos Estland vom 9.8.1944, S. 1, in: ebd., Nr. 760.

441 Vgl. AV für den Reichskommissar Ostland von Matthiessen, Hauptabteilungsleiter Wirtschaft, vom 7.7.1944, in: IfZ, MA 739, Bl. 32-35, hier Bl. 33 f.

442 Vgl. Czollek, Raub, S. 114; dies., Faschismus, S. 101 f.

443 Vgl. Grandt, Unternehmen, S. 40 f.

5.4 Übrige Länder

5.4.1 Frankreich

In der Vichy-Regierung gab es durchaus Interesse an einer Zusammenarbeit mit NS-Deutschland, da auch eine Beteiligung an den russischen Ölquellen in Aussicht gestellt worden war. Als die Franzosen erkannten, dass die rumänischen Ölinteressen verloren waren, versuchten sie, diese gegen deutsche Garantien für französische Beteiligungen an der Iraq Petroleum Company (IPC) einzutauschen, die zuvor der Deutschen Bank gehört hatten. So wurde in einer auf dem Schreibtisch des französischen Vertreters bei der Waffenstillstandskommission in Wiesbaden, General Charles Huntziger, gefundenen Stabsstudie vom 10. Juli 1940 vorgeschlagen, dass die französische Nahostarmee die irakischen Ölfelder und Anlagen der IPC beschlagnahmen und die anglo-amerikanischen Anteilseigner durch deutsche und italienische ersetzen sollten. Es gibt keinen Hinweis darauf, ob die Deutschen diesen Vorschlag in Erwägung zogen, aber dass einige Franzosen darin eine Gelegenheit erblickten, den anglo-amerikanischen Großkonzernen einen Schlag zu versetzen, ist anzunehmen.[444]

Der Abbau von Anlagen

Die deutschen Besatzer äußerten schon früh ein Interesse an französischen Erdölraffinerien, die im Osten eingesetzt werden sollten. Die französische Seite zeigte sich jedoch wenig kollaborationswillig, als sie 1941 und 1942 für deutsche Zwecke in Rumänien und im Kaukasus ihre Pipelines und Raffinerien abbauen und Bohrausrüstungen liefern sollte.

Seit Frühjahr 1942 diskutierten Besatzungsbehörden, AA, Rüstungs- und Vierjahresplandienststellen über zwei unterschiedliche Strategien für das weitere Vorgehen: Sollte man durch Beschlagnahmen die Leistungen erzwingen oder durch Verhandlungen mit den betreffenden französischen Unternehmen den Prozess herbeiführen?[445] Die Konti bot den Unternehmen zwar Anrechte auf das Kaukasusöl an,

444 Vgl. Melby, Oil, S. 178 f.; Paxton, Vichy France, S. 59. Er zitiert ein Schreiben der Deutschen Waffenstillstandskommission, Chefgruppe Ia, an das OKW, Abt. L, vom 17.7.1940. Das passt dazu, dass mit der Besetzung Frankreichs der 23,75 %-ige Anteil der Compagnie Française des Pétroles am irakischen Großkonsortium Iraq Petroleum Company in deutsche Hände fiel. Vgl. Mejcher, Politik, Bd. II, S. 54; Schröder, Irak, S. 22. Für die Ölfelder gab es laut dem Diplomaten Grobba zwei Optionen: Entweder man wartete den Friedensvertrag mit England und Frankreich ab und ließ sich darin die Anteile der beiden Staaten übertragen oder man vereinbarte unverzüglich mit dem Irak eine Übergabe der Konzessionen. Vgl. AN von Weigelt vom 29.8.1940, in: BAB, R 8119-F, Nr. 8369, Bl. 51 f.

445 Vgl. Eichholtz, Wirtschaftskollaboration (1993), S. 220; ders., Wirtschaftskollaboration (1994), S. 443.

stellte sogar Beteiligungen am Ölgeschäft in der Sowjetunion in Aussicht. Sie stieß damit aber nicht auf Begeisterung, sondern vielmehr auf hinhaltenden Widerstand. Göring sagte der Konti zu, Druck auf die französische Seite auszuüben, doch zunächst mit geringem Erfolg.[446]

Blessing selbst gab in einer Nachkriegsaussage an: »Die Franzosen waren von der Idee im damaligen Zeitpunkt begeistert, jedenfalls einige. Man sah die Dinge damals in dem Lichte einer europäischen Erdölwirtschaft, an der Herr Dr. Fischer, der ein alter Erdölmann war und auch viele Verbindungen zu französischen Erdölfirmen hatte, die Franzosen mit beteiligen wollte.« Laut Blessing wurden großzügige Optionen im Vorvertrag für die Franzosen vereinbart.[447] Schaut man sich die zeitgenössischen Aussagen Fischers an, ergibt sich ein differenzierteres Bild. Er sprach in der hochrangig besetzten »Öl-Sitzung« bei Göring am 10. Juli 1942 Klartext: Es werde geprüft, ob es möglich sei, den Franzosen zwei Crack-Anlagen zu entwenden. Doch sowohl die Waffenstillstandskommission als auch der Militärbefehlshaber hätten mitgeteilt, dass nach der Haager Landkriegsordnung keine Möglichkeit zur Demontage bestehe, und freiwillig gäben die Franzosen sie nicht her. Laut Fischer müsse nun entschieden werden, ob man den Franzosen die Anlagen zwangsweise entreißen könne. Krauch folgte ihm und bestätigte, dass es einen Befehl zum Abbau der Anlagen brauche, worauf Göring erwiderte: »Den werde ich geben. Dann werden sie sich bald einverstanden erklären. Wenn die Anlagen nicht abgebaut werden, kriegen sie garnichts. Wenn sie uns damit versorgen, kriegen sie etwas dafür.«[448]

Im März 1942 nutzten Fischer, Neumann und der Chef der Wirtschaftsabteilung beim Militärbefehlshaber in Paris, Elmar Michel, einen Besuch des französischen Staatssekretärs für industrielle Produktion, François Lehideux, in Berlin, um Verhandlungen zu führen. Sie schlugen ihm den Abbau, Transport und Wiederaufbau einer französischen Raffinerie in Cherson vor. Die französische Regierung war offensichtlich dazu bereit.[449]

Doch Probleme gab es auch weiterhin. Den Vorschlag, eine zweite Destillationsanlage in Petit-Couronne abzubauen, lehnte die französische Seite rundweg ab, obwohl die Zusammenarbeit auf einer kommerziellen Grundlage stattfinden würde, bei der die Franzosen gleichberechtigte Partner sein sollten. Offenbar wollten sie vor allem die Pläne für Russland kennen, um selber Vorschläge zu unterbreiten, welche Anlagen abgebaut werden sollten.[450] Der Widerstand ging so weit, dass einem Vertreter der Mineralölbau GmbH die Genehmigung zum Betreten des Geländes von Petit-Couronne verweigert wurde. Blessing musste einräumen, dass es versäumt wor-

446 Vgl. ders., Ölpolitik, S. 379; Kasper, Erdöl, S. 69.

447 Vgl. Verhandlungen des Militärgerichtshofs IV, Fall 11 vom 9. 9. 1948, in: StaN, KV-Prozesse, Fall 11, Nr. A 147, Bl. 20639-20656, hier Bl. 20650 (Zitat ebd.).

448 Vgl. Stenographischer Bericht über die Oel-Sitzung am 10. Juli 1942, in: IfZ, MA 144/3, Bl. 5605-5637, hier Bl. 5629 f. (Zitat S. 5630).

449 Vgl. Aufzeichnung für den Reichsaußenminister vom 6. 3. 1942, in: PA AA, RZ 344, Nr. R 106149.

450 Vgl. AN Schlicht vom 21. 5. 1942, in: StaN, KV-Anklage, Dok. Umdrucke, NI-15422.

den sei, das deutsch-französische Abkommen zur Zusammenarbeit durch ein privatrechtliches Abkommen zu ergänzen, bezweifelte jedoch, dass die Franzosen willens gewesen wären.[451] Die Crackanlage in Petit-Couronne gehörte allerdings der Bataafschen. Falls die Franzosen weiter Schwierigkeiten machen sollten, beabsichtigte Blessing, sich direkt an den deutschen Verwalter der Bataafschen zu wenden, um so in den Besitz der Anlage zu gelangen. Notfalls würde er eben die Bataafsche im Osten mit beteiligen.[452]

Um den Druck zu erhöhen, wandte sich Göring im Juli 1942 direkt an den Militärbefehlshaber in Frankreich und erläuterte, dass für die voraussichtlich von den Sowjets zerstörten oder abmontierten Raffineriekapazitäten im Osten eine sofortige Ersatzbeschaffung organisiert werden müsse. Da die Neufertigung von Raffinationsapparaten wegen der Auslastung der deutschen Produktionsstätten mit Rüstungsfertigungen kaum möglich sei, benötige man die in Frankreich stehenden, aktuell ungenutzten Raffinerien. Deren Abtransport solle unbedingt rechtzeitig beginnen. Falls ein Ankauf durch die Konti nicht in Betracht käme, müsse man sie notfalls requirieren.[453]

Am 21. November 1942 konnte Fischer in der »Öl-Besprechung« bei Göring vermelden, dass der umfangreiche Abbau der französischen Raffinerien stattgefunden hatte, drei Mio. Tonnen Jahreskapazität der französischen Raffinerien seien bereits abgebaut worden. Eine Raffinerie sei zu drei Vierteln demontiert und schon nach Russland geschafft worden, in Cherson beginne man bereits mit dem Wiederaufbau.[454]

Am 12. März 1943 schließlich wurde ein Vorvertrag mit der Vichy-Regierung abgeschlossen, der vorsah, dass die Franzosen entschädigt würden, entweder über eine Beteiligung im Osten, bzw. an der Konti, oder durch die Verpflichtung zum Wiederaufbau der Anlagen respektive die Zahlung einer Wiederaufbauentschädigung. Auf der Basis dieses Vorvertrags wurden eine Destillations- und zwei Crackanlagen demontiert und nach Russland auf den Weg gebracht. Im Dezember 1943 einigte man sich auf einen Vertrag.[455]

Reichswirtschaftsminister Funk erteilte der Konti seine Zustimmung zur Überführung französischer Raffinerien nach Russland und auch zum Abschluss der entsprechenden Verträge, die ihm zur Genehmigung vorzulegen waren, mit der französischen Regierung und den beteiligten Gesellschaften. Die Verpflichtung zum Wiederaufbau der Anlagen in Frankreich befürwortete er hingegen nicht. Sollten

451 Vgl. Schreiben Blessing an Michel vom 8.6.1942, in: SUB GÖ – HA, Cod. Ms. Nürnberger Akten, NID-15424.

452 Vgl. Schreiben Konti, Blessing, an KV-Chef Michel beim Militärbefehlshaber in Frankreich vom 11.6.1942, in: StaN, KV-Anklage, Dok. Fotokopien, NI-15426.

453 Vgl. Schnellbrief Beauftragter für den VJP an Militärbefehlshaber in Frankreich, Michel, vom 20.7.1942, in: ebd., NI-15423.

454 Vgl. Stenographischer Bericht über die Öl-Besprechung am 21. November 1942, in: IfZ, MA 144/3, Bl. 5661-5699, hier Bl. 5699.

455 Vgl. AV aus dem RFM vom 18.4.1944, in: BAB, R 3101, Nr. 15469, Bl. 57.

sich die Franzosen aber nicht umstimmen lassen, war er grundsätzlich bereit, auch diese Verpflichtung zu decken.[456]

Ein Erlass des GBChem vom 9. April 1943 sah vor, bis Ende 1944 mehrere galizische Raffinerien zu modernisieren, darunter diejenigen von Drohobycz, Lemberg und Jaslo – eine Investition, die weit in die Zukunft wies und für die das Reich der Konti zunächst 20 Mio. RM bereitstellte. Größere Bauteile sollten aus Frankreich beschafft und vor allem in Petit-Couronne und Dünkirchen abgebaut werden.[457]

Eckhardt von Klaß suchte als Verwalter der Bataafschen, die weitgehend ihren Unternehmenszweck verloren hatte, neue Aufgaben in Europa, und nach dem deutschen Einmarsch in die Sowjetunion meldete er Interessen an. Er verkaufte Anlagen und Teile an deutsche Ölfirmen, im September 1942 lieferte er Material für die Kaukasusmission und baute ein eigenes Team mit 200 bis 300 Mann auf, das unabhängig arbeiten und als Erstes die Raffinerie in Petit-Couronne abbauen und in der Sowjetunion wiederaufbauen sollte. Die Konti hatte aber zwischenzeitlich eine andere Firma zum Abbau der Raffinerie engagiert.[458]

Das RWiM hatte die Überführung einer französischen Raffinerie in die Ukraine genehmigt und auch das Deckungsrisiko für Kriegsschäden übernommen. Jetzt sollten weitere Anlagenteile demontiert und in den Ostgebieten und in Deutschland eingesetzt werden. Die Zusage war aber laut RWiM insofern gegenstandslos, als eine Deckung des Kriegsschadens bereits durch die geltenden Bestimmungen existierte. Bei Entnahme der Anlagen für dritte Firmen müssten diese zur Übernahme aller Risiken, auch des Kriegsschadenrisikos, verpflichtet werden.[459] Die Konti erhielt auch eine Deckungszusage vom RWiM für Kriegsschäden an Anlageteilen, die nicht demontiert wurden. Bei der Entnahme von Anlageteilen für dritte Firmen würde sie also an diese keine Haftungsansprüche stellen müssen. Zur Absicherung forderte das Unternehmen – in diesem Fall von der Rhenania-Ossag Mineralölwerke AG, für die sie Teile entnommen hatte – trotzdem eine Freistellungserklärung.[460]

In einer Nachkriegsaussage bestätigte Blessing, dass die Konti mit französischen Raffinerien für die Übernahme von Anlageteilen privatwirtschaftliche Verträge abgeschlossen hatte. Dabei habe sich das Unternehmen verpflichtet, die entnommenen

456 Vgl. Schreiben Reichswirtschaftsminister, Landfried, an Konti vom 23. 11. 1942, in: StaN, KV-Anklage, Dok. Fotokopien, NI-15428.

457 Vgl. Eichholtz, Ölpolitik, S. 496.

458 Vgl. Howarth/Jonker, Powering, S. 81 und 84.

459 Vgl. Schreiben Reichswirtschaftsminister, Landfried, an Konti vom 25. 6. 1943, in: StaN, KV-Anklage, Dok. Fotokopien, NI-15427. Als Abschrift in: BAB, R 176, Nr. 99.

460 Vgl. Schreiben Rhenania Ossag Mineralölwerke AG an Ostöl GmbH vom 1. 7. 1943, in: ebd. Die Konti entnahm auch für weitere Firmen Teile oder ganze Anlagen, so die Entparaffinierungsanlage Gravenchon und eine Crackanlage aus Port-Jérôme-sur-Seine für die Hydrierwerke Pölitz, die dort wieder aufgebaut wurden. Vgl. AV von Herriger über Besprechung mit Fischer am 28. 2. 1944 vom 1. 3. 1944, in: ebd., Nr. 100; Vertrag zwischen der Konti und der Hydrierwerke Pölitz AG, o. Dat., in: ebd.

Anlagen nach Kriegsende wieder aufzubauen, und sei entsprechende Verpflichtungen in Höhe von schätzungsweise zwölf Mio. RM eingegangen.[461]

Ein Rechtsgutachten vom Juni 1951 von Erich Kaufmann, einem der führenden Staats- und Völkerrechtler der frühen Bundesrepublik, über die Verpflichtungen der Konti gegenüber französischen Erdölgesellschaften kam zu folgendem Schluss: Das RWiM bzw. die VJP-Behörde hatte dem Wunsch der damaligen französischen Regierung entsprochen, nämlich, dass die Konti kommerzielle Verträge mit den Eigentümern der französischen Raffinerien über den Umfang der Demontagen sowie über die beiderseitigen Leistungen abschließen sollte. Laut Vorvertrag vom 12. März 1942 hatten die französischen Eigentümer die Wahl, ob sie an einer oder mehreren von dem Unternehmen zu errichtenden Raffinerien im europäischen Osten oder an der Konti selbst beteiligt würden bzw. einen Barbetrag erhalten oder zu einem Teil durch den Wiederaufbau der Raffinerien und zu einem Teil bar entschädigt werden wollten. Auf dieser Grundlage wurde im Mai 1942 ein Vertragsentwurf paraphiert. 1943 erging allerdings eine neue Weisung des Reichsmarschalls zur Erfassung weiterer Werke der französischen Ölindustrie, woraufhin die Raffinerie Dünkirchen beschlagnahmt wurde; zudem wurden weitere Anlagen wohl auf der Grundlage des Vorvertrags von 1942 entnommen. Endgültige Verträge zwischen der Konti und den französischen Eigentümern kamen erst im Juni 1944 zustande. Die Reichsregierung hatte die Konti jedoch von allen Ansprüchen der französischen Eigentümer freigestellt. Zivilrechtliche Ansprüche der französischen Gesellschaften gegen die Konti hatten nach Einschätzung Kaufmanns also weder vor deutschen noch vor französischen Gerichten Aussicht auf Erfolg.[462]

Die Ausbeutung der französischen Rohölförderung

Auch die Intensivierung der Rohölförderung in Frankreich fiel in das Aufgabengebiet der Konti. Als das Gerücht aufkam, dass es entlang der südfranzösischen Pyrenäen Erdölvorkommen gebe, wurden umgehend Verhandlungen über die Ausbeutung aufgenommen.[463]

Diese Erdölvorkommen waren bis dahin von den kriegswirtschaftlichen Stellen in Paris, also der Gruppe Mineralöl beim Militärbefehlshaber für Frankreich, dem Wehrwirtschaftsstab West, der Rüstungsinspektion Frankreich etc., noch nicht näher betrachtet worden. Es gab aber größtes Interesse an einem Zugriff auf die Erd-

461 Vgl. Eidesstattliche Erklärung Blessing vom 6.4.1948, in: SUB GÖ – HA, Cod. Ms. Nürnberger Akten, Fall VI, Bütefisch, NDB 3, Bl. 14. Die Aussage von Dihlmann bestätigte Blessings Ausführungen. Vgl. Eidesstattliche Erklärung Dihlmann vom 13.4.1948, in: StaN, KV-Prozesse, Fall 6, Nr. F 5, Bl. 12 f.

462 Vgl. Rechtsgutachten über die Verpflichtungen der Kontinentalen Öl AG gegenüber französischen Erdölgesellschaften von Erich Kaufmann vom 14.6.1951, S. 1 ff. und 18, in: BAK, B 464, Nr. 40.

463 Vgl. Zusammenfassung von Befragungen Kepplers vom 23.10.1945, S. 22 ff., in: IfZ, MA 1300/2.

ölgewinnung. Im Anschluss an die Vorbesprechungen in Paris erfolgte eine vierwöchige Erkundung der Felder. Das Inspektionsteam gewann einen positiven Eindruck von Struktur und Personalsituation und schlug den Einsatz eines Kommandos der TBM vor.

Erneute Besprechungen in Paris, unter anderem mit Michel, ergaben, dass eine Unterstützung der französischen Erdölbetriebe durch Fachgerät und Fachpersonal aus Deutschland auf kommerzieller Basis, unter Beteiligung der Konti notwendig sei. Von dem geförderten Rohöl sollte in Frankreich nur der Anteil verbleiben, der für die zivilen Bedürfnisse des Landes benötigt wurde. Darüber hinausgehende Mengen könne Deutschland aufkaufen, wobei die Unkosten des deutschen Einsatzes dagegen aufzurechnen seien.[464]

Die Verhandlungen zwischen der Konti und der französischen Regierung um die Entwicklung der südlichen Provinzen begannen 1943 und wurden von den französischen Vertretern verzögert, so dass es erst Anfang 1944 zu einer Vertragsunterzeichnung kam. Die französische Regierung war durch die Régie Autonome des Pétroles vertreten. Verhandlungen wurden auch mit der Société Nationale des Pétroles d'Acquitaine aufgenommen, aber nicht abgeschlossen. Das Risiko der Konti wurde vom Reich gedeckt.[465] Finanziert wurde der Einsatz der Konti in Südfrankreich zunächst über die Zahlstelle der Heeresunterkunftsverwaltung Toulouse, die der zivilen Außenstelle der Konti als Vorschuss bis zu 50.000 RM für Betriebsmittel zahlte, für den Monat Oktober 1943 sogar 100.000 RM. Die Wehrmacht sagte zu, bis Ende März 1944 Verpflegung aus ihren Beständen für die deutschen und französischen Erdölarbeiter abzugeben.[466]

Der Geologe Helmut Bartenstein wurde von der Konti im Oktober 1943 nach Südfrankreich entsandt, um im Erdölrevier von Saint-Gaudens südwestlich von Toulouse – im Rahmen sogenannter Erschließungsgemeinschaften mit lokalen staatlichen französischen Erdölfirmen – ein mikropaläontologisches Labor einzurichten. Bartenstein benötigte rund zwei Monate, bis er das Labor vollständig mit Geräten, Apparaten und diversen Hilfsmitteln ausgestattet hatte. Ursächlich für diesen Zeitverzug war unter anderem die fast vollständige Zerstörung der in Berlin am Kaiserdamm

464 Vgl. Bericht über die Erkundung von Einsatzmöglichkeiten für die TBM in den südfranzösischen Erdölgebieten vom 4.8.1943, S. 1 ff. und 15 ff., in: BGR, Nr. 0065616. Wohl auf Basis der Ergebnisse dieser Erkundung entstand im Juni 1943 ein Bericht über Mineralölvorkommen und Aufschlusstätigkeit. Darin wurde vor allem die zu geringe Zahl an Bohrgeräten als Engpass benannt. Vgl. Mineralöl-Vorkommen und Aufschlusstätigkeit sowie wichtige Mineralöl-Produktionsgesellschaften in Südfrankreich, vom Juni 1943, in: ebd., Nr. 0060582. Auch in: ebd., Nr. 0065615.

465 Vgl. Der deutsche Krieg um Erdöl in Europa 1933-1945. Geschichtliche Enthüllungen von A.E. Gunther. Kapitel XI – Auslandsunternehmungen: Die Durchdringung des Balkans und die Fehlschläge in Übersee (Petroleum Times vom 27.3.1948, S. 314-318), S. 11, zit. nach: ebd., Nr. 0073874.

466 Vgl. Schreiben WiStab beim OKW, Abteilung Mineralöl, an Konti vom 12.10.1943, in: BA-MA, RW 46, Nr. 708.

ansässigen Hauptverwaltung der Konti Ende November 1943. Im Juni 1944 sorgten dann Sabotageaktivitäten der französischen Résistance für einen mehrwöchigen völligen Stillstand der mikropaläontologischen Untersuchungsarbeiten.[467]

Die Konti schloss mit der französischen Regierung im Herbst 1943 einen Vertrag für das Konzessionsgebiet der Régie Autonomes des Pétroles im Pyrenäenvorland, der eine Verdoppelung der zur Verfügung stehenden Bohrgeräte zum Ziel hatte. Im Konzessionsgebiet der Société Nationale des Petroles d'Acquitaine litt die Erschließung unter dem Mangel an Bohrgeräten, woraufhin nur zwei Untersuchungsbohrungen begonnen werden konnten. Im Konzessionsgebiet der Société des Recherches et d'Exploitations Minières et Industrielles hingegen konnten mehrere Strukturen bohrreif gemacht werden.[468]

In der Nacht zum 7. Juni 1944 wurde das Gasfeld der Régie Autonome des Pétroles in Saint-Marcet von 300 bewaffneten Kräften, Betriebsangehörige unter Führung des Direktors der Gasabteilung, besetzt. Unterstützt wurden sie von der Résistance.[469] Die Konti schätzte die Situation als gefährlich ein: Offensichtlich reichten die bisher zugeteilten zwei Kommandos zur Sicherung der Gewinnungsbetriebe nicht aus, und die zugesicherten 2.000 Mann aus der Legion Turkestan ließen auf sich warten. In der Zwischenzeit wurden die deutschen Mitarbeiter so gut es ging in Saint-Gaudens eingesetzt und von dem nunmehr eingetroffenen Werkschutz der Konti gesichert. Die Aufnahme der Arbeit auf den Bohrbetrieben sollte nach dem Eintreffen der Legion Turkestan erfolgen.[470]

In einem Bericht resümierte die Konti ihre dreijährige Erschließung erdölhöffiger Strukturen in Südfrankreich: Man habe stets eine deutsch-französische Zusammenarbeit angestrebt und die Arbeiten auf der Basis eines langfristigen Beteiligungsvertrags intensiviert. Für die französische Regierung kam jedoch eine Zusammenarbeit nur für die Dauer des Kriegs infrage. Auf dieser Grundlage kam dann unter Mitwirkung der Konti eine Regierungsvereinbarung zustande, die in allgemeiner Form eine Zusammenarbeit mit den drei französischen Konzessionsfirmen bis sechs Monate nach Kriegsende vorsah.

Die Verhandlungen mit der Régie Autonome des Pétroles als der wichtigsten Konzessionsinhaberin über einen endgültigen Vertrag verliefen schleppend. Die Parteien einigten sich schließlich darauf, alle Arbeiten zur Erschließung und Förderung gemeinsam zu beraten, damit behielt auch die Konti die Kontrolle. Das Unternehmen

467 Vgl. Roolf, Erdölforschung, S. 254 f. Trotz der Widrigkeiten legte Bartenstein Arbeitsberichte des mikropaläontologischen Labors Saint-Gaudens vor. Vgl. Schreiben Konti, Ölfeld Südfrankreich, an Prof. Bentz, RfB, vom 24.5.1944, in: BGR, Nr. 0065636.

468 Vgl. Stand der Erdölerschliessung in Südfrankreich (Anfang April 1944) von Dr. Kiderlen vom 26.4.1944, in: BA-MA, RW 19, Nr. 2794, Bl. 44-47; Germany Basic Handbook, S. 25.

469 Vgl. Protokoll über die bei der RAP seit dem 6. Juni 1944 eingetreten Ereignisse vom 25.6.1944 von von Rautenkranz, in: BA-MA, RW 19, Nr. 2745, Bl. 168-171, hier Bl. 168.

470 Vgl. Schreiben Konti, Ölfeld Südfrankreich, an Militärbefehlshaber in Frankreich, Jehle, vom 25.6.1944, in: ebd., Bl. 167.

führte ein eigenes Bohrprogramm mit zunächst sieben Geräten durch und war an der Gesamtproduktion der Konzession mit zehn Prozent bis zwei Jahre nach Vertragsende beteiligt.[471]

5.4.2 Griechenland

Ende 1941 dehnte die Konti über ihre Tochtergesellschaft, die Kontinentale Öl GmbH, ihre Interessen auch auf Griechenland aus, wo sie zusammen mit der Shell-Gruppe die Mineralölversorgung des besetzten Landes durch Pachtung von Tankstellen übernahm und Tankanlagen in Saloniki und Larissa errichtete.[472]

In der Endphase des Kriegs schaltete sich Otto Rasch in die in Vollzug befindliche Abwicklung ein und wies die Zweigniederlassung Athen der Kontinentalen Öl GmbH an, keine weiteren Pachtzahlungen zu leisten. Wenn kein Warenumschlag erfolge, sei laut der drei Pachtverträge auch keine Pachtzahlung erforderlich. Die bisherigen zusätzlichen Zahlungen seien freiwillig erfolgt, weitere seien nur vorbehaltlich der finanziellen Situation zu leisten. Die Zweigniederlassung sollte deshalb in erforderlichem Umfang zunächst etwa den Verkauf von Fässern und Kanistern veranlassen, dann weitere Werte veräußern. Ob die Anlagen zerstört werden sollten, sei eine Entscheidung der Wehrmacht, eine formelle Liquidation sei nicht erforderlich. Unbedingt seien sämtliche Buchhaltungsunterlagen zu vernichten und schnellstens der Warensaldo mit der Shell zu klären.[473] In der Nachkriegszeit schätzte man das Auslandsvermögen in Griechenland auf über 100 Mrd. Drachmen.[474]

Die Geschäfte der Niederlassung in Athen wurden von SS-Obersturmführer Erhart von Lütgendorff-Gyllenstrom geleitet[475] – offensichtlich nicht zur Zufrieden-

471 Vgl. Memorandum »Frankreich«, o. Dat. (1944), S. 1 f., in: BAB, R 176, Nr. 89.

472 Vgl. Bericht der DRT über Prüfung des Jahresabschlusses zum 31. 12. 1941 bei der Konti vom 18. 7. 1943, S. 14, in: ebd., R 8135, Nr. 7612; Bericht der DRT über Prüfung des Jahresabschlusses zum 31. 12. 1942 bei der Konti vom 16. 9. 1943, S. 4, in: ebd.

473 Vgl. Funkspruch Konti, Rasch, an Einsatzkommando Athen, Baach, vom 18. 9. 1944, in: ebd., R 176, Nr. 235; Funkspruch Konti, Rasch, an Einsatzkommando Athen, Baach, vom 22. 9. 1944, in: ebd.

474 Vgl. Schreiben Konti, Schulze-Brachmann, an Reichsbanknebenstelle Landshut vom 27. 6. 1946, in: BAK, B 218, Nr. 611.

475 Erhart Freiherr von Lütgendorff-Gyllenstorm gab an, im Zuge des Juli-Putsches 1934 entlassen worden zu sein. Danach habe er zeitweise als Redakteur, dann bei der Alpine-Montangesellschaft gearbeitet. Anschließend sei er zu einer englisch-französischen Firma der Petroleumindustrie gewechselt und dort als Geschäftsführer und Generalbevollmächtigter tätig gewesen, vermutlich handelte es sich dabei um die Steaua Romana in Bukarest. Im September 1944 erfolgte seine Versetzung zur Stabsabteilung im SS-Personalhauptamt, bei gleichzeitiger Kommandierung zum RSHA. Vgl. R. u. S.-Fragebogen von Lütgendorff-Gyllenstorm von 1941, in: BAB, R 9361-III, Nr. 122898; Handschriftlicher Lebenslauf, o. Dat. (1941), in: ebd.; Karteikarte für von Lütgendorff-Gyllenstorm, in: ebd., Nr. 541379. Wie bei Österreichern nicht unüblich, erfolgte sein offizieller NSDAP-Eintritt erst

heit der Berliner Zentrale. Blessing deutete an, dass nach seinen Informationen Unkorrektheiten vorlagen und forderte eine Untersuchung. Diese führte der Kaufmann und ehemalige Verkaufsleiter der Shell, Wilhelm Dietrich, durch, der auch tatsächlich größere Unregelmäßigkeiten feststellte, woraufhin von Lüttgendorff-Gyllenstrom von Schulze-Brachmann fristlos entlassen wurde. Dietrich blieb bis Juli 1944 in Athen und berichtete Blessing laufend. Eigenen Angaben zufolge hielt er die jüdischen Angestellten und erwarb Betriebsmaterial der Socony Vacuum Oil Co. zum Schein, um es dem Zugriff der Italiener zu entziehen. Blessing, der selbst vehemente Auseinandersetzungen mit dem Generaldirektor der AGIP gehabt haben wollte, habe ihn darin bestärkt.[476] Schulze-Brachmann gab später an, dass das SS-Hauptamt sich nach den Gründen für die Entlassung erkundigt habe, er, Schulze-Brachmann, habe dann auf kaufmännische Unkorrektheiten verwiesen, die die geforderte Wiedereinstellung unmöglich machten.[477]

5.4.3 Italien

Spannungen mit dem italienischen Bündnispartner auf dem Ölsektor gab es allenthalben. Das betraf die Abhängigkeit der Italiener von deutschen Lieferungen und damit einhergehend als maßlos betrachtete italienische Forderungen von deutscher Seite.[478] Hinzu traten Probleme bei der Aufteilung der Interessensphären im Nahen Osten, die nicht zuletzt die Ölgebiete betrafen und bei denen es um die »Abwehr der des öfteren in die Erscheinung tretenden übertriebenen italienischen Ansprüche« ging.[479]

Im Januar 1940 wurde Eckhardt von Klaß als deutscher Verwalter für die Shell-Tochter Bataafsche Maatschappij eingesetzt. Ihr gehörten 80 Prozent der Nafta Italiana, die weiterarbeitete und in die deutschen Kriegsanstrengungen einbezogen wurde.

nach dem »Anschluss« am 1. Mai 1938. Vgl. NSDAP-Karte, in: ebd., R 9361-IX KARTEI, Nr. 26730693. Vgl. ferner: Tagesbefehl Nr. 51 der SS-Junkerschule Tölz vom 1.7.1943, in: ebd., R 9361-III, Nr. 122898; Personalverfügung des SS-Führungshauptamts vom 19.9.1944, in: ebd., Nr. 541379.

476 Vgl. Eidesstattliche Erklärung Wilhelm Dietrich vom 4.1.1947, in: StaL, EL 902/23, Bü 795, Bl. 109.

477 Vgl. Protokoll der öffentlichen Sitzung der Spruchkammer Vaihingen/Enz am 1. Juni 1948, S. 9, in: ebd.

478 Vgl. bspw.: AN von General Thomas vom 6.1.1941, in: SUB GÖ – HA, Cod. Ms. Nürnberger Akten, PS-1456; Schreiben Thomas, Chef WiRüAmt, an von Rintelen, Bevollmächtigter Deutscher General beim Hauptquartier der italienischen Wehrmacht, vom 8.2.1941, in: BA-MA, RW 19, Nr. 185, Bl. 22; Vortrag Chef Ro, Griebel, beim Amtschef mit Chef des Stabes am 26.6.1941, in: ebd., Nr. 189, Bl. 53 f.; Besprechung Hünermann, Becht, von Versen beim Amtschef am 25.8.1942, in: ebd., Nr. 169, Bl. 40 f.

479 Vgl. Knigge, Kriegsziel, S. 81 f.; Schröder, Irak, S. 59; Mejcher, Politik, Bd. II, S. 54 f.; Schreiben Jäger, Ost Öl GmbH, an das RWiM, Fischer, vom 23.1.1942, in: BA-MA, RW 19, Nr. 7066 (Zitat ebd.); Aufzeichnung ohne Unterschrift vom 7.9.1942, in: ADAP, Serie E, Bd. 3, Dok. 273, S. 472 ff.

Trotz Protest des Verwalters gliederte die italienische Regierung 1942 die Nafta der AGIP an.[480]

Auch die Konti engagierte sich im Geschäft mit Italien. Ihre Tochtergesellschaft, die Kontinentale Öl GmbH, war vorübergehend mit der Verarbeitung von Mineralölprodukten beschäftigt, die sie in Lohn von oberitalienischen Raffinerien besorgen ließ.[481] Umgekehrt stellte die Konti für die Lohnverarbeitung durch die AGIP gemäß Vertrag vom 15. November 1943 Mineralölprodukte für die Verarbeitungsfirmen zur Verfügung.[482] Im Oktober 1944 hatte sie eine offene Forderung an die AGIP in Höhe von 4,4 Mio. RM. Das italienische Unternehmen war jedoch zahlungsunfähig und bereit, eine eigene Forderung gegen die deutsche Wehrmacht von 18 Mio. RM in Höhe ihrer Schuld an die Konti abzutreten.[483]

Die Konti machte einen durch Luftangriffe auf die italienischen Raffinerien Porto Marghera (Venedig) und Aquila (Triest), an die es Rohöl geliefert hatte, entstandenen Schaden von über fünf Mio. RM geltend. Der Reichswirtschaftsminister bat darum, die Summe auszuzahlen, da sein Ministerium eine Garantie für Kriegsschäden gegeben hatte.[484] Das RFM vermochte jedoch keinen Garantiefall zu erkennen, schließlich sei die italienische Regierung verantwortlich für Kriegsschäden auf ihrem Gebiet.[485]

Die Italiener zahlten aber trotz eines bestehenden Gegenseitigkeitsabkommens offensichtlich nicht, und die Konti rechnete auch in absehbarer Zeit nicht mit Zahlungen. Sie benötigte große Summen zur Abdeckung von Schäden und bat deshalb das RFM, eine Abschlagszahlung von fünf Mio. RM auf die Schadensforderung zu gewähren mit der Maßgabe, dass aus der von Italien zu erwartenden Entschädigung zunächst die Restschadensforderung abgedeckt und erst dann die Vorauszahlung des Reichs getilgt werde. Das RWiM und das RFM schlossen sich dem Antrag im Grundsatz an, hielten aber eine Vorauszahlung von vier Mio. RM für ausreichend.[486]

480 Vgl. Howarth/Jonker, Powering, S. 78.

481 Vgl. Bericht DRT über Prüfung der Jahresabschlüsse 1944-1947 bei der Kontinentalen Öl GmbH, S. 8, in: BAB, R 176, Nr. 58.

482 Vgl. Bericht DRT über Prüfung des Jahresabschlusses zum 31.12.1944 bei der Konti, S. 8, in: ebd., Nr. 59. Zur Geschichte der AGIP im Krieg vgl. Pizzigallo, Politica Estera, S. 111 ff.

483 Vgl. KTB Mineralöl vom 12.6.1944-31.10.1944, Eintrag vom 25.10.1944, in: BA-MA, RW 19, Nr. 203, Bl. 8.

484 Vgl. Schreiben Reichswirtschaftsminister an Reichsminister der Finanzen vom 14.9.1944, in: BAB, R 2, Nr. 21468.

485 Vgl. Schreiben RFM, von Knorre an das RWiM vom 9.11.1944, in: ebd.

486 Vgl. AV aus dem RFM, von Knorre, vom 14.4.1945, in: ebd. Die Verhandlungen zogen sich bis in die letzten Kriegstage hinein. Immerhin stellte das RFM die Summe für das Rechnungsjahr 1945 zur Verfügung. Vgl. Schreiben RFM, von Knorre, an RWiM vom 14.4.1945, in: ebd.

5.4.4 Deutschland (Deggendorf)

In der Endphase des Kriegs entfaltete die Konti – entgegen der ursprünglichen Absprache – auch in Deutschland Aktivitäten, die im Zusammenhang mit dem Geilenberg-Programm und den Untertageverlagerungen standen, dabei aber mit dem Engagement des Unternehmens in Rumänien verbunden blieben.

Die alliierte Luftoffensive gegen die Hydrierwerke ab Mai 1944 führte zur forcierten Untertageverlagerung von Erdölraffinerien. Am 30. Mai wurde Edmund Geilenberg zum Generalkommissar für Sofortmaßnahmen beim Reichsminister für Rüstung und Kriegsproduktion ernannt. Krauch entwickelte die Grundlagen eines Mineralölsicherungsplans und schlug unter anderem den Bau einer unterirdischen Raffinerie unter Verwendung von Material aus französischen Raffinerien vor. Auf Basis dieser Vorschläge wurde im Juli 1944 ein umfassender finaler Mineralölsicherungsplan ausgearbeitet, der zahlreiche kleine Anlagen sowie den Bau von ganzen Stollensystemen vorsah. Vierzig Kleindestillationen sollten im »Projekt Ofen« dezentral errichtet werden. Die Rückstände aus diesen primitiven Anlagen wollte man in Schmierölraffinationsanlagen, »Dachs« genannt, weiterverarbeiten.[487]

Frühzeitig geriet Deggendorf als zweitwichtigster deutscher Donauhafen, nach Regensburg, beim Transport von Öl in der Binnenschifffahrt in den Fokus. Durch die Lieferungen Rumäniens war die Donau vor dem Krieg, und auch noch währenddessen, eine der Lebensadern für die Versorgung Deutschlands mit Rohöl.[488] Aber erst als der Krieg nach Deutschland zurückkehrte, wurde die kleine Kreisstadt in Niederbayern konkret für den Aufbau einer Destillations- und Crackanlage in den Blick genommen. Unter dem Decknamen »Taube I« nahm der Arbeitsstab Geilenberg im August 1944 Planungen auf, bei denen, unter Federführung der Konti, anfangs das österreichische Ebensee am Traunsee als Standort für eine aus Cherson stammende Anlage vorgesehen war.[489]

Später wurde als Termin für eine erste Ausbaustufe der 10. Januar 1945 genannt, die Kapazität sollte 180.000 Jahrestonnen betragen, bei 200-300 Tonnen Rückstandanfall pro Tag. Die Wirtschaftlichkeit wurde als gut eingeschätzt. Die Anlage sollte über Tage errichtet, die wichtigen Teile aber unterirdisch, in Höhlen, untergebracht werden. Bauherr und Eigentümer der Anlagen war die Konti, die Errichtung fand

487 Vgl. Freund, Arbeitslager, S. 89 ff.

488 Vgl. Die Mineralölversorgung Deutschlands im Kriege, Teil I, vom Wehrwirtschaftsstab, vom April 1939, in: BA-MA, RW 19, Nr. 4852, Bl. 2-40, hier Bl. 21.

489 Vgl. AN über Besprechung bei der Mineralölbaugesellschaft in Luckenwalde unter Vorsitz von Geilenberg am 3./4. 8. 1944, S. 6, in: BAB, R 3112, Nr. 128. Die Mineralölbaugesellschaft mbH in Luckenwalde war im Auftrag des RMfRuK zur Finanzierung der Untertageverlagerungen gegründet worden und wurde selbst von der reichseigenen Industriekontor GmbH finanziert. Vgl. Wagner, Produktion, S. 104.

unter Regie der DBHG statt. Die Konti stellte eine eigene Crackanlage französischen Ursprungs, die in demontiertem Zustand in einem Reservelager untergebracht war.[490]

Inzwischen wurde die Standortfrage geklärt, und es war vorgesehen, das Gesamtprojekt (Destillationen und Crackanlage) in einem Kalkfelsmassiv in unmittelbarer Nähe der oberen, noch schiffbaren Donau unterzubringen. Die Ausbruchsarbeiten waren im Kalkgestein wesentlich einfacher und günstiger als bei den bisher in Aussicht genommenen Standorten im Gneis.[491]

Zum endgültigen Standort für die Mineralölraffinerie-Anlage wurde ein am linken Donau-Ufer, gegenüber der Einmündung der Isar befindliches und zur Gemeinde Deggenau gehörendes Gelände bestimmt, das auf der einen Seite von der Donau und auf der anderen Seite von einem Steilhang begrenzt war. Dieses Terrain entsprach zwar den Anforderungen auf Zugang zum Donauschifffahrtsweg – geplant war die Heranschaffung der Rohstoffe und auch der Abtransport der Erzeugnisse per Schiff – und versprach den in dieser Phase bestmöglichen Fliegerschutz, es gab aber Nachteile in fabrikatorischer Hinsicht.[492]

Vertreter des Reichsministeriums für Rüstung und Kriegsproduktion besichtigten im November 1944 die Umschlaganlage der Reederei Josef Wallner Bayerische Schiffahrts- und Hafenbetriebs-GmbH in Deggendorf und prüften die Möglichkeiten zur Zusammenarbeit bei dem Projekt »Taube I«. Vorgeschlagen wurde eine Verlängerung der Kaigleise bis zur Isarmündung sowie die Einrichtung von 15 Abfüllstutzen an den Gleisen, die direkt mit der Anlage verbunden werden und auch der Entleerung und Befüllung der Kesselwagen dienen sollten.

Die fertigen Produkte plante man durch die Allgemeine Mineralöl-Industrie AG in Kesselwagen oder Tankschiffen befördern zu lassen, wozu es einen Anschluss der Anlage brauchte. Bei Ausnutzung der vorhandenen Einrichtungen der Umschlaganlage Wallner konnte die Konti den geplanten Bau des Rangierbahnhofs bis nach Fertigstellung der Anlage zurückstellen, der aufgrund von Baustoffmangel und Verkehrsschwierigkeiten ohnehin nicht rechtzeitig anzulegen war. Auch die vom Unternehmen geplante Ölleitung, die quer durch sumpfiges Gelände geführt werden müsste, erübrigte sich vorläufig.[493]

Es gibt Hinweise darauf, dass die Konti spätestens ab November 1944 an einem weiteren Projekt Geilenbergs beteiligt war: Der Prokurist Schiwy berichtete von Verhandlungen mit einer Papierfabrik in Schlesien. Bei dem gemeinsamen Bauvor-

490 Vgl. AN aus dem Amt des GBChem über eine Besprechung am 8.11.1944 vom 10.11.1944, in: BAB, R 121, Nr. 1735.

491 Vgl. Schreiben Konti an Reichsminister für Rüstung und Kriegsproduktion, Fischer, vom 14.9.1944, in: ebd., R 3, Nr. 1906, Bl. 16.

492 Vgl. Bericht DRT über Prüfung der Jahresabschlüsse zum 31.12.1944, 31.12.1945, 31.12.1946 und 31.12.1947 bei der Süddeutschen Bau-GmbH, S. 3 ff., in: ebd., R 176, Nr. 53; Konzerndaten zur Konti, in: ebd., Nr. 348.

493 Vgl. Ergebnis der Reise Regensburg – Deggendorf – Krems – Wien in der Zeit vom 20.-23.11.1944, in: ebd., R 3, Nr. 1883, Bl. 91-98, hier Bl. 95 f.

haben mit der DBHG handelte es sich offensichtlich um das Projekt »Dachs VIII«, eine Schmierölfabrik in Mühldorf bei Glatz, bei dem es offensichtlich noch Abstimmungsprobleme gab.[494]

Mitte November 1944 wurde beschlossen, auch einen Teil der Oderfurter Mineralölwerke in eine unterirdische Anlage zu verlegen. Zunächst wurde Lhotka bei Melnik als Standort ausgewählt, dann aber vom Reichsministerium für Rüstung und Kriegsproduktion verworfen. Nur sechs Tage nach Planstopp wies ein Telegramm aus Berlin den OT-Beauftragten für das Gebiet Oberschlesien an, die Arbeiten an der Raffinerie Trzebinia umgehend einzustellen und die dort tätige Firma Hochtief nach Niederschlesien zu verlagern, um dort eine neue Anlage zu errichten: das Projekt »Dachs VIII«. Geilenberg selbst ordnete den Bau in Mühldorf bei Glatz an. Das Konzept einer unterirdischen Anlage hatte man fallengelassen, nun sollte das Werk Mühldorf der Schlesischen Zellstoff- und Papierfabriken Ewald Schoeller & Co. dafür verwandt werden, deren großer Vorteil im vorhandenen Gleisanschluss lag. Die Arbeiten sollten am 6. Dezember 1944 beginnen. Trotz aller Widrigkeiten wurde mit dem Bau begonnen, der zunächst auch nach Plan verlief. Mit der Übernahme der Führung Niederschlesiens durch die Heeresgruppe Mitte übernahm der Chefingenieur für Bauwesen die Aufsicht über die OT. Doch bei Kriegsende hatte die Anlage lediglich einen Fertigstellungsgrad von zehn Prozent erreicht.[495] Die Baumaßnahmen in Deggendorf sollten von der OT durchgeführt werden. Die DBHG pochte aber auf engmaschige Absprachen sowie eigene Eingriffsmöglichkeiten in den Ablauf – bis hin zur Vermittlung der Arbeitskräfte und dem Behördenverkehr.[496]

Mitte Dezember 1944 war erneut die Verkehrslage Thema: Ludwig Bode, Geschäftsführer der Mineralöl GmbH Südost, war mit allen Vollmachten des Geilenberg-Stabs nach Wien entsandt worden, um die Verladungen wieder in Gang zu bringen und sich insbesondere dafür einzusetzen, dass die dringend in Deggendorf benötigten Materialien über die Donau auf den Weg gebracht wurden. Blessing ordnete an, dass unter allen Umständen die für Deggendorf erforderlichen Materialien abdisponiert würden, da von ihrem rechtzeitigen Eingang die Einhaltung der von den staatlichen Stellen vorgegebenen Bautermine abhinge.[497] Es war ebenfalls an die Abgabe von Arbeitskräften für »Dachs II« gedacht worden, und von der Warth verhandelte mit Direktor Große von der Karpathen Öl AG in dieser Angelegenheit.[498]

Die Termine für das Projekt »Taube I« waren gefährdet, weil für den Montagesektor keine ausreichenden Arbeitskräfte zur Verfügung standen. Das Technische Bataillon erschien zunächst als Lösung des Problems, der Einsatz scheiterte aber an fehlenden

494 Vgl. Postbesprechungs-Protokoll Nr. 39 vom 23.11.1944, in: ebd., R 176, Nr. 286; Schreiben DBHG an Konti, Schiwy, vom 15.1.1945, in: ebd., R 121, Nr. 1735.

495 Vgl. Owczarek, Geheimprojekt, S. 34 f. und 37; Laube, Technik, S. 398.

496 Vgl. Schreiben DBHG an die Süddeutsche Bau GmbH vom 29.12.1944, in: BAB, R 121, Nr. 1735.

497 Vgl. Postbesprechungs-Protokoll Nr. 41 vom 14.12.1944, in: ebd., R 176, Nr. 286.

498 Vgl. Postbesprechungs-Protokoll Nr. 42 vom 4.1.1945, in: ebd.

Unterbringungsmöglichkeiten in Deggendorf. Daraufhin wollte man Schulen schließen und dafür nutzen. Gerhard Bommel, Regierungspräsident in der Oberpfalz und Niederbayern, sollte sich zügig dieser Frage annehmen, zusätzlich aber würde wegen der besonderen Dringlichkeit des Projekts Reichsminister Speer bei Gauleiter Fritz Wächtler intervenieren.[499] Offensichtlich blieb der Mangel an Arbeitern und Material für die Durchführung des Bauvorhabens in Deggendorf jedoch ein gravierendes Problem, trotz aller Mahnungen Blessings, dass die termingerechte Durchführung des Bauvorhabens von allergrößter Wichtigkeit sei. Sowohl in Deggendorf als auch in Mühldorf fehlte es zudem an Kleidung für die Arbeitskräfte.[500]

Die Verhandlungen zwischen von der Warth und Große über die Abgabe von Arbeitskräften für die neuen Bauvorhaben liefen weiter. Arbeitskräfte für das Projekt »Taube I« wurden aus Rückkehrern aus Ungarn rekrutiert, die Transportprobleme bei »Taube« und »Dachs« blieben aber bestehen.[501] »Dachs«-Verladungen waren zunächst nicht möglich, die Materialtransporte nach Deggendorf sollten deshalb mit aller Energie fortgesetzt werden.[502]

Die überirdische Anlage in Deggendorf sollte am 30. Mai 1945 fertiggestellt werden, geplant waren eine Kapazität von 3.500 Tonnen Benzin, 700 Tonnen Flüssiggas, 2.100 Tonnen Diesel und 6.200 Tonnen Heizöl pro Monat, die Gesamtkosten waren mit 14 Mio. RM angesetzt. Durchschnittlich sollten dort 1.850 Arbeitskräfte tätig sein, davon 400 »Fremdarbeiter«. Bei der Anlage handelte es sich um eine kombinierte Destillations-, Crack- und Benzolalkylierungsanlage. Der größte Teil der Rohstoffe sollte per Schiff auf der Donau angeliefert werden. Es war geplant, österreichisches, ungarisches und rumänisches sowie aus dem Fernen Osten über Triest eingeführtes Öl als Ausgangsmaterial zu verwenden. Bei Kriegsende standen insgesamt etwa zehn Monatsvorräte an Rohöl und Rückständen für diese Anlage zur Verfügung. Ihr Bau war zu etwa 70 Prozent abgeschlossen, als die Arbeiten am 20. April 1945 eingestellt wurden. Bis zu 1.800 Arbeitskräfte waren im Einsatz.[503]

Am 5. Februar 1945 fand der erste Luftangriff auf Deggendorf statt, am 20. April erfolgte ein Angriff auf das Öldepot der Reederei von Josef Wallner und die Sirius-Werke AG, beide wurden zerstört. Die Rauchsäulen der Öltanks stiegen mehrere Hundert Meter hoch, 10.000 Tonnen Mineralöl wurden vernichtet.[504] Am 24. April gab es einen erneuten schweren Angriff auf Deggendorf, dieses Mal traf es das Stadtzentrum, drei Tage später rückte die US-Armee ein.[505]

Den nun zerstörten Siriuswerken und den Wallner-Anlagen hätte eigentlich die Ölraffinerie am Ortsausgang zur Seite gestellt werden sollen. Daran baute die Süd-

499 Vgl. AN über Besprechung mit Bommel am 6.1.1945 vom 9.1.1945, in: ebd., R 121, Nr. 1735.
500 Vgl. Postbesprechungs-Protokoll Nr. 43 vom 11.1.1945, in: ebd., R 176, Nr. 286.
501 Vgl. Postbesprechungs-Protokoll Nr. 44 vom 18.1.1945, in: ebd.
502 Vgl. Postbesprechungs-Protokoll Nr. 45 vom 25.1.1945, in: ebd.
503 Vgl. Underground and Dispersal Plants, S. 109; Oil as a Factor, S. 106.
504 Vgl. Behrendt, Deggendorf, S. 174f.
505 Vgl. Behrendt/Schütz, 70 Jahre danach, S. 26 und 28.

deutsche Bau GmbH unter Beteiligung der OT sogar schon seit 1943. Anton Lipp aus Deggenau erinnert sich: »Das Kernstück der Anlage sollte in den Berg hineingebaut werden. Dazu wurde der heute noch existierende Stollen in Hufeisenform in den Berg getrieben, als Probestollen sozusagen.« Die Beschaffenheit des Felsens verunmöglichte das Vorhaben jedoch.

Die Bauartikel für die Fabrik kamen laut einem Zeitzeugenbericht aus den *Deggendorfer Geschichtsblättern* aus Belgien, von dort sollte quasi eine komplette Raffinerie nach Deggendorf verlagert werden. »Die Abzapfanlagen waren bereits ziemlich fertig«, erzählte Anton Lipp, »auch die beiden Raffinadetürme, so hoch wie der Steinbruch, standen bereits und wurden erst später gesprengt.« Die Raffinerie ist nie fertig geworden. Der Stollen diente kurz vor Kriegsende noch als Bombenschutz für die Arbeiter, erinnerte sich Georg Glashauser. Aus dem Felsen wurden Brocken herausgesprengt, um Panzersperren zu errichten.[506]

Hans Fischer war als Ingenieur bei der Concordia S. A.R., der Kontinentalen Öl GmbH, der Konti und als Berater der Süddeutschen Bau GmbH in Deggendorf tätig gewesen. In einer Nachkriegsaussage gab er an, dass sowohl bei der Gründung als auch beim Bau der Raffinerie in Deggendorf stets wirtschaftliche Gesichtspunkte für die Geschäftsführung ausschlaggebend gewesen seien. Da es sich aber um eine Aussage zur Entlastung Blessings in dessen Entnazifizierungsverfahren handelte, ist sie mit großer Vorsicht zu genießen.[507]

506 Vgl. Raffinerie (Zitate ebd.).

507 Vgl. Eidesstattliche Erklärung Hans Fischer vom 6. 2. 1948, in: StaL, EL 902/23, Bü 795, Bl. 111.

6 Auf dem Weg zum Kaukasus

6.1 Kriegsplanungen, Kriegsziele

Das Dilemma des nationalsozialistischen Konzepts habe darin bestanden, so Dietrich Eichholtz, dass es permanent Siege und Eroberungen brauchte, um an die für die Fortsetzung des Kriegs bis zum »Endsieg« notwendigen wirtschaftlichen Ressourcen zu gelangen. So habe der Krieg den Krieg ernähren müssen.[1] In genau diesem Sinn ist auch die Strategie zum Unternehmen »Barbarossa«, dem Angriff auf die Sowjetunion, zu interpretieren. Kurz gesagt: Ein Sieg über die Sowjetunion würde die materielle Basis bilden, um den Kampf um die Weltherrschaft aufnehmen zu können. Dabei spielten die eigenen Erfahrungen aus dem Ersten Weltkrieg und der Anfangsphase des Zweiten Weltkriegs mit der Erdölversorgung eine zentrale Rolle. So kann es nicht verwundern, dass das Öl des Kaukasus ein wichtiges – wenn nicht gar das wichtigste – Kriegsziel war und blieb. Zu Recht vertritt der Militärhistoriker Rolf-Dieter Müller die These, dass der Zweite Weltkrieg nicht an der Newa, nicht an der Moskwa und auch nicht an der Wolga entschieden wurde. Deutschland habe vielmehr zwei Weltkriege am Kuban verloren. Einen Schritt weitergedacht, könnte man sogar sagen, dass sich die Geschichte des Zweiten Weltkriegs ganz allgemein vom Erdöl her erzählen ließe, als ein Krieg jener, die über keine Ölvorkommen verfügten, gegen jene, die sie kontrollierten.[2]

Planungen für das »Unternehmen Barbarossa«

Im Folgenden konzentriere ich mich dementsprechend auf den Aspekt des Öls; die wirtschaftlichen und politischen Motive sowie die Vorhaben zur Siedlungs-, Hunger- und Vernichtungspolitik im Rahmen des »Unternehmens Barbarossa« bleiben hier unberücksichtigt, zumal sie gut erforscht sind.[3]

Die Niederlage Frankreichs hatte den Krieg für Deutschland nicht entschieden. England war nicht besiegt worden und konnte sich seit dem Frühjahr 1941 zudem auf die massive Unterstützung der USA verlassen, und die strategischen Aussichten des Dritten Reichs begannen sich in Anbetracht der ökonomischen Verletzlichkeit des neuen deutschen »Großraums« ab 1942 ständig zu verschlechtern. Angesichts dieser

1 Vgl. Eichholtz, Ökonomie, S. 22.

2 Vgl. Müller, Wettlauf, S. 35; Toprani, Oil, S. 1 und 16.

3 Vgl. bspw.: Eichholtz, Kriegsziele; Kay, Exploitation; ders., Plans. Zu den Siedlungsplanungen vgl. nach wie vor: Rössler/Schleiermacher (Hg.), Generalplan Ost; Madajczyk (Hg.), Generalplan Ost. Zu den Vernichtungsplanungen vgl. die bahnbrechenden Studien von Gerlach, Krieg; ders., Morde; sowie speziell zum Hungerplan: Kay, Staatssekretäre; ders., Verhungernlassen; Benz, Hungerplan.

Lage lässt sich der Versuch, die Sowjetunion zu erobern, nicht als ein isoliertes Geschehen betrachten. Er war das Mittel zum Zweck, das Reich zu stabilisieren und es auf die ultimative Konfrontation mit den Westmächten vorzubereiten.[4]

Der Entschluss zum Angriff fiel spätestens im Sommer 1940. Mit dem Auftrag an das OKH vom 21. Juli 1940, entsprechende Planungen aufzunehmen, obwohl der Krieg gegen Großbritannien fortgesetzt wurde, nahm er konkrete Formen an. Hitler betrachtete die Sowjetunion als die letzte Hoffnung Großbritanniens, und deshalb musste sie aus seiner Sicht so schnell wie möglich militärisch ausgeschaltet werden. Bei einer Großen Besprechung zur Gesamtkriegslage am 31. Juli 1940 auf dem Berghof notierte der Chef des Generalstabes des Heeres, Franz Halder, Hitlers Äußerungen in seinem Kriegstagebuch: »Entschluß: Im Zuge dieser Auseinandersetzung muß Rußland erledigt werden. Frühjahr 1941. Je schneller wir Rußland zerschlagen, um so besser. Operation hat nur Sinn, wenn wir Staat in einem Zug schwer zerschlagen.« Der Angriff sollte in zwei Stößen erfolgen: einer auf Kiew und über den Dnjepr, der zweite auf Moskau; hinter Moskau würden beide wieder zusammengeführt werden. Eine Teiloperation gegen das Ölgebiet von Baku, schrieb Halder, komme später in Betracht.

Am 13. und 14. Dezember 1940 versammelte Halder die Chefs der Generalstäbe der Heeresgruppen und Armeen. Er bekräftigte die Sorge, England wolle mit Hilfe der Türkei und der Sowjetunion die deutsche Ölbasis auf dem Balkan abschnüren. Dem müsse man zuvorkommen; die Entscheidung über die Hegemonie in Europa falle in Russland, daher sei der Feldzug vorzubereiten. Mit der Weisung Nr. 21: Fall Barbarossa vom 18. Dezember 1940 wurde dieser Weg festgeschrieben.[5] Da die eigenen Erdölreserven gering waren, richteten sich die Planungen von Anfang an auf die Eroberung der Wirtschaftszentren, zu denen auch die Ölquellen des Kaukasus gezählt wurden. Die Deutschen waren auf sie angewiesen, um das begehrte Getreide der Ukraine einzubringen; ihre Eroberung war eine unbedingte Voraussetzung für die Beherrschung und Ausbeutung der künftigen Kolonien im Osten.[6]

Eine Besetzung des westlichen Teils der Sowjetunion würde nach Einschätzung des WiRüAmts für die ersten Monate sowohl auf dem Ernährungssektor wie auf dem Rohstoffgebiet für Deutschland eine Entlastung bringen. Es fehlte aber am Erdöl. Das Gebiet südlich der Don- und Wolgamündung einschließlich des Kaukasus hatte General Thomas zufolge besondere Bedeutung sowohl für die Verteidiger als auch für die Angreifer, da es etwa 89 Prozent des Erdöls der Sowjetunion liefere. »Das kaukasische Treibstoffgebiet ist für die Ausnutzung der besetzten Gebiete unentbehrlich.«[7]

4 Vgl. Tooze, Ökonomie, S. 489.

5 Vgl. Ueberschär, Entschluß, S. 28 f., 31 f. und 39 (Zitat S. 32); Klink, Landkriegführung, S. 269, 274, 280, 283 und 289; Weisung Nr. 21: Fall Barbarossa vom 18. 12. 1940, zit. nach: Hubatsch (Hg.), Weisungen, S. 96-101.

6 Vgl. Müller, Wettlauf, S. 40 f.; KTB WiRüAmt/Stab vom 13. 2. 1941, Vortrag Tietze, Sadewasser, Emmerich, Biedermann beim Amtschef, in: BA-MA, RW 19, Nr. 164, Bl. 152 f.

7 Vgl. Denkschrift WiRüAmt, Thomas, »Die wehrwirtschaftlichen Auswirkungen einer Operation im Osten« vom 13. 2. 1941, in: ebd., Nr. 1354, Bl. 2-28, hier Bl. 10 ff. (Zitat Bl. 28). Auch in:

Für Thomas wurde diese Einschätzung zum Mantra, und so forderte er am 13. Februar 1941: »Russland für uns nur wertvoll, wenn Verfügung über Kaukasus. Ausnutzung der besetzten russischen Gebiete nur möglich, wenn Treibstoffversorgung gesichert, insbesondere da die Landwirtschaft weitgehend auf Treibstoff beruht.«[8]

Mit dem Überfall auf die Sowjetunion nahm der Krieg völlig neue Dimensionen an. Nach Berechnungen der Militärs von Anfang 1941 würde schon ab Mitte August des Jahres eine bedrohliche Situation entstehen, da dann die Treibstoffbestände voraussichtlich aufgezehrt wären und nur noch die laufende Produktion zur Verfügung stünde. Die »Wiederauffüllung der Treibstoffbestände«, so hieß es in einem Exposé des WiRüAmts vom Mai 1941, sei »nur möglich, wenn später Großeinfuhr aus neuen Gebieten erfolgt«.[9] In einer Ergänzung zur Weisung Nr. 33 ordnete Hitler am 23. Juli 1941 an, dass der noch westlich des Dnjepr stehende Feind vernichtend geschlagen werden müsse. Alsdann seien ostwärts des Dnjepr die Panzergruppen 1 und 2 unter der 4. Panzer-Armee zusammenzufassen, um nach Gewinnung des Industriegebiets von Charkow über den Don zum Kaukasus vorzustoßen.[10]

Am 21. August 1941 bekräftigte Hitler seine Auffassung, dass die Inbesitznahme des Industriegebiets von Leningrad und die Eroberung des ukrainischen Industrie- und Rohstoffgebiets der Einnahme des Gebiets um Moskau voranzugehen habe. Für ihn waren die wichtigsten noch vor Einbruch des Winters zu erreichenden Ziele die Eroberung der Krim und des Industrie- und Kohlenabbaugebiets am Donez sowie die Abschnürung der russischen Ölzufuhr aus dem Kaukasusraum und im Norden die Abschneidung Leningrads.[11]

In der Schlussphase des Sommerfeldzugs setzten sich auch bei der Operationsführung die ökonomischen Erwägungen immer stärker durch. Hitler argumentierte ohnehin wirtschaftlich: »Wenn auch Moskau ein großes Industriezentrum sei, sei der Süden doch wichtiger, wo Öl, Getreide, überhaupt alles sei, was zur Sicherung des Lebensraumes notwendig sei. Ein Land, wo Milch und Honig fließt.« Bei der intendierten Abschnürung der sowjetischen wirtschaftlichen Lebensadern rückten die

ebd., RM 7, Nr. 1581, Bl. 4-30. Abgedruckt in: Thomas, Geschichte, Anlage 5, S. 515-532. Vgl. ferner dazu: Eichholtz, Kriegsziele, S. 33.

8 KTB WiRüAmt/Stab vom 13.2.1941, Vortrag Tietze, Sadewasser, Emmerich, Biedermann beim Amtschef, in: BA-MA, RW 19, Nr. 164, Bl. 152 f., hier Bl. 153. Noch deutlicher wurde eine Ausarbeitung des WFSt vom Mai 1941, in der die wehrwirtschaftliche Bedeutung des Kaukasusgebiets für die Achsenmächte und für die russische Landwirtschaft ganz im Vordergrund stand. Vgl. Rundschreiben WFSt, Warlimont, an den Oberbefehlshaber des Heeres und das OKW vom 4.5.1941, in: ebd., Nr. 577, Bl. 5 f. und Anlage: Unterlagen für die Prüfung eines Vorgehens gegen das kaukasische Ölgebiet, Bl. 7-12.

9 Vgl. Eichholtz, Geschichte, Bd. 2, S. 477 (Zitat ebd.); Lübbers, Wehrmacht, S. 125 ff.; Kockel, Geologie und Krieg, S. 43 f.

10 Vgl. Ergänzung zur Weisung Nr. 33, vom 23.7.1941, zit. nach: Hubatsch (Hg.), Weisungen, S. 166 ff., hier S. 166.

11 Vgl. Operative Gedanken des Führers und Weisungen am 21.8.1941, zit. nach: Schramm (Hg.), Kriegstagebuch, Bd. 2, Dok. 98, S. 1061 f.

Ölquellen des Kaukasus, die Verkehrsknotenpunkte für die Zufuhren aus dem Iran und die Wege ins Innere Russlands als Ziele ins Fadenkreuz. Es ging darum, eine günstige Winterstellung als Ausgangspunkt für die 1942 anstehenden Operationen zu gewinnen.[12]

Das WiRüAmt spielte Anfang Oktober 1941 verschiedene Szenarien durch, wie sich die wehrwirtschaftliche Lage Russlands bei einem Fortschreiten der Operation nach Osten verändern würde. Das vierte Szenario ist in unserem Zusammenhang das interessanteste: »Nachdem Baku und auch das nächstwichtige Ölgebiet im Westural in eine günstige Angriffsentfernung für die deutsche Luftwaffe gerückt sind, läuft Russland Gefahr, auch in der Verfügung über den letzten, noch in ausreichenden Mengen vorhandenen, unentbehrlichen Rohstoff, das Erdöl, stark beschränkt zu werden. [...] Mit dem Gebiet Grosny gehen die modernsten Raffinationsanlagen der S. U. verloren.«[13]

Dank ihrer Geheimdienstinformationen gingen die Sowjets von einem ähnlichen Lagebild aus. Ihnen war klar, dass der Vormarsch der Wehrmacht gestoppt wäre, wenn es ihr nicht gelänge, innerhalb einer kurzen Zeitspanne die Ölfelder des nördlichen Kaukasus einzunehmen.[14] Aufseiten der westlichen Alliierten hielt man einen Erfolg des deutschen Unternehmens für nicht unrealistisch, denn man fürchtete, dass es den Achsenmächten gelingen könnte, die Anlagen im Kaukasus wieder instand zu setzen. Dann bräuchte es nur noch die Bereitstellung der erforderlichen Tankerflotte im Schwarzen Meer, um vier Mio. Tonnen russisches Rohöl nach Rumänien und von dort nach Westeuropa zu transportieren.[15]

Mit der Rückeroberung Rostows durch die Rote Armee Anfang Dezember und dem folgenden Aufhalten des deutschen Angriffs vor Moskau war der erste deutsche Anlauf, zu den Ölquellen des Kaukasus zu gelangen, gescheitert. Drei Tage nach dem Kriegseintritt der USA erklärte Hitler dem japanischen Botschafter General Oshima, er hoffe, die Operationen in Richtung Kaukasus bald wieder aufnehmen zu können. Oberste Ziele seien die Vernichtung Russlands, der Vorstoß über den Kaukasus nach Süden und die Torpedierung der angelsächsischen Kriegs- und Handelsflotte.[16]

12 Vgl. Müller, Unternehmen, S. 145 f.; Eintrag vom 28. 7. 1941, in: Kotze (Hg.), Heeresadjutant, S. 107 (Zitat ebd.); Lagebeurteilung Ost des OKH, Fremde Heere Ost, vom 6. 9. 1941, in: PA AA, RZ 221, Nr. R 27361.

13 Vgl. Memorandum WiRüAmt, Abt. Wi, vom 1. 10. 1941 »Voraussichtliche Entwicklung der wehrwirtschaftlichen Lage Rußlands mit Fortschreiten der Operationen nach Osten«, in: BA-MA, RW 39, Nr. 1, Bl. 116-121, hier Bl. 119 ff. (Zitat Bl. 119 f.). Auch in: ebd., RW 19, Nr. 1251.

14 Vgl. Sudoplatow/Sudoplatow, Handlanger, S. 178. Bereits im Oktober und November 1941 wurden die Sowjets von Arvid Harnack, der als ORR im RWiM in Berlin tätig war, darüber informiert, dass den deutschen Streitkräften sowohl Munition als auch Öl und Treibstoff ausgingen. Vgl. ebd.

15 Vgl. Memorandum »Capacity of Axis transport system for the conveyance of Russian crude oil from the Caucasus fields to Roumanian refineries and of the resultant refined products thence to destination«, o. Dat., S. 6, in: NAK, WO 193, Nr. 632.

16 Vgl. Empfang des japanischen Botschafters General Oshima durch den Führer am 13. 12. 1941, zit. nach: Hillgruber (Hg.), Staatsmänner, Dok. 32, S. 336-343, hier S. 341; Empfang des japani-

Die Planungen für die »Operation Blau«, die Sommeroffensive 1942, wurden aus den Erfahrungen des Angriffs vom Juni 1941 auf ein einziges Ziel ausgerichtet: den Kaukasus. Hitler ging mit guten Gründen davon aus, dass ohne den Besitz der Ölquellen der Krieg verloren ginge, dass aber andererseits die Wegnahme Bakus aller Voraussicht nach zu einer Lahmlegung der Roten Armee führen würde. Dafür müssten die Sowjetarmeen zwischen Don und Kaukasus vernichtet und durch die Besetzung des Kubangebiets und der kaukasischen Ölfelder wirtschaftliche Quellen erschlossen werden, die für die weitere deutsche Kriegführung von ausschlaggebender Bedeutung waren. Mit nur einem Schlag sollten so auch die alliierten Hilfslieferungen über den Iran abgeschnürt werden. Am 25. August 1941 waren zwei britische und drei sowjetische Divisionen in das Land einmarschiert und hatten es nach viertägigem Kampf erobert. Damit gab es für die alliierten Lieferungen neben der Eismeerroute nun einen zweiten Transportweg, über den 1942 30 Prozent und 1943 ein Drittel der Lieferungen in die Sowjetunion flossen.[17]

In der Weisung Nr. 41 vom 5. April 1942 wurde als Ziel genannt, »die den Sowjets noch verbliebene lebendige Wehrkraft endgültig zu vernichten und ihnen die wichtigsten kriegswirtschaftlichen Kraftquellen so weit als möglich zu entziehen«. Dabei sollte der Südflügel der Ostfront den Durchbruch in den Kaukasusraum erzwingen und alle verfügbaren Kräfte zunächst zu der Hauptoperation im Süd-Abschnitt vereinigt werden, »mit dem Ziel, den Feind vorwärts des Don zu vernichten, um sodann die Ölgebiete im kaukasischen Raum und den Übergang über den Kaukasus selbst zu gewinnen«.[18]

Das Öl des Kaukasus als Ziel

Zwischen 1938 und 1940 bildete sich, korrespondierend mit den militärischen Planungen und als integrierender Faktor der allgemeinen Kriegszielstrategie, ein Programm heraus, das den Weg Deutschlands zum Erdölimperium vorzeichnete. Die wichtigsten Stationen dabei hießen: Rumänien, Kaukasus, Naher und Mittlerer Osten (Irak, Iran). Dabei stellte die Eroberung der Erdölquellen des Kaukasus das wichtigste wirtschaftliche Ziel des Angriffs auf die Sowjetunion dar.[19] In der Denkschrift »Die Mineralölversorgung Deutschlands im Kriege« des Wehrwirtschaftsstabs vom April 1939 offenbarte die Wehrmachtsspitze die Erdölquellen des Kaukasus als ihr Haupt-

schen Botschafters General Oshima durch Hitler am 14.12.1941, in: IMT, Bd. 31, PS-2932, S. 316-321, hier S. 320.

17 Vgl. Müller, Wettlauf, S. 42; Tieke, Kaukasus, S. 15 f. und 20. Der Operationsplan umfasste drei Schritte: erstens die Vernichtung der südlichen sowjetischen Streitmacht und Aufbau einer Winterstellung am Don, zweitens die Eroberung des »Rüstungs- und Verkehrszentrums« Stalingrad und drittens die Besetzung der kaukasischen Ölfelder. Vgl. Hartmann, Wehrmacht, S. 402.

18 Vgl. Weisung Nr. 41 vom 5.4.1942, zit. nach: Hubatsch (Hg.), Weisungen, S. 213-219, hier S. 213 f. (Zitate ebd.); Konrad, Kampf, S. 13.

19 Vgl. Eichholtz, Raubzug, S. 446 ff.

ziel, das sie mit Hitler teilte: »Schließlich ist es auch das einzige Mittel [das militärische, K. L.], das größte und lohnendste Ziel ins Auge zu fassen: Die Beherrschung des gewaltigsten Erdölgebietes Europas, Kaukasien.«[20]

Laut einer Ausarbeitung des Wehrmachtführungsstabs von Ende Juli 1941 würde nach Beendigung des Ostfeldzugs der für die Kriegführung und Wirtschaft erforderliche Treibstoffbedarf im europäischen Raum aus deutscher und rumänischer Erzeugung an Kraftfahrzeug- und Flugbenzin knapp gedeckt werden können, die laufende Versorgung mit Dieselkraftstoff und Heizöl werde jedoch nur zu etwa zwei Dritteln möglich sein. Deshalb sei die Inbesitznahme der kaukasischen Ölvorkommen von ausschlaggebender Bedeutung für die weitere Kriegführung.[21]

In einem Gespräch mit dem italienischen Außenminister Graf Ciano am 25. Oktober 1941 bezeichnete Hitler das Kaukasusgebiet als das nun anstehende Ziel der deutschen Operationen, das samt der bereits unterbrochenen Pipeline und der Eisenbahnlinien nach Norden abgeschnitten werden sollte. Hitler betrachtete die Region außerdem als eine strategisch günstige Basis, um die britischen Positionen im Nahen und Mittleren Osten zu bedrohen.[22] Am 19. November 1941 unterrichtete er Generaloberst Halder, dass die kommende Frühjahrsoffensive gegen eines der wichtigsten Industrie- und Rohstoffzentren der Sowjetunion geführt werden sollte. Nur zehn Tage später bezeichnete Halder den »Angriff auf den Bereich von Maikop« als eine der vordringlichsten Aufgaben des kommenden Jahres.[23]

Ein US-amerikanischer Beobachter kommentierte im Frühjahr 1942, dass man zwar geteilter Meinung darüber sein könne, ob das Öl nun das entscheidende Motiv für Hitlers Angriff auf die Sowjetunion gewesen sei oder nicht. Aber nach zehn Monaten Russlandfeldzug könne kein Zweifel mehr daran bestehen, dass Hitler die kaukasischen Ölfelder unbedingt benötigte. Wenn es nicht bis August oder spätestens bis Oktober 1942 gelänge, die Kontrolle über den Kaukasus zu erlangen, könne Hitler keinen Angriffskrieg mehr führen.[24] Sehr ähnlich klingt General Ewald von Kleists Aussage, der Hitler am 1. April 1942 traf: »Hitler erklärte mir, daß wir die Ölfelder bis zum Herbst in Besitz nehmen müßten, weil Deutschland ohne sie den Krieg nicht weiterführen könne.«[25] Und Hitler selbst hatte sich zu Beginn der Sommeroffensive 1942, am 1. Juni, gegenüber der Generalität anlässlich seines Besuchs an der Ostfront in Poltawa so geäußert: »Wenn ich das Öl von Maikop und Groznyi

20 Die Mineralölversorgung Deutschlands im Kriege, Teil I, vom Wehrwirtschaftsstab, vom April 1939, in: BA-MA, RW 19, Nr. 4852, Bl. 2-40, hier Bl. 33.

21 Vgl. WFSt/Abteilung L, Mineralölversorgung im Winterhalbjahr 1941/42 vom 30.7.1941, in: ebd., Nr. 2919, Bl. 1 ff., hier Bl. 1 f.

22 Vgl. Aufzeichnung über eine Unterredung zwischen dem Führer und dem Grafen Ciano im Hauptquartier am 25.10.1941, zit. nach: Hillgruber (Hg.), Staatsmänner, Dok. 29, S. 311-324, hier S. 315.

23 Eintrag vom 29.11.1941, in: Generaloberst Halder, KTB, Bd. III, S. 316 f.

24 Vgl. Hellin, Oil, S. 675 ff.

25 Vgl. Liddell Hart, Generale, S. 194 (Zitat ebd.).

nicht bekomme, dann muß ich diesen Krieg liquidieren.«[26] Nur wenige Tage zuvor, am 28. Mai 1942 hatte Keitel in einer Lagebesprechung gegenüber Thomas die gleiche Überzeugung geäußert, dass nämlich »die Operationen des Jahres 1942 uns an das Öl bringen müssen. Wenn dies nicht gelingt, können wir im nächsten Jahr keine Operationen führen.«[27]

Am 11. Juli 1942 gab Hitler die Weisung, bis spätestens Mitte August alle Vorbereitungen für einen Übergang mit dem Großteil der Armee über die Straße von Kertsch zu treffen. Ziel war es, beiderseits der Westausläufer des Kaukasus in südöstlicher und östlicher Richtung vorzustoßen und anschließend die Operation nördlich des Kaukasus fortzusetzen. »Schnelle Inbesitznahme des Gebietes um Maikop ist dabei von besonderer Bedeutung.«[28]

Am 23. Juli 1942 erfolgte eine neue, grundlegende Weisung Hitlers: Die wichtigste Aufgabe der Heeresgruppe A sollte es sein, die gesamte Ostküste des Schwarzen Meers in Besitz zu nehmen und damit die Schwarzmeerhäfen und die feindliche Schwarzmeerflotte auszuschalten. Weitere Kräfte müssten den Übergang über den Kuban erzwingen und das Höhengelände von Maikop und Armawir in Besitz nehmen. Danach sollte unter Nutzung aller passierbaren Kaukasuspässe und im Zusammenwirken mit den Kräften der 11. Armee die Schwarzmeerküste in Besitz genommen werden. Zeitgleich würden schnelle Verbände den Raum um Grosny erobern und mit Teilkräften die Ossetische und Grusinische Heerstraße möglichst auf den Passhöhen sperren. Anschließend war ein Vorstoß entlang des Kaspischen Meeres geplant, um den Raum um Baku zu erobern.[29]

Nachdem der Chef des Wehrmachtsführungsstabs, General Alfred Jodl, Anfang September 1942 erfolglos von seiner Mission zurückgekehrt war, Generalfeldmarschall List dazu zu bewegen, über die Küstenstraße von Tuapse in Richtung Sotschi, Suchumi und Batumi vorzustoßen, fuhr Hitler ihn an: »Und wie wollen Sie, Jodl, diesen Krieg ohne das Kaukasus-Öl gewinnen?«[30] Auf von Mansteins Frage, was die Heeresgruppe A im Kaukasus überhaupt solle, antwortete Hitler Ende November 1942: »Es geht um den Besitz von Baku, Herr Feldmarschall. Wenn wir das Öl bei Baku nicht kriegen, ist der Krieg verloren. […] Wenn ich Ihnen, Herr Feld-

26 Aussage von Generalfeldmarschall Friedrich Paulus, in: Der Nürnberger Prozeß, Sechsundfünfzigster Tag. Montag, 11. Februar 1946, S. 7668 f., hier S. 7669 (vgl. NP Bd. 7, S. 290).

27 AN über Besprechungen im Lager Wolfsschanze am 28. 5. 1942 vom 1. 6. 1942, in: BA-MA, RW 19, Nr. 167, Bl. 76-80, hier Bl. 76. Ähnlich klang es in der Aufzeichnung »Wehrkraft 1942« des OKW vom 6. 6. 1942: »Der Mangel an Mineralöl aller Art ist so groß, daß die Operationsfreiheit aller 3 WT [Wehrmachtteile] beeinträchtigt und die Rüstungswirtschaft in Mitleidenschaft gezogen wird.« Zit. nach: Jacobsen, 1939-1945, Dok. Nr. 97, S. 309-333, hier S. 326.

28 Vgl. Weisung Nr. 43: Fortsetzung der Operationen von der Krim, vom 11. 7. 1942, zit. nach: Hubatsch (Hg.), Weisungen, S. 222 ff. (Zitat S. 222).

29 Vgl. Weisung Nr. 45 für die Fortsetzung der Operation »Braunschweig«, vom 23. 7. 1942, zit. nach: ebd., S. 227-231, hier S. 228.

30 Vgl. Eintrag vom 25. 6. 1942 (Erläuterung), in: Picker, Tischgespräche, S. 554 f. (Zitat S. 555).

marschall, nicht mehr das Öl für Ihre Operationen beschaffen kann, dann können Sie nichts mehr machen.«[31]

Von den Alliierten danach befragt, welchen Einfluss ökonomische Erwägungen auf die Kriegführung gehabt hätten, gab Speer in einer Befragung am 30. Mai 1945 an, dass das Öl ein vorrangiges Motiv gewesen sei. Trotz des zweimaligen Scheiterns eines Zugriffs auf die kaukasischen Erdölquellen blieben sie für Hitler von vorrangigem Interesse. Insgesamt kann man mit Joel Hayward und anderen einen zentralen Einfluss der Ölfrage auf die Ausrichtung der Kriegführung im Osten konstatieren.[32]

Ein deutsch-besetzter Kaukasus hätte darüber hinaus als Sprungbrett für weitere Angriffe im Nahen Osten dienen können, um die alliierten Versorgungslinien durch den Suezkanal zu kappen und die Türkei dazu zu bewegen, dem Achsenbündnis beizutreten. Mit einem Schlag hätte man einen Hauptgegner entscheidend geschwächt und die wirtschaftlichen Grundlagen für eine Verteidigung des deutsch dominierten Europas gegen die USA geschaffen. Neben der Zerstörung der Roten Armee sollte das Kaukasusöl auch den Übergang von einem kurzen zu einem »langen Krieg« ermöglichen, der ohne diesen Zugriff kaum möglich war.[33] Auf den Verlauf des Kriegs braucht hier nicht näher eingegangen zu werden. Er ist bekannt und bestens in der Geschichtsschreibung bearbeitet worden.[34]

6.2 Die Organisation der Wirtschaft in den besetzten Ostgebieten

Aufbau und Grundsätze

Da die Eroberung der kaukasischen Erdölvorkommen eines der wichtigsten wirtschaftlichen Ziele des Kriegs bildete, waren nahezu alle im Mineralölsektor maßgeblichen Ämter und Akteure bei der Einrichtung des Apparats beteiligt, der ebendiese Eroberung bewerkstelligen sollte: von der Wirtschaftsverwaltung der VJP-Behörde und des RWiM über die Erdölindustrie und deren technokratische Koordinatoren, den GBChem und den Beauftragten für die Förderung der Erdölgewinnung bzw. der Erdölabteilung der RfB bis hin zum WiRüAmt des OKW.[35]

Aufseiten der Wehrmacht oblagen die Vorbereitungen für die wirtschaftliche Ausnutzung der zu besetzenden Gebiete der Sowjetunion dem WiRüAmt, das – so wie das

31 Vgl. Stahlberg, Pflicht, S. 247 f. (Zitate S. 248).

32 Vgl. Hayward, Hitler's Quest, S. 94, 121 f.

33 Vgl. Toprani, War, S. 815 f., 821 und 828 f.

34 Vgl. bspw.: Wegner, Krieg; Stargardt, Krieg; Fritz, Ostkrieg; Hoffmann, Kaukasien; Müller, Wettlauf.

35 Vgl. Kockel, Geologie und Krieg, S. 70.

Amt Ausland/Abwehr und der Wehrmachtführungsstab – direkt dem Chef des OKW unterstand. Leiter war von 1934 bis 1942 der General der Infanterie Georg Thomas, der von seinem Vorgesetzten als »Organisator von Format« charakterisiert wurde. Das zentrale Arbeitsfeld dieses Amts bildete die Bearbeitung der wehr- und rüstungswirtschaftlichen Aufgaben der Gesamtwehrmacht. In der Praxis war der Stab seit 1937/38 als Kontrollorgan der Rüstungsindustrie durch die Wehrmacht als ein rein staatliches Exekutivinstrument dem Beauftragten für den VJP unterstellt. Die krisenhafte Entwicklung der Rüstungswirtschaft nach Kriegsausbruch führte 1942 zur Ernennung Speers zum Rüstungsminister, der Thomas in der Folge aus dem Amt drängte.[36]

Der Beginn des Jahrs 1941 stand im Zeichen großer wirtschaftlicher Planungen für die antizipierte Besetzung ganz Osteuropas. Schon Ende Februar bildete sich aus dem Vierjahresplanamt und dem WiRüAmt der sogenannte »Wirtschaftsstab z. b.V. Oldenburg«, der spätere WiStab Ost, der die geplante Ausbeutung der Wirtschaftsressourcen der Sowjetunion koordinierte und dazu administrative Weichenstellungen und langfristige Wirtschaftspläne erarbeitete. Bedeutendstes Ergebnis dieser Vorarbeiten waren die »Richtlinien für die Führung der Wirtschaft in den neubesetzten Ostgebieten«, die – nach der Farbe des Einbands – später als »Grüne Mappe« bekannt wurden.[37]

Ende Februar 1941 befahl Thomas, einen erweiterten Organisationsentwurf dieses Arbeitsstabs für Göring aufzustellen, der vorsah, dass seine Zuständigkeit sämtliche die Wehrwirtschaft betreffenden Aufgaben umfassen sollte – mit Ausnahme des Ernährungssektors, für den bereits ein Sonderauftrag an Staatssekretär Herbert Backe erteilt worden war.[38] Hitler verfügte am 29. Juni 1941, dass Göring als Beauftragter für den VJP in den neu besetzten Ostgebieten alle Maßnahmen anordnen sollte, die zur bestmöglichen Ausnutzung der vorgefundenen Vorräte und Wirtschaftskapazitäten und zum Ausbau der Wirtschaftskräfte zu Gunsten der deutschen Kriegswirtschaft erforderlich waren.[39]

Dem WiStab Ost nachgeordnet waren für jedes rückwärtige Heeresgebiet je eine Wirtschaftsinspektion mit unterstellten Wirtschaftskommandos. Die Zuständigkeitsbereiche der Inspektionen deckten sich in etwa mit denen der Heeresgebiete. Zu Feldzugsbeginn waren unterhalb des WiStabs Ost fünf Wirtschaftsinspektionen, 23 Wirtschaftskommandos und zwölf Außenstellen vorgesehen. Um die wirtschaftlichen Maßnahmen im gesamten besetzten Gebiet aufeinander abstimmen zu können, waren die Leiter der wichtigsten Chefgruppen im WiStab Ost seit dem Herbst 1942 auch Abteilungsleiter im Reichsministerium für die besetzten Ostgebiete bzw. in den Reichskommissariaten.

36 Vgl. Lübbers, Wehrmacht, S. 35 f. Vgl. insgesamt: Fröhlich, Kampf.

37 Vgl. Kube, Pour le mérite, S. 337.

38 Vgl. AN über Besprechung bei Thomas am 28. 2. 1941 vom 1. 3. 1941, zit. nach: IMT, Bd. 27, PS-1317, S. 169 ff.

39 Vgl. Erlass des Führers über die Wirtschaft in den neu besetzten Ostgebieten vom 29. 6. 1941, in: BAB, R 6, Nr. 21, Bl. 98. Abgedruckt in: Schramm (Hg.), Kriegstagebuch, Bd. 2, Dok. 63, S. 1019.

Für Einheitlichkeit in der Wirtschaftspolitik hatte der übergeordnete WiFSt (Wirtschaftsführungsstab) Ost zu sorgen. Er setzte sich aus allen an der wirtschaftlichen Ausbeutung der besetzten Gebiete beteiligten Ministerien zusammen und war ein Gremium aus Staatssekretären und anderen hochrangigen Beamten, formal unter der Leitung von Staatssekretär Paul Körner. Diesem Gremium gehörte auch der Chef des WiRüAmts im OKW an. Der WiFSt Ost war die oberste staatliche Dienststelle und das zentrale Steuerungsorgan für die Wirtschaftslenkung in den besetzten Ostgebieten.[40] Die Gruppe Mineralöl beim WiStab Ost unterstand den Wirtschaftsinspektionen, Wirtschaftskommandos und Außenstellen. Die Mineralölgruppen hatten die Aufgabe, alle Fragen der Mineralölwirtschaft im Zuständigkeitsbereich ihrer Dienststelle zu bearbeiten. Bei ihrer Tätigkeit hatte die Gruppe engste Verbindung mit der Abteilung Mineralöl im RWiM und der Gruppe Ro V (Fregattenkapitän Griebel) im WiRüAmt zu halten.

Für die Sicherung und Wiederinbetriebnahme der Erdölgebiete wurden folgende Maßnahmen getroffen: Im baltischen Mineralölgebiet führte das Mineralölkommando Nord die ersten Maßnahmen zur Sicherung und Wiederherstellung durch. Die Anlagen und die Betriebsführung sollten später an die Baltische Öl GmbH übergeben werden. Für das ostgalizische Erdölgebiet war das Mineralölkommando Süd unter Führung von Rittmeister Will verantwortlich; Anlagen und Betriebsführung sollten später durch die Gewi bzw. Vera im Auftrag und für Rechnung der Konti übernommen werden. Für das Kaukasuserdölgebiet wurde das Mineralölkommando Kaukasus (MKK), ebenfalls unter Führung von Will, aufgestellt. Hier sollten Anlagen und Betriebsführung später von der in Gründung befindlichen Kaukasus Öl GmbH übernommen werden.

Gemäß den »Richtlinien für die Führung der Wirtschaft« sollte die Konti für die Durchführung der auf dem Mineralölgebiet zu treffenden betriebswirtschaftlichen Maßnahmen eingesetzt werden. Sie sollte mit den Mineralölgruppen kooperieren, deren führende Positionen mit denselben Personen besetzt sein würden. Ähnliches galt für die drei Mineralölkommandos, die sich aus Experten der deutschen Erdölindustrie und des -handels zusammensetzten. Sie wurden dem OKW von der Konti benannt und dann eingezogen.[41]

Um das wirtschaftliche Potenzial der Sowjetunion möglichst umgehend und umfassend für die deutsche Kriegswirtschaft nutzbar zu machen, wurden auf Anweisung von Göring vom 27. Juli 1941 eine Reihe von Monopolgesellschaften gegründet. Die wichtigsten waren, neben der Konti, die Zentralhandelsgesellschaft Ost für landwirtschaftlichen Absatz und Bedarf mbH (ZHO), die Berg- und Hüttenwerksgesellschaft Ost mbH (BHO) und die Ost-Faser-Gesellschaft mbH. Diese Unternehmen

40 Vgl. Lübbers, Wehrmacht, S. 31 ff.

41 Vgl. Aufgabenstellung der Gruppen Mineralöl bei WiStab Ost, den WiIn, Wi Kommandos und Aussenstellen, in: BAB, R 3101, Nr. 32413, Bl. 2-5, hier Bl. 2 f. Auch in: StaN, KV-Anklage, Dokumente, NI-2021. Vgl. ferner: Czollek, Konzeption, S. 172 und 174.

waren – mit Ausnahme der Konti – lediglich als eine interimistische Organisationsform gedacht.[42]

Mit Etablierung der Ostgesellschaften wurde zwischen Staatsapparat und Privatwirtschaft eine einvernehmliche Übergangsregelung gefunden. Die gemeinsam vom RWiM, den Industrieverbänden und einzelnen Firmen gegründeten Gesellschaften sollten unter staatlicher Regie, aber in privatwirtschaftlicher Form für eine befristete Zeit sämtliche Anlagen einer bestimmten Branche treuhänderisch übernehmen und durch kommissarische Betriebsführer verwalten. Die Firmen erhielten auf diese Weise die Möglichkeit, die ihnen zugewiesenen Betriebe risikolos auszuschlachten, während sich die Staatsführung den Weg offenhielt, durch spätere Veräußerungen der Kriegsbeute im Osten die immensen Kosten der deutschen Aufrüstung und Kriegführung zu begleichen. Mit der BHO hatte man für die Montanindustrie zwar die übliche Gesellschaftsform gewählt, doch mit der Einsetzung von Paul Pleiger war klar, dass die Reichswerke die BHO als Tochtergesellschaft und späteres Eigentum ansahen.[43]

Göring betonte, dass die Monopolgesellschaften nur eine Übergangslösung darstellten sollten, und ließ keinen Zweifel daran, dass er auf lange Sicht eine staatlich gelenkte Privatwirtschaft anstrebte.[44] Diese Idee einer späteren Übergabe der Ostgesellschaften an die Privatwirtschaft wird auch durch eine Einlassung Hitlers vom 4. Juni 1942 bekräftigt, der zufolge er keine Monopolgesellschaften, sondern privatwirtschaftliche Initiative wünsche.[45]

Laut den Grundsätzen der »Grünen Mappe« bezog sich die wirtschaftliche Ausnutzung der besetzten Gebiete prioritär auf die Ernährungs- und die Mineralölwirtschaft. So viel Lebensmittel und Mineralöl wie möglich für Deutschland zu gewinnen, sei das wirtschaftliche Hauptziel. Bei der Mineralölversorgung ging es nicht allein um die Sicherung und zweckmäßige Verwendung der vorgefundenen Vorräte, sondern um die beschleunigte Ingangsetzung der Förderungs- und Aufbereitungsanlagen.[46] Am 27. Juli 1941 gab Göring die Direktive aus, Ziel der Wirtschaftsführung in den besetzten russischen Gebieten sei nicht, die gesamte Wirtschaft schnellstmög-

42 Vgl. Linne, Baumwollhändler, S. 133 f.; ders., Baumwollanbau, S. 199 f. Zur ZHO vgl.; Corni, Brot, S. 537 f. Zur BHO vgl.: Riedel, Eisen, S. 304 ff.; ders., Bergbau; Mollin, Montankonzerne, S. 204; ders., Imperium; Priemel, Flick, S. 454; Frei u. a., Flick, S. 320; Donges, Vereinigte Stahlwerke, S. 392 f.; Wixforth, Handlungsspielräume. Zur Ostfaser vgl.: Kehrl, Krisenmanager, S. 227 ff.; Müller, Manager, S. 82; Linne, Baumwollhändler, S. 134; ders., Baumwollanbau, S. 200 f.; Wixforth, Expansion, S. 635 f.

43 Vgl. Müller, Unternehmen, S. 139 f.; ders., Ostkrieg, S. 55.

44 Vgl. Rundschreiben Beauftragter für den VJP, Göring, an die Obersten Reichsbehörden, vom 27. 7. 1941, in: BAB, R 26-I, Nr. 13, Bl. 1-4, hier Bl. 1 ff.; Riedel, Bergbau, S. 247 f.

45 Vgl. Besprechungspunkte aus der Führerbesprechung vom 4. 6. 1942, in: BAB, R 3, Nr. 1504, Bl. 74-91, hier Bl. 88. Abgedruckt in: Boelcke (Hg.), Rüstung, S. 135.

46 Vgl. Richtlinien für die Führung der Wirtschaft in den neubesetzten Ostgebieten (Grüne Mappe), Teil I: Aufgaben und Organisation Wirtschaft vom Juni 1941, S. 3 f. und 10, in: BA-MA, RW 31, Nr. 128. Abgedruckt in: Fall Barbarossa, Dok. 112, S. 363-399.

lich wieder in Ordnung zu bringen; vielmehr lägen die Schwerpunkte bei Getreide, Ölsaaten, Erdöl und Leichtmetall.[47]

In den gesamten neu besetzten Ostgebieten blieben endgültige Besitzregelungen grundsätzlich solange ausgeschlossen, bis die Gebiete in den Verband des Großdeutschen Reichs aufgenommen würden, weshalb nur eine treuhänderische Verwaltung infrage komme, ohne Anrecht des Treuhänders auf späteren Eigentumserwerb. Eine Ausnahme galt für das Erdöl: Die russische Mineralölindustrie sollte den Interessen des Reichs konform verwaltet werden, weshalb die ausschließlichen Rechte zur Betätigung in der Mineralölindustrie in den neu besetzten östlichen Gebieten daher dauerhaft der Konti erteilt worden waren.[48]

Der Kampf um Einfluss auf die Kontinentale Öl AG

Der Streit um die Kontrolle über die Konti ist beispielhaft für den Kampf um die Führung bei wirtschaftlichen Aspekten in den besetzten sowjetischen Gebieten insgesamt. Es waren in erster Linie die Repräsentanten des VJP und des Reichsministeriums für die besetzten Ostgebiete, Göring und Rosenberg, die diesen Kampf ausfochten.[49]

Bereits mit der »Grünen Mappe« hatte Göring der Konti umfassende Rechte zugesichert: »Für die Durchführung der auf dem Mineralölgebiet, insbesondere in Kaukasien zu treffenden Maßnahmen, wird die Kontinentale Öl A. G. eingesetzt.«[50] Für Rosenberg war es von Anfang an fragwürdig, dass Konzessionen oder Eigentumsrechte vergeben werden sollten. Er schlug vor, Konzessionen durch Rechtsverträge zu ersetzen.[51]

Am 22. Juli 1941 erhielt die Konti vom RWiM die Vollmacht, auf dem besetzten sowjetischen Territorium »alle erforderlichen Maßnahmen mit Nachdruck zu betreiben«, d. h. in erster Linie, »im eigenen Namen oder durch Tochtergesellschaften sämtliche der Mineralölwirtschaft dienenden Anlagen in Besitz« zu nehmen. Abermals bestätigte man ihr das »ausschließliche Recht zur Gewinnung, Verarbeitung und zum Handel mit Mineralölerzeugnissen« und erklärte die »Gruppen Mineralöl bei WiStab Ost, den WiIn, Wi Kommandos und Außenstellen« zu ausführenden Orga-

47 Vgl. Anordnung Görings über Schwerpunkte und Methoden der wirtschaftlichen Ausbeutung der okkupierten sowjetischen Gebiete, 27. Juli 1941, zit. nach: Müller (Hg.), Okkupation, Dok. 76, S. 178-181, hier S. 178 f.

48 Vgl. Rundschreiben Beauftragter für den VJP vom 18.11.1941, in: SUB GÖ – HA, Cod. Ms. Nürnberger Akten, Fall XI, ADB 122-B, Bl. 206-224, hier Bl. 209 f., 219, 222; Niederschrift über Besprechung bei Göring am 8.11.1941 vom 18.11.1941, in: BAB, R 6, Nr. 285, Bl. 3-8.

49 Zu den Konflikten zwischen Göring und Rosenberg vgl. Zellhuber, Verwaltung, S. 286 ff. Zu Göring vgl. Overy, Göring; Kube, Pour le mérite. Zu Rosenberg vgl. Piper, Rosenberg, bes. S. 531 ff.

50 Richtlinien für die Führung der Wirtschaft in den neubesetzten Ostgebieten (Grüne Mappe), Teil I: Aufgaben und Organisation Wirtschaft vom Juni 1941, S. 4, in: BA-MA, RW 31, Nr. 128.

51 Vgl. AN von Malletke vom 18.6.1941, in: BAB, R 6, Nr. 286, Bl. 2. Auch in: IfZ, MA 249, Bl. 936-937.

nen. Sie sollten mit der Konti bzw. ihren Tochtergesellschaften »bis auf weiteres, wenigstens in ihren führenden Personen, personengleich sein«.[52]

In dem oben erwähnten Erlass vom 27. Juli 1941 ordnete Göring an, dass die russische Erdölwirtschaft wegen ihrer überragenden Bedeutung für die deutsche Wehrmacht und Wirtschaft dauerhaft in deutscher Hand bleiben müsse. Deshalb beauftragte er die Konti, alle Mineralölvorkommen zu übernehmen und auf Dauer zu betreiben. Aufschlussreich sind dabei seine allgemeinen Ausführungen: »Die höchste wirtschaftliche Leistung ist auf die Dauer nicht von der bolschewistischen Kollektivwirtschaft, sondern nur auf der bewährten Grundlage der – staatlich gelenkten – Privatwirtschaft zu erwarten.«[53] Da das Unternehmen seine Tätigkeit nicht aufnehmen konnte, solange die Areale noch zum Operationsgebiet gehörten, sollte die TBM die notwendigen Maßnahmen für eine treuhänderische Inbesitz- und Inbetriebnahme der Betriebe im Auftrag und für Rechnung der Konti ergreifen.[54] Der Reichswirtschaftsminister sicherte der Konti volle Unterstützung zu, auch für die Zusammenarbeit mit der Gruppe Mineralöl beim WiStab Ost. Sollten Schwierigkeiten auftreten, sei Funk umgehend davon zu unterrichten, um das Erforderliche zu veranlassen.[55]

Im August 1941 verlieh Göring der Konti die Konzessionsurkunde zur Übernahme der Mineralölwirtschaft in den am 22. Juni 1941 zur UdSSR gehörenden Gebieten für die Dauer von 99 Jahren. Sie umfasste unter anderem das alleinige Recht zur Aufsuchung, Gewinnung, Verarbeitung und zum Vertrieb von Erdöl, einschließlich des Rechts zur Errichtung und zum Betrieb aller für diese Zwecke geeigneten Hilfs- und Nebengeschäfte gegen einen von der Konti vierteljährlich in Gold zahlbaren Förderzins im Gegenwert von 7,5 Prozent der wirtschaftlich genutzten Förderung an Erdöl und Erdgas. Die Förderung neu aufgeschlossener Felder blieb die ersten zwei Jahre förderzinsfrei. Ferner erhielt sie das Recht zur Nutzung aller Anlagen und Einrichtungen einschließlich der Rohrleitungen und sonstigen Verkehrsmittel gegen einen zu zahlenden Pachtzins sowie das Recht, diese Gegenstände bis zum Ende des dritten Kalenderjahrs, beginnend nach Ende des noch zwischen Deutschland und England herrschenden Kriegszustands, gegen Zahlung eines angemessenen Kaufpreises zu erwerben.[56]

52 Vgl. Schreiben RWiM, von Hanneken, an Konti vom 22.7.1941, in: BAB, R 3101, Nr. 32413, Bl. 1 (im Anhang: Aufgabenstellung der Gruppen Mineralöl bei WiStab Ost, den WiIn, Wi Kommandos und Aussenstellen, Bl. 2-5) (Zitate Bl. 1 ff.); Eichholtz, Geschichte, Bd. 2, S. 479 f.

53 Vgl. Rundschreiben Beauftragter für den VJP an die Obersten Reichsbehörden, vom 27.7.1941, in: BAB, R 26-I, Nr. 13, Bl. 1-4, hier Bl. 1 ff. (Zitat Bl. 4). Auch in: ebd., R 6, Nr. 23, Bl. 5-8.

54 Vgl. Schreiben WiRüAmt an die TBM vom 28.7.1942, S. 1, in: BA-MA, RW 46, Nr. 648. Auch in: ebd., Nr. 650 und Nr. 662 sowie in ebd., RW 19, Nr. 679, Bl. 100-102. Vgl. ferner: Schreiben des OKW, Wi Amt, an die TBM vom 20.6.1942, in: ebd., Nr. 2747, Bl. 287 ff., hier 287 VS.

55 Vgl. Schreiben RWiM, von Hanneken, an Konti vom 22.7.1941, in: BAB, R 3101, Nr. 32413, Bl. 1.

56 Vgl. Konzessionsurkunde für die Konti vom August 1941, Bl. 17-19, in: RGVA, 700-1-12, Bl. 17-19; Beglaubigte Ausfertigung der Konzessionsurkunde vom 10.7.1942, in: BAB, R 176, Nr. 111. Vgl. dazu: Kasper, Erdölgewinnung, S. 104 f.; WiStab Ost, Chefgruppe W, Übersicht über die Auf-

Ergänzend bemerkte der Reichsmarschall, dass die Mineralölwirtschaft im Konzessionsgebiet im Interesse des Reichs und nach den Weisungen der Reichsregierung zu führen sei. Die im Konzessionsgebiet vorhandenen, nicht von der Wehrmacht während der Kriegshandlungen verbrauchten Vorräte an bituminösen Stoffen und deren Derivaten waren von der Konti gegen Zahlung eines angemessenen Kaufpreises zu übernehmen. Sollte sich die Konzession aus zwingenden staatspolitischen Gründen der territorialen Neuordnung im Osten nicht voll verwirklichen lassen, so werde das Reich für die Aufwendungen des Unternehmens einen billigen Ausgleich gewähren. Göring wies ausdrücklich darauf hin, dass die lange Dauer der Konzessionsurkunde vorläufig unter allen Umständen geheim zu halten war.[57]

Die Konti hatte also eine Sonderstellung. Den besonderen Charakter des Unternehmens umriss Fischer in seinem Bericht zur »Übernahme der russischen Mineralölwirtschaft« auf der zweiten AR-Sitzung am 13. Januar 1942: »Im Gegensatz zu anderen Monopolgesellschaften, die die von ihnen übernommenen Betriebe treuhänderisch verwalten und sich nach Beendigung des Krieges wieder auflösen, führt die Kontinentöl die der Mineralölwirtschaft dienenden Anlagen des russischen Raumes auf eigene Rechnung und auf eigenes Risiko; sie zahlt hierfür eine Pacht an das Deutsche Reich, bis die Betriebe von ihr käuflich erworben werden.«[58] Diese Sonderrechte für die Mineralölwirtschaft kamen auch darin zum Ausdruck, dass die Konti mit ihren Tochtergesellschaften nicht den Reichskommissariaten unterstellt wurde, sondern eigene Machtbefugnisse erhielt.

Am 9. August 1941 schließlich hatte Rosenberg eine Unterredung mit Göring persönlich, wobei er den Standpunkt vertrat, dass die Souveränität des Deutschen Reichs durch den Reichsminister für die besetzten Ostgebiete bzw. durch die Reichskommissare repräsentiert werde, dass die Reichskommissare bzw. die Zivilverwaltung somit mit den verschiedenen Gesellschaften ein spezifisches Verhältnis eingehen müssten, wobei die Eigentumsfrage eine entscheidende Rolle spiele. Er beharrte darauf, dass das staatsrechtliche Verhältnis zu den Monopolgesellschaften einer Klärung bedürfe, doch Göring wollte die Frage der Eigentumsverhältnisse später entscheiden.[59]

Im Reichsministerium für die besetzten Ostgebiete akzeptierte man zwar grundsätzlich die Übernahme der gesamten Ölvorkommen in den besetzten Ostgebieten durch die Konti, pochte aber darauf, dass unter keinen Umständen der Eindruck

gaben der Ostgesellschaften vom 5. 2. 1942, in: SUB GÖ – HA, Cod. Ms. Nürnberger Akten, Fall XI, ADB 122-B, Bl. 100-111, hier Bl. 100 und 108 f.; Karlsch/Stokes, Faktor Öl, S. 214 f.

57 Vgl. Schreiben Beauftragter für den VJP an Vorstand der Konti vom 9. 9. 1941, in: RGVA, 700-1-12, Bl. 15-16. Auch in: BAB, R 6, Nr. 23, Bl. 65-67. In Abschrift (in leicht veränderter Fassung) auch in: PA AA, RZ 105/29905. Vgl. ferner: Schreiben Beauftragter für den VJP an Vorstand der Konti, Blessing, vom 10. 7. 1942, in: BAB, R 176, Nr. 111.

58 Niederschrift über die 2. AR-Sitzung der Konti am 13. 1. 1942, S. 17, in: StaN, KV-Anklage, Dok. Umdrucke, NI-10162. Vgl. dazu: Eichholtz, Geschichte, Bd. 1, S. 237 f.

59 Vgl. AN von Rosenberg über Unterredung mit dem Reichsmarschall am 9. 8. 1941 vom 13. 8. 1941, in: BAB, R 6, Nr. 23, Bl. 22 ff.

entstehen dürfe, private deutsche Gesellschaften eigneten sich Vermögenswerte, die der deutsche Soldat erobert habe und die also dem Reich gehörten, zur eigenen Bereicherung an. Auch die Verpachtung der Ölbetriebe auf 99 Jahre sah er äußert kritisch. Vielmehr müsse sichergestellt werden, dass die Ölvorkommen und die betrieblichen Einrichtungen dem Reich gehörten und von den Organen des Reichs, also den zuständigen Reichskommissaren, in treuhänderische Verwaltung genommen würden. Die dafür einzurichtende Öl-Treuhand solle die Betriebsführung an die jeweiligen Tochtergesellschaften der Konti übergeben, die Entschädigung der Betriebsführungsgesellschaften hätte über eine angemessene Verzinsung ihres Kapitals und die Übertragung des alleinigen Vertriebsrechts zu erfolgen. Die Gewinne müssten dann an die Öl-Treuhand übergehen und zur Amortisation der Reichskredite verwendet werden.[60] Rosenberg beharrte darauf, dass wirtschaftliche Fragen, welche die Verwaltung der besetzten Ostgebiete betrafen, grundsätzlich mit ihm zu klären seien; von einem unmittelbaren Verkehr mit den Reichskommissaren oder den ihnen nachgeordneten Dienststellen sei im Interesse einer einheitlichen Verwaltungsführung abzusehen.[61]

Hinter den Kulissen bemühten sich führende Kräfte des Reichsministeriums für die besetzten Ostgebiete weiterhin, die Monopolgesellschaften als »kapitalistische« Gebilde zu diskreditieren, aus denen die Privatwirtschaft unberechtigte Gewinne ziehe. Gegen solche Unterstellungen wehrte sich Reichswirtschaftsminister Funk vehement: Privatwirtschaftliche Gewinne seien bei den Monopolgesellschaften, die unter Führung des Reichs stünden, keine gemacht worden, sämtliche Überschüsse würden zum weiteren Ausbau verwandt, ausgeschüttet werde nichts. Im Gegenteil, die Privatwirtschaft habe große Geldsummen aus eigener Kraft für die Wiederingangsetzung des Wirtschaftslebens in den besetzten Ostgebieten aufgebracht sowie Menschen, Material und ihre Erfahrungen zur Verfügung gestellt. Eigentum sei bisher in keinem Fall für private Interessen geschaffen oder auch nur zugesagt worden, die Wirtschaftsführung erfolge treuhänderisch. Auf dem Mineralölsektor sei nur die unter klarer Führung des Reichs stehende Konti mit Monopolrechten versehen und eingesetzt worden. Da nur große Unternehmen die wichtigen militärischen, politischen und wirtschaftlichen Aufgaben im Ölsektor erfüllen könnten, sei der Einsatz der Konti in den besetzten Ostgebieten die einzige Möglichkeit. Ohne Beteiligung der Privatwirtschaft hätten die Hunderte Mio. nicht aufgebracht werden können, und der Finanzminister hätte diese hohen Summen einer staatlichen Organisation bereitstellen müssen, die aber über keinerlei Erfahrung, kein geeignetes Personal und keinerlei Materialien verfügt hätte. Konzessionsabgaben und Steuern sorgten auch künftig dafür, dass die private

60 Vgl. Betätigung der Continentalen Öl AG in den besetzten Ostgebieten, in: ebd., Bl. 74-78.

61 Vgl. Verhältnis der Obersten Reichsbehörden zum RMfdbO bei der Bearbeitung wirtschaftlicher Fragen, Runderlaß des Reichsministers vom 12.11.1941, in: Amtsblatt des Reichsministers für die besetzten Ostgebiete, Sammelnummer 4 vom Januar 1944 (Nachdrucke Wirtschaft), Nr. 206, S. 169 f.

Mineralölwirtschaft keine unangemessenen Gewinne erziele. Für völlig abwegig hielt Funk den Gedanken, dass die Reichskommissariate eigene Ölmonopole errichteten und das in ihren Bezirken vorkommende Öl per Handelsvertragsweg an das Reich abgaben. Allerdings müsse den Reichskommissaren ein Aufsichtsrecht über die für die Konti tätigen Produktions- und Handelsgesellschaften zugestanden werden.[62]

Nach Ansicht des RWiM waren bei der Übernahme des Mineralölvermögens in den besetzten Ostgebieten nur zwei Lösungen denkbar: Die Konti bzw. ihre Tochtergesellschaften kauften die Vermögenswerte zu den im Reich geltenden Preisen (Wiederbeschaffungspreis), wobei der Kaufpreis gestundet werden konnte, oder sie führten den gegenwärtigen Zustand fort, bei dem nach Auffassung des RWiM die Tochtergesellschaften als Beauftragte des Reichs und für dessen Rechnung tätig waren. Die Konti machte hingegen ihre Verleihungsurkunde geltend, die eine Pachtung und eine Kaufoption vorsah. Bei den Vertriebsgesellschaften war man unter Umständen bereit, die betreuten Vermögenswerte zu deutschen Inlandspreisen zu erwerben, zumal es sich um relativ geringe Werte handelte.[63]

Die Querelen zwischen Göring und Rosenberg um die Konti, die im Kern Auseinandersetzungen um die Führungsrolle bei der wirtschaftspolitischen Besatzungspolitik waren, hielten an. Rosenberg betonte noch im Juni 1943 nachdrücklich, dass die Konti ihre Aufgaben wesentlich leichter erfüllen könnte, wenn sie seine Betreuung und die Hilfestellung seiner nachgeordneten Dienststellen in Anspruch nähme.[64] Die entscheidende Frage lautete für Rosenberg, wer für das Deutsche Reich als Rechtsnachfolger auftreten konnte: die Wirtschaftsbehörden des Beauftragten für den VJP, unter dessen Federführung die Gesellschaften eingerichtet worden waren, oder das Reichsministerium für die besetzten Ostgebiete, dessen Leiter für sich in Anspruch nahm, die »Souveränität des Deutschen Reiches« zu repräsentieren. Zu einer Klärung kam es nicht mehr, da alle weiteren Verhandlungen auf die Zeit nach dem Krieg verschoben wurden.[65]

62 Vgl. Schreiben RWiM an Reichsminister und Chef der Reichskanzlei Lammers vom 5.6.1942, in: BAB, R 43-II, Nr. 686a, Bl. 85-92, hier Bl. 85 f. und 90 f.

63 Vgl. Schreiben Konti an RWiM, HA VI und II Min-Öl vom 25.2.1943, S. 1 f., in: HAC, 500/109595. Bei einer Besprechung beim WiStab Ost stand am 30. März 1943 die Frage des Verhältnisses der Ostgesellschaften zu den von ihnen verwalteten Betrieben erneut auf der Tagesordnung. Dabei wurde im Ergebnis die rechtliche Sonderstellung der Konti bestätigt. Vgl. AV WiStab Ost für den Reichsminister der Finanzen vom 2.4.1943, in: BAB, R 2, Nr. 30533, Bl. 25.

64 Vgl. Schreiben RMfdbO an den Reichsmarschall des Großdeutschen Reiches, Beauftragter für den VJP, vom 12.7.1943, in: ebd., R 6, Nr. 23, Bl. 199.

65 Vgl. Zellhuber, Verwaltung, S. 290 f.

6.3 Der Kaukasus, seine Ölfelder und Maikop

6.3.1 Der Kaukasus als konkretes Zielgebiet

Der Wehrmachtführungsstab bat am 4. Mai 1941 die Oberbefehlshaber der Teilstreitkräfte mit Blick auf den geplanten Überfall auf die Sowjetunion, die Möglichkeiten für eine frühzeitige Besetzung der kaukasischen Ölgebiete zu prüfen. Der Wehrmachttransportchef und das WiRüAmt sollten die Möglichkeiten und Bedingungen der Ausnutzung klären und das Amt Ausland/Abwehr die Aussichten eruieren, ob mögliche Zerfallserscheinungen in der Sowjetunion für eine Sicherung des Gebiets instrumentalisiert werden könnten.

Aus der Anlage zu dem zitierten Schreiben (»Unterlagen für die Prüfung eines Vorgehens gegen das kaukasische Ölgebiet«) ging hervor, dass die Vorräte bei einem Monatsbedarf der europäischen Achsenmächte – einschließlich der besetzten Gebiete – von 1,15 Mio. Tonnen Mineralöl Ende August erschöpft sein würden. Die eigene Produktion plus Einfuhr belief sich auf 850.000 Tonnen, die fehlenden 300.000 Tonnen könnten nur aus dem Kaukasus gedeckt werden. Außerdem war die sowjetische Landwirtschaft davon abhängig, dass dort 90 Prozent des Öls gefördert würden. Trotz der zu erwartenden Zerstörungen konnte nach Ansicht des RWiM dieses Gebiet den lokalen Bedarf bald wieder decken. Man kam zu folgendem Schluss: »Die Notwendigkeit, die kaukasischen Erdölgebiete, mindestens das Gebiet um Maikop (7 %) und Grozny (9 % der russischen Gesamtförderung) und die Transportwege für das Öl zu einem möglichst frühen Zeitpunkt in die Hand zu nehmen, ist unabweisbar.«[66]

Facetten der Besatzungspolitik

Der Nordkaukasus weist eine Reihe von Besonderheiten auf, die während des Zweiten Weltkriegs eine wichtige Rolle spielten: In der Region herrschen gute agroklimatische Verhältnisse, die eine landwirtschaftliche Nutzung begünstigen. Außerdem ist das Gebiet reich an Bodenschätzen wie Erdöl, Erdgas, Bunt- und Polymetallerzen sowie Steinkohle. Ein weiteres wichtiges Merkmal ist die ethnische Vielfalt der dort lebenden Menschen: Zu Beginn des Kriegs lebten im Nordkaukasus mehr als 50 Volksgruppen. Die Slawen und einige »Völker des Kaukasus«, wie sie in Russland genannt wurden, bekannten sich zum orthodoxen Christentum, die Mehrheit praktizierte jedoch den sunnitischen Islam.

66 Vgl. Rundschreiben WFSt, Warlimont, an den Oberbefehlshaber des Heeres und das OKW vom 4.5.1941, in: BA-MA, RW 4, Nr. 577, Bl. 5 f. Anlage: Unterlagen für die Prüfung eines Vorgehens gegen das kaukasische Ölgebiet, Bl. 7-12, hier Bl. 7 ff. (Zitat Bl. 9). Abgedruckt in: Fall Barbarossa, Dok. 47, S. 178-181.

Die Nationalsozialisten nutzten die ethnische Vielfalt für ihre Zwecke und setzten strategisch auf das Schüren ethnischer Konflikte sowie den Zusammenbruch der autonomen sowjetischen Republiken. Dabei kam es zu verschiedenen Formen der Kollaboration, ihr Ausmaß ist kaum seriös zu beurteilen.[67] In der Debatte darum wird immer wieder die Frage aufgeworfen, ob im »Experimentierfeld Kaukasus«[68] tatsächlich eine andere, mildere, Besatzungspolitik ausgetestet wurde, oder ob es sich dabei um die »Kaukasus-Legende« handelt.[69]

Die geplante abweichende Besatzungspolitik setzte laut Joachim Hoffmann auf die Zusammenarbeit der Nationalitätenverbände. Politische Rücksichtnahmen gewannen hier an Bedeutung und wurden im Verlauf des deutsch-sowjetischen Kriegs erstmals Bestandteil der Planungen, auch weil das Gebiet – von den Ölquellen einmal abgesehen – außerhalb der von Hitler beanspruchten »Interessensphäre« lag. Deshalb habe er, so Hoffmann, dem Heer freie Hand gegeben, das Gebiet vorerst unter Militärverwaltung zu stellen. Daraufhin hätten sich hier Kräfte innerhalb der Wehrmacht konzentriert, die allgemein Vorbehalte gegenüber der Unterdrückungspolitik in den besetzten sowjetischen Gebieten hegten und darin vertane Chancen sahen. Dem Punkt ist sicher zuzustimmen; fraglich ist nur, welche Folgen das in der kurzen Phase der deutschen Besatzungsherrschaft wirklich zeitigte.[70]

Der gesamte Kaukasusraum hatte spätestens seit dem Ersten Weltkrieg in den Vorstellungen deutscher Politik und Strategien der Kriegführung eine geradezu mythische Bedeutung gewonnen, vergleichbar mit dem Bild von der »Kornkammer Ukraine«. Zwei Ziele waren es, die den Kaukasus so hervorhoben: kurzfristig die Aussicht auf schnelle Gewinnung von Erdöl, die für die weitere Kriegführung von eminenter Bedeutung war; mittelfristig die strategische Passage nach Asien, die »Brücke zum Orient«. Während Ersteres vor allem Hitler und die Wehrmachtführung antrieb, fühlten sich Alfred Rosenberg und sein Reichsministerium für die besetzten Ostgebiete berufen, ihre früheren Pläne zur Zerschlagung der Sowjetunion in Marionettenstaaten unter deutscher Führung wieder aus der Schublade zu holen, und versuchten, sich frühzeitig Einfluss auf das Gebiet zu sichern, das später das Reichskommissariat Kaukasien werden sollte.

Rosenbergs Konzept basierte auf der Bevorzugung bestimmter ethnischer Gruppen, aber nicht ausschließlich. Eigentlich hätte der gesamte bisherige Kriegsverlauf längst zum Umdenken zwingen müssen, denn angesichts des sich anbahnenden Scheiterns des Sommerfeldzugs 1942 wurde es immer wichtiger, dass in der Bevölkerung Ruhe herrschte, auch mit Blick auf die Rekrutierung der Kollaborationsverbände

67 Vgl. Rebrova, Nordkaukasus, S. 325 und 327 f.

68 Vgl. Hasenclever, Wehrmacht, S. 254; Zeidler, Experiment.

69 Vgl. Pohl, Militärherrschaft; ders., Herrschaft, S. 299.

70 Vgl. Hoffmann, Kaukasien, S. 13 und 15. Abgesehen von den Erdölvorkommen war der Kaukasus nur von geringem Interesse für Hitler, der für dieses Gebiet weder siedlungs- noch rassenpolitische Ziele verfolgte. Vgl. Oldenburg, Ideologie, S. 259 f.

und die Arbeit im Reich. Somit standen die Vorzeichen für eine weniger brutale Besatzungspolitik gut, aber man fiel schnell in alte Muster zurück, auch im Bereich der Ernährungspolitik: In Teilen des Kaukasus herrschte Hunger. So standen täglich in Maikop nur 300 Gramm für arbeitende und 100 Gramm für nichtarbeitende Einwohner an Lebensmitteln zur Verfügung. Im Raum Armawir grassierte der Hunger so stark, dass man mit der Umsiedlung von Bewohnern in andere Gebiete begann.[71]

Im Sinn einer Aufspaltung der Völker der Sowjetunion plante man schon früh, die kaukasische Bevölkerung relativ besser zu behandeln. Bereits in der »Grünen Mappe« vom Juni 1941 wurde dies festgehalten: »Die Ernährungslage im wichtigen Erdölgebiet (südlich [des] K[aukasus]) hängt vom Herankommen des Getreides aus der reichen Gegend nördlich des Kaukasus ab. Mit der Bevölkerung ist ein gutes Verhältnis anzustreben, insbesondere auch mit den Arbeitern in der Ölwirtschaft. Der Gegensatz zwischen den Einheimischen (Georgiern, Armeniern, Tataren) zu den Großrussen ist in unserem Sinne auszunutzen.«[72] Auch das Amt Ausland/Abwehr interessierte sich für die sich mutmaßlich »aus den Zerfallserscheinungen in der Sowjet-Union ergebenden Möglichkeiten für eine Sicherung des Oelgebiets«. In Rumänien hatte man bereits einen Trupp von 100 ausgebildeten Georgiern zusammengestellt und beabsichtigte, auch im Iran ansässige Armenier und Aserbeidschaner zu rekrutieren.[73] Etwaige Umsiedlungspläne für die in der nationalsozialistischen Rassentheorie überwiegend »arische« Bevölkerung bestanden im Gegensatz zu den slawisch bevölkerten Gebieten jedoch nicht.

Rosenberg sah in den kaukasischen Bergvölkern natürliche Verbündete gegen Stalin, der ihre Unterdrückung verantwortete. Sie sollten für die deutschen Besatzer

71 Vgl. Pohl, Herrschaft, S. 300 ff. So berichtete die Einsatzgruppe D Ende August 1942: »Im Bereich Armavir-Maikop zeigte sich die Bevölkerung, die sich vorwiegend aus Russen und Ukrainern, zum geringen Teil aus Tscherkessen zusammensetzt, deutschfreundlich eingestellt.« In: Meldungen aus den besetzten Ostgebieten Nr. 18 vom 28. 8. 1942, zit. nach: Mallmann u. a. (Hg.), Berichte, S. 421-428, hier S. 423. Zur Ernährungslage hieß es Mitte Dezember 1942: »Die Schwierigkeiten in der Lebensmittelversorgung des Gebietes von Maikop, insbesondere der Erdölgebiete von Apscheronskaja und Chadychenskaja, sind bisher nicht behoben. Infolge der ungenügenden Ernährungsmöglichkeiten in diesen Gebieten zeigen sich schon jetzt in der Bevölkerung stärkere Abmagerungserscheinungen und allgemeine Körperschwäche. In Maikop selbst findet immer noch keine Lebensmittel- und Brotabgabe statt.« In: Meldungen aus den besetzten Ostgebieten Nr. 34 vom 18. 12. 1942, zit. nach: ebd., S. 575-589, hier S. 586.

72 Richtlinien des Wirtschaftsführungsstabes Ost für die wirtschaftliche Ausplünderung der besetzten sowjetischen Gebiete (Grüne Mappe, Teil I: Aufbau und Organisation der Wirtschaft), Juni 1941, zit. nach: Fall Barbarossa, Dok. Nr. 112, S. 363-399, hier S. 388.

73 Vgl. Schreiben Amt Ausland/Abwehr, Canaris, an den WFSt, Abteilung L, Warlimont, vom 16. 6. 1941, in: BA-MA, RW 46, Nr. 646. Doch musste die Truppe von Admiral Canaris einräumen, dass abwehrmäßige Maßnahmen zum Schutz der Erdölbetriebe im Kaukasusgebiet wenig Erfolg versprachen. Eine frühzeitige Inbesitznahme der Erdölgebiete erschien somit als die beste Lösung. Vgl. Vortragsnotiz des Chefs des WiRüAmts vom 16. 7. 1941, in: ebd. Auch in: ebd., RW 19, Nr. 988, Bl. 17 f., hier Bl. 17.

gewonnen und nach dem Prinzip ›Divide et Impera‹ gegen das sowjetische System ausgespielt werden, ohne dass Repressionen Anwendung finden müssten. Der Bevollmächtigte für den Kaukasus, Otto Bräutigam, sollte sämtliche besatzungspolitischen Fragen im Sinn des Ministeriums mitentscheiden; Generalquartiermeister Wagner hatte zudem bei der Heeresgruppe A die Funktion eines Beauftragten für Kaukasusfragen geschaffen und dafür den in Russland geborenen General Ernst-August Köstring benannt, der für eine Zusammenarbeit mit den kaukasischen Völkern und eine mildere Besatzungspolitik eintrat.[74]

Rosenberg notierte in seinem Tagebuch zu einer Besprechung über die Aufteilung des osteuropäischen Raums im Führerhauptquartier zwischen Hitler, Rosenberg, Lammers, Keitel und Göring am 16. Juli 1941, er habe den Parteijournalisten Arno Schickedanz[75] als zukünftigen Reichskommissar für das zu bildende Reichskommissariat Kaukasien vorgeschlagen. Dazu bemerkte Göring: »Glauben Sie, dass dieser schmächtige Mensch sich durchsetzen kann? Ich brauche hier einen Wirtschaftler, der die Oelwirtschaft auf die Beine stellt.« Rosenberg hielt entgegen, dass man einen Mann mit einem klugen Urteil benötige, als »Ölkommissar« könne Göring ja Neubacher einsetzen. Hitler bezweifelte jedoch, dass Neubacher diese Position zusätzlich übernehmen könne.[76]

Hitler ließ keine Zweifel über seine Absichten. So forderte er am 28. März 1942 bei einer Besprechung über die Sommeroperation: »Unter keinen Umständen von Südangriff ablassen; Russe muß mit allen Kräften folgen. Ölquellen für Russen unentbehrlich.«[77] Und am 9. Mai 1942 äußerte er in einem Tischgespräch, dass der Kaukasus als »großer Ölspender« eine besondere Rolle spiele. Man müsse das Gebiet unter straffste Aufsicht stellen, andernfalls sei eine lohnende Ausbeute unmöglich.[78]

Das britische Ministerium für wirtschaftliche Kriegführung ging davon aus, dass die deutschen Truppen von Rostow aus einen Monat bis Maikop, zwei bis Grosny und fünf bis Baku brauchen würden, und rechnete mit einer Konzentration der Kräfte auf Maikop und Baku; Grosny und Dagestan seien wohl für einen späteren Zeitpunkt vorsehen. Hinsichtlich der möglichen Produktionsziffern gingen die Briten davon aus, dass der Bedarf der Wehrmacht von 56.000 Tonnen im Monat etwa ein

74 Vgl. Hasenclever, Wehrmacht, S. 254f. Zu Rosenberg und seinen Vorstellungen vgl.: Piper, Rosenberg, bes. S. 509ff. Zur »neuen Ostpolitik« siehe auch Angrick, der die Parallelen zur Behandlung der Krimtataren herausarbeitet. Vgl. ders., Besatzungspolitik, S. 590ff.

75 Hitler schlug vor, Schickedanz einen harten Stabsleiter zur Seite zu stellen. Vgl. Eintrag vom 20.7.1941, in: Rosenberg, Tagebücher, S. 398.

76 Vgl. Eintrag vom 20.7.1941, in: ebd., S. 398 (Zitat ebd.). Siehe dazu: AV über Besprechung zwischen Hitler, Rosenberg, Lammers, Keitel und Göring vom 16.7.1941 (wohl von Bormann), zit. nach: IMT, Bd. 38, L-221, S. 86-94.

77 Eintrag vom 28.3.1942, in: Generaloberst Halder, KTB, Bd. III, S. 421.

78 Vgl. Eintrag vom 9.5.1942, in: Picker, Tischgespräche, S. 389 (Zitat ebd.).

halbes Jahr nach der Einnahme Bakus erreicht werden könnte.[79] Auch der britische Militärgeheimdienst war davon überzeugt, dass die Deutschen ihre Anstrengungen auf die Besetzung der Felder von Maikop und Baku konzentrierten. Nach nur drei Monaten könnten sie dort Erdöl fördern, insgesamt zehn bis elf Monate nach dem Fall von Rostow ausreichend, um den Bedarf der Wehrmacht vor Ort zu decken. Mit Überschüssen für den Export aus den Kaukasusfeldern rechneten sie erst nach etwa einem Jahr.[80] Die Transportschwierigkeiten, genauer: der Mangel an Tankertonnage im Schwarzen Meer, bildeten das einzige ernsthafte Hindernis für den Erfolg des deutschen Vorhabens. Die Übergabe französischer Tankertonnage an Deutschland und ihre erfolgreiche Verlegung ins Schwarze Meer könne dieses Problem jedoch lösen.[81]

Hitler befand sich angesichts der anfänglichen militärischen Erfolge in einem wahren Rauschzustand und schwärmte von den landwirtschaftlichen Kapazitäten der besetzten Ostgebiete, die man voll nutzen könne, sobald sich die Ölquellen in deutscher Hand befänden. Deutschland werde der autarkste Staat der Welt sein. »Holz haben wir genügend, Eisen unbegrenzt, die größten Manganerz-Vorkommen der Welt, Öl, da schwimmt alles!«[82]

Ähnliche Gedanken hegte Ostminister Rosenberg, der die Errichtung einer sicheren Position in ganz Kaukasien als deutsches Interesse deklarierte. Nur so ließe sich die Landverbindung in den Nahen Osten, und damit die Sicherung Kontinentaleuropas, verwirklichen. Eine Verbindung zu den Ölquellen könne Deutschland und ganz Europa für alle Zeit unabhängig von jeder Seekoalition machen. Ziel der deutschen Politik müsse es deshalb sein, Kaukasien und seine südlichen Ausläufer politisch und militärisch zu beherrschen.[83]

Auf deutscher Seite erwartete man große wirtschaftliche und militärische Probleme für die Sowjets, sobald sie von den kaukasischen Ölvorräten abgeschnitten wären oder diese verlören. Trotz intensiver Versuche, die Ölförderung der neuen Ölgebiete im Ural, Turkestan und im Fernen Osten zu steigern, werde die Gesamtförderung nicht ausreichen, den Ölbedarf der Sowjetunion zu decken, da die Rote Armee und die sowjetische Industrie in der Hauptsache auf das Öl des Kaukasus angewiesen seien.[84]

79 Vgl. Ministry of Economic Warfare, Consideration of the Possible German Plan for the Development of the Petroleum Resources of the Caucasus Area, vom 25.4.1942, S. 1 f., in: NAK, WO 193, Nr. 632.

80 Vgl. MI 10 [Directorate of Military Intelligence, Sektion Waffen und technische Analysen im Zweiten Weltkrieg], Ministry of Economic Warfare Paper on Possible German Plans for the Development of the Petroleum Resources of the Caucasus Area vom 14.5.1942, in: ebd.

81 Vgl. AN aus dem MI 10 vom 24.5.1942, in: ebd.

82 Vgl. Eintrag vom 9.8.1942, in: Hitler, Monologe, S. 336.

83 Vgl. Memorandum »Über die Gestaltung Kaukasiens« von Rosenberg vom 27. Juli 1942, in: SUB GÖ – HA, Cod. Ms. Nürnberger Akten, USSR-58.

84 Vgl. Meldungen aus den besetzten Ostgebieten Nr. 17 vom 20.8.1942, zit. nach: Mallmann u.a. (Hg.), Berichte, S. 414-421, hier S. 420. Theodor Oberländer aus dem RMfdbO äußerte sich Ende August 1942 ähnlich: »Durch das Erdöl ist der Kaukasus zu einem der wichtigsten Rohstoff-

Auch Goebbels teilte diesen Optimismus und notierte am 20. August in sein Tagebuch, dass die Operationen im Kaukasus außerordentlich gut vorangingen: Hitler wolle noch in diesem Sommer Grosny und Baku erobern. »Aber damit nicht genug. Der Führer verfolgt den gigantischen Plan, beim Erreichen der russischen Grenze in den Nahen Osten vorzubrechen, Kleinasien in unseren Besitz zu bringen, Irak, Iran, Palästina zu überrumpeln und damit England nach dem Verlust der ostasiatischen Quellen die letzten Ölreserven abzuschneiden. Haben die Bolschewisten und die Engländer ihr Öl verloren [...], dann drücken wir damit unmittelbar auf den Adamsapfel des Feindes.«[85]

6.3.2 Die Ölfelder des Kaukasus

Auf deutscher Seite erwartete man, dass die sowjetische Kriegführung durch den Ausfall der kaukasischen Ölförderung weitgehend gelähmt würde. Aber zum einen fielen die Felder nicht unzerstört in deutsche Hände und zum anderen hatten die Sowjets alternative Quellen erschlossen und die Entwicklung eines »zweiten Baku« im Ural-Wolga-Gebiet seit 1938 massiv vorangetrieben.[86]

In den Jahren 1921 bis 1926 befand sich die sowjetische Ölindustrie in einer Wiederaufbauphase, doch bis 1932 wurde der Export rasch gesteigert und die Förder- und die Verarbeitungsmethoden wurden systematisch modernisiert. Die dritte und hier relevante Phase erstreckte sich über die Jahre 1933 bis 1940. In diesen Jahren wurde der Export von Rohöl und Ölprodukten zugunsten der eigenen Energieversorgung scharf gedrosselt. Die Erdölproduktion stieg zwar weiter an, blieb jedoch hinter den Planzahlen zurück. Während in den Jahren von 1928 bis 1937 die Ölförderung auf das 2,3-fache gestiegen war, wies der Inlandsverbrauch eine höhere Steigerungsrate um das 2,8-fache auf. Der Anstieg der Produktion im Verlauf der Jahre 1928 bis 1941 erfolgte im Wesentlichen durch die stärkere Förderung, was unvermeidbar zur Erschöpfung der Quellen führen musste. Die Zunahme der Produktion in den 1930er Jahren entfiel beinah ausschließlich auf das Gebiet Baku, im Jahr 1938 betrug der Anteil Bakus

gebiete Europas geworden. Er ist für die Wirtschaft der Sowjetunion unentbehrlich.« Vgl. Meldungen aus den besetzten Ostgebieten, Nr. 18 vom 28.8.1942, Anlage 5: Deutschland und der Kaukasus von Dr. Theodor Oberländer, in: BAB, R 58, Nr. 698, Bl. 209-241, hier Bl. 234 f. und 241 (Zitat Bl. 235).

85 Vgl. Eintrag vom 20.8.1942, in: Tagebücher von Joseph Goebbels, Teil II, S. 344-373, hier S. 354 (Zitat ebd.). Die deutschen Hoffnungen, die russische Ölproduktion zu beeinträchtigen, erfüllten sich jedoch zumindest partiell: Sie entwickelte sich von 31.121.000 Tonnen (1940) auf 33.038.000 Tonnen (1941), sank auf 21.988.000 Tonnen (1942) und 17.984.000 Tonnen (1943), um 1944 mit 18.261.000 Tonnen und 1945 mit 19.436.000 Tonnen wieder leicht anzusteigen. Vgl. Harrison, Accounting, S. 68 und 71.

86 Vgl. Birkenfeld, Illusionen, S. 85 ff.

73,4 Prozent der gesamten Erdölgewinnung in der Sowjetunion. Gleichzeitig traten in den traditionsreichen Ölregionen von Grosny und Baku erste Erschöpfungserscheinungen auf. So hatte die Produktion von Grosny 1931 noch acht Mio. Tonnen betragen, war 1940 aber auf unter drei Mio. Tonnen gefallen.[87] Im dritten Quartal 1941 war die Erdölförderung anfangs noch hoch, sogar höher als im gleichen Quartal des Vorjahrs, doch dann setzte ein plötzlicher Rückgang ein. Neben der Unterbrechung des Transports bildete der Mangel an Bohr- und Rohrleitungsausrüstung einen wichtigen Faktor.[88]

Konkrete Vorbereitungen

In der AR-Sitzung der Konti am 13. Januar 1942 versicherten Fischer und Blessing den versammelten Spitzenkräften der deutschen Erdölindustrie, der »Kaukasuseinsatz« werde weiterhin mit Nachdruck vorbereitet. Zu erwarten sei mit Gewissheit, »daß die Russen bei ihrem Abzug aus den kaukasischen Erdölfeldern Bohrgeräte und Raffinerien abgebaut und abtransportiert haben, wie dies in gleicher Weise in anderen bereits besetzten Erdölgebieten erfolgte«. AR-Vorsitzender und Reichswirtschaftsminister Funk stellte der Konti Hilfs- und Gegenmaßnahmen in Aussicht, »seien sie auch noch so drastisch«.[89]

Günther Schlicht, Direktor der DEA, Vorstandsmitglied der Ost Öl GmbH und wichtigster Förderexperte bei der Konti, legte kurze Zeit später konkretere Zahlen für die weitere Planung vor. Im Kaukasus müsse man sich wegen der zu erwartenden Zerstörungen »grundsätzlich auf Neubohrungen gefaßt machen«. 600 Bohrgeräte, mit deutscher Produktivität betrieben, könnten dabei »für den Kaukasus als hinreichend bezeichnet werden [...], gegenüber 836 russischen Geräten«. Bis dahin gelte es jedoch, enorme Schwierigkeiten zu überwinden: »Erstens sind nicht hinreichend Geräte vorhanden und können auch infolge der bestehenden Lieferschwierigkeiten [...] nicht mit der erforderlichen Schnelligkeit beschafft werden; zweitens stehen die erforderlichen Fachkräfte, insbesondere Bohrmeister, zahlenmäßig nur in beschränktem Umfange zur Verfügung; drittens werden die Transportschwierigkeiten

87 Vgl. Napuch, Sowjetunion, S. 30; Mejcher, Politik, Bd. II, S. 39, 41, 44. Während des ersten Fünfjahresplans verdoppelte sich die Erdölförderung, während des zweiten (1933-1938) wuchs sie um 50 Prozent. Im Jahre 1927 waren 10,3 Mio. Tonnen gefördert worden (6,3 Prozent der Weltförderung), 1931 waren es 2,2 Mio. Tonnen (11,6 Prozent der Weltförderung). Vgl. Semjonow, Erdöl, S. 193.

88 Vgl. Harrison, Planning, S. 169 f. und 253.

89 Vgl. Niederschrift über die 2. AR-Sitzung der Konti am 13.1.1942 (Zitate S. 3 und 21), in: StaN, KV-Anklage, Dok. Umdrucke, NI-10162; Eichholtz, Ölpolitik, S. 447. Auch im RWiM plante man mit dem kaukasischen Öl. Jeweils ein Jahr nach Besetzung rechnete man beim Maikopgebiet mit 1,5 Mio. Tonnen pro Jahr, bei Grosny mit 500.000 Tonnen und bei Baku mit fünf Mio. Tonnen. Vgl. Vermerk über die Sitzung am 27.2.1942 im RWiM über die Einfuhr russischen Mineralöls vom 6.3.1942, in: BA-MA, RW 19, Nr. 2267, Bl. 76 f., hier Bl. 76.

im Anfang in Rußland derart groß sein, daß es schon äußerste Schwierigkeiten bereiten wird, das Material für den ersten Einsatz [...] zum Einsatzort zu bringen.«[90]

Keppler kritisierte die Aufstellungen der Ost Öl GmbH über den erforderlichen Bohrgeräteeinsatz im Kaukasus, da sie aus seiner Sicht fälschlicherweise von den sowjetischen Zahlen und damit davon ausgingen, eine intakte Förderung vorzufinden und auszubauen. Dabei müsse man doch damit rechnen, die Produktion fast neu aufzubauen. Auch Bentz stimmte den überaus optimistischen Prognosen Schlichts offensichtlich nicht zu und hatte daher den Auftrag gegeben, Einzelpläne auszuarbeiten.[91]

Die Mitarbeiter des WiRüAmts erwarteten eine gründliche Zerstörung der kaukasischen Ölanlagen beim Eintreffen der Wehrmacht. Man werde viele Monate brauchen, bis sie wieder in Gang gebracht worden seien. Am schwierigsten schätzten sie jedoch die Transportfrage ein, sowohl hinsichtlich der erforderlichen Geräte zu den Erdölgebieten als auch, und weit mehr noch, für den Abtransport des Mineralöls.[92]

Die Experten der Konti legten auf ihrer Sitzung am 6. März bei Staatssekretär Neumann die Berechnungen Schlichts zugrunde. Einig war man sich, »daß die Russen in den zu besetzenden Gebieten alle Bohranlagen abtransportiert bezw. zerstört haben werden«. Umso schwieriger sah es mit der Beschaffung eigener Geräte aus. Im Lauf des Jahres 1942 seien höchstens 75 Bohrgeräte und 20 Aufwältigungssonden von der deutschen Bohrgeräteindustrie zu beschaffen. 25 weitere Geräte seien bestellt und könnten bis Mitte 1943 geliefert werden. Insgesamt sollte aber »der Gerätepark auf mindestens 600 leistungsfähige Geräte und in vier bis fünf Jahren auf etwa 1000 Geräte erweitert werden«. Bis Ende 1942 sollten Material und Arbeitskräfte auf die Maikopregion konzentriert werden, in einer zweiten Etappe, bis Mitte 1943, die Felder von Grosny ausgebeutet werden, in einer dritten das Revier Baku.[93]

Vorausschauend informierte Fischer »im Hinblick auf vielleicht ähnlich gelagerte Fälle im Osten« Bentz, Schlicht und die Ost Öl GmbH über die von den Engländern und Niederländern in Niederländisch-Indien vorgenommenen Zerstörungen an den Erdölquellen. Sie bestanden unter anderem im Eingießen von Zement in Bohrleitungen, der Verstopfung der unteren Brunnenschicht mit Zement, dem Einwurf von Gegenständen sowie Sprengungen.[94]

Der eher skeptische Krauch warnte noch kurz vor dem deutschen Angriff, dass im Kaukasusgebiet wahrscheinlich auch die Verarbeitungsbetriebe restlos zerstört sein würden. Dann müssten nahezu sämtliche Einrichtungen in Deutschland gefertigt,

90 Vgl. Denkschrift »Bohrgeräteeinsatz in Rußland« vom 26.1.1942 (Zitate S. 1 f.), in: BGR, Nr. 0065936; Schreiben von Schlicht an Neumann vom 24.1.1942, in: ebd.; Eichholtz, Ölpolitik, S. 447.

91 Vgl. Schreiben von Keppler an Neumann vom 2.2.1942, in: BGR, Nr. 0065936.

92 Vgl. Die deutsche Treibstoffversorgung im Kriege vom 16.2.1942, in: BA-MA, RW 19, Nr. 202, Bl. 27-43, hier Bl. 42 f.

93 Vgl. Eichholtz, Ölpolitik, S. 452 (Zitat ebd.).

94 Vgl. Schreiben Fischer, Mineralölabteilung im RWiM, an Bentz, die Ostöl GmbH und Schlicht vom 29.4.1942, in: BGR, Nr. 0065936 (Zitat ebd.).

nach Russland transportiert und aufgebaut werden, und das bei prekärer Rohstofflage. Für die ersten Mengen Erdöl hatte er in Absprache mit der Konti den Wiederaufbau der Raffinerien in Cherson und Berdjansk angewiesen. Dafür sollten Anlagen aus Frankreich zum Einsatz kommen.[95]

In seinem Bericht über »Grundprobleme des Osteinsatzes auf dem Gebiete der Erdölförderung und -gewinnung« vom 16. Juni 1942 betonte Schlicht, dass es sich bei den Vorbereitungen für die Wiederinbetriebsetzung der Erdölfelder im Kaukasus um eine Aufgabe handele, »wie sie bisher der Erdölindustrie in der Welt noch nicht gestellt worden« sei. Die großen Entwicklungsarbeiten im Feld, in den Vereinigten Staaten, in Venezuela, im Iran oder Irak, seien unter normalen betriebswirtschaftlichen und technischen Verhältnissen durchgeführt worden, während man hier in Gebieten operieren werde, in denen mit enormen Zerstörungen und Materialevakuierungen zu rechnen sei. Außerdem müsse während des Kriegs ein verminderter Personalbestand erweiterte Aufgaben übernehmen, ohne dass hinreichender Nachwuchs rekrutiert werden könne.[96]

Auf der hochrangig besetzten »Öl-Sitzung« in Görings Hauptquartier am 10. Juli 1942 diskutierten die Experten darüber, wie man nach der Eroberung von Maikop die Produktion wieder aufnehmen könne. Göring wollte über den Stand der Vorbereitungen informiert werden. Ihm war verschiedentlich zugetragen worden, dass nicht genügend Bohrgeräte bereitgestellt werden könnten. Primäres Ziel sei es, die Ölgebiete ausnutzen zu können, »weil ja die ganze Knappheit nur auf dem Gebiet der Treibstoffe besteht«.

Schlicht sollte als Vorstandsmitglied der Ost Öl GmbH, die für die Materialbeschaffung für den Osteinsatz zuständig war, berichten. Er unterschied zwischen dem militärischen Einsatz, der durch die TBM durchgeführt wurde, und dem fachmännisch-industriellen, soweit er überhaupt möglich sei. Bei seinen Planungen sei er vom schlimmsten Fall ausgegangen, nämlich dass die Felder restlos zerstört seien. Für das erste Jahr des Gesamteinsatzes habe man insgesamt 120 Bohrgeräte bestellt, die zum Teil schon ausgeliefert und zum Teil noch in der Fertigung befindlich seien. Für den Gesamtkaukasus rechnete Schlicht mit einem Bedarf von 600 bis 700 Geräten. Einen wesentlichen Engpass sah er im Mangel an Fachkräften: Es fehlten etwa 500 Mann, die trotz aller Bemühungen bisher nicht beschafft werden konnten.[97]

Ein weiteres zentrales Thema der Sitzung bildeten die zu erwartenden Zerstörungen und der Umgang damit. Schlicht demonstrierte anhand von Bildern die verschiedenen Möglichkeiten der Zerstörung, vor allem die Verfüllung der Bohrungen mit Gestänge, Seilen, Eisenteilen und Ähnlichem. Göring hoffte, dass den Sowjets für solche Zer-

95 Vgl. Schreiben GBChem an RWiM, von Hanneken, vom 5.6.1942, in: BA-MA; RW 19, Nr. 2267, Bl. 40.

96 Vgl. Günther Schlicht, Die deutsche Expedition in den Kaukasus. Anlage 1: Grundprobleme des Osteinsatzes auf dem Gebiete der Erdölförderung und -gewinnung, vom 16.6.1942, in: BGR, Nr. 0058277. Auch in: ebd., Nr. 0065808.

97 Vgl. Stenographischer Bericht über die Oel-Sitzung am 10.7.1942, in: IfZ, MA 144/3, Bl. 5605-5637, hier Bl. 5605 ff. (Zitat Bl. 5605); Irving, Göring, S. 537 f.

störungen nicht ausreichend Zeit zur Verfügung stehen werde. Bei den veranschlagten 120 Bohrgeräten musste Schlicht konzedieren, dass sie sukzessive erst bis zum April 1943 bereitstehen würden. Göring war von einer sofortigen Einsatzfähigkeit ausgegangen. Schlicht zufolge konnten die Geräte jedoch aufgrund von Transportschwierigkeiten nur Zug um Zug dorthin verbracht werden, zudem könne man ohnehin nicht an allen Stellen gleichzeitig bohren. Den größten Engpass machte Schlicht bei den Bohrmeistern aus. In Deutschland gebe es im Augenblick rund 850 Bohrmeister, in Rumänien rund 400, es würden aber insgesamt 2.100 Bohrmeister benötigt. Derzeit unternehme man große Anstrengungen in der Ausbildung, allein auf der Bohrmeisterschule in Celle sollten bis zum 1. April 1944 etwa 650 deutsche Bohrmeister ausgebildet werden. Für den aktuellen Einsatz in der TBM habe man versucht, sämtliche Bohrmeister aus der Truppe herauszuholen. Göring versprach daraufhin einen »Führerbefehl«: »Das ist einfach. Das ist ein Befehl vom Führer. – Erachten Sie also auf gut deutsch alles, was getan wird, für genügend, um auf dem schnellsten Wege soviel wie möglich Erdöl zu bekommen.«

Ähnlich energisch äußerte sich Göring zu den 120 Bohrgeräten: »Wenn jetzt z. B. Sofortaufträge nach Salzgitter gelegt und Heeresaufträge anderswo untergebracht werden usw., erscheint es mir unlogisch, dass man einen riesigen Apparat in Gang setzt – das ganze Reich ist mobilisiert, um diesen Sieg zu gewinnen und dahin zu kommen –, und nachher steht ein kümmerliches Etwas da, was nun den Erfolg dieses riesigen Ringens bringen soll.« Auch den Einwand Schlichts, dass diese 120 Bohrgeräte immerhin dem Gesamteinsatz in der rumänischen Erdölindustrie entsprächen, wischte er energisch vom Tisch: »Das ist für mich völlig uninteressant, und wenn das das Zehnfache des Einsatzes wäre! Mich interessiert nur, ob man über das, was wir haben, hinaus örtlich noch viel mehr einsetzen könnte, wenn wir sie hätten; und das ist zweifellos der Fall.«[98]

Letztlich interessierte Göring aber vor allem die Frage, wie viel Öl man fördern könne. Bei einer völligen Zerstörung rechnete Schlicht mit einem Jahr, bis man in Maikop und Grosny auf eine Jahreskapazität von ungefähr 1,5 Mio. Tonnen kommen könne. In Baku gebe es wesentlich mehr: »Baku ist überhaupt das Gebiet, das die ganze Frage lösen kann, weil die Quellen des Nordkaukasus rein produktionsaussichtenmässig nicht mehr so günstig liegen.« Neumann rechnete für Baku allein mit 25 Mio. Tonnen.[99]

Staatssekretär Körner bat Reichsmarschall Göring, auf Hitler einzuwirken, analog zur Anordnung zum Wiederaufbau der Kohleförderung im Donezgebiet eine entsprechende Anordnung im Interesse des schnellsten Wiederaufbaus der Mineralölindustrie im Kaukasus zu unterzeichnen. Einen Entwurf für eine solche Anordnung

98 Vgl. ebd., Bl. 5611 ff. (Zitate Bl. 5617 f.).

99 Vgl. ebd., Bl. 5622 f. (Zitat Bl. 5622). Abgedruckt in: Eichholtz, Raubzug, Dok. 1, S. 462-477. Vgl. dazu: Irving, Göring, S. 537 f.

hatte Körner bereits formuliert.[100] Am 12. Oktober 1942 unterzeichnete Hitler den »Führerbefehl«, der inhaltlich dem Befehl für das Donezbecken vom 20. Juni 1942 entsprach.[101] Darin ordnete er an, beim Wiederaufbau der Mineralölindustrie im Kaukasus die einheimischen Arbeitskräfte verfügbar zu halten. Jeder Abzug von Arbeitskräften der Erdölindustrie ohne Zustimmung der mit dem Wiederaufbau der Erdölindustrie beauftragten Dienststellen habe zu unterbleiben. Die Anforderungen der mit dem Wiederaufbau der Erdölindustrie beauftragten Dienststellen auf dem Gebiet der Arbeitskräfte waren bevorzugt zu befriedigen, dies galt insbesondere für die Zuweisung von Kriegsgefangenen. Die in der Erdölindustrie eingesetzten einheimischen Arbeitskräfte und ihre Familienangehörigen seien so zu ernähren, dass ihre Arbeitswilligkeit und -fähigkeit gewährleistet sei. Die Herstellung der benötigten Materialien war sowohl im Reich wie in den besetzten Gebieten in die höchste Dringlichkeitsstufe zu stellen, bei der Instandsetzung war der Bedarf der Erdölindustrie dem Truppenbedarf gleichzustellen. Die Materialtransporte für den Wiederaufbau der Erdölindustrie waren als Wehrmachttransporte durchzuführen. Militärische und zivile Dienststellen hatten alle Anforderungen für den Wiederaufbau der Erdölindustrie bevorzugt zu befriedigen.[102]

Fischer plädierte dafür, die jeweilige Dringlichkeit zu definieren: »Beispielsweise für Rußland ist ja jetzt durch den neuen Führerbefehl eine absolute Klarheit hergestellt, und zwar dahin, daß alle Mineralölbauvorhaben im Kaukasus in die höchste Dringlichkeitsstufe einzureihen sind.« Bentz ergänzte, das Tempo, mit dem man im Kaukasus die Erdölförderung in Gang bringen könne, sei von entscheidender Bedeutung. Die Sowjets hätten die Felder gründlich zerstört, woraufhin die neuen Bohrgeräte auf den ertragreichsten Stellen aufgebaut werden müssten. Diese Stellen seien aber erst seit wenigen Tagen feindfrei. Aktuell seien sie noch nicht einmal entmint.

Laut Bentz bestand das Hauptproblem im Transport vom Gleis zu den Feldern. Dort stockte es, weil der Wehrmachtbedarf Vorrang hatte. Nach seiner Einschätzung würden bis Ende des Jahres 75 Apparate zur Verfügung stehen, hinzu kämen von deutschen Firmen rund weitere 40, allerdings wohl nicht vor März/April nächsten Jahres. Die bisherigen Programme hätten jedoch kalkuliert, dass man bereits im Herbst bohren könnte. Damals habe man geglaubt, im März 1943 eine Förderung von 30.000 Tonnen zu erreichen, diese Prognose sei nicht mehr zu halten. Bentz ging nun von einem Anlauf der Produktion im März und einem Erreichen von 30.000 Tonnen monatlich frühestens im August/September aus, für 1943 rechnete er mit 250.000 bis 300.000 Tonnen. Dies wäre realistisch in Maikop zu erreichen, wenn es gelänge, die Anlagen so rasch herunterzubringen, dass im März ein Bohrprogramm

100 Vgl. AN für Reichsmarschall zur Besprechung beim Führer von Min.Rat Görnnert vom 8.10.1942, in: NAW, T 84A, Roll 6, Bl. 5746.

101 Vgl. Werpup, Ziele, S. 157.

102 Vgl. Befehl Hitlers vom 12.10.1942, in: BAB, R 3901, Nr. 20270, Bl. 54. Auch in: ebd., R 55, Nr. 1288, Bl. 109, BA-MA, RW 46, Nr. 663; ebd., RW 31, Nr. 24; ebd., RW 31, Nr. 145 und ebd., RW 19, Nr. 2266, Bl. 58. Abgedruckt in: Okkupationspolitik, Dok. 130, S. 338 f. Vgl. ferner: Eichholtz, Geschichte, Bd. 2, S. 487.

von rund 100 Geräten starten könne.[103] Die militärische Entwicklung überholte die Planungen, und am 26. Februar 1943 waren sich die Entscheidungsträger im Reichsministerium für Rüstung und Kriegsproduktion einig, dass der gesamte »Ostölplan« stillgelegt werden konnte.[104]

Joel Hayward vertritt die These, dass die deutsche Luftwaffe der sowjetischen Wirtschaft einen schweren Schlag hätte versetzen können, wenn Hitler nicht so besessen von Stalingrad gewesen wäre und seine Luftstreitkräfte nicht dort eingesetzt hätte. Im August und Anfang September 1942 verfügte die Luftwaffe noch über die Mittel, der kaukasischen Ölmetropole Baku schwere Schäden zuzufügen. In dieser Zeit hatte sie immer noch starke Bomberverbände im Einsatz und Flugplätze in Schlagdistanz, und die sowjetische Luftwaffe war im Kaukasus damals relativ schwach vertreten.

In einem Rundschreiben vom 22. September empfahl der Abwehroffizier der TBM, Heinz Rosterg, die Einschränkungen für die Operationen der Luftwaffe aufzuheben. Eine Schonung industrieller Anlagen der sowjetischen Erdölindustrie garantiere nicht, dass die Anlagen betriebsfähig in deutsche Hand fielen, da die Zerstörungen durch sowjetische Spezialeinheiten stets radikal durchgeführt würden. Die Bombardierungen aus der Luft sollten, neben der Schädigung der sowjetischen Wehrkraft, bewirken, dass die Sowjets nicht in der Lage sein würden, systematische Zerstörungen durchzuführen. Und durch Luftangriffe getroffene Betriebe böten größere Aussichten auf Wiederherstellung als systematisch zerstörte.

Im Oktober jedoch, als Hitler schließlich Angriffe auf die Ölfelder befahl, war die östliche Bomberflotte der Luftwaffe bereits stark dezimiert, und die meisten Flugplätze waren von den sowjetischen Luftstreitkräften schwer beschädigt worden. Hitler hatte eine einmalige Gelegenheit, die sowjetischen Kriegsanstrengungen zu schädigen, verstreichen lassen, die Bedeutung der Zerstörung von Maikop völlig verkannt und sich im August auf die Einnahme Stalingrads fixiert. Ab dem 10. Oktober 1942 gab es schließlich deutsche Luftangriffe gegen Grosny, aber mit geschwächten Kräften, die keine große Wirkung mehr erzielen konnten.[105]

Generaloberst Wolfram Freiherr von Richthofen, Befehlshaber der Luftflotte 4, notierte am 10. Oktober 1942 in sein Kriegstagebuch: »Ab Mittag geschlossener Angriff aller K.-Verbände von Nord und West gegen grosse Raffinerie Grosny.« Und einen Tag später: »Der Angriff auf Grosny scheinbar gut. Es brennt noch immer bis 5 500 m Höhe.«[106] Laut OKW-Bericht riefen die Luftangriffe »schwerste Zerstörungen und

103 Vgl. Stenographische Niederschrift der 20. Besprechung der Zentralen Planung betreffend Mineralöl und Stickstoff am 29. Oktober 1942, S. 40 ff. (Zitat S. 40), in: BAB, R 3, Nr. 593.

104 Vgl. AN aus dem Sachgebiet Mineralöl über eine Besprechung am 26. 2. 1943, in: ebd., R 3112, Nr. 6.

105 Vgl. Hayward, Too little, S. 770 f. und 788 ff.; Rundschreiben Ic der TBM vom 29. 9. 1942, in: BA-MA, RW 46, Nr. 728.

106 Vgl. Eintrag vom 10. 10. 1942 und Eintrag vom 11. 10. 1942, in: Persönliches Kriegstagebuch von Generalfeldmarschall Dr. Wolfram Freiherr von Richthofen, Bd. 9: 1. 1. 1942-31. 12. 1942, in: ebd., N 671, Nr. 9, Bl. 160 f. (Zitate ebd.).

gewaltige Brände« hervor, die durch die folgenden nächtlichen Luftangriffe noch größer wurden.[107]

In einem Lagevortrag im OKW am 22. Oktober 1942 schloss sich Hitler dem Standpunkt des WiRüAmts an, demzufolge Großangriffe der Luftwaffe auf Baku und Astrachan unbedingt erforderlich seien. Bis dahin waren sie laut Weisung Nr. 45 vom 23. Juli 1942 wegen der Ölförderung für künftige eigene Zwecke nur in beschränktem Maß zugelassen gewesen. Da die Sowjets das Öl des Kaukasus aber weiterhin ungehindert ausnutzen konnten, wurde nunmehr die Bombardierung der Felder für wichtiger gehalten als deren Schonung.[108]

Die Pläne der Alliierten

Den Westmächten war die strategische Bedeutung des sowjetischen Erdöls ebenfalls von Anfang an bewusst gewesen, insbesondere im Falle einer Eroberung und Ausbeutung durch die Deutschen. So ist es nicht verwunderlich, dass der erste Entwurf für eine Kaukasusoperation, der Bericht der britischen Stabschefs über die Verwundbarkeit der sowjetischen Ölversorgung, bereits vom 2. Dezember 1939 datierte; die ersten Überlegungen gab es angesichts der sowjetischen Bedrohung des Irans bereits im Oktober 1939. Am 15. Januar 1940 berichtete der amerikanische Botschafter in Paris, William C. Bullitt, über ein Gespräch mit Alexis Léger, dem Generalsekretär des französischen Außenministeriums, bei dem ihm dieser erklärte, dass die französische Regierung der britischen vorgeschlagen habe, Batumi und Baku zu bombardieren. Am 22. Februar 1940 erklärte der französische Oberbefehlshaber, General Maurice Gamelin – der sich kurze Zeit später als völlig überfordert erweisen sollte, sich von der Wehrmacht düpieren ließ und durch seine defensive Grundhaltung die französische Niederlage besiegelte –, dass die Alliierten weit davon entfernt seien, sich ausschließlich auf eine Operation gegen Deutschland beschränken zu wollen. Die Briten nahmen zu diesem Zeitpunkt noch eine deutlich zurückhaltendere Position ein, da sie einen sowjetischen Vergeltungsschlag auf Rumänien befürchteten. Die britischen Planungen zum Kaukasus lebten nach dem deutschen Überfall auf die Sowjetunion wieder auf.[109]

Am 19. Januar 1940 forderte der französische Ministerpräsident Daladier General Gamelin und den Oberbefehlshaber der französischen Flotte, Admiral Darlan, auf, »eine Denkschrift über eine eventuelle Intervention zur Zerstörung der russischen Ölfelder« auszuarbeiten. Dabei seien drei Strategien in Erwägung zu ziehen: 1. Die Verhinderung von Öltransporten im Schwarzen Meer, 2. eine direkte Intervention

107 Vgl. Eintrag vom 11.10.1942, in: Schramm (Hg.), KTB, Bd. 4, S. 820, Anm. 4 (Zitat ebd.); Eintrag vom 13.10.1942, in: ebd., S. 825, Anm. 1.
108 Vgl. Eintrag vom 22.10.1942, in: ebd., S. 849.
109 Vgl. Napuch, Sowjetunion, S. 49 ff., 56, 60 f., 89 ff., 97 ff. und 107 ff.; Lorbeer, Westmächte, S. 68 ff.

im Kaukasus, 3. eine Unterstützung der Selbständigkeitsbestrebungen im Kaukasus in Form einer Aufstandsförderung.[110]

Gamelin hielt die zweite Möglichkeit, eine Aktion gegen die Erdölindustrie, für die erfolgversprechendste. »Sie ermöglicht es, einen schweren, wenn nicht einen entscheidenden Schlag gegen die militärische und wirtschaftliche Organisation Sowjetrußlands zu führen. In einigen Monaten könnte die UdSSR sogar in eine derartige Verlegenheit kommen, daß sie in die Gefahr eines völligen Zusammenbruchs käme.« Damit würde sich die Blockade gegen Deutschland im Osten schließen. Gamelin wies zudem darauf hin, dass von den drei neuralgischen Stellen der sowjetischen Erdölproduktion das Gebiet von Grosny und Maikop selbst für Luftoperationen außer Reichweite lag, so dass nur Batumi und vor allem Baku als das mit Abstand wichtigste Erdölzentrum des Kaukasus für einen Angriff infrage kämen.[111]

Gamelin hielt an den Plänen für einen Luftangriff fest. Bestärkt wurde er dadurch, dass der britische Luftmarschall Sir William Mitchell, Kommandant der Luftwaffe des Mittleren Ostens, von London ebenfalls Anweisungen für die Vorbereitung einer etwaigen Bombardierung Bakus und Batumis erhalten hatte. Auch General Archibald Wavell vom Britischen Kriegsministerium hatte Weisung erhalten, »die Voraussetzungen etwaiger Aktionen gegen den Kaukasus für den Fall von Feindseligkeiten mit Rußland zu untersuchen«.[112]

Der geplante französisch-britische Luftangriff auf die Ölgebiete im Kaukasus sollte sich ausschließlich gegen die Raffinerien und die Hafenanlagen von Batumi, Poti, Grosny und Baku richten. Man kalkulierte mit Zerstörungen von 30 bis 35 Prozent innerhalb der ersten sechs Tage, befürchtete allerdings, dass die feindliche Abwehr und die vermutete Präsenz deutscher Jagdflieger die Effizienz dieser Operation erheblich vermindern könnten. Die Briten wollten sich auf die Raffinerien von Baku und Grosny konzentrieren und glaubten, auf diese Weise 90 Prozent der Raffinerie-Erzeugnisse des Kaukasus vernichten zu können. Die Rohölerzeugung sollte jedoch intakt bleiben.[113]

Mitte April 1940 waren die Vorbereitungen für die Bombardierung fortgeschritten, die Operation selber aber erst für Ende Juni oder Anfang Juli in Aussicht genommen.[114] Angesichts der sich abzeichnenden Krise in den britisch-sowjetischen Beziehungen im

110 Vgl. Notiz des Französischen Ministerpräsidenten Daladier vom 19. 1. 1940, zit. nach: Geheimakten, Nr. 19, S. 43 (Zitat ebd.).

111 Vgl. Aufzeichnung des Oberbefehlshabers des französischen Heeres General Gamelin vom 22. 2. 1940, zit. nach: ebd., Nr. 22, S. 48 ff. (Zitat S. 50); Kahle, Kaukasusprojekt, S. 51; Goralski/Freeburg, Oil, S. 57 f.

112 Vgl. General Gamelin an den Französischen Ministerpräsidenten, Landesverteidigungs- und Kriegsminister Daladier vom 12.3., zit. nach: Geheimakten, Nr. 25, S. 57 ff. (Zitat S. 58).

113 Vgl. Niederschrift über Besprechungen im Großen Hauptquartier der Luftwaffe am 5. April 1940, zit. nach: ebd., Nr. 34, S. 77 f.

114 Vgl. Oberbefehlshaber der französischen Streitkräfte im Ostmittelmeergebiet General Weygand an den Oberbefehlshaber des französischen Heeres General Gamelin und den Oberbefehlshaber der französischen Luftwaffe General Vuillemin vom 17. April 1940, zit. nach: ebd., Nr. 38, S. 87 f.

Mai/Juni 1941 entschieden die britischen Stabschefs am 12. Juni 1941, Anordnungen zu treffen, die den im Vorderen Orient stationierten schweren und mittleren Bombern die Möglichkeit gaben, jederzeit von Mossul aus die Ölraffinerien in Baku anzugreifen. Zehn Tage später begann der deutsche Angriff auf die Sowjetunion. Damit hatte das Kaukasusprojekt unter den bis dahin geltenden Prämissen auch für die Engländer seinen Abschluss gefunden. Das Problem selbst blieb jedoch bestehen und beschäftigte die britischen Stäbe weiterhin, nunmehr vornehmlich unter dem Gesichtspunkt einer Bedrohung der Erdölgebiete durch die Deutschen.[115]

Bei diesen Planungen waren die Franzosen viel entschlossener als die Briten, die immer noch hofften, die Sowjets auf die Seite der Alliierten ziehen zu können – in französischen Augen ein erratischer Standpunkt. Einige französische Offiziere gingen offensichtlich auch von Landoperationen in Südrussland aus. Die Briten erarbeiteten in dieser Zeit Angriffspläne gegen die Sowjetunion, da sie, wie die Franzosen, an die Wirksamkeit einer Blockade und der Errichtung einer zweiten Front glaubten. Hätten die Bombardierungen tatsächlich stattgefunden, hätten sie jedoch wohl kaum ihren Zweck erfüllt. Selbst wenn durch einen solchen Angriff eine wichtige deutsche Ölquelle zerstört worden wäre, kann man sich, wäre die Sowjetunion 1940 an der Seite Deutschlands in den Zweiten Weltkrieg eingetreten, darunter nur eine Katastrophe vorstellen.[116]

Die Unruhe in Moskau wuchs, als sich Gerüchte über eine geplante Bombardierung der Ölfelder von Baku durch die Alliierten häuften. Der deutsche Botschafter Friedrich-Werner Graf von der Schulenburg hatte schon zuvor den sowjetischen Außenminister Wjatscheslaw Molotow informiert, dass die französischen Truppen in Syrien für einen Einsatz bereitstünden und die Alliierten versucht hätten, vom Schah eine Überfluggenehmigung für iranisches Gebiet zu erhalten. Dass eine solche Operation fast zwangsläufig zu einem Bündnis zwischen Deutschland und der Sowjetunion führen musste, ignorierte man und war sogar bereit, für einen Angriff auf den Kaukasus einen Konflikt mit der Sowjetregierung zu provozieren.[117]

Doch Stalin verlor angesichts der militärischen Rückschläge im Kaukasus im Sommer 1942 nicht die Nerven. Am 15. August, dem letzten Tag seines Besuchs in Moskau, fragte Churchill den sowjetischen Diktator bei einem privaten Treffen im Kreml nach der militärischen Lage an den Kaukasuspässen. Die sowjetischen Truppen hatten Maikop gerade den Deutschen überlassen müssen. Stalin breitete eine Karte aus und verkündete optimistisch, man werde die deutschen Truppen aufhalten und an der Überquerung des Gebirges hindern.[118]

Als sich die RAF auf die Bombardierung der kaukasischen Ölfelder vorbereitete, wurde rasch deutlich, wie schwierig es war, Ziele zu bombardieren, die vom um-

115 Vgl. Kahle, Kaukasusprojekt, S. 22.

116 Vgl. Richardson, Plans, S. 131 ff., 146 und 155; Schneider, Iranpolitik, S. 48 ff.

117 Vgl. Gorodetsky, Täuschung, S. 40 f.

118 Vgl. Cooke/Nesbit, Target, S. 21 ff., 52 ff. und 61 f.

kämpften Luftraum Westeuropas so weit entfernt lagen. Die Engländer erarbeiteten im April 1940 eine detaillierte Studie, die vorsah, dass 48 leichte Blenheim-Bomber, verstärkt durch 65 französische Glenn-Martin-Bomber aus US-amerikanischer Produktion, von Stützpunkten in Syrien und dem Irak aus angreifen sollten. Doch Chamberlains Kabinett hielt das Unternehmen für zu riskant, und nach dem deutschen Angriff auf die Niederlande, Belgien und Luxemburg am 10. Mai 1940 ließen auch die Franzosen den Plan fallen. Das Vorhaben wurde im Juni 1941, als man vom bevorstehenden deutschen Angriff auf die Sowjetunion erfuhr, erneut ins Auge gefasst. Die englische Botschaft in Kairo und die Stabschefs drängten darauf, dass zwei Staffeln Wellingtons und zwei Staffeln Blenheims einen Monat lang intensiv Angriffe fliegen sollten, um den Deutschen den Zugriff auf das Öl zu verwehren und den Sowjets klarzumachen, was für Konsequenzen es haben werde, wenn sie auf deutsche Forderungen eingingen. Im August 1941 waren die Planungen abgeschlossen, doch erneut verhinderte die operative und strategische Realität den Beginn der Offensive. Als schließlich am 11. Juni 1942 vom ägyptischen Stützpunkt Fayid aus ein improvisierter Angriff mit 13 B-24-Bombern auf die deutsche Ölversorgung in Rumänien geflogen wurde, bezeichnete das RAF-Oberkommando Nahost den Einsatz als Fiasko.[119]

Die britischen Pläne, Baku zu bombardieren, um die sowjetische Erdölindustrie zu zerstören, die Wirtschaft insgesamt zu schwächen und Deutschland den Zugang zu verunmöglichen, liefen unter dem Decknamen »Operation Pike«. Die Ziele sollten vom Irak bzw. durch französische Kräfte von Syrien aus angegriffen werden, die Wahl fiel auf Batumi, Baku und Grosny. Obwohl die Idee für die RAF nicht neu war – bereits 1927 hatte man einen Plan zur Bombardierung von Baku ausgearbeitet –, wurde der Vorschlag vom Luftfahrtministerium und vom Außenministerium zunächst nicht ernst genommen.[120]

Bei ihren Planungen übersahen die Alliierten das Machtvakuum, das nach einem Zusammenbruch der Stalin'schen Herrschaft aufgetreten und wahrscheinlich von Hitler gefüllt worden wäre. Wenn Deutschland außerdem von sowjetischen Ölexporten abhängig war, wie die Alliierten glaubten, hätten Angriffe auf die Ölfelder im Kaukasus schnelle Vergeltungsmaßnahmen von Deutschland, wenn nicht sogar der UdSSR, zur Folge gehabt, um ihre Lebensadern zu schützen. Nicht einmal Air Commodore John Slessor erkannte diesen Faktor, als er die Details der »Operation Pike« ausarbeitete, allerdings prophezeite er, dass Deutschland im Fall eines Angriffs der Alliierten vermutlich Kampfflugzeuge in den Kaukasus schicken würde, um die Verteidigung der Ölfelder zu unterstützen.[121]

Das Chiefs of Staff Command mahnte Ende Juni 1941 an, dass es neben den vorbereiteten Plänen für Luftangriffe auf die kaukasischen Ölfelder auch wünschenswert sei, die Felder durch Sabotageaktionen zu beschädigen, bevor die Deutschen

119 Vgl. Overy, Bombenkrieg, S. 839 f.

120 Vgl. Jackson, Persian Gulf, S. 38 f.; Osborn, Operation Pike, S. 139 ff.

121 Vgl. ebd., S. 237.

sie erreichten.[122] Man war sich einig, dass die Hauptaufgabe der Militärmission darin bestehe, den sowjetischen Widerstand so lange wie möglich zu stützen; die Vorbereitungen für die Sprengungen im Kaukasus müssten an zweiter Stelle stehen. Wann man sich in dieser Frage den Sowjets annähere, sei eine politische Entscheidung, man selbst drängte nicht auf sofortiges Handeln.[123] Stalin versicherte, die Sowjets würden es nicht zulassen, dass die kaukasischen Ölfelder unversehrt in deutsche Hände fielen, und dass er, wenn die Zeit gekommen sei, britische Ratschläge und Hilfe bei der Zerstörung der Ölfelder begrüßen würde.[124]

Nach Angaben des Finnischen Militärattachés in Ankara wurden die Briten im März 1942 im Kaukasus aktiv. Britische Flugplätze befanden sich in Krasnodar und Rostow im Bau. In Tiflis waren 20 britische Generalstabsoffiziere stationiert.[125]

6.3.3 Der Wendepunkt: Maikop

Die Eroberung der Erdölfelder im Gebiet um Maikop durch die Wehrmacht sowie der Versuch der TBM, sie wieder für die Produktion herzurichten, stellen aus deutscher Sicht den Höhe- und zugleich den Wendepunkt des Wettlaufs um das Kaukasusöl dar. Viel weiter Richtung Grosny ging es kaum mehr, und der Rückzug der eigenen Truppen aus der Region zwang – zusammen mit der militärischen Katastrophe von Stalingrad – die Wehrmacht an der Ostfront endgültig in die Defensive. Damit waren auch alle Weltmachtaspirationen endgültig beendet.

Der Weg dahin war ein weiter: Von Rostow und vom unteren Don aus, wo die Wehrmacht Ende Juli in Richtung auf den Kaukasus antrat, waren es bis zu den ersten Ölquellen südwestlich von Maikop 350 Kilometer, bis Grosny schon doppelt so weit. Bis Baku, dem Hauptziel, waren es knapp 1.200 Kilometer. Als gewaltige natürliche Barriere auf dem Weg nach Transkaukasien und dem Nahen Osten erstreckte sich über mehr als tausend Kilometer das nur über eine Handvoll Pässe zu überquerende Kaukasusgebirge. In seinem westlichen, von Armawir und Maikop aus zugänglichen Teil war es mehr ein Mittelgebirge. Die Ölfelder von Maikop aber lagen 50 bis 60 Kilometer südwestlich der Stadt bergaufwärts in den Tälern und auf den Höhen inmitten des urwaldähnlichen Vorgebirges.[126]

122 Vgl. Notiz aus dem War Office vom 23.6.1941, Chiefs of Staff Committee to be held on 23rd June 1941, in: NAK, WO 193, Nr. 656.

123 Vgl. Telegramm des War Office zur Military Mission Moscow vom 13.7.1941, in: ebd.

124 Vgl. The War Office, 13.8.1941, Chiefs of Staff Committee, Meeting on 14th August 1941, in: ebd. Das War Cabinet teilte diese Meinung: Die Zerstörung der kaukasischen Ölfelder müsse den Sowjets überlassen bleiben, kleinere britische Kommandos könnten Hilfestellung leisten. Vgl. War Cabinet, Meeting to be held on Thursday, 21st August 1941, Vorlage vom 20.8.1941, in: ebd.

125 Vgl. Eintrag vom 18.3.1942, in: Generaloberst Halder, KTB, Bd. III, S. 415 f., hier S. 415.

126 Vgl. Eichholtz, Ölpolitik, S. 452 f.

Die endgültige Entscheidung, den Ersteinsatz in der Maikopregion durchzuführen, fand auf einer Besprechung der maßgeblichen Vertreter der Konti am 6. März 1942 statt. Die Ergebnisse dieser Sitzung präsentierten ein erstes Programm für die Umsetzung, wobei im Wesentlichen auf die Denkschrift von Günther Schlicht zurückgegriffen wurde. Die wenigen zur Verfügung stehenden Bohr- und Aufwältigungsgeräte sollten demnach auf den bereits erschlossenen Feldern eingesetzt, Aufschlussbohrungen hingegen vorerst zurückgestellt werden. Für einen größeren Einsatz mangelte es an deutschem Fachpersonal.[127]

Die Zerstörung der Ölfelder

Der Überfall auf die Sowjetunion am 22. Juni 1941 hatte über Nacht die Rahmenbedingungen der sowjetischen Energie- und Erdölpolitik verändert. Die Führung in Moskau erkannte in der langfristigen Treibstoffversorgung die Achillesferse des deutschen Vorstoßes. Bereits im Frühjahr 1941 konstatierte Stalin den Erinnerungen von General Georgi Schukow zufolge, dass Hitler einen längeren Krieg gegen die Sowjetunion ohne das ukrainische Getreide, die Donezker Kohle und das kaukasische Erdöl nicht gewinnen könne. Die Verteidigung der kaukasischen Erdölfelder wurde so zu einem zentralen Faktor der sowjetischen Strategie.

Dabei geriet man jedoch in ein strategisches Dilemma: Eine gesicherte Treibstoffversorgung ließ sich zwar am besten im Kaukasus bewerkstelligen. Doch es galt auch, den deutschen Besatzern keine funktionstüchtige Erdölindustrie zu überlassen. Das Resultat war ein Spagat zwischen geostrategischer Bedeutung und quantitativer Versorgungssicherheit. Im Juli 1941 ordneten die Behörden angesichts der Erfolge der Wehrmacht vorsorglich eine Teilevakuierung der industriellen Anlagen aus den nördlichen Förderregionen Grosny und Maikop an, revidierten diese Entscheidung nach dem Scheitern der deutschen Offensive vor Moskau jedoch. Noch im Dezember wurden alle laufenden Demontagearbeiten eingestellt, evakuierte Ausrüstung zurückgeführt und mit dem Wiederaufbau begonnen.

Die Entscheidung kam zu früh. Die Ölgebiete des Kaukasus wurden im Frühjahr 1942 vorrangiges Ziel der deutschen Truppen, und obwohl es ihnen nie gelang, bis Grosny oder gar bis Baku vorzudringen, hatte die veränderte Hauptstoßrichtung erhebliche Konsequenzen für den sowjetischen Erdölsektor. Im Sommer 1942 war sich

127 Vgl. AV über eine Besprechung im Preussischen Staatsministerium am 6.3.1942 vom 10.3.1942, S. 1f., in: BGR, Nr. 0065936; Kockel, Geologie und Krieg, S. 56. Schlicht hatte am 21. Januar 1942 einen »Vorläufigen Bohr- und Förderplan für die kaukasischen Erdölfelder« präsentiert. Demzufolge musste der Ersteinsatz in technisch beherrschbarem Umfang gestaltet werden, hierfür sah Schlicht rund 100 Geräte vor, von denen 75 Bohranlagen und 20 Aufwältigungsgeräte bis zum Jahresende fertiggestellt werden könnten. Vgl. Schreiben Schlicht an Neumann vom 24.1.1942, in: BGR, Nr. 0065936; Vorläufiger Bohr- und Förderplan für die kaukasischen Erdölfelder (vom 21.1.1942), in: ebd.

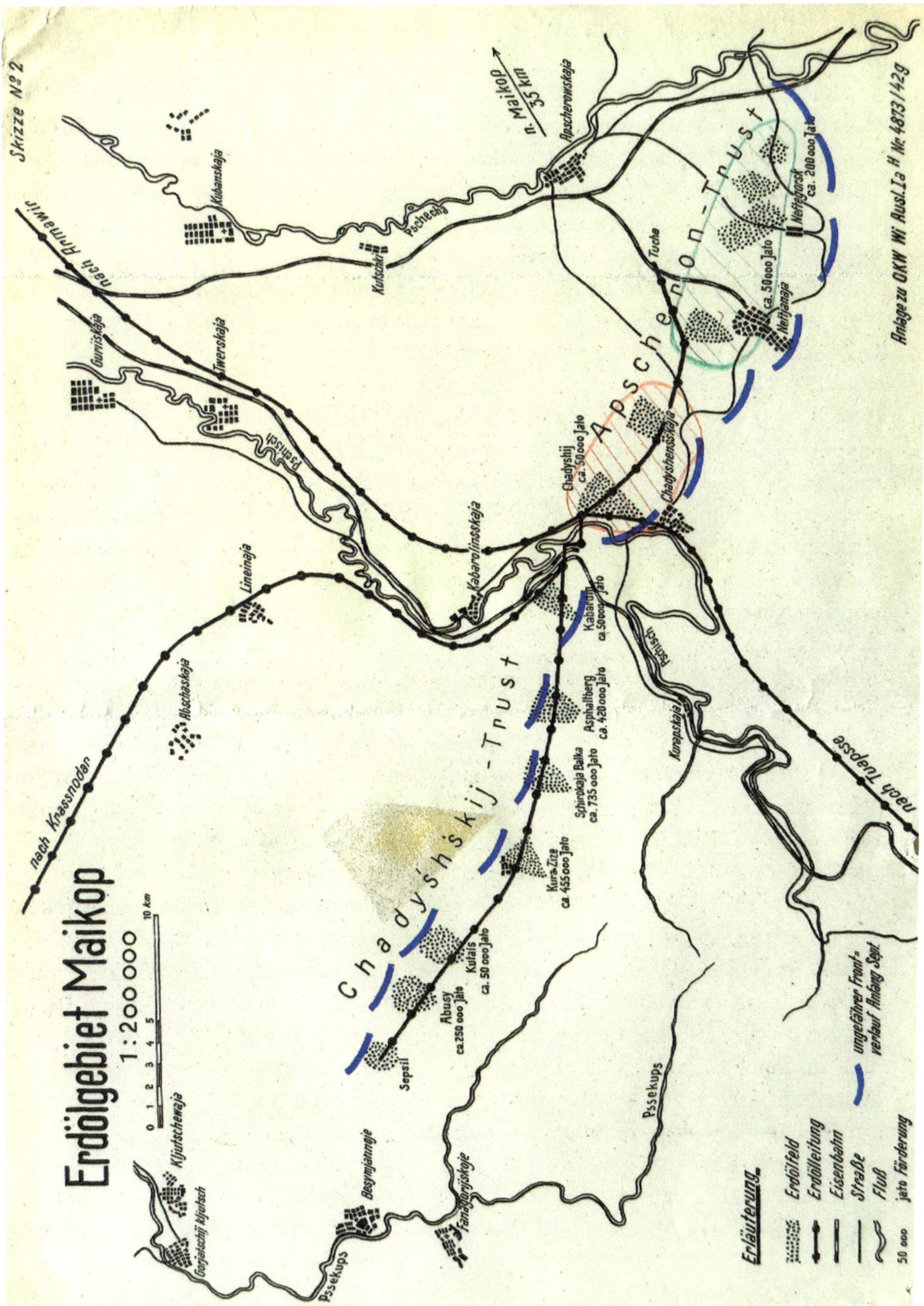

Abb. 6: Erdölgebiet Maikop

die Moskauer Führung keinesfalls sicher, ob die Rote Armee den Kaukasus würde halten können.[128]

Augenscheinlich fehlte es auf deutscher Seite an validen Informationen über die Gegenmaßnahmen der Moskauer Stawka (dem Hauptquartier des Kommandos des Obersten Befehlshabers) und des NKWD, denn anderenfalls hätte man alle Hoffnungen auf die Eroberung intakter Förderanlagen verworfen. Man hatte im Kreml dafür gesorgt, dass im Fall einer Einnahme der Ölzentren die Förderanlagen keinesfalls unzerstört in die Hände der Heeresgruppe A fallen würden. Andererseits sollten die Anlagen so lange wie irgend möglich intakt bleiben, um der eigenen Versorgung nicht unnötig zu schaden. Um diesen Balanceakt zu bewerkstelligen, entsandte der Geheimdienst zwei hochrangige Mitarbeiter, Wsewolod Merkulow, den Stellvertreter des Chefs des sowjetischen Geheimdienstes NKWD [Volkskommissariat für innere Angelegenheiten] Lavrentij Berija, und Pawel Sudoplatow, den Leiter der Abteilung Sonderaufgaben, an die Kaukasusfront. Die beiden sorgten für die Verminung der Förderanlagen und überwachten persönlich, dass eine angeordnete Sprengung wirklich erst ausgeführt wurde, wenn deutsche Truppen die Stadt bereits erreicht hatten. Außerdem kamen speziell von den beiden NKWD-Offizieren angeleitete Partisaneneinheiten zum Einsatz. Sie attackierten deutsche Gebirgsjäger und zerstörten einen Teil jener Öllager, die der 1. Panzerarmee unbeschadet in die Hände gefallen waren.[129]

Zur wichtigsten Figur bei der Zerstörung der Ölfelder avancierte der Stellvertreter des Volkskommissars für die Erdölindustrie, Nikolai Baibakow. Er schrieb in seinen Erinnerungen, dass Stalin ihn im Juli in den Kreml bestellt und beteuert habe, man müsse alles unternehmen, damit die Deutschen keinen Tropfen Erdöl bekämen. Im gegenteiligen Fall habe er ihm mit Erschießung gedroht, auch für den Fall, dass die Erdölfelder zu früh zerstört würden und die Deutschen sie nicht eroberten. Damit war Baibakow zum Bevollmächtigten des Staatlichen Verteidigungskomitees zur Zerstörung der Erdölquellen und der erdölverarbeitenden Betriebe in der kaukasischen Region und erforderlichenfalls auch in Baku ernannt worden.

Vor Ort entschied Baibakow, alle wertvollen Anlagen zu demontieren und sie nach Osten zu transportieren, wenn sich deutsche Truppen näherten. Die wenig ergiebigen Sonden sollten sofort abtransportiert, die besonders ergiebigen bis zur letzten Minute ausgenutzt und die Erdölfelder nur im äußersten Fall zerstört werden. Als die deutschen Truppen in Apscheronskaja, keine 50 km von Maikop entfernt, standen, erteilte Baibakow dann den Befehl zur Zerstörung der Bohrlöcher.[130]

In einer früheren Version seiner Memoiren war Baibakow detaillierter auf einzelne Punkte eingegangen. Der Erste Stellvertreter des Volkskommissars für Erdölindustrie wurde demnach Anfang Juli in das Staatliche Verteidigungskomitee

128 Vgl. Rehschuh, Aufstieg, S. 110, 112, 115 f. und 121.

129 Vgl. Angrick, Besatzungspolitik, S. 632 ff.

130 Vgl. Baibakow, Stalin, S. 64 f., 68 f. und 71.

gerufen. Dort habe eine lange Unterredung über den Beschluss stattgefunden, sofort eine Gruppe von Spezialisten zu bilden und in den Nordkaukasus zu schicken. Sie sollten Sondermaßnahmen auf den Erdölfeldern der Region Krasnodar durchführen. Dabei sei ihm die Frage gestellt worden, ob es nicht eine Methode gebe, mit der man die Deutschen daran hindern könne, Erdöl aus den Sonden zu gewinnen, doch sich selbst in die Lage versetze, schnell wieder fördern zu können. Doch Baibakow sah keinen anderen Weg, als die wertvollen Ausrüstungsteile rechtzeitig zu demontieren und fortzuschaffen und anschließend die Bohrlöcher und Anlagen zu zerstören.[131]

Das Unternehmen »Schamil«

Das 1942 durchgeführte Abwehrunternehmen des OKW, »Schamil« – nach einem kaukasischen Freiheitsheld[132] –, stand vor der Aufgabe, die Ölvorkommen, namentlich die Raffinerien Maikops und Grosnys, zu sichern, und stand in engem Zusammenhang mit der speziell für den Kaukasus konzipierten Besatzungspolitik, die das Ziel verfolgte, die lokale Bevölkerung gegen die (sowjet-)russische Dominanz auszuspielen.[133]

Der Einsatz war zeitlich so abgestimmt, dass er drei bis acht Tage vor dem Eintreffen der vordringenden deutschen Truppen stattfinden würde; die Sicherung der durch die Gruppe »Schamil« eingenommenen Objekte wurde aufständischen Einheimischen übertragen. Die Kommandoaktion, durchgeführt von elf deutschen Soldaten und neunzehn kaukasischen Freiwilligen, sollte zudem Vorbereitungen für einen Aufstand treffen.

In einem Bericht vom 5. Januar 1943 schrieb der Führer des Kommandos, Oberleutnant Erhard Lange, der Auftrag habe ursprünglich in der Bildung von Aufstandsherden im Nordkaukasus bestanden, um die Ölindustrieanlagen zu schützen. Später sei er herabgesetzt worden auf die Störung des Straßenverkehrs östlich von Grosny, der Straße, die zum Kaspischen Meer führte. In einem Bericht von 1961 beschrieb Lange, dass die Männer in Brandenburg an der Havel und in abseits gelegenen Lagern des Reichsarbeitsdienstes ausgebildet worden seien. Der Abwehrbeauftragte der Konti – bei Lange fälschlicherweise als »Deutsche Erdöl« bezeichnet –, Otto Rasch, sei mehrmals zu einwöchigen Besuchen gekommen, habe mit biwakiert und intensiv, auch mit fachtechnischen Hinweisen, das Training der Mannschaft begleitet.[134]

Bereits im Oktober 1941 wurde ein Sonderkommando aus 150 Nordkaukasiern zusammengestellt. Die Erste Gruppe, »Schamil 1«, wurde im Juli 1942 südlich von Neftegorsk aus der Luft abgesetzt. Ihre Aufgabe bestand in der Sprengung von Straßen

131 Vgl. ders., Sache, S. 139 ff.

132 Zu Scheich Schamil vgl.: Jersild, Shamil; Hirschhausen/Leonhard, Empires, S. 63 ff.

133 Vgl. dazu den Abschnitt zur Besatzungspolitik im Kapitel 6.3.1.

134 Vgl. Heinz (Hg.), Brandenburger, S. 6 f., 51 und 208.

und Brücken, der Behinderung der Transportwege der Roten Armee, und vor allem sollte sie verhindern, dass die Erdölanlagen von Maikop zerstört würden. Dabei erhielt sie Unterstützung von der tscherkessischen und armenischen Bevölkerung vor Ort. Im August 1942 wurde südlich von Grosny »Schamil 2« unter Oberleutnant Lange abgesetzt, ihr Auftrag lautete ähnlich. Diese Gruppe konnte mit Unterstützung der lokalen Bevölkerung bis Dezember einen anwachsenden Guerillakrieg organisieren und so die gegnerischen Kräfte erheblich binden.[135]

Das Maikopkommando durchbrach am 2. August 1942 die feindlichen Linien. Am 9. August, als die 13. Panzerdivision noch etwa 20 Kilometer entfernt war, begann das Kommando damit, die sowjetischen Truppen zum Abzug zu zwingen und strategisch wichtige Positionen, vor allem die Ölreserven, zu sichern. Unterdessen nahm eine weitere Gruppe die Brücke über die Belaja bei Beloretschensk ein. Letztlich konnten diese Operationen aber die flächendeckenden sowjetischen Zerstörungen im Gebiet von Maikop nicht verhindern.[136]

Unterdessen befand sich ein Teil der Truppe längst im feindlichen Hinterland und erledigte Sondereinsätze. Sie wurden geführt von Leutnant Adrian von Foelkersam, einem Baltendeutschen, der auf einer Spezialschule im ostpreußischen Allenstein ein Sonderkommando von 62 Mann zusammengestellt hatte, das sich vorwiegend aus Russisch sprechenden Balten und Sudentendeutschen zusammensetzte. Das Kommando Foelkersam hatte zwei Aufgaben zu erfüllen: erstens zu verhindern, dass sich die Rote Armee in ihren neuen Stellungen vor Maikop festsetzte, und zweitens möglichst viele Bohrstellen und Ölvorräte vor der Vernichtung zu bewahren. Während des deutschen Angriffs streuten sie erfolgreich das Gerücht, die Stadt werde geräumt, und veranlassten so mehrere Einheiten der Roten Armee zum Abzug. Aber die deutschen Kräfte konnten die Anlagen und Vorräte nicht rechtzeitig sichern, die noch von den Sowjets gesprengt wurden.[137]

In der Darstellung der Kommandounternehmen liest sich die Eroberung Maikops als Erfolgsgeschichte, die Realität sah jedoch ganz anders aus. Wie von Hitler gewünscht und in der Führerweisung Nr. 43 vom 11. Juli 1942[138] festgelegt, gelang es den Sondereinheiten zwar, unerkannt in Maikop einzudringen, jedoch vermochten sie die Zerstörung des größten Teils der Förderanlagen nicht zu verhindern. Dennoch kursierte im Führerhauptquartier am 12. August die Falschmeldung, die Ölraffinerien im Krasnodarer Gebiet seien nahezu unzerstört in deutsche Hand gefallen.[139] Die Er-

135 Vgl. Hoffmann, Kaukasien, S. 378 f.

136 Vgl. Higgins, Behind Soviet Lines, S. 50 ff., 58 ff., 62 ff. und 66 f.

137 Vgl. Brockdorff, Geheimkommandos, S. 231, 235 und 240 ff.

138 Vgl. Weisung Nr. 43: Fortsetzung der Operationen von der Krim, vom 11. 7. 1942, zit. nach: Hubatsch (Hg.), Weisungen, S. 222-224, hier S. 223. Dort hieß es bei den vorbereitenden Sonderunternehmen von Abwehr II: »Fallschirmabsprung einer Einsatzgruppe im Raum um Maikop zum Schutz der Ölanlagen (Unternehmen ›Schamil‹)«.

139 Eintrag vom 26. 8. 1942, in: Anlageband X zum Tätigkeitsbericht des A. O. des AOK 17 vom 14. 8. bis 15. 12. 1942, in: BA-MA, RH 20-17, Nr. 367.

oberung von Maikop war ein Pyrrhussieg, was dem obersten Strategen des Deutschen Reichs aber erst im September 1942 bewusst werden sollte.[140]

Die Eroberung der Erdölfelder

Am 5. August befahl Generalmajor Traugott Herr den Kommandeuren seiner 13. Panzerdivision: »Rasche Durchführung der der Division gestellten Aufgabe (Einnahme von Maikop) kann sich zu einem kriegsentscheidenden Erfolg auswirken. Das müssen alle Offiziere und Unteroffiziere der Division wissen. [...] – Vorwärts!« Am Nachmittag des 8. August standen die Spitzen der Division vor Maikop. In der folgenden Nacht wurde es im Brückenkopf und den besetzten Teilen Maikops ruhig, rückwärtige Teile der Division und die Vorausabteilung Laad der TBM wurden jedoch angegriffen, Letztere erlitt dabei empfindliche Verluste.[141] Das Kriegstagebuch des OKW verzeichnete am 9. August 1942: »Die auf Maikop vorstoßende Pz.Div. steht mit V.Abt.en 2 km vor Maikop.«[142] Der Generalstabschef des Heeres trug am selben Tag in sein Kriegstagebuch ein: »Süd: Krasnodar und Maikop genommen.«[143]

Der Kampf um Maikop war damit jedoch nicht beendet: Die Rote Armee hielt nach wie vor den Westrand der Stadt, um den Rückzug der in Maikop-West befindlichen Truppen nach Süden zu decken. Es tobte ein zäher Häuserkampf, und es gab Gegenangriffe auf den Brückenkopf Maikop-Nord, die aber abgewehrt werden konnten. Die endgültige Einnahme und »Säuberung« durch die 13. Panzerdivision gelang am 10. August.[144] Der Kommandeur des III. Panzerkorps, General Eberhard von Mackensen, gratulierte dem Kommandeur der 13. Panzer-Division, Generalmajor Herr: »Ihnen und der 13. Panzer-Division Glückwunsch und Anerkennung für die Erreichung des langersehnten Zieles.«[145] Ähnlich schätzte Herr es in seinem Tagesbefehl vom 11. August ein: »Mit der Einnahme von Majkop, dem Zentrum der Erdölgebiete am Nordrand des Kaukasus, hat die Division einen Erfolg errungen, der von kriegsentscheidender Bedeutung sein kann.«[146]

140 Vgl. Angrick, Besatzungspolitik, S. 573.

141 Vgl. Tieke, Kaukasus, S. 77 (Zitat ebd.), 87 f., 90 f. Zu von Fölkersams Mission in Maikop vgl. Paterson, Brandenburgers, S. 166 ff.; Higgins, Soviet Lines, S. 58 ff.; Divisionsbefehl Nr. 31 vom 8. 8. 1942, in: BA-MA, RH 27-13, Nr. 65.

142 Eintrag vom 9. August 1942, in: Schramm (Hg.), Kriegstagebuch, Bd. 3, S. 560. Die 13. Panzerdivision trat nachmittags zum Angriff an und drang in den Abendstunden in Maikop ein. Eintrag vom 10. August 1942, in: ebd., S. 563.

143 Eintrag vom 9. August 1942, in: Generaloberst Halder, Kriegstagebuch, Bd. III, S. 501.

144 Vgl. Divisionsbefehl Nr. 32 vom 9. 8. 1942, in: BA-MA, RH 27-13, Nr. 65; Hofmann, Division, S. 170 f.

145 Funkspruch des III. Panzerkorps, General Eberhard von Mackensen, an den Kommandeur der 13. Panzer-Division, Generalmajor Traugott Herr, vom 9. 8. 1942, in: BA-MA, RH 27-13, Nr. 65.

146 Divisions-Tagesbefehl des Kommandeurs der 13. Panzerdivision vom 11. 8. 1942, in: ebd.

Gemeinsam mit den ersten regulären Truppen war eine Vorausabteilung der TBM nach Maikop vorgestoßen, die bereits am 10. August 20 Gefallene und 60 Verwundete zählte. Beim weiteren Vordringen in Richtung Gebirge wuchs die Frustration noch. Major Engel, Hitlers Heeresadjutant, berichtete Mitte August von seiner Dienstreise in dieses Gebiet: »Truppe ziemlich am Ende, Erkundungen aus Luft und zur Erde hätten ergeben, daß Kaukasus südlich Krasnodar und Majkop nur auf vier Saumpfaden durch Gebirgstruppe mit Mauleseln überschreitbar. Schwerpunktbildung sei in keinem Fall möglich. [...] [A]bseits der Straßen und Wege sei infolge urwaldähnlichen Gestrüpps und Unübersichtlichkeit überhaupt nicht zu operieren. Pz.Div. völlig fehl am Platze. Zäher russischer Widerstand im Gebirge, starke Verluste [...].« Nachschub und Verpflegung hätten, in Ermangelung von Maultieren, mit Pferden oder aber auf mühsamen, oft stundenlangen Fußmärschen transportiert werden müssen.[147]

Bereits eine Woche später befand sich die Vorausabteilung der TBM auf dem Hauptölfeld bei Karbadinskaja. Das Feld war zum Teil zerstört, die Sonden mit Beton verfüllt und vernagelt, die Raffinerien auf dem Ölfeld brannten. Die Bohrungen standen zum Teil, soweit nicht vernagelt, ebenfalls in Brand. Noch schlimmer war der Zustand der wichtigen Raffinerie in Krasnodar; sie war nach Sprengung und Inbrandsetzung völlig zerstört worden. Bei einem Feuerüberfall in der Nähe von Dondukaskaja verlor die Brigade 16 Mann, daneben gab es 44 Verwundete, darunter auch der Führer der Vorausabteilung, Major Hans Laad.[148]

Offensichtlich herrschte Anfang September 1942 selbst in den höchsten Führungskreisen des Dritten Reichs noch weitgehende Unklarheit und Unentschiedenheit über die Situation in Maikop. Hitler plante, die auf der Taman-Halbinsel vorgefundenen reichhaltigen Erdölvorkommen intensiver zu untersuchen, da sie leichter auszunutzen seien als jene von Maikop. Keitel ging wohl noch immer davon aus, dass sich die Ölfelder von Maikop bereits komplett in deutscher Hand befänden.[149] Kurze Zeit später erwähnte Keitel gegenüber Thomas, »dass im FHQu [Führerhauptquartier, K. L.] grosse Aufregung entstanden sei, als man feststellte, dass wir die Ölfelder von Maikop überhaupt noch nicht in unserem Besitz hätten«.[150]

Wie weitgehend uninformiert die Verantwortlichen auf deutscher Seite waren, lässt eine Besprechung zwischen Hitler und Keitel erkennen, bei der Hitler insistierte, immer den Weg von Maikop nach Tuapse, in die Küstenstadt am Schwarzen Meer, favorisiert zu haben, um das Öl aus Maikop von dort in die rumänischen Raffinerien zu transportieren. »Jetzt wird mir hinterher erklärt: Ja, Maikop, das Öl-

147 Vgl. Eichholtz, Ölpolitik, S. 451 und 453; Eintrag vom 15. 8. 1942, in: Kotze (Hg.), Heeresadjutant, S. 123 (Zitat ebd.).

148 Vgl. Schreiben Inspekteur des Luftschutzes an Staatssekretär der Luftfahrt und Generalinspekteur der Luftwaffe vom 18. 8. 1942, in: BA-MA, RL 3, Nr. 859.

149 Vgl. Telefonat Amtschef – GFM Keitel Anfang September 1942 am 12. 9. 1942, in: ebd., RW 19, Nr. 169, Bl. 93 f.

150 KTB Chef WiAmt, Eintrag vom 17. 9. 1942, Telefonat Amtschef mit GFM Keitel, in: ebd., Bl. 104 ff., hier Bl. 106.

gebiet liegt überhaupt nicht westlich, sondern östlich von Maikop. Das habe ich damals nicht gewußt, hat weder General Jodl gewußt, auch der Reichsmarschall nicht, keiner hat es gewußt, sondern wir wußten alle nur, daß das Ölgebiet eben erst überhaupt bei Maikop liegt und westlich der Bahn.«[151]

Mit Maikop war der erste, aber auch unbedeutendste der kaukasischen Ölfeldkomplexe in deutsche Hände gefallen. Zwar hatte sich Hitlers bis zuletzt gehegte Hoffnung, Maikop könne »durch einen Handstreich vor der Zerstörung der Petroleumanlagen besetzt werden«, nicht erfüllt, doch schien das wahre Ziel dieses Sommerfeldzugs nun zum Greifen nahe.[152]

Erkundung und erste Planungen

Das MKK hatte schon im Februar 1942 Unterlagen über die Förderungen der Ölfelder bei Maikop zusammengetragen. Die geologische Erkundung des Kommandos auf der Halbinsel Kertsch durch den Wehrmachtgeologen Helmut Bartenstein brachte als Nebenfund einige erbeutete Aktenstücke, von denen die Einsatzplanung für Maikop wesentlich profitierte.[153]

Der Oberkriegsverwaltungsrat Schlicht berichtete über die Abteilung Gewinnung: »Maikop und Grosnyj können mengenmässig dasselbe produzieren, wie ganz Rumänien. Die Zerstörungen, mit denen wir bestimmt in grösstem Umfang zu rechnen haben[,] können sich erstrecken auf Feuer, Vernageln, Verwässern, Zementieren, Tarnung und Minen, bei denen wiederum zu unterscheiden ist zwischen Fernzünder- und Kontaktminen.«[154]

Am 15. August wurde als erstes Feld Chadyschenskaja besetzt, dem wenige Tage danach das von Apscheronskaja folgte. Eine erste oberflächliche Bestandsaufnahme ergab, dass die Felder und Anlagen kaum beschädigt waren. Hitler war hocherfreut. Das änderte sich, als die technischen Experten der TBM berichteten, die Zerstörung sei doch sehr umfassend, eine baldige Wiederaufnahme der Produktion unmöglich. Die Felder waren, wie von Schlicht erwartet, völlig zerstört, das Material überwiegend evakuiert. In seinem ausführlichen Bericht schrieb er von einem »Musterbei-

151 Vgl. Besprechung des Führers mit GFM Keitel am 18.9.1942, in: CAMO, 500, Nr. 12450-137, Bl. 1-58, hier Bl. 8 f. (Zitat Bl. 9). Das Revier lag, anders als erwartet, nicht in der näheren Umgebung von Maikop, sondern 40 bis 60 Kilometer südwestlich von Chadychensk, westlich und östlich der Pass-Straße und der Bahnlinie nach Tuapse, die heftig umkämpft blieben.

152 Vgl. Wegner, Krieg, S. 1075 f.

153 Vgl. AN MKK vom 24.2.1942, in: BGR, Nr. 0065936. Auf Wunsch des RfB sollten die Erkundungen durch systematische Luftaufnahmen unterstützt werden, da es an kartographischen Unterlagen mangelte. Sie sollten die Durchführung der geologischen Vorarbeiten für den sofortigen Einsatz der Bohrgeräte erleichtern. Vgl. Schreiben Schlicht an MBK vom 14.5.1942, in: BA-MA, RW 46, Nr. 667; Schreiben RfB, Abteilung Erdöl, an MKK, Schlicht, vom 13.5.1942, in: ebd.

154 Vgl. Kurzbericht über die Vorträge bei der MBK am 24.4.1942, in: ebd., RW 19, Nr. 1459, Bl. 281-285, hier Bl. 281, 283 (Zitat Bl. 283).

spiel einer gründlichen Zerstörung«. Die Bohrgeräte waren sämtlich abtransportiert, die Übertageeinrichtungen, also insbesondere die Fördertürme, gesprengt. Die Bohrungen selbst waren fast sämtlich vernagelt, die Bohrlochköpfe mit Zement verfüllt. Umfangreiche Reparaturarbeiten und den Austausch der meisten Bohrausrüstungen und -anlagen hielt Schlicht für unumgänglich.[155]

Der Vertreter des AA beim AOK 17, Karl Georg Pfleiderer, ging in seinem Wirtschaftsbericht vom 16. August auch auf das Öl von Maikop und die Raffinerie in Krasnodar ein, die bei den Kämpfen um die Stadt von den Sowjets zerstört worden war. Neubohrungen konnten seiner Meinung nach in zwei bis drei Monaten niedergebracht werden. Da die Wiedererrichtung der Raffinerie wesentlich länger dauern werde, müsse das Rohöl in der Zwischenzeit in Odessa oder Drohobytsch weiterverarbeitet werden.[156] Der Geologe Alfred Mayer-Gürr hielt sich gerade in Frontnähe auf, als er am 18. August Bentz berichtete: »Manches ist hier etwas anders als in Bukarest, aber bald wird hier auch Ordnung geschaffen werden.«[157]

Ein erster ausführlicher Bericht der TBM über die Erkundung im Erdölgebiet Chadyschenskaja bestätigte Schlichts Befürchtungen hinsichtlich der flächendeckenden Zerstörungen. Eine Beurteilung der Lage für das Gesamtgebiet Maikop konnte zwar seiner Ansicht nach erst nach eingehender Erkundung vorgenommen werden, doch sei jetzt schon davon auszugehen, dass der Antransport von Geräten und Material infolge der außerordentlich schlechten Wegeverhältnisse große Schwierigkeiten bereiten werde.[158] Der erste Zehntagesbericht der TBM bestätigte die Massivität der Zerstörungen.[159]

155 Vgl. Goralski/Freeburg, Oil, S. 183; Vortrag Schlicht beim Amtschef am 8. 9. 1942, in: ebd., Nr. 169, Bl. 71 f. (Zitat Bl. 71); Günther Schlicht, Die deutsche Expedition in den Kaukasus, S. 64, in: BGR, Nr. 0058277.

156 Vgl. Wirtschaftsbericht Nr. 66 des VAA beim AOK 17, Pfleiderer, vom 16. 8. 1942, in: PA AA, RZ 106, Nr. 27651, Bl. 44-47, hier Bl. 45 ff.

157 Vgl. Feldpostkarte von Mayer-Gürr an Bentz vom 18. 8. 1942, in: UB Freiburg, SLS, AGV, Nr. 20304 (Zitat ebd.). Alfred Mayer-Gürr wurde zu Kriegsbeginn mit dem Erdölkommando des OKW nach Polen beordert und leitete dort die Arbeitsstelle für Erdölgeologie bis zum 1. April 1941. Seit dem 4. Juli 1941 war er als Kriegsverwaltungsrat eingezogen und wartete auf seinen Einsatz im Kaukasus. Er wurde zwischenzeitlich in Rumänien und nach dem Kaukasusunternehmen auch in Österreich eingesetzt. Vgl. R. u. S.-Fragebogen, in: BAB, R 9361-III, Nr. 124634; Lebenslauf, in: ebd.; NSDAP-Karte, in: ebd., R 9361-IX KARTEI, Nr. 27081570; Carl-Engler-Medaille 1973: Prof. Dr. rer. nat. Alfred Mayer-Gürr, von der DGMK Deutsche Wissenschaftliche Gesellschaft für Erdöl, Erdgas und Kohle e. V. (https://dgmk.de/app/uploads/2019/09/Mayer_Guerr.pdf).

158 Vgl. Bericht der TBM über die Erkundung im Erdölgebiet Chadyshinskaja von Schlicht vom 19. 8. 1942, in: BA-MA, RW 46, Nr. 662. Auch in: BA-MA, RW 19, Nr. 790, Bl. 262 f. Am selben Tag führte der Oberquartiermeister der 17. Armee aus, dass angesichts der massiven Zerstörungen Neubohrungen erforderlich seien. Vgl. Eintrag vom 13. August 1942, in: Schramm (Hg.), Kriegstagebuch, Bd. 3, S. 581, Anm. 2.

159 Vgl. TBM – Zehntagebericht, Anlagen, 1. Zehntagebericht der TBM für die Zeit vom Abtransport der Brigade bis zum 31. 8. 42 vom 31. 8. 1942, S. 4, in: BA-MA, RW 46, Nr. 64. Auch in: ebd., RW 19, Nr. 790, Bl. 245-257.

Pfleiderer berichtete am 2. September erneut über die Situation in Maikop: Da den Sowjets – anders als im Spätherbst 1941 – keine Zeit zum Ausbauen und Evakuieren der Maschinen geblieben war, seien diese unbrauchbar gemacht und die Bohrlöcher fachmännisch vernagelt und vermint worden. Aus diesem Grund führten Neubohrungen vermutlich schneller und nachhaltiger zum Erfolg als Aufwältigungsversuche.[160]

Bei General Thomas referierte Schlicht die neuesten Entwicklungen in Maikop und schilderte, dass das Ölgebiet noch nicht vollständig besetzt sei; dort werde noch gekämpft. Das Gelände bereite enorme Schwierigkeiten beim Transport der Bohrgeräte dorthin. Positiv sei, dass sich russisches Fachpersonal in größerer Zahl als Arbeitskraft zur Verfügung stelle, allerdings müsse man es auch gut bezahlen, um die Produktion schnell wieder in Gang zu bringen. Schlicht rechnete frühestens in einem halben Jahr mit nennenswerten Fördermengen. Thomas forderte Schlicht auf, ein Programm für Maikop zu erarbeiten, außerdem sei es notwendig, Göring ein glasklares Bild von der Situation zu vermitteln, da in dessen Umfeld ein zu großer Optimismus hinsichtlich Maikops vorherrsche.[161]

In ihrem zweiten Zehntagesbericht schilderte die TBM die unverändert schwierige militärische Lage im Erdölgebiet. In der Umgebung von Apscheronskaja befand sich der einzige Stützpunkt für den fachlichen Einsatz, aber auch dort war die Front nur über einzelne Stützpunkte besetzt; zwischen den Stützpunkten – in einem waldreichen, unübersichtlichen und unzugänglichen Gelände – gab es weiterhin Kontakt zwischen sowjetischen Truppen und Zivilisten. Dem detaillierten Betriebsplan zufolge sollte in den einsatzreifen Gebietsteilen, nach Anlieferung und Aufbau der Geräte, mit Aufwältigungsarbeiten begonnen werden. Geeignete Ansatzpunkte für neue Bohrungen hatte der Geologe Mayer-Gürr unter Berücksichtigung der schlechten Zufahrtswege festgelegt.[162]

Sehr nachteilig wirkte sich aus, dass die Front das Ölgebiet in ganzer Länge durchschnitt und dort seit mehreren Wochen festlag, so dass eine intensive Aufnahme von Instandsetzungsarbeiten selbst in den bereits besetzten Gebieten noch nicht möglich war. Alle Erkundungsergebnisse bestätigten die weitgehende Zerstörung jener Gewinnungs- und Verarbeitungsanlagen, die das WiRüAmt seit Winter 1941 den Planungen für die Aufstellung und Ausrüstung der TBM zugrunde gelegt hatte. Auch

160 Vgl. Wirtschaftsbericht des VAA beim AOK 17, Pfleiderer, vom 2.9.1942, S. 2f., in: PA AA, RZ 501, Nr. 60753.

161 Vgl. Vortrag Schlicht beim Amtschef am 8.9.1942, in: BA-MA, RW 19, Nr. 169, Bl. 71-72 (Zitat Bl. 71). Der erste ausführliche Bericht der TBM betonte ebenfalls das sehr schwierige Gelände in Maikop. General Thomas verfügte das Bereitstellen von Sicherungstruppen, das Vorziehen des zweiten Technischen Bataillons und den zügigen Transport von Bohrgeräten aus dem Hafen Berdjansk nach Maikop. Vgl. Vortrag Becht, von Gusovius beim Amtschef am 7.9.1942, in: ebd., Bl. 70.

162 Vgl. Berichte der TBM, 2. Zehntageberichtder TBM für die Zeit vom 1. bis 10.9.42 vom 10.9.1942, S. 3, in: ebd., RW 46, Nr. 641. Auch in: ebd., RW 19, Nr. 790, Bl. 211-223.

hier rechnete man mit einer Arbeitsaufnahme frühestens Anfang Oktober, ein halbes Jahr später mit dem Anlaufen einer nennenswerten Förderung. Unter günstigen Bedingungen könne diese im Laufe eines Jahres auf etwa eine Mio. Tonnen gebracht werden; bis die frühere Gesamtproduktion erreicht werde, brauche es jedoch eine längere Betriebstätigkeit.[163]

Allerdings war keines der Erdölfelder feindfrei, und dort, wo sich Teilgebiete in deutscher Hand befanden, standen diese noch unter unmittelbarer Feindeinwirkung, so dass nennenswerte Aufschlussarbeiten noch nicht getätigt werden konnten. Trotzdem wurde in unmittelbarer Frontnähe bereits mit ersten Arbeiten begonnen.[164] Die militärischen Operationen brachten eine kleine Erweiterung der Einsatzmöglichkeiten in den Feldern Neftjanaja und Chadyschenskaja, die seit Anfang Oktober 1942 nicht mehr unter direktem Beschuss standen. Um andere Felder wurde weitergekämpft, oder sie waren noch komplett in sowjetischer Hand.

Bei der Erkundung des Ölfelds Asphaltberge (Asfaltovaja Gora), fünf km südwestlich von Kabardinskaja, gewann man »den Eindruck, dass in diesem anscheinend gut produktiven Felde die Zerstörung und Vernagelung äusserst genau dem vorgeschriebenen Plan entsprechend durchgeführt wurde. Wenn dies der Fall ist, kommen für dieses Gebiet wohl hauptsächlich nur Neubohrungen in Frage, da dann die Entnagelungsversuche zu langwierig und schwierig oder gar unmöglich sein werden.«[165]

Sehr verhalten fiel Schlichts Bericht über die Betriebsmöglichkeiten der in deutschem Besitz befindlichen kaukasischen Erdölfelder vom 28. Oktober 1942 aus: Vom Maikopgebiet waren lediglich die Felder von Apscheronskaja bis Kura Zeze bearbeitungsfähig, die übrigen wurden noch entmint. Verkehrstechnisch waren die Felder von Apscheronskaja bis zum Ölfeld Asphaltberge gut erschlossen, zwischen Asphaltberge und Sepsil war die Straße jedoch unbefestigt und bei schlechtem Wetter kaum passierbar. Die Brücken waren weitgehend gesprengt.

Vom Gebiet Malgobek-Wosnessenka befand sich etwa die Hälfte, der westliche Teil, unter deutscher Kontrolle und ragte als vorgeschobener Stützpunkt in die sowjetischen Stellungen hinein. Das Feld stand insbesondere von Osten und Süden unter Feindbeschuss. Die neueren Sonden im deutschen Feldteil lagen auf dem Südabhang, der uneingeschränkt vom Feind einzusehen war. Der wichtigste Verkehrsaufschluss des Malgobek-Gebiets, die bei Mosdok in südlicher Richtung abzweigende Kleinbahn, befand sich weiterhin in sowjetischer Hand. Eine Betriebsaufnahme war bei dieser operativen Lage nicht möglich.

163 Vgl. Nachrichtenblätter über die Bedeutung und den Zustand der neubesetzten Gebiete im Osten, Nr. 4. Das Maikop-Erdölgebiet, vom WWiA, Thomas, vom 18.9.1942, S. 3 f., 6, in: ebd., RW 46, Nr. 652.

164 Vgl. Grundsätzliches über das Erdölgebiet Maikop von Min.Rat Görnnert vom 19.9.1942, in: NAW, T 84A, Roll 6, Bl. 5769 ff., hier Bl. 5769 f.

165 Vgl. KTB der TBM, 5. Zehntagebericht der TBM für die Zeit vom 1. bis 10.10.1942 vom 11.10.1942, in: BA-MA, RW 46, Nr. 631, Bl. 179-192, hier Bl. 180 ff., 186 (Zitat Bl. 182). Auch in: ebd., RW 19, Nr. 790, Bl. 73 ff. und 123-136.

»Der betriebliche Zustand aller Felder ist von Malgobek bis zur Tamanhalbinsel, wie fachlicherseits vorausgesagt, der gleiche: intensivste Zerstörungen der Übertageeinrichtungen, völlige Vernagelung der Bohrungen, weitgehende Materialevakuierung. Sonden mit guter Produktion sind am sorgfältigsten zerstört.« Neben den üblichen Methoden wurden eigens konstruierte, 30-40 Kilogramm schwere Stahlpilze eingebaut, deren Köpfe exakt in die Verrohrung passten. Am Fuß waren bewegliche Klemmbacken befestigt, die, falls es gelang, den Pilz zu fassen, auf das verdickte Fußende rutschten und sich gegen die Verrohrung festklemmten.

Die Gesamtaussichten für das Maikopgebiet schätzte Schlicht als wenig ermutigend ein: Bis auf Abusy, wo sich noch etwa 50 Neubohrpunkte befanden, schienen die wichtigsten Felder abgebohrt zu sein. Man müsse rechtzeitig im kommenden Frühjahr mit zusätzlichen Aufschlusstätigkeiten beginnen, sonst bestehe wenig Aussicht, die frühere Produktionshöhe zu erreichen.[166]

An einer Inspektionsreise Anfang November 1942 nahmen unter anderem Griebel, Fischer und Bentz teil. Sie kamen zu ähnlichen Ergebnissen hinsichtlich des Grads der Zerstörung der Ölfelder: Mit einer Aufwältigung war in den wenigsten Fällen zu rechnen, relevante Produktionen nur aus neu niederzubringenden Bohrungen zu erzielen. Eine höhere Produktion werde erst durch den Antransport von Geräten und eine Verbesserung der militärischen Lage möglich. Die Bohrungen werden drei bis vier Monate dauern, so dass man frühestens im April 1943 mit Fördererergebnissen rechnen könne. Ein zentrales Problem bildete nach Ansicht der Experten der Mangel an russischen Arbeitskräften, vor allem an Bohrmeistern. Erschwerend hinzu kam deren schlechte Ernährungssituation: »Die an sich schon zu geringen vorhandenen russischen Facharbeiter werden an Zahl ständig geringer, da die Verpflegungssätze im Hinblick auf die schwere körperliche Arbeit in den Erdölbetrieben völlig unzureichend und nicht einmal vollständig gesichert sind. Hierunter leide die Arbeitswilligkeit und Arbeitsleistung in solchem Umfang, dass eine sofortige Abhilfe geboten ist.«[167]

Ende Dezember 1942 besuchte Ernst Jünger das Ölfeld Schirokaja Balka und sprach mit Oberleutnant Knud Maiwald, dem Beauftragten der Fachabteilungen bei der Vorausabteilung Laad; gemeinsam ritten sie das Gelände ab: »Mit seinen umgestoßenen Bohrtürmen und den gesprengten Kesselhäusern glich es den Kästen für altes Eisen, wie man sie bei den Schlossern sieht. Verrostete, verbogene, zerstückte Teile lagen wirr umher, dazwischen standen die gesprengten Maschinen, Kessel, Tanks. In diesem Chaos anzufangen, mochte entmutigen. Man sah hier und dort einen einzelnen Mann oder einen Trupp auf dem Gelände umherirren wie inmitten eines ausgeschütteten Puzzlespiels. Auch frische Minentrichter gähnten, besonders in

166 Vgl. Günther Schlicht, Betriebsmöglichkeiten und Aussichten der bislang in deutschem Besitz befindlichen kaukasischen Erdölfelder vom 28.10.1942, in: ebd., Bl. 43-48, hier Bl. 43 ff. und 48 (Zitat Bl. 44). Teilweise abgedruckt in: Müller (Hg.), Okkupation, Dok. 97, S. 241-244.

167 Vgl. Bericht über das Erdölgebiet von Maikop. Ergebnis der Reise vom 1.-7.11.1942 von Wi M 3 vom 17.11.1942, S. 1 ff. (Zitat S. 4), in: BA-MA, RW 46, Nr. 652.

der Nähe der Bohrtürme. Der Anblick von Minensuchtrupps, die mit spitzen Eisengabeln sorgfältig den Boden durchstachen, erweckte das beklemmende Gefühl, von dem man ergriffen wird, wenn man der Erde nicht mehr trauen darf.«[168]

Wiederaufbauarbeiten

Die Wiederaufbauarbeiten gestalteten sich von Anfang an schwierig: Infolge der unzureichenden Transportkapazitäten über die Straße konnte das Instandsetzungsmaterial nur auf dem Schienenweg herbeigeschafft werden. Damit verzögerte sich der Beginn der Arbeiten bis zur Wiederinbetriebnahme der von Rostow über Armawir nach Chadyschensk verlaufenden Bahnlinie. Zudem dauerte es Monate bis man wenigstens einen Teil der benötigten 2.800 Fachkräfte versammelt hatte. Noch Ende August klagte Bentz, dass immer noch keine »Bohrkameradschaften« für Maikop zusammengestellt seien: »Alle diese Maßnahmen funktionieren nicht, wochenlanges Hinauszögern, keine Verantwortlichkeiten festgelegt.«[169]

Auf dem Feld Neftjanaja wurde am 9. September 1942 die erste Bohrung der TBM im Kaukasus angesetzt. Zum Gedenken an den ehemaligen Chef des Stabs der Brigade erhielt diese Bohrung den Namen »Erich Will 1«, alle folgenden Bohrungen auf diesem Feld erhielten denselben Namen, mit fortlaufenden Nummern.[170] Bezeichnend für die unüberwindlichen Transportschwierigkeiten im Kaukasus war, dass die Bohranlage dieser einzigen Neubohrung aus sowjetischen Materialteilen zusammengesetzt war. Wegen Montageproblemen nahm sie erst am 12. Dezember die Bohrarbeiten auf. Die angestrebte Endteufe von rund 1.000 Metern Tiefe wurde bei Weitem verfehlt – man stellte die Arbeiten schließlich bei 135 Metern ein.

Für die Bereitstellung von Erdöl war weniger das ernüchternde Produktionsergebnis des militärischen Ersteinsatzes von Bedeutung als die Verzögerung des industriellen Bohrprogramms. Bentz hatte auf der 20. Sitzung der Zentralen Planung bereits am 29. Oktober seine Produktionszusage von 30.000 Monatstonnen ab März 1943 um ein halbes Jahr nach hinten korrigiert. Er schlug vor, die für den Kaukasus neu gefertigten Bohrgeräte lieber im österreichischen Zistersdorf einzusetzen, wo man mit weniger Aufwand und geringerem Betriebsrisiko eine ähnliche Förderung wie die für den Kaukasus erwarteten 1,4 Mio. Jahrestonnen erreichen könne.[171]

In einem Schreiben an die Wirtschaftsinspektion Süd skizzierte Schlicht am 16. Oktober 1942 das Programm für die eroberten Ölfelder: In Apscheronskaja liefen die

168 Eintrag vom 31. Dezember 1942, in: Jünger, Strahlungen, S. 469.

169 Vgl. Besprechung Hünermann, Becht, von Versen beim Amtschef am 25.8.1942, in: BA-MA, RW 19, Nr. 169, Bl. 40-41 (Zitat Bl. 40); Wegner, Krieg, S. 1075 f.

170 Vgl. KTB der TBM, Brigade-Befehl Nr. 24 des Kommandeurs der TBM vom 22.9.1942, in: BA-MA, RW 46, Nr. 631, Bl. 67.

171 Vgl. Kockel, Geologie und Krieg, S. 68 f.; Stenographische Niederschrift der 20. Besprechung der Zentralen Planung betreffend Mineralöl und Stickstoff am 29. Oktober 1942, in: BAB, R 3, Nr. 593.

Aufwältigungsarbeiten, die Zahl der in Angriff genommenen Sonden werde ständig erweitert. Allerdings versprach er sich keine nachhaltigen Erfolge in diesem Revier. Neben der Neubohrung habe man bereits zwölf Bohrpunkte angesetzt, die mit den eintreffenden sechs Anlagen abgebohrt werden sollten; die Zufahrtswege seien verbessert worden. In Chadyschenskaja liefen ebenfalls Aufwältigungsarbeiten, es gebe dort aber noch keine Neubohrung, die Erkundung werde weiter betrieben.[172]

Die Wiederherstellung der Ölfelder wurde durch russische Partisanen, die weiterhin Anlagen in die Luft sprengten, noch zusätzlich erschwert. Der Verkehr zwischen Armawir und Maikop war riskant und auf der bewaldeten Strecke zwischen Maikop und den Feldern schnell tödlich. Niemand reiste bei Nacht. Das Gebiet wurde bis Mitte Oktober nicht als ausreichend sicher angesehen, um auch nur begrenzte Operationen durchzuführen.

Russische Zivilisten, Männer wie Frauen, wurden zum Einsatz gezwungen. Schweres Gerät und Material wurde in großen Trupps von Hand herangeschleppt, da die mechanische Ausrüstung nicht eingetroffen war. Zivile Arbeitskräfte wurden immer wichtiger, ihre Lebensmittelrationen aber nur widerwillig ausgehändigt. Später stellte sich heraus, dass die Straßen und Brücken die schweren Fahrzeuge, als sie endlich eintrafen, nicht tragen konnten.[173]

In einem Schreiben an Neumann räumte Schlicht ein, dass der bisherige Erdöleinsatz zwar noch keine wesentlichen Erfolge aufweise, man aber wertvolle Erfahrungen gesammelt hatte. Das Ziel einer schnellstmöglichen Betriebsaufnahme der eroberten Erdölfelder könne jedoch angesichts der gründlichen Zerstörungen nur durch vollständigen Wiederaufbau erreicht werden. Dies erfordere den Einsatz der nur beschränkt zur Verfügung stehenden deutschen Fachkräfte, formelle Schwierigkeiten dürften dem nicht entgegenstehen.

Im Rahmen der gegenwärtigen militärischen Organisation konnte man dies nicht erreichen, es brauchte also einen Kompromiss zwischen den militärischen Organisationsgrundsätzen und den von fachlicher Seite gegebenen Einsatznotwendigkeiten. Schlicht schlug daher vor, Facheinsatz und militärischen Einsatz zu trennen, die Brigade also bezüglich des Fachpersonals nicht zu erweitern, sondern zu verkleinern. Fachleute könne man auch aus den Erdölbataillonen herausziehen. Sie leisteten größere Dienste, wenn sie gut pioniermäßig geschult seien und im Stab einige wenige Fachleute für Beratung zur Verfügung stünden.[174]

Anfang November 1942 befanden sich die Erdölfelder im Gebiet von Maikop zwar vollständig in deutscher Hand, trotzdem rechnete der WiStab Ost erst mit der Aufnahme einer Erdölförderung nennenswerten Umfangs, wenn die benötigten Bohr-

172 Vgl. Schreiben Leiter der Fachabteilung I der TBM an WiIn Süd vom 16.10.1942, S. 1 f., in: BA-MA, RW 46, Nr. 703.

173 Vgl. Goralski/Freeburg, Oil, S. 182 f.

174 Vgl. Günther Schlicht, Die deutsche Expedition in den Kaukasus. Anlage 2: Schreiben von Schlicht an Neumann vom 20.10.1942 (aus Apscheronskaja), S. 1 f. und 4, in: BGR, Nr. 0058277.

geräte und sonstigen Materialien an Ort und Stelle eingetroffen und nach Sicherung des Gebiets aufgestellt worden wären. Das dürfte allerdings mehrere Monate dauern. Und selbst nach Aufnahme der Förderung ging man von einer längeren Anlaufzeit für die Verarbeitung des geförderten Rohöls aus, da sämtliche vorhandenen Raffinerien weitgehend zerstört waren und die Aufstellung provisorischer Neuanlagen mit großen Schwierigkeiten verknüpft war.[175]

Um schneller voranzukommen, beabsichtigte die TBM, ihren Einsatz auf die Felder Schirokaja-Balka und Apscheronskaja zu konzentrieren, doch die Sicherheitslage blieb heikel. Insgesamt waren immer noch viel zu wenige Sicherungskräfte auf der sich über 600 Kilometer erstreckenden Armeefront im Einsatz. Kriegsverwaltungschef Bentz plante deshalb, bei Göring zunächst drei zusätzliche Bataillone zu beantragen, außerdem sollte eine OT-Einheit zum Straßen- und Wegebau geschickt und ein Flakschutz beantragt werden.[176]

Der Einsatz der technischen Formationen der TBM bewährte sich. Allenthalben wurden Trümmer weggeräumt, Brände gelöscht und Planungen für Ersatz- und Neubauten aufgestellt. Über die Schwierigkeiten vor Ort sowie beim Nachschub aus dem Reich war man sich stets bewusst, zeigte sich aber dennoch optimistisch, dass es früher als erwartet zu einer Wiederaufnahme der Fördertätigkeit kommen könnte.[177]

Nach seiner Reise in das Gebiet von Maikop empfahl Griebel seinem Vorgesetzten Thomas allerdings, nicht so viel Material dorthin, sondern mehr nach Zistersdorf zu bringen. Statt 30 solle man nur zehn Bohrgeräte nach Maikop senden, auch die Russen hätten im Winter wegen der schlechten Wegeverhältnisse kein Öl gefördert. Das WiRüAmt wollte sich daraufhin mit der VJP-Behörde über die Frage abstimmen, wo das Schwergewicht der Bohrungen gelegt werden solle, in Maikop oder Zistersdorf.[178]

Griebel hatte die Zufahrtstraßen zu den Feldern in sehr schlechtem Zustand vorgefunden; der Einsatz einer zweiten OT-Einheit sollte hier Besserung bringen. Er war sich mit Bentz und Fischer einig, dass es unter den gegebenen Verhältnissen rationeller war, die Förderung in Zistersdorf zu forcieren. Wenn in Maikop zehn Bohrgeräte eingesetzt würden, könne man für das zweite Quartal 1943 mit einer Monatserzeugung von 7.000 Tonnen rechnen. Das würde den dringendsten Bedarf vor Ort decken. Jede Bohrung dauere etwa vier Monate. Bentz rechnete für Ende 1943 mit 60.000, Schlicht sogar mit 80.000 Tonnen Monatserzeugung. Voraussetzungen seien jedoch die komplette Befriedung des Ölgebiets, der Bau ausreichender Transportwege und eine rasche Heranschaffung der Bohrgeräte.[179]

175 Vgl. Schreiben Chef WiStab Ost an den Generalquartiermeister/Abt. III vom 3.11.1942, in: BA-MA, RW 31, Nr. 145.

176 Vgl. Besprechung O. B. mit Kriegsverwaltungschef Bentz, Stab Reichsmarschall, und Abteilungschef Schlicht, TBM, am 5.11.1942, in: ebd., RH 23, Nr. 46, Bl. 93 f., hier Bl. 93.

177 Vgl. Nachrichten (1942).

178 Vgl. Vortrag Becht beim Amtschef am 14.11.1942, in: BA-MA, RW 19, Nr. 169, Bl. 190-192, hier Bl. 191.

179 Vgl. Vortrag Becht, Griebel, von Versen beim Amtschef am 16.11.1942, in: ebd., Bl. 194 f.

Bei der zweiten »Öl-Besprechung« in Görings Hauptquartier am 21. November 1942, zwei Tage bevor die deutsche 6. Armee in Stalingrad eingeschlossen wurde, wollte der Reichsmarschall vornehmlich über die Situation in Maikop informiert werden. Teilnehmer waren unter anderem Körner, Bentz, Schlicht und Fischer. Bentz erläuterte anhand einer Karte der Ölfelder die Transportsituation: Die dorthin führende Bahn sei inzwischen umgenagelt, also auf die deutsche Spurbreite gebracht worden und reiche nun bis Chadyschenskaja, weshalb man das Material aus Deutschland direkt bis an die Ölfelder heranfahren könne. Bentz sprach die bereits bearbeiteten Felder an, verwies jedoch darauf, dass er die besten Ergebnisse auf dem Feld von Schirokaja erwarte. Dafür müsse aber eine Kleinbahn ausgebaut werden. Um die Kräfte nicht zu fragmentieren, werde man zunächst nur zwei Betriebsgruppen bilden.

Schlicht wandte ein, dass die Russen im Winter nicht gebohrt hätten. Die Verpflegungslage sei zudem sehr schlecht, woraufhin die Arbeitskräfte von dort abwanderten. Daraus entspann sich folgende Kommunikation: »Reichsmarschall Göring: Was heißt: sie wandern ab? Da müssen Mittel gefunden werden, daß sie eben nicht abwandern. Das wäre eben eine bessere Verpflegungsmöglichkeit. Schlicht: Die Truppe selbst wird nur mit 50 % der Sätze verpflegt. Die Fachleute sind augenblicklich stark unterernährt. Wir kriegen das nicht hin.« Auch fehle es an Sicherungstruppen, mindestens drei Bataillone forderte Schlicht, erstens zum Schutz der Gebiete, in denen noch Partisanen kämpften, und zweitens, um das Material auch vor der eigenen Truppe sichern zu können. Außerdem müsse man in absehbarer Zeit damit rechnen, dass die Sowjets ihre Fliegerangriffe verstärkten. Die erste in Betrieb befindliche Bohrung sei bereits mehrfach angegriffen worden, sowohl mit Bordwaffen als auch mit Bomben. Eine Flak-Sicherung sei deshalb unbedingt notwendig.

Fischer bestätigte die hohe Bedeutung der Sicherungstruppen, weil es keine geschlossene Front gebe. Bei ihrer Inspektionsreise seien ihnen 100 Rotarmisten begegnet, die überlaufen wollten und auf dem ganzen Weg bis nach Chadyschenskaja keinen einzigen deutschen Soldaten angetroffen hätten. Zudem versuchten Sprengtrupps permanent, das neu aufgebaute Bohrgerät zu sprengen. Man müsse deshalb jede Bohrung mit Drahtverhau und Stützpunkten sichern. Wie prekär die Situation war, zeigten Beispiele aus anderen Feldern, bei denen die Werke entweder vor dem Drahtverhau lagen und nur nachts gearbeitet werden konnte, oder bei denen die Front quer durch das Ölfeld hindurch verlief.

Göring versuchte abzuwiegeln: »Wir wollen einmal die Schwierigkeiten nicht grösser machen, als sie sind. Vor allen Dingen würde natürlich das Interesse für die ganze Geschichte erheblich gesteigert sein, wenn sich da irgend etwas täte. Es lacht ja zurzeit alles über die Erdölbrigade. Wenn wenigstens irgend etwas geschehen würde! Wenn nur ein bisschen Öl geschaffen würde, dann wäre das schon etwas!« Schlicht erwiderte, es werde durchaus Öl gefördert, aber eben nur wenig, was primär an den Zerstörungen liege. Er ging in seinen Ausführungen speziell auf die Stahlpilze ein, die praktisch nicht zu entfernen seien, sowie auf den immensen Aufwand bei den Aufwältigungsarbeiten, der Neubohrungen praktikabler mache. Dabei beklagte er jedoch die mangelnde Kooperation der sowjetischen Fachkräfte, die teilweise in Sabotage umschlage. Göring empfahl daraufhin: »Dann hängen Sie mal einen am Bohrturm auf! Schlicht: Wenn es so steht, werden sich schon einige finden.«[180]

Den zweiten Fokus in der Besprechung setzte Göring auf die Produktionsaussichten. Schlicht ging davon aus, dass man bis zum 1. April 50 Bohrgeräte an Ort und Stelle einsetzen könne. Damit hielt er eine Förderung von einigen Tausend Tonnen für möglich, vielleicht 6.000, vielleicht auch 10.000 Tonnen. Bis zum Jahresende 1943 prognostizierte er eine sprunghafte Steigerung auf 50 bis 70.000 Tonnen monatlich. Bentz hielt den Anfang für das Schwierigste. Bis Ende des Jahres könne man mit einer Produktion rechnen, die ungefähr der Förderleistung Österreichs entspreche. Schlicht bremste die Erwartungen jedoch wieder und wies darauf hin, dass man in absehbarer Zeit nicht auf die Höhe der bisherigen Förderung kommen werde. Seiner Einschätzung nach war es realistisch, in ein bis eineinhalb Jahren immerhin die Hälfte der bisherigen Produktion zu erreichen.[181]

Allerdings liefen alle diese Anstrengungen ins Leere: Mitte November 1942 sah sich die TBM gezwungen, einen Treibstoffzug anzufordern, da sie weniger Öl förderte, als sie für ihren eigenen Bedarf benötigte,[182] und Göring musste zu Beginn des Jahres 1943 einräumen, man müsse mit einer erheblichen Verzögerung des vorgesehenen Förderprogramms rechnen, da der Antransport der für die Kaukasusölgebiete vorgesehenen Materialien gestört worden sei. Da aber für die weitere Kriegführung kein Einbruch in der Kraftstoffversorgung verantwortet werden könne, müsse jede voreilige Allokation und Bindung von Menschen und Material vermieden werden. Deshalb wies Göring an, Materialtransporte für die TBM bis auf Weiteres nicht mehr auf den Weg zu bringen und bereits laufende Transporte nach Berdjansk umzuleiten. Das Material müsse bei einer Besserung der Verkehrsverhältnisse sofort einsetzbar sein. Als Ausgleich forderte er eine verstärkte Bohrtätigkeit auf den europäischen Ölfeldern.[183]

Der Fachbericht des Betriebseinsatzes K Erdölgewinnung für Januar 1943 sowie die folgenden Maßnahmen der Monate Februar und März beschrieben die Endphase des Unternehmens: In den ersten Januartagen wurde die Organisation des Betriebseinsatzes K durchgearbeitet und die per Erlass von Göring vom 3. Dezember 1942 zugewiesene Aufgabe noch ausgeführt: die Überleitung der betrieblichen Funktionen der Einsatzkommandos Maikop I und II und des Einsatzkommandos Taman auf die entsprechenden Betriebsgruppen.

180 Vgl. Stenographischer Bericht über die Öl-Besprechung am 21.11.1942, in: IfZ, MA 144/3, Bl. 5661-5699, hier Bl. 5671 ff. (Zitate Bl. 5672, 5675, 5681). Abgedruckt in: Eichholtz, Raubzug, Dok. 4, S. 483-499. Siehe dazu auch: Irving, Göring, S. 552 f.; Goralski/Freeburg, Oil, S. 184; Eichholtz, Geschichte, Bd. 2, S. 487.

181 Vgl. Stenographischer Bericht über die Öl-Besprechung am 21.11.1942, in: IfZ, MA 144/3, Bl. 5661-5699, hier Bl. 5682 ff.

182 Vgl. Vortrag Becht beim Amtschef am 23.11.1942, in: BA-MA, RW 19, Nr. 169, Bl. 211 f.

183 Vgl. Rundschreiben Beauftragter für den VJP vom 9.1.1943, S. 1 f., in: BGR, Nr. 0076379.

Der Betriebseinsatz sowie die TBM und ihre Einheiten standen in fachlicher Hinsicht in einem Verhältnis, das dem von Auftraggeber und Unternehmer ähnlich war. Die reinen Erdölfacharbeiten – etwa schwierige Aufwältigungsarbeiten, Neubohrungen und der Förderbetrieb – wurden von den im Betriebseinsatz tätigen Erdölfachleuten in eigener Betriebsführung vorgenommen. Den militärischen Einheiten der Brigade wurden klar umrissene Aufgaben zugewiesen, die sich auf die Errichtung von Baracken, Magazinen, leichtere Aufwältigungsarbeiten und dergleichen bezogen. Diese Organisationsform bewährte sich laut Schlicht; die wichtigsten Bauarbeiten des Betriebseinsatzes werde man Anfang März abschließen und den Großeinsatz der Bohrgeräte anschließend beginnen können.[184]

Es kennzeichnet das Gesamtausmaß der Zerstörungen auf den Erdölfeldern und die Vielzahl der Schwierigkeiten ihres Wiederaufbaus, dass die technischen Experten nach einer Besichtigung vor Ort dafür plädierten, »die Masse der für den Kaukasus bereitgestellten Bohrgeräte lieber in Rumänien oder im Wiener Gebiet einzusetzen als in Maikop, da die technischen Schwierigkeiten sich dort doch [als] erheblich größer zeigten als sie von den technischen Herren erwartet worden waren«.[185] Angesichts der großen Hoffnungen, welche die oberste Führung auf das kaukasische Öl gesetzt hatte, war an ein Vorgehen wie dieses freilich gar nicht zu denken, zumindest solange die militärische Lage diese Hoffnungen nicht obsolet machte. Ganz im Gegenteil wurde dem Wiederaufbau der Erdölindustrie im Kaukasus nunmehr sogar eine erhöhte Priorität eingeräumt. Das zeigte sich auch im »Führerbefehl« vom 12. Oktober 1942, der unter Berufung auf die »kriegsentscheidende Bedeutung« des kaukasischen Erdöls eine Reihe von Sondermaßnahmen anordnete.[186]

Die Sicherheitslage: Permanente Gefahr durch Partisanen

Mit dem Fall von Sewastopol war das über große Teile der Krim verstreut liegende Ek 11 in Simferopol zusammengezogen worden, um von dort in den Kaukasus einzurücken. Über Taganrog, Rostow und Krasnodar erreichte es im August 1942 Maikop, das man aufgrund seiner hohen symbolischen Bedeutung zum Dienstsitz des Kommandos machte. Das Ek 11b war auch mit dem Schutz der Erdölquellen beauftragt worden.[187]

Mit der Sicherung des Ölgebiets von Maikop wurde am 20. August 1942 das Sicherungs-Regiment Nr. 4 betraut.[188] Der Korück (Kommandant des rückwärtigen Armeegebiets) 550 sollte die unmittelbare Sicherung der Arbeiten der TBM einschließlich

184 Vgl. Fachbericht des Betriebseinsatzes K Erdölgewinnung für den Monat Januar 1943 sowie über die abschliessend getroffenen Massnahmen im Kaukasuseinsatz vom Februar/März 1943 (von Schlicht), S. 1 ff., in: ebd., Nr. 0065827.; Fachbericht Nr. 1 vom 8. 1. 1943, S. 1, in: ebd., Nr. 0048750.

185 Thomas, Geschichte, S. 332.

186 Vgl. Wegner, Krieg, S. 1078.

187 Vgl. Angrick, Besatzungspolitik, S. 581.

188 Vgl. ebd., S. 603 (Anm. 81).

des Objektschutzes an allen Arbeitsstellen übernehmen. Damit wurde der Kommandeur des Wachbataillons 602 beauftragt. Vordringlich war der Schutz der einzelnen Arbeitsstellen (Sonden, Raffinerien, sonstige Zusatzbetriebe), der militärische Schutz von Erkundungstrupps zum Auffinden weiterer Sonden und Maschinen sowie die Überwachung der Ölleitungen und der Schutz des eingesetzten Fachpersonals. Die taktische Sicherung des Gebiets blieb weiterhin Aufgabe der Truppe.[189]

Wie aktiv die russischen Partisanen im Ölgebiet von Apscheronskaja waren, dokumentieren die Meldungen des Wachbataillons. So wurde am 31. August 1942 ein Spähtrupp der Waffen-SS überfallen, vier Tage später mehrere festgefahrene Panzerspähwagen. Bei beiden Überfällen gab es Tote und Verletzte auf deutscher Seite. Am 10. September wurden in Neftegorsk Telefonleitungen durchschnitten, drei Tage später überfiel eine Partisanengruppe dort fünf Artilleristen. Die Straße von Neftegorsk nach Neftjanaja wurde für den Durchgangsverkehr gesperrt. Am 15. September kam es zu einem Überfall auf einen Spähtrupp mit drei Toten und einem Schwerverwundeten.[190]

Ende September 1942 trafen sich führende Vertreter der TBM mit dem Korück beim AOK 17, um die Sicherung der Erdölgebiete zu erörtern. Übereinstimmend war man der Ansicht, dass diese von entscheidender Bedeutung sei und noch an Bedeutung gewänne, je weiter die kämpfende Truppe von den Ölgebieten wegrücke. Doch man musste konstatieren, dass die Anforderungen der TBM nach verstärkter Sicherung der Arbeiten wegen des Mangels an Sicherungstruppen nicht hinreichend zu erfüllen waren. Das AOK bat deshalb um Zuführung von Verstärkung.[191]

Dabei war den Beteiligten klar, dass eine restlose »Säuberung von Banden« in dem bewaldeten Gebirge nicht möglich sein würde. Die in Aussicht genommene Verstärkung der Sicherungstruppen wurde zunächst als angemessen erachtet, doch darüber hinaus hielt man es für notwendig, einen Streifen- und Aufklärungsdienst in der Nähe der Arbeitsstellen zu stationieren. Hinzu sollten kleine Stoßtrupps als Eingreifreserve kommen. Die interne Sicherung der Anlagen gegen Sabotageakte aus den Reihen der Arbeitskräfte war hingegen Aufgabe der TBM.[192] Angesichts der akuten Partisanengefahr beantragte der Abwehroffizier des AOK 17 die Verlegung der Gruppe 13 der Geheimen Feldpolizei nach Apscheronskaja, einem Schwerpunkt der Partisanenaktivitäten. Der SD deckte einen Sabotagetrupp in Maikop auf und verhaftete zwölf von 25 Mitgliedern. Die Region blieb jedoch Partisanengebiet.[193]

189 Vgl. Befehl AOK 17 vom 16.9.1942, in: BA-MA, RH 23, Nr. 41, Bl. 114. Auch in: ebd., Nr. 44, Bl. 122; Befehl Korück 550 vom 14.9.1942, in: ebd., Bl. 86-88, hier 87 VS.

190 Vgl. Schreiben Korück 550, Abt. Qu, an das A.O.K./Ia, vom 18.9.1942, in: ebd., Nr. 46, Bl. 214.

191 Vgl. Bericht über Besprechung beim Chef des Generalstabs des AOK 17 in Beloretschenskaja am 26.9.1942 vom 28.9.1942, in: ebd., RW 46, Nr. 663. Auch in: ebd., RH 23, Nr. 44, Bl. 89.

192 Vgl. AV über Besprechung im Gefechtsstand des AOK 17 am 26.9.1942, in: ebd., RW 19, Nr. 2266, Bl. 27-30, hier Bl. 27 f.

193 Vgl. Anlageband X zum Tätigkeitsbericht des A.O. des AOK 17 vom 14.8. bis 15.12.1942 (Einträge vom 21. und 26.8.1942), in: ebd., RH 20-17, Nr. 367.

Ende August schritt nach Meldungen der Einsatzgruppe die »sicherheitspolizeiliche Tätigkeit« in den neu besetzten Gebieten weiter voran. Fast alle öffentlichen Gebäude in Krasnodar waren mit Sprengladungen versehen, fünf bisher in die Luft geflogen. Südlich von Armawir wurden Banden in Gruppenstärken von bis zu 150 Mann festgestellt.[194]

Die TBM hielt die rasche Gestellung von Sicherungstruppen für unerlässlich, um schnell mit dem Arbeitseinsatz beginnen zu können. Admiral Canaris stellte daraufhin der Brigade für zwei Monate ein Sonderkommando der Abwehr zum Aufbau eines Werkschutzes im Maikopgebiet zur Verfügung. Außerdem verlegte die Heeresgruppe A das Sicherungs-Regiment Nr. 4 dorthin, das, obwohl es ausschließlich im Maikopgebiet eingesetzt werden sollte, den räumlich ausgedehnten Betrieben in keiner Weise genügte. Aus diesem Grunde forderte die TBM weitere Verstärkungen.[195] Anfang September 1942 wurde das Kosaken-Kavallerie-Regiment Platow in das Gefechtsgebiet vorgezogen, um Sicherungsaufgaben zu übernehmen. Es wurde am 19. September zusammen mit anderen Kräften in den Raum Maikop verlegt, um bis Jahresende die Arbeiten der TBM zu sichern.[196]

Für die Befriedung und die »Bandenbekämpfung« war im Zug der weiteren Besetzung der Korück Generalleutnant Sigismund von Förster zuständig. Er sollte auch die Verbindung mit der kämpfenden Truppe wegen des Schutzes der Ölanlagen aufnehmen und gemeinsam mit den Wirtschaftsdienststellen die Lebensmittelversorgung sicherstellen.[197]

Absprachen zwischen dem AOK 17 und dem Korück ergaben die gemeinsame Einschätzung, dass die Sicherung der Erdölgebiete und -anlagen von entscheidender Bedeutung war. Das für die TBM vorgesehene Sicherungs-Regiment 4 musste jedoch zunächst an der Front eingesetzt werden. Man beschloss, dass das AOK unter Hinweis auf die Sicherung der Erdölfelder um die Zuführung von Verstärkung bitten werde, damit das Sicherungs-Regiment 4 für seine Aufgabe frei würde.

Eingesetzt waren an sieben Betriebsstellen zwei Offiziere, 14 Unteroffiziere bzw. Wachhabende und 80 weitere Männer. Außerdem stand in Apscheronskaja eine Kosaken-Schwadron des Kosaken-Regiments Platow mit einer Gefechtsstärke von 100 Mann bereit, von den zwei weiteren Kosaken-Schwadronen, die zur »Säuberungsaktion« im rückwärtigen Gebiet eingesetzt waren, sollte eine in Kürze, die zweite später zur Sicherung der Brigade zur Verfügung gestellt werden. Zur Bewachung der Raffinerieanlagen in Krasnodar wurden 40 Mann abgestellt, für das neue Einsatzgebiet bei Kesslerowo eine Kompanie.

194 Vgl. Meldungen aus den besetzten Ostgebieten Nr. 18 vom 28.8.1942, zit. nach: Mallmann u.a. (Hg.), Berichte, S. 421-428, hier S. 423.

195 Vgl. 1. Zehntageberícht der TBM für die Zeit vom Abtransport der Brigade bis zum 31.8.42 vom 31.8.1942, in: BA-MA, RW 19, Nr. 790, Bl. 245-257, hier Bl. 251, 255.

196 Vgl. Hoffmann, Kaukasien, S. 359.

197 Vgl. AV über Meldung Chef des Stabs der TBM beim Kommandanten vom 6.9.1942, in: BA-MA, RH 23, Nr. 44, Bl. 146.

Der Einrichtung eines Werkschutzes durch die TBM kam unter den gegebenen Umständen besondere Bedeutung zu; sie sollte unverzüglich in Angriff genommen werden und war mit V-Männern zu besetzen. Die Armee stellte einen Abwehroffizier zur Verfügung. Die Brigade wollte in Berlin anfragen, ob die Möglichkeit einer Abstellung von ausgebildeten Werkschutzleuten und gegebenenfalls auch eine Zuteilung der bei der Ost Öl GmbH ausgebildeten und zur Zeit anderweitig eingesetzten Werkschutzleute bestehe.[198]

Die Sicherungsfrage wurde mit Abzug der regulären Truppen noch dringlicher. Generalmajor Homburg forderte Entminung und Schutz der Ölfelder durch den Korück, über eine allgemeine militärische Sicherung hinaus forderte er Postenschutz an jeder Arbeitsstelle, jeder Sonde und jeder Pumpstation. Laut Korück zählte dies aber zu den Aufgaben des Werkschutzes und sei somit Sache der TBM. Man einigte sich darauf, dass der Schutz während der Arbeitszeit durch die TBM zu organisieren sei, ansonsten von dem Korück. Homburg forderte ferner eine Überwachung der eingesetzten Kriegsgefangenen, woraufhin der Korück auf den Grundsatzbefehl des OKW hinwies, demzufolge Unterbringung, Verpflegung und Bewachung von Kriegsgefangenen im Dauerarbeitseinsatz durch den Bedarfsträger zu leisten seien. Nach Möglichkeit sollten Bewachungskräfte der Dulags diese Aufgabe mit übernehmen. Homburg verlangte zusätzlich zu den bereits eingesetzten 600 Kriegsgefangenen in den nächsten Tagen 1.500 und bis zum Winter 4.000 weitere. Der Korück versprach eine Prüfung dieses Ansinnens.[199]

Zwei Tage nach dieser Besprechung erließ der Korück einen detaillierten Befehl, demzufolge die Arbeitsstellen gegen Partisanenangriffe militärisch zu schützen seien. In besonders »bandengefährdeten« Gebieten könne hierzu auch der Ausbau von Hindernissen sowie die Anlage von Minenfeldern notwendig werden. In unübersichtlichem Gelände mahnte er eine Freilegung des Schussfeldes und das Schlagen von Sichtschneisen zur besseren Überwachung an. Die militärischen Sicherungskräfte seien so stark zu bemessen, dass überraschende Angriffe auf die Arbeitsstellen ausgeschlossen werden könnten. Die Ölleitungen sollten durch Streifen überwacht werden, die den an den Ölleitungen eingesetzten Fachkräften der TBM bei ihren Kontrollgängen erforderlichenfalls militärischen Schutz zu geben hatten.

Die Organisation des Werkschutzes einschließlich der Abwehr von Werkspionage und Sabotage sei Aufgabe der TBM. Bis zum Eintreffen eines ausreichenden Werkschutzes hätten militärische Sicherungskräfte die TBM dabei zu unterstützen. Grundsätzlich sollte die Brigade während der Arbeitszeit den Werkschutz an den Arbeitsstellen selbst übernehmen, außerhalb der Arbeitszeit sollten die Komman-

198 Vgl. 4. Zehntagebericht der TBM für die Zeit vom 21. bis 30.9.42 vom 30.9.1942, S. 2, 7 und 11 f., in: ebd., RW 46, Nr. 641. Auch in: ebd., RW 19, Nr. 790, Bl. 155-170.

199 Vgl. Niederschrift über Besprechung über Förderung der Arbeiten der TBM beim Ek Maikop am 23.10.1942 vom 24.10.1942, S. 2 ff., in: ebd., RW 46, Nr. 663.

deure prüfen, ob die Gesamtlage eine Einschränkung der abgesetzten militärischen Sicherung ermögliche, um etwa zum Schutz der Sonden gegen Sabotage die Posten in deren unmittelbarer Nähe aufzustellen. Die Bewachung der Unterkunft der TBM einschließlich der für diese arbeitende OT bleibe ausschließlich Aufgabe der Brigade, ebenso die Bewachung der Kriegsgefangenen.[200]

Somit erhielt die Frage der Sicherung der Arbeitsstellen und Anlagen durch den eigenen Werkschutz eine erhöhte Bedeutung, und die TBM begrüßte daher die Zuführung von 180 Werkschutzleuten der Konti, die zunächst in Armawir zusammengefasst und so schnell wie möglich ausgebildet wurden. Allerdings konnte dies nur ein erster Schritt sein, denn man ging für den Moment davon aus, für die Gebiete Maikop und Grosny etwa 3.000 Mann zu benötigen. Bei dem umfangreichen Einsatz von mehreren tausend Kriegsgefangenen in den Erdölfeldern und der Notwendigkeit, militärische Sicherungstrupps für die verschiedensten Aufgaben einsetzen zu können, hielt man eine Verstärkung der Wachkompanien für erforderlich.[201]

Im November 1942 hatte sich die taktische Lage im nordwestlichen Kaukasusgebiet nur unwesentlich verändert. Zur militärischen Sicherung der Arbeitsstellen und Anlagen der TBM standen im Maikopgebiet von Seiten des Korück 550 zwei Schwadronen des Kosakenregiments Platow (je etwa 100 Mann Gefechtsstärke) plus Stab sowie das 3. Wachbataillon 602 (etwa 80 Mann) zur Verfügung. An eigenen Kräften setzte die Brigade 58 Personen ein. Außerdem sollten in Kürze insgesamt vier Züge der Wachkompanie auf den Erdölfeldern eingesetzt werden. Die am 29. Oktober 1942 eingetroffenen 31 Werkschutzleute der Konti wurden in Armawir von einem Abwehroffizier auf ihre künftigen Aufgaben vorbereitet und waren teilweise bereits im Tanklager Armawir als Werkschutz eingesetzt worden.[202]

Die Tagesmeldungen des Korück 550 dokumentierten die Partisanentätigkeit. So lautete die Meldung vom 6. November 1942: »Verstärktes Auftreten der Banden im Walde so. Maikop.«[203] Am 20. November wurden 50 Personen aus dem »Bandengebiet« südöstlich von Maikop in Kushurskaja dem SD übergeben.[204] Vier Tage später klang der Bericht deutlich positiver: »Die Bandentätigkeit im Gebiet des Korück 550 hat in dem Monat Oktober an Aktivität erheblich nachgelassen, insbesondere da das Waldgebiet südostwärts Maikop als gesäubert angesehen werden kann. Einzelne Bandenreste sitzen wahrscheinlich noch in den Wäldern, jedoch haben die Überfälle auf die Straßen Maikop – Labinskaja, Maikop – Dachowskaja aufgehört.«[205] Gebannt war die Gefahr jedoch nicht, wie die Tagesmeldung vom 19. Dezember zeigte: »In Ge-

200 Vgl. Befehl Korück 550 vom 25.10.1942, in: ebd., RH 23, Nr. 42, Bl. 147ff., hier Bl. 148.
201 Vgl. 7. Zehntagebericht der TBM für die Zeit vom 21.10. bis 31.10.1942 vom 1.11.1942, in: ebd., RW 19, Nr. 790, Bl. 50-62, hier Bl. 59f.
202 Vgl. 8. Zehntagebericht der TBM für die Zeit vom 1.11. bis 10.11.1942 vom 11.11.1942, S. 9, in: ebd., RW 46, Nr. 632. Auch in: ebd., RW 19, Nr. 790, Bl. 29-41.
203 Tagesmeldung Korück 550 vom 6.11.1942, in: ebd., RH 23, Nr. 43, Bl. 4.
204 Vgl. Tagesmeldung Korück 550 vom 21.11.1942, in: ebd., Bl. 64.
205 Tagesmeldung Korück 550 vom 24.11.1942, in: ebd., Bl. 84.

gend Neftegorsk und Neftjanaja 3 Bandengruppen in Stärke von je 20-25 Mann vermutet. 1 Bandit gefangen.«[206] Und vom 22. Dezember: »19. 12. 42 16,00 Uhr 2 LKW der Betr. Stoff Kol. 794 an der Brücke Apscheronskaja nach Maikop, ca. 25 km von Maikop entfernt, von Banditen überfallen, 1 Uffz. und 3 Soldaten gefallen, 1 Offz. und 2 Soldaten verwundet, 1 LKW ausgebrannt. In der Nacht vom 21./22. 12. 42 gegen 22.00 Uhr Pruskaja (südl. Maikop) von ungefähr 100 Banditen umstellt. Feuergefecht mit Hiwa. Banditen gegen 4 Uhr in 3 Gruppen nach Norden, Süden, Westen abgerückt.«[207]

Die Einsatzgruppe D meldete Mitte Dezember 1942 eine Zunahme der »Bandenumtriebe« in den bewaldeten Berggebieten des Nordkaukasus. Ein Mangel an eigenen geeigneten Kräften und die Unwegsamkeit des Geländes sowie geschickte Ausweichmanöver der Gruppen sorgten dafür, dass deren Bekämpfung erhebliche Schwierigkeiten bereitete. Die Partisanen zeigten sich auch im Raum um Maikop besonders aktiv. Immer wieder verübten sie erfolgreiche Überfälle und Anschläge. Trotz mancher Teilerfolge musste die Einsatzgruppe konzedieren, dass nach wie vor nicht zu unterschätzende Gefahren drohten.[208]

Ernst Jünger bestätigte in seinem Tagebuch diese Eindrücke. Im Eintrag vom 13. Dezember 1942, er fuhr an diesem Tag von Maikop nach Kurinskij, heißt es: »Gleich hinter Maikop bog die Straße in die Berge ein. Am Waldrand Schilder: ›Achtung, Bandengefahr. Schußwaffen bereithalten.‹ Die Waldgebiete sind den Russen gegenüber durch dünne Stellungen, oft eher Postierungen, gesichert, während die großen Räume dahinter nur auf den Straßen von Truppen begangen sind. Sie werden nicht nur durch Partisanen oder Banditen, wie die deutsche Lesart lautet, gefährdet, sondern auch durch Spähtrupps und Streifen regulärer Kräfte, wie denn erst kürzlich aus dem Hinterhalt eine geballte Ladung in das Auto eines Divisionskommandeurs flog.«[209]

Am 28. Dezember 1942 fand eine Dienstbesprechung über Abwehrangelegenheiten in Krasnodar statt. Teilnehmer waren neben Vertretern der Armeegruppe und der TBM auch der SS-Obersturmbannführer Kurt Christmann, Führer des Ek 10a der Einsatzgruppe D. Eingangs erklärte der Chef des Stabs des AOK, dass die Lage äußerste Wachsamkeit erfordere. Die Hauptaufgaben des SD seien die Feststellung aller deutschfeindlichen Elemente und die Bekämpfung sämtlicher gegnerischen Strömungen sowie der Partisanengruppen. Dazu solle er sich eines umfangreichen V-Mann-Netzes bedienen. Auch obliege dem SD die Vernichtung der Juden. Anschließend bat der Vertreter der TBM sämtliche Dienststellen, die Brigade von jeder Nachricht über beabsichtigte gegnerische Maßnahmen gegen das Ölgebiet sofort zu verständigen. Laut Christmann lag der Schwerpunkt der Partisanentätigkeit bei Krimskaja und südöstlich von Maikop, dort sei auch ein Anschlag auf die Eisen-

206 Tagesmeldung Korück 550 vom 19. 12. 1942, in: ebd., Bl. 144.

207 Tagesmeldung Korück 550 vom 22. 12. 1942, in: ebd., Bl. 166.

208 Vgl. Meldungen aus den besetzten Ostgebieten Nr. 33 vom 11. 12. 1942, zit. nach: Mallmann u. a. (Hg.), Berichte, S. 565-575, hier S. 566 f.

209 Vgl. Eintrag vom 13. Dezember 1942, in: Jünger, Strahlungen, S. 443 (Zitat ebd.).

bahnlinie nach Krasnodar verübt worden. Außerdem habe man Nachrichten erhalten, dass drei Gruppen in Stärke von 300 bis 500 Mann auf die Ölgebiete in Neftegorsk und Neftenaja angesetzt würden.[210]

Die Arbeitskräftesituation

Die Suche nach Mineralölfachkräften begann bereits unter dem MKK Ende 1941 in Berdjansk; spätestens seit März 1942 lief sie in den Kriegsgefangenenlagern, koordiniert über die Abwehrstellen.[211] Im Mai 1942 fanden dann »Auskämmaktionen« in den russischen Kriegsgefangenenlagern statt: Im Ergebnis konnte man im Reichsgebiet 328 Mann ausfindig machen, im RKO 205 Mann, bei der Heeresgruppe Süd 611 Mann, bei der Heeresgruppe Mitte 680 Mann, bei der Heeresgruppe Nord 242 Mann und im Gefangenenlager Berdjansk 200 Mann. Die im Reichsgebiet befindlichen Kriegsgefangenen kamen grundsätzlich für einen späteren Einsatz bei der TBM infrage, sie wurden aber, da in den übrigen Gebieten so viele russische Fachleute gemeldet wurden, zunächst deutschen Firmen zum Arbeitseinsatz überlassen. Sollte die Brigade später einen größeren Bedarf anmelden, wollte man auf sie zurückgreifen.

Das Kriegsgefangenenlager in Berdjansk sollte aufgeteilt werden in ein Auffanglager, in dem die Gefangenen gesichtet, überprüft und auf ihre technische Expertise hin untersucht würden, sowie in ein Sonderlager ausschließlich für jene Kriegsgefangenen, die den Anforderungen des TBM genügten.[212] Für die Feinauswahl entstanden in der TBM daraufhin zwei Aussonderungskommandos: das »Aussonderungskommando I Berdjansk« sowie das »Aussonderungskommando II Drohobycz«. Die Vorauswahl der Mineralölfachkräfte unter den Kriegsgefangenen in den Lagern des OKW und im Operationsgebiet trafen die Abwehroffiziere der jeweiligen Lager, die in der Regel jedoch über keine Kenntnisse im Bereich Mineralölförderung und -verarbeitung verfügten.[213] Da das Lager in Berdjansk noch nicht aufnahmebereit war, wurden alle Kriegsgefangenen, die sich bereits dort oder auf dem Weg dorthin befanden, zunächst im Lager Mariupol gesammelt. Ein Teil von ihnen wurde dann separiert und in einem neuen Dulag für die dauerhafte Unterbringung der Mineralölfachkräfte bereitgestellt.

Das Sonderkommando für die Vernehmungen sollte ebenfalls für Unterbringung und Verpflegung der Kriegsgefangenen sorgen. Die von der Intendantur festgelegten Verpflegungssätze würden durch Erwerb von schlachtreifen Pferden etc. aufgebessert – für Spezialisten stand sogar Milizverpflegung in Aussicht. Die Trennung der Mineral-

210 Vgl. AN Ic der TBM vom 29.12.1942, in: BA-MA, RW 46, Nr. 690.

211 Vgl. Puchta, Die sowjetischen Kriegsgefangenen, S. 45.

212 Vgl. AN TBM, Rosterg, vom 22.5.1942, in: BA-MA, RW 46, Nr. 661. Auch in: ebd., Nr. 697. Vgl. insgesamt: Puchta, Die sowjetischen Kriegsgefangenen.

213 Vgl. ebd., S. 46.

ölfachkräfte von den übrigen Kriegsgefangenen und der Außenwelt sei mit aller Schärfe durchzuführen.[214]

Die zuvor in der Ölwirtschaft tätige Bevölkerung im Maikopgebiet zeigte sich nach Einschätzung des Sicherungs-Offiziers der TBM, Major Kiessling, »arbeitswillig und aufgeschlossen«. Der überwiegende Teil der Experten war allerdings von den Sowjets evakuiert worden, insbesondere Ingenieure und politische Persönlichkeiten. Die Hauptschwierigkeit bei der Rekrutierung lag also in deren ausreichender Ernährung, denn die Nahrungsmittelknappheit veranlasste einen Teil der Bevölkerung, sich in die Wälder abzusetzen und den Partisanen anzuschließen; Facharbeiter verschwanden heimlich mit ihren Familien. Die TBM konnte entsprechend nur einen kleinen Teil der arbeitswilligen Bevölkerung beschäftigen, und selbst für diesen standen keine ausreichenden Lebensmittel zur Verfügung.[215]

Auch die Einsatzgruppe D trug zur Wiederinbetriebnahme der Ölförderungsanlagen bei. Sie bemühte sich, möglichst schnell sowjetische Tiefbauingenieure und Geologen ausfindig zu machen und zu inhaftieren, da diese dringend in Maikop bei den Reparaturarbeiten an den Bohranlagen und Raffinerien benötigt wurden. Darüber erachtete man es als notwendig, ein »Spezialistenreservoir« aus Einheimischen für die Hauptabbaugebiete in Baku und Grosny anzulegen, wo ähnlich gravierende Zerstörungen wie in Maikop befürchtet wurden. Für die Wiederherstellung der kaukasischen Erdölanlagen war im August 1942 ein Bedarf von 15.000 Mann veranschlagt worden, der sich nur durch den Rückgriff auf lokale Kräfte decken ließ. Hitler selbst unterstrich in seiner Anordnung vom 28. Juni 1942 die Bedeutung dieser »einheimischen Arbeitskräfte«. Sie alle müssten »für den Aufbau der Erdöl-Industrie« verfügbar bleiben; Personalabgaben in den Betrieben der Erdölindustrie waren ohne vorherige Genehmigung strikt untersagt. Der Bedarf an zusätzlichen Arbeitern sei »bevorzugt zu befriedigen«, und zwar in erster Linie durch die »Zuweisung von Kriegsgefangenen«. Sämtliche in der Erdölindustrie eingesetzten Arbeitskräfte und ihre Familienangehörigen waren so zu ernähren, »daß ihre Arbeitswilligkeit und Arbeitsfähigkeit gewährleistet« wurden.[216]

Das Dulag 181 traf am 25. August 1942 mit dem Auftrag, kriegsgefangene Facharbeiter für die Ölindustrie bereitzustellen, in Maikop ein. Die Armee-Gefangenensammelstelle 16 sollte beschleunigt nach Apscheronskaja verlegt werden und dort ebenfalls Mineralölfacharbeiter für die TBM bereitstellen. Die Feldkommandantur 538 wurde am 30. August 1942 nach Maikop verlegt, ihre wichtigste Aufgabe war die Implementierung der Zivilverwaltung zur Unterstützung der Erdölindustrie. Alle deutschen Stellen sollten die Stimmung in der Bevölkerung überwachen, Übergriffe

214 Vgl. Schreiben MBK an TBM Ic/Arbeitseinsatz vom 21. 6. 1942, S. 1, in: BA-MA, RW 46, Nr. 697.

215 Vgl. Aufzeichnung »Die abwehrmässige Lage der Zivilbevölkerung für den Einsatz als Arbeitskräfte im Ölgebiet« von Major Kiessling, in: ebd., Nr. 631, Bl. 78.

216 Vgl. Angrick, Besatzungspolitik, S. 640 f. (Zitate S. 640).

verhindern und Facharbeiter für die TBM bereitstellen. Jeder Anforderung der Brigade war unverzüglich nachzukommen.[217]

Nach einer Erkundungstour in den Arbeitslagern teilte der Kommandant des Dulag 181 dem Korück 550 mit, dass Arbeitslager nur in engster Zusammenarbeit mit der TBM angelegt werden dürften; diese werde auch ihre Zivilarbeiter in Lagern, möglichst in der Nähe der verstreut liegenden Arbeitsstellen, zusammenfassen. Da die Arbeitsstellen noch nicht determiniert seien – ein Teil von ihnen lag noch hinter den russischen Stellungen –, könne man vorläufig auch noch keine Arbeitslager für Kriegsgefangene anlegen. Unterbringung und sanitäre Verhältnisse ließen sich organisieren, Schwierigkeiten bereite jedoch die Verpflegung, die restlos nachgeführt werden müsse.[218] Als Arbeitgeber hatte die TBM auch für Verpflegung, Unterbringung und Bewachung der ihr zugeteilten Kriegsgefangenen zu sorgen.[219]

Im September wurden die laufend in den Dulags erfassten Erdölarbeiter in das Dulag 181 in Maikop transportiert. Für die weitere Verwendung der Kriegsgefangenen hatte das Dulag 181 im Einsatzgebiet Gefangenenlager für durchschnittlich 100 bis 200 Mann zu errichten. Im Kaukasus war das wichtigste Dulag für die kriegsgefangenen Erdölfacharbeiter der TBM ab Ende November 1942 das Dulag 162, Apscheronskaja, da dort die Kriegsgefangenen der TBM zusammengezogen werden sollten. Hier wurden allein aus den Sonderlagern Mariupol und Rostow 2.300 Kriegsgefangene aus der Mineralölindustrie sowie weitere aus Berdjansk und einem Dulag (202) in Woroschilowsk in Marsch gesetzt. Ferner brachen kriegsgefangene Fachkräfte aus dem Dulag 132 in Krasnodar und dem Dulag 181 in Maikop zum Dulag 162 in Apscheronskaja auf, so dass die TBM Ende November im Dulag 162 etwa 3.225 Fachkräfte zusammenzog. Auf dieser Basis lässt sich eine vorsichtige Schätzung über die Anzahl der kriegsgefangenen Mineralölarbeiter der TBM abgeben: Eine Größenordnung zwischen 3.200 und 5.000 Kriegsgefangenen erscheint plausibel.[220]

Der Korück 550 befahl Mitte September 1942 zur Nutzbarmachung des Ölgebiets bei Apscheronskaja, gleich beim Anlegen der Einwohnerliste die für die TBM brauchbaren Fachkräfte ausfindig zu machen und dieser zur Verfügung zu stellen. Außerdem müssten ausreichend Arbeitskräfte für den Straßenbau sichergestellt werden. Angesichts des Mangels an Transportmitteln müsse man notfalls auch von Trägerkolonnen Gebrauch machen.[221]

Das Ek Maikop I der TBM beabsichtigte, zehn kriegsgefangene sowjetische Ingenieure einzusetzen, die an den verschiedenen Arbeitsplätzen die Arbeiten nach Anweisung leiten und gleichzeitig die übrigen Kriegsgefangenen bewachen sollten.

217 Vgl. Maßnahmen des Korück zur Unterstützung der Ölindustrie vom Korück 550 vom 16.9.1942, in: BA-MA, RH 23, Nr. 41, Bl. 104-108, hier Bl. 104 VS ff.

218 Vgl. Schreiben Kommandant Dulag 181 an Korück 550 vom 12.9.1942, in: ebd., Nr. 44, Bl. 134.

219 Vgl. AV Meldung Chef des Stabs der TBM beim Kommandanten vom 6.9.1942, in: ebd., Bl. 146.

220 Vgl. Puchta, Die sowjetischen Kriegsgefangenen, S. 50 f.

221 Vgl. Befehl Korück 550 vom 14.9.1942, in: BA-MA, RH 23, Nr. 41, Bl. 86-88, hier 86 RS.

Ihnen würde man zur Erfüllung ihrer Aufgaben eine größere Bewegungsfreiheit zugestehen, ohne ständige Begleitung eines deutschen Wachtpostens. Diese Bevorzugung verleihe ihnen auch Autorität.[222]

Schlicht berichtete Ende Oktober 1942, russisches Fachpersonal stehe sowohl in der Zivilbevölkerung als auch unter den Kriegsgefangenen zur Verfügung. Die russische Belegschaft betrug etwa 500 Mann, und Schlicht rechnete damit, dass sie bis April auf etwa 5.000 Mann anwachsen werde. Allerdings hätten sich die Personalverhältnisse in den neu besetzten Gebieten aufgrund der unzureichenden Verpflegung ständig verschlechtert. Die Zivilbevölkerung wandere ab bzw. melde sich nicht zur Arbeit, die Kriegsgefangenen brächten keine Leistung. Die Versorgung müsse daher schnellstens grundlegend verbessert werden.[223] Mitte Dezember beklagte auch die Einsatzgruppe D die unzureichende Lebensmittelversorgung insbesondere in den Erdölgebieten von Apscheronskaja und Chadychenskaja. Inzwischen würden sich in der Bevölkerung starke Abmagerungserscheinungen und allgemeine Körperschwäche zeigen, in Maikop selbst gebe es – anders als in den meisten größeren Orten des Einsatzgebiets – immer noch keine regelmäßige Lebensmittel- und Brotabgabe.[224]

Die TBM bemühte sich weiterhin unablässig um die Zuweisung kriegsgefangener Erdölarbeiter aus den Dulags. So sollten Anfang November 1942 99 Arbeiter aus dem Dulag 132 Nebenlager Krymskaja sowie weitere 125 aus dem Dulag 132 Krasnodar nach dem Dulag 162 Apscheronskaja in Marsch gesetzt werden.[225] Aufgrund der Bedeutung des Einsatzes von kriegsgefangenen Erdölfachkräften hatte die TBM bei den Dulags Mariupol und Rostow im Benehmen mit dem Kommandeur der Kriegsgefangenen und den zuständigen Heeresgruppen eigene Aussonderungskommandos eingerichtet, von denen bis Mitte November 1942 ca. 4.500 Fachkräfte unter den Kriegsgefangenen erfasst worden waren. Außerdem wurden durch den Korück 550 laufend kriegsgefangene Erdölfachkräfte angefordert und auch eingesetzt. Die Zuführung der Kriegsgefangenen aus den Dulags Mariupol und Rostow war zunächst an ihrer völlig unzureichenden Bekleidung gescheitert.

Bis November 1942 hatte die TBM 832 Kriegsgefangene beim Ek Maikop I eingesetzt. 350 Kriegsgefangene befanden sich auf dem Eisenbahntransport vom Dulag Woroschilowsk zum Dulag 162 in Apscheronskaja, wo ihr Eintreffen um den 20. November 1942 erwartet wurde. Weitere 2.300 Kriegsgefangene standen nach Aussonderung und Einkleidung im Dulag 172 in Mariupol abmarschbereit, ihnen sollten zusätzlich 90 Kriegsgefangene als Kraftfahrer und Beifahrer für die LKW-Kolonne der Ost Öl

222 Vgl. Schreiben Ek Maikop I der TBM an Korück 550 vom 22.10.1942, in: ebd., Nr. 46, Bl. 134.

223 Vgl. Günther Schlicht, Betriebsmöglichkeiten und Aussichten der bislang in deutschem Besitz befindlichen kaukasischen Erdölfelder vom 28.10.1942, in: ebd., RW 19, Nr. 790, Bl. 43-48, hier Bl. 46.

224 Vgl. Meldungen aus den besetzten Ostgebieten Nr. 34 vom 18.12.1942, zit. nach: Mallmann u. a. (Hg.), Berichte, S. 575-589, hier S. 586.

225 Vgl. Fernschreiben Ia der TBM an Korück 550 vom 17.11.1942, in: BA-MA, RH 23, Nr. 45, Bl. 27.

GmbH angeschlossen werden sowie 76 Kriegsgefangene für besonderen Einsatz. 310 Kriegsgefangene wurden vom Korück 550 zugeführt.[226]

Die TBM erließ am 2. Januar 1943 einen Befehl zur Verwendung und Bewachung von Kriegsgefangenen. Bemängelt wurde darin die unzureichende Bewachung und Fürsorge für jene Gefangenen, die für die Truppe arbeiteten. Dies habe zu untragbaren Missständen geführt. Die Feldgendarmerie greife täglich etwa 50 bis 80 Gefangene auf, die mit leichtfertig ausgestellten Ausweisen zurückwanderten. Kranke oder zur Arbeit ungeeignete Gefangene würden kurzerhand zurückgeschickt, ohne dass die Verantwortlichen sich Gedanken darüber machten, wohin die Gefangenen sich aufmachten und wer sie übernehme. Damit war dem Einsickern von Partisanen, der Spionage und dem Entlaufen »arbeitsunwilliger Gefangener« Tür und Tor geöffnet. Es wurde daraufhin befohlen, bei der Beschäftigung von Kriegsgefangenen zwischen solchen Gefangenen zu unterscheiden, die ständig in die Betriebsgruppen und Einheiten integriert waren (z. B. Erdölfacharbeiter, Fahrer, Küchenhelfer), und solchen, die nur vorübergehend beschäftigt wurden, etwa in Träger- und Arbeitskolonnen.

Die ständigen kriegsgefangenen Erdölfacharbeiter sollten eine Armbinde mit der Aufschrift »T.Brig.M.« und dem Feldpostnummern-Stempel des Bataillons Fachkräfte tragen. Alle Gefangenen hatten stets unter besonderer Bewachung zu stehen, es war auch verboten, sie mit selbständigen Aufträgen fortzuschicken. Über ihre Stärke war bei den Einheiten ein Nachweis zu führen, etwaiges Entlaufen war dem Sicherungsoffizier der Brigade unverzüglich zu melden. Die Betriebsgruppenleiter bzw. Einheitsführer, denen die Gefangenen zur Verfügung gestellt wurden, waren für die Bewachung und Verwendung der bei ihnen beschäftigten Gefangenen verantwortlich.

Wie wichtig die Fachkräfte unter den Kriegsgefangenen waren, zeigte der fünfte Punkt des Befehls deutlich: »Die Brigade braucht die Arbeitsleistung der Gefangenen gegenwärtig unbedingt. Zu schlechte Lebensbedingungen haben ein Absinken der Arbeitskraft, zahlreiche Erkrankungen und Desertionen zur Folge. Es ist daher erforderlich, für die Gefangenen zu sorgen. Regelmäßige Verpflegung nach den geltenden besonderen Anordnungen ist an sie auszugeben, ferner ist ihnen Gelegenheit zu geben, sich ihre Unterkünfte herzurichten. Ebenso ist auf ärztliche Überwachung und Betreuung zu achten.«[227]

Alexander Frisk berichtete in einer Nachkriegsvernehmung über den Einsatz der Kriegsgefangenen. Er kam Ende August 1942 zum Dulag 134 nach Armawir, dann Anfang Januar 1943 über Rostow, Taganrog und Uman nach Rumänien. Beim Dulag war er als Sonderführer eingesetzt, mit dem Dienstgrad eines Leutnants. Seine Aufgabe habe darin bestanden, mit den dort stationierten Kriegsgefangenen die Erdölproduktion auf den Feldern bei Armawir wieder in Gang zu setzen. Er habe im Dulag jene Kriegsgefangenen ermittelt, die entweder bereits in den Erdölfeldern gearbeitet

226 Vgl. 9. Zehntagebericht der TBM für die Zeit vom 11. 11. bis 20. 11. 1942 vom 22. 11. 1942, in: ebd., RW 19, Nr. 790, Bl. 3-13, hier Bl. 4.

227 Vgl. KTB der TBM, Brigade-Befehl Nr. 37 vom 2. 1. 1943, in: ebd., RW 46, Nr. 633 (Zitat ebd.).

hatten oder Fachkräfte waren. Diese seien dann aus der Kriegsgefangenschaft entlassen und an dem jeweiligen Arbeitsplatz stationiert worden.[228]

Über Maikop hinaus

Albert Speer schilderte in seinen Erinnerungen die Hochstimmung der ersten Wochen der Sommeroffensive, als die Wehrmacht rasch in den südrussischen Ebenen vorrückte. Nach zwei Monaten kippte die Euphorie jedoch, die Atmosphäre wurde zunehmend bedrückter, und auch Hitlers Optimismus sank. Zwar hatten die deutschen Truppen die Ölfelder von Maikop in Besitz genommen, die Panzerspitzen kämpften bereits am Terek und stießen bei Astrachan auf die südliche Wolga vor. Das Tempo der ersten Wochen aber war verlorengegangen, der Nachschub kam nicht mehr hinterher.

Laut Speer hatte Hitler die Lage schlicht nicht begriffen. In der Absicht, eine vermeintliche Schwäche des Gegners zu nutzen, wollte er seine erschöpften Truppen auf die Südseite des Kaukasus, nach Georgien, vorwärtszwingen und zweigte infolgedessen von der ohnehin dezimierten Spitze zusätzlich noch mannstarke Kräfte ab. Sie sollten über Maikop hinaus zunächst gegen Sotschi vorstoßen und von dort über die enge Küstenstraße weiter südlich Suchumi erreichen. Aber die Einheiten waren am Ende, sie kamen nicht mehr voran. Doch Hitler zeigte sich unbeeindruckt. Sein Plan war es, in ein oder zwei Jahren vom Kaukasus aus »eine Offensive in den Unterleib des britischen Empire« zu führen und so mit wenigen Kräften Iran und Irak zu erobern, um von dort nach Indien zu gelangen.[229] Doch der Vorstoß nach Grosny ging enttäuschend langsam voran. Die Vorhut, bestehend aus fünfzig Ingenieuren und 1.500 Soldaten, verließ Maikop am 24. August. Schon bald wurde deutlich, dass der Vorstoß auf Grosny und die Quellen von Dagestan ins Stocken geraten war. Die Situation in Stalingrad führte zu einem Abzug im Kaukasus.[230]

Bei der TBM machte man sich Gedanken über mögliche Zerstörungen von Anlagen der Erdölindustrie in anderen Zielgebieten. Die Erdölfelder in Baku lagen eng beieinander und waren somit außerordentlich luft- und feuergefährdet, außerdem würde eine Zerstörung der Raffinerien, Elektrizitätswerke, Tankanlagen und Ölfelder die Russen, die sich auch aus dem Ural versorgen konnten, nicht kriegsentscheidend treffen – den Wiederaufbau für den Fall einer Besetzung durch deutsche Truppen aber empfindlich erschweren. Aus wehrwirtschaftlicher Perspektive empfahl man daher, eine Zerstörung möglichst zu vermeiden und stattdessen den Abtransport des Erdöls aus Baku zu unterbinden. Eine Abriegelung Bakus von seinen Transporteinrichtungen biete weiterhin den Vorteil, dass die großen Raffinerien im Raum Grosny nicht mehr aus Baku versorgt werden könnten, sondern auf das Öl aus Maikop und Grosny angewiesen wären. So nehme man den Russen die Option, frühzeitig die Produktion

228 Vgl. Vernehmung Alexander Frisk am 3.3.1970, in: BAL, B 162, Nr. 8934, Bl. 83-87, hier Bl. 83 ff.
229 Vgl. Speer, Erinnerungen, S. 252.
230 Vgl. Goralski/Freeburg, Oil, S. 183.

dort aufzugeben. Im Fall einer Besetzung wäre also die Wahrscheinlichkeit größer, Materialien vorzufinden, mit denen eine Produktion wieder aufgenommen werden konnte.[231] In diesem Zusammenhang, der Erhaltung von Verarbeitungsanlagen im Feindgebiet, riet der Leiter der Fachabteilung Verarbeitung, Hauptmann von Hammer, davon ab, das nicht abtransportierbare Material zu vernichten.[232]

Im Oktober 1942 erzielte die Wehrmacht an der Maikopfront und südlich des Terek militärische Erfolge, die es erlaubten, am Westrand des Feldes Malgobek mit Erkundungen zu beginnen. Damit war das westlichste Feld im Erdölgebiet Grosny erreicht. Es konnten zunächst nur vier Sonden erkundet werden, dann musste wegen des schweren Artilleriesperrfeuers wieder abgebrochen werden. Weitere sechs Sonden befanden sich noch in der Kampfzone. Alle erkundeten Sonden waren in der gleichen Weise vernagelt wie im Maikopgebiet.[233]

Das wichtigste Ziel blieb das jenseits des Kaukasus am Südostufer des Kaspischen Meeres gelegene Baku. Im Auftrag des Amts Ausland/Abwehr sollte Schlicht dort Objekte, Raffinerien und Ölfelder ausmachen, die präventiv zerstört werden sollten, um die Vorbereitungen des Gegners zu beeinträchtigen. Hierdurch sollte der MBK vorgearbeitet werden, auch eine Störung der laufenden Produktion des Gegners war beabsichtigt.[234]

Rosterg meldete Generalmajor Erwin Lahousen vom Amt Ausland/Abwehr den Abtransport von Erdölprodukten, Maschinen und Geräten aus Baku. Da der Abtransport infolge der Abschnürung wichtiger Verkehrsverbindungen stark eingeschränkt sei, hätten die Sowjets schon jetzt einen großen Teil der produzierenden und verarbeitenden Betriebe in Baku stillgelegt. Um den Abtransport stärker zu behindern, schlug er Bombardierungen vor.[235]

Der Abzug vom Kaukasus

Inzwischen hatte sich nördlich der deutschen Kaukasusfront, 500 Kilometer von Maikop entfernt, jene grundlegende Änderung der militärischen Lage vollzogen, die die Kriegswende einläutete. Am 19. November 1942 setzte die sowjetische Offensive bei Stalingrad ein, vier Tage später war die Einkesselung der Stadt vollendet. Aber erst als Mitte Dezember der Versuch, die in der Stadt ausharrenden deutschen Soldaten von außen zu befreien, zusammenbrach und Ende des Monats sowjetische Kräfte im

231 Vgl. Rundschreiben TBM vom 14.5.1942, S. 1, in: BA-MA, RW 46, Nr. 728.

232 Vgl. Schreiben Leiter der Fachabteilung II der TBM, von Hammer, an Abteilung Ic vom 22.9.1942, S. 1 f., in: ebd., Nr. 683.

233 Vgl. 5. Zehntagebericht der TBM für die Zeit vom 1. bis 10.10.1942 vom 11.10.1942, in: ebd., Nr. 631, Bl. 179-192, hier Bl. 180 ff., 186 (Zitat Bl. 182). Auch in: ebd., RW 19, Nr. 790, Bl. 73 ff. und 123-136.

234 Vgl. Schreiben Amt Ausland/Abwehr an Schlicht vom 16.9.1942, S. 1, in: ebd., RW 46, Nr. 683.

235 Vgl. Schreiben Ic der TBM an Lahousen, Amt Ausland/Abwehr II, vom 6.11.1942, S. 1 ff., in: ebd., Nr. 728.

Gegenschlag in Richtung Rostow erheblich an Boden gewannen, begriff die Wehrmachtsführung, dass das Kaukasusunternehmen endgültig gescheitert war. General Thomas beschrieb die Situation so: »Da man während der Zeit der Stalingradkämpfe immer noch hoffte, das Ölgebiet von Maikop noch halten zu können, war es für den Wirtschaftlichen Führungsstab Ost sehr schwer zu bestimmen, wie lange die umfangreichen Transporte für den Wiederaufbau des Ölgebietes weiter nach dem Maikop-Gebiet laufen sollten bzw. wann die Transporte abgestoppt und auf die anderen Erdölgebiete Rumänien, Wien und Ungarn abgedreht werden sollten.«[236]

Bei einer Besprechung bei Thomas am 5. Januar 1943 gab dieser eine Orientierung über die neue Lage im Kaukasus und was für Folgen sich daraus für Maikop ergaben. Insbesondere sei zu prüfen, was mit den Raffinerien in Krasnodar und Armawir geschehen sollte, ebenso mit den aktuell auf dem Weg befindlichen zehn Nachschubzügen mit Gerätschaften. Es wurde beschlossen, alles, was den Don bereits hinter sich gelassen hatte, bis Armawir weiterlaufen zu lassen, alle anderen Züge aber nach Berdjansk umzuleiten. Fischer befürwortete den weiteren Ausbau der Raffinerie in Krasnodar und empfahl, in Berdjansk eine Raffinerie zum Ausgleich für Armawir aufzubauen. Es wurde beschlossen, die französischen Raffinerien, die zum Wiederaufbau in Grosny vorgesehen waren, weiter abzubauen, jedoch in Österreich wieder aufzustellen. Hingegen müsse das Bohrgeräte-Erzeugungsprogramm gestoppt werden, wenn ein Einsatz in Maikop und Grosny vorläufig nicht infrage kam. Bentz ging davon aus, dass etwa 100 Bohranlagen übrigbleiben würden. Das Programm sollte von über 600 auf 200 Anlagen reduziert und das Hauptmateriallager der Brigade zurückverlegt werden. Ein konkretes Zerstörungsprogramm gab es noch keines. Bentz glaubte, man könne den Kaukasusverlust ausgleichen, wenn man in Rumänien mehr bohren würde. Zum Schluss wurde angeregt, aus der MBK Kräfte abzuzweigen und daraus ein Mineralölkommando Ostmark zu bilden.[237]

Am 7. Januar 1943 fand jedoch eine Besprechung bei der Heeresgruppe statt, bei der die Intensivierung des Taman-Einsatzes unter Rückstellung des Maikopgebiets gefordert wurde. Eine Woche später schilderte der Kommandeur der Wirtschaftsinspektion Kaukasus die operativ gegebenen Optionen und legte die daraus zu ziehenden Folgerungen dar. In der Konsequenz wurde der Arbeitsurlaub von Fachkräften in die Wege geleitet, um die Erdölfachleute des Mineralölbataillons in den Betriebseinsatz zu integrieren.

Am 17. Januar 1943 erhielt Schlicht den Befehl, den Abtransport der Fachkräfte beschleunigt durchzuführen und, soweit möglich, wichtiges Material aus dem Gebiet herauszuziehen. Der weitere Einsatz sollte an den Kommandeur der Technischen Truppen als örtlichen taktischen Einsatzleiter der Brigade übergeben werden.

236 Thomas, Geschichte, S. 374.

237 Vgl. AN über Beratung beim Chef des WWiA des OKW zur Lage auf dem Erdölsektor infolge des deutschen Rückzuges aus dem Kaukasus, 5. Januar 1943, zit. nach: Müller (Hg.), Okkupation, Dok. 100, S. 248 ff.

Der Abtransport der Fachkräfte fand am 18. und 19. Januar statt – wegen der herrschenden Benzinknappheit teils mit Kraftfahrzeugen, teils per Eisenbahn, teils im Pendelverkehr bis Ustij-Labinskaja – das Ziel war Krasnodar. Die Fachkräfte trafen zwischen dem 21. und 23. Januar dort ein und wurden in fünf Marschgruppen mit Flugzeugen nach Kertsch gebracht, von wo aus sie die Reise nach Deutschland antraten, um den Arbeitsurlaub aufzunehmen. Insgesamt wurden aus dem Maikopgebiet 125 Angehörige der Fachabteilung I (Gewinnung) zurückgeführt. Am 24. Januar wurde das Lager Armawir durch die Truppe gesprengt. Die Zerstörungen im Maikopgebiet wurden auf Basis der vom Betriebseinsatz erarbeiteten Zerstörungspläne durch Zerstörungskommandos vorgenommen, die von der Technischen Brigade Mineralöl zurückgelassen worden waren. Damit fand der Betriebseinsatz Maikop seinen Abschluss. In der Betriebsgruppe Taman wurden die Arbeiten auf Geheiß der Heeresgruppe intensiviert, sowohl mit Material als auch mit Personal. Am 2. Februar 1943 gab Bentz die Anweisung, die Gewinnungsfachkräfte aus der Betriebsgruppe Taman herauszuziehen und in den Arbeitsurlaub zu schicken.

Am 12. Februar 1943 traf Schlicht in Berlin ein und wurde von Bentz über den verstärkten Einsatz in Österreich sowie die Notwendigkeit, den Schwerpunkt auf die deutsche Erdölgewinnung zu verlegen, informiert. Die Fachkräfte waren nun ebenfalls eingetroffen und sollten nach ihrem Arbeitsurlaub in Österreich eingesetzt werden. Das galt auch für die mitgeführten zivilen und kriegsgefangenen russischen Erdölfachkräfte. Außerdem sollte ein Kommando von Fachkräften der TBM nach Saint-Gaudens in Südfrankreich geschickt werden, um die Intensivierung der Erdölförderung in den Pyrenäen vorzubereiten.

Das gerettete Material aus dem Kaukasuseinsatz fand in Österreich, Ungarn, Rumänien und Galizien Verwendung. Im Kaukasus waren rund 10.000 Tonnen Material verloren gegangen, darunter zehn vollständige Bohranlagen sowie vier teilweise angekommene Bohrgeräte.[238] Die zu dieser Zeit wieder aufgewältigten 13 Bohrsonden des Reviers brachten etwa sieben Tonnen Rohöl pro Tag, Neubohrungen waren in Angriff genommen worden. Von etwa 10.000 Tonnen Material, die trotz größter Transportschwierigkeiten bis in das zentrale Materiallager in Armawir gelangt waren, hatten etwa 1.500 Tonnen das Revier selbst erreicht.

Anfang Januar 1943 begann der Rückzug der Wehrmacht aus dem Kaukasus, Terek und Kuban über fast 600 Kilometer, der sich vielfach als rasche Flucht darstellte. Die Wehrmacht ließ Waffen und Kriegsgerät in großen Mengen und sogar Verwundete zurück. Zwar befürworteten die Experten noch am 5. Januar, die Instandsetzungsarbeiten der Raffinerie von Krasnodar und die Planungsarbeiten für eine neue in Armawir fortzuführen. Doch man rechnete nicht mehr mit einem weiteren Auf-

238 Vgl. Fachbericht des Betriebseinsatzes K Erdölgewinnung für den Monat Januar 1943 sowie über die abschliessend getroffenen Massnahmen im Kaukasuseinsatz vom Februar/März 1943 (von Günther Schlicht), S. 1ff., in: BGR, Nr. 0065827; Fachbericht Nr. 1 vom 8.1.1943, S. 1, in: ebd., Nr. 0048750.

schluss der Ölfelder. Nun sollte die angelaufene deutsche Produktion von Hunderten von Bohrgeräten gestoppt werden.

Am 17. Januar erhielt die TBM in Maikop den Räumungsbefehl, am Tag darauf begann sie mit dem Rückzug, nur die Zerstörungskommandos blieben vor Ort. Am 22. Januar einigten sich Körner, Leiter des WiFSt Ost, und General Stapf, Chef des WiStabs Ost, darauf, dass der Schwerpunkt fortan auf dem Ölschiefer in Estland liegen werde und die Kräfte der TBM anderweitig zum Einsatz zu bringen waren. Am 23. Januar gab Göring den Befehl zur Zerstörung der Anlagen des Maikoper Reviers, und schon am 24. Januar wurde Armawir, das wichtigste Schlupfloch für die flüchtende TBM, von der Sowjetarmee erobert. Das dortige Vorratslager der TBM, das 10.000 Tonnen Material enthielt, darunter zehn komplette Bohranlagen, wurde in die Luft gesprengt. Die TBM verlor auf ihrem Rückzug das meiste Material und erreichte stark dezimiert die Gegend westlich von Rostow. Am 29. Januar rückten erste sowjetische Partisanengruppen in Maikop ein, Ende des Monats war das Gebiet befreit.

Die militärischen Planungen hingen noch bis in den Spätsommer 1943 hinein Wunschträumen nach: Von der Taman-Halbinsel, dem Kuban-Brückenkopf oder »Gotenkopf« aus sollte ein erneuter Anlauf Richtung Kaukasus gestartet werden. Hitler hatte noch am 21. Januar 1943, als die Heeresgruppe A ihm meldete, es würden etwa 500.000 Mann in den Brückenkopf zurückgeführt werden, erwidert, man solle das Ölgebiet in Maikop in den Gotenkopf mit einbeziehen. Obwohl diese Illusion wenige Tage später zerstob, hielt er zäh an der Idee fest, am Kuban einen Brückenkopf zu behaupten, von dem aus er zu gegebener Zeit einen erneuten Griff nach dem Öl des Kaukasus wagen wollte. Am 13. März 1943 erhielt die Heeresgruppe A den Befehl, den Gotenkopf und die Krim unter allen Umständen zu halten. Bis September verteidigten mehrere hunderttausend Mann verbissen die Taman-Halbinsel bis zur Kuban-Mündung sowie die Stadt und den Hafen Noworossijsk.

Nach der Kursker Schlacht im Juli/August 1943, von der eine Großoffensive der Roten Armee ihren Ausgang nahm, der Befreiung von Charkow (23. August) und dem Durchbruch durch die Mius-Stellung gingen die sowjetischen Truppen Anfang September auch am Kuban zum entscheidenden Angriff über. Das deutsche Oberkommando, das seit Mitte August den Rückzug aus dem Brückenkopf erwogen hatte, gab den endgültigen Befehl zur Räumung am 4. September 1943. In diesem Befehl stand die berühmt-berüchtigte Anweisung, nur »verbrannte Erde« zurückzulassen.[239]

Die Ausbeutung der Erdölvorkommen auf der Halbinsel Kertsch durch die Deutschen war im Juni 1942 durch das Wirtschaftskommando Krim in Angriff genommen worden. Auch hier hatten die Sowjets Sonden zerstört und Geräte evakuiert. Unter schwierigen Bedingungen war es dennoch gelungen, im Juli 1942 rund 45 Tonnen Rohöl zu fördern und die Produktion bis September 1943 auf 62 Tonnen Rohöl zu

239 Vgl. Eichholtz, Geschichte, Bd. 2, S. 488 ff.; Werpup, Ziele, S. 158 f.; Goralski/Freeburg, Oil, S. 184 f.

steigern. Die TBM berichtete: »Mit dem Verlust der Erdölfelder im Maikoper Ölgebiet und der Aufgabe des Kaukasus wurde der Produktion auf Kertsch erhöhte Aufmerksamkeit geschenkt.« Eine eigene Einsatzgruppe Kertsch, konzipiert auf 35 Bohrfachleute unter der Leitung eines Bohringenieurs plus 50 Hilfskräfte, sollte die Ölfelder Kerleut und Tschongelsk bearbeiten, Sonden aufwältigen und damit beginnen, Neubohrungen niederzubringen. Die Bohr- und Aufwältigungsgeräte sollten der TBM über das OKW von der Konti zur Verfügung gestellt werden. Mit Blick auf die militärische Lage wurde das Kommando jedoch nicht mehr in Marsch gesetzt, und die geplanten Neubohrungen wurden zurückgestellt.[240]

Letzte Absetzbewegungen gab es mit der Räumung der Krim ab dem 10. April 1944. Bereits im November 1943 waren der Zerstörungs- und der Rückzugsplan festgelegt worden, dabei hatte man von den Sowjets gelernt: Wohnhäuser und Magazine wurden gesprengt, die Tiefpumpenantriebe an den Sonden zerstört. Tankbehälter wurden ebenfalls gesprengt und alle Vorräte in Brand gesetzt. Die gesamte Belegschaft wurde nach Simferopol in Marsch gesetzt. Von Sewastopol wurden sie nach Constanza eingeschifft, marschierten von dort 40 Kilometer bis Sheia und fuhren dann per Eisenbahn nach Wien.[241]

6.4 Die Technische Brigade Mineralöl (TBM)

Wenn hier der TBM ein eigenes Kapitel gewidmet wird, hat das zwei Gründe: Erstens ist die Brigade eine Art verlängerter Arm der Konti, und zweitens, noch gewichtiger, spiegelt sich in kaum einer anderen Organisation die Verwobenheit der vier Machtsäulen des Dritten Reichs so deutlich wider. Partei, Staat, Militär und Wirtschaft arbeiteten hier, wenn auch nicht immer konfliktfrei, so doch weitgehend konsistent an einem gemeinsamen Ziel.

Aufstellung der Einheit

Die Entstehungsgeschichte der Mineralöltruppen ist eng mit dem Aufbau der Wirtschaftsorganisation Ost verflochten. Die Technischen Bataillone sollten geschlossen oder in Teilen dem Verbindungsoffizier zum WiRüAmt bei einem AOK oder einer Wirtschaftsdienststelle zum Einsatz durch ein Mineralölkommando zugeführt werden. Es handelte sich um gesonderte Gliederungen innerhalb der Wehrmacht, die

240 Vgl. KTB Wirtschaftskommando 105 (Krim) für die Zeit vom 1.7.-30.9.1943, S. 15 f. (Zitat S. 15), in: BA-MA, RW 31, Nr. 750; AV Gruppe W, Sonderführer (Z) Imand vom 28.7.1943, in: ebd., Nr. 751.

241 Vgl. Bericht über die Räumung der Ölfelder Kerlut und Tschongolek des Ek Kerleut vom 18.8.1944, S. 3 ff., in: BGR, Nr. 0065944.

aus Fachleuten bestanden. Zwei von ihnen – das Technische Bataillon 11 (mot[242]) und das Technische Bataillon 33 (mot) – trugen den Zusatz »Mineralöl« im Namen.[243]

Ab dem 1. Januar 1941 wurden diejenigen Wehrmachtsangehörigen, die in der Mineralölwirtschaft gearbeitet hatten, zur Mineralölstammabteilung zusammengefasst. Die Wirtschaftsrichtlinien sahen vor, dass Erkundungstrupps für gewerbliche Wirtschaft, insbesondere für Rohstoffe und Mineralöl, bei den Armeeoberkommandos die einzelnen Objekte übernehmen sollten. Verwirklicht wurden diese Pläne am 3. Juni 1941 durch die Bildung des Mineralölkommandos Süd in Stärke eines Bataillons. Das Kommando erhielt Rittmeister Erich Will. Am 29. Juni 1941 kam diese Einheit im ostgalizischen Erdölrevier zum Einsatz. Sie übernahm die Erdölfelder von Boryslaw und sicherte die Weiterführung der Produktion bis zur Übernahme durch die Beskiden-Erdölgewinnungs-GmbH.

Zur Besetzung der baltischen Ölschiefergruben in Estland wurde am 23. Juli 1941 das Mineralölkommando Nord unter Leutnant Hafemann in Marsch gesetzt. Die besetzten Anlagen wurden später der Baltischen Öl GmbH überlassen. Für den Kaukasus war zunächst das MKK unter Leitung von Will vorgesehen.[244] Ende Februar 1941 wurde der Aufbau einer großen technischen Einheit in Stärke einer Division für den Einsatz in den Erdölgebieten ventiliert. Im WiRüAmt plante man, zwei technische Bataillone, eine OT-Einheit sowie alle zu einer Division gehörenden Versorgungstruppen zusammenzuführen.[245]

Zunächst stellte die Wehrmacht am 10. März 1941 im Wehrkreis XI in Hannover die Technische Kompanie Mineralöl A 11 auf, die im Mai 1941 in Technisches Mineralöl-Betriebs-Bataillon 11 umbenannt und von dem österreichischen Pionieroffizier Hauptmann Ing. Hans Laad[246] geführt wurde. Es bestand mit Ausnahme der Kraftfahrer und Fernsprecher sowie des Verwaltungspersonals ausschließlich aus Öl-Fachleuten, die zum Teil aus der Wehrmacht kamen, überwiegend aber aus der Erdölgewinnungsindustrie rekrutiert wurden.

Im Wehrkreis III Berlin-Brandenburg wurde das Technische Bataillon Mineralöl B 33 aufgestellt, das aus Mangel an verfügbaren Fachkräften anfangs als Mineralölbaubataillon (mot) ausgelegt war. Erst etwa ein Jahr später stand genügend Fachpersonal für beide Bataillone zur Verfügung. Ihre Aufgaben waren: Vorgehen mit der kämpfenden Armee, Inbesitznahme von Mineralölanlagen, Bekämpfung von Bränden, Instandsetzung zerstörter Anlagen, Aufnahme und Führung des Betriebs, bis er zivilen Organisationen übergeben werden konnte, Verhinderung von Sabotageakten sowie Erfassung ziviler Fachkräfte und die Organisation ihres Arbeitseinsatzes.

242 Für »motorisiert«.

243 Vgl. Järve, Mineralöleinsätze, S. 97 f.

244 Vgl. Kasper, Erdölgewinnung, S. 105 f.; ders., Erdöl, S. 73.

245 Vgl. Eintrag vom 28. 2. 1941, in: KTB der TBM, Notizen, in: BA-MA, RW 46, Nr. 628.

246 Hans Laad war von Beruf Ingenieur. Vor 1938 war er Angestellter der Valvoline Oil Company in New York, nach dem »Anschluss« Österreichs Geschäftsführer für Tirol der in Leuna ansässigen Deutschen Gasolin AG. Vgl. Koppensteiner/Häusler, Kaukasus-Öl, S. 84, Anm. 10.

Ein Bataillon setzte sich aus 36 Offizieren, acht Beamten, 191 Unteroffizieren (teilweise auch Ingenieuren), 799 Gefreiten und Pionieren, insgesamt also 1.034 Mann zusammen. Das Führungspersonal bestand aus technischen Experten, die aber wiederum nicht die erforderliche militärische Ausbildung durchlaufen hatten. Sie mussten daher an einem Vorbereitungslehrgang beim Technischen Ersatzbataillon in Pirna teilnehmen und anschließend an der Pionierschule in Dessau-Roßlau die Ausbildung zum Pionieroffizier nachholen. Im Sommer 1941 erfolgte in Berlin-Spandau die Aufstellung des übergeordneten MKK, bestehend aus dem Stab mit Stabskompanie sowie den Hauptabteilungen: Produktion, Verarbeitung und Transport. Im August 1941 führte das Technische Bataillon M 11 (mot) mit dem Bataillonsstab und einer Kompanie im Raum Hannover-Celle-Wietze eine dreitägige Gefechtsübung durch. Als Vorbereitung für künftige Einsätze lautete der Übungsauftrag: Besetzen eines eroberten Ölfeldes, Bekämpfung von Bränden, Beheben von Zerstörungen und die Aufnahme der Ölförderung. Am 1. April 1942 wurden die beiden Bataillone zu einer TBM zusammengefasst und mit der Inbesitznahme der Erdöllagerstätten des Kaukasus beauftragt. Laad wurde zum Kommandeur der Technischen Truppen Mineralöl ernannt.[247]

Laut der Nachkriegseinschätzung des britischen Ölexperten Gunther befanden sich unter den Mitgliedern des MKK nur wenige Techniker, bei den meisten von ihnen habe es sich um »Kerzenhändler« gehandelt: wenig qualifizierte Personen aus dem Mineralölhandel. Er glaubte, die deutsche Erdölindustrie hätte aufgrund ihres Widerstands gegen die »kaukasischen Luftschlösser« ihre schlechtesten Mitarbeiter geschickt.[248] Zumindest mit Blick auf die führenden Positionen kann davon jedoch keine Rede sein.

Im Spätsommer 1941, als eine schnelle Besetzung des Kaukasus noch im Bereich des Möglichen schien, folgte das Sonderkommando aus Raffineriefachleuten der Heeresgruppe Süd bis zur Krim. Das MKK sollte »unmittelbar im Anschluss an die kämpfende Truppe das Ölgebiet und Einsatzgebiet besetzen und sichern. Darüber hinaus soll sie gleichzeitig die ersten Arbeiten zur Wiederherstellung der Erzeugungsanlagen einleiten.«[249] Zwischen dem OKW und dem RWiM sowie dem MKK und der Ost Öl GmbH wurde eine enge Zusammenarbeit vereinbart. Insofern kann man das MKK als eine Art Stoßtrupp der Konti bezeichnen.[250]

Anfang 1942 bildete die Eroberung der Ölfelder das Hauptziel des bevorstehenden zweiten Angriffs, und entsprechend wurde die Abteilung erheblich erweitert, zumal die Erfahrungen in der Ukraine und im Donezbecken nahelegten, dass die Ölfelder

247 Vgl. ebd., S. 77 und 85 ff.; Schreiben Rohstoffabteilung an die Mineralöl-Stammabteilung vom 3.6.1941, in: BA-MA, RW 46, Nr. 730.

248 Vgl. Der deutsche Krieg um Erdöl in Europa 1933-1945. Geschichtliche Enthüllungen von A. E. Gunther, Kapitel VII – Das Kaukasus-Unternehmen, S. 1 ff., in: BGR, Nr. 0073874. Original in: Petroleum Times vom 31.1.1948, S. 113-121.

249 AV aus dem RWiM vom 18.4.1942, in: RGVA, 1458-40-160, Bl. 20 ff., hier Bl. 21.

250 Notiz über Besprechungen im Lager Wolfsschanze am 28.5.1942 vom 1.6.1942, in: BA-MA, RW 19, Nr. 167, Bl. 76-80, hier Bl. 76.

im Kaukasus wahrscheinlich ebenfalls zerstört sein würden. Die Truppe sollte unmittelbar hinter den Kampfeinheiten in die ersten erreichten Ölfelder des Kaukasus vorstoßen.[251]

Der Abwehroffizier der TBM berichtete am 2. November 1941 über die Vorbereitungen für die erwartete Besetzung von Teilen des kaukasischen Erdölgebiets. Das MKK stand in Bereitschaft bei Berdjansk, zusammengesetzt aus einer Führungsgruppe, dem Einsatzstab, dem Technischen Bataillon Mineralöl 11 sowie dem Stab, 2., 3. und 4. Kompanie des Technischen Bataillons Mineralöl 33. Eine vierte Kompanie befand sich im Vormarsch aus Rumänien in den Raum Berdjansk-Mariupol. Das MKK stand in ständiger Verbindung zur 1. Panzerarmee, der es sich beim Vormarsch von Rostow nach Süden in den Raum Maikop anschließen sollte.

Die Mineralölkompanien hatten den Auftrag, mit der Erdölgewinnung (Instandsetzung der Bohrlöcher), Erdölverarbeitung (Destillation und Raffination, Erstellung einer Behelfsanlage zur Versorgung der Truppe mit Treibstoff) sowie mit der Instandsetzung der Hilfsbetriebe, Wasserwerke, Elektrizitätswerke, Pumpstationen und Verladestationen zu beginnen. Danach sollten die Fachleute des Einsatzstabs MKK die Leitung der verschiedenen Produktionsgebiete und Anlagen übernehmen, um möglichst rasch durch Wiedereinstellung ziviler Arbeitskräfte die Kompanien des Mineralölbataillons und die Feuerschutzeinheiten für ihren nächsten Einsatz, voraussichtlich im Gebiet Grosny, frei zu machen.[252]

Das MKK bildete eine selbstständige militärische Einheit; der Personalbedarf wurde zunächst aus der Mineralölstammabteilung gedeckt, die in Verbindung mit der Wehrwirtschaftlichen Ersatzabteilung IV den Ersatztruppenteil bildete. Das Gros der Fachleute hatte zuvor keinen Militärdienst geleistet und wurde in kurzen Ausbildungskursen militärisch geschult. Die Offiziere waren überwiegend Reserveoffiziere und kamen aus dem Mineralölhandel, weil dieser als weniger kriegswichtig eingestuft wurde als die technischen Qualifikationen.[253]

Erste Einsätze

Am 30. Juni 1941 eroberte die Wehrmacht Lemberg, und zwei Kompanien der Technischen Truppen besetzten sofort die von den Russen zerstörten Erdölförderanlagen und Raffinerien in Boryslaw. In den eroberten Erdölgebieten übernahmen sie die gesamte Leitung und Verwaltung; einheimische Angestellte und Arbeiter wurden angewiesen, unverzüglich die Arbeit wieder aufzunehmen. Den Technischen Truppen Mineralöl gelang die Instandsetzung der Turbinenanlage der Raffinerie »Galicia« in Drohobycz, so dass bereits nach 18 Tagen wieder 70 Prozent der Vorkriegserzeugung

251 Vgl. Hayward, Hitler's Quest, S. 122.

252 Vgl. Bericht Ia des MKK vom 2.11.1941, S. 1, in: BA-MA, RW 46, Nr. 646.

253 Vgl. Günther Schlicht, Die deutsche Expedition in den Kaukasus, S. 2, 4, 7f. und 20a (Zitat ebd.), in: BGR, Nr. 0058277.

gefördert und die Anlagen der Gewi übergeben werden konnten. Im Juli 1941 wurde das Mineralölbataillon 33 in der Raffinerie »Unirea« in Ploesti in Rumänien zur Behebung von Fliegerschäden an Ölbehältern, Ölleitungen und am Verladebahnhof eingesetzt. Im Sommer 1941 besetzte die Wehrmacht die baltischen Staaten und bemächtigte sich der dortigen Ölvorkommen. Zur Behebung von Schäden an den Ölförderanlagen wurde von August bis November 1941 eine Kompanie der Technischen Truppe im estländischen Ölschiefergebiet in Kiviöli bei Narwa am Finnischen Meerbusen und zu Instandsetzungsarbeiten am Kraftwerk Püssi östlich des Peipus-Sees eingesetzt.

Im Juli 1941 erfolgte die Verlegung der TBM an das Asowsche Meer, im September wurde das Mineralölbataillon 11 samt Stab und einer Kompanie nach Jassy in Rumänien verlegt und dem MKK unterstellt. Dort wurden dem Bataillon drei weitere Kompanien aus Galizien und Rumänien zugeführt, am 19. Oktober 1941 traf es in Melitopol ein. In Berdjansk existierten eine zentrale Raffinerieanlage und eine Crackanlage zur Erdölverarbeitung. Über eine Pipeline wurden Erdölprodukte von Maikop zum Hafen von Tuapse und von dort mit Tankschiffen nach Berdjansk zur Verarbeitung gebracht.

Zur Verhinderung von Plünderungen und Zerstörungen und zur Herstellung von Ruhe und Ordnung in Berdjansk wurden das gesamte Bataillon und das MKK dorthin verlegt; sie standen nun vor der Aufgabe, die Stadt zu besetzen und zu sichern. Die Raffinerie war Anfang August auf Befehl der sich zurückziehenden Roten Armee ebenso demontiert worden wie die Energieversorgungsanlagen. Die deutsche Truppe versuchte, alle Erdölanlagen und Pipelinesysteme wieder instand zu setzen und in Betrieb zu nehmen. Auf der Halbinsel Kertsch wurden Ende Oktober 1941 die Ölfelder Schirokaja Balka im Nordosten, eines der ertragreichsten Ölfelder der Region, sowie Tschorolek und Tschongelek im Südosten und Kerljeut an der Südküste der Halbinsel in Besitz genommen.[254]

Am 29. März 1942 wurde das MKK in Anbetracht der Bedeutung und des Umfangs des Vorhabens durch Erlass des OKW zur TBM umgebildet und erweitert, die aus drei Bataillonen und mehreren Sondereinheiten bestand und im Spätsommer 1942 über 6.500 Mann zählte. Zum Kommandeur der TBM wurde Erich Homburg[255] ernannt, ein hochdekorierter General aus Görings Luftwaffe. Chef des Stabs der TBM war der zum Major avancierte Will.

Wem die Brigade unterstellt war, blieb jedoch unklar. Obwohl Göring jegliche Vollmachten hinsichtlich des kaukasischen Öls und der TBM für sich reklamierte, unterstand die TBM im Operationsgebiet faktisch dem jeweiligen Armeewirtschaftsführer. Sie bemühte sich indessen noch vor Beginn der Offensive um die direkte Unterstellung unter den Chef des WiRüAmts, General Thomas, und unterstand schließlich, nach Thomas' Entmachtung, dem Chef des WiStabs Ost, General Otto

254 Vgl. Koppensteiner/Häusler, Kaukasus-Öl, S. 86 ff.
255 Näheres zu seiner Vita in den Kurzbiographien.

Stapf.[256] Hatte Will für die militärisch-technische Koordination und Kooperation zu sorgen, so sollte Bentz die Verantwortung für die technisch-organisatorische Seite der Ölförderung tragen, Schlicht stand für die fachliche Seite. Fischer galt als Verarbeitungsfachmann, hatte aber de facto, als Vorsitzender des Vorstands der Konti und enger Vertrauter von Göring und Funk, die Oberleitung.

Die Brigade bestand aus einer Stabskompanie, einer Nachrichtenkompanie, einer Flugzeug-, einer Kurier- und einer Erkundungsstaffel. Dazu kamen Abteilungen für Gewinnung, Verarbeitung und Transport, zwei Technische Mineralöl-Bataillone und zwei Technische Bataillone für Elektrizität, Gas und Wasser. Ferner enthielt die Brigade zwei Abteilungen des Sicherheitsdienstes, die in erster Linie für die Ölbrandbekämpfung ausgestattet waren, sowie eine Abteilung der OT und eine schwere Transportkolonne. Die geplante Gesamtstärke der TBM belief sich auf ca. 11.000 Mann.[257]

Richtung Kaukasus

Am 24. April 1942 wurde der Einsatzplan besprochen. Allgemeiner Tenor war, dass sich große Stäbe im Ostfeldzug in halb militärischer und halb ziviler Zusammensetzung in der Praxis nicht bewährt hätten. Bei der Aufstellung der MBK habe man diesen Fehler vermieden und einem möglichst klein gehaltenen Stab technische und fachliche Bataillone in einem rein militärischen Rahmen unterstellt. Die MBK galt als erster Versuch des OKW, eine größere und voll motorisierte Einheit mit wirtschaftlichen Aufgaben zum Einsatz zu bringen.[258]

Anfang Juli 1942 fand ein Einweisungslehrgang für die Einheitsführer der TBM in Templin/Uckermark statt. Es referierten unter anderem Rosterg (»Erkundungsergebnisse über Einsatzgebiete MBK und deren Auswertung«) und Schlicht (»Massnahmen für die Besetzung und Inbetriebnahme eines zerstörten Erdölfördergebietes und Vorbereitungen hierzu«). Auch ein Vortrag über die Ost Öl GmbH und ein von Major Will geleitetes Planspiel (»Einsatz der TBM in einem zerstörten Erdölgebiet«) standen auf der Tagesordnung.[259]

Die Abwehrabteilung der TBM informierte sich bei der Fachabteilung Verarbeitung über die operativen Ansatzpunkte für leichte und oberflächliche sowie für schwere und nachhaltige Zerstörungen einer Raffinerie. Die Fachabteilung referierte darauf-

256 Vgl. Eichholtz, Geschichte, Bd. 2, S. 482 ff. Im Frühjahr 1942 wurde wegen der zu erwartenden schweren Zerstörungen die Aufstockung der TBM auf 10.000 Mann beschlossen. Vgl. Werpup, Ziele, S. 151.

257 Vgl. Stabs-Befehl Nr. 1 der MBK vom 2. 4. 1942, in: BA-MA, RW 46, Nr. 665; KTB der TBM, Kompanie-Befehl Nr. 29 der MBK, Kommando Berdjansk, vom 14. 4. 1942, S. 1, in: ebd., Nr. 634; Koppensteiner/Häusler, Kaukasus-Öl, S. 90 f.; Eichholtz, Ölpolitik, S. 448. Am 8. August 1942 starb Erich Will bei einem Flugzeugabsturz in Berdjansk. Vgl. Schreiben von Thümen an Fischer vom 12. 8. 1942, in: BA-MA, RW 46, Nr. 648.

258 Vgl. Kurzbericht über die Vorträge bei der MBK am 24. 4. 1942, in: ebd., RW 19, Nr. 1459, Bl. 281-285, hier Bl. 281.

259 Vgl. Rundschreiben der TBM vom 8. 6. 1942, in: ebd., RW 46, Nr. 697.

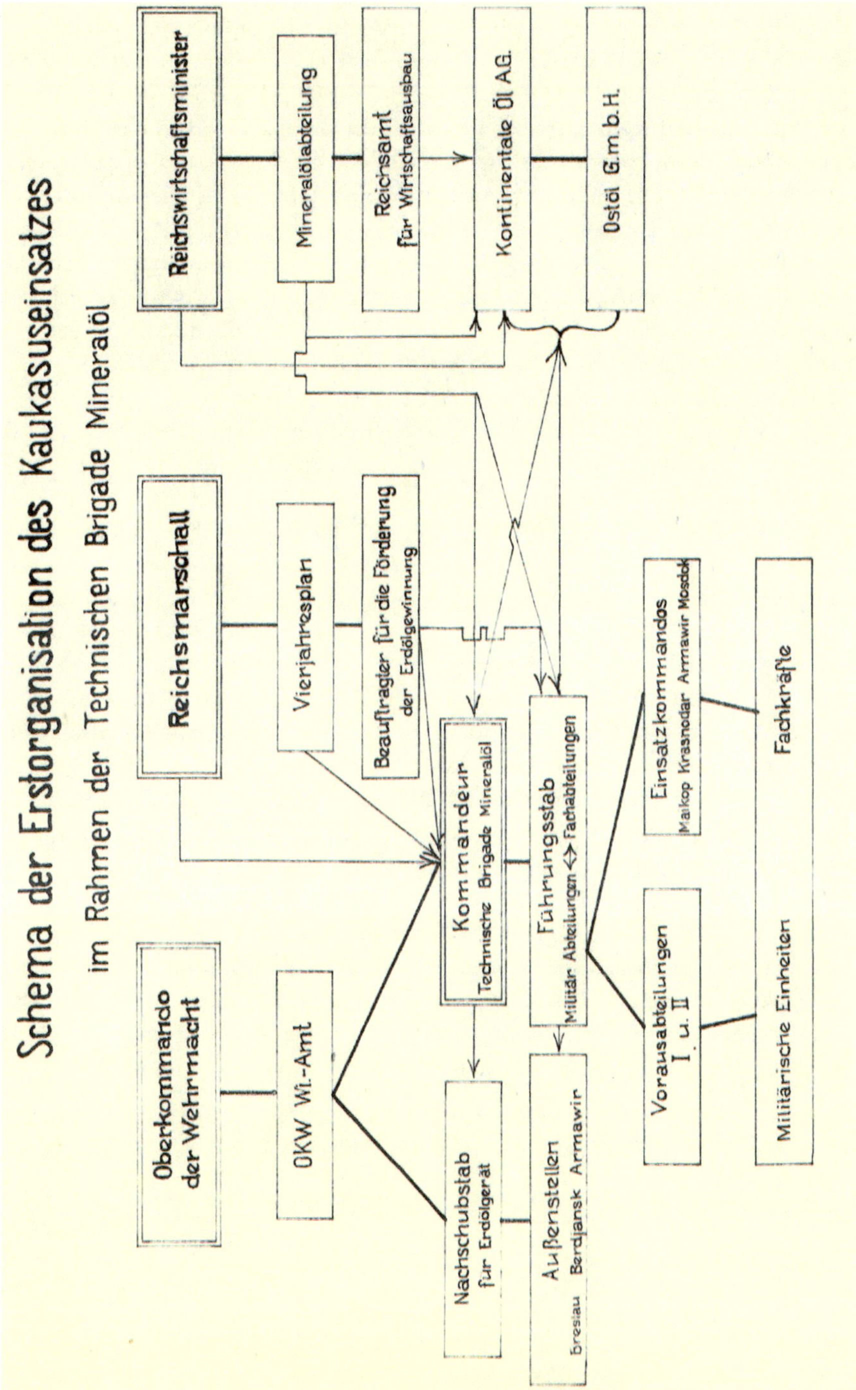

Abb. 7: Schema der Erstorganisation des Kaukasuseinsatzes im Rahmen der TBM

hin die Möglichkeiten: vom Fortschaffen der Ventile bis zur Sprengung der Dampfzentrale.[260] Schlicht wollte, dass die Betriebseinweisung in Österreich stattfand, ein besonderer Fokus sollte dabei auf die essenziellen Themen gelegt werden: die Erkennung von Feldern und wichtigen Betriebsteilen sowie die Unterschiede zwischen Bohr- und Fördertürmen, Pumpensonden, Eruptionssonden und Zentralpumpenstationen.[261]

Angehörige der TBM hatten zunächst eine Kartei zur Erdölgewinnung, -verarbeitung und zum Transport auf Grundlage der Fachliteratur angelegt. Für jeden Ort und jedes einzelne Ölfeld existierte eine Karte, die laufend ergänzt werden sollte, unter anderem durch die Aussagen von Kriegsgefangenen. Für deren Vernehmung wurden Sonderkommandos eingesetzt. Rosterg unterstrich die Bedeutung von Luftbildern und Kartenmaterial sowie der Arbeit der Erkundungstrupps.[262]

Angehörige der Fachabteilung I der TBM wurden für kurze fachtechnische Sonderausbildungen nach Deutschland geschickt, bei denen sie zum Beispiel in der Bedienung der relevanten Bohrmotoren geschult, mit den Rotary-Bohranlagen vertraut gemacht und auf deren praktischen Einsatz vorbereitet wurden. Es gab Kurse zum Auf- und Abbau von eisernen Bohrtürmen sowie zur fachgerechten Bedienung und Überwachung der Getriebehebewerke im Bohrbetrieb der Erdölwerke Holstein der DEA in Heide, ferner solche zum autogenen und elektrischen Schweißen oder zum Ausschmieden und Besetzen von Bohrwerkzeugen in der Zentralwerkstatt der Gewerkschaft Elwerath im Werk Nienhagen.[263]

Am 10. Juli 1942 wurde der Kommandeur des Technischen Bataillons Mineralöl 11, Major Laad, darüber informiert, dass der Stab des Bataillons für eine Vorausabteilung der TBM vorgesehen war. Er wurde in Königsbrück verladen und nach Wiener Neustadt gebracht, von wo er den Flug in das Einsatzgebiet antrat. Am 18. Juli traf das Flugzeug in Berdjansk ein. Unter Beschuss erreichte der Stab zusammen mit Einheiten der 13. Panzerdivision am Abend des 10. August Maikop. Sieben Tage später traf Schlicht dort ein.[264]

Göring forderte General Thomas am 16. Juli 1942 auf, die TBM zu beauftragen, die notwendigen Maßnahmen für die treuhänderische Inbesitz- und Inbetriebnahme der eroberten Gebiete und Betriebe im Auftrag und für Rechnung der Konti zu treffen. Im Interesse einer engen Zusammenarbeit sollte Reg.Rat Wolf von Löbbecke der TBM als sein Verbindungsmann im Rang eines Sonderführers (K) zugeteilt werden.[265]

260 Vgl. Schreiben Fachabteilung II der TBM, Pfaff, an die Abteilung Ic vom 16.6.1942, in: ebd., Nr. 684.

261 Vgl. Schreiben Schlicht an Rosterg, TBM, vom 17.6.1942, S. 1, in: ebd., Nr. 683.

262 Vgl. Vortrag Ic der TBM betreffend Erkundungsergebnisse über Einsatzgebiete der Brigade und deren Auswertung vom 23.6.1942, in: ebd., Nr. 694.

263 Vgl. Diverse Schreiben der Fachabteilung I der TBM an Stab IIa der TBM vom 27.6.1942, in: ebd., Nr. 691.

264 Vgl. KTB der TBM, Aufzeichnungen der Vorausabteilung Laad, TBM, S. 1ff., in: ebd., Nr. 630.

265 Vgl. Schreiben Beauftragter für den VJP an OKW, Chef des WWiA, Thomas, vom 16.7.1942, in: RGVA, 1458-40-160, Bl. 38.

Für Feuerlöscharbeiten wurde das Sonderkommando Sauerbrey aufgestellt, das einschließlich des Führers 25 Mann umfassen und Brände an Erdölsonden in den besetzten Gebieten löschen sollte. Für diesen schwierigen und gefährlichen Auftrag war das Sonderkommando aus besonders qualifizierten Fachkräften zusammengestellt worden. Alle militärischen und zivilen Dienststellen wurden angewiesen, den Ersten Bergrat Hermann Sauerbrey aus dem RWiM – ein Dozent an der Reichsbohrmeisterschule in Celle und Führer des Kommandos – in jeder Weise zu unterstützen.[266] Das Personal des Sonderkommandos stammte überwiegend aus Erdölfirmen: der Deutschen Vacuum-Öl AG, der ITAG Hermann von Rautenkranz', der Preussag, der Gewerkschaft Elwerath, der DEA oder der Wintershall AG.[267] Da sie als Soldaten eingesetzt wurden, absolvierten sie eine zweiwöchige militärische Ausbildung. Die Einsatzbereitschaft hatte auf Abruf innerhalb von drei Tagen zu erfolgen.[268]

Die Vorausabteilung Laad der TBM sollte gemeinsam mit den vordersten Teilen der Infanterie in das Ölgebiet eindringen. Sie überschritt am 9. August 1942 die Laba-Brücke bei Kurgannaja. Als sie den anschließenden Waldstreifen passierte, vier Kilometer westlich der Brücke, wurde sie von feindlichen Kräften angegriffen. Der Stab und die 2. Technische Kompanie Mineralöl 33 gingen zum Gegenangriff über, trieben den Gegner zurück und nahmen etwa 70 Gefangene, darunter einen Oberleutnant, der sofort erschossen wurde. Am Abend des 10. August 1942 wurde die Vorausabteilung in Dondukowskaja von einem abgedrängten russischen Verband in Stärke eines Bataillons, unterstützt durch schwere Waffen und Panzer, angegriffen, doch obwohl sie nur mit leichten Infanteriewaffen ausgerüstet war, hielt sie in einem zehnstündigem Gefecht Ort und Flussübergang und konnte schließlich mit Panzerunterstützung den Angriff abwehren, verlor dabei jedoch 20 Mann, davon vier Offiziere; 44 wurden verwundet. Am 15. August erreichte die Vorausabteilung das Erdölgebiet Maikop bei Muk nördlich von Chadyschenskaja. Da sie sich bewährt hatte, wurde ihr Einsatz auch für Grosny eingeplant, verstärkt durch die 11. Kompanie des Regiments Brandenburg.[269]

Ende August 1942 setzte Göring Bentz als Beauftragten des VJP für den Aufschluss der Erdölfelder im Kaukasus ein. Sein ständiger Stellvertreter bei der TBM im Kaukasus wurde Schlicht.[270] Das Bataillon Fachkräfte bestand aus drei Fachkompanien:

266 Vgl. Schreiben RWiM an die TBM vom 4.8.1942, in: BA-MA, RW 46, Nr. 702; undatierter Entwurf einer AN, in: ebd.

267 Vgl. Liste Personal des Sonderkommandos »Sauerbrey« z. b.V., in: ebd., RW 19, Nr. 677, Bl. 92 ff.

268 Vgl. Schreiben OKW an Inspektion für wehrwirtschaftliches Ersatz- und Ausbildungswesen vom 31.8.1942, in: ebd., Bl. 91.

269 Vgl. KTB der TBM, Aufzeichnung der Abteilung Ia der TBM vom 2.8.1942, in: ebd., RW 46, Nr. 630; KTB der TBM, Vorausabteilung Laad, TBM, Gefechtsbericht vom 11.8.1942, in: ebd.; TBM – Zehntagebericht, Anlagen, 1. Zehntagebericht der TBM für die Zeit vom Abtransport der Brigade bis zum 31.8.1942 vom 31.8.1942, S. 2f., in: ebd., Nr. 642. Auch in: ebd., RW 19, Nr. 790, Bl. 245-257.

270 Vgl. Schreiben WiRüAmt an Führungsgruppe des WiStab Ost vom 26.8.1942, in: ebd., RW 46, Nr. 648.

1. Gewinnung und Geologie, 2. Verarbeitung und 3. Öltransport und -lagerung sowie angegliederte Fachkräfte aus der Produktionsverteilung, dem Arbeitswesen und solchen zur besonderen Verfügung. Der Leiter der Fachabteilung I war Schlicht, Hauptmann von Hammer leitete die Fachabteilung II und Leutnant von Thümen die Fachabteilung III.[271]

Bei einer Besprechung der Spitzen der TBM am 3. September 1942 beschloss man, für die Arbeit in den bereits besetzten Feldern des Maikoper Erdölgebiets ein Betriebsprogramm aufzustellen. Als Hauptpunkte des Programms wurden vorläufig festgelegt: der Förderbetrieb bei einer offenen Sonde, die Aufwältigung einer mit Zement vernagelten Sonde, die Vorbereitung einer neuen Bohrung, die Erstellung einer Anlage zum Abdestillieren der niedrig siedenden Bestandteile des Erdöls in Muk für die Aufarbeitung des vorhandenen Rohöls mit einer Kapazität von etwa zehn Tonnen pro Tag sowie die Erstellung einer behelfsmäßigen Destillationsanlage für circa 100 Tonnen pro Tag.[272]

Fachlich arbeitete die TBM auch mit dem SD zusammen. So sollte sich ein SS-Obersturmführer Kohl zusammen mit dem Geologen Smyrnow beim Kommando Maikop in Apscheronskaja melden, um das SD-Einsatzkommando in die wesentlichen technischen Fragen einzuarbeiten, damit es notfalls auch ohne Beratung angemessen handeln konnte. Dazu sollte Kohl mit den Abwehr-Offizieren und der Geologe Smyrnow, der mit dem Maikopgebiet vertraut war, mit den Mitarbeitern der Fachabteilung I zusammengebracht werden.[273] Als sich abzeichnete, dass die militärische Lage bei Grosny einen baldigen Einsatz der Vorausabteilung Laad nicht erwarten ließ, aber andererseits die Ölfelder im Maikopgebiet einen verstärkten Arbeitseinsatz ermöglichten, wurde die Vorausabteilung Laad aufgelöst.

Die Abgrenzung der Arbeitsgebiete zwischen den Einsatz-Kommandos Maikop I und II erfolgte nach örtlicher Besichtigung durch Schlicht, die Vorbereitungen für die Arbeitsaufnahme in diesen Feldern wurden sofort in Angriff genommen. Um die auf den Feldern Apscheronskaja und Chadyschenskaja bereits laufenden Arbeiten nicht durch Abzug von Einheiten und Fachkräften zu stören, wurde in den freigewordenen Feldern ein neues Einsatz-Kommando, Maikop II, eingesetzt. Verstärkt fanden auch Zivilarbeiter und Kriegsgefangene Verwendung.[274] Die Praxis zeigte, dass die TBM »personal- und ausrüstungsmässig für die ihr gestellten Aufgaben nicht ausreicht(e)«. Ursprünglich sollte sie ihre Arbeit erst aufnehmen, nachdem die russische Bevölkerung zur Arbeit herangezogen wurde, eine Hoffnung, die sich nicht erfüllte. Genauso wenig ließ sich der Plan verwirklichen, bei Abzug der Brigade Richtung Grosny das Gebiet an die Konti zu übergeben.

271 Vgl. Brigadebefehl Nr. 16 der TBM von Generalmajor Homburg vom 5. 9. 1942, in: ebd., Nr. 657.
272 Vgl. AN der TBM vom 3. 9. 1942, in: ebd., Nr. 703.
273 Vgl. Schreiben TBM bei der Heeresgruppe A an Ek Maikop vom 12. 10. 1942, in: ebd., Nr. 694.
274 Vgl. 6. Zehntagebericht der TBM für die Zeit vom 11. bis 20. 10. 1942 vom 21. 10. 1942, in: ebd., Nr. 631, Bl. 242-256, hier Bl. 243 ff., 249. Auch in: ebd., RW 19, Nr. 790, Bl. 96-110.

Die vorgenommene Einteilung – wonach eine Kompanie in je einen Zug zur Gewinnung, Verarbeitung und Transport unterteilt war – hatte sich als unpraktikabel erwiesen, und so hatte man in der 1. Kompanie sämtliche Fachkräfte für Gewinnung, in der 2. die für Verarbeitung und in der 3. die für Transport zusammengefasst. Ebenso hatte sich herausgestellt, dass die Technischen Bataillone Mineralöl zur Durchführung selbstständiger Aufgaben nicht in der Lage waren, so dass es zweckmäßig erschien, die reinen Mineralölfachkräfte aus den Bataillonen in das Bataillon Fachkräfte zu überführen, die Bataillone Mineralöl auf die pionier- und erdölfachlichen Arbeiten, wie Aufwältigung zerstörter Sonden, Wiederherstellung von Apparaturen usw., zu beschränken und die rein erdölfachlichen Arbeiten, wie Bohren, Fördern, Bau von Destillationen usw. dem Bataillon Fachkräfte zu überlassen.[275]

Die Unterstellung der TBM unter das WWiA sollte hingegen beibehalten werden. Die Mineralölabteilung des WWiA sollte in engem Einvernehmen mit Fischer vom RWiM und dem Beauftragten des Reichsmarschalls für die Förderung der Erdölgewinnung, Prof. Bentz, die Steuerung der Mineralölverteilung und den Einsatz der Fachkräfte lenken. Die truppendienstliche Unterstellung unter die Heeresgruppe hatte sich bewährt.[276]

Bei der »Öl-Besprechung« am 21. November 1942 zeigte sich Göring höchst uninformiert über die TBM, was an seiner Frage, wer diese eigentlich führe, deutlich wird. Das erscheint verwunderlich, immerhin war Homburg ein General der Luftwaffe. Sein Adjutant Karl Bodenschatz – der Homburg offensichtlich nicht besonders schätzte – klärte Göring darüber auf, dass dieser für die TBM zuständig sei. Als Fischer bemerkte, dass es sich bei der Brigade um eine dem OKW unterstellte Truppe handele, erwiderte Göring scharf: »Das ist keine OKW-Truppe. Sie wissen ganz genau, dass dieser ganze Saftladen für die ganze Wirtschaft mir unterstellt worden ist. Das ist keine OKW-Truppe, sondern diese Brigade hat sich ausschliesslich nach meinem Befehl zu richten. Das ist klar und deutlich gesagt worden.« Der Reichsmarschall beharrte darauf, dass ihm sämtliche Wirtschaftsstellen in den besetzten Gebieten der Sowjetunion unterstünden. Er habe sich des WiStabs Ost lediglich bedient, der ihm aber ebenfalls unterstünde.

Dieser letzte Punkt war offensichtlich nicht so eindeutig: Wie Fritz Görnnert, persönlicher Adjutant Görings im Stabsamt des RLM, berichtete, habe man angeregt, einen zusätzlichen Befehl herauszugeben, der die unmissverständliche Formulierung enthalten sollte, dass die TBM Göring direkt unterstehe und Befehle nur von ihm erhalte. Die Unterstellung unter das OKW hätte zum Beispiel bewirkt, dass die Lageberichte sechs Wochen benötigten, bevor sie bei Göring ankamen. Görnnert bestätigte, dass General Homburg die militärische Führung der Brigade innehalte, nicht aber den fachlichen Einsatz regele – dies sei Sache des fachlichen Einsatzführers. Schlicht gab an, er als Fachmann habe die Anweisungen zu erteilen, was, solange die Truppe

275 Vgl. Vorschlag für den Ausbau der TBM vom 21.11.1942, in: ebd., RW 46, Nr. 651.
276 Vgl. Vortragsvermerk der Wi M 3 über Organisation der TBM vom 24.11.1942, in: ebd.

Pionierarbeit leiste, gewisse Schwierigkeiten bereite, weil die Organisation nicht über die nötige Beweglichkeit verfüge.

Göring reagierte heftig auf diese Darstellung: »Das wird jetzt neu gemacht, Görnnert. Ich habe das satt. Ich habe das die ganze Zeit gewusst, dass hier ein faules Spiel gespielt wird, dass diese Brigade doch von irgendwo her noch Befehle bekam. Dabei hat sie nur von mir Befehle zu bekommen. Ausserdem: was will der General Homburg mit Öl? Er hat als Quartiermeister Öl nachgeschoben. Er kann tatsächlich nur Posten aufstellen. Und ich möchte keinen Zweifel lassen – Sie haben ja vorhin selbst hier erklärt, was die Russen haben fertigbringen können –, ich möchte keinen Zweifel lassen: wir müssen dasselbe fertigbringen, sonst müssen wir russische Methoden anwenden. […] Wenn im nächsten Frühjahr kein Öl da ist, wenn wir bei der Kaukasusarmee den schnellen Verbänden Öl nachschieben müssen, soll Euch der Teufel holen; dann muss ich sagen: ich habe die Nase plein!«[277]

Der Einsatz der TBM hatte auf mehreren Prämissen basiert: Sie sollte nicht im Operationsgebiet tätig werden, die russische Bevölkerung würde zur Arbeit herangezogen werden und die Verkehrswege sollten intakt, die Versorgung geregelt sein. Für all dies musste nun aber die TBM selbst sorgen. Ähnlich stand es um den Plan, beim Fortschreiten der Operationen und dem dann notwendig werdenden Einsatz der Brigade im Ölgebiet von Grosny die Arbeiten im Maikoper Gebiet an die zivile Organisation der Konti zu übergeben. Auch das wurde inzwischen als unrealistisch betrachtet. Deshalb sollten der Stab der TBM und die Zahl der Fachkräfte erweitert und die Kompanien (Gewinnung, Verarbeitung, Transport) zusammengefasst werden. Die reinen Fachkräfte sollten aus den Mineralölbataillonen herausgezogen und im Bataillon Fachkräfte zusammengefasst, die Wachkompanie zu einem Wachbataillon ausgebaut werden. Außerdem hielt man eine zweite OT-Einheit für notwendig.[278]

Thomas erachtete eine Ablösung Homburgs für unumgänglich, es brauche eine Persönlichkeit mit mehr Durchschlagskraft auf dessen Stelle. Schlicht votierte für eine Umorganisation der technischen Bataillone der Brigade im oben beschriebenen Sinn. Es sei nicht glücklich, dass die Fachkräfte disziplinarisch nicht ihren Fachvorgesetzten, sondern militärischen Stellen unterstellt seien. Zudem würden die eigentlichen Öl-Fachkräfte besser erst dann zum Einsatz kommen, wenn die Voraussetzungen für die Bohrungen geschaffen seien. Thomas dachte auch an ein militärisches Gerüst, daneben eine Art Generaldirektion für den Betrieb, die gewissermaßen als Auftraggeber für die militärischen Stellen fungierte. Das Ganze sollte weniger militärisch, sondern zivil betrieben werden. Schlicht wiederum empfahl den betrieblichen Einsatz als geschlossenes Ganzes, dazu eine fachliche neben der militärischen Spitze. Und er riet, schlechte Fachkräfte wieder nach Deutschland

277 Vgl. Stenographischer Bericht über die Öl-Besprechung am 21.11.1942, in: IfZ, MA 144/3, Bl. 5661-5699, hier Bl. 5690 ff. (Zitate Bl. 5690, 5696).

278 Vgl. Vorschlag der Wi M 3 für den Ausbau der TBM vom 21.11.1942, in: BA-MA, RW 46, Nr. 651.

zurückzuschicken und gute Kräfte aus der deutschen Industrie für den Kaukasus abzuziehen.[279]

Am 25. November 1942 besprachen Gramsch und Kadgien im WiRüAmt mit Thomas die Abfassung des Befehls über die Unterstellung der TBM unter den Reichsmarschall. Truppendienstlich sollte die Brigade der Heeresgruppe unterstehen, militärisch dem WiStab Ost bzw. der Wirtschaftsinspektion Kaukasus und fachlich dem WiFSt Ost bzw. Fischer (eine Ebene darunter für die Gewinnung Bentz und für die Raffination Krauch).[280] Am 3. Dezember 1942 erging dann der Befehl. Unter Aufhebung der bisherigen Unterstellung unter das Wirtschaftsamt (WiAmt) des OKW war die TBM nun mit sofortiger Wirkung dem WiStab Ost unterstellt. Für die verantwortliche Bearbeitung von Fachfragen hatte Göring als Beauftragten für Erdölförderung Bentz und als Leiter der Fachabteilung Schlicht eingesetzt. Beauftragter für die Erdölverarbeitung war Fischer, Leiter der Fachabteilung Hauptmann von Hammer. Fachliche Weisungen sollten den Fachabteilungen der TBM in Zukunft nur durch die genannten Beauftragten erteilt werden.[281]

Seine Erfahrungen über den Einsatz fasste Major Hans Laad in einem Bericht vom Frühjahr 1943 zusammen. Demzufolge hatte sich die Truppe grundsätzlich bei der Instandsetzung zerstörter Erdölanlagen und bei der Weiterführung des Förderbetriebs bewährt. Ihre personelle Zusammensetzung habe dem Bedarf entsprochen, der Organisationsrahmen der Brigade war allerdings seiner Ansicht nach insbesondere im Stabsbereich zu groß, was zu unnötigem Bürokratismus geführt habe. Im Bereich der Bohrfachleute seien zwar alle Planstellen besetzt worden, doch habe die Eignung der von der Industrie gestellten Kräfte nur teilweise den Anforderungen entsprochen. So habe sich unter den Offizieren kein einziger erfahrener Tiefbohr-Ingenieur befunden, den wenigen erfahrenen Fachkräften andererseits habe die militärische Ausbildung gefehlt. Mehrheitlich habe das Bataillon aus Kaufleuten bestanden, für die es überhaupt keine Verwendungsmöglichkeit gegeben habe.[282]

Göring ordnete im Februar 1943 an, dass die TBM nach Fortfall ihrer Aufgaben im Kaukasus an anderer Stelle einzusetzen war, so dass der Verband der Brigade zunächst bestehen blieb. Hierzu gab der Chef des OKW die Weisung, sie mit sofortiger Wirkung dem WiAmt des OKW, also General Thomas, zu unterstellen. Das WiAmt war für die personelle und materielle Auffrischung der Brigade verantwortlich, bis sie den Anforderungen der Beauftragten des Reichsmarschalls entsprach. Das OKH hatte in Gestalt des Chefs der Heeresrüstung und des Befehlshabers des Ersatzheeres die

279 Vgl. Besprechung Amtschef mit Fischer, Bentz, Schlicht. Dazu: Hünermann, Becht, Griebel am 23.11.1942, in: ebd., RW 19, Nr. 169, Bl. 212 ff.

280 Vgl. Besprechung Gramsch, Kadgien beim Amtschef mit Hünermann, Becht am 25.11.1942, in: ebd., Bl. 218.

281 Vgl. Befehl des Reichsmarschalls vom 3.12.1942, in: ebd., RW 46, Nr. 656. Auch in: ebd., Nr. 664. Abgedruckt in: Eichholtz, Raubzug, Dok. 5, S. 500 ff.

282 Vgl. Koppensteiner/Häusler, Kaukasus-Öl, S. 98 f.

hierzu notwendige Auffrischung der Technischen Bataillone Mineralöl durchzuführen. Das WiAmt regelte den Einsatz der TBM entsprechend den Anweisungen Görings.[283]

Die Technischen Einheiten wurden zunächst im Lager Kammwald bei Pribram gesammelt. Von ihnen war – nach der Auffrischung – ein Drittel für Estland vorgesehen, alle anderen für Österreich sowie die Hydrierwerke im oberschlesischen Blechhammer und im tschechischen Brüx. Zurückkehrende Angehörige des Bataillons Fachkräfte wurden bis zu ihrem neuen Einsatz in den Arbeitsurlaub zu ihren alten Firmen entsandt und blieben dort auf Abruf.[284] Die TBM legte auch in Österreich großen Wert auf eine schonende Behandlung der wichtigen russischen und anderer Erdölfachkräfte. Sie seien wie entlassene Kriegsgefangene zu behandeln, »die von sonstigen Kriegsgefangenen abzusondern, nach Sätzen der deutschen Wehrmacht zu verpflegen, bevorzugt aus neu zugeführten Beständen zu bekleiden und geistig im Rahmen der gegebenen Möglichkeiten zu betreuen sind«. Diese Behandlung müsse im zivilen Sektor erfolgen.[285]

Der Einschätzung des Historikers Titus Kockel zufolge, wonach die Organisation des Mineralölsektors in den besetzten Ostgebieten durch »eine enge Kooperation zwischen Wirtschaftsadministration, Monopolwirtschaft und militärischer Führung« gekennzeichnet war, ist zuzustimmen. In der Logik der von Göring entworfenen Wirtschaftsverwaltung und der über die Konti vertretenen Gruppen der Privatwirtschaft und Erdöltechnokratie habe dies bedeutet, dass die Technischen Mineralöleinheiten als uniformierte Vorhut der privaten und staatlichen Wirtschaft fungierten.[286] Der Brite Albert Everard Gunther listete in seinem Nachkriegsbericht über die Kaukasusexpedition führende Mitglieder des MKK auf, der den privatwirtschaftlichen Einfluss verdeutlichte: Neben Erich Will von der Gewerkschaft Elwerath waren zwei DEA-Mitarbeiter vertreten, zwei von der Wintershall AG, zwei von der Deutschen Vacuum Öl und jeweils ein Mitarbeiter von der Preussag, der Deutag und der Karpathen Öl.[287]

283 Vgl. Befehl Chef des OKW vom 17.2.1943, in: BA-MA, RW 19, Nr. 677, Bl. 34. Auch in: ebd., Nr. 679, Bl. 56 und ebd., RW 46, Nr. 653.

284 Vgl. Befehl Chef WiStab Ost, General Otto Stapf, vom 11.2.1943, in: ebd.; Schreiben OKW, General Rudolf Hünermann, an die TBM vom 22.2.1943, in: ebd., RW 19, Nr. 679, Bl. 50; Schreiben OKW, General Becht, an die TBM vom 13.3.1943, in: ebd., Bl. 18.

285 Vgl. Schreiben TBM an RüIn XVII des RMfBM vom 9.3.1943, in: ebd., RW 46, Nr. 697 (Zitat ebd.).

286 Vgl. Kockel, Geologie und Krieg, S. 49.

287 Vgl. A. E. Gunther, The Caucasus Expedition 1942-1943, March 1946 (Oil Fields Investigation, Section 1: Russia [U.S.S.R.]), S. 15, in: NAK, WO 252, Nr. 1151.

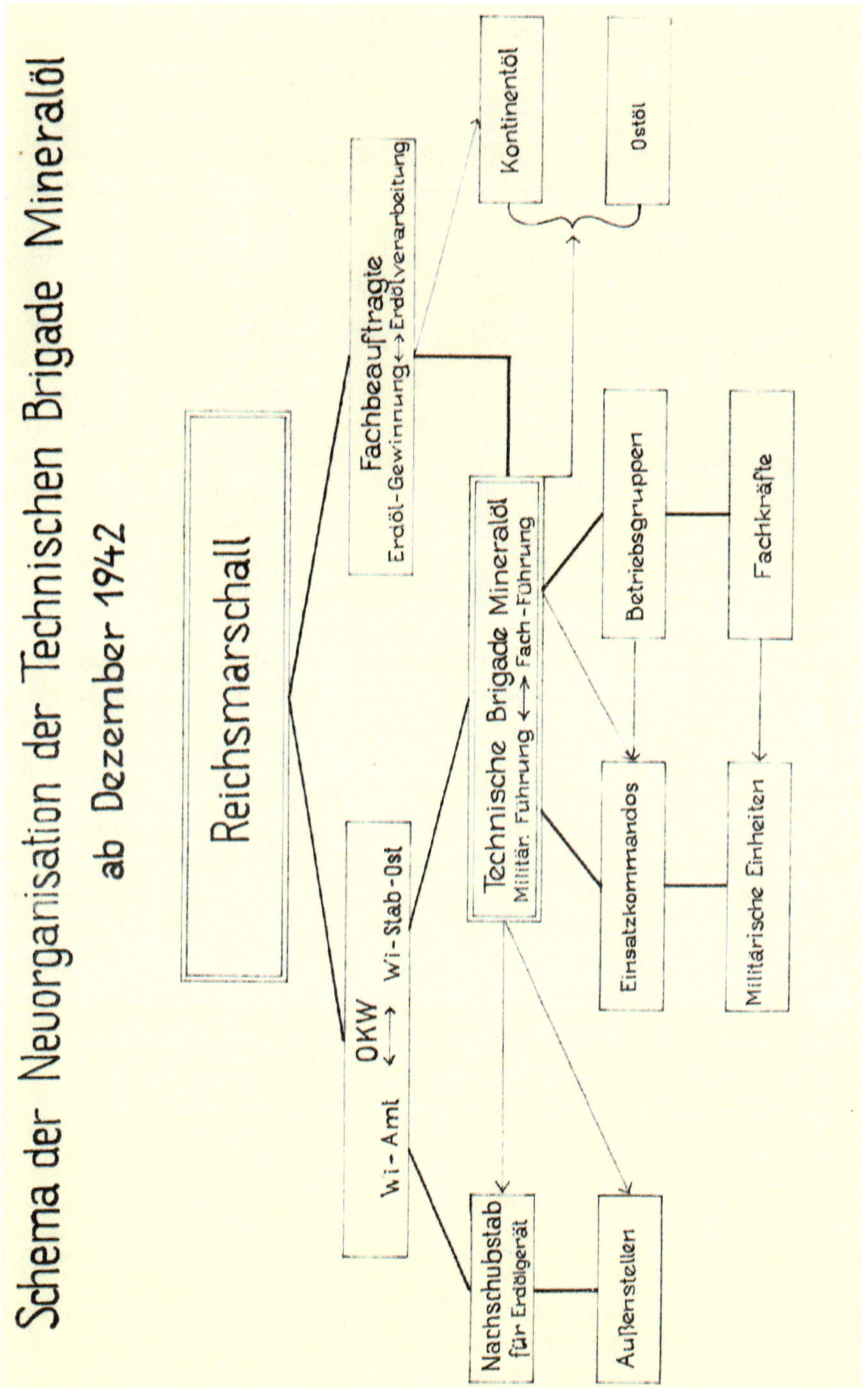

Abb. 8: Schema der Neuorganisation der TBM ab Dezember 1942

6.5 Arbeitskräfte und Ausbildung

Fehlende Fachkräfte als Dauerproblem

Bei der relativ geringen Größe der deutschen Mineralölwirtschaft war es nicht verwunderlich, dass eine Ausweitung der heimischen Förderung, eine gleichzeitige Expansion ins Ausland und erst recht der Griff nach den kaukasischen Erdölquellen die Mineralölfirmen vor enorme technische und organisatorische Probleme stellen würde – insbesondere hinsichtlich des Mangels an gut qualifizierten Fachkräften, deren Anzahl infolge von Einberufungen zur Wehrmacht weiter dezimiert wurde. Diesem Mangel versuchten die Firmen durch forcierte Ausbildung, zum Beispiel in der Reichsbohrmeisterschule in Celle, zu begegnen. Auch bemühte man sich darum, Personal von der Wehrmacht zurückzubekommen bzw. gleich unabkömmlich stellen zu lassen. Eine weitere Quelle bildeten zivile Arbeitskräfte aus den besetzten Gebieten. Das RWiM und die Reichsstelle für Mineralöl betonten im Februar 1940 gegenüber dem WiRüAmt die Wichtigkeit der Mineralölbetriebe. Aufgrund dieser Intervention sagte das Amt zu, Uk-Stellungsanträge für »unersetzbare und unentbehrliche« Fachkräfte zu unterstützen.[288]

Während einer Besprechung im Folgemonat bei Göring wies Fischer ebenfalls darauf hin, dass die Einberufungen die Erdölproduktion stark gefährdeten, woraufhin Göring anordnete, der Erdölindustrie für Bohrungen und Hydrieranlagen alle verfügbaren Arbeitskräfte und Baustoffe zur Verfügung zu stellen. Soweit Fachkräfte zum Wehrdienst eingezogen würden, die nicht entbehrt werden könnten, habe General Thomas die Freistellung dieser Kräfte für die Erdölindustrie im Benehmen mit dem Reichsarbeitsministerium und dem RWiM zu veranlassen.[289]

Thomas konnte bald Vollzug melden: Er hatte die Maßnahmen für die Sicherstellung der Arbeitskräfte der Förderbetriebe und Erzeugerwerke in die Wege geleitet und das OKH setzte den Termin, bis zu dem keine Kräfte aus diesen Betrieben herausgezogen werden durften, auf den 30. Juni 1940. Die seit dem 1. Februar 1940 bereits zum Wehrdienst eingezogenen unentbehrlichen Fachkräfte sollten baldigst wieder aus der Truppe entlassen werden. Die Gestellung von fehlenden Kräften durch die Landesarbeitsämter stieß hingegen auf Schwierigkeiten, weil die für die Dienstverpflichtung infrage kommenden Arbeitskräfte bei ihren aktuellen Arbeitgebern erheblich besser bezahlt wurden, als dies bei den Bohrbetrieben der Fall war. Das OKW hatte deshalb gefordert, Bedenken gegen eine allgemeine Tariferhöhung über die Gewährung von Sonderzulagen zu kompensieren.[290]

288 Vgl. Rundschreiben Chef des OKW vom 7.2.1940, in: BA-MA, RW 19, Nr. 315, Bl. 164 (Zitat ebd.).

289 Vgl. Protokoll der Sitzung betr. Mineralölversorgung unter Vorsitz des Herrn Generalfeldmarschalls am 27.3.1940 von Marotzke, in: ebd., Nr. 2750, Bl. 91-100, hier Bl. 96.

290 Vgl. Schreiben Chef WiRüAmt, Thomas, an Vorsitzenden des Ministerrats für die Reichsverteidigung, Göring, vom 25.4.1940, in: ebd., Bl. 57-60, hier Bl. 59 f.

Nachdem sich durch das Scheitern des ersten Ostfeldzugs abzeichnete, dass der Krieg langwieriger als erwartet werden würde, wurde Göring in seinen Anordnungen zur Sicherstellung des Mineralölbedarfs für Wehrmacht und Wirtschaft im Jahr 1942 vom 7. Januar 1942 noch deutlicher: »Alle Maßnahmen zur Erhöhung der Mineralölproduktion in Großdeutschland, den besetzten Gebieten und den befreundeten Staaten haben Vorrang vor allen anderen Vorhaben.« Das WiRü-Amt habe die Rüstungsdienststellen bei der Beseitigung der bei der Durchführung des Mineralölprogramms auftretenden Schwierigkeiten – insbesondere bei der Beschaffung und Sicherstellung von Personal und Material für Bau und Betrieb – maßgebend einzuschalten.[291] Mit direktem Bezug auf diesen Erlass wies Reichsarbeitsminister Franz Seldte die Landesarbeitsämter Mitteldeutschland, Niedersachsen, Nordmark, Rheinland, Steiermark-Kärnten und Wien-Niederdonau an, pünktlich zum 15. Januar 1942 Angaben über die Kräftezuweisungen zu melden. Da laut Anordnung des Beauftragten für den VJP alle Maßnahmen zur Erhöhung der Mineralölproduktion absoluten Vorrang hätten, seien die benötigten Arbeitskräfte unbedingt und ohne jede Verzögerung zu stellen. Dazu werde in der Mehrzahl der Fälle eine Dienstverpflichtung erforderlich sein.[292]

Gottfried Griebel[293] vom WiRüAmt konstatierte, dass man zwischen der Sicherstellung der bereits eingesetzten Arbeitskräfte und der Zuführung neuer Arbeitskräfte für den laufenden Abgang sowie für den Ausbau und die Inbetriebnahme der geplanten Vorhaben unterscheiden müsse. Die bisherigen Maßnahmen für die Sicherstellung der Arbeitskräfte bezeichnete er als nicht ausreichend, außerdem sei die in Görings Erlass vom 7. Januar 1942 befohlene vollwertige Ersatzgestellung für Fach- und sonstige Arbeitskräfte bei Einberufungen in der Praxis unmöglich. Die von den Arbeitsämtern zugewiesenen Arbeitskräfte, insbesondere die ausländischen, könne man nicht als vollwertigen Ersatz werten.

So seien etwa die Bohrmeister (einschließlich Oberbohrmeister, Schichtführer usw.) nicht ersetzbar, da ihre Ausbildung mehrere Jahre dauere. Gleiches gelte für Handwerker, insbesondere Betriebsschlosser, Bohrschmiede, Bohr- und Förderarbeiter, Betriebselektriker und Zimmerleute, die ebenfalls langjährige praktische Erfahrungen in Erdölbetrieben gesammelt haben müssten, um voll einsatzfähig zu sein. Für alle Einsatzfelder galt Griebel zufolge: Es brauchte Qualifikation und Erfahrung, und die komplexen Aufgaben konnten nur von einem festen Stamm an erfahrenen Arbeitskräften erfolgreich ausgeführt werden. Wegen der Sabotagegefahr sei mitunter sogar der Einsatz deutscher Arbeiter zwingend erforderlich.[294]

291 Vgl. Erlaß des Vorsitzenden des Ministerrats für die Reichsverteidigung und Beauftragten des VJP vom 7.1.1942, in: ebd., RW 46, Nr. 667. Auch in: ebd., Nr. 2244, Bl. 122 und in: BAB, R 26-IV, Nr. 42.

292 Vgl. Schnellbrief Reichsarbeitsminister an Präsidenten der LAÄ vom 13.1.1942, in: ebd.

293 Näheres zu seiner Vita in den Kurzbiographien.

294 Vgl. Ausführungen zur Sicherung des Arbeitseinsatzes in der Mineralöl-Industrie von Ro V (Griebel) vom 20.5.1942, in: NAW, T 77B, Roll 201, Bl. 937212-93721, hier Bl. 937212 f.

Der Chef des OKW stellte die ergangenen Anweisungen zum Schutz des Mineralölprogramms und zur Sicherung des geforderten Ersatzbedarfs der Wehrmacht in einer geheimen Anweisung noch einmal zusammen: Einberufungen zur Wehrmacht durften grundsätzlich nur unter Beteiligung der Wehrkreisausschüsse und nach vollwertiger Ersatzgestellung erfolgen. Der Generalbevollmächtigte für den Arbeitseinsatz hatte die Landesarbeitsämter angewiesen, den Bedarf für das Mineralölprogramm vordringlich zu stellen, in sabotageempfindlichen Betriebsteilen waren nur deutsche Ersatzkräfte einzusetzen, bei den Bauten und für die Montage konnte man hingegen auch ausländische Arbeitskräfte als Ersatz zuweisen.[295]

Der Sonderbeauftragte des Führers, General Walter von Unruh, gab für das Gebiet des GG an, dass er grundsätzlich keine Arbeitskräfte einziehe, sondern lediglich die Listen der im militärtauglichen Alter stehenden Kräfte der Wehrmachtführungs-Abteilung zur weiteren Veranlassung einreichen würde. Arbeitskräfte mit Schlüsselqualifikationen würden grundsätzlich berücksichtigt. Es sei aber festzustellen, dass deutsche Firmen ihre jüngeren Arbeitskräfte in das GG verschoben hätten, weil sie sich hier vor dem Zugriff sicher fühlten. Diese Leute gelte es nun zu erfassen. Große Firmen versuchten jedoch mit ihren guten Verbindungen, diese Kräfte im GG in der Rüstungsindustrie für unentbehrlich zu erklären, und dies mit einigem Erfolg.[296]

Bei einer Besprechung zwischen Fischer und Generalmajor Becht vom WiRüAmt am 20. August 1942 stimmten die beiden überein, dass die personellen Anforderungen in den neu gewonnenen Ölgebieten, also primär im Kaukasus, außerordentlich hoch seien. Deshalb beabsichtigte man, die Arbeitskräfte zahlreicher Firmen und Unternehmen in geschlossenen Trupps (Arbeitskameradschaften) im Osten einzusetzen. Aus Zweckmäßigkeitsgründen würden diese Kräfte – soweit ungedient – eine kurze Ausbildung durchlaufen und als Soldaten, nicht als Wehrmachtgefolge, eingesetzt werden. Sie sollten, entsprechend ihrem jeweiligen Dienstgrad, den Wehrsold erhalten, dazu aber Familienunterhalt und weitere Nebenleistungen (Mietbeihilfen, Krankenbeihilfen, Schulgeld, Ausbildungsbeihilfen etc.). Zusätzlich werde man die Firmen um freiwillige Zusatzleistungen bitten, um weitere Anreize zu bieten.[297]

Auch Bentz reklamierte noch weitere Fachkräfte für den Osteinsatz, doch Speer hatte sich bisher geweigert, solche aus der Rüstungsindustrie abzugeben. Für den Kaukasus kalkulierte man mit 2.800 Fachkräften außerhalb der TBM, von denen Bentz bis dato 1.500 angefordert hatte. Aus der deutschen Erdölindustrie konnten nach Einschätzung des WiRüAmts aber höchstens 500 herausgezogen werden. Darüber hinaus benötigte Bentz nach eigenen Angaben circa 500 Fachkräfte für die Fertigung

295 Vgl. Geheime Anweisung Chef des OKW vom 23.5.1942, in: BA-MA, RW 19, Nr. 315, Bl. 17.

296 Vgl. Kommandeur OKW-Stab z.b.V., von Unruh, Bericht Nr. 6 zur Anfrage des Führungsstabs wegen Einziehung von jungen Mannschaften der Erdöl-Industrie vom 22.8.1942, in: ebd., Nr. 754.

297 Vgl. Schreiben WiAmt, Becht, an RWiM, Fischer, vom 24.8.1942, in: ebd., Nr. 2748, Bl. 62 ff., hier Bl. 62 f.

von Bohrgeräten, insgesamt etwa 1.900 Arbeitskräfte. Göring habe keine dementsprechenden Anweisungen getroffen, sondern wolle eine Entscheidung Hitlers herbeiführen.[298] In einer Besprechung bei General Thomas einigten sich die Beteiligten darauf, jeweils 400 Facharbeiter für die Mineralölbetriebe aus Betrieben des Heeres und der Luftwaffe abzustellen, weitere 400 aus der allgemeinen Maschinenindustrie.[299]

Schließlich besiegelten Speer und Thomas diesen Kompromiss. Die Herausziehung von insgesamt 1.900 Facharbeitern, 1.500 aus der Mineralölindustrie und 400 aus der Bohrgeräteindustrie, müsse man durch die Neuzuweisung von Facharbeitern kompensieren. Zumindest 1.200 Kräfte davon sollten wie oben beschrieben gewonnen werden. Die restlichen 700 könnten durch französische Fachkräfte ersetzt werden, deren vordringliche Sicherstellung durch entsprechende Weisungen des Generalbevollmächtigten für den Arbeitseinsatz an die Dienststelle Paris bereits eingeleitet worden sei. Dem Reichsarbeitsministerium war der Bedarf der einzelnen Betriebe, aufgegliedert nach Berufsgruppen, bereits bekanntgegeben worden. Bei der Herausziehung und Verteilung sollten die Rüstungsdienststellen eingeschaltet werden.[300]

Bentz hatte auf die zunehmenden Schwierigkeiten bereits hingewiesen. Göring besprach die Angelegenheit mit Hitler, der zustimmte, dass die vordringlichste Aufgabe darin bestand, das Erdölbohr- und -förderprogramm zu sichern. Unter Bezug auf diese Besprechung beabsichtigte Göring, umgehend eine entsprechende Weisung an General von Unruh zu erteilen, damit aus dem infrage kommenden Sektor keinerlei Einberufungen bzw. Erfassungen durch Auskämmungen ohne ausdrückliche Zustimmung von Bentz stattfanden. Bereits zur Wehrmacht einberufene Kräfte sollten auf Antrag von Bentz umgehend wieder entlassen werden.[301]

Im Entwurf für Hitlers Befehl wurde die Zahl der Arbeitskräfte im Erdölbohr- und -förderprogramm mit 14.000 angegeben, davon 1.650 technische und kaufmännische Angestellte, 6.850 reichsdeutsche Arbeiter, 500 weibliche Angestellte und Arbeiterinnen, 4.500 ausländische Arbeiter und 500 Kriegsgefangene. Für die Ausweitung des Programms waren weitere 1.450 gelernte und 900 ungelernte deutsche Arbeitskräfte sowie 150 gelernte und 1.500 ungelernte ausländische Arbeitskräfte vorgesehen.[302]

Trotzdem hielten die Klagen der Fachgruppe Erdölgewinnung über den Abzug von Fachkräften zur Wehrmacht und zum Reichsarbeitsdienst an. Besonders gravierend sei der Abzug von langjährig eingearbeiteten Fachkräften, eine Lücke, die nicht geschlossen werden konnte. Dieser Abzug betraf auch Arbeitsurlauber der TBM, die kriegsverwendungsfähig waren und gegen Kriegsversehrte ausgetauscht werden sollten. »Dieser weitere Entzug von besten Fachkräften würde die Erdölindustrie in

298 Vgl. Vortrag von Versen beim Amtschef am 28.8.1942, in: ebd., Nr. 169, Bl. 47 f.

299 Vgl. AN über Chefbesprechung am 4.9.1942 vom 5.9.1942, in: ebd., Bl. 60 f., hier Bl. 60.

300 Vgl. AN über Besprechung General Thomas mit Minister Speer am 4.9.1942 vom 5.9.1942, in: ebd., Bl. 66-69, hier Bl. 66 f.

301 Vgl. AN Görnnert für Gritzbach vom 9.11.1942, in: IfZ, MA 144/3, Bl. 5433.

302 Vgl. Schreiben Bentz an Görnnert vom 5.11.1942, in: ebd., Bl. 5434. Im Anhang Erläuterungen zum Entwurf Führerbefehl, Bl. 5435 f., hier Bl. 5435.

ihrer Leistungsmöglichkeit weiterhin schwächen.« Mit dem zur Verfügung gestellten Ersatzpersonal sei eine Steigerung der heimischen Produktion über den Förderplan hinaus nicht zu schaffen.[303]

Der niederländische Kollaborateur Meinoud Rost van Tonningen brachte eine Kooperation der Royal Petroleum beim Wiederaufbau der Erdölwirtschaft im Kaukasus ins Gespräch. Neumann hatte sich dieser Option gegenüber außerordentlich aufgeschlossen gezeigt und war überrascht über Rost van Tonningens Einschätzung, dass die Bohrungen innerhalb eines Monats nach der Besetzung wieder zum Fließen gebracht werden könnten.[304]

Nach der Reise des niederländischen Gauleiters August Borggreven in die besetzten Ostgebiete im Februar 1942 setzte eine lebhafte Diskussion um den »Osteinsatz« und ein Gerangel verschiedener Interessengruppen ein. Mehrfach wurde eine Beteiligung der Royal Dutch Shell Co. bzw. ihrer niederländischen Tochtergesellschaften an der Erschließung der russischen Erdölvorkommen diskutiert, wozu etwa 20.000 Fachkräfte und das nötige Gerät gestellt werden könnten. Gedacht war an einen geschlossenen und selbstverantwortlichen Einsatz, etwa in Form der Erschließung bestimmter übertragener Gebiete auf eigenes Risiko. Die Shell sollte jedoch, so bauten die Deutschen vor, unter Leitung des betreffenden Reichskommissars (Kaukasus) oder der Konti arbeiten.[305]

Kriegsgefangene

Der Einsatz von Kriegsgefangenen war auch in den Erdölbetrieben üblich. Hier fielen aufgrund ihrer hohen Zahl besonders die sowjetischen Soldaten ins Gewicht. Ihr Einsatz ist auch deshalb erwähnenswert, weil ihre Behandlung außerhalb der Erdölindustrie brutal und menschenverachtend war und auf ihre physische Vernichtung abzielte. Eine bessere Behandlung setzte bei den sowjetischen Kriegsgefangenen erst ein, nachdem sie in großer Zahl an den Folgen ihrer unsäglichen Haftbedingungen gestorben waren. Deshalb bedurfte es einer besonderen Erfassung der Erdöl-, Förde-

303 Vgl. Schreiben Leiter der Fachgruppe Erdölgewinnung, Schlicht, an General Kurt Waeger, Chef Rüstungsamt beim RMfRüK, vom 27.6.1944, S. 1f., in: BAB, R 3, Nr. 558.

304 Vgl. Schreiben von Meinoud Rost van Tonningen an Anton Mussert vom 29.1.1942, in: Correspondentie, S. 764-767, hier S. 766.

305 Vgl. Vermerk über eine Besprechung zwischen Gauleiter Dr. Alfred Meyer und dem Leiter der NSB in Holland am 19.2.1942 von Adolf Mittag vom 24.2.1942, in: BAB, R 6, Nr. 440, Bl. 20-24, hier Bl. 20 f.; Vermerk über eine Besprechung mit Generalkommissar Fritz Schmidt in Holland am 28.2.1942, in: ebd., Bl. 37-39, hier Bl. 39. Vgl. allgemein zum Einsatz von Ausländern in den besetzten Ostgebieten: Eichholtz, Wirtschaftskollaboration (1993); ders., Wirtschaftskollaboration (1999). Als die Bataafsche Petroleum-Maatschappij von ihrem deutschen Verwalter im Sommer 1942 aufgefordert wurde, sich an der Wiederinbetriebnahme der – noch zu erobernden! – Ölförderanlagen am Kaspischen Meer zu beteiligen, verweigerten sich jedoch fast alle leitenden Mitarbeiter. Vgl. ebd., S. 451.

rungs- und Verarbeitungsfachkräfte unter ihnen, genauer: der Erdölbohrfachleute, Bohrmeister, Schichtmeister, Geologen, Maschinenmeister, Raffineure, Destillateure, Kesselmeister und Elektrotechniker.

Der Reichsarbeitsminister wies die Landesarbeitsämter an, nicht nur die eigenen Angaben der Kriegsgefangenen über ihre Berufszugehörigkeit zu erfassen, sondern sie auch mithilfe von Dolmetschern auf ihre beruflichen Kompetenzen zu überprüfen. Die genauen Angaben der ermittelten Fachkräfte sollten auf einer von den Arbeitsämtern anzulegenden Karteikarte mit dem Vermerk »Erdöl« (in roter Farbe) festgehalten werden, um sie später möglichst schnell ermitteln zu können.[306]

Eine Auskämmaktion im Mai 1942 – nach dem Massensterben im Winter 1941/42 – brachte folgende Ergebnisse: Im Reichsgebiet fand man 328 Mann, im RKO 205, bei der Heeresgruppe Süd 611, bei der Heeresgruppe Mitte 680, bei der Heeresgruppe Nord 242 und im Gefangenenlager Berdjansk 200. Meldungen aus dem GG und dem Reichskommissariat Ukraine lagen im Mai noch keine vor. Die im Reichsgebiet ermittelten 328 Erdölfacharbeiter kamen für einen Einsatz bei der MBK infrage und sollten dafür in einem speziellen Lager im Reichsgebiet zusammengezogen werden. Da inzwischen auch aus den übrigen Gebieten recht hohe Ziffern gemeldet worden waren, erschien es zweckmäßig, die sich im Reich aufhaltenden Fachleute deutschen Firmen zum Arbeitseinsatz zu überlassen und seitens der Mineralölbrigade nur bei einem späteren größeren Bedarf auf sie zurückzugreifen.

Das Kriegsgefangenenlager in Berdjansk sollte in ein Auffanglager, in dem die Gefangenen gesichtet, abwehrmäßig und auf ihr technisches Know-how überprüft wurden, und in ein Sonderlager der für die TBM verwendbaren Gefangenen unterteilt werden. Sie sollten auch einen primitiven deutschen Sprachunterricht erhalten. Die Verantwortung für die Beurteilung der fachlichen Eignung lag bei der Mineralölbrigade. Es wurde für zweckmäßig erachtet, möglichst viele in der von Hauptmann von Hammer geleiteten Raffinerie zu beschäftigen bzw. in vorübergehender Beschäftigung zu testen.[307] Aussortierung und Erfassung der Facharbeiter für die Erdölindustrie unter den sowjetischen Kriegsgefangenen begannen bereits in den Gefangenensammelstellen und Durchgangslagern des rückwärtigen Armeegebiets. Von dort wurden sie in das Dulag 181 in Maikop gebracht.[308]

Es kam sogar zu einer offiziellen Entlassung von 688 sowjetischen Kräften aus der Kriegsgefangenschaft, die als Erdölfacharbeiter der TBM im Bereich des Stammlagers XVII B Krems-Gneixendorf eingesetzt wurden. Nach Zustimmung des Chefs der Sicherheitspolizei und des SD sollten sie, falls keine abwehrmäßigen Bedenken vorlagen, unter Belassung an ihren aktuellen Arbeitsplätzen zur Verfügung der Arbeits-

306 Vgl. Schreiben Reichsarbeitsminister an Präsidenten der LAÄ vom 6.3.1942, in: BAB, R 3901, Nr. 20481, Bl. 34.

307 Vgl. AN der TBM, Rosterg, vom 22.5.1942, in: BA-MA, RW 46, Nr. 661.

308 Vgl. Befehl Nr. 39 für Einsatz der Ordnungsdienste des Korück 550 vom 6.9.1942, in: ebd., RH 23, Nr. 41.

gemeinschaft der Erdölgewinnungsgesellschaften in Hauskirchen aus der Kriegsgefangenschaft entlassen werden und fortan mit dem Status als freie Zivilarbeiter tätig werden.[309]

Ausländische Arbeitskräfte und Zwangsarbeiter

Parallel zur Beschäftigung von Kriegsgefangenen liefen die Bemühungen, möglichst viele Erdölfacharbeiter unter den ausländischen Zivilarbeitskräften und Zwangsarbeitern zu rekrutieren, auf Hochtouren. Bei ihrem Einsatz in Mineralölbetrieben gab es jedoch wegen deren Sonderstellung zunächst weitgehende Beschränkungen. Die Lage erforderte jedoch eine Lockerung dieser Bestimmungen.

Das OKW ordnete an, ausländische Arbeitskräfte, einschließlich sowjetischer Kriegsgefangener und Zivilarbeiter, auch in Mineralölbetrieben als Betriebsarbeiter einzusetzen, sofern die allgemeinen für die Beschäftigung von Ausländern gegebenen Bestimmungen streng eingehalten wurden. Ihr Einsatz durfte nur nach Maßgabe eines Einsatzplanes erfolgen, der von der Werksleitung im Einvernehmen mit den betrieblichen Abwehrorganen und dem zuständigen Abwehroffizier festzulegen war und der der Zustimmung des GBChem oder gegebenenfalls des WiRüAmts bedurfte. Ausländer durften dabei keinerlei Einblick in geheimhaltungsbedürftige Angelegenheiten erhalten, und ihre Beschäftigung an betriebswichtigen und sabotageempfindlichen Stellen war auszuschließen.[310]

Der Erdölindustrie wurde seitens des OKW jede Unterstützung zugesagt, einerseits durch die Mineralöloffiziere, andererseits durch entsprechenden Arbeitseinsatz. So sollten im September 1942 Speers Entscheidung zufolge 1.200 deutsche und 700 französische Facharbeiter der Erdölindustrie zugeführt werden. Durch entsprechenden Druck der Rüstungsinspektion sollte erreicht werden, dass die Erdölbetriebe jeweils Fachkräfte aus der Umgebung zugewiesen erhielten, um den Prozess zu beschleunigen. So sollten die Voraussetzungen für die Förderungssteigerung im Osten geschaffen werden.[311]

Die bis dahin im Dienst der TBM eingesetzten sowjetischen Erdölfacharbeiter wurden im März 1943 in das Reichsgebiet überführt und Erdölfirmen als Arbeitskräfte zur Verfügung gestellt, die Bewachung erfolgte durch den jeweiligen Werkschutz vor Ort.[312] Ihr Einsatz erfolgte bei Firmen der deutschen Erdölindustrie, zum weitaus größten Teil aber in Betrieben im Bereich des Wehrkreises XVII Wien, genauer: im Betrieb Neusiedl der Erdölwerke Ostmark der DEA sowie im Betrieb Hauskirchen der Erdöl-Produktions Gesellschaft mbH. Im Altreich lagen die Schwerpunkte ihrer

309 Vgl. Fernschreiben OKW/Kriegsgef. Allg. VIc an Wehrkreiskommando 17 Wien und OKW/Wehrwirtschaftsstab/Abt. Mineralöl V vom 15. 4. 1944, in: ebd., RH 53-17, Nr. 187.

310 Vgl. Befehl OKW vom 12. 6. 1942, in: ebd., RW 19, Nr. 2747, Bl. 49 f., hier Bl. 49 VS.

311 Vgl. AN über Sitzung der Feldbeauftragten im Institut für Bodenforschung am 9. 9. 1942 vom 10. 9. 1942, in: ebd., Nr. 2748, Bl. 102.

312 Vgl. Wehrkreiskommando GG/Qu. 2, Beiträge zum Tagebuch für die Zeit vom 20. 3. bis 21. 3. 1943, in: ebd., RH 53-23, Nr. 88.

Beschäftigung bei den Erdölwerken Wietze der DEA, dem Betrieb Oberg und dem Betrieb Nienhagen-Hänigsen der Deutschen Vacuum Öl AG, der Bohrverwaltung Nienhagen der Wintershall AG, dem Werk Nienhagen der Gewerkschaft Elwerath, der Firma E. W. Lohse, Hamburg, und der Oberschlesischen Hydrierwerke AG, Blechhammer. Der Einsatz der Fachkräfte in den genannten Gebieten sollte wohl noch verstärkt werden.[313]

Alle im Reichsgebiet und in den besetzten Gebieten eingesetzten sowjetischen Erdölfacharbeiter waren vom Arbeitsstab TBM erfasst und diesem unterstellt worden. Ihr Einsatz bei den deutschen Erdölfirmen hatte laut den Richtlinien ausschließlich das Ziel, der deutschen Erdölindustrie die zur Durchführung ihrer kriegsentscheidenden Aufgaben erforderlichen Arbeitskräfte zuzuführen. Eine ständige Betreuung dieser Fachkräfte durch den Arbeitsstab TBM und am Arbeitsplatz selbst durch die jeweilige Firma sei schon hinsichtlich der Auswirkungen auf ihre Stimmung und Moral wichtig. Vor allem gelte es, ihre Arbeitskraft und -bereitschaft zu erhalten.

Diese Kräfte galten grundsätzlich nicht als Ostarbeiter, sondern waren laut einer Entscheidung des Reichsführers SS und Chefs der Deutschen Polizei wie Angehörige der baltischen Staaten zu betrachten. Ihre Arbeitsbedingungen sollten hinsichtlich der Faktoren Arbeitszeit, Entlohnung und Verpflegung wie bei vergleichbaren deutschen Arbeitern ausgestaltet werden, ihre Unterbringung erfolgte jedoch, getrennt nach Volkstumszugehörigkeit, in geschlossenen Lagern.[314]

Die Antwort: Forcierte Ausbildung von Fachkräften

Die durch die Erdöllobby ab 1941 forcierte Ausbildung von Fachkräften ist ein wichtiger Aspekt, der in einem unmittelbaren Zusammenhang mit der geplanten Expansion in den Kaukasus stand. Dazu gehörte auch das zu vermittelnde Fachwissen – nicht umsonst konnten Personen wie Bentz und Krauch aufgrund ihrer Expertise in Führungspositionen vorrücken.[315]

Die Deutsche Bohrmeisterschule Celle

Bereits 1925 wurde die Einrichtung einer Bohrmeisterabteilung in der Bergschule Clausthal in Celle erörtert, wegen des beschränkten Bohrbetriebs wurde allerdings wieder davon abgesehen. Einen Aufschwung gab es schließlich durch das Reichsbohrprogramm von 1934 sowie durch die Entwicklung des anspruchsvollen neuen Rotary-Bohrverfahrens. Mit der Zunahme der Bohrtätigkeit ab 1935 griffen die deutsche Erdölindustrie und die Bergbehörde die Frage der systematischen Nachwuchsschulung neu auf.

313 Vgl. Schreiben TBM an den GBA vom 10.4.1943, in: ebd., RW 46, Nr. 697.

314 Vgl. »Richtlinien für den Arbeitseinsatz russischer Erdölfachkräfte des Arbeitsstabes Technische Brigade Mineralöl im Reichsgebiet« vom 25.6.1943, in: ebd., Nr. 696.

315 Vgl. Kockel, Rezension.

1935 organisierte die Fachgruppe Erdölgewinnung erstmalig einen mehrmonatigen Bohrmeisterlehrgang in Celle, der vom 3. November 1935 bis zum 8. April 1936 abgehalten wurde. Der Lehrgang fand zwar großen Zuspruch, zeitigte aber nicht die von der Erdölindustrie gewünschten Erfolge. Der schon in dieser Zeit spürbare Mangel an gut ausgebildeten Bohrmeistern verstärkte sich weiter, so dass sich mehrere Firmen gezwungen sahen, Bohrarbeiter zu Schichtführern und Bohrmeistern zu befördern, obwohl diese die notwendigen Voraussetzungen für die Tätigkeit nicht erfüllten.

Der Leiter der Fachgruppe Erdölgewinnung, Karl Große, führte auf einer Beiratssitzung im März 1937 in Hannover aus, dass die Errichtung einer Bohrmeisterschule zwingend notwendig sei, woraufhin die Mitglieder den Beschluss fassten, Kurse von einem halben bis einem Jahr Dauer und einem Abschluss analog der Steigerklasse der Bergschule Clausthal einzurichten. Die Teilnehmer sollten aus den Belegschaften der Erdölindustrie ausgewählt werden, Bohr- und Werkstattpraxis mitbringen und ihre Ausbildung war über fünfjährige Anstellungsverträge zu finanzieren.

Im April 1937 fanden Verhandlungen mit dem Oberbergamt Clausthal und dem Vorstand des Clausthaler Bergschulvereins statt, und am 24. Juli 1937 wurde entschieden, dass die Bergschule Clausthal im Sommer des Jahres eine Außenklasse zur Ausbildung von Bohrmeistern in Celle einrichten sollte. Und tatsächlich fand am 17. August 1937 die Eröffnungsfeier mit den ersten 24 Schülern statt.[316] Leiter wurde Dr.-Ing. Hubert Becker[317] von der Wintershall AG. Dem Lehrkörper gehörte außerdem eine Anzahl nebenamtlicher Lehrkräfte an, darunter der Erste Bergrat Hermann Sauerbrey und der Bohringenieur August Burggraf. Die erforderlichen Mittel wurden gemeinsam von den Fachgruppen Erdölgewinnung und Schachtbau, Bohrungen und Untertagebau bereitgestellt. Die Bohrmeisterschule wurde auf der Grundlage des Gesetzes über Bergschulvereine vom 12. Januar 1921 gegründet, das die gesamte Bergbauindustrie für die Finanzierung der Schule in Verantwortung zog.[318]

Das Ziel der Schule war es, eine technische Ausbildung für Bohrer, Vorarbeiter und Feldinspektoren anzubieten, vor allem, um den wachsenden Bedarf an Bohrern zu decken, aber auch, um diesen eine systematische Ausbildung auch der neuen Bohr- und Fördermaschinen und -methoden zuteilwerden zu lassen. Eine bessere Kennt-

316 Vgl. Meier, Bohrmeisterschule in Celle, S. 10 ff. und 19; Becker, Bohrmeisterschule in Celle, S. 127; Koch/Graf/Meier, 45 Jahre, S. 233; Gewerkschaft Elwerath, S. 40.

317 Hubert Becker übernahm 1937 zunächst die Aufgabe eines Dozenten und die Leitung der Außenstelle Celle der Berg- und Hüttenschule Clausthal, der diese Bohrmeisterklasse seinerzeit noch angegliedert war. Im Jahr 1942, als die Eigenständigkeit der Schule beschlossen worden war, wurde Becker zum Bergschuldirektor ernannt. 1940 wurde er außerdem Lehrbeauftragter für Tiefbohrkunde an der Bergakademie Clausthal und gleichzeitig an der TH Hannover. 1943 wurde er zum Honorarprofessor ernannt. Becker war Lehrbeauftragter und Abteilungsleiter am Reichsinstitut für Erdölforschung Hannover. Vgl. Festschrift, S. 38 f.; Schaumberg, Vita; NSDAP-Karte, in: BAB, R 9361-VIII KARTEI, Nr. 1430927 und ebd., R 9361-IX KARTEI, Nr. 2020602; Karteikarte aus dem RFR, in: ebd., R 26-III, Nr. 80098, Bl. 185 f.

318 Vgl. Chronik, S. 29; Oil Field, S. 83. Auch in: NAK, WO 252, Nr. 1448.

nis der geologischen und petrologischen Gegebenheiten wurde ebenfalls als wesentlich erachtet.

Die Dauer der Kurse war gestaffelt: Drei Monate dauerte die Ausbildung zum Bohrassistenten, zwölf Monate die für Bohrer (mit Diplom); längere Ausbildungszeiten galten für Vorarbeiter. Es gab Spezialkurse für Werkzeugspezialisten und Ferienkurse für erfahrene Bohrmeister. Die Kurse für Bohrer beinhalteten bei 40 bis 42 Unterrichtsstunden pro Woche 20 Themen: von der Grundwissenschaft bis zum Bergrecht, ebenso Exkursionen zu Ölfeldern und Herstellern. Die zunächst als entbehrlich angesehene Vorschulausbildung wurde ab 1941 eingeführt. Praxisunterricht wurde nur in den zwölf Ferienwochen des Jahres erteilt.[319]

Der zunächst nur auf fünf Bohrmeister pro Jahr ausgerichtete Ausbildungsplan wurde 1942 durch die Einführung von Schichtführerlehrgängen – als Vorstufe der Bohrmeisterlehrgänge – und von Oberbohrmeister- und Betriebsführerlehrgängen zur weiteren Ausbildung der Bohrmeister zu höheren technischen Aufsichtspersonen erweitert.[320] Daneben führte die Bohrmeisterschule in Celle Sonderlehrgänge für besondere Kriegsaufgaben und für die Wehrmacht durch, neu eingerichtet wurde erstmalig ein Oberbohrmeisterlehrgang. Ferner wurden Schichtführer-Sonderlehrgänge von dreimonatiger Dauer mit täglichem Unterricht durchgeführt, die an die Stelle des Vorschulunterrichts traten. Zudem sollte die Bohrmeisterschule eine Betriebsschulung für die Erdölbohr- und Gewinnungsbetriebe durchführen. Der zehnte Schichtführerlehrgang endete am 29. März 1945, der zehnte Bohrmeisterlehrgang am 9. März, der zweite Betriebsführerlehrgang konnte noch am 4. April, vier Tage vor dem schweren Bombenangriff auf Celle und acht Tage vor dem Einmarsch britischer Truppen, abgeschlossen werden. Am 15. April 1947 wurde der Schulbetrieb wieder aufgenommen.[321]

Bis 1940 besuchten durchschnittlich 24 Schüler pro Jahr die Schule. Der Kriegsbedarf der Industrie führte ab 1941 zu einem Anstieg auf 150 Schüler (50 Bohrer) pro Jahr, da viele erfahrene deutsche Bohrer in den Kaukasus geschickt wurden. Zwischen 1937 und 1945 durchliefen insgesamt 650 Schüler die Schule. Davon waren 248 Bohrer, wobei es ab 1942 zwei Kurse mit fast doppelt so vielen Teilnehmern gab, außerdem 234 Assistenten.[322] Am 19. September 1941 wurde eine Vorschule in Zistersdorf eingerichtet, wenige Monate später weitere in Celle, Reitbrook und Pechelbronn, im Jahr darauf in Neusiedl an der Zaya.[323]

Am 16. Februar 1942 fand die konstituierende Sitzung des Bergschulvereins »Deutsche Bohrmeisterschule in Celle« statt, die bereits fünf Jahre als Außenklasse der Berg- und Hüttenschule Clausthal existiert hatte. Der Umbau zu einer selbstständigen

319 Vgl. ebd.; Gunther, Bohrmeisterschule, S. 1; Chronik, S. 29 f.

320 Vgl. Becker, Bohrmeisterschule, S. 127.

321 Vgl. Meier, Bohrmeisterschule, S. 41 f., 46 und 48.

322 Vgl. Oil Field, S. 83; Gunther, Bohrmeisterschule, S. 2.

323 Vgl. Meier, Bohrmeisterschule, S. 38.

Fachschule mit dreijährigem Unterricht begann. Neben der einjährigen Vorschule (parallel zur Betriebspraxis) gab es nun die Hauptschule (Bohrmeisterklasse) und die Oberbohrmeister- und Betriebsführerklasse.[324]

Zum 31. März 1942 schied die Bohrmeisterschule aus dem Verband der Berg- und Hüttenschule Clausthal aus und erhielt im Bergschulverein Bohrmeisterschule Celle einen eigenen Schulträger. Ihr Tätigkeitsfeld hatte sich so stark ausgeweitet, dass den Beteiligten bei annährend 200 Vor- und Hauptschülern eine eigenständige Schulanstalt gerechtfertigt erschien. Gründer des Bergvereins waren die DEA, die Preussag, die Gewerkschaft Elwerath, die Wintershall AG, Hermann von Rautenkranz und die Deutsche Schachtbau- und Tiefbohrgesellschaft, weitere Firmen kamen hinzu. Becker wurde am 1. April 1942 zum Bergschuldirektor und zum Leiter der Deutschen Bohrmeisterschule ernannt.[325]

Im Oktober 1942 berichtete er im Reichsministerium für Wissenschaft, Erziehung und Volksbildung bei Oberregierungsrat Max Demmel über Lage und Nachwuchs der Bohrmeisterschule Celle sowie über fünf Vorschulen, die jeweils mit einem Industriebetrieb in organisatorischer Verbindung standen. Die Zahl der Studenten in Celle betrug etwa 50, in den Vorschulen befanden sich etwa 120 Teilnehmer.[326]

Der britische Ölexperte Albert Everard Gunther kam nach dem Krieg zu dem Ergebnis, dass sich die Ausbildung in Celle während des Kriegs unter anderem bei den Bohrungen in Polen und Rumänien bewährt hatte. Probleme und Fortschritte in der Bohr- und Fördertechnik hätten eine angemessene Befähigung des Personals in technischen, geologischen und organisatorischen Fragen erforderlich gemacht, daher sei eine solche Ausbildung unerlässlich und sollte aus Gunthers Sicht auch Fortsetzung finden.[327]

Die Bergakademie Clausthal

Die 1775 gegründete Berg- und Hüttenschule Clausthal wurde 1864 zur Bergakademie erhoben. Im Jahr 1935 übertrug man die Schulleitung erstmalig einem hauptamtlichen Direktor, und in den folgenden Jahren wurde der Lehrkörper auf insgesamt elf hauptamtliche Dozenten erweitert. Von 1937 bis 1942 war die Deutsche Bohrmeisterschule in Celle, bevor sie selbstständig wurde, eine Abteilung der Berg- und Hüttenschule Clausthal, und von 1938 bis 1945 war ihr eine Eisenhüttenabteilung in Groß-Ilsede bzw. Watenstedt angegliedert.[328]

Bedingt durch die Erdölvorkommen in Norddeutschland pflegte die Bergakademie besonders die Tiefbohrkunde und die Erdölgewinnung: Nachdem Professor Wilhelm Schulz 1920 auf den Lehrstuhl für Steinkohlenbergbau berufen worden war, widmete

324 Vgl. ebd., S. 39 f. (Zitat S. 40); Koch/Graf/Meier, 45 Jahre, S. 232.

325 Vgl. Chronik, S. 30; Koch/Graf/Meier, 45 Jahre, S. 234.

326 Vgl. Vermerk über Besprechung am 15.10.1942, in: BAB, R 4901, Nr. 14981.

327 Vgl. Gunther, Bohrmeisterschule, S. 3.

328 Vgl. Meyer, Berg- und Hüttenschule, S. 125.

er sich neben seinem Hauptforschungsfeld auch dem Erdöl. Er hielt Vorlesungen über das Schürfen und Gewinnen von Erdöl und richtete 1926 ein kleines Erdöllaboratorium ein, das die Basis für ein Erdölforschungsinstitut bildete. In einer Reihe von Veröffentlichungen befasste er sich mit Bohrtechniken, Erdölgewinnung und dem Erdölschachtbau. Zur gleichen Zeit war auch Walter Kauenhowen, der später als Erdölgeologe eine wichtige Rolle spielte, als Assistent für Geologie an der Bergakademie tätig und machte mit seinen ersten Veröffentlichungen zur Erdölgeologie und Erdöltechnik auf sich aufmerksam. 1932 habilitierte sich Hans Runge über Vorkommen und Verwertung von Brennstoffen, insbesondere des Erdöls; bis zum Jahr 1939 wurde er als Privatdozent beschäftigt. Ende 1942 erhielt Runge den Ruf als ordentlicher Professor für Tiefbohrkunde und Erdölgewinnung an der Bergakademie Clausthal, am 1. Oktober 1943 schließlich wurde er zum ordentlichen Professor für Bergbaukunde ernannt.

Das Erdöl-Institut der Bergakademie machte sich in den darauffolgenden Jahren in der Öffentlichkeit besonders durch seine Erdöllehrgänge einen Namen. Zwischen 1934 und 1944 wurden insgesamt sieben Lehrgänge unter Leitung der Professoren Schulz, Runge und Hubert Becker abgehalten. Dozenten der Bergakademie, Gastdozenten und Ingenieure aus der Praxis gaben in diesen acht- bis 14-tägigen Lehrgängen einen Überblick über die Aufsuchung, Gewinnung und Verarbeitung von Erdöl. Mehrere hundert Teilnehmer aus den verschiedensten Berufen besuchten diese Lehrgänge. Außerdem wurde 1943/44 ein Erdölsonderlehrgang für Bergbaustudierende unter Mitwirkung von Professor Becker durchgeführt.

Der wachsenden Bedeutung der Tiefbohrtechnik und Erdölgewinnung wurde dadurch Rechnung getragen, dass Becker 1940 ein Lehrauftrag für Tiefbohrtechnik erteilt wurde. Auf Veranlassung und unter reger Mitwirkung der deutschen Erdölindustrie richtete man 1943 einen dritten Bergbaulehrstuhl für Tiefbohrkunde und Erdölgewinnung ein. Runge erhielt den Ruf und baute trotz der kriegsbedingten Schwierigkeiten das Erdöllaboratorium weiter aus. Er hatte nach einem Geologie- und Bergbaustudium zunächst acht Jahre in mehreren geophysikalischen Unternehmen und anschließend zehn Jahre bei der ITAG in Celle gearbeitet. Zur gleichen Zeit wurde Becker zum Honorarprofessor ernannt, 1946 übernahm er das Institut als kommissarischer Leiter und 1950 wurde er zum Institutsdirektor ernannt.[329]

Die Clausthaler Wissenschaftler und Studenten engagierten sich rührig im Bereich der kriegswichtigen Forschungen; so benannte etwa Professor Runge für die Einstufung als geschützter Wehrwirtschaftsbetrieb (W-Betrieb) am 14. Dezember 1943 das Thema »Verbesserung der Erdölgewinnung in Galizien« – Auftraggeber war die Karpathen Öl AG – und als zweites Thema »Spülungsreinigung durch Einsatz von Schleudergeräten«, finanziert von der ITAG in Celle. Am 24. Januar 1944 wurde das Institut für Tiefbohrkunde und Erdölgewinnung vom RüKdo Braunschweig als Rüstungsbetrieb anerkannt.[330]

329 Vgl. Becker, Institut, S. 167 f.; ders., Bergschule, S. 77; Festschrift, S. 1 und 19.
330 Vgl. Müller, Stahlhelm, S. 173.

Besonders intensiv veranstaltete das Erdölinstitut Ausbildungslehrgänge für Erdölingenieure: Zwischen 1934 und 1944 fanden sieben solcher Lehrgänge unter der Leitung der Professoren Schulz, Heinrich Hock, Runge und Becker statt. 1942 wurde zudem ein Lehrgang durchgeführt, der die Teilnehmer nach einer anschließenden mehrmonatigen Praxisschulung auf einen Einsatz in den Erdölfeldern vorbereiten sollte. Im April 1944 fand der siebte und letzte Erdöllehrgang für Bergbau- und andere Ingenieure statt, in der verstärkt Fachleute aus der Praxis dozierten.

Runge war neben seinen kriegswichtigen Forschungen im Wesentlichen damit befasst, Lehrgänge zur Aus- und Weiterbildung von Bergbaustudenten ab dem vierten Semester zu organisieren, um den dringenden Mangel an Fachingenieuren für Erdölbohr- und Gewinnungsbetriebe zu beheben. So erwirkte die Bergbauabteilung im RWiM im Sommer 1943 eine Beurlaubung von der Wehrmacht von 23 Studenten, die in Aachen, Berlin, Clausthal, Freiberg und Leoben bereits das Vorexamen abgelegt hatten. Sie wurden im Winter 1943/44 in einem dreimonatigen theoretischen Fortbildungskurs an der Bergakademie unterrichtet, ergänzt durch eine praktische Ausbildung. Abschließend unternahmen sie eine Exkursion auf die Felder bei Bruchsal in Baden, Pechelbronn im Elsaß und im Wiener Becken. Nach dem Ende des Lehrgangs wurden sie verschiedenen Erdölbohr- und -gewinnungsbetrieben zugeteilt.[331]

Ab 1938 entfaltete Rektor Hans Grothe Initiativen für eine Erweiterung der Bergakademie. So schlug er dem Reichsminister für Wissenschaft, Erziehung und Volksbildung, Bernhard Rust, eine Verlegung nach Goslar und einen Neubau der Institute vor. Seine diesbezügliche Denkschrift ging auch an Paul Pleiger. Dieser strebte jedoch mit Unterstützung des Ministerpräsidenten des Freistaates Braunschweig, Dietrich Klagges, sowohl eine Verlegung des für Wolfenbüttel vorgesehenen Technikums als auch der Bergakademie nach Salzgitter an, um den Reichswerken Hermann Göring eine Lehr- und Forschungseinrichtung anzugliedern.

Favorisiert wurde von Grothe ab 1941 – unterstützt von Gauleiter Hartmann Lauterbacher – schließlich eine Vereinigung mit der TH Braunschweig. Dagegen schritt wiederum Göring ein, der die Bergakademie in Salzgitter zur bedeutendsten Berghochschule Europas machen wollte. Als Grothe sich auf diese Planungen einließ, verärgerte er Lauterbach, der ihn daraufhin im März 1943 als Rektor absetzte.[332]

Das Reichsinstitut für Erdölforschung Hannover

Die Überlegungen zu einer Neugestaltung des Erdölinstituts in Hannover reichten bis 1938 zurück. Die entsprechenden Planungen konkretisierten sich 1942, als der Gedanke aufkam, ein Reichsinstitut für Erdölforschung zu gründen und gemäß der

331 Vgl. ebd., S. 189; Becker, Bergschule, S. 77; Mitteilung Prof. Hans Runge, Institut für Tiefbohrkunde und Erdölgewinnung an der Bergakademie Clausthal, vom 28. 2. 1944, in: BAB, R 4901, Nr. 15013.

332 Vgl. Müller, Plan, S. 2, 5 und 8. Ausführlichere Darstellung mit Dokumentenanhang: ders., Bestrebungen.

Entscheidung von Göring an der TH Hannover anzusiedeln. Nach den Vorstellungen von Rektor Helmut Pfannmüller sollte das Institut mit drei Ordinarien ausgestattet werden: Erdölchemie, Geologie und Bohrtechnik. Diese Stellen wurden jedoch bis zum Ende des Dritten Reichs nicht besetzt. Auch scheint die vorgesehene Einrichtung eines Studiengangs Erdöltechnik nicht mehr verwirklicht worden zu sein. Gesichert ist, dass das Reichsinstitut als Forschungseinrichtung spätestens im August 1943 seine Arbeit aufnahm und im Vorlesungsverzeichnis der TH Hannover für das Sommersemester 1944 und das Wintersemester 1944/45 aufgeführt wurde.[333]

Göring wandte sich Anfang September 1942 an das Reichsministerium für Wissenschaft, Erziehung und Volksbildung und begründete die Notwendigkeit eines neuen Instituts mit dem gestiegenen Bedarf an Fachpersonal: »Im Interesse der der deutschen Erdölindustrie im Kaukasus erwachsenden Aufgaben zur Ausweitung der Probleme der Bohr- und Gewinntechnik von Erdöl ist die beschleunigte Errichtung eines entsprechenden Erdölforschungsinstitutes erforderlich.« Dieses solle an der TH Hannover errichtet werden, das Ministerium werde das Erforderliche unter Berücksichtigung der außerordentlichen Dringlichkeit veranlassen, Bentz werde hinsichtlich der fachlichen Gesichtspunkte direkt mit den Dienststellen des Ministeriums Verbindung aufzunehmen. Die zusätzlich erforderlichen Mittel werde der Reichsforschungsrat zur Verfügung stellen.[334]

Bentz präzisierte dann in einem Memorandum die Aufgaben des neu zu gründenden Instituts: Nach seiner Einschätzung bestanden auf dem Gebiet der Mineralölforschung bei den bestehenden öffentlichen und privaten Einrichtungen nur ungenügende Forschungsmöglichkeiten, die in keiner Weise ausreichten, die mit der Ausweitung der deutschen Erdölindustrie zusammenhängenden Fragen wissenschaftlich zu bearbeiten. Angesichts der Dringlichkeit sei es notwendig, noch während des Kriegs ein Institut zu errichten, das Fragen rund um die Aufsuchung, Gewinnung und Verarbeitung von Erdöl wissenschaftlich unabhängig erforsche.

Göring war bereit, das Institut aus Mitteln der VJP-Behörde zu finanzieren – der Institutsdirektor sollte ihm gegenüber allerdings verantwortlich sein. Als erster Vorsitzer des Kuratoriums war Bentz als Bevollmächtigter für die Erdölgewinnung vorgesehen, als zweiter der Gauleiter Lauterbacher, als Mitglieder ferner der Oberbürgermeister Hannovers, der Rektor der TH, Krauch als GBChem, je ein Vertreter des OKW, des RWiM, des Reichsministeriums für Wissenschaft, Erziehung und Volksbildung und der Deutschen Gesellschaft für Mineralölforschung sowie jeweils vier Wissenschaftler und vier Erdölindustrielle, die von der VJP-Behörde ernannt werden sollten. Zur Beratung der Forschungsaufgaben sollte ein wissenschaftlich-technischer Ausschuss gegründet werden. In der ersten Ausbaustufe waren zwölf Akademiker und 48 Angestellte vorgesehen.

333 Vgl. Jung, Begeisterung, S. 48.

334 Vgl. Fernschreiben Reichsmarschall Göring an Reichsminister für Wissenschaft, Erziehung und Volksbildung vom 5.9.1942, in: BAB, R 4901, Nr. 14981 (Zitat ebd.).

Neben die Forschungs- sollte die Lehrtätigkeit treten. Die rasch wachsende Erdölindustrie benötigte laut Bentz dringend Nachwuchs an Bohr- und Maschineningenieuren sowie Erdölchemikern. Die am Institut für Erdölforschung tätigen Wissenschaftler sollten daher Lehraufträge an der TH Hannover erhalten. Darüber hinaus plante Bentz Umschulungskurse für Techniker und Chemiker sowie eine systematische Vergabe von Promotionsthemen aus dem Feld der Erdölgewinnung und -verarbeitung. Die Deurag-Nerag wollte flankierend eine Entwicklungsanstalt in Form eines Industrielaboratoriums errichten.[335]

Nur zwei Tage später fanden Verhandlungen zwischen Bentz, Gauleiter Hartmann Lauterbacher und einem Vertreter der Stadt Hannover statt. Der Vorschlag von Bentz wurde allgemein gebilligt. Ungeklärt blieb die Frage, ob es sich um ein Vierjahresplan-Institut handeln sollte, da Göring Mittel des Reichsforschungsrats angekündigt hatte, oder ob es beim Reichsministerium angesiedelt würde. Unabhängig davon sollte das Institut jedoch möglichst eng mit der TH kooperieren. Bei den damals ventilierten Plänen einer Verlegung der Bergakademie Clausthal nach Braunschweig und einer etwaigen dortigen Ansiedlung des Reichsinstituts hatte sich Göring – der wie bereits erwähnt ohnehin eine Verlegung der Bergakademie nach Salzgitter favorisierte – für die Anbindung an eine TH entschieden, da seiner Ansicht nach »die Erdölgewinnung mit Bergbau nichts zu tun«[336] hatte.

Am 29. August 1942 wies das Reichsministerium für Wissenschaft, Erziehung und Volksbildung die TH Hannover offiziell an, umgehend die Errichtung des Instituts in Angriff zu nehmen und dazu Gebäude sicherzustellen. Der Leiter sollte eine ordentliche Professur bekommen. Auch hier wurden Hintergrund und Stoßrichtung der ministeriellen Initiative explizit dargelegt: »Um möglichst bald für den Kaukasus einsatzfähige Erdölingenieure und Chemiker zu bekommen, werden in dem Institut in Hannover für Diplomingenieure der Fachrichtung Maschinenbau und für Chemiker Kurse eingerichtet werden, in welchen sie über ihre Grundausbildung hinaus in Sonderfragen, die die Erdölförderung und -verarbeitung erfordern, ausgebildet werden.« Langfristig sollte ein Studiengang für Erdölingenieure an der TH eingerichtet werden, außerdem wollte man die begabtesten Lehrgangsteilnehmer der Bohrschule Celle für das Hochschulstudium in Hannover auswählen.[337]

Das Institut sollte aus den folgenden Abteilungen bestehen: Geologie (Aufsuchung und Gewinnung), Bohrtechnik (Verbesserung von Bohr- und Gewinnungsmethoden), Chemie (Bildung von Erdöl, Zusammensetzung und Verarbeitung), Physik (physikalisches Verhalten der Erdöllagerstätten und des Erdöls bei Gewinnung

335 Vgl. Memorandum »Institut für Erdölforschung Hannover« von Bentz vom 15.9.1942, in: ebd.; Anlage zur Abschrift eines Schreibens des Beauftragten für die Förderung der Erdölgewinnung, Bentz, an Görnnert vom 13.10.1942: »Institut für Erdölforschung Hannover«, vom 15.9.1942, in: IfZ, MA 144/3, Bl. 5947-5950.

336 Vgl. AV aus dem RMWEV, Demmel, vom 22.9.1942 (Zitat S. 3), in: BAB, R 4901, Nr. 14981.

337 Vgl. Schreiben Reichsminister für Wissenschaft, Erziehung und Volksbildung an Reichsmarschall Göring vom 28.9.1942 (Zitat S. 2), in: ebd.

und Verarbeitung), Raffinerietechnik (Ausarbeitung zweckmäßiger Verarbeitungsmethoden im Hinblick auf die verschiedenen Rohölsorten), Bibliothek und Verwaltung.

Räumlich untergebracht wurde das Institut in der ehemaligen Bürgerschule, die umgebaut werden sollte, in unmittelbarer Nähe der chemischen Einrichtungen der TH. Vorgesehen war mindestens eine Professur sowie die Einstellung von 200 bis 300 Wissenschaftlern und sonstigen Angestellten. Als Kosten wurden allein für die Errichtung einmalig zwei Mio. RM veranschlagt, für den laufenden Betrieb jährlich eine Mio. RM. Neben der Forschungstätigkeit sollten die Wissenschaftler auch in den Lehrbetrieb der TH eingebunden werden, um Bohr- und Maschineningenieure sowie Erdöl-Chemiker auszubilden. Weiterhin wollte man in Kooperation mit der Raffinerie der Deurag-Nerag in Misburg eine Entwicklungsanstalt für halbindustrielle Großversuche aufbauen, die einen weiteren Personalbedarf von 60 Mitarbeitern sowie Einrichtungskosten von einer Mio. RM erforderten. Sehr wahrscheinlich wurde ein großer Teil dieser Entwicklungsanstalt tatsächlich eingerichtet, da die Deurag-Nerag bereits mit mehreren Prüfständen und Versuchsanlagen für Raffination und Bleicherdebehandlung sowie dem Bau einer Anlage für Entparaffinierung in Vorleistung getreten war.[338]

Bentz zeigte sich optimistisch, die Gründung des Instituts sei bereits weit vorangeschritten: Der Entwurf der Organisation und Aufgabenstellung sei grundsätzlich vom Gauleiter genehmigt und Grundlage der Arbeiten, und die Fachkräfte, die es brauchte, um den Forschungsbetrieb und die Lehrtätigkeit mit dem Wintersemester 1942/43 aufzunehmen, seien zumindest teilweise bereits sichergestellt, so dass keine Verzögerung zu erwarten sei. Für den Leiter des Instituts habe der Reichserziehungsminister einen ordentlichen Lehrstuhl in Aussicht gestellt; weitere Lehrstühle oder außerordentliche Professoren würde man bei Bedarf heranziehen. Bis genügend hauptamtliche Kräfte vorhanden waren, beabsichtigte Bentz, mit Lehrbeauftragten zu arbeiten, vornehmlich aus der Industrie, von der TH Braunschweig und der Bergakademie Clausthal. Eine Anschubfinanzierung stand von der DFG in Aussicht.[339]

Wie dringend der Bedarf war, verdeutlichte eine Anfrage nach 50 Chemikern, die für den Einsatz im Kaukasus benötigt wurden. Sie sollten – da das Institut noch nicht eingerichtet war – an der TH ausgebildet werden.[340] Das Reichsministerium für Wissenschaft, Erziehung und Volksbildung hatte auch bei der Luftwaffe wegen der Abgabe einer größeren Anzahl ausgebildeter Mineralölchemiker angefragt. Dort sah man sich jedoch kaum dazu in der Lage, allenfalls unter weitgehender Zurückstellung der eigenen Interessen. Sollte man trotzdem versuchen, die Anforderung des

338 Vgl. Jung, Begeisterung, S. 283 f.

339 Vgl. Schreiben Beauftragter für die Förderung der Erdölgewinnung, Bentz, an Görnnert vom 13.10.1942, in: IfZ, MA 144/3, Bl. 5945 f.

340 Vgl. AV aus dem RMWEV, Demmel, vom 19.12.1942, in: BAB, R 4901, Nr. 14981.

Reichsministeriums zu erfüllen, so geschehe dies »in Würdigung der Wichtigkeit des im Kaukasus geplanten Einsatzes dieser Spezialfachkräfte«.[341]

Obwohl noch vieles in Sachen Personal und Finanzierung unklar war, sollten die Lehrabteilung des Instituts am 1. Mai und die Forschungsabteilung am 1. November 1943 eröffnet werden.[342] Nachdem Göring über den Reichsforschungsrat die Anweisung zur Errichtung des Reichsinstituts für Erdölforschung in Hannover gegeben hatte, bastelte er an der Besetzung des Kuratoriums, welches das Institut und den kommissarischen Leiter Maximilian Marder[343] unterstützen sollte. Göring ernannte Lauterbacher zum Vorsitzenden des Kuratoriums und ermächtigte ihn, in seinem Namen unter anderem in das Kuratorium zu berufen: Bentz, Erich Franke (Preussag), Große und Schlicht (DEA), Rosterg (Wintershall AG), Brochhaus (Gewerkschaft Elwerath), Krauch, Krejci-Graf, Griebel vom WiRüAmt sowie Paul Francke aus dem RWiM.[344]

Der kommissarische Leiter des Instituts bat bei der DFG um einen Vorschuss für das Bauvorhaben in Höhe von 500.000 RM, denn die Bau- und Einrichtungsarbeiten mussten wegen der prekären finanziellen Lage zeitweise eingestellt werden. Die am 1. Mai 1943 beginnende Sofortausbildung von Erdölchemikern und Erdölingenieuren konnte zudem nicht durchgeführt werden, obwohl bereits 30 Chemiker und 50 Ingenieure von der Wehrmacht freigestellt worden waren. Die Summe wurde später als Überbrückungskredit bewilligt.[345]

Dass das Erdölinstitut aber auch seine Forschungsarbeit aufgenommen haben muss, belegen die für die Wehrmacht übernommenen kriegswichtigen Forschungs- und Entwicklungsaufträge. Ab August 1943 sind nicht weniger als 29 Projekte nachweisbar, die an diesem Institut bearbeitet oder von dort an andere Institute weitergeleitet wurden. 13 Aufträge, die mit einer Ausnahme alle in Dringlichkeitsstufen eingeordnet waren, wurden im Institut selbst bearbeitet. Es waren – mit aufsteigender Dringlichkeit – fünf Aufträge mit der Stufe »S« (Sonderstufe), fünf weitere mit der Stufe »SS« (Sonderstufe, höhere Priorität) und zwei mit der höchsten Stufe »DE« (dringende Entwicklung). Allein fünf Forschungs- und Entwicklungsprojekte beschäftigten sich mit der Paraffinierung von Treib- und Schmierstoffen.[346]

341 Vgl. Schreiben Reichsminister der Luftfahrt und Oberbefehlshabers der Luftwaffe an Reichsminister für Wissenschaft, Erziehung und Volksbildung vom 13.1.1943 (Zitat ebd.), in: ebd.

342 Vgl. Schreiben Reichsinstitut für Erdölforschung, Marder, an den Präsidenten des RFR, Mentzel, vom 29.1.1943, in: ebd., R 26-III, Nr. 165.

343 Dr.-Ing. habil. Maximilian Marder war von Oktober 1938 bis 1943 Dozent für Technische Chemie (Organisch-chemische Industrie) an der Technischen Hochschule Berlin. Am 1. Juli 1943 wurde er zum ordentlichen Professor an der TH Hannover ernannt. Vgl. Catalogus Professorum. Professorinnen und Professoren der TU Berlin und ihrer Vorgänger (https://cp.tu-berlin.de/person/2029).

344 Vgl. Schreiben Reichsmarschall Göring an Hartmann Lauterbacher, Gauleiter Süd-Hannover-Braunschweig, vom 19.2.1943, in: BAB, R 26-III, Nr. 165. Auch in: ebd., Nr. 148.

345 Vgl. Schreiben Reichsinstitut für Erdölforschung der TH Hannover, Marder, an Präsidenten der DFG, Mentzel, vom 3.4.1943, in: ebd., R 73, Nr. 13601.

346 Vgl. Jung, Begeisterung, S. 284.

Immer wieder sah man sich in Hannover in der Situation, die hohen Kosten des Reichsinstituts für Erdölforschung rechtfertigen zu müssen. So etwa im Etatentwurf 1944/45, der erläuterte, dass die Vielzahl der gestellten Aufgaben und die Vielfalt der zur Anwendung kommenden Untersuchungsmethoden auch eine große Anzahl von Mitarbeitern und einen hohen Aufwand an Apparaturen und Lehrmitteln bedingten: »Bei der fundamentalen und zum Teil kriegsentscheidenden Bedeutung der dem Institut übertragenen Aufgaben erscheint mir der Aufwand durchaus als gerechtfertigt.«[347]

Die Besetzung einer Professur konnte wohl nicht mehr verwirklicht werden, und es ist auch nicht abschließend zu ermitteln, ob die anderen Entwicklungs- und Personalpläne umgesetzt wurden. Jedoch ist nachweisbar, dass spätestens ab dem Sommersemester 1944 eine ganze Reihe von Lehrveranstaltungen zum Thema Erdöl in den Vorlesungsplan der TH Eingang gefunden hatten. So beschäftigten sich laut Vorlesungsverzeichnis für das Sommersemester 1944 und das Wintersemester 1944/45 zehn Professoren, Honorarprofessoren und Lehrbeauftragte in immerhin 20 Lehrveranstaltungen mit der Erdölgewinnung. Es ist anzunehmen, dass vier Lehrbeauftragte und drei Honorarprofessoren dem Bereich des Reichsinstituts zuzuordnen waren.[348]

Obwohl er prinzipiell eine Grundlagenforschung befürwortete, kam der britische Erdölexperte Albert Everard Gunther im September 1945 zu dem Schluss, dass eine Fortführung des Reichsinstituts in Hannover zum damaligen Zeitpunkt und unter den herrschenden Bedingungen nicht gerechtfertigt sei. Er schlug der Kontrollkommission entsprechend vor, dass das Gebäude des Reichsinstituts vom neu gegründeten RfB übernommen und die Arbeit des Instituts in diese Einrichtung eingegliedert werden sollte.[349]

6.6 Fernziel Naher Osten

Spätestens seit dem Sommer 1940 machten sich die Verantwortlichen in Deutschland Gedanken darüber, wie der Ölbedarf des deutsch dominierten Europas in der Nachkriegszeit durch die Ölquellen jenseits der deutschen Grenzen sichergestellt werden konnte. Mit einer bloßen Besetzung der Ölfelder in der Sowjetunion und im Nahen Osten schien es nicht getan, vielmehr brauchte es massive Investitionen an Kapital, Arbeitskräften und Ausrüstung. Nur eine vertikal integrierte Ölgesellschaft, deren Mittel mit denen der US-amerikanischen und britischen Großunternehmen konkurrieren konnten, würde in der Lage sein, den prognostizierten zukünftigen Bedarf zu decken. Die deutschen Ölgesellschaften waren offensichtlich zu klein, um eine Aufgabe dieses Ausmaßes zu bewältigen. Ihnen fehlte es aber nicht nur an den not-

347 Vgl. Schreiben Rektor der TH Hannover, Pfannmüller, an Präsidenten des RFR, Mentzel, vom 27.4.1944 (Zitat ebd.), in: BAB, R 26-III, Nr. 165.

348 Vgl. Jung, Begeisterung, S. 284.

349 Vgl. Gunther, Reichsinstitut, S. 1.

wendigen finanziellen, technischen und personellen Ressourcen, sondern auch an Erfahrung mit größeren Erdölvorkommen. Die Privatindustrie benötigte den Staat zur Aufbringung dieser Mittel, und die Konti sollte die Lösung dieser Probleme sein.[350] So ist es kein Wunder, dass Fischer bereits auf der ersten AR-Sitzung der Konti den Erwerb von Interessen im Irak ansprach, unter »Hinweis auf das Hochziel, die Interessen der Royal-Shell am persischen Meerbusen«.[351]

Am Vorabend des Zweiten Weltkriegs wurden die Erdölpolitik und die Aktivitäten der Mächte im Nahen Osten durch unterschiedliche Faktoren maßgeblich bestimmt: das Aufkommen von entwicklungspolitischen Bestrebungen arabischer Förderländer, die Verschärfung der Konkurrenz unter den großen Ölgesellschaften um Absatzmärkte vor allem in Kontinentaleuropa und deren Herausforderung durch neue konzernfreie Förder- und Vermarktungsgesellschaften, das machtpolitische und rüstungsstrategischen Ringen zwischen der Erdölmacht England und den nach Rohstoffautarkie strebenden expansiven Achsenmächten sowie die neue wirtschaftliche Durchdringung des Nahen Ostens durch das nationalsozialistische Deutschland, das den Briten als imperiale Herausforderung erschien. So bildeten die Planungen und Aktivitäten der Deutschen und der Alliierten das geostrategische Scharnier zwischen dem europäischen und dem asiatischen Kriegsschauplatz.[352]

Vorgeschichte

Die Anfänge der deutschen Erdölpolitik im Nahen Osten reichen bis in die Zeit vor dem Ersten Weltkrieg zurück. Während des Baus der Bagdadbahn wurde mit wohlwollender Unterstützung der Berliner Regierung im Jahre 1912 die Türkische Petroleum Gesellschaft gegründet, an der neben britischen und holländischen Interessen auch die Deutsche Bank mit 25 Prozent beteiligt war. Schon damals hatte sie sich in Konkurrenz zur Anglo-Persian Oil Company und zur Royal Dutch-Shell-Gruppe um Konzessionen in den Provinzen Mossul und Bagdad im heutigen Irak bemüht. Nach Ausbruch des Ersten Weltkriegs und im Zuge des Interessenausgleichs der alliierten Siegermächte in Europa wie im Vorderen Orient war der deutsche Anteil jedoch in französischen Besitz geraten.[353]

Diese deutschen Erdölinteressen im Vorderen Orient gewannen im Zeichen des deutschen militärischen Siegs über Frankreich wieder an Bedeutung und wurden zur historischen Legitimation verwendet. Der Gesandte Carl Clodius, stellvertretender Leiter der Handelspolitischen Abteilung des Auswärtigen Amts, rechnete nach dem Hitler-Stalin-

350 Vgl. Toprani, Germany's Answer, S. 949.

351 Vgl. AN Weltzien über AR-Sitzung der Konti am 27.3.1941 vom 28.3.1941, in: BAB, R 8127, Nr. 16154, Bl. 44f., hier Bl. 45 (Zitat ebd.).

352 Vgl. Mejcher, Politik, Bd. I, S. 211; Buchanan, World War II, S. 68f.

353 Vgl. Mejcher, Politik, Bd. I, S. 102; Lemke, Erdölinteressen; ders., Deutsche Bank; Baumgart/Benneckenstein, Interessen.

Pakt damit, dass der französische und britische Einfluss im Nahen Osten nach dem Zweiten Weltkrieg erheblich gesunken sein würde. Parallel dazu werde Deutschland seine ohnehin schon erheblich verstärkte wirtschaftliche Stellung vornehmlich im Irak und Iran ungestört weiter ausbauen können. Die Erdölinteressen im Vorderen Orient hingen zum einen von der zukünftigen politischen Gestaltung dieses Raums ab und zum anderen davon, ob man England oder Frankreich veranlassen könne, Deutschland besonders attraktive Beteiligungen in dritten Ländern abzutreten oder zu verkaufen.[354]

Karl Schirner von der DEA wandte sich Anfang August 1940 an Direktor Kurt Weigelt von der Deutschen Bank, der ihm ein Exposé über die »anatolischen Kriegsschäden« der Bank, also die Verluste in diesem Gebiet nach dem Ersten Weltkrieg, überlassen hatte. Nach Schirners Auffassung war es zwar verfrüht, konkrete Maßnahmen im Hinblick auf Konzessionen ins Auge zu fassen, trotzdem meldete er schon einmal das grundsätzliche Interesse der DEA an einer Zusammenarbeit mit der Deutschen Bank an, falls diese im weiteren Verlauf des Kriegs in die Lage kommen sollte, ihre früheren Rechte im Irak geltend zu machen und sie einer industriellen Auswertung zuzuführen.[355]

Wie gesehen, brachte sich die Deutsche Bank rechtzeitig in Stellung, als Weigelt Ende Oktober 1940 Keppler an die besonders günstige Lage der Petroleumrechte des Instituts erinnerte. Es handele sich dabei um dieselben Felder, welche die Konzession der IPC und der Mossul Oil Comp. bildeten. Weigelt hatte sich in dieser Angelegenheit bereits zuvor an Bentz von der RfB und an den deutschen Gesandten in Saudi-Arabien und späteren Bevollmächtigten des Auswärtigen Amts für die arabischen Länder, Fritz Grobba, gewandt.[356]

Seit Sommer 1940 gruben also die Fachleute der Deutschen Bank ihre untergegangenen Irak-Konzessionen aus den Zeiten der Bagdadbahn und der Turkish Petroleum wieder aus, um sich so eine Vorzugsbehandlung für den Fall des deutschen Vormarschs nach Mossul und Basra zu sichern. Die Grundlagen dafür standen jedoch auf wackligen Füßen und stießen bei Grobba und dem in dieser Frage federführenden Keppler keineswegs auf ungeteilte Zustimmung. Vermutlich deshalb schaltete die Deutsche Bank schließlich ihren altgedienten Lobbyisten Franz von Papen ein, der im November 1940 von Weigelt gebeten wurde, Verhandlungen in dieser Angelegenheit mit der irakischen Regierung aufzunehmen.[357]

Die RfB stellte 1940 mit einiger Berechtigung fest, dass die politische Schwäche Deutschlands und der Mangel an Devisen ein erneutes deutsches Engagement in

354 Vgl. Aufzeichnung Clodius vom 30.5.1940, in: ADAP, Serie D, Bd. 9, Dok. 354, S. 390-395, hier S. 392.

355 Vgl. Schreiben Schirner, DEA, an Weigelt, Deutsche Bank, vom 6.8.1940, in: BAB, R 8119-F, Nr. 8369, Bl. 28. Abgedruckt in: Eichholtz, Ölpolitik, S. 395. Vgl. Memorandum »Recht der Deutschen Bank auf Petrol-Vorkommen in den Vilayets Bagdad und Mossul« vom 25. Juli 1940, in: BAB, R 8119-F, Nr. 8369, Bl. 25.

356 Vgl. Schreiben Deutsche Bank, Weigelt, an Keppler, Präsident der RfB, vom 31.10.1940, in: ebd., Bl. 68. Abgedruckt in: Eichholtz, Ölpolitik, S. 403 (Faksimile).

357 Vgl. Roth, Papen, S. 150 f.

den großen Ölproduktionsstätten der Welt verhindert hatten, zudem sei man auf das Wohlwollen der großen internationalen Ölkonzerne angewiesen gewesen. Entsprechend müsste der Ausgang des Kriegs in eine Neuverteilung der mineralischen Rohstoffquellen münden. Diese Forderung bezog die Reichsstelle nicht zuletzt auf den Irak, wo man riesige Vorräte vermutete, und den Iran. »Für die Deckung des Bedarfs der ölarmen Länder Europas und Afrikas würden daher die Vorkommen im nahen Orient, deren Produktion zudem in Zukunft noch gewaltig gesteigert werden kann, auf die Dauer eine entscheidende Bedeutung haben.«[358]

Hitler selbst lehnte deutsche Ölkonzessionen im Nahen Osten zunächst ab, weil sie im Kriegsfall nicht zu schützen wären. Das anfängliche deutsche Desinteresse an dieser Region gründete jedoch auf kurzfristigen militärstrategischen Erwägungen und operativen Zwängen der Kriegführung. Die längerfristigen Kriegsziele waren andere, eine ökonomische Selbstbehauptung Europas war ohne die dortigen Ölreserven kaum denkbar. Erst vor diesem Hintergrund wird das politische und militärische Vorgehen Deutschlands auf diesem Nebenkriegsschauplatz verständlich.[359]

Die Alliierten

Am Vorabend des Zweiten Weltkriegs kontrollierte die britische Regierung in Basra eines der bedeutendsten Treibstoffreservoirs an der militärstrategisch wichtigen Gabelung der Nachschubrouten des Britischen Empires nach Westeuropa sowie der Alliierten Oberkommandos über den Iran in die Sowjetunion. Diese Kontrolle beruhte nicht nur auf der direkten Kapitalbeteiligung an der Anglo-Persian Oil Company und der indirekten Teilhaberschaft an der IPC, sondern auch auf der militärischen Präsenz der in Shuaiba und Habbanija stationierten RAF-Geschwader, die Großbritannien im Fall lokaler Revolten oder militärischer Interventionen der Achsenmächte die sofortige Lufthoheit im Irak und dem benachbarten Südwest-Iran und Kuwait sicherten.[360]

Eine Zeitlang zeigte sich die Sowjetunion sogar offen dafür, dem Dreimächtepakt zwischen Deutschland, Italien und Japan beizutreten. Am 26. November 1940 erklärte sich Molotow mit den Vorschlägen Ribbentrops für einen Viermächtepakt einverstanden, sofern der Raum südlich von Batumi und Baku – also Iran und Irak – als sowjetische Interessensphäre anerkannt würde. Die Sowjetunion hoffte, Nutznießer einer britischen Niederlage werden zu können. Schon im Herbst 1939 rechneten England und Frankreich mit sowjetischen militärischen Schlägen gegen den Iran. Nach Abschluss des Hitler-Stalin-Pakts erhöhte die Sowjetunion den politischen, militä-

358 Vgl. Erdöl in Europa, S. 5, 13 ff., 31 (Zitat ebd.).

359 Vgl. Mejcher, Politik, Bd. II, S. 29 f. und 34.

360 Vgl. ders., Erdölpolitik, S. 369. Zur alliierten Kriegswirtschaft im Vorderen Orient und den Leistungen des Middle East Supply Centres in Kairo vgl.: ders., Nahe Osten, S. 32 ff.

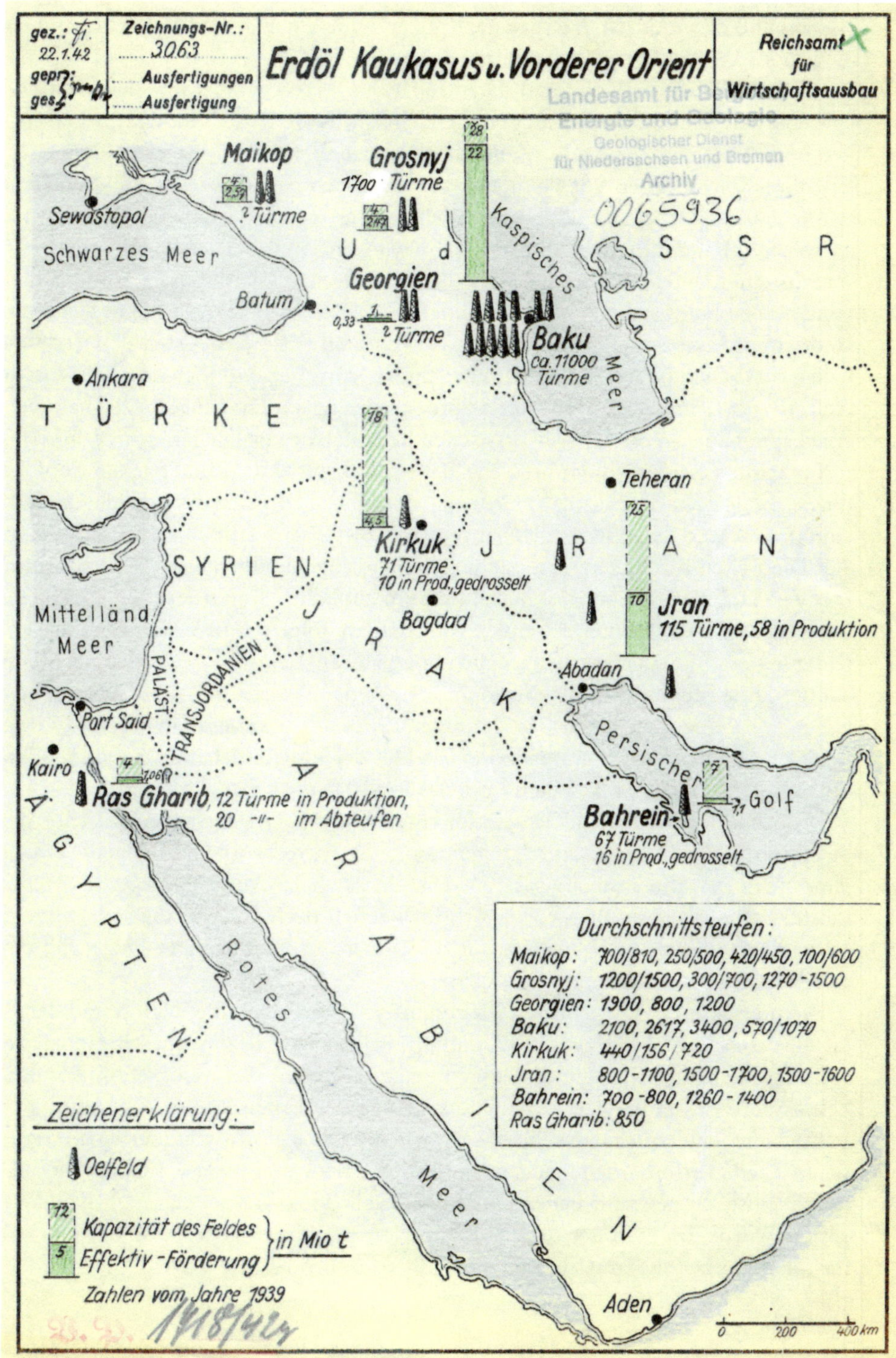

Abb. 9: Erdöl Kaukasus und Vorderer Orient

rischen und ökonomischen Druck auf das Land noch, der sich nach dem deutschen Angriff im Westen Europas noch einmal steigerte.[361]

Nach Abschluss des Molotow-Ribbentrop-Pakts im August 1939 und dem deutsch-sowjetischen Überfall auf Polen betrachtete das Middle East Command neben Italien und Deutschland auch Russland als potenziellen, in seinen Kommandobereich fallenden Kriegsgegner. Vor allem, um die kriegswichtige Versorgung Deutschlands mit kaukasischem Öl zu unterbinden und die Transportkapazitäten der Sowjets zu schwächen, hatten die Briten im Frühjahr 1940 erwogen, vom Irak aus – und mit französischer Unterstützung aus Syrien – die russischen Ölanlagen im Fördergebiet von Baku zu bombardieren: die geschilderte »Operation Pike«. Nachdem Deutschland seinen Paktpartner Sowjetunion dazu gedrängt hatte, sich – statt den traditionellen russischen Interessen auf dem Balkan nachzugehen – in Richtung Persischem Golf zu orientieren, also in das Vorfeld Britisch-Indiens vorzudringen, zeichnete sich eine Lage ab, die an die britisch-russischen Konflikte des 19. Jahrhunderts erinnerte.

Tatsächlich stellte sich der britische Generalstab auf einen militärischen Konflikt mit den Sowjets im Transkaukasus bzw. den nördlichen Gebieten des Iran und des Irak ein. Im Mai 1940 liefen Berichte über massive sowjetische Truppenkonzentrationen ein. Die Briten fürchteten, einem sowjetischen Zugriff auf iranisches Territorium könnten Luftangriffe von dort aus auf die im südlichen Iran gelegenen Ölgebiete, vor allem auf den Raffineriekomplex von Abadan, folgen. Eine erste britische Verteidigungsposition gegen einen solchen potenziellen Angriff von Norden her sollte auf der Linie Mossul–Kirkuk eingenommen werden. Würde sich diese nicht halten lassen, wäre eine Strategie der »verbrannten Erde« anzuwenden. Ein absolut zu haltender Verteidigungsring wäre um die Ölfelder des südwestlichen Iran, um Abadan und um den Hafen von Basra am Kopf des Persischen Golfs zu legen.

Die Szenarien der Briten, die 1940 für einen sowjetischen Angriff entwickelt worden waren, galten nach Beginn der Operation »Barbarossa« und bis tief in die zweite Jahreshälfte 1942 hinein auch als Rahmen für ein mögliches Vorgehen gegen die Wehrmacht. Sollte ein deutscher Vormarsch im Bereich des Kaukasus die sowjetischen Verteidigungslinien durchbrechen, gar zur Eroberung der dortigen Ölfelder führen, würde man diese Maßnahmen ergreifen.

Die im Sommer 1942 gehegten Befürchtungen der Briten, die Region und damit die Ölversorgung für die gesamte »Southern British World« zu verlieren, fanden im Oil Control Board, das dem Kriegskabinett zuarbeitete, ein wenig optimistisches Echo. Sollte ein erfolgreich verlaufender deutscher Vormarsch die Zerstörung der irakischen Ölfelder nebst der Pipelines sowie der Ölfelder und Raffinerien im iranischen Abadan erforderlich machen, würde dies einen gewaltigen Verlust für die alliierte Treibstoffversorgung bedeuten, zumal dort hochoktaniges Flugzeugbenzin hergestellt wurde. Im Sommer 1942, auf dem Höhepunkt der Bedrohung des Empire, hielt der Chief of the Imperial General Staff, Alan Brooke, die Verteidigung der Öl-

361 Vgl. Napuch, Sowjetunion, S. 44 ff.

felder von Abadan daher für kriegsentscheidend. Sie waren ihm wichtiger, als Ägypten zu halten.[362] Derweil prüfte der britische Combined Chiefs of Staff die Möglichkeit, Truppen nach Transkaukasien zu verlegen, falls es Deutschland gelingen sollte, dieses Gebiet vom übrigen Russland abzuschneiden.[363]

Die Berichte des deutschen Militärattachés in Washington, General Friedrich von Boetticher, zeugen von der Panik, die dort und in Großbritannien angesichts der deutschen militärischen Erfolge in den ersten Monaten nach dem Überfall auf die Sowjetunion herrschte. So schrieb er am 19. September 1941: »Voll Angst blicken Amerikaner und Engländer nach dem Mittleren Osten als dem [für sie, K. L.] Schlüsselgebiet des Krieges, zittern aber auch um das Schicksal der englischen Insel. Man glaubt fest, daß der nächste deutsche Stoß sich gegen das Mittelmeergebiet und die Brücke nach dem Indischen Ozean richten wird, lenkt die Zufuhr dorthin und beschränkt dafür den Nachschub für England.« Und am 27. Oktober 1941: Die englischen und amerikanischen Generalstäbe und deren Regierungen seien »zu der Überzeugung gekommen, daß im Mittleren Osten die Entscheidungen des Krieges fallen werden. Die Blicke richten sich nach dem Kaukasus und nach Nordafrika. […] Man fürchtet vor allem [einen] gleichzeitigen Angriff der Achse durch den Kaukasus und aus Libyen.«[364]

Im Gegensatz zu Hitler maßen die Alliierten dieser Region also größte Bedeutung zu. So stand in einem Memorandum Präsident Dwight D. Eisenhowers für General George C. Marshall vom 25. März 1942: »Der Verlust des Nahen Ostens oder Englands würde den Achsenmächten wahrscheinlich ein größeres produktives Potential geben als uns. Folglich sind die unmittelbar wichtigen Aufgaben, abgesehen vom Schutz des amerikanischen Kontinents, die Sicherheit Englands, der Verbleib Russlands im Krieg als aktiver Verbündeter und die Verteidigung des Nahen Ostens. In diesem Zusammenhang verhindert die Verteidigung des Nahen Ostens nicht nur das Zusammentreffen unserer beiden mächtigsten Feinde, sondern unterstützt auch die linke Flanke der russischen Armeen und hält eine wichtige Nachschublinie für die nach Russland fließenden Leihgüter offen.« Drei Tage später notierte Eisenhower: »Wir müssen diese Region retten oder wir laufen Gefahr, den Krieg zu verlieren!«

Eisenhower äußerte in einem Memorandum für den Secretary of War Henry L. Stimson vom 12. April 1942: »Die Bedeutung Indiens und des Nahen Ostens (das Gebiet zwischen dem Roten Meer und Indien) für einen eventuellen Sieg der Alliierten kann kaum überbetont werden. Der Verlust dieser Region würde es unseren beiden Hauptfeinden ermöglichen, sich zusammenzuschließen, mit dem Ergebnis, dass ihre wirtschaftliche, industrielle und militärische Position nahezu unangreifbar wäre. […] Der Verlust der Erdölvorkommen am Persischen Golf würde den alliierten Mächten

362 Vgl. Diner, Krieg, S. 145 ff.

363 Vgl. Telegramm War Office an die Chiefs in Staff India and Middle East vom 17. 9. 1941, in: NAK, WO 193, Nr. 656.

364 Zit. nach: Tillmann, Araberpolitik, S. 270 f.

die Durchführung von See- und Luftoperationen in dem gesamten großen Gebiet zwischen Madagaskar und Australien unmöglich machen.«[365]

Am 17. April 1942 diskutierte das britische Verteidigungskomitee einen Bericht der Stabschefs über die Möglichkeiten, dem Dritten Reich den Weg zu den Ölquellen im Nahen Osten zu versperren. Dabei kreiste die Debatte um eine prophylaktische Zerstörung Abadans. Allerdings war klar, dass man angesichts der entscheidenden Bedeutung dieser Felder für die gesamte britische Position im Indischen Ozean und im Nahen Osten nicht voreilig handeln durfte.[366] Der britische Verteidigungsausschuss für den Nahen Osten erhielt die Verantwortung für das strategische Vorgehen, eine vorzeitige Zerstörung war jedoch um jeden Preis zu vermeiden. Bezüglich einer deutschen Einnahme Abadans hielt man drei Szenarien für möglich: einen militärischen Vorstoß der Wehrmacht durch Iran und Irak, alternativ durch den Kaukasus und Nordpersien oder bedingt durch den eigenen Kontrollverlust über die Seeverbindungen im Indischen Ozean und im Persischen Golf. Eine Inbesitznahme von Abadan, so die Einschätzung, wäre für die feindlichen Operationen nicht von wesentlicher Bedeutung, da die Versorgung vermutlich aus einer der Quellen auf der Route sichergestellt werden könnte. Für die Fortsetzung der britischen Kriegsanstrengungen im Mittleren und Fernen Osten hingegen sei Abadan absolut unerlässlich. Da deutsche Angriffe auf Abadan wahrscheinlich seien, bliebe der Schutz des Gebiets oberstes Ziel. Der Beschluss, die Raffinerie von Abadan zu zerstören, sollte nur gefasst werden, wenn der Feind sich Abadan wirklich näherte.[367]

Irak und Iran

Der Generalmajor Oskar Ritter von Niedermayer[368] hielt bereits Anfang November 1939 in einer Denkschrift über »Politik und Kriegführung im Vorderen Orient« fest, dass ein Angriff auf die britische Stellung im Vorderen Orient, also eine vom Kaukasus über die Osttürkei gegen die Linie Aleppo–Bagdad gerichtete Offensive, strategisch bedeutsam sei. Das Gebiet von Mossul erschien ihm trotz der bis dorthin zu überwindenden großen natürlichen Hindernisse geeignet, weil man sich von dort aus nach Südosten wenden könne, einen Zugang zur arabischen Welt hätte und sich rasch den Ölfeldern nähern könnte. Mit dem Gebiet von Mossul in deutschen Händen würde man die gesamte englisch-französische Stellung im Orient bedrohen können.[369]

365 Vgl. Hoffmann, The gulf region, S. 68 (Zitat ebd.) [Eigene Übersetzung].

366 Vgl. Defence Committee, Extract of the 11th Meeting held on 17th April, 1942, in: NAK, WO 193, Nr. 621.

367 Vgl. Telegramm Air Ministry an Middle East Command vom 13. 7. 1942, in: ebd.; Telegramm War Office an den Commander in Chief, Middle East, vom 15. 8. 1942, in: ebd.

368 Zu von Niedermayer vgl.: Seidt, Berlin; Reichherzer, Alles ist Front, S. 255 ff.

369 Vgl. Memorandum von Niedermayer »Politik und Kriegführung im Vorderen Orient. Eine wehrpolitisch-strategische Studie«, vom 3. 11. 1939, in: PA AA, RZ 211, Nr. 261179, Bl. 3-14, hier Bl. 6.

Nationalistische Führer im Irak nahmen 1940 Kontakt zum deutschen Botschafter in Ankara, Franz von Papen, auf. Sie wollten den pro-britischen Ministerpräsidenten Nuri Said loswerden und wieder Beziehungen zu Deutschland aufnehmen, vorausgesetzt, die Deutschen unterstützten ihre Unabhängigkeitsbestrebungen. Der Mufti von Jerusalem und der antibritische Ministerpräsident Raschid Ali el-Gailani erklärten sich bereit, die Briten zu bekämpfen und den Achsenmächten bei der Ausbeutung der Erdölvorkommen eine Vorrangstellung einzuräumen, sofern Deutschland ihre Unabhängigkeit anerkenne. Die deutsche Regierung gab im Oktober 1940 aber lediglich eine Sympathieerklärung ab, und Anfang 1941 erklärte Unterstaatssekretär Ernst Woermann dem irakischen Unterhändler, Deutschland habe kein Interesse an einer Besetzung Iraks, man wolle die Nationalisten aber mit Geld und Waffen unterstützen. Entgegen zahlreicher Warnungen drängte Ribbentrop, und ebenso die Abwehr um Admiral Canaris, im März 1941 darauf, dass die nationalistischen Kräfte im Irak losschlagen sollten. In einem geheimen Schreiben an den Großmufti vom 11. März 1941 versicherte Staatssekretär Ernst von Weizsäcker, Deutschland werde die Unabhängigkeit der arabischen Staaten anerkennen.

Am 1./2. April 1941 begann ein Militärputsch in Bagdad – in der Erwartung, dass zeitnah Truppen der Achsenmächte von Norden oder Westen im Land einmarschieren würden. Gailani suchte noch keinen militärischen Konflikt mit den Briten, da ihm bewusst war, dass er sie ohne Unterstützung der Achse nicht herausfordern konnte. Am 18. April gingen die ersten britischen Truppen in Basra an Land, am 29. April forderte Gailani abermals Waffen und Munition sowie die Bombardierung britischer Stützpunkte durch deutsche Flugzeuge. Am 2. Mai begannen die britischen Truppen mit Angriffen auf den Irak. Für Deutschland kam der Konflikt zu früh, die anstehende Operation »Barbarossa« überlagerte alles. Erst nach einem siegreichen Ende war an eine Intervention im Orient zu denken, immerhin lieferte man Militärgerät: Waffen und Munition der französischen Levante-Armee wurden aus Syrien in den Irak gebracht. Die deutsche Luftwaffe griff auch am 16. Mai den britischen Luftwaffenstützpunkt Habbanija an, doch der Angriff blieb schwach. Noch am selben Tag bombardierte die RAF die Flugplätze in Syrien, die von den Deutschen zur Zwischenlandung genutzt wurden.

Die Deutsche Militärmission zur Beratung und Ausbildung der irakischen Armee war General Hellmuth Felmy unterstellt. Aber der kleine »Sonderstab F« kam viel zu spät. Am 14. Mai trafen eine Militärmission und zwei Flugzeugstaffeln zu je zwölf Maschinen in Mossul ein, die den britischen Vormarsch gen Bagdad jedoch nicht aufhalten konnten. Binnen kürzester Zeit wurden fast alle Flugzeuge von der RAF abgeschossen oder beim Angriff auf den Flughafen Mossul getroffen. Als am 29. Mai britische Vorauskommandos Bagdad erreichten, flohen die führenden Putschisten nach Teheran, von wo aus sie über Rom nach Berlin reisten. Einen Tag später nahmen die Briten Bagdad ein; Felmy war erst am 1. Juni in Aleppo. Ende Mai brach der irakische Aufstand zusammen, und die Briten besetzten auch Syrien. Am 31. Mai 1941 unterzeichnete Großbritannien mit dem neuen pro-britischen Regenten Jamil al-Midfai einen gesichtswahrenden Waffenstillstand, der es der irakischen Armee erlaubte, ihre Waffen zu behalten. Britische Pläne zur Zerstörung der Ölanlagen im Falle eines deutschen Einmarsches existierten weiterhin, noch im Juni 1941 wurden 200 britische Armeetechniker in den Irak geschickt, und in der zweiten Hälfte 1941 zogen die Briten einen Großteil des Bohrgeräts ab. Irakische Spezialisten, die für die IPC arbeiteten, sollten im Ernstfall gefangengenommen werden.[370]

Die politische Abhängigkeit des Irak wurde durch die wirtschaftliche Vorherrschaft Englands nachdrücklich verstärkt. Im Land arbeiteten drei private Ölgesellschaften, die IPC in Mossul, die British Oil Development Company in Kirkuk und die kleine Khanakin Co. in Chanaqin. Die Fördermengen waren allerdings – besonders im Vergleich zu Iran – gering, so dass die strategische Bedeutung des Zweistromlandes die ökonomische überwog. Der politische Einfluss der Vereinigten Staaten im Mittelostraum wurde durch das wirtschaftliche Engagement vorbereitet: Eine US-amerikanische Gesellschaft war mit 23,75 Prozent an der IPC beteiligt; auch in Saudi-Arabien förderten die Amerikaner. England war mit 28,75 Prozent in zwei Firmen in der IPC im Geschäft, Frankreich und die Niederlande mit jeweils 23,75 Prozent. Die British Oil Development Company und die Khanakin Oil Co. waren britisch, erstere mit deutscher und italienischer Minderheitenbeteiligung. Durch den Kriegsverlauf erlangten England und die Vereinigten Staaten vollends die Kontrolle über das irakische Öl.[371]

Die Deutschen hatten eigene Pläne: Für eine erste Besetzung der Ölfelder des Mittleren Ostens standen zwei Ölkommissionen bereit. Die erste, ein Luftwaffenkommando, stand unter dem Befehl von Axel von Blomberg, der gleichzeitig Prokurist der Ost Öl GmbH war. Er wurde über Bagdad abgeschossen und kam dabei zu Tode. Die Gruppe besetzte, unterstützt durch irakische Rebellen, einen Monat lang die Kirkuk-Ölfelder. Sie bestand aus Chemikern und Ingenieuren und hatte Vorräte an Äthyl-Flüssigkeit sowie bewegliche Ausrüstung zur Veredelung von Autobenzin für die Luftwaffe dabei. Anfang Mai 1941 waren britische Panzer auf dem Vormarsch auf den Flugplatz von Sine de Han. Die Deutschen flohen mit einem Transportflugzeug nach Syrien sowie Rhodos. Dort trafen sie auf das zweite Kommando, das Erdölkommando, das vor einer Woche angekommen war und noch auf den Einsatzbefehl wartete. Das war das Äußerste, was die Deutschen bei dem Versuch erreichten, sich die Ölfelder des Nahen Ostens zu sichern. Für Hitler waren 1941 andere Dinge entscheidender. Die Flanke gegen die Sowjetunion musste gesichert werden, und das Objekt der Begierde war der Kaukasus. Der Nahe Osten

370 Vgl. Knigge, Kriegsziel, S. 19 ff., 26, 28 f., 33, 36 f., 39 ff., 45 ff. und 75; Petke, Muslime, S. 110 ff.; Häusler, Arbeiten, S. 48; Weisung Nr. 30: Mittlerer Orient vom 23. 5. 1941, in: Hubatsch (Hg.), Hitlers Weisungen, S. 139-142. Im Mai/Juni 1941 kursierten Memoranden aus dem Mineralölarchiv der Konti zur historischen Legitimierung deutscher Ansprüche. Vgl. Wer erschloß das Mossul-Öl? (Aus den Akten des Brennstoffkommandos Arabien) vom 5. 5. 1941, in: BAB, R 176, Nr. 250; Der deutsche Anteil an der Erschließung des Mossulöls vom 17. 5. 1941, in: ebd.; AN Betr.: Erdölfelder des Irak, Abschrift Sekretariat Rasch vom 15. 6. 1942, in: ebd.

371 Vgl. Schröder, Irak, S. 22 f.

hatte keine Priorität; er würde bei einem Sieg über die Sowjetunion ganz folgerichtig in deutsche Hände fallen.[372]

Entsprechende Eroberungspläne der Wehrmacht gab es trotzdem, darin hieß es zusammenfassend: »Ziel der Operation ist, das kaukasische Ölgebiet in die Hand zu nehmen und bis September 1942 die iranisch-irakischen Grenzübergänge zum weiteren Vorgehen auf Bagdad zu gewinnen.«[373] Hauptmann Willi Jäger von der Ost Öl GmbH interessierte sich auffallend für das irakische Erdöl und sandte Ende Januar 1942 einen Bericht über die Mosul Oil Fields Ltd. an Fischer. Darin ging es um die Vorgänge bei der Gründung der British Oil Development Company bzw. der Mosul Oil Fields Ltd., die Entwicklung dieser Gesellschaften im Irak sowie die Mitwirkung der deutschen Beteiligten. Fischer gedachte das Material offensichtlich zur Abwehr italienischer Ansprüche auf ein später vielleicht einmal in deutschem Interessengebiet liegendes irakisches Ölgebiet zu nutzen.[374]

Auch Krauch dachte Anfang 1942 weit über den Kaukasus hinaus: Für ihn bildeten die Erdölfelder von Kirkuk im Irak ein weit ergiebigeres Ziel. Nur wenig später steckte man im AA die zwischen Krauch und Göring besprochene Eroberungsstrategie genauer ab: »Das Ziel unseres Vormarsches im arabischen Raum wird neben der Besetzung der Länder Irak, Syrien und Palästina der Suez-Kanal und der Persische Golf sein. [...] Vorbereitet werden muß die Übernahme der Erdölanlagen in den verschiedenen Gebieten Arabiens und Irans.«[375]

Damit rückte das »Hochziel« der Konti, wie es ein Jahr zuvor auf der Gründungssitzung apostrophiert worden war, in den Fokus: das Erdölimperium der Royal Dutch Shell am Persischen Golf. Der Zugriff sollte über den Kaukasus erfolgen. Während der Sommeroffensive der Wehrmacht wurde die von Krauch vorgezeichnete Linie wieder deutlich, als etwa am 10. Juni 1942 die Teilnehmer der »Öl-Sitzung« bei Göring so taten, als befänden sich die irakischen Erdölquellen bereits in ihrer Gewalt.[376]

In einem seiner Monologe ging Hitler Anfang August 1942, nachdem er über den nordafrikanischen Kriegsschauplatz räsoniert hatte, ebenfalls auf das irakische Erdöl

372 Vgl. Der deutsche Krieg um Erdöl in Europa 1933-1945. Geschichtliche Enthüllungen von A. E. Gunther (Kapitel X – West-Europa: Frankreich und die Niederlande. [Petroleum Times vom 13. 3. 1948, S. 266-271]), S. 9 f., in: BGR, Nr. 0073874. Zur zweifelhaften Unterstützung durch die Deutschen vgl. Mejcher, Nahe Osten, S. 21 ff.

373 Besprechung bei OQu I am 24. Oktober 1941, in: Schramm (Hg.), Kriegstagebuch, Bd. 2, Dok. Nr. 105, S. 1072 f., hier S. 1072.

374 Vgl. Schreiben Jäger an Fischer vom 23. 1. 1942, S. 3, in: BA-MA, RW 19, Nr. 7066; Schreiben Ost Öl GmbH, Jäger, an OKW/Abteilung Ro V, Griebel, vom 23. 1. 1942, in: ebd.; Kockel, Geologie und deutsche Ölpolitik, S. 451 ff. Jäger hatte als Kaufmännischer Direktor der Ferrostaal AG Zugriff auf die gesamten Unterlagen der Firma, die gemeinsam mit Haniel & Lueg für die Mosul Oil Fields Ltd. Material und Personal gestellt hatte.

375 Memorandum von Fritz Grobba »Vordringen Deutschlands über den Kaukasus nach dem arabischen Raum« vom 5. 2. 1942, in: PA AA, RZ 211, Nr. R 261123, Bl. 168-185, hier Bl. 177.

376 Vgl. Eichholtz, Geschichte, Bd. 2, S. 408.

ein: »Wir müssen unter allen Umständen in die mesopotamische Tiefebene herunter und den Engländern in Mossul das Öl wegnehmen. Dann hört der ganze Krieg auf. Die Engländer haben jetzt nur noch Haifa als Auftankmöglichkeit.«[377] Mit dem deutsch-sowjetischen Nichtangriffspakt sowie der Eröffnung des Kriegs in Europa fiel Deutschland für den Iran als dritte, neutrale Macht neben Großbritannien und der Sowjetunion aus; nun war auch die Hoffnung des Schahs hinfällig geworden, mit deutscher Unterstützung die politische und militärische Position Irans gegenüber der Sowjetunion stärken zu können.

Da im Falle einer Kapitulation Moskaus, die im August 1941 von fast allen Militärs innerhalb weniger Wochen erwartet wurde, die Gefahr eines deutschen Vorstoßes zum Persischen Golf und nach Indien sowie über Syrien zum Suezkanal drohte, war es für Großbritannien wichtig, die Sowjetunion so lange wie möglich als Gegner Deutschlands zu erhalten. Weil die hierfür notwendige Unterstützung mit Waffen und Rüstungsgütern am besten über den Iran organisiert werden konnte, einigten sich London und Moskau auf die Besetzung des Landes, dessen militärisches Potenzial zu Recht als schwach eingeschätzt wurde. Mit dem Argument, eine deutsche »fünfte Kolonne« bedrohe die Sicherheit der Ölanlagen von Baku und Abadan, erfolgte die völkerrechtswidrige Besetzung Irans am 25. August 1941, der bald darauf die Abdankungen des amtierenden Premierministers und des Schahs folgten.

Zu diesem Zeitpunkt stand allerdings schon fest, dass ein deutscher Vorstoß zum Kaukasus im Jahre 1941 nicht mehr zu erwarten stand. Nachdem Hitler im Juli den Schwerpunkt der Kriegführung im Osten von Moskau auf die Industriegebiete im Donezbecken und die Ölfelder des Kaukasus verlegt hatte, um die Treibstoffversorgung der Wehrmacht zu sichern, waren im OKH Pläne erstellt worden, die für November 1941 die Besetzung der Kaukasusölgebiete und bis September 1942 die Eroberung der iranischen Städte Täbris und Kermanschah sowie der iranisch-irakischen Grenzpässe vorsahen. Dieser Optimismus sollte sich jedoch bald schon als verfehlt herausstellen.[378]

Das AA teilte Hitler Anfang September 1942 im »Zusammenhang mit der Möglichkeit eines späteren Übergreifens unserer militärischen Operationen in den persisch-arabischen Raum« mit, dass die iranische Regierung, wie schon ihre Vorgängerin, von den Alliierten abhängig sei. Das persische Volk hingegen stehe mit seinen Sympathien auf deutscher Seite. Deutsche Truppen im Iran würden von Teilen der früheren iranischen Armee und nationalen Elementen unterstützt werden. Eine noch günstigere Situation ergäbe sich bei einem Vorstoß in den Irak, da die dortige Bevölkerung englandfeindlich eingestellt sei.

Der sich aus dieser Einschätzung ergebende und wahrscheinlich von Reichsaußenminister Ribbentrop persönlich stammende Vorschlag war, einen Aufstand gegen die Engländer zu provozieren, sobald Ägypten in deutscher Hand sei; entsprechende Aufrufe würden dazu beitragen, auch in Palästina, Transjordanien und Syrien die engli-

377 Vgl. Eintrag vom 5.8.1942, in: Hitler, Monologe, S. 329.
378 Vgl. Schneider, Iranpolitik, S. 63 und 180.

sche Position unhaltbar zu machen. Ein Hemmnis bilde jedoch das Misstrauen gegenüber den Italienern. Abadan als Hauptsitz der Anglo-Iranian Oil Company müsse beim Iran bleiben und nicht an den Irak und damit in den arabischen Raum fallen, so könne man die Aufteilung der Erdölvorkommen zwischen Deutschland und Italien vermeiden.[379]

Die »Kaukasus-Zange«

Die deutsche Erdölstrategie sollte sich immer klarer als eine Doppelstrategie erweisen: Sie fokussierte sich auf die Erdölfelder des Kaukasus und auf die Verdrängung Großbritanniens aus seiner dominierenden Stellung im Nahen Osten. Die Strategie der »Kaukasus-Zange« sah Vorstöße über den Kaukasus und Nordafrika vor und sollte im Nahen Osten geschlossen werden. Diese Strategie sowie ihre Verzahnung mit den Kriegszielen in der Sowjetunion und im Nahen Osten beschäftigten damals alle deutschen Eliten. Außer Göring, der VJP-Organisation, der Konti, weiterer Konzerne und Banken waren 1941/42 die militärische Führung, das AA, das RWiM und die Abwehr mit dem Kaukasus und dem Nahen Osten befasst.[380]

Diese Stoßrichtung ließ sich bereits an der Weisung Nr. 32 vom 11. Juni 1941 ablesen, in der die militärstrategische Zielsetzung »für die Zeit nach Barbarossa« festgelegt wurde: »Fortsetzung des Kampfes gegen die britische Position im Mittelmeer und in Vorderasien durch konzentrischen Angriff, der aus Libyen durch Ägypten, aus Bulgarien durch die Türkei und unter Umständen auch aus Transkaukasien heraus durch den Iran vorgesehen ist.«[381]

Rommel stellte in seiner Rückschau auf den Nordafrika-Feldzug von 1944 fest, dass man bei der Überführung einiger Luftwaffen-, Panzer- und motorisierten Verbände sowie der Einnahme Maltas die britische Feldarmee hätte schlagen und vernichten können, wodurch der Weg über den Suezkanal frei gewesen wäre: »Dann wäre es möglich gewesen, in den persischen und irakischen Raum mit dem Ziel vorzustoßen, die Russen von Basra abzuschneiden, die Ölfelder in Besitz zu nehmen und uns eine Angriffsbasis gegen den Süden des russischen Reiches zu schaffen. […] Als letztes strategisches Ziel hätte man einen Angriff gegen die Südfront des Kaukasus einleiten müssen, um Baku samt Ölfeldern zu nehmen. Damit hätte man die Russen in ihrem Lebensnerv getroffen.«[382]

Generaloberst Halder konstatierte bereits Anfang Juli 1941, dass im weiteren Verlauf des Ostfeldzugs die Kriegführung gegen England wieder in den Vordergrund treten

379 Vgl. Aufzeichnung ohne Unterschrift (vermutlich Ribbentrop) vom 7.9.1942, in: ADAP, Serie E, Bd. 3, Dok. 273, S. 462-464, hier S. 462 f. (Zitat S. 462). Zu den Sympathien für das Dritte Reich im Nahen und Mittleren Osten vgl. auch: Mallmann/Cüppers, Halbmond, S. 41 ff.

380 Vgl. Eichholtz, Neuordnung, S. 24 f.

381 Weisung Nr. 32: Vorbereitungen für die Zeit nach Barbarossa, vom 11.6.1941, in: Hubatsch (Hg.), Hitlers Weisungen, S. 151-156, hier S. 152.

382 Zit. nach: Reuth, Entscheidung, S. 135.

müsste: So sollte eine Offensive gegen die Landbrücke zwischen Nil und Euphrat vorbereitet werden, eventuell auch aus dem Kaukasus gegen Iran.[383] Die Briten nahmen zu diesem Zeitpunkt die potenzielle Bedrohung ihrer Stellungen in diesem Gebiet durchaus ernst. Sollten die Deutschen in den folgenden zwei Monaten den Kaukasus erreichen und beschließen, entweder Syrien oder den Irak anzugreifen, würde die eigene Situation prekär. Ohne weitere gepanzerte Kräfte könne man nur versuchen, Ägypten, Palästina, das Basra-Gebiet und die iranischen Ölfelder zu verteidigen.[384]

Aufgrund des Verlaufs des Ostfeldzugs, der schwierigen Nachschublage in Afrika und der noch unklaren Haltung der Türkei hielt die Wehrmachtführung Ende Oktober 1941 von allen möglichen Operationsrichtungen für einen Angriff auf Vorderasien den Weg über den Kaukasus für den naheliegendsten. Die Operationsziele bestanden deshalb in der Eroberung des kaukasischen Ölgebiets bis Herbst 1942 mit anschließender Öffnung der iranisch-irakischen Grenzübergänge zum weiteren Vorrücken auf Mossul, Bagdad und Basra. Größere Verbände im Irak einsetzen wollte man aus klimatischen Gründen nicht vor Herbst.[385]

Nach Ansicht des Oberbefehlshabers des Heeres, Generalfeldmarschall Walther von Brauchitsch, hatte das Schwergewicht der deutschen Kriegführung bei den Angriffsgruppen Anatolien und Kaukasus zu liegen. Allerdings stünden seiner Einschätzung zufolge die für den Angriff aus der Türkei mit Richtung Irak–Persischer Golf erforderlichen Kräfte erst im Frühjahr 1942 zur Verfügung. Spätestens wenn sich die deutsche Ostoperation dem Asowschen Meer nähere, sei damit zu rechnen, dass die Engländer versuchen würden, den Kaukasus zu besetzen und zu sperren. Solche Absichten zeichneten sich bereits durch einen beginnenden Aufmarsch an der Nord- und Ostgrenze des Irak ab. Auch die Unterstellung der britischen Truppen im Irak unter den Oberbefehlshaber Indien wertete von Brauchitsch als Zeichen dafür, dass sich die Briten mit dem Iran beschäftigten.[386]

Im Führerhauptquartier schätzte man die Lage trotz der bei Smolensk ins Stocken geratenen deutschen Offensive optimistisch ein: Das Erreichen von Rostow sei noch im Oktober möglich, danach eventuell ein weiterer Raumgewinn bis zum nördlichen Kaukasus. Ein Unternehmen zum Persischen Golf nach der Eroberung des Kaukasus würde das Jahr 1942 über dauern, ebenso ein Vorstoß über Syrien in Richtung Ägypten. Beide seien allerdings aufgrund der starken Stellung der Engländer in Ägypten und der Zufuhrmöglichkeiten über Basra hoch riskant. Eventuell solle man beide Unternehmen verwerfen und sich darauf beschränken, die eigene Position in Nordafrika

383 Vgl. Eintrag vom 3.7.1941, in: Generaloberst Halder, Kriegstagebuch, Bd. III, S. 38 f. (Zitat S. 38).

384 Vgl. Telegram Chief in Command, Middle East, to War Office vom 7.7.1941, in: NAK, WO 193, Nr. 656.

385 Vgl. Besprechung bei OQu I am 24. Oktober 1941, in: Schramm (Hg.), Kriegstagebuch, Bd. 2, Dok. 105, S. 1072 f., hier S. 1072.

386 Vgl. Schreiben Oberbefehlshaber des Heeres, von Brauchitsch, an den WFSt, Abteilung L, vom 24.7.1941, zit. nach: Reuth, Entscheidung, Anhang, Dok. 3, S. 219-222, hier S. 221.

zu halten.[387] Halder hingegen kritisierte das aus seiner Sicht völlig unrealistische Bild der Kriegslage der Seekriegsleitung: Die Leute würden in Kontinenten träumen und glauben, dass es nur vom guten Willen des Heeres abhinge, ob und wann man über den Kaukasus an den Persischen Golf oder aus der Cyrenaika über Ägypten bis zum Suezkanal durchstoßen könne.[388]

Deutsche Pläne

Schon wenige Wochen nach Aufnahme seiner Tätigkeit als deutscher Botschafter in Ankara am 20. April 1939 legte Franz von Papen in einer Denkschrift dar, dass man England in einem zukünftigen Krieg »an seinem vitalsten Punkte, in Indien«, treffen müsse, deshalb müssten »die Achsenmächte die Landbrücke nach Indien (Syrien – Palästina – Zugang zu Mossul) besitzen«. Die arabische Welt war somit für von Papen vor allem von Bedeutung, weil ein Sieg der Achsenmächte die Vertreibung der Briten vom Suezkanal, von der palästinensisch-transjordanischen Landbrücke, vom Persischen Golf und schließlich aus Indien bedingte. Nach seiner Ansicht gehörten der Irak und der Persische Golf in den Bereich deutscher Herrschaftsinteressen, aber der gesamte arabische Osten galt ihm als strategisches Vorfeld. Für ihn waren die irakischen Ölquellen eines der wichtigsten Ziele der deutschen Expansionspolitik.[389]

Von Papen versuchte, die Türkei auf die Seite der Achse zu ziehen, und gedachte ihr die Rolle eines politischen und kulturellen Ordnungsfaktors im Nahen und Mittleren Osten zu – unter deutscher Vorherrschaft. Im Falle einer Zerschlagung der Sowjetunion sollte die türkische Einflusssphäre auf die Kaukasusregion und nach Zentralasien ausgedehnt werden. In beiden Fällen aber sollte das zur Weltherrschaft aufgestiegene Deutschland die Rolle einer Vormacht einnehmen, die im Hintergrund ihre vitalen strategischen Interessen im Nahen und Mittleren Osten durchsetzte. Dazu zählten der Zugriff auf die Erdölquellen der Kaukasusregion und des Irak sowie auf die strategisch wichtigen Hafenstädte am Persischen Golf.

387 Vgl. Bericht über die militärische Lage am 6. September 1941, zit. nach: Herbst 1941, S. 6 f.

388 Vgl. Eintrag vom 12. 6. 1942, in: Generaloberst Halder, Kriegstagebuch, Bd. III, S. 455. Als Rommels Truppen Ende Juni 1942 El Alamein – 100 km vor Alexandria – erreichten, schien das ägyptische Öl in greifbare Nähe gerückt. Dazu GBChem Krauch: »Im Hinblick auf die Entwicklung der Kampfhandlungen in Afrika glaube ich, dass eine gesonderte Zusammenfassung der Erdölverhältnisse in Ägypten in diesem Augenblick von besonderem Interesse ist.« Schreiben GBChem an Schieber, RMfBuM vom 2. 7. 1942, in: BAB, R 3112, Nr. 42. Siehe dazu auch die Arbeiten aus dem Mineralöl-Archiv der Konti: Mineralölvorkommen, -förderung und -verarbeitung sowie Mineralöleinfuhr Ägyptens vom 3. 7. 1942, in: BGR, Nr. 0048993; Die Mineralölwirtschaft Ägyptens, vom Juli 1942 (15. 7. 1942), in: BA-MA, RW 19, Nr. 4508 sowie der RKG: Ägypten und Sudan. Die wirtschaftliche Lage Mitte 1942 der Volkswirtschaftlichen Abteilung der RKG von Anfang September 1942, in: BGR, Nr. 0063324.

389 Vgl. Roth, Papen, S. 150 (Zitat ebd.).

Diese Option tauchte erneut im Mai/Juni 1941 am Horizont auf, als sich der Irak und die französische Levante-Armee den britischen Expeditionskorps widersetzten. Die strategische Konstellation war ausgesprochen günstig, denn die USA waren noch nicht in den Krieg eingetreten, die britischen Verbände im Nahen und Mittleren Osten noch ziemlich schwach, und die Wehrmacht hatte gerade die militärische Kontrolle über die mittlere Mittelmeerregion gewonnen. Jedoch ließen die Deutschen auch diese Chance vorüberziehen, weil sie inzwischen fast ihr gesamtes militärisches Potenzial auf den Angriff gegen die Sowjetunion konzentriert hatten. Im Spätsommer 1942 waren die deutschen Aussichten auf einen Sieg nicht mehr so eindeutig. Selbst wenn die Sowjetunion zu diesem Zeitpunkt kapituliert und das »deutsche Orientkorps« den Kaukasus überschritten hätte, wäre es sofort auf eine massiv verstärkte angloamerikanische Militärmacht gestoßen, und es ist fraglich, ob seine Präsenz in Transkaukasien und im Norden des Iran das deutsche Afrikakorps hätte entlasten und Rommel die Eroberung des Suezkanals ermöglichen können.[390]

Für zwei der führenden deutschen Experten im Ölgeschäft – Bentz und Fischer – versprach der Krieg gegen Großbritannien über kurz oder lang eine endgültige Lösung des Ölversorgungsproblems, und zwar in Form einer Übernahme der britischen Positionen im Nahen Osten. Bentz formulierte seine Gedanken in einer Denkschrift vom 24. Juli 1940 zur »Sicherstellung des europäischen Erdölbedarfs«.[391] Fischer folgte im September 1940 mit einem Memorandum über »Die Versorgung Europas mit Mineralöl vor dem Kriege, Ermittlung des Nachkriegsverbrauchs und Sicherung der Belieferung«.[392] Obwohl Bentz noch nicht davon ausging, dass das deutsche Kapital sich in den größten Ölgesellschaften Rumäniens würde etablieren können, während Fischer Rumänien bereits als Versorgungsreservoir ansah, zogen beide im Wesentlichen die gleichen Schlüsse aus der Lage: Eine Selbstversorgung Europas war ohne das Öl und die Reserven des Nahen Ostens gänzlich unmöglich, so Bentz, eine Sicherstellung der Erdölreserven des Vorderen Orients absolut notwendig. Für die Kontrolle der dortigen Erdölindustrie hielt er eine kapitalmäßige Beherrschung der über die Schlüsselstellung verfügenden Weltkonzerne Royal Dutch-Shell im Irak und der Anglo-Iranian Oil Company im Iran für unbedingt erforderlich.[393] Für die Ölfelder gab es laut Grobba zwei Möglichkeiten: Entweder man wartete den Friedensvertrag mit England und Frankreich ab und ließ sich darin die Anteile der beiden Staaten übertragen oder vereinbarte im Vorhinein mit dem Irak eine Übergabe der Konzessionen der Irak Petrol und der Mossul Oil.[394]

390 Vgl. ders., Vorposten, S. 123 ff.

391 Vgl. Alfred Bentz, Sicherstellung des europäischen Erdölbedarfs, vom 24.7.1940, in: BGR, Nr. 0049459.

392 Vgl. Ernst Rudolf Fischer, Die Versorgung Europas mit Mineralöl vor dem Kriege, Ermittlung des Nachkriegsverbrauchs und Sicherung der Belieferung, 1940 vom September 1940, in: ebd., Nr. 0049457.

393 Vgl. Eichholtz, Ölpolitik, S. 327 f.

394 Vgl. AN Betrifft: Mossul-Öl von Weigelt vom 29.8.1940, in: BAB, R 8119-F, Nr. 8369, Bl. 51 f.

Im AA berücksichtigte man noch andere Faktoren: So ging der Leiter der Politischen Abteilung im AA, Unterstaatssekretär Ernst Woermann, im Juli 1940 davon aus, dass man in der Gestaltung des arabischen Raums dem Achsenpartner Italien den unbedingten Vortritt lassen müsse. Davon unberührt seien jedoch die wirtschaftlichen Interessen, »wobei zwei Fragen, nämlich die unserer Luftverbindungen und die des irakischen Petroleums im Vordergrund stehen«.[395]

Wie oben beschrieben, war von Anfang an in der in- und ausländischen Presse berichtet worden, die Konti strebe den Erwerb von Ölfeldern im Nahen Osten an. Das hatte Folgen: Im April 1941 konfrontierte der iranische Ministerpräsident Ahmad Matin-Daftari den deutschen Gesandten Erwin Ettel mit einer Meldung, der zufolge Deutschland eine Gesellschaft gegründet habe, die Öl aus Rumänien, dem Irak und dem Iran vertreiben solle. Der stellvertretende Leiter der Handelspolitischen Abteilung im AA, Carl Clodius, versicherte der Teheraner Gesandtschaft, es entspreche nicht der Wahrheit, dass die Konti nach dem Krieg beabsichtige, Mossuler und iranisches Öl zu vertreiben. Das mochte für Frühjahr 1941 zutreffen, für Februar 1942 aber schon nicht mehr. Nun wollte die Konti Ingenieure in den Irak schicken, sobald das Afrikakorps die britischen Verteidigungslinien in Nordafrika durchbrochen hatte.[396]

Grobba wies in seinem Memorandum »Die Bedeutung des Irak-Öls für die Kriegsführung im Vorderen Orient« darauf hin, dass ein Vormarsch der Achsenmächte auf dem Landweg gegen den Suezkanal in extremem Maß vom Treibstoffnachschub abhinge. Deshalb sei es erforderlich, die Quellen von Kirkuk, die Pipelines nach Tripolis (Syrien) und Haifa sowie die Raffinerien in Tripolis, Khanaqin und Haifa in Besitz zu nehmen. Militärische Operationen der Achsenmächte in diesem Raum müssten daher mit der Sicherung der Treibstoffgrundlage beginnen.[397] Rosenberg seinerseits prognostizierte, dass eine Präsenz der Deutschen in Mittelasien eine immense Rückenstärkung für Iran und Afghanistan bedeuten werde, und hoffte darauf, dass diese beiden Länder so zu einem aktiveren Vorgehen gegen Indien veranlasst werden könnten. Eine Bedrohung der Verbindungswege nach Indien gewänne dadurch eine reale Grundlage und würde britische Kräfte binden, die dann in Europa fehlten.[398]

Gegenüber dem japanischen Botschafter Oshima erklärte Hitler Anfang Januar 1942, dass er entschlossen sei, die Offensive in Richtung Kaukasus wieder aufzu-

395 Vgl. Aufzeichnung Leiter der Politischen Abteilung, Ernst Woermann, vom 21.7.1940, in: ADAP, Serie D, Bd. 10, Dok. 200, S. 215 f., hier S. 215 (Zitat ebd.).

396 Vgl. Toprani, Oil, S. 228; Telegramm Deutsche Gesandtschaft Teheran, Ettel, an AA vom 7.4.1941, in: PA AA, RZ 344, Nr. R 106169 (Zitat ebd.); Telegramm Clodius an Deutsche Gesandtschaft in Teheran vom 15.4.1941, in: ebd.

397 Vgl. Memorandum von Fritz Grobba »Die Bedeutung des Irak-Öls für die Kriegsführung im Vorderen Orient«, in: ebd., RZ 211, Nr. 261123, Bl. 270-274, hier Bl. 273 f. Zu Grobba und seinen Vorstellungen vgl. Schwanitz, Geist.

398 Vgl. Unsigniertes Memorandum (von Rosenberg) vom 2.4.1941, in: IMT, Bd. 26, Dok. 1017-PS, S. 547-554, hier S. 553.

nehmen, sobald das Wetter es zulasse. Diese Stoßrichtung sei die wichtigste, um an das Öl sowie an Iran und Irak heranzukommen. Stehe man erst einmal dort, könne man auch den Freiheitsbestrebungen in der arabischen Welt zum Durchbruch verhelfen.[399] Das vertrug sich gut mit der überwiegend deutschfreundlichen Stimmung im Irak, in Syrien und Jordanien, die Grobba ausgemacht haben wollte. Er glaubte, die vom Kaukasus über den Westteil des Iran nach dem arabischen Raum vorrückenden deutschen Truppen würden von der arabischen Bevölkerung begeistert begrüßt werden, und man könne vor Ort zahlreiche Freiwillige gewinnen.

Laut Grobba musste die Übernahme der Erdölanlagen inklusive der Transportwege und Raffinerien im arabischen Raum und im Iran vorbereitet werden. Ein Stab von Fachleuten unter Leitung eines Geologen von der in Hamburg ansässigen Vakuum Oil Company sollte dafür im Einvernehmen mit ihm und der Konti zusammengestellt und die erforderlichen Materialien, insbesondere die Bohrgeräte, bereitgestellt werden.[400]

Grobbas Berichte an das AA lieferten auch dem OKW und der Konti detaillierte wehrwirtschaftliche Aufschlüsse sowie Anhaltspunkte für gegebenenfalls zu stellende deutsche Ansprüche auf verlorene Rechte. Den Hintergrund für das akute Interesse am Öl des Nahen Ostens bildeten die Vorbereitungen auf die Waffenstillstandsverhandlungen mit dem besetzten Frankreich im Frühsommer 1940: Die französischen strategischen Positionen in Nordafrika sowie in Syrien und dem Libanon standen hier zur Disposition. Dabei revidierte man angesichts des Fiaskos der italienischen militärischen Aktionen in Albanien und Libyen die dem Verbündeten gegebenen Zusicherungen und agierte zusehends egoistischer. So wurde dem RWiM am 23. Januar 1942 ein Memorandum über die Mosul Oil Fields Ltd. bzw. die British Oil Development Company in der Hoffnung überreicht, dass »dieses Material bei der Abwehr der des Öfteren in die Erscheinung tretenden übertriebenen italienischen Ansprüche auf ein später vielleicht einmal in [deutschem] Interessengebiet liegendes irakisches Ölgebiet dienen« könnte.[401]

Die deutsche Kriegsmarine hielt diese Region für ebenso wichtig wie die Alliierten, das zeigt ein Eintrag im Kriegstagebuch des OKM vom 17. Februar 1942: »Die Erkenntnis des Fehlschlagens der russischen Karte, die Überwindung des eigenen Ölengpasses und das Zerreißen der Empirelinie durch das Mittelmeer nach Indien zugunsten der Herstellung einer deutsch/italienisch/japanischen Verbindungslinie

399 Vgl. Aufzeichnung über das Gespräch Hitlers mit Botschafter Oshima am 3. Januar 1942 im Beisein des Reichsaußenministers in der Wolfsschanze, in: ebd., Bd. 35, 423-D, S. 94-104, hier S. 96; Reuth, Entscheidung, S. 132.

400 Vgl. Memorandum von Grobba »Vordringen Deutschlands über den Kaukasus nach dem arabischen Raum« vom 5.2.1942, in: PA AA, RZ 211, Nr. 261123, Bl. 168-185, hier Bl. 170 f. und 177. Abgedruckt in: Schumann/Nestler (Hg.), Weltherrschaft, Dok. 132, S. 322 f.

401 Vgl. Mejcher, Politik, Bd. II, S. 54 f.; Schreiben Ost Öl GmbH, Jäger, an OKW/Ro V, Griebel, vom 23.1.1942 (im Anhang: Schreiben von Jäger an Fischer vom 23.1.1942), S. 3, in: BA-MA, RW 19, Nr. 7066 (Zitat ebd.).

unter dem stetigen unablässigen Druck des Zufuhrkrieges würden ausreichen, dem Endziele zum mindesten erheblich nahe zu kommen.«[402]

Krauch verglich die beiden Erdölgebiete Kaukasus und Vorderasien und kam zu dem Schluss, dass er die vorderasiatischen aufgrund der naturgegebenen Bedingungen eindeutig favorisiere. Dort strömte das Erdöl unter eigenem Gasdruck aus dem Boden, was auch die Wiederherstellung im Fall von Zerstörungen wesentlich erleichterte. Bei Öffnung aller Sonden rechnete er mit einer Förderung von 18 bis 20.000 Tonnen pro Jahr.[403]

Auch Bentz konstatierte z.B. für das Kirkukfeld eine 50-fache Leistung im Vergleich zu Maikop. Im Irak und ähnlich in Südpersien sei – anders als im Kaukasus – mit einem geringen Aufwand an Bohrgeräten eine sehr viel höhere Erdölproduktion in kürzester Frist zu erzielen. Allerdings sah Bentz große Schwierigkeiten beim Transport und bei der Verarbeitung des Erdöls. Da das Iraköl einen hohen Schwefelgehalt besaß, hätten spezielle Raffinerien in Haifa, Italien und Frankreich errichtet werden müssen. Der Transport zu diesen Raffinerien sei aber nur möglich, wenn eine große Tankerflotte zur Verfügung stünde und der Weg durch das Mittelmeer gesichert sei.[404]

Bei der hochrangig besetzten »Öl-Sitzung« am 10. Juli 1942 kalkulierte man die Eroberung der irakischen Ölfelder bereits als sicher ein, und im September 1942 machten sich die Deutschen Gedanken über die Aufteilung des irakischen Öls: Es sollte 50:50 mit den Italienern, die eigentlich den Vortritt im Irak hatten, geteilt werden. Am 7. Oktober 1942 empfing Hitler den Sekretär der faschistischen Partei Italiens, Aldo Vidussoni, und versicherte ihm, dass nach dem bevorstehenden Fall Stalingrads der entscheidende deutsche Vorstoß gegen die englischen Ölfelder im Iran und im Irak folgen werde.

Deutschland war auch am iranischen Öl interessiert. Ribbentrop sprach sich gegen die Forderung Gailanis aus, der zufolge der Irak bestimmte persische Gebiete am Schatt el Arab erhalten müsse, weil dann die Hälfte der dortigen Erdölvorkommen den Italienern zufallen würden, denen man besondere Vorrechte im »arabischen Raum« versprochen hatte.[405]

Speer berichtete von einer Besprechung Mitte August 1942 in Hitlers Hauptquartier in Winniza, zu der auch einige Industrielle den Reichsminister begleiteten. Angesichts des raschen deutschen Vormarschs auf Baku und Astrachan waren alle Beteiligten blendender Laune. Nach der Besprechung äußerte Hitler gegenüber Speer: »Seit langem habe ich alles vorbereiten lassen: als nächsten Schritt werden wir südlich des Kaukasus vorstoßen und dann den Aufständischen im Iran und Irak gegen

402 Vgl. Hoffmann, The gulf region, S. 69 (Zitat ebd.).

403 Vgl. Schreiben GBChem, Krauch, an Reichsmarschall Göring vom 27.1.1942, in: BGR, Nr. 0065936. Auch in: BAB, R 3112, Nr. 100.

404 Vgl. Schreiben Beauftragter für die Förderung der Erdölgewinnung, Bentz, an Reichsmarschall Göring vom 17.2.1942, S. 2f., in: BGR, Nr. 0065936.

405 Vgl. Knigge, Kriegsziel, S. 81f.

die Engländer helfen. Ein anderer Stoß wird am Kaspischen Meer entlang gegen Afghanistan und gegen Indien geführt. Dann geht den Engländern das Öl aus. In zwei Jahren sind wir an der Grenze Indiens. Zwanzig bis dreißig deutsche Elite-Divisionen genügen. Dann bricht auch das britische Weltreich zusammen.« Mit demselben Optimismus versicherte er am folgenden Tag den versammelten Industriellen: »Wenn wir im nächsten Jahr nur die gleiche Entfernung bewältigen, werden wir Ende 1943 unsere Zelte in Teheran, in Bagdad und am Persischen Golf aufschlagen. Die Ölquellen wären damit für die Engländer endgültig versiegt.«[406]

406 Eintrag vom 26. März 1947, in: Speer, Spandauer Tagebücher, S. 85 ff.

7 Auf dem Weg in die Nachkriegszeit

7.1 Die Endphase des Kriegs

Die Arbeit der Konti war 1944 durch den Kriegsverlauf wesentlich eingeschränkt: Seit Mitte des Jahres verloren die im Osten tätigen Tochtergesellschaften ihr Arbeitsgebiet, und zu den Beteiligungsgesellschaften im Südosten brachen alle Verbindungen ab. Der veränderten Situation wurde dadurch Rechnung getragen, dass die drei Tochtergesellschaften, die im Osten operiert hatten, am 15. Dezember 1944 durch Umwandlung auf die Konti als alleiniger Gesellschafterin übernommen wurden. Die zu erwartenden Vermögenseinbußen durch Verluste der Beteiligungen im Südostraum und sonstiger im Osten sowie Südosten verbliebener Vermögenswerte waren in der Bilanz durch Minderbewertungen bzw. Abwertung berücksichtigt worden. Im Zuge der Ereignisse des Jahres 1945 stellte die Gesellschaft ihre Geschäftstätigkeit schließlich ein, das Vermögen wurde gemäß Gesetz Nr. 52 der US-amerikanischen Militärregierung unter Kontrolle gestellt.[1]

Das Schwergewicht der Tätigkeit der Konti lag auch in diesem Jahr auf ihrer Funktion als Holdinggesellschaft und Konzernspitze. Daneben war sie, über Beteiligung an einigen Konsortien, in die Durchführung von Bohrungen in Südfrankreich und in die Lohnverarbeitung von Mineralölprodukten in Oberitalien involviert. Die Konsortialgeschäfte umfassten die Ein- und Ausfuhr von Mineralölen und brachten beachtliche Gewinne ein. Die Bohrtätigkeit in Saint-Gaudens forderte einen Einsatz von fast 4,5 Mio. RM und wurde mit der militärischen Aufgabe des Gebiets im Sommer 1944 eingestellt, ohne dass Ergebnisse erzielt worden waren. Für Lohnverarbeitung durch die AGIP stellte die Konti Mineralölprodukte für die Verarbeitungsfirmen zur Verfügung. Im Berichtsjahr erweiterte sie ihre Interessen durch die Gründung der Süddeutschen Bau GmbH und der Albanien Öl GmbH. Die Südbau sollte eine Raffinerie in Deggendorf errichten und betreiben, die Albanien Öl GmbH wurde zur Auswertung der albanischen Mineralölvorkommen gegründet. Die rumänischen Interessen gingen im Sommer 1944 verloren.

Die Erdölraffinerie Trzebinia GmbH führte 1944 einen Gewinn von über 1,5 Mio. RM an die Holding ab. Die Kontinentale Öl Transport AG nutzte ihren Gewinn von mehr als 2,7 Mio. RM zur Abschreibung von außerordentlichen Verlusten. Sie war die einzige Gesellschaft, die nach 1945 über die Vermietung von Kesselwagen überhaupt noch in einem Geschäftsbereich aktiv war, aus dem Gewinn zu erwarten stand. Die

1 Vgl. Bericht des Treuhänders und Jahresabschluß für das Geschäftsjahr 1944 der Konti vom 31.5.1949, in: HADB, B 58.

Baltische Öl GmbH konnte die neuen Anlagen nicht mehr nutzen, da sie im Herbst 1944 aufgegeben wurden.[2]

Die Ostland Öl Vertriebs GmbH gründete zusammen mit der Konti am 17. Mai 1944 eine neue Gesellschaft, die Sapropel GmbH, die, ausgestattet mit einem Kapital von 20.000 RM, die lettischen Faulschlammvorkommen auswerten sollte. Gesellschafter waren die Ostland Öl Vertriebs GmbH mit 15.000 RM und die Konti mit 5.000 RM (am 22.8.1944 an die Ostland Öl Vertriebs GmbH abgetreten). Als Geschäftsführer fungierten Gustav Seitz (ab 17.5.1944, vom Beirat in die Geschäftsführung delegiert), Albert Kallenheim (ab 17.5.1944), Karl Winkler (ab 17.5.1944) und Alfred Durrieu (ab 1.6.1945). Im Beirat saßen Blessing, Brochhaus, Fischer und Seitz. Über ihre Investitionen in Lettland hinaus nahm sie ihre Arbeit aber nicht mehr auf. Auch für diese Gesellschaft wurde noch beantragt, eine Einsichtnahme in das Handelsregister des Amtsgerichts Berlin zu versagen. Ab 1945 engagierte sich die Sapropel GmbH in Scharrel bei Cloppenburg über ihre Tochtergesellschaft Splittingtorf GmbH und die Treibtorf GmbH mit der Gewinnung und dem Vertrieb von Torf.[3]

Im Frühjahr 1945 wurden die Buchhaltungen der Konti, des Werkschutzes, der Kontinentalen Öl GmbH, der Ost Öl GmbH, der Mineralöl GmbH Südost, der Albanien Öl GmbH, der Ukraine Öl Vertriebs GmbH und der Ostland Vertriebs GmbH nach Landshut verlagert und die Ein- und Verkaufsabteilungen sowie die Rechnungsprüfungsstelle dorthin versetzt. Am 1. April 1945 waren in Landshut insgesamt 49 Personen tätig. Bis Oktober 1945 waren die Aktivitäten sehr eingeschränkt, zum Beispiel auf die versuchte Kontaktaufnahme mit den neuen Dienststellen, die Aufarbeitung von Buchungsrückständen etc. Jeweils am 1. April waren 1946 35 Personen beschäftigt, 1947 23 Personen, 1948 19 und 1949 13 Personen.[4]

Über die Entwicklung im Jahr 1944 existiert nur spärliches Material, am aussagekräftigsten sind noch die Postbesprechungsprotokolle aus dieser Zeit. Anwesend waren in der Regel Blessing, dessen rechte Hand Dihlmann und die Abteilungsleiter. Dabei kamen unter der Leitung von Blessing wichtige Themen wie etwa »Gefolgschaftsfragen« zur Sprache und Blessing musste zu seinem Bedauern feststellen, dass Arbeitsdisziplin und -leistung in einzelnen Abteilungen der Konti zu wünschen übrigließen. Die übertragenen Arbeiten würden entweder gar nicht oder völlig unzureichend erledigt. So würden Lieferantenrechnungen, die seitens der Rechnungsprüfstelle den zuständigen Abteilungen zur sachlichen Prüfung und Bestätigung zugeleitet worden waren, erst mit monatelanger Verspätung an die Rechnungsprüfstelle bzw. die Zahlungsabteilung zur Regulierung gegeben. Für Blessing war dieser Zu-

2 Vgl. Bericht DRT über Prüfung des Jahresabschlusses zum 31.12.1944 vom 2.6.1949 bei der Konti, S. 8 ff., in: BAB, R 176, Nr. 59.

3 Vgl. Schreiben Konti an Reichsminister der Justiz vom 28.4.1944, in: ebd., R 3001, Nr. 24194, Bl. 248; Konzerndaten zur Konti, in: ebd., R 176, Nr. 348.

4 Vgl. Bericht über die von den Angestellten der Konti in Landshut seit der Verlagerung nach Landshut (Frühjahr 1945) geleisteten Arbeit vom 9.12.1949, in: ebd., Nr. 194.

stand völlig unhaltbar, ein undiszipliniertes Arbeitsverhalten schädige den Ruf der Firma ernsthaft, außerdem gingen so erhebliche Skontobeträge verloren. Er war unter keinen Umständen gewillt, Nachlässigkeiten wie diese zu tolerieren. Diese Zustände hatten sich erst nach der Zerstörung des Verwaltungsgebäudes am Kaiserdamm und der anschließenden Dezentralisierung der einzelnen Abteilungen entwickelt.[5] Blessing erachtete »Abwehrfragen« für elementar wichtig und wies nachdrücklich darauf hin, dass im Zusammenhang mit allen Planungen, die unter die Bestimmungen der striktesten Geheimhaltungspflicht fielen, eine Nichtbeachtung weitreichende Konsequenzen nach sich ziehen müsse. Blessing nutzte offensichtlich jede Gelegenheit, seine Abteilungsleiter darauf hinzuweisen, dass die neuen der Konti übertragenen Aufgaben – womit nur der Aufbau der Raffinerie in Deggendorf sowie Untertageverlagerungen gemeint sein konnten – unbedingt geheim zu halten seien.[6]

Im Zeichen von Dezentralisierung und Verlagerung standen auch organisatorische Fragen auf der Tagesordnung. So sollte die Personalabteilung im Oktober 1944 in das Ausweichlager Zahna bei Wittenberg verlagert werden. Alexander Dorn[7] berichtete laut den Postbesprechungsprotokollen über die durch die Verlagerung der Verwaltung des Werkschutzes nach Zahna erforderlichen Bauarbeiten, für die Rasch das in Ferch (Schwielowsee) tätige Kommando des Werkschutzes nach Zahna zurückbeordern sollte. Dihlmann sprach Fragen der Entschädigung für die Erstellung des Ausweichlagers an. Um aufgrund des Personalmangels nicht durchführbare umfangreiche Aufstellungen über die Baukosten zu vermeiden, sollten die Kosten mit einem unparteiischen Sachverständigen geschätzt werden. Zu diesem Zweck sollte Dorn mit Schulze-Brachmann einen Fragenkatalog für den Sachverständigen entwerfen und einen geeigneten Mann aus dem Bezirk Wittenberg vorschlagen.[8]

Zu den organisatorischen Fragen zählte auch die Liquidierung bzw. Fusion der Vertriebsgesellschaften im Osten. Seitens der Reichsstellen bestand der Wunsch, diese Gesellschaften möglichst bald aufzulösen. Hinsichtlich der Baltischen Öl GmbH ergaben sich Schwierigkeiten dadurch, dass die Firma aufgrund ihrer an Lieferanten erteilten Aufträge, die zum Teil noch nicht erledigt waren, diese noch abwickeln musste. Entsprechend dem Wunsch der amtlichen Stellen hatte die Baltische Öl GmbH jedoch bereits den überwiegenden Teil ihrer Beschäftigten an andere Bedarfsträger abgegeben. Blessing betonte die Notwendigkeit, entsprechend dem verringerten Aufgabenkreis der Konti und ihrer Tochtergesellschaften den Personalbestand den

5 Vgl. Postbesprechungs-Protokoll Nr. 18 vom 7.6.1944, S. 1f., in: ebd., Nr. 286.

6 Vgl. Postbesprechungs-Protokoll Nr. 29 vom 31.8.1944, S. 2, in: ebd.; Postbesprechungs-Protokoll Nr. 35 vom 12.10.1944, S. 2, in: ebd.

7 Dorn nahm als Blessings rechte Hand an den Sitzungen des Arbeitskreises für Außenwirtschaftsfragen des RWiM teil und steuerte 1944 die Denkschrift »Zur Mineralölwirtschaft der Welt« bei. Vgl. Karteikarte der IG Farben, in: ebd., R 8128, Nr. 26221; Erklärung von Walter Beiler in einer Besprechung am 25. Juli 1946, in: NAW, RG 260, Property Division, Records of the Office Director, General Records, Box 9; Auszug vom 8.2.1946, in: ebd.

8 Vgl. Postbesprechungs-Protokoll Nr. 36 vom 19.10.1944, in: BAB, R 176, Nr. 286.

gegenwärtigen Bedürfnissen anzupassen und freiwerdende Kräfte der Wehrmacht bzw. dem Arbeitsamt zur Verfügung zu stellen.[9]

Nachdem Blessing, Dihlmann, Schulze-Brachmann, Becker und am 21. April auch Rasch Anfang April 1945 Berlin verlassen hatten, war bei Kriegsende keiner der zeichnungsberechtigten Personen mehr vor Ort anwesend. Blessing hatte vor seiner Abreise dem Hausverwalter Schumacher noch ein Sonderkonto bei der Commerzbank AG mit 50.000 RM einrichten lassen, worüber Schumacher allein verfügungsberechtigt war, um Gehalts-, Mietzahlungen etc. leisten zu können.[10]

Laut den Bilanzzahlen für Ende 1944 betrug das Anlagevermögen der Kontinentalen Öl AG einschließlich der Beteiligung 17 Mio. RM und das Umlaufsvermögen 114 Mio., nachdem 40 Mio. vom Beteiligungskonto und 38 Mio. von anderen Konten als »durch Kriegsereignisse zweifelhaft« abgesetzt wurden. Unter den Passiven wurden neben dem Aktienkapital von 80 Mio. RM 62 Mio. Wertberichtigungen, 1,2 Mio. Rücklagen, 35 Mio. Rückstellungen und 71 Mio. sonstige Verpflichtungen aufgeführt. Eventualverbindlichkeiten wurden mit 33,5 Mio. RM ausgewiesen. Die Bilanzsumme betrug 250 Mio. RM. Das Berichtsjahr schloss mit einem Verlust von 39 Mio. RM ab.[11]

Die Büros im DEA-Haus wurden Ende Februar 1945 weitgehend zerstört, woraufhin man im März auch das Rechnungswesen nach Landshut verlagerte. Ende April 1945 verfügte das Unternehmen noch über 178 Angestellte, verteilt auf Landshut (42), Celle (6), Zahna (14), Berlin (18), andere deutsche Städten (9), Rumänien (6) und die Wehrmacht (83).[12]

Ein Schreiben der Konti an das Oberkommando der alliierten Streitkräfte in Paris von Ende Mai 1945 gibt Aufschluss, wo sich das leitende Personal aufhielt: Dr. Fischer (Schweiz), Blessing (Wettaburg), Walther Dihlmann (Landshut), Chef-Ingenieur Ewald Schön (Ringelheim), Chef-Chemiker Dr. Karl Winkler (auf dem Weg nach Deggendorf angehalten), Chef-Buchhalter Dr. Hans Becker (Wenigentaft), Syndikus Arno Schulze-Brachmann (Landshut), Ingenieur Alfred Schiwy (Deggendorf), Alexander Dorn (Landshut). Beim übrigen Personal sah es so aus: Ludwig Haupt (Lindau), Dr. Albert Kallenheim (Berlin-Halensee, vielleicht Papenburg), Alfred Herriger (Deggendorf), Alfred Schiwy (Deggendorf), Claus von Kursell (Ringelheim), Dr. Hans Becker (Wenigentaft), Dr. Werner Schwaß (Wehrmacht), Dr. Otto Gramsch (Rumänien), Heinz Osterwind (Säckingen), Dr. Paul von der Warth (Wehrmacht), Eugen Halder (Rumänien), Dr. Willi Jäger (Rumänien), Karl von Thümen (Kriegsgefangener der US-Armee), Dr. Gustav Seitz (Straubing).[13]

9 Vgl. Postbesprechungs-Protokoll Nr. 37 vom 26.10.1944, in: ebd.

10 Vgl. Bericht der Konti vom 20.12.1945, S. 1 f., in: ebd., Nr. 155.

11 Vgl. Kontinentale Oel AG wird abgewickelt, in: Der Kurier, Nr. 241 vom 14.10.1949, zit. nach: ZBW.

12 Vgl. Schreiben Konti, Dihlmann und Schulze-Brachmann, an Rosterg, Brochhaus und Abs vom 20.6.1945, in: HADB, V01/0024.

13 Vgl. Liste der leitenden kaufmännischen Angestellten (managerial staff) der Konti und ihrer Tochtergesellschaften, in: NAK, FO 1039, Nr. 496.

Die erste Aufgabe des am 30. August 1945 eingesetzten neuen Vorstands bestand in der Erfassung und Verwertung von Vermögenswerten und der Lösung von Verträgen, etwa Mietverträgen mit der DEA für die Räumlichkeiten Martin-Luther-Straße 61/66. Die Auflösung des Ausweichlagers in Zahna wurde von dem von Blessing hierfür eingesetzten ehemaligen Personalchef Wilhelm Langwieler nach Abschluss der Kampfhandlungen begonnen. Die Einrichtungsgegenstände wurden weitgehend von der Besatzungsmacht requiriert, Möbel, Geschirr etc. von der Bevölkerung geplündert. Dem noch vorhandenen Personal wurde zum 30. Juni 1945 gekündigt. Die Ausweichlager der Ostland Öl Vertriebs GmbH und der Ukraine Öl Vertriebs GmbH in Annahütte bei Senftenberg wurden durch den Magistrat Annahütte verwertet. Die Erfassung der in Halle und in Magdeburg lagernden Materialbestände lief.[14]

7.2 Der Beitrag führender Repräsentanten der Kontinentalen Öl AG zu den Nachkriegsplanungen

Führende Repräsentanten der Konti – allen voran Karl Blessing – waren in bemerkenswertem Ausmaß in die Nachkriegsplanungen des Reichsministeriums für Rüstung und Kriegsproduktion und des RWiM involviert.[15] Naturgemäß hatten die führenden Wirtschaftskreise ein vitales Interesse daran, sich und ihre Unternehmen möglichst reibungslos und ohne größere Verluste in die Nachkriegszeit hinüberzuretten, unabhängig davon, wie der Krieg ausgehen würde.[16] Bekanntestes Beispiel für einen solchen schadlosen Übergang ist zweifellos der von der Reichsgruppe Industrie finanzierte spätere Bundeswirtschaftsminister und Bundeskanzler Ludwig Erhard.[17]

In den Nachkriegsplanungen und Zukunftsentwürfen der deutschen Wirtschaft verdichteten sich sowohl die Konflikte als auch die Konvergenzen der zentralen Machtgruppen des NS-Systems auf wirtschaftspolitischem Gebiet. Die für den »europäischen Großwirtschaftsraum« geplante systematische wirtschaftliche Ausbeutung der unterworfenen Länder machte es notwendig, dass in enger Verzahnung mit diesem Programm der »Neuordnung« gleichzeitig Wege und Instrumentarien vorgedacht werden mussten, die – bei grundsätzlicher Sicherung der deutschen Vormachtstellung – mittelfristig die Rückkehr zu einer wirtschaftspolitischen Normalität offenhielten.

14 Vgl. Bericht der Konti vom 20.12.1945, S. 3 f., in: BAB, R 176, Nr. 155.

15 Zum RMfRuK vgl.: Müller, Manager, S. 135 ff. Zum RWiM vgl.: Fremdling, Wirtschaftsstatistik, S. 305 ff.

16 Vgl. Schumann, Nachkriegsplanungen; Erker, Industrieeliten, S. 68 ff.; Herbst, Der Totale Krieg, 383 ff.

17 Vgl. Herbst, Krisenüberwindung; Hentschel, Erhard, S. 28 ff.; zuletzt: Knoche, Erhard; Koerfer, Kampf, S. 85 ff.

Je länger der Krieg andauerte, desto stärker waren einerseits die rüstungswirtschaftlichen Strukturwandlungen und Folgekosten innerhalb des Reichsgebiets zu berücksichtigen, und desto schwieriger wurde es andererseits, die Ausbeutung der besetzten Gebiete zugunsten der deutschen Rüstungsanstrengungen mit den längerfristigen Erfordernissen einer wirtschaftspolitisch stabilen Neuordnung in Einklang zu bringen. Die Nachkriegsplanungen aus der Endphase des Kriegs unterscheiden sich stark von den hochfliegenden Neuordnungsplanungen, die im Zeichen der deutschen militärischen Erfolge in den Jahren 1940/41 entstanden. Ging es in dieser Zeit um eine komplette deutsche Beherrschung Europas, die Gewinnung des »Ergänzungsraums« Afrika sowie von »Lebensraum« im Osten, so stand nun das eigene Überleben von Politik und Wirtschaft im Vordergrund.

Besondere Bedeutung kam bei diesen Überlegungen den neuen gemischtwirtschaftlichen Konzernen zu, die zu Instrumenten einer kontinentaleuropäischen Rohstoff- und Produktionslenkung aufstiegen. Sie wurden von den einschlägigen Wirtschaftsgruppen und Konzernen getragen und waren in Personalunion mit den Besatzungsstäben verbunden. Durch ihr Wirken gewann die Neuordnungsperspektive eine neue Qualität. Die mit dem Vernichtungskrieg gegen die Sowjetunion verflochtene Ausbeutungspolitik wurde zu einer Art Katalysator: Im Osten wurden seit 1941/42 Agenturen aufgebaut, die gemäß einer europäischen Neuordnung agierten. Am Beispiel der Konti kann dieser qualitative Sprung zur horizontal-gesamteuropäischen Produktionslenkung und zur vertikalen Verknüpfung der dazugehörigen Produktions-, Weiterverarbeitungs- und Verteilungskreisläufe exemplarisch betrachtet werden.[18]

Der Europakreis

Es ist auffällig, aber ohne Frage nicht zufällig, wie viele Repräsentanten der Konti an den Nachkriegsplanungen der oben genannten Ministerien beteiligt waren. Ebenso auffällig sind die personellen Überschneidungen mit dem Freundeskreis des RFSS.

Bereits Anfang Dezember 1943 entstand bei dem von Hans Kehrl geleiteten Planungsamt im Reichsministerium für Rüstung und Kriegsproduktion ein »Europakränzchen«, später auch »Europakreis« genannt, das am 16. Dezember zum ersten Mal tagte. Bis September 1944 fanden sieben Sitzungen statt, meistens unter der Leitung von Karl Blessing. An den Treffen nahmen unter anderem teil: Abs, Rasche, Fischböck, Rohdewald, Ludger Westrick, Generaldirektor der Vereinigte Industrie-Unternehmen AG, und Karl Lindemann, Vorsitzender des AR des Norddeutschen Lloyds und intimer Freund Himmlers. Den Europakreis beschäftigten drei Aufgabenstellungen: die Erarbeitung wirtschaftlicher und wirtschaftspolitischer Überblicke, die wirtschaftliche Beobachtung des Auslands und der Kontakt zu Wirtschaftsgrößen im neutralen Ausland.

18 Vgl. Roth, Neuordnung, S. 195 f., 199 f. und 205 f.

Im Zuge der notwendig gewordenen Anpassung der Nachkriegsplanungen von 1940/41 an die Erfordernisse der strategischen Defensive entwickelten die Mitarbeiter des Planungsamts eine Europakonzeption, mit deren Hilfe die binnenwirtschaftlichen Strukturbrüche zur Steigerung des Rüstungspotenzials auf die »Festung Europa« übertragen werden sollten. Erneut versuchte man, die kollaborationsbereiten und vom Rüstungsboom profitierenden kontinentalen Großunternehmen einzubinden, groß angelegte Auftragsverlagerungen in die Nachbarländer vorzunehmen und das Importvolumen zu steigern.

Zu den Zielen des Kreises gehörte es folgerichtig, Spitzenvertreter aus der Wirtschafts- und Finanzwelt, die als Länderbeauftragte tätig wurden, ungenutzte Wirtschaftskapazitäten ausfindig machen zu lassen, um die wirtschaftliche Effizienz der Besatzungspolitik zu steigern, vor allem in Ost- und Südosteuropa. Den Hintergrund dieser praxisorientierten Akutplanungen bildete die Utopie, die »Festung Europa« unangreifbar zu machen und ausgehend von einem europaweit reorganisierten Rüstungsverbund eine auf den Nachkrieg bezogene Wirtschaftsplanung zu entwerfen, die effizient und technisch-innovativ sein sollte. Als Vorbild dienten dabei die kontinental ausgerichteten deutschen (Konti, Phrix-Konzern) sowie die ebenfalls kontinental reorganisierten ausländischen Konzernniederlassungen, die sich um den Preis einer ihre Strukturen und Eigentumsverhältnisse weitgehend unangetastet lassenden Feindvermögensverwaltung erstaunlich weit auf die Vorgaben des Planungsamts einließen (General Motors, ITT, Ford, Unilever).[19]

Mit der Gruppe um Kehrl hatte sich im Planungsamt eine dynamische Managerschicht herausgebildet, die sich durch die Direktheit ihres Vorgehens und ihren Glauben an die unbegrenzte und gesellschaftsprägende Potenz der technisch-wissenschaftlichen Innovation auszeichnete. Sie übte eine gleichermaßen große Faszinationskraft auf die naturwissenschaftlich qualifizierten hohen und mittleren Funktionsträger der führenden Großkonzerne, auf die Gründergeneration der neuen »kontinentaleuropäischen« Großunternehmen der Rüstungswirtschaft sowie auf die Intellektuellen der Planungsstäbe und wirtschaftswissenschaftlichen Forschungszentren aus. Zu den Exponenten dieser Gruppe zählten Ernst Hellmut Vits und Max H. Schmid aus der synthetischen Spinnstoffindustrie, Wilhelm Voß als Hauptrepräsentant des privatisierten Waffenblocks der Reichswerke Hermann Göring, Ludger Westrick von der Vereinigte Aluminiumwerke AG, sowie Otto Neubaur und August Rohdewald von der Reichs-Kredit-Gesellschaft als dem Hauptfinanzier dieser Neugründungen. Mit Karl Rasche von der Dresdner Bank sowie seinen ehemaligen Wiener Mitarbeitern Hans Fischböck und Walter Rafelsberger war Kehrl seit der Phase der ökonomischen »Eingliederung« eng verbunden.[20]

19 Vgl. ders., Nachkriegsplanungen, S. 187 f.; ders., Neuordnung, S. 211 f. Zur Straffung der Außenhandelslenkung und der Orientierung der deutschen Wirtschaft auf den Welthandel der Nachkriegszeit vgl. allgemein Herbst, Der Totale Krieg, S. 348 ff.

20 Vgl. Roth, Vorbereitungen, S. 523.

Für die Rekrutierung der Gründergruppe des Europakreises benötigten die von Kehrl beauftragten Organisatoren Blessing und Arnold Köster mehr als einen Monat. Die ersten Schreiben gingen in der zweiten Januarhälfte 1944 an 15 Unternehmer heraus, wobei ihnen die Bearbeitung eines oder mehrerer Länder zugeteilt wurde. Weitere folgten bis Ende März, der Hamburger Tabakindustrielle Philipp F. Reemtsma war der letzte, der formell angeschrieben wurde und zusagte, laufend über die wirtschaftlichen Verhältnisse in Bulgarien, Griechenland und der Türkei zu berichten. Insgesamt gab es bis Ende März 1944 folgende Länderbeauftragte im Europakreis: Hermann J. Abs (Niederlande, Schweiz), Karl Blessing (Rumänien), Richard Eugen Dörr (Norwegen), Ernst Rudolf Fischer (Slowakei), Theodor Momm (Frankreich), Karl Rasche (Schweden, Ungarn), Philipp F. Reemtsma (Bulgarien, Griechenland, Türkei), August Rohdewald (Bulgarien, Rumänien), Max H. Schmid (Finnland, Schweden), Otto Steinbrinck (Belgien), Hugo Stinnes (Dänemark, Schweden), Alfred C. Toepfer (Frankreich, Portugal, Spanien), Ernst H. Vits (Niederlande), Wilhelm Voß (Rumänien, Serbien), Ludger Westrick (Frankreich, Ungarn), Leonhard Wolzt (Schweiz). Bis Juni kamen hinzu: Richard Karoli vom Vorstand der DRT (Schweiz), Karl Lindemann vom Norddeutschen Lloyd (Schweiz) und der Leiter der Orient-Abteilung des Reemtsma-Konzerns Wenkel als Vertreter Philipp F. Reemtsmas. Der Aufgabenkatalog war umfangreich: Die Mitarbeiter sollten ungenutzte Reserven und industrielle Kapazitäten ausfindig machen, über die allgemeine wirtschafts-, speziell die handelspolitische Lage unter Berücksichtigung der Aktivitäten der Alliierten berichten, Vorschläge zum Knowhow-Transfer und zur Aktivierung der »europäischen Gemeinschaftsarbeit« unterbreiten, konkrete Geschäfte anbahnen und die wirtschaftliche Kriegführung verbessern.[21]

Die Voraussetzungen für Kehrls Europastrategie verschlechterten sich jedoch bis zum Sommer 1944 stetig, da die Wirtschaftskriegführung die Volkswirtschaften der Satellitenländer genauso zu plündern begann wie die besetzten Gebiete – und weil die von den Alliierten unter Druck gesetzten neutralen Länder immer aufwändiger hofiert werden mussten. Aus den Protokollen des Europakreises kann man dieses sich verschärfende Dilemma herauslesen. Im März 1944 wurde zweimal getagt, anschließend jeweils am Monatsende im Berliner Hotel Esplanade, zumeist unter der Leitung Blessings.

In der Sitzung vom Juni 1944 betonte Kehrl die Notwendigkeit, kleine Fachgremien, bestehend aus deutschen und ausländischen Unternehmern, zu gründen, vom Anspruch auf eine wirtschaftliche Monopolstellung Abstand zu nehmen und sich vorbehaltlos der Frage der Nachkriegsgestaltung zu stellen. Dabei sollten sich die deutschen Teilnehmer zuvor bezüglich der Nachkriegsziele absprechen und dazu die Untersuchungen des Planungsamts über eine kontinentaleuropäische Großraumplanung heranziehen.[22]

Rasche von der Dresdner Bank, zudem AR-Mitglied der Konti, sollte die Prüfung und Beobachtung der wirtschaftlichen Verhältnisse in Ungarn und Schweden über-

21 Vgl. ebd., S. 533 und 533 (Anm. 91).
22 Vgl. ebd., S. 534 ff. (Zitate S. 536).

nehmen. Dieser Einzelauftrag stand im Rahmen »einer umfassenden Untersuchung der im deutschen Machtbereich und bei den Verbündeten und neutralen europäischen Ländern vorhandenen Produktionsmöglichkeiten, insbesondere der industriellen Kapazitäten zur Erhöhung der Leistung für unsere Rüstung und zur stärkeren Aktivierung des gegenseitigen Güterverkehrs«. In einem Schreiben legte ihm Kehrl dar, dass der Kontakt zu ihm und die Zusammenarbeit im Einzelnen über Blessing erfolgen würde, der für die Koordinierung und Auswertung der Vorschläge und Berichte der einzelnen Mitarbeiter verantwortlich sei.[23]

Am 8. Mai 1944 wandte sich Blessing an die Mitglieder des Europakreises und forderte sie im Namen Kehrls auf, für jedes einzelne Land einige qualifizierte ausländische Persönlichkeiten zu gewinnen, mit denen man laufend über Probleme der Produktions- und Wirtschaftslenkung auf gesamteuropäischer Grundlage sprechen könne. Diese Diskussionen sollten einen rein informellen Charakter haben. Bei der nächsten Besprechung am 30. Mai 1944 wollte man erörtern, mit welchen ausländischen Partnern Verbindung aufgenommen werden sollte. Kehrl dachte an kleine, für jedes Land zwanglos zu bildende Gremien eher privaten als staatlichen Charakters. Gegebenenfalls würden die ausgewählten Personen nach Deutschland eingeladen werden, damit sie sich mit führenden Wirtschaftsvertretern austauschen könnten.[24]

Auch das RSHA interessierte sich für den Europakreis, bei den eigenen Dienststellen – vor allem auch im Ausland – zirkulierte unter anderem das Protokoll der Besprechung vom 30. Mai 1944. Bei dieser Besprechung hatten die Teilnehmer die Frage diskutiert, welche Konzeption als Grundlage für ein europäisches Nachkriegsprogramm unter deutscher Führung dienen könne.[25] Kehrl betonte, dass Deutschland in Europa keine wirtschaftliche Monopolstellung anstrebe, sondern eine enge wirtschaftliche Zusammenarbeit aller europäischen Nationen wünsche. Blessing wies bezüglich einer wirtschaftlichen Nachkriegsplanung auf die alliierten Wirtschaftspläne hin. Allerdings habe die Entwicklung seit dem Ende des Ersten Weltkriegs die völlige Unfähigkeit dieser Länder zur Führung oder Neugestaltung der Weltwirtschaft bewiesen. Es sei wichtig, die häufig von der alliierten Propaganda beeinflusste Haltung neutraler Wirtschaftseliten durch dieses Argument, das sich durch eine Fülle von Tatsachen und Zahlen belegen ließe, zu kontern und damit einen Ansatzpunkt für die Idee einer Neuordnung der Wirtschaft Kontinentaleuropas unter deutscher Führung zu schaffen.[26]

23 Vgl. Schreiben von Kehrl, Leiter des Planungsamtes, an Rasche, Dresdner Bank, vom 22.1.1944, in: SfS-Archiv, OMGUS-Report Dresdner Bank, Exhibit 95. Teilweise abgedruckt in: Schumann (Hg.), Griff, Dok. 123, S. 238 f.

24 Vgl. Rundschreiben Blessing an die Mitglieder des »Europakreises« vom 8.5.1944, in: SfS-Archiv, OMGUS-Report Deutsche Bank, Exhibit 41. Als Durchschrift auch in: BAB, R 8119-F, Nr. 24135.

25 Vgl. Rundschreiben des RSHA, Abteilung III D 2, vom 30.5.1944 (Protokoll der Monatsbesprechung am 30.5.1944), in: BStU, MfS HA IX/11, Nr. AV 13/75, Bd. 1, Bl. 247-253, hier Bl. 247.

26 Vgl. Protokoll Nr. 5 der Monatsbesprechung am 27.6.1944, in: BAB, R 3, Nr. 1941, Bl. 12-17, hier Bl. 15, 17.

Ende August 1944 berichtete Karoli über die jüngsten Ereignisse in Rumänien und ihre wirtschaftspolitischen Implikationen, Blessing referierte über die Situation in der rumänischen Mineralölwirtschaft und betonte, dass es in letzter Zeit gelungen sei, die Zerstörungen in den Raffinerieanlagen durch Feindeinwirkung infolge forcierter Wiederaufbauarbeit so weit zu kompensieren, dass die Gesamtkapazität der rumänischen Raffinerien auf einem unter den gegebenen Verhältnissen beachtlichen Durchschnitt gehalten werden konnte.[27]

Der Arbeitskreis für Außenwirtschaftsfragen

Am 23. März 1944 wurde auf Anregung Otto Ohlendorfs, Staatssekretär im RWiM, SS-Gruppenführer, Amtschef im RSHA und früherer Befehlshaber der Einsatzgruppe D, der Arbeitskreis für Außenwirtschaftsfragen gegründet,[28] Blessing übernahm später auch hier den Vorsitz. Den Kern des Gremiums bildeten Großindustrielle und Vertreter von Handelsgesellschaften, die vor allem im Südostgeschäft engagiert waren und den Großhandel in den besetzten Gebieten kontrollierten. Die personellen Verflechtungen mit dem Europakreis beschränkten sich auf die Multifunktionäre Blessing und Lindemann, später wurden sie durch das Hinzutreten einiger Sachverständiger aus den Großbanken (Abs und Rohdewald) und den wirtschaftswissenschaftlichen Instituten (Andreas Predöhl, Emil Woermann) etwas dichter.

Neben den allgemeinen Ausschüssen, etwa für Preisstatistik oder Währungen, gab es solche für einzelne Gütergruppen wie Baumwolle, Buntmetalle, Eisen und Stahl, Kautschuk etc. Dem Ausschuss für Mineralöl gehörten Blessing und Alexander Dorn von der Konti als ständige Mitglieder an. Interessant für unseren Zusammenhang ist dabei die Denkschrift »Zur Mineralölwirtschaft der Welt«, die von Dorn im Dezember 1944 erarbeitet wurde. Die letzte der monatlichen Besprechungen fand am 29. August 1944 statt. Dabei wurden die politisch-militärischen Umwälzungen in Bulgarien und Rumänien erörtert, wo die Erdölkapazitäten Blessing zufolge bis zuletzt ausgenutzt worden waren.[29]

Die Initiative zur Einbindung einschlägiger Wirtschaftsvertreter und Wissenschaftler in die weitreichenden Pläne des RWiM war vom Ministerium selbst ausgegangen, noch bevor Mitglieder des Stahl-Kreises – Persönlichkeiten der Reichsgruppe Industrie um Rudolf Stahl, dem Generaldirektor der Mansfeld AG – bei diesem anklopften. Das Ministerium wünschte, dass die Privatwirtschaft ihre außenwirtschaftlichen Kontakte zur Vorbereitung von Vertragsverhandlungen mit anderen Ländern nutzte. Darüber hinaus sollte in Ländermappen alles Wissenswerte zusammengetragen werden, Ländersachverständige sollten ihre Expertise einbringen und kompetente Wirtschafts-

27 Vgl. Protokoll Nr. 7 der Monatsbesprechung am 29.8.1944, in: ebd., Bl. 3-10, hier Bl. 4.

28 Zu Ohlendorf vgl.: Sowade, Ohlendorf; Angrick, Besatzungspolitik, S. 91 ff.

29 Vgl. Eichholtz, Geschichte, Bd. 3, S. 538 ff., 566 und 575 (Anm. 233); Deutschland im zweiten Weltkrieg, Bd. 5, S. 389 f.

wissenschaftler (z. B. vom Deutschen Institut für Wirtschaftsforschung und dem Institut für Weltwirtschaft in Kiel) die Industrieentwicklung im Ausland beobachten und die Rohstofflage analysieren. Die volkswirtschaftliche Abteilung der IG Farben, die seit 1929 Statistiken zusammengetragen hatte, sollte diese dem RWiM ebenfalls zur Verfügung stellen.[30] Im Mai 1944 richtete der Arbeitskreis für Außenwirtschaftsfragen einen Unterausschuss (»Blessingausschuss«) für die Behandlung von Clearing- und Währungsfragen ein. Ihm gehörten neben Blessing unter anderem Ilgner sowie als Sachverständige Abs und Rohdewald an. Der Ausschuss sollte vertraulich konkrete Probleme erörtern, etwa die Anerkennung und etwaige Abtragung von Clearingschulden sowie die Frage der Währungsbewertung oder der Preisangleichung.[31] Blessing gab in einer Nachkriegserklärung an, er sei von Karl Albrecht, dem Leiter der Außenwirtschaftsabteilung der Reichsgruppe Industrie, aufgefordert worden, an diesem Arbeitskreis teilzunehmen, vermutlich, weil er als Mitarbeiter Hjalmar Schachts von August 1934 bis Juni 1937 im RWiM Außenwirtschaftsfragen bearbeitet habe.

Der Arbeitskreis sollte, so Blessing in einer Nachkriegsaussage, die Wünsche der Wirtschaft dem Ministerium zur Kenntnis bringen und diesem für Auskünfte und sachverständigen Rat zur Verfügung stehen. Im Vordergrund der monatlichen Beratungen habe die Frage der Behinderung des Clearings mit den südosteuropäischen Ländern aufgrund der unterschiedlichen Preisentwicklung gestanden. Gegen Ende 1944 habe Franz Hayler, damals Staatssekretär des RWiM, dem Arbeitskreis vertraulich den Auftrag erteilt, über die für den Außenhandel wichtigsten Rohstoffgebiete Monographien anzufertigen, die der deutschen Delegation für etwaige Friedensbesprechungen zur Verfügung stehen sollten. Eine größere praktische Bedeutung habe das Gremium nicht gehabt.[32]

7.3 Das Unternehmen in der Nachkriegszeit

Die Konti wurde von den Folgen der Kriegsniederlage stark in Mitleidenschaft gezogen. Zunächst ging durch die Einteilung des Reichsgebiets in Besatzungszonen die einheitliche Geschäftsführung verloren. Hinzu kam, dass aufgrund der Vermögenskontrolle gemäß Gesetz Nr. 52 der US-Militärregierung für die Westzonen länderweise und für den Westsektor von Berlin einzelne Treuhänder bestellt wurden. Da jedoch das wirtschaftliche Schwergewicht der Gesellschaft in Bayern lag und sich in Landshut die wichtigsten Geschäftsunterlagen sowie die leitenden Angestellten befanden, wurde von der US-Militärregierung Landshut als zentraler Verwaltungssitz bestimmt.

30 Vgl. Fremdling, Wirtschaftsstatistik, S. 305 ff.

31 Vgl. AV aus dem RWiM vom 13. 5. 1944, in: BAB, R 3101, Nr. 33636, Bl. 15.

32 Vgl. Eidesstattliche Erklärung Blessing vom 3. 12. 1947, in: StaN, KV-Prozesse, Fall 6, N 10 (Ilgner Dokument Nr. 154), S. 41 f.

Die Konti konnte ab Mai 1945 ihren Unternehmenszweck nicht mehr erfüllen; fortan bestand die Tätigkeit ausschließlich in der Abwicklung des Unternehmens, wobei es in der Hauptsache um die Feststellung der Vermögenswerte und der Schulden sowie die Veräußerung der noch vorhandenen Vermögenswerte, insbesondere der Lagerbestände ging. Diese Arbeiten waren infolge der allgemeinen Beschränkungen der Verkehrsverhältnisse sowie wegen des Verlustes von Geschäftsunterlagen schwierig und zeitraubend.[33] Im Juni 1945 hatte die Konti Forderungen gegen das Deutsche Reich in beträchtlicher Höhe. Sie machte – ohne die noch nicht vollständig erfassten Kriegsschäden – fast 18 Mio. RM geltend.[34]

Schulze-Brachmann und Dihlmann wurden in der US-Zone als Treuhänder eingesetzt, wobei Dihlmann bereits Anfang Januar 1946 wieder ausschied. In der britischen Zone fungierten Alfred Durrieu und Hans Fuchs gemeinsam als Treuhänder, in der französischen Besatzungszone wurden keine Treuhänder eingesetzt. In Sachsen-Anhalt gab es eine entschädigungslose Enteignung zu Gunsten des Landes, hier wurde Langwieler als Treuhänder eingesetzt. Per Anordnung der US-Militärregierung vom 27. April 1948 wurde Johann-Dieter Lauenstein als Custodian in das Handelsregister eingetragen. Er bestellte Albert Schnaus zum Treuhänder. Schulze-Brachmann wurde mit Wirkung vom 12. Juni 1947 zum Generaltreuhänder für die Vermögenswerte im Land Bayern bestellt.[35]

Am 30. Juni 1945 wurde Walter Beiler, früher Prüfungsleiter bei der DRT, vom Bezirksbürgermeister Schöneberg und am 31. Juli 1945 vom Magistrat der Stadt Berlin als kommissarischer Verwalter eingesetzt. Am 30. August 1945 wurde er vom Magistrat unter Abberufung Blessings zum Vorstand bestimmt. Später wurden Albert Kallenheim und Alexander Schwank zu weiteren Vorstandsmitgliedern berufen. Am 28. August 1945 erfolgte durch Verfügung des Magistrats die Bildung eines VR, dem Joachim Dessau, Friedrich Wagner, Beiler und Kallenheim angehörten. Am 31. Oktober 1945 wurden beim Amtsgericht Berlin-Mitte Ersatzmänner für verhinderte AR-Mitglieder bestellt: Karl Dumont (für Rosterg), Otto Klewitz (für Wisselmann), Ernst Leese (für Griebel) und Hermann Münch (für Abs).[36]

Für eine wirtschaftlich positive Zukunftsentwicklung verblieben laut Bericht von Kallenheim vom September 1945 außer der Dachgesellschaft, die Kontinentale Öl Transport AG, die Sapropel GmbH und die Süddeutsche Bau GmbH sowie bestimmte

33 Vgl. Bericht Treuhänder und Jahresabschlüsse für die Geschäftsjahre 1945, 1946, 1947 von Schulze-Brachmann von 1948, S. 1, in: BAB, R 176, Nr. 92. Artikel 1 des Gesetzes Nr. 52 regelte, dass das Vermögen des Reiches und anderer kriegführender Staaten, der NSDAP und ihren Organisationen, in Haft befindlichen Personen oder verbotenen Organisationen von der Militärregierung zu beschlagnahmen war. Artikel 2 verfügte, dass dieses Vermögen nicht erworben, verkauft oder übertragen werden durfte, es also blockiert war. Vgl. Gesetz Nr. 52.

34 Vgl. AN vom 5.6.1945, in: BAB, R 176, Nr. 9.

35 Vgl. Bericht DRT über Prüfung des Jahresabschlusses zum 31.12.1944 bei der Konti vom 2.6.1949, S. 5 ff., in: ebd., Nr. 59.

36 Vgl. Bericht Vorstand der Konti vom 28.12.1945, S. 2 ff., in: HADB, V01/0024.

ausländische Beteiligungen. Die Sapropel GmbH war an der Treibtorf GmbH in Scharrel mit 50 Prozent beteiligt. Der Betrieb stach Torf, der zum Teil in von der Konti eingebrachten Anlagen zu Festkraftstoffen verschwelt wurde. Der Betrieb sollte im Lauf des Jahres 1946 anlaufen. In die Geschäftsführung der Treibtorf GmbH wurde Alfred Durrieu, der ehemalige Prokurist der Ostland/Ukraine Öl-Vertriebs GmbH, berufen. Die Erzeugung von Torfkoks werde als Ersatz für Tankholz eine zunehmende Rolle spielen.

Bei der Kontinentalen Öl Transport AG bestünden gute Aussichten bei Wiederanlaufen der Mineralölwirtschaft, da sie über einen großen Kesselwagen- und Lastkraftwagenpark verfügte. Der Transportseite werde große Bedeutung zukommen für die deutsche Produktion, Verarbeitung und Verteilung, aber auch für Importe. Das Unternehmen verfügte über Betriebe in Berlin und Lindau/Bodensee, wobei sich die Buchhaltung und das Aktenarchiv in Lindau befanden. In Berlin wurde der frühere Vorstand Haupt vom Magistrat abberufen und der ehemalige Prokurist der Gesellschaft, Adalbert Schnaus, eingesetzt. Die Berliner Stelle verfügte über LKW, mit denen ein Fuhrbetrieb unterhalten wurde. Von Lindau aus sammelte man die verstreuten Kesselwagen, um neue Mietverträge abschließen zu können.

Die Süddeutsche Bau GmbH verfügte über eine wichtige Anlage zur Verarbeitung von Erdöl zu flüssigen Treib- und Schmierstoffen. Ihr Schicksal hinge, so Kallenheim, von der Neuorganisation der Mineralölwirtschaft ab. Mit dem Tag der Besetzung von Deggendorf durch US-amerikanische Truppen waren die Bauarbeiten auf der Baustelle eingestellt worden. Die für das Wiederanlaufen der deutschen Industrie zuständigen Dienststellen teilten mit, dass sie die Genehmigung für die Wiederaufnahme der Bauarbeiten bis zur Fertigstellung der geplanten ersten Baustufe erteilen würden – unter der Voraussetzung, dass die laufende Versorgung der Raffinerie mit Rohmaterial gesichert sei.

In dieser Phase der Entwicklung in der Erdölwirtschaft, so der in diesem Punkt übertrieben optimistische Bericht von Kallenheim, könne man eine besondere Entwicklungsmöglichkeit der Konti sehen, da sie die Erzeugung von Festkraftstoffen (Sapropel GmbH) und Flüssigkraftstoffen (Süddeutsche Bau GmbH) sowie den Besitz von Transportmitteln (Kontinentale Öl Transport AG) vereine. Ihr würden große Aufgaben zunächst in geschickter Ausnutzung ihrer ehemaligen Interessen in Österreich, Ungarn und Polen zufallen, und zwar gegebenenfalls als Auffang- und Import-Gesellschaft der Überproduktion dieser Länder. Sie wäre weiterhin geeignet, russische Interessen bei der Belieferung des deutschen Marktes zu vertreten. Hinzu käme der Großhandel, womit eine Struktur wie bei anderen großen Gesellschaften gegeben sei.[37]

Die beteiligten Ölgesellschaften nahmen in der Nachkriegszeit eine unterschiedliche Haltung zur Konti ein: Die DEA begrüßte die Einberufung einer außerordentlichen Generalversammlung, um einen neuen AR zu bestellen, was durch die Aktionäre

37 Vgl. Bericht Kallenheim vom 22. 9. 1945, S. 1 ff., in: BAB, R 176, Nr. 155. Ergänzend dazu: Bericht an AR der Konti, Dihlmann und Schulze-Brachmann vom 14. 1. 1946, S. 4 ff., in: HADB, V01/0024.

geschehen sollte. Man hatte den Berliner Vertretern empfohlen, an der Generalversammlung teilzunehmen, was die Wintershall AG und die Gewerkschaft Elwerath jedoch ablehnten, um sich von der Konti zu distanzieren. Sie bezeichneten die Konti als Zwangsbeteiligung und wollten nun möglichst wenig mit ihr zu tun haben. Dabei waren auch Rücksichten auf den in Haft befindlichen Hans Brochhaus maßgeblich. Da das Unternehmen sich nun in Liquidation befand, legte die DEA keinen Wert auf eine eigene Vertretung.[38] Im Zusammenhang mit der Neubildung des AR der Konti trat Rechtsanwalt Heinz Meilicke im Namen von Abs auf und berichtete über eine Aussprache mit Vertretern der Gewerkschaft Elwerath und der DEA, denen er AR-Sitze erhalten wolle. Er glaubte, »die Erdöl-Industrie sei doch berufen, eine wichtige Rolle für die Zukunft der Conti-Öl zu spielen«.[39]

Bei der Aktionärsversammlung, die am 5. Februar 1946 stattfand, waren alle fünf Banken vertreten, von der Erdöl-Gruppe waren Ritter (DEA) und Meilicke, der die Wintershall vertrat, anwesend. Die Borussia wurde durch Oberregierungsrat Siche von der General-Steuerdirektion Berlin vertreten. Man einigte sich auf drei Sitze der öffentlichen Hand im AR und dessen Vorsitz, Banken und Erdölgruppe sollten jeweils zwei Sitze erhalten. Die Konstituierung eines neuen Konti-AR sei unbedingt notwendig, damit anderen Stellen nicht Gelegenheit gegeben werde, in die Gestaltung einzugreifen.[40]

Walter Beiler und Albert Kallenheim wurden im März 1946 als Treuhänder eingesetzt, auch für die Tochterfirmen: Kontinentale Öl GmbH, Südostchemie Handelsgesellschaft mbH, Mineralölvertrieb Serbien AG, Albanien Öl GmbH, Baltische Öl GmbH, Ost-Öl GmbH, Ostland Öl Vertriebs GmbH, Ukraine Öl Vertriebs GmbH, Kaukasien Öl Vertriebs GmbH, Erdöl Raffinerie Trzebinia GmbH, Kontinentale Öl Transport AG und Süddeutsche Bau GmbH – nicht für die Karpathen Öl.[41] Bei der Sitzung des AR der Konti im Juni 1946 wurde beschlossen, dass die Holding liquidiert werden sollte, da der Gesellschaftszweck nicht mehr erfüllt werden konnte. Ausgenommen von dem Beschluss blieben die Tochtergesellschaften, soweit sich bei einer Überprüfung herausstellen sollte, dass ihr Gesellschaftszweck noch erfüllt werden konnte und sie als lebensfähig anzusehen waren.[42]

Die Finanzabteilung des Magistrats von Groß-Berlin stellte bei Anwendung des Gesetzes Nr. 19 der US-amerikanischen Militärregierung fest, dass die Konti eine Privatgesellschaft war, an der das Reich lediglich über die Borussia aktienmäßig beteiligt

38 Vgl. Schreiben DEA, Griebel und Vollmer, an Bechtolf vom 31.1.1946, in: ebd.

39 Vgl. Schreiben Münch an Wintermantel, Deutsche Bank, vom 1.2.1946, in: BAB, R 8119-F, Nr. 1824, Bl. 8 (Zitat ebd.).

40 Vgl. AN für Wintermantel vom 6.2.1946, in: ebd., Bl. 9-10; AN aus der Deutschen Bank vom 6.2.1946, in: ebd., Nr. 1825, Bl. 50 f.

41 Vgl. Ernennungsschreiben des Office of Military Government, US Berlin District, Finance and Property Control, vom 25.3.1946, in: ebd., R 121, Nr. 358. Auch in: HHStaW, 506, Nr. 252.

42 Vgl. Protokoll AR-Sitzung der Konti am 25.6.1946, in: BAK, Z 45-F, OMGUS, Prop Dir off, 3/88-1/32.

gewesen war. Das Vermögen an der Konti falle daher nicht unter das Gesetz Nr. 52. Auf Veranlassung der Aktionäre der Gesellschaft sei daher eine HV einzuberufen.[43]

Die Konti befand sich also im Stadium der Abwicklung. Seit 1945 wurden mit Genehmigung der jeweils zuständigen Behörden laufend die Warenlager veräußert und außenstehende Forderungen eingezogen. Des Weiteren wurden die Verpflichtungen der Gesellschaft durch Abstimmung mit den Gläubigern festgestellt. Endlich wurden die Bilanzabschlüsse, die für die zurückliegenden Jahre noch nicht vorlagen, erstellt. Das Unternehmen hatte Forderungen und Verbindlichkeiten in fast allen deutschen Ländern. Das Grundvermögen betrug 225.000 DM, die Warenvorräte circa 550.000 DM. Die Geldmittel betrugen 1.231.000 DM, die Forderungen 1.028.000 DM. Die Beteiligungen waren als wertlos anzusehen. Die Verbindlichkeiten summierten sich auf 5,3 Mio. DM, zuzüglich der Verbindlichkeiten bei französischen Raffinerie-Gesellschaften.

Die Kontinentale Öl Transport AG war, unter Leitung von Treuhänder Schnaus, die einzige Konzerngesellschaft mit laufendem Geschäftsbetrieb. Ihr Rechnungswesen saß in Berlin, daneben gab es eine Zweigniederlassung in Frankfurt am Main, die 800 Kesselwagen in den Westzonen betrieb, während in der Sowjetischen Besatzungszone 400 Kesselwagen beschlagnahmt worden waren.

Die Kontinentale Öl GmbH wurde ebenfalls von Landshut aus geleitet, ihr Aufgabengebiet aber war entfallen. Die Erdölraffinerie Trzebinia GmbH wurde von ihrem Treuhänder Hans Becker von Bad Hersfeld aus geleitet. Die Süddeutsche Baugesellschaft mbH war unter ihrem Treuhänder Walter Scooler für den Bau der Raffinerie in Deggendorf, der zu 70 Prozent fertiggestellt wurde, verantwortlich. Die Südostchemie Handels GmbH war 1943 für eine Mio. RM von der Wifo erworben worden, sie hielt als Holding die rumänischen Beteiligungen. Die Kontinentale Betonschiffbau GmbH war eine Tochtergesellschaft der Kontinentalen Öl Transport AG und wurde von dieser betreut. Treuhänder der Baltischen Öl GmbH war Dr. Hans Fuchs. Die Leitung der Sapropel GmbH in Scharrel hatte der Treuhänder Durrieu. Sie hielt Beteiligungen an der Treibtorf GmbH und der Splittingtorf GmbH in Höhe von jeweils 50 Prozent. Von den 80 Mio. RM Aktienkapital der Konti standen dem Reich nur 37,5

43 Vgl. Schreiben Finanzabteilung Magistrat von Gross-Berlin an Hessisches Finanzministerium vom 24. 8. 1949, in; HHStaW, 506, Nr. 252. Das Gesetz Nr. 19 der Militärregierung vom 20. April 1949 bestimmte in Artikel 1: »Vorbehaltlich der in Artikel XIV, Ziffer 18 enthaltenen Bestimmungen werden hiermit alle Vermögenswerte, die sich in der amerikanischen Zone Deutschlands oder im amerikanischen Sektor von Berlin befinden und die am 8. Mai 1945 unmittelbar oder mittelbar dem Deutschen Reich oder einem deutschen Staat (einschließlich des Staates Preußen), Land oder einer Provinz gehört haben, für beschlagnahmt erklärt, soweit nicht bereits gemäß Gesetzgebung der Militärregierung Ermächtigungen und Anordnungen zur Verfügung über diese Werte ergangen sind. Alle Rechte und Interessen an diesen Vermögenswerten und das Eigentumsrecht an diesen Werten gehen auf die amerikanische Militärregierung Deutschlands über; die Verfügung über diese erfolgt nach den Bestimmungen dieses Gesetzes.« Gesetz Nr. 19, S. 95 f.

Mio. RM (Borussia 30 Mio., Preussag drei Mio., RKG 4,5 Mio.) zu, also weniger als 50 Prozent. Deshalb fiel die Konti nicht unter das Gesetz Nr. 19.[44]

Bei der AR-Sitzung Ende Oktober 1949 waren unter anderem Gustav Werner, Karl Günkel (in Vertretung Franz Heinrich Ulrich), Magistratsdirektor Kraft, Hauptamtsleiter Erich Knoll, Rechtsanwalt Jacobsohn und Hauptamtsleiter Schaffarczyk anwesend. Zum Vorsitzer des AR wurde Schaffarczyk gewählt, zum ersten Stellvertreter Jacobsohn und zum zweiten Stellvertreter Kraft. Zum Vorstand wurde der bisherige Treuhänder Schnaus bestellt. Auf der Versammlung wurde die Auflösung der Gesellschaft beschlossen. Über die beabsichtigte Auflösung und Bestellung eines Abwicklers wurde kein Beschluss gefasst, um dem neu gewählten AR eine Möglichkeit zur Stellungnahme zu geben.[45]

Die Konti berief zum 22. Juni 1950 eine ordentliche HV nach Berlin ein, auf der die Bilanzen für die Jahre 1944 bis 1947 vorgelegt und ein von der vorigen HV im Oktober 1949 abgesetzter Antrag auf Liquidation der Gesellschaft erneut unterbreitet werden sollten. Ferner sollte eine Ergänzungswahl zum AR vorgenommen werden, der nach den Wahlen im Oktober 1949 aus je drei Vertretern des Berliner Magistrats und der Wirtschaft (davon zwei aus dem Bundesgebiet) bestand.[46] Die nächste ordentliche HV des Unternehmens fand am 26. Februar 1951 in Berlin statt. Erneut wurden die Bilanzen für 1944 bis 1947 vorgelegt und die Liquidation vorgeschlagen.[47] Die Berliner Militärregierungen der Westzonen hatten schon seit längerer Zeit nahegelegt, die Liquidation der Gesellschaft zu beschließen, da der Gesellschaftszweck nicht mehr erfüllt würde; außerdem übe die Gesellschaft seit Kriegsende keine werbende Tätigkeit mehr aus. Die Gesellschafter hatten prinzipiell keine Einwände.[48]

Es lohnt ein kurzer Blick auf die Nachkriegskarrieren der Hauptprotagonisten: Bentz wurde nach 1945 Präsident der Bundesanstalt für Bodenforschung, Berger avancierte zum stellvertretenden AR-Vorsitzenden der RKG. Bütefisch wurde nach 1945 AR-Vorsitzender der Kohle-Öl-Chemie GmbH, Gelsenkirchen, Damm Vorsitzender des Vorstands der Aktiengesellschaft für Kraftstoffanlagen, Dresden. Fischer wurde nach 1945 Vorstandsmitglied der Dynamit Nobel AG, von der Goltz Mitglied des Beirats der Allianz-Versicherungs AG. Haver war als Vorsitzender der Verkaufsvereinigung für Teererzeugnisse AG tätig, Hayler als Geschäftsführer des Centrallagers für Handel und Gewerbe GmbH & Co. KG, München sowie als Mitglied des AR weiterer Gesellschaften. Rohdewald wurde nach 1945 Vorstandsmitglied der Kreditanstalt für Wiederaufbau, Schirner AR-Vorsitzender der Vereinigten Aluminium-Werke

44 Vgl. Schreiben Schulze-Brachmann an Bayerisches Landesamt für Vermögensverwaltung vom 1.10.1949, S. 4ff., in: HHStaW, 506, Nr. 252.

45 Vgl. Protokoll AR-Sitzung der Konti am 28.10.1949, in: BAB, R 176, Nr. 149; Kontinentale Öl AG., in: Wirtschaftsrevue, Nr. 43/44 vom 4.11.1949, zit. nach: ZBW; Abwicklung der Kontinentale Oel AG., in: SZ, Nr. 162 vom 17.11.1949, S. 6.

46 Vgl. Die Kontinentale Oel-AG, in: FAZ vom 1.6.1950, S. 6.

47 Vgl. Liquidation vorgeschlagen, in: ebd. vom 5.10.1950, S. 8.

48 Vgl. AV über HV der Konti am 26.10.1950 von Werner Veith, S. 4, in: HHStaW, 2092, Nr. 6115.

AG und stellvertretender AR-Vorsitzender der DEA und der Farbwerke Hoechst AG. Wisselmann war in der Nachkriegszeit als AR-Vorsitzender des Eisenwerks Weserhütte AG und der Vereinigten Kaliwerke Salzdetfurth AG tätig.[49]

7.4 Die Liquidation des Unternehmens

Die Generalversammlung am 26. Oktober 1950, in der das gesamte Aktienkapital von 80 Mio. RM vertreten war, beschloss die Liquidation zum 31. Oktober 1950. Die Bilanzen 1944 bis 1947 hatten bei besonders verwickelten Konzernverhältnissen der Gesellschaft kein genaues Bild der Lage gegeben. Die Treuhandschaft (30 Mio. RM des Aktienkapitals waren in Reichsbesitz) war erst kurz zuvor aufgehoben worden. Bei Kriegsende war der Gesellschaft die Existenzgrundlage entzogen. Ihr Auslandsbesitz (Beteiligungen an Gesellschaften in Rumänien, Ungarn, Polen und anderen ehemals besetzten Gebieten) war verloren; ihre Tätigkeit beschränkte sich danach auf die Veräußerung der Vorräte. Erst nach Aufstellung der Umstellungsbilanzen werde sich zeigen, inwieweit die Gläubigeransprüche, bei denen die Auslandsverpflichtungen den Vorrang haben, befriedigt werden können, so ein Artikel aus der *Süddeutschen Zeitung* vom November 1950.[50]

Da die Bilanz per 31. Dezember 1947 erhebliche Forderungen an das Reich enthielt und außerdem erhebliche Konzernverpflichtungen bestanden, wurde zunächst von einer Veröffentlichung der Abschlüsse Abstand genommen. Neu in den AR gewählt wurden ORR Friedrich Krämer aus dem Bundesfinanzministerium, Regierungsdirektor Wilhelm Mehrmann vom Landesfinanzamt Hannover, Vizepräsident Josef Bogner vom Bayerischen Landesamt für Vermögensverwaltung, Oberbergrat Georg Alsleben von der Preussag und Prokurist Paul Weise von der Bank für Handel und Industrie.[51] Als Liquidatoren fungierten Hans Naundorf und Schnaus, den AR bildeten Schaffarczyk als Vorsitzender, Jacobsohn und Ulrich als stellvertretende Vorsitzende sowie Georg Alsleben, Paul Weise, Josef Bogner, Friedrich Krämer und Wilhelm Mehrmann. Das Liquidationskapital betrug mit Stand 31. Oktober 1952 3.533.789,53 DM. Die letzte HV fand am 19. Mai 1953 statt.[52]

In der HV der Kontinentalen Öl AG in Liquidation vom 22. Juni 1951, an deren Aktienkapital von 80 Mio. RM die Privatwirtschaft mit 63 Prozent und die Bundesregierung und Berlin (früher das Reich) mit 37 Prozent beteiligt waren, wurde die

49 Vgl. Undatierte AN betr.: Konti, in: BStU, MfS HA IX/11, AB 822, Bl. 2-9, hier Bl. 2 ff.

50 Vgl. Liquidation der Kontinentale Oel AG, in: SZ, Nr. 261 vom 11./12.11.1950, S. 11.

51 Vgl. Kontinentale Öl-AG, in: Handelsblatt, Nr. 127 vom 1.11.1950, zit. nach: ZBW; Ein Oeltraum ging zu Ende, in: Deutsche Zeitung, Nr. 88 vom 4.11.1950, zit. nach: ebd.; AV zur HV der Konti am 22.6.1951 von Bresink vom 12.6.1951, in: HHStaW, 2092, Nr. 10274.

52 Vgl. Handbuch der deutschen Aktiengesellschaften, 54 (1953/54), S. 757 f.

Beschlussfassung über die DM-Eröffnungsbilanz und die Liquidationseröffnungsbilanz von der Tagesordnung abgesetzt, da die Vorlagen noch nicht fertiggestellt waren. Eine neue HV sollte in zwei bis drei Monaten stattfinden. Das Hauptaktivum der Gesellschaft bildete die Beteiligung an der Kontinentalen Öl Transport AG, die zufriedenstellend wirtschaftete.[53]

In der Bilanz per 31. Oktober 1951 fanden sich ein Anlagevermögen von 2,59 Mio. DM, darunter 2,47 Mio. DM Beteiligungen, und ein Umlaufvermögen von 3,19 Mio. DM, darunter 2,39 Mio. DM Bankguthaben. Die Liquidatoren waren nach wie vor Naundorf und Schnaus, Vorsitzer des AR war Schaffarczyk.[54]

In der Liquidationsbilanz der Kontinentalen Öl AG i. L. zum 31. Oktober 1955 wurde der Überschuss mit 4,92 Mio. DM ausgewiesen; davon wurden 3,2 Mio. DM – also vier Prozent – des Kapitals an die Aktionäre ausgeschüttet. Nach Tilgung des Verlustes für die Zeit vom 21. Juni 1948 bis zum 31. Oktober 1950 und nach Ablösung des Lastenausgleichs verblieb ein Überschuss von 900.000 DM. Die Gewinn- und Verlustrechnung wies einen Gewinn von 1.512 DM aus, um den sich der Verlustvortrag auf 210.000 DM verringerte.[55]

Im Oktober 1965 betrug das Anlagevermögen der Kontinentalen Öl AG in Liquidation 798.632 DM und die Gesamtaktiva 870.629,11 DM. Liquidatoren waren zu diesem Zeitpunkt Benno Dohen und Schnaus. Den AR bildeten Jacobsohn als Vorsitzer, Friedrich Krämer als stellvertretender Vorsitzer sowie Josef Bogner, Hugo Griebel, Dietrich Nebelung und Eduard Rabus.[56] Mit Datum vom 16. Dezember 1966 erlosch die Firma offiziell.[57]

53 Vgl. Kontinentale Oel AG i. L., in: Der Kurier, Nr. 144 vom 23. 6. 1951, zit. nach: ZBW; Konti Öl vor der Liquidation, in: Industriekurier, Nr. 98 vom 3. 7. 1951, zit. nach: ebd.

54 Vgl. Kontinentale Öl wieder in der Gewinnzone, in: Handelsblatt, Nr. 82 vom 18. 7. 1952, zit. nach: ebd.

55 Vgl. Kontinentale Oel-AG i. L., in: FAZ vom 11. 8. 1956, S. 8.

56 Vgl. Kontinentale Öl Aktiengesellschaft i. L., Bilanz per 31. 10. 1965, in: Bundesanzeiger, Nr. 179 vom 23. 9. 1966, zit. nach: IfW, F 1 X 30 E.

57 Vgl. Kontinentale Öl-Aktiengesellschaft (zuletzt: 1 Berlin 30, Wittenbergplatz Nr. 4). Die Firma ist erloschen. Berlin, den 16. Dezember 1966, in: ebd., Nr. 242 vom 28. 12. 1966, zit. nach: HHStaW, 2092, Nr. 11534.

8 Schlussbetrachtung

Im Zentrum der Betrachtung der an Jahren kurzen Geschichte der Konti standen deren Funktion als strategisches Zukunftsmodell sowie ihr operatives Scheitern während des Kriegs. Um mit dem zweiten Punkt zu beginnen: Auch wenn man die – ohnehin äußerst gewagte – Aussicht, in den Besitz der nahöstlichen Ölquellen zu gelangen, einmal ausklammert, muss man konstatieren, dass die Bilanz des Unternehmens keine Erfolgsgeschichte war. Zwar gelang es der Konti in allen drei wichtigen Gebieten – Rumänien, Galizien und Estland – die Produktion, die durch Krieg und mangelnde Modernisierung eingebrochen war, wieder zu steigern. Verschiedene Umstände verhinderten jedoch eine nachhaltige Aufwärtsentwicklung; ein allgegenwärtiges Hindernis bildete insbesondere der Mangel an Arbeitskräften. In den besetzten Gebieten war dafür vor allem die brutale, auf schnelle Ausbeutung abzielende NS-Besatzungspolitik verantwortlich, für die Ernährung und Gesundheit der Bevölkerung kaum beachtenswerte Kriterien waren. Dies trug entscheidend zu Arbeitsausfällen und dem Zulauf zu den Partisanenbewegungen bei und zeigt die Abhängigkeit der Konti von der jeweiligen Form der deutschen Besatzungspolitik. Auf der anderen Seite reagierte die Konti auf den Arbeitermangel mit einem massiven und skrupellosen Einsatz von Zwangsarbeitern – nicht zuletzt jüdischen. Auch wenn keine exakten Zahlen vorhanden sind, gehörte die Konti zweifellos zu den deutschen Unternehmen mit den meisten Zwangsarbeitern. Auch das ist ein deutliches Zeichen für den gegebenen engen Zusammenhang von Ökonomie und Gewalt.

Hemmend wirkte sich in den besetzten Gebieten ebenfalls die ungeklärte rechtliche Situation bei der Übernahme der Betriebe aus, die zu Konflikten mit den lokalen Besatzungsbehörden und dem Reichsministerium für die besetzten Ostgebiete führte. Ferner mangelte es der Konti an deutschen Fachkräften und temporär – durch die Priorisierung des Kaukasusunternehmens – sogar an Material. Insbesondere in Estland beeinträchtigten die schon bald einsetzende militärische Bedrohung durch die Rote Armee und der folgende Verlust der Gebiete die Ausbauarbeiten.

Das eigentliche Hauptziel, die Eroberung der Ölquellen des Kaukasus, konnte nicht erreicht bzw. nicht ausreichend gesichert werden. Neben der bekannten und viel diskutierten militärischen Problematik des Unternehmens manifestiert sich hier auch die limitierte Handlungsfähigkeit der Konti und ihre schicksalhafte Bindung an den Kriegsverlauf. Hierzu ein längeres, eindringliches Zitat des britischen Historikers Richard Overy:

> »Die größte Enttäuschung aber war das Öl. Als die deutsche Wehrmacht endlich im Herbst 1942 im Kaukasus in der Ölförderstadt Maikop ankam, steckten die fünfzig Bohrtürme, die man dringend gebraucht hätte, um die Produktion wieder in Gang zu bringen, noch im Deutschen Reich fest und warteten auf ihren Abtransport in den Kaukasus. Erdöltechniker und Ausrüstung mussten aus den klei-

nen deutschen Ölfeldern im Reichsgebiet nach Osten geschickt werden, wodurch die heimische Produktion in Bedrängnis geriet, weil die Experten nun dort fehlten. Als diese schließlich in Maikop angekommen waren, mussten sie feststellen, dass die Sowjets die Quellen systematisch zerstört hatten. Vom Dezember 1942 bis zum 17. Januar 1943, als die Gegend von den Deutschen schon wieder aufgegeben wurde, konnten die deutschen Ingenieure kaum mehr als 1.500 Tonnen Öl fördern, während die Jahresförderung 1940, vor dem Krieg, in diesem Ölfeld 3,4 Millionen Tonnen betragen hatte. Wenn man bedenkt, wie viel darüber geredet wurde, dass man sich auf das sowjetische Öl als Treibstoff für den Kriegseinsatz verlassen wolle, dann hätten die Wiederherstellung der beschädigten Fördereinrichtungen und die Schaffung von Transportmöglichkeiten – entweder mittels Pipeline nach Deutschland oder als Fertigprodukte mit Deutschlands kleiner Tankerflotte – weitere jahrelange Anstrengungen erfordert, selbst wenn Deutschland die Kaukasusregion tatsächlich hätte erobern können. Nichts belegt deutlicher, wie weit die Kluft zwischen Wunsch und Wirklichkeit im Kernbereich von Hitlers Kriegsstrategie tatsächlich war.«[1]

Insofern kann man Kepplers – freilich exkulpatorischem – Nachkriegsurteil zustimmen, die Konti habe grandiose Pläne zur Ausbeutung des russischen Erdöls verfolgt, denen durch den Kriegsverlauf aber ein frühzeitiges Ende gesetzt wurde. Er bewertete das Ganze als ein groß aufgebautes Gebäude, das eine kleine Maus gebar.[2]

Von den in dieser Studie thematisierten, noch viel weiterreichenden Zielen der Erdölstrategie der Nationalsozialisten und damit auch der Konti – die Inbesitznahme der Erdölquellen des Nahen Ostens, der Aufstieg der Holding zum *global player* und die Verdrängung der internationalen Konzerne – kann gar keine Rede sein. Alle diese Ziele blieben reine Denkfiguren, eine Realisierung in weiter Ferne, wenn sie nicht sowieso von vorneherein unmöglich gewesen war.

Aber was bedeutet dieser Befund, also das operative Scheitern, bei durchaus erfolgversprechenden Ansätzen? Zum einen steht er dafür, dass die Nationalsozialisten alles auf die Karte Krieg und Expansion setzten. Solange man hier erfolgreich war, ließen sich auch die daran geknüpften wirtschaftlichen Ziele erreichen. Stockte die militärische Entwicklung, oder kam es gar zu Rückschlägen, standen diese Ambitionen zwangsläufig infrage bzw. wurden obsolet. Hinzu traten die Konflikte um die zweckmäßigste Form der Besatzungspolitik – also die Frage: Ausbeutung oder Entwicklung – sowie die in diesem Zusammenhang beschriebenen Auseinandersetzungen mit den relevanten Besatzungsbehörden, die einen spezifischen Eigen-Sinn (Alf Lüdtke) entwickelten. Der letzte Punkt dokumentiert den Umstand, dass

1 Overy, Weltenbrand, S. 335 f.

2 Vgl. Zusammenfassung von Befragungen Kepplers vom 23.10.1945, S. 22 ff., in: IfZ, MA 1300/2; Nürnberger Prozesse, Fall XI, Protokoll, Bd. 171, in: BAB, DO 1, Nr. P 3819, Bl. 19659-19662, hier Bl. 19659.

die vier Machtsäulen beileibe nicht komplett amalgamierten, sondern es im hier vorliegenden Fall permanenter Aushandlungsprozesse bedurfte, um Blockaden zu vermeiden.

Um zu den drei Makroebenen zurückzukommen: Bei der *ökonomischen* kann man zuerst einmal konstatieren, dass die Kooperation der Erdölfirmen – und vor allem auch der Großbanken – eine weitgehend freiwillige war. Die Aussicht auf lukrative Gewinne in den besetzten Gebieten war für sie zu verlockend. Dafür schluckten sie, wenn auch widerwillig, die Kröte des dominierenden staatlichen Einflusses. Dieser war so ausgestaltet, dass man nicht von einem reinen Staatsunternehmen sprechen kann, sondern eher von einer NS-spezifischen Public Private Partnership. Bei der Beantwortung der Frage, ob die Konti ein strategisches Zukunftsmodell war, muss man gewisse Einschränkungen machen: Die gewählte spezifische Unternehmensform sollte von vornherein nur für künftige Unternehmen mit einem ähnlichen Zuschnitt und Anspruch, eventuell noch für einige der Ostgesellschaften und weitere Staats- bzw. Parteiunternehmen Modellcharakter haben. Selbst auf längere Sicht war sie nicht für alle Privatgesellschaften gedacht, die privatkapitalistische Basis sollte auf jeden Fall erhalten bleiben. Voraussetzungen für eine größere Verbreitung des Modells wären ein von deutscher Seite siegreich beendeter Krieg sowie die damit verbundene kontinentale bzw. globale Expansion gewesen. In dem Fall hätten Unternehmen, die sehr wahrscheinlich eine ähnliche Organisationsform wie die Konti bekommen hätten, zweifellos eine Zukunft gehabt. Dies kann man an den sich etablierenden Strukturen in der besetzten Sowjetunion und beim Vormarsch auf den Kaukasus – wie zum Beispiel der TBM – ohne Frage deutlich ablesen.

Hinsichtlich der *politisch-militärischen* Ebene wurde erneut deutlich, dass die wirtschaftlichen Motive – expliziter ausgedrückt: die Jagd nach dem Erdöl des Kaukasus – handlungsleitend für die militärischen Planungen waren. Die Konti bzw. ihre Tochtergesellschaft, die Ost Öl GmbH, waren von Anfang an integraler Bestandteil dieser Planungen – für sie war sogar eigens eine rechtliche und administrative Sonderstellung vorgesehen. Ebenso ist der enge Zusammenhang zwischen Ökonomie und Gewalt hier evident, sowohl bei der Konti und ihrer Verzahnung mit dem Militär, etwa mit der TBM, als auch in der Personalie Otto Rasch, dem SS-Brigadeführer und Leiter ihres Werkschutzes. Insgesamt kann man den systematischen Aufbau des eigenen Werkschutzes der Konti und dessen Beteiligung an Verbrechen, wie den Erschießungen von Juden, als symptomatisch betrachten. Zu guter Letzt lässt sich an der Frage der Ölversorgung der globale Charakter des Kriegs exemplifizieren: Die hier angeführten alliierten Reaktionen auf das deutsche Vordringen in Rumänien, im Kaukasus und im Nahen Osten sind dafür beredtes Zeugnis. Gleiches gilt für den dynamischen Charakter des Kriegs und den rastlosen Expansionismus. Hier kann man die ursprüngliche Feststellung bestätigt sehen, dass die Konti, deren Entwicklung auf das Engste mit dem Kriegsgeschehen verbunden war, dafür ein gutes Beispiel bildet. Nicht zufällig bildete der Rückzug aus Maikop – im Zusammenspiel mit den deutschen Niederlagen in Stalingrad und Nordafrika – den irreversiblen Wendepunkt des

Kriegs. Und ebenso wenig zufällig erscheint das Engagement der Konti auf deutschem Boden (Deggendorf) als letztes Menetekel für den Untergang des Dritten Reichs.

Auf der *soziologischen* Makroebene sind Zweifel angebracht, ob man die Konti, und dabei in erster Linie ihren AR, als Modell für eine neue herrschende Klasse im nationalsozialistischen Deutschland interpretieren kann; deren Etablierung hätte ohne Frage eine viel längere Zeit benötigt. Die zweite Einschränkung bezieht sich auf die hier behandelte spezifische, ohnehin sehr staatsnahe Branche und die fehlenden Einflussmöglichkeiten eines AR. Dies ist in diesem Zusammenhang aber eher zweitrangig, da es um die Repräsentation geht. Und man kann auf jeden Fall konstatieren, dass sich in diesem Gremium zumindest eine sehr enge Zusammenarbeit, ich würde sogar von einer Amalgamierung sprechen, der Machtsäulen des NS-Staats über formelle (bis hin zu Personalunionen) und informelle Kanäle (z. B. über Foren wie den Freundeskreis des RFSS) entwickelte. Insofern ist der AR der Konti aus meiner Sicht durchaus ein Beispiel für eine mögliche weitere Entwicklung der nationalsozialistischen Gesellschaft und des Gesamtsystems. An den personellen Kontinuitäten in die Nachkriegszeit wird zudem deutlich, dass es gravierende Unterschiede gab zwischen den Ökonomen, denen, von wenigen Ausnahmen wie Karl Rasche einmal abgesehen, eine bruchlose Fortsetzung ihrer Karriere gelang, und den Repräsentanten der anderen drei »Machtsäulen«. Während Mitglieder der staatlichen Bürokratie, wie Hugo Berger, unbehelligt weiterarbeiten konnten, gelang das den Militärs selten und den hier betrachteten führenden Parteikadern gar nicht. Ausnahmen bilden jene, die sich – wie Fischer, Haupt und Kadgien – ins Ausland absetzten und dort eine neue Karriere starteten. Insofern lässt sich hier von einem Zerfall der »neuen herrschenden Klasse« sprechen.

Auf jeden Fall – und hier sind wir bei den wichtigsten Elementen des theoretischen Bezugsrahmens – fügte sich die Konti, und vor allem ihr AR, nahtlos in die »Neue Staatlichkeit« ein. Vielleicht sollte man angesichts der Tatsache, dass die »neuen«, den klassischen Anstaltsstaat tendenziell ablösenden Strukturen so neu gar nicht waren, besser von »alternativer« Staatlichkeit sprechen.[3] Die reibungslose Zusammenarbeit des Unternehmens mit den Kommissaren, Generalbevollmächtigten und Sonderbehörden, etwa Krauch und Bentz, der VJP-Behörde, aber eben auch dem RWiM und dem RFM, zeigt die Wirkungsmacht dieser Form der Staatlichkeit.[4] Ja, man kann die Konti, die über eigene Rechte und weitgehende Befugnisse verfügte, getrost selbst als eine wirtschaftliche Sonderbehörde interpretieren.[5]

Ähnliches gilt aus meiner Sicht für die Debatte um Primate, Freiheit oder Zwang (bzw. Markt- oder Staatswirtschaft) und die Wirtschaft im Nationalsozialismus all-

3 Vgl. zu früheren Formen von Sonderbehörden den Klassiker: Hintze, Commissarius.

4 Darin zeigt sich ebenfalls die Bedeutung des »Netzwerks des Unternehmens« (Hartmut Berghoff).

5 Genau darin wurzelte der Konflikt mit Rosenberg, dem nicht saturierten Reichsminister für die besetzten Ostgebiete und seinen Satrapen. Um im Bild zu bleiben, könnte man sagen, dass sie eben nicht in der »Neuen Staatlichkeit« angekommen waren und dieses durch überzogene Ansprüche und brutales Auftreten zu ändern versuchten.

gemein. Hier zeigt die Struktur des AR der Konti eine diese Debatten mit ihren Gegensatzpaaren unterlaufende Interpretationslinie auf: Bereits im Vorweg war es zu Vermischungen und Amalgamierungen zwischen den vier Machtsäulen gekommen, Beispiele dafür sind Fischer, Krauch, aber auch Keppler, Bentz und Kranefuß, die im AR der Konti kulminierten. Damit machten sie ein Primat der Politik tendenziell obsolet, übrigens auch die Ausübung von Zwang oder gar die Abschaffung von Privateigentum. Die gegenseitige Durchdringung verstärkte den ohnehin weitgehend vorherrschenden Konsens bei den Zielen und sorgte für eine reibungslose Zusammenarbeit. Insofern funktionierte auch die Wirtschaft als Element der NS-Gesellschaft, sie war eben mehr als nur die »Wirtschaft des Nationalsozialismus« (Norbert Frei). Zumindest dieser Aspekt des Unternehmens scheint mir durchaus Modellcharakter beanspruchen zu können, zumal er sich zusätzlich durch das ausführlich beschriebene Beispiel der TBM stützen lässt. Auch hier arbeiteten die Machtträger – nicht zuletzt motiviert durch die lukrativen Aussichten auf Macht, Einfluss und Geld – auf freiwilliger Basis zusammen.

Was die in der Einleitung mit aller gebotenen Vorsicht formulierte Bedeutung der Konti für eine Beurteilung des gesamten NS-Wirtschaftssystems anbelangt, kann man der vagen Einschätzung des Wirtschaftshistorikers Harald Wixforth folgen: »Mit der Gründung der Kontinentalen Öl AG wurde ein weiteres Kapitel im Zusammenspiel von staatlichem Dirigismus in wichtigen Wirtschaftsbranchen, gepaart mit unverhülltem Expansionsdrang und marktwirtschaftlichen Elementen, aufgeschlagen.«[6] Auf der anderen Seite haben die Darlegungen aus meiner Sicht gezeigt, dass man dabei nicht nur von einem »weiteren Kapitel«, sondern unbedingt von einem »eigenen Kapitel« sprechen muss – vielleicht sogar von einem ersten Schritt auf dem Weg zu einem genuin nationalsozialistischen Wirtschaftssystem.

Man kann es nicht oft genug betonen, der Zweite Weltkrieg hat die absolute Notwendigkeit von Erdöl im Krieg deutlich gemacht. Wie nicht zuletzt das Beispiel der Konti demonstriert, züchtete der Mangel an Öl die Kräfte, die versuchten, es zu beschaffen. Darüber hinaus spielte es auch eine entscheidende Rolle in der Strategie der siegreichen Seite, der Alliierten: Es war klüger, Flugzeuge am Boden zu halten und Panzer außer Gefecht zu setzen, indem man ihre Ölvorräte zerstörte, als Menschen und Maschinen im direkten Kampf zu riskieren.[7] Gerade in dieser Hinsicht eignet sich die Geschichte der Konti, um den globalen Charakter des Zweiten Weltkriegs, der häufig nicht gesehen wird, herauszuarbeiten. Schon der kursorische Blick auf die alliierten Pläne zur Zerstörung der rumänischen und kaukasischen Ölquellen sowie auf ihre Stellung und ihr Agieren im Nahen Osten unterstreicht den inneren Zusammenhang zwischen dem europäischen und dem pazifischen Kriegsschauplatz.

Auch die erheblichen Erdöllieferungen verbündeter Staaten, insbesondere Rumäniens, zusammen mit den Vorkommen in den besetzten bzw. kontrollierten Gebieten

6 Wixforth, Ausbeutung, S. 364.
7 Vgl. Ludmer, Oil, S. 259.

Europas sowie der heimischen Produktion konnten den deutschen Gesamtbedarf bei Weitem nicht decken. Die wachsende Übermacht der Alliierten zu Lande, zu Wasser und in der Luft stellte außerdem sicher, dass die Ölversorgung in Deutschland schon 1944, also deutlich vor Kriegsende, nachhaltig beschnitten wurde. Deutschlands Versuche, das Öldilemma mittels technologischer Innovationen und neuer Eroberungen zu sichern, endeten schließlich im Desaster.[8]

Vor allem die Angriffe auf die Hydrierwerke, das »Stalingrad der Rüstungswirtschaft« (Kehrl), lähmten die deutsche Kriegsmaschinerie endgültig. NS-Deutschland »erstarrte zu einem bewegungs- und kraftlosen Monster, bis zum letzten Augenblick Urbild einer Großmacht, deren überspannten Eroberungsplänen neben vielen anderen Voraussetzungen eine unabdingbare Basis gefehlt hatte: der Besitz eigener Ölquellen.«[9]

Als die Verantwortlichen mit der Herausforderung der Ölversorgung Europas kämpften, war eine der wichtigsten daraus folgenden Entscheidungen die Gründung der Konti im März 1941. Wie gezeigt werden konnte, eröffnet die Geschichte dieses Unternehmens – das selbst nicht nur einen »kontinentalen«, sondern auch einen globalen Anspruch hatte – den Blick auf die langfristige deutsche Ölstrategie und die entsprechenden Vorstellungen von einem internationalen Ölmarkt der Nachkriegszeit. Die Planer erwarteten, dass das Unternehmen Deutschlands Position als führender Ölproduzent und -lieferant für Europa sichern würde. Langfristig sollte es zu dem größeren Projekt der Befreiung von der angloamerikanischen Dominanz beitragen. In diesem Sinn fügt sich die Geschichte der Konti in die umfassendere Geschichte des deutschen Imperialismus ein – ein zum Scheitern verurteilter Versuch, aus der strategischen Bedeutungslosigkeit in einer vom britischen, sowjetischen und US-amerikanischen Weltreich beherrschten Welt auszubrechen, indem man eine deutsche Einflusssphäre in Osteuropa, der Sowjetunion und schließlich im Nahen Osten erwarb.[10]

Die Gründung der Konti markierte zweifellos eine Zäsur in der Geschichte der deutschen Mineralölwirtschaft. 1941 träumte man davon, auf diese Weise ein deutsches Äquivalent zu den großen internationalen Mineralölgesellschaften zu schaffen. Doch während Letztere über eine hervorragende technische Basis und Experten an ihrer Spitze verfügten, regierten – so die Beurteilung von Rainer Karlsch – bei der Konti Staatsbeamte und Bankiers mit NSDAP-Parteibuch. So sei das Unternehmen, etwas überspitzt formuliert, als die größte Ölgesellschaft der Welt ohne Öl und ohne irgendjemanden an der Spitze, der wirklich etwas vom Ölgeschäft verstanden habe, bekannt geworden.[11]

8 Vgl. Raymond G. Stokes, Der Siegeszug von Erdöl und Erdgas im 20. Jahrhundert, in: Dieter Ziegler (Hg.), Rohstoffgewinnung im Strukturwandel. Der deutsche Bergbau im 20. Jahrhundert, Münster 2013, S. 515-538, hier S. 528.

9 Vgl. Weltmacht Öl, Teil 3, S. 73 (Zitat ebd.).

10 Vgl. Toprani, Oil, S. 230; ders., Germany's Answer, S. 951.

11 Vgl. Karlsch/Stokes, Faktor Öl, S. 211.

Dieses Urteil geht auf Albert Everard Gunthers apologetische, auf den exkulpatorischen Aussagen deutscher Ölexperten beruhende Nachkriegseinschätzung zurück, der dem Unternehmen den Charakter einer Ölgesellschaft rundweg abgesprochen hatte. Während die Standard Oil und die Shell stets mit einer modernen Technik operierten, habe dies für die Konti nicht gegolten. Die Personalie Karl Blessing habe dafür gestanden, dass ihre Bestrebungen stets primär auf Profit ausgerichtet gewesen seien. Gunther hatte behauptet, der »Wasserkopf« von Bürokraten und Bankiers habe die Konti zu einer Karikatur verkommen lassen. Ein Grund für die fehlenden Experten sei in dem Umstand zu suchen, dass die »Großen Vier« alle Hände voll zu tun hatten und ihre Fachleute nicht bei Phantasieunternehmen verzetteln wollten.[12]

Solch einseitigen Urteilen ist deutlich zu widersprechen. Dass es sich bei der Konti eben nicht um eine »Ölgesellschaft ohne Öl« gehandelt hat, konnte, so meine ich, durch einen genaueren Blick auf ihre drei regionalen Hauptarbeitsgebiete eindeutig widerlegt werden. Die von ihr kontrollierten Gebiete Rumänien, Galizien und Estland spielten zweifellos bei der deutschen Ölversorgung eine zentrale Rolle. Auch die Behauptung, an der Spitze der Konti habe eine inkompetente Laienspielschar ohne Fachkenntnisse gestanden, muss man zurückweisen: Fischer, Brochhaus, Dihlmann und Fetzer waren ausgewiesene Ölfachleute. Und wenn das auch, in der Tat, auf Blessing nicht zutrifft, so ist doch zu konzedieren, dass er ein international angesehener Finanzfachmann war, der auch in die zwischenstaatlichen Verhandlungen mit Rumänien einbezogen wurde. Nimmt man die in den Tochtergesellschaften leitenden Personen, wie etwa Große und Schlicht, hinzu, wird das Urteil endgültig obsolet.

Doch letztlich blieb der Erfolg des Unternehmens primär davon abhängig, inwieweit es sich ausländische Vermögenswerte und Firmenbeteiligungen im Zuge der deutschen militärischen Expansion aneignen konnte. »Nur als Trittbrettfahrer der deutschen Okkupationspolitik und Besatzungsherrschaft konnte es gelingen, die weitgesteckten Planungen zu realisieren.«[13]

Insofern glich die Geschäftstätigkeit der Konti einem Kampf gegen Windmühlenflügel: Die militärischen Eroberungen der Deutschen und ihre Herrschaft über den Kontinent hatten die Lage nicht erleichtert: Im Gegenteil, nun musste das gesamte besetzte Gebiet mit Öl versorgt werden. Die Importe aus Übersee fielen weg, und die deutschen Bemühungen, diese Lücke etwa durch die Erschließung kleinerer Ölgebiete in Europa oder durch Drosselung des Verbrauchs lösen zu wollen, waren zum Scheitern verurteilt: Je größer die deutschen Kriegsanstrengungen, desto mehr Öl wurde benötigt.[14]

12 Vgl. Der deutsche Krieg um Erdöl in Europa 1933-1945. Geschichtliche Enthüllungen von A.E. Gunther (Kapitel III – Die deutsche Struktur der europäischen Erdöl-Industrie. [Petroleum Times vom 6.12.1947, S. 1211-1215] 0049457), S. 6, in: BGR, Nr. 0073874.

13 Vgl. Wixforth, Ausbeutung, S. 363f. (Zitat S. 364).

14 Vgl. Levy, Paradox, S. 9ff. und 15.

Kurzbiographien der wichtigsten Akteure

Hermann Josef Abs

Hermann Josef Abs wurde am 15. Oktober 1901 als Sohn des Rechtsanwalts Josef Abs in Bonn geboren. Nach dem Abitur 1920 und einem abgebrochenen Jurastudium in Bonn folgten eine Banklehre beim Bonner Bankhaus Louis David und der Beginn der beruflichen Tätigkeit bei Delbrück von der Heydt & Co. in Köln. Im Frühjahr 1923 wechselte er zum Amsterdamer Bankhaus Rhodius Koenigs und war in Devisengeschäften in London, den USA und Lateinamerika tätig. 1925/26 folgten Reisen nach England, Nord- und Südamerika zu Volontariaten bei dort ansässigen Firmen, danach erhielt er Prokura bei Rhodius Koenigs. Er avancierte zum Experten in Fragen des internationalen Kapitalexports, eine Kompetenz, die ihm ein rasches Weiterkommen sicherte. Anfang 1929 wechselte Abs zu Delbrück, Schickler & Co. nach Berlin, ab 1929 war er dort Prokurist. 1932 erhielt er Einzelprokura und wurde 1935 Teilhaber. Geschäftliche Erfolge gelangen ihm mit der Sanierung der Karstadt AG und der Reprivatisierung der Commerzbank. Im Sommer 1937 wechselte Abs als Nachfolger des verstorbenen Gustaf Schlieper in den Vorstand der Deutschen Bank und war dort für das Auslandsgeschäft zuständig. Für seine neu gegründete Exportkreditbank AG suchte Abs nach Kriegsbeginn unabhängige Aktionäre und wandte sich deshalb an Karl Blessing, mit dem er im Beirat der Deutschen Reichsbank gesessen hatte. Blessing übernahm für die Deutsche Bank einen Sitz im AR der Exportkreditbank AG und vertrat dort treuhänderisch 200.000 RM, die ihm Abs zur Verfügung stellte.[1]

Abs war in der Zeit vor 1945 der führende und richtungsweisende Direktor der Deutschen Bank. Sein Biograph Lothar Gall lässt keinen Zweifel daran, dass sich Abs in den grundsätzlichen Zielsetzungen der nationalsozialistischen Expansionspolitik hinsichtlich Ost- und Südosteuropas mit dem Regime identifiziert hatte. Unrechtsbewusstsein oder Schuldgefühle plagten ihn jedenfalls nicht, und 1945 setzte er sich aus dem umkämpften Berlin nach Hamburg ab, wo er eine Art informelle Zentrale der Deutschen Bank einrichtete. Obwohl der Spitzenbanker einige Verhöre über sich ergehen lassen musste, wurde er von der britischen Besatzungsmacht nicht in seinen Aktivitäten behindert, sondern unterstützt. Unter den zuständigen britischen Offizieren traf Abs alte Bekannte aus der Vorkriegszeit, die sich für ihn einsetzten. Bereits im Spätsommer 1945 leitete er das German Bankers Advisory Board bei der britischen Bankenkontrollkommission. Erst als sich der US-amerikanische Druck auf die britischen Besatzungsbehörden erhöhte, wurde Abs am 17. Januar 1946 in Arrest genommen, kam jedoch bereits im April wieder frei.[2]

1 Vgl. Czichon, Bank, S. 231 f.

2 Vgl. Schanetzky, Unternehmer, S. 74.

Abs wurde in Jugoslawien in Abwesenheit zu 15 Jahren Zwangsarbeit verurteilt, verbüßte seine Strafe aber nicht. In der Nachkriegszeit avancierte er zum wichtigsten Mann in der Deutschen Bank und übernahm ab 1950 offiziell internationale staatliche Aufgaben, etwa als Mitglied des wirtschaftlich-technischen Ausschusses in der Schumann-Plan-Kommission oder als Leiter der westdeutschen Delegation bei der Londoner Schuldenkonferenz 1951/52. Nicht zuletzt deswegen galt er als »ungekrönter Finanzminister«. Ab 1951 lief eine DDR-Kampagne gegen Abs, der in den Augen der SED-Agitatoren eine Symbolfigur für die Verquickung von brauner Vergangenheit, Staatsamt und Finanzmacht darstellte. Für Albert Norden war er schlicht der »Kriegsverbrecher, der Hitler und Adenauer finanzierte«.[3]

Abs starb am 5. Februar 1994 in Bad Soden am Taunus.[4]

Alfred Bentz

Alfred Bentz wurde am 26. Juli 1897 in Heidenheim/Brenz geboren. Nach zweijährigem Kriegsdienst studierte er an den Universitäten München und Tübingen, wo er 1922 zum Dr. rer. nat. promoviert wurde. 1923 wurde Bentz als Geologe auf Probe in der PGLA in Berlin eingestellt und 1926 dem damaligen Hauptreferenten für Erdöl zugeteilt, dessen Nachfolge er 1929 antrat. Bentz leitete ab Anfang 1934 das neu gegründete Institut für Erdölgeologie der PGLA, war seit Honorarprofessor an der Technischen Hochschule Hannover und wurde 1936 zum Landesgeologen und Professor ernannt.

Am 28. Juli 1938 wurde Bentz zum Beauftragten für die Förderung der Erdölgewinnung beim Beauftragten für den Vierjahresplan ernannt. Ab Oktober 1940 war er Direktor der Abteilung Erdöl bei der Reichsstelle für Bodenforschung.

Nachdem am 3./4. Februar 1945 das Reichsamt ausgebombt worden war, wurde die Abteilung Erdöl Ende Februar in Bürobaracken der Deutschen Vacuum Öl nach Westercelle verlegt, später in die Gebäude der ITAG in Celle. Bentz wurde vom Entnazifizierungsausschuss für die Stadt Hannover am 29. Juli 1948 als »nicht betroffen« eingestuft.

Ab März 1951 war Bentz Präsident des Amts für Bodenforschung und ab Dezember 1958 Präsident der Bundesanstalt und der Niedersächsischen Landesanstalt für Bodenforschung. Er trat 1962 in den Ruhestand und verstarb auf der Heimreise von einer Sitzung des Ständigen Rats der Welterdölkongresse in Stratford-upon-Avon am 11. Juni 1964 an einem Herzinfarkt.[5]

3 Vgl. Brünger, Geschichte, S. 145 f. Vgl. dazu: Schreiben Hauptverwaltung A, Abteilung VII, an Major Damm, Leiter der Abteilung X, vom 1. 8. 1960, Anlage: Angaben zur Person von Dr. Hermann Josef Abs, in: BStU, MfS AP, Nr. 3761/76, Bl. 17-20; Aufzeichnung vom 24. 2. 1975, in: BAB, DO 1, Nr. 2287.

4 Vgl. Gall, Abs, S. 2 ff.; ders., Bankier, S. 14, 20 f., 47; ders., A man for all seasons, S. 126; Kopper, Mann, S. 164 ff.; Wixforth, A Man for All Seasons; Schmelzer, Devisen, S. 157; Koch, Geldgeschäfte, S. 205 ff.; Radandt, Abs.

5 Vgl. Seibold/Seibold, Bentz, S. 1082 ff.; Schott, Daten, S. XVIIf.; Staesche, Nachruf, S. XXV; Carlé, Werner, S. 424; Hennig, Württembergische Forschungsreisende, S. 100; Schott, Bentz; Kartei-

Seine Rolle im Holocaust war ambivalent: Zwar rettete er einzelne Juden und verwandte sich für den Verbleib jüdischer Arbeitskräfte in der galizischen Ölindustrie, forderte aber auch todbringende »Auskämmungen« bei der Karpathen Öl AG.[6]

Die Nachrufe auf Bentz waren hymnisch: »Mit ihm ist der markanteste deutsche Erdölgeologe der Gegenwart, eine Persönlichkeit von Weltruf, ein Wissenschaftler großen Formats, ein Praktiker mit sicherem Fingerspitzengefühl für immer von uns gegangen.«[7] Ein anderer Nachruf betonte seine Rolle als Schnittstellenmanager: »Prof. Bentz erwarb sich als Geologe und Organisator Weltruf. In seltener Weise verstand er es, die Belange der Wissenschaft zu vertreten wie umgekehrt der Wirtschaft und dem Alltag die Erkenntnisse der Wissenschaften zugänglich und nutzbar zu machen.«[8]

Hugo Fritz Berger

Hugo Fritz Berger wurde am 11. Dezember 1887 als Sohn des Bankdirektors und Kommerzienrats Hugo Berger in Berlin-Steglitz geboren. Nach dem Besuch der Humanistischen Gymnasien in Steglitz und Stettin besuchte er von 1898 bis 1906 das Großherzogliche Gymnasium Fridericianum in Schwerin und bestand Ostern 1906 die Abiturprüfung. Danach studierte er Jura und Volkswirtschaft in Leipzig, München und Greifswald. Seine Referendarzeit absolvierte er ab November 1911 beim Oberlandesgericht Stettin. Im Februar 1912 wurde er promoviert, später wurde Berger Gerichtsassessor am Kammergericht. Als Soldat im Ersten Weltkrieg verbrachte er die letzten Jahre ab August im Kriegsministerium in Berlin, nachdem er zuvor in der Zwangsverwaltung mehrerer französischer und belgischer Gas- und Elektrizitätsgesellschaften tätig war. Im Oktober 1919 bestand er das Assessorexamen und wechselte als Reg.Rat ins Reichsschatzministerium und 1922 als ORR ins Reichsministerium für Wiederaufbau. Von 1924 bis 1945 war er im RFM tätig, 1928 als Min.Rat, 1932 als Min.Dirig. und seit dem 1. Mai 1937 als MinDir. und Leiter der Abteilung für finanzielle Beziehungen zum Ausland, allgemeine Wirtschaftsfragen, Rechtsfragen. Berger wurde als »ungewöhnlich kluger und wertvoller«, vor allem im Hinblick auf seine »Kenntnisse von Zusammenhängen« hoch qualifizierter Experte und daher als ein für Krosigk und Reinhardt »unentbehrlicher Ratgeber« beschrieben.

Er war an zahlreichen internationalen Reparationskonferenzen beteiligt, deutscher Delegationsführer bei den Transferverhandlungen in London im Juni 1934 sowie bei den internationalen Rückgliederungsverhandlungen über die Saar vor dem Völkerbund involviert.

karte zu Alfred Bentz, in: BAB, R 26-III, Nr. 80118; Hochschullehrerkartei des Reichministeriums für Wissenschaft, Erziehung und Volksbildung zu Bentz, in: ebd., R 4901, Nr. 13258; Fragebogen der Militärregierung für Deutschland von Bentz vom 15.7.1945, in: NLA, Nds. 171 Lüneburg, Nr. 25373.

6 Vgl. Kölbl-Ebert, Geology, S. 76 f.; dies., German petroleum geologists, S. 399 f.; Sandkühler, Endlösung, S. 403 ff.

7 Schultze, Nachruf, S. 241.

8 Grill, Nachruf, S. 634.

Berger war Vertreter der finanziellen Reichsinteressen bei verschiedenen großen Reichsunternehmen sowie bei der Reichsbahn und den Großreedereien. Dazu zählten neben der Konti AR-Mandate unter anderem bei der Hamburg-Amerika Linie (Hapag), dem Norddeutschen Lloyd, der Vereinigte Industrie-Unternehmungen AG (Viag), der RKG, der DRT, der Rheinmetall-Borsig AG, der Vereinigte Aluminium Werke AG, den Reichswerken Hermann Göring, der Deutschen Umsiedlungs- und Treuhandgesellschaft sowie im Beirat der Deutschen Reichsbahn.

Am 26. Mai 1945 wurde Berger als Vertreter des Reichsfinanzministers beim Oberfinanzpräsidium Hamburg abberufen und nach der Kapitulation vom 31. Mai bis 5. November 1945 im Internierungslager Neumünster inhaftiert. Nach 1945 half er beim Aufbau des Zonenhaushaltsamts für die britische Zone. 1947 wurde Berger in den Ruhestand versetzt, blieb aber weiter als Finanzberater tätig. Er verstarb im August 1971.[9]

Karl Blessing

Karl Blessing wurde am 5. Februar 1900 in Enzweihingen in Württemberg geboren. 1925 schloss er als Diplomkaufmann an der Handelshochschule in Berlin ab. Von 1920 bis 1939 war er bei der Reichsbank tätig, ab 1921 in der Devisenabteilung der Berliner Zentrale, drei Jahre später in der volkswirtschaftlichen Abteilung. Durch seine Beschäftigung mit Reparations- und Transferfragen kam er in Kontakt mit Schacht. Als dessen Assistent nahm er 1929 an der Young-Konferenz teil, an den Haager Reparationskonferenzen und der Baden-Badener Konferenz über die Gründung der Bank für Internationalen Zahlungsausgleich (BIZ) in Basel. 1930 wurde er Abteilungsleiter bei der BIZ. Im Frühjahr 1934 in die Reichsbank zurückgerufen, widmete er sich wieder dem Bereich Auslandsschulden. Als Schacht 1934 kommissarischer Wirtschaftsminister wurde, ging Blessing bis 1937 als Generalreferent ins RWiM und trat am 1. Mai 1937 in die NSDAP ein. Ebenfalls 1937 wurde er in das Reichsbankdirektorium aufgenommen. In dieser Eigenschaft unterzeichnete er am 7. Januar 1939 eine Denkschrift »gegen die hemmungslose Ausgabenwirtschaft der öffentlichen Hand«, die sich gegen die Rüstungsfinanzierung über die Notenpresse wandte. Kurz darauf wurde er deswegen aus dem Direktorium abberufen und trat als Vorstandsmitglied in die Margarine-Union AG, eine deutsche Tochtergesellschaft der Unilever, ein. Die Unilever zeigte sich dafür erkenntlich, dass Blessing während seiner Zeit im RWiM geholfen hatte, einen Teil ihrer Gewinne ins Ausland zu trans-

9 Vgl. Lebenslauf von Berger, o. Dat., in: BAK, N 1181, Nr. 83; Fragebogen der Militärregierung für Deutschland vom 31.12.1945, in: ebd.; Hugo Fritz Berger, Aus meinem Leben oder Theorien und Wirklichkeiten, o. Dat., in: ebd., Nr. 27; Undatierter handschriftlicher Lebenslauf von Berger (1919/20), in: BAB, R 2, Nr. 102260, Bl. 2 f.; Personalbogen, in: ebd., Nr. 102259; Fragebogen der Militärregierung von Berger vom 18.11.1946, in: ebd., Nr. 103004, Bl. 1-6; Aufzeichnung des Min.Dir. Berger zum Fragebogen vom 18.11.1946, in: ebd., Bl. 7 f.; Kilian, Krieg, S. 95 (Zitate ebd.); Personalnotizen, in: FAZ vom 27.8.1971, S. 16.

ferieren. Er verdankte seine Berufung aber auch der Fürsprache von Abs, der ausgezeichnete Verbindungen zu dem niederländischen Unternehmen besaß. Seit 1939 war Blessing Mitglied im Freundeskreis des RFSS. Da er sich 1941 weigerte, die Unilever-Organisation mit SD-Leuten durchsetzen zu lassen, wurde er von Heydrich aus seiner Stellung gedrängt. Dazu schreibt der Historiker Christopher Kopper: »Sicher ist, dass er das AR-Mandat aus freien Stücken angenommen hatte.« Ab 1942 stand Blessing über den Berliner Rechtsanwalt Eduard Waetjen und Theodor Eschenburg in losem Kontakt mit Mitgliedern des Widerstands. Im Januar 1943 tauchte Blessings Name als Reichswirtschaftsminister und Reichsbankpräsident in einer Kabinettsliste Goerdelers auf.

Nach einer Zeit in US-amerikanischer Haft stufte ihn die Spruchkammer Vaihingen schließlich im Juni 1948 als »entlastet« ein und wertete sein Engagement bei der Konti als Kriegsdienstverpflichtung. Im Folgemonat kehrte er in die Hamburger Zentrale der Unilever zurück, seit 1952 war er Leiter des deutschen Zweigs. Daneben gehörte er den Aufsichtsräten großer deutscher Industrieunternehmen an, unter anderem bei Daimler-Benz, der Nordsee-Hochseefischerei, der Phrix Arbeitsgemeinschaft und der Deutschen Unionsbank, und saß im VR der Frankfurter Kreditanstalt für Wiederaufbau. Blessing wurde stellvertretender AR-Vorsitzender der Übergangsgesellschaft Hamburger Kreditbank AG und war an der Restauration der Dresdner Bank AG beteiligt. Am 1. Januar 1958 wurde Blessing Präsident der Deutschen Bundesbank und behielt diese Position bis 1969. Blessing starb am 25. April 1971 bei einer Urlaubsreise in die Provence.[10]

Hans Brochhaus

Hans Brochhaus wurde am 28. Februar 1895 in Olpe im Rheinland geboren, wo er von 1901 bis 1909 die Volksschule besuchte. Der frühe Tod des Vaters verhinderte den Wechsel auf eine höhere Schule. So begann er eine Lehre in der Kommunalverwaltung auf dem Bürgermeisteramt in Olpe, ging 1913 als Verwaltungsgehilfe zum Bürgermeisteramt in Kürten und wechselte in gleicher Position zur Bürgermeisterei Overath. Vom Verwaltungsgehilfen, Verwaltungssekretär, I. Gemeindesekretär und Gemeinderentmeister wurde er schließlich 1921 in Overath zum Bürgermeister auf Lebenszeit gewählt.

10 Vgl. Karl Blessing, in: Munzinger Archiv, Ausgabe 36 vom 6.9.1971; OMGUS, Ermittlungen, S. 322, Anm. 115; Bericht über Karl Blessing, o. Dat., in: BAB, DO 1, Dok/P 2644, Bl. 1-3; Grüner, Blessing; Kopper, Reichsbank, S. 192 ff. (Zitat S. 197); Lindenlaub, Blessing; Gehlen/Marx, Führungspersonal, S. 66 ff.; Hank, Notenbanker; Theurer, Der braune Bundesbanker; Schmelzer, Devisen, S. 157; Wubs, International Business, S. 56 ff.; Wöbbeking, Unilever, S. 34 und 165 ff.; Eschenburg, Letzten Endes, S. 68 ff.; NSDAP-Karte, in: BAB, R 9361-VIII KARTEI, Nr. 2770314 und ebd., R 9361-IX KARTEI, Nr. 3220237; Protokoll der öffentlichen Sitzung der Spruchkammer Vaihingen/Enz am 1. Juni 1948, in: StaLu, EL 902/23, Bü 795. In Kürze wird eine Biographie des Augsburger Historikers Stefan Grüner zu Blessing erscheinen.

In den Jahren 1920 bis 1923 besuchte Brochhaus die Verwaltungsschule der Kreise Köln, Land Köln-Mülheim und Bergheim. Danach wurde er zum Studium zugelassen und studierte ab 1923 acht Semester Volkswirtschaft und Sozialwissenschaft in Köln. 1925 trat er als Grubenvorstand in die Gewerkschaft Elwerath ein und übernahm dort die kaufmännische Leitung. Als erster kaufmännischer Direktor des Unternehmens, und später als Vorstandsmitglied der Deurag und Nerag, rückte er in eine Reihe von Posten als Aufsichts- und Beirat von Banken und der Elwerath nahestehenden Gesellschaften sowie in den Vorstand der Konti auf. Im Jahr 1932 wurde Brochhaus Mitglied der Industrie- und Handelskammer Hannover, zu deren Vizepräsident er berufen wurde. 1943 wandelte man diese Kammer in die Gauwirtschaftskammer um, und Brochhaus blieb im Präsidium. Seit 1. Mai 1933 war Brochhaus NSDAP-Mitglied. 1941 bekam er für seine verantwortungsvollen Tätigkeit bei der Gewerkschaft Elwerath, der Deurag, der Nerag und der Konti sowie als Leiter der Arbeitsgemeinschaft Erdölgewinnung und -verarbeitung das Kriegsverdienstkreuz (KVK) I. Klasse verliehen. Brochhaus unterhielt Kontakte zum Widerstandskreis um Hans Bernd Gisevius und Eduard Waetjen. Beide waren im Amt Ausland/Abwehr im OKW tätig und stellten Anfang 1944 eine Verbindung zwischen dem OSS in der Schweiz und der Gruppe um Ludwig Beck her.

Im Januar 1946 wurde er von der britischen Militärbehörde verhaftet und im November wieder entlassen, durfte sich aber geschäftlich oder politisch nur nach erteilter Genehmigung betätigen. Sein Entnazifizierungsverfahren endete 1947/48 mit der Eingruppierung in die Kategorie »V. entlastet«. Brochhaus wurde erneut Generaldirektor bei der Gewerkschaft Elwerath sowie der Raffinerie Deurag-Nerag und schied im Februar 1954 als Vorstandsmitglied aus. Er verstarb am 1. Dezember 1972.[11]

Heinrich Bütefisch

Heinrich Bütefisch wurde am 24. Februar 1894 als Sohn eines Lehrers in Hannover geboren. Nach der Reifeprüfung an der Oberrealschule in seiner Heimatstadt studierte er ab 1912 an der dortigen TH Physikalische Chemie. Seit 1914 diente er als Kriegsfreiwilliger in der Ersatzkompanie des Telegraphen-Bataillons 6, zuletzt als Leutnant der Reserve. Er wurde mit dem Eisernen Kreuz I. und II. Klasse ausgezeichnet. 1918 setzte Bütefisch sein Studium fort und schloss es 1919 als Diplom-

11 Vgl. Memorandum zum Entnazifizierungsantrag von Brochhaus vom 23.7.1947, S. 1 ff., in: NLA, Nds. 171 Hannover, Nr. 1755; Entnazifizierungs-Entscheidung des Entnazifizierungs-Hauptausschusses der Stadt Hannover vom 9.9.1948, in: ebd.; Hans Brochhaus (http://www.dasgeiseltal.de/content/oss--operation-_pod_/hans-brochhaus.html); NSDAP-Karte, in: BAB, R 9361-IX KARTEI, Nr. 4541383; Personalien: Kriegsverdienstkreuz I. Kl. für Hans Brochhaus, in: Öl und Kohle, 37 (1941) 37, S. 749; Uhlig u. a., Tarnung, S. 406 f., Anm. 85; Verhaftung von Erdöl-Magnaten, in: Das Kieler Nachrichtenblatt der Militärregierung, Nr. 5 vom 24.1.1946, zit. nach: IfW, F 1 X 30 E; Notiz, in: FAZ vom 24.2.1954, S. 12; Todesanzeige der Gewerkschaft Elwerath und der Raffinerie Deurag-Nerag für Brochhaus, in: FAZ vom 13.12.1972, S. 30.

ingenieur ab, ein Jahr später wurde er zum Dr.-Ing. promoviert. 1920 erfolgte sein Eintritt in die BASF als Analysechemiker. Als Schützling von Carl Bosch wurde er 1922 als Betriebsleiter nach Leuna versetzt, 1925 wurde er Abteilungsleiter, 1927 Prokurist und 1930 Direktor der chemischen Produktionen in Leuna sowie Koordinator der gesamten technischen Werksbelange. Bütefisch avancierte 1934 zum stellvertretenden Vorstandsmitglied der IG Farben, zum Mitglied des Arbeitsausschusses des Vorstands und zum stellvertretenden Geschäftsführer der Ammoniakwerke Merseburg. Er war Mitglied des Freundeskreises des Reichsführers SS. 1936 wurde er Mitarbeiter von Carl Krauch beim VJP als Produktionsbeauftragter für Öl im Rüstungsministerium. Am 1. Mai 1937 trat er in die NSDAP ein. 1938 rückte Bütefisch zum ordentlichen Vorstandsmitglied der IG Farben auf, zum stellvertretenden Leiter der Sparte I, zum Geschäftsführer der Ammoniakwerke Merseburg, zum Werksleiter Leuna und zum Mitglied des Technischen Ausschusses. Ferner wurde er zum Wehrwirtschaftsführer ernannt. 1939 erfolgte seine Berufung zum Leiter der Wigru Kraftstoffindustrie als Nachfolger von Ernst Rudolf Fischer. Ab 1939 war er Ehrenmitglied der SS und wurde zum Mitglied der Leopoldina gewählt. Der SS-Hauptsturmführer Bütefisch wurde 1941 zum Leiter der Benzinsynthese des im Aufbau befindlichen Werks Auschwitz. Es folgten die Verleihung des KVK II. Klasse, später auch I. Klasse, und die Beförderungen zum SS-Sturmbannführer bzw. zum Obersturmbannführer. 1945 wurde Bütefisch das Ritterkreuz des KVK verliehen. Trotzdem urteilte das RSHA im Januar 1943 über ihn: »Er ist also weitgehendst IG-gebunden und als durchaus konzernhörig zu betrachten.« Neben dem AR-Sitz bei der Konti übte er weitere wichtige Mandate aus: Er war Vorstandsmitglied der Brabag, stellvertretender Vorsitzender des AR der Donau Chemie AG und der Steinberg Naphta AG, ferner Mitglied des AR der Fürstengrube GmbH, Dynamit Nobel, des Stickstoffsyndikats und der Norddeutschen Hydrierwerke Pölitz, ferner Leiter der Technischen Expertenkommission der Internationalen Konvention der Stickstoffindustrie.

1945 wurde Bütefisch durch US-amerikanische Truppen verhaftet, 1948 im IG-Farben-Prozess der »Versklavung« für schuldig befunden und zu sechs Jahren Gefängnis verurteilt. Bereits 1951 wurde er aus der Haft im Kriegsverbrechergefängnis Landsberg wieder entlassen und nahm ab 1952 AR-Mandate unter anderem bei der Ruhrchemie AG, der Gasolin AG und der Feldmühle AG wahr und war AR-Vorsitzender der Kohle-Öl-Chemie GmbH. 1964 legte Bütefisch alle Mandate aus gesundheitlichen Gründen nieder. Im März 1964 wurde ihm das Große Verdienstkreuz verliehen, das Bundespräsident Heinrich Lübke aufgrund von Protesten nach 16 Tagen zurückforderte. Bütefisch starb am 13. August 1969 in Essen.[12]

12 Vgl. Heine, Verstand, S. 166 f.; Handschriftlicher Lebenslauf von Bütefisch, o. Dat. (nach 1939), in: StaN, KV-Anklage, Dok. Fotokopien, NI-6710; AN zu Bütefisch vom 1.11.1968, in: BStU, MfS HA IX/11, Nr. PA 5445, Bl. 5-9; SS-Karteikarte für Bütefisch, in: BAB, R 9361-III, Nr. 519614; Dienstlaufbahn, in: ebd.; Handschriftlicher Lebenslauf von Bütefisch, in: ebd.; NSDAP-Karte,

Paul Damm

Paul Damm wurde am 11. April 1890 in Preetz in Holstein geboren. Von 1896 bis 1901 besuchte er die Mittelschule zu Preetz, von 1901 bis 1909 die Oberrealschule I in Kiel, an der er 1909 die Reifeprüfung bestand. Von 1909 bis 1913 studierte Damm Chemie an den Universitäten Jena, Kiel und Breslau. An Letzterer bestand er im Dezember 1911 das anorganische und im April 1912 das organische Verbandsexamen, im Februar 1913 das Rigorosum. Als Kriegsfreiwilliger wurde er im Ersten Weltkrieg schwer verwundet. Damm trat 1917 in die Dienste der Farbenfabriken Bayer in Elberfeld ein und wurde dort Mitarbeiter von Fritz Hoffmann. Mit ihm ging er bei Gründung an das Kaiser-Wilhelm-Institut für Kohleforschung nach Breslau, wo er sechs Jahre als Assistent arbeitete, vorrangig zur Verkokung von Kohle. Danach arbeitete Damm als Chefchemiker der Oberschlesischen Kokswerke, später bei der Borsig-Kokswerke AG. Damm trat am 1. Mai 1933 in die NSDAP ein, 1939 wurde er mit der Leitung der Abteilung Kohleveredlung der damaligen Reichswerke Hermann Göring betraut. Im selben Jahr übernahm er den Vorsitz im Vorstand der Sudetenländischen Treibstoffwerke AG in Brüx, ebenfalls saß er im Vorstand der Sächsischen Werke, der im Oktober 1940 gegründeten AG für Kraftstoffanlagen und im AR der Konti.

Nach anfänglichen Problemen beim beruflichen Wiedereinstieg nach 1945 trat Damm schließlich 1948 bei der Rütgerswerke AG ein und konnte dort an maßgeblicher Stelle zehn Jahre wirken. Nach seiner Pensionierung war er noch bis kurz vor seinem Tod als Berater bei der Salzgitter Industriebau GmbH tätig. Damm starb am 6. April 1966.[13]

Walther Dihlmann

Walther Dihlmann wurde am 14. Januar 1897 in Berlin geboren. Sein Vater, Carl Dihlmann, war ordentliches Vorstandsmitglied im Siemens-Konzern und Direktor der Siemens-Schuckertwerke. Er besuchte die Realgymnasien Grunewald und Wilmersdorf in Berlin. Im Ersten Weltkrieg diente er als Leutnant in einem Fußartillerie-Regiment, als Beobachtungsoffizier und ab November 1917 als Pilot bei der Fliegertruppe. Er wurde mit dem Eisernen Kreuz I. und II. Klasse, dem Württembergischen Verdienstkreuz mit Schwertern und dem Österreichischen Verdienstkreuz ausgezeichnet. Dihlmann durchlief eine kaufmännisch-banktechnische Ausbildung mit einer Lehre ab

in: ebd., R 9361-VIII KARTEI, Nr. 4550009 und ebd., R 9361-IX KARTEI, Nr. 5070576; Schreiben des RSHA an die Adjutantur des Reichsführers SS vom 11.1.1943, in: ebd., NS 19, Nr. 2224, Bl. 13-15 (Zitat Bl. 14); Schreiben Chef des Bundespräsidialamts an Bundesminister des Innern vom 31.3.1964, in: BAK, B 106, Nr. 104082; Hörner, Auschwitz, S. 149 ff.; Eichmüller, SS, S. 257 ff.; Soll und Haben.

13 Vgl. Damm, Abkömmlinge, Lebenslauf; Lang, Damm; NSDAP-Karte, in: BAB, R 9361-VIII KARTEI, Nr. 5560935; Bedeutende Neugründung in der Kraftstoffindustrie, in: Deutsche Bergwerks-Zeitung, Nr. 252 vom 27.10.1940, zit. nach: ZBW.

dem Juni 1919 bei einer Hamburger Import- und Exportfirma, arbeitete seit Juli 1921 als Bankangestellter in Windhuk und danach als Filialleiter einer Agentur in Kapstadt sowie als Geschäftsführer der Ölsaat-Verwertungs GmbH in Berlin.

Er trat im Dezember 1923 in die Chemische Fabrik Griesheim-Elektron als Abteilungsleiter für den Verkauf von Verbrennungsgasen und Kalziumkarbid ein, im Februar 1927 in die Vereinigten Sauerstoffwerke Berlin. Im März 1934 wurde er in die Verkaufsgemeinschaft Chemikalien versetzt und ließ sich – mit Studienaufenthalten in Österreich und Südosteuropa – für einen späteren Einsatz in einer der Konzerngesellschaften ausbilden. Im Januar 1935 erfolgte sein Eintritt in die Volkswirtschaftliche Abteilung der IG Farben. Im April 1935 wurde er als Leiter zur Kompensationsabteilung versetzt, die 1936 zur Abteilung Exportförderung ausgebaut wurde. Seit Mai 1937 war er Ressortleiter in der Abteilung Ölsaaten, ein Jahr später erhielt er Prokura. Am 1. September 1939 wurde er Geschäftsführer der neu gegründeten Sojavertrieb GmbH. Mit Wirkung vom 1. Mai 1940 übernahm er die Exportförderungsabteilung.

Dihlmann trat am 1. Januar 1941 in die NSDAP ein. Ab dem 1. April 1941 war er Prokurist der Konti. Seit Sommer 1941 war er Geschäftsführer der Kontinentalen Öl GmbH und wurde im Herbst 1941 zum Direktor der Konti ernannt. Gleichzeitig war er AR- bzw. Beiratsmitglied der Mineralölvertrieb Serbien AG, der Mineralöl Südost GmbH, der Silom Società Italiana Lavorazione Olii Minerali, der Bulgarischen Mineralöl AG sowie Geschäftsführer der Albanien Öl GmbH. Folgt man einer Nachkriegsaussage von Adalbert Schnaus, war Dihlmann aufgrund seiner engen Verbindung zu Ernst Rudolf Fischer »in der Lage, neben Herrn Blessing zu regieren, wovon er auch Gebrauch machte«.

Nachdem ihm 1946 eine Wiederbeschäftigung bei den IG Farben nicht möglich schien, wurde Dihlmann später doch Direktor bei den Farbwerken Hoechst. Er verstarb am 14. Juli 1982.[14]

Friedrich (Fritz) Fetzer

Friedrich (Fritz) Fetzer wurde am 17. September 1896 in Lindau geboren. Er besuchte die dortige Lateinschule und später das Internat Klosterneuburg. Fetzer nahm als Kriegsfreiwilliger am Ersten Weltkrieg teil und wurde schwer verwundet. Anschließend studierte er zunächst Chemie, später Rechtswissenschaften in München. Nach Absolvierung des Zweiten Staatsexamens und Promotion zum Dr. jur. in Er-

14 Vgl. Personalkarte der IG Farben für Dihlmann, in: BAB, R 8128, Nr. 26252; Personalkarte der IG Farben für Dihlmann, zweite Karteikarte, in: ebd.; Personalakt der IG Farbenindustrie AG für Dihlmann, in: ebd., VBS 1091 (R 8128), ZA VI 3390 A. 01-32; Werdegang in der IG Farbenindustrie AG vom 21.11.1944, in: ebd.; NSDAP-Karte, in: ebd., R 9361-VIII KARTEI, Nr. 6321265; Erklärung von Adalbert Schnaus bei einer Besprechung am 25. Juli 1946, in: NAW, RG 260, Property Division, Records of the Office Director, General Records, Box 9 (Zitat ebd.); Schreiben Dihlmann an Karl Schirner vom 22.1.1946, in: HADB, V01/0024; Die deutsche Ostpolitik – gestern und morgen, in: SZ vom 19.1.1955, S. 2; Todesanzeige von Dihlmann, in: FAZ vom 20.7.1982, S. 18.

langen 1922[15] trat er in die Kriegsmarinewerft Wilhelmshaven ein und wurde aufgrund seiner Tüchtigkeit Mitte der 1930er Jahre nach Berlin versetzt, zunächst zum Kriegsministerium und dann zum OKM, wo er die Ölbeschaffungsmaßnahmen nach den Weisungen Raeders koordinierte. Im OKM leitete er von 1939 bis 1942 die Abteilung für Betriebsstoffbewirtschaftung innerhalb der Amtsgruppe Nachschub und Betriebsstoffbewirtschaftung im Marinekommando.

Da Fetzer außer Englisch und Französisch auch Russisch sprach, konnte er später auch die Verhandlungen mit den Sowjets über die Öllieferungen maßgeblich beeinflussen. Am häufigsten verhandelte er jedoch mit dem US-amerikanischen Öl-Promotor William Rhodes Davis, dem Inhaber der Crusader Petroleum Industries und Eigentümer mehrerer Tochtergesellschaften, darunter die Eurotank mit Raffinerie in Hamburg. Fetzer war AR-Vorsitzender der Eurotank, saß außerdem im AR der Reichskraftsprit GmbH und der Konti. Nach Aussagen von Erich Raeder hatte Fetzer »fast alle Ölvorkommen der Welt auf seinen Reisen kennengelernt« und verfügte »über hervorragende Verbindungen im In- und Ausland«.

1949 kam Fetzer als Hauptabteilungsleiter ins Bundeswirtschaftsministerium nach Bonn und war zeitweise auch bei der OECD als deutscher Vertreter in Paris tätig. 1952 wurde er in den AR der AGIP Deutschland AG berufen. Fetzer verstarb am 23. Januar 1985 in Lindau.[16]

Hans Fischböck

Hans Fischböck wurde am 24. Januar 1895 in Geras in Niederösterreich als Sohn eines Richters geboren. 1896 übersiedelten seine Eltern nach Wien, wo Fischböck die Volksschule und ein Gymnasium absolvierte und danach an der Universität Wien Jura studierte.

Von März 1915 bis November 1918 diente er als Frontsoldat an der Tiroler Gebirgsfront, zuletzt als Oberleutnant, und wurde mit der Kleinen silbernen Tapferkeits-Medaille, dem Goldenen Verdienstkreuz mit Schwertern, dem bronzenen und silbernen Signum Laudis sowie dem Karl-Truppenkreuz ausgezeichnet. Er war bei verschiedenen Wiener Großbanken tätig, unter anderem bei der Allgemeinen Verkehrsbank, und gründete schließlich aus der österreichischen Creditanstalt heraus eine Grundstücksgesellschaft, die er einige Jahre leitete. 1936 wurde er zur Liquidation des Lebensversicherungsunternehmens Phönix berufen. Anschließend übernahm er die Leitung der Versicherungs AG, welche insolvente Institute auffing und sich zum führenden Versicherungsunternehmen Österreichs entwickelte. Auf Bestreben der Reichsregierung wurde Fischböck mit der Behandlung der Wirtschaftsbeziehungen zwischen dem Deutschen Reich und Österreich betraut; in der ersten Regierung

15 Vgl. Fetzer, Systematische Darstellung.

16 Vgl. Bachmann, Fetzer; OMGUS, Ermittlungen, S. 321, Anm. 106; Zetzsche, Logistik, S. 61 f. und 64 f.; Harrington, Mystery Man, S. 20 f. und 240 f., Anm. 45; Raeder, Mein Leben, S. 59 (Zitat ebd.).

Seyß-Inquart war er Handelsminister. Die Abwicklung der österreichischen Regierung nach dem »Anschluss« begleitete Fischböck im März 1938 in führender Position als Wirtschafts- und Finanzminister und kehrte dann in die Privatwirtschaft zurück, um die Leitung der Creditanstalt-Bankverein Wien zu übernehmen. Ferner war er Leiter der Wirtschaftskammer Wien. Nach der Besetzung der Niederlande übernahm er als Generalkommissar für Wirtschaft und Finanzen im Juni 1940 die Leitung der wirtschaftlichen und finanziellen Angelegenheiten im Rahmen des Reichskommissariats für die besetzten niederländischen Gebiete.

Fischböck trat am 1. Januar 1940 in die NSDAP ein, der Eintritt wurde, wie bei Österreichern üblich, auf den 1. Mai 1938 rückdatiert. Sein Eintritt in die SS erfolgte am 1. Juni 1940 als SS-Oberführer, am 9. November 1941 wurde er zum SS-Brigadeführer befördert. Seit 1941 war er AR-Mitglied der Konti. Er war als Generalkommissar für Charkow vorgesehen. Im März 1942 wurde Fischböck zum Staatssekretär im RWiM und zum Reichskommissar für die Preisbildung ernannt. 1944 wurde er zum stellvertretenden Leiter des Planungs- und Rohstoffamts im Rüstungsministerium berufen und zählte damit zu den wichtigsten Stützen Albert Speers.

Nach dem Krieg lebte Fischböck bis 1950 unter falschem Namen in München und reiste dann mit einem Pass des Roten Kreuzes im Januar 1951 über Genua nach Argentinien aus, wo er in der Firma des ehemaligen SS-Offiziers und Ritterkreuzträgers der SS-Division »Wiking« Karl Nicolussi-Leck arbeitete. Fischböck kehrte nach seiner Amnestierung nach Westdeutschland zurück, meldete sich im Januar 1961 in Essen an und war als Berater einer deutschen Stahlfirma tätig. Nach einem Interview mit einem holländischen Journalisten im Jahr 1966 rückte Fischböck in den Fokus zahlreicher Presseveröffentlichungen, die daraufhin einsetzende Suche nach ihm verlief jedoch ergebnislos. Er starb am 3. Juni 1967 in Wehrda.[17]

Ernst Rudolf Fischer

Ernst Rudolf Fischer wurde am 4. Mai 1897 in Naumburg/Saale geboren. Sein Vater, Hugo Fischer, war Oberstudiendirektor. In Naumburg besuchte er das Real-

17 Vgl. SS-Karteikarte für Fischböck, in: BAB, R 9361-III, Nr. 524170; Schreiben des HSSPF beim RK für die besetzten niederländischen Gebiete, Hanns Albin Rauter, an den Chef des SS-Personalhauptamtes, SS-Gruppenführer Walter Schmitt, vom 13.10.1941, in: ebd.; Personal-Fragebogen zum Antragschein zur Aufnahme in die NSDAP von Fischböck vom 15.3.1938, in: ebd., R 9361-II, Nr. 237045; Schreiben des Gauleiters Wien der NSDAP, Baldur von Schirach, an den Reichsschatzmeister der NSDAP, Franz Xaver Schwarz, vom 21.1.1943, in: ebd.; Ernennungsurkunde zum Reichskommissar für die Preisbildung vom 9.1.1942, in: ebd., R 43-II, Nr. 356a, Bl. 69; Dr. Fischböck zum Reichskommissar für die Preisbildung ernannt, in: Völkischer Beobachter, Nr. 16 vom 16.1.1942, zit. nach: ebd., Bl. 72; NSDAP-Karte, in: ebd., R 9361-VIII KARTEI, Nr. 8921292; Anfragen an die Regierung in Den Haag zum Fall Fischböck, in: Süddeutsche Zeitung vom 21.1.1966, in: ebd., DO 1, Nr. P 13942; Blaschitz, NS-Flüchtlinge, S. 122; Graf, Österreichische SS-Generäle, S. 201 ff.

gymnasium bis zum Abitur und nahm am Ersten Weltkrieg als Freiwilliger bei einem Feldartillerie-Regiment teil. Nach der Demobilmachung studierte er zwei Semester Volkswirtschaftslehre an der Universität Berlin, daneben arbeitete er in einem Pressebüro. Im Anschluss an eine Lehrzeit vom August 1919 bis zum Oktober 1920 bei einem Hamburger und einem Berliner Exportgeschäft arbeitete er als Vertreter bzw. Leiter bei zwei Budapester Firmen. Danach folgte ein Studium der Volkswirtschaftslehre und Wirtschaftsrecht an der Universität Jena, im Juli 1922 wurde er promoviert. Er trat 1922 in die Chemische Fabrik Griesheim-Elektron ein, wo er im Juni 1929 zum Prokuristen avancierte. Als die Griesheim-Elektron in der IG Farbenindustrie AG aufging, arbeitete er bis Mitte 1932 als Prokurist der Zentralbuchhaltung der IG in Frankfurt/Main. In den Jahren 1932 und 1933 führte er als Verkaufsleiter für flüssige Kohlenwasserstoffe der IG Farben die Verhandlungen mit dem RWiM, die Mitte Dezember 1933 in den bekannten »Benzinvertrag« mündeten. Am 1. Mai 1933 trat er in die NSDAP ein. Fischer war im Wirtschaftspolitischen Amt der NSDAP mit Mineralölfragen befasst und an der Gleichschaltung der deutschen Mineralölindustrie beteiligt. Im April 1934 wechselte er als Direktor zur Deutschen Gasolin AG. Von 1932 bis 1945 war er zugleich als Verkaufsleiter für die Mineralölprodukte der IG Farben verantwortlich. Ab 1. Oktober 1939 war er Leiter der Wigru Kraftstoffindustrie und der Mineralöl-Abteilung im RWiM, weshalb sein Dienstverhältnis mit der IG Farben ruhte. Ab Mai 1941 wurde sein Gehalt von der Konti bezahlt, und am 1. Oktober 1941 wurde Fischer von dem Unternehmen in den Vorstand berufen. »Mineralölfischer«, wie er genannt wurde, war zudem SS-Hauptsturmführer und Träger des KVK.[18]

Nach 1945 setzte er sich zusammen mit Friedrich Kadgien und Ludwig Haupt in die Schweiz ab, nachdem er vom Schweizer Botschafter gewarnt worden war, dass er bei einem Prozess gegen die IG Farben zu den Angeklagten zählen werde. Die drei nutzten ihre engen Kontakte zur Petrola aus der Kriegszeit, und so leisteten der Direktor der Petrola, Dr. Ernst Imfeld, und der Leiter der Sektion für Kraft und Wärme im Volkswirtschaftsdepartement und gleichzeitiger Verwaltungspräsident der Petrola, Nationalrat Grimm, wertvolle Schützenhilfe bei der Übersiedlung in die Schweiz. Als im Frühjahr 1945 die deutsch-schweizerischen Handelsbeziehungen abbrachen, setzten sich Fischer, Kadgien und Haupt für den Rücktransport der 800 in Deutschland verbliebenen Tankwagen ein. Fetzer war inzwischen Vertreter der Petrola in Deutschland geworden. Sehr interessiert an der Übernahme ehemaliger IG-Farben-

18 Vgl. Eidesstattliche Versicherung von Fischer vom 29.1.1948, in: StaN, KV-Prozesse, Fall 6, F 17 (Bütefisch Dokument Nr. 194), Bl. 52-54, hier Bl. 52; Personalkarte der IG Farben für Fischer, in: BAB, R 8128, Nr. 26208; Personalakt der IG Farbenindustrie AG für Fischer, in: ebd., VBS 1091 (R 8128), ZA VI 3507 A. 02-20; Lebenslauf vom 31.8.1922, in: ebd.; NSDAP-Karte, in: ebd., R 9361-VIII, Nr. 8921557 und ebd., R 9361-IX, Nr. 8851258; Fischer, Versuche; Schreiben Verbindungsstab der NSDAP, Abteilung Wirtschaft, Keppler, an Fischer vom 16.7.1933, in: ebd., R 8128, Nr. 10352, Bl. 71; Rundschreiben der Wigru Kraftstoffindustrie, Fischer, an die Mitglieder vom 19.9.1939, in: ebd., R 13-XXIII, Nr. 1; Kehrl, Krisenmanager, S. 227; Kockel, Quelle, S. 176f.

Spezialisten war die Holzverzuckerungs-AG (Hovag) in Domat Ems (Graubünden), die heutige EMS-Chemie. Als zentraler Vermittler trat Fischer hervor. Seine Dienste bestanden in der Vermittlung deutscher Techniker und deutscher Technologien. Daneben fungierte er offiziell auch als Berater für die Kunststoffwerk AG in Brugg und für die Aktiengesellschaft für Industrielle Chemie, Zürich. Fischer lebte im schweizerischen Baden und wurde Verwaltungsrat der Atlas-Werke in Bremen, beriet ferner ein Düsseldorfer Unternehmen, das weltweit Raffinerien baute, und war an einer deutschen Kunststofffabrik beteiligt.

1954 kehrte er in die Bundesrepublik zurück und ließ sich im September 1955 in Bad Godesberg nieder. Er wurde Geschäftsführer der GmbH zur Verwertung chemischer Erzeugnisse Liebenau, ab 1958 Vorstandsvorsitzender der deutschen Dynamit AG, vormals Alfred Nobel & Co., wo er am 1. Februar 1964 ausschied, und Vorstandsmitglied der Feldmühle AG. Fischer verstarb am 12. Mai 1965 in Lugano.[19]

Walther Funk

Walther Funk wurde am 18. August 1890 in Trakehnen/Ostpreußen als Sohn eines Bauunternehmers geboren. Nach dem Besuch des Gymnasiums in Insterburg studierte er Rechtswissenschaften und Volkswirtschaft in Berlin und Rechtswissenschaften in Leipzig. Ab 1912 folgte eine Ausbildung bei der *National-Zeitung* in Berlin, bei den *Leipziger Neuesten Nachrichten* und der *Handelskorrespondenz Julius Stringe* in Berlin als Börsenjournalist.

Nach kurzem Kriegsdienst arbeitete er seit Juli 1916 in der Redaktion der *Berliner Börsen-Zeitung*, ab 1920 als leitender Redakteur des Handelsteils und von 1922 bis 1930 als Chefredakteur. Er pflegte seit 1923 enge Beziehungen zu Helfferich, Luther, Schacht und dem Reichsverband der deutschen Industrie. Funk schied 1930 bei der *Berliner Börsen-Zeitung* aus und wurde Hauptgeschäftsführer der Gesellschaft für deutsche Wirtschafts- und Sozialpolitik. Außerdem war er vor 1931 Vorsitzender des Sachverständigenausschusses für Pressefragen beim Berliner Börsenvorstand und der Industrie- und Handelskammer Berlin. Am 1. Juni 1931 trat er auf Veranlassung des Vereins für bergbauliche Interessen im Rheinland und Westfalen in die NSDAP ein. Ab 1931 war Funk persönlicher Wirtschaftsbeauftragter Hitlers, ab dem 16. Dezember 1932 Leiter der Unterkommission Wirtschaftspolitik bei der neugegründeten Politischen Zentralkommission der NSDAP. Im Januar 1933 wurde er Pressechef der Reichsregierung und im März Staatssekretär im Reichsministerium für Volksaufklärung und Propaganda, gleichzeitig stellvertretender Präsident der Reichskulturkammer und Vorsitzender des VR beim Werberat der Deutschen Wirtschaft.

19 Vgl. Schmelzer, Devisen, S. 134 f.; Uhlig u. a., Tarnung, S. 183 f., 383, 393 ff.; Bochsler, Ein neues Leben; Personalnotizen, in FAZ vom 1. 7. 1958, S. 14; Die Feldmühle und Dynamit Nobel berichten gemeinsam, in: FAZ vom 2. 8. 1963, S. 22; Veränderungen bei Dynamit Nobel, in: FAZ vom 31. 1. 1964, S. 30. Vgl. Todesanzeige der Dynamit Nobel AG, in: FAZ vom 15. 5. 1965, S. 22.

Im November 1937 übernahm er die Leitung des Reichs- und Preußischen Wirtschaftsministeriums und wurde Generalbevollmächtigter für die Kriegswirtschaft. Im Januar 1939 löste er Schacht als Reichsbankpräsident ab und wurde Mitglied des Ministerrats für die Reichsverteidigung. »Mit der Berufung zum Reichswirtschaftsminister und zum Präsidenten der Deutschen Reichsbank begann die entscheidende Epoche im Leben Walther Funks.« Ab April 1941 bekleidete Funk den Posten des AR-Vorsitzenden der Konti, ab 1943 gehörte er als Mitglied der Zentralen Planung an. Der langjährige Reichswirtschaftsminister und Präsident der Reichsbank Walther Funk gehörte zweifellos zur politischen Prominenz des Dritten Reiches, spielte aber im nationalsozialistischen Herrschaftssystem nur eine untergeordnete Rolle, da es ihm an Ehrgeiz, Durchsetzungskraft und Machtwillen fehlte.

1946 wurde Funk in Nürnberg als Hauptkriegsverbrecher zu lebenslänglicher Haft verurteilt, aber am 16. Mai 1957 aus gesundheitlichen Gründen aus der Haftanstalt Spandau entlassen. Er starb am 31. Mai 1960 in Düsseldorf.[20]

Rüdiger von der Goltz

Rüdiger von der Goltz wurde am 10. Juli 1894 in Berlin geboren. Nach dem Besuch des Mommsen-Gymnasiums in Berlin-Charlottenburg, das er im März 1912 mit dem Zeugnis der Reife verließ, studierte er ein Semester Jura in Genf, um im August 1912 in Potsdam als Fahnenjunker in das 1. Garde-Regiment zu Fuß einzutreten. Auf Basis der Abschlussprüfung der Kriegsschule Metz – mit »Kaisers Belobigung« – wurde er im März 1914 zum Leutnant befördert. Bei Kriegsausbruch rückte er mit dem Regiment nach Frankreich vor und war am Vormarsch durch Belgien und an der Schlacht bei Namur beteiligt. In der Schlacht bei St. Quentin wurde er am Ende August 1914 so schwer verwundet, dass sein rechtes Bein amputiert werden musste. Wiederhergestellt, erhielt er, nachdem er längere Zeit die Adjutantengeschäfte des Ersatz-Bataillons des 1. Garde-Reserve-Regiments in Potsdam Wildpark geführt hatte, auf eigenen Antrag Mitte November 1915 den Abschied und nahm das Jurastudium wieder auf. Im August 1917 bestand er sein Referendarexamen und fand anschließend wieder militärische Verwendung als Ordonnanzoffizier von Major Beck (dem späteren Generalstabschef Generaloberst Beck) bei der Heeresgruppe »Deutscher Kronprinz« bis Mitte Dezember 1918. Am 8.12.1917 wurde er zum Oberleutnant befördert. Es folgte das Referendariat beim Amtsgericht Rheinsberg und seit Mitte 1919 beim Landgericht Berlin, unter gleichzeitiger Verwendung in der Presseabteilung des in Berlin residierenden Generalkommandos Freiherr von Lüttwitz. 1919 wurde er in

20 Vgl. Artikel in Munzinger-Archiv vom 13.8.1960, zit. nach: BAB, B 564, Nr. 569; Horst Walter, Walther Funk. Zum 50. Geburtstag, in: Völkischer Beobachter vom 18.8.1940, zit. nach: ebd. (Zitat ebd.); Kurzbiographie von Walther Funk, in: ebd., DO 1, Dok P, Nr. P 3470; Richter, Funk; Herbst, Funk; Funk, Walther. Siehe auch die apologetische zeitgenössische Biographie: Oestreich, Walther Funk.

Greifswald zum Dr. jur. promoviert. Im Herbst 1919 hielt er sich kurzzeitig bei seinem Vater in Kurland auf und hielt in Berlin die Verbindung zwischen seinem Vater und General Ludendorff aufrecht.

Nach mit Prädikat im Januar 1922 bestandenem Assessorexamen und anschließender Tätigkeit als Beisitzer bei verschiedenen Kammern des Landgerichts Berlin trat er Anfang 1923 bei der Stettiner Dampferkompagnie als Justitiar ein und ließ sich im Juli 1925 in Stettin als Rechtsanwalt und Notar nieder. Ende der 1920er Jahre trat von der Goltz mehrfach als Verteidiger in Femeprozessen auf; 1930 verteidigte er Goebbels in fünf Prozessen in Berlin. Er trat am 1. April 1932 in die NSDAP ein. 1934 ließ er sich als Anwalt und Notar in Berlin nieder, wo er Preußischer Staatsrat und Mitglied des Reichstags wurde. Weithin bekannt wurde Graf Goltz durch seine Verteidigung von Generaloberst Freiherr von Fritsch gegen die Verleumdungen der SS Anfang 1938. Von der Goltz war unter anderem Mitglied des VR der Deutschen Rentenbank-Kreditanstalt, AR-Mitglied der Allianz- und Stuttgarter Lebensversicherungs AG, der Deutschen Solvay-Werke AG, der Feldmühle Papier- und Zellstoffwerke AG und der Konti. Ferner war er ehrenamtliches Mitglied des Volksgerichtshofs und Mitglied der Akademie für Deutsches Recht. Nach Kriegsausbruch war er Gehilfe des Militärattachés in Brüssel, bis im Oktober eine Blinddarmoperation dieser Tätigkeit ein Ende setzte. Seine Abkehr vom NS-Regime brachte ihn ab 1942 in enge Verbindung mit den Männern des 20. Juli 1944. Bis Ende Januar 1945 blieb von der Goltz in Berlin und siedelte dann auf den zwischenzeitlich erworbenen Besitz Kinsegg im Allgäu über.

Die US-Amerikaner internierten von der Goltz von Mai 1945 bis November 1946, erst Ende Juni 1949 konnte er als Rechtsanwalt am Oberlandesgericht Düsseldorf beruflich wieder Fuß fassen. Später wurde er unter anderem Mitglied des Beirats der Allianz Versicherungs-Aktiengesellschaft, Mitglied des AR der Hoffmanns Stärkefabriken AG und der Deutschen Solvay-Werke GmbH. Von der Goltz starb am 18. April 1976 in Kinsegg (anderen Angaben zufolge in Düsseldorf).[21]

Friedrich Gramsch

Friedrich Gramsch wurde am 23. Oktober 1894 als Sohn des Landrats (und späteren Regierungspräsidenten) Dr. Friedrich Gramsch in Braunsberg/Ostpreußen geboren. Er erhielt nach Besuch der Gymnasien in Königsberg, Allenstein und Posen 1912 das Reifezeugnis. Vor dem Krieg studierte Gramsch fünf Semester Rechts- und Staatswissenschaften in Tübingen, Berlin und Königsberg. Im Ersten Weltkrieg diente er in einem Jäger-Regiment und kehrte 1917 infolge einer schweren Verwundung als Offizier in die Heimat zurück. Im Juli 1918 bestand Gramsch das Referendarexamen und wurde im April 1919 in die allgemeine Landesverwaltung übernommen. Als

21 Vgl. Nachrichten über die Familie, S. 193 f.; Bertrams/Coupain/Homburg, Solvay, S. 286 f.; Vermerk zu von der Goltz, o. Dat., in: BAB, Do 1, Dok/P 723, Bl. 1-3; NSDAP-Karte, in: ebd., R 9361-IX, Nr. 11480446.

Regierungsreferendar in Königsberg bestand er 1921 die Prüfung zum Regierungsassessor, zuvor war er an der Universität Königsberg promoviert worden.

Zunächst war er als Hilfsarbeiter im Ministerium des Innern beschäftigt, dann wurde er zum Landrat von Hattingen versetzt. 1924 zum Regierungsrat ernannt, wurde Gramsch 1926 Landrat des Kreises Heiligenbeil. Er trat Mitte 1932 dem Stahlhelm bei und wurde später in die SA-Reserve überführt. Gramsch kam 1933 als Referent für Reichsreform und Verwaltungsreform ins Preußische Staatsministerium und wurde Ende 1933 zum Min.Rat ernannt. Er arbeitete unter Staatssekretär Körner und Min.Dir. Neumann. Ab Spätherbst 1935 beschäftigte er sich mit wirtschaftspolitischen Problemen, im Herbst 1936 wurde die Dienststelle des Staatsministeriums zum Organisationsbüro des Vierjahresplans und Gramsch avancierte zum Generalreferent. Innerhalb der Geschäftsgruppe Devisen war er für die Auffüllung des Devisen-Sonderfonds zuständig. Göring lobte seine guten Leistungen und seine Gesinnung: »Dr. Gramsch gehört der Partei nicht an; seine politische Zuverlässigkeit ist ohne Zweifel.« 1938 wurde Gramsch zum Min.Dirig. ernannt. Nach 1941 pflegte er – wie sein Kollege in der Vierjahresplanbehörde Friedrich Kadgien – Kontakt zu Helmuth James von Moltke, dem Begründer der Widerstandsgruppe Kreisauer Kreis. Später wurde er Generalbevollmächtigter für die Wirtschaft in Serbien und Generalbevollmächtigter für den Erzbergbau im Südosten. Er war Mitglied des AR der Konti und des Beirats der Baltischen Öl GmbH.

Nach 1945 lebte Gramsch zunächst in Celle und war beim Niedersächsischen Landkreistag in Hannover beschäftigt, von 1947 bis 1953 dort als Geschäftsführer. Von 1953 bis 1955 war er Hauptgeschäftsführers des Deutschen Landkreistags. Außerdem saß er im Vorstand des Deutschen Vereins für öffentliche und private Fürsorge. Gramsch starb am 1. Oktober 1955 in St. Augustin bei Siegburg.[22]

Gottfried Griebel

Gottfried Griebel wurde am 10. März 1890 als Sohn eines Fabrikbesitzers und Kaufmanns in Berlin geboren. Von 1896 bis 1899 besuchte er eine Privatschule in Berlin, von 1899 bis 1907, bis einschließlich zur Obersekunda, das dortige Königlich Joachimthalsche Gymnasium; mit dem Primareifezeugnis ging er ab. Im April 1907 trat er als Seekadett in die Marine ein und wurde im 1908 Fähnrich zur See, im 1910 Leut-

22 Vgl. Gramsch, Veränderungen, Lebenslauf; Schmelzer, Devisen, S. 42; Fragebogen zur Durchführung des Gesetzes zur Wiederherstellung des Berufsbeamtentums vom 7. April 1933 vom 11. 6. 1933, in: BAB, R 1501, Nr. 206744; Rundschreiben des Preußischen Ministerpräsidenten und Beauftragten für den Vierjahresplan vom 12. 6. 1937, in: ebd. (Zitat ebd.); Brief vom 8. 7. 1941, in: Moltke, Briefe, S. 264; Brief vom 14. 1. 1942, in: ebd., S. 345; Eidesstattliche Erklärung von Friedrich Gramsch vom 6. 8. 1947, in: StaN, KV-Anklage, Interrogations, G 70; Abschrift einer Notiz aus dem Bundesministerium der Finanzen vom 18. 6. 1952, in: BAK, B 126, Nr. 9207, Bl. 13; Todesanzeige des Präsidenten des Deutschen Landkreistages, in: FAZ vom 3. 10. 1955, S. 4; Heiligenbeil.

nant zur See. Im Jahr 1913 reiste Griebel auf der »Königin Luise« nach Ostasien aus und war Wachoffizier auf dem Flusskanonenboot »Otter«. Ebenfalls 1913 wurde er zum Oberleutnant zur See befördert. Bei der Mobilmachung im August 1914 war er Kompanieoffizier in der 5. Kompanie der Matrosen-Artillerieabteilung Kiautschou, im November 1914 geriet er in Kriegsgefangenschaft und wurde zunächst im Lager Osaka interniert, im Februar 1917 dann ins Lager Ninoshima verlegt. Im Dezember 1919 erfolgte seine Entlassung. Er blieb bei der Marine und wurde im Januar 1920 zum Kapitänleutnant befördert, im März 1920 außer Dienst gestellt. Griebel ging in die Wirtschaft und wurde 1922 Direktor der Braunkohlen-Bergwerksgruppe Marie, 1926 Geschäftsführer der Anhaltinischen Salzwerke GmbH und war von 1930 bis 1935 als Geschäftsführer der Deutschen Weizenverband GmbH tätig. Am 1. Juli 1935 trat Griebel wieder in die Marine ein, als Angestellter auf Probezeit, wurde am 1. Oktober 1935 zum Korvettenkapitän befördert und in die Wehrwirtschaftsabteilung des Reichskriegsministeriums berufen. Er erhielt die Medaille zur Erinnerung an den 13. März 1938 (den »Anschluss« Österreichs). Im Juli 1939 erfolgte die Beförderung zum Fregattenkapitän, im September 1941 zum Kapitän zur See. Von 1941 bis 1945 war er Chef der Abteilung Mineralöl im WWiA des OKW. Als solcher folgte er seinem Vorgesetzten, General Thomas, 1943 im AR der Konti nach. Er selbst sagte dazu in einer Nachkriegsaussage: »In dieser meiner Position hatte ich einen völligen Überblick über die Lage auf dem Gebiet der Mineralölversorgung in Deutschland.« 1944 befand er sich in Bolkenhain/Schlesien.

Nach 1945 lebte Griebel in Bad Münder am Deister und war Mitglied der »Vereinigung ehemaliger Tsingtauer«.[23]

Karl Große

Karl Große wurde am 15. Dezember 1896 in Klostermansfeld geboren, besuchte die dortige Volksschule und arbeitete anschließend im Erzbergbau, später als Lehrhauer im Kalibergbau. Von 1908 bis 1909 besuchte Große die Bergvorschule in Senftenberg, danach bis 1911 die Berghauptschule in Eisleben. Von 1912 bis 1913 war er Grubensteiger und stellvertretender Betriebsführer auf dem Kalibergwerk Buttlar in der Rhön, von Juli 1913 bis 1914 Betriebsführer auf dem Kalibergwerk Ellers bei Neuhof. Am 3. August 1914 wurde Große zum Militär eingezogen und am 8. September 1914 in der Marneschlacht so schwer verwundet, dass er als dienstuntauglich entlassen wurde. Vom Juni 1915 bis September 1917 war er als Grubensteiger, später als Obersteiger in Kalibergwerken beschäftigt. Von September 1917 bis November 1918 errichtete Große

23 Vgl. Vita Gottfried Griebel (http://www.tsingtau.info/index.html? neues.htm); Personalnachweis für Griebel, in: BAB-PA, PERS 17, Nr. SPO-G/49, Personalbogen, in: ebd.; Schreiben von Griebel an die Deutsche Dienststelle vom 1. 12. 1951, in: ebd.; Dienstzeitbescheinigung vom 22. 7. 1952, in: ebd.; Eidesstattliche Erklärung von Griebel vom 12. 2. 1948, in: SUB GÖ – HA, Cod. Ms. Nürnberger Akten, Fall VI, Bütefisch, VDB 3, Bl. 77 f. (Zitat Bl. 77).

als Betriebsführer die drei ersten Erdölschachtanlagen in Pechelbronn für die DEA. Nach dem Krieg war er bei der Hauptverwaltung der DEA und den Braunkohlenwerken Rositz tätig sowie als Betriebsführer bei den Kalibergwerken Aschersleben. Von Februar 1920 bis Mai 1940 leitete Große als Bergwerksdirektor das Erdölbergwerk Wietze der DEA. Große trat am 1. Mai 1933 in die NSDAP ein. 1935 wurde er in den Vorstand der DPAG berufen, nach Fusion mit der DEA 1940 trat er in die Direktion der Verwaltung der Erdölbetriebe ein.

Von 1934 bis 1943 war er Leiter der Fachgruppe Erdölgewinnung und von 1935 bis 1943 Beiratsmitglied der Wigru Kraftstoffindustrie. Im Mai 1940 wurde Große nach Berlin zur Verwaltung der Betriebe der DEA versetzt und im Juli 1942 von der DEA beurlaubt, um in der Karpathen Öl AG als Vorsitzer des Vorstands zu fungieren. 1941 ernannte ihn der Reichswirtschaftsminister zum Wehrwirtschaftsführer.

Am 22. Januar 1946 wurde Große durch die Militärregierung verhaftet und im November 1946 entlassen. Er starb am 15. Oktober 1961 in Hannover.[24]

Ludwig Haupt

Ludwig Haupt wurde am 20. April 1906 in Hannover geboren. Von 1925 bis 1927 absolvierte er eine kaufmännische Lehre, von 1927 bis 1931 studierte er Rechtswissenschaften in Berlin, Paris, Göttingen und Genf. Sein Referendariat absolvierte er von November 1931 bis Oktober 1935, danach war er von April 1936 bis Juni 1938 als Referent, dann bis Januar 1939 als Regierungsassessor im RWiM tätig. Anschließend wechselte Haupt im Februar 1939 als Regierungsrat in das Reichsverkehrsministerium. Im Februar wurde er zum Oberregierungsrat befördert und leitete ab 1942 als Vorstand und Direktor die Kontinentale Öl Transport AG. Haupt trat am 1. Mai 1933 in die NSDAP ein und war ehrenamtlicher Mitarbeiter im Hauptamt für Beamte der Reichsleitung der NSDAP. Am 1. Mai 1942 wurde er mit dem KVK II. Klasse ausgezeichnet.[25]

Die Gruppe Kadgien, Fischer und Haupt nutzte ihre engen Kontakte zur Petrola aus der Kriegszeit. Der Direktor der Petrola, Ernst Imfeld, und der Leiter der Sektion für Kraft und Wärme im Volkswirtschaftsdepartement und zugleich Verwaltungspräsident der Petrola, Nationalrat Grimm, leisteten wertvolle Schützenhilfe bei ihrer Übersiedlung in die Schweiz nach 1945.[26] Als »Gastgeschenk« brachte die Gruppe 28

24 Vgl. Lebenslauf von Grosse, o. Dat. (1947), in: NLA, Nds. 171 Lüneburg, Nr. 14461; Große; Direktor; Bergwerksdirektor; Grieger/Karlsch, Treibstoff, S. 75 ff.; AN vom 9. 1. 1940 Personalia Grosse, in: DEA-Archiv, D-PA, Nr. 46; NSDAP-Karte, in: BAB, R 9361-IX KARTEI, Nr. 12131156.

25 Vgl. Karteikarte des Reichsbundes der deutschen Beamten für Haupt, in: BAB, R 9361-II, Nr. 373260; NSDAP-Karte, in: ebd., R 9361-IX KARTEI, Nr. 13881438; Parteistatistische Erhebung 1939 Haupt vom 4. 7. 1939, in: ebd., R 9361-I, Nr. 1167; Schreiben Bundesverkehrsministerium an Resi Haupt-Iffland vom 8. 9. 1975, in: ebd., R 5, Nr. 4049; Schreiben Bundesminister des Innern an das Generalkonsulat der Bundesrepublik Deutschland in Rio de Janeiro vom 6. 11. 1984, in: BAK, B 106, Nr. 318256, Bd. 112.

26 Vgl. Schmelzer, Devisen, S. 135.

Kesselwagen Schweröl mit. Nach einem kurzen Aufenthalt in Zürich meldete sich Haupt im Juni 1945 in Baden an. Die mit Imfeld und Kadgien gemeinsam gegründete Firma Imhauka florierte. Haupt setzte sich 1951 nach Rio de Janeiro ab und erwarb zusammen mit Kadgien riesigen Grundbesitz in Brasilien. 1955 gründen Kadgien und Haupt nochmals eine Firma: die CBC, die Companhia Brasileira de Caldeiras, die Industriezubehör aus Deutschland importierte. Er verstarb am 16. Februar 1983 in Rio de Janeiro (anderen Angaben zufolge bereits am 16. Februar 1973).[27]

Kurt Haver

Kurt Haver wurde am 15. August 1900 als Sohn eines Amtsgerichtsrats in Mülheim an der Ruhr geboren. Er arbeitete seit 1928 als Geschäftsführer bei der Benzol-Verband GmbH Bochum und war von 1934 bis 1945 für den Bergbau und die Kohlenwertstoffindustrie tätig, erst in Berlin, später von Essen aus als Vorsitzender der Verkaufsvereinigung für Teererzeugnisse, der Deutschen Ammoniak-Verkaufsvereinigung GmbH und der Cumaronharz-Verband GmbH. Der Wehrwirtschaftsführer war außerdem Vorstandsdirektor der AG der Kohlenwertstoffverbände, AR-Mitglied der Chemischen Fabrik Curtius AG, der Chemischen Industrie AG, der Derop AG und der Konti. Er trat am 1. März 1940 in die NSDAP ein.

Nach Kriegsende gründete Haver unter dem Namen »Organa Anorgana« einen kleinen Betrieb, in dem Feueranzünder hergestellt, Papiersäcke und Dachpappe vertrieben und mit flüssigem Ammoniak gehandelt wurde. Das Urteil der Briten über ihn fiel im September 1945 wenig schmeichelhaft aus: »Haver was probably a keen and active Nazi and it is certain that he believed Germany was not defeated in 1918.« 1952 wurde er wieder als Vorsitzender der Verkaufsvereinigung für Teererzeugnisse eingesetzt, 1959 zum Generaldirektor der Essener Ruhrkohle-Verkaufsgesellschaft. Er war zudem Vorsitzender des Beirats der Ruhrkohlenberatung, AR-Vorsitzender der Drahtseilerei Gustav Kocks AG und der Westfälischen Transport AG. Haver wurde 1963 pensioniert und verstarb 1978.[28]

Franz Hayler

Franz Hayler wurde am 29. August 1900 als Sohn eines Münchner Lebensmittelhändlers in Schwarzenfeld geboren. Er diente von November 1917 bis Dezember 1918 als Soldat im III. Bayerischen Fuß-Artillerie-Regiment, anschließend studierte er

27 Vgl. Bochsler, Ein neues Leben; Nixdorf, Pionier, S. 271 f. und 285 ff.

28 Vgl. NSDAP-Karte, in: BAB, R 9361-IX KARTEI, Nr. 13960783; Aktenvermerk über Haver vom 12.12.1969, in: ebd., DO 1, Nr. P 13229; Vom Benzol-Verband in Bochum, in: Deutsche Bergwerks-Zeitung, Nr. 128 vom 5.6.1940, zit. nach: ZBW; Schöne, Erinnerungen, S. 172 ff.; Memorandum »Benzol-Verband« vom 24.9.1945, S. 1, in: BNA, FO 1039, Nr. 496 (Zitat ebd.); Gute alte Zeit.

Staatswissenschaften in München, promovierte und wurde 1921 Mitglied des Corps Bavaria München. Hayler kämpfte im Freikorps Oberland gegen die Münchner Räterepublik, im Ruhrgebiet und in Oberschlesien und war 1923 am gescheiterten Hitlerputsch beteiligt. Am 1. Dezember 1931 trat er in die NSDAP ein, Mitte 1933 auch in die SS, wo er 1939 zum SS-Standartenführer beim Hauptamt des SD und später zum SS-Brigadeführer bzw. SS-Gruppenführer aufstieg.

Der seit 1927 selbstständige Kaufmann, Inhaber der Lebensmittelhandlung Florian Silberbauer in München und Immobilien-Investor, übernahm zahlreiche Ämter in Wirtschaftsverbänden, etwa im Vorstand des Reichsinstituts für Berufsausbildung in Handel und Gewerbe. Ab Juni 1933 war er Leiter des Reichsverbandes Deutscher Kaufleute des Kolonialwaren-, Feinkost- und Lebensmittel-Einzelhandels e. V., von 1934 bis 1943 Leiter der Wigru Einzelhandel und ab 1938 Leiter der Reichsgruppe Handel. Ferner war er Beiratsmitglied der Reichsbank, der Reichswirtschaftskammer, Präsidiumsmitglied der Südosteuropa-Gesellschaft, des Werberats der Deutschen Wirtschaft und AR-Mitglied der Konti, der Berlinischen Lebensversicherungs-Gesellschaft AG, der Deutschen Industriebank und der Zentraltextilgesellschaft mbH. Der »Kaufmann in Uniform« war von August 1942 bis Oktober 1943 als Oberleutnant beim WiStab Ost, danach dort bis November 1943 als Militär-Verwaltungs-Vizechef tätig. Hayler gehörte dem Freundeskreis des RFSS an und wurde 1938 zum Wehrwirtschaftsführer ernannt. 1943 avancierte er zum Hauptabteilungsleiter im RWiM, wo er im November 1943 zum Staatssekretär und zum Vertreter des Reichswirtschaftsministers Funk ernannt wurde. Im Juni 1943 wurde Hayler zum Leiter der Arbeitsgemeinschaft Rüstungshandel beim Reichsministerium für Bewaffnung und Munition berufen. Hitler verlieh ihm im August 1944 das Ritterkreuz zum KVK.

Nach 1945 wurde Hayler für mehrere Jahre interniert und sagte als Zeuge bei den Nürnberger Prozessen aus. In der Nachkriegszeit war er als selbstständiger Unternehmer und Investor in München tätig, außerdem Geschäftsführer des Centrallagers für Handel und Gewerbe GmbH sowie AR-Mitglied der Kunst und Druck Opacher AG. Hayler starb am 11. September 1972 in Aschau im Chiemgau.[29]

Hans Eduard von Heemskerck

Hans Eduard von Heemskerck wurde am 18. August 1880 in Geestemünde geboren. Von März 1899 bis Juli 1904 war er Fähnrich und Kompanieoffizier im Füsilierregiment 80, zuletzt Leutnant. Von 1904 bis 1907 arbeitete er als Erzieher am Kadettenhaus

29 Vgl. Schmelzer, Devisen, S. 160; undatierter AV über Franz Hayler, in: BAB, DO 1, Nr. P 4364; Bericht über Hayler (nach Akten aus Potsdam), in: ebd.; NSDAP-Karte, in: ebd., R 9361-VIII KARTEI, Nr. 9260299; SS-Karteikarte für Hayler, in: ebd., R 9361-III, Nr. 529565; Kaufmann in Uniform, in: Deutsche Allgemeine Zeitung vom 26.5.1938, zit. nach: ebd. (Zitat ebd.); Ritterkreuz des Kriegsverdienstkreuzes für Dr. Hayler, Mitteilung der Pressestelle des RWiM vom 14.8.1944, in: ebd., R 3101, Nr. 32007, Bl. 2.

Potsdam und von April 1907 bis September 1907 am Kadettenhaus Berlin-Lichterfelde. Von 1907 bis 1909 war von Heemskerck Gouverneur der Prinzen Heinrich XXXVIII. und Friedrich XLII. (Reuß' jüngere Linie). Von 1909 bis 1914 diente er als Kompanieoffizier im 4. Garderegiment und absolvierte eine Fliegerausbildung. Von August 1914 bis 1915 war er Offizier zur besonderen Verfügung in der Fliegerabteilung 11, danach bis Oktober 1916 Führer der Fliegerabteilung 42, der Fliegerabteilung 5 und der Feldfliegerabteilung 300, danach Staffelführer. Von Januar 1917 bis Juli 1917 absolvierte er eine Generalstabsausbildung. Von Juli 1917 bis März 1918 war er Kommandeur der Flieger der Heeresgruppe F, danach bis 1919 Generalstabsoffizier beim Stab der 3. Landwehrdivision. Zuletzt war er erster Generalstabsoffizier der 39. Infanteriedivision und schied 1920 aus dem Heeresdienst mit dem Dienstgrad des Major aus. Von 1920 bis 1935 übte er unterschiedliche Tätigkeiten aus, unter anderem als Generaldirektor der freien Standherrschaft Militsch, als Generalbevollmächtigter des Grafen von Maltzan, als Generaldirektor des Land- und Waldgutes Standherrschaft Neuschloß, als Generalbevollmächtigter des Hans Heinrich XVI. Reichsgraf von Hochberg, als Geschäftsführender Vorsitzender des land- und forstwirtschaftlichen Arbeitgeberverbandes für Ober- und Niederschlesien, des Vereins Deutscher Teichwirte und des Vereins Deutscher Karpfen- und Schleieproduzenten. Ferner war er Vorstandsmitglied verschiedener landwirtschaftlicher Reichsverbände, Mitglied der Generalversammlung der Deutschen Rentenbankkreditanstalt und der Deutschen Rentenbank. Ab März 1936 war von Heemskerck zum RLM abkommandiert. Von Mai 1936 bis August 1942 war er Abteilungschef im Rohstoff- und Devisenstab im Amt für deutsche Roh- und Werkstoffe, ferner Abteilungschef im RLM und Chef der Abteilung »Mineralöle«. Am 1. August 1937 wurde er zum Min. Dirig. ernannt. Das Urteil über ihn anlässlich der geplanten Verleihung des KVK I. Klasse mit Schwertern fiel positiv aus: »Seinen umfassenden Kenntnissen, seiner hervorragenden organisatorischen Befähigung sowie seiner zielbewussten Arbeit ist es mit zu verdanken, daß alle von der Luftwaffe gestellten Anforderungen an Flugtreibstoffen vollauf Genüge geleistet werden konnte.« Ab 1937 nahm er zahlreiche AR-Mandate wahr, unter anderem bei der Reichskraftsprit GmbH, der Wifo, der Mineralöleinfuhr GmbH, der Reichsautobahn Kraftstoff GmbH und der Konti. Von Heemskerck starb am 28. August 1942 in Berlin (anderen Angaben zufolge in Reichelsdorf-Bibach bei Nürnberg).[30]

30 Vgl. Hans Eduard von Heemskerck, Ministerialdirigent im RLM (https://ns-reichsministerien.de/2020/04/04/hans-eduard-von-heemskerck/); Schreiben Amt für deutsche Roh- und Werkstoffe, Löb, an den Staatssekretär und Chef der Reichskanzlei vom 17.11.1936, in: BAB, R 43-II, Nr. 356, Bl. 21; Tätigkeitsbericht von Amtschef Löb vom 17.11.1936, in: ebd., Bl. 22-23; Vorschlagsliste Nr. 4 für die Verleihung des KVK I. Klasse mit Schwertern vom 15.10.1941, in: BA-MA, RL 5, Nr. 891 (Zitat ebd.).

Erich Homburg

Erich Homburg wurde am 2. Oktober 1886 in Rosenthal, Kreis Habelschwerdt in Schlesien, als Sohn eines Forstmeisters geboren. Nach bestandenem Abitur schlug er zunächst die Offizierslaufbahn ein, begann nach der vorgeschriebenen dreijährigen Ausbildung jedoch im Juli 1907 eine kaufmännische Lehre bei Salzmann und Co. in Kassel, der eine Lehrzeit vom Januar 1908 bis zum März 1911 beim Schlesischen Bankverein in Glatz folgte. Im Mai 1911 trat er in den Dienst der Reichsbank ein und arbeitete bei Kriegsbeginn als Beamter bei der Reichsbankstelle in Göttingen. Homburg kam im August 1914 an die Front und wurde zunächst als Ordonnanzoffizier, dann ab September 1914 als Abteilungsadjutant verwandt. Er wurde auf eigenen Wunsch am 1. Juni 1915 als Beobachter zur Feldflieger-Abteilung 34 versetzt. Ab Juli 1916 führte er selbstständige Kommandos mit dem Reihenbildgerät, das überlappende Bilder zur Kartierung produziert, an die Somme, an der Ostfront und nach Rumänien. Im Juli 1917 führte Homburg einen Reihenbildzug, der bei der italienischen Offensive eingesetzt wurde. Er wurde im November 1917 zum Oberleutnant und zum Führer dieses Reihenbildzugs befördert, später zum Kommandeur der Fliegerabteilung 260 ernannt. Im Februar 1919 wurde er zum Fliegerhorst Freiburg im Breisgau versetzt und mit dem 31. März 1920 verabschiedet. Danach arbeitete er bei der Firma Meßter an der technischen Weiterentwicklung des Reihenbildners. Im Herbst 1920 ging er nach Schweden, wo er bei der Fliegertruppe in Malmstett tätig war. Im Anschluss daran trat Homburg am 1. Januar 1921 als verantwortlicher Leiter der Abteilung Luftbild (Optik und Vermessung) bei der Firma Steffen & Heymann ein, der er bis zum 30. Juni 1922 angehörte, um sich anschließend erneut Sonderaufgaben auf dem Gebiet der Fliegerei zu widmen. So ging er in dieser Zeit erneut nach Schweden und auch nach Finnland. Im Februar 1925 nahm er den Posten als Prokurist der Atlas-Handelsgesellschaft für Kraftfahrzeuge in Berlin an, am 1. März 1926 wurde er als Direktor der neu gegründeten Luftverkehrs AG Niedersachsen berufen, ab 1. April 1928 mit der Leitung des Flughafens Hannover betraut. Er gehörte im April 1933 zu den Gründungsmitgliedern des Reichsluftschutzbundes und trat am 1. Mai 1933 in die NSDAP ein. Im September 1933 ernannte Göring ihn zum Präsidenten des Reichsverbands der Deutschen Regionalen Luftverkehrsgesellschaften und zum Präsidenten des Reichsverbands der Deutschen Flughäfen. Am 16. Dezember 1933 wurden Homburg die Gradabzeichen eines Fliegerkommandanten verliehen. Im Juni 1934 avancierte er zum Leiter des Luftamts Hannover, im März 1935 wurde er als Major in die Luftwaffe übernommen und im Januar 1938 zum Oberstleutnant befördert, ab April 1938 gehörte er zum Stab Luftwaffen-Kommando Österreich und wurde ein Jahr später zum Oberst, im Jahr darauf zum Generalmajor und im April 1941 zum Oberquartiermeister der Luftflotte 4 befördert. Im Dezember 1941 erfolgte seine Ernennung zum Kommandeur der TBM. General Thomas schlug ihn im November 1942 zur Beförderung zum Generalleutnant vor, da er die TBM »seit Aufstellung mit sicherer Hand« führe und sie »bei ihrem Umfange und ihrer entscheidend kriegswichtigen Aufgaben einer Division gleichzuerachten« sei. 1943 wurde er Stellvertretender Rüstungsinspekteur München und Münster, 1944

Leiter der Abschusskommission Wiesbaden, nach der Beförderung zum Generalleutnant am 1. April 1945 nahm er seinen Abschied am 30. April. Er wurde mit beiden Eisernen Kreuzen, dem Kriegsverdienstkreuz 1. Klasse mit Schwertern und dem Pour le mérite dekoriert.

Homburg starb am 4. Juli 1954 in Wiesbaden.[31]

Friedrich Kadgien

Friedrich Kadgien wurde am 23. Juni 1907 in Elberfeld als Sohn des Landrichters (und späteren Oberlandesgerichtsrats) Arthur Kadgien geboren. Er legte Ostern 1926 seine Reifeprüfung am Humanistischen Gymnasium in Wiesbaden ab und studierte danach an den Universitäten Tübingen, Wien, Berlin und Köln Rechtswissenschaft. Im Februar 1930 bestand er das Referendarexamen und wurde im Mai 1930 zum Referendar im Bezirk des Oberlandesgerichts Frankfurt a.M. ernannt. Im selben Jahr promovierte er an der Universität Köln. Nach kurzer Anwaltstätigkeit in Frankfurt a.M. trat er im Mai 1930 als Gerichtsreferendar in das Preußische Innenministerium ein. Vier Jahre darauf avancierte er zum Gerichtsassessor. Am 1. November 1932 wurde er Mitglied der NSDAP und 1935 des SS-Reitersturms (1942 wurde er SS-Obersturmführer, im November 1943 SS-Hauptsturmführer). Im Juli 1934 begann seine Tätigkeit im RWiM, im Februar 1936 wurde er zum Regierungsassessor in der Preußischen Allgemeinen Staatsverwaltung unter Belassung in der Beschäftigung im RWiM berufen, im April 1937 in die Reichsfinanzverwaltung Abteilung Zölle und Verbrauchsabgaben versetzt. Im Februar 1938 stieg er zum Regierungsrat der devisenwirtschaftlichen Verwaltung auf. Kadgien war seit dem 15. August 1938 beim VJP beschäftigt, wo er als Leiter der Geschäftsgruppe Devisen für Beschaffung und Zuteilung von Devisen zuständig war. Er wurde mit Wirkung vom 25. Oktober 1939 zum Oberregierungsrat befördert. Kadgien stand in Kontakt mit dem Widerstandskreis um Helmuth James von Moltke.[32]

31 Vgl. Lebenslauf vom 25.4.1934, in: BA-MA, PERS 6, Nr. 1408, Bl. 6-8; Schreiben Chef WiRüAmt an Chef Luftwaffenpersonalamt vom 5.11.1942, in: ebd., Bl. 53 (Zitate ebd.). Göring lehnte den Vorschlag ab. Vgl. Schreiben Chef Luftwaffenpersonalamt an Chef WiRüAmt vom 18.11.1942, in: ebd., Bl. 55; Biographie, in: ebd., MSG 109, Nr. 1145; Schreiben Chef Luftwaffenpersonalamt an Luftflottenkommando 4 vom 16.10.1941, in: ebd., RL 5, Nr. 891; NSDAP-Karte, in: BAB, R 9361-VIII KARTEI, Nr. 12300388 und ebd., R 9361-IX KARTEI, Nr. 16780643; Lemke, Luftschutz, S. 294, Anm. 184.

32 Vgl. Kadgien, Die rechtliche Natur, Lebenslauf; Personalbogen von Kadgien, in: BAB, R 3001, Nr. 62343; Lebenslauf zum Fragebogen des Rasse- und Siedlungshauptamts der SS von Kadgien vom 5.3.1936, in: ebd., R 9361-III, Nr. 89497; NSDAP-Karte, in: ebd., R 9361-VIII KARTEI, Nr. 14361422 und ebd., R 9361-IX KARTEI, Nr. 18820555; Parteistatistische Erhebung 1939 Kadgien vom 28.6.1939, in: ebd., R 9361-I, Nr. 1512; SS-Karteikarte für Kadgien, in: ebd., R 9361-III, Nr. 534069; Brief vom 8.7.1941, in: Moltke, Briefe, S. 264; Brief vom 14.1.1942, in: ebd., S. 345; Schmelzer, Devisen, S. 43.

Am 1. März 1945 setzte sich Kadgien über Kreuzlingen in die Schweiz ab, wo er Zugriff auf geheime Konten der Nazis hatte, 1949 verließ er die Schweiz, mit einem falschen Pass. Im Jahr 1948 ließ er über den als Strohmann agierenden Zürcher Anwalt Ernst Imfeld in Sarnen die Imhauka AG (aus den Initialen der Gründer Imfeld, Haupt, Kadgien), eine Handels- und Finanzierungsgesellschaft, ins örtliche Register eintragen.

Kadgien tauchte erst 1951 in Rio de Janeiro wieder auf. Er betrieb dort mit Ludwig Haupt sowie der mit ihm nach Brasilien geflohenen Ehefrau seines Schweizer Strohmanns, Anna Imfeld, eine im Dezember 1955 gegründete Filiale, die Imhauka Brasileira Industrial e Comercial S. A. Im Bundesstaat Mato Grosso legten sie das nach Brasilien transferierte Geld in Form von 85.000 Hektar Land (eine Fläche von der Größe ganz Berlins) an. 1951 gründete Kadgien in Buenos Aires die Imhauka Argentina S. A., die er auch in Brasilien vertrat. Als Mittelsmann fädelte er Geschäfte zwischen deutschen Firmen, darunter auch Siemens, und der Perón-Regierung ein. Der brasilianischen Militärjunta verkaufte er im Auftrag von Rheinmetall Waffen in Millionenhöhe. Kadgien starb 1978 in Buenos Aires.[33]

Herbert Kauert

Herbert Kauert wurde am 1. Januar 1890 in Krefeld geboren. Der Neffe Emil Kirdorfs war der Kaufmännische Leiter und Vorstand der Gelsenkirchener Bergwerks-AG, die nach 1918 als Betriebsgesellschaft der Vereinigten Stahlwerke zur größten Steinkohlenbergbaugesellschaft Europas aufstieg. Kauert stand als AR-Vorsitzender ebenfalls an der Spitze des Rheinisch-Westfälischen Kohlensyndikats, »als würdiger Erbe des geistigen Erbguts seines großen Oheims«. Er trat am 1. März 1937 in die NSDAP ein. Kauert war unter anderem AR-Mitglied der Konti.[34]

Wilhelm Keppler

Wilhelm Keppler wurde am 14. Dezember 1889 in Heidelberg geboren. Er studierte an den Technischen Hochschulen Karlsruhe und Danzig Maschinenbau und wurde Ingenieur. Keppler baute seit 1921 in Eberbach die Chemischen Werke Odin auf und wurde Teilhaber. Unter seiner Leitung entwickelte sich das Unternehmen zum führenden Hersteller von Fotogelatine in Deutschland.

Seit dem 27. Mai 1927 war Keppler NSDAP-Mitglied, später Träger des Goldenen Ehrenabzeichens. Der SS trat er am 21. März 1933 bei, 1942 wurde er zum SS-Ober-

33 Vgl. Safehaven Report über Curt Cadgin vom 8. 8. 1945, in: NAW (SfS-Archiv), RG 260 OMGUS, FINAD, Intel. Gp., Nr. 2/206/6; Schreiben Generalkonsulat Zürich der Bundesrepublik Deutschland an das AA vom 12. 5. 1954, in: BAK, B 126, Nr. 9753, Bl. 24; Nixdorf, Pionier, S. 285 f.; Schmelzer, Devisen, S. 134 f.; Uhlig u. a., Tarnung, S. 393 ff.; Kadgien, Die rechtliche Natur; Bochsler, Ein neues Leben.

34 Vgl. NSDAP-Karte, in: BAB, R 9361-IX KARTEI, Nr. 19501446; 70 Jahre Gelsenkirchener Bergwerks-AG., in: Deutsche Bergwerks-Zeitung, Nr. 5 vom 7. 1. 1943 (Zitat ebd.), zit. nach: ZBW; Donges, Vereinigte Stahlwerke, S. 259 und 311.

gruppenführer befördert. Wiederholt kritisierte er die Vorstellungen maßgeblicher NS-Wirtschaftspolitiker, woraufhin ihn Hitler im Dezember 1931 zu seinem persönlichen Wirtschaftsberater machte. Keppler sollte einen beratenden Expertenkreis bilden. Dieser Keppler-Kreis diskutierte seit Frühjahr 1932 wirtschaftspolitische Fragen, ohne jedoch ein konkretes Programm zu entwickeln. Seit Juli 1933 wurde er als Beauftragter des Führers und Reichskanzlers für Wirtschaftsfragen in die Reichskanzlei berufen.

Im November 1934 übertrug ihm Hitler die »Sonderaufgabe Deutsche Rohstoffe«; er sollte alle diejenigen Maßnahmen durchführen, »welche in Anbetracht der Devisenlage erforderlich sind, um ausländische Rohstoffe durch solche aus inländischer Erzeugung zu ersetzen«. Das daraufhin eingerichtete »Büro Keppler« vereinte etwa zwei Dutzend Spezialisten, die in enger Verbindung mit der Industrie Planungs-, Forschungs- und Entwicklungsarbeiten auf dem Gebiet mangelnder Rohstoffe durchführten.

Im Oktober 1936 wurde Keppler weitgehend ausgeschaltet. Anstelle der ihm zugesagten Kompetenzen für den gesamten Rohstoffbereich musste er sich mit der Leitung der Dienststelle »Planung und Fabrikation industrieller Fette« und des »Arbeitsgebiets Keppler: Erforschung des deutschen Bodens« innerhalb des von Oberstleutnant Fritz Löb geleiteten Amts für deutsche Roh- und Werkstoffe begnügen. Allerdings wurde Keppler in einem Erlass von Göring vom 22. Oktober 1936 als »Generalsachverständiger für den Aufbau der deutschen Roh- und Werkstoffe« in den Ministerrat zur Durchführung des VJP berufen. Im »Arbeitsgebiet Keppler« waren neun Geologen unter der Leitung von Wilfried von Seidlitz damit beschäftigt, bislang unwirtschaftliche Lagerstätten auf eine Nutzung zu überprüfen bzw. neue zu erschließen. Daraus entwickelte sich im Februar 1938 die RfB, zu deren Präsident im Rang eines Staatssekretärs Keppler im Februar 1940 ernannt wurde.

Am 12. Juli 1937 wurde er von Hitler »mit der zentralen Behandlung der die Partei angehenden mit Österreich zusammenhängenden Fragen« betraut. Am 19. Februar 1938 bestellte ihn der deutsche Außenminister Joachim von Ribbentrop zu seinem Beauftragten in der Österreichfrage. Von März bis Juni 1938 war er als Reichskommissar in Österreich tätig. Ab 16. März 1938 Staatssekretär zur besonderen Verfügung im AA, verantwortlich für die Vorbereitung der Verwaltung der in der Tschechoslowakei und Danzig beschlagnahmten Betriebe.

Keppler war AR-Vorsitzender der Brabag und der DRT und hielt AR-Mandate in Tochtergesellschaften der HGW. Im Wilhelmstraßen-Prozess wurde er zu zehn Jahren Haft verurteilt, 1950 aber vorzeitig entlassen.[35] Keppler verstarb am 13. Juni 1960 in Friedrichshafen.

35 Vgl. Riedel, Keppler; Schmelzer, Devisen, S. 162; Kockel, Deutsche Ölpolitik, S. 251; Conze/Frei/Hayes/Zimmermann, Amt, S. 130; Danner, Görings Geologen, S. 7; Erlaß des Führers und Reichskanzlers vom 13. 11. 1934, in: BAB, R 43-II, Nr. 374, Bl. 4 (Zitat ebd.); Karteikarte des Reichsbundes der deutschen Beamten für Keppler, in: ebd., R 9361-II, Nr. 506915.

Wenn man späteren Zeugnissen seiner Zeitgenossen Glauben schenken darf, war Keppler »kein sehr heller Kopf, naiv und einseitig beschränkt« (Schwerin von Krosigk), sein Machtverlust wurde seiner »schrullenhaften Eigenbrödlerei« und beschränkten Intelligenz zugeschrieben (Darré). Die US-Amerikaner stuften ihn nach ihren Befragungen als eine »colorless personality without force« ein.[36] Dem steht entgegen, dass Keppler gerade auf dem Feld der Erdölpolitik in seiner Funktion als Präsident des RfB und stellvertretender AR-Vorsitzender der Konti zumindest für eine gewisse Zeit eine nicht zu unterschätzende Rolle spielte.

Paul Körner

Paul Körner wurde am 2. Oktober 1893 als Sohn eines späteren Generalarztes in Pirna geboren. Er besuchte die Volksschule und das Realgymnasium in Zittau, wo er das Abitur ablegte. Danach absolvierte er von 1912 bis 1914 in Bremen eine kaufmännische Lehre und gründete im Sommer 1919 mit einem Kriegskameraden die Werkzeuggroßhandlung Körner & Siebel. Diesem Unternehmen gehörte er als Mitinhaber bis 1930 an. Ab 1914 nahm er am Ersten Weltkrieg als Freiwilliger teil, zunächst kämpfte er mit dem Königlich-Sächsischen Feldartillerie-Regiment Nr. 28 an der Front, bevor er ab 1917 im Generalstab tätig war. Ihm wurde das Eiserne Kreuz I. und II. Klasse verliehen. Nach Kriegsende war Körner Mitglied im Freikorps Lützow und studierte Rechtswissenschaften. Danach war er kurzzeitig leitend in der Industrie tätig. Im Jahr 1926 traf er das erste Mal mit Hermann Göring zusammen und trat am 17. November 1926 in die NSDAP ein. Im Februar 1932 wurde er Mitglied der SS, in der er am 30. Januar 1942 zum SS-Obergruppenführer befördert wurde. Nach der Bildung der Regierung Hitler am 30. Januar 1933 wurde Körner von Göring als persönlicher Referent ins Preußische Innenministerium berufen. Nachdem Göring preußischer Ministerpräsident geworden war, wurde Körner im April 1933 zum Staatssekretär des Preußischen Staatsministeriums ernannt. Im Oktober 1936 wurden Körners Kompetenzen um das Amt des Staatssekretärs in der Vierjahresplan-Behörde ergänzt, außerdem nahm er das Amt des Vorsitzenden des Generalrats für den VJP (1936-1942) wahr und war Mitglied in der Zentralen Planung (1942-1945). Darüber hinaus war er von 1941 bis 1945 stellvertretender Leiter des WiStabs Ost, nachdem er als Vertreter Görings seit 1. November 1939 an der Haupttreuhandstelle Ost beteiligt war. Von 1941 bis 1943 war er Vorsitzender des VR der BHO. In den 1930er und 1940er Jahren war Körner außerdem Vorsitzender des AR der HGW, AR-Mitglied der Lufthansa AG, Mitglied der Gesellschaft »Reichsautobahn« und ständiges Mitglied der Reichsarbeitskammer sowie des Präsidialrats der DFG, der Deutschen Akademie der Luftforschung und des VR der Deutschen Reichspost. Nach dem Krieg wurde Körner

36 Zit nach: Barkai, Wirtschaftssystem, S. 106 f.; Zusammenfassung von Befragungen Kepplers vom 23.10.1945, S. 2, in: IfZ, MA 1300/2. Ein zeitgenössischer Historiker wie der Brite Richard J. Overy konstatiert: »Keppler war ein schwacher Politiker.« Overy, Göring, S. 78.

von den Alliierten verhaftet. Im April 1949 wurde er im Wilhelmstraßen-Prozess zu einer fünfzehnjährigen Haftstrafe verurteilt, schuldig befunden wurde er in vier Anklagepunkten: Verbrechen gegen den Frieden, Plünderung, Sklavenarbeit sowie Mitgliedschaften in verbrecherischen Organisationen. Das Strafmaß wurde am 31. Januar 1951 noch auf zehn Jahre Gefängnis reduziert, ehe Körner bereits am 16. Dezember des Jahres infolge einer Amnestie-Entscheidung aus dem Kriegsverbrechergefängnis Landsberg entlassen wurde.

Er verstarb am 29. November 1957 in Tegernsee.[37]

Fritz Kranefuß

Fritz Kranefuß wurde am 19. Oktober 1900 in Herford als Sohn des Zigarrenfabrikanten Carl Kranefuss geboren. Er verbrachte den größten Teil seiner Jugend in Süddeutschland. In Östringen und Heidelberg ging er in die Vorschule bzw. erhielt Privatunterricht, von Herbst 1910 bis Sommer 1916 besuchte er das Gymnasium in Heidelberg. Mit Untersekunda (einjährig-freiwillige Reife) schied Kranefuß aus, weil seine Eltern nach Hannover verzogen. Im Frühjahr 1918 legte er am dortigen Realgymnasium die Reifeprüfung ab und trat mit der Absicht, Seeoffizier zu werden, als Seekadett in die Kaiserliche Marine ein, schied aber 1918 aus, um in Hannover eine kaufmännische Lehre anzutreten. Im Jahr 1919 hörte er Vorlesungen an der TH Hannover, im Januar 1920 begann seine Lehre bei der Heidelberger Gelatinefabrik Stoess & Co. Nach Beendigung Anfang 1922 wurde er Mitarbeiter des Geschäftsführers der Chemischen Werke Odin GmbH, Wilhelm Keppler, seines Onkels. Im September 1923 wechselte Kranefuß zur Reederei Dönitz, Witt & Co. in Hamburg bzw. zur Hanseatischen Motor-Schiffahrt AG. Im Frühjahr 1926 trat er in die Dienste des Bankhauses Ephraim Meyer & Sohn in Hannover. Dort schied er zur Jahreswende 1931/32 aus, um Mitarbeiter des späteren Beauftragten des Führers und Reichskanzlers für Wirtschaftsfragen Keppler zu werden. Von Frühjahr 1932 bis Herbst 1932 übte er eine politische und wirtschaftspolitische Tätigkeit für die NSDAP in München aus, von Herbst 1932 bis Frühjahr 1933 in Berlin, danach erfolgte die Übernahme in den Verbindungsstab der NSDAP und im Sommer 1933 als Mitarbeiter Kepplers in der Reichskanzlei. Seit 1. März 1932 war er NSDAP- und seit 21. März 1933 SS-Mitglied. Seit Herbst 1934 saß er im Vorstand der Brabag, trotz der gegen ihn erhobenen Vorwürfe wegen seiner Tätigkeit beim jüdischen Bankhaus Ephraim Meyer & Sohn. In dem in dieser Angelegenheit gegen Kranefuß geführten Parteigerichtsverfahren behauptete der SA-Obergruppenführer und Oberpräsident der Provinz Hannover, Viktor Lutze, er sei »ein charakterloser, moralisch minderwertiger Mensch, dessen

37 Vgl. Neliba, Staatssekretär, S. 39 ff. und 68; R. u. S.-Fragebogen vom Januar 1943, in: BAB, R 9361-III, Nr. 102230; Lebenslauf vom Januar 1943, in: ebd.; Karteikarte, in: ebd., Nr. 536803; Staatssekretär Körner 50 Jahre alt, in: Völkischer Beobachter vom 2.10.1943, zit. nach: ebd.

Haupteigenschaften mangelndes Ehrgefühl und ein ausgesprochener Hang zur Lüge und Intrige« bildeten.

Kranefuß war im Persönlichen Stab des RFSS für den Freundeskreis Himmler zuständig. Ab Herbst 1936 war er zugleich Mitarbeiter des Staatssekretärs Körner beim Beauftragten für den VJP. Seit 1941 saß Kranefuß im AR und im Arbeitsausschuss des AR der Konti. Ferner war er AR-Mitglied und Mitglied des Landesausschusses bei der Zentrale der Dresdner Bank AG in Berlin, Beiratsvorsitzender der Arado Flugzeugwerke GmbH und Beiratsmitglied der Wigru Kraftstoffindustrie. Von Juli bis Ende 1942 leitete Kranefuß die Generalabteilung für Bewirtschaftung im RWiM und hielt federführend die Verbindung zwischen seinem und dem Reichsministerium für Bewaffnung und Munition unter Albert Speer. Gemeinsam mit Kehrl nahm er an den Zusammenkünften der Zentralen Planung teil. Am 30. Januar 1944 wurde Kranefuß zum SS-Brigadeführer befördert. Die Umstände seines Todes sind unklar, er soll im Mai 1945 verhaftet und in den Osten abtransportiert worden sein.[38]

Carl Krauch

Carl Krauch wurde am 7. April 1887 als Sohn des Chemikers Dr. Carl Krauch in Darmstadt geboren, wo er die Vorschule und das Gymnasium besuchte. Von Ostern 1906 bis Herbst 1907 studierte Krauch Naturwissenschaften in Gießen, anschließend bis 1912 Chemie in Heidelberg. 1911 wurde er bei Robert Stollé zum Dr. phil. promoviert.

1912 trat er in das Farbstofflaboratorium der BASF. Nach dem Kriegsdienst kehrte er bereits 1915 als »unabkömmlich« zur BASF zurück. Er übernahm 1917 die Stickstoffabteilung, dann die Leitung der Ammoniak-erzeugenden Hochdruckbetriebe im Leunawerk. 1919 wurde Krauch Prokurist, 1920 technischer Leiter, 1921 Direktor des Stickstoffwerks in Ludwigshafen-Oppau. Ab 1922 war er Geschäftsführer des Ammoniakwerks Merseburg, wo er von 1929 bis 1938 die Sparte I (Stickstoff und Benzin) leitete. 1925 wurde Krauch als stellvertretendes, 1934 als ordentliches Mitglied in den Vorstand der IG Farben AG berufen. Dieses Amt hatte er bis 1940 inne, als er als Nachfolger von Carl Bosch AR-Vorsitzender der IG Farben wurde. Von 1933 bis 1940 war er Mitglied des Zentralausschusses. Ab 1934 leitete er die Fachgruppe Düngemittel in der Wigru Chemische Industrie, seit 1936 die Abteilung Forschung und Entwicklung im Amt für Roh- und Werkstoffe. Bei der IG Farben in Berlin leitete er ab 1935 die Vermittlungsstelle W und war somit für die Koordination zwischen dem

38 Vgl. Lebenslauf von Kranefuss vom 30. 8. 1937, in: ebd., Nr. 537526; SS-Karteikarte für Kranefuss, in: ebd.; R. u. S.-Fragebogen von Kranefuß, in: ebd., Nr. 105657; NSDAP-Karte, in: ebd., R 9361-IX KARTEI, Nr. 22801208; AN von Keppler vom 2. 11. 1934, in: ebd.; Schreiben des Führers der SA-Obergruppe VI und Oberpräsident der Provinz Hannover, Viktor Lutze, an den Obersten SA-Führer vom 23. 4. 1934, in: ebd., R 9361-I, Nr. 21964, Bl. 968-980, hier Bl. 968 (Zitat ebd.); OMGUS, Ermittlungen, S. 317 f., Anm. 68; Speer, Sklavenstaat, S. 104 f.; Bütow/Bindernagel, KZ, S. 41 ff. und 64 f.

Unternehmen und den zuständigen Rüstungsbehörden verantwortlich. Am 1. Mai 1937 wurde er Mitglied der NSDAP.

1938 avancierte Krauch zum Wehrwirtschaftsführer und zum GBChem, er war zugleich Leiter des Reichsamts für Wirtschaftsausbau. 1939 wurde er Mitglied im Präsidium des Reichsforschungsrats als Verantwortlicher für die gesamte chemische Industrie. 1939 verlieh ihm Hitler das Eiserne Kreuz wegen seiner »Siege auf dem Schlachtfeld der deutschen Industrie«. Am 5. Juni 1943 wurde Krauch das Ritterkreuz des KVK überreicht. Wenig charmant fiel die Charakterisierung Krauchs durch den Gauamtsleiter des Amts für Technik im Gau Saarpfalz vom Februar 1940 aus: Er sei ein »fanatischer Wirtschaftler, kapitalist.-liberalistischer Orientierung, maßlos ehrgeizig, äußerst rücksichtslos bis zur Brutalität«. Krauch werde sich dort positionieren, wo er den größten Einfluss bekäme: »Seine politische Haltung ist die eines reinen Opportunisten und Wirtschaftlers, ohne innere Überzeugung.«

Ab 1933 war er Mitglied des Vorstands, später des AR, bei der Brabag AG. Ab 1941 war Krauch Mitglied des AR der Konti, ferner im AR der Deutschen Gasolin AG und der Deutschen Braunkohlenprodukte AG sowie stellvertretender AR-Vorsitzender der Ford Werke AG.

Die Universität Heidelberg verlieh ihm die Ehrendoktorwürde und die Universität Berlin ernannte ihn zum Ehrenprofessor. Zudem war er Senator der Kaiser-Wilhelm-Gesellschaft und Mitglied der Deutschen Akademie für Luftfahrtforschung sowie seit 1942 Mitglied der Leopoldina und der Heidelberger Akademie der Wissenschaften.

Nach Kriegsende wurde Krauch durch die US-Army unter Hausarrest gestellt. Im IG-Farben-Prozess wurde er 1948 wegen Versklavung von KZ-Häftlingen zu sechs Jahren Gefängnis verurteilt, jedoch 1950 vorzeitig aus dem Kriegsverbrechergefängnis Landsberg entlassen und war anschließend AR-Mitglied der IG-Nachfolgegesellschaft Chemische Werke Hüls AG. Krauch starb am 3. Februar 1968 in Bühl (Baden).[39]

Claus von Kursell

Claus von Kursell wurde am 2. Dezember 1898 auf dem Gut Erras in Nordosten von Estland geboren. Er machte sein Abitur auf der Domschule in Tallinn und studierte 1917/18 in Tartu Medizin. Von 1918 bis 1920 kämpfte er im Baltenregiment gegen die Rote Armee und ging dann nach Deutschland, um anfangs an der TH Hannover, später an der Handelshochschule München zu studieren, wo er 1922 mit dem Diplom-

39 Vgl. Krauch, Über Hydrazinabkömmlinge, Lebenslauf; Personalkarte für Krauch, in: Bayer-Archiv, 343, Nr. 024; Karteikarte von Carl Krauch aus dem RMWEV, in: BAB, R 4901, Nr. 23940; NSDAP-Karte, in: ebd., R 9361-IX KARTEI, Nr. 22861485; Vermerk zu Krauch, o. Dat., in: ebd., DO 1, Dok/P 755, Bl. 6-7; Schreiben Gauamtsleiter Amt für Technik im Gau Saarpfalz an Reichsamtsleiter Führer, Hauptamt für Technik in der NSDAP, vom 3.2.1940, in: ebd. (Zitat ebd.); Wankmüller, Krauch, S. 679 f.; Hayes, Bosch, S. 358 ff.; Schmelzer, Devisen, S. 162 f.

Kaufmann abschloss. Von 1922 bis 1924 absolvierte er bei der Firma Petersen & Co. in Hamburg eine kaufmännische Ausbildung, war 1925/26 in der Tallinner Firma Raudsep und Bokownew – welche die IG Farbenindustrie in Estland vertrat – angestellt, von 1926 bis 1930 war er als Assistent des Leiters der Berliner Verkaufsabteilung der Hamburg-Amerikanischen Mineralöl-Gesellschaft mbH und von 1930 bis 1933 als Spezialrepräsentant für die Berliner Verkaufsabteilung der Deutschen Vacuum Öl AG tätig. 1934 trat er in die Dienste der IG Farbenindustrie AG, anfangs bei deren Hausbank, der Deutschen Länderbank AG, später in der Zentralverwaltung der IG in Berlin. Von Mai 1934 bis Juni 1935 vertrat er das Unternehmen in Riga, seit dem 1. Juli 1935 in Tallinn, wo er mit Otto Raudsep die Firma Estanil gegründet hatte, welche die Alleinvertretung für Farbstoffe, Chemikalien und Fotoerzeugnisse der IG Farben in den baltischen Staaten hatte.

Claus von Kursell spielte eine zentrale Rolle bei der Umsiedlung der Deutschbalten nach dem am 28. September 1939 zwischen Ribbentrop und Molotow abgeschlossenen Grenz- und Freundschaftsvertrag. Nach der Umsiedlung übernahm er ab Januar 1941 die Leitung einer für die IG Farben tätigen Verkaufsgesellschaft in Brüssel, im Juni 1941 wurde er für die Stelle bei der Konti bzw. der Baltischen Öl Gesellschaft mbH in Berlin und Tallinn freigestellt. Mit dem AR-Vorsitzenden der Baltischen Öl GmbH, Ernst Rudolf Fischer, verband ihn eine langjährige Freundschaft.

Nach dem Krieg wanderte Claus von Kursell Ende 1947 nach Peru aus, wo er von 1948 bis 1968 Vizepräsident der Southern Peru Copper Corporation in Lima war. Seit 1971 lebte er in Florida, wo er in Largo am 5. September 1990 verstarb.[40]

Erich Neumann

Erich Neumann wurde am 31. Mai 1892 in Forst/Lausitz als Sohn des Fabrikanten Friedrich Wilhelm Neumann geboren. Er besuchte das Gymnasium der Evangelischen Brüdergemeinde in Niesky bis 1908, dann bis zum Abitur Ostern 1911 das Gymnasium Cottbus. Neumann studierte ab 1911 Rechtswissenschaft und Volkswirtschaft in Freiburg, Leipzig und Halle. Noch im August 1914 legte er sein Referendarexamen ab und wurde danach zum Kriegsdienst eingezogen.

An der Ostfront wurde Neumann zum Leutnant befördert und mit dem Eisernen Kreuz II. Klasse ausgezeichnet, 1917 aber wegen einer schweren Handverletzung aus dem aktiven Dienst entlassen. Er begann seine Referendarausbildung und trat nach seinem zweiten Staatsexamen im Oktober 1920 in die preußische Innenverwaltung ein, wenig später wurde er als Landrat in Essen eingesetzt. Ende 1923 wurde er zum Regierungsrat im Preußischen Ministerium für Handel und Gewerbe ernannt. Mit breit gefächerten Kompetenzen ging er im November 1926 als Landrat nach Freystadt in Schlesien. Von dort berief man ihn am 1. Oktober 1928, nun im Rang eines Min.Rats, in das Preußische Ministerium für Handel und Gewerbe zurück, wo er

40 Vgl. Kursell, Wie es geschah, S. 421 f.; Hehn, Umsiedlung, S. 80, Anm. 279.

das Generalreferat Reparationen, Subventionen und Kredite leitete. Im September 1932 wurde er zum Min.Dir. im Preußischen Staatsministerium – Leiter des Büros des Ministerpräsidenten – ernannt. Am 1. Mai 1933 trat Neumann in die NSDAP ein, am 30. August 1934 in die SS. Im Jahr 1939 war er zum SS-Oberführer aufgestiegen. Durch das Absolvieren militärischer Übungen im Sommer 1935, 1936 und 1937 wurde er zum Rittmeister der Reserve befördert. Im Mai 1933 wurde er Mitglied des AR der Deutschen Gesellschaft für öffentliche Arbeiten sowie des Reichsschuldenausschusses, im September 1933 im Preußischen Staatsrat. Wenig später trat er in den AR der DRT ein, war AR-Mitglied der Vereinigten Elektrizitäts- und Bergwerks AG sowie Mitglied der Akademie für Deutsches Recht.

In der Dienststelle des VJP war Neumann für die Koordination der Ressorts zuständig, leitete die Geschäftsgruppe Devisen und gehörte dem Generalrat an. Seine Ernennung zum Staatssekretär erfolgte am 23. Juli 1938. Für seine Verdienste um die Organisierung der Kriegswirtschaft erhielt Neumann 1941 das KVK I. Klasse. Auf der Wannsee-Konferenz repräsentierte Neumann neben Kritzinger die traditionelle preußische Verwaltungselite. Mit der Ernennung Speers Anfang 1942 und der Einrichtung der Zentralen Planung schied er aus dem Staatsdienst aus. Am 1. August 1942 wurde er auf eigenen Antrag in den Wartestand versetzt, anschließend zum Generaldirektor des Deutschen Kalisyndikats ernannt. 1944 musste er sich nach einer schweren Angina pectoris zur Behandlung in die Schweiz begeben. Weitsichtig und in Erwartung einer militärischen Niederlage hatte er zu diesem Zeitpunkt schon damit begonnen, seine deutschen Staatsanleihen abzustoßen.

Nach 1945 wurde er zunächst in Ludwigsburg, ab Juni 1946 in Nürnberg interniert. Im Sommer 1948 wurde er aus gesundheitlichen Gründen entlassen. Neumann verstarb am 23. März 1951 an akutem Kreislaufversagen im Krankenhaus von Garmisch.[41]

Otto Rasch

Dr. Dr. Emil Otto Rasch wurde am 7. Dezember 1891 in Friedrichsruh/Ostpreußen als Sohn eines Ziegeleibesitzers geboren. Er besuchte von 1897 bis 1908 verschiedene Schulen, zuletzt das Königliche Gymnasium in Lyck, machte eine Banklehre mit anschließender Verwaltungspraxis im Landratsamt. Danach verdingte er sich zunächst als Privatsekretär des Grafen Dohna. Von 1911 bis 1919 war er bei der Handels- und Kriegsmarine, zuletzt als Leutnant zur See. Nach der Entlassung legte er sein Abitur in Kiel ab und trat in der Nachkriegszeit dem Deutschen Schutz- und Trutzbund

41 Vgl. Kreutzmüller, Neumann, S. 263 ff. und 270 ff.; Pätzold/Schwarz, Tagesordnung, S. 236 ff.; Schmelzer, Devisen, S. 40 ff.; Parteistatistische Erhebung 1939 Neumann vom 28.6.1939, in: BAB, R 9361-I, Nr. 2463; Karteikarte für Neumann, Stand 13.2.1944, in: ebd., R 9361-III, Nr. 543353; Lebenslauf vom 28.8.1934, in: ebd.; Lebenslauf von Neumann vom 15.9.1947, in: StaN, KV-Anklage, Interrogations, N 9; Eidesstattliche Erklärung Neumann vom 23.9.1947, Lebenslauf, in: IfZ, ZS, Nr. 1259, Bl. 76-82. Auch in: StaN, KV-Anklage, Dok. Fotokopien, NG-2648.

bei, 1920 auch dem Freikorps Loewenfeld. Zu dieser Zeit stand er der DNVP nahe. Rasch studierte Rechts- und Wirtschaftswissenschaften sowie Philosophie in Kiel, Berlin, Halle und Leipzig. 1922 wurde er zum Dr. rer. pol. promoviert, 1923 zum Dr. jur. Die erste juristische Prüfung bestand Rasch im Juni 1923 mit »Befriedigend«, die Große Staatsprüfung im März 1931 mit »Gut«. Vom Dezember 1927 bis Februar 1931 absolvierte er seinen Vorbereitungsdienst im Bezirk des Oberlandesgerichts Dresden, dazwischen, von Juli bis September 1929, war er juristischer Hilfsarbeiter beim Stadtrat in Radeberg. Von April bis Juni 1933 arbeitete er als Rechtsanwalt beim sächsischen Oberlandesgericht in Dresden und als Syndikus eines sächsischen Arbeitgeberverbandes. Von Juli 1933 bis Mai 1935 war er Bürgermeister der Stadt Radeberg, danach, bis Mai 1936, Oberbürgermeister der Stadt Wittenberg.

Am 1. Oktober 1931 erfolgte der Eintritt in die NSDAP, am 10. März 1933 in die SS. Bis 1935 war Rasch Vorsitzender des Kreisparteigerichts, Ortsgruppenleiter im NSRB und Kreisgruppenführer der Deutschen Jägerschaft. 1936 arbeitete er hauptamtlich im Amt I des RSHA als Untersturmführer. Dort machte er schnell Karriere: Am 9. November 1936 wurde er Obersturmführer, 1937 Hauptsturmführer, 1938 Sturmbannführer, 1938 Obersturmbannführer, 1939 Standartenführer und 1939 Oberführer.

Rasch war von September 1936 bis September 1937 Stabsführer des SD-Oberabschnitts Ost in Berlin. Ab Oktober 1937 Gestapo-Chef in Frankfurt a. M., im Oktober 1938 zum ORR ernannt. Bei der Annexion Österreichs, der Tschechoslowakei und des Memellands befehligte er mobile Einheiten der Gestapo und des SD. 1938 wurde er Leiter der Staatspolizeistelle in Linz, von März bis Mai 1938 war er auch Sicherheitsdirektor von Oberösterreich. Im Februar 1939 wurde Rasch Inspekteur der Sipo und des SD Kassel und Führer des SD-Oberabschnitts Fulda-Werra, im März 1939 Chef der Einsatzgruppe I Prag, im Mai 1939 Befehlshaber der Sipo für Böhmen und Mähren in Prag, im Juni 1939 Inspekteur der Sipo für das Gebiet des Wehrkreises XVII (Wien) und XVIII (Salzburg). Im September 1939 wurde er Chef des sicherheitspolizeilichen Kommandos bei der Einsatzgruppe zur besonderen Verfügung in Polen, im Oktober 1939 als Inspekteur der Sipo im Rang eines Standartenführers und des SD in Königsberg, wo er im Durchgangslager Soldau (Działdowo) 1940 Massenerschießungen von Polen und geistig Behinderten durchführen ließ. Im März 1940 wurde er zum Regierungsdirektor ernannt, am 14. Dezember 1940 zum SS-Brigadeführer und Generalmajor der Waffen-SS befördert und im Mai 1941 nach Schmiedeberg kommandiert, wo er die Führung der Einsatzgruppe C übernahm. Im Juni folgte seine Einheit der Heeresgruppe Süd in die Ukraine, wo sie bei zahlreichen »Aktionen« Zehntausende Juden ermordete, unter anderem im September 1941 in Babyn Jar bei Kiew. Im Oktober 1941 wurde Rasch nach Berlin zurückbeordert.

Rasch wurde am 13. Januar 1942 Prokurist und Direktor der Konti, wo er sich mit Fragen der allgemeinen Verwaltung befassen sollte, und behielt diesen Posten bis zum Ende des Kriegs. Augenscheinlich wurde er am 31. Dezember 1943 offiziell als Direktor ohne Gehalt zur Konti beurlaubt. Im weiteren Verlauf des Kriegs lehnte er es laut

Gerald Reitlinger ab, den Posten des Höheren SS- und Polizeiführers für Frankreich und Norditalien anzutreten.

Nach dem Krieg wurde Rasch verhaftet und als Angeklagter im Einsatzgruppen-Prozess vor das US-amerikanische Militärgericht in Nürnberg gestellt. Wegen einer Erkrankung wurde sein Verfahren herausgelöst, im Oktober 1948 wurde er krank aus der Haft entlassen. Rasch starb am 1. November 1948.[42]

Karl Rasche

Karl Rasche wurde am 23. August 1892 in Iserlohn geboren. Er besuchte vier Jahre lang die evangelische Volksschule und neun Jahre das Realgymnasium in Iserlohn. Rasche diente vom April 1911 bis 1912 als Einjährig-Freiwilliger beim Infanterieregiment 13 in Münster, studierte dann bis zum Kriegsbeginn in Münster, München, Leipzig, Berlin und Bonn Rechts- und Staatswissenschaften. Am 2. August 1914 wurde er wieder eingezogen, verwundet und dem Lazarett Düsseldorf überwiesen. Dort besuchte er während seiner Rekonvaleszenzzeit die Kommunalakademie und bestand am 15. Oktober 1914 die erste juristische Prüfung. 1916 stellte er seine Dissertation im Felde als Leutnant der Reserve fertig. Ihm wurden das Eiserne Kreuz I. und II. Klasse und später das Baltenkreuz verliehen. Rasche wurde 1918 nochmals an die Ostfront einberufen. Nach Kriegsende betätigte er sich für die Baltische Landeswehr und warb im Auftrag von Rüdiger Graf von der Goltz für die baltischen Freikorps in Westdeutschland Freiwillige und Spenden. Im Juli 1919 wurde er Gerichtsreferendar in Hamm, nebenberuflich organisierte er Bauernräte und Einwohnerwehren gegen die Arbeiter- und Soldatenräte. Nachdem er sein Assessorexamen abgelegt hatte, begann Rasches Karriere als Bankier 1921 beim Barmer Bankverein, wo er sich auf die Sanierung angeschlagener Industrieunternehmen spezialisierte. Nachdem der Bankverein 1931 mit der Commerz- und Privatbank fusioniert worden war, trat er Anfang 1933 in den Vorstand der kleineren Westfalenbank AG in Bochum ein. Die Wintershall AG war der größte Aktionär des Kreditinstituts, August Rosterg saß dort im AR. Von der West-

42 Vgl. Mallmann u. a. (Hg.), Ereignismeldungen, S. 66, Anm. 2; Mallmann/Böhler/Matthäus, Einsatzgruppen, S. 37; Jäckel/Longerich/Schoeps (Hg.), Enzyklopädie, S. 1181; Reitlinger, Endlösung, S. 209; Lozowick, Rollbahn; Karteikarte für Rasch, in: BAB, R 9361-III, Nr. 549193; Schreiben Stabskanzlei an SS-Standartenführer Rasch, Stapostelle Frankfurt/Main, vom 3. 2. 1939, in: ebd.; Lebenslauf vom 28. 8. 1937, in: ebd.; Vorschlag des Reichsministers des Innern zur Ernennung des Regierungsdirektors Rasch zum Generalmajor der Polizei, in: ebd., R 43-II, Nr. 1136c, Bl. 46-47; Vorschlag zur Ernennung zum ORR vom Reichsminister des Innern an den Chef der Präsidialkanzlei für Rasch vom 15. 6. 1938, in: ebd., R 601, Nr. 1815; Vorschlag zur Ernennung zum Regierungsdirektor vom Reichsminister des Innern an den Chef der Präsidialkanzlei für Rasch vom 14. 2. 1940, in: ebd.; Niederschrift über die 2. Sitzung des AR der Konti am 13. 1. 1942, in: StaN, KV-Anklage, Dok. Umdrucke, NI-10162; Eidesstattliche Erklärung von Rasch vom 13. 8. 1947, in: IfZ, ZS, Nr. 3052, Bl. 4 f.; Biografische Angaben zu Rasch vom 19. 8. 1983, in: BAB, DO 1, P 15938.

falenbank wechselte Rasche zum Jahresbeginn 1935 zur Berliner Zentrale der Dresdner Bank – offensichtlich protegiert durch Keppler und Kranefuß –, wo er anfangs stellvertretendes, ab August 1935 ordentliches Vorstandsmitglied wurde. Im Vorstand übernahm er zunächst die Verantwortung für die west- und nordwestdeutschen Filialen sowie für die Beziehungen der Bank ins Baltikum und nach Skandinavien.

Rasche trat am 1. Mai 1937 in die NSDAP ein, eine frühere Mitgliedschaft zum 1. Mai 1933 war für ungültig erklärt worden. Er wurde Mitglied im Freundeskreis des RFSS, trat am 9. November 1938 in die SS ein und wurde im April 1939 zum Hauptsturmführer befördert. Am 20. April 1943 erreichte er, wiederum auf Vorschlag von Kranefuß, den Rang eines Obersturmbannführers. Rasche saß seit 1941 im AR der Konti sowie in mehr als 30 weiteren, unter anderem bei der Brabag, der Wintershall AG, der Metallgesellschaft AG und der Rheinmetall AG.

Rasche wurde am 21. November von den US-Amerikanern verhaftet und in Frankfurt am Main inhaftiert. Er wurde in Nürnberg wegen seiner Beteiligung an der Ausbeutung der tschechischen und niederländischen Wirtschaft zu sieben Jahren Haft verurteilt. Nicht grundlos kursierte der Spottvers: »Wer marschiert hinter dem ersten Tank? Das ist der Dr. Rasche von der Dresdner Bank!« Rasche war der einzige Repräsentant der Geschäftsbanken, der verurteilt wurde, und er galt nicht nur seinen Anklägern als einer der am engsten mit dem NS-Regime verbundenen Bankmanager. Im August 1950 wurde er vorzeitig aus Landsberg entlassen und verstarb am 13. September 1951 auf einer Geschäftsreise nach Basel.[43]

Friedrich (Fritz) Reinhart

Friedrich (Fritz) Reinhart wurde am 23. Februar 1871 in Darmstadt geboren. Er begann nach der Volksschule eine Lehre bei der Darmstädter Volksbank, von 1892 bis 1895 war er dort als stellvertretender Kassierer tätig. Über eine Zwischenstation bei der Frankfurter Genossenschafts-Bank kam er 1905 als Vorstandsmitglied zur Württembergischen Landesbank. Infolge der Fusion mit der Dresdner Bank wechselte er 1910 in den Vorstand der Mitteldeutschen Creditbank in Frankfurt am Main, nach dem Zusammenschluss mit der Commerz- und Privat-Bank gelangte er 1929 in den Vorstand der Großbank, deren AR-Vorsitz er 1934 übernahm. Im selben Jahr wurde er Präsident der Berliner Börse sowie der Wigru Privates Bankgewerbe. 1935 wurde Reinhart Präsident der Industrie- und Handelskammer in Berlin und Leiter

43 Vgl. Rasche, Polizeibegriff, S. 95; Ahrens, Exempelkandidat, S. 641ff.; ders., Rasche; ders., Westfälisches Sozialkapital, S. 251ff.; Kopper, Karrierist; OMGUS, Ermittlungen, S. 255ff.; Personalbogen aus dem Reichsjustizministerium zu Rasche, in: BAB, R 3001, Nr. 71551; Schreiben des Oberlandesgerichtspräsidenten Hamm an den Reichsjustizminister vom 7. 2. 1918, in: ebd., Bl. 1; Lebenslauf von Rasche vom 24. 5. 1939, in: ebd., R 9361-III, Nr. 549197; NSDAP-Karte, in: ebd., R 9361-IX KARTEI, Nr. 3375131; Parteistatistische Erhebung 1939 Rasche vom 26. 7. 1939, in: ebd., R 9361-I, Nr. 2778; Schreiben RSHA an Adjutantur RFSS vom 28. 1. 1943, in: ebd., NS 19, Nr. 2224, Bl. 18.

der Wirtschaftskammer Berlin-Brandenburg. Er wurde Mitglied im Keppler-Kreis und befürwortete im November 1932 in einer Eingabe an den Reichspräsidenten zusammen mit anderen Wirtschaftsvertretern die Ernennung Hitlers zum Reichskanzler. Reinhart wurde 1933 zum Preußischen Staatsrat und 1938 zum Wehrwirtschaftsführer ernannt. Er nahm AR-Mandate in vielen Unternehmen wahr, unter anderem bei den Buderus'schen Eisenwerken, der Deutschen Hypothekenbank, der Henniger-Bräu AG, der Ilse Bergbau AG, der Schultheiß Brauerei AG, der AEG, der Allianz-Versicherungs AG, der Deutschen Verkehrs-Kreditbank AG, der Schering AG und der Konti. Er war Mitglied des Beirats der Reichsbank und der Reichsbahn, ferner der Akademie für Deutsches Recht und im Generalrat der Wirtschaft. In der Nachkriegseinschätzung der US-Amerikaner spielte Reinhart während der NS-Zeit eine maßgebliche Rolle, als »one of the principal figures in the Keppler circle even prior to 1933« und als »the virtual dictator at the Commerzbank during the years as he acted as chairman of the Aufsichtsrat«. Nicht zuletzt als Vorsitzender der Wigru Privates Bankgewerbe: »In this position his influence among private banks was outstanding.« Reichswirtschaftsminister Funk gelangte zu einer ähnlichen Einschätzung: »Reinhart war ein Bankleiter von überragendem Format. Er hatte das Bankfach von der Pike an gelernt und begann ganz unten bei einer Genossenschaftsbank, also einer echten Volksbank. Ein volksnaher Bankier ist er Zeit seines Lebens gewesen, weil er das Volk und die Nation stets in den Mittelpunkt alles Denkens und Handelns stellte.« Anders urteilte Herbert Giesbert, sein Aufsichtsratskollege bei der Commerzbank und Vorstandsvorsitzender bei Buderus: »Reinhart war eine eigenwillige, starke Persönlichkeit. Obwohl Preuss. Staatsrat, war er nicht Mitglied der Partei, er war gläubig katholisch. Anfänglich scheint er Hoffnungen auf die Partei gesetzt zu haben, später lehnte er sie betont ab.«

Reinhart starb am 3. Oktober 1943 in Seefeld (Oberbayern).[44]

August Rohdewald

August Rohdewald wurde am 4. September 1897 in Düsseldorf geboren. Er trat am 1. April 1934 in die NSDAP ein. Er war Submanager der Bank of China in Shanghai. Rohdewald war unter anderem Vorstandsmitglied und Leiter des Auslandsressorts der RKG und AR-Mitglied der Konti.

Rohdewald war seit 1948 Mitinhaber der Bank Johann Berenberg, Gossler & Co. KG in Hamburg, ab 1953 leitete er die Bank zusammen mit Heinrich Freiherr von Be-

44 Vgl. Krause, Reinhart, Friedrich; Auszug aus »Wer leitet?«, 1941, in: NAW (SfS-Archiv), RG 260 OMGUS, FINAD, Intel. Gp., Nr. 2/196/16; Scholtyseck, Aufstieg, S. 286 f.; Vermerk über Reinhart vom 9.12.1946, in: NAW (SfS-Archiv), RG 260 OMGUS, FINAD, Intel. Gp., Nr. 2/196/16 (Zitate ebd.); Ein volksnaher Bankier. Trauerfeier für Staatsrat Reinhart, in: Kölnische Zeitung, Nr. 432 vom 13.10.1943 (Zitate ebd.), zit. nach: ZBW; Aufzeichnung von Heinrich Giesbert, AR-Mitglied der Commerzbank, vom 17.12.1946 (Zitat S. 1), in: NAW (SfS-Archiv), RG 260 OMGUS, FINAD, Intel. Gp., Nr. 2/196/16.

renberg-Gossler. 1961 schied Rohdewald aus und ging als stellvertretender Vorsitzer des VR in den Vorstand der Kreditanstalt für Wiederaufbau. Von 1950 bis 1955 war er AR-Vorsitzer des Norddeutschen Lloyd, danach stellvertretender Vorsitzer, ferner Vorstandsmitglied der Norddeutschen Kreditbank AG, der Ibero-Amerika Bank AG, der Neuen Schiffspfandbriefbank AG und AR-Mitglied der Deutsch-Asiatischen Bank.

Rohdewald verstarb am 1. März 1965 in Zürich an den Folgen einer Operation.[45]

August Rosterg

August Rosterg wurde am 20. Februar 1870 in Massen geboren. Man kann ihn als Selfmademan bezeichnen, er stammte aus einer westfälischen Bergarbeiterfamilie – sein Vater war Steiger –, hatte zwölf Geschwister und schaffte seinen Aufstieg durch Bildung. Während seiner Dorfschulzeit erhielt er abendlichen Förderunterricht, mit 14 Jahren arbeitete er auf der Kohlenzeche Massen und investierte seinen Lohn in seine weitere Ausbildung. Rosterg absolvierte die Bergvorschule, anschließend die Maschinenbauschule in Dortmund, von 1890 bis 1893 die Bergschule in Bochum. Als Jahrgangsbester durfte er 1895/96 ein Studium an der Bergakademie Clausthal antreten. Danach arbeitete er als Steiger im Kalischacht Schüssel bei Salzgitter und Betriebsführer des Kaliwerks Messinghausen im Sauerland. Ab 1898 war er Betriebsführer bei der Gewerkschaft Wintershall, zunächst auf zwei westfälischen Gewerken, dann leitete er den Schachtbau in Heringen an der Werra. 1906 avancierte er zum technischen Direktor, 1914 zum Generaldirektor (seit 1918 auf Lebenszeit) des Kalibergwerks. 1916 wurde Rosterg zum Generaldirektor der Wintershall-Gruppe ernannt. 1921 gründete er zusammen mit der Dresdner Bank die Kali-Industrie AG in Kassel, die 1929 in Wintershall AG umfirmierte. 1926 übernahm Rosterg den Vorstandsvorsitz der Wintershall-Gruppe und erlangte die Mehrheit der Anteile. Damit befand sich der Kalikonzern de facto in seinem Besitz. Rosterg schuf mit der Wintershall AG den führenden deutschen Kalikonzern, der in einer Strategieanpassung in der zweiten Hälfte der 1920er Jahre in das Ölgeschäft einstieg.

Rosterg gehörte zu einer Gruppe von Industriellen, die Hitler im Jahr 1931 für den Fall eines Linksputsches 25 Mio. RM bereitstellten. Im November 1932 zählte er zu den unterzeichnenden Industriellen einer Eingabe, die Hitlers Kanzlerschaft forderte. Es war wohl weniger die ideologische Übereinstimmung mit den Zielen des Nationalsozialismus, die Rosterg dabei antrieb. Was er mit der NSDAP teilte, war vielmehr die Ablehnung der politischen Verhältnisse der Weimarer Republik. Aus einer antidemokratischen und antigewerkschaftlichen Haltung heraus setzte Rosterg auf einen starken Staat. Er pflegte nach 1933 enge Beziehungen zur

45 Vgl. NSDAP-Karte, in: BAB, R 9361-VIII KARTEI, Nr. 17171524; Gegründet 1590, S. 13 ff.; Personalnotizen, in: Frankfurter Allgemeine Zeitung vom 4.3.1965, S. 20; Neue Schiffspfandbriefbank, in: Hamburger Abendblatt vom 5.1.1949, zit. nach: Spiegel-Archiv; Deutsch-Asiatische Bank, in: Hamburger Abendblatt vom 10.6.1953, zit. nach: ebd.

nationalsozialistischen Führung und gehörte zum Freundeskreis des RFSS. 1941 wurde Rosterg AR-Mitglied der Konti, im November 1944 ging er nach Schweden. Dank seiner guten Kontakte zum RFSS Himmler gelang es ihm, zunächst ein Visum für die Schweiz und dann ein Dauervisum für Schweden zu erhalten. Er hielt den Krieg für verloren und fürchtete um seine persönliche Sicherheit. Rosterg kooperierte in der Endphase des Kriegs mit dem US-amerikanischen Ölunternehmer Eric Erickson, der in Schweden lebte, mit deutschen Firmen Geschäfte machte und sich als Unterstützer der Nazis ausgab. Tatsächlich sollte Ericson im Auftrag des amerikanischen Geheimdienstes Office of Strategic Services die deutsche Ölindustrie ausspionieren. Nach 1945 bemühte sich das Unternehmen intensiv, Rostergs enge Beziehungen zum NS-Regime zu relativieren. Ein Verfahren gegen ihn wurde Ende Januar 1949 von der Spruchkammer Kassel eingestellt. Rosterg verstarb am 13. November 1945 in Stockholm.[46]

Karl Schirner

Karl Schirner wurde am 1. Dezember 1885 in Berlin geboren. Von 1892 bis 1898 besuchte er das Humboldt-Gymnasium in Berlin, von 1898 bis 1904 das Friedrich-Wilhelm-Gymnasium in Königsberg in der Neumark, das er mit der Oberprimareife verließ. Von 1906 bis 1922 bekleidete er leitende Stellungen im AEG-Konzern und der Siemens-Schuckertwerke AG. Von 1922 bis 1933 war er Vorstandsmitglied der Deutsch-Luxemburgischen Bergwerks- und Hütten-AG, von 1926 bis 1933 Vorstandsmitglied der Vereinigten Stahlwerke AG, von 1933 bis 1939 Vorsitzender des Vorstands der Vereinigten Aluminium-Werke AG, ab 1935 Vorstandsmitglied der Vereinigten Industrie-Unternehmungen AG (VIAG). Schirner war stellvertretender AR-Vorsitzender der Berliner Kraft und Licht AG, Direktor der Deutschen Bank, seit April 1939 Vorstandsmitglied und seit Mitte 1940 Vorstandsvorsitzender der DEA und der DPAG sowie der Deutschen Viscobil Öl-GmbH, AR-Mitglied der Zellstofffabrik Waldhof und der Konti. Ferner war er Wehrwirtschaftsführer und Mitglied des Beirats der Wigru Kraftstoffindustrie und Vorsitzender des Geschäftsausschusses des Deutschen Mineralöl-Verkaufsvereins GmbH. Der Historiker Manfred Pohl kommt zu dem Urteil: »Schirner war weder Mitglied der NSDAP noch ideologisch überzeugter Nationalsozialist.« Allerdings war er Mitglied der DAF, der NSV, des NS-Bunds Deutscher Technik und des NS-Reichsbunds für Leibesübungen.

Nach 1945 war er AR-Vorsitzender der Vereinigten Aluminium-Werke AG, stellvertretender AR-Vorsitzender der DEA und der VIAG sowie AR-Mitglied der Farb-

46 Vgl. Rasch, Rosterg; Bormann, Rosterg; Karlsch, Krisengewinner, S. 83 f. und 96; Memorandum »Die politische Einstellung der Familie Rosterg« von Oberlandesgerichtsrat a. D. Benno Biermann vom 18. 4. 1947, in: HHStaW, 520/22, Nr. 9591, Bl. 31-37; Niederschrift der Wintershall AG zur Angelegenheit Rosterg vom 30. 7. 1945, in: DEA-Archiv, Entnazifizierungsakte Rosterg; Entscheid der Spruchkammer III Kassel vom 31. 1. 1949, in: ebd.

werke Höchst AG, der Ilseder Hütte AG und der Braunschweigischen Kohlenbergwerke. Seit 1947 war er Direktoriumsmitglied der Deutschen Kohlebergbau-Leitung Essen. Das Entnazifizierungsverfahren gegen ihn wurde im Oktober 1948 eingestellt. Am 5. November 1953 erhielt Schirner »wegen seiner Verdienste um die deutsche Wirtschaft« das Große Bundesverdienstkreuz.

Schirner verstarb am 15. Oktober 1973 in Freiburg i.Br.[47]

Günther Schlicht

Günther Schlicht wurde am 17. Dezember 1901 im oberschlesischen Königshütte (Chorzów) als Sohn des Oberbergrats (und späteren Bergwerksdirektors) Oskar Schlicht geboren. Von 1911 bis 1919 besuchte er das Königin-Luise-Gymnasium in Hindenburg (Zabrze) und legte dort das Notabitur ab. In den Jahren 1919/20 war er sechs Monate lang als Angehöriger des Reichswehrjägerbataillons 8 beim Grenzschutz. Schlicht studierte zunächst in München und ab dem Wintersemester 1921/22 in Berlin Bergbauwissenschaften. 1921 nahm er als Mitglied des Freikorps Oberland an den Kämpfen in Oberschlesien, unter anderem an der Erstürmung des Annabergs, teil und wurde mit dem Schlesischen Adler I. und II. Klasse ausgezeichnet. Beruflich schlug er den klassischen Weg ein: 1924 schloss er sein Studium als Diplom-Ingenieur ab und wurde als Referendar in die staatliche Bergverwaltung übernommen. In dieser Zeit war er in zahlreichen Kohlen-, Eisenerz- und Kaligruben in der Rheinprovinz, den preußischen Provinzen Westfalen und Hessen-Nassau, in Mitteldeutschland und Oberschlesien tätig und verbrachte die letzten zehn Monate am Oberbergamt Breslau. Nach der Großen Staatsprüfung, für die er mit dem Staatspreis ausgezeichnet wurde, erfolgte im April 1928 seine Ernennung zum Bergassessor, anfangs war er auf Kohle und Erze spezialisiert.

Der Generaldirektor der DEA, Ernst Middendorf, lotste seinen Bundesbruder aus dem Berg- und Hüttenmännischen Verein jedoch als Bergbau-Referent für Erdöl zur DPAG, die zur DEA gehörte. 1933 trat Schlicht dort in die Direktion ein und übernahm das Amt des Prokuristen. Mit Beginn des Jahres 1936 wurde er als zweiter technischer Direktor neben Karl Große zur DPAG, Erdölwerke Wietze versetzt. Nach der Fusion der DPAG mit der DEA ging er im April 1940 zur in Berlin neu errichteten Zentralen Verwaltung aller DEA-Erdölbetriebe, die er gemeinsam mit Große leitete. 1942 wurde er Erster technischer Direktor der Erdölverwaltung und im April 1943 stellvertretendes Vorstandsmitglied der DEA.

47 Vgl. Grieger/Karlsch, Treibstoff, S. 72 ff.; AV zu Schirner, in: NAW (SfS-Archiv), RG 260 OMGUS, FINAD, Intel. Gp.; Nr. 2/189/8; Undat. AV zu Schirner, in: BAB, DO 1, Nr. P 5731; Pohl, VIAG, S. 129 (Zitat ebd.), 131, 147 f., 165, 190 f., 255; Fragebogen der Militärregierung für Deutschland von Schirner vom 20.11.1946, in: NLA, Nds. 171 Lüneburg, Nr. 57548; Schreiben Öffentlicher Kläger beim Entnazifizierungshauptausschuß des Landkreises Celle an Schirner vom 4.10.1948, in: ebd., Nr. 49940; Schreiben Staatssekretär im Bundesministerium für Wirtschaft, Westrick, an Staatssekretär Klaiber, Bundespräsidialamt, vom 22.11.1955, in: BAK, B 122, Nr. 2069 (Zitat ebd.); Todesanzeige der Familie, in: FAZ vom 18.10.1973, S. 26.

Schlicht trat im April 1933 in den Stahlhelm ein und wurde im Oktober 1933 in die SA übernommen, später zum Scharführer befördert. Er beantragte Ende November 1937 die Aufnahme in die NSDAP, die rückwirkend zum 1. Mai 1937 erfolgte. Von August 1942 bis Februar 1943 war er als Sonderführer und Oberkriegsverwaltungsrat in leitender Funktion im Stab der TBM tätig. Seine Aufgabe war es, fachliche Maßnahmen auf dem Gebiet der Erdölgewinnung zur Wiederingangsetzung der zerstörten Erdölfelder auszuarbeiten und zu beraten. Für diese Tätigkeit wurde er mit dem KVK I. Klasse mit Schwertern dekoriert. Im Oktober 1943 wurde Schlicht mit der Leitung der Fachgruppe Erdölgewinnung betraut.

Am 22. September 1946 wurde Schlicht auf Befehl der Militärregierung seines Amts enthoben, konnte seine Arbeit aber nach der Entnazifizierung fortsetzen. 1947 wurde Schlicht ordentliches Vorstandsmitglied. Von 1952 bis 1955 führte er als für Mineralöl zuständiger Manager zusammen mit Max Grotowsky (Kohle) die DEA. Schlicht rückte am 1. Januar 1955 zum Vorstandsvorsitzenden auf und behielt diese Position bis 1962. Er war der erste Vorsitzende der Deutschen Gesellschaft für Mineralölwissenschaft und Kohlechemie, Präsident des deutschen Nationalkomitees der Welt-Erdölkongresse und Vizepräsident ihres Permanent Council. 1955 verlieh ihm die Bergakademie Clausthal die Würde eines Dr.-Ing. E. h., im selben Jahr erhielt er das Große Bundesverdienstkreuz.

Schlicht verstarb am 4. Juli 1962 in Basel.[48]

Georg Thomas

Thomas wurde am 20. Februar 1890 in Forst (Lausitz) als Sohn eines Tuchfabrikanten geboren. 1908 trat er als Fahnenjunker in das Infanterieregiment 63 ein, wurde 1909 zum Fähnrich und 1910 zum Leutnant befördert. 1913 wurde er Adjutant des III. Bataillons, 1915 und 1917 erfolgten Beförderungen zum Oberleutnant und zum Hauptmann. Thomas wurde im September 1914 verwundet und war seit Dezember 1914 Kompanieführer im Infanterieregiment 63. Ab 1915 erfolgte die Versetzung in den Generalstab, zuletzt den Generalstab der 6. Infanteriedivision. Nach dem Krieg setzte er seine Laufbahn im Oktober 1919 im Stab der Reichswehrbrigade 20, seit Oktober 1920 im Bataillons-Stab des Infanterieregiment 2 und seit Oktober 1922 im Generalstab Kommandeur von Königsberg fort, im November 1924 wechselte er in den Generalstab der 4. Division.

Die Versetzung ins Reichswehrministerium im Oktober 1928 stellte die entscheidende Weiche, denn im dortigen Heereswaffenamt stieg er rasch auf: Im No-

48 Vgl. Lütgert, Bergmann; Linne, Krieg; Grieger/Karlsch, Treibstoff, S. 78 f.; Fragebogen der Militärregierung für Deutschland von Schlicht vom 21.11.1945, in: NLA, Nds. 171 Lüneburg, Nr. 54248; Lebenslauf und beruflicher Werdegang von Schlicht vom 11.9.1946, in: ebd.; NSDAP-Karte, in: BAB, R 9361-VIII KARTEI, Nr. 191140189 und ebd., R 9361-IX KARTEI, Nr. 37700385; Cattepoel, Lebensbericht; Großes Bundesverdienstkreuz; Pichler, Schlicht; Schlicht; Bavendamm, 1899-1999, S. 211 und 228.

vember 1928 zum Major, zum Chef des Stabes im November 1930, zum Oberstleutnant im Juni 1932, zum Oberst im August 1934, zum Chef der Amtsgruppe Wehrwirtschaftsstab im OKH im Oktober 1935 und im Januar 1938 zum Generalmajor. Seine Dienststelle wurde 1938 in das OKW integriert und Thomas amtierte vom August 1939 bis zum November 1942 als Chef des WiRüAmts im OKW. Im Januar 1940 wurde er zum Generalleutnant und im August 1940 zum General der Infanterie befördert. Seine AR-Posten in den HGW und in der Konti will Thomas nach der 1. AR-Sitzung niedergelegt haben, weil er damit zum Ausdruck bringen wollte, »dass ich als Soldat die Handlungsweise und das Gebaren dieser von Göring geschaffenen Gesellschaften nicht billigte und nicht bereit war, meinen Namen mit diesen Gesellschaften beschmutzen zu lassen«. Den AR der Konti verließ er jedoch erst am 21. September 1943.

Nach der Inthronisierung Speers, der mehr auf die industriellen Praktiker als auf die schwerfällige Militärbürokratie setzte, verlor Thomas 1942 sein Amt als Chef des WiRüAmts. Am 15. Januar 1943 verließ er tief enttäuscht auch die Chefposition des WWiA im OKW. Nach seinem Ausscheiden rückte er in die Führerreserve. Die Beurteilungen seines Vorgesetzten Generalfeldmarschall Keitel blieben unverändert positiv, Keitel hielt ihn für unersetzlich und auch im März 1944 noch für einen »Organisator von Format«. Thomas näherte sich dem Widerstand an, wollte einen völligen inneren Bruch mit dem System schon im Zuge der Fritsch-Krise 1938 vollzogen haben. Im Oktober 1944 wurde er von der SS inhaftiert, im Januar 1945 wieder freigelassen. Im Februar 1945 wurde er wegen Hochverrat und Aufreizung zum Staatsstreich und zur Revolution angeklagt und ins KZ nach Flossenbürg und Dachau eingewiesen, wo er im April 1945 von den US-Amerikanern befreit wurde. Thomas sah sich nach dem Krieg als verführter Patriot, nicht aber als Nationalsozialist.

Er verstarb am 29. Dezember 1946 im amerikanischen Gewahrsam in der Universitätsklinik Frankfurt a. M.[49]

Franz Wehling

Franz Wehling wurde am 14. Dezember 1882 in Herne in eine im Bauhandwerk tätige und fest dort verwurzelte Familie geboren. Er wählte ebenfalls das Bauhandwerk zum Beruf, absolvierte die erforderliche schulische und akademische Ausbildung und wurde Tiefbauspezialist. Er arbeitete mehrere Jahre als Eisenbahner. Nach der Teilnahme am Ersten Weltkrieg, wo er eine Schlüsselstellung als Organisator des Nach-

49 Vgl. Peter, General; Birkenfeld, Einleitung; Biographie von Thomas, in: BA-MA, MSG 109, Nr. 10853; Georg Thomas, Um die Schuldfrage der deutschen Wirtschaft, Ms. vom 11. 7. 1946, in: IfZ, ZS, Nr. 310-2, Bl. 2-12, hier Bl. 11 (Zitat ebd.); Beurteilung von Thomas durch den Chef des OKW Keitel vom 24. 4. 1942, in: BA-MA, PERS 6, Nr. 365, Bl. 8; Beurteilung von Thomas durch den Chef des OKW Keitel vom 31. 3. 1944, in: ebd., Bl. 23 (Zitat ebd.); Gedanken und Ereignisse – Abhandlung von Georg Thomas zum 20. Juli 1944 vom 25. 6. 1945, in: ebd., N 25, Nr. 28.

schubs an der Westfront hatte und zugleich an wichtigen wirtschaftlichen Standorten, wie dem Briebecken, eingesetzt wurde, war er im väterlichen Geschäft tätig.

Als 1934 im Zuge der Aufrüstung Planungen zur Bevorratung von Grundstoffen, Schaffung von Anlagen für die Erzeugung von Benzin und ähnliches aktuell wurden, zog man Wehling – der nach 1918 nicht zur Eisenbahn zurückgekehrt war, sondern bis 1933/34 ein Bau-, Architektur- und Ingenieurbüro betrieben hatte – bei den Beratungen hinzu. Die Deckung des Bedarfs an Mineralöl und die Vorratshaltung mussten vorrangig aus Eigenerzeugung erfolgen, in geringerem Maße aus Einfuhren. Da Verhandlungen mit den Importeuren über eine freiwillige Einlagerung fehlschlugen, wurde im August 1934 die Wifo gegründet. Wehling trat am 22. Oktober 1934 in die Geschäftsführung der Wifo ein und beeinflusste deren gesamte Entwicklung maßgeblich.

Wehling arbeitete bis zu seinem Tod am 7. Dezember 1965 für die Wifo.[50]

Hans Weltzien

Hans Weltzien wurde am 11. Oktober 1889 als Sohn eines Oberstleutnants in Berlin geboren. Von 1914 bis 1918 diente er als Soldat, zuletzt als Leutnant der Reserve. Im Dezember 1910 wurde er Referendar, im April 1919 Assessor. Weltzien war juristischer Hilfsarbeiter im Reichsmarineamt und hatte sich nach bestandener großer Staatsprüfung bei der Reichsfinanzverwaltung beworben. Er war zur Hilfsleistung im Referentendienst des Preußischen Finanzministeriums ausersehen. Mit Ernennung zum Regierungsassessor wurde Weltzien zum 1. Juli 1920 in die allgemeine Staatsverwaltung übernommen und schied deshalb aus dem Justizdienst aus. Ab 1921 war er als Finanzrat im Preußischen Finanzministerium tätig. 1923 wurde er zum Oberfinanzrat befördert und war unter anderem Leiter der Entschädigungsbehörde Barmen. 1925 wechselte er als ORR zur Preußischen Staatsbank. Von 1926 bis 1928 war er dort Mitglied der Generaldirektion, verantwortlich für Staatsfinanzen. Ab 1928 war Weltzien als Generaldirektor Mitglied im Direktorium der Deutschen Girozentrale und seit 1929 Vorstandsmitglied der Deutschen Landesbanken-Zentrale AG und der Direktion der BHG.

Im August 1931 wurde er, nunmehr Staatsfinanzrat a. D., vom preußischen Innenminister zum Zweck der Sanierung der Landesbank der Rheinprovinz zum Staatskommissar bestellt und bekam die kommissarische Wahrnehmung der Obliegenheiten der satzungsmäßig bestellten Organe der Landesbank übertragen. In einer außerordentlichen Generalversammlung wurde Weltzien am 20. Dezember 1935 als

50 Vgl. Lebensabriß von Herrn Regierungsrat a. D. Franz Wehling von Dr. Endres, Wifo, vom 9.12.1962, in: BAK, PERS 101, Nr. 63224; Memorandum »80. Geburtstag von Herrn Regierungsbaurat a. D. Wehling – seine Verbindung zur Wifo –« von Dr. Endres, Wifo, vom 21. November 1962, S. 6, in: ebd., Nr. 63223; Bekanntmachungen, in: Süddeutsche Zeitung, Nr. 22 vom 26./27.1.1952, S. 21. Wehling trat am 1. Mai 1937 in die NSDAP ein. Vgl. NSDAP-Karte, in: BAB, R 9361-IX KARTEI, Nr. 47330065.

Nachfolger des rassisch verfolgten Hans Fürstenberg zu einem der Geschäftsinhaber der Berliner Handels-Gesellschaft bestellt. Er trat am 1. April 1940 in die NSDAP ein.

Seit 1941 war Weltzien Mitglied des AR der Konti, daneben unter anderem bei der Allianz AG, der Metallgesellschaft AG, der Schering AG, der Harpener Bergbau AG, der Felten & Guilleaume Carlswerk AG, der Braunkohlen- und Brikett-Industrie AG, der Christian Dierig AG und der Mitteldeutsche Stahlwerke AG. AR-Vorsitzender war Weltzien unter anderem bei der Feldmühle, Papier- und Zellstoffwerke AG, stellvertretender Vorsitzender bei der AEG. Er saß im Vorstand der Berliner Börse, im Beirat der Deutschen Reichsbank, der Industrie- und Handelskammer Berlin und der Reichsgruppe Banken. Weltzien verstarb am 3. August 1944.[51]

Heinrich Wisselmann

Heinrich Wisselmann wurde am 14. Januar 1889 in Obermassen geboren. Er besuchte die Volksschule in Unna und machte sein Abitur auf dem Gymnasium in Gütersloh. Danach studierte Wisselmann in München, Jena und Aachen und schloss das Studium 1912 mit dem Bergreferendarexamen ab. Wisselmann absolvierte seine Dienstzeit beim Kürassier-Regiment 4 in Münster, war, mit kurzer Unterbrechung, von 1914 bis 1918 an der Front. Er bestand sein Bergassessorexamen 1920 und trat im gleichen Jahr als Bergwerksdirektor in die Leitung des zur Mansfeld AG gehörenden Steinkohlenbergwerks Mansfeld in Langendreer ein. 1933 übernahm er die Leitung der Zeche Sachsen, die ebenfalls zur Mansfeld AG gehörte. Bereits im Januar 1934 übernahm er die Leitung der Preussag als Vorsitzer des Vorstands und blieb von 1936 bis 1945 dort Generaldirektor. Als solcher gehörte er auch der Leitung der HGW an. Er wurde außerdem im Oktober 1936 Leiter der Wigru Bergbau der Reichsgruppe Industrie und 1938 zum Wehrwirtschaftsführer ernannt. Ferner war er unter anderem Mitglied im Beirat der Deutschen Reichsbank und im AR der Konti, der Bergwerksgesellschaft Hibernia AG und der Bor-Kupferbergwerke und Hütten-AG nach der Okkupation, seit 1937 auch im AR der HGW, außerdem im Vorstand der Reichsvereinigung Kohle. Wisselmann war unter anderem AR-Mitglied der Deutschen Kalisyndikat GmbH, der Salzdetfurth AG und der Ruhrgas AG. Als ehemaliger Bergbeamter gehörte Wisselmann der traditionellen Verwaltungs- und Führungselite des Bergbaus an, die sich durch ihren ausgeprägten Korpsgeist und ein enges Beziehungs-

51 Vgl. Personalbogen aus dem Reichsjustizministerium zu Weltzien, in: BAB, R 3001, Nr. 80035; Schreiben Reichsfinanzminister an die Admiralität, Zentralabteilung, vom 1.12.1919, in: ebd., Bl. 13; Schreiben Reichsminister der Finanzen an den Preussischen Justizminister vom 14.2.1920, in: ebd., Bl. 16; Schreiben Reichsminister des Innern an den Kammergerichtspräsidenten Berlin vom 30.6.1920, in: ebd., Bl. 17; Wirtschaftsführer, Sp. 2426; Akten der Reichskanzlei. Weimarer Republik (http://www.bundesarchiv.de/aktenreichskanzlei/1919-1933/0000/adr/getPPN/133793966/); Schreiben Preußischer Minister des Innern an den Reichsminister der Finanzen vom 17.8.1931, in: BAB, R 2, Nr. 15335; NSDAP-Karte, in: ebd., R 9361-IX KARTEI, Nr. 47850498; Berliner Handels-Gesellschaft, S. 249; Wer leitet?, Bd. 1, S. 958; Bd. 2, S. 1074.

geflecht auszeichnete. Zugleich war er auch aufgrund seiner engen Verbindung zur Lenkungsbürokratie im RWiM für die diplomatische Mittlerfunktion prädestiniert. Im Frühjahr 1941 wurde er, als zweiter Mann hinter Paul Pleiger, zum stellvertretenden Vorsitzenden der Reichsvereinigung Kohle berufen. Wisselmann setzte sich als Leiter der Wigru Bergbau für eine Begnadigung des für seine defätistische Äußerungen vom Volksgerichtshof zum Tode verurteilten technischen Direktors und designierten Generaldirektors der RWE-Zechen, Wilhelm Ricken, ein.[52]

1943 trat er der NSDAP bei. Das OSS kam zu dem Schluss: »Wisselmann shares in the responsibility for formulating and executing Nazi economic policies.«

Nach Ende des Zweiten Weltkriegs war Wisselmann ab 1946 zunächst Leiter einer Erdöl- und Bohrverwaltung in Bad Salzdetfurth. 1950 gelang ihm der Wiedereinstieg in die Führungsebene als AR-Vorsitzender der Salzdetfurth AG. Außerdem gehörte er dem Landesbeirat Niedersachsen der Commerzbank an. Er war unter anderem AR-Vorsitzender der Weserhütte AG, stellvertretender AR-Vorsitzender der Mansfeld AG für Bergbau und Hüttenbetrieb und der Vereinigten Kaliwerke Salzdetfurth AG, AR-Mitglied der Klöckner Werke AG, der Braunkohlen- und Brikett-Industrie AG und weiterer Gesellschaften. 1952 erhielt er die Ehrendoktorwürde der TU Berlin, 1961 die Heinitz-Plakette der Wirtschaftsvereinigung Bergbau und das Große Verdienstkreuz.

Wisselmann verstarb am 26. Juni 1967 in Bad Oeynhausen.[53]

52 Vgl. Schreiben Leiter der Wigru Bergbau, Wisselmann, an Reichswirtschaftsminister Funk vom 1.2.1944, in: BAB, R 3018, Nr. 12844-4; Bescheinigung von Bergassessor a.D. Wilhelm Hölling vom 6.7.1945, in: ebd., R 13-XX, Nr. 5; Grieger, RWE, S. 139 f.

53 Vgl. Velsen, Wisselmann; Undat. AV über Wisselmann, in: BAB, DO 1, Nr. P 8292; Todesanzeige der Salzdetfurth AG, in: FAZ vom 28.6.1967, S. 11; Laufer, Staatskonzern, S. 175 ff.; Biographischer Report über Heinrich Wisselmann der Reasearch and Analysis Branch des OSS vom 20. April 1945, S. 4 (https://s3.amazonaws.com/cul-hydra/nur/nur01944/pdfs/nur01944.pdf) (Zitat ebd.); NSDAP-Karte, in: BAB, R 9361-IX KARTEI, Nr. 49141168.

Abkürzungsverzeichnis

AA	Auswärtiges Amt
ADAP	Akten zur deutschen Auswärtigen Politik
AEG	Allgemeine Elektricitäts-Gesellschaft, Berlin
AGIP	Azienda Generale Italiana Petroli (Markenname)
AN	Aktennotiz
AOK	Armeeoberkommando
APOC	Anglo-Persian Oil Company
AR	Aufsichtsrat
AV	Aktenvermerk
BA-MA	Bundesarchiv-Militärarchiv, Freiburg
BAB	Bundesarchiv Berlin
BABay	Bundesarchiv Bayreuth
BAK	Bundesarchiv Koblenz
BAL	Bundesarchiv Ludwigsburg
BASF	Badische Anilin- und Sodafabrik, Ludwigshafen
BdS	Befehlshaber der Sicherheitspolizei und des SD
BGR	Bundesanstalt für Geowissenschaften und Rohstoffe, Hannover
BHG	Berliner Handels-Gesellschaft
BHO	Berg- und Hüttenwerksgesellschaft Ost GmbH
BIOS	British Intelligence Objectives Sub Committee
Borussia	Borussia Beteiligungs GmbH
Brabag	Braunkohle-Benzin AG
BStU	Der Bundesbeauftragte für die Unterlagen des Staatssicherheitsdienstes der ehemaligen Deutschen Demokratischen Republik
CAMO	Central'nyj archiv Ministerstva oborony RF (Zentralarchiv des Verteidigungsministeriums der Russischen Föderation)
DAF	Deutsche Arbeitsfront
DALO	Derzhavnyi arkhiv L'vivs'koi oblasti (Staatliches Archiv des Lemberger Oblast)
DBHG	Deutsche Bergwerks- und Hüttengesellschaft mbH
DEA	Deutsche Erdöl AG
Deurag	Gewerkschaft Deutsche Erdölraffinerie AG
DFG	Deutsche Forschungsgemeinschaft
DPAG	Deutsche Petroleum-Aktiengesellschaft
DRT	Deutsche Revisions- und Treuhand-Aktiengesellschaft
Dulag	Durchgangslager
EAG	Erdölanlagen GmbH
Ek	Einsatzkommando
Estag	Estnische Steinöl AG, Tallinn

Eurotank	Europäische Tanklager- und Transport AG, Hamburg
EVA	Eisenbahn-Verkehrsmittel-AG, Düsseldorf
FAZ	Frankfurter Allgemeine Zeitung
GBA	Generalbevollmächtigter für den Arbeitseinsatz
GBChem	Generalbevollmächtigter für die Sonderfragen der chemischen Erzeugung
GBI	Generalbauinspektor für die Reichshauptstadt
Gestapo	Geheime Staatspolizei
Gewi	Beskiden-Erdöl-Gewinnungs-GmbH
GFM	Generalfeldmarschall
GG	Generalgouvernement
GV	Gesellschafterversammlung
HA	Hauptabteilung
HAC	Historisches Archiv der Commerzbank AG
HADB	Historisches Archiv der Deutsche Bank AG
HGW	Reichswerke AG für Erzbergbau und Eisenhütten »Hermann Göring«
HHStaW	Hessisches Hauptstaatsarchiv Wiesbaden
HICOG	U. S. High Commissioner for Germany
HIS	Hamburger Institut für Sozialforschung
HSSPF	Höherer SS- und Polizeiführer
HV	Hauptversammlung
HWWA	Hamburger Welt-Wirtschafts-Archiv
IfW	Institut für Weltwirtschaft, Kiel
IfZ	Institut für Zeitgeschichte, München
IMT	International Military Tribunal, Nürnberg
IPC	Iraq Petroleum Company
IG	Interessengemeinschaft
IRDP	Industria Romana de Pétrole Société Anonima Romana, Bukarest
ITAG	Internationale Tiefbohrgesellschaft, Celle
Konti	Kontinentale Öl AG
Korück	Kommandant des rückwärtigen Armeegebiets
KTB	Kriegstagebuch
KVK	Kriegsverdienstkreuz
KZ	Konzentrationslager
LAÄ	Landesarbeitsämter
LAB	Landesarchiv Berlin
MANAT	Magyar-Német-Asványolajmüvek K. F. T. (Ungarisch-Deutsche Erdölindustriegesellschaft mbH, Budapest)
MAORT	Magyar Amerikai Olajipari Részvénytársaságot (Ungarisch-Amerikanische Erdölindustrie AG)
MBK	Mineralölbrigade Kaukasus

Min.Dir.	Ministerialdirektor
Min.Dirig.	Ministerialdirigent
Min.Rat	Ministerialrat
MKK	Mineralölkommando Kaukasus
NAK	National Archives, Kew
NAW	National Archives, Washington
Nerag	Neue Erdölraffinerie AG
NKWD	Narodny Kommissariat Wnutrennich Del (Volkskommissariat für Innere Angelegenheiten)
NSB	Nationaal Socialistische Beweging
NSDAP	Nationalsozialistische Deutsche Arbeiterpartei
NSRB	Nationalsozialistischer Rechtswahrerbund
NSV	Nationalsozialistische Volkswohlfahrt
OKH	Oberkommando des Heeres
OKM	Oberkommando der Kriegsmarine
OKW	Oberkommando der Wehrmacht
OMGUS	Office of Military Government for Germany (U.S.) (Amt der Militärregierung für Deutschland, Vereinigte Staaten)
ORR	Oberregierungsrat
OT	Organisation Todt
PA AA	Politisches Archiv des Auswärtigen Amts
PGLA	Preußische Geologische Landesanstalt, Berlin
Preussag	Preußische Bergwerks- und Hütten-Aktiengesellschaft
RAF	Royal Air Force
RfB	Reichsstelle (bzw. Reichsamt) für Bodenforschung
RFR	Reichsforschungsrat
RFM	Reichsfinanzministerium
RFSS	Reichsführer SS
RGBl.	Reichsgesetzblatt
RGVA	Rossiiskii Gosudarstvenni Voennyi Arkhiv (Russisches Staatliches Militärarchiv, Moskau)
RKG	Reichs-Kredit-Gesellschaft
RKO	Reichskommissariat Ostland
RM	Reichsmark
RMfBuM	Reichsministerium für Bewaffnung und Munition
RMfRuK	Reichsministerium für Rüstung und Kriegsproduktion
RMfdbO	Reichsministerium für die besetzten Ostgebiete
RMWEV	Reichsministerium für Wissenschaft, Erziehung und Volksbildung
RS	Rückseite
RSHA	Reichssicherheitshauptamt
RüIn	Rüstungsinspektion
RüKdo	Rüstungskommando

RWiM	Reichswirtschaftsministerium
RWWA	Rheinisch-Westfälisches Wirtschaftsarchiv, Köln
SA	Sturmabteilung (der NSDAP)
Sardep	S. A. Romana pentru desvoltarea exportului petroleilui
SD	Sicherheitsdienst des Reichsführers SS
SfS	Stiftung für Sozialgeschichte, Bremen
SIPER	Société Industrielle des Petroles Roumains
Sipo	Sicherheitspolizei
SS	Schutzstaffel
SSPF	SS- und Polizeiführer
Stalag	Stammlager
StaL	Staatsarchiv Ludwigsburg
StaN	Staatsarchiv Nünberg
SUB GÖ – HA	Staats- und Universitätsbibliothek Göttingen – Handschriftenabteilung
SZ	Süddeutsche Zeitung
TBM	Technische Brigade Mineralöl
TH	Technische Hochschule
UB Freiburg SLS	Universitätsbibliothek Freiburg, Sonderlesesaal
USSBS	United States Strategic Bombing Survey
VAA	Vertreter des Auswärtigen Amts (bei den oberen Kommandobehörden)
Vera	Beskiden-Erdöl-Verarbeitungs-GmbH
VJP	Vierjahresplan(behörde)
VS	Vorderseite
WiFSt	Wirtschaftsführungsstab
WiAmt	Wirtschaftsamt
Wifo	Wirtschaftliche Forschungsgesellschaft mbH
WFSt	Wehrmachtführungsstab
Wigru	Wirtschaftsgruppe
WiIn	Wirtschaftsinspektion
WiRüAmt	Wehrwirtschafts- und Rüstungsamt
WiStab Ost	Wirtschaftsstab Ost
WVHA	Wirtschafts- und Verwaltungshauptamt der SS
WWiA	Wehrwirtschaftsamt
ZBW	Zentralbibliothek für Wirtschaftswissenschaften, Kiel und Hamburg
ZHO	Zentralhandelsgesellschaft Ost für landwirtschaftlichen Absatz und Bedarf mbH

Genutzte Archive

Archiv der BASF, Ludwigshafen (BASF-Archiv)
Archiv der Bayer AG, Leverkusen (Bayer-Archiv)
Archiv der Bundesanstalt für Geowissenschaften und Rohstoffe, Hannover (BGR)
Archiv der Frankfurter Allgemeinen Zeitung, online (FAZ-Archiv)
Archiv der Stiftung für Sozialgeschichte, Bremen (SfS-Archiv)
Archiv der Süddeutschen Zeitung, online (SZ-Archiv)
Archiv der Wintershall DEA AG, Kassel (DEA-Archiv)
Archiv des Hamburger Instituts für Sozialforschung (HIS-Archiv)
Archiv des Instituts für Weltwirtschaft an der Universität Kiel (IfW)
Archiv des Nachrichtenmagazins *Der Spiegel* (Spiegel-Archiv)
Bundesarchiv Bayreuth (BABay)
Bundesarchiv Berlin (BAB)
Bundesarchiv Koblenz (BAK)
Bundesarchiv Ludwigsburg (BAL)
Bundesarchiv-Militärarchiv, Freiburg i.Br. (BA-MA)
Der Bundesbeauftragte für die Unterlagen des Staatssicherheitsdienstes der ehemaligen Deutschen Demokratischen Republik, Berlin (BStU)
Central'nyj archiv Ministerstva oborony RF (Zentralarchiv des Verteidigungsministeriums der Russischen Föderation, Podolsk) (CAMO)
Derzhavnyi arkhiv L'vivs'koi oblasti (Staatliches Archiv des Lemberger Oblast) (DALO)
Hessisches Hauptstaatsarchiv Wiesbaden (HHStaW)
Historisches Archiv der Commerzbank AG, Frankfurt a.M. (HAC)
Historisches Archiv der Deutsche Bank AG, Frankfurt a.M. (HADB)
Institut für Zeitgeschichte, München (IfZ)
Landesarchiv Berlin (LAB)
National Archives, Kew (NAK)
National Archives, Washington (NAW)
Politisches Archiv des Auswärtigen Amts, Berlin (PA AA)
Rheinisch-Westfälisches Wirtschaftsarchiv, Köln (RWWA)
Rossiiskii Gosudarstvenni Voennyi Arkhiv (Staatliches Militärarchiv der Russischen Föderation, Moskau) (RGVA)
Staats- und Universitätsbibliothek Göttingen – Handschriftenabteilung (SUB GÖ – HA)
Staatsarchiv Ludwigsburg (StaL)
Staatsarchiv Nürnberg (StaN)
Universitätsbibliothek Freiburg, Sonderlesesaal (UB Freiburg SLS)
Zentralbibliothek für Wirtschaftswissenschaften, Kiel und Hamburg, Pressemappe des 20. Jahrhunderts (ZBW)

Literaturverzeichnis

100 Jahre EVA. Eine Chronik, Düsseldorf 1997.

Gerard Aalders, Three ways of German economic penetration in the Netherlands: Cloaking, Capital underlocking and »Aryanization«, in: Richard J. Overy/Gerhard Otto/Johannes Houwink ten Cate (Hg.), Die »Neuordnung« Europas. NS-Wirtschaftspolitik in den besetzten Gebieten, Berlin 1997, S. 273-298.

Abschlußbericht der Deutschen Wehrmacht in Albanien vom Februar/März 1945 (http://www.albanianhistory.net/1945_German-Wehrmacht/de/index.htm) (NAW, T 501, Roll 258).

Ralf Ahrens, Der Exempelkandidat. Die Dresdner Bank und der Nürnberger Prozess gegen Karl Rasche, in: Vierteljahrshefte für Zeitgeschichte, 52 (2004) 4, S. 637-670.

Ralf Ahrens, Karl Rasche (1892-1951), in: Hans Pohl (Hg.), Deutsche Bankiers des 20. Jahrhunderts, Stuttgart 2008, S. 343-355.

.Ralf Ahrens, Die nationalsozialistische Raubwirtschaft im Wilhelmstraßen-Prozess, in: Kim C. Priemel/Alexa Stiller (Hg.), NMT. Die Nürnberger Militärtribunale zwischen Geschichte, Gerechtigkeit und Rechtschöpfung, Hamburg 2013, S. 353-375.

Ralf Ahrens, Westfälisches Sozialkapital und NS-Karriere – Aufstieg und Fall des Bankiers Karl Rasche, in: Westfälische Forschungen, 67 (2017), S. 249-268.

Akten der Reichskanzlei. Die Regierung Hitler, Bd. II: 1934/35, München 1999.

Akten zur Deutschen Auswärtigen Politik 1918-1945, Serie D, Bd. 5, Baden-Baden 1953.

Akten zur Deutschen Auswärtigen Politik 1918-1945, Serie D, Bd. 6, Baden-Baden 1956.

Akten zur Deutschen Auswärtigen Politik 1918-1945, Serie D, Bd. 9, Frankfurt a. M. 1962.

Akten zur Deutschen Auswärtigen Politik 1918-1945, Serie D, Bd. 10, Frankfurt a. M. 1963.

Akten zur Deutschen Auswärtigen Politik 1918-1945, Serie D, Bd. 13,1, Göttingen 1970.

Akten zur Deutschen Auswärtigen Politik 1918-1945, Serie D, Bd. 13,2, Göttingen 1970.

Akten zur Deutschen Auswärtigen Politik 1918-1945, Serie E, Bd. 3, Göttingen 1974.

Bernd-Rüdiger Altmann, 75 Jahre DGMK. Deutsche Wissenschaftliche Gesellschaft für Erdöl, Erdgas und Kohle e. V. (1933-2008), in: Erdöl, Erdgas und Kohle, 124 (2008) 5, S. 244-260.

Hendrik Altmann, Die Karpathen Öl AG bei Garßen (https://found-places.blogspot.com/2020/08/die-karpathen-ol-ag-bei-garen.html).

Götz Aly, Hitlers Volksstaat. Raub, Rassenkrieg und nationaler Sozialismus, Frankfurt a. M. 2005.

Gerold Ambrosius, Hybride Eigentums- und Verfügungsrechte. Öffentlich-private Kooperationen in systematisch-theoretischer und historisch-empirischer Perspektive, Berlin 2012.

Gerold Ambrosius, Public Private Partnership und Gemischtwirtschaftlichkeit. Neue Formen öffentlich-privater Kooperation in historischer Perspektive, in: Matthias

Frese/Burkhard Zeppenfeld (Hg.), Kommunen und Unternehmen im 20. Jahrhundert. Wechselwirkungen zwischen öffentlicher und privater Wirtschaft, Essen 2000, S. 199-214.
Gerold Ambrosius, Der Staat als Unternehmer. Öffentliche Wirtschaft und Kapitalismus seit dem 19. Jahrhundert, Göttingen 1984.
Lars Amenda, Mobilisierung und Migration. Die Reichswerke »Hermann Göring« im Salzgittergebiet, in: Oliver Werner (Hg.), Mobilisierung im Nationalsozialismus. Institutionen und Regionen in der Kriegswirtschaft und der Verwaltung des »Dritten Reiches« 1936 bis 1945, Paderborn 2013, S. 121-137.
Călin-Radu Ancuţa, Die deutsch-rumänischen Wirtschaftsbeziehungen während der Kriegsjahre 1940-1944, in: Krista Zach/Cornelius R. Zach (Hg.), Modernisierung auf Raten in Rumänien. Anspruch, Umsetzung, Wirkung, München 2004, S. 333-370.
Andrej Angrick, Besatzungspolitik und Massenmord. Die Einsatzgruppe D in der südlichen Sowjetunion 1941-1943, Hamburg 2003.
Andrej Angrick/Peter Klein, Die »Endlösung« in Riga. Ausbeutung und Vernichtung 1941-1944, Darmstadt 2006.
Veronika Arndt/Heidrun Schwarz, Hydrierwerk Zeitz. Die Geschichte eines Chemieunternehmens (1937-1996), Zeitz 1999.
Uta von Arnim, Das Institut in Riga. Die Geschichte eines NS-Arztes und seiner »Forschung«. Eine Spurensuche, Zürich/München 2011.
Karl Bachmann, Dr. Friedrich Fetzer von Schloß Moos – ein verdienter Lindauer unserer Zeit, in: Jahrbuch des Landkreises Lindau, 8 (1993), S. 17-24.
Johannes Bähr, Die Dresdner Bank in der Wirtschaft des Dritten Reichs, München 2006.
Johannes Bähr, Unternehmens- und Kapitalmarktrecht im »Dritten Reich«: Die Aktienrechtsreform und das Anleihestockgesetz, in: ders./Ralf Banken (Hg.), Wirtschaftssteuerung durch Recht. Studien zur Entwicklung des Wirtschaftsrechts im Interventionsstaat des »Dritten Reichs«, Frankfurt a. M. 2006, S. 35-69.
Johannes Bähr/Michael C. Schneider, Fazit: Interessen und Strategien der Dresdner Bank auf dem Gebiet der Rüstungsfinanzierung, in: Johannes Bähr, Die Dresdner Bank in der Wirtschaft des Dritten Reichs, München 2006, S. 408-413.
Nikolai (K.) Baibakow, Sache des Lebens. Aufzeichnungen eines Erdölarbeiters, Berlin (Ost) 1985.
Nikolai K. Baibakow, Von Stalin bis Jelzin, übers. von Ruth Stoljarowa und Rudolf Wiedenbeck, Moskau 1999.
Sebastian Balta, Rumänien und die Großmächte in der Ära Antonescu (1940-1944), Stuttgart 2005.
James H. Bamberg, The History of the British Petroleum Company. Volume 2: The Anglo-Iranian Years, 1928-1954, Cambridge/New York 1994.
Ralf Banken, Edelmetallmangel und Großraubwirtschaft. Die Entwicklung des deutschen Edelmetallsektors im »Dritten Reich« 1933-1945, Berlin 2009.

Ralf Banken, Reichsberggesetz und Einzelmaßnahmen. Die nationalsozialistischen Berggesetze in der Kontinuität der deutschen Bergrechtsentwicklung des 20. Jahrhunderts, in: Johannes Bähr/Ralf Banken (Hg.), Wirtschaftssteuerung durch Recht im Nationalsozialismus. Studien zur Entwicklung des Wirtschaftsrechts im Interventionsstaat des »Dritten Reichs«, Frankfurt a. M. 2006, S. 71-119.
Avraham Barkai, Das Wirtschaftssystem des Nationalsozialismus: Ideologie, Theorie, Politik, 1933-1945, Frankfurt a. M. 1988 (erw. Neuausgabe).
Inge Baumgart/Horst Benneckenstein, Die Interessen der Deutschen Bank am mesopotamischen Erdöl, in: Jahrbuch für Wirtschaftsgeschichte, 29 (1988) 1, S. 49-65.
Winfried Baumgart, Das »Kaspi-Unternehmen« – Größenwahn Ludendorffs oder Routineplanung des deutschen Generalstabs? Erster Teil, in: Jahrbücher für Geschichte Osteuropas, 18 (1970) 1, S. 47-126.
Winfried Baumgart (Hg.), Friedrich Freiherr Kreß von Kressenstein. Bayerischer General und Orientkenner – Lebenserinnerungen, Tagebücher und Berichte 1914-1946, Paderborn 2020.
Dirk Bavendamm, 1899-1999: Die Geschichte des Unternehmens. 100 Jahre RWE-DEA, in: 100 Jahre RWE-DEA, hg. von der RWE-DEA-Aktiengesellschaft für Mineraloel und Chemie, Hamburg 1999.
Hubert Becker, Bergschule – Bergakademie – Technische Universität Clausthal, in: Technische Universität Clausthal. Zur Zweihundertjahrfeier 1775-1975, Bd. I: Die Bergakademie und ihre Vorgeschichte, hg. von der Technischen Universität Clausthal, Clausthal-Zellerfeld 1975, S. 57-100.
Hubert Becker, Die Deutsche Bohrmeisterschule in Celle, in: Das Oberbergamt in Clausthal-Zellerfelder und der Bergbau in seinem Bezirk, hg. als Gemeinschaftsarbeit des Oberbergamts, der Bergbau-Unternehmen, der Bergbau-Spezialgesellschaften und der Zulieferindustrie, Berlin/Basel 1965, S. 127-131.
Hubert Becker, Das Institut für Tiefbohrkunde und Erdölgewinnung, in: Festschrift zur 175-Jahrfeier der Bergakademie Clausthal 1775-1950, hg. von der Bergakademie Clausthal, Clausthal-Zellerfeld 1950, S. 166-170.
Lutz-Dieter Behrendt, Deggendorf. Kleine Stadtgeschichte, Regensburg 2017.
Lutz-Dieter Behrendt/Ernst Schütz (Red.), 70 Jahre danach. Generationen im Dialog zum Kriegsende in Deggendorf, hg. von der Stadt Deggendorf und dem Geschichtsverein für den Landkreis Deggendorf e. V., Deggendorf 2015.
Cosima Bellersen Quirini, 100 besondere Persönlichkeiten in Celle und dem Cellerland, Celle 2019.
Alfred Bentz, Das Erdöl in Deutschland und seine Aufschließung, in: Öl und Kohle, 1 (1933) 1, S. 29-31.
Wigbert Benz, Der Hungerplan im »Unternehmen Barbarossa« 1941, Berlin 2011.
Volker R. Berghahn, Writing the History of Business in the Third Reich. Past Achievements and Future Directions, in: Francis R. Nicosia/Jonathan Huener (Hg.), Business and Industry in Nazi Germany, New York/Oxford 2004, S. 129-148.
Hartmut Berghoff, Ansätze und Perspektiven einer modernen, theorieorientierten

Unternehmensgeschichte, in: Rudolf Boch/Petra Listewnik/Eva Pietsch/Michael Schäfer (Hg.), Unternehmensgeschichte heute: Theorieangebote, Quellen, Forschungstrends, Leipzig 2005, S. 15-28.
Hartmut Berghoff, Moderne Unternehmensgeschichte. Eine themen- und theorieorientierte Einführung, Berlin/Boston 2016 (2. Aufl.).
Hartmut Berghoff, Unternehmensgeschichte als Gesellschaftsgeschichte, in: Jan-Otmar Hesse/Christian Kleinschmidt/Karl Lauschke (Hg.), Kulturalismus, Neue Institutionenökonomik oder Theorienvielfalt. Eine Zwischenbilanz zur Unternehmensgeschichte, Essen 2002, S. 243-251.
Hartmut Berghoff/Jörg Sydow, Unternehmerische Netzwerke – Theoretische Konzepte und historische Erfahrungen, in: dies. (Hg.), Unternehmerische Netzwerke. Eine historisch Organisationsform mit Zukunft?, Stuttgart 2007, S. 9-43.
Bergwerksdirektor Karl Grosse zum 50jährigen Bergmannsjubiläum, in: Bohrtechnik und Brunnenbau, 3 (1952) 5, S. 131-132.
Die Berliner Handels-Gesellschaft in einem Jahrhundert deutscher Wirtschaft 1856-1956, Berlin 1956.
Kenneth Bertrams/Nicolas Coupain/Ernst Homburg, Solvay. History of a Multinational Family Firm, Cambridge 2013.
Max Biehl, Die wirtschaftlichen Grundlagen des Distrikts Galizien im Rahmen des Generalgouvernements, in: Ost-Europa-Markt, 21 (1941/42) 11/12, S. 283-288.
Wolfgang Birkenfeld, Illusionen am Kaukasus 1942/43, in: Karl-Heinz Manegold (Hg.), Wissenschaft, Wirtschaft und Technik. Studien zur Geschichte. Wilhelm Treue zum 60. Geburtstag, München 1969, 85-91.
Wolfgang Birkenfeld, Der synthetische Treibstoff 1933-1945. Ein Beitrag zur nationalsozialistischen Wirtschafts- und Rüstungspolitik, Göttingen 1964.
Ruth Bettina Birn, Die Sicherheitspolizei in Estland 1941-1944. Eine Studie zur Kollaboration im Osten, Paderborn 2006.
Ruth Bettina Birn, Vaivara – Stammlager, in: Wolfgang Benz/Barbara Distel (Hg.), Der Ort des Terrors. Geschichte der nationalsozialistischen Konzentrationslager, Bd. 9, München 2008, S. 131-147.
Walther Birnbaum, Hannover – Dr. jur., in: Bergbau-Archiv Bochum, Nachlässe, Bestand 81 (http://www.lager-muehlberg.de/content/WaltherBirnbaum.pdf).
Walther Birnbaum, Die Rechtsprechung des Kartellgerichts auf Grund des § 9 der Kartellverordnung im Vergleich zur Rechtsprechung der ordentlichen Gerichte, Diss. jur. Universität Gießen 1929.
Edith Blaschitz, NS-Flüchtlinge österreichischer Herkunft: Der Weg nach Argentinien, in: Jahrbuch 2003 des Dokumentationsarchivs des österreichischen Widerstandes, S. 103-136.
Karl Heinz Blumenhagen, Die deutsch-sowjetischen Handelsbeziehungen 1939-1941. Ihre Bedeutung für die jeweilige Kriegswirtschaft, Hamburg 1998.
Regula Bochsler, Ein neues Leben für drei Nazis, in: Neue Zürcher Zeitung vom 1. 10. 2020.

Regula Bochsler, Nylon und Napalm. Die Geschäfte der Emser Werke und ihres Gründers Werner Oswald, hg. vom Institut für Kulturforschung Graubünden, Zürich 2022.
Die Bodenschätze Nordeuropas, hg. vom Reichsamt für Bodenforschung, Berlin 1942.
Willi A. Boelcke (Hg.), Deutschlands Rüstung im Zweiten Weltkrieg. Hitlers Konferenzen mit Albert Speer 1942-1945, Frankfurt a. M. 1969.
Włodzimierz Bonusiak, Entstehung und Entwicklung der Erdölindustrie auf polnischem Boden 1854-1939, in: Studia Historiae Oeconomicae, 19 (1988), S. 167-182.
Włodzimierz Bonusiak, Małopolska Wschodnia pod rządami Trzeciej Rzeszy, Rzeszów 1990.
Patrick Bormann, August Rosterg (1870-1945), in: ders./Judith Michel/Joachim Scholtyseck (Hg.), Unternehmer in der Weimarer Republik, Stuttgart 2016, S. 161-175.
Thomas B. Bottomore, Elite und Gesellschaft. Eine Übersicht über die Entwicklung des Eliteproblems, München 1966 (zuerst London 1964).
Gerhard Botz, Artikel Neubacher, Hermann, in: Neue Deutsche Biographie, Bd. 19, Berlin 1999, S. 92-93.
Werner Brockdorff, Geheimkommandos des Zweiten Weltkrieges. Geschichte und Einsätze der Brandenburger, der englischen Commands und SAS-Einheiten, der amerikanischen Rangers und sowjetischer Geheimdienste, Eltville am Rhein 1983 (zuerst Wels 1983).
Martin Broszat, Der Staat Hitlers. Grundlegung und Entwicklung seiner inneren Verfassung, München 1969.
Sebastian Brünger, Geschichte und Gewinn. Der Umgang deutscher Konzerne mit ihrer NS-Vergangenheit, Göttingen 2017.
Andrew N. Buchanan, World War II in Global Perspective, 1931-1953. A Short History, Hoboken 2019.
Christoph Buchheim, Unternehmen in Deutschland und NS-Regime 1933-1945. Versuch einer Synthese, in: Historische Zeitschrift, 282 (2006), S. 351-390.
Christoph Buchheim/Jonas Scherner, Anmerkungen zum Wirtschaftssystem des »Dritten Reichs«, in: Werner Abelshauser/Jan-Otmar Hesse/Werner Plumpe (Hg.), Wirtschaftsordnung, Staat und Unternehmen. Neue Forschungen zur Wirtschaftsgeschichte des Nationalsozialismus. Festschrift für Dietmar Petzina zum 65. Geburtstag, Essen 2003, S. 81-97.
Christoph Buchheim/Jonas Scherner, Corporate Freedom of Action in Nazi Germany: A Response to Peter Hayes, in: Bulletin of the German Historical Institute, 45 (2009), S. 43-50.
Christoph Buchheim/Jonas Scherner, The Role of Private Property in the Nazi Economy: The Case of Industry, in: The Journal of Economic History, 66 (2006) 2, S. 390-416.
Lutz Budraß, Unternehmer im Nationalsozialismus: Der »Sonderbevollmächtigte des Generalfeldmarschalls Göring für die Herstellung der Ju 88«, in: Werner Plumpe/Christian Kleinschmidt (Hg.), Unternehmen zwischen Markt und Macht.

Aspekte deutscher Unternehmens- und Industriegeschichte im 20. Jahrhundert, Essen 1992, S. 74-89.
Tobias Bütow/Franka Bindernagel, Ein KZ in der Nachbarschaft. Das Magdeburger Außenlager der Brabag und der »Freundeskreis Himmler«, Köln/Weimar/Wien 2003.
Marc Buggeln: Rezension zu: Norbert Frei/Tim Schanetzky (Hg.), Unternehmen im Nationalsozialismus. Zur Historisierung einer Forschungskonjunktur. Göttingen 2010, in: H-Soz-Kult, 24.11.2011 (www.hsozkult.de/publicationreview/id/reb-15119).
Gheorghe Buzatu, A History of Romanian Oil, Vol. II, Bukarest 2011.
Carl-Engler-Medaille 1973: Prof. Dr. rer. nat. Alfred Mayer-Gürr, von der DGMK Deutsche Wissenschaftliche Gesellschaft für Erdöl, Erdgas und Kohle e. V. (https://dgmk.de/app/uploads/2019/09/Mayer_Guerr.pdf).
Walter Eduard Hermann Carlé, Werner – Beyrich – von Koenen – Stille. Ein geistiger Stammbaum wegweisender Geologen, Hannover 1988 (Geologisches Jahrbuch, Reihe A, Heft 108).
A. Dirk Cattepoel, Lebensbericht, in: Günther Schlicht, Vom Fachmann zum Unternehmer. Reden und Vorträge 1933 bis 1960, Essen 1966, S. 9-15.
Chronik der Berg- und Hüttenschule Clausthal 1775-2000, Zusammenstellung von Wolfgang Schütze, Clausthal-Zellerfeld 2000.
Commerzbank 1870-2010 – Eine Zeitreise, zusammengestellt von Detlef Krause, hg. von der Eugen-Gutmann-Gesellschaft, Dresden 2010.
Eckart Conze/Norbert Frei/Peter Hayes/Moshe Zimmermann, Das Amt und die Vergangenheit. Deutsche Diplomaten im Dritten Reich und in der Bundesrepublik, München 2010.
Ronald C. Cooke/Roy Conyers Nesbit, Target: Hitler's Oil. Allied Attacks on German Oil Supplies 1939-1945, London 1985.
Gustavo Corni, Brot – Butter – Kanonen. Die Ernährungswirtschaft in Deutschland unter der Diktatur Hitlers, Berlin 2015.
Correspondentie van Mr. M. M. Rost van Tonningen, Deel 1, hg. vom Rijksinstituut voor Oorlogsdocumentatie, 'S-Gravenhage 1967.
Eberhard Czichon, Die Bank und die Macht. Hermann Josef Abs, die Deutsche Bank und die Politik, Köln 1995.
Eberhard Czichon, Deutsche Bank – Macht – Politik. Faschismus, Krieg und Bundesrepublik, Köln 2001.
Roswitha Czollek, Faschismus und Okkupation. Wirtschaftspolitische Zielsetzung und Praxis des faschistischen deutschen Besatzungsregimes in den baltischen Sowjetrepubliken während des zweiten Weltkrieges, Berlin (Ost) 1974.
Roswitha Czollek, Zur wirtschaftspolitischen Konzeption des deutschen Imperialismus beim Überfall auf die Sowjetunion, in: Jahrbuch für Wirtschaftsgeschichte, 9 (1968) 1, S. 141-181.
Roswitha Czollek, Zum Raub estnischer Ölschiefervorkommen für die deutsche

Kriegswirtschaft 1941-1944, in: Jahrbuch für Wirtschaftsgeschichte, 10 (1969) 2, S. 107-115.
Roswitha Czollek, Zwangsarbeit und Deportationen für die deutsche Kriegsmaschine in den baltischen Sowjetrepubliken während des zweiten Weltkrieges, in: Jahrbuch für Wirtschaftsgeschichte, 11 (1970) 2, S. 45-67.
Roswitha Czollek/Dietrich Eichholtz, Die deutschen Monopole und der 22. Juni 1941, in: Zeitschrift für Geschichtswissenschaft, 15 (1967) 1, S. 64-76.
Harald Czycholl, 100 Jahre Institut für Weltwirtschaft. Vom Königlichen Institut zum globalen Forschungszentrum, Kiel 2014.
Paul Damm, Abkömmlinge des Theobromins und der 3-7 Dimethylharnsäure, Phil. Diss. Universität Breslau 1913.
Peter Danner, Görings Geologen in der Ostmark. »Bodenforschung« in Österreich für den Vierjahresplan von 1936 bis 1939 – eine Archivstudie, Berichte der Geologischen Bundesanstalt, Bd. 109, Wien 2015.
Decartelization: The Oil Industry, in: Weekly Information Bulletin (Office of Military Government for Germany, U. S.), Nr. 77 vom 27. 1. 1947, S. 6-8 und S. 24-25.
Oskar Deicher, Das Förderwesen im deutschen Erdöl, insbesondere im Nienhagener Feld, Diss. Technische Hochschule zu Hannover 1937.
Dennis Deletant, Hitler's Forgotten Ally. Ion Antonescu and His Regime, Romania 1940-1944, New York 2006.
Deutschland im zweiten Weltkrieg. Bd. 5: Der Zusammenbruch der Defensivstrategie des Hitlerfaschismus an allen Fronten (Januar bis August 1944), hg. von einem Autorenkollektiv unter Leitung von Wolfgang Schumann, Berlin (Ost) 1984.
Christoph Dieckmann, Wirtschaftsforschung für den Großraum. Zur Theorie und Praxis des Kieler Instituts für Weltwirtschaft und des Hamburger Welt-Wirtschafts-Archivs im »Dritten Reich«, in: Modelle für ein deutsches Europa. Ökonomie und Herrschaft im Großwirtschaftsraum (= Beiträge zur nationalsozialistischen Gesundheits- und Sozialpolitik, Bd. 10), Berlin 1992, S. 146-198.
Christoph Dieckmann/Babette Quinkert (Hg.), Kriegführung und Hunger 1941-1945. Zum Verhältnis von militärischen, wirtschaftlichen und politischen Interessen (= Beiträge zur Geschichte des Nationalsozialismus, Bd. 30), Göttingen 2015.
Der Dienstkalender Heinrich Himmlers 1941/42, bearb., komm. u. eingel. von Peter Witte u. a., Hamburg 1999.
Sergije Dimitrijević, Das ausländische Kapital in Jugoslawien vor dem Zweiten Weltkrieg, Berlin (Ost) 1963.
Dan Diner, Ein anderer Krieg. Das jüdische Palästina und der Zweite Weltkrieg 1935-1942, München 2021.
Direktor Karl Große feierte sein 50jähriges Bergmannsjubiläum, in: Oel und Kohle, 5 (1952) 6, S. 398.
Dokumente der Deutschen Politik, Bd. 8, T. 1: Der Kampf gegen den Westen 1940, bearb. von Hans Volz, Berlin 1943.

Alexander Donges, Die Vereinigte Stahlwerke AG im Nationalsozialismus. Konzernpolitik zwischen Marktwirtschaft und Staatswirtschaft, Paderborn 2014.
Fritz Draeger, Die Bindungs- und Gliederungsverhältnisse der Strophen des Nibelungenliedes und ihre Bedeutung für Quellenkritik und Altersfragen, Diss. phil. Universität Berlin 1921.
Klaus Drobisch, Der Werkschutz – betriebliches Terrororgan im faschistischen Deutschland, in: Jahrbuch für Wirtschaftsgeschichte, 6 (1965) 4, S. 217-247.
Peter Durucz, Ungarn in der auswärtigen Politik des Dritten Reiches 1942-1945, Göttingen 2006.
Dietrich Eichholtz, Zum Anteil des IG-Farben-Konzerns an der Vorbereitung des zweiten Weltkriegs, in: Jahrbuch für Wirtschaftsgeschichte, 10 (1969) 2, S. 83-105.
Dietrich Eichholtz, Faschismus und Ökonomie. Zu Problemen der Entwicklung der Produktionsverhältnisse unter der faschistischen Diktatur, in: ders./Kurt Gossweiler (Hg.), Faschismus-Forschung. Positionen – Probleme – Polemik, Berlin (Ost) 1980 (2. Aufl.), S. 49-72.
Dietrich Eichholtz, Die »Großraumwehrwirtschaft« für den großen Krieg. Zwei geheime Memoranden der Reichsstelle für Wirtschaftsausbau vom Frühjahr/Sommer 1939, in: Bulletin des Arbeitskreises »Zweiter Weltkrieg« (1986) 1-4, S. 70-161.
Dietrich Eichholtz, Geschichte der deutschen Kriegswirtschaft 1939-1945, Bd. 1: 1939-1941, Berlin (Ost) 1969.
Dietrich Eichholtz, Geschichte der deutschen Kriegswirtschaft 1939-1945, Bd. 2: 1941-1943, Berlin (Ost) 1985.
Dietrich Eichholtz, Geschichte der deutschen Kriegswirtschaft 1939-1945, Bd. 3: 1943-1945, Berlin 1996.
Diedrich Eichholtz, Kriegsziele in der UdSSR, in: Babette Quinkert (Hg.), »Wir sind die Herren dieses Landes«. Ursachen, Verlauf und Folgen des deutschen Überfalls auf die Sowjetunion, Hamburg 2002, S. 19-43.
Dietrich Eichholtz, Die »Neuordnung« des europäischen »Großwirtschaftsraumes«. Deutsche Pläne und Realität, in: Joachim Lund (Hg.), Working for the New Order. European Business under German Domination, 1939-1945, Copenhagen 2006, S. 13-28.
Dietrich Eichholtz, Ökonomie, Politik und Kriegführung. Wirtschaftliche Kriegsplanungen und Rüstungsorganisation bis zum Ende der »Blitzkriegs«phase, in: ders. (Hg.), Krieg und Wirtschaft. Studien zur deutschen Wirtschaftsgeschichte 1939-1945, Berlin 1999, S. 9-41.
Dietrich Eichholtz, Deutsche Ölpolitik im Zeitalter der Weltkriege. Studien und Dokumente, Leipzig 2010.
Dietrich Eichholtz, Der Raubzug des faschistischen deutschen Imperialismus zu den Erdölquellen des Kaukasus 1941-1943, in: Jahrbuch für Geschichte, 14 (1976), S. 445-502.
Dietrich Eichholtz, Wirtschaftskollaboration und »Ostgesellschaften« in NS-besetzten Ländern (1941-1944), in: Karsten Linne/Thomas Wohlleben (Hg.), Patient Geschichte. Für Karl Heinz Roth, Frankfurt a. M. 1993.

Dietrich Eichholtz, Wirtschaftskollaboration und »Ostgesellschaften« in NS-besetzten Ländern (1941-1944), in: Europa unterm Hakenkreuz, Ergänzungsband 1: Okkupation und Kollaboration (1938-1945). Beiträge zu Konzepten und Praxis der Kollaboration in der deutschen Okkupationspolitik, Berlin/Heidelberg 1994, S. 433-459.
Dietrich Eichholtz/Wolfgang Schumann (Hg.), Anatomie des Krieges. Neue Dokumente über die Rolle des deutschen Monopolkapitals bei der Vorbereitung und Durchführung des zweiten Weltkrieges, Berlin (Ost) 1969.
Andreas Eichmüller, Die SS in der Bundesrepublik. Debatten und Diskurse über ehemalige SS-Angehörige 1949-1985, Berlin/Boston 2018.
Elimination of German Resources for War. Hearings before a Subcommittee of the Committee on Military Affairs United States Senate. Part 3: Testimony of Foreign Economic Administration and Materials on German Penetration of European Industry, Washington 26. Juni 1946.
Erdöl in Europa und im nahen Orient, bearb. in der Reichsstelle für Bodenforschung, Berlin 1940.
Erdöl in Rußland, hg. von der Reichsstelle für Bodenforschung, Berlin 1941.
Edward E. Ericson III, Feeding the German Eagle. Soviet Economic Aid to Nazi Germany, 1933-1941, Westport 1999.
Paul Erker, Corporate Governance – ein neuer Untersuchungsansatz der historischen Unternehmensforschung? Einige Überlegungen und Ergebnisse am Beispiel jüngster Veröffentlichungen, in: Rudolf Boch/Petra Listewnik/Eva Pietsch/Michael Schäfer (Hg.), Unternehmensgeschichte heute: Theorieangebote, Quellen, Forschungstrends, Leipzig 2005, S. 29-45.
Paul Erker, Industrieeliten in der NS-Zeit. Anpassungsbereitschaft und Eigeninteresse von Unternehmern in der Rüstungs- und Kriegswirtschaft 1936-1945, Passau 1993.
Paul Erker, Vorwort: Industrie-Eliten im 20. Jahrhundert, in: ders./Toni Pierenkemper (Hg.), Deutsche Unternehmer zwischen Kriegswirtschaft und Wiederaufbau. Studien zur Erfahrungsbildung von Industrie-Eliten, München 1999, S. 1-18.
Theodor Eschenburg, Letzten Endes meine ich doch. Erinnerungen 1933-1999, Berlin 2000.
Essad-Bey, Flüssiges Gold. Ein Kampf um die Macht, Berlin 1933.
Fall Barbarossa. Dokumente zur Vorbereitung der faschistischen Wehrmacht auf die Aggression gegen die Sowjetunion (1940/41), Berlin (Ost) 1970.
David Feest, Global, lokal, national? Klaus Scheel und die Frage der Zugehörigkeit eines international agierenden Bankiers, in: ders./Aleksandra Lipińska/Agnieszka Pufelska (Hg.), Geld, Prestige, Verantwortung. Bankiers und Banken als Akteure im wirtschaftlichen, politischen und kulturellen Netzwerk im (Nordost-)Europa des 16.-20. Jahrhunderts, Kiel 2020, S. 125-154.
David Feest, Klaus Scheel, Estlands ungekrönter König. Eine biographische Skizze, in: Joachim Tauber (Hg.), Individuum und Gesellschaft in Ost- und Nordosteuropa, Lüneburg 2017, S. 25 ff. (https://www.ikgn.de/_media/Feest_Klaus_Scheel%20Estlands_ungekroenter_Koenig_2019_5.pdf).

Gerald D. Feldman, German Business Interests and Rumanian Oil in the First World War, in: Robert Schönfeld (Hg.), Deutschland und Südosteuropa. Aspekte der Beziehungen im Zwanzigsten Jahrhundert, München 1997, S. 23-36.

Gerald D. Feldman, Hugo Stinnes. Biographie eines Industriellen 1870-1924, München 1998.

R. W. Ferrier, The History of the British Petroleum Company. Vol. 1: The Developing Years 1901-1932, Cambridge 1982.

Festschrift anläßlich des 50-jährigen Bestehens 1943-1993 des Instituts für Tiefbohrtechnik, Erdöl- und Erdgasgewinnung (ITE), hg. von der TU Clausthal, Text Claus Marx, Clausthal-Zellerfeld 1993.

Friedrich Fetzer, Systematische Darstellung der Bau- und Wohnungsgesetzgebung unter besonderer Berücksichtigung bayerischer Verhältnisse, Diss. jur. Universität Erlangen 1922.

Martin Fiedler, Die 100 größten Unternehmen in Deutschland – nach der Zahl ihrer Beschäftigten – 1907, 1938, 1973 und 1995, in: Zeitschrift für Unternehmensgeschichte, 44 (1999) 1, S. 32-66.

Martin Fiedler/Howard Gospel, Die 100 größten Arbeitgeber in Großbritannien und Deutschland im 20. Jahrhundert. Daten (ca. 1907, 1935/38, 1955/57, 1972/73, 1992/95) (= Cologne Economic History Paper, No. 3/2010).

Martin Fiedler/Bernhard Lorentz, Kontinuitäten in den Netzwerkbeziehungen der deutschen Wirtschaftselite zwischen Weltwirtschaftskrise und 1950. Eine quantitative und qualitative Analyse, in: Volker R. Berghahn/Stefan Unger/Dieter Ziegler (Hg.), Die deutsche Wirtschaftselite im 20. Jahrhundert. Kontinuität und Mentalität, Essen 2003, S. 51-74.

Jürgen Finger/Sven Keller/Andreas Wirsching, Dr. Oetker und der Nationalsozialismus. Geschichte eines Familienunternehmens 1933-1945, München 2013.

Firmennachrichten und Geschäftsberichte, in: Öl und Kohle, 37 (1941) 37 vom 1.10.1941, S. 750.

Fritz Fischer, Griff nach der Weltmacht. Die Kriegszielpolitik des kaiserlichen Deutschland 1914/18, Königstein/Ts. 1979 (2. Aufl. – zuerst Düsseldorf 1961).

Ernst Rudolf Fischer, Die Versuche zur Wiederherstellung der Währung, sowie der Übergang zum Metallgeld zur Zeit der Französischen Revolution, Diss. Universität Jena 1922.

Sören Flachowsky, Das Reichsamt für Wirtschaftsausbau als Forschungsbehörde im NS-System. Überlegungen zur neuen Staatlichkeit des Nationalsozialismus, in: Technikgeschichte, 82 (2015) 3, S. 185-224.

Floated to victory on a wave of oil, in: The New York Times vom 23.11.1918.

Fren Förster, Geschichte der Deutschen BP 1904-1979, Hamburg 1979.

Jürgen Förster, Rumäniens Weg in die deutsche Abhängigkeit. Zur Rolle der deutschen Militärmission 1940/41, in: Militärgeschichtliche Mitteilungen, 25 (1979) 1, S. 47-77.

Alison Fleig Frank, Oil Empire. Visions of Prosperity in Austrian Galicia, Cambridge/London 2005.

Norbert Frei, Die Wirtschaft des »Dritten Reiches«. Überlegungen zu einem Perspektivenwechsel, in: ders./Tim Schanetzky (Hg.), Unternehmen im Nationalsozialismus. Zur Historisierung einer Forschungskonjunktur, Göttingen 2010, S. 9-24.

Norbert Frei/Ralf Ahrens/Jörg Osterloh/Tim Schanetzky, Flick. Der Konzern, die Familie, die Macht, München 2009.

Rainer Fremdling, Wirtschaftsstatistik 1933-1945, in: Albrecht Ritschl (Hg.), Das Reichswirtschaftsministerium in der NS-Zeit. Wirtschaftsordnung und Verbrechenskomplex, Berlin/Boston 2016, S. 233-318.

Florian Freund, Arbeitslager Zement. Das Konzentrationslager Ebensee und die Raketenrüstung, Wien 1989.

Ferdinand Friedensburg, Das Erdöl im Weltkrieg, Stuttgart 1939.

Friedrich Kadgien: der ranghohe Nazi, der jahrelang im Verenahof unbehelligt lebte, in: Badener Tageblatt vom 25. 2. 2019.

Eugène Marie Friedwald, Oil and the War, London/Toronto 1941.

Stephen G. Fritz, Ostkrieg. Hitler's War of Extermination in the East, Lexington 2011.

Paul Fröhlich, »Der unterirdische Kampf«. Das Wehrwirtschafts- und Rüstungsamt 1924-1943, Paderborn 2018.

Fünfzig Jahre Hamburgisches Welt-Wirtschafts-Archiv, Hamburg 1958.

Walther Funk, Die Länder des Südostens und die europäische Wirtschaftsgemeinschaft. Rede gehalten vor der Südosteuropa-Gesellschaft in Wien am 10. März 1944, Wien 1944.

Funk, Walther, in: Robert Wistrich, Wer war wer im Dritten Reich? Ein biographisches Lexikon, Frankfurt a. M. 1987, S. 100-101.

Lothar Gall, A man for all seasons? Hermann Josef Abs im Dritten Reich, in: Zeitschrift für Unternehmensgeschichte, 43 (1998) 1, S. 123-175.

Lothar Gall, Hermann Josef Abs (1901-1994), in: Hans Pohl (Hg.), Deutsche Bankiers des 20. Jahrhunderts, Stuttgart 2008, S. 1-12.

Lothar Gall, Der Bankier. Hermann Josef Abs. Eine Biographie, München 2005.

Gegründet 1590. Die Geschichte eines deutschen Privatbankhauses, Hamburg 2019.

Die Geheimakten des französischen Generalstabes, hg. vom Auswärtigen Amt, Berlin 1941.

Boris Gehlen/Christian Marx, Das Führungspersonal der Reichsbank und das NS-Regime, in: Vierteljahrshefte für Zeitgeschichte, 73 (2025) 1, S. 43-83.

Generaloberst Halder, Kriegstagebuch, Bd. III, bearb. von Hans-Adolf Jacobsen, Stuttgart 1964.

Christian Gerlach, Krieg, Ernährung, Völkermord. Forschungen zur deutschen Vernichtungspolitik im Zweiten Weltkrieg, Hamburg 1998.

Christian Gerlach, Kalkulierte Morde. Die deutsche Wirtschafts- und Vernichtungspolitik in Weißrußland 1941 bis 1944, Hamburg 1999.

German Penetration of Corporate Holdings in Croatia, US War Department, Washington 29. 7. 1944.

German Penetration of Corporate Holdings in Serbia, US War Department, Washington 29. 7. 1944.
Germany Basic Handbook. Economic Survey of Germany. Section D: Fuel, Power and Public Utility Services, London 1944.
Gesetz Nr. 19 der Militärregierung vom 20. April 1949, in: Bayerisches Gesetz- und Verordnungsblatt, Nr. 11 vom 27. 5. 1949, S. 95-98.
Gesetz Nr. 52 der Militärregierung vom 1. 8. 1945 (http://www.landesarchiv-bw.de/plink/? f=1-108596-1).
Gesetz über die Durchforschung des Reichsgebietes nach nutzbaren Lagerstätten (Lagerstättengesetz) vom 4. Dezember 1934, in: RGBl. I, 1934, Nr. 133 vom 10. 12. 1934, S. 1223-1224.
Gesetz zur Erschließung von Bodenschätzen vom 1. Dezember 1936, in: RGBl. I, 1936, Nr. 114 vom 4. 12. 1936, S. 999-1000.
Die Gewerkschaft Elwerath. Chronik eines Erdölunternehmens 1866-1969, Hannover 1987.
Michael Geyer, Aufrüstung oder Sicherheit. Die Reichswehr in der Krise der Machtpolitik 1934-1936, Wiesbaden 1980.
Michael Geyer, The State in National Socialist Germany, in: Charles Bright/Susan Harding (Hg.), Statemaking and Social Movements. Essays in History and Theory, Ann Arbor 1984, S. 193-232.
Donny Gluckstein, The Nazis, capitalism, and the working class, London/Chicago/Sydney 1999.
Robert Goralski/Russell W. Freeburg, Oil and War. How the Deadly Struggle for Fuel in WWII Meant Victory or Defeat, New York 1987.
Gabriel Gorodetsky, Die große Täuschung. Hitler, Stalin und das Unternehmen »Barbarossa«, übers. von Helmut Ettinger, Berlin 2003 (zuerst New Haven/London 1999).
Wolfgang Graf, Österreichische SS-Generäle. Himmlers verlässliche Vasallen, Klagenfurt/Ljubljana/Wien 2012.
Otto Gramsch, Der deutsche Anteil an der rumänischen Oelwirtschaft, in: Monitoril Petrol Român, 42 (1941) 18 vom 15. 9. 1941, S. 771-773.
Otto Gramsch, Das transitorische Interesse, Diss. jur. Albertus-Universität zu Königsberg 1929.
Friedrich Gramsch, Veränderungen des Enteignungsrechts seit Kriegsbeginn, Diss. jur. Albertus-Universität zu Königsberg 1921.
Michael Grandt, Unternehmen »Wüste« – Hitlers letzte Hoffnung. Das KZ-Ölschieferprogramm auf der Schwäbischen Alb, Tübingen 2002.
Neil Gregor, Nazism – A Political Religion? Rethinking the Voluntarist Turn, in: ders. (Hg.), Nazism, War and Genocide. Essays in Honour of Jeremy Noakes, Exeter 2005, S. 1-21.
Neil Gregor, Stern und Hakenkreuz. Daimler-Benz im Dritten Reich, Berlin 1997.
Neil Gregor, Wissenschaft, Politik, Hegemonie. Zum Boom der NS-Unternehmensgeschichte, in: Norbert Frei/Tim Schanetzky (Hg.), Unternehmen im National-

sozialismus. Zur Historisierung einer Forschungskonjunktur, Göttingen 2010, S. 79-93.
William S. Grenzebach Jr., Germany's Informal Empire in East-Central Europe. German Economic Policy toward Yugoslavia and Rumania, 1933-1939, Stuttgart 1988.
Manfred Grieger, Das RWE in Wirtschaftskrise und NS-Diktatur 1930-1945, in: Dieter Schweer/Wolf Thieme (Hg.), »Der gläserne Riese«. RWE – ein Konzern wird transparent, Wiesbaden 1988, S. 117-140.
Manfred Grieger/Rainer Karlsch, Treibstoff für den Weltkrieg. Die Deutsche Erdöl AG, 1933-1945, Frankfurt a. M. 2024.
Manfred Grieger/Rainer Karlsch/Ingo Köhler, Expansion um jeden Preis. Studien zur Wintershall AG zwischen Krise und Krieg, 1929-1945, Frankfurt a. M. 2020.
Rudolf Grill, Nachruf auf Alfred Bentz, in: Mitteilungen der Geologischen Gesellschaft in Wien, 57 (1964) 2, S. 633-634.
Olaf Groehler, Bombenkrieg gegen Deutschland, Berlin 1990.
Karl Große 25 Jahre in der Erdölindustrie tätig, in: Oel und Kohle, Nr. 35 vom 15. 9. 1942, S. 1051.
Großes Bundesverdienstkreuz für Dr. G. Schlicht, in: Brennstoff-Chemie, 43 (1962) 5, S. 38.
Lothar Gruchmann, Nationalsozialistische Großraumordnung. Die Konstruktion einer »deutschen Monroe-Doktrin«, Stuttgart 1962.
Stefan Grüner, Karl Blessing (1900-1971). Von der Reichsbank zur Bundesbank, in: Magnus Brechtken/Ingo Loose (Hg.), Von der Reichsbank zur Bundesbank. Personen, Generationen und Konzepte zwischen Tradition, Kontinuität und Neubeginn, Frankfurt a. M. 2024, S. 93-102.
Oskar Grünwald, Die Geschichte der Erdölindustrie in Österreich, in: Alice Teichova/Herbert Matis/Andreas Resch (Hg.), Business History. Wissenschaftliche Entwicklungstrends und Studien aus Zentraleuropa, Wien 1999, S. 203-209.
Michael Grüttner, Das Dritte Reich 1933-1939, Stuttgart 2014.
Nina Grunenberg, Die Wundertäter. Netzwerke der deutschen Wirtschaft 1942 bis 1966, München 2006.
Renate Günther, Das Petroleumabkommen im Bukarester Friedensvertrag von 1918. Die Gegensätze zwischen den verschiedenen Interessengruppen bei seiner Vorbereitung, Ausarbeitung und vorläufigen Durchführung, in: Jahrbuch für Wirtschaftsgeschichte, 9 (1968) 4, S. 41-75.
Martin Guntau, Zu einigen Aspekten der Geologie in der Zeit des Nationalsozialismus in Deutschland (1933-1945), in: Geohistorische Blätter, 5 (2002) 2, S. 125-150.
A. E. Gunther, »Deutsche Bohrmeisterschule« (The German Drillers' School) Celle, North of Hannover, BIOS Evaluation Report No. 10 vom 22. 9. 1945, London 1946.
A. E. Gunther, The Caucasus Expedition 1942-1943, March 1946 (Oil Fields Investigation, Section 1: Russia [U. S.S.R.]), London (1946).
A. E. Gunther, Oil Exploration in Poland 1939-1945 (Oil Fields Investigation, Part VIII, Section 1), London (1947).

A. E. Gunther, Reichsinstitut für Erdölforschung, Technische Hochschule, Hannover, BIOS, Final Report No. 197 vom 4. 9. 1945.
Gute alte Zeit, in: Der Spiegel, Nr. 51 vom 16. 12. 1959, S. 25.
Friedrich Haase, Die Erdöl-Interessen der Deutschen Bank und der Direction der Disconto-Gesellschaft in Rumänien, Berlin 1922.
Rüdiger Hachtmann, Institutionen in Diktaturen, in: Johannes Hürter/Hermann Wentker (Hg.), Diktaturen. Perspektiven der zeithistorischen Forschung, Berlin/Boston 2019, S. 81-93.
Rüdiger Hachtmann, »Neue Staatlichkeit« – Überlegungen zu einer systematischen Theorie des NS-Herrschaftssystems und ihrer Anwendung auf die mittlere Ebene der NS-Gaue, in: Jürgen John/Horst Möller/Thomas Schaarschmidt (Hg.), Die NS-Gaue. Regionale Mittelinstanzen im zentralistischen »Führerstaat«, München 2007, S. 56-79.
Rüdiger Hachtmann, Polykratie – Ein Schlüssel zur Analyse der NS-Herrschaftsstruktur? (https://docupedia.de/zg/Hachtmann_polykratie_v1_de_2018).
Rüdiger Hachtmann, Das Wirtschaftsimperium der Deutschen Arbeitsfront, Göttingen 2012.
Rüdiger Hachtmann/Winfried Süß, Editorial: Kommissare im NS-Herrschaftssystem. Probleme und Perspektiven der Forschung, in: dies. (Hg.), Hitlers Kommissar. Sondergewalten in der nationalsozialistischen Diktatur (= Beiträge zur Geschichte des Nationalsozialismus, Bd. 22), Göttingen 2006, S. 9-27.
Hermann Häusler, Militärisch angewandt geologische Arbeiten im Vorderen Orient während des Ersten und Zweiten Weltkrieges, in: Berichte der Geologischen Bundesanstalt, Bd. 140 (2021), Wien 2021, S. 28-51.
Hermann Häusler, Die Wehrgeologie im Rahmen der Deutschen Wehrmacht und Kriegswirtschaft. Teil 1: Entwicklung und Organisation und Teil 2: Verzeichnis der Wehrgeologen, Wien 1995 (Informationen des Militärischen Geo-Dienstes, Nr. 47 und 48).
George W. F. Hallgarten/Joachim Radkau, Deutsche Industrie und Politik von Bismarck bis in die Gegenwart, Reinbek bei Hamburg 1981 (zuerst Frankfurt a. M./ Köln 1974).
David Hamlin, Germany's Empire in the East. Germans and Romania in an Era of Globalization and Total War, Cambridge/New York 2017.
Handbuch der deutschen Aktiengesellschaften, 54 (1953/54).
Handelsregister, in: Pumpen- und Brunnenbau, Bohrtechnik, 39 (1943) 4, S. 90.
Handelsregister, in: Pumpen- und Brunnenbau, Bohrtechnik, 39 (1943) 10, S. 268.
Rainer Hank, Notenbanker der Nazis, in: Frankfurter Allgemeine Sonntagszeitung, Nr. 3 vom 21. 1. 2018, S. 32.
Victor D. Hanson, The Second World Wars. How the Final Global Conflict was Fought and Won, New York 2017.
Dale Harrington, Mystery Man. William Rhodes Davis – Nazi Agent of Influence, Dulles 1999.

Mark Harrison, Accounting for War. Soviet production, employment, and the defence burden, 1941-1945, Cambridge 1996.

Mark Harrison, Soviet Planning in Peace and War, 1938-1945, Cambridge 1985.

Michael Hartmann, Elitesoziologie. Eine Einführung, Frankfurt a.M./New York 2008 (2. Aufl.).

Christian Hartmann, Wehrmacht im Ostkrieg. Front und militärisches Hinterland 1941/42, München 2010.

Jörn Hasenclever, Wehrmacht und Besatzungspolitik in der Sowjetunion. Die Befehlshaber der rückwärtigen Heeresgebiete 1941-1943, Paderborn 2010.

Gerhart Hass/Wolfgang Schumann (Hg.), Anatomie der Aggression. Neue Dokumente zu den Kriegszielen des faschistischen deutschen Imperialismus im zweiten Weltkrieg, Berlin (Ost) 1972.

Milan Hauner, Did Hitler Want a World Dominion?, in: Journal of Contemporary History, 13 (1978) 1, S. 15-32.

Peter Hayes, Carl Bosch and Carl Krauch: Chemistry and the Political Economy of Germany, 1925-1945, in: Journal of Economic History, 47 (1987) 2, S. 353-363.

Peter Hayes, The Chemistry of Business-State Relations in the Third Reich, in: Francis R. Nicosia/Jonathan Huener (Hg.), Business and Industry in Nazi Germany, New York/Oxford 2004, S. 66-80.

Peter Hayes, Corporate Freedom of Action in Nazi Germany, in: Bulletin of the German Historical Institute, Nr. 45 (2009), S. 29-42.

Peter Hayes, Industry and Ideology. IG Farben in the Nazi Era, Cambridge 1987.

Peter Hayes, Industry under the Swastika, in: Harold James/Jakob Tanner (Hg.), Enterprise in the Period of Fascism in Europe, New York 2002, S. 26-37.

Peter Hayes, Rejoinder: A Reply to Buchheim and Scherner, in: Bulletin of the German Historical Institute, 45 (2009), S. 51.

Joel Hayward, Hitler's Quest for Oil: the Impact of Economic Considerations in Military Strategy, 1941-42, in: The Journal of Strategic Studies, 18 (1995) 4, S. 94-135.

Joel Hayward, Too little, Too late: An Analysis of Hitler's Failure in August 1942 to Damage Soviet Oil Production, in: The Journal of Military History, 64 (2000) 3, S. 769-794.

Daniel Hedinger, The imperial nexus: The Second World War and the Axis in global perspective, in: Journal of Global History, 12 (2017) 2, S. 184-205.

Margot Hegemann, Einige Dokumente zur »Deutschen Heeresmission in Rumänien« (1940/1941), in: Jahrbuch für die Geschichte der UdSSR und der volksdemokratischen Länder, 5 (1961), S. 315-346.

Jürgen von Hehn, Die Umsiedlung der baltischen Deutschen – das letzte Kapitel baltischdeutscher Geschichte, Marburg a. d. Lahn 1982.

Heiligenbeil: Ministerialdirektor Gramsch †, in: Das Ostpreußenblatt, 6 (1955) 42 vom 15. 10. 1955, S. 7.

Jens Ulrich Heine, Verstand & Schicksal. Die Männer der I. G. Farbenindustrie A. G. (1925-1945) in 161 Kurzbiographien, Weinheim/New York/Basel/Cambridge 1990.

Michael Heinz (Hg.), »Brandenburger« im Kaukasus. Das OKW/Abwehr II-Unternehmen »Schamil« 1942, Berlin 2017.

Frederick Phillip Hellin, Russia's Oil and Hitler's Need, in: The Atlantic Monthly, 169 (1942) 6, S. 675-682.

Klaus-Dietmar Henke, Die Dresdner Bank 1933-1945. Ökonomische Rationalität, Regimenähe, Mittäterschaft (= Die Dresdner Bank im Dritten Reich, Bd. 4), München 2006.

Edwin Hennig, Württembergische Forschungsreisende der letzten anderthalb Jahrhunderte, Stuttgart 1953.

Volker Hentschel, Ludwig Erhard. Ein Politikerleben, Berlin 1998.

Ulrich Herbert, Was haben die Nationalsozialisten aus dem Ersten Weltkrieg gelernt?, in: ders., Wer waren die Nationalsozialisten?, München 2021.

Herbst 1941 im »Führerhauptquartier«. Berichte Werner Koeppens an seinen Minister Alfred Rosenberg, hg. von Martin Vogt, Koblenz 2002.

Ludolf Herbst, Das nationalsozialistische Deutschland 1933-1945, Frankfurt a. M. 1996.

Ludolf Herbst, Walther Funk – Vom Journalisten zum Reichswirtschaftsminister, in: Ronald Smelser/Enrico Syring/Rainer Zitelmann (Hg.), Die braune Elite II. 21 weitere biographische Skizzen, Darmstadt 1993, S. 91-102.

Ludolf Herbst, Die Großindustrie und der Zweite Weltkrieg, in: Venanz Schubert/Gerhard Grimm/Hermann Nehlsen (Hg.), Der Zweite Weltkrieg und die Gesellschaft in Deutschland. 50 Jahre danach, St. Ottilien 1992, S. 63-88.

Ludolf Herbst, Der Krieg und die Unternehmensstrategie deutscher Industrie-Konzerne in der Zwischenkriegszeit, in: Martin Broszat/Klaus Schwabe (Hg.), Die deutschen Eliten und der Weg in den Zweiten Weltkrieg, München 1989, S. 72-134.

Ludolf Herbst, Krisenüberwindung und Wirtschaftsneuordnung. Ludwig Erhards Beteiligung an den Nachkriegsplanungen am Ende des Zweiten Weltkrieges, in: Vierteljahrshefte für Zeitgeschichte, 25 (1977) 3, S. 305-340.

Ludolf Herbst, Der Totale Krieg und die Ordnung der Wirtschaft. Die Kriegswirtschaft im Spannungsfeld von Politik, Ideologie und Propaganda 1939-1945, Stuttgart 1982.

Kurt Hesse, Kriegführung und Kriegswirtschaft im Feindland. Lehren des Feldzuges in Rumänien 1916/17, Hamburg 1936.

David R. Higgins, Behind Soviet Lines. Hitler's Brandenburgers capture the Maikop Oilfields 1942, Oxford 2014.

George Alfred Hill jr., Trends in the Oil Industry in 1944 (Including United States Foreign Oil Policy), Washington 1944.

Andreas Hillgruber, Hitler, König Carol und Marschall Antonescu. Die deutsch-rumänischen Beziehungen 1938-1944, Wiesbaden 1954.

Andreas Hillgruber (Hg.), Staatsmänner und Diplomaten bei Hitler. Vertrauliche Aufzeichnungen über die Unterredungen mit Vertretern des Auslandes 1939-1941, München 1969 (zuerst Frankfurt a. M. 1967).

Heinrich Hiltermann, Zur Geschichte der angewandten Mikropaläontologie, in: Berichte der Naturhistorischen Gesellschaft zu Hannover, 109 (1965), S. 23-47.

Otto Hintze, Der Commissarius und seine Bedeutung in der allgemeinen Verwaltungsgeschichte. Eine vergleichende Studie, in: ders., Beamtentum und Bürokratie, Göttingen 1981, S. 78-112 (zuerst 1910).
Ulrike von Hirschhausen/Jörg Leonhard, Empires. Eine globale Geschichte 1780-1920, München 2023.
Adolf Hitler, Die Monologe im Führerhauptquartier 1941-1944. Die Aufzeichnung Heinrich Heims, hg. von Werner Jochmann, München 1982.
Stefan Hörner, »Die in Auschwitz sterben mussten, haben andere auf dem Gewissen …«. Projektion, Rezeption und Realität der I. G. Farbenindustrie AG. im Nürnberger Prozeß, Diss. FU Berlin 2010.
Dietrich Hoffmann, 150 Jahre Tiefbohrungen in Deutschland, Wien/Hamburg 1959.
Dietrich Hoffmann, Die Erdölgewinnung in Norddeutschland. Von den Anfängen vor über 400 Jahren bis heute, Hamburg 1970.
Joachim Hoffmann, Kaukasien 1941/42. Das deutsche Heer und die Orientvölker der Sowjetunion, Freiburg i. Br. 1991.
Peter Hoffmann, The gulf region in German strategic projections, 1940-1942, in: Militärgeschichtliche Mitteilungen, 44 (1988) 2, S. 61-73.
Dieter Hofmann, Die Magdeburger Division. Zur Geschichte der 13. Infanterie- und 13. Panzer-Division 1935-1945, Hamburg/Berlin/Bonn 2001.
K. A. Hofmann/Erich Will, Bildung von Acetylen und Ammoniak bei der unvollständigen Verbrennung, in: Berichte der Deutschen Chemischen Gesellschaft, 55 (1922) 9, S. 3228-3233.
Rurik Holmberg, Survival of the Unfit. Path Dependence and the Estonian Oil Shale Industry, Linköping 2008.
Stephen Howarth/Joost Jonker, Powering the Hydrocarbon Revolution, 1939-1973. A History of Royal Dutch Shell, Oxford 2007.
Walther Hubatsch (Hg.), Hitlers Weisungen für die Kriegführung 1939-1945. Dokumente des Oberkommandos der Wehrmacht, München 1965 (zuerst Frankfurt a. M. 1962).
Peter Hüttenberger, Nationalsozialistische Polykratie, in: Geschichte und Gesellschaft, 2 (1976) 4, S. 417-442.
Walter M. Iber, Erdöl statt Reparationen. Die Sowjetische Mineralölverwaltung in Österreich 1945-1955, in: Vierteljahrshefte für Zeitgeschichte, 57 (2009) 4, S. 571-605.
Walter M. Iber, Die Sowjetische Mineralölverwaltung in Österreich. Zur Vorgeschichte der OMV 1945-1955, Innsbruck 2011.
IMT. Trial of the Major War Criminals before the International Military Tribunal, Bd. 26, Nürnberg 1947.
IMT. Trial of the Major War Criminals before the International Military Tribunal, Bd. 27, Nürnberg 1948.
IMT. Trial of the Major War Criminals before the International Military Tribunal, Bd. 28, Nürnberg 1948.

IMT. Trial of the Major War Criminals before the International Military Tribunal, Bd. 31, Nürnberg 1948.
IMT. Trial of the Major War Criminals before the International Military Tribunal, Bd. 35, Nürnberg 1949.
IMT. Trial of the Major War Criminals before the International Military Tribunal, Bd. 38, Nürnberg 1949.
David Irving, Göring, München/Hamburg 1987.
Ashley Jackson, Persian Gulf Command. A History of the Second World War in Iran and Iraq, New Haven/London 2018.
Hans-Adolf Jacobsen, 1939-1945. Der Zweite Weltkrieg in Chronik und Dokumenten, Darmstadt 1961.
Eberhard Jäckel/Peter Longerich/Julius H. Schoeps (Hg.), Enzyklopädie des Holocaust. Die Verfolgung und Ermordung der europäischen Juden, Bd. 3, München/Zürich 1995.
Jaan Järve, Mineralöleinsätze der Wehrmacht im Ostfeldzug. Ein Forschungsbericht, in: Militärgeschichtliche Zeitschrift, 82 (2023) 1, S. 96-103.
Jaan Järve, Nationalsozialistische Unternehmer in Estland – Von Investoren zu Besatzern, in: Deutsch-Baltisches Jahrbuch, 68 (2020), S. 71-92.
Harold James, Die Rolle der Banken im Nationalsozialismus, in: Lothar Gall/Manfred Pohl (Hg.), Unternehmen im Nationalsozialismus, München 1998, S. 25-36.
Hans-Werner Janz, Aus meinem Leben und Erleben, hg. von der Kreisgemeinschaft Braunsberg (Ostpreussen) e. V. (https://www.braunsberg-ostpreussen.de/janz1.htm).
Stephan Jegielka, Der Opelstreik 1936 und der Ausbau des Werkschutzes als betriebliches Terrororgan, in: Rundbrief der BAG Antifaschismus der Partei Die Linke, 2/2015, S. 28-33.
Stephan Jegielka, Der faschistische Werkschutz – ein Mordinstrument in der Judenvernichtung, in: Rundbrief der BAG Antifaschismus der Partei Die Linke, 3/4/2013, S. 52-56.
Walter Godfried Jensen, The Importance of Energy in the First and Second World Wars, in: The Historical Journal, 11 (1968) 3, S. 538-554.
Austin Lee Jersild, Who was Shamil?: Russian colonial rule and Sufi Islam in the North Caucasus 1859-1917, in: Central Asian Survey, 14 (1995) 2, S. 205-223.
Anton Joachimsthaler, Die Breitspurbahn. Das Projekt zur Erschließung des großeuropäischen Raumes 1942-1945, München 1985 (3. Aufl.).
Hervé Joly, Großunternehmer in Deutschland. Soziologie einer industriellen Elite 1933-1989, Leipzig 1998.
Ernst Jünger, Strahlungen I, Kaukasische Aufzeichnungen, Stuttgart 2015.
Michael Jung, »Voll Begeisterung schlagen unsere Herzen zum Führer«. Die Technische Hochschule Hannover und ihre Professoren im Nationalsozialismus, Norderstedt 2013.
Ulrike Jureit, Das Ordnen von Räumen. Territorium und Lebensraum im 19. und 20. Jahrhundert, Hamburg 2012.

Božidar Jurković, Das ausländische Kapital in Jugoslavien, Stuttgart/Berlin 1941.

Friedrich Kadgien, Die rechtliche Natur des animus non recipiendi in § 685 B.G.B. und dessen Bedeutung für das Zustandekommen einer Schenkung des Geschäftsführers an den Geschäftsherrn, Diss. jur. Universität Köln 1930.

Joachim Käppner, Berthold Beitz. Die Biographie, Berlin 2010.

Günter Kahle, Das Kaukasusprojekt der Alliierten vom Jahre 1940, Opladen 1973.

Daniela Kahn, Die Steuerung der Wirtschaft durch Recht im nationalsozialistischen Deutschland. Das Beispiel der Reichsgruppe Industrie, Frankfurt a.M. 2006.

Horst Kahrs, Von der »Großraumwirtschaft« zur »Neuen Ordnung«. Zur strategischen Orientierung der deutschen Eliten 1932-1943, in: ders./Götz Aly (Hg.), Modelle für ein deutsches Europa. Ökonomie und Herrschaft im Großwirtschaftsraum, Berlin 1992 (= Beiträge zur nationalsozialistischen Gesundheits- und Sozialpolitik, Bd. 10), S. 9-28.

Albert Kallenheim, Moderne Integrationserscheinungen beim Handel mit Markenartikeln in ihrer volkswirtschaftlichen Bedeutung, Diss. phil. Universität Leipzig 1932.

Rainer Karlsch, Ein vergessenes Großunternehmen. Die Geschichte der Karpaten Öl AG, in: Jahrbuch für Wirtschaftsgeschichte, 45 (2004) 1, S. 95-138.

Rainer Karlsch, Krisengewinner? Der Einstieg des Kalikonzerns in die Erdölwirtschaft 1929-1945, in: Manfred Grieger/Rainer Karlsch/Ingo Köhler, Expansion um jeden Preis. Studien zur Wintershall AG zwischen Krise und Krieg, 1929-1945, Frankfurt a.M. 2020, S. 15-88.

Rainer Karlsch/Raymond G. Stokes, Faktor Öl. Die Mineralölwirtschaft in Deutschland 1859-1974, München 2003.

Die Karpaten-Öl-A.G., in: Die wirtschaftliche Leistung, 1 (1942) 4 vom 15.11.1942, S. 105-106.

Mareglen Kasmi, Die deutsche Besatzung in Albanien 1943 bis 1944, Potsdam 2013.

Hanns-Heinz Kasper, Die Ausplünderung polnischer und sowjetischer Erdöllagerstätten im Gebiet der Vorkarpaten durch den deutschen Imperialismus im zweiten Weltkrieg, in: Jahrbuch für Wirtschaftsgeschichte, 19 (1978) 2, S. 41-64.

Hanns-Heinz Kasper, Das Erdöl in den Raubplänen des deutschen Faschismus in Vorbereitung und bei der Durchführung des zweiten Weltkrieges, in: Jahrbuch für Wirtschaftsgeschichte, 17 (1976) 3, S. 55-77.

Hanns-Heinz Kasper, Die Erdölgewinnung Deutschlands in der Zeit von 1933-1945, Diss. B, TU Dresden 1974.

Alex J. Kay, Exploitation, Resettlement, Mass Murder. Political and Economic Planning for German Occupation Policy in the Soviet Union, 1940-1941, New York/Oxford 2006.

Alex J. Kay, German Economic Plans for the Occupied Soviet Union and Their Implementation, 1941-1944, in: Timothy Snyder/Ray Brandon (Hg.), Stalin and Europe. Imitation and Domination, 1928-1953, Oxford 2014, S. 163-189.

Alex J. Kay, Germany's Staatssekretäre, Mass Starvation and the Meeting of 2 May 1941, in: Journal of Contemporary History, 41 (2006) 4, S. 685-700.

Alex J. Kay, Verhungernlassen als Massenmordstrategie: Das Treffen der deutschen Staatssekretäre am 2. Mai 1941, in: Zeitschrift für Weltgeschichte, 11 (2010) 1, S. 81-106.
Hans Kehrl, Krisenmanager im Dritten Reich. 6 Jahre Frieden – 6 Jahre Krieg. Erinnerungen, Düsseldorf 1973.
Ian Kershaw, Hitler. 1936-1945, Stuttgart 2000.
Ian Kershaw, Der NS-Staat. Geschichtsinterpretationen und Kontroversen im Überblick, Reinbek bei Hamburg 2001 (2. Aufl.).
Jürgen Kilian, Krieg auf Kosten anderer. Das Reichsministerium der Finanzen und die wirtschaftliche Mobilisierung Europas für Hitlers Krieg, Berlin/Boston 2017.
Friedrich Klau, Estlands »braunes Gold«, in: Revaler Zeitung vom 14.2.1942.
Burton H. Klein, Germany's Economic Preparations for War, Cambridge 1959.
Ernst Klink, 1. Die Landkriegführung, in: Horst Boog u.a., Der Angriff auf die Sowjetunion, Frankfurt a.M. 1991 (zuerst Stuttgart 1983), S. 246-328.
Jobst Knigge, Deutsches Kriegsziel Irak. Der deutsche Griff auf den Nahen Osten im Zweiten Weltkrieg, Hamburg 2007.
Meinhard Knoche, Ludwig Erhard, Adolf Weber und die schwierige Geburt des ifo Instituts, in: ifo Schnelldienst, 71 (2018) 13, S. 14-60.
Peter-Ferdinand Koch, Die Geldgeschäfte der SS. Wie deutsche Banken den schwarzen Terror finanzierten, Hamburg 2000.
Rudolf Koch/Hans-Georg Graf/Horst Meier, 45 Jahre Deutsche Bohrmeisterschule in Celle. 40 Jahre Bergschulverein, in: Erdöl-Erdgas-Zeitschrift, 98 (1982) 7, S. 232-237.
Titus Kockel, Geologie und deutsche Ölpolitik 1928 bis 1938. Die frühe Karriere des Erdölgeologen Alfred Theodor Bentz, Phil. Diss. TU Berlin 2003.
Titus Kockel, Geologie und Krieg. Die Erdölpolitik des Reichsamtes für Bodenforschung und seiner Vorläufer 1933-1945, Magisterarbeit TU Berlin 1994.
Titus Kockel, Deutsche Ölpolitik 1928-1938, Berlin 2005.
Titus Kockel, Eine Quelle zur Vor- und Gründungsgeschichte der Kontinentale Öl AG aus dem Jahre 1940, in: Jahrbuch für Wirtschaftsgeschichte, 44 (2003) 1, S. 175-208.
Titus Kockel, Rezension von Dietrich Eichholtz, Krieg um Öl. Ein Erdölimperium als deutsches Kriegsziel 1938-1943, Leipzig 2006, in: H-Soz-Kult vom 18.8.2006 (https://www.hsozkult.de/publicationreview/id/reb-8890).
Ingo Köhler, Zwischen Opportunismus und Pragmatismus. Die Verstrickung der Wintershall AG und ihrer Vorstände mit dem Nationalsozialismus, in: Manfred Grieger/Rainer Karlsch/Ingo Köhler, Expansion um jeden Preis. Studien zur Wintershall AG zwischen Krise und Krieg, 1929-1945, Frankfurt a.M. 2020, S. 89-165.
Martina Kölbl-Ebert, Geology in Germany 1933-1945. People, Politics and Organization, in: Earth Sciences History, 36 (2017) 1, S. 63-100.
Martina Kölbl-Ebert, German petroleum geologists and World War II, in: Jonathan Craig u.a. (Hg.), History of the European Oil and Gas Industry, London 2018, S. 391-407.

Daniel Koerfer, Kampf ums Kanzleramt. Erhard und Adenauer, München/Salzburg 2020.
Bernd Koltrowitz u. a., Die Gründung der Reichswerke »Hermann Göring« und der Stadt Watenstedt-Salzgitter (1937-1945), Salzgitter 1991.
Rudolf Konrad, Kampf um den Kaukasus, München 1954.
Die Kontinentale Oel-AG. – ein Musterbeispiel zukünftiger Unternehmungsorganisation, in: Bank-Archiv, (1941) 7 vom 1. April 1941, S. 151-152.
Bruno W. Koppensteiner/Hermann Häusler, Das Kaukasus-Öl – Ziel der Deutschen Wehrmacht im Zweiten Weltkrieg, in: Berichte der Geologischen Bundesanstalt, 140 (2021), Wien, S. 77-102.
Christopher Kopper, Ein Mann für alle Jahreszeiten: Hermann Josef Abs und die Deutsche Bank, in: ders., Bankiers unterm Hakenkreuz, München 2008, S. 163-182.
Christopher Kopper, Der nationalsozialistische Karrierist: Karl Rasche als Werkzeug nationalsozialistischer Konzernpolitik, in: ders., Bankiers unterm Hakenkreuz, München 2008, S. 99-120.
Christopher Kopper, Zwischen Reichsbank und Privatwirtschaft: Die wechselhafte Karriere des Karl Blessing, in: ders., Bankiers unterm Hakenkreuz, München/Wien 2005, S. 188-205.
Hildegard von Kotze (Hg.), Heeresadjutant bei Hitler 1938-1943. Aufzeichnungen des Majors Engel, Stuttgart 1974.
Arnold Krammer, Fueling the Third Reich, in: Technology and Culture, 19 (1978) 3, S. 394-422.
Ingrid Krau, Kohle, Öl und Krieg. Eine Biographie, Berlin 2015.
Karl Krauch, Über Hydrazinabkömmlinge des Hydrazidicarbonesters, Diss. phil. Universität Heidelberg 1912.
Detlef Krause, Reinhart, Friedrich, in: Neue deutsche Biographie, Bd. 21, Berlin 2003, S. 366.
Christoph Kreutzmüller, Erich Neumann – Beauftragter für den Vierjahresplan. Ein farbarmer, willfähriger Preuße, in: Hans-Christian Jasch/Christoph Kreutzmüller (Hg.), Die Teilnehmer. Die Männer der Wannsee-Konferenz, Berlin 2017, S. 263-276.
Martin Kröger, Im wilden Kurdistan – Die militärische Expedition in der Osttürkei 1914-1916, in: Wilfried Loth/Marc Hanisch (Hg.), Erster Weltkrieg und Dschihad. Die Deutschen und die Revolutionierung des Orients, München 2014, S. 145-165.
Martin Kröger, Revolution als Programm. Ziele und Realität deutscher Orientpolitik im Ersten Weltkrieg, in: Wolfgang Michalka (Hg.), Der Erste Weltkrieg. Wirkung – Wahrnehmung – Analyse, München 1994, S. 366-391.
Hans-Jürgen Krysmanski, Privateigentum, Macht, Herrschende Klasse. Herrschende Klasse Revisited, in: Z. Zeitschrift Marxistische Erneuerung, 15 (2004), Nr. 57, S. 8-20.
Alfred Kube, Pour le mérite und Hakenkreuz. Hermann Göring im Dritten Reich, München 1987 (2. Aufl.).
Peter Kühn/Frank Rohrbeck, Die Preußische Geologische Landesanstalt in Ber-

lin während der Zeit des Faschismus (Büro Keppler – Reichsamt für Bodenforschung), in: Wissenschaftlich-technischer Informationsdienst: WTI, 28 (1987) 1, S. 26-37.
Birthe Kundrus, Kolonialismus, Imperialismus, Nationalsozialismus? Chancen und Grenzen eines neuen Paradigmas, in: Claudia Kraft/Alf Lüdtke/Jürgen Martschukat (Hg.), Kolonialgeschichten. Regionale Perspektiven auf ein globales Problem, Frankfurt a. M./New York 2010, S. 187-210.
Claus von Kursell, Wie es geschah. Zur Vorgeschichte der Umsiedlung, in: Henning von Wistinghausen (Hg.), Zwischen Reval und St. Petersburg. Erinnerungen von Estländern aus zwei Jahrhunderten, Weissenhorn 1993, S. 421-429.
Hans Kurzrock, Aus der Geschichte der Commerzbank, in: 100 Jahre Commerzbank 1870-1970, Frankfurt a. M. 1970.
Annie Lacroix-Riz, Industriels et banquiers français sous l'Occupation. La collaboration économique avec le Reich et Vichy, Paris 1999.
Das nationalsozialistische Lagersystem, hg. von Martin Weinmann, Frankfurt a. M. 1990.
K. Lang, Dr. Paul Damm zum Gedenken, in: Erdöl und Kohle, Erdgas, Petrochemie, 19 (1966) 7, S. 532.
Peter Joachim Lapp, Hitlers NS-Führungsoffiziere 1944/45. Die letzten Propagandisten des Endsiegs, Aachen 2019.
Henrietta A. Larson/Evelyn H. Knowlton/Charles S. Popple, New Horizons. 1927-1950 (= History of Standard Oil Company New Jersey, Part 3), New York 1971.
Stefan Laube, Technik, Arbeit und Zerstörung. Die Organisation Todt in Prag (1944-1945), in: Bohemia, 40 (1999), S. 387-416.
Johannes Laufer, Als Staatskonzern im ›Dritten Reich‹. Die Preussag 1933 bis 1945, in: Bernhard Stier/Johannes Laufer, Von der Preussag zur TUI. Wege und Wandlungen eines Unternehmens 1923-2003, Essen 2005, S. 155-386.
Norbert Lauffs, Zur Lage, in: Oel und Kohle, 17 (1941) 14 vom 8. 4. 1941, S. 251.
Norbert Lauffs, Zur Lage, in: Öl und Kohle, 37 (1941) 33 vom 1. 9. 1941, S. 653.
Albert Lefèvre, Der Beitrag der hannoverschen Industrie zum technischen Fortschritt, in: Hannoversche Geschichtsblätter, NF Bd. 24, 1970, H. 3/4, Hannover 1970, S. 167-298.
Heinz Lemke, Die Deutsche Bank in der Auseinandersetzung um die Erteilung der Erdölkonzession in Mesopotamien 1911-1914, in: Jahrbuch für Geschichte, 34 (1987), S. 211-247.
Heinz Lemke, Die Erdölinteressen der Deutschen Bank in Mesopotamien in den Jahren 1903-1911, in: Jahrbuch für Geschichte, 24 (1981), S. 41-72.
Bernd Lemke, Luftschutz in Großbritannien und Deutschland 1923 bis 1939. Zivile Kriegsvorbereitungen als Ausdruck der staats- und gesellschaftspolitischen Grundlagen von Demokratie und Diktatur, München 2005.
Helmut Leveknecht, 90 Jahre HWWA. Von der Zentralstelle des Hamburgischen Kolonialinstituts bis zur Stiftung HWWA. Eine Chronik, Hamburg 1998.

Walter J. Levy, The Paradox of Oil and War, in: ders., Oil Strategy and Politics, 1941-1981, Boulder 1982 (zuerst in: Fortune, September 1941), S. 9-23.
Basil Henry Liddell Hart, Deutsche Generale des 2. Weltkriegs. Aussagen, Aufzeichnungen und Gespräche, Düsseldorf/Wien 1964 (zuerst Stuttgart 1950).
Dieter Lindenlaub, Karl Blessing (1900-1971), in: Hans Pohl (Hg.), Deutsche Bankiers des 20. Jahrhunderts, Stuttgart 2008, S. 13-34.
Stephan H. Lindner, Das Reichskommissariat für die Behandlung feindlichen Vermögens im Zweiten Weltkrieg. Eine Studie zur Verwaltungs-, Rechts- und Wirtschaftsgeschichte des nationalsozialistischen Deutschlands, Stuttgart 1991.
Karsten Linne, Baumwollanbau im Zweiten Weltkrieg: Eine »Einsatzfirma« in Südrußland, in: Zeitschrift für Unternehmensgeschichte, 48 (2003) 2, S. 196-214.
Karsten Linne, Bremer Baumwollhändler in den besetzten sowjetischen Gebieten 1941-1944, in: Bremisches Jahrbuch, Bd. 81 (2002), S. 126-155.
Karsten Linne, Deutschland jenseits des Äquators? Die NS-Kolonialplanungen für Afrika, Berlin 2008.
Karsten Linne, Der Krieg als Chance: Ein deutscher Manager auf »Expedition« in den Kaukasus, in: Zeitschrift für Geschichtswissenschaft, 72 (2024) 5, S. 397-418.
Hans-Joachim Lorbeer, Westmächte gegen die Sowjetunion 1939-1941, Freiburg 1973.
Yaacov Lozowick, Rollbahn Mord: The Early Activities of Einsatzgruppe C, in: Holocaust and Genocide Studies, 2 (1987) 2, S. 221-241.
Henry Ludmer, Oil in Germany, in: The Ohio Journal of Science, 47 (1947) 6, S. 259-263.
Gert Carsten Lübbers, Wehrmacht und Wirtschaftsplanung für das Unternehmen »Barbarossa«. Deutsche Ausbeutungspolitik in den besetzten Gebieten der Sowjetunion während des Zweitens Weltkrieges, Phil. Diss. Münster 2010.
Alf Lüdtke, Funktionseliten: Täter, Mit-Täter, Opfer? Zu den Bedingungen des deutschen Faschismus, in: ders. (Hg.), Herrschaft als soziale Praxis. Historische und sozial-anthropologische Studien, Göttingen 1991, S. 559-590.
Stephan A. Lütgert, »Ein Bergmann ging ins Öl …« Zur Erinnerung an Dr.-Ing. E.h. Günther Schlicht (1901-1962), in: EEK Technologie & Transformation von fossilen und grünen Energieträgern, 138 (2022) 9, S. 34-46.
Hanspeter Lussy/Barbara Bonhage/Christian Horn, Schweizerische Wertpapiergeschäfte mit dem »Dritten Reich«. Handel, Raub und Restitution, Zürich 2001.
Sandra Maasalu, Eesti Põlevkivi ja Saksamaa – Sügis 1941 kuni Sügis 1944 (Estnischer Ölschiefer und Deutschland – Herbst 1941 bis Herbst 1944), Magisterarbeit Universität Tartu 2012.
Czeslaw Madajczyk (Hg.), Vom Generalplan Ost zum Generalsiedlungsplan. Dokumente, München 1994.
Helmut Maier, Kurzgutachten zum Forschungsstand der Aufarbeitung der NS-Vergangenheit des dem BMWi nachgeordneten Bereichs (insb. BAM, BGR, PTB), II: Bundesanstalt für Geowissenschaften und Rohstoffe vom 16.10.2017.
Mariusz Wojciech Majewski, Poszukiwania złoż ropy naftowej i gazu w Polsce (1919-

1939) (Erdöl- und Gasförderung in Polen [1919-1939]), in: Annales Universitatis Paedagogicae Cracoviensis. Studia Historica, 8 (2009), S. 129-154.
Klaus-Michael Mallmann/Andrej Angrick/Jürgen Matthäus/Martin Cüppers (Hg.), Die »Ereignismeldungen UdSSR« 1941. Dokumente der Einsatzgruppen in der Sowjetunion I, Darmstadt 2011.
Klaus-Michael Mallmann/Jochen Böhler/Jürgen Matthäus, Einsatzgruppen in Polen. Darstellung und Dokumentation, Darmstadt 2008.
Klaus-Michael Mallmann/Martin Cüppers, Halbmond und Hakenkreuz. Das Dritte Reich, die Araber und Palästina, Darmstadt 2006.
Klaus-Michael Mallmann/Jürgen Matthäus/Martin Cüppers/Andrej Angrick (Hg.), Deutsche Berichte aus dem Osten 1942/43. Dokumente der Einsatzgruppen in der Sowjetunion III, Darmstadt 2014.
Philippe Marguerat, Le IIIe Reich et le pétrole roumain 1938-1940. Contribution à l'étude de la pénétration économique allemande dans les Balkans à la veille et au début de la Seconde Guerre mondiale, Leiden 1977.
Meelis Maripuu, Soviet Prisoners of War in Estonia 1941-1944, S. 10 und 14 (https://www.academia.edu/42864806/SOVIET_PRISONERS_OF_WAR_IN_ESTONIA_1941_1944).
James Marriott/Terry Macallister, Crude Britannia. How Oil Shaped a Nation, London 2021.
Tim Mason, Der Primat der Politik – Politik und Wirtschaft im Nationalsozialismus, in: Faschismus-Diskussion (= Argument Studienheft 6), Berlin 1978 (zuerst in: Das Argument 41/1966), S. 1-22.
Drago Matković, Die Erdölwirtschaft Jugoslawiens, in: Der Donauraum, 11 (1966) 4, S. 221-225.
Martin Matthiessen, Erinnerungen, Meldorf 1980.
Thomas Mayer, Hermann Neubacher. Karriere eines Südosteuropa-Experten, in: Carola Sachse (Hg.), »Mitteleuropa« und »Südosteuropa« als Planungsraum. Wirtschafts- und kulturpolitische Expertisen im Zeitalter der Weltkriege, Göttingen 2010, S. 241-261.
Mark Mazower, Hitlers Imperium. Europa unter der Herrschaft des Nationalsozialismus, München 2009.
Meidinger, Karl, in: Akten der Reichskanzlei 1918-1933 online (https://www.bundesarchiv.de/aktenreichskanzlei/1919-1933/0000/adr/adrmr/kap1_1/para2_112.html).
Horst Meier, Die Deutsche Bohrmeisterschule in Celle, Celle 1987.
Martin Meier/Stefan Frech/Thomas Gees/Blaise Kropf, Schweizerische Aussenwirtschaftspolitik 1930-1948. Strukturen – Verhandlungen – Funktionen, hg. von der Unabhängigen Expertenkommission Schweiz – Zweiter Weltkrieg, Zürich 2002.
Wilhelm Meier-Dörnberg, Die Ölversorgung der Kriegsmarine 1935 bis 1945, Freiburg i. Br. 1973.
Helmut Mejcher, Banking and the German Oil industry, 1890-1939, in: Ronald W.

Ferrier/Alexandr Fursenko (Hg.), Oil in the World Economy, London/New York 1989, S. 94-106.
Helmut Mejcher, Der Nahe Osten im Zweiten Weltkrieg, Paderborn 2017.
Helmut Mejcher, Die Politik und das Öl im Nahen Osten, Bd. I: Der Kampf der Mächte und Konzerne vor dem Zweiten Weltkrieg, Stuttgart 1980.
Helmut Mejcher, Die Politik und das Öl im Nahen Osten, Bd. II: Die Teilung der Welt 1938-1950, Stuttgart 1990.
Eric D. K. Melby, Oil and the International System. The Case of France, 1918-1969, New York 1981.
Kurt Meyer, Die Berg- und Hüttenschule Clausthal, in: Das Oberbergamt in Clausthal-Zellerfelder und der Bergbau in seinem Bezirk, hg. als Gemeinschaftsarbeit des Oberbergamts, der Bergbau-Unternehmen, der Bergbau-Spezialgesellschaften und der Zulieferindustrie, Berlin/Basel 1965, S. 124-126.
Wolfgang Michalka, Kriegsrohstoffbewirtschaftung, Walther Rathenau und die »kommende Wirtschaft«, in: ders. (Hg.), Der Erste Weltkrieg. Wirkung – Wahrnehmung – Analyse, München 1994, S. 485-505.
Stefanie Middendorf, Macht der Ausnahme. Reichsfinanzministerium und Staatlichkeit (1919-1945), Berlin/Boston 2022.
Stefanie Middendorf, Staatsfinanzen und Regierungstaktiken. Das Reichsministerium der Finanzen (1919-1945) in der Geschichte von Staatlichkeit im 20. Jahrhundert, in: Geschichte und Gesellschaft, 41 (2015) 1, S. 140-168.
Stefanie Middendorf/Kim Christian Priemel, Jenseits des Primats. Kontinuitäten der nationalsozialistischen Finanz- und Wirtschaftspolitik, in: Birthe Kundrus/Sibylle Steinbacher (Hg.), Kontinuitäten und Diskontinuitäten. Der Nationalsozialismus in der Geschichte des 20. Jahrhunderts (= Beiträge zur Geschichte des Nationalsozialismus, Bd. 29), Göttingen 2013, S. 94-120.
Charles Wright Mills, Die Machtelite, Frankfurt a. M. 2023 (2. Aufl.) (zuerst New York 1956).
Charles Wright Mills, The Nazi Behemoth, in: ders., Power, Politics and People, New York 1963, S. 170-178 (zuerst u. d. T. Locating the Enemy: The Nazi Behemoth Dissected, in: Partisan Review, 9 [1942] 4, S. 432-437).
Andreas Mink, Deutsch gegen Hochtief. Ein Fall in Kalifornien bedroht das juristische Fundament des Zwangsarbeits-Fonds, in: Aufbau, 67 (2001) 26, S. 1-2.
Gerhard Th. Mollin, Das Imperium der Reichswerke »Hermann Göring« im deutsch beherrschten Europa 1938-1945, in: Wolfgang Benz (Hg.), Salzgitter. Geschichte und Gegenwart einer deutschen Stadt 1942-1992, München 1992, S. 92-110.
Gerhard Th. Mollin, Montankonzerne und »Drittes Reich«. Der Gegensatz zwischen Monopolindustrie und Befehlswirtschaft in der deutschen Rüstung und Expansion 1936-1944, Göttingen 1988.
Gerhard Th. Mollin, Der Strukturwandel der Montanindustrie in der NS-Wirtschaft, in: Wolfgang Michalka (Hg.), Der Zweite Weltkrieg. Analysen – Grundzüge – Forschungsbilanz, München 1989, S. 363-381.

Helmuth James von Moltke, Briefe an Freya 1939-1945, hg. von Beate Ruhm von Oppen, München 1988.
Günter Moltmann, Weltherrschaftsideen Hitlers, in: Otto Brunner/Gerhard Dietrich (Hg.), Europa und Übersee. Festschrift für Egmont Zechlin, Hamburg 1961, S. 197-240.
Hans Mommsen, »Bündnis zwischen Dreizack und Hakenkreuz«, in: Der Spiegel, Nr. 20 vom 11.5.1987, S. 118-129.
Hans Mommsen, Der Nationalsozialismus. Kumulative Radikalisierung und Selbstzerstörung des Regimes, in: Meyers Enzyklopädisches Lexikon in 25 Bänden, Bd. 16, Mannheim/Wien/Zürich 1976 (9. Aufl.), S. 785-790.
Christina Morina, Triumph und Demütigung. Der Zweite Weltkrieg in der doppelten deutschen Zeitgeschichtsschreibung, in: Franka Maubach/Christina Morina (Hg.), Das 20. Jahrhundert erzählen. Zeiterfahrung und Zeiterforschung im geteilten Deutschland, Göttingen 2016, S. 191-244.
Gaetano Mosca, Die Politische Klasse. Elemente der politischen Wissenschaft, Bd. 1, Berlin 2020 (zuerst Rom 1895).
Georg Müller, Bestrebungen zur Zusammenlegung der Technischen Hochschule Braunschweig und der Bergakademie Clausthal zur Errichtung einer Technischen und Montanistischen Hochschule (Kraft und Stoß) in den Jahren 1939 bis 1943, in: Jahrbuch 1991 der Braunschweigischen Wissenschaftlichen Gesellschaft, S. 35-105.
Georg Müller, Plan zur Errichtung einer Bergbauhochschule in Salzgitter, in: Mitteilungsblatt der TU Clausthal, H. 74 (1992), S. 2-8.
Georg Müller, Vom Stahlhelm zum Hakenkreuz. Menschen und Vorgänge an der Bergakademie Clausthal in den zwanziger bis vierziger Jahren des 20. Jahrhunderts, Clausthal-Zellerfeld 1995.
Norbert Müller (Hg.), Okkupation, Raub, Vernichtung. Dokumente zur Besatzungspolitik der faschistischen Wehrmacht auf sowjetischem Territorium 1941-1944, Berlin (Ost) 1980.
Rolf-Dieter Müller, Der Manager der Kriegswirtschaft. Hans Kehrl: Ein Unternehmer in der Politik des Dritten Reiches, Essen 1999.
Rolf-Dieter Müller, Das »Unternehmen Barbarossa« als wirtschaftlicher Raubkrieg, in: Gerd R. Ueberschär/Wolfram Wette (Hg.), Der deutsche Überfall auf die Sowjetunion. »Unternehmen Barbarossa« 1941, Frankfurt a.M. 2011 (2. Aufl., überarb. Neuausgabe, zuerst Paderborn 1984), S. 125-157.
Rolf-Dieter Müller, Der Wettlauf um das Erdöl. Zur wirtschaftlichen Bedeutung der Kaukasusregion für die deutsche Kriegführung, in: Mitteilungen der Gemeinsamen Kommission für die Erforschung der jüngeren Geschichte der deutsch-russischen Beziehungen, Bd. 5, München 2005, S. 35-44.
Bogdan Musial, Stalins Beutezug. Die Plünderung Deutschlands und der Aufstieg der Sowjetunion zur Weltmacht, Berlin 2010.
Jörg Mutterlose, Obituary: Helmut Bartenstein 1914-2010, in: Neues Jahrbuch für Geologie und Paläontologie, 266 (2012) 3, S. 189-190.

Nachrichten, in: Pumpen- und Brunnenbau, Bohrtechnik, 38 (1942) 23 vom 13.11.1942, S. 402.

Nachrichten über die Familie der Grafen und Freiherren von der Goltz 1885-1960, hg. vom Familienverband, Neustadt an der Aisch 1960.

Jürgen G. Nagel, Als der Kaiser den Dschihad erfand. Zur »Revolutionierung« des islamischen Orients durch das Deutsche Reich im Ersten Weltkrieg, in: Zeitschrift für Weltgeschichte, 19 (2018) 2, S. 337-368.

Yury Napuch, Die Sowjetunion, das Erdöl und die Ursachen des Kalten Krieges, Frankfurt a. M./Bern/New York 1986.

Gerald D. Nash, United States Oil Policy 1890-1964, Pittsburgh 1968.

Nekrolog: Dipl. Berging. Dr. Walter Kauenhowen, Chefgeologe der Deutschen Vacuum Öl Aktiengesellschaft, Hamburg, in: Zeitschrift der Deutschen Geologischen Gesellschaft, 94 (1942), S. 488.

Günter Neliba, Staatssekretär Paul Körner – Görings Gehilfe in der Rüstungs- und Kriegswirtschaft, in: ders., Staatssekretäre des NS-Regimes. Ausgewählte Aufsätze, Berlin 2005, S. 39-71.

Ludwig Nestler (Hg.), Die faschistische Okkupationspolitik in Frankreich (1940-1944), Berlin (Ost) 1990.

Hermann Neubacher, Sonderauftrag Südost 1940-1945. Bericht eines fliegenden Diplomaten, Göttingen 1956.

Franz Neumann, Behemoth. Struktur und Praxis des Nationalsozialismus 1933-1944, Frankfurt a. M. 1977 (zuerst New York 1942).

Franz Neumann, Ökonomie und Politik im zwanzigsten Jahrhundert (1955), in: ders., Demokratischer und autoritärer Staat. Beiträge zur Soziologie der Politik, Frankfurt a. M. 1967, S. 171-183.

Nikolasseer Ortsgeschichte (5): Erhaltenswerte Grabmale auf dem Kirchhof, 1. Teil, in: Gemeindebrief Nikolassee, (2016) 4 vom 15. 4. 2016, S. 8 f..

Oswald Nixdorf, Pionier im brasilianischen Urwald. Die abenteuerreiche Geschichte der deutschen Kolonie Rolandia, Tübingen 1979.

Armin Nolzen, Franz Neumanns »Behemoth«. Ein vergessener Klassiker der NS-Forschung, in: Zeithistorische Forschungen, 1 (2004), S. 150-153.

Notizen, in: Pumpen- und Brunnenbau, Bohrtechnik, 39 (1943) 31/32 vom 15. 8. 1943, S. 738.

Der Nürnberger Prozeß. Das Protokoll des Prozesses gegen die Hauptkriegsverbrecher vor dem Internationalen Militärgerichtshof 14. November 1945-1. Oktober 1946, Berlin 1999 (CD).

Alexander Nützenadel, Wirtschaftsgeschichte und Diktaturforschung, in: Johannes Hürter/Hermann Wentker (Hg.), Diktaturen. Perspektiven der zeithistorischen Forschung, Berlin/Boston 2019, S. 65-74.

Paul Oestreich, Walther Funk. Ein Leben für die Wirtschaft, München 1941.

Oil as a Factor in the German War Effort, 1933-1945, hg. vom Chiefs of Staff Committee, Technical Sub-Committee on Axis Oil, London, 8. März 1946.

Oil Field Investigation, Part IV, Section I: The War Structure of the German Crude Oil Industry 1934-1945 (BIOS Final Report No. 1016), London 1947.
Oil Field Investigation, Part IV, Section 2: The War Structure of the German Crude Oil Industry 1934-1945: Private Industry (BIOS Final Report No. 1017), London 1947.
Die faschistische Okkupationspolitik in den zeitweilig besetzten Gebieten der Sowjetunion (1941-1944), hg. von Wolfgang Schumann/Ludwig Nestler, Berlin 1991.
Manfred Oldenburg, Ideologie und militärisches Kalkül. Die Besatzungspolitik der Wehrmacht in der Sowjetunion 1942, Köln/Weimar/Wien 2004.
Christa Olschewski/Laurenz Demps/Kurt Pätzold, Die Novemberrevolution als Trauma in der faschistischen Kriegsplanung, in: Wissenschaftliche Zeitschrift der Humboldt-Universität zu Berlin, Gesellschafts- und Sprachwissenschaftliche Reihe, 29 (1980) 3/4, S. 317-321.
OMGUS, Ermittlungen gegen die Dresdner Bank, bearb. von der Hamburger Stiftung für Sozialgeschichte des 20. Jahrhunderts, Nördlingen 1986.
Patrick R. Osborn, Operation Pike. Britain Versus the Soviet Union, 1939-1941, Westport/London 2000.
Richard Overy, Der Bombenkrieg. Europa 1939-1945, Berlin 2014.
Richard J. Overy, Business in the Grossraumwirtschaft: Eastern Europe, 1938-1945, in: Harold James/Jakob Tanner (Hg.), Enterprise in the Period of Fascism in Europe, New York 2002, S. 151-177.
Richard J. Overy, Hermann Göring. Machtgier und Eitelkeit, übers. von Egbert von Kleist, München 1986.
Richard J. Overy, War and Economy in the Third Reich, Oxford 1994.
Richard Overy, Weltenbrand. Der große imperiale Krieg, 1931-1945, übers. von Henning Thies und Werner Roller, Berlin 2023.
Richard Overy, Die Wurzeln des Sieges. Warum die Alliierten den Zweiten Weltkrieg gewannen, übers. von Juergen Charnitzky, Reinbek bei Hamburg 2002 (zuerst London 1995).
Romuald Owczarek, Das Geheimprojekt Dachs VIII. Geilenbergs Stab in Mühldorf bei Glatz, in: Relikte der Geschichte, 14 (2018), S. 33-37.
Rudolf Paatsch, Die völkerrechtlichen Vertragsverletzungen, Diss. jur. Universität Breslau 1932.
Kurt Pätzold/Erika Schwarz, Tagesordnung: Judenmord. Die Wannsee-Konferenz am 20. Januar 1942, Berlin 1992.
Vilfredo Pareto, Allgemeine Soziologie, München 2006 (zuerst Florenz 1916).
Frank Partnoy, Der Zündholzkönig. Finanzgenie und Wegbereiter eines Jahrhunderts von Wall-Street-Skandalen, München 2013.
Lawrence Paterson, Hitler's Brandenburgers. The Third Reich's Elite Special Forces, Annapolis 2018.
Stephan Paul/Friederike Sattler/Dieter Ziegler, Hundertfünfzig Jahre Commerzbank 1870-2020, München 2020.
Robert O. Paxton, Vichy France. Old Guard and New Order, 1940-1944, New York 1972.

Maurice Pearton, Oil and the Romanian State, Oxford 1971.
Marc Perrenoud/Rodrigo López/Florian Adank/Jan Baumann/Alain Cortat/Suzanne Peters, La place financière et les banques suisse à l'époque du national-socialisme. Les relations des grandes banques avec l'Allemagne (1931-1946), Lausanne 2002.
Personalien, in: Pumpen- und Brunnenbau, Bohrtechnik, 40 (1944) 41/44 vom 1.11.1944, S. 708.
Roland Peter, General der Infanterie Georg Thomas, in: Gerd R. Ueberschär (Hg.), Hitlers militärische Elite. Bd. 1: Von den Anfängen des Regimes bis Kriegsbeginn, Darmstadt 1998, S. 248-257.
Hans-Christian Petersen, Expertisen für die Praxis. Das Kieler Institut für Weltwirtschaft 1933-1945, in: Christoph Cornelißen/Carsten Mish (Hg.), Wissenschaft an der Grenze. Die Universität Kiel im Nationalsozialismus, Essen 2009, S. 57-79.
Stefan Petke, Muslime in der Wehrmacht und Waffen-SS. Rekrutierung – Ausbildung – Einsatz, Berlin 2021.
Walther Emil Petrascheck, Als Geologe neben Krieg und Politik. Lebenserinnerungen, Wien 1988.
Walther Emil Petrascheck, Nachruf auf Karl Krejci-Graf, in: Mitteilungen der Österreichischen Geologischen Gesellschaft, 81 (1988) 259/260, S. 259-260.
Dietmar Petzina, Autarkiepolitik im Dritten Reich. Der nationalsozialistische Vierjahresplan, Stuttgart 1968.
Alfred Pfaff, Die Lagerstätten im Erdölbecken von Boryslaw, Wien 1926.
Helmut Pichler, Günther Schlicht zum Gedächtnis, in: Brennstoff-Chemie, 43 (1962) 7, S. 40.
Henry Picker, Hitlers Tischgespräche im Führerhauptquartier. Entstehung, Struktur, Folgen des Nationalsozialismus, Berlin 1997.
Arnold Picot u.a., Die grenzenlose Unternehmung. Information, Organisation & Führung, Wiesbaden 2020 (6. Aufl.).
Arnold Picot u.a., Organisation. Theorie und Praxis aus ökonomischer Sicht, Stuttgart 2020 (8. Aufl.).
Dan-Ovidiu Pintilie, Activitatea Societăţii Petroliere »Petrol-Block« în Anii 1918-1948, in: Analele Universităţii Creştine »Dimitrie Cantemir«, Seria Istorie – Serie nouă, 5 (2014) 1/2, S. 38-57.
Dan-Ovidiu Pintile, Istoricul Societăţii »Concordia« 1907-1948, Ploieşti 2007.
Ernst Piper, Alfred Rosenberg. Hitlers Chefideologe, München 2007.
Franciszek Piper, Der Arbeitseinsatz der Häftlinge, in: Auschwitz. Nationalsozialistisches Vernichtungslager. Staatliches Museum Auschwitz-Birkenau 1997.
Matteo Pizzigallo, La »Politica Estera« dell'AGIP (1933-1940). Diplomazia Economica e Petrolio, Milano 1992.
Tilman Plath, Zwischen Schonung und Menschenjagden. Arbeitseinsatzpolitik in den baltischen Generalbezirken des Reichskommissariats Ostland 1941-1944, Essen 2012.

Serhii Plokhy, Die Frontlinie. Warum die Ukraine zum Schauplatz eines Ost-West-Konflikts wurde, Hamburg 2022.
Werner Plumpe, »Steuerungsprobleme« in der Wirtschafts- und Unternehmensgeschichte des Nationalsozialismus, in: Gerd Bender/Rainer Maria Kiesow/Dieter Simon (Hg.), Die andere Seite des Wirtschaftsrechts. Steuerung in den Diktaturen des 20. Jahrhunderts, Frankfurt a. M. 2006, S. 19-30.
Werner Plumpe, Unternehmen im Nationalsozialismus. Eine Zwischenbilanz, in: Werner Abelshauser/Jan-Otmar Hesse/Werner Plumpe (Hg.), Wirtschaftsordnung, Staat und Unternehmen. Neue Forschungen zur Wirtschaftsgeschichte des Nationalsozialismus. Festschrift für Dietmar Petzina zum 65. Geburtstag, Essen 2003, S. 243-266.
Werner Plumpe, Die Wirtschafts- und Unternehmensgeschichte des Nationalsozialismus. Überlegungen aus systemtheoretischer Perspektive, in: Jahrbuch für Wirtschaftsgeschichte, 45 (2004) 2, S. 241-244.
Hans Pohl, Eliten in Wirtschaft und Gesellschaft aus historischer Perspektive, in: Vierteljahresschrift für Sozial- und Wirtschaftsgeschichte, 88 (2001) 1, S. 48-69.
Dieter Pohl, Die Herrschaft der Wehrmacht. Deutsche Militärbesatzung und einheimische Bevölkerung in der Sowjetunion 1941-1944, München 2008.
Dieter Pohl, Nationalsozialistische Judenverfolgung in Ostgalizien 1941-1944. Organisation und Durchführung eines staatlichen Massenverbrechens, München 1996.
Dieter Pohl, Deutsche Militärverwaltung: die bessere Besatzung? Das Beispiel Kaukasus 1942/43, in: Mitteilungen der Kommission für die Erforschung der jüngeren Geschichte der deutsch-russischen Beziehungen, Bd. 2, München 2005, S. 52-60.
Hans Pohl, Die Steaua Romåna und die Deutsche Bank (1903-1920), in: Beiträge zu Wirtschafts- und Währungsfragen und zur Bankengeschichte, 24 (1989), S. 83-102.
Manfred Pohl, VIAG Aktiengesellschaft 1923-1998. Vom Staatsunternehmen zum internationalen Konzern, München/Zürich 1998.
Werner Präg/Wolfgang Jacobmeyer (Hg.), Das Diensttagebuch des deutschen Generalgouverneurs in Polen 1939-1945, Stuttgart 1975.
Kim Christian Priemel, Flick. Eine Konzerngeschichte vom Kaiserreich bis zur Bundesrepublik, Göttingen 2007.
Kim Christian Priemel, Lernversagen: Der Erste Weltkrieg und die nationalsozialistische Wirtschaftspolitik, in: Gerd Krumeich, Nationalsozialismus und Erster Weltkrieg, Essen 2010, S. 299-322.
Kim Christian Priemel, National Socialism and German Business, in: Shelley Baranowski/Armin Nolzen/Claus-Christian W. Szejnmann (Hg.), A Companion to Nazi Germany, Hoboken/Chichester 2018, S. 281-298.
Kurt Pritzkoleit, Männer – Mächte – Monopole. Hinter den Türen der westdeutschen Wirtschaft, Frankfurt a. M. 1958 (zuerst Düsseldorf 1953).
Michael von Prollius, Das Wirtschaftssystem der Nationalsozialisten 1933-1939. Steuerung durch emergente Organisation und Politische Prozesse, Paderborn 2003.
Matthias Puchta, Die sowjetischen Kriegsgefangenen der Technischen Brigade

Mineralöl. Der Einsatz sowjetischer Mineralölfachkräfte an der Ostfront zwischen Ideologie und wehrwirtschaftlichem Interesse, in: Vierteljahresschrift für Sozial- und Wirtschaftsgeschichte, 111 (2024) 1, S. 35-65.

Hans Radandt, Hermann J. Abs – Bankier im Geheimauftrag Görings, in: Jahrbuch für Wirtschaftsgeschichte, 15 (1974) 4, S. 27-55.

Hans Radandt, Deutsche Monopole raubten polnisches Erdöl, in: Jahrbuch für Wirtschaftsgeschichte, 1 (1960) 2, S. 301-311.

Edward Albert Radice, The Development of Industry, in: Michael Charles Kaser/Edward Albert Radice, The Economic History of Eastern Europe 1919-1975, Vol. 2, Oxford 1986, S. 416-451.

Edward Albert Radice, Energy and Materials, in: Michael Charles Kaser/Edward Albert Radice, The Economic History of Eastern Europe 1919-1975, Vol. 2, Oxford 1986, S. 398-415.

Erich Raeder, Mein Leben. Von 1935 bis Spandau 1955, Tübingen 1957.

Raffinerie wurde nie fertig gebaut, in: Passauer Neue Presse vom 27. 4. 2005.

Herbert Rambousek, Die »ÖMV Aktiengesellschaft« – Entstehung und Entwicklung eines nationalen Unternehmens der Mineralölindustrie, Wien 1977.

Manfred Rasch, Die Bedeutung des Bankhauses Mendelssohn & Co. für die Industrialisierung Estlands. Die Estnische Steinöl AG, Tallinn, und der Heizöllieferervertrag mit der deutschen Kriegsmarine von 1935, in: Mendelssohn-Studien. Beiträge zur neueren deutschen Kultur- und Wirtschaftsgeschichte, 6 (1986), Berlin 1986, S. 183-227.

Manfred Rasch, Geschichte des Kaiser-Wilhelm-Instituts für Kohlenforschung 1912-1943, Weinheim/Basel 1989.

Manfred Rasch, Das Schlesische Kohlenforschungsinstitut der Kaiser-Wilhelm-Gesellschaft: Ein Gegenbeispiel zum angeblichen Harnack-Prinzip, in: Bernhard vom Brocke/Hubert Laitko (Hg.), Die Kaiser-Wilhelm-/Max-Planck-Gesellschaft und ihre Institute. Studien zu ihrer Geschichte: Das Harnack-Prinzip, Berlin/New York 1996, S. 173-210.

Manfred Rasch, Zur Mineralölpolitik der Kriegsmarine. Dokumente aus dem Jahre 1935, in: Militärgeschichtliche Mitteilungen, 37 (1985) 1, S. 71-102.

Manfred Rasch, Die Montanindustrie und ihre Beziehungen zum Schlesischen Kohlenforschungsinstitut der Kaiser-Wilhelm-Gesellschaft. Ein Beitrag zu Wissenschaft und Wirtschaft in der Zwischenkriegszeit, in: Technikgeschichte, 55 (1988) 1, S. 7-24.

Manfred Rasch, Rosterg, August, in: Neue deutsche Biographie, Bd. 22, Berlin 2005, S. 98 f..

Karl Rasche, Der Polizeibegriff im heutigen preußischen Recht unter besonderer Berücksichtigung der Spezialgesetze, Diss. jur. Universität Münster 1917.

Cornelia Rauh, Wirtschaftsbürger im »Doppelstaat«. Zur Kritik der neueren Forschung, in: Norbert Frei/Tim Schanetzky (Hg.), Unternehmen im Nationalsozialismus. Zur Historisierung einer Forschungskonjunktur, Göttingen 2010, S. 100-115.

Irina Rebrova, Im Nordkaukasus: Leben und Tod unter nationalsozialistischer Besatzung, in: Wolfgang Benz (Hg.), Deutsche Herrschaft. Nationalsozialistische Besatzung in Europa und die Folgen, Freiburg/Basel/Wien 2022, S. 323-332.
Felix Rehschuh, Aufstieg zur Energiemacht. Der sowjetische Weg ins Erdölzeitalter. 1930er bis 1950er Jahre, Wien/Köln/Weimar 2018.
Sven Reichardt/Wolfgang Seibel (Hg.), Der prekäre Staat. Herrschen und Verwalten im Nationalsozialismus, Frankfurt a. M. 2011.
Frank Reichherzer, »Alles ist Front!« Wehrwissenschaften in Deutschland und die Bellifizierung der Gesellschaft vom Ersten Weltkrieg bis in den Kalten Krieg, Paderborn 2012.
Reichswirtschaftsminister und Reichsbankpräsident Funk, Wirtschaftsordnung im neuen Europa (Aus der Rede vom 12. 6. 1941 in Wien), in: Um die Neugestaltung der europäischen Wirtschaft. Deutsche Prominente sprechen, hg. von der Deutschen Informationsstelle, Berlin 1941, S. 85-92.
Gerald Reitlinger, Die Endlösung. Hitlers Versuch der Ausrottung der Juden Europas 1939-1945, Berlin 1979 (5. Aufl.).
Report on the Petroleum and Synthetic Oil Industry of Germany, vom Ministry of Fuel and Power, London 1947.
Ralf Georg Reuth, Entscheidung im Mittelmeer. Die südliche Peripherie Europas in der deutschen Strategie des Zweiten Weltkrieges 1940-1942, Koblenz 1985.
Charles O. Richardson, French Plans for Allied Attacks on the Caucasus Oil Fields, in: French Historical Studies, 8 (1973) 1, S. 130-156.
Jana Richter, Funk, Walther, in: Hermann Weiß (Hg.), Biographisches Lexikon zum Dritten Reich, Frankfurt a. M. 1999, S. 136-137.
Matthias Riedel, Bergbau und Hüttenindustrie in der Ukraine unter deutscher Besatzung (1941-1944), in: Vierteljahrshefte für Zeitgeschichte, 21 (1973) 3, S. 245-284.
Matthias Riedel, Eisen und Kohle für das Dritte Reich. Paul Pleigers Stellung in der NS-Wirtschaft, Göttingen 1973.
Matthias Riedel, Gründung und Entwicklung der Reichswerke »Hermann Göring« und deren Position in der Wirtschaftspolitik des Dritten Reiches 1935-1945, in: Wolfgang Benz (Hg.), Salzgitter. Geschichte und Gegenwart einer deutschen Stadt 1942-1992, München 1992, S. 41-77.
Matthias Riedel, Keppler, Wilhelm, in: Neue Deutsche Biographie, Bd. 11, Berlin 1977, S. 509-510.
Michael Riemenschneider, Die deutsche Wirtschaftspolitik gegenüber Ungarn 1933-1944. Ein Beitrag zur Interdependenz von Wirtschaft und Politik unter dem Nationalsozialismus, Frankfurt a. M. 1987.
Milan Ristović, Between »The sacrifice of blood« and the most important »allied contributions«: Third Reich and the issue of oil in the Southeast Europe in World War II (with special reference to British and American analysis), in: Currents of History, 51 (2017) 1, S. 11-46.
Albrecht Ritschl, Die NS-Wirtschaftsideologie – Modernisierungsprogramm oder

reaktionäre Utopie?, in: Michael Prinz/Rainer Zitelmann (Hg.), Nationalsozialismus und Modernisierung, Darmstadt 1991, S. 48-70.
Harry R. Ritter, Jr., Hermann Neubacher and the German Occupation of the Balkans, 1940-1945, Diss. phil. University of Virginia 1969.
Mechtild Rössler/Sabine Schleiermacher (Hg.), Der »Generalplan Ost«. Hauptlinien der nationalsozialistischen Planungs- und Vernichtungspolitik, Berlin 1993.
Momme Rohlack, Kriegsgesellschaften (1914-1918). Arten, Rechtsformen und Funktionen in der Kriegswirtschaft des Ersten Weltkrieges, Frankfurt a. M. 2001.
Christoph Roolf, Vom »Altreich« in die besetzten Gebiete. Die deutsche Paläontologie und Geologie im Zweiten Weltkrieg, in: Zeitschrift für Geschichtswissenschaft, 66 (2018) 3, S. 224-244.
Christoph Roolf, Erdölforschung im Zeichen von Aufrüstung und Krieg. Zur Entwicklung der Mikropaläontologie im deutschen Wissenschaftssystem 1927-1945, in: Sören Flachowsky/Rüdiger Hachtmann/Florian Schmaltz (Hg.), Ressourcenmobilisierung. Wissenschaftspolitik und Forschungspraxis im NS-Herrschaftssystem, Göttingen 2016, S. 230-267.
Alfred Rosenberg, Die Tagebücher von 1934 bis 1944, hg. u. komm. von Jürgen Matthäus und Frank Bajohr, Frankfurt a. M. 2015.
Karl Heinz Roth, Die »andere« Arbeiterbewegung und die Entwicklung der kapitalistischen Repression von 1880 bis zur Gegenwart. Ein Beitrag zum Neuverständnis der Klassengeschichte in Deutschland, München 1974.
Karl Heinz Roth, Die wirtschaftspolitischen Nachkriegsplanungen des deutschen Faschismus. Forschungsbilanz und offene Fragen, in: Werner Röhr/Brigitte Berlekamp (Hg.), »Neuordnung Europas«. Vorträge vor der Berliner Gesellschaft für Faschismus- und Weltkriegsforschung 1992-1996, Berlin 1996, S. 179-195.
Karl Heinz Roth, »Neuordnung« und wirtschaftliche Nachkriegsplanungen, in: Dietrich Eichholtz (Hg.), Krieg und Wirtschaft. Studien zur deutschen Wirtschaftsgeschichte 1939-1945, Berlin 1999, S. 195-219.
Karl Heinz Roth, Franz von Papen als Sonderbotschafter in Wien und Ankara, in: Bulletin für Faschismus- und Weltkriegsforschung, Heft 25/26, Berlin 2005, S. 121-162.
Karl Heinz Roth, Wirtschaftliche Vorbereitungen auf das Kriegsende und Nachkriegsplanungen, in: Dietrich Eichholtz, Geschichte der deutschen Kriegswirtschaft 1939-1945, Bd. III: 1943-1945, Berlin 1996, S. 509-611.
Karl Heinz Roth, Vorposten Nahost: Franz von Papen als deutscher Türkeibotschafter 1939-1944, in: Comparativ, 14 (2004) 1 (Wolfgang G. Schwanitz [Hg.], Deutschland und der Mittlere Osten, Leipzig 2004), S. 107-125.
Karl Heinz Roth/Jan-Peter Abraham, Reemtsma auf der Krim. Tabakproduktion und Zwangsarbeit unter deutscher Besatzungsherrschaft 1941-1944, Hamburg 2011.
Regina Roth, Staat und Wirtschaft im Ersten Weltkrieg. Kriegsgesellschaften als kriegswirtschaftliche Steuerungsinstrumente, Berlin 1997.
Rumäniens Treibstoffwirtschaft, bearb. im Institut für Weltwirtschaft an der Universität Kiel, September 1940.

Runderlaß des Reichsministers für Wissenschaft, Erziehung und Volksbildung vom 17.1.1941, betr.: Neuregelung des Geologiestudiums, in: Deutsche Wissenschaft, Erziehung und Volksbildung, 7 (1941) 3 vom 5.2.1941, S. 41-46.
Gerhard Ruthammer, Öldorado Weinviertel. Zur Geschichte des Erdöls im Weinviertel, Schlainbach 2013.
Carola Sachse, Revisited: Primat der Politik, Primat der Ökonomie, in: Norbert Frei/Tim Schanetzky (Hg.), Unternehmen im Nationalsozialismus. Zur Historisierung einer Forschungskonjunktur, Göttingen 2010, S. 48-61.
Michael Sander, Why Companies Bring the State Back In. The Voluntary Self-Nationalisation of the Anglo-Persian Oil Company and the Rise of ›Governance by Government‹, in: New Political Economy, 25 (2020) 6, S. 926-943.
Thomas Sandkühler, Berthold Beitz und die »Endlösung der Judenfrage« im Distrikt Galizien 1941-1944, in: Gerhard Hirschfeld/Tobias Jersak (Hg.), Karrieren im Nationalsozialismus. Funktionseliten zwischen Mitwirkung und Distanz, Frankfurt a. M./New York 2007, S. 99-125.
Thomas Sandkühler, »Endlösung« in Galizien. Der Judenmord in Ostpolen und die Rettungsinitiativen von Berthold Beitz 1941-1944, Bonn 1996.
Thomas Sandkühler, Zwangsarbeit und Judenmord im Distrikt Galizien des Generalgouvernements: Die Rettungsinitiativen von Berthold Beitz, in: Hermann Kaienburg (Hg.), Konzentrationslager und deutsche Wirtschaft 1939-1945, Opladen 1996, S. 238-262.
Friederike Sattler, Unternehmensstrategien und Politik. Zur Entwicklung der mitteldeutschen Chemieindustrie im 20. Jahrhundert, in: Hermann-Josef Rupieper/Friederike Sattler/Georg Wagner-Kyora (Hg.), Die mitteldeutsche Chemieindustrie und ihre Arbeiter im 20. Jahrhundert, Halle a. d. Saale 2005, S. 119-175.
Satzung der Kontinentale Öl Aktiengesellschaft in Berlin, Berlin 1941.
Tim Schanetzky, After the Gold Rush. Ursprünge und Wirkungen der Forschungskonjunktur »Unternehmen« im Nationalsozialismus, in: Zeitschrift für Unternehmensgeschichte, 63 (2018) 1, S. 7-32.
Tim Schanetzky, Regierungsunternehmer. Henry J. Kaiser, Friedrich Flick und die Staatskonjunkturen in den USA und Deutschland, Göttingen 2015.
Tim Schanetzky, Unternehmer: Profiteure des Unrechts, in: Norbert Frei (Hg.), Hitlers Eliten nach 1945, München 2003, S. 69-113.
Gerd Schaumberg, Vita Prof. Dr.-Ing. Hubert Becker. Direktor des einstigen Institutes für Tiefbohrkunde und Erdölgewinnung (https://www.ite.tu-clausthal.de/ueber-uns/team/prof-dr-ing-hubert-becker).
Norbert Schausberger, Die Bedeutung Österreichs für die deutsche Rüstung während des Zweiten Weltkrieges, in: Militärgeschichtliche Mitteilungen, 11 (1972) 1, S. 57-84.
Norbert Schausberger, Rüstung in Österreich 1938-1945. Eine Studie über die Wechselwirkung von Wirtschaft, Politik und Kriegsführung, Wien 1970.
Alfred Scheld, Erdöl im Elsass. Die Anfänge der Ölquellen von Pechelbronn, Neustadt a. d. W./Basel 2012.

Jonas Scherner, Anreiz statt Zwang. Wirtschaftsordnung und Kriegswirtschaft im »Dritten Reich«, in: Norbert Frei/Tim Schanetzky (Hg.), Unternehmen im Nationalsozialismus. Zur Historisierung einer Forschungskonjunktur, Göttingen 2010, S. 140-155.

Jonas Scherner, Bericht zur deutschen Wirtschaftslage 1943/44. Eine Bilanz des Reichsministeriums für Rüstung und Kriegsproduktion über die Entwicklung der deutschen Kriegswirtschaft bis Sommer 1944, in: Vierteljahrshefte für Zeitgeschichte, 55 (2007) 3, S. 499-546.

Jonas Scherner, Das Verhältnis zwischen NS-Regime und Industrieunternehmen – Zwang oder Kooperation?, in: Zeitschrift für Unternehmensgeschichte, 51 (2006) 2, S. 166-190.

Karl Schirner, Der Weg der deutschen Erdölgewinnung, Celle 1946.

Wolfgang Schivelbusch, Entfernte Verwandtschaft. Faschismus, Nationalsozialismus, New Deal 1933-1939, München/Wien 2005.

Karl-Heinz Schlarp, Ausbeutung der Kleinen: Serbien in der deutschen Kriegswirtschaft 1941-1944, in: Johannes Bähr/Ralf Banken (Hg.), Das Europa des »Dritten Reichs«. Recht, Wirtschaft, Besatzung, Frankfurt a. M. 2005, S. 187-215.

Günther Schlicht zum Gedenken, Hamburg 1962 (Reden auf der Trauerfeier in der Christianskirche zu Altona am 11. Juli 1962).

Günther Schlicht, Was war die DEA und was ist sie heute?, in: Unser DEA Kreis, 1/1955, S. 5-14.

Günther Schlicht, Die niedersächsische Erdölwirtschaft, in: Gabriele Schwarz (Hg.), Hannover und Niedersachsen. Beiträge zur Landes- und Wirtschaftskunde. Festschrift zur Feier des 75jährigen Bestehens der Geographischen Gesellschaft zu Hannover, Hannover 1953, S. 156-165.

Janis Schmelzer, Devisen für den Endsieg. Görings »Geschäftsgruppe Devisen«, die Schweiz und die deutsche Wirtschaft, Stuttgart 2003.

Wolfram Schneider, Die britische Iranpolitik im Zweiten Weltkrieg und der Ausbruch des Kalten Krieges, Hamburg 1996.

Albrecht Schöne, Erinnerungen, Göttingen 2020.

Roland Schönfeld, Deutsche Rohstoffsicherungspolitik in Jugoslawien 1934-1944, in: Vierteljahrshefte für Zeitgeschichte, 24 (1976) 3, S. 215-258.

Joachim Scholtyseck, Der Aufstieg der Quandts. Eine deutsche Unternehmerdynastie, München 2011.

Wolfgang Schott, Alfred Bentz und das Erdöl, in: Erdöl und Kohle, Erdgas, Petrochemie, 17 (1964) 7, S. 514-516.

Wolfgang Schott, Daten aus dem Leben von Alfred Bentz, in: Geologisches Jahrbuch, Bd. 83 (1965), S. XVII-XX.

Wolfgang Schott/Hans Udluft, Die Arbeiten auf dem Gebiet der Erdölgeologie, in: Hans Udluft u. a., Die Preußische Geologische Landesanstalt 1873-1939, Hannover 1968 (Beihefte zum Geologischen Jahrbuch, Heft 78), S. 97-102.

Susanna Schrafstetter, Verfolgung und Wiedergutmachung. Karl M. Hettlage: Mit-

arbeiter von Albert Speer und Staatssekretär im Bundesfinanzministerium, in: Vierteljahrshefte für Zeitgeschichte, 56 (2008) 3, S. 431-466.
Percy Ernst Schramm (Hg.), Kriegstagebuch des Oberkommandos der Wehrmacht (Wehrmachtführungsstab), Augsburg 2002 (zuerst Frankfurt a. M. 1961).
Bernd Philipp Schröder, Irak 1941, Freiburg 1980.
Georg R. Schultze, Nachruf auf Alfred Bentz, in: Abhandlungen der Braunschweigischen Wissenschaftlichen Gesellschaft, 17 (1965), S. 241-250.
Wolfgang Schumann (Hg.), Griff nach Südosteuropa. Neue Dokumente über die Politik des deutschen Imperialismus und Militarismus gegenüber Südosteuropa im Zweiten Weltkrieg, Berlin (Ost) 1973.
Wolfgang Schumann, Nachkriegsplanungen der Reichsgruppe Industrie im Herbst 1944. Eine Dokumentation, in: Jahrbuch für Wirtschaftsgeschichte, 13 (1972) 3, S. 259-296.
Wolfgang Schumann/Ludwig Nestler (Hg.), Weltherrschaft im Visier. Dokumente zu den Europa- und Weltherrschaftsplänen des deutschen Imperialismus von der Jahrhundertwende bis Mai 1945, Berlin (Ost) 1975.
Hartmut Schustereit, Die Mineralöllieferungen der Sowjetunion an das Deutsche Reich 1940/41, in: Vierteljahresschrift für Sozial- und Wirtschaftsgeschichte, 67 (1980), S. 334-353.
Wolfgang G. Schwanitz, »Der Geist aus der Lampe«: Fritz Grobba und Berlins Politik im Nahen und Mittleren Osten, in: Comparativ, 14 (2004) 1, S. 126-150.
Heinrich Schwendemann, German-Soviet economic relations at the time of the Hitler-Stalin pact, 1939-1941, in: Cahiers du monde russe, 36 (1995) 1/2, S. 161-178.
Heinrich Schwendemann, Die wirtschaftliche Zusammenarbeit zwischen dem Deutschen Reich und der Sowjetunion von 1939 bis 1941. Alternative zu Hitlers Ostprogramm?, Berlin 1993.
Birgit-Katharine Seemann, Das Konzept der »Elite(n)«. Theorie und Anwendbarkeit in der Geschichtsschreibung, in: Karl Christian Führer/Karen Hagemann/Birthe Kundrus (Hg.), Eliten im Wandel. Gesellschaftliche Führungsschichten im 19. und 20. Jahrhundert, Münster 2004, S. 24-41.
Eugen Seibold/Ilse Seibold, Alfred Bentz – Erdölgeologe in schwieriger Zeit, in: International Journal of Earth Sciences, 91 (2002) 6, S. 1081-1093.
Hans-Christoph Seidel, Der Ruhrbergbau im Zweiten Weltkrieg. Zechen – Bergarbeiter – Zwangsarbeiter, Essen 2010.
Hans-Ulrich Seidt, Berlin – Kabul – Moskau. Oskar Ritter von Niedermayer und Deutschlands Geopolitik, München 2002.
Juri Semjonow, Erdöl aus dem Osten. Die Geschichte der Erdöl- und Erdgasindustrie in der Sowjetunion, Düsseldorf/Wien 1973.
Brendan Simms, Hitler. Eine globale Biographie, übers. von Klaus-Dieter Schmidt, München 2020.
Christopher Simpson, The Splendid Blond Beast. Money, Law, and Genocide in the Twentieth Century, Monroe 1995.

Soll und Haben, in: Der Spiegel, Nr. 15 vom 8. 4. 1964, S. 22-25.
Hanno Sowade, Otto Ohlendorf – Nonkonformist, SS-Führer und Wirtschaftsfunktionär, in: Ronald Smelser/Enrico Syring/Rainer Zitelmann (Hg.): Die braune Elite. Band 1: 22 biographische Skizzen, Darmstadt 1999 (4. Aufl.), S. 188-220.
Robert Mark Spaulding, Osthandel and Ostpolitik. German Foreign Trade Policies in Eastern Europe from Bismarck to Adenauer, Providence/Oxford 1997.
Albert Speer, Erinnerungen, Frankfurt a. M./Berlin/Wien 1969.
Albert Speer, Der Sklavenstaat. Meine Auseinandersetzung mit der SS, Frankfurt a. M./ Berlin/Wien 1984.
Albert Speer, Spandauer Tagebücher, Frankfurt a. M./Berlin 1994 (unveränderte Neuausgabe, zuerst 1975).
Mark Spoerer/Jochen Streb, Neue deutsche Wirtschaftsgeschichte des 20. Jahrhunderts, München 2013.
Karl Staesche, Nachruf auf Alfred Bentz, in: Jahresberichte und Mitteilungen des Oberrheinischen Geologischen Vereines, 46 (1964), S. XXIV-XXVIII.
Alexander Stahlberg, Die verdammte Pflicht. Erinnerungen 1932 bis 1945, Berlin/Frankfurt a. M. 1987.
Christoph Stamm, Zur deutschen Besetzung Albaniens 1943-1944, in: Militärgeschichtliche Mitteilungen, Bd. 30 (1981) 2, S. 99-120.
Nicholas Stargardt, Der deutsche Krieg: 1939-1945, Frankfurt a. M. 2015.
Raymond G. Stokes, The Oil Industry in Nazi Germany, 1936-1945, in: Business History Review, 59 (1985) 2, S. 254-277.
Raymond G. Stokes, Der Siegeszug von Erdöl und Erdgas im 20. Jahrhundert, in: Dieter Ziegler (Hg.), Rohstoffgewinnung im Strukturwandel. Der deutsche Bergbau im 20. Jahrhundert, Münster 2013, S. 515-538.
Jochen Streb, Das nationalsozialistische Wirtschaftssystem: Indirekter Sozialismus, gelenkte Marktwirtschaft oder vorgezogene Kriegswirtschaft, in: Werner Plumpe/ Joachim Scholtyseck (Hg.), Der Staat und die Ordnung der Wirtschaft. Vom Kaiserreich bis zur Berliner Republik, Stuttgart 2012, S. 61-83.
Pawel Anatoljewitsch Sudoplatow/Anatolij Sudoplatow, Der Handlanger der Macht. Enthüllungen eines KGB-Generals, Düsseldorf/Wien/New York/Moskau 1994.
Holm Sundhaussen, Wirtschaftsgeschichte Kroatiens im nationalsozialistischen Großraum 1941-1945. Das Scheitern einer Ausbeutungsstrategie, Stuttgart 1983.
Die Tagebücher von Joseph Goebbels, Teil II: Diktate 1941-1945, Bd. 5: Juli-September 1942, hg. von Elke Fröhlich, München/New Providence/London/Paris 1995.
Tagungsbericht: Unternehmen im Nationalsozialismus. Zur Historisierung einer Forschungskonjunktur, in: H-Soz-Kult, 22. 2. 2010 (www.hsozkult.de/conference-report/id/fdkn-121643).
Gunnar Take, Forschen für den Wirtschaftskrieg. Das Kieler Institut für Weltwirtschaft im Nationalsozialismus, Berlin/Boston 2019.
László M. Taubinger, Die Entwicklung der ungarischen Erdölindustrie, in: Wirtschaftsdienst, 36 (1956) 5, S. 282-284.

Eckart Teichert, Autarkie und Großraumwirtschaft in Deutschland 1930-1939. Außenwirtschaftspolitische Konzeptionen zwischen Wirtschaftskrise und Zweitem Weltkrieg, München 1984.
Johannes Thaler/Gunnar Mertz/Christa Hammerl/Oliver Rathkolb, BergWetter 1938. Diktatur, Behörden, Wissenschaft – GBA und ZAMG im Schatten des Nationalsozialismus, Wien 2018.
Marcus Theurer, Der braune Bundesbanker, in: Frankfurter Allgemeine Sonntagszeitung, Nr. 11 vom 17. 3. 2024, S. 27.
Karl-Heinz Thieleke (Hg.), Fall 5. Anklageplädoyer, ausgewählte Dokumente, Urteil des Flick-Prozesses, Berlin (Ost) 1965.
Jochen Thies, Architekt der Weltherrschaft. Die »Endziele« Hitlers, Düsseldorf 1976.
Georg Thomas, Geschichte der deutschen Wehr- und Rüstungswirtschaft (1918-1943/45), hg. von Wolfgang Birkenfeld, Boppard a. Rh. 1966.
Wilhelm Tieke, Der Kaukasus und das Öl. Der deutsch-sowjetische Krieg in Kaukasien 1942/43, Osnabrück 1970.
Heinz Tillmann, Deutschlands Araberpolitik im zweiten Weltkrieg, Berlin (Ost) 1965.
Bernhard Tönnes, Tiranas Reparationsforderungen an Bonn. Zwei albanische Zeitgeschichtler über die Schäden der deutschen Besatzungszeit, in: Wissenschaftlicher Dienst Südosteuropa, 29 (1986) 6/7, S. 169-178.
Adam Tooze, Ökonomie der Zerstörung. Die Geschichte der Wirtschaft im Nationalsozialismus, München 2007 (zuerst London 2006).
Anand Toprani, Germany's Answer to Standard Oil: The Continental Oil Company and Nazi Grand Strategy, 1940-1942, in: Journal of Strategic Studies, 37 (2014) 6/7, S. 949-973.
Anand Toprani, »The Navy's Success Speaks for Itself«?: The German Navy's Independent Energy Security Strategy, 1932-1940, in: Naval War College Review, 68 (2015) 3, S. 91-122.
Anand Toprani, Oil and the Great Powers. Britain and Germany, 1914-1945, Oxford 2019.
Anand Toprani, Rez. von Dietrich Eichholtz, Deutsche Ölpolitik im Zeitalter der Weltkriege, Leipzig 2010, in: Zeitschrift für Geschichtswissenschaft, 59 (2011) 7/8, S. 680-681.
Anand Toprani, The First War for Oil: The Caucasus, German Strategy, and the Turning Point of the War on the Eastern Front, 1942, in: The Journal of Military History, 80 (2016) July, S. 815-854.
Florian Triebel/Jürgen Seidl, Ein Analyserahmen für das Fach Unternehmensgeschichte, in: Zeitschrift für Unternehmensgeschichte, 46 (2001) 1, S. 11-26.
Hans Udluft, Geschichtlicher Überblick über die Gründung, Entwicklung und Auflösung der Preußischen Geologischen Landesanstalt, in: ders. u. a., Die Preußische Geologische Landesanstalt 1873-1939, Hannover 1968 (Beihefte zum Geologischen Jahrbuch, Heft 78), S. 8-34.
Gerd R. Ueberschär, Hitlers Entschluß zum »Lebensraum«-Krieg im Osten. Programmatisches Ziel oder militärstrategisches Kalkül?, in: ders./Wolfram Wette (Hg.), Der

deutsche Überfall auf die Sowjetunion. »Unternehmen Barbarossa« 1941, Frankfurt a. M. 2011 (2. Auflage, überarb. Neuausgabe, zuerst Paderborn 1984), S. 13-43.
Matthias Uhl u. a. (Hg.), Die Organisation des Terrors. Der Dienstkalender Heinrich Himmlers 1943-1945, München 2020.
Christiane Uhlig u. a., Tarnung, Transfer, Transit. Die Schweiz als Drehscheibe verdeckter deutscher Operationen (1938-1952), Zürich 2001.
Lembit Uibopuu, Deutsches Kapital in der estnischen Ölschieferindustrie (1922-1940) und die estnische Ölschieferindustrie während der deutschen Besatzung (1941-1944) [Saksa kapital Eesti põlevkivitööstuses (1922-1940) ja Eesti põlevkivitööstus Saksa okupatsiooni ajal (1941-1944)] (https://web.archive.org/web/20141026145106/http://www.ene.ttu.ee/maeinstituut/seminar/saksakapitaleestis.htm).
Hans-Peter Ullmann, Kriegswirtschaft, in: Gerhard Hirschfeld/Gerd Krumeich/Irina Renz (Hg.), Enzyklopädie Erster Weltkrieg, Paderborn 2003, S. 220-232.
Underground and Dispersal Plants in Greater Germany, Report der Oil Division vom 21. 8. 1945 für USSBS (https://aul.primo.exlibrisgroup.com/discovery/delivery/01AUL_INST:AUL/995582613406836).
The United States Strategic Bombing Survey, Oil Division, Final Report vom 25. August 1945.
Riho Västrik/Meelis Maripuu, Vaivara Concentration Camp in 1943-1944, in: Toomas Hiio/Meelis Maripuu/Indrek Paavle (Bearb.), Estonia 1940-1945. Reports of the Estonian International Commission for the Investigation of Crimes Against Humanity, hg. von der Estonian International Commission for the Investigation of Crimes Against Humanity, Tallinn 2006, S. 719-738.
Günter Valentin, Die Gründung der Braunkohle-Benzin AG (Brabag) und die Förderung ihrer Entwicklung – staatsmonopolistische Maßnahmen der deutschen Finanzoligarchie zur Vorbereitung und Durchführung des zweiten Weltkrieges, Diss. Universität Halle-Wittenberg 1963.
Stefanie van de Kerkhof, Public-Private Partnership im Ersten Weltkrieg? Kriegsgesellschaften in der schwerindustriellen Kriegswirtschaft des Deutschen Reiches, in: Hartmut Berghoff/Jürgen Kocka/Dieter Ziegler (Hg.), Wirtschaft im Zeitalter der Extreme. Beiträge zur Unternehmensgeschichte Österreichs und Deutschlands. Im Gedenken an Gerald D. Feldman, München 2010, S. 106-133.
Dirk van Laak, Alles im Fluss. Die Lebensadern unserer Gesellschaft – Geschichte und Zukunft der Infrastruktur, Frankfurt a. M. 2018.
Clemens von Velsen, Heinrich Wisselmann zum Gedächtnis, in: Glückauf, 104 (1968) 11, S. 478-479.
Vermischtes, in: Pumpen- und Brunnenbau, Bohrtechnik, 35 (1939) 24 vom 24. 11. 1939, S. 759.
Vermischtes, in: Pumpen- und Brunnenbau, Bohrtechnik, 37 (1941) 17 vom 15. 8. 1941, S. 567.
Vermischtes, in: Pumpen- und Brunnenbau, Bohrtechnik, 37 (1941) 21 vom 10. 10. 1941, S. 693.

Vermischtes, in: Pumpen- und Brunnenbau, Bohrtechnik, 38 (1942) 19 vom 18.9.1942, S. 347.
Verordnung über die Berechtigung zur Aufsuchung und Gewinnung von Erdöl und anderen Bodenschätzen (Erdölverordnung) vom 13. Dezember 1934, in: Preußische Gesetzessammlung, Nr. 48 vom 22.12.1934, S. 463-464.
Verordnung über die Errichtung einer Reichsstelle für Bodenforschung, in: Reichsgesetzblatt 1939 I, Nr. 48 vom 17.3.1939, S. 490-491.
Verordnung zur Ausführung des Gesetzes über die Durchforschung des Reichsgebiets nach nutzbaren Lagerstätten (Lagerstättengesetz) vom 14. Dezember 1934, in: RGBl. I, 1934, Nr. 136 vom 22.12.1934, S. 1261-1262.
Reinhard Vogelsang, Der Freundeskreis Himmler, Göttingen 1972.
Hans-Erich Volkmann, Die NS-Wirtschaft in Vorbereitung des Krieges, in: Wilhelm Deist/Manfred Messerschmidt/Hans-Erich Volkmann/Wolfram Wette, Ursachen und Voraussetzungen des Zweiten Weltkrieges, Frankfurt a. M. 1989 (zuerst Stuttgart 1979), S. 211-435.
Hans-Erich Volkmann, Ökonomie und Machtpolitik. Lettland und Estland im politisch-ökonomischen Kalkül des Dritten Reiches (1933-1940), in: Geschichte und Gesellschaft, 2 (1976) 4, S. 471-500.
Hans-Erich Volkmann, Die Sowjetunion im ökonomischen Kalkül des Dritten Reiches 1933-1941, in: ders., Ökonomie und Expansion. Grundzüge der NS-Wirtschaftspolitik, München 2003, S. 303-322.
Klaus Volland, Das Dritte Reich und Mexiko. Studien zur Entwicklung des deutsch-mexikanischen Verhältnisses 1933-1942 unter besonderer Berücksichtigung der Ölpolitik, Frankfurt a. M./Bern 1976.
Otfried Wagenbreth, Geschichte der Geologie in Deutschland, Stuttgart 1999.
Jens-Christian Wagner, Produktion des Todes. Das KZ Mittelbau-Dora, Göttingen 2015 (grundl. überarb., erw. Ausgabe, zuerst 2001).
M. Waller, Rumäniens Erdölindustrie im Aufbau, in: Oel und Kohle, 18 (1942) 20 vom 22.5.1942, S. 582-585.
René Walther, Pechelbronn. A la Source du Pétrole (1735-1970), Strasbourg 2007.
Armin Wankmüller, Krauch, Carl, in: Neue deutsche Biographie, Bd. 12, Berlin 1980, S. 679-681.
Eckhardt Wanner, Aufstieg und Fall des Ivar Kreuger, in: Die Bank, 11/2009, S. 54f..
Claudia Weber, Der Pakt. Stalin, Hitler und die Geschichte einer mörderischen Allianz 1939-1941, München 2019.
Florian Weber, Warum hat sich in Deutschland kein integrierter nationaler Mineralölkonzern herausgebildet?, Hamburg 2004.
Bernd Wegner, Der Krieg gegen die Sowjetunion 1942/43, in: Horst Boog/Werner Rahn/Reinhard Stumpf/Bernd Wegner, Die Welt im Krieg 1941-1943, Bd. II: Von El Alamein bis Stalingrad, Frankfurt a. M. 1992 (durchges. Ausgabe, zuerst Stuttgart 1990), S. 877-1255.

Hans-Ulrich Wehler, Deutsche Gesellschaftsgeschichte. Bd. 4: Vom Beginn des Ersten Weltkriegs bis zur Gründung der beiden deutschen Staaten, München 2003.
Andreas Weigelt, Fallgruppenübersicht und Erschließungsregister – Leitfaden für die biographische Dokumentation, in: ders./Klaus-Dieter Müller/Thomas Schaarschmidt/Mike Schmeitzner (Hg.), Todesurteile sowjetischer Militärtribunale gegen Deutsche (1944-1947). Eine historisch-biographische Studie, Göttingen 2015, S. 159-416.
Gerhard L. Weinberg, Eine Welt in Waffen. Die globale Geschichte des Zweiten Weltkriegs, Stuttgart 1995.
Klaus Weinhauer, Handelskrise und Rüstungsboom. Die Wirtschaft, in: Hamburg im »Dritten Reich«, hg. von der Forschungsstelle für Zeitgeschichte in Hamburg, Göttingen 2005, S. 191-224.
Anton Weiss-Wendt, Murder Without Hatred. Estonians and the Holocaust, Syracuse/New York 2009.
Weltmacht Öl. Vom Überfluß zur Mangelware: Kampf um Energie, Teil 1, in: Der Spiegel, Nr. 50 vom 10. 12. 1973, S. 76-86.
Weltmacht Öl. Vom Überfluß zur Mangelware: Kampf um Energie, Teil 3, in: Der Spiegel, Nr. 52 vom 24. 12. 1973, S. 72-81.
Wer leitet? Die Männer der Wirtschaft und der einschlägigen Verwaltung, Bd. 1 (1940), Berlin 1940 und Bd. 2 (1941/42), Berlin 1942.
Oliver Werner, Niedersächsisches Öl in der nationalsozialistischen Kriegswirtschaft, in: Neues Archiv für Niedersachsen, 1/2020, S. 47-54.
Josef Werpup, Ziele und Praxis der deutschen Kriegswirtschaft in der Sowjetunion, 1941 bis 1944, dargestellt an einzelnen Industriezweigen, Diss. phil. Universität Bremen 1992.
Ben Wheatley, British Intelligence and Hitler's Empire in the Soviet Union, 1941-1945, London/New York 2017.
Susanne Willems, Der entsiedelte Jude. Albert Speers Wohnungsmarktpolitik für den Berliner Hauptstadtbau, Berlin 2002.
Paul Windolf/Christian Marx, Die braune Wirtschaftselite. Unternehmer und Manager in der NSDAP, Frankfurt a. M. 2022.
Paul Windolf/Christian Marx, Unternehmer und Manager in der NSDAP: Erläuterungen zu einem Datensatz, in: Vierteljahresschrift für Sozial- und Wirtschaftsgeschichte, 110 (2023) 2, S. 205-216.
Deutscher Wirtschaftsführer, Leipzig/Berlin/Hamburg 1929.
Die deutsche Wirtschaftspolitik in den besetzten sowjetischen Gebieten 1941-1943. Der Abschlußbericht des Wirtschaftsstabes Ost und Aufzeichnungen eines Angehörigen des Wirtschaftskommandos Kiew, hg. von Rolf-Dieter Müller, Boppard a. Rh. 1991.
Clemens Wischermann, Von der »Natur« zur »Kultur«. Die neue Institutionenökonomik in der geschichts- und kulturwissenschaftlichen Erweiterung, in: Carl-

Peter Ellerbrock/Clemens Wischermann (Hg.), Die Wirtschaftsgeschichte vor der Herausforderung durch die New Institutional Economics, Dortmund 2004, S. 17-30.

Robert Wistrich, Wer war wer im Dritten Reich? Ein biographisches Lexikon, Frankfurt a. M. 1987.

Harald Wixforth, A Man for All Seasons Revisited? Anmerkungen zu Hermann Josef Abs und seiner Rolle während und nach der NS-Zeit, in: Jörg Osterloh/Harald Wixforth (Hg.), Unternehmer und NS-Verbrechen. Wirtschaftseliten im »Dritten Reich« und in der Bundesrepublik Deutschland, Frankfurt a. M./New York 2014, S. 299-327.

Harald Wixforth, Die Ausbeutung von Ressourcen im Zeichen der Kriegswirtschaft: die Kontinentale Öl AG, in: Johannes Bähr, Die Dresdner Bank in der Wirtschaft des Dritten Reichs, München 2006, S. 360-370.

Harald Wixforth, Die Ausweitung des Flick-Konzerns in die Ukraine und das Baltikum, in: Johannes Bähr u. a., Der Flick-Konzern im Dritten Reich, München 2008, S. 415-438.

Harald Wixforth, Banken und Lobbyismus in der Weimarer Republik und der NS-Diktatur, in: Bankenlobbyismus. 26. Symposium am 4. Juni 2003 im Hause der Landesbank Hessen-Thüringen, Frankfurt a. M., hg. vom Institut für bankhistorische Forschung e. V., Stuttgart 2004, S. 31-56.

Harald Wixforth, Ein Bankier während und nach dem Holocaust. Die wechselvolle Karriere des Hugo Ratzmann, in: Jörg Osterloh/Harald Wixforth (Hg.), Unternehmer und NS-Verbrechen. Wirtschaftseliten im »Dritten Reich« und in der Bundesrepublik Deutschland, Frankfurt a. M./New York 2014, S. 269-297.

Harald Wixforth, Die Expansion der Dresdner Bank in Europa, München 2006.

Harald Wixforth, Die Gründung und Finanzierung von Kriegsgesellschaften während des Ersten Weltkriegs, in: Hartmut Berghoff/Jürgen Kocka/Dieter Ziegler (Hg.), Wirtschaft im Zeitalter der Extreme. Beiträge zur Unternehmensgeschichte Österreichs und Deutschlands. Im Gedenken an Gerald D. Feldman, München 2010, S. 81-105.

Harald Wixforth, Handlungsspielräume in der Befehlswirtschaft – Die Hüttenwerke in der Ukraine unter deutscher Besatzung, in: Jahrbuch für Wirtschaftsgeschichte, 60 (2019), S. 497-532.

Harald Wixforth/Dieter Ziegler, Die Expansion der Reichswerke »Hermann Göring« in Europa, in: Jahrbuch für Wirtschaftsgeschichte, (2008) 1, S. 257-278.

Gerhard Wöbbeking, Unilever in Deutschland. Von den Anfängen bis zum Jahr 2000, Hamburg 2019.

Ben Wubs, International Business and National War Interests. Unilever between Reich and Empire, 1939-45, London/New York 2008.

Gerd Wysocki, Arbeit für den Krieg. Herrschaftsmechanismen in der Rüstungsindustrie des »Dritten Reiches«. Arbeitseinsatz, Sozialpolitik und staatspolizeiliche Repression bei den Reichswerken »Hermann Göring« im Salzgitter-Gebiet 1937/38 bis 1945, Brauschweig 1992.

Daniel Yergin, Der Preis. Die Jagd nach Öl, Geld und Macht, Frankfurt a. M. 1991.
Manfred Zeidler, Das »kaukasische Experiment«. Gab es eine Weisung Hitlers zur deutschen Besatzungspolitik im Kaukasus?, in: Vierteljahrshefte für Zeitgeschichte, 53 (2005) 3, S. 475-500.
Andreas Zekorn, Das Unternehmen »Wüste«, in: Frieder Birzele (Hg.), Verblendung, Mord und Widerstand. Aspekte nationalsozialistischer Unrechtsherrschaft im Gebiet des heutigen Zollernalbkreises von 1933-1945, Hechingen 1995, S. 55-70.
Andreas Zellhuber, »Unsere Verwaltung treibt einer Katastrophe zu …«. Das Reichsministerium für die besetzten Ostgebiete und die deutsche Besatzungsherrschaft in der Sowjetunion 1941-1945, München 2006.
Hans-Jürgen Zetzsche, Logistik und Operationen: Die Mineralölversorgung der Kriegsmarine im Zweiten Weltkrieg, Diss. Universität Kiel 1986.
Dieter Ziegler, »A Regulated Market Economy«: New Perspectives on the Nature of the Economic Order in the Third Reich, 1933-1939, in: Hartmut Berghoff/Jürgen Kocka/Dieter Ziegler (Hg.), Business in the Age of Extremes: Essays in Modern German and Austrian Economic History (= Publications of the German Historical Institute), Cambridge 2013, S. 139-152.
Dieter Ziegler, Die wirtschaftsbürgerliche Elite im 20. Jahrhundert: eine Bilanz, in: ders. (Hg.), Großbürger und Unternehmer. Die deutsche Wirtschaftselite im 20. Jahrhundert, Göttingen 2000, S. 7-29.
Dieter Ziegler, Kontinuität und Diskontinuität der deutschen Wirtschaftselite 1900 bis 1938, in: ders. (Hg.), Großbürger und Unternehmer. Die deutsche Wirtschaftselite im 20. Jahrhundert, Göttingen 2000, S. 31-53.

Verzeichnis der Karten und Grafiken

1. Grafik zu den Tochtergesellschaften 181
© Schwabscantechnik, Göttingen
Basiert auf »Konzernplan der Kontinentalen Öl AG Berlin«
Quelle: BAB, R 3101, Nr. 33191, Bl. 71

2. Karte der Hauptarbeitsgebiete in Europa 213
© Peter Palm, Berlin

3. Erdöl- und Erdgasvorkommen sowie Mineralölraffinerien in Galizien 219
Quelle: BA-MA, RW 46, Nr. 741

4. Rohölförderung und Bohrtätigkeit in Rumänien 1942 263
Quelle: BGR, Nr. 0048549

5. Standortkarte der Baltischen Öl GmbH in Estland 295
Quelle: BGR, Nr. 0063118

6. Erdölgebiet Maikop 369
Quelle: BA-MA, RW 46, Nr. 652

7. Schema der Erstorganisation des Kaukasuseinsatzes im Rahmen der TBM 407
Quelle: BGR, Nr. 0058277

8. Schema der Neuorganisation der TBM ab Dezember 1942 415
Quelle: BGR, Nr. 0058277

9. Erdöl Kaukasus und Vorderer Orient 437
Quelle: BGR, Nr. 0065936

Personenregister

Abs, Hermann Josef 71, 76, 78, 81-84, 88-90, 97, 101 f., 108 f., 114, 131, 137 f., 143, 185, 458, 460-464, 466, 479 f., 483
Abs, Josef 479
Achenbach, Ernst 193, 194
Adenauer, Konrad 480
Adenauer, Kurt 100
Albrecht, Erich 230
Albrecht, Karl 463
Alsleben, Georg 193, 469
Ambrosius, Gerold 122
André, Fritz 106
Angrick, Andrej *176*, *312*, *354*
Antonescu, Ion 255-257, 260, 269, *282*, 284
Antonescu, Mihai 79, 144, 257
Aumeier, Hans 313, 316

Backe, Herbert 79, 343
Baibakow, Nikolai 370 f.
Bartenstein, Helmut 66, 325, 375
Becht, Ernst 418
Beck, Ludwig 484, 492
Becker, Hubert 424, 426-428
Becker, Johannes (Hans) 242, 244, 277, 291, 456, 467
Beckmann (Prokurist) 291
Beiler, Walter 207, 280, 464, 466
Beitz, Berthold *175*, 226, 241 f.
Bentz, Alfred 33, 35-37, 41, 44, 46, 51, 56, 62 f., 66 f., 90 f., 94, 138, 147, 150 f., 153 f., 186, 196, 212, 239 f., 246 f., 358, 361, 376, 379 f., 382-384, 398, 406, 409, 411, 413, 418 f., 423, 429-432, 435, 448, 451, 468, 474 f., 480 f.
Berenberg-Gossler, Heinrich Freiherr von 513 f.
Bérenger, Henry 26
Berg, Carl von 96
Berger, Hugo 481
Berger, Hugo Fritz 138, 468, 474, 481 f.
Berghahn, Volker R. 20
Berghoff, Hartmut 24, *474*
Berija, Lavrentij 370
Bevin, Ernest *7*
Bernsdorff, Herbert 312
Bierkamp, Walther 239
Birnbaum, Walther 215 f., 230
Blessing, Karl 46, 59, 70 f., 72, 82 f., 87, 89 f., 94, 103, 106, 108, 110 f., 119, 121, *137*, 138 f., 142 f., *144*, 145, 148, *151*, 152-154, 158, 176, 178, 185, 187, 191, 196 f., 200 f., 204, 207 f., 225, 229, 242 f., 257, 259 f., 275-277, 291, 304, 306 f., 321, *324*, 328, 332, 334, 357, 454-458, 460-463, 477, 479, 482 f., 487
Blomberg, Axel von 442
Blomberg, Werner von 40, 288
Bode, Ludwig 204, 332
Bodenschatz, Karl 411
Boening, Hans 308
Boetticher, Friedrich von 439
Bogner, Josef 469, 470
Bommel, Gerhard 333
Bonusiak, Włodzimierz 222
Bordeni, Nicolae Constantin 266
Borggreven, August 420
Borgstädt, Wilhelm 195
Bosch, Carl 485, 506
Bottomore, Thomas B. 133, 135
Bourdieu, Pierre *134*
Bräutigam, Otto 354
Brand, Erich 66
Brauchitsch, Walther von 446
Brochhaus, Hans 37, 54, 60, 75, 81 f., 87-91, 93, 118 f., *137*, 138, 161 f., 171, 182, 187, 196 f., 200 f., 204, 225, 229, 242, 269, 277 f., 291, 432, 454, 466, 477, 483 f.
Brockamp, Bernhard 54, 171
Brooke, Alan 438
Brückner (Baurat) 146
Buchheim, Christoph 20-23
Buck, Eberhard 67
Budraß, Lutz 141 f.
Bülow, Axel von 182
Bütefisch, Heinrich 46, 87 f., 90 f., 115, 138, 182, 468, 484 f.
Burggraf, August *186 f.*, 229, 424
Bullitt, William C. 363
Busch, Alfred 106, 114
Busse, Arthur 99

Cadogan, Alexander 283
Canaris, Wilhelm 387, 441
Chamberlain, Neville 366
Churchill, Winston 25, 365
Christmann, Kurt 390
Ciano, Galeazzo 340
Clodius, Carl 50, 58, 255, 434, 449
Conzen, Heinrich 203
Curzon, George 26

Daladier, Édouard 363
Damm, Paul 90 f., 138, 468, 486
Darlan, François 363
Darré, Walther 504
Davis, William Rhodes 289, 488
Dehn, Herbert von 291
Deicher, Oskar 41
Demmel, Max 426
Dereser, Karl 286
Dessau, Joachim 464
Deumer, Robert 128
Diebow, N. (Leiter der Chefgruppe Wirtschaft im RKO) 197
Dietrich, Wilhelm 328
Dihlmann, Carl 486
Dihlmann, Walther 86, 89 f., 97, *115*, 119 f., 178, 187, 190 f., 202-204, 207, 244, 277, *324*, 454, 456, 464, 477, 486 f.
Dimanoff, Dobri 202
Dimitriuc, Basile 256
Diner, Dan 11
Dörr, Richard Eugen 460
Dohen, Benno 470
Donges, Alexander 131
Dorn, Alexander *115*, 455 f., 462
Dorn, Friedrich *115*
Dornier, Claude 142
Draeger, Fritz 204, 207
Draganoff, Boris Jankof 202
Drawe, Rudolf 287
Dumont, Karl 464
Durrieu, Alfred Theodor 195, 197, 201, 454, 464 f., 467

Ehrlinger, Erich 311
Eichengrün (Mieter) 146
Eichholtz, Dietrich 11, 115
Eichmann, Adolf 238
Eisenhower, Dwight D. 439
Eissler, Franz Josef 202
Emmerich, Walter *215*, 220, 225
Engel, Gerhard 374
Engel, Max 54
Erickson, Erik 515
Ent, Uzal G. 285
Erhard, Ludwig 457
Erker, Paul 142
Ernst, Friedrich 58, 60
Eschenburg, Theodor 483
Essad Bey 7
Ettel, Erwin 449

Fabian, Wilhelm 217
Feder, Gottfried *37*
Felmy, Hellmuth 441
Fetzer, Friedrich (Fritz) 87, 89-91, 116, 138, 187, 191, 200, 277, 288-291, 477, 487 f.
Figlmüller, Josef Karl 269
Fischböck, Hans 67, 82 f., 90, 138, 160, 458 f., 488 f.
Fischer, Hans 334
Fischer, Hugo 489
Fischer, Rudolf 33, 41, 60, 69 f., 78 f., 81 f., 84, 87, 89-91, 96-99, 115 f., 121, 124, 137-139, 144, 147 f., 162, 182, 187, 191, 193 f., 196 f., 200 f., 204-207, 212, 224 f., 229, 242, 257, 269 f., 277 f., 289-292, 296, 299, 302, 311, 321 f., 348, 357 f., 361, 379, 382 f., 406, 411, 413, 416, 418, 434, 443, 448, 454, 456, 460, 468, 474 f., 477, 485, 487, 489-491, 496, 508
Fisher, John 25
Flick, Friedrich 141
Fodor, Mihail M. 266
Foelkersam, Adrian von 372
Francke, Paul 432
Frank, Hans 220, 223, 227
Franke, Erich 217, 432
Frei, Norbert 18, 475
Friedensburg, Ferdinand *26*
Friedrich XLII. (Reuß' jüngere Linie) 499
Friese (SS-Sturmbannführer) 309
Frisk, Alexander 395
Fritsch, Werner von 493, 518
Frommeyer, Fritz 245
Frowein, Hans 288
Fuchs, Hans 464, 467
Funk, Walther 30, 41, 50, 58, 60, 82, 89-91, 98, 110 f., 116, 120, 131, 137, *144*, 159, 254, 258, 260, 275, 298, 322, 357, 406, 491 f., 498, 513

Gailani, Rashid Ali 441, 451
Gall, Lothar 479
Gamelin, Maurice 363 f.
Geilenberg, Edmund 119, 207 f., 302, 330-332
Geißler, Martin 242
Gerstenberg, Alfred 282, 285
Geyer, Gerhard 162
Geyer, Michael 15
Giesecke, Alexander 291
Gigurtu, Ion 255
Gisevius, Hans Bernd 484
Glöckner, Curt 217
Goebbels, Joseph 356, 493
Goedde, Otto 197
Goerdeler, Carl 483
Göring, Hermann 19, 33, 40 f., 44, 50, 52 f., 58, 63, 67, 70 f., 73, 76 f., 79-82, 84 f., 87, 89, 94,

113, 115, 124, 128 f., 131, 140-142, 158, 196, 220, 223, 237-239, 254-257, 265, 281, *282*, 298, 302, 304, 321 f., 324, 343-348, 350, 354, 359 f., 375, 377, 382-384, 405 f., 409, 411-414, 416 f., 419, 428-430, 432, 443, 445, 503 f., 518
Görnnert, Fritz 411
Goethe, Johann Wolfgang von 7
Goetz, Carl 84
Goltz, Rüdiger Graf von 90 f., 138 f., 468, 492 f., 511
Gramsch, Friedrich 73, 90 f., 120 f., 124, 138, 187, 202, 291, 413, 493 f.
Gramsch, Otto 203, 266 f., 277, 456
Grasshoff, Hans Ulrich 291
Gregor, Neil 22
Griebel, Gottfried 57, 120, 138, 308, 344, 379, 382, 417, 432, 464, 494 f.
Griebel, Hugo 217, 470
Grimm, Robert 162, 490, 496
Grobba, Fritz *320*, 435, 448-450
Groote, Arthur 148
Große, Karl 41, 57, 94, 173 f., 196, 217, 220, 224 f., 227-229, 235 f., 247, 249-251, 332 f., 424, 432, 477, 495 f., 516
Grothe, Hans 428
Grotowsky, Max 517
Grüner, Stefan *489*
Günkel, Karl 468
Gunther, Albert Everard 116, 403, 414, 426, 433, 477

Hachmann (Mineralölvertrieb Serbien AG) 203
Hachtmann, Rüdiger 16 f., *123*
Hafemann (Mineralölkommando Nord) 290, 402
Halder, Franz 336, 340, 445, 447
Halder, Karl-Eugen 188, 200, 456
Halfmann, Ernst 195, 197, 201
Hallgarten, George W. F. 116
Hammer, von (Hauptmann, TBM) 397, 410, 413, 421
Hankey. Maurice (1. Baron Hankey) 264, 283
Hanneken, Hermann von 79, 137
Hansen, Erik 281 f.
Harnack, Arvid *338*
Haupt, Ludwig 162, 188, 191-194, 200, 456, 465, 474, 490, 496 f., 502
Haver, Kurt 60, 138, 160, 468, 497
Hayes, Peter 21-23, 116, 141
Hayler, Franz 90, 91, 119, 138 f., 160, 463, 468, 497 f.
Hayward, Joel 342, 362
Heemskerck, Hans-Eduard von 89 f., 138, 160, 498 f.
Heidt, Hermann 197
Heinkel, Ernst 142
Heinrich XXXVIII. 499
Helfferich, Emil 60
Helfferich, Karl 491
Hellwig, Franz 202
Hemmen, Hans-Richard 243
Herbert, Ulrich 30, 241
Herbst, Ludolf 15, *21*
Herdt, Hermann 195 f.
Hermann, Otto Wilhelm 195
Herr, Traugott 373
Herriger, Alfred 178, 207, 456
Hettlage, Karl Maria 112, 145, *151*
Heydrich, Reinhard 59, 165, 265, 483
Hildebrand, Friedrich 242
Hilgenfeldt (Inspekteur des Werkschutzes) 314
Himmler, Heinrich 34, 138, 164, 173, 176, 238-240, 249, 313, 423, 458, 506
Hitler, Adolf 7, 10, 14, 27, 31, 40, 48, 112, 126, 128 f., 220, 255, 281, 286, 297 f., 301, 312, 316, 319, 336-343, 345, 352, 354 f., 360-363, 374 f., 385, 396, 419, 434, 436, 442-444, 449, 451, 472, 480, 491, 498, 503 f., 507, 513-515
Hock, Heinrich 428
Hövermann, Georg 289 f.
Hochberg, Hans Heinrich XVI. Reichsgraf von 499
Hoffmann, Fritz 486
Hoffmann, Joachim 352
Hoffmann, Karl 88
Hohenlohe-Langenburg, Konstantin zu 291
Holz (Mineralölvertrieb Serbien AG) 203
Homburg, Erich 246, 388, 405, 41 f., 500 f.
Hull, Cordell 92
Huntziger, Charles 320

Ickes, Harold D. 9
Ilgner, Max 98
Illgner, Hans 98
Imfeld, Anna 502
Imfeld, Ernst 162, 490, 496 f., 502

Jacobsohn, Hans 193, 468-470
Jäger, Willi 95, 180, 443, 456
Jantzen, Julius 182
Jeckeln, Friedrich 312
Jenetzky, Friedrich-Wilhelm 310
Jennessen, Heinrich 173, 249
Jochmann, Helmut 146
Jodl, Alfred 341, 375
John, Jury 197
Jünger, Ernst 379, 390
Junkers, Hugo 142

Kadgien, Arthur 501
Kadgien, Friedrich 71, 73, 83, 85, 90, f., 97, 116, 121, 138, 143, *144*, 148, 162, 182, 187, 191, 193, 196 f., 223, 225, 277, 291, 413, 474, 490, 494, 496 f., 501 f.
Kállay, Miklós 50
Kallenheim, Albert 195, 454, 456, 464-466
Kaltenbrunner, Ernst 239
Kampf, Otto 203
Karlsch, Rainer 12, 235, 476
Karol II. 255
Karoli, Richard 266 f., 460, 462
Kasper, Hanns-Heinz 12
Katzmann, Fritz 238
Kauenhowen, Walter 68, 232, 427
Kauert, Herbert 90, 138, 160, 502
Kaufmann, Erich 324
Kehrl, Hans 42, 113, 140 f., 142, 208, 458-461, 476
Keitel, Wilhelm 258, 282, 312, 341, 354, 374, 518
Kelm, Walter 197
Kemper, Heinz 99
Keppler, Wilhelm 34, 40 f., 44, 64, 67, 74, 78, 82, 89-91, 112 f., 124, 128 f., 137-139, 160, 171, 220, 244, 246, 256, 258, 265, 358, 435, 472, 475, 502-505, 513
Kershaw, Ian *15*, 17
Kiessling (Major) 392
Kimmich, Karl 212
Kirdorf, Emil 502
Klagges, Dietrich 129, 428
Klaß, Eckhardt von 54, 60 f., 81, 203, 323, 328
Klau, Friedrich 286
Kleist, Ewald von 340
Klewitz, Otto 464
Klink, Hermann *54*
Knoll, Erich 468
Kockel, Titus 12, 414
Könecke, Heinz 176
Koeppel, Wilhelm 89
Körner, Paul 73, 79, 129, 344, 360 f., 383, 400, 494, 504-506
Köster, Arnold 460
Köstring, Ernst-August 354
Kohl (SS-Obersturmführer) 410
Kohn, Matthäus 195
Kolpak (General) 173, 248
Koop, Hans 168, 169
Koppenberg, Heinrich 140-142
Kopper, Christopher 483
Koselleck, Reinhard 25
Krämer, Friedrich 193, 469 f.
Kraft, Fritz 468
Kranefuß, Carl 505
Kranefuß, Fritz 87 f., 90 f., 127, 137-139, 142, *144*, 475, 505 f., 512
Krauch, Carl 40, 41, 48, 63, 90 f., 115, 119, 121, 137-142, 146, 200, 232, 234, 239 f., 243, 245, 296, 312, 321, 323, 330, 342, 358, 413, 422 f., 429, 432, *447*, 451, 474 f., 485, 506 f.
Krejci-Graf, Karl 66, *254*, 272, 277, 280, 432, 443
Kreß von Kressenstein, Ferdinand Freiherr 27
Kreuger, Ivar 71, 72
Kritzinger, Friedrich Wilhelm 509
Kroeger, Erhard 176
Krug, Johannes 200
Kuessner, Karl 309
Kuhi, Emil 319
Kuhn, Herbert 266 f.
Kuhne, Erich 89
Kundrus, Birthe 15
Kursell, Claus von 196 f., 291, 312, 456, 507 f.

Laad, Hans 374, 402, 408-410, 413
Laak, Dirk van 123
Lahousen, Erwin 397
Lammers, Hans Heinrich 354
Landfried, Friedrich 59
Lange, Eberhard 371 f.
Lange, Kurt 129
Langwieler, Wilhelm 457, 464
Lauenstein, Johann-Dieter 280, 464
Lauterbacher, Hartmann 428-430
Léger, Alexis 363
Leese, Ernst 464
Lehideux, François 321
Lindemann, Karl 59, 458, 460, 462
Lindenberg, Heinrich 214
List, Wilhelm 341
Litzmann, Karl-Siegmund 308
Löb, Fritz 503
Löbbecke, Wolf von 408
Lohse, Hinrich 302
Loßberg, Bernhard von 281
Ludendorff, Erich 28, 493
Lübke, Heinrich 485
Lüdtke, Alf 134, 135, 472
Lütgendorff-Gyllenstrom, Erhard von 327 f.
Lüttwitz, Walther Freiherr von 492
Luther, Hans 491
Lutze, Viktor 505

Mackensen, Eberhard von 373
Maerten, Heinz 99
Maiwald, Knud 379
Maltzan, Andreas Graf von 499

Malz, Hermann 175, 217, 226, 229, 238
Manstein, Erich von 341
Marcks, Erich 281
Marder, Maximilian 432
Marinescu, Ion C. 144, 269
Marshall, George C. 439
Marx, Christian 139
Marx, Karl 133
Mason, Timothy W. 17
Mathy, Wilhelm 292, 314
Matin-Daftary, Ahmad 449
Matthias, Willi 204
Mayer, Alfred 319
Mayer-Gürr, Alfred 376 f.
Mehrmann, Wilhelm 469
Meilicke, Heinz 466
Meidinger, Karl 88, 96, 98 f.
Meinberg, Wilhelm 140
Merkulow, Wsewolod 370
Messerschmitt, Willy 142
Meyer, Emil 112 f., 140
Meyerlingh, Willem 269
Michaelis (Mieter) 146
Michel, Elmar 321, 325
Middendorf, Ernst 516
Middendorf, Stefanie *17*, 19
Middendorff, Kurt von 292
Midfai, Jamil 441 f.
Mills, Charles Wright 134
Minkus, Erich 239
Mintrop, Ludger 36
Mitchell, William 364
Model, Walter 318
Moeller, Hinrich 308
Mollin, Gerhard Th. 140
Molotow, Wjatscheslaw 365, 436, 438, 508
Moltke, Helmuth James von 501
Moltmann, Günter 14
Momm, Theodor 460
Mommsen, Hans *15*, 18
Moos von Seiller (Unternehmer) 192 f.
Mosca, Gaetano 133
Moschner, Reinhard 195
Mossner (Mieter) 146
Mühlmann, Arno 203
Müller, Rolf-Dieter 335
Münch, Hermann 464
Münkler, Herfried 15
Mufti von Jerusalem (Mohammed Amin al-Husseini) 441
Mundt, Friedrich 291
Munkes, Ferdinand 195
Mussolini, Benito 7

Najda, Julian 169
Nasse, Arthur 129
Naundorf, Hans 99, 469 f.
Nebelung, Dietrich 470
Neubacher, Hermann 51, 74, 118, 144, 205, 255 f., *258*, 261, 267, 354
Neubaur, Otto 459
Neumann, Erich 59, 61, 71-73, 76, 79, 81-86, 89-91, 93, 97-99, 120 f., 123 f., 138, 144, 160, 163, *257*, 258, 276, 321, 358, 360, 381, 420, 494, 508 f.
Neumann, Franz 15 f., 132, 134-136, 138-141, 176
Neumann, Friedrich Wilhelm 508
Nicolussi-Leck, Karl 489
Niedermayer, Oskar Ritter von 440
Nöllenburg, Rudolf 125
Norden, Albert 480
Nützenadel, Alexander 23

Oberländer, Theodor *355*
Ohlendorf, Otto 462
Oshima, Hiroshi 11, 338, 449
Osterhammel, Jürgen 15
Osterwind, Heinz 78, 191, 266, 269 f., 277, 456
Overy, Richard 471

Paatsch, Rudolf 86, 89 f., 160
Papen, Franz von 441, 447
Pareto, Vilfredo 133
Péron, Juan 502
Petraschek, Emil 67
Petri, Hermann 217, 229, 251
Petzina, Dietmar *41*, 126
Pfaff, Alfred 227
Pfannmüller, Helmut 429
Pfleiderer, Karl Georg 376 f.
Planckh, Philipp Rudolf 242
Pleiger, Paul 124, 129, 137, 140,-142, 345, 428, 521
Plumpe, Werner 20, 141
Poensgen, Ernst 141
Pohl, Manfred 515
Ponater (Major) 170
Porsche, Ferdinand 142
Posse, Hans 59
Potopeanu, Gheorghe 79, 144
Predöhl, Andreas 462
Priemel, Kim Christian 19
Prollius, Michael von 140

Raab, Hans Joachim 269, 277
Rabel-Werner (Mineralölvertrieb Serbien AG) 203
Rabus, Eduard 470

Rachner, Günther 308
Raeder, Erich 82, 488
Rafelsberger, Walter 459
Raky, Anton 42
Rasch, Otto 165, 169, 171, 175-178, 309, 327, 371, 473, 509-511
Rasche, Karl 81, 84, 90 f., 101, 106 f., 110-114, *119*, 128, 138, 142, 185, 291, 305 f., 459 f., 474, 511 f.
Rathenau, Walther 28
Ratzmann, Hugo 180, 182, 185, 187, 289
Raudsep, Otto 508
Rautenkranz, August von 218
Rautenkranz, Gustav von 218
Reemtsma, Philipp F. 101, 102, *152*, 187, 289 f., 460
Reinbothe, Hermann 302
Reinhardt, Fritz 481
Reinhart, Friedrich 112, 138, 161, 512 f.
Reitlinger, Gerald 511
Reuss, Karl-Ferdinand 291
Ribbentrop, Joachim von 11, 58, 214, 257, 260, 436, 438, 441, 444, 503, 508
Richthofen, Wolfram Freiherr von 362
Ricken, Wilhelm 521
Riesch, Erwin 154
Ritter, Albert 88, 466
Ritter, Karl 58
Roehnert, Hellmuth 129, 140
Rogalski, Georg 99
Rohdewald, August 81, 84, 89-91, 138, 458-460, 462, 463, 513 f.
Rohdewald, Hans 60
Rohland, Walter 140, 142
Rommel, Erwin 11, 445, 448
Rosenberg, Alfred 304, 319, 346, 348-350, 352-355
Rost van Tonningen, Meinoud 420
Rost van Tonningen, Wim 60. 272 f.
Rosterg, August 87, 90 f., 138, *144*, 160, 464, 511, 514 f.
Rosterg, Heinz 180, 362, 397, 406
Runge, Hans 427 f.
Rust, Bernhard 428

Said, Nuri 441
Sandberger, Martin 314
Sandkühler, Thomas 241
Sauckel, Fritz 308, 310, 419
Sauerbrey, Hermann 409, 424
Schacht, Hjalmar 40, 128, 254, 463, 482, 491 f.
Schaefer, Heinz 251
Schaffarczyk, Herbert 193, 468-470
Schah Pahlawi, Reza 444
Schamil (Scheich) 371
Schanetzky, Tim 19
Scheel, Klaus 287-290
Scheibe (Chefingenieur) 196
Scherner, Jonas 20 f., 23, *128*
Scherner, Julian 240
Scheubner-Richter, Max von 27
Schicht, Heinrich 59
Schickedanz, Arno 354
Schindler, Oskar 241
Schirner, Karl 38, 60, 75, 87, 90 f., 94, 119, 138, 224, 435, 468, 515 f.
Schiwy, Alfred 207, 331, 456
Schlicht, Günther 38, 39, 48, 95, 137, 150, 154, 180, 186, 259, 357-360, 368, 375-381, 383 f., 394, 398 f., 406, 409-413, 432, 477, 516 f.
Schlicht, Oskar 516
Schlieper, Gustaf 479
Schlotterer, Gustav 75
Schmid, Max H. 459 f.
Schmid-Lossberg, Heinz 148, 153 f.
Schmidt, Heinrich 214 f.
Schmidt, Ludwig 195-197, 201 f.
Schmitt, Max 203
Schnaus, Adalbert 188, 192, 465, 467-470, 487
Schoeller, Werner 89
Schön, Ewald 180, 291 f., 294, 297, 318, 456
Schönemann, Hans 217
Schöngarth, Karl Eberhard *240*
Schröder, Kurt Freiherr von 140
Schubert, Wilhelm 236 f.
Schulenburg, Friedrich-Werner Graf von der 365
Schulz, Wilhelm 426-428
Schulze-Brachmann, Arno 178, 191 f., 207, 244, 271, 328, 455 f., 464
Schumann, Robert 480
Schuster, Karl 203
Schwank, Alexander 464
Schwartzkoppen, Eduard von 89
Schwaß, Werner 215, 242, 456
Schwenke, Kurt 188, 195
Schwerin von Krosigk, Lutz Graf 481, 504
Scooler, Walter 467
Seidlitz, Wilfried von 64, 503
Seitz, Gustav 195-197, 201, 454, 456
Seldte, Franz 417, 421
Sennewald, Kurt 234, 296
Seyß-Inquart, Arthur 43, 489
Siche (ORR) 466
Sickle, Keith van 43
Siedersleben, Rudolf 71 f.
Sippel, Karl Ernst 78

Smyrnow (Geologe) 410
Solmssen, Georg Adolf 125
Speer, Albert 34, 42, 140, 142, 302, 316, 333, 342, 396, 418 f., 422, 489, 509, 518
Speidel, Hans 281
Spoerer, Mark 131
Sponheimer, Otto 318
Stahl, Rudolf 462
Stalin 214, 255, 365, 370, 434, 436
Stamme, Ernst 242
Stapf, Otto 319, 400, 405 f.
Steinbrinck, Otto 141, 460
Stimson, Henry L. 439
Stinnes, Hugo Hermann 187, 193 f., 264, 460
Stokes, Raymond G. 12
Stollé, Robert 506
Streb, Jochen *20*, 131
Sudoplatow, Pawel 370

Tengelmann, Paul 201
Tengelmann, Wilhelm 140
Ternedden, Wilhelm 319
Thier, Theobald 226
Thomas, Georg 40, 79, 91, 120, 138, 161, 163, 246, 257, 336, f., 341, 343, 377, 382, 398, 405, 408, 412 f., 416, 419, 495, 500, 517 f.
Thümen, Karl-Heinrich von 150, 180, 182, 186 f., 410, 456
Tippelskirch, Kurt von 281
Todt, Fritz 140
Toepfer, Alfred C. 460
Tooze, Adam 21
Toprani, Anand 8
Tschiang Kaischek 11
Türck, Christian 169
Twining, Nathan 285

Udet, Ernst 289
Uhlenküken, Heinrich 99
Uhlig, Christiane 116
Ulrich, Franz Heinrich 89, 97, 193, 468 f.
Unruh, Walter von 418 f.

Velsen, Clemens von 88
Venter, Kurt 146
Versé, Julius 64
Vidussoni, Aldo 451
Vits, Ernst Hellmut 459 f.
Vornefeld, Heribert 179
Voß, Wilhelm 129, 459
Voßhagen, Herbert 166-168, 177

Wächtler, Fritz 333
Waetjen, Eduard 483 f.
Wagner, Eduard 318, 354
Wagner, Friedrich 464
Wallenberg, Marcus 71
Wallner, Josef 178, 333
Wangler, Jules 99
Warth, Paul von der 203, *272*, 277, 332 f., 456
Wavell, Archibald 364
Weber, Max 15
Wehler, Hans-Ulrich *26*
Wehling, Franz 90 f., 138, 518 f.
Weigelt, Kurt 75, 435
Weise, Paul 469
Weizsäcker, Ernst von 441
Welly, Theodor 203
Weltzien, Hans 84, 90 f., 96, 98 f., 107, 109, 138, 161, 519 f.
Wenkel, Kurd 460
Werle, Wilhelm 316
Werlin, Jakob 140, 142
Werner, Gustav 468
Werner, William 142
Westarp, Rudolf Graf 100
Westrick, Ludger 458-460
Will, Erich 78, 86, 89, 90, 182, 212, 214 f., 222, 225, 344, 380, 402, 405 f., 414
Windolf, Paul 139
Winkler, Karl 180, 207, 291, 294, 297, 456
Wisselmann, Heinrich 87, 90 f., 138, 225, 464, 469, 520 f.
Wixforth, Harald 113, 475
Woermann, Emil 462
Woermann, Ernst 449
Wohlthat, Helmut 128, 254, 261, 264
Wolf, Klaus 251
Wolff, Karl 237
Wolzt, Leonhard 460
Wossagk, Heinz 314
Wulff, Arend 188

Yergin, Daniel 25

Zapf, Wolfgang 134
Zentgraf, Wilhelm 88, 217, 225
Ziegler, Dieter 139

Unternehmensregister

AG der Kohlenwertstoffverbände 60, 101, 105, 138, 497
AGIP Deutschland AG 488
Aktiengesellschaft für Industrielle Chemie, Zürich 491
Aktiengesellschaft für Kraftstoffanlagen, Dresden 468, 486
Aktiengesellschaft Sächsische Werke Dresden 127, 486
Albanien Öl GmbH *195*, 204-207, 453 f., 466, 487
Alfred Wirth & Co. KG 149
Allgemeine Elektricitäts-Gesellschaft AG (AEG) 513, 515, 520
Allgemeine Mineralöl-Industrie AG 331
Allgemeine Oelhandelsgesellschaft mbH 59
Allgemeine Rohrleitung AG 149
Allianz Versicherungs-AG 468, 493, 513, 520
Alpine Montangesellschaft *327*
Amerikanisch-Jugoslawische Petroleum-Gesellschaft 52
Ammoniakwerk Merseburg-Leuna GmbH 45 f., 292, 485, 506
Anglo-American Oil Company 9
Anglo-Iranian Oil Company 60, 70, 445, 448
Anglo-Persian Oil Company 9, 32, 52, 124, 434, 436
Anglo-Saxon Petroleum Ltd. 52
Anhaltinische Kohlenwerke 127
Anhaltinische Salzwerke GmbH 495
Apollo-Raffinerie 45
Aquila (Raffinerie) 157, 280, 329
Arado Flugzeugwerke GmbH 506
Astra Romana S. A. *54*, 59-61, 77, 90, 158, 262, 266-268, 272-274
Atlas-Handelsgesellschaft für Kraftfahrzeuge, Berlin 500
Atlas-Werke, Bremen 491
Auto-Union AG 142
Azienda Generale Italiana Petroli (AGIP) 61, 206, 328 f., 453
Azienda Italiana Petroli Albania 205

Badische Anilin- und Sodafabrik AG (BASF) 29, 485, 506
Baltische Öl GmbH 13, 105, 109 f., 143, 159, 162, 172, 177, *180*, 286, 290-294, 296-319, 344, 402, 454 f., 466 f., 494, 508
Banca Comerciala Romana 76, 280
Banca Romaneasca 280
Bank der Deutschen Arbeit 109, 306
Bank für Handel und Industrie AG 100, 469
Bank für Internationalen Zahlungsausgleich, Basel 482
Bank of China, Shanghai 513
Bankhaus Ephraim Meyer & Sohn, Hannover 505
Bankhaus G. Scheel und Co., Tallinn 287-289
Bankhaus Johann Berenberg, Gossler & Co., Hamburg 513
Bankhaus Louis David, Bonn 479
Bankhaus Mendelssohn, Berlin 287, 288
Bankhaus Rhodius Koenigs, Amsterdam 479
Banque d'Anvers 74
Banque de Paris et des Pays-Bas 75, 77
Barmer Bankverein 511
Bataafsche Petroleum Maatschappij N. V. 43, 53, *54*, 58-61, 203 f., 266, 277, 322, 328, *420*
Bayer AG 29
Bayerische Staatsbank 107
Bayerische Vereinsbank 107
Belgian Shell Company *54*
Benzol-Verband GmbH, Bochum 138, 217, 497
Berg- und Hüttenwerksgesellschaft Ost mbH (BHO) 344 f., 504
Bergbau AG, Salzgitter 127, 245
Bergin-Gruppe, Essen/Beckum *215*
Berliner Börse 112, 491, 512, 520
Berliner Handels-Gesellschaft 72, 77, 86, 88-90, 96-98, 100 f., 105, 107, 109 f., 138, 306, 519 f.
Berliner Kraft und Licht AG 515
Berlinische Lebensversicherungs-Gesellschaft AG 498
Beskiden-Erdöl-Gewinnungs-GmbH *175*, 212, 217, *226*, 234, 344, 402, 405
Beskiden-Erdöl-Verarbeitungs-GmbH 212, 217, 242, 344
Beskiden-Gesellschaften 173, 212, 216-218, 220, 222-224, 226-229, 231, 242, 245 f., 251
Bitumen Kroatien AG 52
Bochumer Stahlwerke 140
Bor-Kupferbergwerke und Hütten-AG 520
Borsig-Kokswerke AG 486
Borussia Beteiligungs GmbH 13, 72, 82 f., 89 f., 96-100, 104 f., 115-117, 119, 121, 124, 468
Braunkohle-Benzin AG (Brabag) 82, 87, 105, 117, 126-128, 135, 138, 214, 485, 503, 505, 507, 512
Braunkohlen- und Brikett-Industrie AG 127, 520 f.

Braunkohlen-Bergwergs-Gruppe Marie 495
Braunkohlenwerke Rositz 495
Braunschiefer-Öl-Werk Kiviöli 288
Braunschiefer-Unternehmen Sillamäi 289 f., 303
Braunschweigische Kohlenbergwerke 516
British Oil Development Company 442 f., 450
British Petroleum 9, 14, 32
Britol Öl AG 43
Buderus'sche Eisenwerke 513
Bulgarische Mineralöl GmbH 202, 277, 487

Carl Deilmann Bergbau und Tiefbau 316 f.
Central American Corporation 52
Centrallager für Handel und Gewerbe GmbH & Co. KG, München 468, 498
Chemische Fabrik Curtius AG 497
Chemische Fabrik Griesheim-Elektron 487, 490
Chemische Werke Hüls AG 507
Chemische Werke Odin GmbH, Eberbach 502, 505
Christian Dierig AG 520
Colombia Societate Franco-Romana de Petrol 77 f., 82, 85, 90, 157-159, 162, 262, 267-270, 273, 278, 280
Commerzbank AG 12, 101, 105, 109 f., 112, 138, 242, 305 f., 456, 479, 511-513, 521
Compagnie Financière Belge des Petroles Petrofina, Antwerpen 74
Companhia Brasileira de Caldeiras 497
Concordia S.A.R. 74 f., 77, 82, 85, 90, 93, 144 f., 158, 162, *264*, 267-271, 273 f., 278, 280, 334
Creditanstalt-Bankverein, Wien 488 f.
Creditul Industrial 265
Creditul Minier 254, 262, 264-266, 274
Crusader Petroleum Industries 488
Cumaronharz-Verband GmbH 497

Daimler-Benz AG 140, 483
Darmstädter Bank 125
Darmstädter Volksbank 512
Delbrück, Schickler & Co., Berlin 479
Delbrück von der Heydt & Co., Köln 479
Deutsch-Amerikanische Petroleum Gesellschaft 32, 45
Deutsch-Asiatische Bank 514
Deutsch-Bulgarische Kreditbank 202
Deutsch-Luxemburgische Bergwerks- und Hütten AG 515
Deutsche Ammoniak-Verkaufsvereinigung GmbH 497
Deutsche Bank AG 12, 33, 71, 74-78, 84-86, 88-90, 100-103, 105 f., 109-111, 113 f., 125, 135, 138, 158, 185, 202, 212, 252, 288, *305*, 306, 320, 435, 479 f., 515
Deutsche Bergwerks- und Hüttengesellschaft mbH (DBHG) 207, 208 f., 296 f., 331 f.
Deutsche Braunkohlenprodukte AG 507
Deutsche Bundesbahn 194
Deutsche Bundesbank 257, 483
Deutsche Erdöl AG (DEA) 12, 33 f., 37-39, 42, 44 f., 47 f., 54, 56-58, 60, 75, 82, 87 f., 90, 94, 105, 125, 127, 137 f., 146, 148, 175, *184*, 211 f., 217, 224 f., 230, 233, 238, 262, 278, 290, 357, 408 f., 414, 422 f., 426, 432, 435, 456 f., 465 f., 469, 496, 515-517
Deutsche Erdölraffinerie AG (Deurag) 37-39, 59, 430 f., 484
Deutsche Gasolin AG 59, 97, 217, 225, 264, *402*, 485, 490, 507
Deutsche Gesellschaft für öffentliche Arbeiten AG 509
Deutsche Girozentrale 306, 519
Deutsche Golddiskontbank 110
Deutsche Hypothekenbank 513
Deutsche Industriebank 185, 208, 242, 306, 498
Deutsche Kalisyndikat AG 520
Deutsche Kohlenbergbau-Leitung, Essen 516
Deutsche Länderbank AG 508
Deutsche Landesbanken-Zentrale AG 519
Deutsche Maschinenbau-Aktiengesellschaft 34, 56, 148, 184
Deutsche Ölschiefer Forschungs-GmbH 296
Deutsche Ostland Bank AG 305
Deutsche Petroleum-Aktiengesellschaft (DPAG) 33, 42 f., 211, 217, 252, 496, 515 f.
Deutsche Reichsbahn 192, 482, 513
Deutsche Reichsbank 59, 70 f., 73, 82, 128, 142, 307, 479, 482 f., 492, 498, 500, 513, 520
Deutsche Reichspost 504
Deutsche Rentenbank 499
Deutsche Rentenbank-Kreditanstalt 493, 499
Deutsche Revisions- und Treuhand AG 48, 56, 99, 104, 158, 162, 199, 215, 267, 270, 280, 460, 464, 482, 503, 509
Deutsche Schachtbau- und Tiefbaugesellschaft 426
Deutsche Solvay-Werke AG 145, 493
Deutsche Tiefbohr-Aktiengesellschaft (Deutag) 414
Deutsche Umsiedlungs-Treuhand GmbH 482
Deutsche Unionsbank 483
Deutsche Vacuum Öl AG, Hamburg 33, 39, 91, 409, 414, 423, 480, 508
Deutsche Verkehrs-Kreditbank AG 513
Deutsche Vertriebsgesellschaft für Russische Oel-Produkte AG (DEROP) 497
Deutsche Viscobil Öl-GmbH 515
Deutsche Waggonleihanstalt GmbH 194
Deutsche Weizenverband GmbH 495

Deutsche Werke Kiel AG 287
Deutscher Mineralöl-Verkaufsverein GmbH 515
Deutsches Kalisyndikat 509
Disconto-Gesellschaft 125
Donau Chemie AG 45 f., 485
Donau Öl GmbH 46, 193 f.
Drahtseilerei Gustav Kocks AG 497
Dresdner Bank AG 74, 81, 84, 86, 88-90, 97, 100 f., 104-113, 125, 128, 138, 140, *180*, 185, 198, 242, *243*, 265 f., 270, 289, 305-307, 459 f., 483, 506, 512, 514
Dynamit Nobel AG 468, 485, 491

E. W. Lohse, Hamburg 423
Ebano Asphalt AG 32
Eesti Kiviöli AG 290
Eisenbahn-Verkehrsmittel-AG 194 f.
Elektrowerke AG, Berlin 127
EMS-Chemie AG 491
Erdöl-Produktions-GmbH 43, 45, 422
Erdölanlagen Gesellschaft mbH 33 f., 109, 148, 151-155, 184
Erdöl-Raffinerie Trzebinia GmbH *188*, 190, 242-244, 332, 453, 466 f.
Erdölwerke Holstein 37, *184*, 408
Erdölwerke Nienhagen GmbH 38, *184*, 408, 423
Erdölwerke Wietze 516
Erste Brünner Maschinenfabrik AG 266
Erste Donau-Dampfschifffahrtsgesellschaft, Wien 200
Estanil, Tallinn 508
Estnische Steinöl AG (Estag) 287 f., 290, 303
Europäische Tanklager- und Transport AG (Eurotank) 32, 289, 488
European Gas & Electric Company 48
Explora SAR, Bukarest 267
Exportkreditbank AG 479
Exxon *9*

Fanto Benzin AG, Wien 202
Farbenfabriken Bayer, Elberfeld 486
Farbwerke Hoechst AG 29, 469, 487, 515 f.
Feldmühle Papier- und Zellstoffwerke AG 485, 491, 493, 520
Felten & Guilleaume Carlswerk AG 520
Ferrostaal AG 147, 149, 153, *180*
Flick-Konzern 150
Flughafen Hannover 500
Foraky Romaneasca S. A. 158, 264, 266-271
Ford Motor Company 459
Ford Werke AG 507
Frankfurter Bank 107
Fürstengrube GmbH 485

Galicja (Raffinerie) 211, *220*, 222, 404
Gazy Ziemne 211
Gebhard und König 58
Gelatinefabrik Stoess & Co., Heidelberg 505
Gelsenkirchener Bergwerks-AG 138, 502
Gemeinschaftsbank Ostland, Riga 109, 307
General Motors Company 459
Genossenschafts-Bank, Frankfurt 512 f.
Georg Hövermann & Co. 289
Gerätebau-GmbH, Mühlhausen 109
Gewerkschaft Austro Gasco 45
Gewerkschaft Brigitta 33, 59
Gewerkschaft Elwerath 33 f., 37-39, 42-45, 52-56, 67, 75, 81 f., 87-90, 93, 104 f., 138, 148, *171*, *184*, 203, 211 f., 217, 225, 254, 262, 264, 269, 408 f., 414, 423, 426, 432, 466, 484
Gewerkschaft Florentine 39
Gewerkschaft Raky-Danubia 42 f.
GmbH zur Verwertung chemischer Erzeugnisse, Liebenau 491
Gräflich Schaffgotschen Werke 39
Großdeutsche Schachtbau- und Tiefbohr AG 225
Groupe Bruxelles Lambert S. A. 195
Gulf Oil *9*

Hafendampfschiffahrts-Actien-Gesellschaft (HADAG) *188*
Hamburg-Amerika Linie (Hapag) 200, 482
Hamburg-Amerikanische Mineralöl-Gesellschaft mbH 508
Hamburger Kreditbank AG 483
Handels- und Kreditbank, Riga 109, 198, 305 f.
Haniel & Lueg GmbH 34, 148, *180*, *443*
Hansabank Aktiengesellschaft, Riga 305
Hansische Motor-Schiffahrt AG 505
Hardy & Co. Bankhaus 104, *180*, 182, 185, 289
Harpener Bergbau AG 520
Henninger-Bräu AG 513
Hibernia AG, Herne 140, 520
Hochtief AG 33, 332
Hoffmanns Stärkefabriken AG 493
Holzverzuckerungs-AG, Domat/Ems 491
Hydrierwerke Blechhammer 46
Hydrierwerke Brüx 46, 138
Hydrierwerke Pölitz AG 59

Ibero-Amerika Bank AG 514
IG Farben AG 33, 45 f., 50, 69, 81 f., 87, 89 f., 97 f., 105, 115 f., 127 f., 130, 135, 138, 140, 142, 164, *182*, 193, 218, 234, 265, 271, 279, 289 f., 292, 298, 463, 485, 487, 490, 506-508
Ilse Bergbau AG 127, 513
Ilseder Hütte AG 516

Imhauka AG 497, 502
Imhauka Argentina S. A. 502
Imhauka Brasileira Industrial e Comercial S. A. 502
Industria Romana de Pétrole Société Anonima Romana (IRDP) 264 f., 267 f., 270, 280
Industriebeteiligungsgesellschaft mbH 99 f.
Industriekontor GmbH 154 f., *330*
Internationale Tiefbohrgesellschaft Hermann von Rautenkranz (ITAG) 38, 43, 45, 148, *187*, 218, 409, 426 f., 480
Iraq Petroleum Company (IPC) 320, 435 f., 442, 448
ITT Inc. 459

Jugopetrol AG 52-54, 171
Jugoslawische Petroleum AG 52
Junkers Flugzeug- und Motorenwerke AG 140

Kali-Industrie AG 514
Kalibank AG 49
Kalibergwerk Buttlar, Rhön 495
Kalibergwerk Ellers bei Neuhof 495
Kalibergwerk Herringen 514
Kalibergwerk Messinghausen 514
Kalibergwerke Aschersleben 496
Kalischacht Schüssel, Salzgitter 514
Karpathen Öl AG 12 f., 94, 155, 162, 173-175, 196, 210, 223-233, 235-242, 247-251, 332, 414, 427, 466, 481, 496
Karstadt AG 33, 479
Kaukasien Öl Vertriebs GmbH 179, *195*, 201
Kaukasus Öl GmbH 344
Khanakin Company 442
Klöckner Werke AG 521
Körner & Siebel 504
Kohle-Öl-Chemie GmbH, Gelsenkirchen 468, 485
Kohle-Oel-Union von Busse KG 225
Kohlenzeche Massen 514
Koninklijke Nederlandsche Maatschappij 58 f.
Kontinentale Betonschiffbau GmbH 188, 200, 467
Kontinentale Öl AG 7-9, 11-14, 16, 21, 23, 25, 29, 31, 34, 37, 46, 60, 61, 66, 69 f., 78-81, 84, 87-111, 113-124, 131 f., 135-137, 139, 142-163, 165-169, 171, 175-179, 182, 183, 185-188, 191, 193, 195-201, 203-208, 222-225, 228-230, 232, 237, 242 f., 249 f., 256, 258-260, 268-279, 290 f., 293, 296-298, 302, 304 f., 320-327, 329-331, 344-348, 350, 357-359, 371, 389, 403, 406, 408, 410, 414, 420, 434, *442*, 443, 445, *447*, 449 f., 453-460, 462-477, 482-490, 492-495, 497-499, 502, 504, 506-508, 510, 512 f., 515, 518, 520
Kontinentale Öl GmbH 13, 66 f., 158 f., 162, 187, *188*, 195, 198, 202 f., 252, 262, 266, 268-270, 273, 277-280, 327, 329, 334, 344, 454, 466 f., 469, 487
Kontinentale Öl Transport AG 13, 101, 159, 162, 187, *188*, 189-195, 200, 453, 464-467, 470, 496
Kreditanstalt für Wiederaufbau 468, 483, 514
Kroatische Shell AG 53 f.
Kriegschemikalien AG 29
Kunst und Druck Opacher AG 498
Kunststoffwerk AG, Brugg 491

Länderbank Berlin 108
Landesbank der Rheinprovinz 519
Lebensmittelhandlung Florian Silberbauer, München 498
Limanowa (Raffinerie) 211, 405
Luboil Mineralöl Vertriebs GmbH, Prag 59
Lufthansa AG 504
Luftverkehrs AG 500

Maatschappij voor Bank- en Handelsondernemingen, Amsterdam 287
Małopolska-Konzern 211, 217, 242
Mannesmann AG 44, 148 f.
Mannesmann-Trauzl AG *184*
Mannesmannröhren-Werk GmbH 34
Mansfeld AG 462, 520 f.
Margarine-Union AG 482
Maschinenfabrik Augsburg-Nürnberg (MAN) 168
Maschinenport Moskau 147
Messter GmbH, Berlin 500
Metallgesellschaft AG 512, 520
Mineralöl Südost GmbH 203, *204*, 277, 332, 454, 466, 487
Mineralölbaugesellschaft mbH, Luckenwalde 321, *330*
Mineralöleinfuhr GmbH 499
Mineralölvertrieb Serbien AG 202, 277, 466, 487
Mineralölvertriebsgesellschaft mbH 46
Mineralölwerke Albrecht & Co. 59
Mitteldeutsche Kreditbank, Frankfurt 512
Mitteldeutsche Stahlwerke AG 127, 150, 520
Mitteleuropäische Erdölgesellschaft 124-126, 253
Mobil Oil 9, 43, 66
Moldonaphta 158, 264, 266 f., 270 f.
Monopolvertriebsgesellschaft für Mineralöl mbH 214
Mossul Oil Company 435, 448
Mosul Oil Fields Ltd. 443, 450
Motorenwerke Mannheim 184

Nafta Italiana 61, 328 f.
Naphta Romana 74, 265

National Benzole Company 9
Neue Erdölraffinerie AG (Nerag) 38 f., 217, 430 f., 484
Neue Schiffspfandbriefbank AG 514
New Consolidated Gold Fields Ltd. 303
Niederdonau Erdöl GmbH 45
Naphtaindustrie und Tankanlagen AG (NITAG) *195*
Norddeutsche Bank 193
Norddeutsche Hydrierwerke Pölitz 485
Norddeutsche Kreditbank 514
Norddeutscher Lloyd 200, 458, 460, 482, 514
Nordsee-Hochseefischerei 483
Notenbank des Reichskommissariats Ostland 306 f.
NOVA Öl- und Brennstoff AG, Schwechat 44

Oberschlesische Hydrierwerke AG, Blechhammer 423
Oberschlesische Kokswerke und Chemische Fabriken AG 486
Oderfurter Mineralölwerke 332
Öleinfuhr Zentrale AG 202
Ölsaat-Verwertungs GmbH, Berlin 487
Ölwerk Devoli 205
Oldenburgische Landesbank 107
OLEX (Aktiengesellschaft für österreichische und ungarische Mineralölprodukte) 60
Organa Anorgana 497
Ost Öl GmbH 13, 105, 108 f., 147, 150-152, 179 f., 182-186, 197, 247, 274, 357-359, 388, 394 f., 403, 406, 442 f., 454, 466, 473
Ost-Faser-Gesellschaft mbH *115*, 344
Ostland Öl Vertrieb GmbH 109, *195*, 197-199, 454, 457, 465 f.
Ostmärkische Mineralölwerke GmbH 59
Otto-Wolff-Konzern 71 f., 148 f., 153, 182

Panonija Petroleum AG 52
Petersen & Co., Hamburg 508
Petrol-Block 77, 264-267, 270, 280
Petrola AG, Zürich 162, 191-193, 490, 496
Petroleum AG 54, 56, 203
Petrolul Romanesc 265, 274
Pferdmenges & Co. Bankhaus 107 f.
Philipp Holzmann AG 33
Philipps N. V., Eindhoven 59
Phönix Lebensversicherung 488
Phoenix Oil Co., London 262
Phrix-Konzern 459, 483
Polmin (Państwowa Fabryka Olejów Mineralnych) 211
Porto Marghera (Raffinerie) 157, 329
Prahova (AGIP, Rumänien) 262
Preußische Bergwerks- und Hütten-Aktiengesellschaft (Preussag) 33 f., 37-39, 42, 45, 53 f., 56, 82, 87 f., 90, 101, 105, 138, 148, 193, 212, 217, 225, *226*, *254*, 262, 409, 414, 426, 432, 468 f., 520
Preußische Staatsbank 519

Raffinerie Smederevo AG 202 f.
Raffinerie Vega 74, 269, 280
Raudsep und Bokownew, Tallinn 508
Redeventza (Österreichisch-Rumänische Petroleum-Handels und Industrie AG) 162
Reederei Dönitz, Witt & Co., Hamburg 505
Reederei H. C. Horn, Hamburg 200
Reederei Josef Wallner Bayerische Schifffahrts- und Hafenbetriebs-GmbH 178, 331, 333
Reemtsma KG 52, 81, 101 f., 200, 262, 287, 289 f., 460
Régie Autonome des Pétroles 325 f.
Reichsautobahn Kraftstoff GmbH 499
Reichsautobahn-Gesellschaft 504
Reichskraftsprit GmbH 59 f., 488, 499
Reichs-Kredit-Gesellschaft (RKG) 81, 86, 88-90, 100 f., 105, 108-110, 138, 185, 306, 459, 468, 482, 513
Reichsvereinigung Kohle 520 f.
Reichswerke AG für Erzbergbau und Eisenhütten »Hermann Göring« (HGW) 19, 22, 89, 116, 123 f., 126-131, 140, 149, 184, 217, 266, 297, 345, 428, 459, 482, 486, 503 f., 518, 520
Reichswerke für Binnenschiffahrt »Hermann Göring« 200
Rheinisch-Westfälisches Elektrizitätswerk AG (RWE) 521
Rheinisch-Westfälisches Kohlensyndikat 502
Rheinische AG für Braunkohlenbergbau und Brikettfabrikation 127
Rheinmetall-Borsig AG 129, 482, 512
Rhenania-Ossag Mineralölwerke AG 32 f., 44, 58-61, 81, *226*, 323
Rohölgewinnungs-Aktiengesellschaft 43
Romana Americana 262, 266 f.
Romana Belgiana 271, 274
Roumano Belge de Pétrole 279
Royal Dutch Shell 9, 14, 32 f., 43, 52, 54, 58-60, 66, 69, 90, 92, 97, 204, 262, 272 f., 327 f., 420, 434, 443, 448, 477
Royal Petroleum 420
Rudokop (Bergbauunternehmen, Kroatien) 52
Rüstungskontor GmbH 34, 109, 148, 154, 208
Rütgerswerke AG 486
Ruhrchemie AG, Holten 485

Ruhrgas AG, Essen 520
Ruhrkohlen-Beratung 497
Ruhrkohlen-Verkaufsgesellschaft mbH, Essen 497
Rumänien-Mineralöl GmbH 60, 162, 276

S. A. Romana pentru desvoltarea exportului petroleilui (Sardep) 264, 266, 279 f.
Sächsische Werke AG, Dresden 127, 486
Salzdetfurth AG *215*, 469, 520 f.
Salzmann und Co., Kassel 500
Salzgitter Industriebau GmbH 486
Sapropel GmbH 177, *180*, 191, *195*, 454, 464 f., 467
Sarpetrol, Bukarest 271, 274, 279 f.
Schachtbau und Tiefbohrgesellschaft mbH 34
Schering AG 513, 520
Schiffahrt GmbH, Nikolajew 200
Schlesische Zellstoff- und Papierfabriken Ewald Schoeller & Co. 332
Schlesischer Bankverein, Glatz 500
Schultheiß Brauerei AG 513
Schweizerische Nationalbank 192
Seismos GmbH 36
Serbische Shell AG *54*, 202 f.
Shell Company Hellas *54*
Shell Company of Yugoslavia Ltd. 53
Shell Florisdorfer Mineralölfabrik AG 59
Shell-Mex 9
Shell Mineralöl GmbH, Prag 59
Siemens-Konzern 486, 502
Siemens-Schuckertwerke AG 486, 515
Silom Società Italiana Lavorazione Olii Minerali 487
Sinclair Consolidated Oil Corporation 52
Sirius-Werke AG, Deggendorf 74, 333
Societates Bancara Romana 270
Societates pentru Comertul Petrolului 265
Société Alsacienne d'Etudes Minière 57
Société Anonyme d'Exploitation Minières 57
Société des Recherches et d'Exploitations Minières et Industrielles 326
Société Française des Petroles de Solva Plana 211
Société Française Industrielle et Commerciale des Pétroles 211, 243, 271
Société Générale SA 76
Société Industrielle des Petroles Roumains (SIPER) 267, 280
Société Nationale des Pétroles d'Acquitaine 325 f.
Socony Vacuum Oil Company 43, 54, 91, 328
Sojavertrieb GmbH 487
Sondrum Co. 274
Sospiro S. A. 267
Southern Peru Copper Corporation, Lima 508
Splittingtorf GmbH 454, 467
Staatliche Erste estländische Brennschieferindustrie 290, 303
Staatliche Gesellschaft für praktische Lagerstättenforschung mbH 36
Staatswerft Nikolajew 200
Standard American Petroleum Company Société Anonyme, Antwerpen 60
Standard Nobel 211
Standard Oil-Konzern 14, 50, 52, 82, 85, 267, 273, 477
Standard Oil Corporation of Yugoslavia 53
Standard Oil of California *9*
Standard Oil of New Jersey 9, 48, 53, 262, 266
Standard Vacuum AG 53 f.
Steaua Romana 75, 77, 125, 252, 267, *327*
Steffen & Heymann, Berlin 500
Steinberg Naphta GmbH 43, 45, 485
Steinkohlenbergwerk Mansfeld, Langendreer 520
Stettiner Dampfercompagnie 493
Stickstoffsyndikat 485
Stickstoffwerk Ludwigshafen-Oppau 506
Sudetenländische Treibstoffwerke, Brüx 116, 486
Süddeutsche Bau GmbH 13, 178, *180*, 191, 207 f., 209, 333 f., 453, 464-467
Südostchemie Handels GmbH 85, 158, 202, 262, 265 f., 268, 270 f., 276, 280, 466, 467

Texaco *9*
The Texas Company Société Anonyme, Brüssel 60
Transpetrol AG 202
Transpetrol SAR 264, 270
Transpetrol Warna 264, 270
Treibtorf GmbH 454, 465, 467
Trinidad Leaseholds Ltd. 9
Türkische Petroleumgesellschaft (Turkish Petroleum) 434 f.

Ukraine Öl Vertriebs GmbH 185, 189, 195-197, 247, 454, 457, 465 f.
Ukrneft, Kiew 245
Uljanik Petroleumake d. d. 52
Ungarisch-Amerikanische Erdölindustrie AG 48, 50 f.
Ungarisch-Deutsche Erdölindustriegesellschaft AG 49, 51
Unilever-Konzern 59 f., 459, 482 f.
Unirea (Raffinerie, Ploesti) 262, 266

Vacuum Oil Company 42, 211
Vacuum Oil Company Siège Social, Brüssel 60
Valvoline Oil Company, New York *402*
Van Sickle GmbH 44
Vereinigte Aluminiumwerke AG 459, 468 f., 482, 515
Vereinigte Elektrizitäts- und Bergwerks AG 509
Vereinigte Industrie-Unternehmen AG (Viag) 458, 482, 515
Vereinigte Kaliwerke Salzdetfurth AG *215*, 469, 521
Vereinigte Pechelbronner Oelwerke 57
Vereinigte Sauerstoffwerke GmbH, Berlin 487
Vereinigte Stahlwerke AG (Stahlverein) 130, 141, 149, 502, 515
Verkaufsvereinigung für Teererzeugnisse AG 468, 497
Verschure-Werft, Amsterdam 147
Versicherungs AG, Wien 489

Walther & Co., Köln-Dellbrück 269
Werschen-Weißenfelser-Braunkohlen AG 127
Weserhütte AG, Bad Oeynhausen 469, 521
Westfälische Transport AG 497
Westfalen-Bank AG, Bochum 107, 511
Wintershall AG 12, 33 f., 37 f., 42, 44 f., 49 f., 54, 82, 87-90, 97, 104 f., 116 f., 138, 148, *171*, *180*, 211, 214, 217, 225, 262, 409, 414, 423, 426, 432, 466, 511 f., 514
Wirtschaftliche Forschungsgesellschaft mbH 74, 82, 138, 158, 262, 270 f., 276, 467, 499, 519
Württembergische Landesbank 512

Yugoslav Shell Oil Corporation *54*

Zeche Sachsen, Heessen 520
Zellstofffabrik Waldhof 515
Zementfabrik Port-Kunda AG 303
Zentralhandelsgesellschaft Ost für landwirtschaftlichen Absatz und Bedarf mbH 344
Zentraltextilgesellschaft mbH 498
Zwizakowa Raffinerja Oljow Skalmyk Akcyna 243